Ostermenü
Wachtelkraftbrühe mit Wachteleiern
Forelle blau mit geschlagener Butter und
Kartoffeln
Gebratene Kalbsniere mit jungem Gemüse
und Pommes frites
Erdbeertörtchen

Kochfreudige Feinschmecker finden in diesem attraktiven Kochbuch erlesene Rezepte für Vorspeisen, Suppen, Salate, für Gebratenes und Gebakkenes, für Gegrilltes und Gemixtes. Und für anderes mehr! Der Rezeptteil des Buches ist alphabetisch aufgebaut. Die Rezepte sind leicht auffindbar und auch vom Laien gut »nachzuvollziehen« durch die klare Beschreibung der Zubereitung. Daß die Speisen gut schmecken, ahnt man: Die 150 Farbfotos regen direkt zum Zulangen und zum genüßlichen Schwelgen an.

Die Kochkunst gehört zur Kultur des Menschen; und darüber, also übers Essen und Trinken, übers Feiern, über Sitten und Bräuche bei Tisch, erfährt der Leser Interessantes. Kenner der Tafelkunst und des Tafelgenusses, der Eßlust und der Schlemmerei gibt es seit Jahrhunderten (daß das notwendige Geld dazu da sein mußte, versteht sich). Viele der mannigfaltigen überlieferten Rezepte könnten Geschichten erzählen ... Dem Einfallsreichtum unserer Vorfahren verdanken wir so mancherlei wohlschmeckende Gaumenfreuden und Geschmacksnuancen.

Wer genießen will, seine Familie oder Gäste verwöhnen möchte, wird in dieser Sammlung köstlicher Rezepte viel Geeignetes entdecken.

Menüs für ein Abendessen mit Gästen, für Wochenenden, für Festtage oder für ganz besondere Anlässe wie zur Verlobung oder Hochzeit lassen sich mit Hilfe dieses Kochbuchs mühelos selbst zusammenstellen.

Vielleicht überraschen Sie Ihre Familie oder Ihre Gäste demnächst einmal mit einer Soljanka auf russische Art. Danach kredenzen Sie ein Schweinsrückensteak mit Tomatenrührei und Käse und reichen einen Mecklenburger Selleriesalat dazu. Zuletzt runden Sie mit einem aromatischem Weingelee das Menü ab.

Dieses Beispiel soll nur ein Vorschlag sein, der Experimentierlust sind keine Grenzen gesetzt ...

Kochkunst

Lukullisches von A bis Z

Verlag für die Frau
Leipzig

Kochkunst: Lukullisches von A bis Z. – 7. Aufl. – Leipzig: Verlag für die Frau, 1990. – 576 S.: 175 Ill. (z. T. farb.)

ISBN 3-7304-0001-0

Ananas, Artischocke, Aubergine und andere südliche Köstlichkeiten waren nicht erst seit der Erfindung von Delikatessengeschäften, sondern schon vor Jahrhunderten begehrte Leckerbissen auf europäischen Tafeln. Dem in Frankfurt ansässigen, holländischen Kupferstecher de Bry verdanken wir die erste Abbildung der Ananas. Zwischen 1597 und 1628 gab er, unterstützt von seiner Familie, eine 14bändige Schrift heraus, die auf bis dato bekannten Reiseberichten holländischer und englischer Asienreisender beruhte und 240 eigene wie fremde Kupferstiche enthielt. Diese Enzyklopädie verkörpert nicht nur das zu jener Zeit vorhandene Wissen über jene Länder, sie ermöglicht auch kleine Entdeckungen – wie eben eine Beschreibung der Ananas, »die wohl eines der besten Obste ist an Geruch und Geschmack«.[1]

Kolumbus soll sie 1493 auf der Antilleninsel Gouadeloupe, wo sie von den Einheimischen bereits kultiviert wurde, erstmals verkostet haben. Ihr Wohlgeschmack begünstigte die schnelle Beliebtheit. Im 17. Jahrhundert wurde sie in allen tropischen Ländern angebaut. Sie gilt als die »Königin der Früchte«. Man behauptet, sie vereine die Süße des Honigs, den Geschmack der Erdbeere, die Säure des Weines, das Aroma des Pfirsichs und die Saftigkeit der Melone. Noch im 19. Jahrhundert galt sie als Fürstengeschenk. Bereits seit dem 17. Jahrhundert wurde versucht, sie in Treibhäusern zu züchten. Dem Arzt Kaltschmidt gelang es als erstem; er schickte seine Ernte an den Wiener Hof. Auch Friedrich der Große ließ in seinen Potsdamer Gewächshäusern Ananas anbauen …

Die Artischocke stammt aus dem Mittelmeergebiet. Sie ist eine fast metergroße Staude, deren 15 Zentimeter breite Blütenkörbchen kurz vor dem Aufblühen geerntet werden. Sie wird eine Krone des arabischen Gartenbaus genannt. Ihr Name (ardi schauki – Erddorn) weist darauf hin, daß sie einmal aus einer distelähnlichen Pflanze gezüchtet wurde. Schon im 13. Jahrhundert war sie auch in Spanien bekannt, kam von dort über Frankreich, das Rheingebiet zu den deutschen Fürsten.

Auberginen wurden zuerst in Indien gezogen, schon seit ältesten Zeiten. Heute trifft man sie auch im übrigen Asien, in Ägypten, Italien, Westeuropa, den Balkanländern und im südlichen Teil von Nordamerika an.

Fast alle heute bekannten Obst- und Gemüsesorten kamen aus südlichen Ursprungsländern. Teils wurden sie im kühleren Norden heimisch – wie Pfirsich und Tomate, teils sind noch immer Frachtdampfer unterwegs für jene Früchte, die nur im heißen, tropischen Klima gedeihen wollen.

Stets hat sich die heimische Küche solchen Zuströmen geöffnet, manchmal schneller, manchmal langsamer. Im Mittelalter waren die Ritter ja regelrecht gierig auf asiatische Waren! Man träumte wohl die Märchen aus Tausendundeiner Nacht, wenn man Pfeffer und Piment, Anis und Kardamom an die Speisen schütten konnte. Und mit den fremdartigen Zutaten übernahmen die Köche auch die Art der Zubereitung. So ist in den ältesten deutschsprachigen Kochvorschriften Reis nach Art der »Kriechen« verzeichnet, und im Blamensir läßt sich unschwer das blanc manger erkennen. Lesen wir in der »lêre von der kocherie«: »Willst du einen Blamensir bereiten, so nimm Ziegenmilch, bereite ein Halbpfund Mandeln vor (das heißt wohl, ziehe sie ab und zerstoße sie), ein Viertel Reis zerstoß zu Mehl und gib es in die Milch. Eine Hühnerbrust klopfe, schneide sie hinein, füge reines Schmalz hinzu und laß es lange genug kochen, dann nimm es ab, gib gestoßene Veilchen und ein Viertel Zucker hinein und reiche es. – Auf die Art kann man in der Fastenzeit auch einen Blamensir von einem Hecht bereiten.«

Auch das alte Reis-Rezept soll keinem vorenthalten bleiben: »Zu Reis nach Art der Griechen koche Reis in Wasser. Wenn er halb gar ist, schütte das Wasser ab und koche ihn weiter in reinem Fett. Gieße das Fett ab, streue Zucker darauf, salze ihn nur wenig und reiche ihn.«[2] Man orientierte sich gemeiniglich an den in Küchendingen führenden Fürstenhäusern; das waren bis zum 16. Jahrhundert die italienischen, später dann die französischen. Deren Einflüsse wirken bis heute nach. Überhaupt kann man sagen, daß sich – trotz beträchtlicher territorialer Entfernungen und damals erschwertem Handel – keine nationale Küche fremden Einflüssen entziehen konnte, obwohl natürlich jede ihre Eigenständigkeit bewahrte. Vielmehr wurden Anregungen aufgenommen und den eigenen Gewohnheiten angepaßt, allerdings geschah das in längerem Zeitraum als heute.

Was wußten unsere Großmütter von einem Steak? Was unsere Großväter von einer Soljanka? Beides gehört seit Jahren zu den Standardrezepturen hiesiger Kochbücher. Reisen und die Bekanntschaft mit anderen Ländern fördern auch den Austausch derartiger lukullischer Souvenirs.

Allerdings muß man sich dann auch mit gutem Willen versehen und nicht nur mäkeln, wie es ein Europa bereisender Amerikaner einst tat, der – da ein Schriftsteller – uns seine »Erkenntnisse« nicht vorenthielt: Mark Twain spottete gar mächtig über die europäische Küche! »Ein Mann, der amerikanisches Essen und amerikanische Hausmannskost gewöhnt ist, würde in Europa wohl nicht plötzlich verhungern, aber ich glaube, er würde allmählich dahinschwinden und schließlich sterben. Er müßte ohne seine gewohnte Morgenmahlzeit auskommen ... Kaffee und Beefsteak; na und in Europa ist Kaffee ein unbekanntes Getränk. Man kann etwas bekommen, das der europäische Hotelier für Kaffee hält, aber das ähnelt dem echten so wie Heuchelei der Frömmigkeit. Es ist ein schwaches, charakterloses, fades Zeug...«[3]

Alexandre Dumas der Ältere trieb es während seiner Rußlandreise nicht besser: »Wir haben schon gesagt, daß wir hinsichtlich des Sterlets nicht den Fanatismus der Russen teilen, die von ihm behaupten, daß er der von Monsieur Scribe in der ›Stummen von Portici‹ gemeinte Fisch unter der schlichten Bezeichnung ›König der Meere‹ sei. Der Sterlet hat ein fades, fettes Fleisch, und man bemüht sich nicht einmal, seinen labbrigen Geschmack pikant zu machen. Die Tunke zum Sterlet muß erst noch erfunden werden, und wir wagen vorauszusagen, daß sie nur von einem französischen Koch gefunden werden wird.«[4]

Genug der Nörgler. Wir wollen lieber neugierig sein auf die Küchen anderer Länder, wollen – für uns – neue Rezepturen kennenlernen, mitnehmen und weiterempfehlen. Ohne diesen lebendigen Austausch im kleinen, ohne geistigen Export und Import im großen konnte eine Feinschmeckerküche nie bestehen. Heute, wo gutes Essen in einem Teil der Welt kein Privileg mehr ist, erst recht nicht.

Reihen wir uns also lieber ein unter die kenntnisreichen Bewunderer, deren einer Heinrich Heine war. In seinem Buch »Aus den Memoiren des Herren von Schnabelewopski« schwärmt er gleich von mehreren, recht gegensätzlichen Kochkünsten: »Jedes Land hat seine besondere Küche und seine besondere Weiblichkeit, und hier ist alles Geschmackssache. Der eine liebt gebratene Hühner, der andere gebratene Enten; was mich betrifft, ich liebe gebratene Hühner und gebratene Enten und noch außerdem gebratene Gänse. Von hohem idealistischem Standpunkte betrachtet, haben die Weiber überall eine gewisse Ähnlichkeit mit der Küche des Landes. Sind die britischen Schönen nicht ebenso gesund, nahrhaft, solide, konsistent, kunstlos und doch so vortrefflich wie Altenglands einfach gute

Kost: Roastbeef, Hammelbraten, Pudding in flammendem Kognak, Gemüse in Wasser gekocht nebst zwei Soßen, wovon die eine aus gelassener Butter besteht? Da lächelt kein Frikassee, da täuscht kein flatterndes Volau-vent, da seufzt kein geistreiches Ragout, da tändeln nicht jene tausendartig gestopften, gesottenen, aufgehüpften, gerösteten, durchzuckerten, pikanten, deklamatorischen und sentimentalen Gerichte, die wir bei einem französischen Restaurant finden ...

Italiens gelbfette, leidenschaftgewürzte, humoristisch garnierte, aber doch schmachtend idealische Küche trägt ganz den Charakter der italienischen Schönen. Oh, wie sehne ich mich manchmal nach den lombardischen Stuffados, nach den Tagliarinis und Broccolis des holdseligen Toskana! Alles schwimmt in Öl, träge und zärtlich, und trillert Rossinis süße Melodien, und weint vor Zwiebelduft und Sehnsucht! ...

Von der deutschen Küche kein Wort. Sie hat alle möglichen Tugenden und nur einen einzigen Fehler; ich sage aber nicht, welchen. Da gibt's gefühlvolles, jedoch unentschlossenes Backwerk, verliebte Eierspeisen, tüchtige Dampfnudeln, Gemütssuppe mit Gerste, Pfannkuchen mit Äpfel und Speck, tugendhafte Hausklöße, Sauerkohl – wohl dem, der es verdauen kann. Was die holländische Küche betrifft, so unterscheidet sie sich von letzterer erstens durch die Reinlichkeit, zweitens durch die eigentliche Leckerkeit. Besonders ist die Zubereitung der Fische unbeschreibbar liebenswürdig. Rührend inniger und doch zugleich tiefsinnlicher Sellerieduft. Selbstbewußte Naivität und Knoblauch ...«[5]

Dieses Kochbuch enthält mannigfaltige Rezepte, die gegenwärtig sind und der Küche unseres Landes entsprechen. Trotzdem wird manches vor Zwiebelduft weinen, seufzen Ragouts, gibt es kunstloses, vortreffliches Roastbeef, liebenswürdige Fischgerichte, Gemütssuppen mit und ohne Graupen und vieles andere, was Heinrich Heine nicht kannte. Auch Ananas, Artischocke und Aubergine – seit Jahrzehnten für Feinschmecker in Delikatessengeschäften erhältlich – werden in diesem Kochbuch neuen Glanz erhalten. Und das, obwohl sie für manches Rezept eben nur das Tüpfelchen auf dem »I« darstellen und man ohne sie ganz gut auskommen kann. Aber: jedes Gericht, jedes Rezept, jede Zutat hat seine Geschichte und seinen Reiseweg bis in unsere Kochtöpfe. Es macht eben einfach Spaß, dieser Tradition ein wenig nachzuspüren.

Adamsapfel

*4 schöne Äpfel, ½ Zitrone, ¼ l Weiß-
wein, 2 Eßl. Zucker, 4 Teel. Erdbeerkonfitüre, 50 g Mandeln, ⅛ l Sahne,
½ Päckchen Vanillinzucker,
4 Tartelettes, 3 Eßl. Erdbeeren,
Zucker.*

Die Äpfel schälen, vom Kernhaus befreien und mit Zitronensaft beträufeln. ¼ Liter Wasser mit dem Weißwein aufkochen, den Zucker zufügen
und die Äpfel etwa 10 Minuten darin
dünsten. Herausnehmen, abtropfen
und abkühlen lassen. Mit Erdbeerkonfitüre füllen, mit Mandelstiften spikken. Die Sahne mit Vanillinzucker
steifschlagen, einen Teil davon auf die
Tartelettes spritzen. Darauf je einen
Apfel setzen, obenauf die gezuckerten Erdbeeren verteilen und mit
einem Sahnetuff garnieren.

Adlon-Soße

*50 g Butter, 2 Eigelb, Saft von
1 Zitrone, Salz, etwas weißer Pfeffer,
50 ml Fleischbrühe (Würfel), Senf,
Sardellenpaste, 10 g Kaviar
(deutscher oder Lachskaviar).*

Die Butter zerlaufen lassen und mit
Eigelb, Zitronensaft, Salz und Pfeffer
mischen. Auf eine Kochplatte stellen
und ständig rühren, bis die Mischung
dick ist. Dabei ist zu beachten, daß
die Soße nicht wärmer als 50 °C wird.
Eigelb darf nicht stocken bzw. gerinnen. Die Fleischbrühe dazugeben, alles gut rühren und kalt stellen. Gut
abgekühlt mit Senf und Sardellenpaste pikant abschmecken und den Kaviar vorsichtig daruntermengen.

Besonders zu gebratenem oder gekochtem kaltem Schlachtfleisch sowie
kaltem gekochtem oder gedünstetem
Fisch ist Adlon-Soße zu empfehlen.

Adventssterne

*125 g geriebene Haselnüsse,
125 g geriebene Mandeln, 65 g feingehacktes Zitronat, 1 Eßl. Honig,
250 g Puderzucker, 1 Messerspitze
Zimt, 2 Eiweiß, Backoblaten.*

Nüsse und Mandeln mit Zitronat, Honig und Puderzucker mischen, Zimt
zugeben. Die steifgeschlagenen Eiweiß mit der Nußmischung vermengen. Die Masse auf einem mit Zucker
bestreuten Brett 5 mm dick ausstreichen und Sterne ausstechen. Die Aus-
stechform dabei immer wieder in Zukker tauchen. Die Sterne auf Oblaten
setzen und auf dem gefetteten Backblech backen.

Afrikanischer Bananenfisch

*1 kleiner ganzer Schellfisch,
1 Tasse Öl, Salz, Pfeffer, 2 Eßl. gehackte
Petersilie, Margarine für das Blech,
2 reife Bananen, 2 Tomaten, 10 grüne
gefüllte Oliven, 2 Eßl. Zwiebelwürfel,
50 g Butter, ½ Teel. Zucker,
3 Eßl. Reibekäse.*

Vom Fisch Kopf und Flossen abschneiden, ihn ausnehmen, waschen
und am Rücken der Länge nach aufschneiden. Die beiden Innenseiten
mit Öl bestreichen, salzen, pfeffern
und mit gehackter Petersilie bestreuen. Den Fisch auf ein gefettetes
Blech legen, mit Butterbrotpapier be-

decken und im Ofen backen. Bananen, Tomaten, Oliven und Zwiebel in Würfel oder Scheiben schneiden und mit dem Zucker 5 Minuten unter Rühren in der erhitzten Butter dünsten. Nach 30 Minuten Backzeit das Papier vom Fisch entfernen und ihn mit der Fruchtmasse bestreichen. Darüber Reibekäse streuen. Das Gericht weitere 15 Minuten bei starker Oberhitze backen. Dazu schmecken Reis und ein frischer Salat.

Afrikanisches Fischragout

500 g Goldbarschfilet oder anderes Fischfilet, Salz, 1/2 Teel. Cayennepfeffer, 4 Tomaten, 4 Zwiebeln, 2 Auberginen, 1 Tasse Fleischbrühe, 1/2 Tasse Öl, 1/2 Tasse grüne Oliven, 1/2 Apfelsine.

Das Fischfilet in Stücke schneiden, mit Salz und Pfeffer würzen. Tomaten, Zwiebeln sowie die geschälten halbierten und von den Kernen befreiten Auberginen in Scheiben schneiden. Fisch und Gemüse in eine feuerfeste Form füllen, Brühe und Öl zugießen und Oliven sowie Apfelsinenwürfel darüberstreuen. Das Gericht zugedeckt im Ofen 20 Minuten backen. Dazu Reis servieren.

Ananas-Cobbler

2 cl Curaçao, 2 cl Weinbrand, 1 Barlöffel Zuckerlösung, 4 Ananasstücke, 4 Cocktailkirschen, Sekt.

Das Glas zur Hälfte mit zerstoßenem Eis füllen, Curaçao, Weinbrand und Zuckerlösung darübergeben, kurz umrühren. Mit den Früchten garnieren und mit Sekt auffüllen.

Ananas-Geflügelleber-Toast
(Vorspeise)

200 g Geflügelleber, Mehl, 50 g Margarine, Salz, weißer Pfeffer, 100 ml Rotwein, Stärkemehl, Sahne, 4 Scheiben Ananas (Konserve), 4 Scheiben Toastbrot, Petersilie, Salatblätter, Tomatenecken.

Die Leber in Streifen schneiden, in Mehl wenden und in Margarine kräftig braten. Die Leber herausnehmen, salzen, pfeffern und warmstellen. Den Bratsatz mit Rotwein ablöschen. Etwas Stärkemehl mit der Sahne anrühren und die Soße damit binden. Die Leber wieder in die Soße geben. Die Ananasscheiben goldgelb anbraten. Auf getoastetes Brot legen und die Leber darauf verteilen. Mit Petersilie, Kopfsalat oder Gartenkresse und Tomatenecken garnieren.
Ananastoast läßt sich vielseitig abwandeln. Anstelle von Geflügelleber können Kalbs- oder Schweineleber, Filets von Schlachtfleisch oder Wild, aber auch zartes Geflügelfleisch verwendet werden.

Ananaskraut

1 kg Sauerkraut, 3/8 l Weißwein, 50 g Schweineschmalz, 1 kleine Dose Ananas.

Das gewaschene Sauerkraut mit dem Wein zum Kochen bringen und etwa 1 Stunde kochen lassen. Während des Kochens hin und wieder etwas Fett zugeben. Das Kraut soll, wenn es fertig ist, fast trocken, jedoch vom Fett glänzend sein und recht sauer schmecken. Vor dem Anrichten die grob geraspelte Ananas mit dem Saft daruntermischen.

Ananasküchlein

1 Dose Ananasscheiben, 150 g Mehl,
⅛ l Milch, 1 Ei, 40 ml Sahne,
1 Prise Salz, 60 g Zucker,
15 g Butter, Ausbackfett, 2 Eßl.
Puderzucker.
Für die Zimtsahne: ⅛ l Sahne,
1 Päckchen Vanillinzucker, 1 Teel. Zimt.
Für die Schokoladensoße: ¼ l Sahne,
30 g Bienenhonig, ½ Vanilleschote,
200 g Kuvertüre oder
Halbbitter-Schokolade.

Die Ananasscheiben abtropfen lassen. Mehl, Milch, Eigelb, Sahne, Salz, Zucker und Butter zu einem Teig verrühren. Das steifgeschlagene Eiweiß unterziehen. Die Ananasscheiben einzeln im Teig wenden und im erhitzten Fett goldbraun ausbacken. Mit Puderzucker besieben. Für die Zimtsahne die Sahne mit dem Vanillinzucker und Zimt steifschlagen, leicht mit Zimt bestäuben. Für die Schokoladensoße die Sahne mit dem Honig und der Vanilleschote aufkochen. Die Vanille herausnehmen, das Mark in die Sahne streifen. Die Kuvertüre im heißen Wasserbad schmelzen, die heiße Sahne nach und nach darunterrühren. Heiß über die Ananasküchlein geben. Die Zimtsahne in Schälchen dazu reichen. – Diese Küchlein können auch mit anderem Obst zubereitet werden.

Andalusischer Reissalat

250 g Reis, 100 g gekochter Schinken,
50 g Tomate, 100 g Apfel,
100 g Orange, 2 Eßl. Öl,
1 Eßl. Essig, 1 Eßl. feingehackte
Petersilie, 1 Eßl. feingehackter Dill,
1 Teel. Edelsüß-Paprika, Salz,
Pfeffer.

Den nach Vorschrift gegarten Reis mit kaltem Wasser abspülen und auskühlen lassen. Schinken, abgezogene Tomate, den entkernten Apfel sowie die Orange in feine Würfel schneiden und zum Reis geben. Aus Öl, Essig und Kräutern eine Soße bereiten, mit Paprika, Salz und Pfeffer würzen. Die fertige Soße unter die Salatzutaten mischen und den Salat 1 bis 2 Stunden durchziehen lassen. Nochmals abschmecken, kühl servieren.

Andalusischer Salat

2 grüne Paprikafrüchte, 250 g Tomaten,
2 Zwiebeln, 10 gefüllte Oliven,
2 hartgekochte Eier, 8 Sardellen-
filets, Salz, Pfeffer,
Paprika, Oregano, 1 Prise Zucker,
3 Eßl. Essig, 3 Eßl. Öl, 1 Kopfsalat.

Paprikafrüchte, Tomaten und Zwiebeln in Scheiben bzw. Ringe schneiden. Die abgetropften Oliven zufügen. Die Eier in Scheiben schneiden, die Sardellenfilets unter fließendem Wasser abspülen und halbieren. Alles in einer Schüssel vermengen. Mit Salz, Pfeffer, Paprika, Oregano und Zucker abschmecken, mit Essig und Öl beträufeln. Dieser Salat kann mit Weißbrot als Vorspeise serviert werden. Auf Salatblättern anrichten.

Angeli cream

½ Apricot-Brandy, ½ frische Sahne.

Je nach Größe des Glases knapp bis zur Hälfte Apricot-Brandy auffüllen, dann vorsichtig die Sahne darübergießen. Sie bleibt über dem Brandy stehen und versinkt nicht.

Angelique (Einzelportion)

50 g Vanilleeis, 2 cl Rum, 2 cl Eierlikör, 1 Eßl. Curaçao, 2 Eßl. Kondensmilch, ½ Teel. Kakao.

Das Eis in ein Glas geben. Alle anderen Zutaten miteinander mixen und darübergießen.

Anisplätzchen

*2 Eier, 1 Prise Salz, 100 g Zucker,
1 Tropfen Anisöl oder
1 Teel. gemahlener Anis,
1 Messerspitze Backpulver, 180 g Mehl.*

Eier und Salz weißschaumig rühren. Anis, Backpulver und Mehl zufügen und unterrühren. Mit 2 Teelöffeln Häufchen auf ein gefettetes, bemehltes Backblech setzen. Zwei bis drei Tage stehen lassen, bis sich auf den Plätzchen Häutchen bilden. Bei schwacher Hitze backen. In einem verschlossenen Gefäß aufbewahren.

Apfel-Beignets

*50 g Mehl, 20 g Maisan, 4 Eigelb,
Rum-Verschnitt, ¼ l Milch, 2 Eiweiß,
50 g Zucker, Äpfel, Zitronensaft,
Öl zum Backen, Zimtzucker.*

Mehl, Maisan, Eigelb und 20 ml Rum-Verschnitt gut mit der Milch verrüh-
ren. Kurz vor Verwendung des Teiges die mit dem Zucker steifgeschlagenen Eiweiß unterziehen. Die Äpfel schälen, das Kernhaus ausstechen und die Äpfel in 1,5 cm dicke Scheiben schneiden. Zitronensaft und etwas Rum-Verschnitt vermischen, darin die Apfelscheiben marinieren. Nach einiger Zeit herausnehmen, abtropfen lassen, in den Backteig tauchen, mit einer Gabel herausnehmen und im heißen Fett schwimmend ausbacken. Die Apfel-Beignets mit Zimtzucker bestreuen und heiß servieren.

Apfel-Birnen-Dessert

*500 g Birnen, 250 g Äpfel,
50 g Margarine, 50 g Zucker,
1 Glas Dessertwein, Zimt, 1 Flasche
Joghurt, Vanillinzucker.*

Birnen und Äpfel waschen, schälen und ohne Kerngehäuse in nicht zu dünne Scheiben schneiden. Margarine zerlassen, 2 Eßlöffel Wasser zugeben und die Apfel- und Birnenscheiben darin nicht zu weich dünsten. Die Obststücke herausnehmen und in Gläsern anrichten. In den Saft Zucker, Dessertwein und etwas Zimt geben, durchkochen lassen, über die Früchte gießen und kalt stellen. Joghurt und Vanillinzucker verschlagen und die Speise vor dem Servieren damit übergießen.

Apfel-Chicorée-Gemüse

*20 g Butter, 500 g Chicorée, Salz,
250 g Äpfel, 25 g Margarine, 25 g Mehl,
125 g Schmelzkäse, 200 g Zunge,
gekochter Schinken oder Schinkenwurst.*

Die Butter in einer feuerfesten Form erhitzen und den vorbereiteten Chicorée darin anschwitzen. 1 Tasse Wasser sowie etwas Salz zufügen und das Gemüse 15 Minuten dünsten lassen. Die Äpfel gut waschen, schälen, vierteln, vom Kernhaus befreien, in Stückchen schneiden und in den letzten 5 Minuten der Garzeit mit zum Chicorée geben. Aus Margarine und Mehl eine helle Schwitze bereiten, mit der Dünstflüssigkeit ablöschen und bis zu ⅜ Liter mit Wasser auffüllen. 5 Minuten kochen lassen. Den Käse in kleine Stücke schneiden und in der Soße schmelzen lassen. Die Zunge in Streifen schneiden, über dem Chicorée verteilen und alles mit der Soße übergießen. In der vorgeheizten Backröhre 8 bis 10 Minuten überbacken.

Dazu paßt Butterreis, nach Belieben auch mit etwas Pritamin vermischt.

Apfel-Cocktail
(Vorspeise)

350 g säuerliche Äpfel, Saft von 1 Zitrone, 75 g Garnelen (Konserve), 100 g saure Sahne, Salz, weißer Pfeffer, 1 Prise Zucker, Dill, 1 Tomate.

Die geschälten, vom Kerngehäuse befreiten Äpfel achteln und in feine Scheiben schneiden. Mit Zitronensaft marinieren. Die Garnelen daruntermengen und in Cocktailgläser füllen. Sahne mit Salz, Pfeffer und Zucker verrühren, pikant abschmecken und die Kräuter dazugeben. Nach Belieben die Sahne mit etwas Weißwein glattrühren. Die Soße über den Cocktail füllen und mit Dillspitzen und Tomatenstreifen garnieren. Dazu Toast.

Apfelcreme

750 g Äpfel, ½ Glas Weißwein, Saft von 1 Zitrone, 1 Messerspitze gemahlener Ingwer, 2 Eiweiß, 1 Prise Salz, 2 gehäufte Eßl. Zucker, kandierte Kirschen zum Garnieren.

Die geschälten, vom Kernhaus befreiten Äpfel mit dem Weißwein, Zitronensaft und Ingwer 20 Minuten dünsten. Erkaltet durch ein Haarsieb streichen und das Püree kalt stellen. Das Eiweiß mit einer Prise Salz steifschlagen, Zucker und das Apfelpüree vorsichtig unterheben. Mit kandierten Kirschen garnieren.

Apfeleis

1 kg Äpfel, 1 Vanilleschote, 100 g Zucker, ⅛ l Weißwein, 4 Eßl. Calvados, ½ l Schlagsahne.

Die geschälten Äpfel in Spalten schneiden, die Vanilleschote auskratzen. Zucker, Weißwein, Vanillemark und -schote in einem Topf erhitzen. Die Apfelspalten darin knapp gardünsten, sie dürfen nicht zerfallen. Abkühlen lassen, Vanilleschote herausnehmen, die Hälfte der Äpfel pürieren und das Püree mit Calvados abschmecken. Die steifgeschlagene Sahne unterheben. Einige Apfelspalten zum Garnieren beiseite legen, die restlichen unter das Püree heben. Alles in eine Form füllen, in das Gefrierfach des Kühlschrankes oder in den Gefrierschrank stellen und fest werden lassen. Vor dem Servieren die Form kurz in heißes Wasser halten, sofort stürzen, portionieren und mit den übrigen Apfelspalten garnieren.

Apfelglühwein
(10 Portionen)

1½ Flasche herber Apfelwein,
1 Barlöffel Kristallzucker, Saft von
½ Zitrone, 1 Gewürznelke,
1 Stückchen Stangenzimt, 8 cl Gin.

In den Apfelwein den Zucker einrühren, mit Zitronensaft, Gewürzen und Zimt erhitzen. Zum Schluß den Gin zugeben. Nochmals verrühren und in feuerfeste Gläser seihen.

Apfelhähnchen im Mantel

250 g saure Äpfel, 4 cl Apfelkorn,
2 Eßl. Magerquark, 150 g Gehacktes
halb und halb, 2 Eier, Pfeffer,
Salz, 1 Broiler, 4 Eßl. Öl,
1 Packung gefrorener Blätterteig.

Die Äpfel schälen, ausstechen und vierteln. In feine Streifen schneiden und mit dem Apfelkorn einige Stunden marinieren. Den Magerquark zum Gehackten geben und mit 1 Ei vermischen. Die marinierten Apfelscheiben untermengen und diese Farce mit Pfeffer und Salz abschmekken. Das bratfertig vorbereitete Hähnchen damit füllen und zunähen. Mit Salz und Pfeffer würzen, im heißen Öl in der Backröhre etwa 30 bis 40 Minuten unter öfterem Wenden und Begießen braten. Danach herausnehmen und abkühlen lassen. Die Fäden vom Zunähen entfernen. Den

Blätterteig auftauen lassen und ausrollen, das Hähnchen daraufsetzen und in den Teig einschlagen. Die Ränder, damit sie besser kleben, mit Eiweiß bestreichen. Mit den abgeschnittenen Teigresten Verzierungen fertigen und ebenfalls mit Eiweiß ankleben. Oben eine Öffnung von 2 cm Ø lassen, wo der Backdampf entweichen kann. Das Hähnchen auf ein feuchtes Backblech setzen und mit einem verquirlten Eigelb bepinseln. Im vorgeheizten Backofen etwa 20 Minuten bei 200 °C goldgelb backen. Im »Mantel« servieren und am Tisch tranchieren. Als Beilage einen frischen Salat reichen.

Apfel-Joghurt-Mayonnaise

2 große (möglichst saure) Äpfel,
60 ml Zitronensaft, 150 g Mayonnaise,
50 g Tomatenmark, 100 ml Joghurt,
Edelsüßpaprika, 1 Messerspitze
gemahlener Zimt, Zucker, Salz.

Die Äpfel reiben und sofort mit dem Zitronensaft vermischen, um ein Braunwerden zu verhindern. Die Mayonnaise mit Tomatenmark, Joghurt, Paprika, Zimt, Zucker und Salz verrühren. Alles kalt stellen und die Äpfel erst kurz vor der Verwendung unter die Mayonnaise mischen, nochmals abschmecken. Diese pikante Mayonnaise paßt ausgezeichnet zu Fleischfondue.

Apfelkrapfen

½ Tasse Bier, 1 Tasse Wasser,
100 g Mehl, 2 Eigelb, 1 Prise Salz,
2 Eiweiß, 750 g Äpfel, Öl zum Fritieren,
Zucker und Zimt zum Bestreuen.

Bier, Wasser, Mehl, Eigelb und Salz zu einem Teig verrühren. Das Eiweiß zu steifem Schnee schlagen und unterheben. Die Äpfel schälen, vom Kernhaus befreien und sehr fein schneiden. Unter den Teig mischen. Mit einem Löffel kleine Krapfen vom Teig abstechen, in das erhitzte Öl gleiten lassen und knusprig braun backen. Herausnehmen und in Zucker und Zimt wälzen. Apfelkrapfen schmecken warm und kalt.

Apfelkuchen mit Guß

Für den Teig: *500 g Mehl, 100 g Zucker, 80 g Margarine, Salz, 1 Päckchen Vanillinzucker, knapp 1/4 l Milch, 30 g Hefe.*
Für den Belag: *1,5 kg Äpfel, Zucker, Zimt, 150 g Korinthen, 1/2 l Buttermilch, 1 Päckchen Puddingpulver Sahnegeschmack, abgeriebene Zitronenschale, 1 bis 2 Eier, Salz.*

Einen Hefeteig nach Grundrezept bereiten und gehen lassen, wieder zusammenstoßen, kurz durchkneten und zu einem Rechteck ausrollen. Den Teig auf ein gefettetes Blech geben und dabei einen Rand andrücken. Die geraspelten Äpfel, ohne Schale und Kernhaus, mit Zucker nach Geschmack, Zimt und Korinthen vermengen. Auf der Teigplatte verteilen. Buttermilch, 2 Eßlöffel Zucker, Puddingpulver, etwas abgeriebene Zitronenschale, Ei und eine Prise Salz auf kleiner Flamme unter ständigem Rühren zum Kochen bringen. Abgekühlt über die Äpfel gießen und den Kuchen etwa 40 Minuten backen.

Apfelkuchen mit Sahneguß

Für den Teig: *500 g Mehl, 100 g Zucker, 80 g Margarine, Salz, 1 Päckchen Vanillinzucker oder abgeriebene Zitronenschale, knapp 1/4 l Milch, 30 g Hefe.*
Für den Belag: *1/2 l Milch, 4 Eßl. Zucker, 1 Päckchen Puddingpulver Vanillegeschmack, 2 kg Äpfel, Rosinen, 1/4 l saure Sahne, 2 Eier, Zucker.*

Einen Hefeteig bereiten, auf gefettetem Blech ausrollen und einen Rand andrücken. Nochmals gehen lassen. Aus Milch, Zucker und Puddingpulver einen Pudding kochen. Einen Teil davon dünn auf den Teig streichen. Die geschälten Äpfel vom Kernhaus befreien, in Schnitze schneiden und dicht auf den Teig legen. Mit gewaschenen Rosinen bestreuen. Den restlichen Pudding mit der sauren Sahne und den Eiern verquirlen, über die Äpfel geben. Den Kuchen bei 200 °C etwa 35 Minuten backen. Mit Zucker bestreuen. – Es kann auch anderes Obst verwendet werden.

Apfelkuchen »Wiener Art«

Für den Teig: *150 g Butter oder Margarine, 90 g Puderzucker, 1 Ei, Schale von 1/2 Zitrone, 190 g Mehl, 100 g Maisan, 1/2 Teel. Backpulver.*
Für die Füllung: *5 kleine Äpfel, 60 g Johannisbeergelee, 40 g Mandeln, 3 Eßl. Zucker, 30 g Rosinen, 1 Eiweiß, Mandelstifte.*

Fett schaumig rühren, nach und nach Zucker, Ei und abgeriebene Zitronenschale dazugeben. Die Hälfte des Mehls dazufügen und verrühren.

Restliches Mehl mit Maisan und Backpulver mischen und unter den Teig kneten. 30 bis 40 Minuten ruhen lassen. Etwas mehr als die Hälfte des Teiges ausrollen, eine Springform damit auslegen und einen hohen Rand formen. Den Boden mehrmals mit der Gabel einstechen. Die Äpfel schälen, halbieren und die Kerngehäuse herausschneiden, die entstandene Vertiefung mit einer Mischung aus geriebenen Mandeln und Johannisbeergelee füllen. Mit der Schnittfläche nach unten auf den Teigboden legen, mit Zukker und überbrühten Rosinen bestreuen. Aus dem restlichen Teig eine Platte in Springformgröße ausrollen, über die Äpfel legen und so andrükken, daß die Form der Äpfel nicht zu sehen ist. Die Deckplatte mehrmals mit der Gabel einstechen, mit Eiweiß bestreichen, nach Belieben mit Mandelstiften bestreuen und backen.

Apfelküchle mit Eis

4 säuerliche Äpfel, 1 Zitrone,
4 Eßl. Weinbrand, 4 Eßl. Rosinen,
6 Eßl. Zucker, 4 Eßl. gehackte Mandeln,
3 Eier, 5 Eßl. Mehl, 5 Eßl. Milch,
Margarine, 4 Kugeln Vanilleeis.

Die geschälten Äpfel vom Kernhaus befreien und grob raffeln. Mit etwas abgeriebener Zitronenschale, der Hälfte des Zitronensaftes, dem Weinbrand, den Rosinen, dem Zucker sowie den gehackten Mandeln vermischen und gut durchziehen lassen. Eigelb, Mehl, Milch und Eischnee vermischen, die Apfelmasse unterziehen. In der Margarine 4 goldbraune Küchlein backen. Das überschüssige

Fett abtupfen, die Küchle erkalten lassen und mit Vanilleeis bedeckt und nach Belieben mit Schlagsahne garniert servieren.

Apfel-Mandel-Soße

2 große Äpfel, Saft von 1 Zitrone,
100 g Mayonnaise, 50 g feingehackte
Mandeln, weißer Pfeffer, Salz.

Die Äpfel schälen, das Kerngehäuse mit einem Apfelausstecher entfernen, die Äpfel feinreiben und sofort mit Zitronensaft vermischen. Dann die Mayonnaise und die Mandeln dazugeben, alles gut vermischen und nach Belieben mit weißem Pfeffer und Salz nachwürzen. Anstelle von Mandeln lassen sich geriebene Hasel- oder Erdnußkerne verwenden.
Apfel-Mandel- bzw. Apfel-Nuß-Soße schmeckt sehr gut zu kaltem Geflügel, kaltem gebratenem Fleisch und zur Fleischfondue. Als Cocktailsoße, aber auch als Soße für feine Salate aus Obst und Gemüse ist sie gut geeignet.

Äpfel »Nanette«

4 große Äpfel, 2 Eßl. Rosinen,
1 Eßl. Likör, zerlassene Butter,
3 Eßl. Semmelbrösel, 1 Eßl. Zucker,
1 Eßl. gehackte Mandeln,
1 Eßl. gehackte Walnußkerne,
1/4 l Schlagsahne.

Die Äpfel schälen, vom Kernhaus befreien und mit den gewaschenen, in etwas Likör marinierten Rosinen füllen. Von außen mit der zerlassenen Butter bepinseln und in einer Mischung aus Semmelbröseln und Zukker wälzen. Die Äpfel in eine gefettete Auflaufform stellen und bei 200 °C etwa 15 Minuten in der Röhre bakken. Kurz vor Ende der Garzeit gehackte Mandeln und Walnußkerne darüberstreuen. Mit eisgekühlter steifgeschlagener Schlagsahne servieren.

Apfel-Orangen-Pfannkuchen

8 Äpfel, 2 Orangen, 50 g Zucker,
³⁄₄ l Milch, 5 Eier, 2 gehäufte Eßl.
Mehl, 2 Eßl. Weißwein, 2 Eßl. Zucker,
1 Päckchen Vanillinzucker,
abgeriebene Schale von ½ Zitrone,
125 g Butter, Zucker, Zimt.

Die geschälten Äpfel in Würfel schneiden. Von den gründlich gebürsteten Orangen die Schale abreiben, dann die Orangen schälen und das Fruchtfleisch ebenfalls in Würfel schneiden. Mit den Äpfeln vermischen, mit Zucker bestreuen. Aus Milch, Eiern, Mehl, Weißwein, Zukker, Vanillinzucker, abgeriebener Orangen- und Zitronenschale einen Teig rühren. Die Fruchtwürfel unterheben. Die Butter in einer tiefen Pfanne erhitzen, die Masse hineingeben und von der Unterseite goldbraun backen. Wenden und von der zweiten Seite backen. Mit Zucker und Zimt bestreuen.

Apfelpfannkuchen

4 Eier, 100 g Zucker, 1 Zitrone,
120 g Mehl, 50 g Stärkemehl,
¼ l Mineralwasser, ⅛ l Bier,
1 Prise Salz, Zimt, 1,5 kg Äpfel,
125 g Margarine, Zucker und Zimt zum
Bestreuen.

Die Eigelb schaumig schlagen, Zucker und abgeriebene Zitronenschale zufügen, alles weiterschlagen, bis sich der Zucker aufgelöst hat. Dann das Mehl, Stärkemehl, Mineralwasser, Bier und Salz zufügen. Den Teig mit Zimt abschmecken und 20 bis 30 Minuten quellen lassen. Die Äpfel schälen, die Kerngehäuse ausstechen. Die Äpfel in Scheiben schneiden. Die Eiweiß steifschlagen und unter den Teig ziehen. Margarine im Tiegel erhitzen, 3 Apfelscheiben hineingeben, etwas Teig darübergeben, von beiden Seiten bakken, warm stellen. Pfannkuchen bakken, bis der Teig aufgebraucht ist. Mit Zimtzucker bestreuen.

Apfelsaft-Cobbler
(alkoholfrei, Einzelportion)

1 Barlöffel Himbeersirup, 1 Barlöffel
Orangensaft, 1 Barlöffel Johannis
beersaft, 1 Orange, 2 Cocktailkirschen,
0,1 l Apfelsaft.

Das Glas zur Hälfte mit fein zerstoßenem Eis füllen, Himbeersirup, Orangensaft und Johannisbeersaft dazugeben, kurz umrühren. Mit den Früchten garnieren und mit Apfelsaft auffüllen.

Apfelsinenkuchen

185 g Butter, 185 g Zucker,
1 Päckchen Vanillinzucker, 3 Eier,
185 g Mehl, 1 Teel. Backpulver;
125 g Zucker, Saft und Schale von
½ Zitrone und 1 Apfelsine.

Butter, Zucker und Vanillinzucker schaumig rühren, dann nach und nach

3 Eier darunterrühren. Das mit dem Backpulver gesiebte Mehl unterarbeiten. Den Teig in eine gefettete Springform gießen, glattstreichen und bei Mittelhitze goldgelb backen. Dann den Zucker mit den abgeriebenen Zitrusschalen, Apfelsinen- und Zitronensaft verrühren und über den Kuchen gießen, noch 10 Minuten backen.

Apfelsinentorte

1 Biskuit-Tortenboden (etwa 5 cm hoch), 200 g Orangenkonfitüre, 100 g Zucker, 100 g Mehl, 1 Ei, 1 Eßl. abgeriebene Orangenschale, Rum oder Rumaroma, 3 große Apfelsinen, 50 g süße Mandeln.

Den Tortenboden zweimal quer durchschneiden, so daß 3 Tortenböden entstehen. Die Böden mit Konfitüre überziehen, einen davon etwas dicker bestreichen. Zucker, Mehl, Ei, Orangenschale zu einem cremigen Teig verrühren, einen Schuß Rum zufügen. Den Teig mit dem Spritzbeutel auf die dick mit Konfitüre bestrichene Teigplatte spritzen, so daß längliche Teigschleifen entstehen. Den so garnierten Boden in der Röhre etwa 15 Minuten goldgelb überbacken. Von 2 geschälten Apfelsinen die weißen Häute entfernen. Das Fruchtfleisch in dünne Scheiben teilen und auf einer Teigplatte anordnen. Die 3 Böden so zusammensetzen, daß der nur mit Konfitüre bestrichene zuunterst liegt, der mit den Früchten belegte in der Mitte und oben der überbackene. Den seitlichen Tortenrand mit der restlichen Konfitüre bestreichen und mit gerösteten Mandelblätt-

chen garnieren. Mit der restlichen vorbereiteten Apfelsine die Torte garnieren. Nach Belieben lassen sich für diese Torte andere Früchte mit einer passenden Konfitüre verwenden.

Apfelsoße

3 Edeläpfel, 3 Stück eingelegter Ingwer, 1 Prise Salz, etwas Glutal, Zucker, etwas Weinessig.

Die Äpfel schälen, entkernen und mit einer halben Tasse Wasser weichdünsten. Inzwischen den Ingwer in dünne Scheiben schneiden. Die Apfelstücke in eine Schüssel geben und mit dem Schneebesen zermusen. Die Ingwerstücke, Salz und Glutal hinzufügen. Die Soße gut verrühren und mit Zucker und würzigem Weinessig abschmecken.

Apfelstrudel auf ungarische Art

Für den Teig: *300 g Mehl, 20 g Fett, eine Prise Salz, 1 Ei.*
Für die Füllung: *50 g Semmelbrösel, 100 g Butter, 1200 g Äpfel, 50 g gemahlene Walnüsse, 100 g Puderzucker, Zimt, 1 Ei zum Bestreichen.*

Auf einem Brett Mehl, Fett, Salz, Ei und 200 ml lauwarmes Wasser gründlich verarbeiten. Aus dem Teig einen Laib formen und auf dem mit Mehl bestreuten Brett, mit einem warmen Topf bedeckt, 20 bis 25 Minuten liegen lassen. Den Tisch mit einem mit Mehl bestreuten Tuch bedecken, den etwas angefetteten Laib in die Mitte legen, mit den mehligen Fingern unter den Teig fassen und vorsichtig ziehen, bis er ganz dünn ist. Den dick bleibenden Rand abschneiden, den Strudelteig einige Minuten trocknen lassen. Dann die Semmelbrösel daraufstreuen, mit der zerlassenen Butter beträufeln und die geschälten und in feine Scheiben geschnittenen Äpfel darauf verteilen. Mit Nüssen, Puderzucker und Zimt bestreuen. Den Strudel zusammenrollen, mit der Nahtstelle auf ein gefettetes Backblech legen, mit Ei bestreichen und in der vorgeheizten Backröhre knusprig braun backen. Den Strudel noch heiß mit Puderzucker bestäuben und sofort servieren.

Apfelsuppe

375 g Äpfel, ½ Teel. abgeriebene Zitronenschale, 80 g Zucker, 50 g Rosinen, 1 Suppenteller garer Milchreis, 20 g ausgekernte Nüsse.

Die gewaschenen Äpfel zerschneiden, dabei Blüte und Stiel entfernen, mit 1 Liter Wasser und abgeriebener Zitronenschale ansetzen, weichkochen, passieren und zuckern. Die vorgequollenen Rosinen und den Milchreis in die Suppe geben. Vor dem Auftragen mit gehackten Nüssen bestreuen. – Nach Belieben kann noch ein Schuß Rum oder Weinbrand zugefügt werden.

Apfeltaschen

300 g gefrorener Blätterteig. Für die Füllung: 1 Eßl. Rosinen, 300 g Äpfel, 50 g Zucker, 1 Eßl. Weinbrand, 2 Teel. Zitronensaft. Zum Bestreichen: 1 Ei.

Den Blätterteig auftauen lassen, ausrollen und in gleich große Quadrate schneiden. Die geschälten Äpfel raspeln, mit Zucker, den vorbereiteten Rosinen, Weinbrand und Zitronensaft vermischen und vorgaren. Abgekühlt je einen Teelöffel der Füllung auf die Teigquadrate geben. Die Ränder mit Eiweiß bestreichen und den Teig zu einem Dreieck zusammenschlagen. Die Ränder gut mit einer Gabel andrücken. Die Blätterteigtaschen auf ein mit Wasser benetztes Blech legen, mit verquirltem Eigelb bestreichen und im vorgeheizten Ofen bei 220 °C etwa 30 Minuten backen. – Diese Taschen können auch mit einer süßen Quarkfüllung bereitet werden.

Apfel-Walnuß-Parfait

3 Äpfel, 100 g Zucker, ½ Zimtstange, 3 Eigelb, 1 Flasche Schlagsahne, 75 g Walnüsse.

2 Äpfel schälen, entkernen und in kleine Würfel schneiden. Mit ½ Tasse Wasser, 1 Eßlöffel Zucker und Zimt 10 Minuten dünsten und abtropfen lassen. Knapp ⅛ Liter Wasser mit dem restlichen Zucker 5 Minuten dick einkochen lassen. Den erkalteten Sirup mit dem Eigelb cremig rühren, im warmen Wasserbad 3 Minuten schaumig schlagen. Herausnehmen und unter ständigem Schlagen erkalten lassen. Die steifgeschlagene Sahne unterziehen, Apfelwürfel und die feingehackten Nüsse untermischen. Die Parfaitmasse 3 bis 4 Stunden im Gefrierfach oder im Gefrierschrank gefrieren lassen. In Gläser verteilen, mit Walnüssen garnieren.

Apfelweinsoße

¼ l Apfelwein, 2 Eier, 70 g Zucker,
1 Eßl. Zitronensaft, 1 Messerspitze
abgeriebene Zitronenschale.

Alle Zutaten verquirlen und dann auf
kleiner Flamme oder im heißen Wasserbad so lange mit dem Schneebesen
schlagen, bis die Soße dicklich wird.
Nicht kochen lassen! Schmeckt gut zu
trockenem Gebäck.

Apfel-Wurst-Salat
(Vorspeise)

2 große Äpfel, 150 bis 200 g Koch-
wurst, 2 Gewürzgurken, 2 kleine
Zwiebeln, Essig, Öl, Salz, etwas
Tomatenketchup, Pfeffer, Zucker.

Geschälte Äpfel, Wurst und Gurken
in Würfel, die Zwiebeln in Ringe
schneiden. Zum Marinieren Essig, Öl
und Tomatenketchup mischen, Salz,
Pfeffer, etwas Zucker dazugeben und
über den Apfel-Wurst-Salat gießen.
Alles gut verrühren, durchziehen lassen und nach 20 Minuten gegebenenfalls nochmals abschmecken. Dazu
Brot und Butter auftragen.

Appetitssalat

6 hartgekochte Eier, 50 g Kräuter-
gabelbissen, 50 g Gewürzgurke,
50 g marinierte Paprikafrüchte,
⅛ l saure Sahne oder Joghurt,
20 g feingehackte Kapern,
2 Eßl. feingehackte Petersilie,
1 Eßl. Tomatenketchup, Salz, einige
Spritzer Worcestersauce,
einige Salatblätter, 1 Tomate.

Die geschälten Eier in Scheiben,
Kräutergabelbissen, Gewürzgurke und
marinierte Paprikafrüchte in Würfel
schneiden und alles in eine Schüssel
geben. Aus saurer Sahne, Kapern, Petersilie und Tomatenketchup eine
Soße bereiten, mit Salz und Worcestersauce würzen und über die anderen Salatzutaten gießen. Den Salat gut
durchziehen lassen, auf Salatblättern
anrichten und mit Tomatenecken garnieren.

Apple Charlotte

1 kg saure Äpfel, Weißbrotscheiben,
120 g Zucker, 1 Zitrone, Butter.

Die Äpfel schälen, entkernen und in
Scheiben schneiden. Eine gut gefettete feuerfeste Form abwechselnd mit
Weißbrotstreifen und mit einer
Schicht Apfelscheiben auslegen, mit
Zucker und geriebener Zitronenschale bestreuen, mit Zitronensaft beträufeln und mit einer Schicht gebut-
terter Weißbrotstreifen ohne Rinde
belegen. Diesen Vorgang wiederholen, bis die Form voll ist. Die Brot-
schicht bildet den Abschluß. Mit ein-
gefettetem Butterbrotpapier abdecken
und bei mittlerer Hitze 60 Minuten
backen. 10 Minuten vorher das Papier
abnehmen und die Apple Charlotte
bräunen lassen. Vorsichtig stürzen
und mit Zucker bestreuen. Mit Vanillesoße auftragen.

Apple Cocktail (Einzelportion)

2 cl Gin, 2 cl Calvados, 1 Spritzer
Angostura, Apfelwein oder Apfelsaft,
Eiswürfel, 1 Apfelscheibe.

Gin und Calvados in einem Kelchglas mischen, einen Spritzer Angostura zufügen und mit nicht zu süßem Apfelwein oder Apfelsaft auffüllen. Einige Eiswürfel und 1 Apfelscheibe hineingeben.

Apple-Pie

Pie-Teig wie Grundrezept, 2 kg säuerliche Äpfel, 50 g Zucker, 4 bis 6 Eßl. Süßwein, abgeriebene Schale von 1 Zitrone, Zimt, 50 g Rosinen, Eigelb zum Bestreichen.

Den Teig nach Grundrezept bereiten. Die Äpfel schälen, in Spalten schneiden und das Kernhaus entfernen. In einen Topf geben, mit Zucker bestreuen, mit Süßwein beträufeln und unter häufigem, aber vorsichtigem Wenden fast gar werden lassen. Zitronenschale, Zimt und Rosinen zugeben, erkalten lassen. Aus dem Teig eine fingerdicke Rolle formen, an den Rand der Form drücken (Obst-Pies werden meist ohne Boden gebacken) und die Apfelmasse einfüllen. Eine Teigdecke ausrollen und auflegen. Aus einem Teigrest Plätzchen ausstechen, mit Eigelb bestreichen, auf den Pie setzen. Bei 200 bis 225 °C 35 bis 40 Minuten backen.

Aprikosenblüte
(Einzelportion)

2 cl Aprikosenlikör, 2 cl Gin, 1 Limette oder Zitrone, Angostura, Selterswasser, Eiswürfel.

In ein hohes Becherglas Aprikosenlikör, Gin und den Saft einer halben Li-

mette geben, dazu 1 bis 2 Tropfen Angostura. Alles gut verrühren, mit Selterswasser auffüllen, Eiswürfel zufügen und das Glas mit Limettenscheiben garnieren.

Aprikosen-Chutney

1 kg Aprikosen, 500 g Zwiebeln, 200 g Rosinen, 400 g Zucker, 1 Eßl. Senfpulver, weißer Pfeffer, Salz, Saft und abgeriebene Schale von 1 Apfelsine und 1 Zitrone, 1/2 Teel. Zimt, 2 Eßl. Essig, 50 g Walnußkerne.

Die Aprikosen entsteinen, grob zerschneiden, mit allen übrigen Zutaten, außer den Nüssen, in einen Topf geben und bei kleiner Flamme so lange kochen, bis eine breiige Masse entsteht, dann die zerdrückten Nüsse zugeben und abfüllen.

Aprikosen-Crêpes

500 g Aprikosen, 6 Eßl. Aprikosenlikör, 40 g Mehl, knapp 1/4 l Milch, 1 Prise Salz, 1 Prise Zucker, 2 Eier, 30 g Butter, 1/8 l Sahne, 1 Tafel Mokka-Sahne-Schokolade.

Die Aprikosen mit kochendem Wasser überbrühen, mit kaltem Wasser abschrecken und vorsichtig häuten. Die Steine entfernen, die Früchte in Spalten schneiden und zugedeckt im Aprikosenlikör ziehen lassen. Mehl und Milch nach und nach verrühren, Salz und Zucker zugeben und mindestens 1/2 Stunde ausquellen lassen. Dann die Eier unterschlagen. In einer ausgefetteten Pfanne 8 bis 10 hellgelbe Crêpes backen. Die fertigen Crêpes im auf 50 °C vorgewärmten Backofen warm stellen, dabei abdekken, damit sie nicht austrocknen. Während der Backzeit die Sahne erwärmen, die in Stückchen gebrochene Schokolade darin schmelzen lassen. Zum Schluß die Crêpes mit den abgetropften Aprikosen füllen, aufrollen und auf vorgewärmte Teller legen. Den Aprikosenlikör vom Marinieren in die heiße Schokoladensoße rühren und die Crêpes damit übergießen. Sofort servieren.

Aprikosen-Eis-Torte

Für den Teig: *3 Eigelb,*
3 Eßl. heißes Wasser,
100 g Zucker, 1 Prise Salz,
abgeriebene Schale von 1 Zitrone,
3 Eiweiß, 60 g Mehl, 60 g Stärkemehl,
1 Teel. Backpulver.
Für Füllung und Belag: *1/4 l Schlag-*
sahne, 1 Päckchen Vanillinzucker,
150 g Aprikosenmarmelade,
500 g Vanille-Eiscreme.
1 Dose Aprikosenhälften (850 g),

Die Eigelb mit dem heißen Wasser verschlagen. 2/3 des Zuckers, Salz und Zitronenschale zufügen und schaumig schlagen. Das Eiweiß sehr steif schlagen, den restlichen Zucker daruntergeben und über die Eigelbmasse ziehen. Mehl, Stärkemehl und Backpulver zusammen sieben und darübergeben. Alles vorsichtig untereinanderheben. Eine Springform mit Butterbrotpapier auslegen, fetten, den Teig einfüllen und im vorgeheizten Ofen bei 200 °C einen Tortenboden backen. Anschließend aus der Form nehmen

und erkalten lassen. Den Boden einmal quer durchschneiden. Die Sahne mit Vanillinzucker steifschlagen. Den unteren Boden mit Aprikosenmarmelade bestreichen. Das Eis rasch in Scheiben schneiden und darauf verteilen. Den zweiten Tortenboden aufsetzen und die Aprikosenhälften darauf anordnen. Die Schlagsahne mit einem Spritzbeutel aufspritzen. Sofort servieren.

Aprikosenkuchen

Für den Teig: *500 g Mehl,*
100 g Zucker, 80 g Margarine, Salz,
1 Päckchen Vanillinzucker,
knapp 1/4 l Milch, 30 g Hefe.
Für den Belag: *50 g Butter,*
50 g Zucker, 1 Päckchen Vanillin-
zucker, Salz, 2 Eier, 2 Gläser
Aprikosen, 1 Päckchen Puddingpulver
Mandelgeschmack, 4 Eßl. saure Sahne.

Aus den Teigzutaten einen Hefeteig nach Grundrezept bereiten und gehen lassen. Zu einem Rechteck ausrollen und auf ein gefettetes Blech geben, dabei einen Rand andrücken. Weiche Butter, Zucker, Gewürz und Eier recht schaumig schlagen. Aus 1/2 Liter abgelaufenem Aprikosensaft und dem in der Sahne angerührten Puddingpulver einen Pudding kochen. Nach dem Abkühlen löffelweise unter die Eiermasse schlagen und auf dem Teig breitstreichen. Die Aprikosen auflegen, nach Wunsch mit gehackten Mandeln bestreuen und bei Mittelhitze etwa 40 Minuten backen. Kurz vor Ende der Backzeit mit Butter oder Margarine bepinseln und noch etwas backen.

Aprikosensoße

*½ Glas Aprikosenmarmelade,
3 Gläschen Weinbrand.*

Die Aprikosenmarmelade mit 1 Tasse heißem Wasser verrühren, durch ein Sieb streichen, aufkochen lassen. Mit dem Weinbrand verdünnen und heiß zu Pudding servieren.

Aprikosentorte

*Für den Teig: 2 Eier, 2 Eßl. kaltes Wasser, 100 g Zucker, ½ Päckchen Vanillinzucker, 50 g Mehl, 50 g Stärkemehl, 1 gestrichener Teel. Backpulver.
Für den Belag: ¼ l Milch, knapp ½ Päckchen Puddingpulver Vanillegeschmack, 1 Eßl. Zucker, 1 bis 2 Dosen Aprikosen, 1 Päckchen farbloser Tortenguß, etwas Schokolade.*

Eier und Wasser zu einer dicken Creme schlagen, unter kräftigem Schlagen Zucker und Vanillinzucker einstreuen. Mehl, Stärkemehl und Backpulver zusammen sieben, auf die Creme geben und vorsichtig unterheben. Den Teig in eine nur am Boden gefettete Tortenbodenform füllen, im vorgeheizten Ofen bei 180 bis 200 °C etwa 15 Minuten backen. Den Tortenboden abgekühlt stürzen. Aus Milch, Puddingpulver und Zucker einen Vanillepudding kochen, etwas abkühlen lassen und dann dünn auf den Boden streichen. Mit den abgetropften Aprikosen belegen. Den Tortenguß nach Anweisung bereiten und die Torte damit überziehen. Etwas Schokolade mit dem Messer in Späne schaben und obenaufstreuen.

Arabischer Schalottensalat

4 Tomaten, 2 Salatgurken, 1 Paprikafrucht, 12 Schalotten oder kleine Zwiebeln, 4 Eßl. gehackte Petersilie, 4 Zweige frische Pfefferminze, ¾ Tasse Salatöl, Saft von 1 Zitrone, Salz, Senf, Pfeffer, 1 Teel. Paprika, 1 Teel. getrockneter Thymian, 2 Scheiben Weißbrot ohne Rinde.

Die Tomaten häuten, zerschneiden, Saft und Kerne ausdrücken und das feste Äußere kleinschneiden. Salatgurken in Würfel, Paprikafrucht in feine Streifen und die Schalotten in dünne Scheiben schneiden. Alle Zutaten vermischen, Petersilie und zerdrückte Pfefferminze unterrühren. Mit einer Marinade aus Öl, Zitronensaft, Salz, Senf, Pfeffer, Paprika und Thymian übergießen. Das Weißbrot in Würfel schneiden und ebenfalls unter den Salat mengen. Den Salat eisgekühlt servieren.

Arader Bohnengemüse

1 kg grüne Bohnen, 2 Eßl. Schweineschmalz, 2 Zwiebeln, Salz, 1 Eßl. Mehl, Paprika, 2 Knoblauchzehen, ½ Tasse Fleischbrühe, Dill, ⅛ l Joghurt.

Die vorbereiteten Bohnen in 3 cm lange Stücke schneiden. 1 Eßlöffel Schmalz erhitzen, die gehackten Zwiebeln und die Bohnen darin langsam schmoren lassen. Gegebenenfalls etwas Brühe oder Wasser zufügen. Erst kurz vor dem Garwerden salzen. Aus dem restlichen Schmalz und dem Mehl eine helle Schwitze bereiten, etwas Paprika, die zerdrückten Knoblauchzehen sowie die Fleischbrühe zufügen und alles aufkochen lassen. Die Bohnen in der Soße nochmals erhitzen. Mit gehacktem Dill bestreut auftragen. Joghurt gesondert reichen.

Armenische Pilzsuppe

30 g durchwachsener Speck, 1 Zwiebel, 1 Eßl. Öl, 350 g Pfifferlinge, 2 Paprikafrüchte, Petersilie, 1 Päckchen Kartoffelpüreeflocken, Salz, Pfeffer, Knoblauchpulver, Thymian, 4 Eßl. saure Sahne.

Speck und Zwiebel in kleine Würfel schneiden und im heißen Öl hell braten. Die gewaschenen, abgetropften Pfifferlinge, die entkernten, in Streifen geschnittenen Paprikafrüchte und die gehackte Petersilie dazugeben. Alles 10 Minuten dünsten lassen. Mit 1 Liter warmem Wasser auffüllen, aufkochen lassen und bei kleiner Flamme das Kartoffelpüreepulver einrühren. Mit Pfeffer, Knoblauchpulver, Salz und Thymian kräftig abschmecken, mit saurer Sahne abrunden.

Arrollado de chancho a la chilena
(Schweinerolle auf chilenische Art)

500 g Schweinelende, 1 kg Schwarte, Salz, Majoran, Kümmel, ganzer schwarzer Pfeffer, 2 fein zerkleinerte Knoblauchzehen, 1 Tasse Weinessig, 125 g Speck, 2 hartgekochte Eier, Mayonnaise.

Die Schweinelende in lange Streifen schneiden und zusammen mit der Schwarte über Nacht in Salzwasser einlegen (sollte die Schwarte sehr hoch sein, etwas Fett entfernen). Am nächsten Tag das Salzwasser weggießen, alle Gewürze in ein Leinenbeutelchen geben und zusammen mit dem Schweinefleisch für 4 Stunden in Essig legen. Die Schwarte auf einem Küchenbrett ausbreiten, Fleischstreifen, den in Streifen geschnittenen Speck und die in Scheiben geschnittenen hartgekochten Eier darauf verteilen und in die Schwarte einrollen. Fest zubinden, damit die Rolle nicht aufgeht. In kochendes Wasser geben und den Beutel mit den Gewürzen hinzufügen. 1½ Stunde kochen lassen. Den Topf vom Feuer nehmen und die Schweinerolle im Topf erkalten lassen. Dann aus der Brühe nehmen, abtropfen lassen und in Scheiben schneiden. Mit Mayonnaise garnieren und mit Rohkostsalat auftragen. Die chilenische Schweinerolle kann auch heiß mit Salzkartoffeln zu Tisch gebracht werden.

Arroz con chancho del arriero
(Chilenisches Reisgericht nach »Viehtreiber-Art«)

500 g Schweinekeule, 2 Möhren, 4 Zwiebeln, 125 g Speck, 4 Scheiben Schinken, 4 Scheiben Sülze, 4 Scheiben Salami, 3 Tomaten, 250 g Mandeln, 1 Eßl. gewiegte Petersilie, 125 g Rosinen, 125 g Oliven, Chillipulver, 1 Teel. Majoran, 1 Teel. Paprika, Salz, 3 Eßl. Öl, 500 g Reis, 1 Tasse Weißwein.

Das Schweinefleisch kleinschneiden, die Möhren reiben, Zwiebeln, Speck, Schinken, Sülze, Salami und Tomaten in Würfel schneiden. Die Mandeln abziehen und feinhacken. Diese Zutaten mit Petersilie, Rosinen, Oliven und den Gewürzen im erhitzten Öl unter ständigem Rühren bräunen. Dann den Reis zufügen und kurz mit anschmoren. 2 Tassen Wasser sowie den Weißwein zugießen. Bei fest zugedecktem Topf in der Röhre garziehen lassen.

Artischockenböden mit Kräuterbutter
(Vorspeise)

8 Artischockenböden (Konserve), Zitronensaft, Salz, weißer Pfeffer, Mehl, 1 Ei, Semmelbrösel, 50 bis 80 g Butter, gehackte Kräuter (Petersilie, Dill, Estragon, Kresse), 50 g Margarine, 1 Zitrone, 1 Tomate.

Die Artischockenböden gut abtropfen lassen, mit Zitronensaft marinieren und mit Salz und Pfeffer bestreuen. In Mehl, Ei und Semmelbröseln panieren. Die Butter mit den gehackten Kräutern und etwas Salz verkneten, zur Rolle formen, kalt stellen und später daraus 8 Scheiben schneiden. In der heißen Margarine die Artischockenböden goldgelb braten. Anrichten, mit Kräuterbutter belegen und mit Zitronenspalten, Tomatenstreifen und Petersilie garnieren.

Athener Käseschnitten

2 Scheiben Toastbrot, 150 g Reibekäse, 30 g Mehl, 40 g süße Sahne, 4 cl Weißwein, 10 g Kokosraspel, 1 Ei, 10 g grüner Pfeffer, Salz, Edelsüßpaprika, 4 cl Rum.

Das Brot toasten. Unter den Reibekäse das Mehl heben. Die Sahne, den Weißwein, die Kokosraspel sowie das verschlagene Ei und den Pfeffer mit der Käsemasse vermengen. Alles mit Salz, Paprika und ein paar Spritzern Rum abschmecken. Die Käsemasse auf das Toastbrot streichen, portionieren und im Grill oder der Röhre überbacken. Die goldgelben Portionsstücke auf heißem Teller anrichten, mit heißem Rum übergießen und brennend servieren.

Auberginenauflauf

750 g Auberginen, 200 ml Öl, 1 Zwiebel, 1 Knoblauchzehe, 500 g Tomaten, Zucker, Salz, Cayennepfeffer, 125 g Sahnequark, 1 Ei, 40 g Reibekäse, 150 ml Sahne, Pfeffer, gemahlener Piment, 3 Eßl. zerpflückte Basilikumblätter.

Die Auberginen schälen, längs in Scheiben schneiden und im erhitzten Öl goldbraun braten, bis sie sich leicht mit der Messerspitze einstechen lassen. Die gebratenen Scheiben vorsichtig aus der Pfanne nehmen und abtropfen lassen. In einer kleinen Pfanne 1 Eßlöffel Öl erhitzen und die Zwiebel- und Knoblauchwürfel darin braten, bis sie goldgelb sind, die Tomaten zufügen und mit Zucker, Salz und Cayennepfeffer würzen. Bei starker Hitze kurz rütteln, dann die Hitze reduzieren und etwa 15 bis 20 Minuten ohne Deckel leise schmoren lassen, bis der Saft der Tomaten fast vollständig verdampft ist. Währenddessen den Sahnequark und das Ei in eine Schüssel geben und mit einer Gabel glattrühren. So viel Käse dazugeben, daß eine feste Paste entsteht, nach und nach die Sahne zufügen, bis die Mischung dickflüssig ist. Alles nochmals abschmecken, nach Bedarf mit Salz nachwürzen. Den Boden einer Auflaufform mit der Hälfte der Auberginen belegen und mit Salz und Gewürzen bestreuen. Die Tomatenmischung über die Auberginenscheiben geben, mit Basilikum bestreuen und mit Pfeffer würzen. Die restlichen Auberginenscheiben daraufschichten, mit Salz und Pfeffer würzen und die Käsemischung darübergießen. Den restlichen Reibekäse darüberstreuen und in der vorgeheizten Backröhre 10 Minuten bei starker und dann noch 20 Minuten bei Mittelhitze backen.

Auberginen mit Käse

6 Auberginen, 2 Eier, 2 Eßl. Mehl, Salz, Pfeffer, ½ l Milch, 1 Tasse Öl, 500 g Schnittkäse, 3 Tomaten.

Die gewaschenen Auberginen in nicht zu dicke Scheiben schneiden. Eier, Mehl, Salz, Pfeffer und Milch verquirlen, die Auberginenscheiben durch diesen Teig ziehen und im heißen Öl goldgelb backen. Gut abtropfen lassen, abwechselnd mit dem Käse (Scheiben oder grob geraffelt) in eine gefettete feuerfeste Form schichten. Mit Käse abschließen. Die Tomaten in Scheiben schneiden, salzen, pfeffern und obenauflegen. Die Form für 15 Minuten in den vorgeheizten Ofen stellen, so daß der Käse zerläuft. Das Gericht mit körnig gekochtem Reis auftragen.

Auberginensalat

2 Auberginen, Salz, 125 g Fleisch- oder Jagdwurst, 4 hartgekochte Eier, 1 Päckchen Mayonnaise, 2 Teel. Senf, 1 Eßl. Kondensmilch, 1 Teel. Zitronensaft, 1 Prise Zucker, Pfeffer, Petersilie.

Die Auberginen waschen und vom Stengelansatz befreit in Scheiben oder Streifen schneiden. Leicht salzen. 30 Minuten durchziehen, dann abtropfen lassen. 10 Minuten in wenig Salzwasser kochen. Wieder abtropfen lassen. Die Wurst in Streifen, die Eier in Scheiben schneiden. Mayonnaise und Senf verrühren, Kondensmilch und Zitronensaft zufügen. Mit Zucker, Salz sowie Pfeffer abschmecken und mit den übrigen Zutaten vermischen. Den Salat in einer Schüssel anrichten, mit Eischeiben und Petersilie garnieren.

Auberginen-Tomaten-Salat

2 Auberginen, ½ Tasse Öl, Salz, 1 Knoblauchzehe, 4 Tomaten, 1 grüne Paprikafrucht, 2 Zwiebeln, Saft von 1 Zitrone, 1 Eßl. Tomatenmark, je 2 Stengel Kerbel, Estragon, Petersilie und Kresse, Pfeffer, Kresse zum Garnieren.

Die gewaschenen Auberginen trocknen und vom Stengelansatz befreit längs halbieren. Etwas Wasser im Topf erhitzen, Öl sowie die mit Salz zerriebene Knoblauchzehe zufügen und darin die Auberginen gut 10 Minuten dünsten. Abkühlen lassen und dann in Scheiben schneiden. Vorbereitete Tomaten und Paprikafrucht in

Streifen schneiden, mit den Auberginen vermischen. Auberginenkochwasser, 1 feingehackte Zwiebel, Zitronensaft, Tomatenmark, gehackte Kräuter, Pfeffer und Salz zufügen. Den Salat 1 Stunde durchziehen lassen. Vor dem Servieren mit Zwiebelringen und Kresse garnieren. Ein origineller und wohlschmeckender Salat.

Auerhahnbrüste auf Toast

Brüstchen von 2 bis 3 Auerhähnen,
½ l Buttermilch oder Rotwein,
80 g Speck, 50 g Butter, Toastbrot.

Wenn man mehrere alte Hähne hat, deren Wildbret zu Ragouts oder Pasteten verwendet wird, so sollte man die Brüstchen auslösen und sie gesondert zubereiten. Die Brüstchen 2 bis 3 Tage in Buttermilch oder in Rotwein legen, danach spicken, in Butter braten und auf gerösteten Weißbrotscheiben anrichten.
Man reicht junge Erbsen oder einen Frischkostsalat dazu.

Augsburger Hausschüssel

2 Schweinshaxen, Salz, Pfeffer,
Kümmel, 1 Knoblauchzehe, 1 Wurzelwerk,
1 Zwiebel, ½ Lorbeerblatt, 2 Stengel
Thymian, ¼ l saure Sahne,
500 g Kartoffeln, 200 g Mehl,
1 Teel. Butter, Salz, 1 Ei.

Die sauber geputzten mittelgroßen Schweinshaxen vom Knochen lösen. Jede Haxe in 4 gleiche Teile zerschneiden. Das Fleisch mit Salz, Pfeffer, Kümmel und Knoblauch einreiben. Das Wurzelwerk und die Zwiebel kleinschneiden, mit dem Lorbeerblatt und dem Thymian in den Topf geben. Das Fleisch darauflegen, ⅛ Liter Wasser darübergießen und alles in die heiße Röhre stellen. Unter öfterem Begießen mit wenig Wasser das Fleisch schmoren, bis es fast gar und die Schwarte knusprig ist. Das Fleisch aus dem Topf nehmen und den Bratensatz und das gare Wurzelwerk mit 50 g Mehl bestäuben und gut verrühren. Mit saurer Sahne aufgießen und unter Rühren aufkochen lassen. Dann 1 Liter Wasser zufügen und alles verkochen. Die Suppe durch ein Sieb passieren und das Fleisch hineingeben. Am Vortag gekochte Kartoffeln pürieren, mit dem restlichen Mehl, der Butter, Salz und dem Ei zu einem glatten Teig verarbeiten, daraus kleine Klöße formen, in das kochende Gericht geben und alles noch etwa 15 Minuten auf kleiner Flamme kochen lassen.

Ausgebackene Apfelringe

30 g Margarine, 50 g Zucker,
1 Päckchen Vanillinzucker, 2 Eier,
125 g Mehl, ⅛ l Sahne,
25 g gemahlene Nüsse, 2 Eßl. Weinbrand
oder Rum, 3 Äpfel, Mehl zum Wenden,
Ausbackfett, Puderzucker.

Margarine, Zucker, Vanillinzucker und Eigelb schaumig rühren, abwechselnd Mehl und Sahne zugeben, dann Nüsse und Weinbrand daruntermischen. Den steifen Eischnee unter den Teig heben. Die Äpfel schälen, die Kerngehäuse ausstechen, in dicke Scheiben schneiden und in Mehl wenden. Dann in den Teig tauchen und im heißen Fettbad schwimmend goldgelb ausbacken. Abtropfen lassen und mit Puderzucker besieben.

Ausgebackene Porreestangen

Etwa 750 g Porree, Salz, Mehl, 2 Eier, Semmelbrösel, Ausbackfett.

Die vorbereiteten, gut gewaschenen Porreestangen in etwa 6 cm große Stücke schneiden. In wenig Salzwasser knapp gar dünsten, abtropfen lassen und möglichst mit einem Tuch trockentupfen. Dann in Mehl, verschlagenem Ei und zuletzt in Semmelbröseln wenden. In siedendem Fett schwimmend ausbacken oder im Tiegel ringsum goldbraun braten.
Diese Porreestangen schmecken zusammen mit einer kräftigen Tomaten- oder Pilzsoße gut zu Kartoffelbrei.

Ausgebackener Karpfen auf tschechische Art

1,5 bis 2 kg Karpfen, Salz, Edelsüßpaprika, 2 Zwiebeln, Mehl, 3 Eier, 3 Teel. Öl, Semmelbrösel, Schweineschmalz, Zitrone, Petersilie.

Den Karpfen schuppen, ausnehmen, gut reinigen, der Länge nach spalten und die Hauptgräte entfernen. Die Karpfenhälften zu Portionen von etwa 150 Gramm teilen und die Hautseite jeder Portion mit einigen Einschnitten versehen, damit der Fisch gut durchbäckt. Die Fischstücke salzen, mit reichlich Paprika einreiben, mit feingehackter Zwiebel bestreuen und in Mehl wenden. Die Eier zusammen mit 4 Eßlöffel Wasser und dem Öl

verschlagen, die Fischstücke darin wenden und anschließend mit Semmelbröseln panieren. In einer großen Pfanne reichlich Schweineschmalz erhitzen, die panierten Karpfenstücke zuerst mit der Haut nach unten in das Fettbad legen und auf beiden Seiten in etwa 12 bis 15 Minuten knusprig ausbacken. Mit einem Schaumlöffel herausnehmen und abtropfen lassen. Auf eine vorgewärmte Platte legen, mit Zitronenscheiben und Petersilie garnieren.
Dieser Karpfen schmeckt besonders gut zu warmem Kartoffelsalat.

Ausgebackenes Kaninchenfleisch

1 Kaninchen, Worcestersauce, Salz, Pfeffer, Paprika, 3 Eßl. Mehl, 1 Ei, 2 Tassen Semmelbrösel, 1/2 Flasche Öl zum Backen, 1 Zitrone, Petersilie.

Das Kaninchen gründlich waschen, enthäuten, abtrocknen und mit einem spitzen Messer die Knochen auslösen (Keule, Rücken, Läufchen). Das ausgelöste Fleisch in Stücke schneiden, mit Worcestersauce, Salz, Pfeffer, Paprika würzen und in Mehl wenden. Anschließend durch geschlagenes Ei ziehen und mit Semmelbröseln umhüllen. Leicht anklopfen und schwimmend in heißem Öl ausbacken. Mit Zitronenecken und Petersiliegrün garnieren.
Mayonnaisensalat mit Tomaten-, Gurken- und Apfelwürfeln verfeinern und dazu reichen.

Brei steht heute kaum noch auf europäischen Speisekarten. Eine Ausnahme ist vielleicht das englische Porridge, ein Haferbrei. Aber Kartoffelpüree, Risotto, Apfelmus – alles übrigens nicht mehr selbständige Gerichte, sondern Beilagen – erinnern nur von fern an das ursprüngliche Nahrungsmittel unserer Vorfahren. Allein in der Konsistenz sind sie ihm ähnlich – dickflüssig, mit einem Feuchtigkeitsgehalt von 70 bis 90 Prozent. Ausschließlich in der Kinderkost hat der Brei seine große Bedeutung von einst behalten:

> »Heichen, heichen, heichen,
> koch' dem Kind ein Breichen ...«

Von unseren Vorfahren wurde der Getreidebrei – wegen seines Wohlgeschmacks und Sättigungswertes – hoch geachtet. Nach einem Volksreim Goethes fütterten Bauern in ihrer Einfalt den Kirchturm mit Brei, daß er höher werde. Im Märchen vom Schlaraffenland, einem Wunschtraum der Menschen, gibt es Berge von Brei, durch die man sich essen muß, und in einem anderen Märchen steigt der süße Brei, welch wollüstiges Verhängnis, häuserhoch und umhüllt fast das ganze Dorf ...
Älteste historische Überlieferungen (3 000 bis 2 800 v. u. Z.) nennen Brei und Fladen als wichtigste Speisen. Nach Maurizio, einem Ernährungsforscher, waren beide im Haushalt der Menschen fünf Jahrtausende lang bestimmend.[6] Fladen ist nämlich nichts anderes als gerösteter, gebackener Brei. Auch er konnte in kürzester Zeit hergestellt werden und war nur warm genießbar. Kalt und damit hartgewordener Fladen wurde wieder zerstoßen und zu Brei verarbeitet. Dabei, so schränkt Maurizio ein, handeln die uns heute bekannten Quellen nicht von den Anfängen dieser Kochkunst, sondern von der höchsten Stufe, ihrer Vollkommenheit. Also be-

gann es noch viel früher … Brei wurde aus Hirse, Hafer, Gerste, Buchweizen, Weizen gekocht. Viele Funde in Ausgrabungsstätten lassen darauf schließen, daß Weizen, Gerste und Hafer die ältesten Getreidesorten sind. Sogar Rezepte aus frühen Jahren blieben uns überliefert. So kannten die alten Römer »puls«, einen Dinkelbrei, der eine Zeitlang sogar ihre Nationalspeise bildete. Nicht jedermanns Geschmack dürfte heute der »punische Brei« sein, auch eine römische Spezialität. Er wurde aus Graupen, Käse, Eiern und Honig gekocht.

Ganz anders verhält es sich mit dem Sesambrei, einem Meisterstück altgriechischer Kochkunst. Sesamsamen wurden im Mörser zerstoßen und mit Öl und Honig in der Pfanne gekocht. Wer sich darunter nichts Rechtes vorstellen kann, dem sei verraten, daß diese zarte Speise unter dem Namen »Chalwa« oder auch »türkischer Honig« noch heute bei vielen Leckermäulern begehrt ist. Wesentlich herzhafter schmeckte der maza, auch mada genannt, meist aus gemahlenen Gerstengraupen bereitet, die man mit Öl und Fleischbrühe mehr köcheln als kochen ließ.

Entscheidend für die Speisekarte waren die lokalen Anbaubedingungen. Man kann davon ausgehen, daß dort, wo Hafer wuchs, in unserer Region etwa, sieben Jahrhunderte lang Haferbrei gegessen wurde. Und dort, wo Hirse gedieh, im südlichen und östlichen Mitteleuropa, war – von der Jungsteinzeit bis ins 19. Jahrhundert hinein – Hirsebrei zu Hause. Literatur und Weltanschauung wurden vom Breiessen geprägt: Wer sich nicht in der Welt umsah, saß »hinter Mutters Muspott«. Wer aber den Mut dazu hatte, kam aus dem »Mustopp«. Brot zu verlangen, galt noch bei Jeremias Gotthelf, einem Schweizer Schriftsteller, um 1840 als Zeichen schlechter Sitte. Brei war die Speise des Volkes. Und ist es auch heute noch, denn zwei Drittel der Erdbevölkerung ernähren sich gegenwärtig von Brei oder breiartigen Zubereitungen. Von den damals bekannten Getreidesorten ergaben nur Weizen und Gerste ein backfähiges Mehl mit dem erforderlichen Klebergehalt. Dabei kannte man seinerzeit fünf Arten Weizen und drei Sorten Gerste in Europa. Und kein Volk kann sich rühmen, den Getreideanbau »erfunden« zu haben.

Weizenmehl war der Rohstoff für die ersten Brote. Roggen, unser heutiges Brotgetreide, wurde erst viel später angebaut und gezüchtet. Brot, diese Speise der Reichen und Reichsten, ist knapp 2000 Jahre alt. Anfangs wurden sogar die Worte Brei, Mus, Brot als synonymische Begriffe verwendet. Erst später kristallisierten sich deren Bedeutungsunterschiede heraus. Brei war feine, mit Milch bereitete Speise. Mus wurde mit Wasser gekocht.

Das, was wir heute als Brot verstehen, gibt es seit dem 18. Jahrhundert. Begegnet man dem Namen früher, in der schönen Literatur etwa, kann man annehmen, daß es sich dabei meist um Brei handelt. Und ist wirklich Gebackenes gemeint, dann dürfen wir dem nicht unsere Vorstellungen von einem Brot zugrunde legen.

Aus dem gerösteten Brei, dem Fladen, hervorgegangen, waren die ersten Brote flach und kamen frisch auf die Tafel. Die alten Griechen kannten eine Art Frühstücksbrot, »kappadozischer Kuchen« genannt, das aus einem gekneteten, zu dünnen Blättern geformten Teig bestand, der sich beim Anblick der Pfanne aufrollte und nach dem Backen in Wein getunkt und verspeist wurde.

Allerdings war man sich über Wohlgeschmack und Kostbarkeit des Brotes sofort einig: In Böotien wurden dem Megalartes und dem Megalomares als den Erfindern von Mehl und Brot Statuen errichtet. Immerhin kannte man später im alten Griechenland über zehn verschiedene Brotsorten! Dazu gehörten das Zymiten mit und das Azymen ohne Sauerteig. (Der wurde übrigens aus Hirsebrei oder Weizenkleie bereitet. Man säuerte die Masse mit Most und trocknete sie nach der Gärung in der Sonne. Dieser Sauerteig blieb ein Jahr haltbar.) Des weiteren gab es das Escharit, ein rhodisches Brot mit Honig, das Dyperische Brot, ähnlich unserem Zwieback, später auch das Chandrit, aus Roggenmehl und weitere Sorten, die sich den jeweiligen Zutaten entsprechend voneinander unterschieden. Um Mehl, Salz, Wasser und Sauerteig zu kneten, trug man Handschuhe, kannte in der Antike sogar schon Knetmaschinen. Und die Backöfen wurden mit Holzkohle geheizt.

Im Mittelalter wurde Brot mit religiösen Bedeutungen versehen, sicher auch, weil es nicht die alltägliche Speise war. Da es nach wie vor kostbar blieb, erklären sich Bräuche und Redewendungen aus dieser Zeit: Der liebe Gast wurde mit Brot und Salz empfangen, eine Sitte, die noch heute in Osteuropa üblich ist. Wer im feudalistischen Staat einen Dienst nahm, erhielt Lohn und Brot, sein Brotherr hatte für ihn zu sorgen.

Allerdings müssen wir bedenken, daß noch im 12. und 13. Jahrhundert das Brot nur als Unterlage für Fleischstücke diente und auch nur genießbar war, weil Fleischsaft es durchfeuchtete. Zwar sprach Plinius bei seiner Visite in Gallien schon von Bierhefe; verbürgt aber ist, daß beispielsweise die Pariser Bäcker erst im 14. Jahrhundert Brot mit Hefe buken. Natürlich Weizenbrot.

Die erste Brotform der Neuzeit war eine Kugel – boule. So heißt der Bäcker in Frankreich boulanger. Auch die ältere Sprachbezeichnung in Deutschland wies auf die Form hin: hleip – Laib. Ein Laib Brot ist somit eigentlich eine tautologische Bildung, ein weißer Schimmel, sagen die Sprachforscher. Daß man sie dennoch verwendet, erklärt sich aus dem Bemühen, diese Art Brot von den Flachbroten zu unterscheiden, die keinen Laib, aus Kruste und Krume, haben – Knäckebrot zum Beispiel. Das Roggenbrot galt anfangs nur als Mahlzeit für schlechte Jahre.

Übrigens: zu Brot wurde anfangs nie Butter gegessen. Höchstens Käse. Butter kam an den Brei – wie es das Kinderverschen berichtet:

»Heichen, heichen, heichen,
koch dem Kind ein Breichen,
tu ein Stückchen Butter dran,
daß das Kind gut wachsen kann ...

Brot und Brei gab es jahrhundertelang nebeneinander. Um 1800 wurde die Brotration der Landarbeiter nach der Schwere ihrer Arbeit festgelegt. Gesindeordnungen aus jener Zeit berichten davon. Morgens aßen Mägde und Knechte Suppe, Brei und Brot. Mittags wurde ihnen eine warme Speise aufs Feld gebracht. Abends nahmen sie – noch auf dem Feld – eine Brotmahlzeit ein, um später den Tag mit einer Nachtsuppe abzuschließen.

Viele Notjahre verhinderten, daß diese elementaren Ernährungsgewohnheiten immer eingehalten werden konnten. So beschreibt Grimmelshausen die Realität des 17. Jahrhunderts: »Damit aber die Kinder gleichwohl etwas warmes in Leib kriegen möchten, nahm die Mutter ein Ey (denn diese Haushaltung vermochte auch eine Henne), rührte selbiges unter Wasser, liesse es sieden und schüttelte die aüssersten Stäublein aus dem Saltzsacklin über die Brocken; und als diese magere Suppe aufgetragen war, setzte sich klein und groß nach gesprochenem Gebet darumb her und attaquirten sie mit ihren höltzernen Löffeln, daß keine Trophe mehr darinn bliebe.«[7]

Brei wurde unüblich, als das Kaffeetrinken landauf, landab in Mode kam und die Hausfrau statt der sättigenden Suppe oder des noch nahrhafteren Breis Gerstenkaffee samt Brotscheiben reichte. Und gänzlich verdrängte ihn dann im 19. Jahrhundert die Kartoffel ...

Notzeiten haben gelehrt, womit man Brot strecken kann. Wer heute vor vollen Regalen steht, wer zwischen so vielen Sorten wählen kann, sollte das bedenken und sorgsam mit Brot umgehen. Auch aus der Geschichte heraus ist eine weggeworfene Stulle, ein verschimmelter Brotkanten ein Sakrileg ...

Die Welt ist nicht aus Brot und Mus geschaffen,
Deswegen haltet euch nicht wie Schlaraffen;
Harte Bissen gibt es zu kauen:
Wir müssen erwürgen oder sie verdauen.
J. W. von Goethe[8]

Schnelle Tomatensuppe

Prager Erbsensuppe

Hühner-Bohnen-
Suppe
Oberhofer
Blumenkohlsuppe
◁

Bouillon
mit Teigtropfen,
mit Semmelklößchen,
mit Ei

Holundersuppe
mit Klößchen

Ragout fin ▷

Birnensuppe

Tatar mit Kaviar

Curry-Apfel-Toast
Ananas-Geflügelleber-
Toast
Schinkentoast
▷

Blätterteiglocken

Pfirsich mit Krabben
Roastbeefröllchen
mit Sahnemeerrettich

Spargel-Cocktail
Geflügel-Cocktail
»Kalkutta«

Backobstsoße

250 g Trockenpflaumen, ¼ l Weißwein,
4 Nelken, 1 Stück Zimt,
1 Stück Ingwer, 2 Eßl. Zucker,
1 Teel. Maisan, 1 Zitrone, 2 Likör-
gläser Korn oder Slibowitz.

Die Trockenpflaumen über Nacht in
Weißwein, ¼ Liter Wasser, Nelken,
Zimt, Ingwer und Zucker einweichen.
Dann bei schwacher Hitze 30 Minu-
ten kochen. Maisan in dem Saft von
einer Zitrone anrühren, zum Backobst
gießen und einmal aufkochen lassen.
Mit dem Korn verfeinern.

Backpflaumen im Speckmantel (Vorspeise)

150 g Backpflaumen (je Portion 4 bis
5 Stück), 200 g Bauchspeck,
4 Scheiben Toastbrot, Tomatenketchup,
Tabasco- oder Pfeffersoße.

Die Backpflaumen mindestens 2 Stunden einweichen, abtropfen lassen und
entsteinen. Den Bauchspeck in dünne
Scheiben schneiden, die Pflaumen
einzeln in Speck einhüllen, auf ein
Backblech geben und so lange in die
vorgeheizte Röhre schieben, bis der
Speck goldbraun und schön knusprig
ist. Sofort auf die vorbereiteten Toastscheiben legen, mit etwas Ketchup
streifenförmig überziehen, mit einigen Tropfen Tabascosoße bespritzen.

Backpulverbrötchen

300 g Weizenmehl, 20 g Backpulver,
1½ Teel. Salz, 250 g Pflanzenfett,
¼ l Milch, 3 Eßl. zerlassene Butter.

Mehl, Backpulver und Salz in eine
Schüssel sieben. Das weiche Fett hinzufügen und gut mit dem Mehl verreiben. In die Mitte eine Vertiefung
drücken und die Milch hineingießen.
So lange mischen, bis ein weicher
Teig entstanden ist. Auf einem leicht
bemehlten Brett nur etwa 30 Sekunden kneten, dann 1 cm dick ausrollen.
Mit einer Plätzchenform etwa 6 cm
große Kreise ausstechen und auf das
mit zerlassener Butter bepinselte
Backblech setzen. Die Scheiben ebenfalls mit zerlassener Butter bestreichen und in der vorgeheizten Röhre
goldbraun backen. Heiß anrichten.

Baisertorte mit Erdbeeren

Für den Teig: 5 Eiweiß, 300 g Puder-
zucker, 1 Päckchen Vanillinzucker,
3 Teel. Zitronensaft.
Für den Belag: 500 g Erdbeeren,
Zucker, 1 Päckchen Tortenguß,
⅛ l Schlagsahne.

Eiweiß mit dem Schneebesen oder
Sahnerad schnittfest schlagen, nach
und nach unter weiterem Schlagen
Zucker, Vanillinzucker und Zitronensaft dazugeben. Den Boden einer
Springform mit Pergamentpapier oder
Alufolie belegen. Die Baisermasse in
den Spritzbeutel mit glatter Tülle geben und spiralförmig eine gleichmäßige Schicht auf das Papier spritzen,
dann mit der Sterntülle in regelmäßi-
gen Abständen Tupfen auf den Rand
setzen. Den Baiserboden bei gering-
ster Hitze mehr trocknen als backen,
eventuell die Backofentür einen Spalt
offen lassen. Noch warm von der Unterlage lösen. Kurz vor dem Servieren

ganze oder halbierte Erdbeeren auf den Tortenboden legen, mit Zucker bestreuen und mit dem nach Vorschrift gekochten Tortenguß überziehen. Die Torte abkühlen lassen und mit Schlagsahnetupfen verzieren.

Balkanexpreß
(Einzelportion)

2 cl Himbeergeist, 2 cl Wermut rot,
2 cl Wermut dry, 2 Spritzer
Zitronensaft, 1 Cocktailkirsche.

Himbeergeist, Wermut und Zitronensaft mit Eis schütteln, in ein Glas seihen und mit der Kirsche garnieren.

Balkan-Käse-Salat

150 g Schnittkäse, 100 g Salami,
100 g rote Paprikafrüchte, 2 Eßl. Öl,
1 Eßl. Essig, 1 Eßl. Zitronensaft,
1 Eßl. feingehackter Schnittlauch,
Salz, Pfeffer, scharfer Paprika.

Den Schnittkäse, die Salami und die Paprikafrüchte in gleichmäßige Streifen schneiden. Aus Öl, Essig, Zitronensaft und Schnittlauch eine Marinade bereiten, mit Salz, Pfeffer und Paprika würzen und mit den anderen Zutaten vermischen. Den Salat durchziehen lassen und kühl servieren.

Balkansoße

120 g Mayonnaise, 1 rote Paprika-
frucht, 1 grüne Paprikafrucht,
1 Pepperoni (frisch oder Konserve),
2 kleine Zwiebeln, Knoblauchzehen,
Salz, Cayennepfeffer oder scharfer
Gewürzpaprika.

Die Paprikafrüchte und die Pepperoni waschen, entkernen, die Zwiebeln schälen, alles in feine Würfel schneiden. Knoblauchzehen nach Belieben schälen, mit Salz zerreiben, alles mit der Mayonnaise mischen und scharf mit Pfeffer abschmecken. Balkansoße paßt zu kaltem Braten, gekochtem kaltem Fisch, kalten Hacksteaks und Hackbraten, aber auch zur Fleischfondue.

Bambussprossensalat

1 Knoblauchzehe, Salz, 1 Messerspitze
gemahlener Ingwer, 2 Eßl. Sojasoße,
3 Eßl. Essig, 2 Eßl. Öl, 2 hart-
gekochte Eier, 1 rote Paprikafrucht,
1 Prise Zucker, 250 g Bambussprossen
aus der Dose, ½ süßsaure Gurke,
¼ gekochte Sellerieknolle, ½ Tasse
frische Estragon- und Dillblätter.

Die geschälte Knoblauchzehe mit Salz zerreiben. Ingwer, Sojasoße, Essig und Öl glattrühren. Eier und geputzte Paprikafrüchte in feine Würfel schneiden, mit Salz und Zucker würzen. Mischen und kalt stellen. Die Bambussprossen im Sieb abtropfen lassen. Ebenso wie Gurke und Sellerieknolle in Streifen schneiden und zusammen in eine Schüssel geben. Die gekühlte Soße darübergeben und unterheben. Estragon und Dill feinhacken und über den Salat streuen.

Bananenbowle

4 bis 6 Bananen, 100 g Zucker,
1 Glas Weinbrand, 2 Flaschen Weiß-
wein, etwas Zitronensaft, 1 Flasche
Selters oder Sekt.

Die geschälten Bananen in feine Scheiben schneiden und mit Zucker, Weinbrand, ½ Flasche Weißwein und Zitronensaft vermischen und 1 bis 2 Stunden kalt gestellt durchziehen lassen. Dann die übrigen Zutaten hinzufügen und servieren.

Bananencreme

5 Bananen, Weinbrand oder Rum, 1 Flasche Schlagsahne, 250 g Magerquark, 2 Eßl. Honig, etwas Zimt.

3 Bananen mit der Gabel zerdrücken, die anderen 2 Bananen in Scheiben schneiden. Die Bananenscheiben mit etwas Weinbrand beträufeln. Die Schlagsahne steifschlagen. Quark, Honig und Zimt gut glattschlagen. Bananenmus und die Quarkmasse vermischen und die Schlagsahne unterziehen. 4 Gläser mit den Bananenscheiben auslegen und die Creme einfüllen. Gut gekühlt servieren.

Bananen-Curry-Suppe

2 Zwiebeln, 40 g Butter, 1½ Eßl. Curry, 2 feste Bananen, 40 g Mehl, 1½ l Fleischbrühe, 2 Eßl. saure Sahne, Zucker, Zwiebelsalz, 1 Eßl. gehackte süße Mandeln, Dill.

Die Zwiebeln in kleine Würfel schneiden und in der Butter anschwitzen. Den Curry und die in Scheiben geschnittenen Bananen zugeben. Alles mit dem Mehl bestäuben, dann die Brühe auffüllen und die Sahne unterrühren. Die Suppe kurz aufkochen lassen und würzen, mit den Mandeln und Dill verfeinern.

Bananen-Dessert

½ Likörglas Rum, 2 Eßl. Zucker, 4 Bananen, 1 Eßl. Kakao, ½ Tafel Schokolade, 1 Haushaltpackung Vanilleeis.

⅛ Liter Wasser mit Rum und Zucker aufkochen. Die geschälten Bananen in schräge Scheiben schneiden und 1 Minute in der Zuckerlösung dünsten. Dann herausnehmen und auf 4 Glasteller verteilen, Kakao und die zerbrochene Schokolade in den Sirup geben und unter Rühren auflösen. Von dem Vanilleeis mit einem Löffel dicke Späne abschaben, zu den Bananen geben und mit der Soße übergießen.

Bananenkrapfen auf indische Art

2 Tassen Mehl, Salz, 1 Teel. Backpulver, 125 g Butter, 3 Eßl. saure Milch oder Joghurt, 4 überreife Bananen, ½ Tasse Milch, Saft von ½ Zitrone, 2 Eßl. Kokosraspel, 1 Gläschen Rum, 2 Eßl. Zucker, Backfett, Puderzucker.

Das Mehl mit Salz und Backpulver in eine Schüssel sieben. Die harte Butter zufügen und mit einem Messer so lange hacken, bis die Masse wie grober Sand aussieht. Dann saure Milch oder Joghurt zufügen und alles zu einem elastischen Teig verkneten. Auf bemehltem Brett etwa 1 cm dick ausrollen. Die geschälten Bananen mit Milch und Zitronensaft pürieren. Kokosraspel, Rum und Zucker zufügen und davon je 1 Teelöffel voll im Abstand von 5 cm auf den Teig geben. Dann den Teig mit einem Glas so ausstechen, daß das Bananenmus in der

Mitte eines Plätzchens ist. Die Ränder befeuchten, nach oben zusammenziehen und festdrücken. Im heißen Ausbackfett goldbraun backen. Gut abtropfen lassen und vor dem Servieren mit Puderzucker bestäuben.

Bandnudeln mit Hühnersoße auf italienische Art

300 g Bandnudeln, Salz, 3 Stück Hühnerleber, 300 g Champignons, Saft von 1/2 Zitrone, 30 g Öl, 1 Eßl. Tomatenmark, 1/8 l Rotwein, Rosmarin, Pfeffer, Parmesankäse oder anderer Reibekäse.

Die Nudeln in reichlich Salzwasser nicht zu weich kochen. Die Hühnerleber in kleine Stücke, die gewaschenen Champignons in feine Streifen schneiden und mit Zitronensaft würzen. Beides im heißen Öl gut anbraten, Tomatenmark und Rotwein zufügen und nochmals kurz dünsten. Mit gehacktem Rosmarin, Salz und Pfeffer abschmecken. Die gut abgetropften Nudeln in eine gefettete feuerfeste Form geben, die Hühnersoße mit reichlich Parmesan zufügen und alles zugedeckt im heißen Ofen etwa 15 Minuten fertigdünsten.

Barsch vom Rost

4 kleinere Barsche, Saft von 1 Zitrone, Salz, Pfeffer, 4 Eßl. Öl, 1 Kopfsalat.
Für die Senfbutter: 40 g Butter, 1 Prise Salz, 1 Teel. Senf.
Für die Marinade: 2 Eßl. Zitronensaft, 1 Eßl. Öl, Salz, Pfeffer.

Außerdem: 100 g blättrig geschnittene Haselnüsse, 20 g Butter, 2 Zitronenscheiben, 2 geviertelte Tomaten, Petersilie.

Die Fische schuppen, ausnehmen und waschen. Mit Zitronensaft beträufeln, mit Salz und Pfeffer würzen. Das Öl darübergießen, 1 Stunde ziehen lassen. Den Salat putzen, waschen und auf einer Platte anrichten. Für die Senfbutter Butter mit Salz und Senf verkneten, zu einer Rolle formen und in den Kühlschrank stellen. Für die Marinade Zitronensaft, Öl, Salz und Pfeffer mischen und über den Salat gießen. Die Fische 15 Minuten auf dem Rost braten. Auf dem Salat anrichten. Die Haselnüsse in der Butter leicht bräunen und über die Fische streuen. Jeden Fisch mit 1/2 Zitronenscheibe garnieren. Die Senfbutter in 4 Scheiben schneiden und ebenfalls auf den Fischen anrichten. Mit Tomatenachteln und Petersilie garnieren.

Baskisches Huhn

1 bratfertiges Huhn, Salz, Paprika, 6 Eßl. Öl, 3 feingehackte Zwiebeln, 400 g Tomaten, 3 rote Paprikafrüchte, 150 g Champignons, 1 Knoblauchzehe, Thymian, Majoran, Cayennepfeffer, Petersilie.

Das Huhn in 6 Teile zerlegen, mit Salz und Paprika einreiben. In heißem Öl von allen Seiten braun anbraten. Feingehackte Zwiebeln zufügen und glasig werden lassen. Die enthäuteten Tomaten in Würfel schneiden, die geputzten Paprikafrüchte und Champignons grob hacken. Alles zum Huhn geben. Die geschälte Knoblauchzehe mit Salz und Thymian fein zerreiben. Mit je 1 Prise Majoran und Cayennepfeffer mischen und in den Topf geben. Umrühren und bei mäßiger Hitze 30 bis 40 Minuten schmoren. Mit gehackter Petersilie bestreuen.

Baskische Spiegeleier

1 Zwiebel, 1 Knoblauchzehe, 1 Eßl. Öl,
300 g Erbsen, 100 g Kochwurst,
8 gekochte Spargelstangen, 8 Eier,
Salz, Pfeffer, Paprika.

Die Zwiebel und die Knoblauchzehe hacken, im heißen Öl anschwitzen, die Erbsen und Wurstscheiben zufügen. Die Spargelstangen darauf verteilen. Die Eier darüberschlagen und zugedeckt stocken lassen. Mit Pfeffer, Salz und Paprika würzen.

Bäuerliche Fischpfanne

750 g filetierter Fisch,
100 g Margarine, 2 Äpfel, 1 kleine
Sellerieknolle, 1 Zwiebel, Salz,
Zitronensaft, Semmelbrösel.

Den Fisch in kleinere Stücke schneiden. In eine mit Margarine gefettete feuerfeste Form abwechselnd Fisch, geschälte, in Scheiben geschnittene Äpfel, geriebenen rohen Sellerie und feingeschnittene Zwiebel schichten. Jede Schicht salzen, mit Zitronensaft und flüssiger Margarine beträufeln. Die Oberfläche mit Semmelbröseln bestreuen und ebenfalls mit Margarine beträufeln. In der Röhre etwa 30 Minuten garen. Die Oberfläche sollte schön knusprig sein. Dazu Weißbrot oder Kartoffeln servieren.

Bauernkohl

1 kg Weißkraut, 150 g Speck,
3 bis 4 Zwiebeln, 1 Teel. Knoblauch-
salz, 1 Tasse Sahne, Salz, Pfeffer,
Muskat, geröstete Zwiebelringe.

Die Krautblätter lösen, in Streifen schneiden, mit kochendem Wasser überbrühen und abtropfen lassen. In einen großen Topf den in Würfelchen geschnittenen Speck und die grob zerteilten Zwiebeln geben, mit dem Knoblauchsalz überstreuen und alles hellgelb anschwitzen. Dann das Kraut zufügen, gut durchrühren und – gegebenenfalls unter Hinzufügen von ein wenig heißem Wasser – gardünsten. Zuletzt die Sahne unterziehen und das Gemüse mit Salz, Pfeffer und Muskat abschmecken. Mit gerösteten Zwiebelringen anrichten.

Bauernkoteletts auf Zwiebelkartoffeln

500 g gekochte Kartoffeln, 2 große
Zwiebeln, 2 Eßl. Öl, Salz, Pfeffer,
Majoran, 4 Schweinekoteletts,
1 Eßl. Mehl, 1 Eßl. Schmalz,
2 Bratwürste, 4 Scheiben magerer Speck,
1 Eßl. gehackte Petersilie.

Die gekochten Kartoffeln schälen und in Scheiben schneiden. Die Zwiebelscheiben in heißem Öl anbraten. Kartoffeln zugeben, würzen und mitbraten, bis sie goldgelb sind. Die Schweinekoteletts leicht klopfen, die Ränder einschneiden, salzen, pfeffern, in Mehl wenden, in heißem Schmalz braten und warmstellen. Die Bratwürste längs halbieren, kreuzweise einschneiden und mit dem Speck braten.

Auf vorgewärmten Tellern die Zwiebelkartoffeln anrichten und mit Petersilie bestreuen. Koteletts, Bratwürste und den Speck obenaufgeben.

Bauern-Omelett

1 kg Kartoffeln, 3 Zwiebeln,
40 g Margarine, 300 g Blutwurst,
6 Eier, Pfeffer, Salz, 3 Tomaten,
½ Bund Petersilie.

Die Kartoffeln etwa 30 Minuten mit der Schale kochen. Mit kaltem Wasser abschrecken, abziehen und auskühlen lassen, dann in Scheiben schneiden. Die geschälten Zwiebeln in Ringe schneiden. In der erhitzten Margarine die Kartoffelscheiben anbraten und die Zwiebelringe zufügen. Die gehäutete Blutwurst in Würfel schneiden und ebenfalls zufügen. Eier mit Pfeffer und wenig Salz verquirlen. Die geschälten Tomaten in Würfel schneiden, in die Eiermilch geben und damit die Kartoffeln übergießen. Das Omelett ist gar, wenn die Eier gestockt sind. Auf einen großen Teller gleiten lassen, zusammenklappen und mit gehackter Petersilie bestreuen.

Baumkuchenecken

10 Eigelb, 200 g Zucker, 2 Päckchen
Vanillinzucker, abgeriebene Schale von
1 Zitrone, 200 g Butter, 100 g Mehl,
100 g Stärkemehl, 10 Eiweiß,
Schokoladen-Fett-Glasur, Puderzucker,
Eiweiß.

Die Eigelb mit 150 Gramm Zucker, Vanillinzucker und abgeriebener Zitronenschale schaumig rühren, bis sich der Zucker gelöst hat. Die Butter schaumig rühren, Mehl und Stärkemehl unterrühren. Die Eigelbmasse darunterschlagen. Das Eiweiß zu Schnee schlagen, den restlichen Zucker ebenfalls unterrühren. Den Eischnee locker unterheben. Eine Springform ausfetten, 1 bis 2 Eßlöffel Teig in die Form geben, glattstreichen und unter dem vorgeheizten Grill etwa 2 Minuten bräunen lassen. (Das Backen ist auch in der normalen Röhre möglich, nur verlängert sich dann die Backzeit.) Auf die gebackene Schicht wieder Teig geben und wiederum bräunen lassen, so lange fortfahren, bis der Teig aufgebraucht ist. Den Baumkuchen auskühlen lassen und kleine Ecken daraus schneiden. Die Schokoladen-Fett-Glasur im Wasserbad auflösen, die Hälfte der Ecken mit Hilfe einer Gabel hineintauchen und auf einem Kuchengitter trocknen lassen. Für die weiße Glasur Puderzucker und Eiweiß verrühren und die restlichen Ecken mit dieser Glasur überziehen.

Béchamelhuhn

1 Suppenhuhn, Salz, 1 Wurzelwerk,
1 Zwiebel, 1 Lorbeerblatt,
2 Pimentkörner, 50 g Butter, 50 g Mehl,
2 Eigelb, 1 Teel. Gelatine,
6 Eßl. Semmelbrösel, 2 Eier, Öl zum
Ausbacken.

Das vorbereitete Huhn im kochenden Salzwasser mit dem Suppengemüse, der Zwiebel, dem Lorbeerblatt und den Pimentkörnern halbgar kochen. Dann herausnehmen, enthäuten und in 4 Teile zerlegen.

Aus Butter und Mehl eine Schwitze bereiten, mit etwa ¼ Liter Fleischbrühe zu einem dicken Brei verkochen. Die Eigelb unterziehen und die in etwas Brühe aufgelöste Gelatine unterrühren. Durch die noch warme Soße die Hühnerstücke ziehen und auf einem mit Semmelbrösel bestreuten Teller auskühlen lassen. Danach die Hühnerstücke durch die geschlagenen Eier ziehen und in Semmelbröseln wenden. Im heißen Öl goldgelb backen. Vor dem Servieren noch mit Zitronensaft beträufeln.

Bechertaler Kräutersoße

130 g Doppelrahmfrischkäse mit Kräutern, 100 g Mayonnaise, 60 g Zitronensaft, feingehackte Kräuter (Dill, Petersilie, Schnittlauch usw.), Salz, Joghurt.

Alle Zutaten mit dem Schneebesen verschlagen und die Konsistenz, je nach Bedarf, mit Joghurt beeinflussen. Es empfiehlt sich, die Soße etwa 1 Stunde stehenzulassen, damit sich die Kräuter geschmacklich entfalten können. Die Soße schmeckt zu allen Fisch- und Fleischfondues, kann aber auch etwas dünner als Salatsoße verwendet werden.

Beckeofe

1 kg Schweinefleisch, 1 kg Kartoffeln, 3 Zwiebeln, 1 l Apfelwein, Wurzelwerk, 3 dünne Scheiben magerer Speck, Salz, Pfeffer, Butter.

Das Schweinefleisch einige Tage mit dem Apfelwein und den Gewürzen in einen Steintopf legen, zudecken, an einem kühlen Ort aufbewahren. Mehrmals wenden. Den Boden einer feuerfesten Form mit Kartoffelscheiben belegen, das Fleisch daraufgeben, die übrigen Kartoffeln darüberschichten, zuletzt die Speckscheiben auflegen. Den Apfelwein von der Beize darübergießen und in der Backröhre im fest verschlossenen Topf 1½ bis 2 Stunden leicht kochen lassen. Die letzten 10 Minuten ohne Deckel und mit Butterflöckchen belegt noch in der Röhre bräunen. Man kann auch Rindfleisch verwenden.

Bel Ami
(Einzelportion)

2 cl Weinbrand, 2 cl Apricot-Brandy, 4 cl Kondensmilch, 50 g Vanilleeis.

Alle Zutaten miteinander gut mixen.

Berenjenas rellenas
(Gefüllte Auberginen)

4 Auberginen, Salz, Öl, 1 Zwiebel, 1 Tomate, 1 Peperoni, 2 Eier, 2 Eßl. Reibekäse, Pfeffer, 1 Tasse Reis.

Die Auberginen kurz in Salzwasser kochen, aber vorsichtig, daß sie nicht zerfallen. Herausnehmen, abtropfen lassen, längs halbieren und das Innere auskratzen. Im heißen Öl die feingeschnittene Zwiebel, die kleingeschnittene Tomate sowie die feingehackte Peperoni andünsten, das Fruchtfleisch der Auberginen, Eier, etwas Reibekäse, Salz und Pfeffer zugeben und alles unter Rühren einige Minuten dünsten lassen. Den Reis extra in Salzwasser körnig ausquellen lassen und zu der angedünsteten Masse geben. Damit die Auberginen füllen. Mit dem restlichen Reibekäse bestreuen, in eine gefettete feuerfeste Form legen und im Ofen goldgelb überbacken.

Berliner Bierbowle

2 Flaschen Weißbier, 1 Zitrone,
1 Flasche Fruchtschaumwein.

Den Inhalt einer Flasche Weißbier in ein Gefäß geben und die sehr dünn abgeschälte Zitronenschale 1 Stunde darin ziehen lassen und wieder herausnehmen. Das restliche Weißbier, 1 Teelöffel Zitronensaft und zum Schluß den gut gekühlten Fruchtschaumwein zugießen. Nach Belieben mit Zucker abschmecken.

Berliner Hühnerfrikassee

1 Wurzelwerk, Salz, 5 Pfefferkörner,
1 Lorbeerblatt, 1 Zwiebel,
1 Suppenhuhn, 50 g Butter,
50 g Mehl, 1 Dose Champignons,
½ Dose Spargelabschnitte oder
frischer gekochter Brechspargel,
100 g gekochte Kalbszunge, 2 Eigelb,
⅛ l Sahne oder Kondensmilch,
weißer Pfeffer, 1 Teel. Zitronensaft,
Worcestersauce, 3 Eßl. trockener
Weißwein, 1 Eßl. Kapern.

Das geputzte und in Stücke geschnittene Wurzelwerk mit 2 Liter Wasser, etwas Salz, den Pfefferkörnern, dem Lorbeerblatt und der Zwiebel zum Kochen bringen. Das gewaschene Huhn darin etwa 1½ Stunde garen, abkühlen lassen, häuten und das Fleisch

von den Knochen lösen. Die Brühe durch ein Sieb geben. In einem flachen Topf die Butter erhitzen, das Mehl darin hellgelb anschwitzen und mit ½ Liter Brühe auffüllen. Mit dem Schneebesen diese Soße glattrühren und 5 Minuten leicht kochen lassen. Die Champignons in Scheiben, den Spargel in kleine Stücke und die Zunge in Würfel schneiden. Das Eigelb mit der Sahne oder Kondensmilch verquirlen und in die Soße rühren. Mit Salz, Pfeffer, Zitronensaft, Worcestersauce und Weißwein abschmecken. Kapern, Champignons, den Spargel, die Zunge und das zerschnittene Hühnerfleisch in die Soße geben und alles nochmals erhitzen, nicht mehr kochen lassen.
Zum Berliner Hühnerfrikassee Reis und Kopfsalat oder einen anderen frischen Salat reichen.

Berliner Linsensuppe

500 g Linsen, 1 Wurzelwerk,
1 l Rotwein, 1 Eßl. Bouillonextrakt,
2 Knoblauchzehen, 20 Backpflaumen,
1 Eßl. getrockneter Thymian,
⅛ l leicht geschlagene Sahne.

Die Linsen 12 Stunden einweichen. Das gewaschene und zerkleinerte Wurzelwerk, den Rotwein und Bouillonextrakt zufügen und alles etwa 2 Stunden leise kochen lassen. Nach etwa 1 Stunde die Knoblauchzehen und die eingeweichten, entsteinten Backpflaumen zufügen. Den Thymian zugeben. Noch etwas ziehen lassen und dann servieren. Auf jede Portion einen Löffel geschlagene Sahne geben.

Berliner Pfannkuchen

500 g Mehl, 1 Prise Salz, 40 g Hefe,
knapp ¼ l Milch, 3 Eigelb,
100 g Butter, 50 g Zucker, 2 Eßl. Rum,
abgeriebene Zitronenschale,
1 Päckchen Vanillinzucker; Erdbeer-
marmelade zum Füllen, Ausbackfett,
Zucker zum Bestreuen oder Zuckerguß.

Aus den Zutaten einen zarten Hefeteig herstellen, gut abschlagen, gehen
lassen. Den Teig kleinfingerdick ausrollen, auf eine Hälfte des Teiges mit
Ausstecher oder Weinglas Ringe an-
merken, in die Mitte jedes Ringes ein
Häufchen Marmelade geben, die andere Teighälfte darüberschlagen,
Krapfen ausstechen, die Ränder gut
andrücken. Mit einem Tuch bedeckt
nochmals gehen lassen. Backfett gut
erhitzen, Krapfen mit der Unterseite
nach oben in das heiße Fett geben,
zugedeckt auf einer Seite goldbraun
backen, umwenden und offen fertigbacken. Die Krapfen abtropfen lassen,
mit feinem Zucker bestreuen. Die
Krapfen müssen vor dem Backen gut
aufgegangen sein und sollen in reichlich Fett schwimmend ausgebacken
werden. – Aus dem Teig können auch
Brezeln gebacken werden. 1 cm dicke,
25 cm lange Rollen drehen, zu Brezeln
formen, 15 Minuten gehen lassen und
in siedendem Fett ausbacken. Abgetropft zuckern oder glasieren.

Berner Kohlrabi-Auflauf

1 kg Kohlrabi, Salz, 200 g gekochter
Schinken, 75 g Butter, 40 g Mehl,
⅛ l Milch, Pfeffer, Muskat,
100 g Reibekäse, 1 Bund Petersilie.

Den Kohlrabi schälen, in Streifen
schneiden und in ½ Liter kochendes
Salzwasser geben. Auf kleiner
Flamme garen und abtropfen lassen.
Das Gemüsewasser in einem Topf
auffangen.
Den Schinken in Streifen schneiden.
40 g Butter erhitzen, das Mehl hineingeben und hellgelb werden lassen.
Unter ständigem Rühren mit dem
Schneebesen ⅜ Liter der Gemüsebrühe und die Milch zugießen, alles
aufkochen lassen und kräftig abschmecken. Eine Auflaufform ausfetten, die Hälfte der Kohlrabistreifen
hineinfüllen, den Schinken und danach den restlichen Kohlrabi darüberschichten. Mit der Soße übergießen,
den Käse darüberstreuen, Butterflöckchen aufsetzen und im vorgeheizten
Backofen überbacken. Mit der gehackten Petersilie bestreut servieren.

Bienenstich

Für den Teig: 500 g Mehl, 100 g Zucker,
80 g Margarine, Salz, 1 Päckchen
Vanillinzucker, knapp ¼ l Milch,
30 g Hefe.
Für den Belag: 150 g Margarine oder
Butter, 150 g Zucker, 75 g Kunsthonig,
200 g Mandeln, Nüsse oder Kokosraspel,
5 bittere Mandeln, 2 bis 3 Eier,
1/16 l Sahne oder Milch, Salz.

Aus den Teigzutaten einen Hefeteig
nach Grundrezept bereiten und gehen lassen. Ausrollen und den Teig
auf ein gefettetes Blech geben, dabei
einen Rand andrücken. Die Margarine, Zucker und Honig auf kleiner
Flamme kurz kochen lassen, vom
Feuer nehmen, die gehackten Man-

deln und nach weiterer Abkühlung die Eier zugeben. Sahne und eine Prise Salz unterrühren, die Masse auf dem Teig breitstreichen und bei Mittelhitze etwa 25 Minuten backen, wenn nötig vor zu starker Oberhitze schützen. – Für Bienenstichmasse können aber auch nur Margarine, Zukker und Mandeln gemeinsam erhitzt werden. Vom Feuer genommen und mit 6 Eßlöffel Sahne oder Milch verrührt, wird die Masse nach Abkühlung auf dem Teig verteilt.

Bier-Cocktail
(Einzelportion)

2 Gläschen Steinhäger oder Gin,
1 Teel. Puderzucker, Eiswürfel,
Pilsner oder Bockbier.

Steinhäger, Puderzucker und Eiswürfel schütteln, durchseihen und mit Bier auffüllen.

Bier-Grog

1¼ l helles Bier, 4 Eßl. Zucker,
Schale von ½ Zitrone.

Das Bier mit Zucker und Zitronenschale erhitzen. Kurz vor dem Kochen in feuerfeste Gläser füllen.

Bierpunsch
(für 6 Personen)

1 l Bier, 4 Eier, 125 g Zucker,
1 Prise Zimt, abgeriebene Zitronenschale.

Alle Zutaten in einen Topf geben und auf kleiner Flamme mit dem Schneebesen aufschlagen. Sofort in feuerfesten Gläsern servieren.

Bierstangen

300 g Mehl, 150 g Margarine, 2 Eier,
Salz, 10 g Hefe, 60 ml Milch, 1 Eigelb,
Kümmel, grobes Salz.

Das Mehl in eine Schüssel sieben, Margarineflöckchen darüber verteilen. Die Eier kurz mit Salz schlagen und dazugeben. Die Hefe in der lauwarmen Milch verquirlen und leicht gehen lassen. Aus allen bereits genannten Zutaten einen Teig kneten und etwa 15 bis 20 Minuten gehen lassen. Zu 1 cm dicken und 15 bis 20 cm langen Stangen formen. Auf ein gefettetes Backblech legen, mit Eigelb bestreichen und mit Kümmel oder grobem Salz bestreuen. 12 bis 15 Minuten in der Röhre knackig backen.

Birkhahn mit Cremesoße

1 junger Birkhahn, Salz, Pfeffer,
50 g Speck, 80 g Butter, 1 Teel. Mehl,
Weißwein, Muskat, 1 Zitrone,
Worcestersauce, 1 Eigelb, Petersilie,
etwas Sahne.

Den Birkhahn würzen, die Brust in Speck hüllen und mit Butter anbraten. Etwas Flüssigkeit zugießen und unter öfterem Wenden und Begießen in der Röhre 40 Minuten schmoren. Dann den Speck abnehmen, etwas Mehl darüberstreuen und bräunen lassen. Inzwischen eine helle Butterschwitze bereiten, mit Wasser und etwas Weißwein aufgießen und mit Salz, Pfeffer, Muskat, Zitrone und Worcestersauce würzen. Mit Eigelb und Sahne legieren. Diese zarte Cremesoße mit dem Bratensaft vermischen und über den tranchierten Birkhahn gießen.

Birkhuhnbraten

1 Birkhuhn, Salz, Pfeffer, Paprika,
50 g Speck, 40 g Margarine.

Das gerupfte Huhn über der Gas-
flamme absengen, ausnehmen und
mit einem sauberen Tuch auswischen.
(Nicht auswaschen!) Innen salzen
und pfeffern, außen mit Salz und Paprika bestreuen, in dünne Speckscheiben wickeln und in Margarine goldbraun braten oder in Bratfolie geben.

Birkhuhnsalat

Birkhuhnreste, 1 Apfel, Sellerie,
Gewürzgurke, Petersilie, Salz, Zucker,
2 Eßl. Mayonnaise.

Übriggebliebenes Birkhuhn von den
Knochen lösen und in feine Streifen
schneiden. Je nach Menge geschnittenen Apfel, Sellerie, Gewürzgurke, Petersilie, Salz, eine Prise Zucker und
Mayonnaise daruntermischen.
Den Salat auf marinierte Salatblätter
geben und garnieren.

Birnen-Aprikosen-Pie

Für den Teig: *250 g Mehl, Salz,*
150 g Butter, 5 Eßl. eiskaltes Wasser.
Für die Füllung: *500 g Aprikosen,*
1 kg Birnen, 1 Zimtstange, etwas Muskat,
80 g Zucker, 1 Eßl. Stärkemehl,
2 Eigelb, 20 g Butterflöckchen;
1 Eigelb zum Bestreichen.

Mehl, Salz und Butter mit den Händen verkneten. Das Wasser eßlöffelweise darunterkneten. (Den Teig am
besten schon am Vortag zubereiten
und im Kühlschrank in Folie aufbe-

wahren.) Die Aprikosen überbrühen,
die Haut abziehen und entsteinen.
Die Birnen schälen, achteln und das
Kerngehäuse ausschneiden. In ¼ Liter
Wasser mit Zimtstange, Muskat und
Zucker 10 Minuten dünsten. Abtropfen lassen und den Saft aufkochen.
Das angerührte Stärkemehl unter
Rühren zufügen, aufkochen lassen.
Die Eigelb mit etwas Soße verrühren,
dann in die heiße Flüssigkeit quirlen.
Nicht mehr kochen! Das Obst zufügen. Alles in eine Auflaufform füllen,
mit Butterflöckchen besetzen und abkühlen lassen. Den Teig gut durchkneten, einen Rand formen und an
der mit Wasser benetzten Form andrücken. Eine Teigdecke ausrollen,
mehrmals einritzen und obenaufgeben.
Mit einigen ausgestochenen Teigresten verzieren. Mit Eigelb bestreichen, bei 225 °C etwa 25 bis 30 Minuten backen.

Birnen-Cocktail
(Vorspeise)

2 bis 3 bißfeste Birnen, 1 kleine
Sellerieknolle, 120 g gekochter
Schinken, etwa 40 g gehackte Walnuß-
oder Haselnußkerne, 60 g Mayonnaise,
40 g Sahne, Saft von 1 Zitrone, Senf,
Salz, Rosenpaprika, Zitronenecken.

Birnen und Sellerie waschen, schälen
und ebenso wie den Schinken in feine
Streifen schneiden. Die Birnen können kurz in kochendem Wasser blanchiert werden, dann verfärben sie sich
nicht. Die gehackten Nüsse dazugeben, alles vermengen. Für die Soße
Mayonnaise mit Sahne, Zitronensaft,
Senf, Salz und Rosenpaprika verrüh-

ren und kräftig abschmecken. Cocktailgläser mit den vorbereiteten Zutaten füllen und mit der Cocktailsoße überziehen. Auf den Gläserrand Zitronenecken stecken.

Birnen-Dessert

5 gehäufte Eßl. Zucker, etwas Orangenschale, 4 Birnen, ½ Gläschen Apricot-Brandy, 1 Teel. Butter, 3 Eßl. Nüsse, ¼ l Schlagsahne, 1 Päckchen Vanillinzucker.

3 Eßlöffel Zucker mit Orangenschale und 1 Tasse Wasser aufkochen. Die Birnen schälen, halbieren, das Kerngehäuse herausnehmen und in dem Zuckersirup aufkochen. Apricot-Brandy zugeben und die Birnen zugedeckt kalt werden lassen. Den restlichen Zucker in der Butter goldgelb schmelzen, die grobgehackten Nüsse zugeben und auf einem leicht geölten Teller erkalten lassen, dann klein zerstoßen. Die Sahne steifschlagen, mit Vanillinzucker süßen und in Glasschalen spritzen.
Die Birnen mit etwas Krokant füllen, zusammensetzen, auf die Sahne geben und mit dem restlichen Krokant bestreuen.

Birnengemüse mit Rauchfleisch

375 g Rauchfleisch, 1 kg feste Birnen, 40 g Margarine, 40 g Mehl, Essig, Salz.

Das Rauchfleisch in Wasser garkochen, dann aus der Brühe nehmen. Die geschälten, halbierten und vom Kernhaus befreiten Birnen in der Fleischbrühe gar, aber nicht zu weich kochen lassen. Aus Margarine und Mehl eine Schwitze bereiten. Das Birnengemüse damit andicken und mit Essig und Salz abschmecken. Das in Scheiben geschnittene Rauchfleisch dazu reichen. Mit einem großen Semmelknödel auftragen.

Birnen-Käse-Toast
(Vorspeise)

4 Scheiben Toastbrot, 20 g Butter, 8 halbe Birnen (Konserve), Edelsüß-Paprika, Tabascosoße, 4 Scheiben Schnittkäse.

Das Toastbrot rösten und mit Butter bestreichen. Die Birnen fächerförmig schneiden, auf den Toast legen und mit Paprika und etwas Tabascosoße würzen. Dann mit Schnittkäse abdecken und im Grill oder in der Backröhre goldgelb überbacken. – Besonders würzig schmecken Birnen mit Roquefort überbacken.

Birnen-Kirsch-Dessert

4 große Birnen, 3 bis 4 Eßl. Zucker, je 1 Stück Zitronenschale und Zimtstange, 2 Likörgläser Weinbrand, 350 g Kirschen (Konserve).
Für die Baisermasse: 2 Eiweiß, 1 Teel. Zitronensaft, 75 g Zucker, 1 Päckchen Vanillinzucker.

Die geschälten Birnen in Achtel schneiden und in 1 Tasse Wasser mit Zucker und Gewürzen etwa 10 Minuten dünsten. Birnenachtel – einige Stücke zurücklassen – und abgetropfte, entkernte Kirschen in eine feuerfeste Form legen, den Birnenkochsaft mit Weinbrand abschmecken und über das Obst gießen. Bei 250 °C in den vorgeheizten Backofen stellen. Eiweiß und Zitronensaft steifschlagen, den Zucker einrieseln lassen und weiterschlagen. Die Baisermasse in einen Spritzbeutel mit großer Tülle füllen und spiralenförmig über das erwärmte Kompott spritzen. Mit den übrigen Birnenstücken garnieren und goldgelb backen. Warm servieren.

Birnen-Schoko-Dessert

4 große Birnen, 1 Tafel Halbbitter-Schokolade, 1 Eßl. Butter, 1 Eigelb, 1/8 l Sahne, 1 Eiweiß.

Die Birnen schälen und in Wasser etwas dünsten. Sie dürfen nicht zu weich werden. Erkalten lassen. Die zerbröckelte Schokolade mit 2 Eßlöffel heißem Wasser mischen und im Wasserbad schmelzen lassen. Vom Ofen nehmen, Butter und Eigelb unterrühren. Sahne und Eiweiß steifschlagen und unterheben. Die Birnen auf Glasteller verteilen, die Schokoladensoße darübergeben und nach Belieben mit gehackten Pistazien bestreuen.

Birnensuppe

750 g Birnen, Zucker nach Geschmack, 3 Nelken, 3 bittere geriebene Mandeln, 2 Teel. Stärkemehl, Saft von 1/2 Zitrone, 1/4 l Weißwein.

Die in Stücke geschnittenen Birnen mit Zucker bestreuen, Gewürze und 1 1/4 Liter Wasser zugeben, völlig garen und durchschlagen. Die Suppe mit kalt angerührtem Stärkemehl binden, mit Zitronensaft und Weißwein abschmecken. Einige leicht gedünstete Birnenspalten in die Suppe geben.

Birnentorte

150 g Mehl, 100 g Kokosraspel, 75 g Zucker, 1 Päckchen Vanillinzucker, 1 Zitrone, 1 Ei, 125 g Margarine oder Butter, 1 kg Birnen, 1/4 l Weißwein, 50 g Zucker, 1 Zimtstange.
Für die Creme: 12 g Gelatine, 2 Eigelb, 50 g Zucker, 1/8 l Milch, 1/4 l Weißwein, 1/4 l süße Sahne, 2 Eßl. Johannisbeergelee.

Mehl und Kokosraspel vermischen. In die Mitte eine Vertiefung drücken und darin Zucker, Vanillinzucker, geriebene Zitronenschale und das Ei verrühren. Margarineflöckchen daraufgeben und alles zu einem Teig verkneten. Zugedeckt etwa 30 Minuten kühl stellen. Dann in eine gefettete Springform drücken. Dabei einen Rand andrücken oder vorher etwas Teig zu einer Rolle formen und als Rand andrücken. Den Boden mehrmals mit der Gabel einstechen. In der vorgeheizten Röhre backen. Die geschälten Birnen halbieren, vom Kerngehäuse befreien. Weißwein mit Zucker und Zimtstange aufkochen. Die Birnenhälften kurz darin dünsten, abtropfen und abkühlen lassen.
Gelatine einweichen. Eigelb und Zucker in einem hohen Topf schaumig rühren. Die erhitzte Milch unter Rühren langsam zugeben. Alles im Wasserbad cremig schlagen. Die Gelatine in die Creme rühren, den Weißwein ebenfalls nach und nach unterrühren.

Den Topf in kaltes Wasser stellen und weiterrühren, bis die Creme abgekühlt ist. Die steifgeschlagene Sahne unter die Creme ziehen. Die Hälfte der Creme auf den Tortenboden streichen, die Birnenhälften daraufsetzen und mit Johannisbeergelee überziehen. Mit der restlichen Creme die Torte garnieren.

Biskuit-Omeletts

2 Eigelb, 50 g Zucker,
1 Päckchen Vanillinzucker, 2 Eiweiß,
2 Teel. Puderzucker, 40 g Mehl,
25 g Stärkemehl, 1 Messerspitze
Backpulver.
Für die Füllung: ¼ l Schlagsahne,
200 g Früchte (Konserve).

Die Eigelb mit 2 Eßlöffel heißem Wasser schaumig schlagen. Nach und nach Zucker und Vanillinzucker hineinrühren. Eiweiß mit Puderzucker steifschlagen, auf die Eigelbmasse geben und das mit Stärkemehl und Backpulver vermischte Mehl darübersieben. Alles locker unterheben. Ein Backblech mit Pergamentpapier auslegen, fetten und Teigplatten von etwa 8 cm Durchmesser daraufstreichen. Im vorgeheizten Ofen bei 200 °C 10 bis 12 Minuten backen. Herausnehmen, die Omeletts auf ein Backbrett stürzen, das Papier sofort anfeuchten und abziehen. Die Omeletts von zwei Seiten zur Mitte hin zusammenklappen. Auskühlen lassen. Die Sahne steifschlagen, mit den in Würfel geschnittenen Früchten vermischen und die Omeletts kurz vor dem Servieren damit füllen. Es können auch frische Früchte verwendet werden.

Biskuitpudding

1 bis 2 helle Biskuitböden,
350 g Sauerkirschen (Konserve),
2 Eier, 1 gehäufter Eßl. Zucker,
1 Päckchen Vanillinzucker,
2 Eßl. Kakao, ½ Teel. Zimt,
3 bis 4 Eßl. Sahne.
Für die Soße: 2 gestrichene Eßl.
Stärkemehl, 1 gehäufter Eßl. Kakao,
½ Teel. Zimt, 3 gehäufte Eßl. Zucker,
½ l Milch, 1 Eiweiß, 2 Päckchen
Vanillinzucker.

Aus den Biskuitböden in der Größe der Form 2 Scheiben schneiden, den Rest in Würfel teilen. Eine runde, glatte, gefettete und ausgebröselte Puddingform mit einer Biskuitscheibe auslegen und die Hälfte der entsteinten Kirschen in die Form füllen. Eigelb und Zucker schaumig rühren. Kakao, Zimt und Sahne darunterrühren. Das Eiweiß steifschlagen, unter die Masse ziehen und mit Biskuitwürfeln mischen. Die Hälfte der Masse auf die Kirschen geben, dann wieder Kirschen und die restliche Biskuitmasse einfüllen. Mit der zweiten Biskuitscheibe abdecken. Mit etwas Kirschsaft beträufeln. Die Form verschließen, im Wasserbad im Backofen 25 Minuten garen, abdampfen lassen und dann stürzen. (Wird eine Auflaufform verwendet, dann diese gut mit Alufolie verschließen.) Für die Soße Stärkemehl, Kakao, Zimt, Zucker und etwas Milch verquirlen, in die restliche kochende Milch geben und 1 Minute kochen lassen. Das Eiweiß mit Vanillinzucker steifschlagen und unter die heiße Kakaocreme rühren. Den Pudding mit der Soße übergießen und mit Kirschen garnieren.

Blätterteig-Apfel-Strudel

1 Paket gefrorener Blätterteig,
2 Eßl. Semmelbrösel, 500 g Äpfel,
100 g Rosinen, 100 g Mandeln,
2 Teel. Zimt, 100 g Zucker,
20 g Butter, Puderzucker.

Den Blätterteig auftauen lassen, zu einem Rechteck ausrollen und mit Semmelbröseln bestreuen. Die Äpfel schälen, vierteln, das Kernhaus entfernen. Die Viertel in feine Spalten schneiden. Mit den Rosinen, abgezogenen und gehackten Mandeln, Zucker und Zimt vermischen. Gleichmäßig auf die Teigplatte geben. Von der Breitseite her aufrollen. Den Strudel auf ein mit Wasser benetztes Backblech setzen und mit der zerlassenen Butter bepinseln. Im vorgeheizten Backofen bei 220 °C 30 bis 40 Minuten backen. Nochmals mit Butter bepinseln und mit Puderzucker besieben. Der Strudel kann warm oder kalt serviert werden.

Blätterteigbrezeln

1 Paket gefrorener Blätterteig, 1 Ei,
50 g süße Mandeln, Zucker.

Den Blätterteig auftauen lassen und zu einer knapp 7 mm dicken Platte ausrollen. Diese mit verquirltem Ei bepinseln, mit den geriebenen Mandeln und dem Zucker bestreuen. Dann gleichmäßige Streifen von dem Teig abschneiden und diese zu Brezeln formen. Auf einem mit Wasser benetzten Blech bei Mittelhitze etwa 30 Minuten backen. Auf die gleiche Weise können auch andere Formen gebacken werden.

Blätterteig für Pasteten

250 g Mehl, 2 Eigelb, etwas Salz,
1 Eßl. Weinbrand, 3 Eßl. Weißwein,
200 g Butter.

Aus Mehl, Eigelb, Salz, Weinbrand und Wein einen Nudelteig bereiten. Ein Rechteck ausrollen und die in Stücke geschnittene Butter darauf verteilen. Dabei einen genügend großen Teigrand frei lassen, damit die Butter gut eingeschlagen werden kann und beim Ausrollen verdeckt bleibt. Den Teig ½ Stunde kalt stellen, dann nach einer Seite hin zu einem Rechteck ausrollen, wieder zusammenschlagen und wieder kalt stellen. Dieses Verfahren dreimal wiederholen. Den Teig dann beliebig weiterverarbeiten.

Blätterteiglocken

2 Pakete gefrorener Blätterteig, 1 Eigelb.
Für den Heringssalat: 2 Heringsfilets,
1 Gewürzgurke, 1 Apfel, 100 g gekochte
Kartoffeln, 50 g rote Beete aus dem
Glas, 1 Eßl. Mayonnaise, 1 Eßl. Kondens-
milch, Salz, Pfeffer.
Für den Fruchtsalat: 1 Orange,
1 Apfel, 100 g garer Sellerie,
1 Eßl. Mayonnaise, 1 Teel. Kondens-
milch, Zitronensaft, 1 Eßl. fein-
gehackte Nüsse.
Für den Paprikasalat: je 1 rote und
grüne Paprikafrucht, 2 Eßl. gare,
geschnittene Champignons, ½ Zwiebel,
2 Eßl. Öl, 2 bis 3 Eßl. Essig, Salz,
Pfeffer.

Den gefrorenen Blätterteig auftauen lassen, ausrollen und in Quadrate schneiden. Auf Alufolie wie zu Eistütchen zusammenrollen. Mit verquirltem Eigelb bestreichen und im vorgeheizten Ofen bei 220 °C 10 bis 15 Minuten backen. Aus dem Ofen nehmen, die Alufolie aus den Locken nehmen und abkühlen lassen. Für den Heringssalat die Heringsfilets, Gurke, Apfel, Kartoffeln und rote Beete in feine Würfel schneiden. Die Mayonnaise mit der Kondensmilch verrühren, mit Salz und Pfeffer abschmecken und mit den übrigen Zutaten gut vermischen. Für den Fruchtsalat Orange und Apfel schälen und ebenso wie den Sellerie in feine Würfel schneiden. Mayonnaise, Kondensmilch und Zitronensaft verrühren, die gehackten Nüsse unterziehen und mit den anderen Zutaten vermischen. Für den Paprikasalat die geputzten Paprikafrüchte in Streifen schneiden, zu den Champignons und Zwiebelwürfeln geben. Mit einer Marinade aus Öl, Essig, Salz und Pfeffer mischen. Die Salate kurz vor dem Servieren in die Blätterteigtüten füllen und auf einer Platte anrichten. Als Vorspeise oder kleine Abendmahlzeit reichen.

Blätterteigpastete

600 g gefrorener Blätterteig,
250 g hauchdünne Scheiben roher
Schinken, 2 Äpfel, 200 g Goudakäse,
5 Tomaten, Salz, Pfeffer, Majoran,
2 Eßl. feingeschnittener Schnittlauch,
3 kleine Peperoni aus dem Glas,
Eigelb, Kümmel.

Den aufgetauten Blätterteig auf bemehlter Fläche zu einem Rechteck von 30 cm × 45 cm ausrollen. Die Teigplatte bis zur Hälfte mit den Schinkenscheiben belegen. Die Äpfel schä-

len, entkernen und ebenso wie den Käse in Würfel schneiden. Alles über den Schinken streuen. Die überbrühten Tomaten enthäuten, in Scheiben schneiden und auf den Apfel- und Käsewürfeln verteilen. Mit Salz, Pfeffer, Majoran und dem Schnittlauch bestreuen. Die feingehackten Peperoni ebenfalls darüberstreuen. Nun die restlichen Schinkenscheiben darauflegen und die freie Teighälfte darüberklappen. Die Ränder fest zusammendrücken. Die Pastete mit Eigelb bestreichen, mit Salz und Kümmel bestreuen. Im vorgeheizten Ofen bei 220 °C backen, bis die Pastete goldgelb ist. Mit grünem Salat servieren.

Blätterteig-Pfirsich-Torte

300 g gefrorener Blätterteig,
500 g Kompottpfirsiche.
Für die Füllung: 1/2 l Schlagsahne,
50 g Zucker, 2 Eßl. Weinbrand,
60 g Johannisbeergelee, 1 Maraschino-
kirsche.

Den Teig auftauen lassen und auf bemehlter Fläche 3 sehr dünne Böden ausrollen. Die Böden einzeln in einer mit Butterbrotpapier ausgelegten Springform bei 220 °C backen. Die abgetropften Pfirsiche in Spalten schneiden. Unter die mit Zucker abgeschmeckte, steifgeschlagene Sahne tropfenweise den Weinbrand geben. Johannisbeergelee erwärmen und glattrühren, auf einen Boden streichen und diesen beiseite legen. Die anderen 2 Böden kreisförmig mit Pfirsichspalten belegen, dabei den Rand frei lassen. Die Sahne darüber verteilen. Diese beiden Böden übereinandersetzen. Den mit Gelee bestrichenen Boden obenauflegen. Auf das Gelee ebenfalls Pfirsichspalten legen und die Torte in der Mitte mit einer Maraschinokirsche garnieren.

Blaubeer-Parfait

400 g Blaubeeren, 100 g Puderzucker,
1 Teel. abgeriebene Zitronenschale,
2 Eigelb, 1 Eßl. Himbeergeist,
¼ l Schlagsahne.

Die Blaubeeren verlesen, waschen und abtropfen lassen. ⅔ der Blaubeeren mit 50 Gramm Puderzucker pürieren und die Zitronenschale unterrühren. Das Eigelb mit 1 Eßlöffel Wasser, Himbeergeist und Puderzucker schaumig rühren. Die Sahne steifschlagen. Blaubeerpüree, die Eiermasse sowie ⅔ der steifgeschlagenen Sahne mit dem Schneebesen gut mischen. Die Hälfte der Masse in eine Form füllen, die restlichen Beeren daraufgeben und obenauf ebenfalls Creme streichen. Für einige Stunden in das Gefriergerät stellen. Das Parfait herausnehmen, mit einem scharfen Messer zwischen Formrand und eingefüllter Masse herumfahren. Das Parfait stürzen, evtl. dafür die Form kurz in heißes Wasser halten. Mit der restlichen Schlagsahne garnieren.

Blues um Mitternacht
(Einzelportion)

0,1 l Milch, 2 cl Kaffeelikör,
2 cl Gin, 1 Schuß Himbeergeist.

Alles miteinander gut auf Eis schütteln und im Weinglas servieren.

Blumenkohlauflauf mit Käsehaube

1 Blumenkohl, Salz, 125 g roher
Schinken, 200 g gekochter Schinken,
200 g süße Sahne, 4 Eier,
1 Teel. grüner Pfeffer, 60 g Butter
oder Margarine, 20 g Mehl, ⅛ l Milch,
50 g Reibekäse.
Für die Tomatensoße: 2 Zwiebeln,
1 Knoblauchzehe, 4 Eßl. Öl,
500 g geschälte Tomaten, ⅛ l Rotwein,
Salz, Pfeffer, Oregano, Petersilie.

Den ganzen Blumenkohl in Salzwasser garen, dann abtropfen lassen. Den rohen Schinken in feine Würfel schneiden. Den gekochten Schinken grob zerkleinern und anschließend mit dem Schneidestab vom Handmixer pürieren. Die Sahne, 1 Ei und den Pfeffer nach und nach mit dem Schneidestab unterrühren. Dann die Schinkenwürfel daruntermischen. Eine feuerfeste Form mit 10 Gramm Butter ausfetten. Den Blumenkohl in Röschen zerteilen. Die Hälfte der Schinkenmischung in die Mitte der Form geben, die Hälfte der Blumenkohlröschen hineindrücken, mit der übrigen Schinkenmischung bedecken und die restlichen Blumenkohlröschen hineindrücken. Die Eier trennen. 50 Gramm Butter im Topf schmelzen lassen. Das Mehl zufügen und verrühren. Die Milch unter Rühren zugeben und einmal kurz aufkochen lassen. Den Topf vom Feuer nehmen. Käse und Eigelb unterrühren. Das steifgeschlagene Eiweiß unter die Käsemasse heben und alles dick auf den Blumenkohl streichen. Den Auflauf in der vorgeheizten Röhre etwa 50 Minuten garen. Für die Soße die Zwiebeln und die Knoblauchzehe hacken und im erhitzten

Öl goldgelb braten. Die Tomaten pürieren und zu den Zwiebeln gießen. Den Rotwein ebenfalls zugießen, alles gut verrühren und sämig kochen. Die Tomatensoße mit Salz, Pfeffer und Oregano würzen und die feingehackte Petersilie unterziehen.

Blumenkohl-Brokkoli-Auflauf

1 Blumenkohl, Salz, 1 kg Brokkoli, 750 g Kartoffeln, 50 g Butter, weißer Pfeffer, 2 Eier, 1/8 l Schlagsahne, 300 g Schnittkäse, 150 g Joghurt, 200 g dicke saure Sahne, Semmelbrösel.

Den Blumenkohl putzen und in leise kochendem Salzwasser 10 Minuten vorgaren, abtropfen lassen. Den Brokkoli putzen und 1 bis 2 Minuten in Salzwasser legen, dann abtropfen lassen. Die geschälten und gewaschenen Kartoffeln in dünne Scheiben schneiden und in kochendem Salzwasser 5 Minuten vorgaren, abtropfen lassen. Eine feuerfeste Form mit wenig weicher Butter ausstreichen und die Kartoffeln einschichten und pfeffern. Die mit der Sahne verquirlten Eier über die Kartoffeln gießen. Den Blumenkohl in die Mitte setzen. Den Brokkoli rundherum verteilen. Dicke Käsescheiben auf den Brokkoli geben. Den Joghurt mit der dicken sauren Sahne verrühren und über den Blumenkohl gießen. Alles in der vorgeheizten Backröhre bei 175 °C etwa 30 Minuten zugedeckt garen. Dann den Deckel abnehmen. Die restliche Butter bräunen, die Semmelbrösel darin schwenken, alles auf dem Auflauf verteilen. Noch etwa 15 Minuten ohne Deckel backen und servieren.

Blumenkohl-Brokkoli-Salat

500 g Blumenkohl, Salz, 500 g Brokkoli, 1 Bund Schnittlauch, 2 Eßl. Zitronensaft, Pfeffer, 1 Prise Zucker, 1 Teel. Senf, 4 Eßl. Öl.

Den geputzten Blumenkohl waschen und in Röschen teilen. In kochendem Salzwasser 12 bis 15 Minuten garen, abgießen und abtropfen lassen. Den geputzten Brokkoli ebenfalls waschen, die Röschen mit dem oberen Drittel der Stiele etwa 30 Minuten in Salzwasser garen und ebenfalls abtropfen lassen. Für die Salatsoße den kleingeschnittenen Schnittlauch, Zitronensaft, Salz, Pfeffer, Zucker, Senf und Öl kräftig miteinander verschlagen. Blumenkohl und Brokkoli auf einer Platte anrichten, mit der Soße übergießen.

Blumenkohl-Curry »indisch«

1/8 l Öl, 1/2 Teel. Senfkörner, 1/4 Teel. Kümmel, 1/2 Teel. Ingwerpulver, 2 gehackte Zwiebeln, 1 Teel. Salz, 1/2 Teel. Kurkuma (wenn vorhanden), 1 kg Blumenkohl, in Röschen zerteilt, 125 g Tomaten, 1 frische oder eingelegte grüne Chillischote, einige Tropfen Worcestersauce, 1/4 Teel. gemahlener Kümmel, 1/4 Teel. Curry, 1/2 Teel. Zucker, 2 Eßl. gehackte Petersilie, 1 Eßl. zerlassenes Butterschmalz.

Das Öl in einem großen Topf rauchheiß werden lassen. Senfkörner, Kümmel, Ingwerpulver und Zwiebeln hineingeben und durchschmoren. Salz, Kurkuma sowie die geputzten Blumenkohlröschen zufügen. Die Tomaten häuten, entkernen und in Würfel schneiden. Mit der feingehackten Chillischote, Worcestersauce, Kümmel, Curry, Zucker und der Hälfte der Petersilie ebenfalls in den Topf geben. Etwa 30 Minuten schmoren, dann ¼ Liter Wasser zufügen. Die restliche Petersilie über das Gericht streuen, mit dem Butterschmalz beträufeln und heiß servieren.

Blumenkohl in Käsesoße

1 großer Blumenkohl, Salz,
30 g Margarine, 30 g Mehl, ¼ l Milch,
2 Eßl. Reibekäse, 2 Ecken Schmelzkäse,
Zitronensaft, Muskat, 2 Tomaten,
Petersilie.

Den Blumenkohl in Röschen teilen, in Salzwasser etwa 10 Minuten garen. Eine helle Soße bereiten. Dafür in der zerlassenen Margarine das Mehl anschwitzen, mit Milch und Gemüsewasser auffüllen und durchkochen lassen. Reibekäse und Schmelzkäsewürfel unter die Soße rühren. Mit Zitronensaft, Salz und Muskat abschmecken. Die Blumenkohlröschen in die Soße geben und mit Tomatenwürfeln und Petersielie bestreuen.

Blumenkohl mit Kruste

1 Blumenkohl, Salz, 375 g Rind- oder
mageres Schweinefleisch, 50 g Speck,
125 g Pilze, 1 Eßl. Tomatenmark,
1 Eßl. gehackte Petersilie,
2 Eßl. saure Sahne, 2 Eier, Reibekäse.

Den vorbereiteten Blumenkohl in Salzwasser halbgar kochen, abtropfen lassen und in eine gefettete Auflaufform legen. Fleisch und Speck durch den Fleischwolf drehen, mit den geputzten, blättrig geschnittenen Pilzen, Tomatenmark, Petersilie, saurer Sahne und Eiern vermischen und kräftig abschmecken. Die Masse über den Blumenkohl füllen, alles mit Reibekäse bedecken. In der Röhre zunächst 30 Minuten bei Unterhitze backen, dann noch kurz Oberhitze einschalten. Mit einer hellen Soße auftragen.

Blumenkohl mit Schinkensoße

75 g Schinkenspeck, 20 g Margarine,
40 g Mehl, ½ l Milch, ⅛ l Hühner-
brühe (Instant), 1 großer Blumenkohl,
Salz, 150 g gekochter Schinken in
dünnen Scheiben, 2 bis 3 Bund Schnitt-
lauch, Pfeffer, 1 Eßl. Worcestersauce,
1 Eßl. Zitronensaft, 2 Eigelb.

Den Schinkenspeck in feine Streifen schneiden und bei mäßiger Hitze knusprig ausbraten. Herausnehmen und abtropfen lassen. In dem Speckfett die Margarine zerlassen, das Mehl einrühren und kurz durchschwitzen. Milch und Brühe mischen und zugießen. Unter Rühren aufkochen lassen. Die Kochzeit beträgt etwa 15 Minuten. Den geputzten Blumenkohl waschen und im ganzen in Salzwasser garen. Den feinwürfelig geschnittenen Schinken sowie den feingehackten Schnittlauch in die Soße geben und 5 Minuten ziehen lassen. Mit Salz nachwürzen, mit Pfeffer, Worcestersauce und Zitronensaft abschmecken. Die Soße vom Feuer nehmen und das verquirlte Eigelb unterziehen. Einen Teil der Soße über den Blumenkohl gießen und mit den Schinkenspeckwürfeln bestreuen.

Blumenkohlsalat mit Erbsen

*1 Blumenkohl, 100 g grüne Erbsen
(Konserve), 1 Bund Radieschen,
1 Zwiebel, 2 Eßl. Öl, 1 Eßl. Essig,
1 Eßl. Mayonnaise, 1 Eßl. Senf,
Salz, Pfeffer, 1 Eßl. feingehackte
Petersilie, 1 Tomate.*

Den vorbereiteten Blumenkohl in
Röschen teilen und in Salzwasser ga-
ren. Herausnehmen, abkühlen lassen,
Erbsen, Radieschenscheiben und
Zwiebelwürfel dazugeben. Aus Öl,
Essig, Mayonnaise, Senf, Salz und
Pfeffer eine Soße bereiten und über
das Gemüse gießen. Den Salat etwas
durchziehen lassen, mit Kräutern be-
streuen und mit Tomate garnieren.

Boeuf Bourguignonne

*1 kg mageres Rindfleisch (Keule),
50 g Schmalz, Salz, Pfeffer, Rosmarin,
$\frac{1}{2}$ Lorbeerblatt, 1 Knoblauchzehe,
$\frac{1}{2}$ Flasche Rotwein, 125 g kleine
Zwiebeln, 150 g Champignons,
125 g durchwachsener Speck.*

Das in Würfel geschnittene Fleisch im
heißen Fett kräftig anbraten, herausnehmen und in einen Schmortopf geben. Gewürze, feingewürfelten Knoblauch und Rotwein darübergeben. Zugedeckt bei 175 °C im vorgeheizten
Backofen etwa 2$\frac{1}{2}$ Stunden garen.
Zwiebeln und Champignons putzen,
aber nicht zerkleinern. Den in Würfel
geschnittenen Speck ausbraten, Zwiebeln darin glasig dünsten und die
Champignons zugeben. Etwas Mehl
darüberstäuben und alles bei mäßiger
Hitze dünsten, dabei den Topf zudekken. Nach der angegebenen Zeit das

Fleisch aus dem Backofen nehmen,
Speck, Zwiebeln und Champignons
untermischen und nochmals kurz erhitzen. Kräftig abschmecken.

Böhmische Kürbissuppe

*Etwa 750 g Kürbis (ohne Schale und
Kernfleisch), Salz, 40 g Margarine,
50 g Mehl, Paprika, 50 g Speck,
150 g Blutwurst, 1 Zwiebel.*

Die Kürbisstücke mit Salz und 2 Liter
kochendem Wasser ansetzen und
nach dem Garen pürieren. In der erhitzten Margarine das Mehl schwitzen, den Kürbis zugeben, nochmals
aufkochen lassen und kräftig mit Paprika abschmecken. In dem kleinwürfelig geschnittenen Speck Blutwurst-
und Zwiebelwürfelchen braten und
auf der Suppe anrichten.

Böhmisches Bierfleisch

*600 g Schweinefleisch, 1 Eßl. Edelsüß-
paprika, 300 g Zwiebeln,
100 g Schweineschmalz, 1 gehäufter
Teel. Kümmel, $\frac{1}{2}$ l helles Bier,
3 gehäufte Eßl. geriebenes Schwarzbrot,
Salz, Pfeffer.*

Das Schweinefleisch in Würfel schneiden und mit Paprika bestäuben. Die
feingeschnittenen Zwiebeln im erhitzten Schweineschmalz knusprig bräunen. Das Fleisch zugeben und kurz
mitbräunen lassen. Den Kümmel und
die Hälfte des Bieres zugeben, den
Topf schließen und das Fleisch auf
kleiner Flamme langsam garen. Etwa
15 Minuten vor Ende der Garzeit das
geriebene Schwarzbrot sowie das rest-

liche Bier zufügen und alles weiterkochen lassen. Wenn der Saft dick und braun und das Fleisch weich ist, mit Salz und Pfeffer abschmecken. Dazu schmecken sehr gut Knödel.

Böhmisches Knoblauchhähnchen

1 Broiler, 4 Knoblauchzehen, Pfeffer,
Salz, 100 g geräucherter Speck,
50 g Margarine, 2 Zwiebeln, ¼ l Weiß-
wein, 100 g Champignons, 2 Lorbeer-
blätter, 1 Bund Petersilie,
1 Glas Pflaumenbranntwein,
1 Eßl. Mehl, ⅛ l Schlagsahne.

Das Hähnchen in 4 Teile zerlegen und mit Knoblauch, Pfeffer und Salz einreiben. Den feingeschnittenen Speck mit der Margarine und der in Würfel geschnittenen Zwiebel anschwitzen. Die Hähnchenstücke zugeben und von allen Seiten bräunen. Mit dem Weißwein ablöschen. Die in Scheiben geschnittenen Champignons, Lorbeerblätter und gehackte Petersilie zugeben. Bei geschlossenem Topf 40 Minuten schmoren. Das Fleisch auf eine Platte legen und mit Pflaumenbranntwein beträufeln. Die Soße mit einer braunen Mehlschwitze binden und mit der Sahne verfeinern. Zu diesem deftigen Hähnchen Salzkartoffeln und Bohnensalat servieren.

Bohnengemüse mit Käse

1 kg grüne Bohnen, 50 g Butter oder
Margarine, Salz, Pfeffer, Bohnenkraut,
100 g Schnittkäse.

Die Bohnen waschen und von den Fäden befreien. Große Bohnen brechen, kleine unzerteilt lassen. Tropfnaß in die heiße Fettigkeit geben und etwas Salz, Pfeffer und Bohnenkraut zufügen. Im geschlossenen Topf auf kleiner Flamme garschmoren lassen, dabei ab und zu durchschütteln, damit die Bohnen nicht anhängen. Gegebenenfalls etwas Wasser nachgießen. Dann den feingeraspelten Käse zufügen und das Gemüse im offenen Topf so lange durchschütteln, bis der Käse zerlaufen ist und eine feine Kruste bildet.
Das Gemüse schmeckt besonders gut zu Matjesheringen.

Bohnen in Eiersoße

750 g grüne Bohnen, Salz, 40 g Butter,
3 Eßl. Semmelbrösel. Für die Soße: 30 g
Margarine,
30 g Mehl, ¼ l Bohnenkochwasser,
¼ l Fleischbrühe, Salz, Muskat,
1 Teel. Zitronensaft, Pfeffer,
3 Eßl. Weißwein, 2 hartgekochte Eier,
½ Bund Schnittlauch.

Die gewaschenen, abgezogenen und gebrochenen Bohnen in Salzwasser garkochen, herausnehmen, auf einem Sieb abtropfen lassen und in eine Schüssel füllen. Das Kochwasser aufheben. In der erhitzten Butter die Semmelbrösel rösten, über die Bohnen streuen und die Schüssel warm stellen. Für die Soße aus Margarine und Mehl eine Schwitze bereiten, mit dem Bohnenkochwasser und der Fleischbrühe auffüllen und 7 Minuten kochen lassen. Mit Salz, Muskat, Zitronensaft und Pfeffer abschmecken. Den Weißwein zugießen, die Soße nicht mehr kochen. Die hartgekochten Eier in Würfel schneiden und mit dem gehackten Schnittlauch unter die Soße rühren. Über die Bohnen gießen.

Bohnen-Paprika-Eintopf mit Hammelfleisch

1 kg Hammelkeule, 750 g Kartoffeln, 1,5 kg Brechbohnen, 300 g kleine Zwiebeln, 2 Knoblauchzehen, 2 große rote Paprikafrüchte, 40 g Fett, Salz, Pfeffer, 2 Bund Petersilie.

Das Hammelfleisch vom Knochen lösen und in Würfel schneiden. Die Kartoffeln waschen, schälen und ebenfalls in Würfel schneiden. Die Bohnen waschen, putzen und in Stücke teilen. Die Zwiebeln und die Knoblauchzehen schälen. Die Paprikaschoten putzen, waschen und in Streifen schneiden. Das Fett erhitzen und das Fleisch darin von allen Seiten scharf anbraten. Mit Salz und Pfeffer würzen. Die halbierten Zwiebeln hakken, die Knoblauchzehen zerdrücken, beides zum Fleisch geben und etwas bräunen lassen. Dann Kartoffeln, Bohnen und Paprikafrüchte mit in den Topf geben, mit 1 Liter Wasser auffüllen und zugedeckt garen. Mit Salz und Pfeffer abschmecken. Mit gehackter Petersilie bestreut servieren.

Bohnensalat

500 g grüne Bohnen, Bohnenkraut, 2 Zwiebeln, 2 Eßl. Öl, 1 Eßl. Essig, je 1 Prise Zucker, Salz und Pfeffer, 2 Eßl. feingehackte Petersilie.

Die vorbereiteten Bohnen waschen, evtl. kleinschneiden und in wenig Salzwasser mit Bohnenkraut garen. Nicht zu weich kochen, danach erkalten lassen. Aus feingehackter Zwiebel, Öl, Essig und Gewürzen eine Soße bereiten und diese über die Bohnen gießen. Den Salat etwas durchziehen lassen und mit Petersilie bestreuen.

Bohnensalat mit Schafskäse

750 g grüne Bohnen, Salz, 5 Eßl. Öl, 4 Eßl. Essig, 1 Zwiebel, Pfeffer, 100 g Schafskäse, 1 Bund Basilikum.

Die gewaschenen Bohnen putzen und in mundgerechte Stücke brechen. In Salzwasser etwa 20 Minuten garen, abgießen und 2 Eßlöffel des Kochwassers aufheben. Inzwischen aus Öl, Essig, der kleingeschnittenen Zwiebel, 2 Eßlöffel Kochwasser, Salz und Pfeffer eine Salatsoße bereiten und über die Bohnen gießen. Den Schafskäse zerbröckeln, die Basilikumblätter grob zerrupfen und beides unter den Salat mischen. Gut durchziehen lassen.

Bohnensuppe aus der Bretagne

250 g weiße Bohnen, Salz, 50 g Schmalz, 375 g mageres Hammelfleisch, 1 Zwiebel, 2 bis 3 Eßl. Tomatenmark, ½ Teel. Kümmel, 1 Lorbeerblatt, Rosmarin, etwas kleingeschnittener Knoblauch oder Knoblauchsalz, 1 Prise Zucker, 1 Schuß Essig, 1 Bund Schnittlauch.

Die Bohnen über Nacht in 1½ Liter Wasser einweichen. Am nächsten Tag mit dem Einweichwasser 60 Minuten kochen. Leicht salzen. Im erhitzten

Schmalz das Fleisch von allen Seiten scharf anbraten. Die in Würfel geschnittene Zwiebel ebenfalls darin glasig werden lassen. Das Tomatenmark zufügen, dann alles zu den Bohnen geben. Mit Kümmel, Lorbeerblatt, Rosmarin und Knoblauch würzen. Noch etwa 80 Minuten kochen. Das Fleisch herausnehmen, in Scheiben schneiden und wieder in die Suppe geben. Mit Salz, Zucker und Essig abschmecken und den feingehackten Schnittlauch darüberstreuen.

Bohnensuppe mit Gänsekeulen

2 Gänsekeulen, 1 Zwiebel, 2 l Brühe,
1 kg grüne Bohnen, 1 Bund Majoran,
1 bis 2 Bund Petersilie, Salz, Pfeffer.
Für die Klößchen: $\frac{1}{8}$ l Milch, 10 g Butter,
Salz, Muskatnuß, 60 g Mehl, 1 Ei.

Die gewaschenen Gänsekeulen scharf anbraten, die Zwiebel schälen, kleinschneiden und ebenfalls anbraten. Etwas Brühe auffüllen und die Keulen etwa 1 Stunde darin schmoren lassen. Die Bohnen waschen, putzen und in nicht zu kleine Stücke schneiden. Nach 1 Stunde die Bohnen und $\frac{1}{2}$ Bund Majoran mit der restlichen Brühe zu dem Fleisch geben und weitere 25 Minuten kochen lassen. Wenn die Bohnen gar, aber noch bißfest sind, die Petersilie und den restlichen Majoran kleinhacken und zufügen. Die Suppe mit Salz und Pfeffer abschmecken.
Für die Schwemmklößchen Milch, Fett, Salz und geriebene Muskatnuß zum Kochen bringen. Den Topf vom Herd nehmen und das Mehl auf einmal hineingeben. Alles rühren, bis sich die Masse als Kloß vom Topfboden löst. Den Topf nochmals etwa 1 Minute auf das Feuer stellen, damit der Teig heiß wird. Dann den Teig in einer Schüssel mit dem Ei verrühren. Mit einem nassen Löffel Köße abstechen und in sprudelnd kochendes Salzwasser geben. Die Klöße auf kleiner Flamme etwa 5 Minuten garziehen lassen, herausnehmen und abtropfen lassen. In die fertige Bohnensuppe geben. Sehr heiß servieren.

Bohnen-Tomaten-Topf

500 g Rindfleisch zum Kochen,
1 l Fleischbrühe, 1 Wurzelwerk,
500 g grüne Bohnen, 500 g Tomaten,
80 g durchwachsener Speck,
Salz, Pfeffer, 1 Knoblauchzehe,
500 g Kartoffeln, 1 Bund Petersilie.

Das gewaschene Rindfleisch in die kochende Fleischbrühe geben. Das geputzte Wurzelwerk zugeben und alles 90 Minuten kochen lassen. Dann das Wurzelwerk wieder herausnehmen. Die vorbereiteten Bohnen waschen, brechen und zusammen mit den geviertelten Tomaten zur Suppe geben. Den Speck in kleine Scheiben schneiden und goldgelb ausbraten. Ebenfalls zur Suppe geben. Mit Salz und Pfeffer abschmecken. Die mit Salz zerdrückte Knoblauchzehe sowie die geschälten und in Würfel geschnittenen Kartoffeln zufügen. Nochmals 30 Minuten kochen lassen. Das Fleisch herausnehmen, in Scheiben schneiden und wieder in die Suppe geben. Mit gehackter Petersilie bestreuen. Den Eintopf sehr heiß servieren. Dazu paßt frisches Stangenweißbrot.

Bohnentopf auf ungarische Art

*500 g Hammelfleisch, 750 g grüne
Bohnen, 250 g Tomaten, 2 Paprikafrüchte,
1 Zwiebel, 1 Knoblauchzehe, Bratfett,
1 Teel. Mehl, 2 Eßl. saure Sahne oder
Joghurt, Petersilie.*

Die grünen Bohnen putzen und brechen, die Tomaten in Scheiben, die
Paprikafrüchte von den Kernen befreien und in Ringe schneiden. Die
feingeschnittene Zwiebel und die zerdrückte Knoblauchzehe in Fett hell
anrösten, das in Würfel geschnittene
Fleisch dazugeben, von allen Seiten
leicht bräunen lassen, mit wenig Wasser schmoren, bis es fast weich ist. Die
grünen Bohnen, die Paprikafrüchte,
Wasser und etwas später die Tomaten zugeben. Alles auf kleiner
Flamme dünsten. Mit in saurer Sahne
oder Joghurt verrührtem Mehl binden. Mit feingehackter Petersilie servieren. Brot dazu reichen.

Bojarensuppe

*400 g Rindfleisch zum Kochen, Salz,
100 g Möhren, 100 g Kohlrabi,
200 g Sellerie, 100 g Porree,
100 g Zwiebeln, 100 g Margarine,
100 g Kartoffeln,
1 Prise Muskat, Dill.*

Das gewaschene Fleisch mit kaltem
Wasser ansetzen, etwas Salz zufügen
und eine kräftige Brühe daraus kochen. Das gare Fleisch in Würfel
schneiden, die Brühe durch ein Sieb
gießen. Gemüse und Zwiebeln in
Scheiben schneiden, in der Margarine
anschwitzen und mit der Brühe auffüllen. In Scheiben geschnittene Kar-

toffeln und Fleisch dazugeben und
langsam garen lassen. Mit Salz und
1 Prise Muskat abschmecken und mit
gehacktem Dill bestreuen.

Bologneser Hähnchen

*1 Broiler, Salz, 3 Eßl. Mehl,
2 Eier, 1 Teel. Öl, 100 g Reibekäse,
1 Eßl. feingehackte frische
Salbeiblätter, 200 g Semmelbrösel,
100 g Margarine.*

Das vorbereitete Hähnchen waschen,
trockentupfen, vierteln und die Knochen vorsichtig auslösen. Das Fleisch
der Keulen und Brüste flachklopfen,
salzen und in Mehl wenden. Die Eier
mit dem Öl verquirlen und mit dem
Reibekäse und den Salbeiblättern vermengen. Die einzelnen Fleischstücke
durch diese Mischung ziehen, anschließend in Semmelbröseln wenden
und gut andrücken. In der heißen
Margarine auf jeder Seite etwa 10 Minuten goldbraun braten. Mit körnig
gekochtem Reis und einem frischen
Salat auftragen.

Bördeländer Tomatensoße

*600 g reife Tomaten, 1 Lorbeerblatt,
2 Nelken, 10 Pfefferkörner, 1/8 l Brühe,
80 g Schinkenspeck, 1 große Zwiebel,
50 g Champignons, 50 g Öl,
1 Prise weißer Pfeffer, 1 Spur Majoran,
Salz, 50 g Zitronensaft,
abgeriebene Zitronenschale.*

Die Tomaten waschen und vierteln, in
einem Topf mit den Gewürzen (Lorbeerblatt, Nelken, Pfefferkörner) und
der Brühe etwa 40 Minuten unter öf-

terem Umrühren dünsten. Die Gewürze herausnehmen und die Tomaten pürieren bzw. durch ein Sieb streichen. Den Schinkenspeck, die Zwiebel und die Champignons in Würfel schneiden und im Öl goldgelb Farbe nehmen lassen. Unter das Tomatenpüree ziehen und mit Pfeffer, Majoran, Salz, Zitronensaft sowie abgeriebener Zitronenschale abschmecken. Sollte die Konsistenz zu dick sein, mit etwas Brühe verdünnen. Diese pikante Soße kann sowohl warm als auch kalt zu Fondue angeboten werden.

Bornaer Zwiebelsuppe

250 g Zwiebeln, 1 Eßl. Kümmel, Salz, 1 l Brühe, 50 g Margarine, 60 g Mehl, 2 Eigelb, etwas Kondensmilch, Schnittlauch, geröstete Brotwürfel.

Die Zwiebeln schälen, in Stücke schneiden und zusammen mit Kümmel und Salz in der Brühe weichkochen. Alles durch ein Sieb streichen. Aus Margarine und Mehl eine helle Schwitze bereiten, die Zwiebelbrühe auffüllen, gut durchkochen lassen und die Suppe mit Eigelb und Kondensmilch legieren. Kurz vor dem Auftragen gehackten Schnittlauch überstreuen und geröstete Brotwürfel in die Suppe geben.

Bostoner Fischpastete

2 Zwiebeln, 1 Stange Porree, 10 Oliven, Öl, 600 g filetierter Fisch, Zitronensaft, Salz, Pfeffer, Paprika, Oregano, 1 Paket gefrorener Blätterteig, 1 Eigelb.

Gehackte Zwiebel, in Scheiben geschnittenen Porree und halbierte Oliven in einem Topf in etwas Öl anschwitzen. Das Fischfilet säuern, salzen und mit Pfeffer, Paprika sowie Oregano würzen, mit in den Topf geben und halbgar dünsten. Dann vom Feuer nehmen. Den aufgetauten Blätterteig ausrollen. Mit der Hälfte eine flache Auflaufform oder Pfanne auslegen. Fisch mit Gemüse einfüllen und die zweite Hälfte des Blätterteiges darüberdecken. Nach Belieben noch kleine ausgestochene Verzierungen anbringen. Alles mit verquirltem Eigelb bestreichen und etwa 20 Minuten bei Mittelhitze im Herd backen. Dazu einen frischen Salat reichen.

Bouillabaisse

2 kg verschiedenes Fischfleisch (Makrele, Kabeljau, Heilbutt usw.), 200 g Zwiebeln, 150 g Selleriestreifen, 150 g Öl, 1 Paprikafrucht, 100 g Möhren, 100 g Porree, 250 g abgezogene Tomaten, 2 Knoblauchzehen, Salz, Pfeffer, 1 Prise Safran, 1 Lorbeerblatt, etwas Weißwein, evtl. Oliven.

Fisch putzen, waschen und in Stücke schneiden. In einem großen Topf die Zwiebeln und das in Streifen geschnittene Gemüse sowie 1 Knoblauchzehe im Öl anschwitzen und die Fischstücke leicht dabei anbraten, Tomatenwürfel und Knoblauch zugeben. Mit Fischbrühe oder Wasser auffüllen.
In 20 Minuten Kochzeit ist das Gericht fertig, mit Weißwein und den Gewürzen abschmecken.

Bouillon mit Ei

1 l Bouillon, 4 Eigelb, ½ Bund
Schnittlauch.

Die heiße Bouillon in vier Suppentassen verteilen. Je ein Eigelb vorsichtig hineingleiten lassen. Den feingehackten Schnittlauch darüberstreuen. Bei Tisch verrührt sich jeder das Eigelb in der Tasse.

Bouillon mit Leberspätzle

60 g Butter, 200 g Leber, 2 Eier,
1 Brötchen, 50 g Semmelbrösel, Salz,
Pfeffer, Majoran, 1 l kräftige
Fleischbrühe.

Die Butter schaumig rühren, die feingehackte Leber, die Eier, das eingeweichte und wieder ausgedrückte Brötchen sowie die Semmelbrösel zufügen. Mit Salz, Pfeffer und Majoran würzen. Die Masse durch ein Spätzle-Sieb oder einen Durchschlag in kochendes Salzwasser drücken, 10 bis 15 Minuten garen lassen. Dann mit einem Schaumlöffel herausheben und in die heiße Fleischbrühe geben.

Bouillon mit Schöberl

50 g Butter, 3 Eier, Muskat, Salz,
100 g Mehl, 1 l Fleisch- oder
Gemüsebrühe, Petersilie.

Butter, Eigelb und Muskat schaumig rühren, das Mehl darübersieben, untermischen und zuletzt das mit 1 Prise Salz steifgeschlagene Eiweiß unterziehen. Den zarten Teig 2 cm hoch in eine gefettete, ausgestäubte Springform füllen und bei Mittelhitze bak-

ken. Nach dem Erkalten in kleine Würfel schneiden und zusammen mit gehackter Petersilie in die Brühe geben. – Nach Belieben kann auch noch gares Gemüse zugefügt werden.

Bouillon mit Semmelklößchen

1 l Bouillon, 20 g Margarine,
1 Brötchen, ½ Zwiebel, Petersilie, 1 Ei,
1 Eßl. Milch, Salz, 40 g Semmelbrösel.

Die Bouillon in vier Suppentassen verteilen. In der Hälfte der Margarine das kleinwürflig geschnittene Brötchen anrösten. In der restlichen Margarine die feingewiegte Zwiebel und Petersilie anschwitzen. Das Ei mit der Milch verrühren, salzen, nach und nach das Gemisch von Brötchen, Zwiebel, Petersilie und zum Schluß auch die Semmelbrösel untermischen. Aus dem Teig kleine Klößchen formen und in siedendem Salzwasser etwa 5 Minuten leise kochen lassen. In der heißen Bouillon servieren.

Bouillon mit Spinatnocken

250 g Spinat, ½ kleine Zwiebel,
1 Ei, 25 g Mehl, Salz, Pfeffer,
Muskat, Bratfett, 1 l Fleischbrühe.

Den vorbereiteten Spinat nur mit dem noch anhaftenden Wasser in einem Topf auf dem Feuer zusammenfallen lassen. Dann durch den Fleischwolf drehen, geriebene Zwiebel, Ei und Mehl unterrühren und mit Salz, Pfeffer und Muskat kräftig abschmecken. In einem Tiegel Fett erhitzen, mit dem Teelöffel Nocken von der Masse abstechen und auf beiden Seiten in dem Fett schön knusprig braun braten. Dann die kochendheiße Fleischbrühe zugeben und auftragen.

Bouillon mit Teigtropfen

1 l Bouillon, 70 g Mehl, 1 Ei, Salz, Öl zum Fritieren, ½ Bund Petersilie.

Die Bouillon in vier Suppentassen verteilen. Für die Teigtropfen Mehl, Ei, Salz und 6 Eßlöffel Wasser gut miteinander verrühren. Das Öl erhitzen und den Teig durch einen Schaumlöffel hineintropfen lassen. Wenn die Teigtropfen goldbraun sind, wieder herausnehmen und gut abtropfen lassen. Dann in die heiße Bouillon geben, mit gehackter Petersilie bestreuen und sofort servieren.

Brandy-Cocktail
(Einzelportion)

3 cl Weinbrand, 1 Spritzer Boonekamp oder Angostura, 3 cl Wermut rot, Eiswürfel, abgeriebene Zitronenschale.

Weinbrand, Boonekamp und Wermut im Becher mit Eis schütteln, in ein Cocktailglas seihen und mit geriebener Zitronenschale bestreut servieren.

Brandy-Fizz
(Einzelportion)

4 cl Weinbrand, 5 Spritzer Zitronensaft, 1 Barlöffel Zuckersirup, Selters.

Weinbrand, Zitronensaft und Zuckersirup gut auf Eis im Mixer schütteln, in das Trinkglas seihen. Mit Selters auffüllen und sofort servieren.

Brasilianische Kalbsleber

750 g Kalbsleber, 1 Knoblauchzehe, 1 Zwiebel, ½ Lorbeerblatt, 1 Glas Weißwein, ½ Teel. Oregano, Salz, Pfeffer, 1 Zitrone, 100 g Margarine, 3 reife Bananen, 1 Eßl. Rum.

Die Leber in feine Streifen schneiden und einige Stunden in eine Marinade aus Knoblauch- und Zwiebelscheiben, Lorbeerblatt, Weißwein, Oregano, Salz, Pfeffer und Zitronensaft legen, dabei die Leber öfter wenden. In einer hohen Pfanne die Margarine erhitzen und darin die abgetropften Leberstückchen beidseitig braten. Dann die Leber warm stellen. Die Marinade in das Bratfett gießen und etwas eindampfen lassen. Inzwischen die Bananen zerdrücken, den Rum zugeben und je 1 Löffel davon auf eine Leberportion geben. Die heiße Soße darübergießen. Mit Weißbrot und Rotwein servieren.

Bratfisch mit Knoblauchsoße

750 g Fisch (Dorsch, Karpfen, Fischfilet), Salz, Pfeffer, 40 g Mehl, Öl, 2 Knoblauchzehen, Petersilie, 1 Eigelb, Zitronensaft, Toastbrot.

Den entsprechend vorbereiteten Fisch in Portionen teilen, salzen, pfeffern, in Mehl wenden und in erhitztem Öl von beiden Seiten goldbraun braten. In 40 Gramm Öl den mit Salz zerriebenen Knoblauch und etwas gehackte Petersilie kurz dünsten, 20 Gramm Mehl zufügen und anschwitzen! Alles mit 1 bis 2 Tassen Wasser zu einer sämigen Soße verkochen. Zuletzt mit verquirltem Eigelb abziehen und mit Zitronensaft abschmecken. Die Soße erkalten lassen, dabei mehrfach rühren, damit sich keine Haut bildet. Der Bratfisch kann warm oder kalt mit der mayonnaiseähnlichen Soße und Toastbrot gereicht werden.

Bratheringe in Tomatenmarinade

4 kleine grüne Heringe, 50 g Öl,
1 Zwiebel, 50 g Champignons,
100 g Tomatenketchup, 1 Prise Zucker,
⅛ l Rotwein, Salz.

Die Heringe ausnehmen, Kopf und Schwanz abschneiden, gründlich waschen und abtrocknen. Im Tiegel Öl erhitzen und die gesalzenen Fische – nach Belieben zuvor in Mehl gewendet – von beiden Seiten braten. Dann herausnehmen und auf einer Platte anrichten. Im restlichen Öl die in Ringe geschnittene Zwiebel andünsten, die vorbereiteten blättrig geschnittenen Champignons zufügen und unter Umrühren garen. Dann Tomatenketchup, Zucker, Wein und nach Geschmack Salz dazugeben. Alles gut durchkochen lassen und über die Fische gießen. Das Gericht kann warm oder kalt aufgetragen werden. Mit Bratkartoffeln oder – kalt – mit Weißbrot und Salzgebäck vervollständigen.

Brennende Pfirsiche »Petra«

8 große halbierte Konservenpfirsiche,
20 g Butter, 15 g Puderzucker,
20 g Nußkerne, 6 cl Kirschgeist,
4 Kugeln Vanilleeis oder Himbeermark.

Die geschälten Pfirsiche aus der Konserve gut abtropfen lassen. In einer Pfanne die Butter erhitzen, den Puderzucker leicht karamelisieren lassen, die grobgehackten Nüsse zugeben und anrösten, wenn notwendig mit etwas Pfirsichsaft ablöschen. Die Früchte in die Pfanne legen, auf beiden Seiten erhitzen und mit Kirschgeist flambieren. Die Pfirsiche und das Eis anrichten, über die Früchte die karamelisierten Nüsse streuen. Wird kein Eis verwendet, die Früchte mit Himbeermark überziehen. – Anstelle von Pfirsichen lassen sich auch Aprikosen verwenden.

Brennendes Aprikosen-Dessert

Je 1 Eßl. Butter und Zucker, 1 Dose
Aprikosen, 1 Eßl. Zitronenlikör,
2 Gläschen Rum, je 1 Eßl. geröstete
Mandelsplitter und geraspelte Schokolade.

Die Butter in der Flambierpfanne zergehen lassen, den Zucker zufügen. In den heißen Sud die gut abgetropften Kompottfrüchte geben, mit dem Zitronenlikör beträufeln. Die Früchte laufend beschöpfen. Wenn sie gut erhitzt sind, die Flambierpfanne vom Feuer nehmen. In einer Schöpfkelle den Rum erhitzen, anbrennen und über die Früchte gießen. Beim Anrichten mit gerösteten Mandelsplittern und Schokolade bestreuen.

Brokkoli mit brauner Butter

1 kg Brokkoli, Salz, Butter.

Den vorbereiteten Brokkoli – die untersten Stengel schälen, sonst wie Blumenkohl behandeln – unzerteilt in kochendem Salzwasser etwa 15 Minuten kochen. Dann vorsichtig abtropfen lassen und auf eine. Platte legen. Mit zerlassener, gebräunter Butter übergießen.

Brokkoli mit Camembert

1 kg Brokkoli, Salz, 1 Zwiebel,
1 reichlicher Eßl. Margarine,
2 Eßl. Mehl, ⅛ l Weißwein, Muskat,
250 g Camembert, Petersilie.

Den vorbereiteten Brokkoli in Salzwasser garen. Die Zwiebel in Würfel schneiden und in Margarine andünsten, das Mehl zufügen und die Schwitze mit ⅛ Liter Gemüsewasser auffüllen. Dann den Weißwein zufügen und die Soße mit Salz und Muskat abschmecken, nach Belieben noch mit 1 Eigelb abziehen. Den Camembert in 1 cm dicke Scheiben schneiden, in gehackter Petersilie wenden und auf eine feuerfeste Platte ringsum legen. In der Backröhre bei 150 °C in etwa 10 Minuten erhitzen. In die Mitte der Platte dann den abgetropften Brokkoli legen und mit der Soße übergießen.

Brokkoli mit Tomaten

750 g Brokkoli, Salz, 1 Prise Zucker,
1 Eßl. Zitronensaft, 80 g Butter,
2 Zwiebeln, 1 Knoblauchzehe,
250 g magerer gekochter Schinken,
⅛ l Sahne, Muskat, Pfeffer,
300 g Tomaten.

Den vorbereiteten Brokkoli waschen und gut abtropfen lassen. ¼ Liter Wasser mit Salz, Zucker und Zitronensaft aufkochen und den Brokkoli darin 12 bis 15 Minuten garen. Inzwischen 40 Gramm Butter erhitzen und die geschälten, gehackten Zwiebeln darin glasig werden lassen. Den zerdrückten Knoblauch und den gewürfelten Schinken dazugeben und kurz mitbraten. Zuletzt die Sahne zufügen und alles aufkochen lassen. Mit Muskat und Pfeffer abschmecken. Die Tomaten abziehen, vierteln und entkernen. Dann in der restlichen Butter weichdünsten. Den garen Brokkoli abtropfen lassen, in eine Schüssel geben, obenauf die Tomaten verteilen und die Soße darübergießen.

Brodo di pomodoro
(Klare Tomatenbrühe)

500 g Rinderknochen, 2 Zwiebeln,
1 Teel. Salz, 750 g fleischige Tomaten,
Worcestershiresauce, Zucker,
3 Eßl. gehacktes Basilikum.

Die Knochen grobhacken, waschen und mit 1½ Liter kaltem Wasser ansetzen. Die geschälten, in Viertel geschnittenen Zwiebeln sowie Salz zugeben und alles auf kleiner Flamme etwa 1½ Stunden leicht kochen lassen. Die Brühe durchseihen und wieder in den Topf gießen. Nun die grob zerschnittenen Tomaten zufügen und etwa 10 Minuten kochen. Durch ein Sieb passieren, eventuell mit etwas Wasser auf 1 Liter Flüssigkeit ergänzen. Die Suppe wieder erhitzen, mit Worcestershiresauce und Zucker abschmecken und mit Basilikum bestreuen. Heiß oder nach Abschöpfen des Fettes kalt servieren.

Brombeerkuchen

Für den Teig: *275g Mehl,*
1 Teel. Backpulver, 100g Butter
oder Margarine, 100g Zucker, 2 Eier,
je 1 Prise gemahlene Nelken und Zimt.
Für den Belag: *100 g gemahlene Mandeln, 500g Brombeeren, 2 Eßl. Zucker.*

Aus den Teigzutaten einen glatten Zeig kneten und 15 Minuten im Kühlschrank rasten lassen. Dann auf bemehlter Fläche die Hälfte des Teiges zu einer runden Platte ausrollen. Eine gefettete Springform damit auslegen. Mit der Hälfte des restlichen Teiges den Rand 3 cm hoch auslegen und gut andrücken. Die Mandeln auf den Boden streuen, die vorbereiteten Brombeeren darauf verteilen und mit Zucker bestreuen. Den restlichen Teig dünn ausrollen, in schmale Streifen schneiden und gitterförmig über die Brombeeren legen. Im vorgeheizten Ofen bei 200°C 45 Minuten backen.

Brot mit Kräutern oder Käse

60g Hefe, 375 ml Milch,
75g Margarine, 1 Prise Zucker,
2 Eier, 2 Teel. Salz, 1 kg Mehl,
je 1 Bund Petersilie und Schnittlauch,
75g roher Schinken, 75g Schnittkäse,
Cayennepfeffer, Rosenpaprika,
je 1/2 Teel. gemahlener Koriander,
Kümmel, Muskat.

Die Hefe in 1/8 l lauwarmer Milch verrühren, etwas stehen lassen. Die restliche Milch mit der Margarine erwärmen, Zucker, Eier, Salz und die Hefemilch unter das Mehl arbeiten. 20 Minuten gehen lassen, den Teig halbieren. Die erste Hälfte mit den ge-

hackten Kräutern, die zweite Hälfte mit Schinken- und Käsewürfeln sowie den Gewürzen mischen. Zu je einem Laib formen und auf gefettetem Blech nochmals gehen lassen. Bei 180°C etwa 50 Minuten backen.

Brotsuppe mit Früchten

4 Scheiben Schwarzbrot, 4 Äpfel,
250g Pflaumen, 1 Zitrone,
100g Zucker, 1/8 l Weißwein,
2 Eßl. Butter, Salz, 3 Nelken, Zimt.

Das Brot und die geschälten, vom Kernhaus befreiten Äpfel in Würfel schneiden. Die Pflaumen entsteinen und halbieren. Brot und Obst – etwas Obst als Einlage zurückbehalten – zusammen mit Zucker, Nelken, abgeriebener Zitronenschale und 1 Prise Salz in 1 1/4 Liter Wasser kochen. Dann durch ein Sieb rühren oder elektrisch pürieren. Das restliche Obst in der Butter kurz dünsten. Die Suppe mit dem Wein nochmals erhitzen, beim Anrichten das Obst zufügen und obenauf Zucker und Zimt streuen.

Brünner Ochsenschwanzsuppe

500g Ochsenschwanz, 50g Margarine,
1 Zwiebel, 1 Bund Wurzelwerk,
50g geräucherter Schinken, 40g Mehl,
1 Eßl. Tomatenmark, Rotwein, Salz,
Pfeffer, Worcestersauce.

Den Ochsenschwanz in Stücke hakken und in der erhitzten Margarine anbraten. 1 1/2 Liter Wasser zugießen und etwa 1 1/2 Stunden kochen lassen. Erst dann die halbierte Zwiebel und das vorbereitete Wurzelwerk zugeben. Das Fleisch von den Knochen lösen. Die Brühe abseihen und aus dem abgenommenen Brühfett und dem Mehl eine dunkle Schwitze bereiten. Brühe auffüllen, Schinkenwürfel zugeben und gut durchkochen lassen. Mit Tomatenmark, Rotwein und Gewürzen kräftig abschmecken. Das von den Knochen gelöste, fein zerschnittene Fleisch zur Suppe geben.

Brüsseler Schweinekoteletts

4 Schweinekoteletts, Salz, Kümmel, Knoblauch, etwas Mehl, 2 Eßl. Schweineschmalz, 300 g Weißkraut, 50 g Butter, Pfeffer, 3 Tomaten, 100 g Champignons, Zitronensaft, 1 Paket gefrorener Blätterteig, 1 Ei.

Die Koteletts etwas flachdrücken, die Ränder einschneiden, mit Salz, Kümmel und Knoblauch würzen und mit Mehl bestäuben. Im heißen Schmalz von beiden Seiten braun braten, aber nicht durchbraten. Inzwischen das Weißkraut kleinschneiden, in Salzwasser weichkochen, kalt abspülen, ausdrücken und in etwas heißer Butter schwenken. Mit Salz, Pfeffer und Knoblauch abschmecken. Die halbierten Tomaten in kleine Würfel schneiden, ebenfalls in etwas heißer Butter andünsten und mit Salz und Pfeffer würzen. Die in Scheiben geschnittenen Champignons in der restlichen Butter anbraten, mit Salz, Pfeffer und etwas Zitronensaft abschmecken. Auf die Schweinekoteletts nun zuerst Weißkraut, dann Tomatenwürfel und zum Schluß Champignons geben. Den aufgetauten Blätterteig ausrollen, in 4 Rechtecke schneiden und auf jedes Teigstück ein Kotelett legen. Mit dem Blätterteig umhüllen, mit verschlagenem Ei bepinseln und im vorgeheizten Ofen etwa 25 Minuten backen. Mit grünem Salat auftragen.

Budapester Kaffeecreme

½ l Schlagsahne, Puderzucker nach Geschmack, 1 Päckchen Vanillinzucker, 1½ Teel. löslicher Kaffee, ½ Tasse entsteinte Sauerkirschen, 2 Eier.

Die Sahne mit Puderzucker und Vanillinzucker sehr steif schlagen. In einer Mokkatasse den Kaffee mit heißem Wasser aufgießen, erkalten lassen und unter heftigem Schlagen unter die Sahne ziehen, bis sie sich hellbraun färbt. Die Sauerkirschen ohne Saft in 4 Kelchgläser verteilen und kühl stellen. Die Eigelb ebenfalls unter die Sahne ziehen, danach den Eischnee. Diese Creme über die Kirschen füllen.

Budapester Rindfleischsalat

250 g gekochtes oder gebratenes Rindfleisch, 100 g Gewürzgurken, 2 Zwiebeln, 100 g Letscho, 2 Eßl. Öl, 1 Eßl. Essig, 1 Eßl. Tomatenmark, 2 Eßl. feingehackte Petersilie, Salz, Pfeffer, einige Salatblätter, 1 hartgekochtes Ei.

Das Rindfleisch, die Gewürzgurken und die Zwiebeln in Würfel schneiden. Das kleingeschnittene Letscho dazugeben. Aus Öl, Essig, Tomatenmark, Petersilie, Salz und Pfeffer eine Soße bereiten und diese mit den anderen Zutaten vermischen. Den Salat

1 bis 2 Stunden durchziehen lassen, auf Salatblättern anrichten und mit Eisechsteln garnieren.

Budapester Sauerkrauttopf

750 g Sauerkraut, Salz, Kümmel,
1 Speckschwarte, 1 Kartoffel,
¼ Sellerieknolle, 100 g Räucherspeck,
1 Zwiebel, 2 Bockwürste,
2 saure Gurken, 1 Knoblauchzehe,
1 Teel. Paprika, 1 Eßl. Tomatenmark.

Das gewaschene Sauerkraut ausdrükken und etwas zerschneiden, dann in 1¼ Liter Wasser mit Kümmel, Salz und der Speckschwarte ansetzen und 10 Minuten kochen lassen. Die geschälte, rohe Kartoffel sowie die geschälte Sellerieknolle in das Kraut reiben und alles auf kleiner Flamme weitere 10 Minuten garen. Den in kleine Würfel geschnittenen Speck goldgelb anrösten, die feingeschnittene Zwiebel zufügen und ebenfalls goldgelb schwitzen. Dann die in dünne Scheiben geschnittenen Bockwürste, die feingeschnittenen Gurken, die zerdrückte Knoblauchzehe, den Paprika und 1 Eßlöffel Tomatenmark zufügen. Alles gut durchschwitzen lassen und in das kochende Kraut einrühren. Alles noch weitere 10 Minuten langsam kochen.

Budapester Schokoladenkuchen

140 g Butter, 150 g Zucker,
100 g Blockschokolade, 6 Eier,
50 g Mehl, 50 g Biskuitbrösel,
50 g gemahlene Mandeln, Semmelbrösel,
50 g Mandelstifte, Schokoladen-Fett-Glasur.

Butter, 50 Gramm Zucker, Eigelb schaumig rühren. Die Blockschokolade zerbröckeln, im Wasserbad schmelzen lassen und eßlöffelweise unter die Buttermasse rühren. Das Eiweiß mit dem restlichen Zucker steifschlagen und ebenfalls unter die Buttermasse ziehen. Mehl, Biskuitbrösel und gemahlene Mandeln mischen und langsam unterheben. Eine gefettete Rehrückenform ausbröseln, den Teig einfüllen und im vorgeheizten Ofen bei 200 °C etwa 55 Minuten backen. Den Kuchen stürzen, mit Mandelstiften spicken und mit der aufgelösten Schokoladen-Fett-Glasur überziehen.

Bulgarische Blätterteigpastete

450 g gefrorener Blätterteig,
Öl zum Einfetten.
Für die Füllung: 75 g Butter,
1 Prise Salz, 1 Prise Zucker,
250 g Schafskäse, 3 Eigelb,
3 Eßl. saure Sahne, 1 Eßl. gehackter
Dill, 3 Eiweiß.
Außerdem: 1 Eigelb zum Bestreichen.

Den Blätterteig auftauen lassen und die Hälfte ausrollen. Eine feuerfeste Form fetten und mit dem Teig auslegen. Für die Füllung Butter, Salz und Zucker schaumig rühren. Den Schafskäse durch ein Sieb streichen. Mit Eigelb, Sahne und Dill unter die Butter mischen. Das Eiweiß steifschlagen und unterziehen. Diese Füllung auf den Teig geben. Den restlichen Blätterteig ebenfalls ausrollen und über die Füllung geben. Die Ränder gut andrücken. Aus Teigresten können noch einige Streifen geschnitten und gitterförmig auf die Pastete gelegt werden.

Kalbsleber mit gehackten Mandeln

◁ Pfeffersteaks mit Bananen

Rindslende in Blätterteig

Zwiebelrostbraten

Alles mit verquirltem Ei bestreichen und im vorgeheizten Ofen bei 220 °C etwa 45 Minuten backen.

Bulgarisches Gjuvetsch

Für den Risotto: 200 g Reis, 1 Zwiebel, etwas Öl. 600 g Schweinslendchen, 200 g Zwiebeln, 100 g Schweineschmalz, Margarine, 400 g Tomaten, 300 g grüne Paprikafrüchte, Salz, ½ l saure Sahne, 1 Bund Petersilie.

Aus Reis, Zwiebel und Öl Risotto bereiten. Das Fleisch in Würfel, die Zwiebeln in Scheiben schneiden und beides in heißem Schmalz anbraten. Eine feuerfeste Form mit Margarine ausfetten und schichtweise Risotto, Zwiebeln, geviertelte Tomaten, kleingeschnittene Paprikafrüchte und Fleischwürfel hineingeben. Jede Schicht etwas salzen und mit saurer Sahne begießen. Als oberste Schicht Tomatenviertel legen. Das Gericht in der Röhre etwa 20 bis 25 Minuten backen. Vor dem Anrichten mit gehackter Petersilie bestreuen und mit Weißbrot servieren.

Bunte Eierpfanne

50 g Speck, 4 Zwiebeln, 3 Paprikafrüchte, Salz, Paprika, 125 g Schinken, 6 Eier, Petersilie.

Den in Würfel geschnittenen Speck auslassen, die kleingeschnittenen Zwiebeln und Paprikafrüchte darin andünsten und mit 2 Eßlöffel Wasser, Salz und Paprika garschmoren. Den ebenfalls in Würfel geschnittenen Schinken, Eier und Salz verquirlen, darübergießen und stocken lassen. Das Gericht mit gehackter Petersilie bestreuen und mit Schwarzbrot auftragen. Neben Paprika kann auch noch anderes Gemüse an die Eierpfanne gegeben werden, zum Beispiel in Würfel geschnittene Tomaten.

Bunte Fleischspießchen auf Champignonreis

500 g Schälbraten, 120 g magerer Speck, 2 grüne Paprikafrüchte, 3 Tomaten, Salz, Pfeffer, 40 g Schmalz, 40 g Butter, 2 Beutel Kurzkoch-Reis, ½ Dose Champignons oder 100 g frische Pilze.

Fleisch, Speck, Paprikafrüchte und Tomaten in mundgerechte Stücke schneiden. Im Wechsel auf Spieße reihen, mit Salz und Pfeffer würzen und im heißen Schmalz braten. In 20 g Butter nachbraten. Den Reis in Salzwasser körnig kochen und die feingeschnittenen, in der restlichen Butter gedünsteten Champignons unterheben. Die Spieße auf dem Reis anrichten und mit Kräuterbutter und Gurkensalat servieren.

Bunter Gemüsetopf

400 g Möhren, 400 g Porree, 400 g Sellerie, 10 g Butterschmalz, 1 l Hühnerbrühe (gekörnt), 200 g Gehacktes, 1 Brötchen, 1 Ei, Salz, Pfeffer, 300 g Erbsen (Konserve), 2 Bund Petersilie.

Das geputzte und gewaschene Gemüse in Scheiben und Ringe bzw. in Würfel schneiden, im erhitzten Butterschmalz andünsten und mit der Brühe auffüllen. Zugedeckt 10 Minuten leise kochen lassen. Das Gehackte mit eingeweichtem, ausgedrücktem Brötchen, Ei, Pfeffer und Salz vermengen, etwa 25 Klößchen formen, ebenfalls in die Suppe geben und weitere 10 Minuten leise garen lassen. Kurz vor Ende der Garzeit die Erbsen zufügen und erhitzen. Das Gericht mit viel gehackter Petersilie bestreut servieren.

Bunter Kartoffelsalat

500 g Kartoffeln, 1 grüne Gurke, Salz, 3 hartgekochte Eier, 500 g Tomaten, 1 Bund Frühlingszwiebeln, 1 Bund Radieschen, 2 Bund Dill, 2 Bund Petersilie, 300 ml Joghurt oder saure Sahne, 2 Eigelb, Pfeffer, 2 Teel. Senf.

Die Kartoffeln mit der Schale 20 bis 25 Minuten kochen, abgießen, abdampfen lassen, noch warm pellen und in kleine Würfel schneiden. Die geschälte Salatgurke der Länge nach halbieren, die Kerne mit einem Löffel herauskratzen. Die Gurkenhälften ebenfalls in Würfel schneiden, salzen und beiseite stellen. Hartgekochte Eier, Tomaten, Zwiebeln sowie Radieschen salatgemäß zerkleinern. Aus kleingehackten Kräutern, Joghurt, Eigelb, Salz, Pfeffer und Senf eine Soße rühren. Die Gurke sowie alle anderen Zutaten hineingeben und den Salat mindestens 1 Stunde durchziehen lassen. Hübsch garniert auftragen.

Buntes Fruchtgelee

¼ l roter Fruchtsaft, ¼ l heller Fruchtsaft, Zucker, Zitronensaft, 1 Päckchen Gelatine, verschiedene Beeren.

Die beiden Fruchtsäfte extra erhitzen, mit Zucker und Zitronensaft abschmecken und jeweils die Hälfte der vorgequollenen Gelatine darin auflösen. Die vorbereiteten Beeren mit Zucker durchstreuen. Einige Beeren in Gläser geben, mit etwas rotem Fruchtsaft auffüllen und erstarren lassen. Wieder Beeren daraufgeben, hellen Fruchtsaft darübergießen und ebenfalls erstarren lassen. So schichtweise fortfahren, bis die Gläser gefüllt sind. Mit Beeren garnieren und mit Vanillesoße oder Schlagsahne gut gekühlt auftragen.

Burgunder Hähnchen

1 Broiler, Salz, Pfeffer, 2 Eßl. Öl, 12 Scheiben magerer Speck, 12 kleine Zwiebeln, 50 g Butter, 12 Champignonköpfe, ¼ l Rotwein (Burgunder), 1 Knoblauchzehe, ½ Teel. Stärkemehl.

Das küchenfertige Hähnchen in Portionsstücke schneiden, diese salzen und pfeffern und in dem Öl anbraten. Inzwischen extra die Speckscheiben anbraten und die Zwiebeln in etwas Butter andünsten. Speck, Zwiebel und die Champignons zum Hähnchen geben und mit Rotwein ablöschen. Den geriebenen Knoblauch zufügen. Die Hähnchenstücke garschmoren. Die Soße mit dem in Wasser angerührten Stärkemehl binden und mit einem Stich Butter verfeinern. Dazu frisches Weißbrot oder Salzkartoffeln.

Butterbohnen

750 g zarte Bohnen, Salz, Bohnenkraut,
50 g Butter, Pfeffer, Petersilie.

Die vorbereiteten Bohnen unzerkleinert in ¼ Liter siedendem, leicht gesalzenem Wasser gardünsten, dabei einen Stengel Bohnenkraut zugeben. Abgetropft in erhitzter Butter schwenken, mit Pfeffer würzen und mit Kräutern bestreuen.

Buttermilchbeize

1 l Buttermilch, 2 Zwiebeln, 2 Möhren,
2 Lorbeerblätter, 4 zerdrückte
Wacholderbeeren, 4 Gewürznelken,
4 Pfefferkörner.

Buttermilch in ein Gefäß gießen, die in Scheiben geschnittenen Zwiebeln und Möhren sowie die Gewürze zufügen. Das Fleisch mit dieser Beize bedecken. 1 bis 2 Tage durchziehen lassen. Einen Teil der Beize zum Begießen des Bratens verwenden.

Buttermilchkaltschale mit Tomaten

500 g Tomaten, 1 l Buttermilch, Salz,
Paprika, 1 Zwiebel, Zucker,
2 weichgekochte Eier.

Die Tomaten kurz brühen und die Haut abziehen. Dann im Mixer pürieren. Mit der Buttermilch verrühren, mit 1 Prise Salz, Paprika, der geriebenen Zwiebel und 1 Prise Zucker würzen. Gut gekühlt auf Teller verteilen und in die Mitte jeder Portion ein weichgekochtes, längs halbiertes Ei setzen. – Die Kaltschale wird noch

gehaltvoller, wenn Knusperflocken darübergestreut werden.

Buttermilchsuppe mit Birnen

1 l Buttermilch, 40 g Stärkemehl,
250 g gedünstete Birnen, 1 Prise Salz,
Zucker, abgeriebene Zitronenschale,
Zimt, 1 Stich Butter, Zwiebäcke.

Die Buttermilch mit dem Stärkemehl verrühren und unter Schlagen kurz kochen lassen. Die abgetropften, in kleine Stücke geschnittenen Birnen dazugeben und die Suppe mit Salz, Zucker, Zitronenschale sowie Zimt abschmecken. Dazu Zwieback oder Toastbiskuits reichen.

Butternudeln

400 g Nudeln, Salz, Muskat,
2 Eßl. Butter.

Die Nudeln in siedendem Salzwasser gar, aber nicht zu weich kochen. Auf ein Sieb schütten, abschrecken, mit Salz und Muskat abschmecken und in der flüssigen Butter schwenken.

Butterplätzchen

Für den Teig: 125 g Butter,
90 g Butterschmalz, 50 g Puderzucker,
60 g Zucker, 1 Prise Salz, 1 Eigelb,
1 Eßl. Rum-Verschnitt, 375 g Mehl,
1 Prise Kardamom.
Für die Füllung: 75 g Vollmilch-
schokolade, 1½ Eßl. Rum-Verschnitt,
2 Eßl. Schlagsahne, 175 g Puderzucker.

Weiche Butter und Butterschmalz mit Puderzucker, Zucker und Salz mit den Quirlen des Handrührgerätes sehr schaumig rühren. Eigelb und Rum-Verschnitt zugeben. Mehl und Kardamom nach und nach unterkneten. Über Nacht zugedeckt in den Kühlschrank stellen. Dann den Teig etwa 3 mm dick ausrollen. In etwa 4 cm große Quadrate schneiden und diese diagonal halbieren. Auf ein gefettetes Blech legen, in den kalten Ofen schieben und bei 200 °C etwa 15 Minuten hellgelb backen. Abkühlen lassen. Für die Füllung zerbröckelte Schokolade, Rum und Sahne auf kleiner Flamme so lange rühren, bis die Schokolade flüssig ist. Etwas abkühlen lassen und dann den Puderzucker unterrühren. Jeweils ein Plätzchen damit bestreichen und ein zweites daraufsetzen.

Buttersemmelchen

500 g Mehl, 40 g Hefe, 60 g Zucker,
¹/₄ l Milch oder süße Sahne,
2 bis 3 Eigelb, 50 g Butter,
Zitronenschale, Salz, Fett zum Bestreichen des Backbleches, ¹/₂ Ei zum Bestreichen der Semmeln.
Für die Streusel: 50 g Butter,
50 g Mehl, 50 g Zucker.

Das Mehl in eine Schüssel sieben. Die Hefe mit 1 Eßlöffel Zucker verrühren, Milch und 250 Gramm Mehl zufügen, alles miteinander vermengen und gehen lassen. Danach das restliche Mehl, die mit dem restlichen Zucker schaumig gerührten Eigelb, Butter, Zitronenschale und Salz zufügen und einen Teig kneten. Für die Streusel die Butter mit dem Mehl schneiden, Zucker zugeben und mit der Hand al-

les verkneten. Aus dem Teig kleine Semmelchen formen, auf ein gefettetes und mit Mehl bestäubtes Backblech geben und nochmals gehen lassen. Die aufgegangenen Semmeln mit verquirltem Ei bestreichen und in der Mitte mit Streuseln bestreuen. Die Streusel ein wenig andrücken. Die Semmelchen in der gut vorgeheizten Backröhre etwa 20 bis 25 Minuten goldgelb backen. Die angegebene Menge ergibt etwa 20 Semmelchen.

Buttersoße

65 g Butter, 15 g Mehl, Salz,
1 Eigelb, 50 g Sahne, Zitronensaft.

15 Gramm Butter erhitzen, das Mehl einrühren, anschwitzen, mit 100 ml Wasser auffüllen, Salz zufügen und alles reichlich 5 Minuten kochen lassen. Den Topf vom Feuer nehmen, das Eigelb mit Sahne verquirlen und in die Soße einrühren. Die restliche Butter zufügen und die Soße mit Zitronensaft abschmecken. Buttersoße ist eine vorzügliche, aber auch energiereiche Zugabe für feine Gemüse, kurzgebratene Fleischspeisen, pochierte Eier oder gekochten Fisch.
Abwandlung – grüne Buttersoße: Nach Beigabe von reichlich gehackten grünen Kräutern (Petersilie, Dill, Kerbel, Kresse, Boretsch und Schnittlauch) entsteht eine vitaminreiche Soße, die zu sehr vielen Speisen gereicht werden kann.

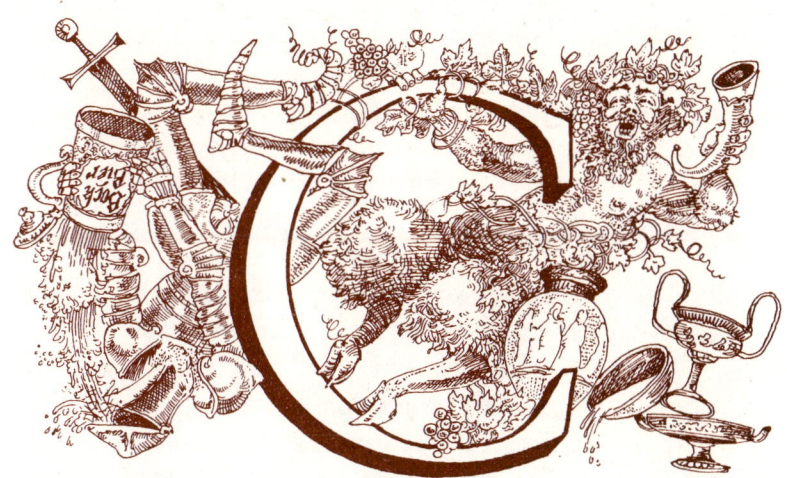

»Cocktail« – woher der Name stammt, weiß man nicht genau. Eine der »Theorien« besagt, jenes süffige alkoholische Mischmasch sei vor rund 100 Jahren in Mittelamerika entstanden. Dort waren Hahnenkämpfe sehr beliebt, und die Sieger erhielten neben Geldpreisen auch die bunten Schwanzfedern des unterlegenen Federviehs. Natürlich gab das einen Grund zum Feiern. Der Gewinner mußte jeweils »einen ausgeben«. Jeder bezahlte sein Quantum Schnaps, das der Wirt in einen großen Bottich schüttete. Daraus trank man am Ende der Wettkämpfe gemeinsam auf »den Hahnenschwanz« – »on the cock's tail«.

Vieles widerspricht dieser Legende. So ist – beispielsweise – von den Angelsachsen ein altes Rezept überliefert, das ebensogut als »Taufpate« für die Cocktails herhalten kann. Man bereitete damals nämlich ein Hahnen-Bier, »Cock-Ale«. Wer es einmal versuchen möchte: »Nimm einen Hahn, koche ihn wohl. Nimm vier Pfund Rosinen, sorgfältig von den Steinen gereinigt, zwei oder drei Muskatnüsse, vier Muskatblüten, ein halbes Pfund Datteln und stoße alles im Mörser. Das Huhn auch. Dann tue man zwei Quarts des besten Sects dazu und schütte das Ganze in acht Gallonen Ale. Man verschließe sie wohl und lasse sie sieben bis acht Tage stehen, dann ziehe man das Ale auf Flaschen ab. So wird es in einem Monat zum Trinken sein.«[9] Was ist überhaupt ein Cocktail? Ein Geheimnis der Barmixer. Zugegeben. Dennoch läßt sich eine Art Definition versuchen. Wie wär's mit: Komposition aus mehreren Zutaten, von denen mindestens eine alkoholischen Ursprungs sein muß. Wer hier nickt, erklärt den Cocktail zum jahrtausendealten Getränk. Denn unsere Vorfahren würzten und mischten ihre Mete und Weine derart, daß sie etwas gänzlich anderes darstellten als die heute üblichen, original abgefüllten, reinen, zusatzlosen Prädikatsorten, von denen manche eine Basis für einen Cocktail bilden könnte.

Alkoholische Getränke sind uralt. Seien es Zufälle, seien es Experimentierkünste: Gleich, was angebaut wurde, man versuchte, es zu vergären. Im alten China kannte man schon vor Jahrtausenden den Reiswein, in Germanien, wo vor allem Gerste wuchs, erfand man lange vor der Zeitenwende das Bier, den Römern und Griechen danken wir Rebensaft, Most und Wein. Reinen Alkohol zu destillieren verstand man in der Antike noch nicht; die ersten Berichte über gelungene Versuche werden dem Alchimisten Marcus Geralcus zugeschrieben und stammen aus dem 8. Jahrhundert. Doch schon früher soll es einen chinesischen Reisschnaps gegeben haben, und Cicero erwähnte einen Rosenlikör. Der mag allerdings ganz anders ausgesehen haben, als wir heute denken. Im Mittelalter wurde »Weingeist« zunächst als Medizin verabreicht. Berühmt ist die Ansicht von Paracelsus, daß alle Dinge Gift sind und nichts ohne Gift ist. Nur die Dosis mache, daß ein Ding kein Gift sei.[10] Paracelsus hat im 16. Jahrhundert das Wort »Alkohol« eingeführt, bis dato war nur von Weingeist gesprochen worden.

Es blieb – wie wir heute alle selbst wissen – nicht bei der Medizin. Alkohol wurde zum Genußmittel und ist es bis heute geblieben. Doch zurück zum Mixen. Griechen und Römer mischten ihren Wein mit Wasser. Ein gewisser König Amphyction soll die Athener diese Sitte gelehrt haben. Er ließ dem Bacchus einen Tempel errichten, in dem die Gottheit der Trunkenbolde aufrecht stand – als Zeichen ihrer Nüchternheit. Also wurde vermischter Wein getrunken. Welcher der beste sei, war ein ewiges Streitobjekt. Man rühmte den Wein aus Lesbos. Hermippus liebte den Magnesianer ob seiner Sanftheit und den Thasier für seinen Apfelgeschmack. An Aroma, so ist überliefert, sei aber kein Wein dem Soprian gleichgekommen. Öffnete man eine Flasche von diesem, so verbreitete sich sofort ein herrlicher Duft nach Veilchen, Hyazinthen und Rosen. Über allen Sorten aber stand der Wein aus Chios; er wurde beim Gastmahl oft als krönender Abschluß gereicht. Von den römischen Weinen galt der Falerner als der wohlschmeckendste.

Der Wein in Griechenland und Rom war preiswert und allen – in beliebiger Menge zugänglich! Sogar den Sklaven billigte man täglich 0,6 Liter leichten Landwein zu. Das Alter der Weine diente als Empfehlung für ihre Güte; man war aber – im Vergleich zu heute – weitaus anspruchsloser. So rühmt Althenäus einen 16jährigen Wein bereits als sehr »ehrwürdig«. Die Griechen unterteilten ihre Weine in drei Sorten, und das nach der Farbe. Man kannte rote, weiße und gelbe.

Auch von Seewein ist in der schönen Literatur die Rede. Das ist keine besonders rauhe, küstenfeste Sorte, sondern ein Gemisch aus Wein und Meerwasser. Oft mixte man auch mehrere Sorten miteinander, würzte sie mittels Honig und anderer beliebter Zusatzstoffe. Unvermischten Wein zu trinken galt als barbarisch.

Der Weinbau hatte zu jener Zeit in den Mittelmeerländern bereits eine lange Tradition. Seit dem vierten Jahrtausend vor unserer Zeit wurden in Klein- und Vorderasien wilde Rebsorten kultiviert. In der Antike kannte man über 150 verschiedene Sorten und wußte genau, welche Sorte für welchen Boden geeignet war. Man beherrschte Anbau und Pflege perfekt und hatte etliche spezielle Werkzeuge und Gerätschaften dafür entwickelt, unter anderem eine zweizinkige Hacke, Karst genannt, die noch heute verwendet wird. Griechen wie Römer bevorzugten Rotwein. Solchen Wein zu erhalten, muß man »den Most auf den blauen Schalen stehenlassen«.[11] Das beherrschten die antiken Winzer. Zur Gärung füllte man den Most in große, geschwefelte Tonfässer. Waren die Weine (nach fünf bis zehn Jahren) dann ausgegoren, zog man sie auf Amphoren ab. Eine Art Etikett enthielt genaue Angaben über Herkunft, Farbe, Süßmostzusatz und Jahrgang des Weines.

Mit Wein wurde gehandelt, so sehr, daß sich die Bezeichnung für den Weinhändler »caupo«, schließlich zum Inbegriff für einen Kaufmann überhaupt erweiterte.

Die Römer und Griechen verkauften ihre Weine aber nicht nur recht gewinnbringend – Kelten zahlten zuzeiten pro Amphora einen Sklaven –, sie tranken sie auch selbst. In Griechenland während der Symposien, den Trankopfern für den »guten Geist« (in Kreta und Sparta waren sie verboten), in Rom während der Comissatii. «Bene tibe, bene vobis, bene mihi« – »auf dich«, damit war der Gastgeber gemeint, »auf euch«, die übrigen Gäste, »auf mich«, so trank man manchen Becher. Gründe zum Trinken gab es immer. Man leerte so viele Becher, wie der Name des Liebchens Buchstaben hatte. Und man trank auf dieses und jenes, und wer zögerte, wurde vom Gastgeber genötigt. Schon füllte der Cyanthus, ein Schöpf- und gleichzeitig Maßlöffel, den Becher wieder. Sank dem Zecher die Kraft, so wurden geröstete Krabben oder afrikanische Schnecken gereicht, dies Rezept war eine besondere Empfehlung von Horaz.[12]

Als die ganze Herrlichkeit des römischen Reiches dann zusammenbrach, geriet die Alkoholproduktion nicht etwa in Vergessenheit. In den Klöstern setzten die Mönche sie mit recht gutem Erfolg fort. Namen von einigen heute weltberühmten Likören – Chartreuse, Benediktiner – erinnern an ihre Destilliererfolge. Zunächst aber hatten die Bier und Met trinkenden Völker den historischen Vorrang. In vornehmen angelsächsischen Häusern kannte man fast nur Met und Ale; Wein gehörte zu den Seltenheiten. Erst die Normannen wandten sich in dieser Region wieder dem

Wein zu. Alexander Neckam, ein Chronist aus dem 12. Jahrhundert, hält eine regelrechte Eloge auf den Wein oder besser darauf, wie er sein müßte: »So klar wie Büßertränen, daß man den Boden des Glases sehen kann, so grün wie ein Büffelhorn. Er soll rasch wie Donner die Kehle hinabgleiten, süß wie eine Mandel schmecken. Er soll kriechen wie ein Eichhorn, hüpfen wie ein Rehbock, fest sein wie ein Zisterzienserkloster, glänzen wie ein Feuerfunke, schmiegsam sein wie die Logik an der Pariser Schule, weicher als dünne Seide, kälter als Kristall.«[13]

Im sogenannten elisabethanischen Zeitalter zierten viele Getränke die Tafel: Ale in mannigfacher Art, Met, Cider, Sekt, Honigwasser, Honigbier, Wasserhonig, Claret, Erdbeerwasser, Kirschwein, Lefkojensirup …

Der Met duftete nach einheimischen Kräutern. Allein zum weißen Met gehörten 15 stark riechende Pflanzen, darunter Thymian, Rosmarin, Lorbeer, Erdbeerblätter …

Cider, oben schon erwähnt, ein Obstwein, wurde meist aus Äpfeln und Birnen bereitet. Daß der nicht gerade mild war, belegt die Aussage eines Zeitgenossen. Man verwendete nämlich dazu vor allem die Früchte wilder Bäume, die »roh genossen, ein Gefühl erzeugen, als würde einem der Gaumen weggefeilt.«[14]

Wahrscheinlich wurde das Gebräu dann reichlich mit Honig gesüßt. Der Cider von Hervordshire galt als der beste weit und breit. Man lobte, er »sei so brennend wie Sekt, ziehe die Flamme an wie Naphta, erwärme den Magen wie Branntwein«.[15]

Branntwein selbst war um 1500 in Europa – auch in Deutschland – schon verbreitet, allerdings trank man noch immer mehr Bier und Wein. Der erste Branntwein-Cocktail war gleichzeitig das berühmteste Getränk des Mittelalters, der Hippocras. Dieses Gemisch aus Weiß- oder Rotwein, mit Zucker (oder Honig) und Gewürz versetzt, nannten die Apotheker »vinum hyppocraticum« und wollten damit seinen medizinischen Wert betonen – durch den Sprachbezug zu Hyppocrates. Hippocras wurde also in den Apotheken zubereitet. Das wohl weniger, weil er etwa der Gesundheit recht nützlich war, sondern vielmehr wegen der sehr, sehr komplizierten Rezeptur: Man vermischte fünf Unzen Branntwein, zwei Unzen Ingwer, zwei Unzen Pfeffer, zwei Unzen Gewürznägelein (Nelken), zwei Unzen Paradieskörner, drei Körnchen Ambra, zwei Körnchen Moschus miteinander und ließ das Ganze 24 Stunden auf gelindem Kohlenfeuer ziehen. Von dieser Essenz wurden drei, vier Tropfen in ein Quart weißen gezuckerten Weines oder Cider getan und dieser dadurch »stark und kräftig« gemacht.

Poor Rolin schwärmte 1696: »Sekt, Hippocras und Branntwein, erwärmen uns jetzt im Verein.«[16] Ein ähnlicher »zusammengesetzter« Wein –

aus Wasser, Honig, Branntwein, Bierhefe und Salbeiessenz gebraut – war der Malvasier. Bald aber sollten all diese »Cocktails« die Krone an ein Getränk abgeben, das seit dem Jahre 1400 in Frankreich zum Lieblingsgetränk auf der königlichen Tafel avancierte: Champagner!

Auf der Bauern und Bürger Tisch standen jedoch meist Krüge mit schlichterem Inhalt: Obstweine waren beliebt, Met und Bier trank man an Fest- und Feiertagen. Zum Alltag gehörten saure Milch und Wasser.

Beliebt war auch der Glühwein. Schon die Römer hatten doppelwandige Gefäße, in denen man den Wein rasch erhitzen konnte. Später kam der Punsch hinzu, der nichts mit pantschen zu tun hat, sondern von dem indischen Wort »pantscha« (fünf) abstammt und die fünf Elemente Feuer, Luft, Wasser, Erde, Geist symbolisiert. Auf den Punsch übertragen sind das Wein, Wasser (oder Tee), Zucker, Gewürz und Rum. Der Grog wurde im 18. Jahrhundert geboren, als die englische Admiralität den Flottenbesatzungen in Westindien verbot, Rum pur zu trinken.

Die Bowle soll einmal im Norden entstanden sein. Zumindest verdankt sie ihren Namen dem englischen Wort »bowl« für Napf, Schüssel. Früher tat man nicht nur Obst in den Wein, Reseda-Bowle, Sellerie-Bowle, Titania-Bowle, an die acht Eier gehören, zeigen, wie erfindungsreich die Freunde dieses Getränkes waren. Ein Tip aber von den Kennern des noch immer beliebten Getränks: An jede Bowle gehört eine Prise Salz, sie erhöht den Wohlgeschmack beträchtlich.

Vom römischen Misch-Wein zur originalabgefüllten reinen Sorte, vom Hahnen-Ale bis zum Wernesgrüner Pils war ein weiter Weg. Gemixt und probiert wurde dabei immer.

Manches auf uns überkommene Rezept würde allerdings heute keiner mehr freiwillig verkosten. So beschreibt Platina, ein berühmter Humanist des 15. Jahrhunderts, der auch ein Kochbuch hinterließ, einen »Meerettigweyn«, den er mit folgenden Worten empfiehlt: »Also merck: wo man den Meerettigweyn hinthut, so kommt kein spynen hin, weder mucken wol andere werm, Kroten oder Schlangen ...«[17] Na dann: Prost!

Café Martinique

Schale von 2 ungespritzten Apfelsinen,
1 Stück Zitronenschale, 8 Stück Würfel-
zucker, 4 Nelken, 4 Zimtstangen,
8 cl weißer Rum, 4 Tassen starker Kaffee.

Einen Teil der Orangenschale, die Zitronenschale, den Zucker und die
Nelken zusammen mit dem Rum erhitzen, aber nicht kochen lassen. Die
Gewürze herausnehmen, den Rum
mit dem Kaffee auffüllen. Das Getränk in 4 Gläser verteilen, mit der
restlichen Orangenschale dekorieren
und je 1 Zimtstange zum Umrühren
dazureichen.

Café Royal
(Einzelportion)

2 Würfelzucker, 2 cl Weinbrand,
1 Tasse starker Kaffee,
1 Eßl. geschlagene Sahne.

In eine angewärmte Tasse den Würfelzucker geben, mit 2 cl angewärmtem Weinbrand begießen, anzünden
und kurz brennen lassen. Dann mit
dem heißen Kaffee auffüllen und mit
geschlagener Sahne krönen.

Cambridge-Soße

4 hartgekochte Eigelb, 50 g Sardellen-
oder Anschovisfilets, 40 g Kapern,
Senfpulver oder Senf, Essig, 60 g Öl,
Cayennepfeffer, gehackter Dill,
Estragon oder Petersilie.

Die Eigelb zusammen mit den Sardellenfilets und Kapern sehr fein hacken
und durch ein Sieb streichen. Danach
mit Senfpulver, Essig, Öl glattrühren

und mit Cayennepfeffer abschmekken. Zuletzt die feingehackten Kräuter dazugeben. Diese Spezialsoße
paßt besonders zu gekochtem oder gebratenem Hammelfleisch, zu Fisch, zu
Lammkoteletts oder Filetsteaks.

Camembert-Cocktail
(Vorspeise)

250 g noch schnittfester Camembert,
200 g Essiggemüse mit marinierten
roten Paprikafrüchten, 2 kleine
Zwiebeln, Öl, Zitronensaft, Salz,
Zucker, Peppersauce, Petersilie,
Schnittlauch, Gurkenscheiben.

Käse und Essiggemüse in Würfel, die
Zwiebeln in Ringe schneiden. Alles
mischen und mit Öl, Zitronensaft,
Salz, Zucker und Peppersauce abschmecken und kalt stellen. In Cocktailgläsern anrichten, mit Petersilie,
Schnittlauchstengeln und Gurkenscheiben garnieren. Sofort servieren. – Anstelle von Camembert kann
auch Schnittkäse verwendet werden.

Camembertstangen

150 g Camembert, 100 g Butter,
1 Eigelb, 250 g Mehl, geriebenes
Muskat, Salz, Pfeffer, 60 g Wal- oder
Haselnüsse, 1 Eigelb.

Den Camembert und die weiche Butter mit der Gabel zerdrücken, danach
das Eigelb und das mit den Gewürzen
vermischte Mehl unterkneten. Den
Teig 80 Minuten im Kühlschrank
durchkühlen. Danach ausrollen und
in 1 cm bis 1½ cm breite und etwa 8 cm
lange Stangen schneiden. Auf ein ge-

fettes Blech geben, mit Nußkernen belegen (sie können auch grobgehackt sein) und verschlagenes Eigelb darüberstreichen. Bei 200 °C backen.

Canneloni
(Gefüllte Teigtaschen)

Für den Teig: *300 g Mehl,
½ Teel. Salz, 3 Eier.*
Für die Füllung: *350 g Kalbfleisch,
60 g Butter, Salz, 100 g gekochter
Schinken, 50 g roher Schinken (oder
250 g Fleischreste), 1 kleine Dose
Champignons, 30 g Mehl, ¼ l Milch,
Pfeffer, Muskat, 1 Eigelb.*
Für die Tomatensoße: *1 kg Tomaten,
3 Eßl. Öl, 1 Zwiebel, 50 g Speck,
1 Eßl. Mehl, Oregano, Salz, Pfeffer,
Butterflöckchen, Parmesankäse oder
anderer Reibekäse.*

Aus Mehl, Salz und Eiern einen Nudelteig bereiten. Für die Füllung das Kalbfleisch in 1 Eßlöffel Butter anbraten, salzen, ½ Tasse Wasser aufgießen und weichdünsten. Kalbfleisch und Schinken durch den Fleischwolf drehen, die abgetropften Champignons feinhacken. Aus der restlichen Butter und Mehl eine Schwitze bereiten, mit Fleischsaft und Milch aufgießen, mit Salz, Pfeffer und Muskat abschmekken. Die Soße mit dem Eigelb binden. Das Fleisch-Schinken-Gemisch mit Champignons sowie der Soße vermischen. Den Nudelteig auf bemehltem Brett dünn ausrollen und Quadrate von 10 cm × 10 cm ausschneiden. In reichlich Salzwasser in 8 Minuten garkochen und in eine Schüssel mit kaltem Wasser, das mit etwas Öl verrührt wurde, geben.

Für die Tomatensoße die überbrühten Tomaten abziehen und in kleine Stücke schneiden. Im erhitzten Öl Zwiebel- und Speckwürfel hellgelb rösten und das Mehl darüberstäuben. Tomaten sowie Oregano zufügen. Mit Salz und Pfeffer abschmecken und etwas einkochen lassen. Eine feuerfeste Form ausfetten. Die Teigflecken an einem Ende mit der Füllung bestreichen und aufrollen. Mit den Schnittenden nach unten in die Auflaufform legen und mit der Tomatensoße übergießen. Mit Butterflöckchen besetzen, mit Parmesan bestreuen und im vorgeheizten Ofen etwa 15 Minuten überbacken. Als Vorspeise oder mit einem Salat als Hauptgericht reichen.

Champignonpizza

*250 g Mehl, 20 g Hefe, Salz,
3½ Eßl. Öl, 25 g Margarine,
2 kleine Zwiebeln, 2 Knoblauchzehen,
500 g frische Champignons, Pfeffer,
1 Teel. Edelsüß-Paprika, 100 g roher
Schinken, 100 g Reibekäse.*

Das Mehl in eine Schüssel geben. Zerbröckelte Hefe in ⅛ Liter lauwarmem Wasser verrühren. Mit 1 Teelöffel Salz und 1½ Eßlöffel Öl zum Mehl geben. Zu einem Teig verkneten. Zugedeckt an einem warmen Ort etwa ½ Stunde gehen lassen. Dann noch einmal durchkneten und auf einem gefetteten Springformboden ausrollen. Zwiebelwürfel und zerdrückte Knoblauchzehen im restlichen Öl andünsten. Die geputzten, in Scheiben geschnittenen Champignons 5 Minuten mitdünsten. Mit Salz, Pfeffer und Paprika würzen. Mit dem in Streifen geschnittenen Schinken auf dem Hefeteigboden verteilen. Den grobgeriebenen Käse darüberstreuen und die Pizza im gut vorgeheizten Ofen bei 200 °C etwa 30 Minuten backen.

Champignonsalat

4 Eßl. Weinessig, je 1 Prise Salz und Zucker, 1 Teel. Worcestersauce, 1 Bund Schnittlauch, 6 Eßl. Öl, 250 g frische, feste Champignons, 1 Kopfsalat, Kresse, nach Belieben 75 g süße Mandeln.

Aus Essig, Salz, Zucker, Worcestersauce, gehacktem Schnittlauch und Öl eine Salatsoße bereiten. Die geputzten Champignons schnell waschen, feinblättrig schneiden und gegart in die Salatsoße geben. Den Kopfsalat putzen, waschen, abtropfen lassen und eine Salatschüssel damit auslegen. Die kleingeschnittene Kresse sowie die abgezogenen, halbierten Mandeln erst unmittelbar vor dem Servieren unter die Champignons geben. Auf den Salatblättern anrichten. – Einen exotischen Geschmack bekommt der Salat, wird er reichlich mit Koriander gewürzt.

Champignonsuppe

200 g Champignons, 40 g Butter, 30 g Mehl, ³/₄ l Fleischbrühe, ¹/₈ l Sahne, Salz, Paprika, 1 Eigelb, etwas Kondensmilch, 2 hartgekochte Eier, Petersilie.

Die vorbereiteten Champignons in feine Scheiben schneiden. Die Butter erhitzen und die Pilze auf kleiner Flamme etwa 10 Minuten darin dünsten. Das Mehl überstäuben, nach und nach die kochende Fleischbrühe und zuletzt die Sahne zugeben. Kurz aufkochen lassen und mit Salz und Paprika abschmecken. Die Suppe mit 1 Eigelb und etwas Kondensmilch legieren. Beim Auftragen die gehackten Eier und Petersilie darüberstreuen.

Chancho al maní
(Schweinerippchen mit Erdnüssen)

1¹/₂ kg Schweinerippchen, 1 Eßl. feine Zwiebelwürfel, 1 Eßl. Chillipulver, 2 zerdrückte Knoblauchzehen, Salz, 100 g Semmelbrösel, etwas Milch, 250 g gemahlene Erdnüsse, 1 Dose Maiskörner.

Die Rippchen in beliebig große Stücke schneiden und zusammen mit Zwiebeln, Chillipulver, Knoblauch und Salz anbräunen. So viel Wasser angießen, daß das Fleisch bedeckt ist, und bei kleiner Flamme garen. Die Semmelbrösel in Milch einweichen, mit den Erdnüssen vermengen und später zufügen. Die Maiskörner erhitzen, über das Gericht geben und dieses mit Röstkartoffeln auftragen.

Chantilly-Soße

150 g Mayonnaise, 40 g Zitronensaft, Salz, weißer Pfeffer oder Edelsüßpaprika, ¹/₈ l Schlagsahne.

Die Mayonnaise mit den Gewürzen abschmecken und kurz vor dem Servieren die steifgeschlagene Sahne unterheben. Empfehlenswert zu zarten Speisen wie Fisch, Salaten, Gemüsen.

Chicorée-Cocktail
(Vorspeise)

400 g Chicorée, Zitronensaft,
80 g Ananas (Konserve),
80 g Mayonnaise, 20 g Tomatenketchup,
Salz, Zucker, weißer Pfeffer, halbe
gefüllte Oliven, Dill.

Den Chicorée sorgfältig putzen, waschen, in Streifen schneiden und mit Zitronensaft marinieren. Die Ananas feinwürflig schneiden, zufügen und alles vermengen. In Cocktailgläser füllen. Die Mayonnaise mit Tomatenketchup, Zitronensaft und den Gewürzen vermengen, pikant abschmekken und über den Chicorée verteilen. Mit halben Oliven und Dill garnieren. – Anstelle von Ananas kann Apfel, Pfirsich verwendet werden.

Chicorée in Zitronencremesoße

750 g Chicorée, Salz, 1 Prise Zucker,
40 g Margarine, 30 g Mehl, 1/8 l Sahne,
Pfeffer, Muskat, 1/2 Zitrone, 1 Schuß
Weißwein.

Die vorbereiteten Chicoréestauden in 1/2 Liter Wasser zusammen mit etwas Salz und 1 Prise Zucker gardünsten, dann abtropfen lassen. Aus Margarine und Mehl eine Schwitze bereiten, mit etwas Dünstflüssigkeit zu einer dicklichen Soße verkochen. Vom Feuer nehmen, die Sahne unterrühren und mit Salz, Pfeffer, 1 Spur Muskat, etwas abgeriebener Zitronenschale, Zitronensaft sowie Weißwein abschmekken. Den Chicorée auf einer Platte anrichten und mit der Soße übergießen. Das Gemüse paßt gut zu Schnitzel und körnig gekochtem Reis.

Chicorée mit roter Soße

8 gleich große Chicoréestauden,
2 Zwiebeln, 2 Möhren, 75 g durch-
wachsener Speck, 2 Eßl. Zitronensaft,
Pfeffer, Salz, 150 ml saure Sahne,
2 Eßl. Tomatenketchup, 1 Eßl. gehackte
Petersilie.

Den Chicorée putzen, waschen und gut abtropfen lassen. Die vorbereiteten Zwiebeln in Ringe und die Möhren in Scheiben schneiden. Den Speck fein würfeln und in einem flachen breiten Topf auslassen. Die Zwiebeln darin glasig werden lassen. Die Hälfte der Möhren zugeben, den Chicorée darauflegen, mit Zitronensaft, Pfeffer und Salz würzen und die restlichen Möhrenscheiben darüber verteilen. 1/8 Liter Wasser aufgießen und alles zugedeckt 25 Minuten dünsten lassen. Das Gemüse herausnehmen und auf einer vorgewärmten Platte warm stellen. Die Dünstflüssigkeit mit der sauren Sahne und dem Tomatenketchup verrühren, die Petersilie zufügen. Die Soße über den Chicorée gießen und das Gericht sofort auftragen.

Chicorée-Orangen-Salat

4 bis 5 Stauden Chicorée,
2 bis 3 kleine Orangen, 2 bis 3 Eßl.
Mayonnaise, 2 Eßl. dicke saure Sahne,
1 Teel. Senf, Salz, Zitronensaft,
reichlich gehackte Petersilie.

Den vorbereiteten Chicorée in Streifen, die geschälten Orangen in Würfel schneiden und beides gut vermischen. Die restlichen Zutaten verschlagen und kurz vor dem Servieren unter den Salat ziehen.

Chicoréesuppe

500 g Chicorée, 1 l Brühe oder Wasser,
30 g Stärkemehl, 1 Eigelb, ⅛ l Sahne,
Salz, Zucker, Zitronensaft, 1 Stich
Butter, geröstete Weißbrotwürfel.

Den vorbereiteten Chicorée in feine
Streifen schneiden und in der Brühe
garen. Das Stärkemehl zusammen mit
dem Eigelb in der Sahne verquirlen,
die Suppe damit binden und mit Salz,
Zucker und Zitronensaft abschmekken. Zuletzt die Butter zufügen. Auf
jeden Teller Weißbrotwürfel geben.

Chilenischer Putenbraten

1 mittelgroße Pute, 2 Eßl. Schmalz,
½ Eßl. Paprika, Salz, Pfeffer,
Majoran, Kümmel, Chillipulver,
8 Zwiebeln, 1 kg Kartoffeln, 2 Möhren,
1 kleine Sellerieknolle, 2 Tassen
grüne Bohnen, 2 Tassen grüne Erbsen,
1 Tasse weiße Bohnen, ½ Weißkohl,
3 Tomaten, 250 g Kürbis (wenn
vorhanden), 3 Maiskolben oder Mais-
körner aus der Dose, 1 Eßl. gewiegte
Petersilie, 200 ml Weißwein.

Die vorbereitete Pute waschen, abtrocknen und tranchieren. Im heißen
Schmalz unter Zugabe von Paprika,
Salz, Pfeffer, Majoran, Kümmel und
Chillipulver von allen Seiten goldbraun braten. Die in dünne Scheiben
geschnittenen Zwiebeln, die geschälten kleingeschnittenen Kartoffeln sowie das Gemüse, das zuvor entsprechend zerkleinert wurde, zugeben.
Die weißen Bohnen sollten vorher
über Nacht eingeweicht werden. Gut
umrühren und Petersilie sowie Weißwein zugeben. Das Ganze zugedeckt

auf kleiner Flamme 1½ Stunde schmoren. Ab und zu den Topf schwenken,
damit ein Anbrennen verhindert wird.
Eventuell noch 2 Tassen Wasser angießen. Das Gericht nochmals abschmecken und mit körnig gekochtem
Reis servieren.
Anstelle von Putenfleisch kann auch
Broiler, Rind- oder Schweinefleisch
verwendet werden.

Chinakohl mit Gehacktesfülle

1 Chinakohl, 2 Eßl. saure Sahne, 1 Ei,
2 Zwiebeln, 300 g Gehacktes, Salz,
Pfeffer, Edelsüßpaprika, Thymian,
1 Eßl. Butter.

Vom Chinakohl die äußeren welken
Blätter entfernen, die Staude am unteren Ende etwas kürzen, längs vierteln
und die vier Teile ein wenig aushöhlen. Einzelne Blätter feinhacken. In
einer Schüssel saure Sahne mit dem
Ei vermischen. Die geschälten und in
Würfel geschnittenen Zwiebeln mit
den Kohlwürfeln vermischen, das
Hackfleisch zugeben, kräftig würzen
und alles gut vermengen. Den Chinakohl mit der entstandenen Masse füllen. Vier Blätter Alufolie zurecht-
schneiden, mit Butter bestreichen und
den gefüllten Chinakohl darin einschlagen. In der Röhre garen und mit
Salzkartoffeln servieren.

Chinakohlsalat

400 g Chinakohl, 1 Bund Radieschen,
⅛ l saure Sahne, 1 Eßl. Tomatenketchup,
2 Eßl. feingehackter Schnittlauch,
1 Teel. Senf, ½ Teel. Edelsüß-
paprika, je 1 Prise Salz und Pfeffer.

Den vorbereiteten Chinakohl in Streifen, die Radieschen in Scheiben schneiden. Aus saurer Sahne, Tomatenketchup, Schnittlauch, Senf, Paprika, Salz und Pfeffer eine Soße bereiten und über das Gemüse gießen. Alles leicht vermischen.

Chinakohl-Schinken-Auflauf

150 g Kurzkochreis, ⅛ Liter Weißwein, Salz, 1 Chinakohl, 300 g gekochter Schinken, 300 g mittelalter Gouda, Pfeffer.

Den Reis in eine ausgefettete Auflaufform geben, mit dem Wein übergießen und leicht salzen. Vom Chinakohl den Strunk abschneiden, die Blätter ablösen, waschen, in kochendem Salzwasser blanchieren, die zarten inneren Blätter 5 Minuten, die äußeren 8 Minuten, dann gut abtropfen lassen. Den Schinken in Streifen schneiden, den Käse grob raffeln. Die Zutaten in mehreren Schichten auf den Reis geben. Zuerst Käse, dann Kohlblätter, Schinken, Käse, Kohlblätter usw. Mit Käse abschließen. Jede Kohlblätterschicht mit Salz und Pfeffer würzen. Den Auflauf in der vorgeheizten Röhre etwa 15 Minuten backen.

Chinesische Frühlingsrollen

250 g Hackepeter, 1 Eßl. Wermut, 2 Teel. Stärkemehl, ½ Teel. Salz, Öl zum Braten, 2 Tassen in feine Streifen geschnittener Kohlrabi, 2 Tassen in feine Streifen geschnittener Weiß- oder Chinakohl, nach Belieben 1 Tasse Pilze, 2 Eßl. Speisewürze, 2 Tassen Mehl, 2 Eier.

Hackepeter, Wermut, 1 Teelöffel Stärkemehl und Salz vermischen und unter ständigem Rühren leicht in wenig heißem Öl braten. Gemüse, nach Belieben Pilze und Speisewürze ebenfalls in ganz wenig Öl braten. Das Fleisch- und Gemüsegemisch miteinander vermengen und abkühlen lassen. Mehl, Eier und etwas Wasser zu einem glatten Teig verrühren. In erhitztem Öl dünne kleine Eierkuchen backen, sie dürfen nicht braun werden. Je 2 Eßlöffel Füllung auf eine Hälfte des Eierkuchens geben. Den Rand von beiden Seiten mit einer Mischung aus 1 Teelöffel Stärkemehl und Wasser anfeuchten und wie einen Briefumschlag dreimal einschlagen. Dann zu Frühlingsrollen zusammenrollen. Die fertigen zylinderförmigen Rollen sollen etwa 3,5 cm breit und 10 cm lang sein. Den oberen Rand ebenfalls sorgfältig verkleben. Im heißen Fettbad goldgelb backen. Die fertigen Frühlingsrollen abtropfen lassen und warm halten. Dazu eine Soße servieren, die zu gleichen Teilen aus Speisewürze und Weinessig besteht.

Chinesische Hühnersuppe

½ Suppenhuhn, ½ Wurzelwerk, 1 Teel. Salz, 100 g getrocknete chinesische Pilze oder Steinpilze, 2 Eßl. Öl, 1 kleine Dose Sojabohnensprossen, 30 g Glasnudeln, 100 g grüne Erbsen, Sojasoße, Schnittlauch.

Das vorbereitete Geflügel und das Wurzelwerk in 1½ Liter Salzwasser 1½ Stunde kochen lassen. Dann alles durch ein Sieb gießen. Das Hühnerfleisch von den Knochen lösen und in

Würfel schneiden. Die eingeweichten Pilze in dem Öl andünsten, zusammen mit den Glasnudeln zur Suppe geben und noch 15 Minuten bei schwacher Hitze kochen. Dann die Sojabohnensprossen wie die Erbsen zufügen und auch diese ganz kurz garen. Das Hühnerfleisch zufügen, die Suppe mit Sojasoße abschmecken, mit gehacktem Schnittlauch bestreuen.

Chinesischer Hühnersalat

500 g Hähnchenbrust, 3 Eßl. Weißwein, 3 Teel. Stärkemehl, 1 Eiweiß, 1 kg Porree, 6 Eßl. Öl, 4 Eßl. Sojasauce (salzig), 50 g Zucker, Salz, Pfeffer, 50 g Erdnüsse.

Die Hähnchenbrüste in mundgerechte Stücke schneiden und in der Mischung aus Weißwein, Stärkemehl und Eiweiß einige Zeit durchziehen lassen. Inzwischen den Porree putzen und waschen, nur die zarten weißen und hellgrünen Teile verwenden und in etwa 2 cm lange schräge Stücke schneiden. 3 Eßlöffel Öl in einer Pfanne erhitzen und den Porree darin unter häufigem Wenden 10 Minuten durchbraten.Die Sojasauce mit Zucker, Salz und Pfeffer würzen, über den Porree gießen, gut vermischen und erkalten lassen. Die Nüsse ohne Fett anrösten und ebenfalls abkühlen lassen. Im restlichen heißen Öl das marinierte Fleisch braten, bis die Stücke von allen Seiten leicht Farbe angenommen haben und gar sind. Das Fleisch abtropfen und kalt werden lassen. Dann mit dem Porree vermengen, mit etwas Sojasauce abschmecken, mit den Erdnüssen bestreuen.

Chinesische Schweinerippchen vom Rost

1 250 g Schweinerippchen, 3 Eßl. Honig mit 1 Teel. Speisewürze vermischt. Für die Marinade: ⅛ l Speisewürze, 2 Eßl. Zucker, ¼ Teel. Worcestersauce, 2 Zwiebeln, 1 Eßl. Weinbrand, ¼ Teel. Ingwerpulver.

Die Rippchen in etwa 4 cm breite Stücke schneiden und in eine Schüssel legen. Für die Marinade Speisewürze, Zucker, Worcestersauce, kleingeschnittene Zwiebeln, Weinbrand und Ingwer gut vermischen, über die Rippchen gießen und 4 bis 5 Stunden stehenlassen. Dabei das Fleisch von Zeit zu Zeit wenden, so daß es von allen Seiten mariniert wird. Etwa ½ Stunde vor dem Essen das Fleisch aus der Marinade nehmen, auf einen Rost geben und bei Mittelhitze in der Backröhre backen. Unter den Rost eine Pfanne mit Wasser stellen, damit die heruntertropfende Flüssigkeit aufgefangen wird. Die Rippchen ab und zu wenden. Nach 25 bis 30 Minuten die Rippchen aus dem Ofen nehmen, mit der Honig-Speisewürze-Mischung gut einpinseln und nochmals bei geringerer Hitze für knapp 5 Minuten in den Ofen geben. Die Kruste darf nicht verbrennen. Mit Reis servieren.

Chinesische Tee-Eier

8 Eier, 3 Eßl. schwarzer Tee, 2 Eßl. salzige Sojasauce, ½ Teel. Salz, 5 Segmente Sternanis.

Die Eier mit kaltem Wasser bedecken und zum Kochen bringen. 20 Minuten kochen lassen, dann herausnehmen und abschrecken. Etwas abkühlen lassen. Rundherum die Schale vorsichtig anklopfen, aber nicht schälen. Die Eier in das Wasser zurücklegen. Tee, Sojasauce, Salz und Sternanis zugeben und alles 2 Stunden leise kochen lassen. Im Sud erkalten lassen und über Nacht stehenlassen. Am nächsten Tag abspülen und schälen. Dazu Sojasauce, Chillisauce und Essig.

Choriatiki-Salat
(Griechischer Salat)

1 Knoblauchzehe, 500 g Tomaten,
1 Salatgurke, 500 g Schafskäse,
1 grüne Paprikafrucht, 5 Sardellen,
10 Oliven, 100 ml Öl, Essig,
1 Teel. Senf, Salz, Pfeffer.

Eine Salatschüssel mit Knoblauch ausreiben. Tomaten und Gurke in Scheiben, den Käse in Würfel, die Paprikafrucht in feine Streifen schneiden. Alles mit den Sardellen und Oliven in die Schüssel geben. Aus Öl, Essig, Senf, Salz und Pfeffer eine Marinade bereiten, über die Salatzutaten gießen und den Salat gut durchziehen lassen.

Chuletas de cerdo rellenas
(Gefüllte Koteletts)

4 Koteletts, 1 Eßl. Senf, Salz,
4 Eßl. Butter, 3 feingewürfelte
Zwiebeln, 1 Eßl. kleingeschnittene
grüne Paprikafrucht, 1 Teel. Selleriesalz, 1 Teel. Kümmel, Pfeffer, etwas
Milch, 2 Brötchen, 1 Ei, 2 Äpfel.

In die 1 cm dicken Koteletts Taschen schneiden, d. h. bis zum Knochen durchschneiden, diesen aber nicht vom Fleisch trennen. Die Innenseiten der Taschen mit etwas Senf bestreichen und salzen. Von beiden Seiten in 2 Eßlöffel Butter anbraten und beiseitestellen.

Für die Füllung Zwiebel und Paprikafrucht unter Zusatz von Selleriesalz, Kümmel, Salz und Pfeffer in 1 Eßlöffel Butter anbräunen, dabei alles gut miteinander vermengen. Die in Milch eingeweichten Brötchen durch ein Sieb streichen und mit der Würzmischung verrühren, mit dem Ei binden. Mit dieser Paste die angebratenen Koteletts füllen. In einer Pfanne die restliche Butter leicht anbräunen, die Koteletts hineinlegen, auf jedes Kotelett einen ungeschälten halben Apfel geben (das Kerngehäuse vorher entfernen) und für 45 Minuten bzw. 1 Stunde bei schwacher Hitze in den Ofen schieben. Sind die Äpfel weich, die Pfanne aus dem Ofen nehmen.

Club-Cobbler
(Einzelportion)

2 cl Weinbrand, 2 cl Curaçao,
1 Prise Vanillinzucker, 2 Pfirsichstücke, 2 Erdbeeren, Weißwein.

Das Glas halb mit Eisschnee füllen, Weinbrand, Curaçao und Vanillinzucker darübergeben und kurz umrühren. Mit den Früchten garnieren und mit Weißwein auffüllen.

Cocktailsoßen

Cocktailsoßen sind sehr vielseitig zusammenzustellen. Entsprechend den vorhandenen Geschmacksträgern sind ständig neue Soßenvarianten möglich. Hauptbestandteil ist nach wie vor die Mayonnaise. Energiebewußte Esser sollten saure Sahne oder Joghurt bevorzugen.

Nachfolgend einige Variationsmöglichkeiten:

Apfel-Pfirsich-Soße

Geschälte Äpfel und Pfirsiche in sehr feine Würfel schneiden oder im Mixer pürieren. Mit Senf, Salz, weißem Pfeffer und etwas Zitronensaft unter die Mayonnaise rühren. Je nach gewünschter Konsistenz mit etwas Kondensmilch verrühren.

Berliner Cocktailsoße

Mayonnaise mit Meerrettich, feingehackten Kräutern und gemahlenem Kümmel sowie Kondensmilch verrühren. Pikant mit Kräuteressig und etwas Zucker würzen.

Curry-Soße

Reichlich Currypulver in etwas Butter anschwitzen, vom Feuer nehmen und mit Kondensmilch glattrühren. Dann in die Mayonnaise einrühren, mit Salz, weißem Pfeffer, Zitronensaft und einer Prise Zucker pikant abschmecken. Die Curry-Soße läßt sich mit feingeriebenem Apfel oder mit sehr fein gehacktem Essiggemüse verfeinern.

Dill-Soße

Mayonnaise mit Kondensmilch und reichlich feingehacktem Dill, etwas Zitronensaft, Salz und weißem Pfeffer verrühren. Dill-Soße ist besonders für Geflügel-, Eier- und Fischcocktails zu empfehlen.

Gurken-Kapern-Soße

Gewürzgurken und Kapern sehr fein hacken und mit Salz, weißem Pfeffer, 1 Prise Zucker und Kräuteressig unter die Mayonnaise rühren.

Eier-Kräuter-Soße

Hartgekochte Eier, viele Küchenkräuter und Gewürzgurke sehr fein hacken und mit Salz, weißem Pfeffer, Essig und etwas Worcestersauce zur Mayonnaise geben. Alles gut verrühren und pikant abschmecken.

Cocktail »Wurstmaxe«
(Vorspeise)

1 Apfel, 1 Zwiebel, 2 Tomaten, 200 bis 250 g Kochwurst, 1 Gewürzgurke, 1 gekochte Möhre, 2 hartgekochte Eier, 100 g Mayonnaise, Salz, Pfeffer, Paprika, Senf, Meerrettich, Schnittlauch, Tomatenketchup, Petersilie, Gurkenscheiben.

Apfel und Zwiebeln schälen, die Tomaten enthäuten. Ebenso wie Wurst, Gurke und Möhre in feine Streifen schneiden. Die Eier achteln, vier Stück zum Garnieren aufheben. Das Eiweiß hacken und zu den vorbereiteten Zutaten geben. Das Eigelb durch ein Sieb drücken, mit Mayonnaise, Gewürzen, Senf und Meerrettich verrühren. Diese Soße und gehackten Schnittlauch mit dem Salat vermischen. Gut durchziehen lassen und nochmals abschmecken. Inzwischen in Cocktailgläser etwas Tomatenketchup füllen und den Salat darauf anrichten. Mit Eiachteln, Petersilie und Gurkenscheiben garnieren. Mit Toastbrot servieren.

Conejo escabechado
(Mariniertes Kaninchen)

1 Kaninchen, Öl, Knoblauch nach Geschmack, 8 Pfefferkörner, 1 Eßl. Majoran, 1 Tasse Essig, Salz.

Das vorbereitete, zerteilte Kaninchen in heißem Öl von allen Seiten goldbraun braten. In einem anderen Topf in wenig Öl Knoblauch, Pfefferkörner und Majoran anbräunen, den Topf vom Feuer nehmen, den Essig und ½ Tasse kaltes Wasser dazugießen und alles gut miteinander verrühren. Diese Flüssigkeit zu dem Kaninchenfleisch geben. Sollte es damit nicht völlig bedeckt sein, noch etwas Wasser angießen. Salzen und das Fleisch im zugedeckten Topf bei kleiner Flamme etwa 1 Stunde garen.
Kalt oder heiß servieren.

Coq au vin

1 Broiler, Salz, Pfeffer, 125 g Räucherspeck, 2 Eßl. Weinbrand, ½ l Rotwein (Burgunder), 1 Lorbeerblatt, Thymian, 1 Knoblauchzehe, 2 Eßl. Butter, 10 kleine Zwiebeln oder 1 große Zwiebel, 200 g Champignons, 1 Eßl. Mehl, Petersilie.

Das vorbereitete gewaschene Hähnchen in 4 Teile zerlegen und mit Salz und Pfeffer einreiben. Speck in Streifen schneiden, glasig auslassen und aus der Pfanne nehmen. Das Hähnchen im Speckfett von beiden Seiten anbraten und mit Weinbrand ablöschen.
Rotwein, Lorbeerblatt, Thymian und Knoblauch zugeben und bei schwacher Hitze etwa 30 Minuten zuge-

deckt schmoren. Das Hähnchen herausnehmen und die Speckstreifen zugeben. Die Butter in der Pfanne erhitzen, die feingeschnittene Zwiebel hellgelb anbraten, die Champignons zugeben und mitbraten lassen. Dann Mehl anstäuben und diese Mischung in die Weinsoße rühren, aufkochen lassen. Hähnchen in die Soße geben und über das fertige Gericht die gehackte Petersilie streuen.
Als Hauptmahlzeit Kartoffeln und Salat, als Abendbrot Toast dazu reichen.

Crêpes
(Grundrezept)

150 g Mehl, 3 Eier, ³⁄₁₀ l Milch, Salz, 1 Spritzer Orangensaft, Öl.

Mehl, Eier, Milch, Salz und Orangensaft verrühren und durch ein Sieb schütten. In einer heißen Pfanne, die zuvor mit Öl ausgestrichen wurde, je Portion 2 Crêpes von etwa 15 cm Durchmesser ausbacken. Diese kleinen Eierkuchen müssen sehr dünn sein und eine goldgelbe Farbe haben. Es empfiehlt sich, die Crêpes kurz vorher in der Küche zu backen und warm zu halten.

Crêpes auf Pariser Art

8 Crêpes, 60 g Himbeerkonfitüre, 50 g gehobelte Mandeln, 20 g Butter, 4 cl Rum, 5 g Zucker.

Die vorgebackenen Crêpes mit Himbeerkonfitüre füllen, mit Mandelsplittern bestreuen und zusammenrollen. In einer Pfanne mit der erhitzten Butter die Crêpes kurz erwärmen, mit dem Rum flambieren, dabei den Zukker in die Flamme streuen. Auf vorgewärmten Tellern brennend servieren.

Crêpes »Ganimet«

8 Crêpes, 2 Bananen, 4 cl Maraschino,
20 g Butter, 4 cl Weinbrand,
80 g Schlagsahne.

Die vorgebackenen Crêpes mit geviertelten Bananenstückchen füllen, die zuvor mit Maraschino beträufelt wurden, und zusammenrollen. In Butter nochmals erhitzen und mit Weinbrand flambieren. Mit der Schlagsahne servieren. – Nach Belieben können anstelle von Bananen auch Maraschinokirschen zum Füllen verwendet werden.

Crêpes »Havanna«

8 Crêpes, 80 g Ananas aus der Konserve,
2 cl Orangenlikör, 20 g Butter,
4 cl Rum, 80 g Schlagsahne.

Die vorgebackenen Crêpes mit Ananasstückchen füllen, mit einem Spritzer Orangenlikör benetzen und aufrollen. In der heißen Pfanne mit der Butter erhitzen und mit dem Rum flambieren. Schlagsahne extra reichen.

Crêpes »Metropol«

8 Crêpes, 4 halbe Pfirsiche, Ingwer,
20 g Butter, 2 cl Kirschlikör, 4 cl Whisky.

Die vorgebackenen Crêpes mit den in Scheiben geschnittenen Pfirsichen füllen, mit einer Spur Ingwer würzen und zusammenrollen. Alles in der

Butter erhitzen, mit Kirschlikör marinieren und mit dem Whisky flambieren. – Statt Pfirsiche nach Belieben Aprikosen- oder Birnenstücke zum Füllen verwenden.

Crêpes »Monika«

8 Crêpes, 40 g Erdbeermarmelade,
40 g Rosinen, 2 cl Zitronenlikör,
etwas Obstsaft, 20 g Butter,
20 g Zucker, 4 cl Kirschwasser.

Die vorgebackenen Crêpes mit Marmelade bestreichen. Die Rosinen etwa 45 Minuten in Zitronenlikör und etwas Obstsaft vorquellen lassen. Die Crêpes damit füllen, zusammenrollen und in der Butter erhitzen. Den Zucker darüberstreuen und mit Kirschwasser flambieren.

Crêpes Suzette flambées

40 g Mehl, knapp ¼ l Milch, 1 Prise
Salz, 1 Prise Zucker, 2 Eier,
20 g Butterschmalz. Für die Soße:
10 Stück Würfelzucker, Orangenschale,
80 g klarer Zucker, ¼ l Orangensaft,
4 Eßl. Zitronensaft, Schale von
½ Zitrone, 5 g Butter, 8 Eßl. hoch-
prozentiger Orangenlikör.

Mehl, Milch, Salz und Zucker miteinander verrühren und mindestens 1 Stunde ausquellen lassen. Dann die Eier unterrühren. Die Crêpes in einer mit flüssigem Butterschmalz ausgestrichenen Pfanne nacheinander bakken. Dazu den Teig jedesmal gut umrühren, ganz wenig davon in die Pfanne geben, gleichmäßig dünn ausstreichen und bei milder Hitze so lange backen, bis die Oberfläche stumpf aussieht. Mit einem biegsamen Eierkuchenwender ringsum den Rand ablösen und die Crêpes wenden. Dabei gleichzeitig etwas Butterschmalz in die Pfanne geben. Die Teigmasse reicht für 8 Crêpes.

Für die Soße den Würfelzucker an den Apfelsinenschalen abreiben. In der Flambierpfanne den klaren Zucker karamelisieren lassen. Mit Orangen- und Zitronensaft ablöschen, die ganz feinen Streifen der Zitronenschale dazugeben. Würfelzucker und Butter hinzufügen und die Soße einkochen lassen, bis sie sämig ist. Dann 4 Eßlöffel Orangenlikör dazugeben. Die gefalteten Crêpes in die Soße legen und darin erwärmen. Den restlichen Likör erwärmen, anzünden und brennend über die Crêpes gießen.

Croissants
(Frühstückshörnchen)

30 g Hefe, ½ l Milch, 1 kg Mehl,
1 Teel. Salz, 150 g Butter, 2 Eigelb.

Die Hefe in der lauwarmen Milch auflösen. Mehl und Salz in eine Schüssel geben, eine Vertiefung in die Mitte drücken und da hinein die Hefemilch gießen. Einen Teig kneten und diesen 1 bis 2 Stunden zugedeckt an einem warmen Ort gehen lassen. Dann auf bemehltem Brett etwa 1,5 cm dick ausrollen. Butterflöckchen darauf verteilen und die vier Ecken des Teigs über der Butter zusammenschlagen. Wiederum ausrollen, jetzt etwa 0,5 cm dick. Diesen Vorgang viermal wiederholen. Dann den ausgerollten Teig in Quadrate von 15 cm × 15 cm schnei-

den und zu Hörnchen zusammenrollen. Mit verquirltem Eigelb bestreichen und im vorgeheizten Ofen bei Mittelhitze etwa 15 bis 20 Minuten backen. Die Hörnchen werden heiß zum Frühstück gegessen.

Curry-Apfel-Toast
(Vorspeise)

4 Scheiben Toast, 20 g Butter,
2 große Äpfel, Zitronensaft, Curry,
Salz, weißer Pfeffer, 4 Scheiben
Schnittkäse, Tomatenecken, Petersilie.

Das Toastbrot rösten und erkaltet mit Butter bestreichen. Die geschälten und vom Kerngehäuse befreiten Äpfel in Achtel oder feine Scheiben schneiden. Mit Zitronensaft beträufeln und auf dem Buttertoast verteilen. Reichlich mit Curry bestreuen, salzen und pfeffern. Mit Schnittkäse bedecken und etwa 10 Minuten in die vorgeheizte Backröhre schieben. Herausnehmen, mit Tomatenecken und Petersilie garnieren und servieren.

Curry-Hähnchen

1 Broiler, Salz, 3 Eßl. Mehl,
2 Eßl. Öl, 50 g Margarine, 1 Zwiebel,
2 Äpfel, 1 Eßl. Curry, 1 Eßl. Tomatenmark, ¼ l Kondensmilch, 1 Eßl. Stärkemehl, Zucker.

Den Broiler waschen, vierteln, mit Salz würzen und mehlieren. In dem heißen Öl mit der Margarine und der feingeschnittenen Zwiebel von beiden Seiten etwa 30 Minuten braten. Danach herausnehmen und warm stellen. Im Bratfett die geschälten und gehobelten Äpfel mit dem Currypulver und dem Tomatenmark leicht dünsten. Eventuell etwas Wasser zugeben. Die Kondensmilch mit dem Stärkemehl verrühren und mit den Äpfeln aufkochen lassen. Die Soße mit etwas Zucker und Salz abschmecken und über die angerichteten Hähnchenstücke geben. Dazu Reis und Salat.

Curry-Käse-Fondue

1 Knoblauchzehe, ⅛ l Rotwein, 200 g Delikateßkäse, 200 g Edamer Käse, 200 g Steppenkäse, 1 Eßl. Mehl, ⅛ l Weißwein, 1 Eßl. Curry.

Das Fondue-Gefäß mit einer halbierten Knoblauchzehe ausreiben, Rotwein, geriebenen Käse und das mit Zitronensaft angerührte Mehl sowie den mit Weißwein verrührten Curry in das Gefäß geben und erhitzen. Kräftig abschmecken, mit einer Prise Zucker verfeinern.

Currysoße

30 g Butter oder Margarine, 1 feingewürfelte Zwiebel, 1 säuerlicher Apfel, 20 g Curry, 30 g Mehl, 200 ml Fleisch- oder Hühnerbrühe (Würfel), Salz, 1 Prise Zucker, weißer Pfeffer, 1 Eigelb, etwas Sahne.

Zwiebel- und Apfelwürfel in Butter anschwitzen, ohne daß sie Farbe nehmen. Sofort mit Curry und Mehl bestäuben, alles durchschwitzen lassen, mit Brühe auffüllen und etwa 10 Minuten bei öfterem Rühren leicht kochen lassen. Mit Salz, Pfeffer und Zucker abschmecken. Mit Eigelb und

Sahne legieren. Currysoße paßt besonders zu Geflügel, Fisch und pochierten Eiern. Diese pikante Soße läßt sich mit etwas Knoblauch, etwas Tomatenketchup oder auch mit Kokosraspeln, Bananenscheiben oder Mangochutney individuell aufwerten.

Currytaschen

250 g Mehl, 250 g Butter, 250 g trockener Quark, 1 Teel. Salz. Für die Füllung: 125 g Geschabtes, 65 g Gehacktes, 50 g Semmelbrösel, 1 Ei, Salz, Pfeffer, 2 Zwiebeln, 30 g Margarine, 1 bis 2 Eßl. Curry, 1 Schuß Weißwein; 1 Ei zum Bestreichen.

Mehl, Butter, Quark und Salz verkneten und mindestens 30 Minuten kühl stellen. Inzwischen Schabefleisch, Gehacktes, Semmelbrösel, Ei, Salz und Pfeffer vermischen. Zwiebelwürfel in der Margarine glasig dünsten, Curry darüberstäuben, unterrühren und knapp 1 Minute mitdünsten. Den Wein unterrühren. Die abgekühlte Zwiebelmasse zu dem Fleisch geben, alles gut vermischen. Den Quarkblätterteig sehr dünn ausrollen und in 7 cm große Quadrate schneiden. In die Mitte der Quadrate jeweils etwas Fleischmasse geben. Die Teigränder mit Eiweiß bestreichen, die Quadrate zu Dreiecken zusammenklappen und die Ränder mit der Gabel zudrücken. Die Teigtaschen mit verquirltem Ei bestreichen, auf ein gefettetes Backblech setzen und im vorgeheizten Ofen bei 200 °C 15 Minuten backen.

Desserts sind ein Paradies für Naschhafte. So führt der Nußknackerprinz aus E. T. A. Hoffmanns entzückendem Märchen die kleine Demoiselle Stahlbaum in ein besonders »süßes Schlaraffenland«. Vorbei am Orangenbach, den Limonadenstrom und den Honigfluß nur bestaunend, geleitet er sie durch Pfefferkuchenheim und Bonbonhausen bis zum Rosensee. Der wird überquert, um zur Hauptstadt Konfektburg zu gelangen. »Alle Häuser ringsumher waren von durchbrochener Zuckerarbeit, Galerie über Galerie getürmt, in der Mitte stand ein hoher überzuckerter Baumkuchen als Obelisk und um ihn her spritzten vier sehr künstliche Fontänen Orsade, Limonade und andere herrliche süße Getränke in die Lüfte ...«[18]

Das ist ein Märchen. Dies aber keins: In Dublin veranstaltete Sir Irvin im Jahre 1781 ein Festessen, wobei als »grosse piece des desserts« die Belagerung von Gibraltar in Zucker dargestellt war. Felsen, Batterien, Belagerer, alles war treu kopiert, und es betrugen die Kosten dieser Ausgeburt menschlichen Übermuts nicht weniger als 33 750 Livres. Und auch von einem »würdigen Seitenstück« dazu berichtet Eufamia von Kudriaffsky in ihrer »Historischen Küche«: Dem König August II. von Polen wird zugeschrieben, Anfang des 18. Jahrhunderts aus fünf Tonnen Mehl, einer Tonne Milch, einer Tonne Butter und einer Tonne Hefe nebst 4 800 Eiern ein Riesengebäck in Auftrag gegeben zu haben, das in einem eigens dafür erbauten, 30 Fuß langen und 15 Fuß breiten Backofen entstanden sein soll. Acht Pferde zogen das Prachtstück, das ein »fürstliches« Geschenk an die Soldaten darstellte.[19]

Süße Speisen waren von altersher beliebt. Kein Volk, das sie verschmähte, das in seiner nationalen Küche nicht in irgendeiner Weise der Naschhaftigkeit gerecht geworden wäre. Dabei kannte man zunächst ja nur den Rohrzucker. In Indien war es üblich, das Zuckerrohr gleich stückweise auszukauen. In allen Ländern, die Zucker importieren mußten, ging man nicht so selbstverständlich damit um.

Hier war er bis ins 19. Jahrhundert hinein rar und teuer; Honig dagegen die übliche Schleckerei. Honig zählt überhaupt zu den ältesten Nahrungsmitteln der Menschen und ist seit der Urgesellschaft gleichermaßen beliebt. Man sammelte ihn im Herbst von den wilden Bienen. Die Griechen hielten den Honig so hoch in Ehren, daß er auch in ihrer Mythologie einen wichtigen Platz einnimmt. So galt Zeus, der Göttervater und Beherrscher des Olymp, als Zögling der Honignymphe Melissa.

Man opferte in jenen Zeiten den Göttern gern mit Honig bestrichene Früchte. Und die Weinbauern mischten Honig nicht nur in ihr Gebräu, um dessen Geschmack zu verbessern, sondern taten das, weil sie sich vom Honig ein langes Leben versprachen. Von Demokritos (460–371 v. u. Z.) wird erzählt, daß er – um durch maßvolles Leben ein hohes Alter zu erreichen – sein Inneres mit Honig begoß und sein Äußeres mit Öl.

Dabei kannten die Griechen auch den Zucker. Wahrscheinlich lernten die Soldaten Alexanders des Großen auf ihrem Feldzug nach Indien das Zuckerrohr kennen. Theophrastos (372–288 v. u. Z.) erwähnt ihn als Heilmittel. Diphylos, ein Arzt aus Siphnos, berichtet im 4. Jahrhundert, daß man zum Süßen auch den Saft der sizilianischen Rüben verwendete – ein Vorgriff auf die spätere Entdeckung der Zuckerrüben.

Im alten Griechenland hatte jede Region ihre gastronomische Spezialität. So rühmte man – von den Desserts – Rüben aus Theben, Käse aus Syrakus, trockene Weinbeeren aus Rhodos, Früchte aus Euböa, Nüsse und Mandeln aus Paphlagonien. Näschereien wurden am Ende des Mahles gereicht und auch während des sich anschließenden Symposions, vor allem, um die Trinklust der Gäste zu reizen. So verwundert es nicht, daß sich inmitten von Früchten und süßen Sachen auch gewürztes Salz befand; es sollte den Durst richtig anfeuern, die Süße der übrigen Speisen betonen.

Das Backwerk servierte man in zierlichen Körben, aus Zweigen rings um Elfenbeinstäbe geflochten. Zu den Appetitanregern gehörten auch recht merkwürdige Dinge, sogar geröstete Grillen und Heuschrecken.

Während im griechischen Hause Köche die Fleischspeisen bereiteten, besorgten stets Frauen das süße Backwerk.

Der traditionelle römische Nachtisch sah Lattich, Obst und Kuchen vor. Zwar ging es bei weitem nicht immer so bescheiden zu, aber der süßen Schleckereien viele kannte man derzeit gerade nicht. Was den großen Gourmet Anthelme Brillat-Savarin (1755–1826) zu folgender Elegie veranlaßte:

»Wie beklage ich euch!

Sanfte Priesterinnen der Vesta, die ihr so mit Ehren überhäuft, zugleich aber auch mit so grausamen Strafen bedroht wurdet, hättet ihr doch wenigstens die so lieblichen, die Seele erfrischenden Fruchtsäfte, die die Jahreszeit überdauernden kandierten Früchte, die süß duftenden Cremes, die Wunder der Gegenwart, schmecken dürfen!

Wie beklage ich euch!

Römische Steuerpächter, die ihr die ganze damals bekannte Welt aussoget, eure so berühmten Speisesäle sahen nie jene saftigen Gelees, das Entzücken der Eßfaulen, noch die verschiedenen Eissorten, deren Kälte der Tropensonne trotzt. Wie beklage ich euch! ...«[20]

Im Mittelalter kannte man keine ausschließlich süßen Speisen, zumindest entsprechen sie nicht unseren heutigen Vorstellungen von derlei Dingen. Brillat-Savarin setzt diesbezüglich sein heiteres »Hohelied« auf die historischen Entbehrungen fort: »Stolze Burgdamen, die ihr in eurer Verlassenheit während der Kreuzzüge euren Beichtvätern und Pagen die höchste Gunst gewährtet, nie teiltet ihr mit ihnen die Reize eines Biskuits oder die Süße einer Makrone. Wie beklage ich euch! ...«[21]

Das charakteristische Merkmal mittelalterlicher Kochgewohnheit – und das gilt wohl ausnahmslos für alle Stände – war die Kombination vieler heterogener Geschmacksstoffe zu einem Essen. Honig am Huhn, Zimt mit Rosinen und Mandeln am Schweinebraten, bunt gemischt werden die verschiedensten Würzen. Ein Beispiel?

Aus dem 15. Jahrhundert ist folgendes englische Rezept für eine »Süßspeise« überliefert: »Nimm Schweinefleisch, siede es, hacke es und vermische es mit Eidottern; dann thue gehackten Speck, geriebenen Käse, gepulverten Ingwer und Zimt dazu, mache daraus Kugeln in der Form und Größe des Apfels und wickle sie in den Darm eines Schweins, mache aus Hefenteig eine zweite Einwicklung und backe die Kugeln. Wenn sie gebacken sind, dann nimm Eigelb, quirle es nur mit Zucker und Pfeffer, färbe die Mischung mit Safran und schütte diese Soße über die Kugeln.«[22]

Hervorhebenswert auch, daß die »süßen Speisen« nicht am Ende des Mahls angeboten wurden, sondern bei jedem Gang. Wieder sind zuckrige Kuriositäten überliefert: So wurden im Jahre 1466 anläßlich der Amtseinführung von George Nevil als Erzbischof von York neben einer Unzahl von Ochsen, Schafen und Kälbern auch 3 000 Schüsseln Gelee gereicht, riesige Mengen an Oblaten, Kuchen und Zuckerwerk. Letzteres bestand vorwiegend aus süßen Figuren, die Tiere, Engel, Kalenderheilige und Kirchenfürsten darstellten.

Im 17. Jahrhundert kam die Sitte auf, nach dem Abendessen in einem Nebenraum die Desserts auf Tischen zu plazieren. Dieser letzte Gang brachte Eierrahm, Kümmelkuchen, Käsekuchen, Hirschhorngelee, Kirschen-Marmelade, Eierkäse, Puddings, Birnen-Pasteten, Mandelmarzipan. Daß sich unter dem jeweiligen Namen nicht immer ein Gericht verbarg, das ein heutiger Leser dort vermuten würde, sollen die Birnenpasteten verdeutlichen. Man füllte kleine Hühner mit Zucker, Korinthen und Gewürz, überzog sie mit Pastetenteig, dem man die Form von Birnen gab, und buk sie in reichlich Fett.

Beliebte Desserts waren auch Quittenkäse, kandierte Aprikosen, Johannisbeeren (im Saft serviert), Rosenpastillen, Kuchen aus Malvenstielen.

Im 17. Jahrhundert liebte man das Biskuit; dessen Erfindung wird französischen Bäckern zugeschrieben. Angeblich der Gesundheit zuliebe wurden die kandierten Wurzeln von Alant und Angelica genascht; man aß sie als Schutzmittel gegen die Pest, König aller Süßspeisen aber war das Marzipan. Sein Name ist in fast allen Ländern gleich. Es besteht aus Mandeln und Zucker, beides fein zerstoßen. Man nimmt an, daß die Speise einst dem Mars gewidmet war und sich ihr Name aus dem römischen »Marcus panis« herleitet. Eine andere Theorie besagt, Marcus Apicius, jener legendäre Koch und Schlemmer zu Kaiser Tiberius' Zeiten, habe der Süßigkeit seinen Namen hinterlassen.

Wie dem auch sei, seit Jahrhunderten freut man sich an dieser Speise. Auch die Zubereitung hat sich wenig verändert. Mandel- und Zuckerpulver wurde mit Rosenwasser befeuchtet, auf Oblaten gestrichen und im Ofen zweimal getrocknet, nicht gebacken.

Aus Marzipan formte man vielerlei Figuren im Stile der Zeit. Könige wiesen die Näscherei nicht zurück. Als Elisabeth I. (1533–1603) einmal Cambridge besuchte, wurde ihr – so ist überliefert – neben einem Paar parfümierter Handschuhe und zwei Zuckerhüten auch ein Stück Marzipan überreicht.

In Frankreich machten dazumal die Torten von sich reden. Im Unterschied zu den Pasteten, die mit Fleisch oder Fisch gefüllt waren, verstand man unter Torten ein Backwerk, das Früchte und Konfitüren enthielt, etwas Süßes also. Rabelais berichtet, daß bei einem Gastmahl am Schluß 16 Torten aufgetragen wurden, alle verschieden. Ebenso beliebt waren Waffeln. Als eine Eigenheit deutscher Küche kannte man schon im 16. Jahrhundert die Pfefferkuchen aus Nürnberg und Thorn.

In dieser Zeit werden auch Basler Leckerli erwähnt, die man noch heute gern zubereitet: 1½ Pfund gestoßener Zucker und ½ Pfund Honig werden miteinander aufgekocht. 1½ Pfund gehackte Mandeln, ½ Pfund Pomeranzenschale, ½ Pfund Zitronat – beides gewürfelt – dazuschütten, außerdem 2 Quentchen (etwa 4 Gramm) gestoßenen Zimt, ebensoviel gestoßene

Nelken, etwas Muskatblüte und 1 Loth (etwa 16 Gramm) in Franzbranntwein aufgelöste Pottasche darunterrühren. Da muß der Honig allerdings schon etwas abgekühlt sein. Zuletzt 3 Pfund Mehl und 1 Glas Kirschwasser unterkneten, den Teig noch warm ausrollen, Vierecke ausschneiden, auf ein gefettetes, mit Mehl bestäubtes Blech legen und bis zum anderen Tag stehen lassen. Dann bei gelinder Hitze hellbraun backen und mit Zuckerglasur überziehen.

Um 1615 soll Cäcilie beim Pfeilertor die Wiener Krapfen erfunden haben; 200 Jahre später will man bei einem Karneval schon acht Millionen Stück davon verzehrt haben.

Als Zuckerbäcker fungierten zunächst die Apotheker, die Marmeladen und getunktes Obst herstellten. Werner Gaude berichtet in seinem Buch »Die alte Apotheke«[23], daß im 16. Jahrhundert eine regelrechte Konkurrenz zwischen Zuckerbäckern und Apothekern bestanden hat, »und dank der besseren chemischen Kenntnisse« der Apotheker waren die Bäcker sehr im Nachteil. »Die allerorts und zu jeder Zeit beliebten und mit Zucker hergestellten Arzneien »Confektiones« nahmen dabei den ersten Rang ein. Es handelte sich um eingemachte, mit Zucker kandierte Pflanzenteile von Kalmus, Ingwer oder Rosenblättern, die als Arznei in verschiedenen Varianten, als ›Hustenzäpflein, Wurmküchlein, Täffelein‹ gereicht wurden.« Wie schlecht der Ruf der deutschen Zuckerbäcker gewesen sein muß, belegt, daß im schon erwähnten 16. Jahrhundert deutsche Fürsten ihre »Zuckerblaser« importierten, meist aus den Niederlanden. Im 18. Jahrhundert erlangten allerdings dann die Wiener Vertreter dieser Zunft beachtliche Weltgeltung.

Wie sich deren Kunst verbreitete, belegt ein durchaus für den einfachen ländlichen Haushalt gedachtes Kochbuch von 1835[24]. Es enthält unter anderem Rezepte für acht süße Gallerte, für 43 verschiedene Gelees und für 181 Arten von Kompott! Ein anderes, von 1825[25], nennt acht Gelees, zwölf Cremes und eine Vielzahl von Aufläufen und Kuchen.

Schade, daß die hohe Kunst der süßen Nachspeisen heutzutage so wenig gepflegt wird. Im häuslichen Alltag ist hierzulande außer einem Puddingpulver-Nachtisch oder einem Kompott kaum ein leckerer Magenschließer zu finden. Der Griff nach der Eispackung im Tiefkühlfach gilt als Gipfelpunkt der Schlemmerei.

Und dabei hatte Brillat-Savarin ebenso leidenschaftlich bedauert, daß die Gastronomen des Jahres 1825, die bereits von neuen Gerichten träumten, nicht mehr erleben könnten, was ihre Nachfahren – also wir – an Köstlichkeiten einmal erdenken werden. Sollte er diesmal nicht recht behalten?

Deftiger Linsenauflauf

250 g Linsen, 50 g Margarine,
3 Zwiebeln, 2 grüne Paprikafrüchte,
250 g Hackfleisch, 500 g Tomaten,
Rosenpaprika, Salz, Cayennepfeffer,
Thymian, 3 Eier, 4 Eßl. saure Sahne,
100 g Reibekäse, Semmelbrösel.

Die in kaltem Wasser angesetzten
Linsen etwa 1 Stunde leise kochen lassen, dann abgießen. 30 g Margarine
zerlassen, die in Würfel geschnittenen
Zwiebeln zufügen und goldbraun
dünsten, die geputzten und in Streifen geschnittenen Paprikafrüchte
ebenfalls zufügen und mit durchschmoren lassen. Das mit einer Gabel
leicht zerpflückte Hackfleisch zugeben und so lange mitschmoren lassen,
bis es nicht mehr roh aussieht. Die gebrühten und abgezogenen Tomaten
mit erhitzen, aber möglichst nicht zer-
rühren. Alles mit den Gewürzen herzhaft abschmecken und noch so lange
leise schmoren lassen, bis die Flüssigkeit fast völlig verdunstet ist. Zum
Schluß die Linsen vorsichtig unterheben. Die Eier mit der sauren Sahne
verquirlen und ebenfalls untermischen. Alles in eine gefettete Auflaufform füllen, mit Käse und Semmelbröseln bestreuen, Margarineflöckchen
darauf verteilen und im vorgeheizten
Ofen bei 225 °C etwa 25 Minuten
überbacken.

Deftiger Sülzwurstsalat

200 g Sülzfleischwurst, 100 g saure
Gurken, 2 Zwiebeln, 1 hartgekochtes Ei,
2 Eßl. Öl, 1 Eßl. Essig, 1 Eßl. fein-
gehackte Petersilie, 1 Teel. Senf,
Salz, Pfeffer.

Sülzfleischwurst, saure Gurken und
Zwiebeln in Streifen, das Ei in Würfel
schneiden. Aus Öl, Essig, Petersilie,
Senf, Salz und Pfeffer eine Soße bereiten und über die anderen Zutaten gießen. Alles gut vermengen und den Salat 1 bis 2 Stunden durchziehen
lassen. Kühl servieren.

Delikate Fischsuppe

500 g Suppengemüse, gekörnte Brühe,
Salz, Pfeffer, 1 Teel. getrockneter
Estragon, 750 g möglichst gemischter
Seefisch, 1 kleine Dose Thunfisch
in Öl, nach Belieben 1 kleine Dose
Muscheln, 2 Eßl. gehackte Petersilie.

Das Suppengemüse in 1½ Liter Wasser 15 Minuten kochen, dabei zuletzt
gekörnte Brühe nach Geschmack zufügen. Dann mit Salz, Pfeffer und
Estragon würzen. Den vorbereiteten,
möglichst filetierten Fisch in Stücke
schneiden, auf das Gemüse legen und
10 Minuten auf kleiner Flamme dünsten. Thunfisch und Muscheln auf
einem Sieb abtropfen lassen und zuletzt in der Fischsuppe erhitzen. Mit
Petersilie bestreuen.

Delikateß-Reissalat

250 g Reis, 100 g gekochter Schinken
oder Bierschinken, 100 g Tomaten,
50 g Paprikafrucht, 100 g gare Edel-
pilze, 2 Eßl. Öl, 1 Eßl. Essig,
1 Eßl. feingehackte Petersilie,
1 Eßl. feingehackter Dill,
1 Teel. Edelsüß-Paprika, Salz, Pfeffer.

Den nach Vorschrift gekochten Reis
auskühlen lassen. Schinken, Tomaten

und Paprikafrucht in Würfel, die Pilze feinblättrig schneiden und alles zum Reis geben. Aus Öl, Essig, Petersilie und Dill eine Soße bereiten, mit Paprika, Salz und Pfeffer würzen. Die Soße unter die Salatzutaten mischen und den Salat 1 bis 2 Stunden durchziehen lassen. Nochmals abschmecken und kühl servieren. – Unter diesen Salat kann auch noch etwas Mayonnaise gegeben werden. Er eignet sich sehr gut zum Füllen von Paprikafrüchten, Tomaten, Gurken oder Äpfeln.

Dessert-Fondue »Kehltal«

300 g frische Waldhimbeeren, ⅛ l Kondensmilch, 30 bis 40 g Stärkemehl, 4 cl Himbeergeist, ⅛ l Schlagsahne, 120 g Puderzucker, Sandkuchen, Biskuitwürfel oder Toastbrotwürfel.

Die frischen Himbeeren gut waschen, abtropfen lassen, im Mixer pürieren und nach Belieben durch ein Haarsieb streichen. In der Kondensmilch das Stärkemehl anrühren und unter das noch kalte Himbeerpüree ziehen. Im Fondue-Topf langsam, bei ständigem Rühren, erhitzen, aufstoßen lassen und den Himbeergeist unterziehen. Die steifgeschlagene Schlagsahne und den Puderzucker unterheben. Mit Sandkuchen, Biskuit- oder Toastbrotwürfeln verzehren. Dieses heiße Dessert-Fondue kann auch über Vanilleeis – etwa 2 Kugeln je Person – gegeben werden. Ohne Himbeergeist zubereitet eignet sich dieses Fondue ganz besonders für unsere kleinen Schleckermäuler.

Deutsches Beefsteak

400 g Geschabtes, 100 g Gehacktes, 1 Brötchen, in Wasser eingeweicht, Salz, Pfeffer, Muskatnuß, 3 Zwiebeln, 1 Ei, 1 Eßl. Schmalz, 1 Teel. Butter oder Margarine.

Das Fleisch mit dem ausgedrückten Brötchen, Salz, Pfeffer, Muskatnuß, 1 in Würfel geschnittenen Zwiebel und dem Ei vermengen. Aus der Masse werden 4 Steaks geformt und in einer Stielpfanne in heißem Schmalz etwa 10 Minuten von beiden Seiten gebraten. Mit in Butter gebratenen Zwiebelringen belegen. Dazu Kartoffelpüree und Gemüse oder Röstkartoffeln und verschiedene Salate servieren.

Dicke-Bohnen-Eintopf

500 g Schweinebauch, 2 kg dicke Bohnen (Puffbohnen, netto 500 g), 500 g Möhren, 500 g Kartoffeln, Salz, Pfeffer, 1 Eßl. gekörnter Rindfleischbrühextrakt, 3 Bund glatte Petersilie, 1 Bund Bohnenkraut.

Den Schweinebauch im eigenen Fett im Topf rundherum braun anbraten. 1½ Liter heißes Wasser zugießen, den Topf zudecken und den Schweinebauch 40 Minuten leise kochen lassen. Inzwischen die Bohnen aus den Schoten lösen und waschen. Die Möhren putzen, waschen und in Scheiben schneiden. Die geschälten, gewaschenen Kartoffeln in Würfel schneiden. Das Gemüse nach den 40 Minuten in den Topf geben und zusammen mit dem Fleisch 20 Minuten garen. Das gare Fleisch aus dem Topf nehmen, die Schwarte abschneiden, das Fleisch in Würfel schneiden, die Knorpel entfernen und die Fleischwürfel wieder in den Topf geben. Alles mit Salz, Pfeffer und gekörntem Brühextrakt abschmecken. Petersilie und Bohnenkraut feinhacken und kurz vor dem Servieren in den Eintopf geben.

Dicke Bohnen mit Speck

600 g eingeweichte weiße Bohnen,
150 g durchwachsener Speck,
2 Zwiebeln, Salz, Pfeffer,
Bohnenkraut.

Den Speck in Würfel schneiden, erhitzen, die feingehackten Zwiebeln dazugeben und goldgelb braten. Die Bohnen zufügen, mit Salz, Pfeffer und Bohnenkraut würzen. Wenig Wasser zufügen und die Bohnen bei starker Hitze garen, bis sie weich sind.

Dillerbsen-Eintopf

500 g gelbe Erbsen, Salz, Lorbeerblatt, 2 Stengel Thymian, 3 Kartoffeln,
60 g Schweine- oder Gänsefett,
40 g Mehl, 1 Zwiebel, 1 Prise Paprika,
1 Eßl. Essig, 1 Knoblauchzehe,
⅛ l saure Sahne, 40 g Butter,
1 Bund Dill, weißer Pfeffer.

Die Erbsen über Nacht in kaltem Wasser einweichen, am nächsten Tag in 1½ Liter Wasser mit Salz, 1 Lorbeerblatt sowie 2 Stengel Thymian langsam fast weich kochen. Dann die geschälten, in Würfel geschnittenen Kartoffeln zufügen. Das Fett erhitzen und das Mehl sowie die feingehackte Zwiebel darin goldgelb rösten. Eine Prise Paprika mit dem Essig, der fein-

zerdrückten Knoblauchzehe und der sauren Sahne gründlich verrühren, mit dem Erbsensud aufgießen und alles aufkochen lassen. Dann die Erbsen und die Kartoffeln dazugeben und alles noch 10 Minuten leise kochen lassen. Zuletzt die Butter erhitzen und den feingehackten Dill darin durchschwitzen, weißen Pfeffer zugeben und alles in den Eintopf rühren.

Dill-Fondue

1 Sträußchen Dill, ¼ l Weißwein,
600 g Tollenser Käse, 1 Teel. Stärkemehl, 1 Teel. Zitronensaft,
1 Eßl. Pfirsichgeist, Weißbrot.

Einen Teil des Dills schon 1 bis 2 Tage vorher im Wein durchziehen lassen. Den geriebenen Käse mit Stärkemehl, Dill-Weißwein und Zitronensaft verrühren und im Fondue-Gefäß gut durchkochen lassen. Kurz vor dem Servieren den Pfirsichgeist und grobgehackten Dill unter die Käsemasse ziehen. Weißbrotwürfel in die heiße Fondue tauchen.

Dillsoße

30 g Mehl, 30 g Butter,
200 ml Fleischbrühe (Würfel), Salz,
weißer Pfeffer, etwas Kräuteressig,
reichlich gehackter Dill, Sahne, 1 Eigelb.

Das Mehl in der Butter anschwitzen, mit Fleischbrühe auffüllen und einige Minuten bei öfterem Rühren kochen. Mit Salz, Pfeffer und etwas Essig abschmecken, gehackten Dill dazugeben und mit dem mit Sahne verquirlten

Eigelb legieren. Nochmals abschmekken. Die Soße darf nicht mehr kochen.

Dillsoße schmeckt besonders zu gekochtem Rindfleisch, gedünstetem oder gekochtem Fisch und pochierten Eiern. Aber auch zu Spargel, Brokkoli oder gedünstetem Kohlrabi.

Dillsoße, kalt

2 Bund Dill, ⅛ l Joghurt,
1 Eßl. saure Sahne, 1 Teel. Zitronensaft.

Den Dill feinhacken, mit den anderen Zutaten verrühren und gut gekühlt servieren.

Dobostorte

Für den Teig: 7 Eier, 150 g Zucker,
1 Prise Salz, 150 g Mehl.
Für die Füllung: ½ l Milch,
1 Päckchen Vanillepuddingpulver,
1 Eigelb, 120 g Zucker, 250 g weiche
Butter, 50 g Nougat, 60 g Block-
schokolade, 200 g Zucker, 1 Teel. Butter.

Möglichst 2 bis 3 Backbleche fetten und mit Mehl bestäuben. Die Backröhre vorheizen. Die Eigelb mit der Hälfte des Zuckers und Salz schaumig rühren. Die Eiweiß mit dem restlichen Zucker steifschlagen und unter die Eigelbmasse ziehen. Das Mehl darübersieben und unterheben. Vom Teig 6 dünne Böden backen und auskühlen lassen. Für die Füllung 4 Eßlöffel Milch mit dem Puddingpulver und dem Eigelb verquirlen. Die restliche Milch mit dem Zucker zum Kochen bringen, das angerührte Puddingpulver hineinquirlen, einige Male

aufkochen lassen. Unter öfterem Umrühren erkalten lassen. Die Butter schaumig rühren, den Pudding löffelweise daruntermischen. Nougat und Blockschokolade in ein Gefäß geben, im heißen Wasserbad schmelzen, etwas abkühlen lassen und unter die Buttercreme ziehen. 5 Böden mit der Creme bestreichen, dann aufeinandersetzen. Die Torte rundherum mit Creme bestreichen. Die 200 Gramm Zucker mit der Butter in einer Pfanne hellbraun karamelisieren, sofort auf den sechsten Boden streichen. Solange die Karamelmasse weich ist, mit einem geölten Messer 12 Stücke abteilen und auf die Torte legen.

Dongeng
(Indische Rumpsteakstreifen)

100 g Butter oder Margarine, 1 Tasse
feingewiegte grüne Paprikafrüchte,
½ Tasse gewiegte, abgezogene Mandeln,
1 Tasse Zwiebelwürfel, 10 in Scheiben
geschnittene Knoblauchzehen,
½ Zitrone, Salz, Pfeffer,
½ l Buttermilch, 4 Rindersteaks,
4 Eßl. Öl, 2 Zwiebeln.

In einer Kasserolle in der heißen Butter Paprika, Mandeln, Zwiebeln, Knoblauchzehen und abgeriebene Zitronenschale braten. Mit Salz und Pfeffer abschmecken, mit Buttermilch ablöschen und alles zu einer sämigen Soße kochen. Die Steaks in fingerdicke Streifen schneiden, diese mit den in Scheiben geschnittenen Zwiebeln im heißen Öl anbraten. Dabei ständig umrühren. Die heiße Soße in eine Schüssel geben, die Fleischstreifen darunterrühren.

Doria-Salat
(Vorspeise)

Etwa 400 g Salatgurke, je ½ Bund
gehackter Dill, Estragon und Kerbel.
Für die Marinade: *40 g Mayonnaise,*
40 g Sahne, Kräuterdressing, Salz,
weißer Pfeffer, Zucker.
Zum Anrichten: *Salatblätter.*
Zum Garnieren: *Radieschenröschen.*

Die Gurken waschen, schälen, halbieren, in dünne Scheiben schneiden
und mit den gehackten Kräutern vermengen. Dann die Marinade zubereiten, unter den Salat mischen und pikant abschmecken.
Zuletzt Glasteller mit Salatblättern
auslegen, den würzigen Salat darauf
anrichten und mit Radieschenröschen
garnieren.

Dorschauflauf

1 kg Dorschfilet, 1 Tasse geraspelte
Möhren, 1 Tasse junge grüne Erbsen,
1 Tasse rohe Kartoffelscheiben,
2 Eßl. gehackte Petersilie, Pfeffer,
Salz, Margarine, 2 Eigelb, ½ Tasse
saure Sahne, Semmelbrösel.

Das Dorschfilet in kleine Würfel
schneiden, mit dem Gemüse und den
Kartoffelscheiben mischen und mit
gehackter Petersilie, Pfeffer und Salz
würzen. In eine gefettete feuerfeste
Form füllen. Die Eigelb mit der sauren Sahne verquirlen und darübergießen. Mit Semmelbröseln bestreuen.
Margarineflöckchen aufsetzen und im
Ofen etwa 25 Minuten überbacken.
Dieser Auflauf kann selbstverständlich auch mit anderem Seefisch zubereitet werden.

Dorschkoteletts
mit Joghurt-Quark-Soße

800 g Dorsch (es kann auch Kabeljau
oder Schellfisch verwendet werden),
2 Zitronen, Salz, 60 g Butter,
3 Eßl. Weißwein, 1 Apfel, 1 gekochte
Sellerieknolle (etwa 200 g),
100 g Walnußkerne oder abgezogene
Mandeln, ¼ l Joghurt, 250 g Sahnequark,
Petersilie, Dill, Schnittlauch.

Vom Dorsch die Flossen entfernen,
den Fisch schuppen und reinigen.
4 Koteletts davon schneiden, diese besonders auf den Fleischseiten mit Zitronensaft beträufeln und salzen. In
einer feuerfesten Form die Butter zerlassen, die Koteletts hineinlegen,
3 Eßlöffel Weißwein dazugeben und
bei geschlossenem Deckel dünsten
lassen.
Apfel und gekochte Sellerieknolle in
feine Würfel schneiden. Die gehackten Nüsse dazugeben. Aus Joghurt
und Sahnequark eine Soße rühren
und unter die Apfel-Sellerie-Nuß-Mi-
schung geben. Mit Salz und Zitronensaft abschmecken. Alles mit den feingeschnittenen Kräutern vermengen
und über die gedünsteten Fischportionen verteilen. Mit Tomatenachteln
garnieren.

Mit Essig und Salz wurde Messinggeschirr geputzt, in Essig und Salz kochte man Hühner, Fische und Fleischstücke von mancherlei Art. Essig, die älteste dem Menschen zugängliche Säure, wurde in der Antike sehr geschätzt. Plinius der Ältere (23–79) bezeichnete den Essig als wichtiges Erfordernis zu einem angenehmen Leben, da er in der Küche mannigfaltig gebraucht werde – zum Würzen, Säuern und Herstellen von Getränken, auch als Medizin und zum Beizen.

Anfangs ließen die Athener überhaupt nur Essig als Zusatz zu ihren Speisen gelten; erst später kamen andere Gewürze, vornehmlich Kräuter, hinzu. Die alten Griechen bereiteten ihren Essig aus Wein, den sie durch Zusatz von Sauerteig so lange zum Gären brachten, bis er sich in Essig verwandelt hatte. Mindestens ebensoalt wie der Essig, wenn nicht gar noch älter, ist der Gebrauch des Salzes. Man kann davon ausgehen, daß die Menschen, seitdem sie sich nicht mehr vorrangig von Fleisch ernährten, seitdem sie also seßhaft geworden waren und Ackerbau betrieben, auch Salzquellen ausfindig machen wollten. Denn der natürliche Salzbedarf des menschlichen Organismus wird zwar beim Genuß tierischer Nahrung ganz selbstverständlich befriedigt, nicht aber, wenn in der Hauptsache pflanzliche Stoffe verzehrt werden. Die aber waren etwa 4000 vor unserer Zeit zum wichtigsten Bestandteil des Speisezettels geworden. Nach der begehrten Würze wurde also gesucht. Salzhaltige Quellen, sogenannte Solen, verrieten Lagerstätten. Die wahrscheinlich älteste Schilderung eines Salzvorkommens verdanken wir Herodot (485–425 v. u. Z.), der zehn Tagesreisen entfernt von Theben, in Ägypten also, eine solche Lagerstätte mitten in der Wüste kennenlernte. Dort lag das Salzkristallin an der Oberfläche und konnte sehr leicht »geerntet« werden. Im Seilletal siedeten die Kelten das Salz. Tönerne Zeugen ihrer Kunst sind sogenannte Briquetagen, Tongefäße mit Füßen, die unzweifelhaft zum Salztrocknen dienten. Auch unterhalb der Burg Giebichenstein bei Halle wurde schon in prähistorischer Zeit Salz aus der Solequelle gewonnen. Man braucht nur aufmerksam die Namen zu verfolgen: »Salzflüsse« heißen Saale, Salzach, Silge, Salze …, auch das ältere Wort »hall« taucht noch heute auf.

Ob Salz und Essig schon in früherer Zeit als Konservierungsmittel dienten, wurde nicht überliefert. Allerdings ist verbürgt, daß die Griechen um die Zeitenwende Salz schon als Würzstoff wie auch zur Vorratshaltung benötigten. Tarichos, Salzfisch, war der »Braten« der einfachen Leute. Hatte man kein Fleisch, suchte man den Fischhändler auf. »Tarichos kostet wohl nur einen Obulus, aber die Zutat kostet zwei«[26] – Spottvers auf den Durst, den man gewöhnlich nach solchem Mahle bekam. Auch die Fischverkäufer standen auf einer niedrigen Stufe innerhalb der gesellschaftlichen Hierarchie; war einer aus »besseren Kreisen« übermütig, wies man ihn mit den Worten »Hast du vergessen, daß du einst Taricha verkauft hast?« in die Schranken.

Mit einer Mißachtung des Salzes hatte das aber nichts gemein. Pythagoras (540–500 v. u. Z.) lobte am Salz, »es werde von reinen Eltern erzeugt, nämlich von Sonne und Meer«[27]. Homer (8. Jh. v. u. Z.) nannte es das edelste, das göttliche Gewürz[28].

Auch bei den Tafelfreuden nahm Salz eine besondere Stellung ein. In hohen Ehren hielt man das Salzfaß. Bei den Römern war es ein besonders prächtiges Gefäß, oft aus Silber, und mit ihm wurde zu jeder Mahlzeit den Göttern geopfert. Die ersten römischen Salinen hat es übrigens in Ostia gegeben. Von dort führte eine Salzstraße bis ins Land der Sabiner. Auch die »Porta Salaria« in Rom erinnert an diese Zeit. Die festgelegten Salzgaben an das Volk, dazu das die Naturallieferung ersetzende Salzgeld an die Söldner erklären den Begriff »salarium« für Lohn, fortlebend auch im französischen »Salaire«.

In den feinen römischen Haushalten existierte ein sogenannter Salzdiener, zu dessen Aufgaben es gehörte, Fleisch zu pökeln, Olivenöl mittels Salz haltbar zu machen, Fischmarinaden ähnlich der oben beschriebenen zu bereiten.

Auch bei den Angelsachsen gab es einen Salzer im Gefolge, der neben Bäcker und Koch gleich wichtig für Haushalt und Tafel war. Er zeichnete für die gesamte Vorratswirtschaft verantwortlich. Mittlerweile wurden auch Butter (in Rom und Athen kochte man nur mit Öl) und Käse gesalzen, Fleisch ohnehin, um alles länger haltbar zu machen.

Im Kochbuch des Platina[29], eines päpstlichen Bibliothekars aus dem 15. Jahrhundert, steht der wohlgemeinte Rat, daß kein Salz gespart werden darf, weil sonst kein Mensch das Fleisch genießen könne. Im heutigen Frankreich entstand zu dieser Zeit neben den Schlächtern die Innung der »charcutiers«, die gekochtes und eingesalzenes Fleisch verkauften, auch Würste machten. Der Handel mit Meeresfischen hatte im europäischen Raum schon drei Jahrhunderte früher begonnen. Voraussetzung dafür war, daß gesalzene Fische längere Transportwege überstehen konnten. Die Erfindung des Salzherings dürfte etwa auf das 10. Jahrhundert zurückgehen.

So, wie schon die alten Römer dem Salz durch Thymianbeigaben zu mehr Wohlgeschmack in der feinen Küche verholfen hatten, wurden nun auch dem Essig Kräuter zugesetzt. Aber als Konservierungsmittel kam er später in Gebrauch; erst im 16. Jahrhundert ist die Rede von sauren Gurken, marinierten Zwiebeln im Steinguttopf, von saurem Kürbis und anderen Essig-Gemüsen.

Geschlachtet wurde bis ins 19. Jahrhundert hinein vor allem im Spätherbst, und es gab durchaus Monate, in denen kein frisches Fleisch zu haben war. Einsalzen oder Trocknen blieb als Alternative, die ja eigentlich keine ist: Wer zieht angesichts eines saftigen Schinkens ein Stück Dörrfleisch vor? So erreichten die Fachleute beim Pökeln und Räuchern schon früh beachtliche Meisterschaft. Nach einem Rezept aus dem England des 13. Jahrhunderts rechnete man auf etwa 9 Kilogramm Fleisch ein Kilogramm Salz. Kochbücher, die etwa um die letzte Jahrhundertwende erschienen sind, belegen, daß derartige Kenntnisse noch Anfang des 20. Jahrhunderts zum elementaren Wissen der Hausfrau gehörten. Das Schlachtfleisch wurde in Stücke zerhackt, die etwa einer Tagesmahlzeit entsprachen, fest aneinandergelegt in ein trockenes, reines Eichenfaß gepreßt und mit folgender Pökellake übergossen: Zu 50 Pfund Fleisch rechnete man 12 Pfund Salz, 33 Gramm Salpeter, 90 Gramm Kandiszucker und sechs Liter Wasser. Dies alles wurde eine Viertelstunde gekocht und dann kalt über das Fleisch gegossen. Darauf kam ein Deckel, der mit Steinen beschwert war. Die Lake mußte auf jeden Fall über dem Fleisch stehen.

Doch bei den einfachen Leuten wurde höchst selten Fleisch in die Fässer gepreßt. Im 18. und 19. Jahrhundert war das viel öfter Weißkohl. Man wußte ja schon aus alter Zeit, daß der sich – mit Salz vermengt – in köstliches Sauerkraut verwandelt. Eine Speise, die in das Einerlei von Grütze, später Kartoffeln, Mehlklößen, Erbsen, Linsen und Graupen willkommene Abwechslung brachte und auf dem Tisch der Bauern, Handwerker und der Arbeiter stets gern gesehen war.

Vorratswirtschaft hat heute nichts von ihrer Bedeutung verloren. Es muß ja nicht gleich jeder ein Schwein einsalzen wollen.

Echte holländische Soße

200 g Butter, 5 Eigelb, etwas Wasser oder Weißwein, Saft von ½ Zitrone, Salz, weißer Pfeffer, etwas Worcestersauce.

Die Butter zerlaufen, aber nicht bräunen lassen! Inzwischen die Eigelb mit Wasser, Zitronensaft und Salz in ein geeignetes Gefäß geben und im heißen Wasserbad mit einem Schneebesen rühren oder aufschlagen, bis die Masse cremig ist. Dann außerhalb des Wasserbades nach und nach die Butter unterrühren. Anfangs tropfenweise, später etwas schneller. Mit Salz, Pfeffer und Worcestersauce abschmecken und sofort servieren. Sie ist Grundlage für viele weitere Soßen und paßt zu feinsten Gemüsen, Fisch, Fleisch, Eiern oder Geflügel.
Holländische Soße läßt sich nicht aufwärmen, sie gerinnt!
Eventuelle Soßenreste eignen sich vorzüglich zum Überbacken von Toasten. In diesem Falle können sie kalt aufgetragen werden. Die echte holländische Soße wird in der Fachsprache der Köche *Sauce hollandaise* genannt. Sie zählt zu den bedeutendsten Soßen der französischen Küche.

Echter Blätterteig

250 g Mehl, Salz, 10 Eßl. Wasser, 2 Eßl. Weinbrand, Rum oder Essig, 250 g Margarine oder Butter.

Das Mehl, wenn möglich, auf eine kalte Marmorplatte sieben. In eine Vertiefung in der Mitte einen Teelöffel Salz geben, Wasser und Weinbrand zugießen und mit kalten Händen einen festen, zähen Teig kneten,

dabei einen Teelöffel Margarine unterarbeiten. Die Margarine zwischen zwei Bogen Butterbrotpapier zu einer dicken rechteckigen Platte breitrollen. Teig und Margarine kalt stellen, damit beide für die weitere Verarbeitung die gleiche Temperatur bekommen. Den Teig auf bemehltem Untergrund so ausrollen, daß eine rechteckige, in der Mitte etwas stärkere Platte entsteht. Die Margarine darauflegen und den Teig von beiden Seiten darüberschlagen. Für etwa 20 Minuten kalt stellen und wieder ausrollen, dann dreifach zusammenschlagen und den Teig mindestens 30 Minuten kalt stellen. Den Vorgang des Ausrollens, Zusammenschlagens und Kaltstellens noch zweimal wiederholen und erst dann den Teig nach Rezeptvorschrift weiterverarbeiten. Anhaftendes Mehl sollte bei den einzelnen Arbeitsgängen abgestäubt werden, da sonst der Teig brüchig werden kann.

Eclairs

Für den Teig: *60 g Butter oder Margarine, 1 Prise Salz, 150 g Mehl, 25 g Stärkemehl, 4 bis 5 Eier, 1 gestr. Teel. Backpulver.*
Für die Fülle: *½ l Milch, 1 Päckchen Puddingpulver Vanillegeschmack, 125 g Zucker, ½ Päckchen Vanillinzucker, 3 Eier, 2 bis 3 Eßl. Rum, ⅛ l Schlagsahne.*
Für die Glasur: *200 g Puderzucker, 2 bis 3 Eßl. starker Bohnenkaffee.*

¼ Liter Wasser, Fett und Salz im Topf zum Kochen bringen, das mit Stärkemehl gemischte Mehl auf einmal hineingeben und verrühren. Bei schwacher Hitze weiterrühren, bis sich der Teigkloß vom Topf löst und der Boden einen weißen Belag zeigt. Den Kloß in eine Schüssel geben und die Eier nacheinander hineinrühren, bis der Teig in langen Spitzen vom Löffel reißt. Backpulver unterrühren. Mit dem Spritzbeutel je zwei 7 cm bis 8 cm lange Streifen dicht nebeneinander auf das gefettete und bemehlte Blech spritzen und einen dritten gleich langen Streifen daraufsetzen. Die Eclairs backen. 6 Eßlöffel Milch mit dem Puddingpulver verrühren, die restliche Milch mit Zucker und Vanillinzucker zum Kochen bringen, das Puddingpulver hineinrühren und die Masse kurz aufkochen. Vom Feuer nehmen, verquirltes Eigelb hineinrühren, steifgeschlagenes Eiweiß und zum Schluß die Schlagsahne unterziehen. Den Rum mit der abgekühlten Creme verrühren. Von den noch warmen Eclairs die Deckel abschneiden. Nach dem Abkühlen die Unterseite mit der Rumcreme füllen, Deckel aufsetzen. Mit Kaffeeglasur glasieren.

Edamer Kugeln

¹⁄₈ l Milch, 25 g Butter, Salz, Paprika, Kümmel, 100 g Mehl, 2 Eier, 2 Eigelb, 100 g geriebener Edamer Käse.

Die Milch zusammen mit der Butter bis zum Kochen erhitzen. Die Gewürze mit dem Mehl vermischen und auf einmal in die kochende Milch geben. Alles so lange mit dem Holzlöffel rühren, bis sich der Teig als Kloß vom Boden löst. 5 Minuten abkühlen lassen und nacheinander die 2 Eier sowie 1 Eigelb unter die Masse rühren.

Dann den Reibekäse unterziehen. Die Masse in einen Spritzbeutel mit Lochtülle füllen und kleine Kugeln oder Häufchen auf ein gefettetes, bemehltes Blech spritzen. Das verschlagene restliche Eigelb mit einem Pinsel auf die Kugeln auftragen und das Gebäck 5 bis 8 Minuten backen.

Egg-Nogg
(für 2 Portionen)

4 cl Weinbrand, 4 cl brauner Rum (Verschnitt), 2 Eier, 1 Barlöffel Puderzucker, ¹⁄₄ l kalte Milch, Muskatnuß.

Weinbrand, Rum, Eier und Zucker mit der Milch verquirlen, in Gläser füllen und mit geriebener Muskatnuß bestreuen.

Eiche

Für den Teig: *3 Eier, 3 Eßl. Wasser, 125 g Zucker, 1 Päckchen Vanillinzucker, Salz, 75 g Mehl, 75 g Stärkemehl, 1 Teel. Backpulver.*
Für die Creme: *180 g Zucker, 1 Vanilleschote, 8 Eigelb, 375 g Butter, 5 Teel. gemahlener Kaffee, 50 g Kakao.*

Die Eigelb unter allmählicher Zugabe des heißen Wassers recht schaumig schlagen, 100 Gramm Zucker, Vanillinzucker und Salz zugeben. Das Eiweiß zu Schnee schlagen und den restlichen Zucker unterziehen. Den völlig schnittfesten Eischnee auf die Eigelbmasse geben, das mit Backpulver vermischte Mehl darübersieben und alles mit dem Schneebesen locker unterheben. Ein Backblech mit Butterbrotpapier auslegen, etwas einfet-

ten und den Teig flach darauf ausstreichen. Im vorgeheizten Ofen bei
175°C hellgelb backen. Aus dem Ofen
nehmen, sofort auf ein feuchtes, mit
Zucker bestreutes Tuch stürzen, das
Papier abziehen und den Boden mit
dem Tuch aufrollen. So abkühlen lassen. Für die Creme 150 ml Wasser,
Zucker und aufgeschnittene, ausgekratzte Vanilleschote kochen, bis ein
Zuckersirup entsteht. Die Eigelbmasse in eine Schüssel geben, den kochendheißen Sirup unter ständigem
Rühren mit dem Schneebesen dazugießen und so lange schlagen, bis die
Masse kalt geworden ist. Die weiche
Butter schaumig rühren, unter ständigem Rühren mit der Eiermasse vermischen. (Sollte die Creme gerinnen,
sehr weiche, fast flüssige Butter dazugeben.) Die fertige Creme halbieren
und in zwei Schüsseln füllen. Den
Kaffee mit ganz wenig kochendem
Wasser filtern und abgekühlt tropfenweise unter die eine Hälfte der Creme
schlagen. Unter die zweite Hälfte den
Kakao geben und ebenfalls gut durchrühren. Nun die Biskuitrolle vorsichtig aus dem Geschirrtuch rollen, den
größten Teil der Mokkacreme auf den
Boden streichen (einen Rest zum Garnieren aufheben). Den Teig wieder
aufrollen, die Enden schräg schneiden. Aus Teigresten zwei Äste formen, in vorgeschnittene Löcher in die
Biskuitrolle stecken. Den Rest Mokkacreme ringförmig auf die Schnittflächen und Äste spritzen. Die Schoko-
dencreme in einen Spritzbeutel mit
ganz dünner Tülle füllen. Dicht nebeneinander kleine Streifen spritzen,
dabei Astlöcher imitieren. Die Eiche
gut kühlen und dann aufschneiden.

Eier-Cocktail
(Vorspeise)

4 bis 6 hartgekochte Eier,
4 Anschovis- oder Sardellenfilets,
100 g Sahne oder Joghurt, reichlich
scharfer Senf, Salz, weißer Pfeffer,
Zucker, Essig, Kopfsalatblätter,
Kapern, Petersilie, Tomatenstreifen.

Die Eier in Scheiben schneiden –
einige gleich große Scheiben zum
Garnieren zurücklassen –, die Anschovis feinhacken. Sahne, Senf und
Gewürze verrühren, dazugeben, alles
vorsichtig vermengen und pikant abschmecken.
Cocktailgläser mit Kopfsalatblättern
auslegen und den Eier-Cocktail darauf
verteilen. Die Eischeiben auf den
Eier-Cocktail legen, mit einigen Kapern bestreuen und mit Petersilie sowie Tomatenstreifen garnieren.

Eier-Geflügel-Toast

4 gebutterte Toastscheiben, 1 Tasse
fein zerkleinertes Hühnerfleisch,
vermischt mit ein paar sehr fein
geschnittenen Champignons,
feingeschnittenem gekochtem Schinken
oder Zunge und einem Gläschen
Weinbrand, 4 Eier, Soße Suprème.

Die leicht gebutterten Toastscheiben
mit der Hühnerfleischmischung bestreichen und auf jede Scheibe ein po-
chiertes Ei geben. Die Eier mit der
Soße Suprème überziehen. Für die
Soße in einer hellen Mehlschwitze etwas von der Brühe, in der das Hühnchen gekocht wurde, sowie etwas
Champignonbrühe verrühren. Die
Flüssigkeit auf ein Drittel einkochen

lassen und zum Schluß etwas Sahne und Butter darunterrühren.

Eier-Grog

4 Eigelb, 3 Eßl. Zucker, 1/4 l Rum.

Die Eigelb und den Zucker in einer Schüssel so lange rühren, bis der Zucker nicht mehr knirscht. 1/2 Liter Wasser aufkochen, mit dem leicht erwärmten Rum vermischen und vorsichtig mit der Eigelbmasse verrühren. In feuerfeste Gläser gießen.

Eier im Schlafrock

Für den Teig: 120g Butter, 120g Mehl, 1 Teel. Zitronensaft, 1/2 Eigelb, 1 Prise Salz.
Für die Fülle: 5 Eier, 1 Anschovis, 30g Butter, 1/2 Tasse Milch, 1 Brötchen, Salz, Pfeffer, Senf, Petersilie.

Die Butter mit 40 Gramm Mehl zu einer Kugel verarbeiten, kalt stellen. Das restliche Mehl mit Zitronensaft, Eigelb, Salz und Wasser zu einem geschmeidigen Teig gut verarbeiten und ruhen lassen. Den Teig leicht ausrollen, in die Mitte die Butterkugel legen, den ausgerollten Teig darüberschlagen, ausrollen, dreiteilig zusammenschlagen, wieder ausrollen und nochmals zusammenschlagen und ausrollen. 4 Eier hartkochen, abschrecken, halbieren und die Eigelb herauslösen. Die Anschovisbutter mit dem in Milch eingeweichten und ausgedrückten Brötchen, Salz, Pfeffer, Senf und gehackter Petersilie verrühren. Die Eiweißhälften damit füllen und aneinanderdrücken. Jedes Ei in ein Teigquadrat wickeln, die Ecken nach oben klappen und zusammendrücken. Mit verquirltem Ei bestreichen, auf ein Backblech setzen und goldgelb backen. Für dieses Rezept läßt sich auch fertiger Blätterteig verwenden.

Eier in Brötchen überbacken

4 Brötchen, 1 kleine Dose Leberpastete, 8 Eier, Salz, 60g Butter, Petersilie.

Die Brötchen halbieren und aushöhlen. Jeweils ein Stück Leberpastete hineingeben, darüber je 1 Ei schlagen und leicht salzen. Die Brötchen in eine ausgefettete Auflaufform setzen und alles in der Röhre überbacken, bis die Eier gestockt sind. Mit gewiegter Petersilie bestreut servieren.

Eier in süßsaurer Soße

8 Eier, 150g Schinkenspeck, 2 Zwiebeln, 3 Eßl. Mehl, 1/2 l Hühnerbrühe (gekörnt), 4 Eßl. scharfer Senf, 1 bis 2 Teel. Meerrettich, 2 Eßl. Weinessig, 1 bis 2 Teel. Zucker, Salz, Kresse.

Die Eier in kochendes Wasser geben, in etwa 8 Minuten hartkochen, kalt abschrecken, schälen. Den feingewürfelten Speck auf kleiner Flamme auslassen, Zwiebelwürfel zufügen und glasig dünsten. Alles mit Mehl bestäuben, kräftig durchrühren und dabei kurz anschwitzen. Dann mit der Brühe ablöschen und die Soße auf kleiner Flamme etwa 5 Minuten leise kochen lassen. Dann mit Senf, Meerrettich, Essig, Zucker und Salz süßsauer abschmecken. Die Eier in der Soße erwärmen und alles mit frischer Kresse garniert servieren. Dazu paßt Kartoffelpüree.

Eierkakao

½ l Milch, 65 g Zucker, 30 g Kakao,
2 Eier, 1 Prise Salz.

Die Milch mit der Hälfte des Zuckers aufkochen, dabei den mit ½ Liter Wasser verquirlten Kakao einlaufen lassen. Das Getränk mit den Eigelb abziehen und die Eiweiß unter Zugabe einer Prise Salz, später auch des restlichen Zuckers steifschlagen. Den Eischnee auf dem in Gläser oder Tassen gefüllten Kakao anrichten. – Nach Belieben mit geraspelter Schokolade bestreuen.

Eierkoteletts

1 Eßl. Butter, 1 Eßl. Mehl,
¼ l Milch, Salz, Pfeffer, Muskat,
4 hartgekochte Eier, 1 Eigelb,
⁴⁄₁₀ l Béchamelsoße, Semmelbrösel,
50 g Butter oder Margarine,
Tomatensoße.

Für die Béchamelsoße 1 Eßlöffel Butter im Topf schmelzen lassen. 1 Eßlöffel Mehl zurühren, unter ständigem Rühren etwas kaltes Wasser und dann ¼ Liter heiße Milch zugießen. Mit Salz, Pfeffer und Muskat würzen. Die in Würfel geschnittenen Eier mit der mit rohem Eigelb angedickten Béchamelsoße vermischen. Die erkaltete Masse zu kleinen Koteletts formen, in Semmelbrösel wälzen und in Butter schnell braten. Dazu Tomatensoße.

Eierkuchen
(Grundrezept)

150 g Mehl, Messerspitze Backpulver,
1 Prise Salz, 1 Prise Zucker,
300 ml Milch, 6 Eier, 125 g Margarine
zum Braten.

Das Mehl mit Backpulver, Salz, Zucker und der Milch zu einem glatten, dünnflüssigen Teig verquirlen. Den Teig mindestens 30 Minuten stehenlassen, damit das Mehl ausquellen kann, dann erst die Eier unter den Teig rühren. In der erhitzten Margarine 8 Eierkuchen braten.

Eierkuchen
mit Gemüse-Käse-Fülle

Eierkuchen nach Grundrezept.
125 g Blattspinat, 8 kleine Tomaten,
150 g Schafskäse, Salz, Pfeffer, Oregano.

Die verlesenen, von den Stielen befreiten, gewaschenen Spinatblätter gründlich abtropfen lassen. Die gewaschenen Tomaten in Scheiben schneiden und den Schafskäse zerbröckeln. Etwas Margarine in der Pfanne erhitzen. Eine Kelle Teig in die Pfanne geben, breitlaufen lassen. Ein Achtel der vorbereiteten Fülle-Zutaten auf der noch weichen Eierkuchenoberseite verteilen und leicht in den Teig drücken. Den Eierkuchen auf kleiner Flamme gut durchbacken lassen und mit Salz und Pfeffer bestreuen. Den Eierkuchen wenden und von der anderen Seite backen. Dabei erneut Margarine in die Pfanne geben. Den Eierkuchen nochmals wenden, mit zerriebenem Oregano bestreuen und sofort servieren.

Eierlikörsahne

⅛ l Sahne, 1 Päckchen Sahnestabilisator,
6 Eßl. Eierlikör, 1 Eßl. gehackte
Mandeln.

Die Sahne halbsteif schlagen, Sahnestabilisator hinzufügen und weiterschlagen, bis die Sahne ganz steif ist. Dann
Eierlikör und gehackte Mandeln daruntermischen. Zu Obstsalat oder Eis
servieren.

Eiermilch mit Schokolade

3 Eier, 3 Eßl. Zucker,
2 Eßl. geriebene Schokolade oder
Kakao, ½ l Milch, 2 Likörgläser
Weinbrand oder Rum.

Eier und Zucker dickschaumig schlagen, Schokolade dazugeben und verrühren. Gut gekühlte Milch und
Weinbrand unterschlagen. In Gläser
gießen, nach Belieben Eiswürfel dazugeben und mit Trinkhalm servieren.

Eier-Porree-Auflauf

150 g Speck, 2 bis 3 Stangen Porree,
2 große oder 4 kleine Kartoffeln,
100 g Mehl, 100 g Margarine, 4 Eier,
Salz.

Den Speck und den vorbereiteten
Porree in dünne Scheiben schneiden,
die geschälten Kartoffeln raffeln. Aus
Mehl, Margarine, 1 Ei und Salz einen
glatten Teig kneten und zu zwei Platten in Größe der Backform ausrollen.
Mit einer Platte Boden und Rand der
Form auslegen, Speckscheiben daraufgeben, Kartoffeln und Gemüse auflegen, die restlichen Speckstreifen dar-

über verteilen und die 3 verquirlten,
gewürzten Eier übergießen. In die
zweite Teigplatte kleine Kamine –
das sind rund ausgestochene kleine
Öffnungen – schneiden, damit der
Dampf entweichen kann, locker auflegen und die Ränder etwas festdrükken. Im vorgeheizten Ofen bei Mittelhitze goldbraun backen.

Eierpunsch

2 bis 3 Eier, 125 g Zucker, 2 Teel. schwar-
zer Tee, ½ l Weißwein, 1 Zitrone.

Die Eier zusammen mit dem Zucker
im Wasserbad schaumig schlagen; darauf achten, daß das Wasser nicht
kocht. Den Tee mit ½ Liter kochendem Wasser brühen und nach 5 Minuten durchseihen. Tee, Wein und Zitronensaft allmählich an die Eier
gießen und so lange weiterrühren, bis
sich alles verbunden hat. – Der Zukker kann durch 4 Eßlöffel Bienenhonig ausgetauscht werden.

Eierschnitten mit Käse

4 dünne Weißbrotscheiben, Butter,
4 Scheiben Schnittkäse, 4 Eier,
2 Eßl. Margarine, Salz,
3 bis 4 Eßl. Reibekäse, Salatblätter.

Die Brotscheiben dünn mit Butter
bestreichen und mit dem Käse belegen, auf jede Scheibe ein Spiegelei legen. Mit Reibekäse bestreuen und in
der vorgeheizten Röhre überbacken,
bis der Käse zu schmelzen beginnt.
Möglichst mit grünem Salat anrichten. – Auf die Käsescheiben kann etwas Tomatenmark gestrichen werden.

Eiersoße

2 bis 4 hartgekochte Eier,
etwa 100 g Butter, Zitronensaft, Salz,
weißer Pfeffer, gehackte Petersilie.

Die Eier halbieren, das Eigelb herausnehmen und durch ein Sieb streichen. Inzwischen die Butter erhitzen, aber keine Farbe nehmen lassen. Das Eigelb mit der Butter zu einer cremigen Masse verrühren, mit Zitronensaft, Salz und Pfeffer würzen, das Eiweiß feinhacken und dazugeben. So vorbereitet, alles am Herdrand warm halten. Vor dem Anrichten die Petersilie dazugeben und nachschmecken.
Diese Spezialsoße ist eine vortreffliche Soße zu Kochschinken, Spargel, Brokkoli oder Schwarzwurzeln, aber auch zu Kochfisch und kurzgebratenen Fleischspeisen.

Eier-Toast
(Vorspeise)

4 Scheiben Toastbrot, 20 g Butter,
Tomatenscheiben, Salz,
Pfeffer, 4 hartgekochte Eier, Käsescheiben,
Salatblätter, Tomatenketchup, Petersilie.

Das Toastbrot mit Butter bestreichen, mit einigen Tomatenscheiben belegen, salzen und pfeffern. Die Eier in Scheiben schneiden, auf den vorbereiteten Schnitten verteilen. Mit den Käsescheiben völlig abdecken und in der Röhre überbacken. Sofort auf Salatblättern anrichten, mit etwas Tomatenketchup versehen und mit Petersilie garnieren. – Eiertoast läßt sich auch mit Reibekäse oder mit gehackten Kräutern und Butterflocken überbakken.

Eier-Tomaten-Salat

6 Eier, 200 g Tomaten,
⅛ l saure Sahne,
1 Eßl. Kondensmilch, 1 Teel. Senf, 2 Eßl.
feingehackte Petersilie,
1 Eßl. Zitronensaft, Salz, Glutal.

Die Eier 8 bis 10 Minuten kochen, mit kaltem Wasser abschrecken, auskühlen lassen, schälen und in Sechstel schneiden. Die Tomaten ebenfalls in Sechstel scheiden und zu den Eiern geben. Aus saurer Sahne, Kondensmilch, Senf, Petersilie, Zitronensaft eine Soße bereiten, mit Salz und Glutal würzen und über die anderen Salatzutaten gießen. Den Salat gut durchziehen lassen.

Ei mit Milch
(Einzelportion)

1 Ei, 1 Eßl. Zucker, 1 Glas Milch.

Das mit Zucker verquirlte Ei nach und nach mit der heißen Milch auffüllen. – Das Getränk kann auch mit Bienenhonig hergestellt werden.

Einfache Kartoffel-Wickelklöße

1 kg gekochte Kartoffeln, ⅛ l Milch,
3 Eier, Salz, 250 g Mehl, 65 g Butter
oder Margarine, 125 g Semmelbrösel.

Die geriebenen Kartoffeln locker mit Milch, Eiern, Salz und Mehl zu einem festen Teig verarbeiten und ausrollen. Mit zerlassener Butter bestreichen und mit Semmelbröseln bestreuen. Die Teigplatte zusammenrollen. In fingerlange Stücke schneiden, die Ränder, möglichst mit Eiweiß bestrichen, etwas festdrücken und die Klöße in leise siedendem Salzwasser etwa 12 Minuten ziehen lassen. Als Beilage zu Fleisch oder mit gebräunter Butter übergossen mit Kompott auftragen.

Einfache Zuckerglasur

150 g Puderzucker, 3 Eßl. Wasser oder Milch.

Den gesiebten Puderzucker allmählich mit der möglichst heißen Flüssigkeit verrühren.

Eingebackene Eier mit Käse

100 g Butter, ¼ l saure Sahne, 50 g Reibekäse, Salz, Tomatenketchup, 8 Eier, Reibekäse.

Etwa zwei Drittel der Butter zerlassen, mit Sahne, Reibekäse, Salz und einem Schuß Tomatenketchup verrühren. Die Hälfte der Masse in eine ausgefettete feuerfeste Form geben, mit halbweich gekochten Eiern belegen und die restliche Masse darübergießen. Mit dem Käse bestreuen und den Auflauf in der Röhre überbacken. Sofort servieren.

Eintropfsuppe

2 Eier, Salz, 2 Eßl. Mehl, 6 Eßl. Reibekäse, 1½ l Fleischbrühe.

Die Eier mit etwas Salz und 2 Eßlöffel Wasser verquirlen. Dann das Mehl und den Käse zufügen. Diese Masse durch ein grobes Sieb in die kochende Fleischbrühe tropfen lassen. Einmal

aufkochen und dann vom Feuer nehmen, zugedeckt stehen lassen, bis die Brühe wieder klar ist.

Eisbein mit Majoran

2 gepökelte Eisbeine, 1 Zwiebel, Lorbeerblatt, Nelken, Pfefferkörner, 1 Möhre, ½ Eßl. Majoran.

Die Eisbeine gründlich waschen. Reichlich Wasser zum Kochen bringen. Die geschälte Zwiebel, gespickt mit Lorbeerblatt und Nelken, in das sprudelnde Wasser geben. Die gewaschenen Eisbeine und die geputzte Möhre ebenfalls zugeben. Alles zusammen kochen lassen und die Brühe öfters abschäumen. Mit Majoran würzen und die Eisbeine kernig kochen. Mit gekochtem Sauerkraut, Erbspüree und Kartoffeln servieren. Sahnemeerrettich dazu reichen.

Eisbombe

3 Eigelb, 150 g Zucker, 1 Likörglas Kirschwasser, ¼ l Schlagsahne, 100 g Biskuitplätzchen, 100 g Sauerkirschen, Kakao zum Bestreuen.

Eigelb und 100 g Zucker schaumig schlagen, Kirschwasser hineinrühren und mit der steifgeschlagenen Sahne vorsichtig vermischen. Die Biskuitplätzchen zerbröckeln, die Kirschen entsteinen, mit 50 Gramm Zucker süßen und ziehen lassen. Dann unter die Sahnemasse ziehen, in ein Gefäß füllen (kein Plast!) und im Gefrierfach einige Stunden gefrieren lassen. Die Eisbombe stürzen, auf einer Platte anrichten und mit Kakao bestreuen.

Eiskaffee

½ l starker schwarzer Kaffee,
2 Portionen Vanille- oder Sahneeis,
Schlagsahne.

Den Kaffee in 4 Gläser verteilen, je ½ Portion Eis hinzugeben und obenauf Schlagsahne setzen. Mit Trinkhalm servieren.

Eiskaffee »Mazagran«
(Einzelportion)

Eiswürfel, 1 Tasse starker kalter
Kaffee, 1 Teel. Zuckersirup,
2 cl Weinbrand, 1 cl Maraschino oder
Curaçao, 1 Spritzer Angostura,
etwas Nelkenpulver.

In ein Glas die Eiswürfel geben, den kalten Kaffee darübergießen und mit dem Zuckersirup süßen. Mit Weinbrand, Maraschino und Angostura verrühren. Einen Hauch Nelkenpulver über das·Getränk streuen.

Eis mit heißer Schokoladensoße

1 Tafel Blockschokolade, etwas
Kondensmilch, 2 Eßl. Rum, 1 Päckchen
Vanillinzucker, 8 bis 12 Kugeln
Schokoladen- oder Vanilleeis,
⅛ l Schlagsahne, 8 Pfirsichhälften.

Die Schokolade im Wasserbad schmelzen, dabei die Kondensmilch zugeben. Rum und Vanillinzucker zugeben. Das Eis in vier Gläser verteilen. Die Sahne steifschlagen und leicht süßen. Nun auf das Eis die Pfirsichhälften geben, darauf die Schlagsahne verteilen und die warme Schokoladensoße darübergießen.

Eis-Palatschinken

125 g Mehl, 2 Eier, 1 Prise Salz,
¼ l Milch, Schweineschmalz oder
Butter zum Backen, 1 Familienpackung
Speiseeis, Früchte.

Aus Mehl, den verquirlten Eiern, Salz und Milch einen Teig rühren, etwas stehen lassen und dann im heißen Fett dünne Eierkuchen backen. Das Eis in Stücke schneiden, auf die noch heißen Eierkuchen legen, zusammenklappen und mit Früchten garnieren.

Eisschalen mit Johannisbeeren

250 g Johannisbeeren, 4 Eiweiß,
4 Eßl. Zucker, 4 Kugeln Schokoladeneis, 4 Kugeln Vanilleeis.

Die vorbereiteten Johannisbeeren durch ein Sieb passieren. Das Eiweiß mit dem Zucker steifschlagen und unter ständigem Rühren das Fruchtmus zugeben. Je 1 Kugel Schokoladen- und Vanilleeis in ein Schälchen geben und obenauf den Johannisbeerschaum verteilen.

Eisschichttorte

1 Wiener Tortenboden, 1 Gläschen
Himbeergeist.
Für die Erdbeerfülle: 500 g Erdbeeren,
75 g Zucker, 2 Eßl. Zitronensaft,
abgeriebene Zitronenschale,
1 Beutel Gelatine, ¼ l süße Sahne.
Für die Schokoladenfülle: 150 g Vollmilchschokolade, 160 g bittere
Schokolade, 6 Eßl. Milch, 3 Eier,
1 Beutel Gelatine, ½ Vanilleschote,
50 g Zucker, ¼ l Sahne, Baisers.

Den Tortenboden durchschneiden. Eine passende Springform mit Alufolie ausschlagen, so daß der Randstreifen etwas über die Form hinausragt. Den Biskuitboden hineinlegen und mit Himbeergeist beträufeln. Die Erdbeeren pürieren, mit Zucker, Zitronensaft und -schale mischen. Die nach Vorschrift aufgelöste Gelatine unter die Erdbeermischung rühren. Kühl stellen. Sobald die Masse zu gelieren beginnt, die Schlagsahne unterrühren, den Tortenboden damit bestreichen und in den Gefrierschrank oder das Gefrierfach stellen. Die Schokolade zerbröckeln und mit der Milch im Wasserbad bei milder Hitze schmelzen lassen. Die eingeweichte Gelatine darin lösen und die Eigelb unterrühren. Aus der Vanilleschote das Mark herausschaben und die Creme damit würzen. Alles kalt stellen. Die Eiweiß mit dem Zucker sehr steif schlagen. Die Sahne ebenfalls schlagen und beides unter die kalte Schokoladencreme ziehen. Die Creme auf die halbfest gefrorene Erdbeermasse streichen, erneut gefrieren lassen. Die Torte mit kleinen Baisers garnieren, mit Alufolie bedecken und einfrieren.

Eistee

½ l schwarzer Tee, Zitronensaft,
Zucker nach Geschmack, 1 bis
2 Eßl. Eiswürfel, 3 Scheiben Zitrone.

Den gesüßten kalten Tee mit etwas Zitronensaft mischen und über die Eiswürfel gießen oder das Getränk mit eisgekühltem Selterswasser auffüllen. Die Zitronenscheiben obenauflegen. Mit Trinkhalm auftragen. – Das Getränk schmeckt auch sehr gut, wird zur Hälfte schwarzer Tee und zur Hälfte Pfefferminztee verwendet.

Eistorte mit Erdbeeren

750 g Erdbeeren, 5 cl Kirschwasser,
1 Eßl. Puderzucker, 6 Eiweiß,
375 g Zucker, 1½ Eßl. Zitronensaft,
¾ l gut gekühlte Schlagsahne,
1 Päckchen Sahnestabilisator,
3 Päckchen Vanillinzucker.

Die gewaschenen Erdbeeren putzen, 500 Gramm davon in Viertel schneiden, mit Kirschwasser und Puderzucker mischen und 3 Stunden zugedeckt durchziehen lassen. Die restlichen Erdbeeren ganz lassen und beiseite stellen. Mit dem Ring einer Springform auf Alufolie 3 Kreise zeichnen. Eiweiß, Zucker und Zitronensaft im warmen Wasserbad mit den Quirlen des Handrührers auf höchster Stufe zu einem festen Schaum schlagen. Je ⅓ davon in jeden Kreis streichen. Alle drei Böden im vorgeheizten Ofen bei 100 °C 1½ bis 2 Stunden trocknen lassen. Nach der Hälfte der Zeit die Böden austauschen, d. h. den untersten oben und den obersten unten einschieben. Die Böden auskühlen lassen, die Alufolie abziehen. Einen Boden auf eine Tortenplatte legen und den Ring der Springform darübersetzen. ½ l Sahne mit Sahnestabilisator und 2 Päckchen Vanillinzucker steifschlagen. Die pürierten Erdbeeren unterheben. Die Hälfte der Erdbeersahne auf den Boden streichen, den zweiten Boden daraufdrücken und mit der restlichen Erdbeersahne be-

streichen. Den dritten Boden daraufsetzen. Die Torte mindestens 5 Stunden in den Gefrierschrank stellen.
½ Stunde vor dem Servieren die restliche Sahne mit dem Vanillinzucker
steifschlagen und die Torte damit garnieren. Mit Erdbeeren verzieren.

Eis-Windbeutel

50 g Butter, Salz, 150 g Mehl,
3 große oder 4 kleine Eier,
6 Eßl. Himbeersoße aus dem Glas,
250 g Fruchteis, ⅛ l Schlagsahne,
250 g Himbeeren.

¼ Liter Wasser, Butter und 1 Prise
Salz zum Kochen bringen. Den Topf
vom Herd nehmen, das Mehl auf einmal in die heiße Flüssigkeit schütten
und glattrühren. So lange rühren, bis
sich der Teig als Kloß vom Topfboden
löst. In einer Rührschüssel nach und
nach die Eier unter den Teig rühren.
Mit einem Eßlöffel oder mit dem
Spritzbeutel 6 Häufchen auf ein mit
Butterbrotpapier ausgelegtes Backblech setzen. Im vorgeheizten Ofen
bei 225 °C etwa 30 Minuten backen.
Noch heiß aufschneiden, dann auf
einem Kuchengitter abkühlen lassen.
Die Himbeersoße erhitzen. Jeden
Windbeutel mit Schlagsahne und Eis
füllen, mit Himbeeren umlegen und
mit der heißen Soße übergießen.

Elisabeth-Cocktail
(Einzelportion)

Eiswürfel, 2 cl Weinbrand, 2 cl Rum,
1 Spritzer Zitronensaft, 1 Barlöffel
Himbeersirup, Zitronenspirale.

Eiswürfel und alle Zutaten außer der
Zitronenspirale in den Mixbecher geben und gründlich durchschütteln. In
ein Trinkglas abseihen und mit der Zitronenspirale garniert servieren.

Emmentaler Hähnchen

1 Broiler, Pfeffer, Salz, 2 Zwiebeln,
80 g Butter, ¼ l trockener Weißwein,
¼ l Kondensmilch, 1 Eßl. Senf,
80 g geriebener Emmentaler Käse,
Muskat.

Das bratfertige Hähnchen vierteln
und mit Pfeffer und Salz einreiben.
Die in feine Würfel geschnittenen
Zwiebeln in einem Schmortopf mit
der Butter glasig werden lassen, die
Hähnchenstücke zugeben und rundherum goldbraun braten. Mit dem
Wein ablöschen. Die Kondensmilch
mit Senf und Käse verrühren, mit
Muskat würzen und an das Hähnchen
geben. Im zugedeckten Topf in der
vorgeheizten Röhre bei etwa 200 °C
30 Minuten garen lassen. Das Häh-
chen herausnehmen und warm stellen. Die Soße einkochen lassen, bis
sie cremig ist. Die Geflügelstücke in
einer flachen Auflaufform mit der
Soße überziehen und in der Röhre
oder im Grill überbacken. Als Beilage
Butterreis und Tomatensalat oder
Kopfsalat reichen.

Empanadas de queso
(Käseempanadas)

500 g Mehl, 3 Eßl. Schmalz, 1 Eiweiß,
250 bis 500 g Schnittkäse (Gouda
oder Edamer), Öl.

Das Mehl in eine Schüssel sieben, in die Mitte eine Vertiefung drücken und das heiße zerlassene Schmalz sowie ½ Tasse heißes Salzwasser hineingeben. Die Zutaten gut miteinander vermengen, dann so lange kneten, bis der Teig geschmeidig ist. In einem Plastbeutel aufbewahren, jeweils eine Handvoll davon abnehmen und dünn ausrollen. Mit Hilfe einer Untertasse runde Teigscheiben ausstechen. Auf jede Teigplatte 3 bis 4 Käsewürfel legen, die Ränder mit etwas Eiweiß bestreichen und die Pasteten halbmondförmig schließen, dabei die Ränder fest andrücken. Die Käseempanadas im heißen Öl schwimmend goldgelb backen. Herausnehmen, abtropfen lassen und heiß servieren. – Die Empanadas können auch mit einer kräftigen Gehacktesfülle versehen werden.

Empanadas dulces
(Süße Pastetchen)

Für den Teig: *750 g Mehl, 8 Eigelb, 250 g Butter, 1 Glas Weißwein, 2 Eßl. Zucker.*
Für die Füllung: *½ l Milch, 1 Stange Vanille, 1 Stück Stangenzimt, 3 Eßl. Zucker, 1½ Mokkatasse Reis, Öl zum Ausbacken, Puderzucker zum Bestäuben.*

Aus Mehl, Eigelb, der zerlassenen heißen Butter und dem lauwarmen, mit Zucker verrührten Wein einen Knetteig herstellen. Den geschmeidigen Teig dünn ausrollen, mit Hilfe einer kleinen Untertasse runde Teigfladen ausschneiden.
Für die Füllung die Milch mit Vanille-

stange, Stangenzimt und Zucker zum Kochen bringen. Den Reis hineingeben und bei kleiner Flamme kochen lassen, so daß eine Art Creme entsteht. Wenn der Reis gar ist, den Topf vom Feuer nehmen und die Füllung erkalten lassen. Jeweils etwas von der Masse auf die Teigscheiben geben, den Teig halbmondförmig zusammenklappen, die Ränder fest andrücken und die Pastetchen schwimmend in heißem Öl ausbacken. Vor dem Servieren mit Puderzucker bestäuben.

Endivien-Mandarinen-Salat

2 Köpfe Endivien, 2 bis 3 Eßl. Öl, 2 Eßl. Essig, Salz, Zucker, Pfeffer, 2 bis 3 Mandarinen oder 1 Dose, 2 bis 3 Eßl. Schlagsahne, einige Mandeln.

Die vorbereiteten Endivien in schmale Streifen schneiden und mit Öl, Essig, Salz, Zucker, Pfeffer und den Mandarinenspalten mischen. Den Salat etwas durchziehen lassen. Mit der leicht gesalzenen, steifgeschlagenen Sahne und einigen gerösteten Mandeln servieren.

Endiviensalat

400 g Endivien, 2 bis 3 Eßl. Senf, Saft von ½ Zitrone, 2 bis 3 Eßl. Öl, 1 Prise Zucker.

Die vorbereiteten Endivien gut waschen, längs in zwei Teile schneiden und in eine Schüssel geben. Senf und Zitronensaft vermischen und tropfenweise unter das Öl rühren. Ist das ganze Öl verbraucht, noch ein wenig weiterrühren. Mit Zucker abschmekken. Die Soße über die Endivien gießen und sofort servieren.

Englische Hasensuppe

Hasenklein, Fett, Zwiebeln, 1 Lorbeerblatt, Thymian, Petersilie, 20 g Mehl, 2 Glas süßer Weißwein, Curry, Salz, gekörnte Brühe, Weißbrot.

Hasenklein (Läufe, Hals, Kopf) in wenig erhitztem Fett mit Zwiebeln anbraten, 1 Lorbeerblatt, Thymian, Petersilie und Wildknochenreste dazugeben, Wasser auffüllen und alles weichkochen. Das Hasenfleisch von den Knochen lösen, in Streifen oder Würfel schneiden und in eine Suppenschüssel geben. Aus Fett und Mehl eine braune Schwitze bereiten, mit heißer Brühe aufgießen und Curry, Salz und etwas gekörnte Brühe hinzufügen. Die Suppe vom Feuer nehmen und mit dem Wein abschmecken, dann über das Hasenfleisch gießen. Als Einlage eignen sich geröstete Weißbrotwürfel.

Englischer Christmaspudding

120 g Mehl, 1 Prise Salz, ½ Teel. Piment, ½ Teel. Nelken, ½ Teel. Zimt, ½ Teel. Muskatnuß, 120 g Semmelbrösel, 120 g Zucker, 120 g Margarine, 320 g Rosinen, 60 g Backpflaumen, 60 g Sirup, 1 Zitrone, 2 Eier, 4 Eßl. Weinbrand oder Rum.

Gesiebtes Mehl, Salz und Gewürze mit Semmelbröseln und Zucker vermischen. Margarine, Rosinen, feinge

schnittene Backpflaumen, Sirup, Saft und abgeriebene Zitronenschale zufügen. Die verschlagenen Eier ebenfalls untermischen. Alles gut verrühren. Zuletzt den Alkohol zugießen. In zwei gefettete Puddingformen oder Einkochgläser füllen (Puddingform mit Alufolie, Einkochglas mit Deckel verschließen) und 6 Stunden im Wasserbad kochen lassen. Den Pudding erkalten lassen und dann stürzen. Bis zur Verwendung in Alufolie wickeln. Vor dem Servieren nochmals 2 Stunden im Wasserbad kochen. Mit Vanille- oder Weinbrandsoße auftragen.

Englischer Himbeersalat

500 g grüne Stachelbeeren, 200 g Zucker, 250 g frische Himbeeren, 2 cl Himbeergeist, Schlagsahne.

Die gewaschenen und geputzten Stachelbeeren mit dem Zucker in einen Topf geben, mit wenig Wasser unter vorsichtigem Umrühren etwa 10 Minuten dünsten. Die Stachelbeeren dürfen nicht zerfallen. Die verlesenen Himbeeren vorsichtig mit dem Himbeergeist unterheben. Den Salat warm servieren, dazu eiskalte, halbsteif geschlagene Sahne.

Englischer Stachelbeerauflauf

Blätterteig aus 125 g Butter, 125 g Mehl und 125 g Quark. 500 g Stachelbeeren, 200 g Zucker, 1 Prise Zimt, 3 Eier, 100 g Butter, 1 Likörglas Weißwein.

Butter, Mehl und Quark verkneten, ausrollen und öfter wieder zusam

Ente mit Orangen

Tatarisches
Hühnerragout

Paprikahähnchen
»ungarische Art«
◁

Flammendes
Festtagshähnchen

◁ Wiener Backhendl

Pute auf österreichische Art

◁ Hasenbraten mit Sahnesoße

Hasenpfeffer

menlegen. Dazwischen immer gut kalt lagern. Stachelbeeren mit Zucker und Zimt und sehr wenig Wasser breiig kochen. Eigelb mit der Butter schaumig rühren, mit dem Weißwein würzen. Eiweiß schaumig schlagen. Eine Form mit dem Quarkblätterteig auslegen. Eine Platte zum Bedecken übriglassen. Beeren, Ei-Butter-Masse und Eiweiß mischen, auf den Blätterteig füllen und mit einer Teigplatte bedeckt bei Mittelhitze backen.

Englische Wildsoße

Je 2 Eßl. feingehackter roher Schinken, feingehackte Zwiebel und verschiedene Kräuter, 20 g Butter, ¼ l braune Soße, etwas Essig, Salz und Pfeffer, 2 Eßl. Johannisbeerkonfitüre, ⅛ l süßer Rotwein.

Schinken, Zwiebel und Kräuter kurz in der erhitzten Butter braten. Mit brauner Soße und etwas Essig auffüllen, gut durchkochen und einige Minuten ziehen lassen. Mit Salz und Pfeffer abschmecken, nicht mehr kochen lassen. Johannisbeerkonfitüre und Rotwein darunterziehen. Heiß servieren.

Ente als Wildente

1 Ente, Pfeffer, Salz, 4 Wacholderbeeren, 1 Wurzelwerk, 1 Zwiebel, 1 Lorbeerblatt, ¼ l Fleischbrühe, je 5 Pfeffer- und Pimentkörner, 50 g Butter, 3 Eßl. Mehl, 1 Teel. Zucker, 1 Teel. Zitronensaft, 2 Gläser Weinbrand.

Die vorbereitete Ente innen und außen mit Pfeffer, Salz und den zerdrückten Wacholderbeeren einreiben. In eine Pfanne mit Deckel legen und das kleingeschnittene Wurzelwerk, die Zwiebel, die Brühe und Gewürze zufügen. In der Backröhre unter öfterem Wenden und Begießen etwa 1 Stunde braten. Die Ente herausnehmen und warm stellen. Aus Butter und Mehl eine Schwitze bereiten, mit dem Bratsaft und etwas Wasser auffüllen und gut durchkochen. Die Soße durch ein Sieb geben und mit Zucker, Zitronensaft und Weinbrand abschmecken. Die Ente tranchieren und die Stücke nochmals in der Soße erwärmen. Als Beilage Rotkohl und Kartoffelbällchen reichen.

Ente auf englische Art

1 Ente, Salz, Pfeffer, 4 Zwiebeln, 1 Entenleber, 1 Teel. gerebelte Salbeiblätter, 4 Eßl. Semmelbrösel, 1 Glas Weinbrand. Für die Apfelsoße: 4 Äpfel, 1 Teel. Zucker, 1 Zitrone, 50 g Butter.

Die gewaschene und vorbereitete Ente innen und außen mit Salz und Pfeffer einreiben. Die Zwiebeln feinreiben und mit der feingehackten Entenleber, dem Salbei und den Semmelbröseln mischen. Die Ente damit füllen und zustecken. Die Ente auf den Grillspieß stecken und im vorgeheizten Grill garen. Mit dem abtropfenden Fett mehrfach bepinseln. Am Ende der Garzeit die Ente mit kaltem Salzwasser und dem Weinbrand bestreichen. Für die Apfelsoße die Äpfel schälen, in Würfel schneiden, mit wenig Wasser kochen und zu Mus rühren. Mit Zucker und Zitronensaft abschmecken, mit der Butter verfeinern. Dazu passen Kartoffelklöße.

Ente im Hemd

1 Ente, Salz, 150 g Geflügelleber,
500 g Mischgemüse (Möhren, Erbsen,
Bohnen, Blumenkohl, Sellerie, Porree),
1 l Brühe.

Die vorbereitete Ente leicht salzen und mit der in kleine Stücke geschnittenen Geflügelleber füllen. Die Ente auf ein Stück Mull legen, mit dem geputzten, zerkleinerten Gemüse umgeben, den Mull darumschlagen und straff zunähen. In der gesalzenen Brühe knapp 1 Stunde kochen. Kurz vor dem Servieren den Mull auftrennen, die Ente tranchieren, mit der Geflügelleber und dem Gemüse anrichten und Champignon- oder Kräutersoße dazu reichen.

Ente mit Orangen

1 küchenfertige Ente, Salz, Pfeffer,
5 Orangen, 1 Teel. gekörnte Brühe,
2 Eßl. Sherry oder Dessertwein,
3 Eßl. Butter, 1 Eßl. Mehl.

Die Ente waschen, trockentupfen und innen mit Salz und Pfeffer einreiben. 1 Orange auspressen und die Ente innen und außen mit dem Saft beträufeln. In eine Pfanne ½ Liter heißes Wasser geben und diese Pfanne unter den Bratrost der auf 200 °C vorgeheizten Backröhre schieben. Die Ente mit der Brust nach unten auf den Rost legen und knusprig braten. Während

der Bratzeit öfter mit dem Saft aus der Pfanne übergießen. Eine kurz überbrühte Orange dünn schälen und die Schale in dünne Streifen schneiden. In wenig Wasser 5 Minuten kochen lassen. Danach abgießen und abtropfen lassen. Mit dem Saft von 2 Orangen den Bratensaft der Pfanne loskochen und in einen Topf geben. Die Ente tranchieren und in der Pfanne in den noch warmen Ofen stellen. Orangenschale, gekörnte Brühe und den Dessertwein oder Sherry zur Soße geben. Aus einem Eßlöffel Butter und dem Mehl etwas Mehlbutter bereiten und die Soße damit binden. Mit Salz und Pfeffer abschmecken. Die restlichen Orangen schälen, in Filets teilen, in der Butter erhitzen und die Ente damit garnieren. Die Soße extra reichen. Dazu Kartoffelbällchen und Salat servieren.

Ente mit Salbei-Zwiebel-Füllung

1 Ente, Pfeffer, Salz, 50 g Margarine,
3 Zwiebeln, 150 g Entenleber,
5 frische oder 1 Teel. getrocknete
Salbeiblätter, 2 Brötchen, 2 Eier,
1 Eßl. Öl.

Die zum Braten vorbereitete Ente innen und außen mit Pfeffer und Salz einreiben. In der Margarine die in Würfel geschnittenen Zwiebeln glasig anschwitzen und darin die Entenleber mit den kleingeschnittenen Salbeiblättern kurz dünsten. Die eingeweichten und ausgedrückten Brötchen und die Eier zugeben und die Masse gut durcharbeiten. Mit Pfeffer und Salz würzen, in die Ente füllen, zunähen. In etwas Öl in der vorgeheizten Backröhre anbraten und öfter mit dem austretenden Bratfett übergießen. Bei mäßiger Hitze in etwa 1½ Stunde fertigbraten. Das Fett vom Bratensatz abgießen und den Bratensatz mit etwas Wasser von der Pfanne loskochen. Eventuell mit etwas Stärkemehl binden. Als Beilage zu diesem Gericht junge grüne Erbsen und Röstkartoffeln reichen.

Ente mit Sauerkirschen
(Südamerikanisches Gericht)

1 Ente, 2 Eßl. Paprika, Salz, Pfeffer,
100 g Margarine, 2 Eßl. Öl,
1 Knoblauchzehe,
1 Tasse Fleischbrühe,
3 Tassen Sauerkirschen,
1 Messerspitze Zimt,
1 Eßl. Mehl, 2 Eßl. Butter,
½ Glas Madeirawein, ½ Teel. Zucker.

Die Ente ausnehmen, waschen und in vier gleich große Teile zerlegen. Mit Paprika, Salz und Pfeffer bestreuen. In einer Bratpfanne Margarine und Öl erhitzen und die Ententeile darin braun braten. Die zerschnittene Knoblauchzehe darüberstreuen und die Pfanne für 1 Stunde in die vorgeheizte Röhre schieben. Die garen Entenstücke auf eine vorgewärmte Platte legen. Den Bratensaft mit der Fleischbrühe löschen, die entsteinten Sauerkirschen sowie den Zimt zufügen. Auf kleiner Flamme etwas von der Flüssigkeit verdampfen lassen. Mehl und Butter verkneten, die Soße damit binden, mit Madeirawein verfeinern und mit Zucker abschmecken. Die Soße extra servieren. Dazu passen Pommes frites.

Ente mit Sellerie

1 Ente, Pfeffer, Salz, ¼ l Brühe,
½ Sellerieknolle, 1 Eßl. Stärkemehl.

Die zum Braten vorbereitete Ente innen und außen mit Pfeffer und Salz einreiben und mit der heißen Brühe übergießen. Den Sellerie putzen, in kleine Würfel schneiden und zur Ente geben. In der Backröhre von beiden Seiten knusprig braun braten. Die fertige Ente tranchieren und auf einer Platte anrichten. Den Bratensaft durch ein Sieb geben und mit etwas Stärkemehl binden. Der Sellerie gibt der Ente einen sehr würzigen Geschmack. Als Beilage zur Ente Reis oder auch Klöße reichen.

Ente nach Fruchthändlerin-Art

1 Ente, Salz, Pfeffer, ⅛ l Rotwein,
1 kg dunkle Kirschen, 2 Eßl. Puderzucker, 1 Messerspitze Nelkenpulver,
⅛ l Dessertwein, 1 Apfelsine,
4 Eßl. Stachelbeergelee oder Marmelade.

Die vorbereitete Ente innen und außen leicht salzen und pfeffern. In einer Bratpfanne mit ⅛ Liter Wasser und dem Rotwein in der vorgeheizten Backröhre unter öfterem Begießen knusprig braun braten. Inzwischen die Kirschen entsteinen und mit dem Puderzucker und Nelkenpulver leicht dünsten, erkalten lassen. Dessertwein, den Saft der Apfelsine und das Stachelbeergelee zugeben. Etwas abgeriebene Apfelsinenschale als Gewürz zugeben und alles gut verrühren. Diese Soße kalt zur heißen Ente reichen. Als Beilage frischen Buttertoast servieren.

Ente nach Hausfrauen-Art

1 Ente, Salz, Pfeffer, 1 Apfel,
1 Glas Weinbrand, 1 Eßl. Stärkemehl.

Die küchenfertige, gewaschene Ente mit Salz und Pfeffer einreiben und mit der Brust nach unten in eine Pfanne legen. Etwa ¼ Liter heißes Wasser zugießen und in den auf 200 °C vorgeheizten Backofen schieben. Den Apfel ausstechen, vierteln und mit in die Pfanne geben. Nach 45 Minuten die Ente umdrehen, das Fett abschöpfen und noch etwas Wasser nachgießen. Weiterbraten, bis die Ente gar ist. Auf einer Platte anrichten, mit Salzwasser und Weinbrand bepinseln und im Backofen warm halten. Den Bratensatz mit etwas Wasser loskochen und durch ein Sieb geben. Die Soße mit dem in Wasser angerührten Stärkemehl binden und abschmecken. Zu diesem Gericht Salzkartoffeln oder Kartoffelklöße und Rotkohl reichen.

Entenbraten

1 Ente, Salz, Pfeffer, Beifuß,
¼ l Fleischbrühe, 1 Eßl. Stärkemehl.

Die bratfertige Ente waschen, abtropfen lassen und innen und außen mit Salz und Pfeffer einreiben. Beifuß in die Ente geben und diese mit der Brust nach unten in eine entsprechend große Pfanne legen und mit der heißen Brühe übergießen. In der vorgeheizten Backröhre unter öfterem Begießen braten. Nach etwa einer ¾ Stunde die Ente auf den Rücken drehen und fertigbraten. Wenn die Soße zu fett ist, so muß sie entfettet werden. Dann leicht mit Stärkemehl

binden, durchkochen und zur tranchierten Ente reichen. Als Beilage Rotkohl und Salzkartoffeln reichen.

Entenklein in Petersiliensoße

500 g Entenklein (Hals, Flügel, Herz, Magen), Salz, 1 Wurzelwerk, 3 Pfefferkörner, 1 Lorbeerblatt, 50 g Butter, 50 g Mehl, 1 Bund Petersilie, 1 Eigelb, 4 Eßl. Sahne.

Das gewaschene Entenklein in 1 Liter kochendem Salzwasser mit dem Wurzelwerk und den Gewürzen garkochen. Aus Butter und Mehl eine helle Schwitze bereiten, mit der durchgeseihten Entenbrühe zu einer sämigen Soße verkochen. Die gehackte Petersilie zugeben, mit dem Eigelb und der Sahne legieren und nochmals abschmecken. Das Entenklein in der Soße anrichten und mit körnig gekochtem Reis servieren. Anstelle von Petersilie kann auch Dill verwendet werden.

Entensalami

1 Ente, Pfeffer, Salz, ¼ l Brühe,
2 Zwiebeln, 1 Lorbeerblatt,
je 2 Pfeffer- und Pimentkörner,
50 g Entenfett, 3 Eßl. Mehl,
⅛ l Rotwein, ½ Zitrone, einige
Spritzer Weinbrand, Zucker.

Die zum Braten vorbereitete Ente mit Pfeffer und Salz würzen, in eine Pfanne legen und mit heißer Brühe übergießen. In der vorgeheizten Backröhre knusprig braun braten. Die Ente abkühlen lassen, das Fleisch von den Knochen lösen und in kleine

Stücke schneiden. Die Entenknochen in kaltem Wasser mit den Zwiebeln und den Gewürzen zum Kochen ansetzen und gut 1 Stunde auskochen. Aus Fett und Mehl eine dunkle Schwitze bereiten und mit der Knochenbrühe und dem Rotwein auffüllen. Den Bratensaft zugeben und alles 20 Minuten durchkochen lassen. Die Soße mit Zitronensaft, Weinbrand, etwas Zucker und Salz abschmecken und die Fleischstücke darin einige Minuten ziehen lassen. Als Beilage eignet sich Reis oder auch Toast.

Entensuppe »Mecklenburger Art«

¼ Ente, Salz, Zucker, ½ Zwiebel,
¼ Sellerieknolle, ½ Möhre, 1 kleine
Petersilienwurzel, 40 g Margarine,
30 g Mehl, Pfeffer, Glutal,
Rosmarin- und Salbeipulver,
2 Eigelb, ½ Gläschen Weißwein
oder 1 Schuß Weinbrand,
Petersilie.

Das vorbereitete Entenstück in 1½ Liter Wasser zusammen mit etwas Salz, 1 Messerspitze Zucker, der Zwiebel sowie dem geputzten Wurzelgemüse in etwa 90 bis 100 Minuten weichkochen. Dann aus Margarine und Mehl eine Schwitze bereiten. Die Entenbrühe auffüllen und mehrfach loskochen lassen. Mit Salz, Pfeffer, Glutal, Rosmarin und 1 Prise Salbei abschmecken. Die Eigelb mit Weißwein oder Weinbrand verquirlen und unter die nicht mehr kochende Suppe ziehen. Nach Belieben noch einen Schuß Kondensmilch zufügen. Das von den Knochen gelöste, in Würfel geschnittene Entenfleisch sowie einen Teil des Wurzelgemüses zur Suppe geben. Zuletzt gehackte Petersilie darüberstreuen.

Erbsbrei

500 g geschälte Erbsen, Salz, Pfeffer
oder Basilikum.

Die in 1 Liter Einweichwasser gargekochten Erbsen pürieren und mit den Gewürzen abschmecken. Nach Belieben noch Speck- und Zwiebelwürfel darüber verteilen.
Erbsbrei paßt zu Bratwurst, Eisbein, fettem Schweinefleisch, Sauerkraut.

Erbsen-Omelett

450 g grüne Erbsen, 50 g Butter oder
Margarine, Salz, weißer Pfeffer,
1 Prise Zucker, 8 Eier,
100 g harter Schnittkäse,
1 Bund Basilikum.

Die ausgepalten Erbsen waschen, abtropfen lassen. Die Butter in einer feuerfesten Form schmelzen lassen, die tropfnassen Erbsen darin 10 bis 12 Minuten dünsten, mit Salz, Pfeffer und Zucker würzen. Etwa ein Drittel der Erbsen aus der Form nehmen und beiseite stellen. Die gut verquirlten Eier mit Salz und Pfeffer würzen und auf die Erbsen in der Form gießen. Das Omelett bei schwacher Hitze in der Röhre 15 Minuten backen. Den Käse raffeln und mit den restlichen Erbsen auf dem Omelett verteilen. Die Form wieder in die Röhre geben und das Omelett noch 5 Minuten backen. Mit grob gezupftem Basilikum bestreut servieren.

Erdbeer-Blätterteig-Schnitten

1 Paket gefrorener Blätterteig.
Für die Fülle: *3 Eigelb, 100 g Zucker,*
1 Päckchen Vanillinzucker, 30 g Mehl,
1/4 l Milch, 250 g frische Erdbeeren,
30 g Mandeln, Margarine, Puderzucker.

Den aufgetauten Teig auf einem bemehlten Brett zu einem etwa 10 cm
breiten Streifen ausrollen, quer einschneiden, auf ein mit Wasser benetztes Blech legen und etwa 20 Minuten
backen. Die Eigelb mit Zucker, Vanillinzucker, Mehl und 3 Eßlöffel
Milch verquirlen. Die übrige Milch
aufkochen, in die verquirlte Masse
rühren, wieder in den Topf geben,
kurz aufkochen und dann abkühlen
lassen. Den abgekühlten Blätterteig
damit bestreichen und in Stücke
schneiden. Mit Erdbeeren belegen
und mit in Margarine gerösteten Mandelsplittern und Puderzucker bestreuen.

Erdbeerbombe

500 g Erdbeeren, 4 Eßl. Johannisbeer-
gelee, etwa 10 Biskuitplätzchen,
1 Likörglas Weinbrand oder Kirsch-
wasser, 1 kg Vanilleeis, 1/8 l Schlag-
sahne, 1 Päckchen Vanillinzucker.

Eine halbkugelförmige Metall- oder
Keramikform oder eine Schüssel
1 Stunde lang ins Gefrierfach stellen.
Die gewaschenen Erdbeeren entstie-
len, mit dem Johannisbeergelee ver-
mischen und ebenfalls 1 Stunde in das
Gefrierfach stellen. Inzwischen die
Biskuitplätzchen mit Weinbrand oder
Kirschwasser beträufeln. Dann die gut
gekühlte Form mit einer 2 cm dicken

Schicht Vanilleeis ausstreichen. In die
Mitte die Erdbeeren sowie die zerkleinerten Biskuits füllen. Obenauf
die steifgeschlagene, mit Vanillinzuk-
ker gesüßte Sahne geben und glattstreichen. Die Erdbeerbombe etwa
2 Stunden in das Gefrierfach stellen.
Danach die Form kurz in heißes Wasser tauchen und die Bombe stürzen.

Erdbeerbowle

500 g nicht zu große Erdbeeren oder
1 Packung gefrorene, 5 Eßl. Zucker,
4 cl Weinbrand, 2 Flaschen Weißwein,
1 Flasche Sekt.

Die Erdbeeren mit dem Zucker bestreuen, mit Weinbrand parfümieren
und mit 1/2 Flasche Weißwein in ein
Gefäß geben. 1 bis 2 Stunden ziehen
lassen. Dann den restlichen gut gekühlten Wein zugeben. Kurz ziehen
lassen. Vor dem Servieren den Sekt
zugeben.

Erdbeercreme

375 g Erdbeeren, 2 Eigelb,
100 g Zucker, 1 Messerspitze
abgeriebene Zitronenschale,
15 g Gelatine, 1/4 l Schlagsahne.

Die Erdbeeren waschen, putzen,
einige zum Garnieren aufheben und
die restlichen pürieren. Eigelb mit
Zucker, Zitronenschale und 2 Eßlöffel
heißem Wasser mit dem Handrührgerät cremig schlagen. Das Erdbeermark
löffelweise zugeben und gleichmäßig
unterrühren. Die eingeweichte und
ausgequollene Gelatine auflösen und
tropfenweise unter die Erdbeermasse

rühren. Die Creme bis zum Erkalten schlagen. Wenn sie beginnt zu erstarren, die steifgeschlagene Sahne (etwas davon zurückbehalten) unterziehen. Für 20 Minuten in den Kühlschrank stellen. Vor dem Servieren mit Erdbeeren und Schlagsahne garnieren.

Erdbeer-Eclairs

Für den Teig: *1 Prise Salz,
1 Päckchen Vanillinzucker,
60 g Margarine, 125 g Mehl, 4 Eier,
Puderzucker.*
Für die Füllung: *500 g Erdbeeren,
1 Päckchen Vanillinzucker,
60 g Zucker, 3/8 l Sahne.*

1/4 Liter Wasser mit Salz, Vanillinzucker und Margarine zum Kochen bringen. Das Mehl auf einmal hineinschütten und so lange rühren, bis sich der Kloß vom Topfboden löst. Vom Herd nehmen, die Eier nacheinander unterarbeiten. Den Teig in einen Spritzbeutel mit großer Tülle füllen und auf ein gefettetes und bemehltes Blech 10 je 10 cm lange Streifen spritzen. Im vorgehcizten Ofen bei 225 °C etwa 30 Minuten backen. Die ersten 15 Minuten den Backofen nicht öffnen! Sofort nach dem Backen die Deckel von den Eclairs abschneiden und diese mit Puderzucker besieben. Gut auskühlen lassen. Für die Füllung die gewaschenen Erdbeeren abtropfen lassen und halbieren. Mit Vanillinzucker und 20 Gramm Zucker bestreuen und etwas durchziehen lassen. Die Sahne mit dem restlichen Zucker steifschlagen. Die Erdbeeren in die Eclairs füllen, mit Sahne bespritzen und die Deckel wieder aufsetzen.

Erdbeer-Eierkuchen

*5 Eier, 125 g Zucker, abgeriebene
Zitronenschale, 90 g Mehl, 40 g Maisan,
Konfitüre, Erdbeeren, Schlagsahne,
Puderzucker.*

Eier, Zucker und Zitronenschale schaumig rühren. Danach Mehl und Maisan darunterschlagen. Ein Backblech mit Butterbrotpapier auslegen, den Teig zu mehreren Omeletts mit einem Durchmesser von etwa 12 cm 1/2 cm dick daraufstreichen und flott backen. Nach dem Erkalten die Omeletts vom Papier lösen, die Hälfte der Fläche mit Konfitüre bestreichen, vorbereitete Erdbeeren darauflegen, geschlagene, gesüßte Sahne darüberspritzen und die andere Hälfte darüberschlagen. Vor dem Servieren mit Puderzucker besieben.

Erdbeeren mit Eierlikör

*1/4 l Eierlikör, 1/4 l Schlagsahne,
1 Päckchen Vanillinzucker, 3 Tassen
Erdbeeren, 2 Eßl. geriebene bittere
Schokolade.*

Den Eierlikör und die mit dem Vanillinzucker steifgeschlagene Sahne verrühren. Die vorbereiteten Erdbeeren zerschneiden und unterheben. Im Tiefkühlfach erkalten lassen. Mit der Schokolade bestreuen.

Erdbeer-Frappé
(Einzelportion)

*1/4 l Joghurt, 1 Päckchen Vanillinzucker, 1 Barlöffel frische oder
gefrorene Erdbeeren, Zucker.*

Den Joghurt mit dem Vanillinzucker gut verrühren, davon die Hälfte in ein Kelchglas gießen. Die gezuckerten und mit der Gabel zerdrückten Erdbeeren darübergeben und mit dem restlichen Joghurt abdecken. Mit Erdbeeren garnieren.

Erdbeer-Joghurt-Creme

2 Flaschen Joghurt, 50 bis 75 g Zucker, etwas abgeriebene Zitronenschale, 3 bis 4 Eßl. Vanillepudding oder Quark, 250 g Erdbeeren.

Joghurt, Zucker, Zitronenschale und Pudding gut mit dem Schneebesen verrühren. Die Erdbeeren waschen, halbieren und unter die Creme geben. Gut gekühlt servieren.

Erdbeer-Kuppeltorte

Für den Teig: 1 Ei, 75 g Zucker, 1 Päckchen Vanillinzucker, 100 g Mehl, 1 gestr. Teel. Backpulver.
Zum Tränken des Bodens: 25 g Zucker, 3 Eßl. Himbeergeist.
Für den Belag: 500 g Erdbeeren, 100 g Zucker, Saft von $1/2$ Zitrone, $1/4$ l Sahne, Sahne-Stabilisator.
Zum Garnieren: $1/4$ l Sahne, 1 Eßl. Puderzucker, 200 g Erdbeeren.

Das Ei mit 3 Eßlöffel heißem Wasser schaumig schlagen. Nach und nach Zucker und Vanillinzucker dazugeben. So lange schlagen, bis eine cremeartige Masse entstanden ist. Mehl und Backpulver mischen, auf die Eicreme sieben und vorsichtig unterziehen. Eine Springform fetten, mit Butterbrotpapier auslegen, den Teig ein-

füllen und bei 175 bis 200 °C 20 bis 30 Minuten backen. Den Tortenboden gut auskühlen lassen. Zum Tränken des Bodens 3 Eßlöffel Wasser mit dem Zucker aufkochen, erkalten lassen und den Himbeergeist zufügen. Den Boden auf eine Tortenplatte setzen und mit der Mischung beträufeln. Die gewaschenen Erdbeeren abtropfen lassen, pürieren, mit Zucker und Zitronensaft verrühren und einige Zeit kalt stellen. Die Schlagsahne mit dem Sahne-Stabilisator steifschlagen und die Erdbeermasse unterziehen. Kuppelartig auf dem Tortenboden verteilen. Die restliche Sahne ebenfalls mit dem Puderzucker steifschlagen, in einen Spritzbeutel füllen und die Torte damit verzieren. Mit den vorbereiteten Erdbeeren garnieren.

Erdbeer-Mix
(Einzelportion)

3 Eßl. Erdbeeren, $1/4$ l Milch, 2 Teel. Zucker.

Alle Zutaten miteinander mixen. Gestoßene Eiswürfel dazugeben.

Erdbeer-Parfait

500 g Erdbeeren, 100 g Puderzucker, 3 Päckchen Vanillinzucker, Saft von 1 Zitrone, 1 Likörglas Himbeergeist, $1/2$ l Schlagsahne.

Die gewaschenen Erdbeeren abtropfen lassen und entstielen. Dann im Mixer pürieren und mit Puderzucker, Vanillinzucker, Zitronensaft und Himbeergeist verrühren. Die steifgeschlagene Sahne untermischen, etwas zum Garnieren aufheben. Den Boden einer kleinen Kastenform mit Alufolie auslegen, die Erdbeermasse hineinfüllen, mit Folie abdecken und 4 bis 5 Stunden gefrieren lassen. Danach die Form kurz in heißes Wasser tauchen und das Erdbeer-Parfait stürzen. Mit restlicher Schlagsahne garnieren.

Erdbeer-Rhabarber-Schnitten

Für den Teig: 180 g Mehl, 100 g Haferflocken, 100 g Haselnußkerne, 100 g Zucker, 200 g Butter oder Margarine, 1 Zitrone, 1 Vanilleschote, Salz, 2 Eier.
Für den Belag: 750 g Erdbeeren, 1,5 kg Rhabarber, ⅛ l Weißwein, 150 g Zucker, 12 g Gelatine, 450 g Johannisbeergelee.

Das Mehl mit den Haferflocken und den kleingehackten Nüssen mischen und in eine Schüssel geben. In die Mitte eine Mulde drücken, Zucker, Butter oder Margarine, Zitronenschale, das Mark der Vanilleschote, Salz und Eier in die Mulde geben und alle Zutaten zu einem glatten Teig verkneten. Den Teig zu einer Kugel formen und mindestens 2 Stunden kühl stellen. Weißwein, ⅛ Liter Wasser und Zucker aufkochen und den Rhabarber portionsweise darin kurz dünsten, in einen Durchschlag geben und gut abtropfen lassen. Den Saft auffangen. Die Gelatine in kaltem Wasser einweichen. Den Teig in zwei gleich große Stücke teilen und in schmale Rechtecke ausrollen, auf ein Backblech legen, an den Längsseiten einen Rand hochdrücken und goldbraun backen. Beide Rechtecke sofort mit je 1 Eßlöffel Johannisbeergelee

bestreichen. Mit den Erdbeerhälften und den gedünsteten Rhabarberstükken belegen. Das übrige Johannisbeergelee und den Rhabarbersaft vermischen, aufkochen lassen und auf 400 ml Flüssigkeit einkochen lassen. Die eingeweichte Gelatine zufügen und völlig auflösen. Die Saft-Gelatine-Mischung so lange in den Kühlschrank stellen, bis sie anfängt, fest zu werden. Die gut ausgekühlten Früchte mehrmals damit bestreichen. Die Teigstreifen in Stücke schneiden. Mit Schlagsahne servieren.

Erdbeersoße

Etwa 200 g frische Erdbeeren, 100 ml Rotwein, etwa 60 g Zucker, Stärkemehl.

Die Erdbeeren mehrmals kurz in kaltem Wasser waschen, entstielen und abtropfen lassen. Rotwein, 100 ml Wasser und Zucker aufkochen lassen, mit Stärkemehl binden. Die Erdbeeren vierteln oder pürieren, dazugeben, nochmals erhitzen und heiß oder kalt anrichten. Günstig ist es, die eine Hälfte der Erdbeeren püriert und die andere Hälfte geviertelt zu verwenden. Heiße Erdbeersoße schmeckt besonders zu Vanilleeis, Halbgefrorenem, Spritzkuchen oder Savarins. Kalte Erdbeersoße paßt gut zu Grießflammeri oder Vanillespeise.
Anstelle von Erdbeeren lassen sich auch andere Früchte, wie Himbeeren, Pfirsiche, Heidelbeeren usw., verwenden. Fruchtsoßen schmecken besonders gut, wenn sie mit den jeweiligen »Geistern« aromatisiert werden, z. B. Himbeersoße mit Himbeergeist. Das

macht die Soße aromatisch und etwas »beschwipst«. Durch Unterrühren von etwas geschlagener Sahne läßt sich die Soße beliebig verfeinern.

Erdbeertörtchen

4 Torteletts, 4 Eßl. Vanillepudding, Kirschlikör, je Tortelett 6 bis 8 Erdbeeren, 1 Päckchen Tortenguß, steifgeschlagene Sahne.

Die Torteletts mit dem erkalteten und mit Kirschlikör vermischten Vanillepudding bestreichen. Die vorbereiteten Erdbeeren aufsetzen. Mit dem nach Anweisung bereiteten Tortenguß überziehen und mit steifgeschlagener Sahne garnieren.

Erfrischungstee

1 Zitrone, 2 bis 3 Eßl. Traubenzucker, 3/4 l schwarzer Tee.

Zitronensaft und Traubenzucker in einer Kanne verrühren und mit heißem Tee übergießen.

Erzgebirgische Rindsrouladen

4 Rindsrouladen, Salz, Pfeffer, 1 Eßl. Senf, 80 g magerer Speck, 80 g Zwiebel, 80 g Gewürzgurken, 1 Eßl. Schmalz, 1 Eßl. Tomatenmark, 1 l Brühe, 1 Eßl. Mehl.

Die Rouladen flach ausklopfen, nebeneinanderlegen und mit Salz und Pfeffer würzen. Anschließend mit Senf bestreichen. Die Speck- und Zwiebelscheiben sowie die Gewürzgurkenstreifen darauf verteilen. Die Rouladen leicht einschlagen, danach fest zusammenrollen und mit Fäden über Kreuz binden. Die vorbereiteten Rouladen nochmals von außen mit Salz und Pfeffer bestreuen und in heißem Schmalz in einer Pfanne allseitig gut anbraten. Zunächst im eigenen Saft schmoren, erst später Tomatenmark und Brühe hinzugeben. Die garen Rouladen herausnehmen und die Fäden entfernen. Die Soße mit etwas angerührtem Mehl binden und je nach Geschmack mit etwas Senf und saurer Sahne verfeinern.
Als Beilage Apfelrotkohl und Kartoffelbrei servieren.

Essigbeize

1/4 l Essig, 1/2 l Wasser, 2 Zwiebeln, 2 Möhren, 2 Lorbeerblätter, 4 zerdrückte Wacholderbeeren, 4 Gewürznelken, 4 Pfefferkörner, 1 Teel. Salz.

Den Essig mit 1/2 Liter Wasser und den Gewürzen kurz durchkochen. Die erkaltete Beize so über das Fleisch gießen, daß es völlig bedeckt ist.

Evergreen
(Einzelportion)

2 cl Wodka, 2 cl Pfefferminzlikör, 1 Flasche Tonic Water, ein Sträußchen Pfefferminzkraut.

Die Getränke nacheinander in ein hohes Glas füllen. Mit Pfefferminzblättchen garnieren.

122

Schon immer wurde »ein guter Braten gerechnet zu den guten Taten«, nicht erst, als Wilhelm Busch[31] dies Sprüchlein aufschrieb. Man kann annehmen, seitdem die Menschen ein Feuer zu unterhalten, später auch zu entfachen wußten, haben sie ihren Spieß darübergehalten, Fisch und Fleisch geröstet und geschmort.

Zunächst machte man Jagdtiere auf solcherlei Weise genießbar. Vor 50 000 Jahren, so lange gibt es den homo sapiens, standen Vögel auf der Speisekarte (man kannte den Pfeil, der sie vom Himmel holte), Fische (man fing sie in geflochtenen Reusen) und verschiedenartigste Wildtiere, die man mit Speeren jagte.

40 000 Jahre später begann eine Entwicklung, die Wissenschaftler »agrarische Revolution« nennen und die eine einschneidende Veränderung in die gewohnte Lebensweise brachte. Die Menschen, zuerst im vorderen Orient, lernten, Tiere zu zähmen und Pflanzen anzubauen. Sie wurden seßhaft, entwickelten neue steinerne Geräte und Werkzeuge, lernten, aus Körnern Mehl zu bereiten … Die ersten Haustiere waren – neben dem Hund – Ziegen und Schafe. Rinder und Schweine folgten. Das Pferd wurde erst im 3. Jahrtausend vor unserer Zeitrechnung zum Begleiter des Menschen.

Seit der Mitte des 4. Jahrhunderts vor unserer Zeit war der gesamte mitteleuropäische Raum zur agrarischen Produktion übergegangen. Archäologische Fundstätten belegen das.

Germanische Stämme, etwa um die Zeitenwende, hielten mehr Rinder als Schweine. Es wurden »Wohnstallhäuser« ausgegraben, die einst Mensch wie Tier Unterschlupf boten und in denen Platz für 70 Kühe war! Aus Grabbeigaben weiß man, daß Schweine (meist Ferkel), Hühner und Fische zu den Festspeisen zählten. Vielleicht hatte das auch kultische Bedeutung; ein solches Menü vereinte ja Tiere des Himmels, der Erde und des Wassers. Aus der Antike belegen bildliche Darstellungen von 500 bis 480 vor unserer Zeit, welch angesehenes und selbständiges Handwerk die Fleischerei bereits damals war. Gemeinden, die auf Ordnung hielten, verfügten über ein Schlachthaus mit Wasseranschluß und Kanalisation, das gleichzeitig Fleischmarkt war und viele Einzelläden vereinte[32].

Schweine wurden dabei durch einen Stich unter die Achsel getötet, der auch auf der Tafel noch sichtbar sein mußte. War das Blut ausgeronnen, wurden die Eingeweide entfernt. Für die weitere Zubereitung gab es vor allem dieses Rezept: Man wusch das Schwein mit Wein, füllte es mit Würstchen, gebratenen Drosseln, Eiern und anderen gekochten und gebratenen Delikatessen. Durch die Kehle goß man eine eigens dafür bereitete Soße. Die Hälfte dieses seltsamen Bratens wurde mit einem Teig (aus Gerstenmehl, Öl und Wein bereitet) bestrichen und auf einer Metallplatte in den Ofen geschoben. Der offene Teil war dann gebraten, der vom Teig bedeckte kam »gekocht« hervor. Ein solcher Eber war der Höhepunkt der römischen Festtafel. Juvenal (60–127) nannte die Schweine Tiere, die »der Gastgelage wegen wachsen«[33]. Wurde so ein »Caput coena« aufgetragen, gruppierten sich um den Eber Pfauen aus Samos, Fasane aus Phrygien, chalcedonischer Thunfisch, Austern aus Tarent, griechische Nüsse, ägyptische Datteln …

Auch den Griechen galt der Schweinerücken als Delikatesse, vielleicht, weil öfter der von Homer (etwa 800 v. u. Z.) beschriebene fette Rinderbraten auf dem Spieße steckte[34]. Ebenso liebten die Griechen das Fleisch junger Ziegen und Lämmer; Gänseleber zählte zu den begehrten Gaumenkitzeln wie Hahn, in Essig und mit Öl gekocht, oder auch Creocavales, ein gehacktes Fleisch, das mit Fett, Blut und Brühe bereitet wurde. Großer Beliebtheit erfreuten sich auch Schnecken. Köpfe von Tieren zu verzehren, war den Griechen aber verboten, man verehrte sie als Sitz der Sinne.

Aristophanes (445–386 v. u. Z.) nörgelte aus Überdruß und gibt damit Einblick in die damaligen Eßgewohnheiten; »Ich habe genug. Ich fühle mich zu sehr angefüllt von dieser Menge von Fleischspeisen. Bringt mir jetzt nur eine Leber oder den Rücken eines jungen Wildschweines oder seine Koteletts oder seine Zunge oder seine Milz, wenn es deren gibt, ein Spanferkel oder eine Seebarbe mit einigen warmen Fleischgerichten.«[35]

So bescheiden kommt uns dieser Wunsch nun auch wieder nicht vor! Aber man muß bedenken, daß die griechische, noch mehr die römische Oberschicht einer wahren Völlerei huldigte. So ist überliefert, ein Römer habe bei einem Gastmahl einen ganzen Strauß verzehrt, ein anderer verdrückte 40 Pfund Fleisch an einem Abend!

Das Volk lebte wesentlich bescheidener. Es nährte sich vom Dinkelbrei und von vielen Gemüsen. Martial, ein römischer Dichter (40–102 u. Z.), beschreibt in einem seiner Epigramme noch altrömische Einfachheit: »Speisest du nicht gern allein, so kannst du mit mir Hunger leiden. Es werden nicht fehlen gemeiner Salat und scharfer Lauch. Im Innern des Eises wird Salzfisch sich bergen. Dann wird dir vorgesetzt werden ein mit fettigen Fingern zu haltender Kohlstengel, grünend auf schwarzer Schüssel, und ein Würstchen, beschwerend den schneeigen Brei, und blasse Bohnen mit rötlichem Rauchfleisch.«[36]

Wie sich die Ernährung in den folgenden Jahrhunderten entwickelte, liegt weitgehend im dunkeln. Wiegelmann nimmt in seinem Buch »Alltags- und Festspeisen«[37] an, daß sich die Nahrung des Volkes zwischen 1 000 bis hinein ins 17. Jahrhundert kaum gewandelt habe. Bei der konservativen Produktionsweise, die nur schrittweise zu technologischen Verbesserungen führte, wäre das nicht verwunderlich. Denn noch immer war die im 8. Jahrhundert begonnene Drei-Felder-Wirtschaft (im Wechsel Sommergetreide, Wintergetreide, Weide) üblich. Ein frühes Zeugnis mittelalterlicher Eßgewohnheiten stellt der Speiseplan dar, den Reichsgraf Joachim von Öttingen 1520 für seinen Haushalt niederschreiben ließ. Danach erhielten Wächter, landwirtschaftliche Knechte, Jägerbuben und fronende Bauern »des morgens sin suppen oder gemues (damit ist ein Getreidebrei gemeint), ain millich den arbeitern, den andern ain suppen. Des Mittags suppen und flaisch, ain kraut, ain pfeffer oder aingemacht flaisch, ain gemues, ain millich. IIII essen. Des Nachts: suppen und flaisch, ruben und flaisch oder eingemacht flaisch, ein gemues oder millich. III essen«[38].

Das bedeutet an gewöhnlichen Tagen mittags vier Gänge mit zweimal Flcisch, abends drei Gänge, wieder zweimal Fleisch. Der Fleischverbrauch, das ergeben auch andere Quellen, war im 16. und 17. Jahrhundert selbst bei den einfachen Menschen wesentlich höher als im 19. Jahrhundert.

Allerdings blieb der Braten stets ein Herrenessen. Überhaupt kann von einer einheitlichen Küche nicht die Rede sein. Das Kochbuch von Marx Rumpolt (1581)[39] macht dies besonders deutlich.

So trug man bei Gastmahlen fürstlicher Herren Riesenpasteten auf, aus denen lebende Vögel schlüpften; Speisen wurden zu Bergen getürmt oder gebratenes Wild wieder mit seinem Fell bekleidet auf der Tafel gereicht.

Erst im 17. Jahrhundert begannen sich solche Gewohnheiten zu verändern. Die Einflüsse kamen aus Frankreich, wo man mittlerweile gelernt hatte, Frikassees und Ragouts zu bereiten, und jeder Feinschmecker, der auf sich hielt, mindestens eine Soße selbst erfinden wollte. Dies überschwemmte zunächst die deutschen Adelshäuser, veränderte aber so nach und nach den Umgang mit den Speisen überhaupt. Man würzte nun, um den Eigengeschmack zu erhöhen. Die Küche war feiner, nuancenreicher.

Doch was ehemals die Ständeordnung geregelt hatte, wurde auch weiterhin im Alltag Tag für Tag deutlich: der Unterschied zwischen Herrentisch und Bauerntisch im 18. Jahrhundert, der Unterschied zwischen Herrentisch und Proletariertisch im 19. Jahrhundert. »Wie will der Landmann Zeit, Mittel und Mut haben, etwas Wichtiges zur Verbesserung seiner Grundstücke zu unternehmen, wenn er auf elendste und kümmerlichste Art leben und bei aller sauren Arbeit und dürftigen Lebensart kaum die Abgaben entrichten kann, welche ihm die Regierung auferlegt …«, fragte Justi[40] in einer Abhandlung Mitte des 18. Jahrhunderts. Erwiesen ist, alle Schichten – außer der herrschenden – lebten im 18. Jahrhundert schlechter als im 15. und 16. Jahrhundert. So gab es höchstens einmal wöchentlich Fleisch auf dem Tisch der Bauern. Das läßt sich so absolut sagen, da eine gebundene Speisefolge existierte, das heißt, jeder Wochentag hatte im ganzen Jahr sein Gericht, beispielsweise also montags Sauerkraut, dienstags Graupen, dann Grütze, Erbsen, Klöße, Linsen, Klöße, so schreibt I. Müller[41] in einer Untersuchung über die Ernährung im Vogtland, waren dabei die Beilage zum Fleisch und wurden meistens donnerstags gereicht.

Um 1900 stieg der Fleischverbrauch wieder an, auf 43 Kilogramm pro Kopf und Jahr. Trotzdem herrschte noch immer bei einem Teil des Volkes Unterernährung. Der Sohn eines Fabrik-Zigarrenarbeiters erzählt (aus »Proletarische Lebensläufe«[42]): »›Geh ins Schlachthaus und schaue, ob du noch ein Gekröse oder eine Lunge bekommst‹, sagte der Vater gewöhnlich zur Mutter, ›das ist das Billigste und besser als die ewigen Kartoffeln und das Kaffeegeschlüder oder das Mehlgeteigel.‹« Und ein anderer berichtet, daß es den einen Abend Hering und Kartoffeln und den anderen Kartoffeln mit Hering gegeben habe.

Wer in alten Kochbüchern blättert und darin beschrieben findet, welch feine Dinge die sogenannte »gutbürgerliche« Küche um die letzte Jahrhundertwende zu komponieren wußte, sollte sich auch dieser Berichte erinnern. Überhaupt hatten die Proletarierfrauen kaum Zeit zum Kochen. Meist bereiteten sie nur einmal wöchentlich eine größere Menge zu, die dann am Tage jeweils nur aufgewärmt wurde. Manche kamen gänzlich davon ab, warm zu essen. Kaffee und Brot ersetzten eine Mahlzeit.

In den Menüs der Fürstenhäuser aber hatte der Braten bis ins 20. Jahrhundert seinen festen Platz, trotz aller französischen Ragouts und Frikassees und Pasteten. Als großes Fleischstück gleich im ersten Drittel der Speisenfolge wurde er präsentiert und nach wie vor als Glanzpunkt eines jeden Gastmahls …

Fanky

250 g Mehl, etwas Salz, 50 g Margarine, 50 g Puderzucker, 2 Eigelb, 2 Eßl. Weißwein oder Rum, 5 Eßl. Sahne, Zitronenschale, Ausbackfett, Puderzucker und Vanillinzucker zum Bestreuen.

Mehl und Salz vermischen, die zerlassene Margarine, Puderzucker, die Eigelb, Weißwein, Sahne und die abgeriebene Zitronenschale zugeben. Alles gut durcharbeiten, auf einem mit Mehl bestäubten Brett dünn ausrollen, mit einem gezähnten Teigrädchen längliche Vierecke ausschneiden, diese in der Mitte zweimal einschneiden und zweimal zusammenlegen. In heißem Schweinefett oder Speiseöl backen. Nach dem Bakken mit vanilliertem Puderzucker bestreuen.

Farbige Glasur

150 g Puderzucker, 2 bis 3 Eßl. Möhren-, Rote-Rüben- oder Spinatsaft.

Beide Zutaten verrühren. Anstelle von Saft läßt sich Speisefarbe nach Vorschrift verwenden.

Fasan auf Budapester Art

1 junger Fasan, Salz, Curry, Edelsüß-Paprika, 4 bis 6 Zwiebeln, 2 Äpfel, 100 g Speck, 1 Ei, 3 Tomaten.

Den vorbereiteten Fasan mit Salz, Curry und reichlich Paprika würzen. Mit einem Gemisch aus 2 gehackten und angeschmorten Zwiebeln und gehackten Äpfeln, mit dem Ei gebunden und mit Salz und Paprika gewürzt, füllen. Den zugenähten, gebundenen Fasan mit Speckscheiben zudekken, unter häufigem Begießen bei guter Hitze anbraten, den Speck abnehmen und den Fasan schön bräunen lassen. Den Speck in kleine Würfel schneiden, erhitzen und darin 3 bis 4 große geschnittene Zwiebeln und mehrere quer durchgeschnittene Tomaten schmoren. Den Fasan zerteilt auf die Fülle legen und mit kleingeschnittenen Zwiebeln und Paprika servieren.

Fasan auf Sauerkraut

1 großer Fasan, Salz, Pfeffer, 2 bis 3 Brötchen, 2 Eier, 60 g Butter, 1 Zitrone, Petersilie, Zwiebeln, 1 Apfel, Sauerkraut, Speck.

Den abgehangenen Fasan reinigen, innen salzen und pfeffern, außen nur salzen. Dann aus den eingeweichten, ausgedrückten Brötchen, Eiern und einem in Butter geschmorten Gemisch aus Fasanenleber, geriebener Zitronenschale, Petersilie, gehackter Zwiebel und Apfelwürfeln eine pikante Fülle bereiten. Den Fasan füllen, zunähen, in Speckscheiben wikkeln und in Butter braten. Den Speck kurz bevor der Fasan gar ist abnehmen und den Fasan noch bräunen lassen. Den fertigen Braten in Stücke zerlegen, diese mit den aufgeschnittenen Speckstreifen auf einem Sockel von extra gegartem Sauerkraut anrichten und die Fülle löffelweise darumgeben. Das Sauerkraut läßt sich mit Ananas verfeinern.

Fasan auf südländische Art

1 junger Fasan, Salz, Pfeffer,
Edelsüß-Paprika, 1 Banane, 1 Apfel,
1 Eßl. Rosinen, 2 Kartoffeln,
1 Salbeiblatt, Majoran, Petersilie,
50 g Speck, 1 Orange, 1 Zitrone,
saure Sahne, Kirschlikör.

Den vorbereiteten Fasan innen mit Salz und Pfeffer sowie Paprika würzen und mit einem Gemisch aus gewürfelter Banane, Apfel, Rosinen, rohen kleinen Kartoffelwürfeln, ein wenig gehacktem Salbei, einer kleinen Prise Majoran und Petersilie füllen. Den Fasan mit Speckscheiben umwickeln und ihn garbraten. Die Soße mit Orangen- und Zitronensaft, saurer Sahne und Kirschlikör abschmecken. Man gibt die Fülle als kleinen Berg in die Mitte der Platte und setzt den zerlegten Fasan mit den aufgeschnittenen Speckröllchen darum.

Fasanensalat
(Vorspeise)

200 g gebratenes Fasanenfleisch,
2 saure Äpfel, 1 Banane, Saft
von 1 Zitrone, 50 g Mayonnaise,
50 ml Schlagsahne, 30 g Johannisbeer-
gelee, Salz, Cayennepfeffer,
1 Stück Melone.

Fleisch, Äpfel und Banane in feine Würfel schneiden und mit Zitronensaft marinieren. Mayonnaise, Sahne und Johannisbeergelee verrühren, den Salat damit anmachen und pikant mit etwas Salz und einer Prise Cayennepfeffer abschmecken. Auf Glastellern oder in Cocktailgläsern anrichten. Mit dünnen Melonenfleischscheibchen

garnieren. – Anstelle von Fasanenfleisch kann auch Geflügel, Wildbraten oder gekochtes Rindfleisch verwendet werden.

Fasan mit Gänseleber

1 junger Fasan, Pfeffer, Salz,
50 g Butter, 3 Möhren, 1/8 l saure
Sahne, Madeira, 1 Gänseleber, 1 Apfel,
1 Zwiebel, 1 Eßl. Mehl.

Den vorbereiteten Fasan pfeffern, salzen und in der erhitzten Butter anbraten. Den Fasan mit Möhrenwürfeln in einer zuerst geschlossenen Bratpfanne, dann offen saftig braten. Die Soße mit saurer Sahne und mit Madeira abschmecken. Inzwischen die rohe Gänseleber in Scheiben schneiden, salzen und mit Mehl bestäuben. Die Leber zusammen mit Apfelscheiben und Zwiebelringen in reichlich Butter braten, salzen und um den tranchierten Fasan legen. Dazu passen Kartoffelbällchen.

Faschingskrapfen

100 g Margarine, 125 g Zucker,
1 Prise Salz, abgeriebene Zitronen-
schale, 3 Eier, 200 g Quark,
300 g Mehl, 3 Teel. Backpulver,
Ausbackfett, vanillierter Zucker.

Margarine, Zucker, Salz, Zitronenschale und Eier schaumig rühren, den Quark zufügen. Das mit dem Backpulver gesiebte Mehl zum Schluß unterrühren. Das Fett erhitzen. Vom Teig Klöße abstechen und fritieren. Abtropfen lassen und noch warm in vanilliertem Zucker wenden.

Fastnachtsküchli

300 g Mehl, 2 Eier, ½ Teel. Salz,
20 g Zucker, 5 Eßl. Milch,
20 g flüssige Butter, Öl zum Ausbacken,
Puderzucker zum Bestreuen.

Das Mehl in eine Schüssel sieben und in die Mitte eine Vertiefung drücken. Die übrigen Zutaten vermischen, in das Mehl einrühren und rasch durchkneten. Zugedeckt 1 Stunde ruhen lassen. Den Teig zu einer Rolle formen, diese in 16 bis 18 Stücke teilen. Jedes Stück auf bemehltem Brett so dünn wie möglich ausrollen, etwa 1 mm dick. Die Plätzchen dann noch etwas mit der Hand ausziehen. Im Fettbad beidseitig goldgelb backen, auf einem Kuchengitter abtropfen lassen und noch warm mit Puderzucker bestäuben.

Feiner Apfelpudding

1 kg Äpfel, 75 g Butter, 200 g Zucker,
4 altbackene Brötchen,
½ bis ¾ l Milch, 2 Päckchen
Vanillinzucker, 1 Stück Zironen-
schale, 30 g Margarine, 3 Eier,
Fett für die Form, 3 bis 4 Eßl. Zucker
zum Garnieren.

Die geschälten Äpfel in Spalten schneiden, in Butter und 100 g Zucker etwa 5 Minuten hellbraun dünsten. Die Brötchen in dünne Scheiben schneiden und in eine Schüssel geben. Die Milch mit Vanillinzucker, Zitronenschale und Margarine aufkochen und vom Herd nehmen. Eier mit dem restlichen Zucker gut verquirlen, die Milch zugeben, alles über die Brötchenscheiben gießen und stehen

lassen. In eine gefettete Puddingform eine Lage Brötchenscheiben hoch um den Rand stellen, die Äpfel in die Mitte geben und mit dem restlichen Brötchen abdecken. Die Ei-Milch-Masse darübergießen, die Form verschließen und im Wasserbad 60 Minuten garen. (Wird eine Auflaufform verwendet, diese gut mit Alufolie verschließen.) Den Pudding stürzen. 3 bis 4 Eßlöffel Zucker in einer Pfanne erhitzen. Wenn er geschmolzen und goldbraun geworden ist, einige rohe Apfelschnitze darin wenden. Den Pudding damit garnieren.

Feine Schokoladensoße

1 Tasse Zucker, 1 Tasse Kakao,
etwas Vanillinzucker.

Den Zucker mit einer ¾ Tasse Wasser in einer Kasserolle sprudelnd 2 Minuten kochen. Den Topf vom Feuer nehmen und unter schnellem Schlagen mit einem Schneebesen den Kakao auf einmal dazugeben. Rühren, bis die Soße glatt ist. Heiß oder kalt zu Vanillecreme oder Vanilleeis servieren.

Feine Waffeln

250 g Margarine, 200 g Zucker, 4 Eier,
abgeriebene Schale von ¼ Zitrone ,
½ Päckchen Vanillinzucker, je 1 Prise
Salz und Backpulver, 150 g Mehl,
150 g Stärkemehl, Puderzucker zum
Bestäuben.

Margarine und Zucker schaumig rühren. Eier und alle anderen Zutaten zugeben. Das Waffeleisen vorheizen, die Innenflächen einölen und den Teig einfüllen. Knusprige Waffeln backen und mit Puderzucker bestäubt servieren.

Feinschmecker-Beignets

Bananen, Johannisbeergelee, geriebene süße Mandeln, 50 g Mehl, 20 g Maisan, 4 Eigelb, 20 ml Rum-Verschnitt, 1/4 l Milch, 2 Eiweiß, 50 g Zucker, Öl zum Backen.

Die geschälten Bananen längs halbieren, in kochendes Johannisbeergelee tauchen und in den geriebenen Mandeln wälzen. Mehl, Maisan, Eigelb und Rum-Verschnitt gut mit der Milch verrühren. Das Eiweiß mit Zukker steifschlagen und unter den Teig heben. Die panierten Bananen hineintauchen und schwimmend im heißen Fettbad ausbacken. Sofort mit einer Schokoladensoße servieren.

Feinschmecker-Fischsalat

400 g gedünstetes Fischfilet, 2 Orangen, 150 g Äpfel, 1/8 l saure Sahne, 20 g Mayonnaise, 1 Eßl. feingehackte Kräuter (Petersilie, Dill oder Schnittlauch), 1 Eßl. Zitronensaft, 1 Teel. feingehackter Estragon, 1 Teel. Curry, Salz, Pfeffer.

Das Fischfilet in Würfel schneiden. Die Orangen halbieren, vorsichtig aushöhlen und das Fruchtfleisch kleinschneiden. Die vom Kernhaus befreiten Äpfel in kleine Würfel schneiden. Aus saurer Sahne, Mayonnaise, Kräutern, Zitronensaft, Estragon, Curry, Salz und Pfeffer eine Soße bereiten und mit den anderen Zutaten

vermischen. Den Salat in die Orangenhälften füllen, garnieren und mit Toast servieren.

Feinschmecker-Gulasch

200 g Rosenkohl, 2 Möhren, Salz, 500 g Rindsgulasch, 4 Zwiebeln, 100 g magerer Speck, Edelsüß-Paprika, 1 Teel. Mehl, 1 l Brühe.

Das Gemüse putzen und kurz mit Wasser abspülen. Rosenkohl eventuell teilen, Möhren in Würfel schneiden. In wenig Salzwasser kurze Zeit dünsten. Das Fleisch in große Würfel, die geschälten Zwiebeln in feine Scheiben und den Speck in Würfel schneiden. In einem flachen Schmortopf den Speck glasig schmoren und das Fleisch darin von allen Seiten braten. Die Zwiebeln zugeben und mitschmoren. Mit Paprika bestäuben und mit dem Mehl verrühren. Die Brühe auffüllen, Salz und Pfeffer zugeben und zugedeckt garen lassen. 10 Minuten vor Ende der Garzeit das abgetropfte Gemüse zugeben, fertiggaren und abschmecken. Als Beilage passen sehr gut Semmelknödel.

Feinschmecker-Toast

2 Scheiben Toastbrot, 30 g Butter, 60 g Kochschinken, 4 halbe große Pfirsiche, 4 Scheiben Schnittkäse, 4 c.l Rum.

Das Brot in einer Pfanne mit der erhitzten Butter goldgelb anrösten, abkühlen lassen und die Scheiben halbieren. Mit Schinken, einem halben, abgezogenen Pfirsich und Schnittkäse belegen. Im Grill oder in der Röhre überbacken und auf den Tellern mit Rum flambieren. Wer es herzhaft und pikant möchte, legt unter den Pfirsich etwas grünen Pfeffer.

Fenchelgemüse

4 Fenchelknollen, Salz, 20 g Butter,
1 Eßl. Mehl, 1 Prise Paprika,
4 Eßl. saure Sahne.

Die geputzten und gewaschenen Fenchelknollen halbieren und in ¼ l Salzwasser weichkochen. In der erhitzten Butter das Mehl zartgelb werden lassen, mit dem Fenchelkochwasser ablöschen und aufkochen. Die Soße mit Paprika, saurer Sahne und Salz abschmecken und den Fenchel darin nochmals erhitzen.

Festtagspute
(für 6 bis 8 Personen)

1 Pute von 3 kg, Salz, Pfeffer,
150 g fetter Speck, ½ l Fleischbrühe.
Für die Füllung: 2 Brötchen,
⅛ l Milch, 50 g durchwachsener Speck,
500 g Äpfel, 2 Zwiebeln, 1 Ei,
weißer Pfeffer, Salz, Curry.
Für die Soße: ⅛ l saure Sahne,
2 Eßl. Whisky.

Die Pute waschen, trockentupfen und innen mit Salz und Pfeffer einreiben. Für die Füllung die Brötchen in der Milch einweichen, den durchwachsenen Speck und die Zwiebeln in Würfel schneiden. Die Äpfel schälen, achteln und vom Kerngehäuse befreien. Den Speck in einer Pfanne ausbraten und darin die Zwiebelwürfel glasig werden lassen. Diese Speck-Zwiebel-Mischung mit den ausgedrückten Brötchen, den Äpfeln und dem verquirlten Ei vermischen und mit Pfeffer, Salz und Curry kräftig abschmecken. In einer großen Bratpfanne den fetten, in Würfel geschnittenen Speck auslassen. Die Backröhre auf 200 °C vorheizen. Die Pute füllen und die Öffnungen zustecken. Mit der Brustseite in die Pfanne mit dem Speck legen, mit Fett übergießen und dies während der Bratzeit ständig wiederholen. Nach und nach die Brühe zugeben. Nach der Hälfte der Bratzeit die Pute drehen. Dabei immer mit dem Bratensaft beschöpfen. Sollte die Pute zu braun werden, mit Alufolie abdecken. Die fertige Pute tranchieren und anrichten. Den Bratensatz mit etwas Wasser abkochen, in einen Topf umfüllen und nochmals aufkochen. Die saure Sahne und den Whisky zugeben, mit Pfeffer und Salz abschmecken. Die Soße extra reichen.

Fettheringe mit grünen Bohnen

6 Fettheringe, 1 kg grüne Bohnen, Salz,
2 Eßl. Butter, Bohnenkraut, Pfeffer,
125 g Speck, Zwiebelringe.

Die gut gewässerten Heringe filetieren und gut entgräten. Die grünen Bohnen in Salzwasser garkochen. Es können auch Konservenbohnen verwendet werden. Die Bohnen mit Butter verfeinern, mit Bohnenkraut und Pfeffer würzen. Auf einer Platte anrichten. Die Heringe auf die Bohnen geben und mit den knusprig gebratenen Speckwürfeln bestreuen. Zwiebelringe darüber verteilen und mit einer Remoulade übergießen.

Feuerzangenbowle

2 l Rotwein, 3 Zitronen, 4 Nelken,
1 Zimtstange, 3 Orangen,
1 Zuckerhut, 54%iger Rum.

Wein, Zitronensaft und Gewürze in einen Topf geben. Die Orangen schälen, in Scheiben schneiden und im Rotwein erhitzen. Den Topf auf ein Rechaud stellen, den Zuckerhut auf die Feuerzange legen, vorsichtig mit angewärmtem Rum übergießen und anzünden. Mit einer Kelle Rum nachträufeln, bis der Zuckerhut geschmolzen ist. Die Bowle umrühren und in feuerfesten Gläsern servieren.

Feurige Leberstreifen

500 g Schweinsleber, Salz, Pfeffer,
1 Eßl. Mehl, 1 Eßl. Schmalz,
1 Eßl. Butter, 2 große Zwiebeln,
2 Eßl. feingeschnittene marinierte
Paprikastreifen, 1 Tasse Brühe,
1 Teel. grüne Pfefferkörner,
3 Eßl. Kaffeesahne, Petersilie.

Die Leber kalt abwaschen und gut abtrocknen. Die dünne Haut behutsam abziehen und die Leber erst in bleistiftstarke Scheiben und anschließend in Streifen schneiden. Diese zunächst mit Pfeffer würzen und leicht mit Mehl bestäuben. Bei starker Hitze in heißem Schmalz anbraten. Die Leberstreifen sollen außen braun, innen aber noch blutig sein. Die Streifen mit einem Holzlöffel umrühren und dann mit einem Schaumlöffel aus der Pfanne heben und salzen. Die Butter zugeben und erhitzen lassen, die feingehackten Zwiebeln darin dünsten, die Paprikastreifen zugeben und das

Ganze mit Brühe ablöschen. Den grünen Pfeffer zugeben und alles leicht kochen lassen. Auf kleine Flamme stellen, die Kaffeesahne und die Leberstreifen zugeben. Das Gericht darf nun nicht mehr kochen, da die Leber sonst zäh wird. Vor dem Anrichten mit gehackter Petersilie bestreuen. Als Beilage empfehlen sich Butterreis und Frischkostsalate.

Feurige Schweinsfiletwürfel

500 g Schweinslende oder Schälbraten,
Salz, Pfeffer, Knoblauch,
1 Eßl. Schmalz, 2 große Zwiebeln,
1 Eßl. grüne Pfefferkörner,
3 Eßl. Tomatenketchup, 1 Bund Petersilie.

Die Schweinslende in Würfel schneiden und mit Salz, Pfeffer und gehacktem Knoblauch würzen. In heißem Schmalz anbraten. Zwiebelscheiben dazugeben und weiterdünsten. Die abgespülten grünen Pfefferkörner und das Tomatenketchup zufügen und alles gut verrühren. – Vor dem Servieren gehackte Petersilie und bei Bedarf auch etwas saure Sahne über das Gericht geben.

Filetgulasch
in Sahne mit Champignons

500 g Rindslende, Pfeffer, Paprika,
Salz, 50 g Butter,
1 Dose Champignons, 1 große Zwiebel,
1 Teel. Tomatenmark, 2 Eßl. saure
Sahne, 1 Bund Petersilie.

Die Rindslende in dünne Streifen schneiden und mit Pfeffer, Paprika und Salz würzen. Butter in einer

Pfanne erhitzen und die Filetstreifen schnell scharf anbraten. Das Fleisch wieder dem heißen Fett entnehmen und dafür die abgetropften Champignons und die in Würfel geschnittene Zwiebel in der Pfanne anrösten. Das Tomatenmark unterrühren, den ausgetretenen Fleischsaft und etwas Champignonfond in die Pfanne gießen und etwas einkochen lassen. Saure Sahne zugeben, gut verrühren und alles über das Fleisch geben. Durchschwenken, anrichten und mit gehackter Petersilie bestreuen.
Als Beilage Kartoffelpüree oder Butterreis und Gurkensalat reichen.

Filetschnitten in Biersoße

2 Zwiebeln, 2 Knoblauchzehen,
2 kleine Schweinslendchen,
100 g Margarine, 1 Teel. Paprika,
½ Tasse helles Bier, 1 Tasse Fleisch-
brühe, 1 Tasse kleingeschnittenes
Gemüse (Weißkohl, Möhren, grüne
Bohnen), ½ Tasse Sahne, Salz,
Pfeffer, Cayennepfeffer.

Feingeschnittene Zwiebeln, zerriebene Knoblauchzehen und das in Scheiben geschnittene Fleisch in der heißen Margarine anbraten. Dann die Fleischscheiben mit Paprika bestäuben und schnell von beiden Seiten bräunen. Nach 3 bis 4 Minuten mit Bier ablöschen. Fleischbrühe sowie das Gemüse zugeben. Das Gericht in eine Kasserolle schütten, zudecken und 30 Minuten in der Röhre schmoren lassen. Die Soße mit der Sahne verfeinern, mit Salz, Pfeffer und Cayennepfeffer würzen. Mit Bandnudeln oder Spaghetti auftragen.

Filetsteak, natur

4 gut abgehangene Filetsteaks,
einige Spritzer Weinbrand,
3 Eßl. Öl, Pfeffer, Salz.

Die Filetsteaks von Hautresten säubern und mit einigen Spritzern Weinbrand beträufeln. Das Fleisch so kurze Zeit liegen lassen. In einer Stielpfanne das Öl zischend heiß erhitzen und die Filetsteaks darin braten. Je Seite etwa eine Minute und anschließend nach Belieben auf milder Hitze fertigbraten. Die fertigen Steaks pfeffern, salzen und servieren.
Dazu Pommes frites, Kräuterbutter und frische Salate reichen.

Filetsteaks mit Geflügelleber

4 Filetsteaks, Salz, Pfeffer,
1 Eßl. Schmalz, 250 g Geflügelleber,
Butter, 1 Eßl. Mehl, 4 Tomaten.

Die vorbereiteten Filetsteaks leicht klopfen und mit Salz und Pfeffer würzen. Schmalz in einer Pfanne erhitzen, die Steaks darin braten und warm stellen. Inzwischen die vorbereitete Leber pfeffern und in Mehl wenden. Im Bratfett der Steaks braten, zum Schluß mit etwas Butter nachbraten. Erst jetzt die Leber salzen. Die gewaschenen und abgezogenen Tomaten quer halbieren, die Kerne und den Stiel entfernen. Die Tomatenhälften in kleine Würfel schneiden und in Butter anschwenken. Mit Pfeffer und Salz nachwürzen. Die Filetsteaks anrichten und die Geflügelleber mit den Tomatenwürfeln darübergeben.
Als Beilage eignen sich Pommes frites und verschiedene Rohkostsalate.

Filetsteaks mit heißem Pfirsich

4 Filetsteaks, Salz, Pfeffer,
1 Eßl. Schmalz, 1 Eßl. Butter,
8 halbe Pfirsiche, 4 cl Weinbrand,
2 Eßl. Kaffeesahne oder süße Sahne,
Saft von ½ Zitrone, 1 Teel. Tomaten-
mark, Zucker, Pfirsichsaft.

Die enthäuteten Filetsteaks mit dem Handballen leicht klopfen und mit Salz und Pfeffer würzen. Im heißen Schmalz von beiden Seiten braten, dann in der Butter noch etwas nachbraten. Die Pfirsiche im eigenen Saft etwas erwärmen. Die Filetsteaks herausnehmen und warm stellen. Kaffeesahne und Zitronensaft in den Bratensatz geben. Tomatenmark, Zucker und Pfirsichsaft zufügen und mit etwas Weinbrand und Pfeffer abschmekken. Die Filetsteaks 3 bis 5 Minuten in dieser Soße liegen lassen. Dann mit den Pfirsichen anrichten. Die Soße extra reichen. In einer Kelle den Weinbrand erhitzen, anzünden und brennend über die Steaks gießen.
Als Beilage eignen sich Kartoffelbällchen und Kopfsalat.

Filetsteaks mit herzhafter Fülle

100 g Geschabtes, 1 Bund Petersilie,
¼ Camembert, Pfeffer, Salz,
1 Eßl. Weinbrand, 4 Filetsteaks,
2 Eßl. Öl, ½ Tasse Brühe,
½ Tasse Kaffeesahne.

Aus dem Geschabten, der gehackten Petersilie und dem zerdrückten Käse (ohne Rinde) eine Masse bereiten, mit Salz, Pfeffer und Weinbrand recht kräftig würzen.

Die Filetsteaks von Hautresten säubern und quer eine Tasche einschneiden. Mit der Farce füllen und mit einer Rouladennadel zustecken. Pfeffern und salzen. In rauchendem Öl von beiden Seiten kurz anbraten und mit mittlerer Hitze fertiggaren. Herausnehmen und den Bratensatz mit der Brühe loskochen, auf die Hälfte einkochen lassen und mit der Kaffeesahne leicht binden. Die Filetsteaks anrichten und mit der Soße umgießen. Dazu gebackene Kartoffeln und einen frischen Salat reichen.

Filetsteaks mit marinierter Ananas

4 Filetsteaks, Salz, Pfeffer,
1 Eßl. Schmalz, 1 Teel. Butter,
1 kleine Dose Ananasstücke,
2 cl Weinbrand.

Die vorbereiteten Filetsteaks leicht klopfen und mit Salz und Pfeffer würzen. In einer Stielpfanne Schmalz erhitzen. Die Filetsteaks in das heiße Fett legen, damit sich die Fleischporen sofort schließen und ein Austreten des Fleischsaftes verhindert wird. So bleiben die Filetsteaks schön saftig. Während des Bratvorganges ein Einstechen mit der Gabel vermeiden. Je nach Geschmack, innen blutig, rosa oder ganz durchbraten. Kurz vor dem Servieren in Butter nachbraten. Die Ananasstücke in einen Topf geben und mit wenig Saft erhitzen. Den Weinbrand als Geschmacksverfeinerung zufügen. Die Filetsteaks anrichten, den Bratsatz darübergießen und mit der heißen Ananas garnieren. Dazu Pommes frites reichen.

Filetsteaks mit Pilzfülle

4 Filetsteaks, 2 Teel. Margarine,
1 Zwiebel, 200 g gare Pilze, 1 Bund
Petersilie, Salz, Pfeffer,
1 Eßl. Schmalz, 80 g Kräuterbutter.

In die vom Fleischer vorbereiteten Filetsteaks quer eine Tasche einschneiden. In einem flachen Topf 1 Teelöffel Margarine zerlassen und die
feinwürfelig geschnittene Zwiebel
darin anschwitzen. Die feingehackten
Pilze zugeben und den sich bildenden
Saft einkochen lassen. Gehackte Petersilie, Pfeffer, Salz zufügen. Diese
Masse mit Hilfe eines Spritzbeutels in
die Filetsteaks spritzen. Die Öffnung
mit einer Rouladennadel verschließen. Die Steaks mit Salz und Pfeffer
würzen. In einer möglichst beschich-
teten Pfanne Schmalz erhitzen und
die gefüllten Steaks darin braten, das
Fett abgießen und mit der restlichen
Margarine nachbraten. Sind die Filetsteaks gar, die Rouladennadeln entfernen. Die Steaks anrichten, das Bratfett
darübergießen und mit Kräuterbutter
servieren.

Finnische Johannisbeercreme

Je 250 g rote und schwarze Johannis-
beeren, 100 g Bienenhonig, 80 g kleine
Makronen, 4 cl Wacholderschnaps,
150 ml Joghurt, 300 g Vanilleeiscreme.

Die gewaschenen Johannisbeeren von
den Rispen streifen. (4 Trauben
schwarze Johannisbeeren zum Garnieren aufheben.) Abtropfen lassen
und in eine Schüssel geben. Den Honig mit 6 Eßlöffel kochendem Wasser
auflösen, über die Früchte gießen und

zugedeckt 60 Minuten ziehen lassen.
Die fein zerbröckelten Makronen in
eine kleine Schüssel geben, mit dem
Wacholderschnaps übergießen und
zugedeckt 10 Minuten durchziehen
lassen. Inzwischen die Johannisbeeren passieren. Joghurt, Vanilleeis und
eingeweichte Makronen zugeben. Alles gut verrühren und in vier gekühlte
Gläser füllen. Die Creme mit Johannisbeeren oder Makronen garnieren
und sofort servieren.

Fischcremesuppe
»Theodor Storm«
(für 6 Personen)

1½ l Fleischbrühe, ⅛ l Milch,
4 Eßl. Maisan, 400 g Fischfilet,
Zitronensaft, Salz, 4 Eigelb,
⅛ l süße Sahne, 4 Eßl. Weißwein,
etwas frisch geriebene Muskatnuß,
100 g Tomate, 2 hartgekochte Eier,
1 Eßl. gehackter Schnittlauch.

Die kochende Fleischbrühe mit dem
in kalter Milch angerührten Maisan
binden und kurz aufkochen lassen.
Das Fischfilet säubern, mit Zitronensaft beträufeln, mit Salz einreiben, in
2 cm große Würfel schneiden und in
der heißen Brühe garziehen, aber
nicht kochen lassen. Die Eigelb mit
der Sahne mischen und mit dem
Schneebesen zu einem »Eigelb-
schnee« schlagen. Diesen in die
Suppe rühren. Mit Weißwein abschmecken und mit wenig geriebener
Muskatnuß verfeinern.
Die fertige Suppe in eine Suppenschüssel füllen, mit Tomatenwürfeln,
gehackten Eiern und Schnittlauchröllchen bestreuen.

Fischerpfanne »Sonnenstrand«

400 g Fischfilet, Zitronensaft, Salz,
Paprika, Pfeffer, 6 Eßl. Öl,
5 Tomaten, 2 Paprikafrüchte,
2 Zwiebeln, 50 g Champignons,
Knoblauchpulver oder ½ Knoblauchzehe,
1 bis 2 Gläser Rotwein, 4 Eßl. Joghurt.

Das vorbereitete Fischfilet säuern, salzen, reichlich mit Paprika und sparsam mit Pfeffer bestreuen. In erhitztem Öl kurz anbraten, dann aus der Pfanne nehmen. In das Fett die vorbereiteten Tomaten, Paprikafrüchte, Zwiebeln und Champignons – alles in Scheiben oder Ringe geschnitten – geben. Mit Knoblauchpulver würzen und ebenfalls anbraten. Den Fisch in eine feuerfeste Form legen, das Gemüse darüberhäufen, so daß er ganz davon bedeckt ist. Alles mit Rotwein übergießen und in der Backröhre bei Mittelhitze gar werden lassen. Vor dem Anrichten den Joghurt darüberträufeln.

Fischerpott

2 große geräucherte Makrelen,
1 Zwiebel, 5 Tomaten, Öl, 1 Schuß
Weißwein, Salz, Pfeffer, Paprika,
Estragon, 150 g Gräupchen.

Die Makrelen von Haut und Gräten befreien. Zusammen mit der gevierelten Zwiebel in 1 Liter Wasser etwa 30 Minuten kochen. Die Tomaten in Scheiben schneiden, in etwas Öl anrösten. Dann zur Fischsuppe geben, den Wein, Salz, Pfeffer, Paprika, Estragon zufügen. Die Gräupchen gesondert in Salzwasser garen. Dann auf ein Sieb schütten, abspülen, ebenfalls zur Suppe geben und nochmals kurz aufkochen lassen. Zum Fischerpott gehört ein kräftiges Brot.

Fischfilet »Annabell«

800 g Fischfilet (alle Sorten file-
tierter Fisch sind verwendbar), Essig,
Salz, Pfeffer, Mehl, 3 Eier, Semmel-
brösel, Öl, 4 Pfirsiche (auch aus
der Konserve), 20 g Margarine, Petersilie.

Das Fischfilet portionieren, säuern, gut würzen und in Mehl wälzen. Die Eier mit 4 Eßlöffel Wasser und 3 Teelöffel Mehl verschlagen, die Fischstücke darin wenden und anschließend in Semmelbröseln wälzen. In heißem Öl auf beiden Seiten knusprig braun braten. Die halbierten entsteinten Pfirsiche in der Margarine kurz anbraten, auf den Fischfilets anrichten und mit einem Zweiglein Petersilie oder Dill garnieren. Das Fischgericht mit Kartoffelsalat, der mit reichlich garem Gemüse vermischt sein kann, vervollständigen.

Fischfilet im Silberkleid

800 g filetierter Fisch,
2 Eßl. Zitronensaft, Salz, Pfeffer,
einige Spritzer Worcestersauce,
50 g Margarine, 1 Zwiebel,
200 g Champignons oder andere frische
Pilze, 2 Eßl. feingehackte Kräuter
(Schnittlauch, Petersilie),
2 Tomaten oder Tomatenketchup.

Den vorbereiteten Fisch in gleichmäßige Portionsstücke teilen, mit Zitronensaft beträufeln, mit Salz, Pfeffer und Worcestersauce würzen und portionsweise auf entsprechend zurecht-geschnittene, gefettete Alufolie legen. Darüber die mit Margarine und der gewürfelten Zwiebel halbgar gedünsteten Champignonscheiben und die Kräuter verteilen. Die Alufolie zusammenkniffen und die Silberpakete 15 bis 20 Minuten grillen. Beim Anrichten die Folie öffnen, etwas zurückschlagen und den Fisch mit Tomatenscheiben oder Ketchup garnieren.

Fisch-Fondue

3 Forellen, Zitrone, 1 mittlerer Karpfen, etwa ³/₄ l Öl, Bierteig, 100 g Speck, 16 Weinbergschnecken, grüne Gurke, Paprikafrucht, Kapern, gefüllte Oliven, Kräuterbutter, Kopfsalat, Rapünzchensalat, gehackte Petersilie, Dill und Schnittlauch, Senfsoße, Currysoße, Dillsoße, Worcestersauce, Kaviarbrot.

Die Forellen filetieren, mit etwas Zitronensaft beträufeln und nach etwa 2 Stunden in Würfel schneiden. Den Karpfen schuppen, ebenfalls filetieren und von allen großen Gräten befreien. Das gewürfelte Forellenfilet durch Bierteig ziehen und im Fondue-Gefäß fritieren. Ebenso kann das gewürfelte Karpfenfilet gegart werden. Karpfen kann wegen des hohen Fettgehaltes auch ohne Bierteig fritiert werden. Den Speck in dünne Scheiben schneiden, darin die Weinbergschnecken einzeln einschlagen und, auf die Gabel gespießt, ebenfalls fritieren.
Bei diesem Fischfondue, das für ausgesprochene Fischfeinschmecker gedacht ist, läßt sich die Anzahl der Fischarten beliebig erweitern. Dabei

ist vor allem an die Anglerfreunde gedacht! Verschiedene warme und kalte Spezialsaucen dazu reichen.

Fisch-Gjuvetsch

1¼ kg Kabeljau, 2 Glas Weißwein, 1 Teel. Salz, 200 g Möhren, 100 g grüne Bohnen, 200 g Zwiebeln, 4 Paprikafrüchte, 200 g Tomaten, 80 g Öl, 1 Prise Thymian, 2 Knoblauchzehen, 2 Eßl. Tomatenmark.

Den vorbereiteten Kabeljau in 1 Liter Salzwasser und dem Weißwein kochen, Möhren, grüne Bohnen, Zwiebeln, Paprikafrüchte und Tomaten in Würfel schneiden und mit Öl, Thymian und zerdrücktem Knoblauch anschwitzen, mit Fischfond auffüllen, garen und das Tomatenmark zugeben. Den Fisch in eine feuerfeste Form geben, obenauf das Gemüse, und in der Röhre überbacken. Als Beilage Weißbrot oder Risotto reichen.

Fisch-Ragout fin

650 g Fischfilet, 1 Zitrone, Salz, 80 g Butter, 1 kleine Zwiebel, 30 g Mehl, Fischbrühe, 1 Teel. Anschovispaste, 30 g Reibekäse, Petersilie, 2 Eigelb, Semmelbrösel, Worcestersauce, Toastbrot.

Das Fischfilet in Stücke schneiden, in einen Topf legen, mit Zitronensaft beträufeln, salzen und auf kleiner Flamme im eigenen Saft kurz dünsten lassen. In der Hälfte der Butter feingewiegte Zwiebel glasig werden lassen, das Mehl darüberstäuben und anschwitzen. Etwas Fischbrühe aufgießen und alles zu einer dicken Soße verkochen. Anchovispaste, 15 Gramm Reibekäse und gehackte Petersilie darunterziehen und mit Eigelb legieren. Zuletzt das blättrig zerlegte Fischfleisch untermischen. Portions-Auflaufförmchen fetten, ausbröseln und die Fischmasse einfüllen. Obenauf mit dem restlichen Reibekäse bestreuen und mit Butterflöckchen belegen. Das Ragout fin in der Röhre oder im Grill überbacken. Sofort mit Zitronenscheiben und Petersilie garniert auftragen. Worcestersauce und Toastbrot dazustellen.

Fischrollen »Kiew«

1 großer Fisch von etwa 1 kg (Zander, Hecht o. ä.), 4 hartgekochte Eier, etwas Petersilie, Salz, Pfeffer, 1/8 l Essig, 2 Lorbeerblätter, 6 Pfefferkörner, 4 Eßl. Öl, je 1 Teel. Senf und Zucker, 4 bis 5 Eßl. Sahne, je 1 Eßl. Salzgurke und marinierte Pilze.

Den Fisch schuppen, Flossen, Kopf und Schwanz abschneiden, dann waschen und filetieren, ohne die Haut abzuziehen. 2 Eier, 2 Eiweiß und die Petersilie feinhacken, auf den Fischhälften verteilen und mit Salz und Pfeffer bestreuen. Jedes Fischfilet aufrollen und mit Faden umwickeln. 1½ Liter Wasser mit etwas Essig und Salz, den Lorbeerblättern und den Pfefferkörnern zum Kochen bringen. Die Fischrollen hineinlegen und auf kleiner Flamme garen. Für die Soße 2 gekochte Eigelb mit dem Öl, etwas Essig und Salz sowie Senf und Zucker verrühren. Zuletzt die Sahne und die

Gurken- und Pilzwürfelchen zufügen. Die abgekühlten Fischrollen in Portionen schneiden und mit der Soße servieren. Dazu Weißbrot reichen.

Fischsalat auf indische Art
(Vorspeise)

Etwa 200 g Fischfilet, Zitronensaft, Salz, 80 g Mayonnaise, weißer Pfeffer, 10 g Margarine, 10 g Curry, 1 Banane, 1 hartgekochtes Ei, Dillspitzen, Tomatenketchup.

Das Fischfilet mit Zitronensaft marinieren, salzen, dünsten und kalt stellen. Inzwischen die Salatsoße vorbereiten. Dafür Mayonnaise mit Zitronensaft, Salz, Pfeffer und dem in Margarine angeschwitzten Curry verrühren. Die Banane in Scheiben schneiden, das Ei hacken und das Fischfilet mit zwei Gabeln zerpflükken. Alles unter die Mayonnaise geben und pikant abschmecken. Den Salat sofort anrichten und mit Dillspitzen sowie etwas Tomatenketchup garnieren. Mit Butter und Toast servieren.

Fischschüssel mit Kräuterkruste

800 g filetierter Fisch (Rotbarsch, Kabeljau o. ä.), Weinessig, Kräutersalz, Pfeffer, 120 g Toastbrot oder 2 Brötchen, 2 Eier, je 1 Bund Schnittlauch, Petersilie und Dill, etwas Kresse, 3 Eßl. Öl, 1 Knoblauchzehe, 125 g Reibekäse.

Das Fischfilet in entsprechende Stücke schneiden, säuern und würzen. Dann in eine gefettete Auflaufform legen. Das Toastbrot würfeln, mit Eiern, gehackten Kräutern, Öl, zerdrücktem Knoblauch sowie Käse vermischen. Alles über den Fisch verteilen. Im Backofen bei Mittelhitze in 35 bis 40 Minuten garwerden lassen.

Fischsoljanka in der Pfanne

750 g bis 1 kg Weißkraut oder Sauerkraut, 65 g Butter oder Margarine, 4 Eßl. Tomatenmark, 3 Zwiebeln, 1 Eßl. Zucker, 500 bis 800 g Fischfilet, Salz, Pfeffer, 1 Röhrchen Kapern, 2 Salzgurken, 1 bis 2 Lorbeerblätter, 1 gestrichener Eßl. Mehl, 2 Eßl. Semmelbrösel, Zitronenscheiben, Kräuter.

Das geputzte, gewaschene und gehobelte Weißkraut oder das Sauerkraut in 3 Eßlöffel Butter unter Zugabe von 2 Eßlöffel Tomatenmark, einer feingehackten Zwiebel und Zucker sowie wenig Wasser oder Fischbrühe in einem Topf andünsten. Weißkraut muß noch leicht gesalzen werden. Nun das gewaschene Fischfilet in Stücke zu 40 bis 50 Gramm schneiden, in eine mit Margarine ausgestrichene tiefe Kasserolle legen, salzen und pfeffern. Die Kapern, 2 feingehackte und in Butter angeschwitzte Zwiebeln, das restliche Tomatenmark und die geschälten, von den Kernen befreiten und in Scheiben geschnittenen Salzgurken zugeben. Mit ½ Liter Fischbrühe oder heißem Wasser auffüllen, Lorbeerblatt zufügen und zugedeckt 10 bis 15 Minuten auf kleiner Flamme garen. Das mit 1 Teelöffel Butter vermischte Mehl vorsichtig einrühren und 1 bis 2 Stunden leise

kochen lassen. Die Hälfte des angedünsteten Krautes in einer gefetteten feuerfesten Form glattstreichen, mit dem beim Kochen des Fisches erhaltenen Sud begießen und den Fisch mit den übrigen Zutaten daraufschichten. Mit dem restlichen Kraut bedecken, die Oberfläche glätten, mit Semmelbröseln bestreuen, mit zerlassener Butter beträufeln und das Ganze noch 8 bis 10 Minuten in die vorgeheizte Backröhre schieben. Vor dem Auftragen mit entkernten Zitronenscheiben und Petersilie oder Dill garnieren.

Fisch-Spieße auf japanische Art

400 g Rotbarschfilet oder anderer festfleischiger Fisch, 1 Zitrone, Salz, 100 g kleine Zwiebeln, 100 g grüne Gurke, 3 Tomaten, 8 Würfel Kürbis (aus dem Glas), Pfeffer, 40 g Öl.
Für den Reis: 150 g Reis, 2 Eier, 100 g Blumenkohlröschen, Sellerieblätter.

Das Fischfilet unter fließendem Wasser abspülen, in 3 cm große Würfel schneiden, mit Zitronensaft beträufeln und salzen. Die Filetwürfel abwechselnd mit Zwiebelstückchen, nicht zu dünnen Gurkenscheiben, Tomatenecken und Kürbiswürfeln auf Spieße stecken, diese mit Pfeffer bestreuen, mit Öl bestreichen und im vorgeheizten Grill auf beiden Seiten je 3 Minuten grillen. Dazu den folgendermaßen zubereiteten Reis auftragen: Körnig gekochten Reis mit dem Rührei von 2 Eiern, den garen Blumenkohlröschen und zerpflückten, gedünsteten Sellerieblättern vermengen.

Fischsuppe »Ucha«
(Für 6 Personen)

*1½ kg Fischabgänge (Köpfe, Schwanz-
stücke, Mittelgräten von weiß-
fleischigen Süßwasserfischen oder
kleine Fische – wie Barsche, Plötzen,
Brassen), 250g Zwiebeln, 1 Lorbeerblatt, 8 Pfefferkörner, Petersilie,
Salz, Pfeffer, 1 Eiweiß, 500g Fischfleisch (Barsch oder anderer
weißfleischiger Süßwasserfisch),
1 Zitrone, frischer Dill.*

Fischabgänge, Zwiebelscheiben, Lorbeerblatt, Pfefferkörner und einige
Petersilienstiele mit 2 Liter Wasser
ansetzen. Aus den Fischköpfen vorher die Kiemen entfernen. Werden
kleine Suppenfische verwendet, so
müssen diese sauber ausgenommen,
gut gereinigt und gewaschen werden.
Auch aus den kleinen Fischen müssen
die Kiemen entfernt werden. Alles
zum Kochen bringen und 30 Minuten
ganz leicht kochen lassen. Die so gewonnene Fischbrühe durch ein Sieb
gießen. Gemüse und Fisch mit einem
Kochlöffel kräftig ausdrücken, um alles von der wertvollen Brühe zu erhalten. Dann die Abgänge beseitigen.
Die Brühe klären. Dafür das Eiweiß in
einer Schüssel schaumig schlagen, so
zur abgekühlten Brühe geben und die
Brühe mit dem Eiweiß unter ständigem Schlagen mit dem Schneebesen
schnell zum Kochen bringen. Die
Brühe soll schäumen und fast überko-
chen. Dann vom Herd nehmen. –
Nach wenigen Minuten die Brühe
durch ein Sieb gießen, das mit einem
Tuch ausgelegt wurde.
Die Brühe mit Salz und Pfeffer abschmecken und wieder zum Kochen
bringen. Das Fischfleisch einlegen
und kurz garziehen lassen. Den garen
Fisch mit einem Schaumlöffel herausnehmen und in Stücke schneiden. Die
klare Brühe in die vorgewärmten Teller füllen, geschälte und entkernte Zitronenscheiben und den Fisch hineinlegen, mit Dill oder gehackten Kräutern bestreuen. Schwarzbrot dazu
reichen.
Die Ucha ist eine der berühmtesten
russischen Fischsuppen.

Flambé-Fondue
»Schloßbergkanzlei«

*400g Emmentaler Käse, 200g Tollenser
Käse, 1 Eßl. Mehl, ¼ l Weißwein,
1 Teel. Zitronensaft, 2 cl Kirschwasser, Pfeffer, Muskat, 2 Gläser
hochprozentiger Obstgeist zum Flambieren.*

Den Käse reiben, mit dem Mehl vermischen, Weißwein und Zitronensaft
dazugeben. Unter ständigem Rühren
im Fondue-Gefäß erhitzen. Sobald die
Masse zu kochen beginnt, das Kirschwasser zufügen und mit Pfeffer und
Muskat würzen. Den Obstgeist in
einer Kelle über der Flamme erhitzen,
die Flamme überschlagen lassen und
den brennenden Alkohol über das
Fondue verteilen.
Der »Feuerzauber« kommt besonders
gut zur Geltung, wenn zuvor alle
Lichtquellen im Raum gelöscht wurden. In der Schweiz trinkt man zum
Fondue einen herben Weißwein, der
jedoch das schwere Essen nicht
leichter verdaulich macht. Wer kein
Kirschwasser mag, trinkt am besten
schwarzen Tee oder Kaffee.

Flambierte Ananas

4 Scheiben Ananas aus der Konserve,
60 g Zucker, Saft von 1 Orange,
30 g Butter, 4 cl Weinbrand,
2 cl Curacao.

In einer Pfanne die Butter erhitzen, den Zucker zugeben und karamelisieren lassen. Mit dem Orangensaft ablöschen. Die Ananasscheiben darin auf beiden Seiten erwärmen und mit Weinbrand und Curacao flambieren. Die Fruchtscheiben auf vorgewärmten Tellern anrichten und mit dem Fond übergießen. Zu Eis oder Schlagsahne.

Flambierte Ananas »Bellevue«

4 Scheiben Ananas aus der Konserve,
2 cl Rum, 20 g Butter, 4 cl Orangen-
likör, 10 g Zucker, etwas abgeriebene
Orangenschale, 100 ml Schlagsahne,
40 g gehobelte Mandeln.

Die Ananasscheiben mit dem Rum etwa 30 Minuten marinieren. Die Butter in der Pfanne erhitzen. Die Fruchtscheiben darin auf beiden Seiten erwärmen und mit Orangenlikör flambieren. In die Flamme den Zucker mit der abgeriebenen Orangenschale streuen und gut abbrennen lassen. Auf vorgewärmten Tellern die Ananas anrichten, mit Schlagsahne garnieren und obenauf die gerösteten Mandelsplitter streuen.

Flambierte Apfelscheiben

3 große Äpfel, 40 g Puderzucker,
15 g Mehl, 30 g Butter, 8 cl Rum,
Saft von 1 Orange, 4 Kugeln Vanilleeis.

Die Äpfel schälen, vom Kerngehäuse befreien und in etwa 1 cm dicke Scheiben schneiden (pro Portion 3 Scheiben). Dann mit Puderzucker bestreuen, in Mehl wälzen und in erhitzter Butter bei starker Hitze auf beiden Seiten bräunen. Nochmals mit Puderzucker bestäuben und mit erwärmtem Rum flambieren. Den Saft der Orange zum Ablöschen nehmen. Das Vanilleeis und die flambierten Apfelscheiben auf vorgekühlten Tellern servieren. Wird das Dessert ohne Eis bereitet, dann die Apfelscheiben auf erwärmten Tellern anrichten.

Flambierte Aprikosen

500 g frische Aprikosen, ¼ l Rotwein,
1 Nelke, etwas Zimtrinde, 20 g Butter,
6 cl Rum, 10 g Zucker.

Die Aprikosen abziehen und entsteinen. In Rotwein, gewürzt mit Nelke und Zimtrinde, garen. Die noch bißfesten Früchte in die heiße aufsteigende Butter geben, auf beiden Seiten erhitzen und mit dem erwärmten Rum flambieren. In die Flamme den Zucker streuen und brennend servieren.

Flambierte Bananen

2 Bananen, 20 g Mehl, 1 Ei,
50 g Butter, 20 g Puderzucker,
4 cl Kirschwasser.

Die geschälten, der Länge nach halbierten Bananen in Mehl wälzen, anschließend durch geschlagenes Ei ziehen und nochmals in Mehl wälzen. In der heißen Butter hellbraun braten. Die Früchte auf einer Platte anrichten, mit Puderzucker bestreuen und mit Kirschwasser flambieren, bis der Alkohol ausgebrannt ist.

Flambierte Bananen mit Schokoladeneis

40 g Zucker, Saft von 1 Orange, 30 g Butter, 60 g Himbeermark, 2 Bananen, 4 cl Weinbrand, 4 Kugeln Schokoladeneis, 50 g gehackte Nüsse.

Den Zucker zusammen mit dem Orangensaft in der Pfanne durchkochen lassen. Die Butter zugeben, ebenso das Himbeermark und evtl. ein paar Spritzer Rum. Die geschälten, halbierten Bananen in dieser Flüssigkeit andünsten und mit Weinbrand flambieren. Das Eis auf gut gekühlten Tellern anrichten, die Bananen und den Saft dazugeben und alles mit angerösteten Nüssen bestreuen. Anstelle des Eises kann auch geschlagene süße Sahne verwendet werden.

Flambierte Birnen

4 Birnen, 2 cl Grand Marnier, 20 g Butter, 4 cl Edelkirschlikör, 40 g Haselnüsse, 40 g Schokolade.

Die Birnen schälen, entkernen und in Spalten teilen, mit Grand Marnier begießen und etwa 15 Minuten ziehen lassen. In der erhitzten Pfanne mit der zerlassenen heißen Butter die Birnenstücke garen, wobei mit etwas Obstsaft abgelöscht werden kann. Mit dem erwärmten Edelkirschlikör flambieren. Auf einem vorgewärmten Teller die Birnen anrichten, mit gehackten

Haselnüssen und grobgeriebener Schokolade bestreuen.

Flambierte Ente in Rotwein

1 Ente, Salz, Pfeffer, 1 Bund Petersilie, ⅛ l Rotwein, 1 Eßl. Mehl, 1 Glas Weinbrand.

Die vorbereitete Ente innen und außen mit Salz und Pfeffer einreiben. Die Petersilie in den Bauch geben und die Öffnung zustecken. Die Ente mit der Brust nach unten in eine Pfanne legen, ¼ Liter heißes Wasser zugießen und in den auf 200 °C vorgeheizten Backofen schieben. Nach etwa 45 Minuten wenden, das Fett abschöpfen und heißes Wasser zugeben. Die gare Ente auf einer Platte anrichten, mit Salzwasser bepinseln und warm stellen. Den Bratensatz mit Rotwein loskochen, mit dem kalt angerührten Mehl binden. Vor dem Servieren die Ente mit Weinbrand übergießen und flambieren. Als Beilage Kartoffelklöße und Rotkohl reichen.

Flambierte Filetsteaks mit grünem Pfeffer

1 Eßl. Pfefferkörner, 4 Filetsteaks, 80 g Öl, Salz, 40 g Butter, 1 große Zwiebel, 1 Eßl. grüne Pfefferkörner, 2 Eßl. Sahne, 4 cl deutscher Whisky.

Die Pfefferkörner zerdrücken, die Filetsteaks damit bestreuen und leicht andrücken. In eine Schüssel legen, mit Öl übergießen und 24 Stunden stehen lassen. In einer Pfanne Öl erhitzen, die gesalzenen Filetsteaks anbraten, das Bratfett abgießen und in Butter fertigbraten. Auf einer vorgewärmten Platte anrichten und warm stellen. In die Butter die feingeschnittene Zwiebel und die grünen Pfefferkörner geben. Mit Sahne verrühren. Whisky erhitzen, anbrennen und vor den Augen der Gäste über die Filetsteaks gießen. Darüber die fertige Soße geben. Als Beilage eignen sich Pommes frites und Frischkostsalat.

Flambierte Kirschen

*400 g Schattenmorellen, Saft von
1 Orange, 8 cl Kirschwasser,
10 g Zucker, 4 Kugeln Vanilleeis.*

Die Kirschen entsteinen. In einer Pfanne den Orangensaft erhitzen, die Kirschen zugeben und andünsten. Mit Kirschgeist flambieren, dabei in die brennende Flamme den Zucker streuen. So entsteht eine andere Färbung der Flamme. Die flambierten Kirschen anrichten, obenauf in die Mitte je eine Kugel Vanilleeis legen und sofort servieren.

Flambierte Kirschen »Napoli«

*1 Glas Sauerkirschen, 30 g Butter,
50 g Mandeln, 4 cl Kirschgeist,
4 Kugeln Zitroneneis.*

Die Sauerkirschen abtropfen lassen und entsteinen. In der Pfanne die Butter erhitzen, die Kirschen gut durchschwenken und mit abgezogenen, gehobelten Mandeln bestreuen. Den Kirschgeist erwärmen und die Kirschen damit flambieren. Alles auf einem gekühlten Teller servieren, wobei obenauf das Zitroneneis gegeben wird.

Flambierte Nieren »Merkur«

*500 g Nieren vom Schwein, 80 g Butter,
60 g feingehackte Zwiebel,
4 cl Weinbrand, Salz, Pfeffer,
100 g Champignons, 6 cl Weißwein,
60 ml süße Sahne.*

Die vorbereiteten Nieren in nicht zu dünne Scheiben schneiden. 50 Gramm Butter in der Pfanne erhitzen und darin die Zwiebelwürfel andünsten. Die Nierenscheibchen zugeben und sehr rasch anbraten. Dabei die Pfanne ständig bewegen. Alles mit dem Weinbrand flambieren und mit Salz und Pfeffer würzen. Aus der Pfanne nehmen und die blanchierten Champignons in der restlichen Butter anbraten, mit Weißwein ablöschen und einkochen lassen. Dann die Sahne zugeben, noch etwas einkochen lassen, vom Feuer nehmen, die Nierenstückchen in die Soße legen und sofort servieren.

Flambierte Orangen

*4 Orangen, 8 Stück Würfelzucker,
20 g Butter, 4 cl Kirschwasser,
4 Kugeln Vanilleeis.*

Die Orangen mit warmem Wasser gründlich abbürsten und abtrocknen. Von jeder Orange mit 2 Stück Würfelzucker zunächst die Schale abreiben, dann schälen und in Spalten teilen. In der Pfanne die Butter erhitzen, den aufgefangenen Orangensaft dazugeben, ebenso den aromatisierten Würfelzucker. Alles aufkochen lassen und die Orangenspalten unterheben. Nachdem die Früchte erhitzt sind, mit Kirschwasser flambieren. Auf einem kalten Teller das Vanilleeis anrichten, die Orangenspalten und den Saft darübergeben und servieren.

Flambierte Pfefferkirschen

700 g Sauerkirschen, 20 g Butter,
20 g grüner Pfeffer, 60 g Mandeln,
4 cl Apricot Brandy,
4 Kugeln Vanilleeis.

Die entsteinten Sauerkirschen in der aufschäumenden Butter andünsten, mit dem grünen Pfeffer würzen, die gestiftelten Mandeln dazugeben und mit Apricot Brandy flambieren. Die Früchte auf einem vorgekühlten Teller um das Vanilleeis anrichten. Sofort servieren.

Flambierte Pfirsiche

8 halbe große rohe Pfirsiche,
Vanille-Läuterzucker, 20 g Butter,
6 cl Kirschwasser, 30 g gehobelte
geröstete Mandeln, 200 g frische
Erdbeeren, Zucker.

Die halbierten ungeschälten Pfirsiche in Läuterzucker garen und erst danach abziehen. Vor den Gästen in der Flambierpfanne die Butter erhitzen, die Pfirsiche darin nochmals erwärmen und mit Kirschwasser flambieren. Dann die Früchte auf heißen Tellern anrichten, die gerösteten Mandeln darüberstreuen und mit halbierten leicht gezuckerten Erdbeeren anrichten. – Anstelle von Pfirsichen können auch Birnenhälften (gut abgetropftes Kompott) verwendet werden. Nach Belieben Eis mit Schlagsahne dazu reichen.

Flambierter Obstsalat

2 Birnen, 2 Äpfel, 2 Pfirsiche,
1 Banane, 2 Orangen, 100 g Ananas
aus der Konserve, 40 g Rosinen,
50 g Läuterzucker, 10 cl Rum oder
Weinbrand, 30 g Butter, 30 g gehobelte
Mandeln, 4 Kugeln Vanilleeis.

Das Obst schälen und in Würfel schneiden, mit Läuterzucker und 4 cl Rum übergießen und mindestens zwei Stunden ziehen lassen. In der Pfanne die Butter erhitzen, den Salat zugeben und kurz dünsten lassen. Alles mit dem restlichen Rum oder mit Weinbrand flambieren. Den Salat über das angerichtete Vanilleeis gießen und mit gerösteten Mandelsplittern bestreuen. Sofort servieren. – Je nach Saison kann die Zusammensetzung der Früchte für den Salat verändert werden.

Flambierter Pfirsich-Eisberg

2 große Pfirsiche, 10 g Butter,
4 Kugeln Himbeer- oder Vanilleeis,
4 mittelgroße Baisers, 10 g gehobelte
Mandeln, 15 g Puderzucker,
6 cl Kirschwasser.

Die Pfirsiche abziehen, halbieren und in der Pfanne auf beiden Seiten in Butter andünsten. Auf vorgekühlten Tellern jeweils 1 Kugel Himbeereis anrichten, darauf ein Baiser und obenauf den heißen Pfirsich setzen, mit gehobelten Mandeln und Puderzucker bestreuen. In einer Kelle das Kirschwasser erhitzen, die Flamme überschlagen lassen und über die Pfirsiche geben. Sofort noch brennend servieren, nach Belieben mit Sahne.

Fisch-Spieße auf japanische Art

Heilbutt nach Art der Provence ▷

Forcllcn in Mandelbutter

Fisch-Ragout fin

◁ Heringe vom Rost

Fettheringe
mit grünen Bohnen

Fischfilet im Silberkleid

Flambiertes Hähnchen mit Aprikosen

1 Broiler, Salz, Cayennepfeffer, Edelsüß-Paprika, 2 Eßl. Öl, ½ Glas Aprikosen, 100 g Butter, 1 Teel. milder Senf, 4 Eßl. Sahne, 50 g abgezogene Mandeln, 1 Glas 40%iger Weinbrand.

Das Hähnchen innen und außen mit Salz, Cayennepfeffer und Paprika einreiben und in Öl anbraten. Mit dem Aprikosensaft ablöschen, knusprig braten und in 4 Teile zerlegen. Die Hälfte der Aprikosen pürieren und mit einem Teil der Butter, dem Senf, dem Bratensaft und der Sahne in einen Topf geben. In dieser Soße die Hähnchenstücke und die restlichen Aprikosen erhitzen. Dann in einer Bratenschale mit der Soße anrichten und mit den in Butter angerösteten Mandeln garnieren. Den angewärmten Weinbrand darübergießen und brennend servieren. Dazu schmeckt frischer Toast ausgezeichnet.

Flambiertes Sauerkirsch-Dessert

1 kg Sauerkirschen, Zucker, Rum, Saft von 1 Zitrone, Saft von 2 Orangen, 1 Messerspitze gemahlener Zimt, 4 Portionen Vanilleeis, Schlagsahne, Waffeln.

Die Sauerkirschen entkernen, mit etwas Zucker bestreuen, mit wenig Rum begießen und Saft ziehen lassen. In der Flambierpfanne 2 Eßlöffel Zukker zerlassen, mit Zitronen- und Orangensaft löschen. Zimt und 2 Eßlöffel Rum zufügen und das Ganze anzünden. Die abgetropften Kirschen zugeben, mit einem Holzlöffel ständig hin- und herschieben, damit sie alle gleichmäßig warm werden. Den Alkohol ganz ausbrennen lassen. Nochmals etwas Zucker darüberstreuen. Die heißen Kirschen auf Vanilleeis servieren. Flüssige, leicht gesüßte Schlagsahne und Waffeln extra dazu reichen.

Flammendes Festtagshähnchen

1 Broiler, 2 Eßl. Öl, 75 g Butter, 150 g Aprikosen (frisch oder aus der Dose), 1 Teel. Senf, 4 Eßl. Kondensmilch, 50 g Mandeln, 4 Eßl. Weinbrand, Salz, Glutal, Pfeffer, Paprika.

Den vorbereiteten Broiler innen und außen mit Salz, Glutal, Pfeffer und Paprika einreiben. In einer Mischung von Öl und einem Teil der Butter anbraten. Nach dem Bräunen allmählich etwas Wasser angießen und den Broiler unter häufigem Begießen · schön braun und saftig braten. Den fertigen Broiler in Portionsstücke teilen, nach Möglichkeit auslösen und warm stellen. Die Aprikosen fein hacken oder im Mixer pürieren. In 50 Gramm Butter in einem breiten Gefäß erhitzen. 1 Teelöffel Senf zugeben, mit dem durchgeseihten Bratensatz auffüllen, mit der Kondensmilch verfeinern und die Fleischstücke in der Aprikosensoße noch einmal erhitzen. Die gehackten Mandeln in einer Pfanne goldgelb rösten, mit erwärmtem Weinbrand übergießen, anzünden und das brennende Mandel-Weinbrand-Gemisch über die Hähnchenstücke in Aprikosensoße geben. Dazu Reis oder auch nur Toast reichen.

Fleisch-Fondue

1 Glas Perlzwiebeln, 100 g Gewürz-
gurken, 1 Glas Oliven (gefüllt),
4 Portionen Tomaten-Gurken-Salat,
1 kleines Glas Meerrettich, 1 Flasche
Tomatenketchup, 1 Flasche Partysauce,
Weißbrot. 100 g Kräuterbutter,
200 g Rindslende, 200 g Schälbraten,
200 g Kalbslende, 2 Paar Wiener
Würstchen, 100 g magerer Speck, Öl.

Die Perlzwiebeln, die Gewürzgurken, die Oliven, den Tomaten-Gurken-Salat und den Meerrettich in verschiedenen Gefäßen in kleinen Mengen anrichten. Zusammen mit ihnen und den im Handel angebotenen Soßen deckt man den Tisch schon vorher ein. Geschnittenes Weißbrot und Kräuterbutter vervollständigen die zum Fondue benötigten Zutaten.
Das Fleisch von Hautresten befreien und in Würfel schneiden. Die Würfel auf einer Platte nach Fleischsorten geordnet anrichten. Die Würstchen in Stücke und den Speck in Scheiben schneiden und ebenfalls auf der Platte anrichten. Das Fonduegerät mit Öl füllen, erhitzen und mit der Fleischplatte auf die bereits gedeckte Tafel stellen. Die Fleischwürfel einzeln auf die Fonduegabeln stecken und in das heiße Öl halten, bis der entsprechende Garpunkt ganz individuell erreicht ist. Mit den verschiedenen Salaten, Soßen und den anderen Zutaten können Sie sich und Ihren Gästen eine abwechslungsreiche Abendmahlzeit gestalten.
Sie können beim Ausprobieren eines Fondue Ihre Phantasie frei entfalten. Ein Variieren der Salate, der Buttermischungen und der anderen Zutaten

ist möglich. Eine Flasche Rotwein zum Fondue hebt die abendliche Stimmung.

Fleurons

1 Paket gefrorener Blätterteig,
1 Ei, 1/2 Teel. Paprika.

Den nicht zu dünn ausgerollten Blätterteig zu Halbmonden ausstechen. Ei und Paprika gut verquirlen und damit vorsichtig die Oberfläche der auf wasserbenetztem Blech liegenden Halbmonde bestreichen. Bei Mittelhitze etwa 15 Minuten backen. – Fleurons können vor dem Backen auch nur mit Eigelb bestrichen und mit Paprika besiebt werden. Fleurons sind eine beliebte Beilage zur Brühe, zu weißen Ragouts, schmecken aber auch zu Bier und Wein.

Focaccia
(Italienisches Fladenbrot)

Für den Teig: *350 g Mehl, 30 g Hefe,*
1 Prise Salz, 1 Prise Zucker,
4 Eßl. Öl (am besten Olivenöl),
Mehl zum Bestäuben.
Für den Belag: *4 Eßl. Öl (am besten*
Olivenöl), Salz, 2 Teel. Oregano,
2 Teel. Thymian.

Das Mehl in eine Schüssel sieben, in die Mitte eine Mulde drücken und die Hefe hineinkrümeln. Salz, Zucker und Öl auf dem Mehlrand verteilen. 200 ml lauwarmes Wasser über die Hefe gießen. Von der Mitte her alle Zutaten zu einem Teig verkneten. Leicht mit Mehl bestäuben, zudecken und an einem warmen Ort 10 bis

15 Minuten gehen lassen. Dann den Teig auf einem bemehltem Brett zu einer Kugel kneten, mit Mehl bestäuben und nochmals 10 Minuten zugedeckt gehen lassen. Die Kugel zu einem Rechteck von der Größe eines halben Backbleches ausrollen und in die Mitte des geölten Bleches legen. Mit Öl beträufeln und den Teig mit den Fingern über das ganze Blech drücken. Nochmals mit Öl beträufeln und mit Salz, Oregano und Thymian bestreuen. Im vorgeheizten Ofen bei 250 °C auf der unteren Leiste goldgelb backen. Zum Wein servieren.

Fondue »Forsthaus Sattelbach«

400 g Tollenser Käse,
200 g Emmentaler Käse, 1/4 l Weißwein,
3 Eßl. Mehl, 1 Teel. Zitronensaft,
2 cl Kirschwasser, 500 g frische
Pilze, 1 Zwiebel, 40 g Butter,
1 Eßl. gehackte Petersilie,
2 cl Weinbrand, Salz, Pfeffer.

Den geriebenen Käse zusammen mit Weißwein, Mehl und Zitronensaft im Fondue-Gefäß unter Rühren aufkochen lassen. Dann das Kirschwasser zufügen. Die geputzten Pilze in Scheiben schneiden und mit geriebener Zwiebel in der Butter gardünsten. Die Hälfte der Pilzscheiben feinhakken oder durch ein Sieb streichen, mit den restlichen Pilzscheiben und der gewiegten Petersilie in das sehr heiße Käse-Fondue geben. Mit Weinbrand, Salz und Pfeffer abschmecken. Pilzliebhaber können dazu noch kleine gegarte Waldpilze oder Champignons zu den Brotwürfeln auf die Fondue-Gabel stecken.

Fonduesoße »Christina«

30 g Dill, 150 g Mayonnaise,
100 g Joghurt, 60 g Tomatenmark,
30 g Tomatenketchup, Salz, Pfeffer,
2 cl Weinbrand.

Den Dill fein hacken und mit allen Zutaten außer Weinbrand gut verrühren. Zuletzt mit Weinbrand abschmecken.
Diese Soße paßt zu allen Fonduegerichten.

Fonduesoße »Havanna«

1/8 l Weißwein, 1/4 l Ananas-, Orangen-
oder Mandarinensaft,
1 Eßl. Tomatensaft, 80 g Zucker,
1 Spritzer Sojasoße,
30 g Stärkemehl, frischer Ingwer
oder Ingwerpulver, 1 Messerspitze
Curry, 1 Spritzer Rum.

Alle Zutaten, außer Ingwer, Curry und Rum, in einen Topf geben und unter ständigem Rühren erhitzen, bis das Stärkemehl die Soße bindet. Dann Ingwer, Curry und Rum zufügen.
Die Soße kann zu Fleisch- oder Fischgerichten serviert werden.

Foo Jung Hai
(Indonesisches Omelett)

Für das Omelett: *100 g Möhren,*
150 g Porree, 150 g Chinakohl,
10 Eßl. Öl, 400 g Gehacktes halb
und halb, 1 Knoblauchzehe, Salz,
Pfeffer, 1 Bund Petersilie, 6 Eier.
Für die Soße: *150 g Möhren,*
2 Eßl. Öl, 2 Teel. Mehl,
8 Eßl. Tomatenketchup, Salz, Pfeffer,
2 Eßl. Sojasoße, 2 Teel. Sambal Oelek.

Die geschälten Möhren waschen und in dünne lange Streifen schneiden. Porree putzen, waschen und in dünne Ringe, den vorbereiteten Chinakohl in Streifen schneiden. 2 Eßlöffel Öl erhitzen, das Gehackte darin braun anbraten, das Gemüse zufügen und im geschlossenen Topf 10 Minuten dünsten. Den fein zerriebenen Knoblauch zufügen. Mit Salz und Pfeffer herzhaft abschmecken und beiseite stellen. Inzwischen für die Soße die Möhren ebenfalls schälen, waschen, in dünne Streifen schneiden und in dem Öl 4 bis 5 Minuten braten. ¼ Liter Wasser mit dem Mehl verrühren, zusammen mit dem Tomatenketchup zu den Möhren geben und einmal aufkochen lassen. Mit Salz, Pfeffer, Sojasoße und Sambal Oelek kräftig würzen und warm stellen. Die feingehackte Petersilie mit den Eiern verquirlen. Ebenfalls mit Salz und Pfeffer würzen. Diese Eiermasse über die inzwischen ausgekühlte Gehacktes-Gemüse-Mischung gießen und alles vermischen. Jeweils 2 Eßlöffel Öl in einer Pfanne erhitzen, je ein Viertel der Eimasse wie ein Omelett von jeder Seite knapp 2 Minuten darin goldbraun braten. Die Soße über die Omeletts gießen und sofort servieren.

Forelle blau

4 Forellen, Salz, Butter.

Die Forellen vorbereiten, dabei die Haut nicht verletzen, weil sonst die gewünschte Blaufärbung ausbleibt. Die Fische innen salzen, in leise siedendes, recht kräftig gesalzenes Wasser legen und garziehen lassen. Mit frischer geschlagener oder zerlassener, nicht gebräunter Butter und Petersilienkartoffeln auftragen.

Forellen auf Pariser Art

50 g süße Mandeln, 2 bittere Mandeln, 80 g Butter, 1 Zitrone oder Apfelsine, Salz, 4 Forellen, Öl, Pfeffer.

Die gebrühten, abgezogenen Mandeln feinhacken. Dann mit der Butter, einigen Tropfen Zitronen- oder Apfelsinensaft und 1 Prise Salz verkneten. Zu einer Rolle geformt in Alufolie wickeln und kalt stellen. Die vorbereiteten, ausgenommenen Forellen mit Öl bestreichen und grillen. Dann erst salzen und pfeffern. Jede Forelle mit 2 Scheiben Mandelbutter und Zitronen- oder Apfelsinenspalten belegt servieren.

Forellen in Mandelbutter

4 Forellen von je 300 g, ½ l Milch, Zitronensaft, Glutal, Edelsüßpaprika, Pfeffer, Salz, 150 g Mehl, 100 g Öl zum Braten, 100 g süße Mandeln, 100 g Butter.

Die Forellen sauber ausnehmen, mit einem Teelöffelstiel den sogenannten Blutstrang an der Wirbelsäule herauskratzen und mit kaltem Wasser abspülen. Gefrierkonservierte Forellen langsam und nicht im Wasser auftauen lassen.
Aus den Köpfen die Kiemen vollständig entfernen. Dann die Forellen 20 bis 30 Minuten in Milch legen. Die Fische herausnehmen, trockentupfen, auf eine Porzellanplatte legen, mit et-

was Zitronensaft beträufeln und diesen 5 Minuten einziehen lassen. Die Forellen innen und außen mit einer Gewürzmischung aus Pfeffer, Salz, Edelsüßpaprika und Glutal einreiben (die Bauchhöhlen besonders gut, alle Gewürze zu gleichen Teilen mischen). In Mehl wenden, leicht abklopfen und in heißem Öl auf beiden Seiten goldbraun braten.

Die abgezogenen Mandeln in wenig Öl bernsteingelb rösten. Vom Hellgelbwerden bis zum Verbrennen sind nur Sekunden. Das Öl aus der Pfanne durch ein Sieb gießen und die Mandeln auf ein Kuchenblech schütten, damit sie nicht nachdunkeln. Abkühlen lassen und kleinhacken oder durch den Fleischwolf drehen. Die Butter zerlaufen lassen und die Mandelsplitter mindestens 1 Stunde vor dem Anrichten in die heiße Butter geben. Diese »Mandelbutter« in einem Wasserbad heißhalten. Vor dem Servieren heiß über oder neben die Forellen gießen. Farbig garnieren. Mit Salzkartoffeln oder auch körnig gekochtem Reis zu Tisch geben.

Forellen in Weinbeersoße

4 kleine Forellen, Salz, Essig,
1/2 Zitrone, 30 g Margarine, 30 g Mehl,
1/4 l Weißwein, 1 Tasse Weinbeeren,
Pfeffer, Zimt.

Die vorbereiteten, ausgenommenen Forellen innen leicht salzen, Kopf und Schwanz mit einem Faden zusammenbinden. In leichtem Essigwasser, dem etwas Salz und Zitronenscheiben zugefügt wurden, gardünsten. Aus Margarine und Mehl eine

helle Schwitze bereiten, mit 1/4 Liter durchgeseihtem Fischsud und dem Wein auffüllen. Gut durchkochen lassen, dabei zuletzt die Weinbeeren zugeben. Die Soße mit Salz, Pfeffer und etwas Zimt abschmecken. Die Forellen in eine flache Schüssel legen und mit der Soße übergießen.

Forellen »Ribarska Hisha«

1 kg Forellen, Zitronensaft,
knapp 1/2 l Schlagsahne, Salz,
Paprika, Mehl, Ausbackfett,
1 kleine Zwiebel, 1/8 l Weinessig.

Die vorbereiteten Forellen mit etwas Zitronensaft beträufeln und in 2 bis 3 Stücke schneiden. Die ungeschlagene Sahne auf kleiner Flamme erwärmen. Die Fischstücke salzen, in mit Paprika vermischtem Mehl wälzen, kurz in die erwärmte Sahne tauchen und sofort in heißem Fett schwimmend ausbacken. Dann in eine Schüssel legen. Die Zwiebel feinhacken, mit dem Weinessig vermischen und über die Forellen geben. Zuletzt die übrige erwärmte Sahne darübergießen.
Mit Weißbrot reichen.

Französische Lebersoße

250 g Leber, Beifuß, 2 Zwiebeln,
Fett, etwas Brühe, 20 g Stärkemehl,
1/8 l Rotwein, Salz, Majoran,
10 g Schnittlauch.

Die vorbereitete Leber im Fett mit etwas Beifuß und den Zwiebelwürfeln garen. Dann die Leber in Würfel schneiden, mit den Zwiebelwürfeln in den Mixer geben, etwas Brühe auffüllen und alles pürieren. Das Püree erhitzen und mit in wenig Wasser angerührtem Stärkemehl binden. Vom Feuer nehmen, Rotwein, Salz, Majoran sowie den feingeschnittenen Schnittlauch zufügen und abschmecken.

Die Soße warm und zu Wild oder Geflügel servieren.

Frischlingsrücken

800 g Frischlingsrücken, Salz,
Pfeffer, Paprika, 50 g Fett,
3 Zwiebeln, 2 Möhren,
2 bis 3 Wacholderbeeren, Brotrinde,
¼ l saure Sahne oder Buttermilch.

Das Fleisch mit Salz, Pfeffer und Paprika einreiben, dann in heißem Fett rasch auf allen Seiten anbraten. Reichlich Zwiebeln, Möhren, kleingestoßene Wacholderbeeren und etwas Brotrinde zufügen, langsam mit Wasser, saurer Sahne oder Buttermilch aufgießen und fertiggaren. Den Rücken auslösen, in Scheiben schneiden, schuppenartig auflegen und die passierte Soße darübergießen. Semmelknödel, Rotkohl oder gebratene, mit Preiselbeeren gefüllte Äpfel zu diesem Gericht reichen.

Fritierte Kirschen

150 g Mehl, 75 g Zucker,
1 Teel. Zimt, 1 Prise Salz,
je 3 Eßl. Milch und Weißwein,
3 Eier, 750 g Süßkirschen mit Stielen,
Öl zum Fritieren,
75 g Puderzucker.

Für den Teig Mehl, Zucker, Zimt und Salz vermischen. Milch und Wein unterrühren. Die verquirlten Eier ebenfalls in den Teig rühren und diesen zugedeckt 30 Minuten quellen lassen. Inzwischen die Kirschen waschen und trockentupfen. Das Öl in einem großen Topf auf 180 °C erhitzen. Jeweils 5 Kirschen an den Stielen zusammenbinden, in den Teig tauchen und 2 Minuten im heißen Öl fritieren. Auf ein Kuchengitter legen, dick mit Puderzucker bestäuben und heiß oder kalt servieren.

Fritierte Schwarzwurzeln

750 g Schwarzwurzeln, Salz,
15 g Butter, 2 Eßl. Weinessig oder
Zitronensaft, Öl zum Fritieren.
Für den Ausbackteig: *125 g Mehl,*
Salz, 2 Eier, 3 Eßl. Olivenöl oder
zerlassene Butter, 200 ml Bier.

Die gewaschenen Schwarzwurzeln schälen und sofort in kaltes Wasser legen. Dann in 8 bis 10 cm lange Stücke schneiden und zusammen mit der Butter und dem Essig oder Zitronensaft in reichlich kochendes Salzwasser geben. Nach etwa 30 Minuten mit einer Gabel prüfen, ob sie weich sind. Wenn sie gar sind, gründlich abtropfen lassen.

Für den Teig Mehl, Salz, Eigelb und Öl oder Butter in einer Schüssel vermischen. Bier oder Wasser nach und nach zugeben und alles so lange schlagen, bis der Ausbackteig glatt ist. Den Teig bei Zimmertemperatur mindestens 1 Stunde stehen lassen, damit er gut an den Gemüsestücken haftet.

Dann das Eiweiß schlagen und kurz vor dem Ausbacken unter den Teig gießen.

Das Öl zum Fritieren erhitzen. Die Schwarzwurzeln in den Ausbackteig tauchen, einzeln wieder herausnehmen und fritieren, bis sie hellbraun sind. Gut abtropfen lassen, mit Salz bestreuen und sofort servieren.

Frittata aretina
(Eierkuchen aus Areto)

6 Eier, Salz, Pfeffer, 1 Eßl. Mehl, 60 g Semmelbrösel, Öl, 1 Zwiebel, 1 Stück Sellerie, 1 Handvoll Petersilie, einige Basilikumblättchen, 250 g Tomatenmark.

Eier, Salz und Pfeffer gut verschlagen, Mehl und Semmelbrösel darunterrühren und in heißem Öl löffelweise Eierkuchen bereiten. Gemüse und Kräuter – alles kleingehackt – ebenfalls in heißem Öl leicht anrösten. Das Tomatenmark zufügen, umrühren, salzen und etwa 10 Minuten auf kleiner Flamme kochen lassen. Die Eierkuchen in Stücke schneiden und mit der Soße begießen.

Frucht-Charlotte

1 kleine Biskuitrolle, 4 Eigelb, 2 gehäufte Eßl. Zucker, 10 g Gelatine, ¼ l Fruchtsaft, ¼ l Schlagsahne, Johannisbeeren zum Garnieren.

Mit der in Scheiben geschnittenen Biskuitrolle eine Glasschale auslegen. Für die Creme Eigelb, Zucker, die eingeweichte, aufgelöste Gelatine sowie den erwärmten Fruchtsaft im Wasserbad dicklich und schaumig schlagen. Unter Rühren erkalten lassen. Kurz vor dem Festwerden die steifgeschlagene Sahne unterziehen. Die Creme in die Schüssel füllen und mit den vorbereiteten Johannisbeeren garnieren. Gut durchziehen lassen.

Früchtekuchen I

250 g Butter, 250 g Zucker, 4 Eier, abgeriebene Zitronenschale, 50 g abgezogene Mandeln, 150 g Sultaninen und Korinthen, 100 g Zitronat, 2 Eßl. Rum, 250 g Mehl, 1 Teel. Backpulver, Puderzucker.

Butter schaumig rühren, Zucker und angewärmte Eier abwechselnd dazugeben und sehr schaumig rühren. Abgeriebene Zitronenschale, gehackte abgezogene Mandeln, gereinigte und bemehlte Sultaninen und Korinthen, feingewiegtes Zitronat sowie Rum zugeben. Zuletzt das mit Backpulver vermischte gesiebte Mehl darunterrühren. Den Teig in eine gebutterte und bemehlte Kastenform füllen. Bei Mittelhitze etwa 1½ Stunde backen.

Früchtekuchen II

3 Eier, 200 g Zucker, 200 bis 250 g Mehl, 50 g Kakao, abgeriebene Zitronenschale, je 1 Teel. Nelken und Zimt, Salz, 65 g gehackte Mandeln, darunter 5 bittere, 50 g gehackte Nüsse, 80 g geraspeltes Zitronat, 50 g gehackte Feigen oder Datteln, 80 g Sultaninen, 20 g Korinthen, 5 g Pottasche, 5 g Hirschhornsalz, etwa 4 Eßl. Weinbrand oder Rum.

151

Eier und Zucker schaumig rühren, das gesiebte, mit Kakao und Gewürz vermischte Mehl und nach und nach die übrigen Zutaten zugeben. Die Triebmittel in etwas Weinbrand auflösen und ebenfalls zufügen. Den gründlich durchgearbeiteten Teig in eine gefettete Kranz- oder Ringform füllen und bei Mittelhitze etwa 50 Minuten bakken. Nach Belieben den erkalteten Kuchen mit Zuckerglasur überziehen und mit Mandeln garnieren.

Fruchthütchen

125 g Butter oder Margarine,
125 g Zucker, 1 Ei, abgeriebene Schale
von 1 Zitrone, 1 Prise Salz, 250 g Mehl,
125 g Marmelade, 1 Eigelb, etwas Milch.

Butter oder Margarine mit Zucker und Ei schaumig rühren, nach und nach Zitronenschale, Salz und Mehl dazugeben und gut verkneten. Den Teig 30 Minuten kühl ruhen lassen, dann auf bemehltem Brett ausrollen und runde Plätzchen ausstechen. Etwas Marmelade in die Mitte geben, den Teig von 3 Seiten darüberschlagen. Die Plätzchen über Nacht ruhen lassen, dann mit Eigelbmilch bestreichen und backen.

Fruchtiger Käsesalat

300 g Melone, 1 säuerlicher Apfel,
1 Dose Mandarinen, 125 g dunkle Wein-
beeren, 200 g Gouda, 2 Eßl. Essig,
Pfeffer, 1/8 l süße Sahne.

Melone und den geschälten Apfel in Würfel schneiden. Zu den abgetropften Mandarinen und den gewasche-

nen Weinbeeren geben. Den Käse in etwa 3 cm breite Streifen schneiden und ebenfalls zufügen. Mit Essig und Pfeffer abschmecken. Den Salat etwas durchziehen lassen und vor dem Servieren die steifgeschlagene Sahne darübergeben.

Fruchtmark-Cocktail

1/2 l Fruchtmark, 1/2 l Milch, 2 Eigelb,
2 Eßl. Bienenhonig oder Zucker,
1 Schuß Rum oder Weinbrand, Eiswürfel.

Alle gekühlten Zutaten gut schütteln und in hohe Gläser seihen.

Fruchtmilch
(Einzelportion)

1/4 l Milch, 3 Barlöffel Fruchtsirup
(Himbeer, Orange, Zitrone oder
Kirsch), 3 Barlöffel Kondensmilch.

Alle Zutaten miteinander mixen. Eiskalt servieren.

Fruchtsalat in der Melone

Frische Früchte entsprechend der
Jahreszeit (Äpfel, Apfelsinen,
Erdbeeren, Himbeeren, Pfirsiche,
Johannisbeeren), Zitronensaft,
Zucker nach Geschmack, grob geriebene,
geröstete Nüsse, 1 Melone (Größe
je nach Personenzahl), etwas
Ingwerpulver, 2 bis 4 cl Likör.

Äpfel schälen, entkernen, feinschneiden und sofort in Zitronensaft schwenken. Apfelsinen ebenfalls schälen, entkernen und kleinschneiden, zu den Äpfeln geben. Erdbeeren teilen. Johannisbeeren abribbeln. Pfirsiche schälen, entkernen und in Streifen schneiden, Zucker und geriebene Nüsse darübergeben, alles gut vermischen und kalt stellen. Inzwischen von der Melone einen Deckel abschneiden, die Melone aushöhlen, festes Fruchtfleisch würfelig schneiden, mit Ingwerpulver und Likör würzen und ziehen lassen. Den Melonenhohlkörper innen ebenfalls würzen und kalt stellen. Kurz vor dem Servieren den vorbereiteten Fruchtsalat nochmals mischen und einfüllen, Melonendeckel leicht angekippt auflegen. Die mit Fruchtsalat gefüllte Melone vor dem Servieren, wenn möglich, noch mit gestoßenem Roheis umgeben.

Frucht-Sorbet
(Einzelportion)

3 Eßl. Vanilleeis, 2 cl Wermut weiß,
4 cl Milch, Sekt, 2 Erdbeeren,
1 Pfirsichhälfte, 2 Orangenspalten.

Das Eis in ein großes Sektglas geben, Wermut und Milch darübergießen, mit Sekt auffüllen und mit den Früchten garnieren. Nicht umrühren!

Fruchtsoße

3/8 l Fruchtsaft (Most),
1 1/2 Eßl. Stärkemehl, Zucker,
Zitronensaft.

Den Fruchtsaft erhitzen und mit dem in 1/8 Liter kaltem Wasser angerührten Stärkemehl binden. Nach Geschmack süßen und mit Zitronensaft, nach Belieben auch einem Schuß Rum würzen. Warm oder kalt auftragen.

Fruchtsuppe »schwedische Art«

125 g Backpflaumen,
125 g getrocknete Aprikosen,
50 g Rosinen, 2 Eßl. Sago,
1 Stück Zimtrinde, 1/2 Zitrone,
1 großer Apfel, Zucker, 1 Prise Salz,
Cornflakes.

Das vorgeweichte Trockenobst in 1 1/2 Liter Wasser auf kleiner Flamme garen. Nach etwa der Hälfte der Kochzeit den Sago, die Zimtrinde und die in Streifen geschnittene Zitrone zufügen. Ganz zuletzt den geschälten, vom Kernhaus befreiten Apfel würfeln und in der Suppe ziehen lassen. Den Zimt herausnehmen. Die Fruchtsuppe mit Zucker und Salz abschmekken und heiß oder kalt mit Cornflakes zu Tisch geben.

Frühlings-Cocktail
(Vorspeise)

1 Bund Radieschen, 200 g Salatgurke,
100 g gekochter Schinken, 1 großer
Kopfsalat, 50 ml saure Sahne,
Saft von 1 Zitrone, Salz, weißer
Pfeffer, etwas Weinbrand, Eiviertel,
Radieschenröschen.

Die vorbereiteten Radieschen und die längs halbierte Gurke in Scheiben, den Schinken in feine Streifen schneiden. Den Kopfsalat putzen, waschen und in kleine Stücke zerpflücken. Alles vermengen. Aus Sahne, Zitronensaft, Salz, Pfeffer und Weinbrand eine Marinade bereiten und vorsichtig unter die vorbereiteten Zutaten mischen. Sofort anrichten, mit Eivierteln und Radieschenröschen garnieren und mit Toastecken servieren.

Frühlingseierkuchen

*150 g junge Brennessel- oder Löwen-
zahnblätter (oder halb und halb),
1 junge Zwiebel, 15 g Butter oder
Margarine, 6 Eßl. Mehl, ¼ l Milch,
Salz, Pfeffer, Muskatnuß, 6 Eier,
abgeriebene Zitronenschale,
etwa 100 g Pflanzenfett, Öl,
Butter oder Margarine.*

Die frischen, gut gewaschenen Kräuter sowie die Zwiebel feinhacken. Die
Zwiebel im erhitzten Fett andünsten,
die Kräuter, 1 bis 2 Eßlöffel Wasser
sowie Salz und Pfeffer zugeben und
5 Minuten leicht einkochen lassen, öfter umrühren. Das Mehl mit der
Milch verrühren, nach und nach die
Eigelb zufügen, mit Salz, Pfeffer,
Muskatnuß und Zitronenschale nach
Geschmack würzen. Dann das steifgeschlagene Eiweiß unterziehen. Den
etwas abgekühlten, abgetropften Ge-
müsebrei unterrühren. Fett in der
Pfanne erhitzen und nach und nach
4 Eierkuchen backen. Heiß servieren,
Tomatensalat dazu reichen.

Frühlingssalat

*100 g Spinat, 1 junge Zwiebel mit
Grün, 2 Tomaten, 5 Radieschen,
125 g Champignons, 4 hartgekochte Eier,
1 Bund Basilikum, 1 Bund Dill,
1 Eßl. Essig, Salz, Pfeffer, 3 Eßl. Öl.*

Den geputzten Spinat waschen und
gut abtropfen lassen. Vorbereitete
Zwiebel, Tomaten, Radieschen,
Champignons und Eier salatgemäß
zerkleinern. Alles auf Salatteller verteilen, mit grob zerpflücktem Basilikum bestreuen und mit einer Vinai-

grette aus feingehacktem Dill, Essig,
Pfeffer, Salz und Öl begießen. Sofort
servieren.

Frühlingstopf

*100 g durchwachsener Speck, 1 mittel-
große Zwiebel, 500 g Kohlrabi,
200 g Möhren, 200 g Kartoffeln,
1 l Brühe (Würfel), Salz, Pfeffer,
200 g gekochtes Hühnerfleisch,
2 Eigelb und 2 Eßl. Sahne zum
Legieren, 1 Bund Petersilie.*

Den Speck in Würfel schneiden und
mit der gehackten Zwiebel andünsten.
Die Kohlrabis in Streifen, die Kartoffeln und Möhren in dünne Scheiben
schneiden. Alles zum Speck geben,
mit der Brühe auffüllen, auf kleiner
Flamme garen und dann kräftig würzen. Das kleingeschnittene Hühnerfleisch zufügen. Mit Eigelb und Sahne
legieren. Die Suppe mit Petersilie bestreut servieren.

Frühstücksquark

*250 g Quark, ⅛ l Milch,
4 Eßl. Paprika- oder Tomatenmark,
Salz, Zucker, Petersilie.*

Den Quark mit der Milch verrühren.
Paprikamark und Gewürze zugeben.
Mit Petersilie garniert servieren.

Es ist schon merkwürdig: Würden wir nach den frühesten uns bekannten Rezeptsammlungen die Ernährungsgewohnheiten der Menschen bestimmen, so müßte man meinen, Gemüse sei damals wenig verzehrt worden. In seinen Betrachtungen über mittelalterliche Kochkunst stellt Manfred Lemmer[43] aber fest, daß dieser Schein trügt. »Die Gemüse tauchten in den Rezepten wohl nur darum nicht auf, weil man sie nicht für das Wesentliche hielt. Immerhin läßt die Aufzählung von fünfzig verschiedenen Salaten und 225 Arten von Zugemüse im Kochbuch des Marx Rumpolt von 1581 darauf schließen, daß pflanzliche Kost auch in den vorangegangenen Jahrhunderten nicht bedeutungslos gewesen sein kann. Allerdings bürgerten sich viele Gemüsepflanzen erst allmählich als Speise ein, nachdem sie lange Zeit nicht wegen ihres Nährwertes, sondern als Heilmittel und wegen ihrer gesundheitsfördernden Wirkung verwendet worden waren.« Schon der Name – Zugemüse – sagt, daß Wurzeln, Blätter und Früchte als Beilage zum Mus oder Brei gegessen wurden. Von den Kelten ist überliefert, daß sie im 1. Jahrhundert v. u. Z. Zwiebeln, Porree, Knoblauch und Rüben kannten. Germanische Stämme bauten um 1500 Erbsen, Linsen, Akkerbohnen, Rapunzeln, Zwiebeln und Möhren an.

Später, unter Karl dem Großen (742 bis 814), wurden mit Vorliebe Kohlrüben, rote Rüben, Zwiebeln, Sellerie, Knoblauch, Porree, Rettich, Lattich und Kohl verzehrt. Man kannte auch Petersilie und weitere Gewürzpflanzen. Dem Lattich galt besondere Beachtung. Er war schon im alten Ägypten bekannt. Griechen und Römer bauten ihn das ganze Jahr über an, er war ihr Hauptgemüse. Wahrscheinlich hat dieser Vorläufer unseres heutigen Kopfsalats wenig mit der uns bekannten Form gemein. Man beschreibt ihn als loses Blattbüschel, kannte aber schon braune, grüne und krausblättrige Formen.

Auch der Kohl zählt zu den ältesten Gemüsepflanzen. »Vater aller Kohle« soll eine halbstrauchige Staude an den Küsten des westlichen Mittelmeeres gewesen sein. Man nimmt an, daß Kohl schon in der Steinzeit auf dem Speiseplan stand. Vorläufer unserer heutigen Kohlarten werden seit der Römerzeit kultiviert. Auslese und Kreuzung führten allerdings erst vor wenigen hundert Jahren zu den Sorten, die wir so schätzen: Weißkohl wird bereits im 14. Jahrhundert erwähnt; Rotkohl und Wirsingkohl, auch Savoyer Kohl, nach seinem Entstehungsort genannt, gibt es seit dem 16. Jahrhundert. Blumenkohl haben arabische Botaniker erstmals um 1200 in Spanien eingeführt, als seine Heimatinsel gilt Kreta. Und der Kohlrabi soll vermutlich aus Italien kommen. Die vom älteren Plinius (23–70 u. Z.) »Pompejaner Kohl« genannte Pflanze besaß einen verdickten Stengel, wurde auch als Stengelrübe oder Caulorapa bezeichnet und dürfte der Vorläufer eben des Kohlrabi gewesen sein. Man nimmt an, daß Grünkohl der Urform am ähnlichsten sieht, schon im Altertum wurden die krausen Blätter beschrieben. Rosenkohl ist der jüngste Sproß der Kohlfamilie. Schon 1587 wurde zwar ein »vielkopfiger Kohl« abgebildet, doch in heutiger Gestalt verbreitete er sich erst seit 1785 aus Belgien.

Möhren galten in der Antike als Delikatesse. Tiberius (42 v. u. Z. bis 37 n. u. Z.), der auch die Gurken liebte (Gärtner mußten sie zur Reife in Kistchen aufhängen, damit die Sonne besser an sie herankam), ließ sich Möhren und Rapunzeln aus Germanien bringen.

Die Aufzählung alter Gemüsesorten wäre unvollständig ohne Rettich und Sellerie. In der Antike war der Sellerie dem Gott der Unterwelt geweiht, seine Blätter schmückten Grabhügel und Denkmale. Sie dienten aber auch erfolgreichen Sportlern als Zierde. Sogar eine Münze wurde mit diesem Motiv geprägt. Plinius der Ältere unterscheidet schon wildwachsenden und Gartensellerie. Dabei weiß man nicht, ob damals auch die Knollen verzehrt worden sind oder nur, das ist verbürgt, die Blätter.

Der Rettich kommt aus Ägypten. Schon eine Inschrift der Cheopspyramide (um 2700 v. u. Z.) besagt, daß der Rettich den Arbeitern beim Pyramidenbau als Nahrung gereicht wurde. Wie Christoph Needon[44] belegt, behaupteten damals die Römer, die Rettiche hätten Ägypten mehr eingebracht als der Getreideanbau. In den ersten Jahrhunderten unserer Zeitrechnung wurde der Rettich auch in Mitteleuropa heimisch. Tiberius, als Gemüseliebhaber schon erwähnt, ließ sich seine Rettiche vom Rhein kommen. Sie sollen so groß wie Kindsköpfe gewesen sein.

Man kennt zwei Arten der Gemüsezubereitung. Es wurde entweder (roh oder gedünstet) mit Essig und Salz angerichtet, Salat also, oder man zerkochte es, daß es zum Mus paßte, selbst Mus war. Von den Salaten einmal abgesehen, die ein recht selbständiges Leben durch die Jahrhunderte führen, galt Gemüse stets nur als Beilage.

Erst die französische Kochkunst, die sich im 17. Jahrhundert in ganz Europa durchsetzte, machte aus dem Gemüse ein eigenständiges Gericht. Nach dem Braten wurde nun bei auserlesenen Menüs gleichberechtigt mit allen anderen Gängen eine Gemüseschüssel gereicht, die den Eigengeschmack der darin enthaltenen Köstlichkeiten betonte. Zuckererbsen galten im 16. Jahrhundert am französischen Hof als königliches Essen. Dazu kam die Mode, die Früchte möglichst vor der Zeit auf dem Tisch zu haben, so daß französische Damen dazumal allerlei »Künste« anwendeten, um schon im Mai zu dem beliebten Erbsengericht zu kommen. Und als besondere Galanterie pflegten Verehrer ihren Damen nach dem Besuch bei Hofe und dem dort genossenen Erbsenmahle eine kleine Schüssel derselben zu übersenden.

Im Volke waren die gelben, die reifen Erbsen beliebter. Man aß sie den Winter über, und glücklich war der, der ein Stück Pökelfleisch oder Speck mit in den Topf werfen konnte.

Betrachtet man – wie wir – die Gemüsejahrhunderte im Zeitraffer, so ist wohl noch der Erfindung des Sauerkrautes besonders zu gedenken. Als »Kumpost« finden wir es bereits in mittelalterlichen Kochbüchern. Es hat ebenso namhafte Gegner (Heine, Goethe) wie Verehrer (Busch, Börne, Bierbaum), und seine große Popularität ist teilweise der Geldgier deutscher Fürsten zu »danken«. Die nämlich hatten im 17. und 18. Jahrhundert ein Salzmonopol errichtet und verpflichteten ihre Untertanen, ein bestimmtes Quantum abzunehmen. Was aber sollten die damit? So viel Fleisch zum Einsalzen hatte kaum einer. Da wurden die Hausfrauen regelrecht gezwungen, auch anderes in Fässer »zu stampfen«: Gurken, Bohnen und eben Kraut. So blieb die Konservierungsmethode bis heute bekannt.

Wollen wir nunmehr aus der Gemüsegeschichte Lehren ziehen, so zwei. Erstens: den Erfindungsreichtum der Altvorderen bei der Salatbereitung wieder zu erreichen; zweitens: das Gemüse schonender als sie beim Kochen zu behandeln.

»Selbstgezogenes Krauthaupt

Wie wohl ist mir's, daß mein Herz die simple, harmlose Wonne des Menschen fühlen kann, der ein Krauthaupt auf seinen Tisch bringt, das er selbst gezogen, und nun nicht nur den Kohl allein, sondern all die guten Tage, den schönen Morgen, da er ihn pflanzte, die lieblichen Abende, da er ihn begoß, und da er an dem fortschreitenden Wachstum seine Freude hatte, alle in einem Augenblick wieder mitgenießt.«
Johann Wolfgang Goethe[45]

Gänsebrust mit Füllung

1 Gänsebrust, Salz, 1 Eßl. Senf,
5 Eßl. Gänsefett, 1 Zwiebel,
1 gekochter Gänsemagen, 1 Brötchen,
1 Eßl. Rosinen,
1 Eßl. feingehackte Petersilie,
1 Salbeiblatt, Pfeffer.

Die Gänsebrust von den Knochen befreien, innen mit Salz und Senf einreiben. In etwas Gänsefett die in Würfel
geschnittene Zwiebel und den kleinwürfelig geschnittenen Gänsemagen
anschwitzen. Eingeweichtes und ausgedrücktes Brötchen, Rosinen, feingehackte Petersilie und das gerebbelte
Salbeiblatt zufügen. Diese Farce abschmecken und auf die eine Seite der
Brust geben. Die Brust zuklappen und
mit Zwirn zunähen. Im restlichen
Gänsefett und etwas Wasser in der
Röhre bei 200 °C garen. Während des
Garprozesses ständig übergießen.
Kurz vor dem Garwerden mit Salzwasser bepinseln und nochmals in
den Ofen schieben. Faden entfernen
und tranchieren. Zu dieser pikanten
Gänsespezialität Rosenkohl und Kartoffelbällchen reichen.

Gänsefüllungen

Apfel-Rosinen-Füllung
2 Tassen Semmelbrösel, 2 Äpfel,
100 g Rosinen, 50 g Mandeln,
½ Tasse Apfelsaft, 2 Eßl. Honig, 2 Eier.
Die Semmelbrösel mit den Apfelwürfeln, Rosinen und grobgehackten
Mandeln mischen. Den Honig mit
dem Apfelsaft auflösen, mit den Eiern
zur Masse geben, durcharbeiten und
in die Gans füllen.

Apfel-Backpflaumen-Füllung
100 g Backpflaumen,
2 in Würfel geschnittene Äpfel,
2 Tassen Semmelbrösel,
2 Eier, 1 Eßl. Zucker, Anis.
Über Nacht die Backpflaumen einweichen und dann mit dem Wasser zu
den restlichen Zutaten geben, verrühren und mit etwas Anis abschmecken.
Die Füllung in die Gans geben.

Apfel-Porree-Füllung
4 Äpfel, 100 g Rosinen,
2 Stangen Porree, 1 Stengel Beifuß.
Die Apfelwürfel mit den Rosinen und
dem in Ringe geschnittenen Porree
mischen und mit dem Beifuß in die
Gans füllen.

Hackfleischfüllung
500 g Gehacktes, 1 Brötchen,
1 Zwiebel, 2 Eier, 1 Bund Petersilie,
Beifuß, Pfeffer, Salz.
Das Gehackte mit dem eingeweichten
Brötchen, der gehackten Zwiebel, den
Eiern und der gehackten Petersilie
mischen. Mit Pfeffer, Salz und gereb-
beltem Beifuß würzen und in die
Gans füllen.

Gänseleberfüllung
2 Brötchen, ¼ l Milch, 1 Gänseleber,
2 Eier, 4 Eßl. Sahne,
Salz, Pfeffer,
1 Bund Petersilie, Majoran.
Die Brötchen in der Milch einweichen, gut ausdrücken und mit der
Gänseleber durch den Fleischwolf
drehen. Eigelb und Sahne zugeben.
Mit Salz, Pfeffer, gehackter Petersilie
und Majoran würzen. Zuletzt das
steifgeschlagene Eiweiß unter die
Masse heben. Damit die Gans füllen.

Gazpacho andaluz
(Andalusische Kaltschale)

*1 kg Tomaten, 2 Paprikafrüchte,
200 g Weißbrotscheiben, ¼ Tasse
Weinessig, ½ Tasse Öl, 1 Teel. Salz,
15 mit Paprika gefüllte Oliven,
1 Zwiebel, 1 Knoblauchzehe.*

Die Tomaten und die Paprikafrüchte
kleinschneiden und die Kerne entfernen. Die Weißbrotscheiben 30 Minuten in kaltem Wasser einweichen.
Ausgedrücktes Weißbrot, Weinessig,
Öl, Salz, Oliven, die zerschnittene
Zwiebel sowie die zerdrückte Knoblauchzehe im Mixer pürieren. Dann
durch ein Sieb streichen, Tomaten
und Paprika zufügen und kalt stellen.
Zu dieser Kaltschale werden grobgehackte Zwiebeln, kleingeschnittene
Paprikafrüchte, Gurken, geröstete
Weißbrotwürfel und Oliven gereicht.

Gebackene Auberginen
(Vorspeise)

*1 bis 2 Auberginen (etwa 600 g),
Salz, Mehl.
Für den Backteig: 1 Ei, 70 g Mehl,
70 ml Bier, Salz, Pfeffer,
Rosenpaprika, Öl zum Backen.*

Die Auberginen waschen, den Stengelansatz abschneiden, in 8 gleich
starke Scheiben schneiden und leicht
salzen. Etwa 20 Minuten stehenlassen, damit etwas Wasser entzogen
wird. Inzwischen aus Ei, Mehl, Bier
und Gewürzen einen dickflüssigen
Teig rühren.
Die Auberginenscheiben abtropfen
lassen, kurz in Mehl wenden und
durch den Teig ziehen. Im Fettbad

etwa 5 Minuten goldgelb backen. Mit
einer pikanten Soße servieren.

Gebackene Champignons
»Budapest«

*750 g große Champignons, Salz,
Pfeffer, 50 g Mehl, 2 Eier,
150 g Semmelbrösel, 200 g Schweineschmalz, 1 Bund Petersilie, Butter.
Für die Tatarsoße: Saft von ½ Zitrone,
100 ml Weißwein, 30 g Senf, 20 g Puderzucker, Salz, Chayennepfeffer,
100 ml süße Sahne, 300 g Mayonnaise,
Worcestersauce.*

Die Champignons putzen, gründlich
waschen und die Stiele entfernen. Die
Pilzhüte mit Salz und Pfeffer bestreuen, dann in Mehl, Ei und Semmelbröseln panieren. Im heißen Fett
goldbraun backen. Die feingehackte
Petersilie in wenig Butter kurz anschwitzen und über die Pilze geben.
Für die Soße Zitronensaft, Weißwein,
Senf, Puderzucker, Salz, Cayennepfeffer, süße Sahne und Mayonnaise gut
verschlagen und mit Worcestersauce
abschmecken. Die Soße extra zu den
Pilzen servieren.

Gebackene Hirschbrust

*1 kg Hirschbrust, Beize, Salz,
1 Wurzelwerk, 1 Lorbeerblatt,
5 Wacholderbeeren, 3 Pfefferkörner,
1 Nelke, 1 Ei, Semmelbrösel, Fett.*

Die Hirschbrust beizen, kurz waschen
und in leicht gesalzenem Wasser mit
Wurzelwerk, Lorbeerblatt, Wacholderbeeren und Pfefferkörnern sowie
Nelke weichkochen. Herausnehmen,

159

erkalten lassen und in Scheiben schneiden. Die Scheiben in Ei und Semmelbröseln wenden und kurz in reichlich Fett goldbraun backen.
Pikante Tomatensoße oder Sahnesoße und Röstkartoffeln oder Kartoffelpüree dazu reichen.

Gebackene Kartoffeln

1,5 kg Kartoffeln, 50 g Butter oder Margarine, ⅛ l Fleischbrühe, Salz, Paprika, ¼ l Sahne oder Bratensoße.

Die Kartoffeln schälen, in Scheiben schneiden und roh in eine feuerfeste, mit Butter ausgestrichene Form schichten. Die heiße Fleischbrühe darübergießen und alles mit Salz und Paprika – nach Belieben auch mit etwas Kümmel – bestreuen. Die Form mit Folie abdecken und die Kartoffeln 20 Minuten in der Backröhre bei starker Hitze garen. Dann die Folie abnehmen, die Sahne oder Bratensoße darübergießen und noch 15 Minuten leicht bräunen lassen.

Gebackene Schweinszunge

3 gepökelte Schweinszungen, 1 Zwiebel, Lorbeerblatt, Nelken, 6 Pfefferkörner, 1 Bund Wurzelwerk, Worcestersauce, 1 Eßl. Mehl, 1 Ei, 3 Eßl. Semmelbrösel, 100 g Butter.

Die Zungen über Nacht wässern. In einem Topf mit frischem Wasser zum Kochen bringen; dabei sollen die Zungen leicht mit Wasser bedeckt sein. Während des Kochens öfters abschäumen. Die geschälte Zwiebel mit Lorbeerblatt und Nelken spicken und

zusammen mit den Pfefferkörnern und dem Wurzelwerk zu den Zungen geben. Im zugedeckten Topf so lange kochen, bis sie sich mit einer Nadel leicht durchstechen lassen. Die garen Zungen herausnehmen, in kaltes Wasser legen und die Haut abziehen.
Die entstandene Brühe durch ein Sieb gießen, abkühlen lassen.
Die Zungen gut abtropfen lassen und längs in Scheiben schneiden. Mit Worcestersauce würzen und in Mehl wenden. Das geschlagene Ei mit Wasser verrühren und die Zungenscheiben durch das Ei ziehen. In Semmelbröseln mehrmals wenden und anklopfen. Butter erhitzen und Zungenscheiben goldgelb braten. Auf vorgewärmten Tellern anrichten und mit dem Bratsatz übergießen. Als Beilage Mayonnaisensalat, Pommes frites und Salat reichen.

Gebackenes Eis mit Früchten

Erdbeeren (frische, gefrorene oder Konservenfrüchte oder andere Früchte), 3 Eiweiß, 130 g Zucker, 1 Haushaltpackung Eiscreme (Vanille-, Schokoladen-, Nuß- oder Zitroneneiscreme), 1 Biskuitboden, 100 g zerkleinerte geröstete Haselnüsse oder Mandeln.

Die Früchte vorbereiten, einzuckern und später den Saft abgießen. Eiweiß und Zucker zu steifem Eischnee schlagen. Den Eiscremeriegel auf einen Biskuitstreifen gleicher Größe setzen und mit Biskuitteilen umhüllen. Ringsherum Eischnee geben und mit den zerkleinerten Nüssen bestreuen. Im stark vorgeheizten Backofen (bei 250 °C) backen, bis der Eischnee eine leichte Bräunung bekommt. Danach herausnehmen, mit Früchten garnieren und servieren.

Gebeiztes Masthähnchen

1 Broiler, Pfeffer, Salz,
100 g geräucherter Speck in Scheiben,
80 g Margarine.
Für die Beize: *1/2 l Wasser,*
1/4 l Rotwein, 1 Bund Wurzelwerk,
1 Zwiebel, 3 Pimentkörner,
3 Pfefferkörner, 2 Nelken,
4 Wacholderbeeren, etwas Thymian.

Die Zutaten für die Beize zusammengeben, 20 Minuten kochen und abkühlen lassen. Das küchenfertige Hähnchen 24 Stunden in die Beize geben, danach gut abtropfen lassen. Mit Pfeffer und Salz würzen und mit den Speckscheiben umwickeln. Dann das Hähnchen in der heißen Margarine in der vorgeheizten Backröhre knusprig braun braten. Zu diesem wohlschmeckenden Hähnchen Kartoffelpüree und Preiselbeerkompott reichen.

Gebratene Kalbsniere

1 Kalbsniere, Salz, Pfeffer,
1 Eßl. Schmalz.

Die Kalbsniere waschen, trockenreiben, salzen und pfeffern. In das erhitzte Schmalz geben und in den heißen Ofen schieben. Während des Garens öfter mit Wasser ablöschen. Die Niere öfter übergießen, dadurch erhält sie ihre braunglänzende Farbe. Den fertigen Nierenbraten herausnehmen und in Scheiben schneiden. Mit einer Rotweinsoße servieren.

Frischer Blumenkohl mit Dillbutter oder Möhren und Petersilienkartoffeln ergänzen dieses Gericht.

Gebratener Fasan

1 junger Fasan, Salz, Pfeffer,
50 g Speck, 40 g Butter.

Den vorbereiteten Fasan würzen, spicken oder mit Speck umwickeln, seitlich in eine Pfanne legen und garen (damit die Brust während des Bratens nicht austrocknet, den Fasan nicht auf den Rücken legen). Die Bratzeit richtet sich nach Alter und Größe des Tieres, sie sollte jedoch 1 Stunde nicht überschreiten. Kurz vor dem Garwerden Speck abnehmen und das Wildbret unter häufigem Begießen mit frischer Butter bräunen, dann in Hälften oder Viertel tranchieren. Mit Orangenscheiben umlegen, auf die blaue und weiße Weintrauben gehäuft werden. Mit Ananaskraut, Maraschinokirschen und gebackenen Kartoffeln servieren.

Gebratene Schweinshaxe

2 frische Schweinshaxen (etwa 1,5 kg),
Salz, weißer Pfeffer, 50 g Schweineschmalz, 1 Lorbeerblatt, 3 Wacholderbeeren, 1/4 l Bier, 1 Eßl. Mehl.

Die Schweinshaxen gründlich säubern und mit Salz und Pfeffer einreiben. In einer Bratpfanne im erhitzten Schweineschmalz rundherum braun anbraten. Nach etwa 10 Minuten 1/4 Liter heißes Wasser angießen, Lorbeerblatt und Wacholderbeeren zufügen. Die Bratpfanne auf die mittlere Schiene in den vorgeheizten Ofen schieben. Während der Bratzeit von etwa 2 Stunden öfter mit Bier begießen. Wenn die Haxen gar sind, herausnehmen und warm stellen. Den Bratfond mit dem restlichen Bier und etwas Wasser loskochen, mit etwas angerührtem Mehl binden und nochmals abschmecken. Die Schweinshaxen mit Sauerkraut und Knödeln auftragen.

Gebratene Tauben

4 Tauben, Salz, Pfeffer, 4 dünne Scheiben Speck, 80 g Margarine, $1/4$ l Brühe, Mehl, $1/8$ l Sahne.

Die vorbereiteten Tauben waschen, innen sowie außen salzen und pfeffern, dann binden. Die Brüste mit dünnen Speckscheiben belegen, um ein Austrocknen beim Braten zu verhindern. In der heißen Margarine unter ständigem Begießen in der Backröhre etwa eine ½ Stunde braten. Kurz vor Ende der Garzeit die Speckscheiben von der Brust nehmen, damit auch diese eine schöne Farbe erhält. Das Bratfett mit ein wenig Brühe abkochen und mit etwas Mehl und der Sahne binden. Als Beilage Petersilienkartoffeln reichen.

Gebratene Wildgans

1 Wildgans, Salz, Pfeffer, Butter, 1 Orange, 1 Lorbeerblatt, Thymian, Ingwer, ½ Tasse saure Sahne, Zitrone, Maisan.

Die vorbereitete, mit Salz und Pfeffer gewürzte Gans in heißer Butter goldbraun anbraten und Orangensaft, Lor-

beerblatt, eine Prise Thymian, Ingwer, saure Sahne und feingeriebene Zitronenschale hinzufügen. Wenig Flüssigkeit zufügen und etwa 1½ Stunde schmoren. Die Soße gut durchkochen lassen und mit etwas angerührtem Maisan andicken. Dann durch ein Sieb geben und über die weichgebratene und in Stücke zerlegte Gans gießen. Als Beilage eignen sich Apfelmus, Kartoffelklöße oder Grießnokken und Apfelrotkohl, Sauerkraut oder Ananaskraut.

Geburtstagstorte für Kinder

Für den Teig: 5 Eier, 2 Eßl. heißes Wasser, 100 g Zucker, 1 Päckchen Vanillinzucker, abgeriebene Schale von ½ Zitrone, 1 Prise Salz, 100 g Mehl, 75 g Stärkemehl, 1 Teel. Backpulver.
Für die Buttercreme: ½ l Milch, 100 g Zucker, 1 Vanilleschote, 1 Päckchen Puddingpulver Vanillegeschmack, 250 g Butter, 1 Päckchen Vanillinzucker, 50 g Schokolade.
Für die Füllung: 300 g Aprikosenmarmelade.
Für den Guß: 200 g Puderzucker, 3 Eßl. Zitronensaft.
Für die Spritzglasur: ½ Eiweiß, 100 g Puderzucker, 1 Eßl. roter Fruchtsaft.

Die Eigelb mit dem Wasser schaumig rühren. Nach und nach zwei Drittel des Zuckers und Vanillinzucker einrieseln lassen. Die Zitronenschale zugeben und so lange schlagen, bis eine cremeartige Masse entsteht. Die Eiweiß mit Salz zu steifem Schnee schlagen. Dabei den restlichen Zucker zufügen. Den Eischnee auf die Eigelbmasse gleiten lassen. Mehl, Stärkemehl und Backpulver darübersieben und alles vorsichtig unterheben. In einer gefetteten Springform bei 200 °C etwa 30 Minuten backen. Sofort aus der Form lösen und auskühlen lassen. Nun die Buttercreme bereiten. 4 Eßlöffel von der Milch abnehmen. Die übrige Milch mit Zucker und aufgeschnittener Vanillestange aufkochen. Puddingpulver mit der kalten Milch verquirlen und in die kochende Milch rühren. Einmal aufkochen, dann den Pudding abkühlen lassen. Die Butter in einer Schüssel cremig schlagen. Eßlöffelweise den Vanillepudding unterziehen. Unter die eine Hälfte der Creme den Vanillinzucker, unter die andere die geriebene Schokolade rühren. Den Tortenboden dreimal quer durchschneiden, er kann zuvor auch als Herz ausgeschnitten werden. Die Aprikosenmarmelade mit dem Wasser glattrühren und auf den untersten Boden streichen. Den zweiten Boden aufsetzen und mit der hellen Buttercreme, den dritten mit der dunklen Buttercreme bestreichen. Darauf den vierten Boden legen. Für den Guß Puderzucker mit Zitronensaft glattrühren und die Torte damit überziehen. Für die Spritzglasur Eiweiß steifschlagen, Puderzucker und Fruchtsaft unterrühren. Mit dieser Glasur Verzierungen auf die Torte spritzen.

Gedämpfter Birkhahn

*1 Birkhahn, 1 Zwiebel, Salz, Pfeffer,
50g Speck, 40g Butter, Weißwein,
Wacholderbeeren, Pfeffer, Senfkörner,
saure Sahne, 1 Teel. Weizenin,
Worcestersauce.*

Dazu eignet sich auch ein älterer Hahn, der sich nicht mehr braten läßt. Das Wildgeflügel vorbereiten, in Speck wickeln und kurz mit Zwiebel in Butter anbraten. Weißwein aufgießen, einige zerstoßene Wacholderbeeren, Pfeffer und Senfkörner, Zwiebel und Majoran zufügen und den Hahn 2 Tage in der erkalteten Beize liegen lassen. Den Hahn abtrocknen und in heißer Butter braten. Etwas Marinade und saure Sahne zufügen und den Hahn darin fertigdämpfen. Zuletzt die Soße mit Stärkepuder andicken und mit Worcestersauce pikant abschmecken.

Gedämpfte Wildgans

*1 bis 2 alte Wildgänse, Speck,
Kochschinken, Butter, Salz,
1 Bund Wurzelwerk,
2 bis 3 Wacholderbeeren,
1 Glas Weißwein, gekörnte Brühe,
Pfeffer, Paprika, Ingwer, Piment,
1 Teel. Maisan.*

Ältere Gänse, die nicht mehr fett genug sind, entsprechend vorbereiten, abziehen, in Speck- und Schinkenscheiben wickeln und mit Butter, Salz, Wurzelwerk und zerdrückten Wacholderbeeren scharf anbraten. Etwas Weißwein dazugießen und mit gekörnter Brühe, Salz, Pfeffer, Paprika, Ingwer und Piment würzen.
In einem geschlossenen Topf die Gans langsam weichdämpfen, dabei immer wieder mit der entstandenen Soße übergießen. Die Soße zum Schluß mit angerührtem Maisan binden. Dazu schmeckt körniger Risotto.

Gedünstete Hirsch- oder Rehkeule

1 kg Hirsch- oder Rehkeule,
100 g Speck, 80 g Margarine, Wurzel-
werk, 40 g Tomatenmark, 80 g Mehl,
1 Knoblauchzehe, 1 Lorbeerblatt,
Pfeffer, 0,2 l Rotwein, ½ Zitrone,
50 g Johannisbeermarmelade, Salz,
100 g Möhren, 60 g Zwiebeln,
4 Wacholderbeeren, ⅛ l saure Sahne.

Das Hirsch- oder Rehfleisch mit Speckstreifen spicken und in heißer Margarine braten. Wurzelwerk in Scheiben schneiden, im Bratfett bräunen, mit Tomatenmark und Mehl verrühren, durchschwitzen, mit Knoblauch, Lorbeerblatt und Pfeffer an das gebratene Fleisch geben. Rotwein, Zitrone und Johannisbeermarmelade zufügen, salzen und mit Möhre, Zwiebel und Wacholderbeeren gardünsten.
Die Soße durch ein Sieb gießen und mit saurer Sahne abschmecken.

Geflügelbrühe

1 Suppenhuhn, Salz, Wurzelwerk.

Das vorbereitete Huhn mit Magen und Herz in 2½ Liter kaltem, gesalzenem Wasser ansetzen, langsam weichkochen, dabei abschäumen. 1 Stunde vor beendeter Garzeit das vorbereitete Wurzelwerk zugeben und mitkochen lassen. Wird mehr Wert auf saftiges Hühnerfleisch gelegt, so gibt man das Huhn in kochendes Wasser und läßt es dann garen. – Die Geflügelbrühe kann mit verschiedenen Suppeneinlagen, feinen Erbsen und Möhren oder auch Spargelspitzen serviert werden.

Geflügel-Cocktail »Kalkutta« (Vorspeise)

300 g gekochtes Hühnerfleisch
ohne Haut, 1 großer Apfel, 1 Orange,
Saft von 1 Zitrone, Weißwein,
Worcestersauce, 120 g Mayonnaise oder
Schlagsahne, Curry, Salz, weißer
Pfeffer, etwas gemahlener Ingwer,
Kopfsalatblätter, Mandarinen- oder
Orangenfilets zum Garnieren.

Das Hühnerfleisch und den geschälten Apfel in feine Streifen schneiden. Die Orangen filetieren. Alles mit Zitronensaft, Weißwein und Worcestersauce marinieren. Die Mayonnaise mit den Gewürzen pikant abschmekken. Dabei dominiert Curry als Geschmacksträger. Cocktailgläser mit Salatblättern auslegen, das marinierte Hühnerfleisch darauf anrichten und die Curry-Mayonnaise darüber verteilen. Mit Mandarinen- oder Orangenfilets garnieren. – Dieser würzige Cocktail zählt zu den Vorspeisen, die zum Einstimmen auf festliche Essen bevorzugt werden. Die Geschmacksnuancen können mit einigen Kokosraspeln, etwas abgeriebener Orangenschale oder etwas Tomatenketchup erweitert werden.

Geflügelcremesuppe »Marlene«

½ kleines Huhn, Salz, 40 g Margarine,
1 kleines Lorbeerblatt,
3 Gewürzkörner, ½ Wurzelwerk,
⅛ l saure Sahne, 2 Eßl. Mehl,
1 Eigelb, 1 Stich Butter, gehackte Nüsse.

Das zerteilte Huhn leicht salzen und in der erhitzten Margarine kurz anbraten. 1¼ Liter siedendes Wasser aufgießen und die Gewürze zugeben. Auf kleiner Flamme so lange zugedeckt kochen lassen, bis das Fleisch annähernd gar ist. Das vorbereitete Wurzelwerk noch etwa 20 Minuten mitkochen lassen. Die Brühe durchseihen. Das Mehl in der sauren Sahne verrühren und damit die Suppe binden. Mit Eigelb legieren und mit Butter verfeinern. Die knochenfreien Geflügelfleischstücke als Einlage verwenden und die Suppe mit Nüssen überstreuen.

Geflügelhaschee à la Colbert

200 g Hühnerfleisch (gekocht oder gebraten), 100 g magerer gekochter Schinken, 50 g Butter, 3 Eßl. Mehl, 1/4 l Milch, 1 Eßl. Semmelbrösel, 2 Eßl. Reibekäse, 200 g Hühnerleber, 40 g Margarine, Salz.
Für die Soße: 1/8 l Hühnerbrühe, 2 Eigelb, 1/2 Zitrone, 40 g Butter.

Das Geflügelfleisch und den Schinken in kleine Würfel schneiden. Aus Butter und Mehl eine helle Einbrenne bereiten und mit der Milch zu einer hellen Soße kochen. Das Fleisch und den Schinken etwa 10 Minuten mitkochen lassen und abschmecken. Das Ragout in eine gefettete Auflaufform geben und mit Semmelbröseln und Reibekäse bestreuen. Leicht überbacken. Die Hühnerleber in der Margarine braten und auf dem Auflauf anordnen. In einem Topf die Hühnerbrühe mit dem Eigelb und dem Saft der Zitrone so lange schlagen, bis die Masse steigt. Dann die flüssige Butter unterrühren. Die Soße über den Auflauf gießen, in der Röhre stocken lassen.

Geflügelklößchensuppe

250 g Geflügelleber, 1/2 Eßl. Mehl, 5 Eßl. Semmelbrösel, 1 Ei, Salz, Pfeffer, Salbei, Majoran, 1 l feine Hühnerbrühe, 1 Tasse gare junge Erbsen, etwas Butter.

Die Leber durch den Wolf geben, mit Mehl, Semmelbröseln, Ei und den Gewürzen verarbeiten. Mit einem Teelöffel Klößchen abstechen, 15 Minuten in Salzwasser garen und dann in die heiße Brühe geben. Die Erbsen zufügen, mit Butter verfeinern.

Geflügelleber »Crostini«
(Vorspeise)

4 Scheiben Toastbrot, 200 g Geflügelleber, Mehl, 40 g Margarine, 1 Zwiebel, 1 Tomate, Salz, weißer Pfeffer, Zitronensaft, etwas Sahne, Petersilie, Tomatenecken.

Crostini sind geröstete Toastbrotscheiben, die vielfältig belegt werden können. Hier ein Beispiel mit Geflügelleber: Von der Geflügelleber Haut und Sehnen entfernen und trockentupfen. Die Margarine erhitzen und die in Mehl gewendete Leber darin braten, herausnehmen und warm stellen. Die Zwiebel in feine Scheibchen, die enthäutete und entkernte Tomate in Streifen schneiden und beides in das Bratfett der Leber geben. Alles durchschwenken und mit Salz, weißem Pfeffer und Zitronensaft würzen. Die Sahne dazugeben, alles sehr kurz anschwitzen, mit der Leber vermischen und sofort auf die vorbereiteten Toastbrotscheiben verteilen. Zuletzt mit Petersilie und Tomaten garnieren.

Geflügelleber
mit Apfelringen auf Toast

250 g Geflügelleber, etwas Mehl,
40 g Margarine, Salz, weißer Pfeffer,
2 Äpfel, 4 Scheiben Toastbrot, Petersilie.

Die vorbereitete Geflügelleber in etwas Mehl wenden und in der Hälfte der Margarine braten. Herausnehmen und mit Salz und Pfeffer würzen. Die Äpfel schälen, vom Kerngehäuse befreien und in Scheiben schneiden. Kurz in der restlichen Margarine dünsten. Die Leber auf den getoasteten Brotscheiben anrichten, obenauf die Apfelscheiben verteilen und mit Petersilie garnieren.

Geflügelleberpastete
(Vorspeise)
(für 4 bis 6 Personen)

200 g Kalbfleisch, 200 g Geflügel-
leber, 100 g magerer gekochter
Schinken, 100 g Speck,
100 g Champignons, 1 kleine Zwiebel,
etwas Zitronenschale, Pfeffer, Salz,
250 g gefrorener Blätterteig, 1 Eigelb.

Das Kalbfleisch mit der Geflügelleber, dem Schinken, dem Speck und den Champignons zweimal durch den Fleischwolf drehen. Die Zwiebel feinreiben und dazugeben. Mit etwas Zitronenschale, Pfeffer und Salz würzen und gut vermischen. Den Blätterteig ausrollen und eine kleine Kuchenform damit auslegen, die Masse hineingeben und mit einem Teigdeckel abschließen. Eine kleine Öffnung für den entweichenden Dampf lassen. Die Pastete etwa 40 Minuten backen. Kurz vor Ende der Backzeit mit dem

in etwas Wasser verrührten Eigelb bepinseln und bräunen. Als Beilage Tomaten- oder Kopfsalat reichen.

Geflügelreis auf indische Art

250 g Geflügelfleisch, 50 g Butter,
2 Zwiebeln, ¾ bis 1 l Fleischbrühe,
1 Lorbeerblatt, 2 Nelken, 250 g Reis,
10 geschälte Mandeln, Curry, Salz,
Saft und Schale von 1 Zitrone.

Das Geflügelfleisch in feine Streifen schneiden, mit der feingewiegten Zwiebel in der erhitzten Butter andünsten. So viel heiße Flüssigkeit (Wasser oder Brühe) aufgießen, daß das Fleisch schwach bedeckt ist. Lorbeerblatt und Nelken zugeben, zugedeckt auf kleiner Flamme etwa 30 Minuten dünsten. Die Gewürze herausnehmen. Den gewaschenen Reis und die geschälten Mandeln dazugeben, die restliche Brühe kochend darübergießen. Mit Salz, Curry, Zitronensaft und abgeriebener Zitronenschale würzen und weichdünsten.

Geflügelsalat mit Champignons

200 g gekochtes oder gebratenes
Geflügelfleisch, 100 g Erbsen
(Konserve), 100 g gedünstete
Champignons, 50 g rote Paprikafrüchte,
1 Zwiebel, 2 Eßl. Öl, 1 Eßl. Zitronen-
saft, 1 Eßl. Tomatenketchup,
1 Eßl. Süßwein, 1 Spritzer Weinbrand,
1 Teel. Senf, einige Spritzer
Worcestersauce, Salz.

Das enthäutete Geflügelfleisch in Würfel schneiden und mit den Erbsen in eine Schüssel geben. Die Champignons in Scheiben, Paprikafrüchte und Zwiebel in Würfel schneiden und zufügen. Aus Öl, Zitronensaft, Tomatenketchup, Wein, Weinbrand, Senf, Worcestersauce und Salz eine Soße bereiten und darübergießen. Den Salat gut durchziehen lassen und kühl servieren.

Geflügelsalat mit Früchten

200 g gekochtes Geflügelfleisch, 200 g Weinbeeren, 100 g Orangenfleisch, 40 g Mayonnaise, 2 Eßl. saure Sahne oder Joghurt, 1 Eßl. Apfelmus, 1 Eßl. Zitronensaft, Salz.

Das enthäutete Geflügelfleisch in Würfel schneiden. Die Weinbeeren halbieren, das Orangenfleisch ebenfalls in Würfel schneiden. Aus Mayonnaise, saurer Sahne, Apfelmus, Zitronensaft und Salz eine Soße bereiten und diese mit den anderen Zutaten vermischen. Den Salat 1 Stunde durchziehen lassen und kühl mit Toast servieren.

Geflügelsalat mit Schinken

150 g gekochtes oder gebratenes Geflügelfleisch, 150 g gekochter Schinken, 100 g garer Sellerie, 1 Apfel, 40 g Mayonnaise, 2 Eßl. saure Sahne, 1 Eßl. Zitronensaft, 2 Eßl. feingehackter Schnittlauch, 1 Prise Zucker, Salz, 1 hartgekochtes Ei.

Das Geflügelfleisch, den Schinken, Sellerie und Apfel in Würfel oder Streifen schneiden. Aus Mayonnaise, saurer Sahne, Zitronensaft, Schnittlauch, Zucker und Salz eine Soße be-

reiten und diese mit den anderen Zutaten vermischen. Den Salat gut durchziehen lassen, nochmals abschmecken und mit Eisechsteln garniert servieren.

Geflügelspießchen
(Vorspeise)

300 g gebratener Broiler, 2 Scheiben Ananas (Konserve), 1 große Banane, 1 großer Apfel, Salz, Curry, weißer Pfeffer, Mehl, Öl zum Braten, Kopfsalatblätter, Zitronenecken.

Den Broiler auslösen und in etwa 2 cm große Würfel schneiden. Die Früchte entsprechend vorbereiten und in ebensolche Stücke schneiden. Broiler- und Früchtestücke im Wechsel auf Spießchen stecken, rundherum mit Salz, Pfeffer und Curry bestreuen, in Mehl wenden und im erhitzten Öl goldgelb braten. Sofort anrichten, mit Kopfsalatblättern und Zitronenecken garnieren und mit Toastecken servieren. – Geflügelspießchen sind als Zwischengericht mit Risotto und Curry sehr beliebt.

Gefüllte Auberginen

2 große Auberginen, 1 Zwiebel, 150 g Schinkenspeck, 2 Tomaten, 1 Eßl. gehackte Kräuter (Petersilie, Kresse, Schnittlauch), Edelsüß-Paprika, 1 Tasse körnig gekochter Reis, 4 Scheiben Käse.

Die gewaschenen Auberginen halbieren, den Stengelansatz abschneiden, das Fruchtfleisch aushöhlen, aber die Schale ganz lassen. Das Fruchtfleisch kleinschneiden und mit Zwiebel, Schinkenspeck und Tomaten – alles würfelig geschnitten – vermischen. Kräuter, Paprika und Reis ebenfalls untermischen. Diese Masse in die Auberginen füllen und 15 Minuten bei 200 °C überbacken. Dann die Käsescheiben obenauflegen und nochmals in den Ofen schieben, bis der Käse schmilzt. Mit Weißbrot und einer Tomatensoße servieren.

Gefüllte Flundern

4 Flundern (oder auch Schollen),
Essig, Salz, Zitronensaft, Pfeffer,
1 Tomate oder 2 Teel. Tomatenmark,
1 Eßl. Semmelbrösel, 1 Ei,
60 g gekochter Schinken oder Kasseler,
1 Eßl. gehackte Petersilie,
100 g Butter, 1 Zitrone.

Von den Flundern die Köpfe abschneiden. Die Blutpartien hinter dem Kopf sauber entfernen (das sind die Nieren des Fisches). Mit kräftigem Essig-Salz-Wasser den Schleim abstreifen. Die Flundern auf der schwarzen Hautseite ziselieren, d. h. die Haut in 2-fingerbreiten Abständen oberflächlich einschneiden. Dann die Fische noch einmal unter fließendem Wasser abspülen. Auf der weißen Hautseite von der Mitte her zum Rücken zu mit einem scharfen Messer eine Tasche schneiden, das Fischfilet von der Gräte bis etwa 2 cm vom Rücken lösen. Die Öffnungen und die ziselierten Stellen gut mit Zitronensaft beträufeln, salzen und pfeffern.
Zur Füllung die Tomate kreuzweise, einschneiden, ganz kurz in kochendes Wasser tauchen, abschrecken, die

Haut abziehen, die Tomate halbieren, die Kerne mit einem Teelöffel herausnehmen und das Tomatenfleisch fein würfeln. Tomatenwürfel, Semmelbrösel, Ei und würfelig geschnittenen Schinken in einer Schüssel mischen, mit 1 gestrichenen Teelöffel Salz und 1 Messerspitze Pfeffer sowie der gehackten Petersilie pikant abschmecken. Nach Belieben auch einige kleingeschnittene Pilze zur Fülle geben. Die Butter schaumig rühren und mit der Fülle mischen. Damit die in die Flundern geschnittenen Taschen füllen. Ein Backblech mit Alufolie auslegen und diese mit Butter bepinseln. Die Flundern mit der Füllung nach oben darauflegen. In den gut vorgeheizten Backofen auf die mittlere Schiene schieben und bei Mittelhitze 15 bis 20 Minuten backen. Mit Dillkartoffeln und gemischtem Salat, der mit viel frischen Salatkräutern angemacht wurde, zu Tisch geben.
Beim Anrichten mit Zitronenscheiben garnieren.

Gefüllte Gurke
(Vorspeise)

1 kleine Sellerieknolle, 2 kleine
Salatgurken, Salz, Zucker, Zitronensaft, 2 Äpfel, 2 Orangen,
100 g Mayonnaise, Tomatenketchup,
weißer Pfeffer.

Die vorbereitete Sellerieknolle bißfest kochen. Die Gurken längs halbieren, mit einem Eßlöffel leicht aushöhlen, mit Salz und etwas Zucker bestreuen und mit Zitronensaft beträufeln. Die geschälten, vom Kerngehäuse befreiten Äpfel in Scheibchen schneiden.

Die Orangen schälen, filetieren und dann ebenso wie die Sellerieknolle in kleine Würfel schneiden. Mit dem ausgehöhlten Gurkenfleisch vorsichtig vermischen, mit Mayonnaise, etwas Tomatenketchup sowie weißem Pfeffer verrühren. Wenn nötig, noch salzen. Damit die Gurkenhälften füllen und mit einigen Orangenfilets garnieren. Gefüllte Gurken können mit vielerlei Füllung zubereitet werden. Einige Beispiele:

gekochtes Geflügelfleisch mit Chicoreé, Orangenfiletwürfeln und Mayonnaise

Eischeiben mit Sardellen, Kapern, kleingeschnittener Gewürzgurke und Tomatenwürfeln

Krabbenfleisch, Mandarinen, Cocktailsoße

gekochtes Rindfleisch, gekochte Eier, Tomatenketchup, Gewürzgurke

gekochtes Fischfilet, Tomatenwürfel, Senfmarinade.

Gefüllter Hackbraten

500 g Gehacktes halb und halb, 2 Eier, 1 Brötchen, in Wasser eingeweicht, Pfeffer, Majoran, Thymian, 1 Knoblauchzehe, 2 Möhren, 1 Stange Porree, 1 rote Paprikafrucht, 10 Champignonköpfe, 1 Eßl. Schmalz, Brühe.

Das Gehackte mit den Eiern, dem ausgedrückten Brötchen und den Gewürzen gut vermengen.
Das Gemüse putzen, die Möhren und die Paprikafrucht in Streifen schneiden. Den Porree längs halbieren, die Pilze kleinschneiden. Aus der Hackmasse ein längliches Brot formen. In der Mitte eine Vertiefung eindrücken und das Gemüse hineingeben. Die Öffnung mit Hackmasse schließen. Den Hackbraten in einer mit Schmalz ausgestrichenen Pfanne in der Röhre garen. Mit Brühe auffüllen und den Braten öfters mit dem Bratensatz begießen. Vor dem Servieren den Braten kurze Zeit ruhen lassen. Den Bratensatz etwas einkochen lassen, durch ein Sieb schütten und zum angerichteten Hackbraten reichen.

Gefüllter Karpfen I

1 Karpfen von 1 bis 1,5 kg, Salz, Zitronensaft.
Für die Marinade: 1 Tasse Öl, 1 Tasse milder Essig, 1 Knoblauchzehe oder 2 Messerspitzen Knoblauchpulver, ½ Teel. Thymian, ½ Teel. Basilikum, 1 mittlere Zwiebel, 1 Lorbeerblatt.
Für die Füllung: 3 Scheiben Weißbrot ohne Rinde, eingeweicht und ausgedrückt, 1 Eßl. gehackte Petersilie, 1 Eßl. feingeschnittener Schnittlauch, 1 kleine feingehackte Zwiebel, 2 hartgekochte Eigelb, 2 rohe Eigelb, Pfeffer, Salz, Glutal, 2 Eßl. Kondensmilch oder Kaffeesahne; 40 g Butter oder Pflanzenfett zum Ausfetten der Form.

Den Karpfen schuppen, sauber ausnehmen, aus dem Kopf die Kiemen vollständig entfernen, waschen, mit Salz einreiben und mit Zitronensaft beträufeln. Salz und Zitronensaft 10 Minuten einwirken lassen.
Die Zutaten für die Marinade in eine passende Schüssel geben. Den Karpfen hineinlegen, auf beiden Seiten und auch innen mit Marinade bepin-

seln. Öfter löffelweise Marinade darübergießen und den Karpfen wenden.

Die Zutaten für die Füllung gut mischen und kräftig abschmecken, 15 Minuten ausquellen lassen. Den Fisch aus der Marinade nehmen, abtropfen lassen, die Füllung in die Bauchhöhle geben und den Karpfen mit nicht zu großen Stichen zunähen. Dann in eine gefettete feuerfeste Form legen, etwas Marinade angießen und in der vorgeheizten Backröhre bei Mittelhitze 45 Minuten garen. Den Karpfen ab und zu mit Marinade begießen. Salzkartoffeln und Kapernsoße dazu reichen.

Gefüllter Karpfen II

200 g Gehacktes halb und halb,
1 Eigelb, 1 Knoblauchzehe, ½ Zwiebel,
1 sauer eingelegte Tomatenpaprika-
frucht, 1 Eßl. gehackte Petersilie,
Salz, Edelsüß-Paprika
1 Karpfen von etwa 1,5 kg, Öl,
100 g durchwachsener Speck,
Semmelbrösel, 50 g Butter.

Das Gehackte mit Eigelb, zerriebener Knoblauchzehe, feingehackter Zwiebel, dem feingeschnittenen Paprika sowie der Petersilie mischen, mit Salz und Paprika abschmecken. Den Karpfen ausnehmen, schuppen und waschen. Innen vorsichtig austupfen, mit der Hackfleischmasse füllen und zunähen. In einer Pfanne etwas Öl erhitzen. Den Fisch mit der zugenähten Seite nach unten hineinsetzen und mit Speckscheiben bedecken. Darauf geriebene Semmel streuen und einige Butterflöckchen darüber verteilen.

Den Karpfen in der Röhre bei Mittelhitze langsam garen.
Mit Tomatenecken und Petersilienkartoffeln servieren.

Gefüllte Tauben

4 Tauben, Salz, Pfeffer,
80 g Margarine, ¼ l Brühe.
Für die Füllung: *100 g Butter, Leber*
und Herz der Tauben, 2 Eier,
150 g Semmelbrösel, 1 Zwiebel,
einige Champignons, 1 Bund Petersilie,
Pfeffer, Salz, ⅛ l Sahne.

Die Tauben waschen, innen und außen leicht salzen und pfeffern. Die Butter schaumig rühren, feingehacktes Herz und Leber, Eier, Semmelbrösel und Zwiebelwürfel zufügen. Mit den in Butter gedünsteten Champignons und der feingehackten Petersilie verfeinern und mit Pfeffer und Salz abschmecken. Diese Farce zwischen Halshaut und Brust füllen und die Öffnung zunähen. Die Tauben binden und in der heißen Margarine unter ständigem Begießen 30 bis 40 Minuten in der Backröhre braten. Etwas Brühe zugießen, mit dem Rest den Bratfond abkochen und mit der Sahne binden.

Gegrillte Ente

1 zarte Ente, Pfeffer, Salz, 2 Äpfel,
100 g Backpflaumen, 1 Bund Petersilie,
1 Glas Weinbrand, Rosmarin.

Die gewaschene Ente innen mit Pfeffer und Salz würzen. Die Äpfel in Würfel schneiden, mit den Backpflaumen, der gehackten Petersilie und dem Rosmarin mischen und in die Ente füllen. Gut zustecken. Die Ente im vorgeheizten Grill auf dem Drehspieß garen. Während des Grillens mit dem abtropfenden Fett bepinseln. Kurz vor Ende der Garzeit die Ente mit Salzwasser und Weinbrand einstreichen. Als Beilage zur gegrillten Ente Kartoffelkroketten und einen Rohkostsalat reichen.

Gehackte Grillspezialität

100 g durchgedrehte Hammelschulter, 300 g Schabefleisch, 200 g Hackepeter, 1 große Zwiebel, 1 Knoblauchzehe, 1 Eßl. gehackte Petersilie, Fett, 2 Eier, 1 Brötchen, in Wasser eingeweicht, Salz, Pfeffer, Majoran, geriebene Muskatnuß, 2 Bratwürste, 4 Scheiben Speck.

Das Hackfleisch in einer Schüssel gut vermengen. Zwiebelwürfel, die gehackte Knoblauchzehe und die Petersilie in Fett kurz andünsten. Zusammen mit den Eiern, dem ausgedrückten Brötchen und den Gewürzen zur Hackmasse geben und alles gut vermengen. Ovale, daumenstarke Steaks formen.
Den Rost des vorbereiteten Holzkohlegrills mit Speckschwarte einreiben und die geformten Steaks darauflegen. Öfters wenden und bei zu starker Hitze mit etwas Bier oder Wasser bespritzen.
Die Bratwürste längs halbieren, auf der Darmseite über kreuz einritzen und zusammen mit dem mageren Speck grillen.
Die fertigen Steaks anrichten und die Würstchen mit dem gebratenen Speck

obenauflegen. Mit Rohkostsalaten umlegen, frischen, geriebenen Meerrettich, Tomatenketchup und Kräutersenf dazu reichen.

Gehackte Letschosteaks

500 g Gehacktes (Rind oder Schwein), Salz, Pfeffer, Paprika, 2 Eier, 2 Eßl. Semmelbrösel oder 1 eingeweichtes Brötchen, Schnittlauch, Petersilie, 2 Zwiebeln, 1 Knoblauchzehe, 1 Teel. Schmalz, 1 Glas Letscho.

Aus dem Gehackten unter Zugabe von Salz, Pfeffer, Paprika, einem Ei, den Semmelbröseln oder ausgedrückten Brötchen, etwas Schnittlauch und Petersilie, den in Würfel geschnittenen Zwiebeln sowie der zerriebenen Knoblauchzehe eine Masse bereiten. Daraus 4 Steaks formen und jedes durch das geschlagene Ei ziehen. In erhitztem Schmalz von beiden Seiten goldgelb braten.
Das Letscho in einem Topf erhitzen und über die fertigen Steaks geben, obenauf mit gehackter Petersilie garnieren. Mit Toastbrot und Gurkensalat oder Kartoffelpüree reichen.

Gehacktes Schweinesteak mit Sardellenrühreiern

500 g Gehacktes, 2 Brötchen, Pfeffer, Salz, Majoran, Knoblauchsalz, 5 Eier, 2 Zwiebeln, 2 Eßl. Semmelbrösel, 1 Eßl. Schmalz, 1 Eßl. Margarine, 1 Tube Sardellenpaste, Petersilie, Schnittlauch.

Das Gehackte mit den eingeweichten und ausgedrückten Brötchen, den Gewürzen, einem Ei und den gedünsteten Zwiebelwürfeln vermengen. Kräftig abschmecken und aus der entstandenen Masse 4 Steaks formen, in Semmelbröseln wenden und in heißem Schmalz saftig braten. Die restlichen Eier mit dem Schneebesen verrühren und salzen. In einer Stielpfanne Margarine erhitzen und die geschlagenen Eier darin stocken lassen. Die Rühreier über die gebratenen Steaks geben und mit Sardellenpaste garnieren. Mit gehackter Petersilie und Schnittlauch bestreuen.

Gekochte Makrelen mit Currysoße

4 Makrelen, 2 Zitronen, 1 Lorbeerblatt, 8 Pfefferkörner, 3 Gewürzkörner, Salz, 4 Paprikafrüchte (möglichst verschiedenfarbige), 50 g Speck, 1 mittlere Zwiebel, Majoran, Brühe, 30 g Margarine, 30 g Mehl, Curry.

Die ausgenommenen, von Köpfen und Flossen befreiten, gut gewaschenen Makrelen innen mit Zitronensaft ausreiben. 1 Liter Wasser mit dem Lorbeerblatt, Pfeffer- und Gewürzkörnern 10 bis 15 Minuten kochen. In diesen Sud die Makrelen geben, 1 Eßlöffel Salz zufügen und die Fische in 15 Minuten garziehen lassen. Die Paprikafrüchte von den Kernen und den Adern befreien, in dünne Streifen schneiden. Den gewürfelten Speck und die feingehackte Zwiebel kurz anschwitzen, die Paprikastreifen dazugeben, mit etwas Majoran und Salz würzen und das Gemüse unter Zugabe von wenig Brühe gardünsten lassen.

Darauf die gargezogenen Makrelen anrichten. Mit Currysoße überziehen und noch extra dazu reichen.
Für die Currysoße zunächst aus Margarine, Mehl und ½ Liter Fleischbrühe eine helle Grundsoße bereiten. Nach Geschmack Currypulver zufügen. Curry gibt das besondere Aroma erst voll frei, wenn es mit etwas Zitronensaft oder mit einem geriebenen Apfel angerührt wurde. Fruchtsäuren verfeinern den Currygeschmack. Die Currysoße kann mit in Fruchtsaft aufgequollenen Kokosraspeln verfeinert werden. (Für 4 Portionen 1 Eßlöffel Kokosraspel verwenden.)

Gekochte Rindszunge mit Rosinensoße

1 Rindszunge, 1 Bund Wurzelwerk, Nelken, 1 Lorbeerblatt, 2 Zwiebeln, Pfefferkörner, 2 Eßl. Butter, 1 Eßl. Mehl, Zucker, 1 Glas Rotwein, 1 Eßl. gewaschene, in Wasser eingeweichte Rosinen, Salz.

Eine gut gereinigte und über Nacht gewässerte Rindszunge in Wasser zum Kochen bringen, öfters abschäumen. Nach etwa 1½ Stunde das Wurzelwerk, eine mit Nelken und Lorbeerblatt gespickte Zwiebel und die Pfefferkörner zugeben. Bei geschlossenem Topf die Zunge fertiggaren. Mit einer Rouladennadel durch leichtes Einstechen in die Zungenspitze die Gare der Zunge überprüfen. Die Zunge herausnehmen, in kaltes Wasser legen und sofort abziehen. Die entstandene Brühe durch ein Sieb geben und die Zunge darin warm halten. In einem Topf Butter auslassen

und die feingewürfelte Zwiebel darin goldgelb rösten. Mehl und eine Prise Zucker zugeben. Alles zu einer braunen Mehlschwitze verarbeiten und mit der Brühe auffüllen. Mit dem Schneebesen glattrühren und langsam kochen lassen. Rotwein und Rosinen in die Soße geben und kurz mitkochen lassen. Mit etwas Salz abschmecken. Die Soße über die in Scheiben geschnittene Zunge geben.
Als Beilage eignen sich Blattspinat und Kartoffelkroketten oder Salzkartoffeln und Apfelrotkohl.

Geleeblüten

375 g Mehl, 4 Eier, 1 Prise Salz,
1 gestrichener Teel. Zimt,
1 Messerspitze gemahlene Nelken,
1 Eiweiß zum Bestreichen,
Fett zum Ausbacken,
Gelee oder Marmelade zum Füllen.

Aus Mehl, Eiern und Gewürzen einen festen Teig kneten und 30 Minuten ruhen lassen. 3 bis 4 mm dick ausrollen und jeweils 15 Kreise von 5,6 und 7 cm Durchmesser ausstechen. Jede Scheibe ringsherum in gleichmäßigen Abständen 5 bis 6mal 1 cm tief einschneiden. Je 3 Teigblätter in der Mitte mit Eiweiß bestreichen und terrassenförmig aufeinandersetzen. Das kleinste Blättchen ist oben. Die Teigblüten im auf 180 °C erhitzten Fett fritieren, gut abtropfen lassen. In die Mitte jeder Blüte etwas Gelee setzen, eventuell noch leicht mit Puderzucker bestäuben.
Geleeblüten passen zum Nachmittagstee, aber auch auf den Weihnachtsteller.

Gemischte Eisschale

4 Kugeln Vanilleeis, 4 Kugeln
Fruchteis, 4 Kugeln Zitroneneis,
frische Beeren.
Für die Baisers: *2 Eiweiß, Salz,*
90 g Zucker, 1/4 Päckchen Vanillinzucker.

Das Eis in eine hübsche Glasschale verteilen und mit den gewaschenen Beeren garnieren. (Es kann auch Eis aus Familienpackungen verwendet werden, dieses dann in Würfel schneiden.) Für die Baisers die gekühlten, leicht gesalzenen Eiweiß schlagen. Erst gegen Ende der Schlagzeit nach und nach die Hälfte des Zuckers zugeben. Den restlichen Zucker und den Vanillinzucker zuletzt mit einem Holzlöffel unterheben. Die Baisermasse in einen Spritzbeutel füllen, dafür eine große Tülle verwenden. Butterbrotpapier auf ein Backblech geben, beliebige Formen daraufspritzen und bei 100 °C im Backofen mehr trocknen als backen. Dabei soll die Tür des Ofens einen Spalt geöffnet bleiben. Die abgekühlten Baisers auf die Eisschale setzen.

Gemischter Chicoréesalat

400 g Chicorée, 200 g Möhren,
100 g Apfel, 1/8 l saure oder
süße Sahne, 1 Eßl. Zitronensaft,
je 1 Prise Zucker, Salz und Pfeffer,
2 Eßl. feingehackter Schnittlauch.

Den Chicorée nach Belieben von den bitteren Strunken befreien, in Scheiben schneiden, waschen und abtropfen lassen. Die geputzten Möhren raspeln, den geschälten Apfel in Würfel schneiden. Aus Sahne, Zitronensaft,

Zucker, Salz und Pfeffer eine Soße bereiten und diese über die anderen Zutaten gießen. Den Salat etwa 10 Minuten durchziehen lassen und mit Schnittlauch bestreut servieren.

Gemischtes Frucht-Chutney

250 g Äpfel, 250 g leicht grüne Pfirsiche, 250 g Kochbirnen, 2 Eßl. gehackter Knoblauch, Salz, 2 Eßl. Ingwerpulver, 500 g Zucker, 1 Tasse Weinessig, 2 Teel. scharfer Pfeffer, 1/2 Teel. Nelken, 15 Pfefferkörner, 1 Teel. Kümmel, 2 Teel. gemahlener Zimt.

Die gewaschenen Äpfel, Pfirsiche und Birnen in kleine Stücke schneiden. Knoblauch mit Salz und Ingwerpulver vermischen, den Zucker, Essig und Pfeffer in eine tiefe Pfanne geben, zum Kochen bringen. Das Obst und die restlichen Gewürze dazugeben. Etwa 40 bis 45 Minuten langsam einkochen lassen, öfters umrühren. Wenn das Chutney dick ist, vom Herd nehmen und abkühlen lassen. In Gläser oder Tontöpfchen füllen und zubinden.

Gemüse-Auflauf

1 kg gares gemischtes Gemüse, Pfeffer, Petersilie, 1 Eßl. Öl, 1/4 l Milch, Salz, 25 g Butter, 45 g Mehl, 2 Eier, 75 g Reibekäse.

Eine flache Auflaufform dünn mit Öl auspinseln. Das Gemüse mit Pfeffer und Petersilie würzen und in die Auflaufform füllen. In einem kleinen Kochtopf die Milch mit dem Salz und

der Butter erhitzen, dann alles Mehl auf einmal hineingeben und so lange rühren, bis sich das Mehl mit der Flüssigkeit verbunden hat und sich auf dem Topfboden eine Haut bildet. Dann das Ei unterziehen, den Topf vom Feuer nehmen und ein zweites unterrühren. Alles etwas abkühlen lassen, dann den Käse zufügen. Die Käsemasse auf das Gemüse streichen und alles in der vorgeheizten Backröhre 25 Minuten bei 200 °C backen.

Gemüse-Cocktail
(Einzelportion)

1/8 l Gemüsesaft, Worcestershiresauce, 1 Zitronenscheibe, 1 Eßl. gehackte Kräuter.

Den Gemüsesaft mit der Worcestershiresauce würzen. Gehackte Kräuter (Petersilie, Schnittlauch, Dill) auf die Zitronenscheibe häufen und die Scheibe vorsichtig so auf den Gemüsesaft setzen, daß sie schwimmt.

Gemüseragout

500 g kleine Zwiebeln, 40 g Butter oder Margarine, 1 kg Erbsen, 1/8 l Sahne, 1/8 l Fleischbrühe (Instant), Salz, Pfeffer, Zucker, 1 Dose Krabben (etwa 200 g), Petersilie.

Die Zwiebeln schälen, vierteln und in der Butter anbraten. Die Erbsen zufügen und kurz andünsten. Sahne und Fleischbrühe zugießen und alles 15 Minuten garen. Mit Salz, Pfeffer und Zucker würzen. Zuletzt die abgespülten, abgetropften Krabben sowie die gehackte Petersilie unterheben, noch 10 Minuten durchziehen lassen.

Gemüse-Reis-Auflauf

250 g Zwiebeln, 5 Eßl. Öl,
500 g Gehacktes halb und halb,
2 Knoblauchzehen, 2 Eßl. Tomatenmark,
½ Eßl. Edelsüß-Paprika, 200 ml Rot-
wein, Salz, ½ Teel. Rosenpaprika,
1 Eßl. Zucker, 200 g Reis,
4 Paprikafrüchte, 1 Bund Petersilie,
1 Zweig frischer Rosmarin,
1 Eßl. getrocknete Rosmarinnadeln,
3 bis 4 Tomaten, 1 Salatgurke,
6 Eier, 200 ml saure Sahne,
125 g Reibekäse.

Die kleingeschnittenen Zwiebeln in 3 Eßlöffel Öl glasig dünsten. Das Gehackte zerpflücken und darin unter Rühren anbraten. Die fein zerdrückten Knoblauchzehen zugeben, Tomatenmark und Edelsüß-Paprika unterrühren, den Wein zugießen und das Gehackte bei mittlerer Hitze durchschmoren. Dann mit Salz, Rosenpaprika sowie Zucker würzig abschmekken und in eine flache Auflaufform füllen. Den Reis 5 Minuten in kochendem Salzwasser vorgaren, gut abtropfen lassen und in 2 Eßlöffel mäßig heißem Öl wenden, bis alle Körner mit Fett überzogen sind. Die Hälfte der vorbereiteten Paprikafrüchte kleinschneiden, zum Reis geben und kurz mit andünsten. Gehackte Petersilie sowie zerkleinerte Rosmarinnadeln untermischen und dieses Reisgemisch auf das Gehackte schichten. Die gehäuteten Tomaten sowie die Salatgurke in Scheiben, die restlichen Paprikafrüchte in größere Stücke schneiden. Diese Gemüsescheiben in Reihen fast senkrecht in den Reis stecken. Eier und saure Sahne verrühren, salzen und die Hälfte davon un-

ter das Gemüse gießen. Im vorgeheizten Ofen bei 200 °C zugedeckt auf unterster Einschubleiste 30 Minuten backen. Inzwischen den Reibekäse in die übrige Eiersahne rühren, diese Mischung nochmals über das Gemüse gießen. Nun die offene Form auf die mittlere Einschubleiste stellen und den Auflauf 40 Minuten backen.

Gemüsesuppe »Chekiang«

250 g mageres Schweinefleisch,
4 Eßl. Öl, 200 g Pilze,
2 Möhren, ½ Sellerie,
2 Tassen gehackter frischer Spinat,
1¼ l Fleischbrühe, 2 Eier,
1½ Eßl. Stärkemehl, Salz.

Das Fleisch in Streifchen schneiden und in heißem Öl kurz anbraten. Etwas von der Brühe zugießen und halbgar schmoren. Pilze, Möhren und Sellerie, fein zerkleinert, Spinat und restliche kochende Brühe zugeben. Zugedeckt fertiggaren. Vom Feuer nehmen. Eier und Stärkemehl mit wenig kaltem Wasser verquirlen, unterrühren, nochmals aufkochen lassen.

Gemüsesuppe mit Käsenocken

1 Blumenkohl, 3 Möhren, 200 g Erbsen,
200 g Rosenkohl, 40 g Margarine,
1 kleine Zwiebel, Salz, Pfeffer,
Muskat, etwas Weißwein,
30 g Butter, 50 g Reibekäse, 1 Eigelb,
30 g Mehl, Petersilie.

Das Gemüse vorbereiten. Den Blumenkohl in Röschen teilen, die Möhren in Scheiben schneiden. Die Margarine zerlassen, darin die gewürfelte

Zwiebel und das Gemüse andünsten. Dann 1½ Liter Wasser auffüllen und alles 30 Minuten auf kleiner Flamme garen. Mit Pfeffer, Muskat und etwas Weißwein abschmecken. Inzwischen für die Käsekugeln die Butter weichrühren, nach und nach Reibekäse, Eigelb, 1 Prise Salz und das Mehl zufügen und den Teig gut kneten. Daraus längliche Klößchen formen und in siedendem Salzwasser oder gleich in der Gemüsesuppe 10 Minuten garziehen lassen. Mit gehackter Petersilie bestreuen.

Genfer Leberspieß

600 g Geflügelleber, 2 große Zwiebeln, 100 g magerer Speck, 12 Champignonköpfe, Salz, Pfeffer, 1 Eßl. Mehl, 40 g Schmalz, 20 g Butter.

Die Geflügelleber, die geschälten Zwiebeln und den mageren Speck in Scheiben schneiden. Abwechselnd mit den Champignonköpfen auf Schaschlykspieße stecken. Mit Salz und Pfeffer würzen, in Mehl wenden und in heißem Schmalz braten. Die Butter erst kurz vor Beendigung des Bratprozesses zur Verfeinerung des Geschmacks hinzugeben und erhitzen. Mit körnigem Reis und Kopfsalat in Orangenjoghurt sowie einem Glas Rotwein auftragen.

Geräucherte Gänsebrust mit Weingelee
(Vorspeise)

10 g Gelatine, 100 ml leichter Dessertwein, Zitronensaft, Salz, Pfeffer, 250 g geräucherte Gänsebrust.

Die Gelatine in etwas lauwarmem Wasser einweichen. Den Wein erhitzen, die Gelatine dazugeben und darin auflösen. Mit Zitronensaft und Salz pikant abschmecken und zum Gelieren kalt stellen. Die Gänsebrust in sehr dünne Scheiben schneiden, auf Tellern anrichten und etwas pfeffern. Das gelierte Weingelee stürzen, grob hacken oder in Würfel schneiden. Die Gänsebrustscheiben damit garnieren. Mit Butter und frischem Toast servieren.

Geschichtetes Kraut auf ungarische Art

1 Zwiebel, 100 g Schweineschmalz, 1 Knoblauchzehe, 600 g Gehacktes, Salz, Pfeffer, Paprika, 100 g durchwachsener Speck, 150 g geräucherte Knackwurst, 150 g Reis, 1 kg Sauerkraut, 400 ml saure Sahne.

Die feingehackte Zwiebel in 50 g Fett goldgelb dünsten, zerdrückten Knoblauch und Gehacktes zufügen, mit Salz, Pfeffer und Paprika würzen und 10 bis 12 Minuten langsam anbraten. Den in Würfel geschnittenen Speck in einem Tiegel kurz erhitzen, die in Scheiben geschnittene Wurst zugeben und 2 bis 3 Minuten leicht bräunen lassen. Den Reis extra halbgar kochen. Das Sauerkraut 20 Minuten in etwas Wasser kochen, dann abtropfen lassen. Eine feuerfeste Form mit 20 g Fett ausstreichen, ⅓ des Sauerkrautes hineingeben, darauf Wurst und Speck sowie das zweite Drittel des Krautes geben und alles mit etwas saurer Sahne begießen. Nun folgen der Reis sowie das Gehackte. Den Rest Sauer-

Kräuteröl, Kräuteressig, Tomaten-Chutney, Johannisbeerketchup

Schokoladensoße, Weinschaumsoße, Sauerkirschsoße ▷

Russische Soße, Porreesoße,
Neapler Soße, Tatarensoße, Quarkremoulade

Kräuterhörnchen, Currytaschen
Norwegische Fladenbrote
Partybrötchen
Brot mit Kräutern
oder Käse
Grammel-
pogatscherl

Zwiebelkuchen I

Butternudeln   Semmelklöße
Thüringer Klöße   Pommes frites
Kartoffelbällchen   Pommes chips
Risotto   Gratiniertes Kartoffelpüree

kraut darüberfüllen. Die saure Sahne über das Gericht gießen, mit Paprika bestäuben, mit dem restlichen zerlassenen Fett beträufeln und in mäßig heißer Röhre 1¼ Stunde dünsten. – Im Sommer können noch Tomatenstückchen und Paprikastreifen in das Gericht gegeben werden.

Geschmorte Auberginen

500 g Auberginen, Salz, 1 Zitrone, 250 g Paprikafrüchte, 20 g Margarine, 1 Zwiebel, ⅛ l Fleischbrühe, ⅛ l Sahne oder Kondensmilch, Pfeffer, 1 Dose Mais, Petersilie.

Die gewaschenen Auberginen in Scheiben und diese noch einmal in Viertel schneiden. Sofort mit Salz bestreuen und mit Zitronensaft beträufeln, damit sich das Gemüse nicht verfärbt. Die vorbereiteten Paprikafrüchte in Streifen schneiden. In der erhitzten Margarine die feingehackte Zwiebel glasig dünsten. Auberginen und Paprika zugeben. Fleischbrühe und Sahne verquirlen, mit Salz und Pfeffer würzen. Über das Gemüse gießen und 20 Minuten garen lassen. Zuletzt den abgetropften Mais aus der Dose zufügen und kurz mit aufkochen lassen. Das Gericht kräftig würzen und vor dem Auftragen mit reichlich gehackter Petersilie bestreuen.
Bei der Verarbeitung von Auberginen sollte folgendes unbedingt beachtet werden: Die gewaschenen Früchte mit der Schale in Scheiben schneiden. Mit Salz bestreuen und mit Zitronensaft beträufeln. ½ Stunde stehen lassen. Danach die Scheiben etwas auspressen und abwaschen.

Gespickte Äpfel

4 große Äpfel, Zucker, Zitronensaft, Mandelstifte, 4 Torteletts oder 1 flacher kleiner Biskuitboden, ¼ l Schlagsahne, 4 Eßl. Vanillepudding, einige Weinbeeren.

Die Äpfel schälen und das Kerngehäuse mit dem Apfelausstecher entfernen. Die Äpfel in einem Topf mit Wasser bedecken, Zucker nach Geschmack und etwas Zitronensaft zufügen und bißfest garen. Herausnehmen, abtropfen lassen und mit den Mandelstiften ringsherum spicken. Die Torteletts oder rund ausgestochene Biskuitplatten mit steifgeschlagener Sahne bespritzen. Die Äpfel daraufsetzen. In die Höhlung jeweils 1 Eßlöffel Vanillepudding geben und mit Schlagsahne und gewaschenen Weinbeeren garnieren.

Gespickte Rindshaxe

1 Rindshaxe, 50 g Speck, Salz, Pfeffer, 1 Eßl. Schmalz, 1 Teel. Tomatenmark, ½ l Brühe, 1 Eßl. Mehl.
Für die Marinade: 2 Zwiebeln, 1 Möhre, 5 Pfefferkörner, 1 Knoblauchzehe, 1 Nelke, 1 Lorbeerblatt, Thymian, ½ l Rotwein.

Die Rindshaxe gründlich waschen, trockenreiben und häuten. Den Speck in Keile schneiden und mit einem spitzen Messer oder einer Spicknadel in die Haxe drücken.
Die Zwiebeln schälen, die Möhre putzen und beides in grobe Würfel schneiden. Pfefferkörner und Knoblauchzehe zerdrücken und zusammen

mit den übrigen Gewürzen und dem Rotwein eine Marinade bereiten. Die Rindshaxe 24 Stunden darin einlegen und öfters wenden. In einem Schmortopf das Schmalz erhitzen und die abgetrocknete, gesalzene und gepfefferte Haxe darin von allen Seiten scharf anbraten. Zwiebel und Möhre aus der Marinade nehmen und mit anrösten. Tomatenmark zugeben und mit Brühe mehrmals ablöschen. Mit der Marinade und der restlichen Brühe auffüllen und zugedeckt etwa 2 Stunden in der Röhre garen. Die Haxe herausnehmen, auslösen und in 4 Stücke schneiden. Die Soße durch ein Sieb gießen und mit angerührtem Mehl leicht binden. Nochmals kurz aufkochen und über die Haxen geben.

Als Beilage Rosenkohl und Petersilienkartoffeln sowie ein Glas Rotwein reichen.

Gespicktes Wildhasenschnitzel

2 ganze Hasenrücken, Beize,
150 g Speck, Salz, Pfeffer,
60 g Margarine, 1 Möhre, 1 Zwiebel,
2 Lorbeerblätter, 30 g Tomatenmark,
20 g Mehl, 3 Eßl. saure Sahne,
200 g Preiselbeeren.

Das Fleisch enthäuten, vom Knochen lösen, in kalte Beize legen und 2 Tage kühl stellen. Dann aus der Beize nehmen, in Scheiben schneiden, mit Speck spicken, salzen, pfeffern und in heißer Margarine braten. Möhre, Zwiebel und Lorbeerblätter zufügen. Nach dem Braten das Fleisch herausnehmen und das Tomatenmark im Fett ein wenig braten lassen. Mehl zufügen, durchschwitzen, etwas Wasser zugeben, aufkochen, durchsieben, mit etwas Sahne verfeinern und beim Anrichten über die Fleischscheiben gießen. Als Beilage gedünsteten Reis und Preiselbeeren reichen.

Gesülztes Wildentenpüree

1 Wildente, Salz, Pfeffer, Muskat,
Butter, Fleischbrühe, saure Sahne,
Essig, gekörnte Brühe, Mayonnaise,
1 Ei, 2 Tomaten, 30 g Gelatine,
Zucker, Zitrone, Anschovis, Petersilie.

Von einer sehr weich gebratenen oder gedämpften Wildente nach dem Erkalten alle Knochen auslösen und das Fleisch durch den Fleischwolf drehen. Die Masse mit fetter Fleischbrühe auf 1 Liter auffüllen und diesen aufgegossenen Fleischbrei mit etwas saurer Sahne, Essig, gekörnter Brühe, ein wenig Salz, Muskat und Pfeffer sowie einer Prise Zucker und Zitronensaft würzen und die aufgelöste Gelatine daruntergeben. Dann die Masse in eine mit Wasser ausgespülte Form füllen und nach dem Erkalten stürzen. Die Sülze mit Mayonnaise, Ei und Tomatenscheiben, Anschovis und Petersilie garnieren.

Gewürzbrot

600 g Mehl, 30 g Hefe,
¼ l lauwarme Milch,
2 Eier, je 1 Teel. Salz,
Kümmel und gestoßener Koriander,
½ Teel. Anis, ¼ Teel. Ingwerpulver,
1 Eigelb und 1 Eßl. Milch zum
Bestreichen, 2 Eßl. grobes Salz,
1 Eßl. Kümmel zum Bestreuen.

Aus Mehl, Hefe, Milch und Eiern einen Hefeteig bereiten. Salz, Kümmel, Koriander, Anis und Ingwerpulver zufügen. Den Teig gehen lassen. Dann in 6 Teile teilen und 6 etwa 1 cm dicke Fladen ausrollen. Eigelb und Milch verrühren, die Fladen damit bestreichen, mit Salz und Kümmel bestreuen. Bei 220°C goldbraun backen.

Gewürzessig

5 g Senfkörner, je 2 g Pfefferkörner und Nelken, 1 g Ingwer, ½ Muskatnuß, 30 g Salz, 1 kleine Zwiebel, 10%iger Weinessig.

Alle Gewürze, die Zwiebel feingeschnitten, in eine 0,7-Liter-Flasche geben und Weinessig aufgießen. Fest verschlossen 3 Wochen an ein sonniges Fenster stellen.

Gin-Cocktail
(Einzelportion)

3 cl Gin, 3 Spritzer Boonekamp oder Angostura, 2 Spritzer Zitronensaft, Eiswürfel, 1 Stück an einer Zitrone abgeriebener Würfelzucker.

Gin, Boonekamp und Zitronensaft im Becher mit Eis schütteln. Den Würfelzucker in eine Cocktailschale legen und das Gemisch darübergießen.

Gin-Fizz
(Einzelportion)

4 cl Gin, Saft von 1 Zitrone, 2 cl Zuckerlösung, Sekt, 1 Cocktailkirsche, 1 Zitronenscheibe.

Gin, Zitronensaft und Zuckerlösung mit Eis mixen. Mit Sekt spritzen und mit der Cocktailkirsche und der Zitronenscheibe garnieren.

Ginlet
(Einzelportion)

3 cl Gin, 1 Barlöffel Zitronensaft, Eiswürfel.

Den Gin mit dem Zitronensaft und Eiswürfeln verrühren und in ein Glas gießen.

Gin Orange
(Einzelportion)

2 cl Gin, 2 cl Orangensaft, Sekt.

In einem großen Glas Gin und Orangensaft mischen. Mit gut gekühltem Sekt auffüllen.

Glasierter Rosenkohl

250 g möglichst kleine Zwiebeln, 60 g Butter, Salz, 750 g Rosenkohl, Zucker nach Geschmack.

Die geschälten Zwiebeln vierteln und in der erhitzten Butter ringsum goldbraun anbraten. Dann 1 bis 2 Eßlöffel Wasser zufügen und zugedeckt etwa 10 Minuten dünsten lassen. Dabei hin und wieder schütteln. Den vorbereiteten Rosenkohl in reichlich kochendem Salzwasser 5 Minuten vordünsten, abtropfen lassen und zu den Zwiebeln geben. Den Zucker darüberstreuen und das Gemüse unter Rühren noch 10 Minuten garen, bis es goldbraun glasiert ist.

Glasmeisterhering

*8 große Salzheringe, 2 Lorbeer-
blätter, 2 Eßl. Senfkörner,
1 daumennagelgroßes Stück Ingwer,
10 Pfefferkörner, 10 Pimentkörner,
20 g Kapern. im Sommer auch 2 bis
3 frische Dillzweige, 4 mittlere
Zwiebeln, ½ Porreestange,
⅛ l 10%iger Essig,
125 g halbweich gekochte Möhren,
einige Scheiben Meerrettich (erhöhen
die Haltbarkeit), 200 g Zucker.*

Die gut gewässerten Salzheringe von
Haut und Gräten befreien. Die Filets
diagonal in 3 cm breite Bissen schneiden. Mit den Gewürzen und dem Gemüse schichtweise in ein großes Ein-
machglas oder in einen Tontopf
legen. Zucker mit Essig und ⅜ Liter
Wasser mischen, zum Kochen bringen, rühren bis sich der Zucker gelöst
hat und ausgekühlt über die Heringsbissen gießen. Mindestens 1 Tag, aber
auch bis zu 5 Tagen im Kühlschrank
durchziehen lassen.

Goldbraune Maischollen

*4 Portionsschollen oder Flundern
oder 8 kleinere Schollen, Essig, Salz,
Zitronensaft, Pfeffer, 150 g Speiseöl,
60 g Butter, 1 Zitrone, Petersilie,
Radieschenrosen.*

Feinschmecker bevorzugen die im
Mai gefangenen Schollen ganz besonders. Von den Schollen die Köpfe an
den Kiemenbögen entlang abtrennen.
Die Blutpartien hinter dem Kopf sauber entfernen (das sind die Nieren
des Fisches). Mit kräftigem Essig-
Salz-Wasser den Schleim abstreifen.

Die Schollen auf beiden Hautseiten
ziselieren (d. h. die Haut in 2-finger-
breiten Abständen oberflächlich einschneiden). Dann die Fische noch
einmal gut waschen, mit Essig oder
Zitronensaft beträufeln, rundherum
salzen und pfeffern. 10 Minuten einziehen lassen. Dann abtropfen lassen
und in reichlich heißem Öl auf beiden
Seiten goldbraun braten.
Die Fische nicht zu früh aus der
Pfanne nehmen, sie müssen durchgebraten sein. (An einer ziselierten
Stelle prüfen, ob das Fleisch bis zur
Gräte durchgebraten ist und sich von
der Gräte auch löst.)
Beim Anrichten zerlassene heiße Butter über die Schollen gießen, mit Zitronenecken, Radieschenröschen und
Petersilie garnieren.

Golden-heart-Cocktail
(Einzelportion)

*2 cl Apricot Brandy, 2 cl Gin,
Saft von 1 Orange, Eiswürfel,
½ Orangenscheibe.*

Apricot Brandy, Gin und den Saft der
Orange im Becher gut auf Eis schüt-
teln, ins Trinkglas seihen, die halbe
Orangenscheibe zufügen.

Goldkrapfen

*3 Eigelb, 110 g Butter, 130 g Puder-
zucker, 300 ml Milch, 20 g Hefe,
500 g Mehl, Salz, 100 g Mandeln,
50 g Rosinen, 150 g Aprikosenmarmelade.*

Die Eigelb mit 60 Gramm Butter und
1 Eßlöffel Puderzucker schaumig rühren. Dann die in wenig lauwarmer

Milch aufgelöste Hefe, Mehl, eine Prise Salz und so viel lauwarme Milch zugeben, daß ein geschmeidiger Teig entsteht. Den Teig gut durcharbeiten und zugedeckt an einem warmen Ort gehen lassen. Danach auf ein mit Mehl bestreutes Brett geben und kleine Krapfen ausstechen. Eine runde Tortenform mit Butter ausfetten, mit Puderzucker bestreuen und die kleinen Krapfen hineinlegen. Mit reichlich zerlassener Butter bestreichen, mit Puderzucker und gemahlenen Mandeln bestreuen. Die gewaschenen Rosinen darübergeben und mit der Aprikosenmarmelade bestreichen. Die halb gefüllte Form zudekken, den Teig nochmals gehen lassen, bis er die Form ausfüllt. In der heißen Röhre etwa 1 Stunde backen. Mit Weinchaudeau servieren.

Gorgonzola-Soße

120 g Gorgonzola, 80 g Sahne, etwas Whisky, etwa 30 g gehackte Walnußkerne, einige Walnußkerne zum Garnieren.

Den Käse mit einer Gabel in einem entsprechenden Gefäß zerdrücken und mit der Sahne sowie dem Whisky glattrühren. Dann die Walnußkerne daruntermengen, anrichten und servieren. Mit Walnußkernen garnieren. Gorgonzola-Soße paßt ausgezeichnet zu kaltem Braten, zu pikanten Toasten, zu überbackenen Birnen und zu Fleischfondue. Sie eignet sich als »Dip« für Chicorée, Spargel oder Artischocken.
Anstelle von Gorgonzola läßt sich Blauschimmelkäse verwenden.

Grammel-Pogatscherl

8 Eßl. Schweinegrieben, ½ Teel. Salz, ¼ Teel. Pfeffer, 2 Teel. Paprika, 8 Eßl. Mehl, 2 Eier, 1 verquirltes Ei zum Bestreichen, grobes Salz zum Bestreuen.

Die kalten Grieben auf einem Brett feinwiegen. Mit Salz, Pfeffer, Paprika, Mehl und Eiern zu einem festen Teig verkneten. Den Teig ausrollen und 1 Stunde kalt stellen. Dann mit einem Weinglas Plätzchen ausstechen. Mit verquirltem Ei bestreichen und im vorgeheizten Ofen goldbraun backen. Vor oder nach dem Backen mit grobem Salz bestreuen. – Grammel-Pogatscherl werden zu kalten Fleischgerichten oder zu Weißwein gereicht.

Gratinierte Auberginen

600 g Auberginen, Salz, 80 g Mehl, 50 g Butter, ⅛ l helle Soße, 125 g Reibekäse, Pfeffer, Semmelbrösel.

Die gewaschenen Auberginen in Scheiben schneiden, einige Minuten in siedendes Salzwasser legen, auf dem Durchschlag abtropfen und dann 20 Minuten trocknen lassen. Die Auberginen in Mehl wenden und in etwas Butter braten. Die helle Soße mit Reibekäse, Pfeffer und gegebenenfalls etwas Salz verrühren. Die Auberginen in eine gefettete Auflaufform schichten und jede Schicht mit der Soße begießen. Über die letzte Schicht Semmelbrösel streuen und Butterflöckchen darauf verteilen. Das Gericht in der heißen Röhre so lange backen, bis es eine rötlichbraune Farbe hat.

Gratinierte Käsetomaten

8 große Tomaten, Salz, Pfeffer,
150 g Reibekäse, 1 Ei,
2 bis 3 Eßl. Milch,
Semmelbrösel, Butter.

Die halbierten Tomaten aushöhlen, mit Salz und Pfeffer würzen. Käse, Ei, Milch und Salz verrühren, in die Tomatenhälften füllen, mit Semmelbröseln bestreuen und Butterflöckchen aufsetzen. In der heißen Herdröhre etwa 12 Minuten überbacken.

Gratiniertes Kartoffelpüree

1 kg Kartoffeln, Salz, 1 Tasse Milch,
20 g Butter, 2 Eier, 1 Eigelb,
150 g Reibekäse, Muskat.

Die Kartoffeln schälen, als Salzkartoffeln garen, gut abdämpfen und durch die Kartoffelpresse geben. Gründlich mit der heißen Milch, der Butter und den Eiern verrühren, mit Salz und 1 Prise geriebenem Muskat abschmekken. Eine gefettete Auflaufform damit füllen, mit Eigelb bepinseln, obenauf den Käse streuen und in der nicht zu heißen Röhre goldbraun überbacken.

Griechisches Osterbrot

30 g Hefe, ½ Teel. und 60 g Zucker,
¼ Tasse lauwarme Milch, 300 bis
375 g Mehl, 1 Teel. Salz, 2 Eier,
125 g Butter in kleine Stückchen
geschnitten und 15 g weiche Butter,
1 Teel. abgeriebene Zitronenschale,
1 hartgekochtes Ei in der Schale,
mit Ostereierfarbe rot gefärbt, eine
halbe leere Eierschale, 1 Eigelb.

Die Hefe mit ½ Teelöffel Zucker in die lauwarme Milch geben und an einem warmen Ort gehen lassen, bis sich die Hefe verdoppelt hat. 225 g Mehl, Zucker und Salz vermengen. In die Mitte eine Mulde drücken und die aufgegangene Hefelösung und die Eier hineingeben. Alles miteinander verrühren. Nach und nach noch etwas Mehl zugeben. Den Teig schlagen, bis er glatt ist. Die Butterstückchen und die abgeriebene Zitronenschale dazuschlagen und noch etwas Mehl. Den Teig auf bemehltem Brett zu einem glatten elastischen Ball kneten. Dann in einer großen, dünn mit Butter ausgestrichenen Schüssel mit einem Tuch bedeckt gehen lassen. Zusammenstoßen und zu einer Rolle von etwa 5 cm Durchmesser rollen. An einem Ende zuerst einen Kreis von etwa 15 cm Durchmesser legen und den übrigen Teig wie eine Spirale als immer kleiner werdende Kreise hineingeben. Den Laib vorsichtig auf das mit Butter bestrichene Backblech heben und etwa 30 Minuten an einem warmen Ort aufgehen lassen. Die leere halbe Eischale in die Mitte des Brotes drükken und die Oberfläche des Brotes mit verrührtem Eigelb bestreichen. Etwa 45 Minuten goldbraun und knusprig backen. Auf einem Rost völlig auskühlen lassen. Dann die leere Eischale durch das Osterei ersetzen.

Griechisches Zwiebelgemüse

10 Zwiebeln, 50 g Margarine, Salz,
Pfeffer, Thymian, Ingwer, ½ Tasse
Sultaninen, ⅛ l saure Sahne,
⅛ l Weißwein, 65 g Schmelzkäse.

Die Zwiebeln schälen, mit kochendem Wasser übergießen und auf einem Sieb abtropfen lassen. In einem Topf die Margarine erhitzen, die Zwiebeln hineingeben, anschwitzen, mit Salz, Pfeffer, Thymian, Ingwer bestreuen, etwas Flüssigkeit angießen und auf kleiner Flamme dünsten. Nach etwa der Hälfte der Garzeit die vorgequollenen Sultaninen sowie die Sahne zufügen und weitergaren. Zuletzt den Weißwein darübergießen und in kleine Stücke geschnittenen Schmelzkäse obenauflegen. Bei milder Hitze noch so lange ziehen lassen, bis der Käse völlig zerlaufen ist und die Zwiebeln damit gebunden sind.
Das Gemüse mit Butterreis oder Toastbrot auftragen.

Grillhähnchen mit Füllung

1 zarter Broiler,
150 g Geflügelleber, 1 Brötchen,
300 g Gehacktes halb und halb, 1 Ei,
1 Eßl. Rosinen, Salz,
weißer Pfeffer,
1 Eßl. Edelsüß-Paprika,
1 Messerspitze Ingwerpulver,
2 Eßl. Öl.

Das Hähnchen waschen und trockentupfen. Die Geflügelleber feinhacken und mit dem eingeweichten, ausgedrückten Brötchen, dem Gehackten, dem Ei und den gewaschenen Rosinen vermischen. Mit Salz, Pfeffer, Paprika und Ingwerpulver würzen, gut verkneten und das Hähnchen damit füllen. Mit festem Küchengarn zunähen, auf dem Drehspieß des Grills befestigen und im vorgeheizten Grill etwa 1 Stunde garen. Während der letzten 15 Minuten das Hähnchen mit einem Gemisch aus Öl und Paprika bepinseln. Dazu frisches Weißbrot und Salate reichen.

Grundrezept I für Biskuitteig

150 g Puderzucker, 6 Eier,
½ Teel. abgeriebene Zitronenschale,
Salz, 100 g Mehl, 50 g Stärkemehl,
1 Teel. Backpulver.

Den gesiebten Puderzucker unter allmählicher Zugabe von Eigelb, Zitronenschale und Salz mit dem Schneebesen so lange schlagen, bis sich die Masse fast verdoppelt hat. Den steifen Eischnee daraufgeben, sofort Mehl und Backpulver darübersieben und alles locker untereinanderheben. Eine Backform mit gefettetem Butterbrotpapier auslegen, den Teig einfüllen und sofort bei Mittelhitze backen. Vor dem Stürzen das Backwerk gut auskühlen lassen.

Grundrezept II

3 Eier, 3 Eßl. Wasser, 125 g Zucker,
1 Päckchen Vanillinzucker, Salz,
75 g Mehl, 75 g Stärkemehl,
1 Teel. Backpulver.

Die Eigelb unter allmählicher Zugabe des heißen Wassers recht schaumig schlagen, dabei 100 g Zucker, Vanillinzucker und Salz zugeben. Unter den steifen Eischnee den restlichen Zucker ziehen. Den schnittfesten Eischnee auf die Eigelbmasse geben, das mit dem Backpulver gesiebte Mehl darübersieben. Alles locker untereinanderheben. Backen wie oben.

Grundrezept für Hefeteig

500 g Mehl, 100 g Zucker,
80 g Margarine, Salz, 1 Päckchen
Vanillinzucker oder abgeriebene
Zitronenschale, knapp ¼ l Milch, 30 g Hefe.

Das Mehl in eine Schüssel sieben, in die Mitte eine Vertiefung drücken und auf dem Mehlrand Zucker, Margarineflöckchen und Gewürze verteilen. Die zerbröckelte Hefe, einen Teelöffel Zucker und die Hälfte der handwarmen Milch verrühren, in die Vertiefung geben und von da aus mit etwa einem Drittel des Mehles verarbeiten, so daß ein kleiner fester Teig entsteht. Wenig Mehl darüberstäuben und die mit einem Tuch bedeckte Teigschüssel an einen warmen Platz stellen. Nach etwa 20 Minuten das gegangene Hefestück mit allen übrigen Zutaten verkneten. Nochmals 60 Minuten gehen lassen. Vor dem Weiterverarbeiten den Teig zusammenstoßen und kurz kneten.

Grundrezept für Pie-Teig

200 g Mehl, ¼ Teel. Salz,
125 g Margarine, 50 g Schmalz,
4 Eßl. Eiswasser mit Eiswürfeln,
Mehl zum Ausrollen.

Mehl und Salz mischen. Margarine und Schmalz mit dem Mehl verkneten, das Eiswasser zufügen und rasch weiterkneten. Zu einem rechteckigen Block formen. Der Länge nach auf Mehl ausrollen, etwa 50 cm lang und 15 cm breit. Den Teig dreifach zusammenfalten, so daß ein Paket mit 3 Schichten entsteht. Wieder mit Mehl zu einem Streifen ausrollen.

Diesen Vorgang zwei- bis dreimal wiederholen. Das Teigpaket in Alufolie wickeln und 1 Stunde im Kühlschrank ruhen lassen. Dann den Teig teilen, eine Hälfte kalt stellen, die andere Hälfte entsprechend der Form rund ausrollen. Den Rand der Form mit Wasser bestreichen, den Teig in die Form legen und am Rand hochziehen. Löcher einstechen. Die Fülle auf den Teig geben. Aus dem restlichen Teig einen Deckel ausrollen oder ein Gitter schneiden und über die Füllung geben.

Grundrezept für Rührteig

250 bis 300 g Margarine,
200 g Zucker, Salz,
abgeriebene Zitronenschale oder
Vanillinzucker, 3 bis 4 Eier,
400 g Mehl, 100 g Stärkemehl,
1 Päckchen Backpulver, 8 Eßl. Milch.

Die schaumig geschlagene Margarine, Zucker und Gewürz verrühren. Nach und nach die Eier zugeben. Erst wenn die Masse glatt ist, Mehl und Backpulver darübersieben und während des Weiterschlagens die Milch zugießen. Den Teig ohne weitere Unterbrechung nach Rezeptvorschrift verarbeiten. – Wird für einfaches Gebäck die Margarine- oder Eimenge herabgesetzt, so muß die Milchmenge erhöht werden. Der Teig soll schwerreißend vom Löffel fallen.

Grüne Bohnen im Hemd

500 g grüne Bohnen, Salz, 4 Eier,
Pfeffer, 1 Eßl. Mehl, Ausbackfett.

Die vorbereiteten Bohnen in Salzwasser fast garkochen. Dann gut abtropfen lassen und immer mehrere mit dickem Faden zu kleinen Bündeln zusammenbinden. Die Eigelb mit Salz, Pfeffer und Mehl verrühren. 4 Eiweiß steifschlagen und zuletzt unterziehen. Die Bohnenbündel in diesem Teig vorsichtig wälzen und in heißem Fett ringsum goldbraun ausbacken.

Grüne Bohnen in würziger Soße

1 Scheibe Speck, 1 dünne Scheibe Schinken, 1 Zwiebel, 1/2 grüne Paprikafrucht, 2 Tomaten, 1 Prise Knoblauchsalz, 500 g grüne Bohnen, 1 Eßl. gehackte Oliven, 1/2 Teel. gehackte Kapern, 1/2 Teel. Oregano, 1 Teel. Salz, Pfeffer.

Speck, Schinken und in Würfel geschnittene Zwiebel braten, bis der Speck knusprig ist. Paprika und gehäutete Tomaten ebenfalls kleinschneiden und zufügen. Mit Knoblauchsalz würzen. 1/2 Tasse Wasser zugießen. Unter ständigem Rühren bei geringer Hitze 5 Minuten dünsten. Die vorbereiteten, in kleine Stücke geschnittenen Bohnen, Oliven, Kapern, Oregano, Salz und Pfeffer zugeben. Nochmals 1/4 Tasse Wasser eingießen, das Gericht weichdünsten.

Grüne Bohnen mit Speck

750 g grüne Bohnen, 1 Zwiebel, 60 g durchwachsener Speck, 1/4 l Fleischbrühe (Würfel), Bohnenkraut, Salz, Pfeffer, 1 Eßl. Mehl, 20 g Butter, Petersilie.

Die gewaschenen Bohnen kleinschneiden. Die Zwiebel schälen und in kleine Würfel schneiden. Den Speck ebenfalls in kleine Würfel schneiden, erhitzen, glasig werden lassen, die Zwiebelwürfel zugeben und goldgelb rösten. Die Bohnen, das Bohnenkraut, Salz und Pfeffer zugeben und alles dünsten. Das Mehl auf die garen Bohnen stäuben, vorsichtig umrühren. Zum Schluß die Butter unterrühren, zerlaufen lassen und gehackte Petersilie darüberstreuen.

Grüner Joghurt
(Einzelportion)

Eine Handvoll Spinat, Zitronensaft, Zucker, 1/8 l Joghurt, 1 Kirsche, 1 Zitronenscheibe.

Den gewaschenen Spinat entsaften. Mit Zitronensaft und Zucker abschmecken. In ein hohes Glas abwechselnd löffelweise Joghurt und Spinatsaft füllen, so daß das Glas grün-weiß-meliert aussieht. Mit der Kirsche und der Zitronenscheibe garnieren und servieren.

Grüne Rouladen

500 g großblättriger Spinat, Salz, 75 g durchwachsener Speck, 1 Zwiebel, 250 g Gehacktes halb und halb, 1 Eßl. gehackte Petersilie, 1 großes oder 2 kleine Eier, 2 Eßl. Semmelbrösel, Salz, Pfeffer, 60 g Margarine, 1 Tasse Fleischbrühe, 1 hartgekochtes Ei.

Den vorbereiteten Spinat in reichlich Salzwasser einmal aufkochen lassen und sofort auf ein großes Sieb zum

Abtropfen geben. Damit die Spinatblätter besser ihre grüne Farbe behalten, kann das Sieb mit dem Spinat noch kurz in Eiswasser getaucht werden. Dann die gut abgetropften Blätter auf einem sauberen Wischtuch ausbreiten. Den Speck feinwürfelig schneiden. Die geschälte Zwiebel reiben. Speck und Zwiebel mit Gehacktem, Petersilie, Ei sowie Semmelbröseln verarbeiten, mit Salz und Pfeffer abschmecken. Von den Spinatblättern jeweils 4 bis 5 Stück zusammenlegen, 1 Eßlöffel Fleischteig daraufgeben und alles fest zusammenrollen. Die Margarine erhitzen und die grünen Rouladen darin anbraten. Zuletzt die Fleischbrühe aufgießen und alles zugedeckt auf kleiner Flamme etwa 15 Minuten schmoren lassen. Die Rouladen auf einer Platte anrichten, die Schmorflüssigkeit darübergießen und mit Scheiben von hartgekochtem Ei garnieren.

Grüner Salat mit Zunge

2 Köpfe Salat, 4 Tomaten, 1 grüne Paprikafrucht, 1 Zwiebel, 75 g gekochte Pökelzunge. Für die Marinade: 1/2 Bund Kerbel, 1/4 l saure Sahne, 3 Eßl. Essig, Salz, 1 Prise Zucker, Pfeffer.

Den vorbereiteten Kopfsalat waschen und trockenschwenken. Die Tomaten in Streifen, die entkernte Paprikafrucht in Würfel schneiden. Die Zwiebel feinhacken, die Zunge ebenfalls in Streifen schneiden. Den feingehackten Kerbel in eine Schüssel geben, mit saurer Sahne, Essig, Salz, Zucker und Pfeffer verrühren. Den Kopfsalat in

einer Schüssel anrichten, mit Tomatenstreifen, Paprikawürfeln, gehackter Zwiebel und Zunge bestreuen. Mit der Marinade begießen und erst bei Tisch vorsichtig mischen.

Grüner Zwiebelsalat

4 Bund grüne Zwiebeln, 4 hartgekochte Eier, 4 bis 5 Eßl. Öl, Saft von 1/2 Zitrone, Salz, Pfeffer.

Die vorbereiteten Zwiebeln mit den Schlotten in Stücke schneiden. Aus 2 Eigelb und Öl eine Mayonnaise rühren. Tropfenweise den Zitronensaft zufügen. Die restlichen Eigelb sowie die 2 Eiweiß feinwiegen und zur Zwiebel geben. Die Soße darübergießen und den Salat mit Salz und Pfeffer abschmecken.

Grüne Soße auf italienische Art

1 Zwiebel, 10 g Kapern, 2 Sardellen- oder Anchovisfilets, 1 Bund Petersilie, je etwas Dill, Kerbel, Estragon, 50 g Salatöl, Saft von 1 Zitrone, Salz, reichlich Pfeffer, Knoblauch.

Die Zwiebel schälen und mit den Kapern und Sardellenfilets feinhacken. Ebenso die Kräuter sehr fein hacken, alles zusammengeben, mit Öl, Zitronensaft verrühren, mit Salz, Pfeffer und Knoblauch abschmecken und zugedeckt durchziehen lassen. Kalt servieren.
Diese grüne Soße ist eine hervorragende Marinade für frische Salate. Sie paßt zu Sülzgerichten, kaltem Fleisch, Fisch und Geflügel.

186

Grünkohl mit Mettwurst

1,5 kg Grünkohl, Salz, 2 Zwiebeln,
3 Eßl. Schweineschmalz, 250 g magerer
Speck, 250 g Mettwurst, 4 Birnen, Pfeffer.

Den Grünkohl von den Rippen streifen, waschen und kurz in ½ Liter Salzwasser aufkochen. Die Zwiebelwürfel
im Schweineschmalz andünsten. Den
Kohl mit der Brühe, den Speckwürfeln und den Mettwurstscheiben zu
den Zwiebeln geben. Alles 1½ Stunden garen lassen und in den letzten
15 Minuten die geschälten, in Viertel
geschnittenen Birnen mitgaren. Mit
Pfeffer würzen.

Grün-roter Salat

500 g grüne Gurke, 150 g Tomaten,
100 g gelbe Paprikafrüchte,
2 Zwiebeln, 2 Eßl. Öl,
1 bis 2 Eßl. Essig oder Zitronensaft,
2 Eßl. feingehackte Kräuter
(Petersilie, Schnittlauch oder Dill),
1 Prise Zucker, Salz, Pfeffer.

Die geschälten Gurken feinhobeln,
die Tomaten in Scheiben, die Paprikafrüchte und Zwiebeln in Streifen
schneiden. Aus Öl, Essig oder Zitronensaft, Kräutern, Zucker, Salz und
Pfeffer eine würzige Soße bereiten,
diese mit den anderen Zutaten vermischen. Den Salat durchziehen lassen.

Grusinische Tschanachi

500 g Hammelfleisch, 1 Zwiebel,
200 g grüne Bohnen, 750 g Kartoffeln,
200 g Tomaten, 300 g Auberginen,
Koriander, Salz, Pfeffer.

Das schiere Hammelfleisch waschen
und in große Würfel schneiden. In
einen großen feuerfesten Tontopf geben. Kleingeschnittene Zwiebel, geputzte, gewaschene und geschnitzelte
Bohnen sowie die in Scheiben geschnittenen Kartoffeln nacheinander
darüberschichten. Dann halbierte Tomaten, die in Würfel geschnittenen
Auberginen sowie Koriander zufügen. Salzen, pfeffern und ½ Liter heißes Wasser auffüllen. Zugedeckt in
der Backröhre 1½ bis 2 Stunden garen
lassen.

Grog

Zucker, Rum oder Weinbrand.

In einem Grogglas heißes Wasser
oder schwarzen Tee mit Zucker nach
Geschmack verrühren, erst dann den
leicht erwärmten Alkohol zugießen. –
Das Getränk kann mit Sahnehäubchen aufgetragen werden.

Großmutters Rote Grütze

250 g frische oder gefrorene rote
Johannisbeeren, 250 g frische
Himbeeren oder Himbeerkompott,
200 g Zucker, 100 g Sago,
Vanillesoße oder Eierlikör,
etwas geschlagene Sahne.

Die Beeren mit 300 ml Wasser einige
Male aufkochen und durch ein feines
Sieb drücken. Das so gewonnene
Fruchtmark in eine Kasserolle geben
und mit dem Zucker nochmals aufkochen. Anschließend den Sago einlaufen lassen und unter öfterem Rühren
so lange kochen, bis eine steife Masse

entsteht. In eine mit Wasser ausgespülte Form gießen und erkalten lassen. Nach dem Stürzen mit Vanillesoße oder Eierlikör sowie mit geschlagener Sahne servieren.

Gugelhupf

250 g Mehl, 20 g Hefe, 1 Prise Salz,
25 g Zucker, 3 Eßl. Kaffeesahne,
100 g Butter, 2 Eier, 125 g Rosinen,
Butter und Semmelbrösel für die Form,
Puderzucker zum Bestreuen.

Das Mehl in eine Schüssel sieben. In die Mitte eine Vertiefung drücken, die zerbröckelte Hefe, Salz und Zucker hineingeben und mit der Milch zu einem Hefestück verrühren. 15 bis 20 Minuten gehen lassen. Dann die weiche, in Stücke geschnittene Butter, die Eier und die Rosinen unterkneten und den Teig so lange schlagen, bis er glänzt. Nochmals 30 Minuten gehen lassen. Eine Gugelhupf- oder Napfkuchenform ausfetten und mit Semmelbröseln ausstreuen. Den Teig hineingeben und in der vorgeheizten Backröhre backen. Den ausgekühlten Gugelhupf stürzen und mit Puderzucker bestreuen.

Gulasch mit Weinkraut

500 g Rindsgulasch, 1 Knoblauchzehe,
3 Zwiebeln, 2 Eßl. Schmalz,
2 Teel. Edelsüß-Paprika, Salz,
Pfeffer, 1/4 Flasche Weißwein,
500 g Sauerkraut, 3 Eßl. saure Sahne.

Das Fleisch von Hautresten säubern und in gleichmäßige Würfel schneiden. Die Knoblauchzehe feinhacken und die Zwiebeln in Scheiben schneiden.
Schmalz in einer Pfanne erhitzen und die Zwiebeln darin glasig dünsten. Das Fleisch und die Knoblauchzehe zugeben, unter öfterem Wenden allseitig anbraten. Mit Paprika bestreuen, salzen und pfeffern. Mit etwas Weißwein umgießen, zugedeckt in den vorgeheizten Ofen stellen und fertiggaren. Das Fleisch herausnehmen und warm stellen.
Das Sauerkraut abspülen, gut abtropfen lassen und in den Bratsatz geben. Den restlichen Wein zugeben und noch etwa 30 Minuten garen lassen.
Mit der sauren Sahne binden, abschmecken, das Fleisch untermischen und servieren.

Gurken-Cobbler
(Einzelportion)

4 cl Wodka, 1 Schuß Aprikosensaft,
1 dicke Gurkenscheibe,
2 geschälte Zitronenscheiben,
1 Aprikose, Selters.

Das Glas zur Hälfte mit zerstoßenem Eis füllen, Wodka und Aprikosensaft darübergeben und kurz umrühren. Die Gurkenscheibe auf das Eis stellen, darauf die Zitronenscheiben legen. Die Aprikose an den Rand des Glases stecken. Alles mit Selters auffüllen.

Gurken-Cocktail

1 Salatgurke, Salz, Pfeffer,
gehackter frischer Dill, nach
Belieben Zitronen- oder Apfelsaft.

Die Gurke durch den Entsafter geben. Den Saft mit Salz, Pfeffer und Dill abschmecken. Nach Belieben Zitronen- oder Apfelsaft zufügen und in kleinen Gläsern servieren.

Gurken »Feinschmecker«

4 mittelgroße Gurken, 200 g Gehacktes, 150 g Schnittkäse (Gouda), 1 Zwiebel, 1 Ei, Salz, Pfeffer, Paprika, 50 g Margarine, 5 Tomaten, Essig, 1 Eßl. Mehl, 1/8 l Sahne, Dill.

Die Gurken schälen, halbieren und die Kerne ausschaben. Aus dem Gehackten, dem in kleine Würfel geschnittenem Käse, der feingehackten Zwiebel eine Fleischmasse bereiten und mit Salz, Pfeffer und Paprika abschmecken. Die Gurkenhälften mit Salz bestreuen, mit der Fleischmasse füllen und je zwei Hälften zusammensetzen. Dann mit kräftigem Garn umwickeln und in der heißen Margarine anbraten. Die Tomaten in einem Sieb mit kochendem Wasser überbrühen und die Haut abziehen. Im ganzen oder zerschnitten zu den Gurken geben, etwas leichtes Essigwasser zufügen und das Gemüse zugedeckt garschmoren. Das Mehl in der Sahne verquirlen, angießen und aufkochen lassen. Beim Anrichten reichlich feingehackten Dill zufügen. Dazu passen Bratkartoffeln.

Gurkenjoghurt

2 Tassen Salatgurkenwürfel (mit Schale), 2 Flaschen Joghurt, 1 Prise Salz, 1 Prise Zucker, Schnittlauch.

Die Gurkenwürfel mit Joghurt, Salz und Zucker im Mixer pürieren. Feingehackten Schnittlauch darüberstreuen. Gut gekühlt in Weingläsern servieren.

Gurkensalat mit Rettich

500 g weiße Rettiche, 500 g grüne Gurke, 250 g rosa gebratenes Roastbeef, 5 Eßl. Zitronensaft, Pfeffer, Salz, 5 Eßl. Öl, 2 Bund Dill, einige Kopfsalatblätter, 2 hartgekochte Eier.

Die geschälten Rettiche und die gewaschene Gurke in Streifen hobeln. Das in dicke Scheiben geschnittene Roastbeef quer zur Scheibe in Streifen schneiden. 5 Eßlöffel Zitronensaft, Pfeffer und Salz verrühren, das Öl zugeben und die Salatsoße schlagen, bis sie sämig ist. Über die Salatzutaten gießen, gut mischen und den Salat etwa 20 Minuten kühl stellen. Dann feingehackten Dill untermischen und auf Kopfsalatblättern anrichten. Mit dem feingehackten Eigelb bestreuen.

Gurkensoße

20 g Butter oder Margarine, 20 g Mehl, 1/4 l Fleischbrühe (Würfel), 200 g grüne Gurke, Salz, weißer Pfeffer, Zitronensaft, etwas Zucker, Weißwein.

Butter erhitzen, Mehl dazugeben und leicht bräunen lassen. Sofort mit Fleischbrühe auffüllen und einige Minuten kochen. Dabei ständig rühren. Die zuvor geschälte und in kleine Würfel geschnittene Gurke dazugeben, alles mit den Gewürzen und

1 Schuß Weißwein abschmecken und nochmals erhitzen.

Gurkensoße ist eine schmackhafte Zugabe für gekochtes Rindfleisch, Geflügel oder gegrillten Fisch. – Anstelle von grüner Gurke läßt sich auch Gewürzgurke verwenden.

Gurkensuppe

40 g Speck, ³/₄ bis 1 l Brühe,
1 große oder 2 kleinere Gurken,
Salz, Pfeffer, Zitronensaft,
3 Eßl. gehackter Dill, 8 kleine
Scheiben geröstetes Weißbrot.

Den kleinwürfelig geschnittenen Speck ausbraten, zu der kochenden Brühe geben. Darin die vorbereitete, in Scheiben geschnittene Gurke aufkochen und garziehen lassen. Die Suppe mit Salz, Pfeffer und einigen Tropfen Zitronensaft abschmecken. Kurz vor dem Auftragen den Dill untermischen. Nach Belieben mit einem Schuß saurer Sahne verfeinern. Über den gerösteten Weißbrotscheiben anrichten.

Gurken-Tomaten-Salat

500 g grüne Gurke, 250 g Tomaten,
2 Zwiebeln, ¹/₈ l Joghurt,
20 g Mayonnaise, 1 Eßl. Zitronensaft,
1 Eßl. feingehackter Dill,
1 Eßl. feingehackte Petersilie,
1 Prise Zucker, Salz, Pfeffer,
einige gewaschene Salatblätter,
1 hartgekochtes Ei.

Die Gurke schälen, feinhobeln, die Tomaten in Achtel und die Zwiebeln in Würfel schneiden. Aus Joghurt,

Mayonnaise, Zitronensaft, Dill, Petersilie, Zucker, Salz und Pfeffer eine Soße bereiten und über die anderen Zutaten gießen. Eine Schüssel mit Salatblättern auslegen, darauf den Salat anrichten, mit Eiachteln garnieren.

Gurken-Tomaten-Topf

1 Zwiebel, 60 g Butter oder Margarine,
500 g Tomaten, 500 g Gurken,
1 Stück Selleriewurzel,
500 g Kartoffeln, Salz, Zucker,
1 Teel. Paprika, 3 Eßl. saure Sahne,
Petersilie.

Die Zwiebel feinhacken und in der heißen Butter oder Margarine goldgelb rösten. Die gewaschenen, geschälten und in Stücke geschnittenen Tomaten, die geschälten, in Streifen geschnittenen Gurken und die geschälte, feingeschnittene Selleriewurzel zur Zwiebel geben. Alles kurz schmoren und alles mit heißem Wasser ablöschen. Nach 10 Minuten Schmorzeit die in Scheiben geschnittenen rohen Kartoffeln dazugeben und alles im geschlossenen Topf noch kurz leise kochen lassen. Zum Schluß mit Salz, Zucker und Paprika abschmecken, die saure Sahne zugeben und alles nochmals kurz durchziehen lassen. Mit gehackter Petersilie bestreut servieren.

Himbeermund und Veilchenaugen, ein Rendezvous unter dem Holunderbusch – wer alte Volkslieder genauer anschaut, wird in ihnen viel von dem ehemals so innigen Verhältnis des Menschen zur Natur entdecken. Die Jahreszeiten prägten stärker als heute Alltag und Lebensweise der Bauern, Handwerker, Gesellen und Knechte.

Und was den Menschen damals besonders lieb war und besonders schön, das verglichen sie eben mit den bewundernswerten Schöpfungen der Natur: Himbeermund, Veilchenaugen, Rosenwangen …

So verwundert es nicht, daß auch die Schätze der Natur, die ohne menschliches Zutun wuchsen, ihre »Geschenke« also, einen Ehrenplatz auf der Tafel hatten. Überhaupt sind allein der Naschhaftigkeit unserer Vorfahren heutige Kulturobstsorten zu danken. Aus Funden in Schweizer Pfahlbauten weiß man, daß bereits in der Jungsteinzeit die Frauen Wildfrüchte sammelten: Kornelkirschen, Schlehen, Holunderbeeren, Himbeeren, Brombeeren, Walderdbeeren. Aus weggeworfenen oder unversehrt ausgeschiedenen Samenkörnern wuchsen dann in der näheren Umgebung menschlicher Siedlungen Obstbäume und -büsche. Da die Menschen immer nur die größten und saftigsten Früchte sammelten, trafen sie dabei eine Art Auslese. Begünstigt wurde die Entwicklung durch natürliche Kreuzungen, die bei dem engen Nebeneinander verschiedener Sorten möglich wurde. Die ersten Apfelsorten, die sogenannten »Pfahlbauäpfel«, sind Bastarde von Paradies- und Holzäpfeln und übertrafen ihre sauren »Eltern« an Größe wie an Wohlgeschmack.

Die Griechen und Römer betrieben bereits einen sehr systematischen Obstbau, ganz Italien war ein einziger Garten.

Im alten Germanien setzte diese Entwicklung erst um 800 ein, etwa unter Karl dem Großen (742–814). Die Gärten blieben aber bis weit über das

Mittelalter hinaus fast ausschließlich eine Domäne der Fürsten und der Klöster, so daß die einfachen Menschen weiter sammelten. Dabei wurden überwiegend Kern- und Steinobstsorten kultiviert, der Geschmack »wilder« Beeren ist oftmals noch heute nicht erreicht. Wer eine Handvoll Walderdbeeren genießt, wird danach sogar die gezuckerten Gartenfrüchte der gleichen Art fad und geschmacklos finden.

Die Wildsorten von Äpfeln und Birnen vergärte man ehemals meist zu jenem vielgepriesenen »Cider«; roh waren die Früchte kaum genießbar.

Die meisten Früchte aber haben kaum an Beliebtheit eingebüßt. Himbeeren, Brombeeren, Heidelbeeren, Preiselbeeren, Moosbeeren, Walderdbeeren werden mit gleicher Mühe wie ehedem gesammelt und mit gleichem Genuß verzehrt. Anders dagegen bei Holunder, Hagebutten und Sanddornbeeren. Immer weniger Menschen unterziehen sich der Aufgabe, selbst zu ernten, was so reichlich in Wäldern wächst. Sie wollen es gern in Drogerie oder Apotheke als fertig verpackten Tee oder Saft kaufen. Wie soll es aber dort ins Angebot kommen, wenn keiner pflückt? Ein Kreislauf. Vielleicht erklärt er sich aus einer größeren Unsicherheit gegenüber dem Gewachsenen. Denn es gibt auch einige giftige Sorten: Tollkirsche, Seidelbast, Bittersüß, Einbeeren, Maiglöckchen gehören dazu. Für ungenießbar halten wir heute: Heckenkirschen und Ligusterbeeren.

Allein, die schmackhaften Sorten sind so eindeutig zu erkennen, daß kaum einer fehlgehen kann. Einige Regeln beachteten schon unsere Vorfahren: Holunderbeeren müssen vollreif sein, wenn man sie schneidet. Schlehen schmecken besonders gut, wenn Frost darinnen war, und Kornelkirschen sollen gar überreif sein, bevor man sie erntet. Bei den übrigen Sorten läßt sich Unreife deutlich an Farbe und Geschmack erkennen.

Man sollte auch heute wieder mehr auf diese natürlichen Resourcen zurückgreifen. Ein Glas Preiselbeerkompott, im Sommer nach eigener Ernte eingekocht, gibt kurz vor Weihnachten der Hausfrau ungeheure Vorfreude auf den bevorstehenden »Hasenbraten«.

Welche Verluste unsere heutige Kochsitte diesbezüglich gebracht hat, mag ein Kochbuch aus dem Jahre 1835[46] belegen: Es empfiehlt der Hausfrau acht Wildfruchtgelees, 39 Wildfruchtkompotte und zwei Wildfruchtmuse, vom Einlegen, Dörren, Vergären, Entsaften und dergleichen mehr gar nicht erst zu sprechen.

Die »vornehme Küche« hat derlei Speisen kaum berücksichtigt. Fremdländisches war viel bedeutsamer als die Dinge, die da jeder, der wollte, einsammeln konnte.

Wer sich für Wildfrüchte entscheidet, steckt also mitten in der Geschichte und Volkstradition.

Hackbraten »Chartreuse«

2 Zwiebeln, 25 g Margarine, 4 Möhren,
3 Stangen Porree, Salz, 500 g Gehacktes,
2 Eier, 1 altbackenes Brötchen,
1 Teel. Paprika, Thymian und Muskat.

Die geschälten Zwiebeln kleinschneiden und in der heißen Margarine glasig dünsten. Möhren und Porree putzen, beides in Scheiben schneiden und in ½ Tasse Salzwasser dünsten, dann abgießen. Gehacktes mit den Eiern, dem eingeweichten, ausgedrückten Brötchen, Salz, Paprika, Thymian und Muskat vermischen. Die gedünsteten Zwiebeln zugeben und alles gut verarbeiten. Eine gefettete feuerfeste Form mit Porree- und Möhrenscheiben auslegen. Die Hälfte vom Gehackten daraufgeben, mit Gemüsescheiben bedecken und mit der restlichen Fleischmasse abschließen. Bei 200 °C etwa 45 Minuten in der Röhre garen. Herausnehmen und nach 10 Minuten auf eine Platte stürzen. Mit Kartoffelbrei servieren.

Hackfleisch-Gemüse-Auflauf

250 g Möhren, 250 g grüne Bohnen,
Salz, 1 Prise Zucker, 20 g Butter oder
Margarine, 500 g Tomaten, 3 Zwiebeln,
½ Knoblauchzehe, 500 g Gehacktes
halb und halb, 1 Eßl. Senf, Pfeffer,
Muskatnuß, frisches Bohnenkraut.
Für den Guß: 2 Eier, ⅛ l Joghurt,
Salz, Pfeffer, Muskatnuß, 1 Eßl. Mehl.

Das Gemüse putzen und waschen, die Möhren in Scheiben, die Bohnen in Stücke schneiden. Das Gemüse in wenig Salzwasser mit einer Prise Zucker und 1 Teelöffel Butter wenige Minuten dünsten und abtropfen lassen. Die Tomaten brühen, häuten, halbieren, entkernen und in Streifen schneiden. Zwiebeln und den Knoblauch schälen. Die Zwiebeln würfeln, den Knoblauch zerdrücken. Das zerpflückte Gehackte in der restlichen Butter oder Margarine anbraten, Zwiebel und Knoblauch zufügen und alles durchschmoren. Mit Senf, Salz, Pfeffer und Muskat abschmecken. Das Gemüse mit dem gehackten Bohnenkraut würzen und unter die Hackfleischmasse mischen. Abwechselnd mit den Tomaten in eine Auflaufform schichten, mit einer Schicht Tomaten abschließen. Die Eier mit dem Joghurt, mit Salz, Pfeffer, Muskat und Mehl verquirlen und über den Auflauf gießen. 40 bis 60 Minuten backen, bis der Auflauf goldbraun ist.

Hackfleisch-Pie
(Für 12 bis 15 Personen)

Für den Quarkblätterteig: *250 g Mehl,*
½ Päckchen Backpulver, 250 g Magerquark, 1 Teel. Salz, 250 g Margarine.
Für die Füllung: *2 Wurzelwerk,*
2 Zwiebeln, 2 Knoblauchzehen,
750 g Gehacktes, 250 g Geschabtes,
2 Eier, 2½ Teel. Salz,
2 Teel. Thymian, Pfeffer, 1 Eigelb,
2 Eßl. Kondensmilch.

Mehl und Backpulver mischen, Quark, Salz und gut gekühlte Margarine daraufgeben und alles rasch zu einem Teig verkneten. 30 Minuten im Kühlschrank ruhen lassen. Dann den Teig auf einer bemehlten Unterlage ausrollen, zusammenklappen, wieder ausrollen sowie zusammenklappen und wieder ruhen lassen. Diesen Vorgang mindestens dreimal wiederholen. Für die Füllung das geputzte und gewaschene Wurzelwerk kleinschneiden und zusammen mit den geschälten Zwiebeln und Knoblauchzehen durch die feine Scheibe des Wolfs drehen. Diese Masse mit Gehacktem, Geschabtem und Eiern zu einem Teig verkneten und mit Salz, Pfeffer und Thymian würzen. Die Saftpfanne des Backofens oder eine Bratpfanne leicht fetten. Die Hälfte des Teiges dünn ausrollen und den Boden der Pfanne damit auslegen, dabei einen Rand hochziehen. Den Fleischteig daraufgeben und glattstreichen. Den restlichen Teig ebenfalls dünn ausrollen, den Fleischteig damit bedecken. Aus Teigresten Verzierungen ausstechen und auf dem Teigdeckel anordnen. In die Mitte des Teigdeckels zwei Löcher einschneiden, damit der Dampf abziehen kann. Eigelb und Milch verquirlen, den Pie damit bestreichen und im vorgeheizten Ofen bei 200 °C etwa 1 Stunde backen. Noch warm servieren.

Hackfleisch-Pirogge
(Für 10 Personen)

600 g Mehl, Salz, 200 g Margarine,
¼ l Milch, 40 g Hefe, 5 Zwiebeln,
2 Eßl. Öl, 2 Eßl. Curry,
1 Tasse Weißwein, 600 g Geschabtes,
200 g Gehacktes (auch nur Gehacktes),
3 Eier, Semmelbrösel, Pfeffer,
Paprika, Kümmel.

Das Mehl in eine Schüssel sieben, in die Mitte eine Vertiefung drücken. Salz auf den Rand streuen, Margarine-

flocken darauf verteilen. In der lauwarmen Milch die Hefe auflösen und in die Mitte gießen. Alles zu einem Teig verarbeiten, am besten mit den Knethaken des Rührgerätes. 20 Minuten gehen lassen. Inzwischen die geschälten Zwiebeln halbieren und in Scheiben schneiden. Im erhitzten Öl glasig dünsten und mit wenig Salz würzen. Curry über die Zwiebeln geben, durchrühren und kurz mitdünsten. Den Wein zugießen, so lange schmoren lassen, bis die Flüssigkeit fast verdampft ist. Das Fleisch mit Salz, Pfeffer, Paprika, Kümmel, 2 Eiern und den Semmelbröseln zu einer geschmeidigen Masse verarbeiten. Die abgekühlte Zwiebelmasse zugeben und gut untermengen. Den gegangenen Hefeteig kurz durchkneten und zu einem großen Rechteck ausrollen. Die Fülle daraufstreichen, an den Seiten den Teig wenig einschlagen, von der Längsseite her aufrollen und zu einem großen Horn formen. Mit dem verquirlten Eigelb bestreichen, mit reichlich Kümmel bestreuen. In der vorgeheizten Röhre bei Mittelhitze backen, bis die Pirogge eine schöne braune Farbe hat. Heiß servieren.

Hagebuttensoße

100 g Hagebuttenmark, 80 ml Sahne,
4 cl Dessertwein, Zucker, Zitronensaft,
Salz, Cayennepfeffer.

Das Hagebuttenmark mit der Sahne und dem Wein verrühren. Dann mit etwas Zucker, Zitronensaft, Salz und Cayennepfeffer pikant abschmecken und kalt stellen.

Als würzige Zugabe für Wildschweinbraten, Wildgeflügel oder Hasenbraten sowie Wildschinken ist Hagebut-
tensoße fast unübertroffen.

Hähnchen à la Madras

1 Broiler, Pfeffer, Salz, 3 Eßl. Mehl,
80 g Butter, 1 Zwiebel, 1 Knoblauch-
zehe, ¼ Sellerieknolle, 2 Äpfel,
2 Teel. Curry, ¼ l saure Sahne,
1 Eßl. Stärkemehl.

Das küchenfertige Hähnchen vierteln,
mit Pfeffer und Salz würzen und in
Mehl wälzen. In einem flachen Topf
die Butter erhitzen, die Hähnchenstücke darin anbraten und bei geschlossenem Topf weiterbraten. Zwiebel, Knoblauch, Sellerie und Äpfel
putzen, schälen, in Stücke schneiden
und feinreiben. Mit dem Curry zum
Fleisch geben. Das Gericht zugedeckt
etwa 20 Minuten schmoren lassen, bis
das Hähnchen weich ist. Auf einer
vorgewärmten Platte anrichten. Die
Soße mit saurer Sahne und Stärkemehl binden und über die Hähnchenstücke geben. Als Beilage Reis und Salat servieren.

Hähnchen auf ägyptische Art

1 Broiler, Pfeffer, Salz,
1 Packung Kurzkoch-Reis, ⅛ l Brühe,
50 g Margarine, 1 Zwiebel,
Cayennepfeffer, 4 Eßl. Öl.

Das küchenfertige Hähnchen innen
und außen mit Pfeffer und Salz einreiben. Kurzkoch-Reis in der Brühe körnig kochen und abtropfen lassen. In
der Margarine die in Würfel geschnittene Zwiebel anschwitzen, den Reis
zugeben und sehr kräftig mit Cayennepfeffer und etwas Salz würzen. Den
Reis in das Hähnchen füllen und zunähen. In einer Pfanne mit dem heißen Öl oder auch im Grill etwa 40 Minuten knusprig braun braten. Bei
Bedarf mit etwas Wasser ablöschen.
Dazu einen Salat reichen.

Hähnchen auf griechische Art

1 Broiler, Pfeffer, Salz, 4 Eßl. Öl,
50 g Margarine, 1 Zwiebel,
1 Knoblauchzehe, ½ Tasse Weißwein,
500 g frischer Spinat, ¼ l Brühe,
3 Eßl. Mehl, ⅛ l Kondensmilch.

Das küchenfertige Hähnchen vierteln,
mit Pfeffer und Salz würzen und im
heißen Öl etwa 20 Minuten unter öfterem Wenden braten. Dann das
Fleisch herausnehmen und warm stellen. Zum Bratfett die Margarine geben
und darin die in Würfel geschnittene
Zwiebel und die zerdrückte Knoblauchzehe anschwitzen, mit dem
Weißwein ablöschen. Den Spinat putzen, waschen, grobschneiden und mit
der Brühe in dem Bratsud zugedeckt
dünsten. Das Fleisch zugeben und garen. Das Mehl mit der Kondensmilch
verrühren und die Soße damit binden.
Das Fleisch in der Soße servieren.

Hähnchen auf indische Art

1 Broiler, Kräutersalz, Edelsüß-
Paprika, 2 Eßl. Öl, 1 Banane,
1 Apfel, 1 Eßl. Curry, ¼ l gekörnte
Hühnerbrühe, ⅛ l Sahne,
1 Eßl. Stärkemehl, 1 Eßl. geriebene Mandeln.

Das küchenfertige Hähnchen mit Kräutersalz und Paprika einreiben und im heißen Öl anbraten. In der Backröhre bei 200°C etwa 40 Minuten fertiggaren. In den Bratensatz die geschälte und in Scheiben geschnittene Banane und den geschälten und in Würfel geschnittenen Apfel geben und kurz dünsten. Curry darüberstreuen, mit der Hühnerbrühe auffüllen und durchkochen. Die Sahne mit dem Stärkemehl verquirlen und die Soße damit andicken. Mit den Mandeln verfeinern und über die tranchierten Hähnchenstücke geben.
Zu diesem exotischen Gericht körnig gekochten Reis und frischen Kopfsalat reichen.

Hähnchen auf Jäger-Art

1 Broiler, Pfeffer, Salz,
100 g Margarine, 1 Zwiebel,
200 g Hühnerleber,
200 g Waldpilze,
1 Glas Rotwein, 3 Eßl. Sahne,
2 Eßl. Mehl, 1 Bund Petersilie.

Das gewaschene Hähnchen vierteln, mit Pfeffer und Salz einreiben und in der heißen Margarine von beiden Seiten kräftig anbraten. Danach die Hähnchenstücke herausnehmen. Im Bratfett nun die in Würfel geschnittene Zwiebel und die in Stücke geschnittene Hühnerleber anbraten. Die in Scheiben geschnittenen Waldpilze zufügen. Die Tomaten kurz brühen, abziehen und in Würfel schneiden. Dann die Hähnchenstücke und die Tomatenwürfel wieder zugeben und mit Rotwein zu Ende garen. Die Soße mit der Sahne und dem darin verrühr-

ten Mehl binden. Mit gehackter Petersilie bestreuen und mit Kartoffelbällchen servieren.

Hähnchen auf neapolitanische Art

1 Broiler, Salz, 5 Eßl. Öl,
Rosenpaprika, Thymian, Rosmarin,
1 Knoblauchzehe, 4 Tomaten,
1 kleine Zwiebel.

Den küchenfertigen Broiler vierteln und salzen. Im heißen Öl die Broilerstücke von beiden Seiten knusprig bräunen. Mit Rosenpaprika, Thymian, Rosmarin und der zerdrückten Knoblauchzehe würzen und mit etwas Wasser oder einem Spritzer Weißwein ablöschen. Die Tomaten kurz brühen, abziehen, in Scheiben schneiden und zu dem Hähnchen geben. Ebenfalls die in Würfel geschnittene Zwiebel zufügen. Mit geschlossenem Deckel 45 Minuten garen.
Zu diesem Gericht Reis servieren. Es kann aber auch kalt mit Weißbrot aufgetragen werden.

Hähnchen aus der Normandie

1 Broiler, Salz, 80 g Margarine,
4 saure Äpfel, 1 Teel. Zucker,
4 cl Apfelkorn, ⅛ l Brühe,
1 Eßl. Stärkemehl.

Das Hähnchen waschen und salzen. In der heißen Margarine in der Röhre langsam braten, bis es gar ist, herausnehmen und warm stellen. Die Äpfel schälen, das Kerngehäuse entfernen, in Achtel schneiden und in den Bratensatz geben. Mit dem Zucker überstreuen, mit dem Apfelkorn marinieren und mit der Brühe bei geschlossenem Topf gardünsten.

Die Apfelsoße mit dem angerührten Stärkemehl leicht binden und über die Hähnchenstücke geben. Dazu frischen Toast reichen.

Hähnchen »Balkan-Art«

1 Broiler, Salz, Pfeffer,
50 g Bauchspeck, 1 Zwiebel,
100 g frische Champignons,
100 g Geflügelleber, Cayennepfeffer,
Majoran, 1 Brötchen, 1 Ei,
1 Bund Petersilie, 2 Eßl. Öl.

Das vorbereitete Hähnchen mit Salz und Pfeffer würzen. In einer Pfanne den in Würfel geschnittenen Speck auslassen und die kleingeschnittene Zwiebel glasig schwitzen. Darin die Champignons und die Geflügelleber – beides feingehackt – anrösten und mit Salz, Cayennepfeffer und Majoran würzen. Das eingeweichte, ausgedrückte Brötchen, Ei und gehackte Petersilie zugeben und mit dieser Masse das Hähnchen füllen. Das zugenähte Hähnchen mit Öl einpinseln und im Grill oder der Backröhre etwa 45 Minuten garen. Zu dieser schmackhaften Spezialität vom Balkan frisches Weißbrot und kräftigen Wein reichen.

Hähnchenbrust auf Toast

4 Hähnchenbrüste, Pfeffer, Salz,
2 Scheiben Schnittkäse, 2 Scheiben
Kochschinken, 2 Eßl. Mehl, 2 Eier,
1 Tasse Semmelbrösel, 3 Eßl. Öl,
4 Scheiben Ananas, 4 Scheiben Weißbrot, 50 g Butter.

Die Hähnchenbrüste von den Knochen befreien, mit Pfeffer und Salz würzen und mit je einer halben Scheibe Schinken und Käse belegen. Die Hähnchenbrüste zusammenlegen, mehlieren, durch das geschlagene Ei ziehen und in Semmelbröseln wenden. Anschließend im heißen Öl goldbraun braten. Im Bratensatz die Ananasscheiben glasieren, das Weißbrot toasten und mit Butter bestreichen. Auf dem Toast die Ananasscheiben und die Hähnchenbrüste anrichten.

Hähnchenbrüste in Sellerie-Champignon-Soße

4 Broilerbrüste, Pfeffer, Salz,
3 Eßl. Mehl, 100 g Margarine,
2 Zwiebeln, 2 Knoblauchzehen,
½ Sellerieknolle, 250 g frische
Champignons, 1 Glas Weißwein,
¼ l Kondensmilch, 1 Eßl. Stärkemehl,
50 g Reibekäse, 1 Bund Petersilie.

Die Hähnchenbrüste von Haut und Knochen befreien und flachklopfen. Dann mit Pfeffer und Salz einreiben, mehlieren und in der Margarine von beiden Seiten goldbraun braten. Herausnehmen und warm stellen. In dem Bratfett die in Würfel geschnittenen Zwiebeln, die zerdrückten Knoblauchzehen, den in kleine Würfel geschnittenen Sellerie und die in Scheiben geschnittenen Champignons kurz andünsten. Den Weißwein zugeben und nochmals 5 Minuten dünsten. Mit dem in der Kondensmilch angerührten Stärkemehl zu einer Soße verkochen. Die Hähnchenschnitzel darin erhitzen. Zuletzt mit Reibekäse und gehackter Petersilie bestreuen.

Hähnchenbrust Pariser Art

4 Hähnchenbrüste, 1 Glas Dessertwein,
2 Eier, 2 Eßl. geriebene Mandeln,
Salz, weißer Pfeffer, Worcestersauce,
3 Eßl. Mehl, 80 g Butter.

Die Hähnchenbrüste entbeinen und mit dem Dessertwein in einer Schüssel marinieren. Zugedeckt etwa 1 Stunde im Kühlschrank ziehen lassen. Die Eier mit den Mandeln verschlagen. Die Hähnchenbrüste herausnehmen, abtropfen lassen und mit Salz, Pfeffer und Worcestersauce würzen. Danach mehlieren und durch das geschlagene Ei ziehen. In der heißen Butter bei mittlerer Hitze braun braten. Als Beilage kleine Petersilienkartoffeln und Erbsengemüse reichen.

Hähnchen »Dänemark«

1 Broiler, Pfeffer, Salz, 3 Eßl. Öl,
100 g durchwachsener Speck, 2 Äpfel,
1 Teel. Butter, 1/2 Zitrone,
1 Eßl. gebräunter Zucker,
1/2 Teel. Majoran.

Das küchenfertige Hähnchen längs halbieren und die Knochen herauslösen. Mit Pfeffer und Salz einreiben und im heißen Öl auf beiden Seiten hellbraun anbraten. In einer Pfanne den in Würfel geschnittenen Speck auslassen, die in kleine Scheibchen geschnittenen Äpfel zugeben und Butter, Zitronensaft, Zucker und Majoran darübergeben. Alles über das Hähnchen füllen und in der Backröhre noch etwa 20 Minuten schmoren lassen. Zu diesem dänischen Hähnchen Toast und in Butter gebratene Pilze reichen.

Hähnchen Gourmet

1 Broiler, Salz, 100 g Margarine,
1 Glas trockener Sekt, 2 Eßl. Brühe,
50 g Butter, 1/2 Zitrone, 2 cl Curaçao,
1 Apfelsine, 1 Eßl. Rosinen.

Das Hähnchen leicht salzen und in der Margarine anbraten, ablöschen und langsam garschmoren, danach herausnehmen und warm stellen. Den Bratensatz mit dem Sekt ablöschen, auf die Hälfte einkochen lassen und die Brühe zugeben. Die Soße mit Butter verfeinern. Das Hähnchen mit einer Mischung aus Zitronensaft und Curaçao einpinseln und mit Apfelsinenscheiben und Rosinen garnieren. Darüber die Soße geben. Als Beilage Buttertoast oder Weißbrot reichen.

Hähnchen »Gute Frauenart«

1 Broiler, Salz, Pfeffer,
100 g Geflügelleber, 100 g Gehacktes,
1 altbackenes Brötchen, 1 Ei, 1 Bund
Petersilie, 150 g fetter Speck in
Scheiben, 10 kleine Zwiebeln,
100 g magerer Speck, 50 g Margarine,
8 Kartoffeln.

Das küchenfertige Hähnchen waschen, trockentupfen und mit Salz und Pfeffer einreiben. Die gehackte Geflügelleber mit dem Gehackten und dem eingeweichten, ausgedrückten Brötchen, dem Ei sowie der gewiegten Petersilie vermischen und diese Masse in das Hähnchen füllen. Dann das Hähnchen mit dem fetten Speck umlegen und festbinden. In einem Topf Zwiebelwürfel, den in Würfel geschnittenen Speck und die Margarine mit dem Hähnchen anbraten. Nach etwa 30 Minuten rohe Kartoffelwürfel zugeben, öfter durchrühren und bei geschlossenem Topf nochmals 20 Minuten garen. Das fertige Hähnchen tranchieren und auf den Kartoffelstücken anrichten. Dazu frische Salate reichen.

Hähnchenkeulen »Noisse-Bé«

4 Hähnchenkeulen, Pfeffer, Salz,
4 Eßl. Öl, 2 grüne Paprikafrüchte,
2 Zwiebeln, 1/8 l Weißwein,
2 Scheiben Zitrone,
2 Teel. grüne Pfefferkörner,
1 Eßl. scharfer Senf, 1/8 l Kondens-
milch, 1 Bund Petersilie.

Die Hähnchenkeulen mit Pfeffer und Salz einreiben und im heißen Öl anbraten. Die Paprikafrüchte putzen und in kleine Würfel schneiden. Mit den Zwiebelwürfeln zum Fleisch geben, ebenfalls anbraten, mit Weißwein ablöschen, die Zitrone zugeben und 30 Minuten schmoren lassen. Den grünen Pfeffer zufügen und ohne Deckel fertig garen. Senf, die Kondensmilch und gehackte Petersilie einrühren und etwas einkochen lassen. Die Hähnchenkeulen anrichten und mit Soße überziehen. Als Beilage körnigen Reis und Tomatensalat servieren.

Hähnchen in Aluminiumfolie

1 Broiler, Salz, Pfeffer, 1 Zwiebel,
50 g Margarine, 1 Eßl. Senf,
1 Teel. Zucker, 1 Zitrone.

Das küchenfertige Hähnchen waschen, trockentupfen und innen mit Salz und Pfeffer einreiben. Die Zwiebel in feine Würfel schneiden. Die Margarine zerlassen, mit Senf, Zucker, Zitronensaft und Zwiebelwürfeln verrühren und damit das Hähnchen bestreichen. Das Hähnchen auf ein Stück Alufolie von etwa 40 cm × 40 cm legen und sorgfältig einwickeln. Die Enden der Folie ein- bis zweimal falten und die seitlichen Falze nach oben biegen. Im vorgeheizten Ofen auf dem Rost bei 200 °C 1 Stunde garen. In einer tiefen Schale servieren und am Tisch öffnen, tranchieren und mit dem Bratensaft übergießen. Dazu Butterreis und verschiedene frische Salate reichen.

Hähnchen in Senfkruste

4 Broilerkeulen, 2 cl Weinbrand,
2 Knoblauchzehen, Salz,
2 Eßl. Kräutersenf, 2 Eßl. Thymian,
2 Eßl. Weißwein.

Die Hähnchenkeulen häuten und mit dem Weinbrand beträufeln. Die Knoblauchzehen schälen, mit Salz zu Mus zerdrücken und unter den Senf rühren. Die Keulen salzen und mit dem Senf bestreichen, den Thymian darüberstreuen und andrücken. Die Keulen auf je 1 Blatt Alufolie legen, die Seiten hochschlagen und mit etwas Weißwein beträufeln. Die Folie schließen und im Backofen bei 200 °C etwa 25 Minuten garen lassen. Danach die Foliepäckchen öffnen und noch 5 Minuten offen braten. Auf Tellern anrichten und den Bratensaft aus der Folie angießen. Als Beilage Butternudeln oder Reis und reichlich frischen Salat reichen.

Hähnchen »Marengo«

*1 Broiler, 4 Eßl. Öl, Salz, Pfeffer,
1/8 l trockener Weißwein, 4 Tomaten,
8 kleine Zwiebeln, 1 Eßl. Butter,
1 Teel. Zucker, 1/8 l Hühnerbrühe,
1 Bund Petersilie, 150 g Champignons.*

Das Hähnchen waschen, trockentupfen und in 8 Stücke teilen. In einem Brattopf das Öl erhitzen, die Hähnchenstücke salzen und pfeffern und im heißen Öl ringsherum 10 Minuten anbraten, dann den Wein zugeben. Die Tomaten kurz brühen, häuten und vierteln, ebenfalls zum Hähnchen geben. Alles bei milder Hitze 30 Minuten schmoren lassen.
Die Zwiebeln schälen und in einer Stielpfanne mit der Butter, dem Zucker und einer Prise Salz unter Schwenken der Pfanne leicht bräunen. Die Hühnerbrühe zugeben und 5 Minuten leicht kochen lassen, danach über die Hähnchen geben. Die Petersilie waschen und feinhacken und mit den geschnittenen Champignons 5 Minuten vor Ende der Garzeit zu den Hähnchenstücken geben. Dazu passen frisches Weißbrot und Gurken- oder Tomatensalat.

Hähnchen »Marquis«

*1 Broiler, 5 Eßl. Weißwein,
1/2 Zitrone, 1 Messerspitze Thymian,
1 Eßl. gehackte Petersilie, 1 Lorbeerblatt, Salz, Pfeffer, 5 Eßl. Mehl,
2 Eier, 100 g Semmelbrösel, Öl.*

Das küchenfertige Hähnchen in Keulen und Brust zerlegen und das Fleisch von den Knochen lösen. Aus Weißwein, Zitronensaft, Thymian, Pe-

tersilie und dem Lorbeerblatt eine Marinade bereiten und das Fleisch 1 Stunde hineinlegen. Danach gut abtropfen lassen, die Fleischstücke salzen, pfeffern und in Mehl wenden. Dann durch geschlagenes Ei ziehen und mit den Semmelbröseln panieren. Schwimmend im heißen Öl backen, bis das Hähnchen gebräunt ist, dabei öfter wenden.
Zu diesem schmackhaften Hähnchen Kartoffelpüree und einen frischen Salat reichen.

Hähnchen nach englischer Art

*1 Broiler, Salz, Pfeffer, 2 Äpfel,
1 Apfelsine, 100 g Geflügelleber,
50 g Öl, 1 Zwiebel, 1 Möhre,
1 Eßl. Tomatenmark, 1 Glas Dessertwein, 1/4 l Brühe, 1 Eßl. Stärkemehl,
1 Dose Erbsen, 50 g Butter,
1 Eßl. Pfefferminze, Zucker.*

Das küchenfertige Hähnchen salzen, pfeffern und mit den in Würfel geschnittenen Äpfeln, der gewürfelten Apfelsine und der kleingeschnittenen Geflügelleber füllen. Etwas abgeriebene Apfelsinenschale zugeben und die Öffnung zustecken. In dem heißen Öl in der Röhre 40 Minuten braten. Im Bratensatz kleingeschnittene Zwiebel und Möhre mit anbraten. Das fertige Hähnchen herausnehmen und warm stellen. Tomatenmark zum Bratenfett geben und noch etwas mitbraten lassen, dann mit Wein und Brühe abkochen und durch ein Sieb geben. Die Soße mit angerührtem Stärkemehl leicht binden. Die Flüssigkeit der Erbsenkonserve mit dem Pfefferminzkraut aufkochen und nach 3 Minuten durch ein Sieb auf die Erbsen geben. Diese mit der Butter 10 Minuten ziehen lassen und mit einer Prise Zucker und Salz abschmecken. Die Erbsen extra zum Hähnchen reichen. Zu diesem Gericht passen Kartoffelchips oder Pommes frites.

Hähnchen nach Schweizer Art

1 Broiler, Pfeffer, Salz, Edelsüß-Paprika, 50 g Margarine, 1 Zwiebel, 1 Möhre, ¹/₂ Sellerieknolle, ¹/₂ Stange Porree, 100 g frische Champignons, 2 Eßl. Weißwein, 2 Eßl. Sahne, 1 Teel. Mehl.

Das vorbereitete Hähnchen vierteln, mit Pfeffer, Salz und Paprika würzen und in der Hälfte der Margarine anbraten. Nach 20 Minuten das gewürfelte Gemüse, die in Scheiben geschnittenen Champignons und den Weißwein zugeben und mit dem Gemüse garschmoren. Die Hähnchenstücke herausnehmen, die Sahne zugeben und mit der in Mehl verkneteten restlichen Margarine sämig rühren. Die fertige Gemüsesoße über die Hähnchenteile geben und servieren. Dazu frisches Weißbrot und Kartoffeln reichen.

Hähnchen »Porto Rico«

1 Broiler, Pfeffer, Salz, 50 g Margarine, 2 große Zwiebeln, 150 g Geflügelleber, 4 Eßl. Öl, 4 Tomaten, ¹/₂ Glas Perlzwiebeln, 12 Oliven, Cayennepfeffer.

Das küchenfertige Hähnchen innen und außen mit Pfeffer und Salz würzen. In der Margarine die Zwiebelringe anschwitzen, die kleingeschnittene Leber darin dünsten und mit Pfeffer und Salz würzen. Das Hähnchen damit füllen, zustecken und im Öl von allen Seiten anbraten. Im Ofen oder im Grill unter Begießen fertigbraten, herausnehmen und warm stellen. Im Bratfond die geviertelten Tomaten, die Perlzwiebeln und Oliven kurz anbraten und mit Cayennepfeffer kräftig abschmecken. Diese bunte Beilage über die tranchierten Hähnchenstücke geben und Reis dazu servieren.

Hähnchenragout mit Mandeln

600 g Hähnchenbrust, 50 g Butter, 2 Zwiebeln, Pfeffer, Salz, 1 Teel. Curry, ¹/₄ Dose Ananas, 1 Eßl. grüner Pfeffer, 1 Glas Dessertwein, 50 g Mandeln, 1 Teel. Stärkemehl.

Die Hähnchenbrüste entbeinen, von der Haut befreien und in kleine Streifen schneiden. In einem flachen Topf die Butter erhitzen und darin die feingeschnittene Zwiebel anschwitzen. Das Fleisch zugeben, mit anbraten und mit Pfeffer und Salz würzen. Danach mit Curry bestäuben. Ananas und den grünen Pfeffer zugeben. Das Ragout mit dem Dessertwein ablöschen und mit den grobgehackten Mandeln kräftig durchkochen. Mit etwas angerührtem Stärkemehl leicht binden und nochmals abschmecken. Als Beilage zu diesem exotischen Gericht körnig gekochten Reis servieren. Anstelle von Ananas können auch Pfirsiche verwendet werden.

Hähnchenspieße nach Budapester Art

2 Hähnchenbrüste, 200 g Geflügelleber,
2 Zwiebeln, 2 Paprikafrüchte,
1 Bund Schnittlauch, 4 Eßl. Öl,
1 Glas Rotwein, 1/2 Tasse gekörnte
Brühe, 1 Eßl. Stärkemehl, Edelsüß-
Paprika, Pfeffer, Salz.

Das Fleisch der Hähnchenbrüste von den Knochen lösen und in Stücke schneiden, ebenfalls die Geflügelleber. Die Zwiebeln schälen, vierteln und in Blätter teilen. Die Paprikafrüchte waschen, putzen und in kleine Würfel schneiden. Abwechselnd Hähnchenbrust, Zwiebel, Leber und wieder Brustfleisch auf die Schaschlykspieße stecken, mit Paprika, Pfeffer und Salz würzen und im heißen Öl braten. Danach herausnehmen und warm stellen. Im Bratensatz die Paprikawürfel weichdämpfen und den kleingeschnittenen Schnittlauch zufügen. Zuletzt den Rotwein zugießen. Die Soße mit dem in der gekörnten Brühe angerührten Stärkemehl binden. Die gebratenen Spieße mit der Soße überziehen. Dazu körnigen Reis oder Teigwaren reichen.

Hähnchen »Winzer-Art«

1 Broiler, Salz, Pfeffer,
50 g Margarine, 1/4 l trockener Wermut-
wein oder Weißwein, 250 g helle Wein-
trauben, 1/4 l Sahne, 1 Teel. Edelsüß-
Paprika.

Den küchenfertigen Broiler waschen, trockentupfen, innen mit Salz und Pfeffer und außen mit Paprika einreiben. In einem Schmortopf die Marga-

rine erhitzen, das Hähnchen bei mittlerer Hitze etwa 10 Minuten anbraten. Den Wein zugeben und alles bei geschlossenem Topf 45 Minuten schmoren lassen. Die Weinbeeren waschen, abzupfen, halbieren und die Kerne entfernen. Das fertige Hähnchen teilen, auf einer Platte anrichten und warm stellen. Den Bratensatz im Topf mit etwas Wasser loskochen, die Sahne einrühren und mit Salz und Pfeffer abschmecken. Zuletzt die Weinbeeren zugeben und das ganze nochmals erhitzen, aber nicht kochen. Die fertige Soße über das Hähnchen geben und servieren. Mit Salzkartoffeln auftragen.

Halberstädter Würstchenspieß

8 Halberstädter Würstchen (aus der
Dose), 100 g Salami, 16 Champignon-
köpfe, 1/8 Glas marinierter Paprika,
40 g Butter, 1 Flasche Ketchup.

Die Würstchen vierteln, Salami in Würfel, den marinierten Paprika in Scheiben schneiden und. alles im Wechsel mit den Champignonköpfen auf Spieße stecken. In Butter braten, den Ketchup extra reichen.
Als Beilage eignet sich frisches Toastbrot.
Dieses Gericht eignet sich auch für ein Gartenfest zum Grillen auf dem Holzkohlegrill.

Halbseidene Klöße

400 g Kartoffelmehl, 1/2 l Milch,
1 Ei, 5 gekochte Kartoffeln, Salz,
30 g Margarine, 50 g Weißbrot.

Das mit kochender Milch gebrühte Kartoffelmehl, Ei, geriebene Kartoffeln und Salz verarbeiten. Klöße formen und mit den in heißer Margarine gerösteten Semmelwürfelchen füllen. In leise siedendem Salzwasser – je nach Größe – 10 bis 15 Minuten kochen.

Ham and eggs

4 Scheiben roher Schinken oder Schinkenspeck, Butter, 4 Eier.

Die Schinkenscheiben in heißem Fett zunächst von einer Seite anbraten, dann wenden und die Eier vorsichtig, damit die Dotter nicht verletzt werden, darüberschlagen. So lange braten, bis das Eiweiß gestockt ist.

Hammelgulasch

500 g Hammelschulter ohne Knochen, 1 Eßl. Schmalz, 2 große Zwiebeln, 1 Teel. Edelsüß-Paprika, 2 Tassen Brühe oder Wasser, 2 Knoblauchzehen, Salz, Pfeffer, Thymian, 2 Tomaten, 1 grüne Paprikafrucht, Mehl.

Die Hammelschulter in Würfel schneiden, Schmalz erhitzen und die feingeschnittenen Zwiebelscheiben goldgelb rösten. Den Paprika zugeben, kurz aufwallen lassen und sofort die Fleischwürfel zugeben.
Bei starker Hitze schnell anbraten und mit Brühe oder heißem Wasser auffüllen. Die zerdrückten Knoblauchzehen, Salz, Pfeffer und etwas Thymian zufügen.
Die Tomaten und die entkernte Paprikafrucht in Würfel schneiden, beides in den Gulasch geben und alles fertiggaren. Mit etwas Mehl binden. Als Beilage eignen sich Reis, Kartoffeln und verschiedene Salate.

Hammelkotelett mit Paprikasoße

Für die Marinade: *20 Pfefferkörner, 1/2 Tasse Öl, 1 Knoblauchzehe, 1 Zwiebel, 1 Messerspitze Thymian, 1/2 Lorbeerblatt, 600 g Hammelrücken, Salz, Pfeffer, Edelsüß-Paprika, 1 Eßl. Schmalz, 100 g Speck, 1 große Zwiebel, 1 Teel. Tomatenmark, 2 Eßl. saure Sahne, 1 Tasse Brühe.*

Die Pfefferkörner mit dem Messerrücken zerdrücken und in das bereitgestellte Öl geben. Die Knoblauchzehe und die Zwiebel reiben und zugeben. Thymian und das zerdrückte Lorbeerblatt ebenfalls zufügen.
Aus dem Hammelrücken 8 Koteletts schneiden, das überflüssige Fett entfernen, so daß nur ein dünner Fettrand an jedem Kotelett bleibt.
Die Koteletts mehrere Stunden in die Marinade legen. Vor der endgültigen Zubereitung herausnehmen und mit Salz, Pfeffer und Paprika würzen. In heißem Schmalz von beiden Seiten braten, gleich wieder herausnehmen und warm stellen. Den in Würfel geschnittenen Speck halb ausbraten und die gehackte Zwiebel zufügen.
Tomatenmark und Paprika einrühren, kurz mitrösten und mit saurer Sahne und Brühe auffüllen, langsam kochen lassen. Beim Servieren die Soße über die angerichteten Koteletts geben.
Mit körnigem Reis und einem frischen Salat reichen.

Hammelpilaw

500 g mageres Hammelfleisch, 50 g Öl,
2 Zwiebeln, 2 Knoblauchzehen, Salz,
Pfeffer oder Paprika, Thymian,
2 Eßl. Tomatenmark oder 5 Tomaten,
³/₄ l Flüssigkeit (Brühe oder Wasser),
250 g Reis.

Das Fleisch in Würfel schneiden. Das
Öl erhitzen und die feingeschnittenen
Zwiebeln, die zerdrückten Knoblauchzehen und die Fleischwürfel
darin anbraten, mit Salz, Pfeffer oder
Paprika und Thymian würzen. Das
Tomatenmark oder die enthäuteten
Tomaten zugeben, mit schmoren lassen. Wenig Flüssigkeit aufgießen, zugedeckt 1 Stunde schmoren lassen.
Dann den gewaschenen Reis zugeben,
die restliche Flüssigkeit zugießen, zugedeckt bei kleinem Feuer 30 Minuten ausquellen lassen.

Hammelschulter mit Gehacktesfülle

1 Hammelschulter, Salz, Pfeffer,
Thymian, 2 Knoblauchzehen,
1 Eßl. Schmalz, 2 Zwiebeln, 1 Möhre,
1 Teel. Mehl, 2 Tassen Brühe.
Für die Füllung: *150 g Gehacktes*
(Rind, Schwein), 1 Zwiebel,
1 eingeweichtes Brötchen, 1 Ei, Peter-
silie, 1 rote Paprikafrucht, Salz, Pfeffer.

Das Fleisch von den Knochen lösen,
mit Salz, Pfeffer, Thymian und zerdrückten Knoblauchzehen einreiben.
Das Gehackte, die feingeschnittene
Zwiebel, das ausgedrückte Brötchen,
das Ei, gehackte Petersilie und die
entkernte, in Würfel geschnittene Paprikafrucht vermengen. Mit Salz und

Pfeffer abschmecken und in die Schulter füllen. Mit Bindfaden umwickeln
und in der Röhre in heißem Fett braten. Die gehackten Knochen ebenfalls
mitrösten! Grobgeschnittene Zwiebeln und Möhren dazugeben und öfters begießen. Den entstandenen Bratsatz mit Brühe oder Wasser ablöschen.
Nach Beendigung des Garprozesses
das Fleisch entnehmen und die Soße
durch ein Sieb streichen, mit angerührtem Mehl leicht binden. Den
Bindfaden entfernen und den Braten
in Scheiben schneiden. Zu den Bra-
tenscheiben reicht man die Soße extra
in einer Sauciere. Dazu paßt Rosenkohl.

Hammelsteaks mit Kräutern

4 Hammelsteaks aus der Oberschale zu
je 125 g, 1 Tasse Marinade,
Salz, Pfeffer,
1 Bund Petersilie, Estragon,
1 Knoblauchzehe, 3 Eßl. Semmelbrösel,
1 Eßl. Butter oder Margarine.

Die Hammelsteaks leicht klopfen, am
Rand mehrmals einschneiden und
4 Stunden in die Marinade legen. Abtropfen lassen, salzen und pfeffern. In
einer Pfanne die Steaks von beiden
Seiten braten, herausnehmen und anrichten. Petersilie, Estragon und
Knoblauch hacken, mit den Semmelbröseln vermischen und über die gebratenen Hammelsteaks geben. Die
Steaks mit Butterflöckchen belegen
und im Grill oder in der Röhre überkrusten. Als Beilage eignen sich Po-
mes frites oder Zwiebelkartoffeln mit
Kopfsalat.

Hammelsteaks
mit Zwiebel und Käse überbacken

*4 Hammelsteaks aus der Oberschale zu
je 125 g, 1 Tasse Marinade,
Fett zum Braten, Salz,
Pfeffer, 1 Eßl. Butter oder Margarine,
Majoran, 3 Zwiebeln, 4 Scheiben
Schnittkäse.*

Die Hammelsteaks leicht klopfen, am
Rand mehrmals einschneiden und
etwa 4 Stunden in die Marinade legen.
In einer Pfanne sehr saftig braten, die
Steaks sofort wieder herausnehmen
und warm stellen, mit Salz und Pfeffer
würzen. Butter oder Margarine zerlassen und die in Scheiben geschnittenen Zwiebeln darin goldgelb braten.
Den Majoran zugeben, mit den Zwiebeln verrühren und die entstandene
Masse über die angerichteten Steaks
verteilen. Auf jedes Steak eine
Scheibe Schnittkäse geben und alles
im Grill oder in der Backröhre überbacken. Als Beilage eignen sich Pommes frites und Tomatensalat.

Hammeltopf

*750 g Hammelfleisch, 1 große Zwiebel,
1¹/₂ Eßl. Butter, 1 Eßl. Mehl, Zimt,
120 g Backpflaumen, 1 Teel. Zucker,
Salz, Pfeffer.*

Das Fleisch in schmale Streifen (1 cm
× 5 cm) schneiden. Die in feine Würfel geschnittene Zwiebel in Fett leicht
anbräunen, das Fleisch dazugeben
und anbraten. Das Mehl darüberstäuben, die Gewürze zufügen und alles
gut verrühren. So viel heißes Wasser
zugießen, bis das Fleisch bedeckt ist,
und alles auf kleiner Flamme zuge-

deckt garschmoren lassen. Kurz vor
Ende der Garzeit die am Vortag eingeweichten, entsteinten Pflaumen sowie den Zucker zufügen. Körnigen
Reis dazu reichen.

Hase in Specklinsen

*1 kg Hasenfleisch, 1 Eßl. Mehl,
250 g Linsen, Salz, Pfeffer,
3 Zwiebeln, 200 g Speck, Senf,
gekörnte Brühe, Tomatenketchup,
Petersilie.*

Das in Würfel geschnittene Wildbret
mit reichlich Zwiebeln und gewürfel-
tem Speck anbraten, dann mit Mehl
bestäuben. Inzwischen die Linsen
salzlos weichkochen, an das Hasenra-
gout geben und fertiggaren. Mit Salz,
Pfeffer, Senf, gekörnter Brühe, etwas
Tomatenketchup und viel gehackter
Petersilie würzig abschmecken.
Kartoffelpüree, Risotto oder kleine
halbierte Eierkuchen dazu reichen.

Haselhuhnbrüstchen

*2 bis 3 Haselhühner, Salz, Pfeffer,
Speck, Butter, Zwiebel, Pilze,
Zitrone, Petersilie, saure Sahne, Dill.*

Von den Haselhühnern die Brüstchen
auslösen, würzen, in Speck wickeln, in
Butter mit etwas gehackter Zwiebel
garbraten. Den Speck abnehmen und
die Brüstchen noch ein paar Minuten
mit geschnittenen Pilzen, etwas Petersilie, geriebener Zitronenschale und
mit dem kleingeschnittenen Einwik-
kelspeck schmoren.
Die Soße mit saurer Sahne auffüllen
und mit Zitronensaft und Dillkraut pi-

kant abschmecken, über die angerichteten Brüstchen gießen und Risotto, Kartoffelpüree und frische Pilze dazu reichen.

Haselhuhn mit Mandeln

2 Haselhühner, Salz, Pfeffer,
2 Brötchen, 1 Ei, Petersilie, Zwiebel,
Zitrone, Pilze, Speck, Butter, 2 Wacholderbeeren, saure Sahne, süße Mandeln.

Die vorbereiteten Hühner mit einer Masse aus den eingeweichten und ausgedrückten Brötchen, Ei, Petersilie, feingeschnittener Zwiebel, geriebener Zitronenschale, Pilzen, Salz und Pfeffer füllen, zunähen, mit Speck umwickeln und mit zerdrückten Wacholderbeeren in Butter garbraten. Das Wildbret muß an den Knochen zart rosa bleiben. Die Soße mit Butter, Zitronensaft und saurer Sahne abschmecken. Die Hühner anrichten und mit gerösteten Mandeln bestreuen.

Haselhuhn mit Orangen

2 Haselhühner, 100 g Speck, Salz,
Pfeffer, Butter, Semmelbrösel, 1 Ei,
Salbeiblätter, 1 bis 2 Orangen,
Rosinen, 1 Zitrone, Worcestersauce,
saure Sahne, Weinbrand.

Die Hühner vorbereiten. Leber und Herz feinschneiden und mit dem Ei, Semmelbröseln und den Gewürzen vermischen. Die Hühner damit füllen und zunähen. In Salbeiblätter und Speckscheiben wickeln und rasch in Butter garbraten, so daß sie innen rosa bleiben. Dann die geviertelten Hüh-

ner auf der Fülle anrichten, mit geschälten Orangenscheiben umgeben und die Soße mit saurer Sahne, Rosinen, Worcestersauce, ein wenig Zitronensaft und Weinbrand abschmecken.

Haselhuhn vom Grill

2 bis 3 junge Haselhühner, Öl, Salz.

Sehr junge, noch kleine Haselhühner vorbereiten, halbieren und die Brustknochen mit einem Ruck herausziehen. Die Hühner leicht klopfen, einölen und abtropfen lassen. Auf dem inzwischen vorgeheizten Grillrost auf jeder Seite 3 bis 5 Minuten grillen, erst dann mit Salz bestreuen und sofort servieren. Mit Zitronenecken und Petersilie garnieren und braune Butter und frische Salzkartoffeln, Kartoffelpüree oder Toast sowie Salate dazu reichen.

Haselnuß-Charlotte

125 g geriebene Haselnüsse, 2 Eigelb,
200 ml Schlagsahne, 50 g Puderzucker,
10 g Gelatine, Vanillinzucker,
30 ml Rum-Verschnitt, 125 g geschlagene gesüßte Sahne, Biskuitplätzchen.

Geriebene Haselnüsse, Eigelb, ungeschlagene Sahne, Puderzucker, aufgelöste Gelatine, Vanillinzucker und Rum-Verschnitt verrühren und im Wasserbad oder auf ganz kleiner Flamme zu einer dicken Creme schlagen. Dann vom Feuer nehmen, bis zum Abkühlen weiterrühren und danach die geschlagene gesüßte Sahne unterheben. Die fertige Creme in eine mit Wasser ausgespülte Form füllen und einige Stunden kühl stellen. Anschließend die Form stürzen. Vor dem Servieren die Haselnuß-Charlotte mit Biskuitplätzchen, Schlagsahne und Schokoladenspänen garnieren.

Haselnußtorte

4 Eier, 300 g Zucker, Salz,
3 Gläschen Rum oder Weinbrand,
50 g Mehl, 1/2 Päckchen Backpulver,
50 g geriebener Zwieback,
200 g gemahlene Haselnüsse,
Schokoladen-Fett-Glasur.

Eigelb, Zucker, Salz und Rum schaumig rühren, dabei nach und nach das mit dem Backpulver gesiebte Mehl, den Zwieback und die Nüsse zugeben. Unter den gründlich geschlagenen Teig den steifen Eischnee heben. In einer gefetteten, ausgebröselten Springform bei Mittelhitze etwa 45 Minuten backen. Nach dem Erkalten quer durchschneiden. Mit Schokoladen-Fett-Glasur füllen und überziehen. Nach dem Festwerden kann die Torte mit dünnen Linien weißer Zuckerglasur gitterartig bespritzt werden.

Hasenbraten mit Sahnesoße

1 Hasenrücken mit Hinterläufen, Salz,
Pfeffer, 1 Wurzelwerk, 100 g Speck,
1/4 l saure Sahne, 100 g Fett,
1 Lorbeerblatt, 3 bis 4 Pimentkörner,
etwas abgeriebene Zitronenschale.

Den gehäuteten Rücken und die Läufe spicken, salzen und pfeffern. Im erhitzten Fett das Wurzelwerk mit den Gewürzen dünsten, den Hasen hinzufügen, im heißen Fett wenden und in die vorgeheizte Bratröhre geben. Unter ständigem Begießen mit wenig Wasser oder Brühe das Fleisch etwa 30 Minuten schmoren, die saure Sahne darübergeben und weitere 20 Minuten braten. Den garen Braten aus der Röhre nehmen, das Fleisch von den Knochen lösen, in schräge Scheiben schneiden und wieder auf den Rückenknochen setzen. Die Soße durch ein Sieb drücken, abschmecken und über den Braten gießen. Mit Knödeln oder Kartoffelbällchen servieren.

Hasenfilet-Rotwein-Sülze

1 gebratener Hasenrücken, 200 g Weintrauben, 1/2 l Rotwein,
1 Eßl. Zitronensaft, Salz, Zucker,
Tabasco, Worcestersauce, 4 Eßl. Gelatine,
Kopfsalat, Zitrone.

Den gebratenen, gut gewürzten Hasenrücken erkalten lassen und dann die beiden Filets vorsichtig vom Knochen lösen. Die Weintrauben waschen und abtropfen lassen. Den Rotwein in einen Topf geben und mit dem Zitronensaft, Salz, Zucker, Tabasco und der Worcestersauce erhitzen, aber nicht kochen lassen. Die Gelatine quellen lassen und im Rotwein unter Rühren auflösen. Die Flüssigkeit auskühlen lassen. Den Boden einer Kastenform mit dem Rotweingelee ausgießen und zum Erstarren in den Kühlschrank stellen.
Die Hasenfilets in dicke Scheiben schneiden und treppenartig auf die erstarrte Masse legen. Die Weintrauben auf das Hasenfleisch geben. Die restliche Rotweinsülze darübergießen und alles im Kühlschrank zum Erstarren

bringen. Eine längliche Platte mit den gewaschenen Salatblättern auslegen. Die Form mit der Hasensülze kurz in heißes Wasser halten und dann die Sülze auf die Salatblätter stürzen. Mit Zitronenscheiben garnieren.

Hasenfilets

1 Hasenrücken, Butter, Salz, 2 Äpfel, Speck, 4 Zwiebeln.

Das Hasenfleisch auslösen und in etwa 3 cm dicke Scheiben schneiden, klopfen und mit Butter bestreichen. Auf beiden Seiten rasch goldbraun grillen, dann salzen. In einer Pfanne Apfel- und Speckscheiben mit reichlich Zwiebeln kurz anschmoren und abwechselnd immer ein Hasenfilet und eine Apfel- und Speckscheibe auf einer Platte anrichten. Die gebräunten Zwiebeln darübergeben.
Als Beilage eignen sich gebackene Kartoffeln.

Hasen-Gänseleber-Pastete

50 g Speck, 1 kleine Zwiebel, Suppengemüse, 350 g Hasenfleisch, Salz, Pfeffer, 100 g fettes Schweinefleisch, Speckscheiben, 1 Gänseleber, 50 g Champignons, 3 bis 4 Eßl. Madeira.

In dem würfelig geschnittenen erhitzten Speck die gehackte Zwiebel und das zerkleinerte Suppengemüse anschwitzen. Hasen- und Schweinefleisch dazugeben, alles weichdünsten, zweimal durch den Fleischwolf drehen und mit den Gewürzen abschmecken. Die Pastetenform mit dünnen Speckscheiben auslegen und

einen Teil der Fleischmasse in die Form füllen. Darauf Scheiben der rohen Gänseleber und einige Champignonscheiben legen, darüber wieder Fleischmasse geben und in diesem Wechsel die Pastetenform füllen. Zum Schluß den Madeira darübergießen, die Speise mit Speckscheiben abdecken und eine Stunde im Wasserbad kochen.

Hasenleber

2 Hasenlebern, 1 Ei, Salz, Pfeffer, Mehl, Semmelbrösel, Butter, Zitronenscheiben.

Die Hasenlebern in dicke Scheiben schneiden. Das Ei verrühren, etwas salzen und pfeffern. Die Leberscheiben in Mehl, Ei und Semmelbröseln panieren, in Butter braun backen.
Mit Zitronenecken garnieren, Kartoffelpüree dazu reichen.

Hasenpastete

1 vorbereiteter Hase, 150 g Butter, 100 g Speck, 1 Zwiebel, Suppengemüse, Salz, einige Pfeffer- und Pimentkörner, 1 Lorbeerblatt, 1 Zitronenscheibe, 4 Sardellen oder Anschovis, 1 Eßl. Kapern, etwas Fleischbrühe, $^1/_8$ l Rotwein, 1 gedünstete Gänseleber, 1 Ei, Mürbeteig.

Das Vordere vom Hasen samt Herz, Lunge und Leber in 75 g erhitzter Butter mit 50 g in Würfel geschnittenem Speck, der in Würfel geschnittenen Zwiebel, dem Suppengemüse und den Gewürzen weichdünsten. In der restlichen Butter den Hasenrücken

Möhrenpfanne

Blumenkohl
mit Schinkensoße

Paprikafrüchte
mit Käse überbacken

◁

Tomaten-Quiche

Zwiebelstrudel, Weißkohlrouladen ▷

Grüne Bohnen in würziger Soße, Grüne Bohnen im Hemd, Bohnen in Eiersoße

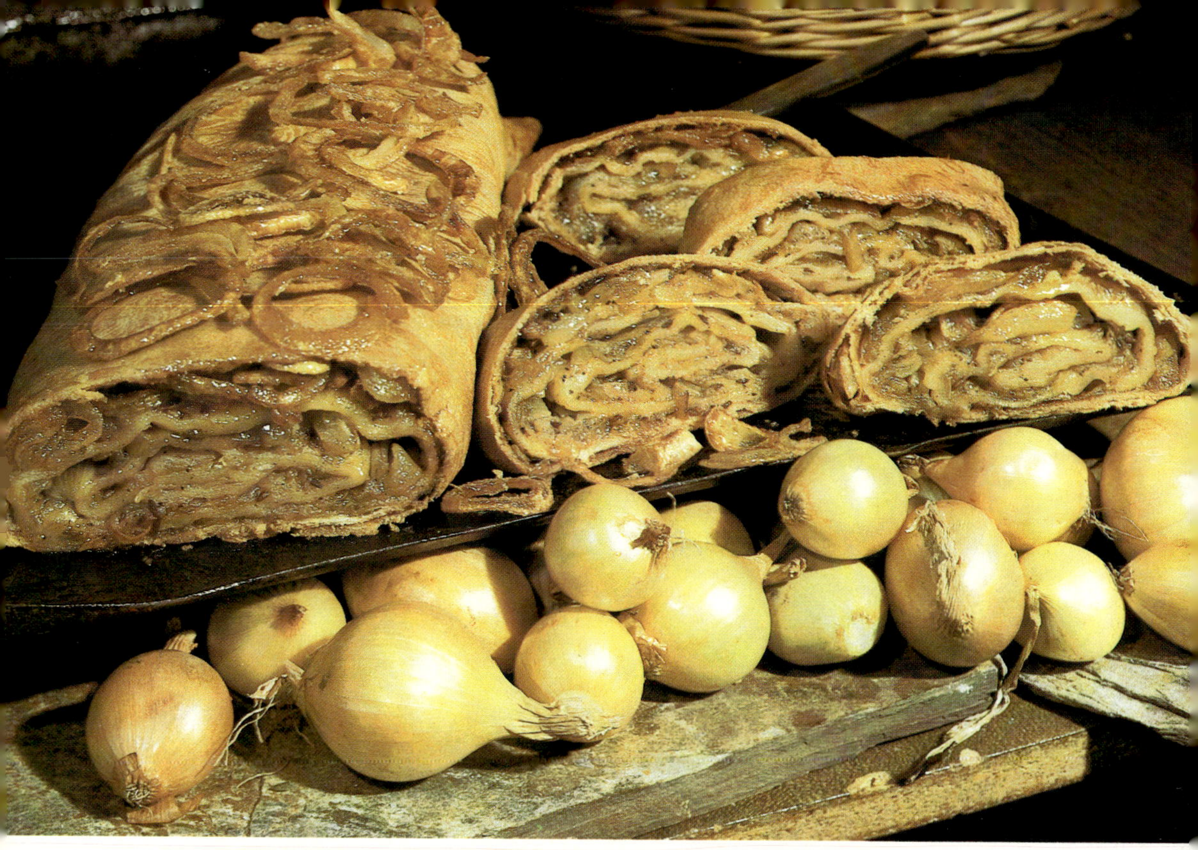

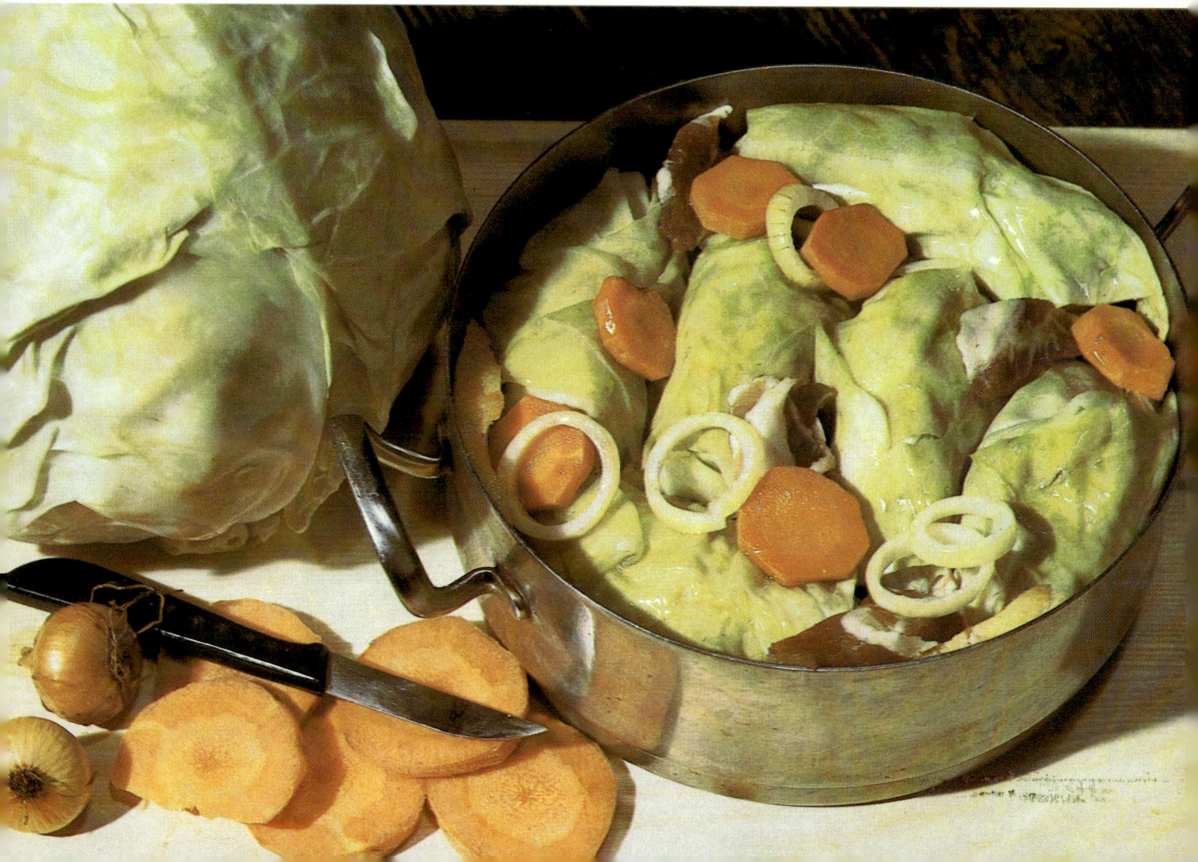

◁ Gefüllte Auberginen, Geschmorte Auberginen

Glasierter Rosenkohl, Grünkohl mit Mettwurst
Porree auf Amsterdamer Art

Spargelrollen
Stangenspargel mit Champignon

braten. Danach das ganz weiche Fleisch vom Vorderhasen, die Innereien sowie Sardellen oder Anschovis und Kapern zweimal durch den Fleischwolf drehen. Dazu den Wein und die gedünstete Gänseleber geben und alles in etwas Fleischbrühe aufkochen lassen. Die Masse durch ein Sieb streichen und das Ei darunterziehen. Von dem gebratenen, ausgekühlten Hasenrücken das Fleisch lösen und in schräge dünne Scheiben schneiden. Eine runde Kuchenform mit Mürbeteig auslegen und darauf abwechselnd eine Lage faschiertes Fleisch und eine Lage Hasenbraten legen. Nun durch das Ganze einige Löcher stechen, diese mit etwas Rotwein auffüllen und über alles dünne Speckscheiben legen. Die Form wird auf ein Blech gestellt (damit das Fett nicht ausfließt) und die Pastete $1/_2$ Stunde in der vorgeheizten Bratröhre gebacken. Nach dieser Zeit einen Deckel aus dem restlichen Mürbeteig darauflegen, die Pastete nochmals $1/_2$ bis $3/_4$ Stunde backen.

Hasenpfeffer

1 kg Hasenklein (Kopf, Brust, Hals, Vorderläufe, Innereien), Salz, 1 Zwiebel, 1 Möhre, 4 Wacholderbeeren, 1 Lorbeerblatt, 4 Pimentkörner, 40 g Fett, 60 g Mehl, $1/_8$ l Rotwein, Pfeffer, Zucker.

Das Hasenklein in 1 Liter Salzwasser mit Wurzelwerk und mit den Gewürzen 1 Stunde garen. Das Fleisch herausnehmen und von den Knochen lösen. Im zerlassenen Fett das Mehl leicht bräunen lassen und mit $1/_2$ Liter Hasenbrühe und Rotwein auffüllen. Aufkochen und mit Salz, Pfeffer, Zukker, evtl. Preiselbeeren würzen. Das Fleisch in der Soße erhitzen. Mit Nudeln, Kartoffelbrei oder -bällchen servieren. – Hasenpfeffer kann auch mit Kartoffelstückchen als Eintopf gereicht werden.

Hasenrücken mit Rotwein

1 Hasenrücken mit Hinterläufen, Salz, Pfeffer, 100 g Speck zum Belegen, 100 g Speck zum Braten, $1/_4$ l Rotwein, Edelsüß-Paprika, $1/_4$ l saure Sahne, 1 Eßl. Weinbrand.

Den vorbereiteten, gut gehäuteten Hasen mit Salz und Pfeffer würzen und mit dünnen Speckscheiben belegen. Den übrigen Speck in kleine Würfel schneiden, in der Pfanne anbraten. Den Hasen auf den Speck legen, mit $1/_8$ Liter Rotwein übergießen und in die vorgeheizte Bratröhre geben. Unter öfterem Begießen mit Rotwein und Wasser den Hasen weichbraten. Er muß außen knusprig und innen weich sein. Den Bratensaft mit etwas Paprika und saurer Sahne verrühren, nochmals aufkochen lassen, mit Weinbrand und Salz kräftig abschmecken.
Mit Kartoffelpüree, Rotkohl und Preiselbeeren servieren.

Hasenrücken mit Weißwein

1 Hasenrücken, Salz, 1 Eßl. Senf, Thymian, 100 g Speck, 10 g Butter, $1/_8$ l Weißwein, abgeriebene Zitronenschale, Zimtrinde, $1/_8$ l saure Sahne, geriebener Meerrettich, Zitronensaft.

Den gehäuteten Hasenrücken leicht salzen, mit Senf bestreichen und mit Thymian bestreuen. Den Hasen mit dünnen Speckscheiben belegen und in der vorgewärmten Bratpfanne mit gebräunter, heißer Butter begießen. Den Weißwein mit Zitrone und Zimtrinde würzen, erhitzen und über den Braten gießen. Den Hasen in einer vorgeheizten Bratröhre unter ständigem Begießen weichbraten. Den Speck entfernen, das Fleisch vom Rücken lösen, in schräge Scheiben schneiden und warm stellen. Den Bratensaft durch ein Sieb geben, mit Sahne und Meerrettich verrühren und mit Zitronensaft abschmecken. Mit Rosenkohl, Kartoffelpüree servieren.

Hasenrücken vom Grill

1 gespickter Hasenrücken, 1/2 l Buttermilch, Salz, Pfeffer, Öl.

Den vorbereiteten Hasenrücken mindestens 12 Stunden in Buttermilch marinieren. Vor dem Grillen aus der Beize nehmen, mit Salz und Pfeffer einreiben. Auf einem Bratrost oder Drehspieß über der Holzkohlenglut etwa 40 Minuten grillen. Dabei ständig mit Öl bepinseln. Dazu Kräuterbutter und gegrillte Waldpilze reichen.

Hausmacher-Hackbraten

500 g Gehacktes halb und halb, Pfeffer, Majoran, Knoblauch, Salz, 1 Brötchen, in Wasser eingeweicht, 3 Eier, 1 große Zwiebel, 1 Bund Petersilie, 1 Eßl. Schmalz, 4 Scheiben Speck (mager).

Das Gehackte mit den Gewürzen, dem ausgedrückten Brötchen und 1 Ei vermischen. Zwiebelwürfel in etwas Schmalz dünsten und die gehackte Petersilie zugeben. Alles mit der Hackmasse vermischen. Aus der Masse ein längliches Brot formen, in die Mitte eine Vertiefung drücken und das aus 2 Eiern hergestellte Rührei darin verteilen. Mit der restlichen Hackmasse die Öffnung verschließen und mit den Speckscheiben umlegen. In der Röhre bei mittlerer Hitze etwa 40 Minuten garen und mit dem entstandenen Bratensaft servieren.

Hecht am Spieß

1 Hecht von etwa 1 kg, 50 g Speck, Salz, Zitronensaft, 100 g Butter, 1 Eßl. gehackte Kräuter.

Den Hecht ausnehmen, säubern und mit dünnen Speckstreifen spicken. Innen und außen salzen und säuern. 50 Gramm Butter mit den Kräutern vermischen und gut gekühlt in den Bauch des Fisches füllen, mit Rouladennadeln zustecken. Den Hecht auf dem Drehspieß eines entsprechenden Grillgerätes befestigen und mit flüssiger Butter beträufeln. Während des Grillens das Beträufeln mehrfach wiederholen.

Hecht in saurer Sahne

1 Hecht von etwa 1,5 kg, Salz, Pfeffer, 1 Lorbeerblatt, 6 Pfefferkörner, 1/4 l saure Sahne, 1 Zwiebel, 60 g Butter, 3 Eßl. Reibekäse, Saft von 1/2 Zitrone, Dill.

Den Hecht schuppen, sauber ausnehmen, die Kiemen aus dem Kopf restlos entfernen, abspülen und zu Portionsstücken schneiden. Von allen Seiten, auch innen, mit Salz und Pfeffer einreiben. Die Hechtstücke und den Kopf in eine gefettete feuerfeste Form legen. Lorbeerblatt, Pfefferkörner und die in Scheiben geschnittene Zwiebel dazwischengeben. Die saure Sahne darübergießen. Die Fischstücke mit reichlich Butterflöckchen belegen. In die vorgeheizte Backröhre schieben und bei Mittelhitze 30 Minuten backen. Den Fisch ab und zu mit der sauren Sahne begießen. 5 Minuten vor Ende der Garzeit den Reibekäse aufstreuen. Vor dem Servieren das Lorbeerblatt entfernen. Mit Zitronensaft abschmecken. Feingehackten Dill darüberstreuen. Das Gericht mit Salzkartoffeln und grünem Salat zu Tisch bringen.

Hecht mit Käsesoße

750g Hecht, $^1/_8$ l Weißwein,
4 Pfefferkörner, Salz, Petersilie,
50g Margarine, 1 Zwiebel, 30g Mehl,
$^1/_4$ l Sahne, 50g Reibekäse,
1 Prise Pfeffer, Muskat.

Den Hecht ausnehmen, Flossen und Schwanz entfernen. Den Fisch portionieren. Aus 1 Liter Wasser, Wein, Pfefferkörnern, Salz und Petersilienstengeln einen Sud bereiten. Die Fischportionen einlegen und in etwa 15 Minuten garziehen lassen. Dann vorsichtig herausheben. Aus gehackter Zwiebel, Margarine und Mehl eine helle Schwitze bereiten, mit durchgeseihtem Fischsud und der Sahne zu einer glatten Soße verkochen. Den Reibekäse zufügen, mit Salz, Pfeffer und Muskat abschmecken. Die Fischportionen mit der Soße übergießen und mit Petersilie garniert anrichten.

Hefeschnecken

500g Mehl, $^1/_8$ l Milch, 1 Päckchen
Vanillinzucker, 1 Vanilleschote,
40g Hefe, 75g Zucker, 1 Ei,
175g Margarine oder Butter,
abgeriebene Zitronenschale,
1 Prise Salz, Mehl zum Kneten und
Ausrollen, 40g in Zucker angeröstete
gehackte Haselnüsse, 75g Zitronat,
75g Rosinen, 200g Puderzucker,
4 Eßl. Zitronensaft.

Das Mehl in eine Schüssel sieben. Die Milch mit dem Vanillinzucker und dem aus der Vanilleschote herausgeschabten Mark leicht erwärmen und darin die zerbröckelte Hefe auflösen. Die Hefemilch in die Mitte des Mehls gießen und mit wenig Mehl zu einem Brei verrühren Den Vorteig zugedeckt an einem warmen Ort 15 Minuten gehen lassen. Dann Zucker, Ei, Butter, abgeriebene Zitronenschale und Salz zufügen und alles zu einem glatten, glänzenden Teig verarbeiten und nochmals gehen lassen. Dann noch einmal kurz durchkneten und 2 cm dick zu einem Quadrat ausrollen. Haselnußkrokant, Zitronat und Rosinen auf den Teig streuen und etwas andrücken. Den Teig so eng wie möglich aufrollen und in etwa 1,5 cm dicke Scheiben schneiden. Die Hefeschnecken auf das gefettete Backblech setzen, etwas flachdrücken und in der Röhre bei Mittelhitze backen. Die noch heißen Schnecken mit einem Zuckerguß aus Puderzucker und Zitronensaft bestreichen.

Heidelbeer-Dessert-Fondue

300 g Heidelbeeren, 50 g Stärkemehl,
150 g Puderzucker, $^1/_8$ l Kondensmilch,
$^1/_8$ l Schlagsahne, 4 cl Kirschgeist,
Sandkuchen, Biskuitwürfel, Toastbrot-
würfel, Banane, Apfel, Vanilleeis.

Die frischen Heidelbeeren waschen, abtropfen lassen und im Mixer fein pürieren. Stärkemehl und Puderzucker unter die Kondensmilch rühren, das Heidelbeerpüree unterziehen und im Fondue-Topf unter ständigem Rühren kurz aufkochen lassen. Die steifgeschlagene Sahne unterheben und den Kirschgeist zufügen. Die Beilagen in Schälchen anrichten.
Anstelle von Heidelbeeren lassen sich auch Erdbeeren, schwarze Johannisbeeren o. ä. verwenden.

Heidelbeeren mit Häubchen

400 g Heidelbeeren, 200 g Zucker,
1 Gläschen Rum, 2 Eiweiß, 1 Prise Salz.

Die vorbereiteten Heidelbeeren in eine feuerfeste Form geben, mit der kochenden Lösung aus 100 g Zucker und 2 Eßlöffel Wasser übergießen und den Rum zufügen. Die gut gekühlten, leicht gesalzenen Eiweiß nahezu steif schlagen. Zunächst 50 g Zucker zugeben, weiterschlagen und erst zum Schluß den restlichen Zucker unterheben. Diese Baisermasse über das Obst streichen und im Grill goldbraun überbacken.

Heidelbeerkuchen

Für den Teig: 500 g Mehl,
100 g Zucker, 80 g Margarine, Salz,
1 Päckchen Vanillinzucker,
knapp $^1/_4$ l Milch, 30 g Hefe.
Für den Belag: Semmelbrösel,
1,5 kg Heidelbeeren, Zucker, Zimt.

Aus den Teigzutaten einen Hefeteig bereiten. Nach zweimaligem Gehenlassen den Teig ausrollen, auf ein gefettetes Blech geben und einen Rand andrücken. Mehrmals mit der Gabel einstechen und gleichmäßig mit Semmelbröseln bestreuen. Mit den vorbereiteten, möglichst trockenen Heidelbeeren belegen. Nur ganz leicht zuckern und bei Mittelhitze etwa 35 Minuten backen. Noch warm mit Zucker und Zimt bestreuen.

Heilbutt in Estragonsoße

1 kg Heilbutt, Salz, Pfeffer,
80 g Butter, 150 g Champignons,
20 g Zwiebel, 1 Glas Weißwein,
1 Eßl. gehackter Estragon,
Semmelbrösel, $^1/_8$ l saure Sahne,
Saft von 2 Zitronen, Mehl, Weißwein
zum Abschmecken.

Den Heilbutt von den Flossen befreien, schuppen, Portionsstücke schneiden. Diese mit Salz und Pfeffer einreiben und in eine mit Butter ausgestrichene feuerfeste Form legen. Die blättrig geschnittenen Champignons und die kleingehackte Zwiebel darübergeben. Den Weißwein darübergießen, mit Salz, Pfeffer und Estragon bestreuen. Butterflöckchen auflegen und alles in der gut vorgeheizten Backröhre 25 bis 30 Minuten garen. Dann Semmelbrösel darüberstreuen und noch einmal für 5 Minuten in die Backröhre schieben. Den Fisch dann auf eine vorgewärmte Platte geben und warm stellen.

Aus dem Fischsud, der sauren Sahne und dem Zitronensaft eine Soße bereiten. Diese mit ganz wenig Mehl binden und mit Weißwein, Salz und Pfeffer abschmecken. Die Soße über den Heilbutt gießen.

Heilbutt nach Art der Provence

150 g Zwiebeln, 150 g Paprikafrüchte, 2 bis 3 Tomaten oder 40 g Tomatenmark, 80 g Butter, Thymian, Rosmarin, Salbei, Knoblauch, Glutal, 20 ml herber Weißwein, 1 kg Heilbutt, Essig, Pfeffer, Edelsüß-Paprika, Salz, Öl zum Braten, Zitronensaft, Mehl.

Aus kleingeschnittenen Zwiebeln, Paprikafrüchten und Tomaten mit der Hälfte der Butter ein Gemüseragout schmoren. Mit je $^1/_4$ Teelöffel Thymian, Rosmarin und Salbei würzen, 1 Knoblauchzehe mitschmoren oder 2 Messerspitzen Knoblauchpulver und etwas Glutal zuletzt darunterrühren, mit Weißwein ablöschen.

Den Heilbutt von den Flossen befreien und schuppen. Die Bauchhöhle gut säubern. Dann den Fisch in Portionsstücke teilen, nochmals mit Wasser abspülen, mit Essig beträufeln und die Schnittflächen gut mit einer Mischung aus Pfeffer, Edelsüß-Paprika, Salz und Glutal einreiben. Die Portionen in leicht gesalzenem Mehl wenden, andrücken, abklopfen und in heißem Öl auf beiden Seiten braten. Beim Anrichten die Portionen mit der restlichen zerlassenen Butter begießen. In die Butter zuvor etwas Zitronensaft geben. Neben dem Heilbutt das Gemüseragout anrichten, mit Zwiebelringen, Perlzwiebeln oder Rettich garnieren und mit Salzkartoffeln oder Kartoffelbällchen servieren. Anstelle von Heilbutt kann Rotzunge oder Steinbutt verwendet werden.

Heißer Apfelpunsch

1 l Apfelsaft, 1 Prise gemahlener Zimt oder 1 Stückchen Zimtstange, 3 Gewürznelken, 50 g Zucker, 10 Eßl. Apfelkorn, 100 g Äpfel, 2 Eßl. Zitronensaft.

Den Apfelsaft mit der Zimtstange, den Nelken und dem Zucker erhitzen, nicht kochen lassen! Vom Feuer nehmen und zugedeckt etwa 10 Minuten ziehen lassen. Mit Apfelkorn abschmecken. Blüte, Stiel und Kernhaus der Äpfel entfernen, diese in feine Würfel schneiden, Zitronensaft darübergeben und in Gläser füllen. Den Punsch darübergießen.

Helle oder dunkle Mandelsplitter

200 g Mandelstifte, 200 g dunkle oder weiße Schokolade.

Die Mandelstifte ohne Fett in der Pfanne hellbraun rösten. Die Schokolade im Wasserbad schmelzen. Die Mandeln mit der jeweiligen Schokolade vermischen. Mit 2 Teelöffeln längliche Häufchen auf eine mit Alufolie ausgelegte Platte setzen. Über Nacht im Kühlschrank fest werden lassen.

Hering à la Opernkeller

*1 kg frische grüne Heringe, Essig
oder Zitronensaft, Salz, $^1/_4$ l saure
Sahne, 1 Ei, 1 gehäufter Eßl. Mehl,
Pfeffer, Mehl zum Panieren, Öl,
Butter zum Begießen.*

Die grünen Heringe ausnehmen, von
Kopf und Gräten befreien und gut
säubern. Mit Essig oder Zitronensaft
beträufeln und leicht salzen. Saure
Sahne, Ei und Mehl gut verschlagen.
Die Heringsfilets mit der Fleischseite
nach oben in diese Mischung legen.
Die Filets müssen davon bedeckt sein.
Alles kühl stellen und 1 bis 2 Stunden
durchziehen lassen. Dann die Filets
herausnehmen, auf der Fleischseite
mit Pfeffer und wenig Salz bestreuen
und in Mehl wenden. In heißem Öl
auf beiden Seiten goldgelb braten.
Vor dem Anrichten mit wenig zerlassener Butter begießen. Mit Salzkartoffeln oder Pellkartoffeln und grünem
Salat oder anderer Gemüsefrischkost
reichen. Solche Heringsfilets können
warm oder kalt gegessen werden. Statt
Heringsfilets kann man auch selbstge-
schnittene Filets von Dorsch oder
Zander verwenden.

Heringe vom Rost

*4 grüne Heringe, Zitronensaft,
$^1/_8$ l Milch, 100 g Weißbrot,
1 Ei, 2 Eßl. Tomatenketchup,
2 Eßl. Butter, Salz, Öl.*

Die Heringe ausnehmen, waschen, innen und außen säuern und kurze Zeit
einziehen lassen. Das in der heißen
Milch eingeweichte Weißbrot nach
dem Abkühlen mit Ei, Tomatenket-

chup und Butter verarbeiten, gegebenenfalls nachwürzen. Dann die Heringe leicht salzen, mit der Weißbrot-
masse füllen und zustecken. Mit Öl
bepinselt von beiden Seiten grillen.

Heringe in Currysahne

*4 grüne Heringe, Salz, Pfeffer,
2 Eßl. Mehl, 4 Eßl. Semmelbrösel,
Fett zum Braten, 2 Zwiebeln, 2 Äpfel,
1 Teel. Curry, $^1/_4$ l Sahne, 3 Tomaten,
1 Bund Petersilie.*

Die Heringe am Rücken aufschneiden
und beide Filets vom Schwanz her
von der Mittelgräte abziehen. Die
obere Haut entfernen, die dicken langen Gräten herausziehen und Bauchlappen, Flossen und Köpfe abschneiden. Die Filets mit Salz und Pfeffer
bestreuen, in Mehl und Semmelbröseln panieren und im Bratfett goldbraun braten. Aus der Pfanne nehmen
und warm stellen. Im gleichen Fett gehackte Zwiebel anrösten, feingeschnittene Äpfel, Curry und Salz zugeben. Vom Feuer nehmen, die Sahne
zugießen und einmal aufkochen lassen. Die Soße über die Heringe gießen. Die Tomatenscheiben dünsten,
über den Hering verteilen und mit gehackter Petersilie bestreuen.

Herings-Cocktail
(Vorspeise)

*200 g vorbereitete, gewässerte Salz-
heringe, 1 große Zwiebel, 2 Gewürzgurken, 1 Scheibe Ananas (Konserve),
Tomatenketchup, Zitronensaft,
Peppersauce, etwas Ananassaft.*

Hering, Zwiebel, Gurke und Ananas in feine Würfel schneiden und vermengen. Aus Tomatenketchup, Zitronensaft, Peppersauce und Ananassaft eine Cocktailsoße zubereiten und pikant abschmecken. Cocktailgläser mit Kopfsalatblättern auslegen, den Salat einfüllen und mit der Soße übergießen. Mit Radieschen garnieren.

Heringspuffer mit roter Soße

250 g Salzheringe, 400 g Kartoffeln, 1 Ei, 2 bis 3 Eßl. Milch, 2 Eßl. Semmelbrösel, Schweineschmalz, 1 Flasche Joghurt, 3 bis 4 Eßl. Pritamin, 1 Eßl. Öl, 1 Eßl. gehackter Dill, Salz, Worcestersauce.

Die Salzheringe wässern, filetieren und feinhacken. Die rohen Kartoffeln reiben, den Fisch, das Ei, etwas Milch und die Semmelbrösel darunterrühren. In erhitztem Schweineschmalz wie Kartoffelpuffer braten. Für die Soße Joghurt, Pritamin, Öl, Dill, etwas Salz und einige Tropfen Worcestersauce elektrisch mixen oder gut verrühren. Die rote Soße gesondert zu den heißen Heringspuffern auftragen. Dazu grünen Salat.

Heringssalat

300 g Salzheringsfilets, 150 g Gewürzgurken, 100 g Jagdwurst, 100 g gekochte Kartoffeln, 2 Zwiebeln, 100 g Äpfel, 1 bis 2 hartgekochte Eier, 40 g Mayonnaise, 2 Eßl. Joghurt, 1 Eßl. Zitronensaft, Pfeffer.

Die gut gewässerten Heringsfilets, die Gewürzgurken sowie die Jagdwurst in Streifen, Kartoffeln, Zwiebeln, Äpfel und Ei in Würfel schneiden. Aus Mayonnaise, Joghurt, Zitronensaft und Pfeffer eine würzige Soße bereiten und unter den Salat ziehen.

Herzhafte Joghurtkaltschale

1 l Joghurt, 1 Teel. scharfer Senf, Salz, Pfeffer, 1 Gurke, 200 g gekochter Schinken oder Schinkenwurst, 1 Eßl. gehackte Zwiebeln, 3 Eßl. Schnittlauchröllchen, 4 Knoblauchzehen, 2 Eßl. Butter, 4 Scheiben Weißbrot.

Den Joghurt in eine Schüssel geben und mit Senf, Salz sowie Pfeffer gut verrühren. Würfelchen von Gurke, Streifen von Schinken und gehackte Zwiebel zugeben. Die Kaltschale gut kühlen, dann auf Suppenteller verteilen und mit Schnittlauch bestreuen. Die Knoblauchzehen in der Butter leicht anbräunen und wieder herausnehmen. In dem heißen Fett die Weißbrotwürfel rösten und zugeben.

Herzhafter Quark-Nudel-Auflauf

350 g Nudeln, 250 g Quark, 2 bis 3 Eier, 1/8 l Milch, Salz, Muskat, Butterflocken.

Nudeln im Salzwasser garen, auf einem Sieb abtropfen lassen und in eine gefettete Auflaufform geben. Den Quark mit den Eigelb und der Milch gut verrühren. Den steifen Eischnee unterheben. Diese Masse pikant abschmecken und zum Teil unter, zum Teil über die Nudeln verteilen. Mit Butterflocken besetzen und 30 bis 40 Minuten backen.

Hexenhaus aus Honigkuchen

Für den Teig: 1250 g Kunsthonig, 300 ml Wasser, 1450 g Mehl, je 125 g sehr fein gehacktes Zitronat und Orangeat, 45 g Lebkuchengewürz, 35 g Natron, Mehl zum Ausrollen, Margarine zum Einfetten.
Für den Guß: 800 g Puderzucker, 5 Eiweiß.
Zum Garnieren: 200 g abgezogene Mandelhälften, buntes Zuckerwerk.

Honig und Wasser aufkochen und abkühlen lassen. Mehl, Zitronat, Orangeat und Lebkuchengewürz in eine Schüssel geben. In die Mitte eine Mulde drücken. Den fast erkalteten Honig hineingießen. Einen glatten, geschmeidigen Teig kneten. Zum Schluß noch das Natron untermischen. Den fertigen Honigkuchenteig 1 bis 2 Tage lagern, bevor er weiterverarbeitet wird. Er wird dadurch lockerer. Auf bemehlter Arbeitsfläche 38 gleich starke Stränge (Durchmesser 1 cm, Länge 20 cm) ausrollen. Dabei sind 2mal 7 Stränge für die Seitenteile, 2mal 7 Teile für die Giebelfronten und 2mal 5 Teile für die Giebel bestimmt. Um die Giebelform zu bekommen, die 5 Giebelstränge jeweils übereinanderlegen und spitz zuschneiden. Ein Backblech mit Margarine fetten, die Teigstränge – geordnet nach Seiten- und Vorderteilen – im Abstand von 2 bis 3 mm daraufegen. Durch die Triebkraft des Teiges schließen sich beim Backen diese Zwischenräume. Im vorgeheizten Ofen bei 200 °C etwa 20 Minuten backen. Dann das Blech herausnehmen, die Hausteile vorsichtig auf ein Kuchengitter legen und abkühlen lassen. Nun mit einem spitzen Messer Tür und Fenster herausschneiden. Den restlichen Teig $1/2$ cm dick ausrollen, zwei Dachflächen von 25 cm × 25 cm ausschneiden. Den noch übrigbleibenden Teig für die Grundplatte 3 mm dick ausrollen und auf 28 cm × 30 cm zuschneiden; außerdem 20 Giebelsteine (2 cm × 3 cm), Zaunlatten und Schornstein. Diese Teigstücke auf gefettetem Blech im vorgeheizten Ofen (200 °C) etwa 18 Minuten auf mittlerer Schiene backen. Herausnehmen und abkühlen lassen. Jetzt kann das Haus zusammengesetzt werden. Dafür den Puderzucker mit Eiweiß zu einem zähen, streichfähigen Guß verrühren. Die Teigenden der beiden Giebel- und Längsseiten mit Guß bestreichen und zusammendrücken. Ist der Guß getrocknet, die Dachflächen ebenfalls daraufkleben. Die Grundplatte mit Glasur bestreichen und das Haus daraufsetzen. Danach an der Vorderseite den Zaun anbringen. Mit Glasur kleine Eiszapfen spritzen und Dach sowie die Hausfront mit Mandeln, Schokolade und buntem Zuckerwerk garnieren.

Himbeer-Cobbler
(Einzelportion)

4 cl Gin, 2 cl Orangensaft, 1 Spritzer Angostura, 1 Eßl. gezuckerte oder gefrorene Himbeeren, Weißwein.

Ein Glas bis zur Hälfte mit Eisschnee füllen. Gin, Orangensaft und Angostura zugeben, kurz umrühren. Mit Himbeeren garnieren und mit Weißwein auffüllen.

Himbeermilch

³/₄ l Milch, 2 bis 3 Eigelb,
3 Eßl. Himbeersirup, einige frische
Himbeeren zum Garnieren.

Die Milch mit den Eigelb mixen.
Nach und nach den Himbeersirup zufügen. Mit Himbeeren garnieren. Gut
gekühlt servieren.

Himbeer-Mix
(Einzelportion)

1 Likörglas Himbeersirup, 1 Likörglas
Weinbrand, 1 Eßl. Vanilleeis, Milch.

Den Himbeersirup und den Weinbrand in ein Glas geben, darauf das
Vanilleeis. Mit Milch aufgießen.

Himbeer-Quark-Torte

Für den Boden: 4 Eier, 200 g Zucker,
1 Päckchen Vanillinzucker,
100 g Mehl, 100 g Stärkemehl,
3 Teel. Backpulver.
Für die Füllung: 4 Beutel Gelatine,
1 kg Sahnequark, ¹/₄ l Milch,
1 ¹/₂ Zitronen, 250 g Zucker,
¹/₂ l Schlagsahne, 50 g frische oder
gefrorene Himbeeren.

Die Eigelb mit 4 Eßlöffel heißem
Wasser schaumig schlagen, nach und
nach 100 g Zucker und den Vanillinzucker zugeben. Wenn die Masse cremig ist, die mit dem restlichen Zucker
steifgeschlagenen Eiweiß daraufgeben. Das Mehl mit dem Stärkemehl
und dem Backpulver vermischen und
über den Eischnee sieben. Alles mit
dem Schneebesen vorsichtig mischen.
Den gefetteten Boden einer Spring-

form mit Pergamentpapier auslegen,
den Teig hineinfüllen und etwa
30 Minuten backen. Den Tortenboden stürzen, das Papier abziehen, auskühlen lassen. Die Gelatine nach Vorschrift auflösen. Den Quark mit
Milch, abgeriebener Zitronenschale,
Zitronensaft und Zucker verrühren.
Die vorbereitete Gelatine mit dem
Schneebesen unter die Quarkmasse
mischen. Die Creme kühl stellen, etwas fest werden lassen. Den Tortenboden mit einem langen Messer in 3
gleich große Böden schneiden. Einen
Boden mit einem Drittel der Quarkcreme bestreichen, den zweiten Boden daraufsetzen, mit Quarkcreme
bestreichen und mit dem dritten Boden bedecken. Das restliche Drittel
Quarkcreme auf der Torte verteilen,
mit Himbeeren garnieren.

Himmel und Erde

1,5 kg mittelgroße Kartoffeln,
1 Eßl. Zucker, Salz,
schwarzer Pfeffer, 500 g Äpfel,
250 g Speck, 2 mittelgroße Zwiebeln,
1 Teel. Essig.

Die Kartoffeln schälen, in Würfel
schneiden, die Äpfel ebenfalls schälen, vom Kerngehäuse befreien und in
Viertel schneiden. Kartoffeln und Äpfel in Wasser mit Zucker, Salz und
Pfeffer zum Kochen bringen, auf kleiner Flamme weiterkochen lassen, bis
die Kartoffeln gar sind, aber noch
nicht zerfallen. Währenddessen den
Speck in einer tiefen Pfanne braun
und knusprig braten. Den Speck mit
einem Schaumlöffel aus der Pfanne
nehmen und auf doppeltem Küchen-

krepp abtropfen lassen. Die in Ringe geschnittenen Zwiebeln in dem ausgelassenen Fett in der Pfanne bei mittlerer Hitze unter öfterem Rühren etwa 8 bis 10 Minuten braten.

Kurz vor dem Servieren Salz und Essig unter den Eintopf rühren und mit den Zwiebelringen und Speckwürfeln garniert in einer vorgewärmten Schüssel servieren.

Hirschbraten »ungarische Art«

1 kg Hirschkeule, Beize, Salz,
50 g Speck, 100 g Schweineschmalz,
3 Zwiebeln, 2 Teel. Edelsüß-Paprika,
saure Sahne, 4 Eßl. Tomatenmark.

Das Fleisch häuten, beizen, abtrocknen, salzen und spicken. In der Bratpfanne Schweineschmalz erhitzen. Die in Scheiben geschnittenen Zwiebeln darin andünsten und Paprika dazugeben. Den Braten hineinlegen und von allen Seiten bräunen lassen. Dann die Soße mit saurer Sahne, etwas Beize sowie Tomatenmark aufgießen und den Braten zugedeckt langsam darin durchgaren lassen. Die Soße schmeckt am besten, wenn sie nicht eingedickt wird.

Hirschbrust mit pikanter Fülle

1 kg Hirschbrust, Beize, 300 g Bauch-
lappen, 100 g Schweinebauch,
100 g Leber, Pilze, Petersilie,
2 Eier, 2 cl Weinbrand,
3 Eßl. Semmelbrösel, Salz, Pfeffer,
Majoran, Zwiebeln, Fett, Butter.

Das Fleisch über Nacht in die Beize geben, dann die Rippen auslösen.

Dazu den Rippen entlang schmale Schlitze einschneiden und die Rippen vom Rückenknochen vorsichtig abdrehen. Die Brust so untergreifen, daß eine Öffnung wie eine Tasche entsteht.

Für die Füllung die gehäuteten Bauchlappen mit dem Schweinebauch, der Leber zweimal durch den Fleischwolf drehen. Dieses Wildpüree mit geschnittenen Pilzen, gehackter Petersilie, Eiern, Weinbrand, geriebener Semmel, Salz, Pfeffer und etwas Majoran vermischen und pikant abschmecken. Diese Masse in die Brust füllen. Nach Belieben Streifen von Pökelzunge oder gebrühte Mandeln dazwischengeben. Die Brust zunähen und auf den ausgelösten Rippenknochen, die als eine Art Rost dienen, mit reichlich Zwiebeln unter ständigem Begießen mit heißem Fett goldbraun braten. Vor dem Servieren in Scheiben schneiden und die mit Butter verfeinerte Soße darübergeben.

Hirschfilet im Teigmantel

2 Hirschfilets, Salz, Pfeffer, Speck,
Zwiebel, Petersilie, Champignons,
150 g Mehl, 60 g Fett, 1 Ei.

Die Hirschfilets salzen, pfeffern, kurz anbraten und mit einem Gemisch aus ganz feingehacktem Speck, Zwiebel, Petersilie und Champignons belegen. Aus Mehl, Schweineschmalz, Eidotter und etwas Salz einen mürben Teig bereiten, nach kurzem Ruhen ausrollen. Je ein Filet in diesen Teig hüllen. Die Ränder mit dem übrigen Eiweiß zukleben. Von den Teigresten Streifen formen und die Taschen damit garnieren. Die Taschen mit Ei bestreichen und leicht einritzen. Die Filets in der Röhre auf gefettetem Blech goldbraun backen. Dieses Gericht läßt sich sehr gut aus fertigem Blätterteig zubereiten.

Hirschgulasch auf ungarische Art

1 kg Hirschgulasch, 50 g Margarine,
2 Zwiebeln, 1 Paprikafrucht,
3 Eßl. Tomatenmark, 100 g Pilze,
2 Teel. Edelsüß-Paprika, Salz,
1 Lorbeerblatt, ¹/₈ l Rotwein und
¹/₂ l Brühe, 4 Eßl. saure Sahne,
1 Teel. Maisan.

Das in Stücke geschnittene Wildfleisch von allen Seiten gut in dem heißen Fett anbraten. Die Zwiebelscheiben und die in Streifen geschnittene Paprikafrucht zufügen und gut durchdünsten lassen. Tomatenmark und Pilze hinzugeben, den Paprika darüberstäuben, Salz und Lorbeerblatt zufügen und mit Rotwein und Brühe ablöschen. Auf kleiner Flamme etwa 1¹/₂ Stunde kochen lassen. Die saure Sahne mit Maisan verrühren und den Gulasch damit binden.
Dazu schmecken besonders Kartoffelklöße oder Semmelknödel.

Hirschhaschee

500 g Hirschreste, Margarine,
40 g Mehl, ¹/₈ l Beize, ¹/₈ l saure Sahne,
Rotwein, 1 Eßl. Johannisbeergelee,
Senf, Salz, Muskat, Pfeffer.

Reste von beliebigem gebratenem oder gekochtem Hirschwildbret durch den Fleischwolf drehen. Eine helle

Schwitze bereiten und das Wildbret und Wildsoßenreste hinzufügen. Wildbeize, saure Sahne und Rotwein zugießen und das Johannisbeergelee, Senf, Salz, Muskat und Pfeffer zufügen. Das Haschee in einem Reisrand oder mit Kartoffelpüree auftragen.

Hirschkeule in Sauerkirschsoße

1 kg Hirschkeule, Beize, Speck,
1 Zwiebel, Knoblauch, Butter, Wurzelwerk, 1 Teel. grüne Pfefferkörner,
3 Wacholderbeeren, Sahne,
1 Tasse Sauerkirschen, Rotwein.

Die genügend lange gebeizte Keule abtrocknen, häuten und mit Speck spicken. Speckwürfel erhitzen, geschnittene Zwiebel, Knoblauch, Butter, kleingeschnittenes Wurzelwerk, grüne Pfefferkörner und Wacholderbeeren sowie das Fleisch zufügen. Das Wildbret unter 2 bis 3maligem Wenden leicht anbräunen, mit Wasser und Wein aufgießen. Die Pfanne wird zuerst zugedeckt, dann ohne Deckel braun braten. Sobald das Fleisch gar ist, Scheiben schneiden und die mit etwas Sahne und entsteinten, gehackten Sauerkirschen vermischte Soße darübergeben.

Hirsch- oder Rehkeule vom Spieß

1 Hirsch- oder Rehkeule (etwa 1¹/₂ kg mit Knochen), 100 g Speck, Salz,
schwarzer Pfeffer.

Die Hirsch- oder Rehkeule in einer Marinade mindestens 1 Tag ziehen lassen. Herausnehmen und abtropfen lassen. Speck in Streifen schneiden und die Keule mit dem Speck spikken. Mit Salz und schwarzem Pfeffer einreiben und so auf dem Drehspieß befestigen, daß sie sich gleichmäßig schnell dreht. Hirsch- oder Rehkeule über der Holzkohlenglut etwa 1½ Stunde grillen. Das herabtropfende Fett in einer Schale auffangen und die Keule damit immer wieder bepinseln, damit sie schön gleichmäßig bräunt.

Dazu Bratäpfel, Preiselbeerkompott und einen kräftigen Rotwein reichen.

Hirschmedaillons

800 g Hirschfilet, 100 g Speck, Salz,
50 g Butter, 100 g Champignons,
2 Zwiebeln, 1 Eßl. saure Sahne,
etwas Rotwein.

Das Fleisch in dicke schräge Stücke schneiden, leicht klopfen, spicken, salzen und in Butter kurz anbraten, so daß sie innen noch rosa bleiben. Dann auf eine vorgewärmte Platte legen. Im Bratfond die geschnittenen Zwiebeln und Champignons dünsten und mit saurer Sahne und Rotwein abschmekken. Die Soße mit Salz nachwürzen und über die Medaillons geben.

Hirschrückenfilet »Försterin-Art«

400 g Hirschrückenfilet, 30 g Öl,
40 g Butter, 80 g Zwiebel,
80 g Preiselbeeren, 4 cl Gin,
8 Champignonköpfe (Konserve).

Das Hirschrückenfilet in Medaillons zu je 50 g schneiden und leicht klopfen. Auf beiden Seiten in Öl sehr

rösch braten. Die Butter in einer Pfanne zerlassen, die kleingeschnittene Zwiebel anschwitzen, Preiselbeeren zugeben und einschmoren lassen. Alles mit Gin flambieren und die Medaillons mit der Masse bestreichen. Als Garnitur obenauf einen Champignonkopf setzen.

Als Beilage können Pommes frites oder Kroketten und frische Waldpilze gereicht werden.

Hirtenspieß auf bulgarische Art

100 g Schweinefleisch, 150 g zartes
Hammelfleisch, 150 g Hammel- oder
Schweinsnieren, 50 g geräucherter
Speck, 3 Tomaten, 3 Zwiebeln,
2 Paprikafrüchte, Salz, Pfeffer,
2 Knoblauchzehen, 1 Teel. Paprika,
120 g Margarine oder Öl.

Fleisch, Nieren, Speck, Tomaten, Zwiebeln und Paprikafrüchte in Scheibchen schneiden, mit Salz, Pfeffer und zerdrücktem Knoblauch würzen. Die Zutaten abwechselnd auf Spieße reihen, mit Paprika bestreuen und im heißen Fett braten. Pommes frites und verschiedene Salate als Beilage reichen.

Hirtenspieß mit Paprikareis

500 g Hammelkeule ohne Knochen,
200 g Gewürzgurke, 2 große Zwiebeln,
2 Eßl. Öl, 1 Knoblauchzehe,
1 getrocknete Peperoni, 2 Beutel Kurz-
koch-Reis, ⅛ Glas marinierte Paprika-
früchte, 40 g Butter.

Die gewaschene und enthäutete Hammelkeule in grobe Würfel schneiden.

Die Gewürzgurke und die geschälten Zwiebeln in Scheiben schneiden. Alles abwechselnd auf Spieße stecken. Aus dem Öl, der gestoßenen Knoblauchzehe und der geschnittenen Peperoni eine Marinade herstellen und alles über die fertigen Spieße gießen. Die Spieße 24 Stunden ziehen lassen und erst kurz vor dem Verzehr braten.

Kurzkoch-Reis in sprudelndes Wasser geben und körnig kochen lassen. Danach heiß abspülen. Die in Würfel geschnittenen Paprikafrüchte in Butter erhitzen und unter den fertigen Reis rühren.

Mit Kräuterbutter und einem frischen Salat servieren.

Holländische Orangenplätzchen

Für den Teig: 200 g Butter oder Margarine, 200 g Zucker, abgeriebene Schale von 1 Orange, 5 Eßl. Orangensaft, 1 Prise Salz, 1 Eiweiß, 300 g Mehl.
Für die Füllung: 75 g Butter, 1/2 Vanilleschote, 50 g Puderzucker, 1 Eigelb, 2 Eßl. Orangenmarmelade.

Die geschmeidige Butter oder Margarine mit Zucker wenig rühren. Orangenschale und -saft, Salz und Eiweiß unterrühren. Das Mehl nach und nach untermischen. Den Teig in einen Spritzbeutel füllen und walnußgroße Häufchen auf ein mit gefettetem Butterbrotpapier belegtes Blech setzen. Im vorgeheizten Ofen bei 200 °C etwa 10 Minuten backen. Die Plätzchen sofort vom Blech nehmen und abkühlen lassen. Für die Füllung die geschmeidige Butter cremig rühren. Das her-

ausgekratzte Mark der Vanilleschote, den gesiebten Puderzucker und das Eigelb 2 bis 3 Minuten gut unterrühren. Zuletzt die Marmelade hinzufügen. Die Hälfte der Plätzchen mit der Creme bestreichen und jeweils ein zweites Plätzchen daraufsetzen. Diese Plätzchen schmecken zum Tee.

Holländischer Kaffee
(Einzelportion)

1/2 Tasse heißer starker Kaffee, 1/3 Tasse Eierlikör, 1 Eßl. Schlagsahne, Kakao.

Den Kaffee in die Tasse geben, den Eierlikör darübergießen, Schlagsahne daraufsetzen und mit Kakao überpudern.

Holundersuppe

500 g Holunderbeeren, 1 Stück Zitronenschale, 1 Stück Zimtrinde, 2 bis 3 Nelken, 80 g Zucker, Salz, 1 1/2 Eßl. Stärkemehl, nach Belieben 1/8 bis 1/4 l Rotwein, Milch oder Apfelsaft.

Die vorbereiteten Holunderbeeren in 1 Liter Wasser mit Zitronenschale, Zimtrinde und Nelken etwa 10 Minuten kochen. Durchschlagen, Zucker und Salz zugeben, nochmals erhitzen und mit dem kalt angerührten Stärkemehl binden. Rotwein, Milch oder Apfelsaft zugießen. Nach Belieben mit Zwiebackbröckchen auftragen. – Die Suppe schmeckt auch gut gekühlt sehr gut. Mit etwas Zitronensaft läßt sich diese Suppe noch geschmacklich verändern.

Holundersuppe mit Klößchen

1 kg Holunderbeeren, 1 Zitrone,
1 Stück Zimtrinde, etwa 165 g Zucker,
20 g Stärkemehl, 1 Tasse Rotwein,
2 Äpfel, ¼ l Milch, 50 g Butter,
Salz, 100 g Grieß, 1 Ei,
1 Päckchen Vanillinzucker.

Die Holunderbeeren waschen, abzupfen und zusammen mit 1 Stück Zitronenschale sowie dem Zimt in 1 Liter Wasser 10 Minuten kochen. Dann durchpassieren, etwa 125 g Zucker zugeben und aufkochen. Das Stärkemehl in dem Rotwein verquirlen und die Suppe damit binden. Mit Zitronensaft abschmecken. Die Äpfel schälen, vom Kerngehäuse befreien, in dünne Spalten schneiden und in der heißen Suppe ziehen lassen. Für die Klößchen die Milch zusammen mit der Butter und 1 Prise Salz aufkochen. Den Grieß auf einmal hineinschütten und unter Rühren zu einem dicken Kloß abbacken. Vom Feuer genommen, das Ei, den restlichen Zucker sowie den Vanillinzucker zugeben und gut verarbeiten. Mit einem in Wasser getauchten Teelöffel Klößchen abstechen und in leicht kochendem Salzwasser garziehen lassen. Die Klößchen in der Holunderbeersuppe anrichten.

Honiggrog

4 Eßl. Honig, 2 Zitronenscheiben,
4 Glas Weinbrand oder Rum.

Den Honig auf 4 Gläser heißes Wasser verteilen, jeweils eine halbe Zitronenscheibe und 1 Glas erwärmten Weinbrand oder Rum zufügen.

Honigkaffee

⅓ Teel. kleingeschnittener kandierter
Ingwer, 4 gehäufte Teel. Honig,
4 gehäufte Eßl. gemahlener Bohnen-
kaffee, Sahne.

Reichlich ½ Liter Wasser zusammen mit dem Ingwer etwa 2 Minuten kochen. In eine Kanne den Honig geben, einen Filter mit dem gemahlenen Kaffee daraufsetzen und das kochende Ingwerwasser darübergießen. Den Kaffee umrühren und gut erkalten lassen. Mit Sahne servieren.

Honigkuchen

500 g Honig, 250 g Zucker, 750 g Mehl,
250 g gehackte Mandeln,
125 g gehacktes Zitronat,
3 gestr. Teel. Zimt,
½ Teel. gemahlene Nelken,
abgeriebene Schale von ½ Zitrone,
8 g Pottasche, 4 g Hirschhornsalz,
Schokoladen-Fett-Glasur,
100 g abgezogene, halbierte Mandeln.

Honig mit Zucker erhitzen und wieder abkühlen lassen. Mehl, Mandeln, Zitronat und Gewürze hineinrühren. Pottasche und Hirschhornsalz mit etwas lauwarmem Wasser verrühren und zuletzt an den Teig geben. Den Teig 24 Stunden kühl ruhen lassen, dann in einem warmen Raum 3 bis 4 Stunden temperieren lassen, ausrollen und ein gefettetes, mit Mehl bestäubtes Blech damit belegen, den Kuchen backen. Den Kuchen noch warm in Quadrate schneiden, mit Schokoladen-Fett-Glasur überziehen und mit halbierten Mandeln oder Nüssen garnieren.

Honigmilch

2 Eigelb, 2 bis 3 Eßl. Bienenhonig,
¾ l Milch.

Die Eigelb mit dem Honig gut verrühren oder schlagen und nach und nach die heiße Milch unterrühren.

Honigmöhren
mit Käse überbacken

750g Möhren, ½ Teel. Salz,
5 g Margarine zum Ausfetten,
1 bis 2 Eßl. Blütenhonig,
125 g frisch geriebener Goudakäse.

Die Möhren in Scheiben schneiden und in ⅛ Liter Salzwasser bei schwacher Hitze im geschlossenen Topf garen. Eine feuerfeste Form ausfetten, die abgetropften Möhren hineinschichten und mit dem Honig beträufeln. Den Käse darüberstreuen und 10 Minuten im gut vorgeheizten Ofen überbacken.

Honig-Rhomben

120g Zitronat, 6 Maraschinokirschen
mit 2 Eßl. Flüssigkeit, 300g Mehl,
1 Teel. Backpulver, 1 Prise Salz,
200g Schmelzbutter, 1 Päckchen
Vanillinzucker, 200g Honig,
50g Haferflocken, 50g geraspelte
Schokolade, 250g Puderzucker,
bunte Streusel zum Verzieren.

Zitronat und abgetropfte Kirschen feinschneiden. Mehl, Backpulver, Butter, Salz, Vanillinzucker und Honig miteinander verkneten. Haferflocken, Zitronat, die geraspelte Schokolade und die Kirschen unterheben. Alles gut durchkneten und dann auf einem Backblech etwa ½ cm dick ausrollen und in der Röhre bei schwacher Hitze etwa 20 Minuten backen. Noch warm in Rhomben schneiden, auskühlen lassen. Puderzucker mit 2 Eßlöffel Wasser und der Flüssigkeit von den Kirschen glattrühren und die Honigplätzchen damit bestreichen, mit Streuseln verzieren.

Honig-Trauben-Drink
(Einzelportion)

1 Tasse Traubensaft, 1 Eßl. Honig,
Saft von 1 Zitrone, 1 Eiweiß,
Selterswasser.

Traubensaft, Honig, Zitronensaft und Eiweiß mit Eis im Shaker oder Elektromixer mixen und mit Selters auffüllen.

Hot Gin
(Einzelportion)

Saft von 1 Zitrone, 2 Stück Würfelzucker, 1 Likörglas Gin, Muskat.

Alles in ein feuerfestes Glas geben. Umrühren. Mit heißem Wasser auffüllen. Mit Muskat bestäuben.

Hubertussuppe

1 Fasan, Fett, Mehl, Wacholderbeeren,
gekörnte Brühe, Rotwein, 3 Eier,
Zitrone, Petersilie, Zwiebel, Butter
oder Sahne, Tomatenketchup.

Den vorbereiteten, möglichst älteren Fasan weichkochen, auslösen, das Fleisch in Würfel schneiden. Aus Fett und Mehl eine dunkle Schwitze bereiten, die mit der Kochbrühe aufgegossen, mit zerstoßenen Wacholderbeeren, gekörnter Brühe und Rotwein abgeschmeckt und danach durchgeseiht wird. Das Wildbret zufügen. Die Eier mit etwas Zitronensaft, gehackter Petersilie, frisch geriebener Zwiebel, Zitronenschale verschlagen und unter ständigem Rühren in die kochendheiße Suppe geben. Die Suppe zum Schluß mit Butter oder Sahne und Tomatenketchup verfeinern.

Huhn auf Prager Art

1 Huhn, Salz, 150g Bratwurst,
50g Öl, ½ Zwiebel, 30g Sellerie,
1 Knoblauchzehe, Edelsüß-Paprika,
250g Geschabtes, 1 Eßl. Tomatensaft,
250g Spaghetti, 30g Margarine,
30g Mehl, ¼l Hühnerbrühe,
1 Teel. Worcestersauce, 50g Reibekäse.

Das vorbereitete Huhn in Salzwasser garkochen, von den Knochen lösen und in Stücke schneiden. Die Bratwurst auf beiden Seiten in Öl anbraten und ebenfalls in Stücke schneiden. Im restlichen Fett feingewiegte Zwiebel und kleingeschnittenen Sellerie anschwitzen, Knoblauch sowie Paprika und dann das Geschabte zufügen und braten. Zum Schluß den Tomatensaft unterrühren. Die Spaghetti in Salzwasser kochen und abseihen. In eine Bratpfanne abwechselnd Spaghetti, Geschabtes, Hühnerfleisch und Bratwurst schichten. Mit Spaghetti abschließen. Aus Margarine und Mehl eine helle Mehlschwitze bereiten, mit der Hühnerbrühe auffüllen, zu einer dicken Soße verkochen und

mit Worcestersauce abschmecken. Die Soße über die Spaghetti gießen, obenauf Reibekäse streuen und in der Röhre überbacken.

Huhn auf provencalische Art

1 Huhn, Pfeffer, Salz,
100g Margarine, 1 Zwiebel,
1 Eßl. Tomatenmark, 1 Glas Dessertwein, 500g Waldpilze, 1 Bund Petersilie, 50g Butter, 2 Eßl. Mehl.

Das Huhn waschen und in 8 Teile zerlegen, mit Pfeffer und Salz einreiben und in der Margarine anbraten. Die kleingeschnittene Zwiebel, das Tomatenmark und den Dessertwein zugeben und alles schmoren lassen. Wenn das Huhn halbgar ist, die blättrig geschnittenen Waldpilze zugeben. Die garen Hühnerstücke herausnehmen und warm stellen. Den Fond mit etwas Hühnerbrühe auffüllen und mit der gehackten Petersilie aufkochen. Die Butter mit dem Mehl verkneten, damit die Soße binden und über das Fleisch geben. Mit Salzkartoffeln servieren.

Hühnerauflauf mit Reis

1 Huhn, Pfeffer, Salz, 2 Zwiebeln,
1 Tasse Reis, 4 Tomaten, Margarine.
Für die Soße: 50g Butter,
2 Eßl. Mehl, 1 Tasse Hühnerbrühe,
100g Champignons (Konserve), 3 Eier,
2 Eßl. geriebene Mandeln.

Das gewaschene Huhn innen und außen mit Pfeffer und Salz einreiben und in wenig Wasser garkochen. Die Zwiebeln in Ringe schneiden und mitkochen lassen. Wenn das Huhn gar ist, herausnehmen und das Fleisch von den Knochen trennen. Den Reis mit wenig Hühnerbrühe körnig kochen. Das Hühnerfleisch mit den Zwiebelringen und den in Scheiben geschnittenen Tomaten in eine gefettete Auflaufform geben. Aus Butter und Mehl eine Schwitze bereiten, mit der Hühnerbrühe auffüllen und zur Soße kochen. Die geschnittenen Champignons zugeben und die Soße über das Fleisch gießen. Den Reis mit zwei verquirlten Eiern vermischen und ebenfalls in die Form füllen. Obenauf die mit einem Ei verrührten geriebenen Mandeln geben und im Ofen etwa 1 Stunde backen.

Hühnerauflauf mit Wermutwein

1/2 Huhn, 1 Packung Kurzkoch-Reis,
4 Tomaten, 50 g Margarine, 1/8 l Sahne
oder Kondensmilch, 2 Eier,
1 Eßl. Tomatenmark, 1/8 l Wermutwein,
2 Eßl. Semmelbrösel, 50 g Butter,
Zucker, Cayennepfeffer,
Edelsüß-Paprika, Salz.

Das Huhn vorkochen, von den Knochen befreien und das Fleisch in Würfel schneiden. Kurzkoch-Reis körnig kochen, die Tomaten ebenfalls in Scheiben schneiden. Eine Auflaufform mit Margarine ausfetten, schichtweise Reis, Hühnerfleisch, Tomatenscheiben und wieder Reis hineingeben. Die Sahne mit Eiern, Tomatenmark und Wermutwein verquirlen und mit den Gewürzen pikant und kräftig abschmecken. Über den Auflauf gießen, mit Semmelbröseln bestreuen und obenauf Butterflöckchen

setzen. Im Backofen bei 200 °C 30 Minuten überbacken. Dazu einen frischen Salat reichen.

Hühner-Bohnen-Suppe

1 Suppenhuhn, 5 Pfefferkörner,
1 Lorbeerblatt, 3 Gewürznelken, Salz,
1 Wurzelwerk, 1 Zwiebel,
250 g Champignons, 1 Paket gefrorene
grüne Bohnen.

Das Suppenhuhn mit den Gewürzen in 2 Liter kochendes Salzwasser geben. 1 Stunde kochen lassen. Wurzelwerk kleinschneiden, Zwiebel schälen und beides 1 weitere Stunde mitkochen. Das Huhn aus der Suppe nehmen, die Brühe durch ein Sieb gießen. Die Champignons halbieren, mit den Bohnen zur Brühe geben. 20 Minuten kochen lassen. Das Fleisch von den Knochen lösen und ebenfalls in die Suppe geben.

Hühnereintopf

1 Suppenhuhn (1 kg), Salz, 1 kleine
Sellerieknolle, 2 Möhren, 250 g Erbsen
(frisch oder gefroren), 1 kleine Dose
Spargel, 200 g Reis, Pfeffer,
1 Bund Petersilie.

Das vorbereitete, gewaschene Suppenhuhn in etwa 1½ Liter kochendes Salzwasser geben und garkochen. Den Sellerie und die Möhren putzen. Das Gemüse in Würfel schneiden und etwa 30 Minuten vor Ende der Garzeit des Huhns in die Brühe geben und mit garkochen. Das Huhn aus der Brühe nehmen. Nach 5 Minuten die Erbsen zufügen. Zum Schluß den abgetropften Spargel dazugeben, nach Belieben auch die Spargelbrühe. Das Huhn häuten, in kleine Stücke schneiden und wieder in die Suppe geben. Den extra gegarten Reis zufügen. Alles erhitzen, mit Salz und Pfeffer würzen. Mit gehackter Petersilie bestreuen.

Hühnerkotelett à la Pojarski

*1 Brötchen, 500 g entbeintes Hühnerfleisch, 1 Zwiebel, 2 Eier,
2 Eßl. Sahne, 1 Bund Petersilie,
Muskatnuß, Majoran, Pfeffer, Salz,
1 Tasse Semmelbrösel, 100 g Margarine
oder Butter.*

Das Brötchen einweichen und ausdrücken. Dann das Hühnerfleisch mit dem Brötchen und der Zwiebel durch den Fleischwolf drehen. Ein Ei, die Sahne und die gehackte Petersilie untermischen und mit Muskat, Majoran, Pfeffer und Salz würzen. Kleine flache Koteletts formen, zuerst in geschlagenem Ei, dann in Semmelbröseln wenden. Im heißen Fett von beiden Seiten goldbraun braten. Als Beilage Kartoffelpüree und Selleriesalat servieren.

Hühnerragout »serbische Art«

*1 Huhn, Salz, 3 Eßl. Öl, 2 Zwiebeln,
1 Glas Rotwein, 6 Tomaten, 2 Paprikafrüchte, 2 Knoblauchzehen, Thymian,
Rosenpaprika, Essig, Zucker,
1 Bund Petersilie.*

Das Huhn in 8 Teile zerlegen, salzen und in dem heißen Öl von beiden Seiten anbraten. Die Zwiebeln in Würfel schneiden und mit bräunen lassen.

Mit dem Rotwein ablöschen und das Geflügel bei geschlossenem Deckel garschmoren. Das Fleisch herausnehmen und warm stellen. Im Bratensaft die kleingeschnittenen Tomaten, die ebenfalls in Stücke geschnittenen Paprikafrüchte und die geriebenen Knoblauchzehen 20 Minuten ziehen lassen. Das Ragout mit Thymian, Rosenpaprika, etwas Weinessig, gebräuntem Zucker und Salz würzen. Das Fleisch wieder zugeben und ein wenig ziehen lassen. Mit gehackter Petersilie bestreuen und mit Reis oder Kartoffeln servieren.

Hühnerrisotto nach Wiener Art

*1 Huhn, Salz, 80 g Margarine,
1 Wurzelwerk, 1 Zwiebel, 1/2 l Brühe,
250 g Reis, 250 g Champignons (frisch
oder aus der Dose),
1 Bund Petersilie.*

Das Huhn in 8 Stücke zerteilen und leicht salzen. In der Margarine das kleinwürflig geschnittene Wurzelwerk und die Zwiebelwürfel andünsten, die Hühnerteile darauflegen und alles zusammen gardünsten. Dabei immer etwas Brühe zugießen. Das Fleisch herausnehmen und warm stellen. Den Fond durch ein Sieb geben und mit Wasser auf einen Liter verlängern. Darin den Reis kochen. Die Champignons in Scheiben schneiden, frische in etwas Fettigkeit dünsten und zum Reis geben. Dosenchampignons müssen vorher nicht gedünstet werden. In einer Schüssel anrichten, das Hühnerfleisch darauf verteilen und mit gehackter Petersilie bestreuen. Dazu Kopfsalat reichen.

Hühnersalat »Carmen«
(Vorspeise)

1 rote Paprikafrucht, 1 hartgekochtes Ei, 150 g gekochtes Hühnerfleisch, 50 g zarte grüne Erbsen, 50 g körnig gekochter Reis, Salatblätter.
Für die Marinade: 30 g Salatöl, 30 g Kräuterdressing, 15 g geriebene Zwiebel, etwas scharfer Senf, einige feingehackte Estragon- und Liebstöckelblätter, 1 Prise Zucker.

Die Paprikafrucht waschen, halbieren, entkernen und in feine Würfel schneiden. Das Ei schälen und hacken. Das Hühnerfleisch ebenfalls in Würfel schneiden. Alles mit den garen Erbsen und dem Reis vermengen. Die Zutaten für die Marinade verrühren und kräftig würzen. Über den Salat gießen, etwa 20 Minuten durchziehen lassen und auf Salatblättern anrichten. Mit Butter und Toast servieren.

Hühnersalat »Orlow«
(Vorspeise)

100 g gekochtes Hühnerfleisch, 75 g gekochter Schinken, 75 g Sellerie (Konserve), 50 g Champignons (Konserve), 40 g Mayonnaise, 20 ml Sahne, 20 g Tomatenketchup, Zitronensaft, Weinbrand, Salz, Zucker, weißer Pfeffer, Tomatenecken, Petersilie und Champignonköpfe zum Garnieren.

Hühnerfleisch, Schinken und Sellerie in Streifen schneiden. Die Champignons vierteln. Alles mit Mayonnaise, Sahne, Tomatenketchup, Zitronensaft und Weinbrand verrühren. Kräftig mit Salz, Zucker und Pfeffer abschmecken und kalt stellen. Dann nochmals abschmecken, anrichten und mit Tomatenecken, Petersiliensträußchen und Champignonköpfen garnieren. Mit Butter und Toast servieren.

Hühnersuppe »Stockholmer Art«

500 g Suppenhuhn, Salz, 1 Möhre, 1 Stück Petersilienwurzel, Curry, Pfeffer, Weißwein, 4 Brötchen, 2 Eier, 6 Eßl. Milch, 50 g Margarine, Schnittlauch.

Das vorbereitete Geflügel in kaltem Salzwasser ansetzen und bei milder Hitze kochen lassen. Nach der Hälfte der Garzeit das vorbereitete, kleingeschnittene Gemüse zufügen und alles garen. Dann die Brühe durchseihen und mit Curry, Pfeffer und Weißwein abschmecken. Die Brötchen in Würfel schneiden, zuvor jedoch die Kruste abreiben. Die Eier mit Milch und 1 Prise Salz verquirlen und die Brötchenwürfel in der Flüssigkeit etwas ziehen lassen. Dann in erhitzter Margarine goldgelb backen, zusammen mit den Geflügelstückchen in die Brühe geben und mit Schnittlauchröllchen überstreuen.

Huhn im Nudeltopf mit Gemüse

1 Huhn, 1 Zwiebel, 1 Bund Petersilie, 1 Lorbeerblatt, 3 Pfefferkörner, Salz, 500 g verschiedenes Gemüse (Möhren, Erbsen, Blumenkohl, Lauch), 400 g Nudeln, Spirelli oder Chips, Pfeffer, Muskat, 100 g Reibekäse.

Das gewaschene Huhn mit der Zwiebel, den Petersilienstengeln und den Gewürzen in Salzwasser garkochen. Danach das Fleisch von den Knochen befreien. Die Brühe durch ein Sieb geben und das vorbereitete Gemüse darin garen. Die Nudeln extra in Salzwasser weichkochen. Gemüse, Nudeln und kleingeschnittenes Fleisch vermischen, mit Pfeffer, Muskat und Salz abschmecken. Den Reibekäse unterheben, mit Petersilie bestreuen.

Huhn im Reisrand

½ Suppenhuhn, Salz, 1 kleines
Lorbeerblatt, 1 Wurzelwerk,
2 Pimentkörner,
1 Zwiebel, 80 g Butter,
50 g Mehl, ¼ l Hühnerbrühe,
⅛ l Sahne, 1 Eigelb,
1 Packung Kurzkoch-Reis,
100 g Reibekäse, 1 hart-
gekochtes Ei, 1 Bund Petersilie.

Das halbe Huhn in wenig Salzwasser mit Lorbeerblatt, geputztem Wurzelwerk, Pimentkörnern und Zwiebel garen und danach von Haut und Knochen befreien. Aus 50 g Butter und dem Mehl eine helle Schwitze bereiten und mit etwa ¼ Liter Hühnerbrühe auffüllen. Die Soße gut durchkochen, vom Feuer nehmen und mit der Sahne und dem Eigelb legieren. Den Reis körnig kochen, mit Reibekäse, restlicher zerlassener Butter und Salz vermischen und in eine Reisrandform drücken. Die Form auf den Teller stürzen, den Reisrand mit dem heißen Hühnerfleisch füllen und mit der Soße überziehen. Mit Eischeiben und gehackter Petersilie garnieren.

Huhn mit Kapern

1 Huhn, 100 g magerer Speck, Salz,
Pfeffer, ¼ l Brühe, 1 Teel. Senf,
1 Teel. Tomatenmark, 50 g Kapern,
80 g Margarine, 3 Eßl. saure Sahne,
3 Eßl. Weißwein.

Das Huhn waschen und in 8 Stücke zerlegen. In eine feuerfeste Form den in Scheiben geschnittenen Speck legen und darauf die mit Salz und Pfeffer gewürzten Hühnerstücke. Darüber die Brühe, den Senf, das Tomatenmark und die Kapern geben und zugedeckt im Ofen weichdünsten. Herausnehmen und die garen Fleischstücke sowie den Speck in der Margarine knusprig braten. Auf einer Platte anrichten. Die Soße mit der sauren Sahne und dem Weißwein verfeinern, abschmecken und eventuell mit etwas Stärkemehl binden. Als Beilage mit geriebenem Käse vermischten körnigen Reis und einen Rohkostsalat reichen.

Wer am Stehbüfett eine heiße Brühe schlürft oder am Würstchenstand eine besonders Knackige mit viel Senf verlangt, wer sich gesalzene Nüsse für den Fernsehabend bereitlegt oder müde Gäste um Mitternacht mit einem Teller leckerer Häppchen erfreut, wird den Imbiß für eine recht neuzeitliche Erfindung ansehen. Allein schon die sprachliche Vergangenheit des Wortes deutet auf eine lange Vergangenheit. Es begegnet uns bereits im Althochdeutschen als »imbiz«, und im Mittelhochdeutschen kommt zur althergebrachten Bedeutung von »kleiner Mahlzeit« noch die Art des Verzehrs hinzu; ein »bizen« mußte mit scharfen Zähnen zerkleinert werden. Imbiß war also immer etwas Kleines, ein mundgerechtes, möglichst knuspriges Stück für zwischendurch. Knabbern, knacken, knuspern als Synonyme für essen finden wir allerdings erst im 18. Jahrhundert; ein Zeichen dafür, daß die kleinen Bissen allgemein beliebter geworden waren. Ihre Inflation erlebten sie aber in der Tat erst in den letzten Jahren. Laut Lebensmittellexikon[47] ist gegenwärtig ein Wandel der Naschgewohnheiten in vielen Ländern zu beobachten, eine Abkehr von Bonbons, Pralinen und Schokolade hin zu den salzigen, röschen Knabbereien. Die Industrie hat sich das zunutze gemacht. Je Jahr kommen etwa zehn neue Produkte auf den Weltmarkt. An der Umsatzspitze stehen noch immer die Kartoffelchips.

Flips und Chips, Sticks und Cracker, kalt – oder heiß aus der Snackbar, dazu eine Instant-Tüten-Suppe oder ein Pulverkaffee… Pessimisten sehen darin die Küche der Zukunft.

In alten Zeiten ersetzte ein Imbiß niemals eine komplette Mahlzeit. Wahrscheinlich rührt die Sorge daher. Denn viele nehmen sich nicht mehr die entsprechende Zeit, etwas »Ordentliches« zu kochen und finden im industriellen Imbiß-Angebot schnellen Ersatz. Dabei soll gar nicht gegen die

Hilfen gesprochen werden, die heutige Hausfrauen aus Tüten und Dosen und Gläsern erhalten. Was der Büchsenöffner nicht alles für Gemüse erschließt! Allerdings müßte jeder seine Konservenwirtschaft stets mit frischen Zutaten ergänzen und sich gelegentlich, wenn die Zehn-Minuten-Suppe lieblich brodelt, wenn Toaster, Allesschneider, Elektrogrill auf Hochtouren laufen, an die Herdfeuer der Vorfahren erinnern.

Es ist recht gut bekannt, wie zum Beispiel eine Küche in der Antike aussah. Zunächst wurde nämlich im Hauptraum des Hauses auf offenem Feuer gekocht; erst in der hellenistisch-römischen Zeit richtete man einen gesonderten Raum für die Vorbereitung der Speisen her. Auch da eine offene Herdstelle; der Rauch zog durch eine Giebel- oder Dachöffnung ab. Eine sogenannte »schwarze« Küche also. Nur bedingt anheimelnd, aber ohnehin wurde sommers die Kocherei ins Freie verlagert. An Küchenwerkzeugen waren eine dreizinkige Gabel, Spieße, Kessel, Mörser, Messer, Fleischhaken bekannt. Das Fleisch allerdings wurde in der Küche nur zugerichtet; ein Vorschneider tranchierte es dann bei Tisch.

Die Griechen, natürlich die reichen, beschäftigten je einen Koch, der den Braten bereiten mußte, einen Tafeldecker, einen Haushofmeister, einen Kuchenbäcker für Pasteten und ähnliches und Frauen, die für das »kleine« Backwerk und das Brot verantwortlich waren.

Der Kessel blieb auch bei den Normannen das wichtigste Stück der Kücheneinrichtung. Fleisch, meist gesalzenes, wurde in der Regel gekocht. Nur Wild und Geflügel kam auf den Spieß. Der Kessel hing über dem Feuer, gestützt durch einen eisernen Dreifuß. In der mittelalterlichen Küche verwendete man: verschiedene Tische, um das Grünzeug zu hacken, Bratpfannen, Reiben, Mörser, Gefäße zum Mischen von Soßen, Handmühlen, Pfeffermühlen, Fleischhaken und natürlich Spieße. Die Rezepturen waren kompliziert und verlangten Spezialisten. Was konnte nicht alles ein Bratenwender für Wunder bewirken, was konnte er nicht alles verderben?! So beklagte Talleyrand (1754–1838) einmal, daß eine vorzügliche Schnepfe in »schlechter Gesellschaft« gebraten worden sei; als man das nachprüfte, fand man, daß der Koch sie neben einen Schafschlegel auf den Spieß gesteckt hatte.[48] Der Bratenwender hieß allgemein Jack, Hans, Hanswurst, galt als Pfiffikus und fand – als Spaßmacher – seinen Platz auch auf den Theaterbühnen.

In ältester Zeit wurden die Bratspieße einfach aus Holz geformt, und bei großen Festen kam gleich ein Kalb oder gar ein Ochse darauf. So soll 1562 bei der Krönung Kaiser Maximilians (1527–1576) in Frankfurt am Main eine große »Kuchen aufgeschlagen worden sein«, in der man einen geschlachteten Ochsen »an einem hölzern Bratspieß ganz und unerhawen

mit dem Kopff und Füßen gesteckt«[49] habe. Auch sei er gespickt und aus-
gefüllt gewesen mit allerhand Tieren: Schwein, Hammel, Reh, »etlichen
Spanferlin«, Rebhühnern, Pfauen, Krammetsvögeln, Gänsen, Enten, Häh-
nen und Bratwürsten. Man habe am Sonntag vor der Krönung angefangen
zu braten bis auf den Montag nach gehaltenem »Hoff und Pancket«…

Um 1600 ist von einer Zunft der Bratenwender in Paris die Rede.

Später hatten dann die Bratenwender gerade in Frankreich weniger zu
tun. Ragouts, Frikassées, Gelées waren die Favoriten der Tafel. Sie brachten den Eßfaulen Hochgenüsse, denn die verabscheuten es, ein ordentliches Stück Fleisch kraftvoll zu kauen. Doch auch diese Speisen wurden auf
dem offenen Herd bereitet, das heißt, das Feuer konnte frei emporflam-
men, ein gemauerter Mantel fing den Rauch auf und führte ihn aus dem
Haus. Manchmal begrenzte den Herd eine Wand. Ansonsten ist er etwa
drei Fuß hoch gewesen.

Justus Möser[50] beschreibt, wie sich der Herd in Bauernhäusern des
17. Jahrhunderts als Residenz der Hausfrau bewährte; »Der Heerd ist fast
in der Mitte des Hauses, und so angelegt, daß die Frau, welche bei demsel-
ben sitzt, zu gleicher Zeit alles übersehen kann… Ohne von ihrem Stuhle
aufzustehen, übersieht die Wirthin zu gleicher Zeit drei Türen, dankt denen, die herein kommen, heißt solche, bei sich niedersetzen, behält ihre
Kinder und Gesinde, ihre Pferde und Kühe im Auge, hütet Keller, Boden
und Kammer, spinnet immerfort und kocht dabei. Ihre Schlafstelle ist hinter diesem Feuer, und sie behält aus derselben eben diese große Aussicht,
sieht ihr Gesinde zur Arbeit aufstehen und sich niederlegen, das Feuer anbrennen und verlöschen … Wenn sie im Kindbette liegt, kann sie noch
einen Theil dieser häuslichen Pflichten aus dieser ihrer Schlafstätte wahrnehmen.«

War der Herd das Zentrum, so hielten Regale und Schränke das Kü-
chengeschirr in gebührender Ordnung. Reinlichkeit war oberstes Gebot,
obgleich die hygienischen Gewohnheiten mit unseren Ansprüchen sicher
nicht zu vereinen sind. Gleich nach Gebrauch wurden Kessel und Pfannen
mit Sand gescheuert, Schüsseln und Teller gespült: seinen Löffel hielt jeder selbst sauber. Im 18. Jahrhundert setzte sich statt des Bratspießes langsam die Herdröhre durch.

Allmählich bekamen große Haushaltungen Lust, ihren Reichtum auch in
diesem Teil des Hauses zu zeigen, der – im übertragenen Sinne seit jeher – mit den Vorstellungen von Geborgenheit, von Heimat verbunden
ist. Prunkküchen kamen in Mode. Aus Nürnberg ist bekannt, daß es da –
neben der »richtigen« Küche – wohleingerichtete Räume gab, in denen nie
jemand kochte, in denen Regale, Geschirre, der blanke Herd und Schauge-

richte aus Pappmaché nur als Zeichen der Reputation vorhanden waren. Sogar das dort aufgestapelte Brennholz sei gehobelt und bunt gebeizt gewesen und war sogar an beiden Seiten mit Messing beschlagen.

Was im 19. Jahrhundert zu einer Küche gehörte, ist einschlägigen Kochbüchern zu entnehmen: So nennt Frieda Ritzerow in ihrem »Mecklenburgischen Kochbuch« aus dem Jahre 1868[51] folgende Dinge als unentbehrlich: »Kochherd mit Bratofen, Aufscheuertisch mit zwei Wannen darin und einem Tellertrockner daneben, Küchenschrank, Küchentisch, Anrichtetisch, Küchenstühle, ein kleiner Schrank für Gewürze, 1 Kasten für Abfälle, ein Fleischblock nebst Klopfer, eine Fleischwanne, eine Dezimalwaage, ein Holz-, Torf- und Kohlenkasten, eine Wassertonne nebst Eimern, Trage und Kelle, ein hölzernes Salzfaß, große und kleine Fischbretter, ein Hackbrett, ein Kuchenbrett mit Rollholz, ein größerer Mörser mit Keule, ein Mehltien, ein Tranchierbrett, hölzerne Schinkenteller, Kochlöffel, Gurkenhobel, Zitronenpresse, Butterform, ein großer Bouillontopf, ein Suppentopf, große und kleine Kochtöpfe, Brat- und Tortenpfannen, eiserne Cotelett-, Beefsteak- und Omelettpfannen, ein Waffeleisen, ein Theekessel, ein Milchkessel, ein Schneekessel, ein Anrichtelöffel, eine Kuchenspritze, Form mit Ausstechern, Zuckerstreubüchse, Muskatreibe, kleine Waagschale mit Gewichten, Mörser, Blechsieb, Durchschlag, Suppensieb, diverse Schaumkellen und Fischlöffel, Zuckersieb, Reibeisen, Ochsenaugenform, Pastetenform, Stückmaß, Trichter, Backbleche, Tortenränder, Puddingformen, Geleeformen, Geleebeutel, Auflaufformen, Cremeformen, Coquillenschalen, Schalen und Teller, irdene Töpfe, Saucieren, irdene Durchschläge, ein Hackmesser, ein Wiegemesser, Küchenmesser, Fleischgabeln, Spick- und Dressiernadeln, Feuerzangen und -schaufeln, Messerreiniger, Drahtquirle, ein Korkenzieher, ein Haarpinsel, ein Ascheeimer, eine Seifenbürste, eine Tassenwanne mit Bürste, eine Küchenlampe, verschiedene Körbe, ein Küchenbesen mit Schrubber …«

Wollen wir nun die gegenwärtige Kücheneinrichtung aufzählen? Multiboy und Raspelwunder, Kaffee-Automat und Elektrogrill? Das mag jeder für sich selbst tun. Sicher ist, wir kochen heute bei weitem weniger aufwendig. Und will man der »Siencefiction-Literatur« glauben, so wird uns eines glücklichen Tages ein Roboter-Hausboy noch mehr von den Küchenarbeiten befreien. Hoffentlich kann der dann nicht nur Tütensuppen kochen und Büchsen öffnen! Essen aus der Tube – welch ein Alptraum. Der Zukunftsvision allerdings, wo eine rationelle Haushalttechnologie zu einer guten, schmackhaften, gesunden Küche führt, würden sicher gern viele folgen wollen. Wer weiß, wie unsere Ururenkel einmal kochen werden?! Ob sie noch wissen, was ein Quirl ist?

Imam bajaldi
(Gefüllte Auberginen)

4 längliche Auberginen, 5 Zwiebeln,
1 Tasse Öl, 10 Tomaten,
2 Knoblauchzehen,
Zucker, 1 Lorbeerblatt,
1 bis 2 Eßl. gehackte Petersilie,
Salz, Pfeffer.

Von den Auberginen den Stielansatz entfernen. Die Auberginen der Länge nach seitlich so einschneiden, daß eine Art Tasche entsteht. Die Zwiebeln nicht zu klein schneiden, im Öl goldgelb anschwitzen und die Hälfte der geschälten und geviertelten Tomaten zugeben. Mit zerdrücktem Knoblauch, 1 Prise Zucker, Lorbeerblatt, Petersilie, Salz und Pfeffer würzen. So lange auf kleiner Flamme schmoren, bis eine breiartige Masse entstanden ist. Das Lorbeerblatt herausnehmen, die Masse in die Auberginen füllen und diese in eine gefettete feuerfeste Form legen. Die restlichen Tomaten ebenfalls abziehen, durch ein Sieb in ein Pfännchen streichen, kurz aufkochen, salzen, pfeffern und über die Auberginen gießen. In der Röhre bei Mittelhitze etwa 20 Minuten garen. Heiß oder kalt servieren.

Imkertee

3 Tassen schwarzer Tee,
½ Tasse Bienenhonig,
1 Tasse Wodka.

Tee, Bienenhonig und Wodka zusammen verrühren und erhitzen, aber nicht kochen lassen. Nach Belieben mit einer Prise Vanillinzucker würzen. In kleinen Gläsern ausschenken.

Indische Fleischbällchen mit Eiern

250 g Gulaschfleisch, 4 Eier,
1 Zwiebel, ½ Teel. Ingwer, fein
geschnitten, 1 grüne feingehackte
Chillischote, 1 Teel. Salz,
½ Teel. Zucker, ½ Teel. Koriander,
½ Teel. schwarzer Pfeffer,
1 Teel. Garam masala, scharf,
2 Eßl. Currypulver, 1 Eßl. Joghurt,
4 Eßl. Pflanzenöl.

Das Gulaschfleisch zweimal durch den Fleischwolf drehen und mit den Gewürzen sowie Zwiebel, Ingwer, Chilli und wenig Wasser vermengen. Den Fleischteig in 4 Portionen teilen und jeweils um 1 hartgekochtes, geschältes Ei formen. Die Bällchen in kochendes Wasser geben und etwa 15 bis 20 Minuten kochen, bis das Fleisch gar ist. Danach die Fleischbällchen in Öl ringsherum braun braten, halbieren und mit Reis servieren.

Indisches Curryhuhn mit Äpfeln

1 Huhn, 1 Wurzelwerk, 3 Zwiebeln,
2 Lorbeerblätter, Salz, 2 Äpfel,
100 g Butter, 1 Knoblauchzehe,
1 Eßl. Currypulver, 3 Eßl. Mehl,
½ l Hühnerbrühe, 100 g Schinken,
1 Hühnerleber, ⅛ l Kondensmilch,
Speisewürze, Muskat, 1 Bund Petersilie.

Das Huhn mit dem Wurzelgemüse, einer Zwiebel und den Lorbeerblättern im Salzwasser garkochen. Danach das Fleisch von den Knochen lösen. Die Äpfel schälen, ausstechen und in kleine Würfel schneiden. Die restlichen Zwiebeln ebenfalls kleinschneiden und mit den Äpfeln in der Butter

dünsten, die zerdrückte Knoblauchzehe und den Curry zugeben. Mit
dem Mehl anstäuben, mit der Brühe
auffüllen und 20 Minuten kochen lassen. Den in Würfel geschnittenen
Schinken mit der kleingehackten Leber in die Soße geben. Mit Kondensmilch verfeinern und mit Speisewürze, Muskatnuß und Salz abschmecken. Das Hühnerfleisch in die
Soße geben und aufwärmen. Das Ragout im Reisrand anrichten und mit
gehackter Petersilie bestreuen.

Indonesische Leber mit Erbsen

*350 g Gehacktes, 1 Tasse fein-
geschnittenes Gemüse (Sellerie,
Porree, Möhre), Salz, Pfeffer,
500 g Schweineleber, 75 g Butter oder
Margarine, je 1 Messerspitze
gemahlener Koriander, Anis oder
Ingwer, 1/4 Teel. Kümmel,
1/2 Zitrone, 2 Eßl. Sojasauce,
1 Tasse saure Sahne,
2 Tassen Erbsen, 1 Tasse Champignons,
1/2 Tasse in Streifen geschnittene
Paprikafrucht.*

Das Gehackte mit dem Gemüse in wenig Salzwasser kochen, dann pfeffern
und die Flüssigkeit abgießen, aber
aufheben. Dann Gehacktes, Gemüse
sowie die Leberstückchen in Fett anbraten. Gewürze, Zitronenschale und
-saft und die Sojasauce zugeben. Mit
dem Gehacktes-Kochwasser aufgießen. Das Gericht mit der sauren
Sahne verfeinern. Erbsen, Champignonscheiben und Paprikawürfel untermischen. Nochmals 15 bis 20 Minuten kochen. Mit körnig gekochtem
Reis servieren.

Ingwer-Apfel-Soße

*150 g Apfelmus, 50 g Mayonnaise,
1 bis 2 Stück kandierter Ingwer,
gemahlener Ingwer, Zitronensaft, Salz.*

Das Apfelmus mit der Mayonnaise
gut verrühren. Den kandierten Ingwer
in feine Streifen schneiden oder feinhacken und darunterrühren. Zuletzt
mit gemahlenem Ingwer, etwas Zitronensaft und einer Prise Salz abschmecken.
Besonders zu Wild oder Geflügel paßt
die Ingwer-Apfel-Soße ausgezeichnet.
Das Fleisch kann kalt, aber auch heiß
gereicht werden. Anstelle von Apfelmus können frische feingeriebene Äpfel verwendet werden. Mit Birnenmus
oder aus zerdrückten Birnen läßt sich
eine Birnen-Ingwer-Soße ebenfalls
sehr schnell zubereiten und ist besonders für Käsespeisen zu empfehlen.

Ingwer-Fasan

*1 Fasan, 50 g Speck, 40 g Butter,
2 Möhren, 2 Wacholderbeeren,
1 große Zwiebel, Rotwein, 1/8 l saure
Sahne, Ingwer, Maisan, 2 Brötchen.*

Den vorbereiteten und mit Speckscheiben umwickelten Fasan in heißer
Butter leicht anbräunen und dann mit
reichlich zerkleinerten Möhren, Wacholderbeeren und gehackter Zwiebel
fertigbraten. Während des Bratens mit
Rotwein und saurer Sahne begießen.
Ingwer zufügen. Die Soße mit wenig
Maisan andicken und passieren. Den
zerlegten Fasan anrichten, mit der
Soße übergießen und mit gerösteten
Brötchenscheiben umlegen. Als Beilage Rotkohl, der pikant süßsauer ab-

geschmeckt wurde, reichen. Mit dünn aufgeschnittenem kandiertem Ingwer garniert servieren.

Ingwer-Hühnertopf

½ Suppenhuhn, 1 Wurzelwerk, Salz,
1 Packung Kurzkoch-Reis, ½ Glas ein-
gelegte Ingwer-Frucht, ½ Teel. Curry,
1 Scheibe Ananas, 1 Banane, Paprika.

Das gewaschene Suppenhuhn mit dem geputzten Wurzelwerk in Salzwasser etwa 45 Minuten garen. Danach das Fleisch von den Knochen lösen und in Würfel schneiden. Kurzkoch-Reis körnig kochen. Den Reis mit der Hühnerbrühe, den feingeschnittenen Ingwerfrüchten und dem Curry in einen Topf mit Deckel geben und in der heißen Röhre noch etwas ausquellen lassen. Mit einer Gabel Fleisch und geschnittenes Obst unter den Reis ziehen. Mit etwas Ingwersaft, Paprika und Salz abschmecken.

Irish Coffee
(Einzelportion)

4 cl Whisky, 1 Barlöffel Zucker,
⅛ l sehr heißer, starker Kaffee,
etwas Schlagsahne.

In das Irish-Coffee-Glas zuerst den Whisky und darüber den Zucker geben. Umrühren und mit dem Kaffee auffüllen. Ganz leicht geschlagene Sahne vorsichtig über die nach außen gewölbte Seite eines umgedrehten Löffels hineinfließen lassen. Die Sahne soll sich nicht mit dem Kaffee vermischen, er wird durch sie hindurch getrunken.

Ischler Törtchen

300 g Butter, 150 g Zucker,
300 g gesiebtes Mehl, 25 g geriebene
Mandeln, ⅛ Teel. Zimt,
5 Eßl. Himbeermarmelade, Puderzucker.

Die Butter mit dem Zucker schaumig rühren. Dann nach und nach das Mehl, die geriebenen Mandeln und den Zimt zufügen und alles so lange rühren, bis ein glatter, fester Teig entstanden ist. Den Teig in Pergamentpapier oder Alufolie wickeln und etwa 1 Stunde in den Kühlschrank legen. Dann herausnehmen, 3 mm dick ausrollen und runde Plätzchen von ungefähr 6 cm Durchmesser ausstechen. Bei der Hälfte der Plätzchen in der Mitte ein kleines rundes Loch ausstechen. Die Ringe und Kreise auf dem ungefetteten Backblech in der vorgeheizten Röhre 10 bis 15 Minuten leicht braun backen. Das Gebäck vorsichtig vom Blech lösen und abkühlen lassen. Jeden Kreis mit Marmelade bestreichen und einen Ring darauflegen. In den offenen Kreis je 1 Teelöffel Marmelade geben und vor dem Servieren mit Puderzucker bestreuen.

Isländische Apfelspeise

60 g Butter, 200 g Semmelbrösel,
5 Eßl. Zucker, 350 g Apfelmus,
100 g Preiselbeerkompott, ⅛ l Sahne.

In der erhitzten Butter unter ständigem Rühren Semmelbrösel und 4 Eßlöffel Zucker goldbraun werden lassen. Zum Abkühlen beiseite stellen. Dann schichtweise Bröselmasse, Apfelmus, Preiselbeeren und wieder Apfelmus in vier Glasschalen geben. Die

Sahne steif schlagen, nach und nach den restlichen Zucker einrieseln lassen. In einen Spritzbeutel füllen und die Speise damit garnieren. Bis zum Servieren in den Kühlschrank stellen.

Italienische Hähnchenbrust

4 Hähnchenbrüste, Pfeffer, Salz,
2 Eßl. Mehl, 50 g Margarine,
4 Scheiben Rauchfleisch oder Lachs-
schinken, 100 g Reibekäse.

Die Hähnchenbrüste mit Pfeffer und Salz würzen, in Mehl wenden und in der Margarine braten. Dann mit dem Rauchfleisch oder Lachsschinken belegen und mit Reibekäse bestreuen. Im Grill oder in der Röhre bei 200 °C knusprig überbacken. Dazu gegrillte Tomaten, Weißbrot oder Spaghetti reichen.

Italienischer Salat

250 g gekochte Kartoffeln,
125 g gekochter Schinken,
125 g gekochte Zunge, 2 Sardellen,
1 Gewürzgurke, 1 gekochte gelbe Rübe,
1 Apfel, 1 Eßl. grüne Erbsen
(Konserve), 1 Zwiebel, etwas Fleisch-
brühe, 5 Eßl. Öl, 4 Eßl. Essig,
Salz, Pfeffer, 1 Teel. Senf,
1 Prise Zucker, 4 Eßl. saure Sahne,
4 Eßl. Mayonnaise.

Kartoffeln, Schinken, Zunge, Sardellen, Gurke, gelbe Rübe und Apfel in kleine Würfel schneiden. Die grünen Erbsen und die kleingeschnittene Zwiebel zugeben, alles vermischen und mit etwas heißer Fleischbrühe übergießen. Aus den restlichen Zuta-

ten eine Marinade bereiten und den Salat damit anmachen. Gut durchziehen lassen und gut gekühlt servieren.

Italienisches Brathähnchen

1 Broiler, Salz, Pfeffer, 1 Knoblauch-
zehe, 50 g Butter, 1 Bund Lauch,
1 Bund Petersilie, Lorbeerblatt,
¼ l Fleischbrühe, 50 g Reibekäse,
⅛ l Weißwein.

Das gewaschene Hähnchen trockentupfen und mit Salz und Pfeffer einreiben. Feingehackte Knoblauchzehe mit der Hälfte der Butter verrühren und das Hähnchen damit ausstreichen. Den in Ringe geschnittenen Lauch, die feingehackte Petersilie und ½ zerkleinertes Lorbeerblatt in die Bauchöffnung geben und mit einem Spieß zustecken. Den Backofen auf 220 °C vorheizen, das Hähnchen auf den Rost legen und mit der restlichen zerlassenen Butter begießen. Unter den Rost die Fettauffangschale mit der Fleischbrühe stellen. Während der Bratzeit von etwa 30 Minuten das Hähnchen öfter mit der Brühe begießen. Am Ende der Bratzeit nochmals mit Butter bepinseln und mit dem Reibekäse dicht bestreuen. Nochmals 15 Minuten in die Röhre schieben.
Das Hähnchen mit Weißbrot und frischem Salat servieren. Als Soße den mit Weißwein aufgekochten Bratensatz aus der Fettpfanne reichen.

200 000 Jahre ist es her, seit das Mammut durch unser Land zog. Dieses gewaltige Tier war in einer frühen Periode der Menschheitsgeschichte ein sehr geschätztes Jagdwild. Die Hatz auf so ein Ungetüm verlangte von unseren Vorfahren, die zur Mammut-Zeit noch der Gattung homo erectus (der aufrechtgehende Mensch) zugehörten, kollektive Absprache und gemeinsames, zielgerichtetes Handeln. Wahrscheinlich hat die Jagd, ein Hauptteil ihrer Arbeit (sie bestand ja zum überwiegenden Teil darin, Nahrung zu beschaffen), wesentlich dazu beigetragen, daß sich Werkzeuge und Sprache entwickelten.

Die Jagd blieb während der Zeit der Urgesellschaft eine Angelegenheit des ganzen Stammes, der Dorfgemeinschaft. Als sich dann – ökonomisch ermöglicht durch das gesellschaftliche Mehrprodukt – ein Stammesadel herausbildete und schließlich im Feudalismus völlig neue gesellschaftliche Verhältnisse wirkten, wurde die Jagd zum Herrenrecht, Fürstenprivileg.

Man verstand sie als ritterlichen Sport, der Kraft, Mut und Wendigkeit verlangte. Gejagt wurde in der Regel zu Pferde. Die Gefahr verlieh ihr prickelnden Reiz. Auch »hochgeborene Damen« beteiligten sich an diesem Gesellschaftsspiel. Bevorzugte Jagdtiere waren Wildschweine, Wisente, Bären, Elche, Hirsche und Rehe. Dazu muß man sich die Wälder undurchdringlicher und viel wildreicher als heute denken. Anfangs jagte man mit Pfeil und Bogen, Speer, Axt und Hirschfänger. Erste Feuerwaffen waren unzuverlässig, da sie nach einem Schuß praktisch unbrauchbar waren: Das Nachladen erforderte zu viel Zeit. War das Wild nur verletzt und griff den Jäger an, mußte er ihm ja widerstehen können oder sehen, daß er den nächsten Baum erreichte.

Veranstaltet wurden auch Hetzjagden, vorrangig mit Spür- oder Schweißhunden. Leibeigene Bauern mußten damit rechnen, daß man sie jederzeit zur herrschaftlichen Jagd als Treiber aufbot. Dies, dazu das strikte Verbot, den eigenen mageren Küchenzettel auch nur mit einem kleinen Hasen aufzubessern, und der ständige Wildschaden auf den Feldern, gegen den sich die Bauern bei Androhung (und Vollzug) schwerer Strafen nicht wehren durften.

Vornehmste Art des Jagens war die Falkenbeize. Der polnische König Stefan Batory (1522–1586)[52] zahlte für einen gut dressierten Falken zwei Pferde und drei gemästete Ochsen. Sehr teuer waren auch gute Jagdhunde. Sie wurden immer wieder benötigt, da das angreifende Wild viele von ihnen tötete.

Wildbret galt als Delikatesse auf der Herren Tisch. Die zarten Teile wurden am Spieß gebraten, der Rest im Kessel mit viel Gewürz gekocht. Eine besondere Kunst war, den Wildschweinkopf zuzubereiten. Er wurde gern »brennend« zur Tafel gegeben. Balthasar Staindl von Dillingen empfiehlt 1589[53] die folgende Zubereitung: »Man gibt ihn in eine Schüssel, darein wird Branntwein geschüttet. In eine Brotkugel steckt man einen glüenden Kißling (Kieselstein) der einer Beeren groß ist; und wann du es auf den Tisch wilt geben so stoß ijms in den Halß und einen roten Apffel darfür, laß also für tragen. So man es angreifen und essen wilt, so zündt er sich an von dem Branntwein und Kißling, und faren die Flammen herauß auß grün und blaw, und schmeckt gut lustig zu essen.«

Auch Singvögel aß man – uns heute unverständlich – recht gern. Lerchen zum Beispiel. Und das nicht nur in Leipzig, obwohl die »Leipziger Lerchen« weltberühmt geworden sind. Im Jahre 1720, so berichtet Eufemia von Kudriaffsky[54], habe man in Leipzig 404 340 Lerchen gefangen und natürlich gegessen. Mit Kraut und Kartoffeln. Lerchen waren ebenfalls eine beliebte Speise der Halloren und Salzarbeiter. Auch in England kannte man diese Speise. Lister, ein Arzt, empfahl der feinschmeckerischen Königin Anna (1665–1714) den Gebrauch der Waage in der Küche: »Wenn ein Dutzend Lerchen nicht ganz zwölf Unzen zeigt, lassen sie sich nicht essen. Wenn sie zwölf Unzen wiegen, gehen sie noch mit, wenn sie aber 13 wiegen, sind sie fett und vortrefflich.«[55]

Henriette Davidis beschreibt 1868 in ihrem »Kochbuch für die gewöhnliche und feinere Küche« ein Jagdfrühstück, von dem Günther Cwojdrak meint, man erkenne sofort, wer hier gefrühstückt habe und wer abgefrühstückt worden sei. Darüber hinaus fragt er: »Ist zu jener Zeit in Deutschland ein Roman erschienen, der diesen Kochbuchtext an Realismus und Lebenskenntnis übertroffen hätte?«[56]

Jägerklöße

1,5 kg Kartoffeln, 250 g Stärkemehl,
Salz, Pfeffer, ¼ l Milch,
150 g Pilze, 1 Zwiebel, Petersilie.

Die gewaschenen Kartoffeln mit der Schale kochen, abpellen und noch heiß durchpressen. Mit dem Stärkemehl vermengen und etwas Salz und Pfeffer zugeben. Nach und nach die kochendheiße Milch unterrühren. Die abgetropften, feingehackten Pilze, die geriebene Zwiebel und gehackte Petersilie unter den Kloßteig kneten. Klöße formen, in leicht kochendes Salzwasser legen und 20 Minuten garziehen lassen. Mit dem Schaumlöffel herausnehmen, abtropfen lassen und in eine Schüssel geben.

Jägersoße

100 g frische Pilze (Maronen, Steinpilze, Mischpilze, Champignons),
20 g Öl, 2 kleine Zwiebeln,
100 ml Fleischbrühe (Würfel),
1 Teel. Mehl, 40 g Tomatenmark,
Weißwein, Salz, Zucker, gehackte Kräuter.

Die Pilze putzen, gründlich waschen, abtropfen lassen und hacken oder in Würfel schneiden. Dann die Zwiebel feinwürfelig schneiden, im heißen Öl anschwitzen, die Pilze dazugeben und alles leicht anbraten. Sofort mit der heißen Fleischbrühe auffüllen, würzen und etwa 10 Minuten bei mittlerer Hitze leise kochen lassen. Mit Mehl binden. Inzwischen Tomatenmark mit Weißwein verrühren, in die Soße geben, mit Salz und Zucker abschmecken und erhitzen, aber nicht mehr kochen lassen. Zuletzt die gehackten Kräuter dazugeben. Besonders zu kurzgebratenen Wildspeisen, aber auch zu Hasen- oder Wildschweinfleisch schmeckt Jägersoße. Wer einen besonders kräftigen Geschmack bevorzugt, probiert die Soße anstelle von Öl mit feinwürfelig geschnittenem Bauchspeck.

Jägersuppe

500 g Hasenklein, 1 Zwiebel, einige
getrocknete Pilze, 5 Wacholderbeeren,
4 Eßl. Öl, Salz, Pfeffer, Majoran,
Muskat, 1 Stück Sellerie, 3 Möhren,
3 bis 4 Eßl. Tomatenmark, 4 Eßl. Süßwein, geröstete Weißbrotwürfel.

Das Hasenklein in Stückchen schneiden, zusammen mit der gehackten Zwiebel, den eingeweichten Pilzen und den zerdrückten Wacholderbeeren in dem Öl anbraten. Dann 1 Liter Wasser aufgießen, mit Salz, Pfeffer, Majoran und Muskat würzen. Den Sellerie und die Möhren feinraspeln und zusammen mit dem Tomatenmark zur Suppe geben. Alles so lange kochen, bis das Fleisch weich ist. Dann den Wein unterrühren. Mit Weißbrotwürfeln servieren.

Jamaika-Kaffee
(für 6 Portionen)

⅛ l süße Sahne, ½ l starker Kaffee,
3 Gewürznelken, Zucker nach Belieben,
brauner Rum, 6 Zimtstangen.

Die Sahne steifschlagen. Den Kaffee in der Kanne mit den Nelken würzen. Nach Geschmack Zucker zufügen. In Tassen verteilen. Je Tasse etwa 2 cl

Rum dazugeben. Auf jede Tasse eine Sahnehaube setzen, mit den Zimtstangen zum Umrühren servieren.

Jambon Persille
(Schinken mit Petersilie)

500 g gekochter Schinken,
15 g Gelatine, 1/2 l Fleischbrühe, Salz,
1/2 Eßl. Essig, 3 Tassen gehackte Petersilie.

Den gekochten Schinken in dünne Scheiben schneiden. Die Gelatine in 1/2 Liter Fleischbrühe, die mit Salz und Essig abgeschmeckt wurde, vorschriftsmäßig auflösen. In eine Form einen Gelatinespiegel gießen, diesen fest werden lassen und Schinkenscheiben darauflegen. Mit reichlich Petersilie bestreuen. Diese Schichtung wiederholen, die restliche Gelatine darübergießen (der Schinken muß bedeckt sein) und im Kühlschrank erstarren lassen. Vor dem Servieren stürzen und in Scheiben schneiden. Mit einer Remoulade und Bratkartoffeln auftragen.

Joghurt-Cocktail
(Vorspeise)

1 großer Apfel, 1 große Zwiebel,
1/4 l Joghurt, etwas Tomatenketchup,
reichlich gehackte Kräuter,
Zitronensaft, Salz, weißer Pfeffer,
Tabasco- oder Peppersauce,
dünne Olivenscheiben, gehackte Kräuter
und Gurkenscheiben zum Garnieren.

Apfel und Zwiebel schälen, reiben und sofort mit dem Joghurt vermischen. Tomatenketchup, gehackte Kräuter, Zitronensaft und die Ge-

würze dazugeben, alles gut verrühren, abschmecken und kalt stellen. Nochmals nachwürzen und sehr kalt anrichten. Möglichst in Cocktailgläser mit hohem Stiel einfüllen, mit dünnen Olivenscheiben belegen, mit gehackten Kräutern bestreuen und mit einer aufgesteckten Gurkenscheibe servieren. Mit Toast, Filinchen oder Pumpernickel auftragen.

Joghurtcreme mit Kirschsoße

Für die Creme: *2 Eier, 80 g Zucker,*
abgeriebene Schale von 1 Zitrone,
1/8 l Milch, 15 g Gelatine,
350 ml Joghurt.
Für die Kirschsoße: *350 g Kirschen,*
60 g Zucker, Saft von 1/2 Zitrone,
2 cl Kirschwasser.

Die Eigelb in einer Schüssel verquirlen. Nach und nach Zucker und Zitronenschale einrühren und schaumig schlagen. Dann vorsichtig die Milch unterziehen. Die eingeweichte, ausgequollene Gelatine in 4 Eßlöffel heißem Wasser auflösen. Leicht erkaltet in die Creme rühren. Für kurze Zeit in den Kühlschrank stellen und etwas erstarren lassen. Dann Joghurt und Eischnee unterziehen. Die Creme in vier Glasschälchen verteilen und im Kühlschrank völlig erkalten lassen.
Für die Soße die entstielten, gewaschenen Kirschen abtropfen lassen. Entsteinen, dabei den Saft auffangen, Kirschen und Saft in den Mixer geben und fein pürieren. Zucker, Zitronensaft und Kirschwasser zufügen. So lange mixen, bis sich der Zucker aufgelöst hat. Creme und Soße getrennt servieren.

Grüner Salat
mit Sauce Vinaigrette

Blumenkohlsalat
mit Erbsen

Bunter Kartoffelsalat ▷
Spaghettisalat

Tomaten-Schafskäse-
Salat

Möhrenrohkost
mit Mirabellen

Fruchtiger Käsesalat ▷

Sommerlicher
Bockwurstsalat

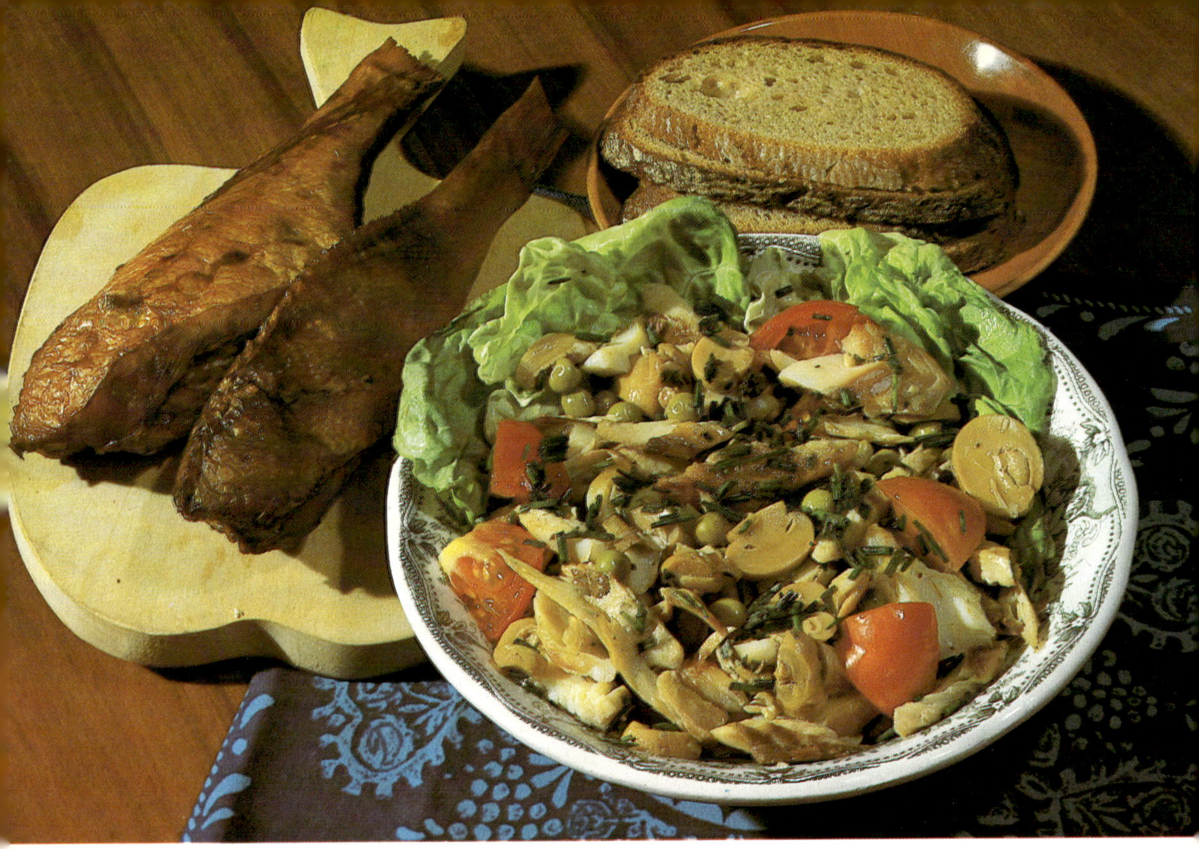

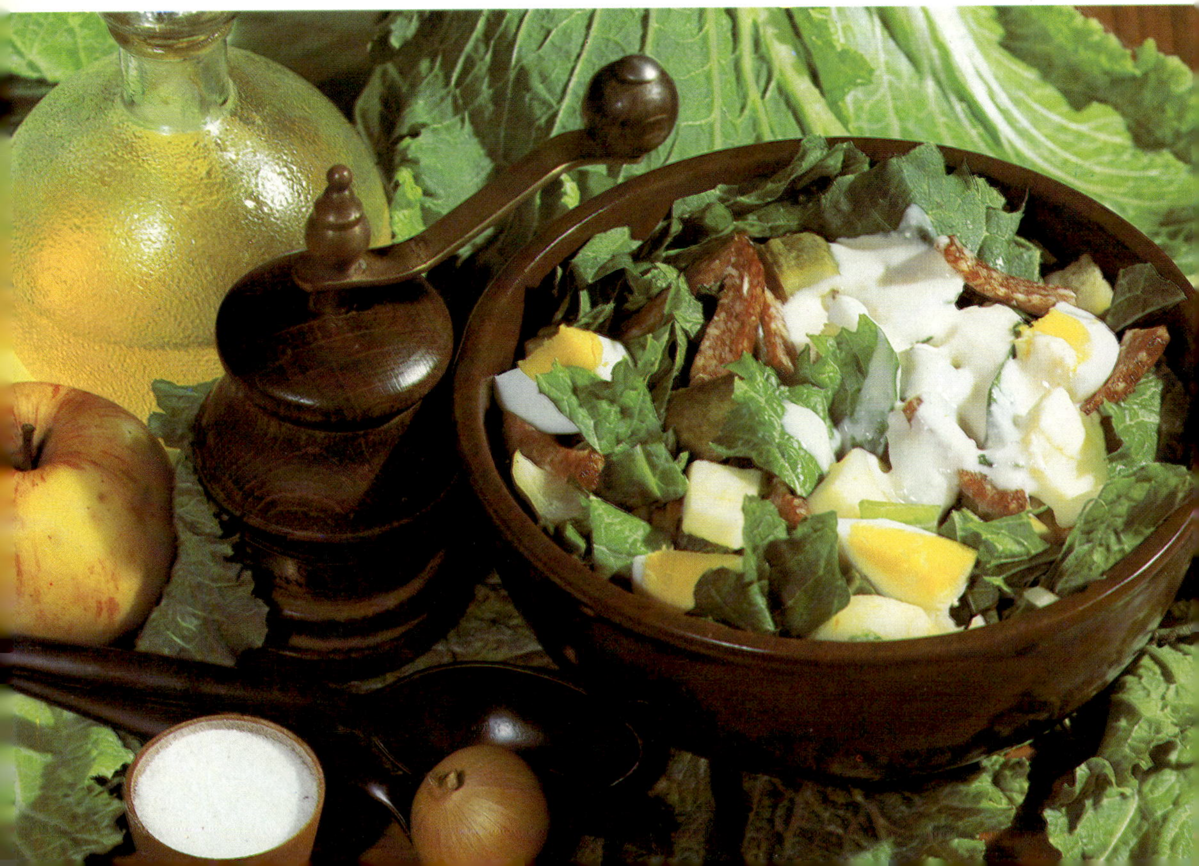

Gurken-Tomaten-Salat

Paprikazwiebeln
Senfgurken
Zuckerböhnchen
Mixed Pickles

Joghurtkaltschale

1 l Joghurt (4 Flaschen), 4 hart-
gekochte Eier, 1 Bund Schnittlauch,
1 Bund Petersilie, 50 g Radieschen,
8 Eiswürfelchen.

Den Joghurt kalt stellen. Die Eier in
Würfelchen schneiden und die Kräuter feinhacken. Die Radieschen in
sehr feine Streifen schneiden. Alle
Zutaten auf 4 Teller verteilen und zuletzt den Joghurt aufgießen. Beim Anrichten Eiswürfelchen zufügen.

Johannisbeer-Bavarois

20 g Gelatine, 500 g schwarze
Johannisbeeren, 150 g Puderzucker,
3 Eßl. schwarzer Johannisbeerlikör,
5 Eigelb, 1/2 l Schlagsahne,
2 Päckchen Vanillinzucker.

Die Gelatine in kaltem Wasser einweichen und quellen lassen. Die gewaschenen Johannisbeeren von den
Stielen befreien und mit 75 g Puderzucker pürieren. Das Johannisbeerpü-
ree durch ein Sieb streichen. 6 Eßlöffel davon erhitzen und die Gelatine
darin auflösen. Zusammen mit dem
Johannisbeerlikör zu dem restlichen
Püree geben. Eigelb mit dem restlichen Puderzucker cremig schlagen,
am besten mit dem Handrührgerät.
Diese Creme vorsichtig mit dem Jo-
hannisbeerpüree vermischen und in
den Kühlschrank stellen. Wenn die
Masse beginnt Straßen zu ziehen, die
steifgeschlagene und mit Vanillinzuk-
ker gesüßte Sahne unterziehen. Die
Creme in eine mit Wasser ausgespülte
Schüssel füllen und 3 bis 4 Stunden in
den Kühlschrank stellen.

Johannisbeercreme

400 g Johannisbeeren, 200 g Zucker,
3 bis 4 Eier, 1 Prise Salz.

Die vorbereiteten Johannisbeeren mit
50 g Zucker bestreuen und auf kleinster Flamme zusammenfallen lassen.
Das durchgestrichene Mark mit den
Eigelb und dem übrigen Zucker im
Wasserbad so lange schlagen, bis die
Masse dick geworden ist. Die Eiweiß
mit dem Salz steif schlagen und unter
die abgekühlte Creme ziehen. – Nach
Belieben kann etwas Gelatine unter
die Creme gegeben werden.

Johannisbeergrütze

Je 150 g rote und schwarze Johannis-
beeren, 200 g Himbeeren,
250 g Zucker, 1 Päckchen Vanillin-
zucker, 1 Prise Salz, 75 g Stärkemehl,
abgeriebene Schale von 1 Zitrone,
1/2 l Milch.

Die gewaschenen Beeren auf einem
Sieb abtropfen lassen. Die Johannisbeeren von den Rispen abstreifen, die
Himbeeren auslesen. 3/4 Liter Wasser
in einem Topf erhitzen. Die Früchte
darin kurz aufkochen lassen, bis sie
leicht zerfallen. Durch ein Sieb in
einen anderen Topf passieren. Mit
Zucker, Vanillinzucker und Salz
nochmals 5 Minuten kochen lassen.
Das Stärkemehl mit wenig kaltem
Wasser verquirlen und unter die
Fruchtmasse rühren. Unter Rühren
3 Minuten aufkochen lassen. Die Zitronenschale zugeben und abkühlen
lassen. Zugedeckt bis kurz vor dem
Servieren aufbewahren. Die Milch
extra dazu reichen.

Johannisbeer-Joghurt-Dessert

½ l Joghurt, 5 Eßl. Zucker,
100 g Quark, 500 g rote Johannisbeeren.

Joghurt, 3 Eßlöffel Zucker und den Quark pürieren oder schaumig schlagen. Die mit dem restlichen Zucker durchstreuten Johannisbeeren unterheben und die Speise mit Johannisbeeren garnieren. Gekühlt auftragen.

Johannisbeer-Joghurt-Eis

250 g schwarze Johannisbeeren,
40 g Puderzucker, 300 ml Joghurt,
2 Eigelb, 50 g Zucker.

Die Johannisbeeren von den Stielen zupfen, waschen und abtropfen lassen. Dann etwas zerdrücken und durch ein Sieb passieren. Das Püree mit Puderzucker und Joghurt verrühren. Die Eigelb cremig schlagen. Zucker und 3 Eßlöffel Wasser zu Sirup kochen, bis er Fäden zieht. Den heißen Sirup mit den Quirlen des Handrührgerätes auf höchster Stufe nach und nach unter die Eigelb rühren. So lange weiterschlagen, bis die Masse kalt und dicklich ist. Eigelbcreme und Joghurtmasse verrühren, in eine Form füllen und für einige Stunden in das Gefrierfach stellen.
Vor dem Portionieren die Form kurz in heißes Wasser halten und sofort stürzen.

Johannisbeerketchup

2 kg Johannisbeeren, 1 kg Zucker,
¼ l 5%iger Essig, 1 Eßl. Zimt,
2 Teel. gemahlene Nelken, 1 Teel. Pfeffer.

Die von den Stielen befreiten Johannisbeeren zusammen mit den übrigen Zutaten in einem Emailletopf etwa 20 Minuten unter Rühren zu einem dicken Brei kochen. In Gläser füllen und mit Einmachfolie verschließen.

Johannisbeer-Mandel-Torte

Für den Teig: 200 g Mehl, 1 Messerspitze Backpulver, 100 g Margarine,
100 g Zucker, 1 Ei.
Für den Belag: 500 g Johannisbeeren,
3 Eier, 100 g Zucker, 125 g Mandeln;
Puderzucker.

Mehl mit Backpulver auf ein Backbrett sieben. Margarine mit Zucker und Ei verkneten, zum Mehl geben und rasch zu einem Mürbeteig verarbeiten. 30 Minuten kühl stellen. Eine Springform fetten, den ausgerollten Teig hineinlegen und einen Rand andrücken. Die gewaschenen Johannisbeeren abtropfen lassen und die Beeren abzupfen. Eigelb mit 50 Gramm Zucker schaumig rühren, die gehackten Mandeln zugeben. Die Eiweiß sehr steifschlagen, den restlichen Zucker einrieseln lassen und unter die Mandelmasse ziehen. Die Johannisbeeren auf den Tortenboden geben, die Mandelmasse darüber verteilen und glattstreichen. Im vorgeheizten Ofen bei 190 °C etwa 40 Minuten backken. Abgekühlt mit Puderzucker besieben.

Johannisbeermilch

½ l Johannisbeersüßmost, ½ l Milch,
1 Eigelb, Zucker, einige Johannisbeeren.

Die gut gekühlten Zutaten mit dem Mixer oder mit dem Schneebesen schlagen und sofort in Gläser servieren. Mit Johannisbeeren garnieren.

Johannisbeerschälchen

250 g schwarze Johannisbeeren,
250 g rote Johannisbeeren,
4 Eßl. Bienenhonig, 4 Eßl. Zucker,
½ Tasse Haferflocken, 20 g Margarine.

Die Beeren waschen und mit einer Gabel von den Stielen streifen. Den Honig leicht erwärmen, sofort jeweils die Hälfte über die einzelnen Johannisbeersorten gießen und locker verrühren. Die roten und schwarzen Johannisbeeren in einer Schale getrennt anrichten. Haferflocken, Zucker und Margarine vermischen und unter ständigem Rühren auf kleiner Flamme leicht rösten. Diese krokantartige Masse über die Beeren verteilen.

Johannisbeerschnittchen

Für den Teig: *150 g Puderzucker,*
6 Eier, ½ Teel. abgeriebene
Zitronenschale, Salz, 100 g Mehl,
50 g Stärkemehl, 30 g Kakao,
1 Teel. Backpulver.
Für den Belag: *1 Glas schwarze*
Johannisbeeren oder 600 bis
800 g frische, Zucker nach Geschmack,
etwas Stärkemehl, ½ l Schlagsahne,
Kakao zum Bestäuben.

Den gesiebten Puderzucker unter allmählicher Zugabe von Eigelb, Zitronenschale und Salz so lange schlagen, bis sich die Masse fast verdoppelt hat. Den steifgeschlagenen Eischnee dar-

aufgeben, sofort Mehl, Stärkemehl, Kakao und Backpulver darübersieben und alles locker untereinanderheben. Ein Backblech mit gefettetem Butterbrotpapier belegen, den Teig sofort dünn daraufstreichen und bei Mittelhitze backen. Den Boden auskühlen lassen und vorsichtig das Papier lösen. Die Johannisbeeren in einen Topf geben, wenn nötig süßen, und mit in wenig kaltem Wasser angerührtem Stärkemehl leicht binden. Werden frische Johannisbeeren verwendet, so können diese erst leicht angedünstet werden. Diese Masse gut 1 cm dick auf den Boden geben. Die Sahne mit Zucker nach Geschmack steifschlagen, auf die völlig erkaltete Johannisbeermasse streichen. Gut durchkühlen lassen, in kleine Schnittchen schneiden und vor dem Servieren mit Kakao bestäuben.

Johannisbeer-Windbeutelkranz

Für den Teig: *65 g Margarine,*
1 Prise Salz, 150 g Mehl, 3 bis
4 Eier, 1 gestrichener Teel. Backpulver.
Für die Füllung: *300 g rote Johannisbeeren, 4 bis 5 Eßl. Zucker,*
½ l Schlagsahne,
1 Päckchen Vanillinzucker,
Außerdem: *Puderzucker zum Bestäuben.*

In einem breiten Topf ¼ Liter Wasser, Margarine und Salz zum Kochen bringen. Das Mehl hineinschütten und zu einem Kloß verrühren. Den Teig unter Rühren so lange erhitzen, bis er sich vom Topfboden löst. Den Topf vom Feuer nehmen. 1 Ei in den Kloß rühren und noch etwas abkühlen lassen. Dann die restlichen Eier nach und nach sowie das Backpulver unterrühren. Ein gefettetes Backblech mit Mehl bestäuben. Darauf einen Ring von etwa 20 cm Durchmesser mit einem Spritzbeutel ohne Tülle spritzen. Rundherum noch einen Teigring genau aneinanderspritzen. In der vorgeheizten Röhre bei 200 bis 225 °C 30 bis 35 Minuten backen. Den fertigen Ring sofort quer aufschneiden und auskühlen lassen. Inzwischen die vorbereiteten Johannisbeeren mit Zucker bestreuen. Die Sahne mit Vanillinzucker steifschlagen, die Johannisbeeren unterheben und den Kranz damit füllen. Vor dem Auftragen mit Puderzucker bestäuben.

Jugoslawischer Borschik

750 g Paprikafrüchte, 750 g Tomaten,
2 große Zwiebeln,
200 g Knoblauchwurst,
5 Eßl. Olivenöl, 2 Scheiben Speck,
1 Tasse Tomatenketchup,
¼ l Wasser oder Rotwein.

Die Paprikafrüchte entkernen, waschen und in feine Streifen schneiden. Die Tomaten schälen und vierteln. Die Zwiebeln in Ringe schneiden. Die Knoblauchwurst in Scheiben schneiden. In einem gut verschließbaren Topf das Öl erhitzen, den gewürfelten Speck und die Zwiebeln glasig dünsten, die Paprikastreifen zufügen und kurz durchziehen lassen. Das Tomatenketchup mit Wasser oder Wein verrühren, über das Gemüse gießen und alles miteinander verrühren. Die Tomatenstücke darauf verteilen und alles im geschlossenen Topf langsam 1 Stunde kochen lassen.

Junge Gans auf holländische Art

1 junge Gans, Salz, 50 g Butter,
4 große säuerliche Äpfel, ¼ l Weißwein, 50 g Rosinen, 1 Eßl. Zucker,
weißer Pfeffer, Mehl.

Die gewaschene und vorbereitete Gans in Salzwasser weichkochen. Danach in Portionsstücke teilen und warm stellen. Inzwischen die Soße bereiten. Dafür in der Butter die geschälten und in dünne Scheiben geschnittenen Äpfel weichdünsten und mit dem Wein gut durchkochen. Die eingeweichten Rosinen zugeben und mit Zucker und etwas weißem Pfeffer abschmecken. Die Soße mit etwas Mehl binden. Die Portionsstücke anrichten und die Soße darübergeben.

Junge Täubchen mit Gemüse

8 Tauben, Salz, Pfeffer,
2 Eßl. Butter, 2 Zwiebeln,
1 Tasse Weißwein, 200 g Möhren,
200 g Erbsen, 200 g Blumenkohlröschen,
4 Tomaten.

Die bratfertigen Täubchen kalt abwaschen, abtrocknen und halbieren. Mit Salz und Pfeffer einreiben, in heißer Butter anbraten. Dabei gehackte Zwiebeln hinzufügen. Mit einer Tasse Wein aufgießen und das zerkleinerte Gemüse dazugeben. Zugedeckt bei leichter Hitze schmoren lassen. Wenn das Geflügel gar ist, mit Salz und Pfeffer abschmecken.
Tomaten in Scheiben schneiden, kurz andünsten und darüberlegen. Mit körnig gekochtem Reis servieren.

Die Schwärmerei von Jungfer Lieschen aus der weltberühmten Kantate »Schweiget stille, plaudert nicht« von Johann Sebastian Bach (1685–1750) machte 1734 auf eine »Sensation« im bürgerlichen Leben aufmerksam: den Kaffee. Ob ein konkreter Anlaß für das Entstehen dieses heiteren musikalischen Werkes vorlag, weiß man nicht. Sicher aber ist, Bach traf mit der »Comischen Cantate: Schlendrian mit seiner Tochter Ließgen«, allen als »Kaffeekantate« bekannt, den »Nerv« der Zeit. Wie es im Text von Picander, einem Leipziger Gelegenheitsdichter, heißt, bleiben die Jungfern Kaffeeschwestern, weil auch die Mutter »den Kaffeebrauch« liebte und die »Großmama trank solchen auch« schon …

> Ei! wie schmeckt der Kaffee süße,
> Lieblicher als tausend Küsse,
> Milder als Muskatenwein.
> Kaffee, Kaffee muß ich haben;
> Und wenn jemand mich will haben,
> Ach, so schenkt mir Kaffee ein!

Bereits Ende des 17. Jahrhunderts kam der Kaffee aus arabischen Ländern über England, Holland, Frankreich nach Deutschland. 1679 ist das erste Kaffeehaus in Hamburg nachweisbar. Seit 1694 existiert in Leipzig, übrigens in unmittelbarer Nähe von Bachs späterer Wohnung, das Haus »Zum Coffeebaum« … Zunächst war Kaffee das Getränk der Vornehmen, verdrängte die »heiße Schokolade« und verbreitete sich auch im Bürgertum. Etwa ab 1750 wurde er vor allem in Sachsen, aber auch im übrigen Deutschland, zum Volksgetränk. Allerdings war der Kaffee, den die einfachen Leute tranken, ein extrem verdünnter Aufguß. Später mußte Zichorie herhalten; in Notzeiten gab es dann noch ganz andere Surrogate …

»C–A–F–F–E–E, trink nicht so viel Kaffee …« mahnt der berühmte
Kanon, »denn der Türkentrank« mach »blaß und krank«. Bachs Kaffeekantate stellt ja eine ähnliche Warnung dar: Vater Schlendrian versucht alles,
um seine Tochter vom Kaffeegenuß abzuhalten … Zeitungen, so das Grei-
zer Intelligenzblatt von 1776, wettern ebenfalls gegen den in Mode gekom-
menen Kaffee …

Wir stehen heute solchen Sorgen um die Bekömmlichkeit mit Unver-
ständnis gegenüber und sind geneigt, darüber zu lächeln. Kaffee hat sich
mittlerweile als anregendes, aktivierendes Getränk bewährt. Balzac, der
französische Dichter, soll zeit seines Lebens 40 000 Tassen Kaffee getrunken haben, ohne dieses Getränk konnte er nicht arbeiten. Doch nicht ihm
galten die Warnungen. Der Kaffee brachte nämlich damals eine grundle-
gende Abkehr von bisherigen Ernährungsgewohnheiten und fand *deshalb*
ebenso heftige Befürworter wie Gegner. »Die Kaffee-Schwelgerei ist so
weit gestiegen, daß der Arme sich zu Mittage und Abend statt des Essens
Kaffee macht, Brot einbrockt und so mit seiner Familie soupiert«, berichtet
J. A. Behrends um 1771 aus Frankfurt am Main[57]. Und 1788 wunderte sich
ein in Münster eintreffender Reisender, die Wirtsfamilie mittags beim Kaffee anzutreffen: Um ein Uhr erreichten wir Molbergen. Müdigkeit und
Durst trieben uns in ein Wirtshaus. Die Familie saß um das Feuer herum
und trank Kaffee. – Ich wunderte mich über dies Mittagsmahl und fragte,
ob sie nicht ein ordentliches Essen zum Mittage kochten. ›Heute nicht‹,
antwortete die Frau, ›wir trinken Kaffee und essen, wie Sie sehen, Brot
dazu‹. … Des Morgens hatte diese Familie Kaffee getrunken, um zehn
Uhr einen Buchweizenpfannkuchen gegessen, jetzt trank sie wieder Kaffee und Bonpournickel dazu, um fünf Uhr und beim Schlafengehen wiederholen sie dasselbe.«[58]

Die Kaffeemode der Vornehmen, die es für elegant hielten, erst am
Abend warm zu speisen und sich tags mit Butterbrot und eben diesem Gebäck zu beköstigen, kam deshalb auch den Armen gelegen. Statt der bisher
üblichen, gehaltvollen Morgensuppe wurden nun Kaffee und Brot gereicht. Das ging schneller. Das war billiger. Das machte aber auch »blaß
und krank«. In diesem Sinne hatten die Kaffee-Gegner schon recht. Nur
übersahen sie dabei, daß nicht der Kaffee selbst schuld war, sondern die
allgemeine Verelendung der werktätigen Massen. Der Siegeszug des Kaf-
fees war nicht aufzuhalten.

In jenen Hungerjahren damals wurde auf alles Eßbare zurückgegriffen.
So verbreitete sich auch eine neue Frucht recht rasch, die mehrere Vorzüge besaß: Sie war auf einfache Art anzubauen, sie benötigte keine auf-
wendigen Pflegemaßnahmen, sie gedieh noch in Höhenlagen, wuchs sogar

auf Ödland und brachte so reichen Ertrag, daß man sie selbst auf kleinsten Flächen lohnend in den Boden bringen konnte – die Kartoffel.

Im letzten Viertel des 18. Jahrhunderts begann sie, für die Ernährung wichtig zu werden; im 19. Jahrhundert erlangte sie »fundamentale Bedeutung«. Spanien, Burgund und Holland waren Stationen auf ihrem Weg nach Mitteleuropa. Man weiß, daß sie um 1570 in Sevilla wuchs. 1588 ist ihr Anbau in Irland üblich gewesen. In England verbreitete sie sich nur zögernd. Dorthin hatten sie englische Seefahrer gebracht; dem legendären Kapitän Francis Drake, Held zahlreicher Abenteuerbücher, werden besondere Verdienste um ihre Verbreitung zugeschrieben. Heimatregion der schmackhaften Knollen ist Südamerika. In den Hochländern der Kordilleren und in den Küstengebieten Perus und Boliviens kommen noch heute zahlreiche wildwachsende Sorten vor. Der Anbau der Kartoffel ist dort schon um 200 u. Z. nachweisbar.

Von den mitteleuropäischen Ländern war es zunächst Italien, das Kartoffeln in größerem Umfang anbaute. Aus der Ähnlichkeit der Knollen mit den Trüffeln entstand der Name »tartufoli«, aus dem unsere heutige Bezeichnung »Kartoffel« hervorgegangen ist. Lange Zeit sprach man in deutschen Landen nur von Erdäpfeln oder auch Erdbirnen. Sie blieben vorerst eine botanische Rarität. Um 1627 werden sie in den fürstlichen Gärten von Greiz erwähnt. Etwa um die gleiche Zeit sandte der Landgraf von Hessen »Erdäpfel« an den sächsischen Kurfürsten, der »schönen Blumen« wegen und um des anmutigen Geschmackes willen, »den die Knollen haben sollen ...«[59]

Früheste bäuerliche Erwähnung ist aus dem Jahr 1647 beurkundet. Der Bauer Selb brachte Kartoffeln aus dem böhmischen Roßbach mit ins bayrische Vogtland und pflanzte sie in seinem – Garten! Bis es ganze Kartoffelfelder gab, mußten noch einige Jahre vergehen: In Gerichtsakten, eine adlige Gutsfamilie hatte Streit, werden um 1680 erstmals Kartofeläcker erwähnt. Um 1700 wurden »Erdäpfel« im Vogtland angebaut und verbreiteten sich von da rasch über ganz Deutschland. Das geschah allein durch bäuerliche Initiative, viele Feudalherren stellten sich anfangs gegen die Kartoffelproduktion, weil die Bauern mit der »neuen Frucht« den »Zehnten« nicht mehr wie bisher liefern konnten. Von einem Acker, den sie mit Kartoffeln bestellt hatten, war nun mal kein Getreide zu ernten ... Und Kartoffeln aß man zunächst auf der Herren Tisch nicht. Anders als der Kaffee wurde die Kartoffel »vom Volk« bekannt gemacht, gelangte also von »unten nach oben« auf die Speisezettel ...

Volksnahe Gelehrte, Pfarrer, Richter, Lehrer, die von der Not jener Jahre wußten, setzten alle Kraft dafür ein, die Kartoffel überall populär zu

machen. Auch die preußische Regierung propagierte den Anbau der Erdäpfel, alle anderen Administrationen hielten sich – wie gesagt – zurück. In
der Mitte des 18. Jahrhunderts finden wir Kartoffeln schon in den Töpfen
der armen Stadtbürger. Mittlerweile wurden sie auch auf Rittergütern in
die Erde gebracht. Anfang des 19. Jahrhunderts fand man schließlich Kartoffeln auch im gutbürgerlichen Haushalt. Heute werden in der Welt jährlich 250 Millionen Tonnen Kartoffeln geerntet; mehr als die Hälfte davon
in Europa. Die Knollen haben sich also längst auf den Speisekarten durch-
gesetzt und viele Liebhaber gefunden. Aber über 100 Jahre lang waren sie
nur die Speise der werktätigen Menschen gewesen. »Vor hundert Jahren
glaubte man, sie seien nur den Schweinen. Jetzt speist sie auch der Edel-
mann, die Großen und die Kleinen.«

Oft genug mußten Kartoffeln den einfachen Leuten Brot und Braten ersetzen! Ein Plauener Baumwollspinner aus dem Jahre 1791 berichtet: »Die
Nahrung der Spinner bestand nahezu ausschließlich aus Kartoffeln.« Die
»wohlfeile Kost« der Erdäpfel hatte ihre Ursache in der »wohlfeilen Spin-
nerei«, also in den niedrigen Löhnen. »Der Landmann ißt sie des Morgens
in einer Suppe, Mittags frisch gesotten, und des Abends in einem Bry oder
eingeschnitten mit einer Brühe, ohne Uiberdruß, und würde sie, stolz auf
eines der vorzüglichsten und ihm so wohl behagenden Produckts unseres
Voigtlandes schwerlich gegen Ananas vertauschen …«[60] Jürgen Kuczynski
bezeichnet diese Formulierung in seinen Untersuchungen über den Alltag
des deutschen Volkes als »ebenso zynisch wie idyllisierend«.[61]

Daß die »Reichen« die Kartoffel zunächst ignorierten, hat eine Ursache
in deren Koch- und Eßgewohnheiten. Da, wo sie auf den fürstlichen Tisch
kam, sah sie anders aus. So ist überliefert, daß ein französischer Gourmand, Parmentier, zwanzig Gerichte einzig und allein aus Kartoffeln bereiten ließ. Dazu gehörten beispielsweise die pommes de terre goufflées,
gebackene Kartoffelscheiben. Während man in den Schloßküchen um immer neue Geschmacksnuancen wetteiferte, nur Weniges, aber Exklusives,
immer Neues und Ungewöhnliches bereitete und das dann mehr verko-
stete als aß, blieb die Küche der einfachen Leute den Traditionen treu.
Brei und Brot, Eintöpfe, Gemüse – all die derb-köstlichen, kräftigen Gerichte voller Wohlgeschmack, die uns bis heute überliefert sind, verdanken
wir dem Einfallsreichtum früherer Hausfrauengenerationen. Trotz ähnlicher Verhältnisse brachten sie auch Speisen auf den Tisch, die nicht nur
der Not gehorchten, sondern herzhaft schmeckten und möglichst sättig-
ten. Viele Kartoffelgerichte, die wir gern bereiten, sind schon jahrhun-
dertealt. (Und die Kaffeebereitung hat sich – im Prinzip – auch nicht verändert.) Manches Rezept allerdings ist so beschaffen, daß wir froh sind, es

nicht probieren zu müssen. Dazu gehört die Beschreibung, wie man – mangels eines ausreichenden Quantums an Mehl – auch aus Kartoffeln Brot backen kann. In einem Kochbuch von 1835[62] heißt es: »Die rohen Kartoffeln werden geschält, in kleine Stücke geschnitten und über Nacht in frisches Wasser gelegt. Den andern Tag werden sie herausgenommen, in einen Kessel getan und mit wenig Wasser zu einem sämigen Brei gekocht. Den läßt man abkühlen und reibt ihn durch ein enges Sieb in den Backtrog. Am Abend wird Sauerteig und so viel Roggenmehl hineingeknetet, als ein Brodteig erfordert, ohne aber Wasser hineinzugießen. Der durchgearbeitete Teig bleibt die Nacht über stehen, wird am Morgen wieder durchgeknetet, bleibt drei bis vier Stunden bei mäßiger Wärme stehen, wird nun ausgewirkt und in den Ofen geschoben. Letzterer muß übrigens stärker als zu gewöhnlichem Brod geheizt sein. Etwas Salz und Kümmel unter den Teig gemengt, macht das Brod wohlschmeckender und gesünder. Doch auch dann ist es nicht so nahrhaft und wohlschmeckend wie eben richtiges Brod…« Und dazu das Kaffee-Pendant: Man läßt gute Gerste in einem Faß mit Wasser im Sommer 36, im Winter 48 Stunden stehen. Herauf gießt man sie ab, schüttet sie auf ein reines Brett, oder auch in eine hölzerne Mulde, etwa einen Fuß hoch übereinander und läßt sie keimen, wobei man jedoch täglich einmal gut umrühren muß. Sind die Keime etwa einmal so lang wie das Korn, so breitet man die Gerste auf Brettern auseinander und läßt sie an der Luft trocknen. Ist dies geschehen, so brennt man die Gerste, weder zu hell noch zu dunkel und verwendet sie mit Kaffee vermischt oder auch allein…

Rezept für einen deutschen Kaffee

Man nehme ein Faß voll Wasser und bringe es zum Kochen; reibe ein Stück Zichorie an einer Kaffeebohne und befördere dann ersteres in das Wasser. Man setze das Kochen und Verdampfen fort, bis die Stärke des Geschmacks und Aromas von Kaffee und Zichorie auf das richtige Maß verringert worden sind; dann stelle man es zum Abkühlen ab. Nun schirre man die Überreste einer ehemaligen Kuh vom Pflug ab, stecke sie in eine hydraulische Presse, und wenn man einen Teelöffel voll jenes blaßblauen Saftes gewonnen hat, den ein deutscher Aberglauben als Milch betrachtet, mildere man die schädliche Wirkung, die ihm dessen hohe Konzentration verleiht, durch einen Eimer voll kalten Wassers und läute zum Frühstück. Man mische das Getränk in einer kalten Tasse, nehme es mit Mäßigung zu sich und lege einen feuchten Lappen um den Topf, um sich vor Übererregtheit zu schützen. *Mark Twain*[63]

Kaastrüffels
(Käsetrüffel)

150 g Butter, 100 g Reibekäse (Gouda oder Edamer), 1 Prise Cayennepfeffer, Salz, Pfeffer, Paprika, Selleriesalz, ½ Teel. Worcestersauce, 6 Scheiben Pumpernickel.

Die schaumig gerührte Butter mit dem Käse und den Gewürzen verrühren und kalt stellen. Aus dieser Masse kleine Kugeln formen und im geriebenen Pumpernickel wälzen. Auf Salatblättern anrichten und als Vorspeise oder kleinen Imbiß servieren.

Kabeljaufilet auf italienische Art

800 g Kabeljaufilet, Zitronensaft, Salz, 50 g Butter, 15 g Anschovispaste, Paprika, 20 g Margarine, 500 g Tomaten, 4 Eßl. Reibekäse.

Das Fischfilet portionieren, nach dem 3-S-System vorbereiten. Butter, Anschovispaste, Paprika, Salz und einige Tropfen Zitronensaft miteinander schaumig rühren. Die obere Seite jeder Fischportion damit belegen. Eine feuerfeste Form gut mit Margarine ausfetten und mit dicken Tomatenscheiben auslegen. Darauf den Fisch legen und jede Portion mit 1 Eßlöffel Reibekäse bestreuen. Das Gericht in der vorgeheizten Röhre bei guter Mittelhitze 15 bis 20 Minuten backen. – Anstelle von Kabeljaufilet kann auch anderer filetierter Fisch verwendet werden.
Mit Salzkartoffeln oder körnig gekochtem Reis servieren.

Kabeljau in italienischer Soße

1,5 kg Kabeljau oder Dorsch, Zitronensaft, Salz, 2 mittelgroße Möhren, 2 Zwiebeln, Petersilie, 125 g Sellerie, 10 Pfefferkörner, ½ Lorbeerblatt, ¹⁄₁₀ l 10%iger Essig, 1 kleine Porreestange, 3 Tomaten, Öl, Stärkemehl, Pfeffer.

Den Fisch schuppen, die Flossen abschneiden, danach gründlich abspülen. Den Fisch in Portionsstücke teilen und mit Zitronensaft beträufeln, 1½ Liter leicht gesalzenes Wasser zusammen mit 1 Möhre, 1 Zwiebel, Petersilienstengeln, 75 g Sellerie (alles zerkleinert), den Pfefferkörnern, dem Lorbeerblatt und dem Essig 15 Minuten kochen. Dann die Fischstücke einlegen und garziehen lassen. Inzwischen das restliche Gemüse (Möhre, Zwiebel, Sellerie, Porree und Tomaten) fein zerkleinern, in heißem Öl anbraten, etwas Fischbrühe zugießen und alles garschmoren. Noch ½ Liter durchgeseihte Fischbrühe zugießen, die Soße mit Stärkemehl andicken und mit Salz und Pfeffer abschmekken. Die Fischportionen in die Soße legen. Obenauf gehackte Petersilie streuen. Dazu Reis oder Kartoffeln und einen frischen Salat servieren.

Kaffee-Cocktail
(Einzelportion)

Eiswürfel, 2 cl Kaffeelikör, 1 cl Weinbrand, 2 cl Eierlikör, 100 ml Süßwein, gemahlener Kaffee.

Alle Zutaten – außer Kaffee – im Mixbecher auf Eis mixen, ins Glas seihen und mit Kaffee bestreuen.

Kaffeecreme

3 Eßl. feingemahlener Bohnenkaffee,
2 Eßl. Zucker, ¼ l Kondensmilch,
2 Eßl. Maisan, 1 Ei.

Aus dem Kaffee und ⅛ Liter Wasser einen starken Mokka bereiten. Zucker und Kondensmilch zugeben und zum Kochen bringen. Das kalt angerührte Maisan beifügen, aufkochen, vom Feuer nehmen und mit dem Eigelb abziehen. Den steifen Eischnee unterziehen. Die Creme gekühlt auftragen.

Kaffee-Flip
(Einzelportion)

1 Eigelb, 2 Teel. Instant-Kaffee,
1 Eßl. Sahne, 2 cl Weinbrand,
1 cl Maraschino, 2 Eiswürfel,
1 Teel. geschlagene Sahne,
1 Prise gemahlener Kaffee.

Eigelb, Instant-Kaffee, Sahne, Weinbrand und Maraschino in den Shaker geben, sehr gut schütteln. In ein gekühltes Cocktailglas gießen. Die Eiswürfel hineingeben, mit einem Sahnetuff garnieren und mit etwas Kaffee bestreuen. Mit Trinkhalm servieren.

Kaffeekugeln

150 g Haselnußkerne, 250 g Mehl,
1 Prise Salz, 50 g Instant-Kakaopulver,
2 Eßl. Instant-Kaffee, 50 g Puderzucker, 1 Päckchen Vanillinzucker,
125 g Butter oder Margarine,
100 g Sahnequark, 3 Eßl. Puderzucker.

Die grobgehackten Nüsse mit Mehl, Salz, Kakaopulver, Kaffee, Puderzucker und Vanillinzucker mischen. Das weiche Fett, Quark und die gehackten Nüsse unterkneten. Aus dem Teig Kugeln formen. Auf dem Backblech in der Röhre bei schwacher Hitze etwa 20 Minuten backen. Sofort in Puderzucker wälzen.

Kaffeepunsch »Kopenhagen«
(Einzelportion)

1 Tasse heißer Kaffee, 2 Teel. Zucker,
1 Gewürznelke, 1 Stück Zimtstange
oder etwas gemahlener Zimt, 2 cl Rum.

Den heißen Kaffee in ein Glas füllen, mit Zucker verrühren, Gewürznelke, Zimtstange und den angewärmten Rum zugeben, kurz ziehen lassen, durchseihen und sofort auftragen.

Kaffeetorte

Für den Teig: 2 Eier, 50 g Margarine,
150 g Puderzucker, 50 ml starker
schwarzer Bohnenkaffee, 150 ml Milch,
200 g Mehl, ½ Päckchen Backpulver.
Für die Mandelfülle: ⅛ l Milch,
2 Eßl. Mehl, 70 g Butter,
70 g Puderzucker, 1 Eigelb,
1 Päckchen Vanillinzucker, 50 g Mandeln.
Für die Glasur: 100 g Puderzucker,
1 Eiweiß.

Eigelb, Margarine und Puderzucker schaumig rühren. Unter ständigem Rühren nach und nach den Bohnenkaffee, Milch und das mit dem Backpulver vermischte Mehl dazugeben. Zuletzt den aus dem Eiweiß steifgeschlagenen Schnee leicht unter die Masse ziehen. Diese dann in eine gefettete und mit Mehl ausgestreute Tortenform füllen und langsam bakken. Nach dem Auskühlen die Torte quer durchschneiden und füllen. Dafür 3 Eßlöffel Wasser in die Milch gießen, mit dem Mehl verrühren, zu einem Brei kochen und auskühlen lassen. Inzwischen Butter, Puderzucker, Eigelb und Vanillinzucker verrühren. Nach und nach den ausgekühlten Brei und die gemahlenen Mandeln dazugeben und alles zusammen noch einmal gut verrühren. Die Oberfläche und die Seiten der Torte mit Zuckerglasur, aus 100 g Puderzucker, 1 Eiweiß und 1 Eßlöffel kaltem Wasser zubereitet, überziehen.

Kaiser-Melange
(Einzelportion)

1 Tasse starker Kaffee, 1 Tasse heiße Milch, 1 Eigelb, 1 Teel. Zucker, 2 Spritzer Weinbrand, 2 Eßl. geschlagene Sahne.

Bis auf die Sahne alle Zutaten miteinander vermischen. In ein Glas geben und mit Sahnehäubchen garnieren.

Kaiserschmarrn

150 g Mehl, 3 Eier, 1 Eßl. Zucker, 1 Päckchen Vanillinzucker, 1 Prise Salz, 60 g in Weinbrand eingeweichte Rosinen, 1/4 l Milch, 80 g Butter, Puderzucker.

Aus Mehl, Eigelb, Zucker, Vanillinzucker, Salz, Rosinen und Milch einen Teig rühren. Das Eiweiß steifschlagen und darunterziehen. Die Butter in einer Pfanne erhitzen, den Teig fingerdick eingießen und von beiden Seiten braun backen. Dann mit 2 Gabeln in kleine Stücke zerreißen und noch 1 bis 2 Minuten nachdämpfen lassen. Auf einer vorgewärmten Platte anrichten und mit Puderzucker bestreuen. Dazu schmeckt besonders gut Pflaumenkompott.

Kakao

30 bis 40 g Kakao, 50 g Zucker, 3/4 l Milch.

Kakao und Zucker vermischen, in 1/4 Liter Wasser verrühren und in die kochende Milch einlaufen lassen. Das Verhältnis Milch und Wasser kann beliebig verändert werden. Durch Zugabe von 1 Teelöffel Puddingpulver zum Kakao entsteht eine leichte Bindung des Getränkes.

Kakaokuchen

150 g Butter, 300 g Zucker, 4 Eier, 3 zerstoßene Nelken, 1 Prise Muskat, 1 Prise Salz, 1 1/2 Teel. Zimt, 1 Teel. abgeriebene Zitronenschale, 50 g Kakao, 375 g Mehl, 1 Päckchen Backpulver, 1/4 l Milch.

Aus Butter, Zucker und Eigelb eine schaumige Masse rühren, die Gewürze und den Kakao unter ständigem Rühren zufügen. Dann das mit Backpulver gesiebte Mehl abwechselnd mit der Milch nach und nach unterrühren. Zuletzt den steifen Eischnee unterheben. In einer gefetteten Form bei Mittelhitze etwa 60 Minuten backen. Nach Belieben mit Schokoladen- oder Zuckerglasur überziehen.

Kalbshirn auf Toast
(Vorspeise)

4 Toastscheiben, Butter, 200 g Hirn,
100 g Champignons, Salz, Pfeffer,
Zitronensaft, 4 Scheiben Käse,
1 Tomate.

Die Toastscheiben mit Butter bestreichen. Das abgezogene, gebrühte Hirn und die Champignons in Butter dünsten, pikant abschmecken und auf den Toastscheiben anrichten. Mit Käsescheiben bedecken und kurz überbakken. Mit Tomatenscheiben oder -achteln garnieren.

Kalbskoteletts auf indische Art

4 Kalbskoteletts (je 150 g),
50 g Mehl, 80 g Butter, Salz,
120 g gewürfelte Zwiebel, 20 g Kümmel,
50 g grobgehackte Walnüsse,
4 cl Mastika, 15 g Curry,
30 ml süße Sahne,
100 g Tomatenwürfel.

Die Koteletts würzen, in Mehl wälzen, in der Butter rasch braten und warm stellen. In dem Bratfett die Zwiebeln, den in heißem Wasser vorgebrühten Kümmel und die Walnüsse andünsten, ohne Farbe nehmen zu lassen. Mit dem vorgewärmten Mastika flambieren, den Curry und die Sahne unterheben, kurz durchkochen lassen, würzen und abschmecken. Die entkernten Tomatenwürfel dazugeben und kochen, bis die Soße eine leichte Bindung aufweist. Das Fleisch in der heißen Soße kurz durchziehen lassen und servieren.
Als Beilage Reis und reichlich Rohkostsalat servieren.

Kalbskoteletts
mit Leber-Pilz-Fülle

75 g Geflügelleber, 1 Eßl. Mehl,
1 Eßl. Margarine, Pfeffer, Salz,
1 Zwiebel, ½ Dose Champignons,
etwas Rotwein, Basilikum,
4 Kalbskoteletts, 1 Eßl. Schmalz.

Die Geflügelleber in Mehl wenden und in etwas Margarine braten. Erst dann würzen. Beiseite stellen und erkalten lassen. Die Zwiebel feinschneiden, in der Margarine glasig werden lassen und die Champignons kurz mitschwitzen. Alles zusammen mit einem Wiegemesser feinhacken und die entstandene Masse mit einigen Spritzern Rotwein, Pfeffer, Salz und Basilikum würzen.
Mit einem spitzen, scharfen Messer in die Koteletts eine Tasche einschneiden und die Fülle hineingeben. Mit einer Rouladennadel zustecken. In Mehl wenden und in heißem Schmalz von beiden Seiten anbraten, bei milder Hitze fertiggaren. Die Rouladennadel entfernen und die Koteletts anrichten.

Kalbskoteletts mit Schinken
und Käse überbacken

4 Kalbskoteletts, Salz, Pfeffer,
1 Eßl. Mehl, 40 g Schmalz,
4 Scheiben gekochter Schinken,
4 Scheiben Schnittkäse,
4 Eßl. Tomatenketchup.

Die Kalbskoteletts mit Salz und Pfeffer würzen, in Mehl wenden und in einer Pfanne in heißem Schmalz von beiden Seiten goldgelb braten. Die Schinkenscheiben anbraten und auf

die Koteletts legen. Den Schnittkäse obenauf geben und im Grill oder in der Bratröhre überbacken. Das Ketchup über die heißen Koteletts geben.
Als Beilage Spaghetti oder Pommes frites und Tomatensalat servieren.

Kalbsleber mit Bananen

4 Scheiben Kalbsleber, 1 Eßl. Mehl,
40g Butter, Salz, 4 Bananen,
8 Kirschen zum Garnieren, Petersilie.

Die gewaschene Leber abtrocknen, in Mehl wenden und in der erhitzten Butter auf beiden Seiten je 8 bis 10 Minuten braten. Erst danach salzen. Auf einer Platte anrichten und warm halten. Die geschälten Bananen halbieren und im Bratfond bräunen. Auf die Leber verteilen. Mit Kirschen und Petersilie garnieren. Als Beilage Curryreis servieren.

Kalbsleber mit gehackten Mandeln

2 Birnen, 8 Scheiben Leber (jeweils
60 bis 80g), 1 Eßl. Butter, Salz,
Pfeffer, 1 Eßl. Mehl, 2 Eßl. Ananaswürfel, 1 Messerspitze Ingwer,
Saft von 1/2 Zitrone, 2 cl Weinbrand,
1 Eßl. gehackte süße Mandeln.

Die Birnen schälen und das Kerngehäuse entfernen, in Würfel schneiden und vorerst beiseite stellen. Die Kalbsleber in Mehl wenden und in Butter braten. Anschließend würzen und warmstellen. In die Bratbutter die Früchte, Ingwer, Zitronensaft und Weinbrand geben, gut durchschwenken. Die Früchte mit einem Schaum-

löffel über die angerichteten Leberscheiben geben und mit gehackten Mandeln bestreuen.
Als Beilage Risotto und Kopfsalat reichen.

Kalbsmedaillons mit Apfelscheiben

2 Äpfel, 1 Eßl. Butter, 8 Kalbsmedaillons, Pfeffer, Salz, 1 Eßl. Mehl,
1 Eßl. Schmalz, 2 Eßl. Reibekäse,
Tomatenketchup.

Aus jedem geschälten Apfel 4 Scheiben schneiden, dabei das Kerngehäuse ausstechen. In der erhitzten Butter halbgar dünsten. Die Kalbsmedaillons pfeffern, salzen und in Mehl wenden. In heißem Schmalz von beiden Seiten kurz braten. Auf einer feuerfesten Platte anrichten, mit je einer Apfelscheibe belegen und mit Reibekäse bestreuen. In der Bratröhre oder im Grill schön goldgelb überbakken. Vor dem Servieren mit etwas Tomatenketchup übergießen. Als Beilage zu diesem Gericht Kartoffelbrei oder Pommes frites reichen.

Kalbsmedaillons mit Kapernsetzei

4 Tomaten, 8 Kalbsmedaillons, Pfeffer,
Salz, 1 Eßl. Mehl, 1 Eßl. Schmalz,
1 Eßl. Margarine, 4 Eier,
1 Röhrchen Kapern, Knoblauchsalz.

Die Tomaten brühen, kalt abschrecken, enthäuten und entkernen. Das Tomatenfleisch in kleine Würfel schneiden. Die Medaillons mit dem Handballen leicht klopfen, salzen, pfeffern und in Mehl wenden. Gut abschütteln und in heißem Schmalz von beiden Seiten je 1 bis 2 Minuten braten. Die Margarine erhitzen und darin 4 Spiegeleier braten. Die Kapern darüberstreuen und die Eier auf den Medaillons anrichten. Die Tomatenwürfel mit Knoblauchsalz würzen, ebenfalls erhitzen und zum Schluß über die Spiegeleier geben.

Kalbsnieren
am Spieß mit Kräuterbutter

600 g Kalbsnieren, 120 g magerer Speck, Salz, Pfeffer, 40 g Schmalz, 80 g Kräuterbutter.

Die Kalbsnieren kalt abwaschen und mit einem Tuch abtrocknen. Die Nieren und den Speck in Scheiben schneiden und abwechselnd auf 4 Spieße stecken, mit Salz und Pfeffer würzen, in erhitztem Schmalz im Tiegel braten oder grillen. Die fertigen Spieße mit Kräuterbutter anrichten.
Als Beilagen empfehlen sich Pommes frites oder Pommes chips und frische Salate.

Kalbsröllchen mit Pilzen

8 kleine Kalbssteaks zu je 80 g, Salz, Pfeffer, 1 Eßl. Kräutersenf, 100 g Gehacktes, 1 Ei, 1 Brötchen, 75 g magerer Speck, ½ Dose geschnittene Pilze, 1 Knoblauchzehe, Petersilie, 1 Zwiebel, 1 Teel. Mehl, ½ l Brühe, 3 Eßl. saure Sahne.

Die kleinen Kalbssteaks dünnklopfen, salzen, pfeffern und mit Kräutersenf bestreichen.

Das Gehackte mit dem Ei und dem eingeweichten, ausgedrückten Brötchen vermengen. Die Hälfte des in Würfel geschnittenen Specks auslassen, abgetropfte Pilze, zerdrückte Knoblauchzehe und gehackte Petersilie zugeben und kurz anrösten. Nach dem Erkalten zu der Hackmasse geben und alles gut vermengen. Auf die vorbereiteten Fleischscheiben verteilen, zusammenrollen und befestigen. Die Röllchen in dem restlichen ausgelassenen Speck von allen Seiten braten. Die gehackte Zwiebel zugeben, mit Mehl bestäuben, mit Brühe auffüllen und zugedeckt fertigschmoren. Die Röllchen herausnehmen und die Soße durch ein Sieb gießen. Mit der sauren Sahne verfeinern und nach kurzem Erhitzen über die angerichteten Kalbsröllchen geben.

Kalbsröllchen mit Reis

8 Scheiben Kalbsfrikandeau, Salz, Paprika, Pfeffer, 1 Teel. Tomatenketchup, 1 bis 2 Tassen gekochter Reis, 1 Ei, 2 Eßl. geriebener Käse, 1 Eßl. gekochte Pilze, 8 gefüllte Oliven, 1 Eßl. Schmalz, 1 Teel. Mehl, ½ l Brühe.

Die Kalbfleischscheiben dünnklopfen und mit Salz, Pfeffer und Paprika bestreuen. Auf einer Platte flach auslegen und dünn mit Tomatenketchup bestreichen.
Aus gekochtem Reis, dem Ei, geriebenem Käse und den geschnittenen Pilzen eine Fülle bereiten. Auf die vorbereiteten Kalbfleischscheiben verteilen und noch je 1 entkernte Olive daraufgeben. Zusammenrollen und

mit Rouladennadeln befestigen. Im heißen Schmalz von allen Seiten braten, mit Mehl bestäuben und mit der Brühe auffüllen. Zugedeckt in der Röhre fertiggaren. Mit Kartoffelbrei und Tomatensalat servieren.

Kalbsroulade mit Käsefüllung

4 Scheiben Kalbfleisch, Salz, Pfeffer,
2 Eßl. Senf, 4 Scheiben gekochter
Schinken, 4 Scheiben Schnittkäse,
1 Eßl. Öl, 1/2 l Brühe, 3 Eßl. saure Sahne.

Die Kalbfleischscheiben klopfen, salzen und pfeffern. Flach auslegen und mit Senf bestreichen. Darauf den in Streifen geschnittenen Schinken und Käse legen, zusammenrollen, mit einer Rouladennadel feststecken und im heißen Öl rundum anbraten. Mit heißer Brühe auffüllen und zugedeckt bei milder Hitze schmoren lassen. Die Rouladen herausnehmen und warm stellen. Die Soße aufkochen und mit der sauren Sahne verquirlen. Nicht mehr kochen lassen. Über die angerichteten Rouladen geben. Mit Gemüse und Kartoffelbrei auftragen.

Kalbsschnitzel mit Sardellensoße

4 Kalbsschnitzel, Salz, Pfeffer,
1 Eßl. Mehl, 1 Eßl. Margarine,
1 Glas Weißwein, 1 Zwiebel,
1/2 Tube Sardellenpaste,
Saft von 1/2 Zitrone.

Die Kalbsschnitzel klopfen und die Ränder 2- bis 3mal einschneiden. Mit Salz und Pfeffer würzen und in Mehl wenden. Das überschüssige Mehl ab-

schütteln. Die Margarine in einer Pfanne erhitzen. Die Schnitzel einlegen und von beiden Seiten scharf anbraten. Bei mittlerer Hitze fertiggaren, herausnehmen und warm stellen. Den Bratensatz mit Weißwein loskochen. Die Zwiebel in feine Würfel schneiden und zusammen mit der Sardellenpaste und dem Zitronensaft etwa 5 Minuten kochen lassen. Die Soße über die angerichteten Schnitzel geben.

Kalbssteaks mit Tomaten

4 Kalbssteaks, Salz, Pfeffer,
1 Eßl. Mehl, 40 g Schmalz,
20 g Butter, 4 große Tomaten,
4 Scheiben Schnittkäse.

Die Kalbssteaks mit Salz und Pfeffer würzen. In Mehl wenden und von beiden Seiten in heißem Schmalz goldbraun braten. Das Bratfett abgießen und die Steaks in Butter nachbraten. Die gewaschenen und in Scheiben geschnittenen Tomaten auf die gebratenen Kalbssteaks legen. Salzen und pfeffern, mit Schnittkäsescheiben belegen und im Grill oder in der Bratröhre überbacken. Mit Pommes frites servieren.

Kalte Biersuppe

5 Eßl. Reis, 1/2 Zitrone, 2 Flaschen
helles Bier, 1 Prise Salz,
50 bis 60 g Zucker, 20 g Stärkemehl,
1 Eigelb, 2 Eßl. Sultaninen.

Den vorbereiteten Reis zusammen mit Zitronensaft und etwas abgeriebener Zitronenschale ausquellen und dann abkühlen lassen. Bier, ebensoviel Wasser und abgeriebene Zitronenschale, Salz und Zucker zum Kochen bringen, mit dem angerührten Stärkemehl binden und mit dem Eigelb legieren. In eine Terrine den Reis und darauf die vorgequollenen Sultaninen geben, die Suppe darübergießen und zugedeckt gut kühlen.

Kalter Apfelpunsch

1 l Apfelsaft, 3 Beutel schwarzer Tee,
5 Eßl. Zitronensaft, Eiswürfel,
1 Apfel, 1 Apfelsine oder Zitrone,
1/3 l helles Bier.

$1/8$ l Apfelsaft zum Kochen bringen, den Tee darin ziehen und kalt werden lassen. Den Zitronensaft daruntermischen und alles zu dem restlichen Apfelsaft geben. Apfel-, Apfelsinen- oder Zitronenscheiben in Gläser geben, mit Bier, Eis und Apfelsaft auffüllen und gut gekühlt servieren.

Kaltschale »Balaton«

4 Tomaten, 1 Knoblauchzehe, 1 Zwiebel,
1 kleine Salatgurke, 1 grüne Paprikafrucht, 1 Zitrone, 3 Eßl. Sonnenblumenöl, 1/2 l kalte entfettete Fleischbrühe, 10 Eiswürfelchen, Salz, Pfeffer.

Die abgezogenen reifen Tomaten pürieren, die Knoblauchzehe zerreiben. Zwiebel, Salatgurke und Paprikafrucht klein würfeln, mit Zitronensaft, Öl, Fleischbrühe und den Eiswürfelchen zu dem Tomatenpüree geben und mit Salz und Pfeffer würzen. Gut gekühlt servieren.

Kaninchenkeulen in Sahnesoße

2 Kaninchenkeulen, 2 Kaninchenläufchen, 100 g Speck, Salz, Pfeffer, Edelsüß-Paprika, Thymian,
1 Eßl. Öl, 2 Zwiebeln, 1 Möhre,
2 Tassen Brühe, 2 Eßl. saure Sahne.

Die Kaninchenkeulen am Knochen teilen. Die Keulen und Läufchen waschen, mit Speck umwickeln, mit Salz, Pfeffer, Paprika und Thymian würzen. In einer Pfanne in heißem Öl das vorbereitete Fleisch von allen Seiten anbraten. Zwiebel- und Möhrenwürfel zugeben, mitrösten. Brühe zugießen und alles zugedeckt garen. Die fertigen Kaninchenstücke herausnehmen, die Soße durch ein Sieb geben, dabei das mitgeschmorte Wurzelwerk mit durchdrücken. Die Soße noch einmal aufkochen und die saure Sahne unterrühren. Danach über die gebratenen Kaninchenkeulen geben.
Als Beilage eignen sich grüne Klöße.

Kaninchenkeulen mit Pilzen

2 Kaninchenkeulen, Buttermilch,
60 g Speck, 80 g Margarine oder Butter, 1 Glas Weißwein,
100 g Champignons (Konserve), 1 Bund Petersilie, 1 Zwiebel, Salz, Pfeffer.

Die Keulen 1 bis 2 Tage in so viel Buttermilch legen, daß sie bedeckt sind. Dann herausnehmen und abtrocknen. Mit gut gekühlten Speckstreifen spikken. In Margarine braten und mit dem Weißwein ablöschen. Die Champignons, gehackte Petersilie, Zwiebelwürfel, Salz und Pfeffer zufügen und zugedeckt fertig dünsten. Mit Kartoffelbällchen servieren.

Kaninchenleber
mit Zwiebel und Apfel

500g Kaninchenleber, 1 Eßl. Mehl,
2 Eßl. Schmalz, Salz, Pfeffer,
2 Eßl. Butter, 2 große Zwiebeln,
2 Äpfel. Petersilie.

Die gewaschene Kaninchenleber in Mehl wenden, leicht abklopfen und in heißem Schmalz garen. Die Leber herausnehmen und mit Salz und Pfeffer würzen. Die Butter auslassen und die in feine Scheiben geschnittenen Zwiebeln darin schwenken. Aus den gewaschenen Äpfeln das Gehäuse ausstechen und die Äpfel in feine Blättchen schneiden. Die Apfelblättchen zu den Zwiebeln geben und alles mehrmals durchschwenken. Die Leber anrichten und die Zwiebel-Apfel-Mischung obenaufgeben. Zum Schluß das Ganze mit gehackter Petersilie bestreuen.
Als Beilage empfehlen wir Kartoffelpüree und Salate, aber auch frisches Weißbrot.

Kaninchenrücken

1 Kaninchenrücken, 100g Speck,
1 Flasche Joghurt, 1/2 Tüte Kondens-
milch, 2 Eßl. Öl, Salz, Pfeffer,
1 Möhre, 1/4 Sellerie, 1 große Zwiebel,
Petersilie, 1 Tasse Brühe.

Den Kaninchenrücken enthäuten, mit Speckscheiben umhüllen und mit einem Bindfaden umwickeln. Den Joghurt mit der Kondensmilch verrühren und den vorbereiteten Kaninchenrücken 24 Stunden darin marinieren. In einem Schmortopf Öl erhitzen und den gewürzten Kaninchenrücken (vorher gut die Marinade abtropfen lassen) darin schmoren. Möhre, Sellerie und Zwiebel in Würfel schneiden und mit der Petersilie zu dem Fleisch geben, alles zusammen mit dem Kaninchenrücken schmoren. Öfter mit Brühe ablöschen. Zugedeckt garen lassen. Den Kaninchenrücken herausnehmen und inzwischen warm stellen. Die Soße durch ein Sieb geben und den Joghurt darunterrühren. Alles noch einmal kurz erhitzen, aber nicht aufkochen lassen. Die fertige Soße über den Kaninchenrücken geben.
Mit Petersilienkartoffeln und Apfelrotkohl reichen.

Karameleis

120g Zucker, 1/4 l Milch, 2 Eigelb,
15g Maisan.

Den Zucker zu Karamel bräunen, 300 ml Wasser vorsichtig aufgießen und kochen lassen, bis der Zucker aufgelöst ist. In der Milch die Eigelb sowie Maisan verrühren und unter ständigem Rühren in das kochende Karamelwasser gießen. Etwas kochen und dann die ausgekühlte Creme gefrieren lassen.

Karamelmilch

4 Eßl. Zucker, 1/2 l Milch,
60g Nougatmasse, 2 Eigelb,
2 Eßl. Puderzucker.

Den Zucker in einer trockenen Pfanne schmelzen und hellbraun karamelisieren lassen, dann sofort mit der Milch ablöschen, gut verrühren und einmal aufkochen lassen. Die Nougatmasse in der Milch schmelzen, die Milch vollständig auskühlen lassen. Eigelb und Puderzucker schaumig rühren, die kalte Karamelmilch untermischen und servieren.

Karamelpudding

75 g Zucker, ½ l Milch,
45 g Stärkemehl, 1 Ei.

Den Zucker unter Rühren goldbraun rösten, mit 3 Eßlöffel heißem Wasser ablöschen und unter Rühren ¼ Liter heiße Milch aufgießen. Stärkemehl und Eigelb mit der restlichen kalten Milch glattrühren, unter Rühren zugießen und einmal aufkochen lassen. Den steifen Eischnee unterziehen.

Karibische Butterplätzchen

250 g Butter, 125 g Zucker,
2 Päckchen Vanillinzucker,
225 g Mehl, 1 kräftige Prise Salz,
Margarine zum Einfetten.

Butter mit Zucker und Vanillinzucker schaumig rühren. Nach und nach Mehl und Salz zugeben und unterrühren. Den fertigen Teig auf einem leicht eingefetteten Backblech mit einem Teigspachtel etwa 1 cm dick ausstreichen. An die offene Seite des Bleches einen gefalzten Streifen Alufolie legen. Im vorgeheizten Ofen bei 220 °C etwa 25 bis 30 Minuten backen, bis die Oberfläche fest und goldbraun ist. Das Blech aus dem Ofen nehmen und den Kuchen sofort in kleine Quadrate (4 cm × 4 cm) schneiden. Die Plätzchen schnell vom Blech lösen.

Karotten-Flip

¼ l frisch gepreßter Möhrensaft,
¼ l Joghurt, 1 Ei, Salz,
1 bis 2 Teel. Zucker,
etwas Zitronensaft, Muskat.

Alle Zutaten gut mixen und in Kelchgläsern servieren.

Karottenkroketten

500 g Karotten, 500 g gekochte
Kartoffeln vom Vortag, 1 Ei, Salz,
Muskat, Petersilie, 20 g Butter,
2 Eßl. Grieß, Semmelbrösel,
Margarine.

Geriebene rohe Karotten, passierte Kartoffeln, Eigelb, Salz, Muskat, feingewiegte Petersilie, Butter und Grieß gut verkneten. Den steifen Eischnee unterziehen. Kleine Kroketten daraus formen, in Semmelbröseln panieren und in der heißen Margarine goldgelb braten.

Karottenpfanne

125 g durchwachsener Speck,
250 g Zwiebeln, 500 g Karotten
oder junge Möhren,
⅛ l Brühe, 1 Eßl. Zitronensaft,
1 Eßl. Zucker, 1 Bund Petersilie.

Den Speck würfeln und auslassen, die Zwiebeln schälen, vierteln, mitdünsten. Möhren oder Karotten putzen, in Würfel oder Scheiben schneiden, mit der Brühe in die Pfanne geben. Bei geschlossenem Deckel etwa 20 Minuten garen. Mit Zitronensaft und Zucker würzen, die gehackte Petersilie darüberstreuen.

Karotten-Sauerkraut-Saft

100 g frisches Sauerkraut,
3 große Möhren,
1 Prise Salz, Schnittlauch.

Sauerkraut und Möhren durch den Entsafter geben. Mit Salz abschmekken. In kleine Gläser verteilen und mit gehacktem Schnittlauch bestreuen.

Karotten-Spinat-Saft

Karotten, 1 Handvoll Spinat, Salz,
einige junge Zuckererbsen.

Vorbereitete Karotten und Spinat entsaften. Mit etwas Salz abschmecken und in Gläser verteilen. In jedes Glas einige Zuckererbsen geben und sofort servieren.

Karpfen auf Brünner Art

750 g Karpfen, Salz, Pfeffer,
100 g Butter, getrockneter Salbei,
1/8 l Sahne.

Den Karpfen ausnehmen, längs aufschneiden und portionieren. Dann salzen und pfeffern, in ein flaches feuerfestes Gefäß (Bratpfanne) legen, mit 50 g zerlassener Butter übergießen. Fein zerriebenen Salbei darüberstreuen und die restliche Butter in Flöckchen darauf verteilen. In der vorgeheizten Röhre bei starker Hitze braten. Dann die Fischportionen vorsichtig herausnehmen und auf eine vorgewärmte Platte legen. Den Bratsaft mit der Sahne auffüllen, kurz durchkochen, abschmecken und den Karpfen damit übergießen. Mit Kartoffeln auftragen.

Karpfen auf russische Art

1 1/2 kg Karpfen, 1 Flasche Weißwein,
100 g Wurzelwerk, 800 g Sauerkraut,
50 g Zwiebel, 50 g Fett, Salz,
10 g Kartoffelmehl,
100 g geriebener Meerrettich.

Den ausgenommenen Karpfen portionieren und waschen. Die Karpfenstücke in einem Fond aus Weißwein und in Streifen geschnittenem Wurzelwerk dünsten. Inzwischen das Sauerkraut mit Zwiebel, Fett und Salz zubereiten. Den Karpfenfond mit Kartoffelmehl und Meerrettich binden. Die Karpfenstücke auf dem Sauerkraut anrichten, mit der Soße übergießen und mit Salzkartoffeln servieren.

Karpfen blau

1 Karpfen von mindestens 1 kg, Salz,
1 Wurzelwerk, 1 Zwiebel, Butter.

Damit die äußere Schleimschicht nicht verletzt wird, den Fisch auf nassem Brett vorbereiten, innen mit Salz einreiben. So viel Wasser, daß der Fisch davon gerade bedeckt ist, mit Salz, Wurzelwerk und Zwiebel aufkochen und den Karpfen darin auf kleinster Flamme garziehen lassen. – Einen Karpfen, der nicht sofort nach dem Schlachten zubereitet werden kann, beim Vorbereiten mit 1/8 Liter siedendem Essigwasser übergießen, dadurch färbt sich auch eine angetrocknete Schleimhaut leicht bläulich. Der Fisch kann der Einfachheit halber vor dem Garen in Portionsstücke geteilt werden. Außer mit zerlassener Butter läßt sich Karpfen blau mit

Kräuterbutter, Senfbutter, Sahnemeerrettich oder einer mit Zitronensaft abgeschmeckten Buttersoße auftragen.

Karpfen mit polnischer Soße

1 Karpfen von etwa 2 kg, Essig, Salz,
250 g Wurzelwerk (Möhren, Sellerie,
Petersilienwurzel), 1 Zwiebel,
100 g Butter, ½ l helles Bier oder
¼ l dunkles und ¼ l helles Bier,
1 Lorbeerblatt, 2 Pimentkörner,
4 Pfefferkörner, 2 Nelken,
ein 1 cm großes Stück Ingwer,
Saft von ½ Zitrone, 75 g Speise-
kuchen, Zucker, ¼ l Rotwein,
50 g Sultaninen, 50 g süße Mandeln.

Beim Schlachten des Karpfens das Blut auffangen, dieses sofort mit 2 Eßlöffel Essig verrühren und zugedeckt kühl stellen. Den Karpfen sauber ausnehmen, aus dem Kopf die Kiemen vollkommen entfernen, der Länge nach teilen und waschen. Dann Portionsstücke schneiden, diese mit Essig und Salz einreiben. Das Wurzelgemüse säubern und in Streifen, die Zwiebel in Scheiben schneiden und mit 50 g Butter dünsten. Mit dem Bier ablöschen und die Gewürze dazugeben. Alles 10 Minuten kochen lassen. Das Karpfenfleisch – zuerst die Kopfstücke, dann die anderen Portionen, die mit Zitronensaft und wenig Essig eingerieben wurden – in die heiße Flüssigkeit geben. Das Karpfenfleisch 12 bis 15 Minuten garziehen lassen. Das Fleisch darf nicht zerfallen. Die Karpfenportionen herausnehmen und warm stellen. Den geriebenen Speisekuchen mit mildem Essig anfeuchten und ausquellen lassen. Mit dem Karp-

fenblut in die Soße geben. Diese kurz aufkochen lassen. Mit Salz, Zucker, Zitronensaft und Rotwein abschmekken, dann durch ein Sieb in einen Topf gießen. Die restliche Butter in die Soße geben. Dann die am Tag vorher in Rotwein ausgequollenen Sultaninen und die blättrig geschnittenen Mandeln zufügen. Die Karpfenstücke wieder in die Soße legen, 5 Minuten ziehen lassen und mit Salzkartoffeln oder auch Kartoffelbrei zu Tisch geben. Als Getränk paßt ein leichter Rotwein.

Karpfensuppe mit Knoblauch

800 g bis 1 kg Karpfen, Salz,
1 Lorbeerblatt, 1 Petersilienwurzel,
3 Pfefferkörner, 150 g Öl, 3 Zwiebeln,
2 bis 3 Stangen Porree,
2 Eßl. Tomatenmark, 1 Knoblauchzehe,
4 Kartoffeln, Dill.

Den vorbereiteten Fisch in Stücke schneiden, schwach salzen und kühl stellen. Den Kopf (ohne Kiemen) und den Schwanz mit kaltem Wasser übergießen. Salz, Lorbeerblatt, Petersilienwurzel und Pfefferkörner zufügen und etwa 1 Stunde lang daraus eine Brühe kochen. Dann durchseihen. Das Öl in einem flachen Topf erhitzen, die kleingeschnittenen Zwiebeln und die ebenfalls kleingeschnittenen Porreestangen darin anschwitzen. Zuletzt das Tomatenmark und den mit Salz verriebenen Knoblauch zufügen. Die Fischbrühe auffüllen, zum Kochen bringen, die in Würfel geschnittenen Kartoffeln 10 Minuten darin kochen. Dann die Fischstücke hineinlegen und 10 Minuten auf kleiner

Flamme ziehen lassen. Mit gehacktem Dill bestreut zu Tisch bringen. – Die Suppe kann mit einem Schuß Weißwein verfeinert werden.

Kartoffelbällchen, Mandelbällchen

1 kg gekochte Kartoffeln, 2 Eigelb, 1 Teel. Salz, 1 Prise Muskat, 1 Ei, Semmelbrösel, etwa 125 g Weizenmehl, Ausbackfett.

Die geschälten, frisch gekochten Kartoffeln durchpressen. Eigelb, Salz und Muskat mit einer Gabel untermengen, das Mehl darüberstreuen und alles zu einem glatten Teig verkneten. Ist der Teig zu feucht, noch etwas Mehl zufügen. Kleine Bällchen formen, in geschlagenem Ei und Semmelbröseln wenden und in siedendem Fett ausbacken.
– Für Mandelbällchen noch gemahlene Mandeln in die Kloßmasse oder in die Panade geben.

Kartoffel-Curry

1 kg Kartoffeln, 3 Zwiebeln, 100 g Margarine, 3 Teel. Curry, ¼ l Rindfleischbrühe (Extrakt), 250 g Erbsen, 1 Bund Petersilie, 2 Eßl. Weißwein, 2 Eßl. Zitronensaft, Salz, Pfeffer.

Die Kartoffeln schälen, waschen und in Würfel schneiden. Die geschälten Zwiebeln in Würfel schneiden und in der erhitzten Margarine glasig dünsten. Die Kartoffelwürfel zufügen und mitdünsten. Den Curry zufügen, mit anrösten. Alles mit Fleischbrühe ab-

löschen, aufkochen lassen und 15 Minuten im geschlossenen Topf garen. Die Erbsen zufügen und mitgaren. Die gewaschene, gehackte Petersilie überstreuen. Zum Schluß alles mit Weißwein, Zitronensaft, Salz und Pfeffer kräftig abschmecken.

Kartoffel-Gemüse-Salat

500 g gare Pellkartoffeln, 1 Zwiebel, 100 g grüne Gurke, 100 g Radieschen, 100 g Tomaten, 100 g Erbsen (Konserve), ⅛ l Joghurt, 2 Eßl. saure Sahne, 2 Eßl. feingehackter Schnittlauch, 1 hartgekochtes Ei, einige Spritzer Worcestersauce, Pfeffer. Für die Marinade: 1 Zwiebel, Salz, 1 Teel. Zucker, 5 zerdrückte Pfefferkörner, 1 bis 2 Eßl. Essig, ⅛ l Brühe oder Wasser, 2 Eßl. herber Weißwein.

Die geschälten, erkalteten Kartoffeln in Scheiben schneiden und mit der heißen Marinade übergießen. Dafür die Zwiebel in kleine Würfel schneiden, mit Salz, Zucker, Pfefferkörnern und Essig in die Brühe oder das Wasser geben. Alles langsam zum Kochen bringen und auf die Hälfte einkochen lassen. Den Weißwein zugießen und die fertige Marinade durchseihen. Zwiebel und Gurke in Würfel, Radieschen und Tomaten in Scheiben schneiden und mit den Erbsen unter die Kartoffeln mischen. Aus Joghurt, saurer Sahne, Kräutern und in Würfel geschnittenem Ei eine Soße bereiten und mit Worcestersauce und Pfeffer abschmecken. Die fertige Soße unter die anderen Salatzutaten mischen.

Kartoffelhefezopf

750 g Mehl, 500 g gekochte Kartoffeln vom Vortag, 100 g Margarine, 125 g Zucker, ¼ l Milch, 40 g Hefe, 250 g Rosinen, Salz.

Das gesiebte Mehl, die durchgepreßten Kartoffeln und die übrigen Zutaten in der üblichen Weise zu einem lockeren Teig verkneten. Warm gestellt gehen lassen, zusammenstoßen und in drei gleich lange Stücke teilen. Zu einem Zopf verflechten und auf gefettetem Blech mit Zuckerwasser oder verquirltem Ei bestreichen. Bei Mittelhitze etwa 50 Minuten goldgelb backen.

Kartoffel-Kerbel-Suppe

500 g Hühnerklein, 1 Wurzelwerk, 1 Lorbeerblatt, 1 Zweig frischer oder ½ Teel. getrockneter Thymian, ½ Bund Petersilie, 1 Strauß frischer Kerbel, 200 g Kartoffeln, 1 Zwiebel, 50 g Butter, Salz, weißer Pfeffer, 100 ml süße Sahne, 2 Eigelb, geriebene Muskatnuß, Zitronensaft, Worcestershiresauce.

Das Hühnerklein mit 1 Liter Wasser kalt ansetzen, zum Kochen bringen. Das geputzte, gewaschene und grob zerkleinerte Wurzelwerk, Lorbeerblatt, Petersilie, Thymian und Salz dazugeben und alles so lange kochen lassen, bis die Brühe etwa zur Hälfte eingekocht ist, zwischendurch ständig abschäumen. Die Kerbelblätter leicht hacken. Die geschälten, gewaschenen Kartoffeln in feine Würfel schneiden. Die Zwiebel schälen und feinschneiden. Die Butter in einem Topf erhit-

zen und die Zwiebel- und Kartoffelwürfel unter Rühren darin andünsten. Die Hälfte des Kerbels mitdünsten. Die durchgeseihte Hühnerbrühe dazugießen und alles etwa 20 Minuten leise kochen lassen. Die Suppe mit Salz und Pfeffer würzen und mit dem Schneidestab des Handrührgerätes pürieren. Die Sahne mit dem Eigelb verquirlen und in die noch heiße, aber nicht mehr kochende Suppe rühren. Mit Muskatnuß, Zitronensaft und Worcestershiresauce abschmecken. Den restlichen Kerbel in die fertige Suppe streuen, noch etwas durchziehen lassen und servieren.

Kartoffelknöpflesuppe

50 g Rindermark, 1 kleine Zwiebel, ½ Eßl. gehackte Petersilie, Salz, Pfeffer, Majoran, 1 Knoblauchzehe, 1 Wurzelwerk (geraspelt), 250 g Rindfleisch, 1 Eßl. Tomatenmark, Schnittlauch.
Für die Kartoffelknöpfle: 3 gekochte Kartoffeln, Salz, Pfeffer, 60 g Butter, 1 Ei, 1 Eßl. Mehl.

Das Rindermark zerkleinern und die feingehackte Zwiebel darin goldgelb dünsten. Die Petersilie, Majoran, Salz, Pfeffer, wenig zerdrückten Knoblauch, das Suppengemüse sowie das Tomatenmark hinzufügen. Das durch den Fleischwolf gedrehte Rindfleisch darunterrühren, alles kurz dünsten lassen und mit 1½ Liter Wasser aufgießen. Die Suppe sehr langsam mindestens 1 Stunde kochen lassen. Für die Kartoffelknöpfle 3 mittelgroße am Vortag gekochte Kartoffeln feinreiben, mit Salz und Pfeffer würzen, dann mit der weichen Butter und dem ganzen Ei gut verrühren. Zuletzt 1 Eßlöffel Mehl einrühren. Mit dem Löffel ein Probeknöpfle abstechen und in Salzwasser kochen. Wenn die Probe zu weich bleibt, noch Mehl zufügen, wird sie zu fest, noch Fett zugeben. Die Knöpfle mit einem nassen Löffel abstechen, in die leise kochende Fleischbrühe geben und 8 bis 10 Minuten langsam kochen lassen. Mit Schnittlauch bestreuen.

Kartoffelkuchen mit Fleischfülle

250 g Kartoffeln, 500 g Mehl,
½ Päckchen Backpulver, 50 g Schmalz,
2 Eigelb, Salz, etwas Milch, 1 Eiweiß.
Für die Fülle: 300 g gekochtes Rind-
oder Schweinefleisch (auch Schinken
oder Wurst), 1 Zwiebel, 50 g Butter,
Salz, Pfeffer, 1 Prise Curry,
2 Eßl. Fleischbrühe, 2 Eier; 1 Eigelb.

Die gekochten kalten Kartoffeln reiben, mit Mehl und Backpulver vermischen. Zerlassenes Schmalz, Eigelb, Salz und nach Bedarf etwas Milch zugeben. Zu einem festeren Teig verarbeiten. Entweder 2 runde Platten für die Tortenform oder 2 längliche Platten für das Kuchenblech ausrollen. Für die Fülle das Fleisch zweimal durch den Wolf drehen. Feingehackte Zwiebel in Butter rösten, Fleisch, Salz, Gewürze, etwas Fleischbrühe und zuletzt die Eier zugeben. Die Teigplatte in die gefettete Form oder auf das Blech legen, mit Fülle bestreichen und mit der zweiten Platte zudecken, am Rand andrücken und die Oberfläche mit Eigelb bestreichen. In gut vorgeheizter Röhre backen.

Kartoffeln à la huancaina

12 Kartoffeln, 3 Zwiebeln,
Saft von 1 Zitrone, 2 Eigelb,
1 Tasse Öl, 250 g Quark, Gouda oder
Schmelzkäse, 1 Eßl. Chillipulver.

Pellkartoffeln kochen. Die feingewürfelte Zwiebel 2 Stunden in Zitronensaft einlegen. Aus Eigelb und Öl eine Mayonnaise bereiten. Quark oder Käse mit einer Gabel fein zerdrücken, mit Chillipulver, der Zwiebel-Zitronen-Mischung und der Mayonnaise zu einer Paste verrühren. Die Kartoffeln pellen, mit der Soße übergießen.

Kartoffeln im Silbermäntelchen

12 mittelgroße Kartoffeln,
60 g Butter, 40 g Reibekäse, Salz.

Die gründlich gewaschenen Kartoffeln auf der Oberseite kreuzweise einschneiden, einzeln in Alufolie wickeln und in der Backröhre bei Mittelhitze etwa 45 Minuten backen. Inzwischen die schaumig gerührte Butter mit dem Reibekäse verrühren und wieder kalt stellen. Die garen Kartoffeln aus der Röhre nehmen, die Alufolie öffnen, jede Kartoffel salzen und etwas Käsebutter daraufgeben.

Kartoffelrand

750 g Kartoffeln, Salz,
50 g Margarine, 2 Eier, 20 g Mehl,
2 Eßl. Reibekäse,
Margarine für die Form.

Die Kartoffeln als Salzkartoffeln kochen, abgießen, gut abdampfen lassen und durch die Kartoffelpresse geben.

Abgekühlt mit der schaumig gerührten Margarine, Eigelb, Mehl und Reibekäse verarbeiten. Zuletzt die mit 1 Prise Salz steifgeschlagenen Eiweiß unterheben. Die Masse in eine gefettete Ringform füllen und in der Backröhre backen. Dann vorsichtig auf eine Platte stürzen und in die Mitte ein Fleisch-, Gemüse- oder Pilzgericht füllen.

Kartoffelsalat mit Wurst

400 g gare Pellkartoffeln,
100 g Bierschinken, 1 Zwiebel,
50 g Gewürzgurke, 50 g marinierte
Paprikafrüchte, 50 g garer Sellerie,
50 g Erbsen (Konserve),
40 g Mayonnaise, 4 Eßl. Joghurt,
2 Eßl. feingehackte Petersilie,
einige Spritzer Worcestersauce, Pfeffer.
Für die Marinade: *1 Zwiebel, Salz,*
1 Teel. Zucker, 5 zerdrückte Pfefferkörner, 1 bis 2 Eßl. Essig,
⅛ l Brühe oder Wasser,
2 Eßl. herber Weißwein.

Die geschälten, erkalteten Kartoffeln in Würfel schneiden. Für die Marinade die Zwiebel in kleine Würfel schneiden, mit Salz, Zucker, Pfefferkörnern und Essig in die Brühe geben. Alles langsam zum Kochen bringen und auf die Hälfte einkochen lassen. Den Weißwein dazugeben. Die fertige Marinade durchseihen und heiß über die Kartoffelwürfel gießen. Wurst, Zwiebel, Gurke, Paprikafrüchte und Sellerie in Würfel schneiden. Mit den Erbsen zu den Kartoffeln geben. Aus Mayonnaise, Joghurt und Petersilie eine Soße bereiten, mit Worcestersauce und Pfeffer abschmecken. Die fertige Soße über die anderen Salatzutaten gießen und vorsichtig unterziehen. Den Salat 1 bis 2 Stunden durchziehen lassen und dann kühl servieren.

Kartoffelsuppe mit Würstchen

750 g Kartoffeln, 3 bis 4 Möhren,
1 Sellerieknolle, etwas Selleriegrün,
1 Kohlrabi, 1 Stange Lauch, 2 Tomaten,
Salz, Paprika, 50 g Speck, 2 Zwiebeln,
Majoran, 4 Bockwürste, 1 Bund Petersilie.

Kartoffeln, Möhren, Sellerie, Kohlrabi, Lauch und Tomaten gründlich waschen, schälen und zerkleinern. In einen Topf geben, mit Wasser bedekken und mit Salz und Paprika garkochen. Das Gemüse pürieren, einige Stückchen davon können auch ganz in die Suppe gegeben werden. Den Speck in Würfel schneiden, die kleingeschnittenen Zwiebeln darin glasig dünsten und beides zur Suppe geben. Mit Salz und Majoran abschmecken. Die Bockwürste in der Suppe erhitzen und gehackte Petersilie zugeben. – Kartoffelsuppe kann mit knusprig gebratenen Croutons serviert werden.

Kasachischer Tee

4 bis 5 Teel. schwarzer Tee,
½ l heiße süße Sahne oder Kondensmilch, Zucker.

Den Tee mit 1 Liter kochendem Wasser brühen. Nach etwa 5 Minuten die Kanne mit der süßen Sahne auffüllen. Den Inhalt der Teekanne sofort gut umrühren und rasch durch ein Sieb in eine andere umgießen. Das Getränk wieder in die erste, erwärmte Kanne zurückgießen, damit sich Tee und Sahne gut vermischen. Nach Geschmack süßen. Nach 2 Minuten Ruhezeit ist das Getränk fertig.

Käse-Ananas-Salat

250 g Edamer Käse, 6 Scheiben Ananas,
75 g Mandelstifte, Saft von
½ Zitrone, 2 Eßl. Mayonnaise,
100 ml saure Sahne, Salz, Pfeffer,
1 Kopf grüner Salat, 10 g Butter,
25 g blättrig geschnittene Mandeln.

Käse und abgetropfte Ananasscheiben in Streifen schneiden. Beides vermischen, die Mandelstifte zugeben und mit Zitronensaft beträufeln. Mayonnaise und saure Sahne verrühren, mit Salz und Pfeffer abschmecken und über die Käse-Ananas-Mischung gießen. 20 Minuten zugedeckt im Kühlschrank durchziehen lassen. Den zerpflückten Kopfsalat waschen, trockenschwenken und vier Glasschalen damit auslegen. In der erhitzten Butter die Mandelblättchen goldbraun rösten. Den Salat in die Schälchen verteilen und mit den gerösteten Mandelblättchen bestreuen.

Käsebrezeln

1 Päckchen gefrorener Blätterteig,
1 Eigelb, 30 ml Milch, 100 g Reibekäse
(Emmentaler oder Tollenser), Salz,
Pfeffer, Mohn, Kümmel.

Den Blätterteig auftauen lassen und zu einer Platte von 40 cm × 40 cm ausrollen. Mit einem Gemisch aus Eigelb und Milch bestreichen und die Hälfte mit Reibekäse bestreuen, frisch gemahlenen Pfeffer darüberstäuben und die andere Teighälfte darüberschlagen. 1½ cm breite Steifen mit dem Teigrädchen schneiden und daraus Brezeln formen. Auf ein mit Wasser bespritztes Blech legen, mit Eiermilch bepinseln. Die Brezeln unterschiedlich bestreuen, z. B. mit grobem Salz, grobgemahlenem Pfeffer, Mohn oder Kümmel. In der Röhre bei 200 °C hellgelb backen.

Käse-Cocktail

200 g Roquefortkäse,
⅛ l saure Sahne, 2 cl Weinbrand,
1 Prise Salz, Pfeffer, 2 große reife
Birnen, Saft von 1 Zitrone,
je 125 g blaue und grüne Weintrauben.

Den Käse mit einer Gabel fein zerdrücken, dann durch ein Sieb in eine Schüssel streichen. Mit saurer Sahne und Weinbrand glattrühren, mit Salz und Pfeffer pikant abschmecken. Die gewaschenen Birnen dünn schälen, vierteln, das Kerngehäuse herausschneiden. Anschließend die Früchte in Würfel schneiden. Reichlich mit Zitronensaft beträufeln. Die gewaschenen Weinbeeren über die Birnenwürfel geben, die Käsesoße darübergießen und den Salat im Kühlschrank 30 Minuten durchziehen lassen.

Käse-Fondue »Oberhof«

1 Knoblauchzehe, 400 g Emmentaler
Käse, 200 g Tollenser Käse,
1 Eßl. Stärkemehl, ¼ l Sahne,
80 g Butter, 3 bis 4 Eigelb, Muskat.

266

Das Fondue-Gefäß mit einer halbierten Knoblauchzehe ausreiben. Die geriebenen Käsearten mit dem Stärkemehl vermischen, die Sahne unterziehen und die Butter in kleinen Flöckchen dazugeben. Alle Zutaten unter ständigem Rühren erhitzen, kurz vor dem Servieren unter die nicht mehr kochende Käsecreme die verquirlten Eigelb ziehen und mit ein wenig Muskat würzen.

Käsegebäck

100 g Butter, 200 g Reibekäse (Edamer oder Tollenser), 100 ml saure Sahne, ½ Päckchen Backpulver, Salz, Edelsüß-Paprika, 250 g Mehl, 1 Eigelb.

Butter und Käse gut vermischen, die saure Sahne unterziehen. Das mit dem Backpulver und den Gewürzen vermischte Mehl unterkneten. Den Teig 60 Minuten durchkühlen lassen. Dann ausrollen, beliebige Formen ausstechen, auf ein gefettetes Blech legen, mit Eigelb bestreichen und nach Belieben noch mit Kümmel, Mohn, Kokosraspeln, geriebenem Käse, abgezogenen gehackten Mandeln oder Nüssen bestreuen. Bei etwa 200 °C 15 Minuten in der vorgeheizten Röhre backen.

Käsegebäck »Emmental«

200 g Emmentaler Käse, 250 g Butter oder Margarine, 400 g Mehl, 2 Eier, Salz, etwa 25 g Mohn, Kümmel oder Reibekäse zum Bestreuen.

Aus dem frisch geriebenen Käse, der Butter, dem Mehl, dem Eigelb und

dem Salz einen Teig kneten. Eine Stunde ruhen lassen, dann auf einem leicht gefetteten Backblech ausrollen, gleichmäßig mit Eiweiß bestreichen, mit Mohn, Kümmel oder Käse bestreuen. Im vorgeheizten Ofen (175 bis 200 °C) in etwa ½ Stunde goldbraun backen. Abkühlen lassen, dann in Streifen schneiden.

Käsekartoffeln

1 kg Kartoffeln, Salz, 1 Teel. Kümmel, 350 g Schnittkäse, 200 g gekochter Schinken oder Bierschinken, 3 Zwiebeln, 250 g Gewürzgurken, 200 g eingelegter Tomatenpaprika. Für die Soße: 100 ml saure Sahne, 2 Eigelb, Salz, Pfeffer, 1 Messerspitze gemahlener Kümmel, Muskat, Margarine zum Einfetten, 30 g Butter.

Die Kartoffeln gründlich abbürsten und in Salzwasser mit dem Kümmel garen. Abgießen, abschrecken, pellen und abkühlen lassen. Für die Soße saure Sahne mit Eigelb verrühren. Mit Salz, Pfeffer, Kümmel und Muskat kräftig würzen. Eine feuerfeste Form reichlich mit Margarine einfetten. Zuerst eine Lage Kartoffelscheiben, dann Käse- und Schinkenscheiben, gehackte Zwiebel, Gurken- und Paprikastreifen und wieder Kartoffelscheiben in die Form geben. Mit einer Schicht Käse bedecken. Die Soße obenaufgießen, Butterflöckchen daraufsetzen und die Form in den vorgeheizten Ofen stellen. Etwa 30 Minuten bei 200 °C backen. Sofort servieren. Dazu einen herzhaften frischen Salat auftragen.

Käse-Kartoffel-Puffer

1 kg Kartoffeln, 1 Teel. Salz,
3 Eßl. Mehl, 1 Ei, 400 g Schnittkäse
(Edamer oder Gouda),
150 g Schinkenspeck, etwas Butter.

Die rohen Kartoffeln schälen und
feinreiben. Dann mit Salz, Mehl und
Ei vermischen. Den Käse und den
Schinkenspeck würfelig schneiden.
Die Käsewürfel unter den Teig heben.
Jeweils einige Schinkenspeckwürfel in
etwas Butter glasig braten, mit einem
Löffel kleine Häufchen von der Kartoffelmasse in das Fett setzen, flachdrücken und von beiden Seiten goldbraun backen. Sofort servieren.

Käse-Nuß-Salat

250 g Sellerie, 200 g saure Äpfel,
Saft von 1/2 Zitrone, 150 g Schnittkäse
(am besten Emmentaler), 125 g Walnuß-
kerne, 100 g Mayonnaise,
3 Eßl. Joghurt, 1 Eßl. Tomatenketchup,
Salz, Pfeffer, 3 Tomaten.

Die geschälten Sellerieknollen waschen und in sehr feine Streifen
schneiden. Die Äpfel schälen, vierteln, vom Kernhaus befreien und
ebenfalls in Streifen schneiden. Beides in einer Schüssel mit Zitronensaft
beträufeln. Den in Streifen geschnittenen Käse sowie die gehackten Walnüsse (einige davon zum Garnieren
aufheben) zugeben. Für die Marinade
Mayonnaise mit Joghurt und Tomatenketchup verrühren. Mit Salz und
Pfeffer würzen. Über die Salatzutaten
gießen und alles gut vermischen. Zugedeckt 30 Minuten im Kühlschrank
durchziehen lassen. Dann den Salat

nochmals abschmecken und mit To-
matenvierteln und Walnußkernen garnieren.

Käseplätzchen

250 g Quark, Milch, Salz, Pfeffer,
frische Kräuter (Petersilie, Dill,
Schnittlauch), Edelsüß-Paprika,
Cracker, Weinbeeren, Tomate.

Den Quark mit etwas Milch verrühren
und mit Salz sowie Pfeffer würzen.
Eine Hälfte des Quarks mit den ge-
hackten Kräutern, den restlichen
Quark mit Paprika vermischen. Den
Quark auf die Cracker spritzen, mit
Weinbeeren und Tomatenstückchen
garnieren.

Käse-Porree-Fladen

Für den Teig: 200 g Mehl, 1 Ei, Salz,
100 g Margarine.
Für den Belag: 2 gestrichene
Eßl. Butter oder Margarine,
2 gestrichene Eßl. Mehl, 1/8 l Milch,
Salz, Pfeffer, Muskat, 750 g Porree,
250 g Reibekäse, 1 Ei.

Das Mehl auf ein Backbrett sieben, in
die Mitte in eine Vertiefung das Ei
und 1 Prise Salz geben. Die Margarine
in Flöckchen darauf verteilen und alles schnell zu einem Teig verkneten.
Kurz ruhen lassen. 2/3 des Teiges ausrollen und den Boden einer gefetteten
Springform damit auslegen. Mit einer
Gabel mehrmals einstechen. Den restlichen Teig zu einer Rolle formen und
ringsum als Rand festdrücken. Im vorgeheizten Ofen bei 180 °C 15 Minuten
vorbacken. Während dieser Zeit den

Belag bereiten. Dafür die Butter zerlassen, das Mehl zugeben und unter Rühren kurz aufschäumen lassen. Mit der Milch ablöschen. Diese helle Mehlschwitze mit Salz, Pfeffer und Muskat abschmecken. Den geputzten, gewaschenen Porree in feine Ringe schneiden, in die Soße geben und unter Rühren 15 Minuten garen. Dann den Reibekäse unterheben und das verschlagene Ei zufügen. Die Porree-Käse-Masse auf dem vorgebackenen Mürbeteig verteilen. Die Form nochmals in den Ofen geben und bei gleicher Hitze 30 Minuten backen.

Käsesalat »Havanna«

200 g Schnittkäse, 100 g Ananas,
100 g Orangen, 20 g süße Mandeln,
80 g Quark, 2 Eßl. Kondensmilch,
2 Eßl. Zitronensaft, 1 Teel. Wodka,
1 Teel. Bienenhonig, 1 Prise Salz.

Schnittkäse, Ananas und Orangen in Würfel schneiden. Die abgezogenen, grobgehackten Mandeln zugeben. Den Quark durch ein Sieb streichen und mit Kondensmilch, Zitronensaft, Wodka, Bienenhonig und Salz vermischen. Diese Soße zu den anderen Zutaten geben. Den Salat gut durchziehen lassen.

Käsesalat mit Früchten

200 g Emmentaler, Edamer oder
Gouda-Käse, 100 g säuerliche Äpfel,
100 g Birnen, 20 g süße Mandeln,
40 g Mayonnaise, 2 Eßl. Joghurt,
1 Eßl. Senf, 1 Eßl. Zitronensaft,
Zucker, Salz.

Den Käse sowie die vom Kernhaus befreiten Äpfel und Birnen in Streifen schneiden. Mit den abgezogenen, grobgehackten Mandeln vermischen. Aus Mayonnaise, Joghurt, Senf, Zitronensaft, Zucker und Salz eine Soße bereiten und diese über die anderen Zutaten geben. Den Salat gut durchziehen lassen.

Käsesalat mit Speck

1 Kopf Salat, 250 g Edamer Käse,
100 g gekochter Schinken, 4 Eßl. Essig,
1 Teel. Senf, Salz, Pfeffer, Zucker,
4 Eßl. Öl, Schnittlauch, 50 g Speck.

Den vorbereiteten Salat in feine Streifen schneiden und mit den Käse- und Schinkenwürfeln vermischen. Aus Essig, Senf, Salz, Pfeffer, Zucker, Öl und gehacktem Schnittlauch eine Soße bereiten und den Salat damit anmachen. Den Speck in kleine Würfel schneiden, ausbraten und über den Salat streuen.

Käsesalat »Sofia«

200 g fester Camembert, 100 g Knackwurst, 2 Zwiebeln, 40 g Mayonnaise,
2 Eßl. saure Sahne, 2 Eßl. feingehackte Petersilie, 1 feingehackte
Knoblauchzehe, 1 Teel. Edelsüß-Paprika,
1 Prise Salz.

Camembert, Knackwurst und Zwiebeln in Würfel schneiden. Mit einer würzigen Soße aus Mayonnaise, saurer Sahne, Petersilie, Knoblauch, Paprika und Salz vermischen. Den Salat gut durchziehen lassen und kühl servieren.

Käse-Schnittlauch-Soße

75 g reifer Camembert,
50 g Emmentaler oder anderer Schnitt-
käse, 100 g Quark, 3 Eßl. Weißwein,
Salz, 2 Eßl. feingeschnittener Schnittlauch.

Den Camembert mit der Gabel zer-
drücken, den Emmentaler Käse fein-
reiben. Den Quark zusammen mit
Weißwein cremig rühren. Alles mit
dem Schnittlauch vermengen und mit
Salz abschmecken.
Eine pikante kalte Soße zu allen
Fleischarten.

Käse-Soufflé

300 g Goudakäse, 4 Eier, 3 Eiweiß,
Butter zum Ausfetten.

Den Käse fein reiben. Die Eier trennen und dem Eiweiß das zusätzliche
Eiweiß zufügen. 4 kleine oder eine
größere Form am Boden mit weicher
Butter ausstreichen. Das Eiweiß zu
Schnee schlagen. Die Eigelb vorsichtig unter den Schnee mischen, den
Käse ebenfalls untermischen. Die
Masse in die Formen bzw. Form geben, im vorgeheizten Backofen bei
schwacher Hitze bei 175 °C backen
und sofort servieren.

Käse-, Mohn- und Salzstangen

200 g Reibekäse, 200 g Butter,
2 Eier, 250 g Mehl, 3 g Backpulver,
Ei zum Bestreichen, grobes Salz,
Reibekäse, Mohn, gemahlener Kümmel.

Käse, Butter und Eier schaumig rühren. Mehl und Backpulver sieben und
alle Zutaten zum Teig verkneten.

Kühl gestellt einige Zeit ruhen lassen.
Dann etwa ½ cm dick ausrollen, zur
Hälfte mit Ei bestreichen und mit Salz
und etwas Kümmel bestreuen. Die andere Hälfte darüberschlagen, so daß
die Stangen etwa 15 cm lang werden.
Nun den Teig mit einem Rädchen
oder langem Messer in 1 bis 2 cm
breite Streifen schneiden, längs leicht
spiralförmig drehen und nebeneinander auf ein gefettetes Backblech legen.
Mit Ei bestreichen, einen Teil mit
Käse, einen Teil mit Mohn- und einen
mit Salz bestreuen. Die Stangen bei
etwa 210 °C backen. Zu Wein oder
Bier reichen.

Käsewaffeln

120 g Margarine, 3 Eigelb,
5 Eßl. Kondensmilch, ⅛ l Milch, Salz,
Pfeffer, 1 Prise Zucker, 75 g Reibe-
käse, 1 Zwiebel, 200 g Mehl,
Öl zum Bestreichen des Waffeleisens.

Margarine und Eigelb schaumig rühren, Kondensmilch und Milch zufügen. Mit Salz, Pfeffer und Zucker würzen und den Reibekäse untermischen.
Die geriebene Zwiebel und zum
Schluß das Mehl einrühren. Den Teig
30 Minuten ruhen lassen. Das Waffeleisen erhitzen, beim ersten Gebrauch
mit Öl bestreichen. Den Teig portionsweise ins Waffeleisen geben, dieses schließen und gut andrücken, damit sich der Teig gut verteilt. Die
Waffeln abbacken, bis sie goldbraun
und knusprig sind. Auf einer vorgewärmten Platte warm stellen, bis alle
Waffeln fertig sind. – Am besten
schmecken die Waffeln frisch aus dem
Eisen.

Käsewähe

Für den Teig: *250 g Mehl,*
4 Eßl. saure Sahne, Salz,
150 g Butter oder Margarine.
Für den Belag: *8 Tomaten,*
200 g Schnittkäse, 8 dünne Scheiben
Weißbrot.
Außerdem: *Mehl zum Ausrollen,*
½ l saure Sahne, 4 Eier, Salz,
Muskat, Edelsüß-Paprika, 30 g Butter.

Das Mehl in eine Schüssel geben, in die Mitte eine Mulde drücken, saure Sahne und Salz hineingeben. Die Butter in Flöckchen auf dem Mehlrand verteilen. Von innen nach außen einen glatten Teig kneten. 30 Minuten zugedeckt im Kühlschrank ruhen lassen. Tomaten und Käse in dünne Scheiben schneiden, das Weißbrot entrinden. Den Teig zu einer Platte ausrollen, eine Springform damit auslegen und den Rand etwas hochdrücken. Abwechselnd mit Tomaten, Käse und Weißbrot belegen, mit Weißbrot abschließen. Die Sahne mit Eiern, Salz, Muskat und Paprika verquirlen. Über die Wähe gießen. Mit Butterflöckchen belegen und im vorgeheizten Ofen bei 200 °C etwa 30 Minuten backen.

Käsewähe aus Blätterteig

1 Paket gefrorener Blätterteig,
4 Eßl. Semmelbrösel, 250 g Schinkenspeck, ⅛ l saure Sahne, 3 Eier,
Salz, Paprika, 10 Scheiben Schnittkäse.

Den Blätterteig auftauen lassen, ausrollen, auf ein Backblech legen und seitliche Ränder andrücken. Mit den Semmelbröseln bestreuen. Den Schin-

kenspeck in dünnen Scheiben auf der Teigplatte verteilen. Saure Sahne und Eier verquirlen, mit Salz und Paprika würzen und über den Schinken geben. Im vorgeheizten Ofen bei 225 °C etwa 30 Minuten knusprig backen. Dann die Käsescheiben übereck durchschneiden, die Käsewähe damit belegen und im heißen Ofen cremig schmelzen lassen.

Käse-Wurst-Salat

100 g Schnittkäse, 100 g säuerliche
Äpfel, 100 g Bierschinken,
100 g Erbsen (Konserve),
40 g Mayonnaise, 2 Eßl. saure Sahne,
1 Eßl. feingehackter Schnittlauch,
Salz, Pfeffer, 1 Tomate.

Den Schnittkäse, die vom Kernhaus befreiten Äpfel und den Bierschinken in Streifen schneiden. Die abgetropften Erbsen zugeben. Aus Mayonnaise, saurer Sahne, Schnittlauch, Salz und Pfeffer eine Soße bereiten und mit den anderen Zutaten vermischen. Den Salat durchziehen lassen und mit Tomatenecken garniert servieren.

Kasselerkoteletts
auf Meißner Art

400 g Kartoffeln, 1 große geriebene
Zwiebel, 2 Eier, Salz, gehackter
Kümmel, 4 Kasselerkoteletts, Mehl,
1 Eßl. Schmalz.

Die geriebenen Kartoffeln in einem Leinensäckchen leicht ausdrücken. Die Zwiebel zugeben. Eier, Salz und Kümmel unterrühren. Damit die Masse nicht durch Luftzutritt braun wird, muß sie sofort weiterverarbeitet werden. Die Kasselerkoteletts leicht klopfen, kurz in Mehl wenden und mit der Kartoffelmasse umhüllen. Das Schmalz sehr heiß werden lassen und die Koteletts hineingeben, bei geringerer Temperatur fertiggaren. Darauf achten, daß beim Wenden mit der Palette die Hülle nicht beschädigt wird.

Zu diesem Gericht etwas Tomatenketchup, Rettichsalat und ein Glas Bier servieren.

Ketchup-Meerrettich-Soße

100 g Quark, Milch, 4 Eßl. Tomatenketchup, 1 Eßl. geriebener Meerrettich, 3 Tropfen Tabascosauce, Pfeffer, Salz.

Den Quark mit der Milch cremig rühren, Tomatenketchup zugeben, mit Meerrettich, Tabascosauce, Pfeffer und Salz würzen. Eine besonders würzige Soße.

Kiewer Äpfel
(Vorspeise)

4 mittelgroße Äpfel, Zitronensaft, Salatblätter, 1 Gewürzgurke 1 Zwiebel, 70 g rote Bete (Konserve), 2 Sardellenfilets, 70 g gekochter Schinken, 50 g Mayonnaise, 50 ml saure Sahne, Senf, etwas Wodka, Salz, Zucker, Pfeffer, Edelsüß-Paprika.

Die Äpfel waschen und polieren, das Kerngehäuse ausstechen und das Fruchtfleisch aushöhlen. Sofort mit Zitronensaft beträufeln und einzeln auf mit Salatblättern ausgelegten Glas-

tellern anrichten. Nach Belieben können die Äpfel auch geschält und kurz in Zitronenwasser blanchiert werden. Gurke, Zwiebel, rote Bete, Sardellen, gekochten Schinken und das Apfelinnere in feine Würfel schneiden und alles vermengen. Mayonnaise, saure Sahne, Senf und etwas Wodka verrühren, scharf würzen und unter den Salat rühren. Nochmals abschmecken, in die vorbereiteten Äpfel füllen und sofort servieren.

Kiewer Pastete

750 g Zwiebeln, Salz, Pfeffer, 1 kg Schweinefleisch, 250 g Mehl, 1 Ei, 50 g Butter.

Die feingehackten Zwiebeln mit Salz und Pfeffer gut mischen. Das kleinwürfelig geschnittene Fleisch ebenfalls mit Salz und Pfeffer würzen. Aus knapp ¼ Liter Wasser, dem Mehl, Ei und etwas Salz einen Teig bereiten, unter eine Schüssel legen und einen Topf warmes Wasser daraufstellen. Nach 30 Minuten daraus 4 gleich große Kugeln formen und zu Platten von 18 bis 20 cm Durchmesser ausrollen. Die Teigblätter übereinanderlegen, dabei die drei untersten mit zerlassener Butter bestreichen. Diese vierschichtige Teigplatte nochmals so weit ausrollen, daß ihr Rand über den des Backbleches hinausreicht. Die Hälfte der Zwiebeln darauf verteilen, das Fleisch darübergeben und die restlichen Zwiebeln folgen lassen. Mit Butter beträufeln und die überstehenden Teigränder nach oben zusammenschlagen. Möglichst nochmals mit Butter bestreichen und bei Mittel-

Weinschaumbecher

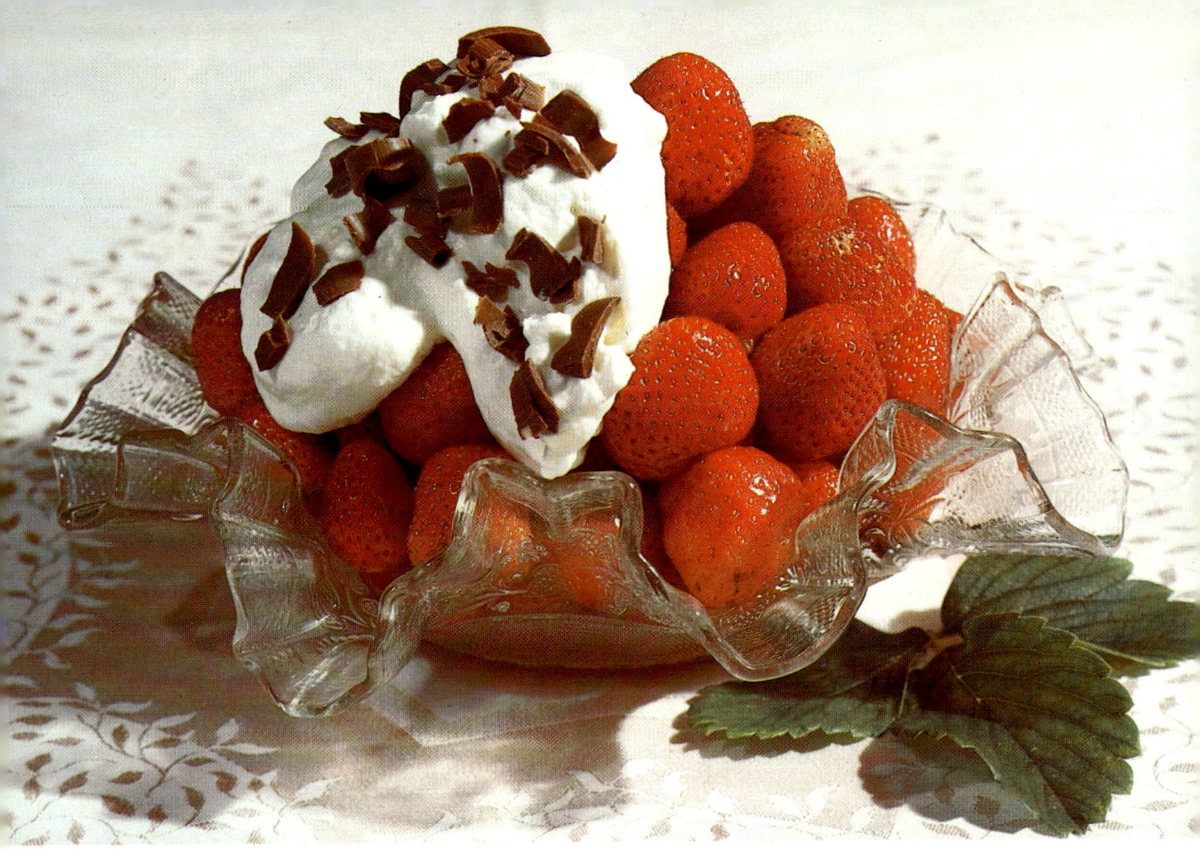

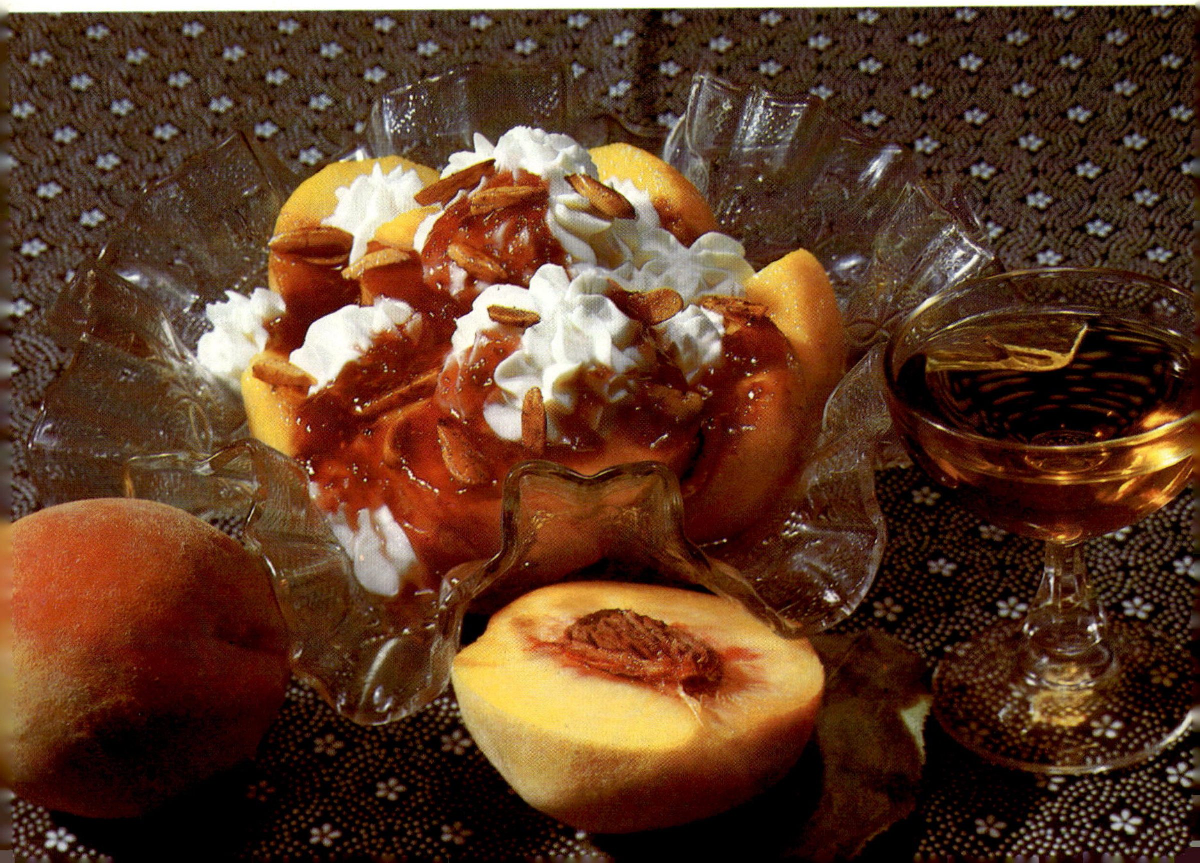

◁ Erdbeeren mit Eierlikör
Pfirsiche mit Brombeersoße

Köstlicher Obstsalat

Buntes Fruchtgelee ▷
Johannisbeer-Bavarois

Frucht-Charlotte

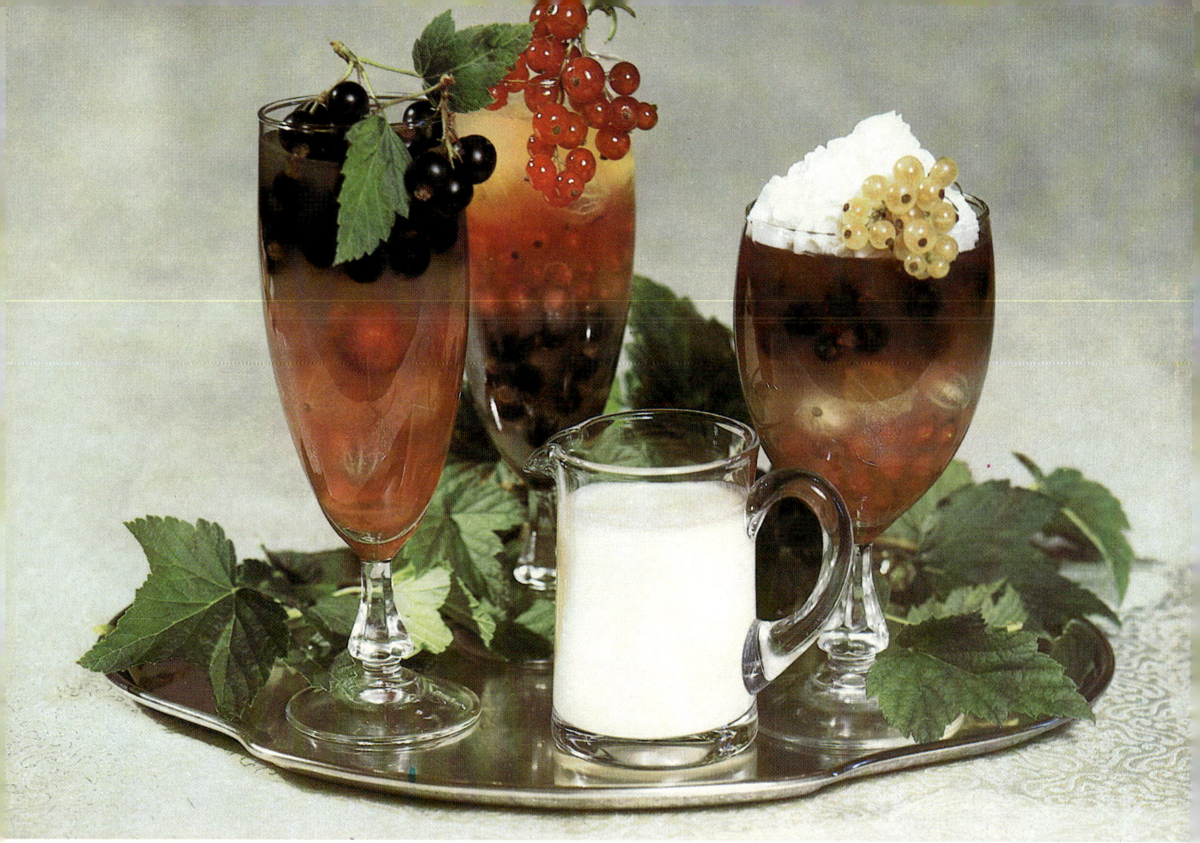

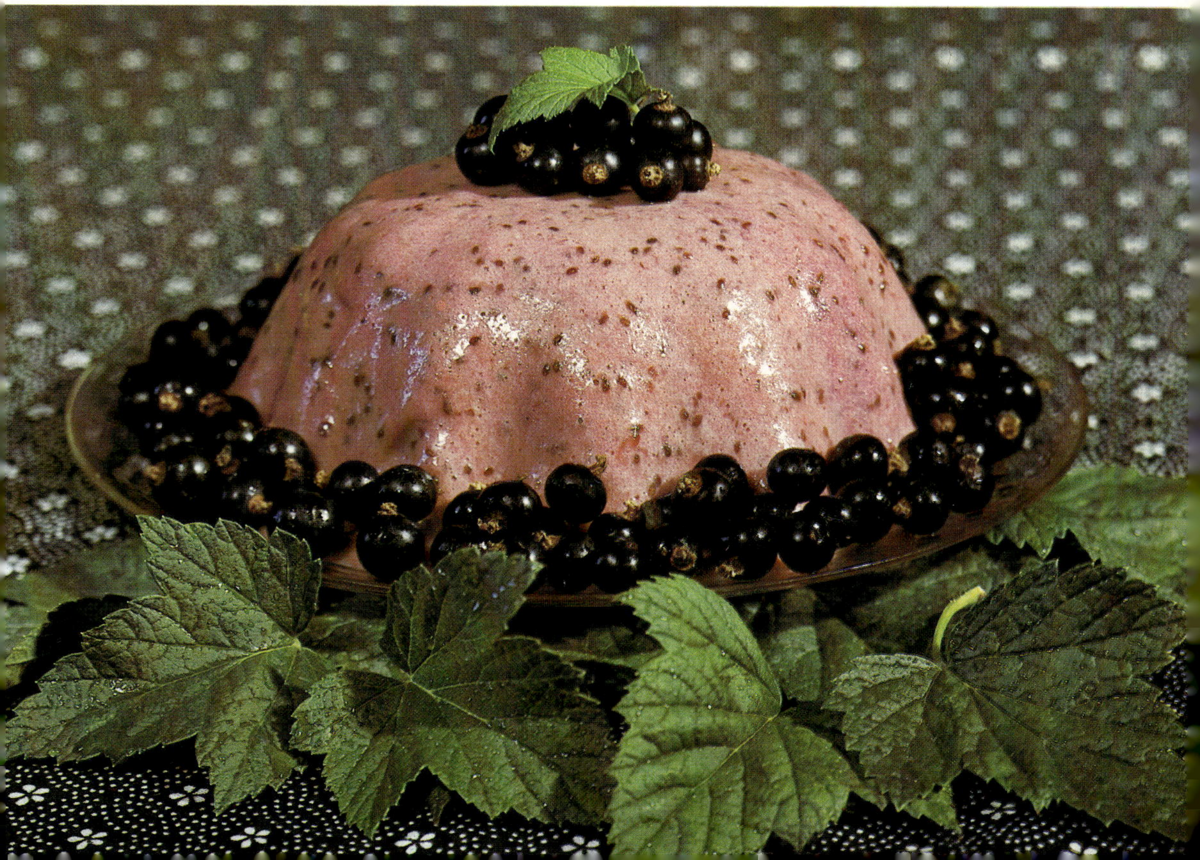

Kirsch-Quark-Becher

Fritierte Kirschen ▷

Kirschreis

Gespickte Äpfel

Birnen-Schoko-Dessert

Apfel »Nanette«

hitze in der Herdröhre backen. Diese Pastete mit beliebigem Salat, aber auch mit Pilz- oder Tomatensoße auftragen. – Anstelle des selbstbereiteten Teiges läßt sich auch gefrorener Blätterteig verwenden. Warm servieren.

Kipferl mit Nüssen

Für den Teig: *225 g Mehl, 1 Ei, 60 g Zucker, 1 Päckchen Vanillinzucker, 1 Prise Salz, 150 g Butter oder Margarine.*
Für die Füllung: *je 50 g Haselnuß- und Walnußkerne, abgeriebene Schale von ½ Zitrone, 2 cl Rum oder Rum-Verschnitt, 75 g Zucker, knapp ⅛ l kochende Milch.*
Außerdem: *Mehl zum Ausrollen, Schokoladen-Fett-Glasur.*

Für den Teig alle Zutaten zu einem festen, aber geschmeidigen Teig verkneten, zugedeckt 30 Minuten im Kühlschrank ruhen lassen. Die Nüsse mahlen, mit Zitronenschale, Rum und Zucker mischen. Die Milch zugießen, 10 Minuten quellen lassen, dann alles gut vermischen. Den Teig auf bemehlter Arbeitsfläche 3 mm dick ausrollen. Dreiecke mit einer Seitenlänge von 8 cm ausrädeln. Je einen Teelöffel Nußfüllung in die Mitte setzen. Die Dreiecke von unten her aufrollen und dann zu Hörnchen formen. Auf ein gefettetes Backblech legen. Im vorgeheizten Ofen bei 200 °C etwa 15 Minuten backen. Die Schokoladen-Fett-Glasur nach Anweisung auflösen und die abgekühlten Kipferl damit gleichmäßig bestreichen. Anstelle von Schokoladen-Fett-Glasur kann auch Zuckerglasur verwendet werden.

Kirmeskuchen

Für den Teig: *500 g Mehl, 100 g Zucker, 80 g Margarine, Salz, 1 Päckchen Vanillinzucker, knapp ¼ l Milch, 30 g Hefe.*
Für die Quarkmasse: *80 g Margarine oder Butter, 200 g Zucker, 2 bis 3 Eier, 1 kg Quark, 1 Päckchen Puddingpulver Vanillegeschmack, Milch, Salz, abgeriebene Zitronenschale, 125 g Rosinen.*
Außerdem: *2 bis 3 Eier, 80 g Zucker, 2 bis 3 Eßl. Rum-Verschnitt, 65 g Butter, Streusel aus 200 g Mehl, 100 g Butter oder Margarine, 100 g Zucker.*

Aus den Teigzutaten einen Hefeteig nach Grundrezept bereiten und gehen lassen. Zu einem Rechteck ausrollen und den Teig auf ein gefettetes Blech geben, dabei einen Rand andrücken. Für die Quarkmasse die Margarine schaumig rühren, nach und nach die übrigen Zutaten zugeben und so lange schlagen, bis die Masse cremig ist. Auf die Teigplatte streichen. Eier, Zucker, Rum-Verschnitt und die flüssige, aber nicht mehr heiße Butter verrühren und auf dem Quark verteilen. Die Streusel darüberkrümeln und den Kuchen bei Mittelhitze etwa 40 Minuten backen.

Kirschbowle

1 kg Sauerkirschen (Konserve), 100 g Zucker, 2 Glas Rum, 2 Glas Arrak, 2 Flaschen Rotwein, 1 Flasche Sekt oder Selters.

Die Kirschen abtropfen lassen und mit dem Rum, Arrak und ½ Flasche

Rotwein 1 Stunde durchziehen lassen. Den Kirschsaft in einem anderen Gefäß mit dem restlichen Rotwein vermischen. Alles kühl stellen. Vor dem Servieren den Kirschsaft und den Rotwein über die Kirschen gießen, mit Zuckersirup oder Zucker abschmekken und mit Sekt oder Selters auffüllen. Die Bowle gut gekühlt servieren.

Kirsch-Cobbler
(Einzelportion)

3 Eiswürfel, 4 cl Kirschwasser,
4 cl Kirschsirup, Selterswasser,
6 bis 8 entsteinte Kirschen.

Die Eiswürfel fein schaben und einen Sektkelch bis knapp zur Hälfte mit dem Eis füllen. Kirschwasser und Kirschsirup darübergießen, vorsichtig umrühren, mit Selterswasser nach Belieben auffüllen, mit den entsteinten Kirschen garnieren und mit Trinkhalm und Löffel servieren.

Kirsch-Eierkuchen

5 Eier, 125 g Zucker, abgeriebene
Zitronenschale, 90 g Mehl,
50 g Maisan, Sauerkirschkompott,
etwas Stärkemehl, einige Spritzer
Weinbrand, Kakao, Schlagsahne.

Eier, Zucker und Zitronenschale schaumig rühren. Mehl und Maisan darunterschlagen. Ein Backblech mit Butterbrotpapier auslegen, aus dem Teig mehrere Omelettböden mit einem Durchmesser von etwa 12 cm ½ cm dick daraufstreichen und flott backen. Nach dem Erkalten die Omeletts vom Papier lösen. Das Sauer-

kirschkompott mit etwas Stärkemehl binden. Erkaltet auf eine Hälfte der Omeletts geben. Die Sahne mit etwas Weinbrand, Zucker und Kakao steifschlagen und auf die Kirschen geben. Die andere Hälfte des Omeletts darüberschlagen, mit Kakao besieben und servieren.

Kirschen mit Baisers

500 g Sauer- oder Süßkirschen,
100 g Zucker, ¼ l Weißwein,
4 cl Rumverschnitt,
2 Teel. Stärkemehl, 150 g Vanille-Eis-
creme, 8 Baiserschalen, ⅛ l Sahne,
1 Päckchen Vanillinzucker.

Die vorbereiteten Kirschen mit Zucker, Weißwein und Rumverschnitt aufkochen und mit dem in wenig kaltem Wasser angerührten Stärkemehl binden. Zugedeckt in den Kühlschrank stellen. Das Vanilleeis auf 4 Dessertteller verteilen und zu beiden Seiten je 1 Baiserschale legen. Ringsherum die Kirschen geben. Die Sahne mit Vanillinzucker steifschlagen, in einen Spritzbeutel füllen und über das Eis spritzen. Mit einigen Kirschen garnieren.

Kirschknickebein
(Einzelportion)

1 Gläschen Kirschlikör, 1 Eigelb,
1 Gläschen Rum, 1 entsteinte Kirsche.

Den Kirschlikör in ein schlankes Glas füllen, darauf das Eigelb geben, vorsichtig Rum aufgießen und mit der Kirsche garnieren. Alle Zutaten müssen gut gekühlt sein.

Kirschmichel

2 Eßl. Semmelbrösel, 250 g Weißbrot,
1 kg Sauerkirschen, 6 Eier,
200 g Zucker, 1 Prise Salz, 1 l Milch,
2 cl Kirschwasser, abgeriebene Schale
von 1 Zitrone, 75 g Puderzucker.

Eine feuerfeste Form ausfetten und mit Semmelbröseln ausstreuen. Das Weißbrot in etwa 1 cm dicke Scheiben schneiden und diese halbieren. Die Form schuppenförmig mit einem Drittel der Weißbrotscheiben auslegen. Die Hälfte der entsteinten Kirschen daraufgeben. Es folgen eine Schicht Weißbrot und wieder Kirschen. Mit Weißbrot abschließen. Eier, Zucker, Salz und Milch verquirlen, Kirschwasser und Zitronenschale zugeben, über den Auflauf gießen und etwa 5 Minuten einziehen lassen. Bei 220 °C etwa 45 Minuten backen und mit Puderzucker bestäuben.

Kirsch-Quark-Becher

70 g frisches Vollkornbrot,
70 g bittere Schokolade,
70 g gemahlene Haselnüsse,
4 Eßl. Zucker, 750 g Sauerkirschen,
2 Päckchen Vanillinzucker,
2 cl Kirschwasser, 2 Eigelb,
250 g Quark, ⅛ l Sahne,
1 Stück Vollmilchschokolade.

Vollkornbrot und Schokolade fein reiben und mit den Nüssen sowie 2 Eßlöffel Zucker vermischen. In vier Gläser verteilen. Die gewaschenen Kirschen abtropfen lassen, entsteinen und mit ⅛ Liter Wasser und 1 Päckchen Vanillinzucker 5 Minuten ziehen lassen. Das Kirschwasser untermischen. Nun ⅔ der Kirschen in die Gläser verteilen. Eigelb, restlichen Vanillinzucker und Zucker schaumig rühren, mit dem Quark glattrühren und die steifgeschlagene Sahne unterheben. Die Masse in einen Spritzbeutel füllen und auf die Kirschen verteilen. Mit einigen Kirschen und geraspelter Schokolade garnieren.

Kirschreis

½ l Milch, 1 Prise Salz, 50 g Zucker,
100 g Reis, 10 g Gelatine,
400 g Sauerkirschen, ¼ l Sahne,
1 Päckchen Vanillinzucker.

Die Milch mit Salz und Zucker aufkochen lassen, den gewaschenen Reis hineingeben und bei schwacher Hitze ausquellen lassen. Die ausgequollene, aufgelöste Gelatine unter den Reis geben und für einige Zeit in den Kühlschrank stellen. Die gewaschenen Kirschen abtropfen lassen und entsteinen. Die Sahne mit dem Vanillinzucker steif schlagen und vorsichtig unter den abgekühlten Reis heben. Reis und Kirschen abwechselnd in eine Glasschale schichten. Mit Kirschen garnieren und kalt stellen.

Kirsch-Sorbet
(Einzelportion)

50 g Vanilleeis, 2 cl Kirschlikör,
2 cl süßer Rotwein, 2 cl Kondensmilch,
1 Cocktailkirsche.

Das Eis in ein Limonadenglas geben, den Kirschlikör darübergießen und mit Rotwein und Milch auffüllen. Mit der Cocktailkirsche garnieren.

Kirschsuppe »Balaton«

180 g Zucker, 1 Stück Zimt,
4 Tassen entkernte frische Sauer-
kirschen oder abgetropfte
aus dem Glas, 20 g Stärkemehl,
¼ Tasse eisgekühlte Sahne,
¾ Tasse eisgekühlter Rotwein.

3 Tassen Wasser mit Zucker und Zimt zum Kochen bringen. Die Kirschen zufügen und halb zugedeckt auf kleiner Flamme dünsten. Frische Kirschen 35 bis 40 Minuten, konservierte nur 10 Minuten. Dann den Zimt entfernen. Das Stärkemehl in wenig kaltem Wasser anrühren, zu den Kirschen gießen und unter ständigem Rühren zum Kochen bringen. Die leicht angedickte Suppe in eine Schüssel umfüllen, abkühlen lassen und später in den Kühlschrank stellen. Sahne und Wein erst kurz vor dem Servieren unterrühren.

Kirschsuppe »Isabell«

500 g entsteinte Sauerkirschen,
1 Glas Rotwein, 180 bis 200 g Zucker,
1 Stückchen Zitronenschale,
2 gehäufte Eßl. Stärkemehl,
4 Eßl. Schlagsahne,
4 Portionen Vanilleeis,
etwas Kakaopulver, etwas staubfein
gemahlener Kaffee.

Die Kirschen mit 1 Liter Wasser, Zucker und Zitronenschale zum Kochen bringen. Das Stärkemehl in wenig kaltem Wasser anrühren und die Suppe damit binden. Zuletzt den Wein zufügen. Die Suppe in Teller verteilen und gut kühlen. Dann jeweils in die Mitte 1 Löffel Schlagsahne geben, da

hinein 1 Portion Eis gleiten lassen und alles mit Kakao und Kaffee bestäuben. Dazu Eierbiskuits reichen.

Klare Wachtelbrühe

2 Wachteln, Salz, 1 Bund Wurzelwerk,
Butter, 1 Teel. gekörnte Brühe,
Champignons, Pfeffer,
1 Gläschen Weinbrand.

Die Wachteln vorbereiten und in Salzwasser mit dem zerkleinerten Wurzelwerk weichkochen. Die Brühe passieren, mit gekörnter Brühe abschmecken. Das Wachtelfleisch in Streifen, Champignons in Scheiben schneiden, in Butter anschwenken und mit Pfeffer und Weinbrand abschmecken. Die sehr pikante Brühe in kleinen Tassen servieren.

Klare Wildsuppe

Frische Wildknochen, Fett, Kräuter,
Wurzelwerk, Salz, Zwiebel, Paprika,
Muskat, etwas gekörnte Brühe,
je 1 Schuß Rotwein und Weinbrand.

Die Wildknochen kleinhacken, in etwas Fett mit Wurzelwerk und Kräutern scharf anrösten, mit etwas Wasser aufgießen, Salz hinzufügen und langsam einige Stunden gut auskochen. Die Brühe durch ein Tuch oder ein feines Sieb geben, mit Salz und nach Belieben mit Paprika oder Muskat, gekörnter Brühe und Kräutern abschmecken. Mit Rotwein und Weinbrand abrunden. Als Einlage eignen sich Nudeln, Reis, in feine Streifen geschnittene Wildbretreste oder verquirlte Eier mit Kräutern.

Knabbergebäck zu Wein

250 g Mehl, 100 g Butter, 1 Ei,
150 g Reibekäse (Tollenser), Salz,
60 ml saure Sahne, Edelsüß-Paprika,
Tabasco, Knoblauchpulver, 1 Eigelb.

Das Mehl in eine große Schüssel sieben, in der Mitte eine Vertiefung eindrücken und die weiche Butter, das leicht verschlagene Ei, den Reibekäse, die saure Sahne und die Gewürze zu einem Mürbeteig verkneten. Dann im Kühlschrank 80 Minuten gut durchkühlen. Auf bemehltem Brett nicht zu dünn ausrollen, mit Förmchen ausstechen oder in kleine Rechtecke, Stangen o. ä. schneiden. Alles auf ein leicht gefettetes Blech legen, mit Eigelb bestreichen und mit einem Gemisch aus Salz und Paprika bestreuen. Im vorgeheizten Ofen bei etwa 200 °C 15 bis 20 Minuten backen.

Knoblauch-Tomaten-Soße

1 große Zwiebel, 3 bis 5 Knoblauchzehen, Salz, 30 g Öl, 3 feste Tomaten, 15 g Mehl, 100 ml Fleischbrühe (Würfel), etwas Thymian, Rosmarin, Basilikum und Cayennepfeffer, Zitronensaft, 50 g Sahne.

Die Zwiebel schälen, in feine Würfel schneiden, die Knoblauchzehen schälen, mit Salz zerreiben. Beides in dem erhitzten Öl etwas anbraten. Dann die gewaschenen und in grobe Würfel geschnittenen Tomaten dazugeben, alles anschwitzen, mit Mehl bestäuben, nochmals anschwitzen und mit Fleischbrühe auffüllen. Jetzt die Gewürze und Zitronensaft dazugeben und alles etwa 10 Minuten kochen las-

sen. Anschließend die Soße pürieren oder durch ein Sieb streichen, die Sahne dazugeben und pikant nachwürzen.

Knoblauch-Tomaten-Soße schmeckt sehr gut zu gekochten Teigwaren und gegrillten Fleischspeisen, aber ganz besonders zu Hammelkoteletts oder Schaschlyk.

Anstelle von Tomaten lassen sich auch Tomatensaft oder Tomatenmark verwenden.

Kochfisch
mit Zitronen-Rosinen-Soße

1 Möhre, 1 Petersilienwurzel,
1 Sellerieknolle, 1 Zwiebel,
2 Lorbeerblätter, 1/4 l Weißwein,
etwas Essig, 800 g Kochfisch, Salz,
1 Zitrone, 2 Eßl. Margarine,
1 1/2 Eßl. Mehl, Zucker, 125 g Rosinen.

Das vorbereitete, in Stücke geschnittene Wurzelgemüse, die Zwiebel und die Lorbeerblätter in einen Topf geben. Wein, wenig Essig und so viel Wasser auffüllen, daß alles reichlich bedeckt ist. 1/2 Stunde kochen, dann den vorbereiteten, portionierten und gesalzenen Fisch zufügen, ebenso 3 geschälte Zitronenscheiben. Gegebenenfalls noch etwas kochendes Wasser nachfüllen. Den Fisch auf kleiner Flamme garen. Aus Margarine und Mehl eine helle Schwitze bereiten, mit 1/2 Liter durchgeseihter Fischbrühe auffüllen und sämig kochen. Mit Zucker, gegebenenfalls noch Salz und Zitronensaft abschmecken. Zuletzt die vorgequollenen Rosinen zufügen. Den heißen Fisch zusammen mit dem Gemüse (Zwiebel und Lorbeerblatt entfernen), auf einer Platte anordnen und mit der Soße übergießen oder sie gesondert dazu reichen.

Kochhuhn mit Stachelbeersoße

1 Huhn, 1 Wurzelwerk, 3 Pimentkörner,
Salz, 250 g Stachelbeeren,
3 Eßl. Zucker, ¼ l geschlagene Sahne.

Das gewaschene Huhn mit dem geputzten Wurzelwerk und den Pimentkörnern in wenig Salzwasser garkochen und danach in Portionsstücke teilen. Für die Soße die Stachelbeeren im Mixer zerkleinern und mit einem ⅛ Liter Wasser und dem Zucker kochen. Die geschlagene Sahne unterrühren und die Soße noch etwas einkochen lassen. Vor dem Servieren die heiße Soße über die ebenfalls heißen Hühnerstücke geben. Zu dieser interessanten Kombination von Huhn und Stachelbeeren paßt ausgezeichnet körnig gekochter Reis.

Kohleintopf auf französische Art

250 g magerer Speck, 500 g Schweine-
schulter, 250 g Zervelat-
wurst, Salz, Pfeffer, Lorbeerblatt,
je 1 Zweig Thymian, Kerbel, Estragon,
1 Stück Sellerie, 4 Möhren,
das Weiße von 2 Stangen Porree,
1 Zwiebel mit 2 Gewürznelken gespickt,
4 Kartoffeln, 1 mittelgroßes Weiß-
kraut, 4 Weißbrotscheiben,
Petersilie.

Den Speck, das Fleisch und die Zervelatwurst in 3 Liter Wasser ansetzen, aufkochen lassen und abschäumen. Salz, Pfeffer, die Gewürzkräuter, den

Sellerie und die geputzten Möhren, die geputzten, halbierten Porreestangen und die Zwiebel dazugeben und etwa 1½ Stunde kochen lassen. Die geschälten, halbierten Kartoffeln und den geputzten, in Stücke geschnittenen Kohlkopf dazugeben und weiterkochen lassen. Die Zwiebel, die Kräuter und den Sellerie entfernen. Das Fleisch in Portionsstücke schneiden und in die Suppe geben. Mit gewiegter Petersilie bestreuen und mit geröstetem oder auch frischem Weißbrot servieren.

Kohlrabi-Auflauf mit Champignons

750 g Kohlrabi, Salz,
250 g Champignons, 75 g Butter,
Pfeffer, 1 Bund Petersilie,
150 g Goudakäse, ⅛ l süße Sahne,
2 Eier.

Die Kohlrabi schälen und in nicht zu dünne Scheiben schneiden. Ein paar zarte Kohlrabiblättchen aufheben. Die Kohlrabischeiben in kochendem Salzwasser garen, abtropfen lassen. Die Champignons putzen, waschen und in Scheiben schneiden und in der Hälfte der Butter 5 Minuten dünsten. Salz und Pfeffer zufügen. Die Petersilie und die Kohlrabiblätter waschen und grobhacken. Den Käse grobraffeln. Den Kohlrabi und die Champignons lagenweise in eine feuerfeste, mit Butter ausgestrichene Form schichten. Die gehackten Kräuter und den geriebenen Käse darüber verteilen. Die Sahne mit den Eiern verrühren und ebenfalls darübergießen. Butterflöckchen aufsetzen und goldgelb backen.

Kohlrabi-Eintopf

500 g Schweinefleisch (Schulter),
20 g Schweineschmalz,
4 bis 5 junge Kohlrabi,
350 g junge Möhren, 350 g Kartoffeln,
¼ l Fleischbrühe (Würfel), ⅛ l dicke
saure Sahne, 1 Bund Petersilie,
schwarzer Pfeffer, frischer Kerbel,
50 g durchwachsener Speck, 2 Zwiebeln.

Das Fleisch in Würfel schneiden und in erhitztem Schweineschmalz rundherum kräftig anbraten. Die Kohlrabi schälen und in Stifte schneiden. Die zarten Blätter aufheben. Die Möhren schaben, die Kartoffeln schälen, beides ebenfalls in Würfel schneiden. Alles mit dem Fleisch vermischen und in den Topf geben. Die Fleischbrühe mit der sauren Sahne und der Hälfte der gehackten Petersilie mischen und darübergießen. Alles kräftig mit Pfeffer würzen. Zugedeckt 25 Minuten schmoren lassen. Den Kerbel und die zarten Kohlrabiblätter ebenfalls hacken. Den Speck in Würfel schneiden, auslassen und die geschälten, feingehackten Zwiebeln darin braten. Zusammen mit den Kräutern über den Eintopf geben und sofort servieren. – Nach Belieben noch Brühe auffüllen.

Kohlrabi-Eintopf mit Hähnchenkeulen

1 Wurzelwerk, 1 kg Kohlrabi,
2 Eßl. Öl, 4 Hähnchenkeulen,
1 l Hühnerbrühe (Extrakt),
250 g Kartoffeln, 2 Bund Petersilie,
Salz, Pfeffer, geriebene Muskatnuß.

Das Wurzelwerk putzen, waschen und kleinschneiden. Die Kohlrabi schälen und in Stifte schneiden. Die zarten Herzblätter aufheben. Das Öl in einem Topf erhitzen, die Hähnchenkeulen darin von allen Seiten scharf anbraten. Das vorbereitete Wurzelwerk und die Kohlrabistifte zugeben und kurz andünsten. Mit der Brühe auffüllen. Alles im geschlossenen Topf garen (etwa 20 Minuten). Die Hähnchenkeulen herausnehmen und warm halten. Die Kartoffeln schälen, waschen, feinreiben, zum Kohlrabi geben und 5 Minuten mitkochen lassen. Die gewaschenen Kohlrabiblätter und die gewaschene Petersilie feinhacken und in den Eintopf geben. Alles mit Salz, Pfeffer und Muskat abschmecken. Zum Schluß die Hähnchenkeulen hineingeben. Den Eintopf erhitzen und heiß servieren.

Kohlrabi mit Gehacktesfülle

8 junge Kohlrabi, 400 g Gehacktes
halb und halb, 1 Zwiebel,
1 Knoblauchzehe, 1 Brötchen, 1 Ei,
Salz, Pfeffer, Petersilie,
Schnittlauch, 4 Tassen Brühe oder
Wasser, 2 Eßl. Margarine, 2 Eßl. Mehl,
1 Eßl. Kaffeesahne, gehackte
Petersilie.

Die Kohlrabiblätter abschneiden, waschen und kurz in kochendem Wasser aufwallen lassen. Die Kohlrabischale von der Wurzel her abreißen (nicht schälen). Anschließend von der Blattseite her einen Deckel abschneiden und die Kohlrabi aushöhlen. Die ausgelösten Teile und die jungen Blätter der Kohlrabis hacken und zur weiteren Verarbeitung beiseite stellen. In einer Schüssel das gehackte Fleisch mit den gedünsteten Zwiebelwürfeln, der zerdrückten Knoblauchzehe, dem eingeweichten und ausgedrückten Brötchen, Ei und den Gewürzen gut vermengen. Die Masse mit einem Löffel in die Kohlrabi füllen, in einem Topf mit den gehackten Kohlrabi-Abschnitten umlegen und mit Brühe auffüllen. Bei mäßiger Hitze garen. Die Margarine in einem kleinen Topf auslassen und mit Mehl bestäuben, kurz anschwitzen, ohne Farbe nehmen zu lassen, und mit dem entstandenen Kohlrabifond auffüllen. Mit einem Schneebesen glattrühren und 10 Minuten kochen lassen. Beiseite stellen und mit der Kaffeesahne und der gehackten Petersilie verfeinern. Die fertige Soße über die Kohlrabi gießen.

Kokosflocken

3 Eiweiß, 1 Eßl. Puderzucker,
150 g Zucker, 250 g Kokosraspel,
etwas abgeriebene Zitronenschale,
Sauerkirschsaft.

Die gut gekühlten Eiweiß steifschlagen, den Puderzucker untermischen und kurze Zeit kräftig weiterschlagen. Dann kühl stellen. Zucker mit $\frac{1}{8}$ Liter Wasser so lange kochen, bis ein Tropfen, auf eine Untertasse gegeben, Faden zieht (etwa nach 10 Minuten). Die Zuckerlösung zuerst langsam, dann in kräftigem Strahl unter den Eischnee rühren. Die Schüssel in sehr kaltes Wasser stellen, so lange weiterrühren, bis die Masse kalt und schnittfest ist. Nun die Kokosraspel untermischen. Unter die Hälfte der Masse abgeriebene Zitronenschale, unter die andere Hälfte etwas Kirschsaft geben.

Die Masse noch ein wenig trocknen lassen, dann kleine Häufchen formen und auf ein Tablett setzen.

Kokoshühnchen auf indische Art

125 g Kokosraspel, $\frac{1}{4}$ l Milch,
1 gekochtes Huhn, $\frac{1}{2}$ Teel. Knoblauch-
salz, 1 Tasse Zwiebelwürfel,
$\frac{1}{2}$ rote Pfefferschote,
$\frac{1}{2}$ Tasse Erdnüsse,
Schale von $\frac{1}{2}$ Zitrone, 12 Koriander-
körner, 1 Teel. Zucker,
$\frac{1}{2}$ Tasse Champignonscheiben, Salz,
1 Eßl. Sojasauce.

Die Kokosraspel in der Milch aufkochen und quellen lassen. Nach $\frac{1}{2}$ Stunde die Milch fest durch ein Tuch abpressen. Die ausgelaugten Kokosraspel nicht mehr verwenden. In die Kokosmilch die ausgelöste Hühnerbrust und Keulen – beides ohne Haut – legen und darin erwärmen. Knoblauchsalz, Zwiebelwürfel, gewiegte Pfefferschote, gehackte Erdnüsse, feingeschnittene Zitronenschale, zerdrückten Koriander, Zucker, Champignonscheiben, Salz und Sojasauce zugeben und alles erwärmen. Nach 15 Minuten das Hühnerfleisch in schräge Streifen schneiden und auf körnig gekochten Reis legen. Die Soße noch etwas einkochen lassen, dann durch ein Sieb gießen und extra servieren.

Kokoskugeln

100 g Butter, 175 g Zucker,
50 g gehackte Haselnüsse, 30 bis
40 g Kakao, 1 Eßl. Rum oder Weinbrand,
150 g Kokosraspel.

Butter und Zucker schaumig schlagen, die gehackten Nüsse, Kakao, Rum und 50 Gramm Kokosraspel zufügen. Alles gut verrühren. Weitere 50 Gramm Kokosraspel nach und nach unterrühren. Aus der Masse Kugeln formen und diese in den restlichen Kokosraspeln wälzen. Kühl aufbewahren.

Kokosmakronen

4 Eiweiß, 200 g feiner Zucker oder Puderzucker, 1 Päckchen Vanillinzucker, 250 g Kokosraspel.

Eiweiß mit dem Schneebesen schnittfest schlagen, nach und nach unter weiterem Schlagen Zucker, Vanillinzucker und zuletzt die Kokosraspel dazugeben. Mit 2 Teelöffeln Häufchen auf ein mit Pergamentpapier oder Alufolie belegtes Blech oder auf runde Oblaten setzen und mehr trocknen als backen.

Königspasteten

4 Blätterteigpasteten (fertig gekauft) oder 250 g gefrorener Blätterteig.
Für die Füllung: *150 g Geflügelfleisch (gekocht oder gebraten), 50 g magerer Kochschinken, 40 g Butter, 3 Eßl. Mehl, 1/8 l Brühe, Salz, etwas Zitronensaft, 2 Eßl. Weißwein, 1 Eigelb.*

Das Geflügelfleisch mit dem Schinken in kleine Würfel schneiden. Aus Butter und Mehl eine helle Einbrenne bereiten, mit Brühe auffüllen und gut durchkochen. Das Fleisch daruntermischen, mit Salz, Zitronensaft und Wein abschmecken und mit dem Eigelb legieren. Das heiße Ragout in die warmen Pasteten füllen und servieren. Eine Verfeinerung des Ragouts mit Champignons oder Spargel ist möglich. Die Pasteten mit Petersilie und einer Zitronenecke garnieren.

Kopenhagener Biersuppe

150 g Schwarzbrot, 1/2 l Malzbier, 1 Stange Zimt, 1/2 Zitrone, 1 Prise Salz, 100 g Zucker, 2 Äpfel, 2 Eigelb, 1/4 l Sahne.

Das Schwarzbrot zerkrümeln und in 1/4 Liter Wasser einweichen. Dann unter Rühren zu einem dicken Brei kochen. Noch 1/4 Liter Wasser, das Bier, Zimt, abgeriebene Zitronenschale, Salz und Zucker zugeben. Die Suppe unter Rühren aufkochen und noch 10 Minuten auf ganz kleiner Flamme ziehen lassen. Die gewaschenen Äpfel schälen, halbieren, vom Kernhaus befreien, in Spalten schneiden und in der Suppe garziehen lassen. Zuletzt die Eigelb mit der Sahne verrühren, die Suppe damit binden und mit Zitronensaft abschmecken. – Nach Belieben können auch einige Sultaninen zugefügt werden.

Kopenhagener Fischsuppe

500 g ausgelöster Seefisch, 4 cl Aquavit, Saft von 1 Zitrone, 350 g Kartoffeln, 100 g Möhren, 100 g Porree, 150 g Zwiebeln, 1 Knoblauchzehe, 80 g Räucherspeck, 1 1/2 l Fleischbrühe, 1 Lorbeerblatt, Salz, Pfeffer, Basilikum, Petersilie.

Das Fischfilet in 2 cm große Stücke schneiden und mit dem Aquavit und dem Zitronensaft marinieren. Die geschälten Kartoffeln in Würfel, Möhren und Porree in Streifen schneiden, Zwiebeln und Knoblauch feinhacken. Den in kleine Würfel geschnittenen Speck mit Zwiebel, Knoblauch, Möhren und Porree dünsten. Mit der Fleischbrühe auffüllen. Gewürze und die Kartoffeln zugeben und etwa 15 Minuten leicht kochen lassen. Dann die marinierten Fischwürfel in der Suppe 10 Minuten garen lassen. Die fertige Suppe mit gehackter Petersilie bestreuen.

Kopfsalat mit Möhren

1 bis 2 Köpfe Salat, 200 g Möhren,
100 g Äpfel, ⅛ l Joghurt,
2 Eßl. Zitronensaft, 1 Eßl. fein-
gehackte Zitronenmelisse, je 1 Prise
Salz, Zucker und Pfeffer.

Die Salatblätter vorbereiten, die geputzten Möhren und die vom Kerngehäuse befreiten Äpfel raspeln. Alles vermischen und mit einer Salatsoße aus Joghurt, Zitronensaft, Kräutern, Zucker, Salz und Pfeffer übergießen. Den Salat sofort servieren.

Kopfsalat mit Thunfisch

2 Köpfe Salat, 1 Dose Thunfisch
in Öl, 1 hartgekochtes Ei, 6 Oliven,
1 Tomate, 2 bis 3 Eßl. Öl,
2 Eßl. Essig, Salz, Pfeffer, Zucker,
1 Knoblauchzehe.

Unter den vorbereiteten Kopfsalat den abgetropften, zerzupften Thun-fisch, das grobgehackte Ei, die aufgeschnittenen Oliven sowie die in Scheiben geschnittene Tomate geben. Aus Öl, Essig, Salz, Pfeffer und einer Spur Zucker eine Marinade bereiten und vorsichtig mit dem Salat vermischen. In einer mit Knoblauch ausgeriebenen Schüssel anrichten.

Koreanische Eierrollen

250 g Gehacktes, 2 Eßl. Wermut,
2 Eßl. Speisewürze, 1 Teel. gemahlener
Ingwer, 1 Eßl. Stärkemehl,
3 Eßl. feingeschnittene Zwiebel,
3 Eier, Salz, Öl.

Das Gehackte mit den übrigen Zutaten – außer den Eiern und Öl – gut vermischen. Die Eier mit 1 Prise Salz verschlagen und daraus im heißen Öl 6 dünne Eierkuchen backen. Jeden Eierkuchen mit Fleischfüllung bestreichen und zusammenrollen. Die Enden mit einer Mischung aus Kartoffelmehl und Wasser sorgsam verkleben. Die Eierrollen im heißen Fettbad goldgelb backen. Nach dem Abtropfen in 5 schräge Stücke schneiden. Heiß servieren. Jeder erhält dazu Salz und Pfeffer zum Dippen.

Korsischer Reistopf

600 g Schweinefleisch aus der
Schulter, 4 Eßl. Öl, 6 Zwiebeln,
¼ l Fleischbrühe, ⅛ l trockener
Weißwein, Salz, Pfeffer, 1 Messer-
spitze Safran, 200 g Reis,
200 g rote und grüne Paprikafrüchte,
150 g gefrorene grüne Erbsen,
1 Bund Petersilie, 2 Tomaten.

Das Fleisch in Würfel schneiden und im erhitzten Öl in 10 Minuten rundherum braun werden lassen. Die geschälten Zwiebeln kleinschneiden, zum Fleisch geben und 3 Minuten mitbraten. Heiße Fleischbrühe und Weißwein zugießen. Mit Salz, Pfeffer, und Safran würzen. 20 Minuten kochen lassen. Den Reis gründlich waschen und abtropfen lassen. Die Paprikafrüchte vom Kerngehäuse befreien, kleinschneiden und mit dem Reis zum Fleisch geben. Sofort ½ Liter kochendes Wasser zugießen, aufkochen lassen, einmal umrühren und den Reis 15 Minuten ausquellen lassen. Die Erbsen unaufgetaut zufügen, gut mischen und 10 Minuten leise ziehen lassen. In eine vorgewärmte Schüssel füllen und mit feingehackter Petersilie bestreuen. Die gehäuteten Tomaten in Viertel schneiden und damit den Reistopf garnieren. Das Gericht heiß servieren.

Köstlicher Obstsalat

3 Pfirsiche, 2 Birnen,
100 g Pflaumen, 100 g Melone,
1 grüne Weintraube,
1 Handvoll rote Johannisbeeren,
1 Handvoll Brombeeren, Zitronensaft,
Zucker nach Geschmack.

Vorbereitete Pfirsiche, Birnen, Pflaumen und Melone in mundgerechte Stücke schneiden und mit den gewaschenen, entstielten Beeren vermischen. Zitronensaft und Zucker zufügen und den Salat gut durchziehen lassen. – Nach Belieben kann der Salat mit ungeschlagener Sahne verfeinert werden.

Krabbenpastetchen aus Luxemburg

1 Dose Krabbenfleisch (250 g),
Saft von 1 Zitrone, 40 g Butter,
20 g Mehl, ¼ l Fleischbrühe,
1 Eßl. Tomatenmark, ⅛ l Sahne
oder Kondensmilch, Salz, Pfeffer,
Cayennepfeffer, 4 Blätterteigpasteten,
1 Bund Dill.

Das Krabbenfleisch abtropfen lassen, mit dem Saft von ½ Zitrone beträufeln und ziehen lassen. Aus Butter und Mehl eine Schwitze bereiten, mit der heißen Fleischbrühe auffüllen, Tomatenmark zugeben und 5 Minuten auf kleiner Flamme kochen lassen. Sahne oder Kondensmilch sowie das Krabbenfleisch hineingeben und mit Salz, Pfeffer, Cayennepfeffer und dem restlichen Zitronensaft abschmecken. Nicht mehr kochen lassen! Inzwischen die Pasteten im vorgeheizten Ofen erhitzen, aus dem Ofen nehmen, die Krabbenmasse hineinfüllen und mit gehacktem Dill bestreuen. Heiß als Vorspeise servieren.

Krabbensalat

1 Dose Krabben, 2 große Orangen,
100 g Chicorée, 40 g Mayonnaise,
2 Eßl. Joghurt, 1 Eßl. Zitronensaft,
1 Teel. Weinbrand, Salz, Pfeffer.

Die Krabben aus der Dose nehmen, unter fließendem Wasser vorsichtig abspülen. Die Orangen halbieren, vorsichtig aushöhlen und das Orangenfleisch in feine Würfel schneiden. Den vorbereiteten Chicorée in Streifchen schneiden und zu den Orangenwürfeln geben. Aus Mayonnaise, Joghurt, Zitronensaft, Weinbrand, Salz und Pfeffer eine Soße bereiten und diese mit den anderen Zutaten vermischen. Den Salat in die Orangenhälften füllen und zur Garnitur eine Orangenspalte und einige Krabben obenauf legen.

Krabben-Spargel-Salat

200 g Krabben, 200 g gedünstete Spargelstücke, 100 g gedünstete grüne Erbsen, 3 bis 4 Eßl. Mayonnaise, 1 Teel. Senf, 2 bis 3 Teel. Tomatenketchup, Salatblätter.

Die Krabben und das abgetropfte Gemüse locker vermengen. Mayonnaise, Senf, Tomatenketchup und nach Belieben etwas Zitronensaft verrühren, unter die übrigen Zutaten heben und auf Salatblättern anrichten.

Krabbensuppe »Stockholm«

¼ Dose Krabben, ½ Weinglas Süßwein, 2 Eßl. gehackter Kerbel, ⅛ l Tomatensaft, 1 Päckchen oder 1 Beutel Spargelcremesuppe, 2 Eigelb, ⅛ l süße oder saure Sahne.

Die abgespülten Krabben mit dem Süßwein übergießen, den Kerbel darüberstreuen und alles zugedeckt 30 Minuten stehen lassen. Den Tomatensaft zusammen mit ½ Liter Wasser aufkochen. Die Spargelcremesuppe nach Vorschrift anrühren, zugeben und kochen lassen. Das Eigelb in der Sahne verquirlen, die Suppe damit binden und nicht mehr kochen lassen. Zum Schluß die Krabben zufügen und die Suppe pikant abschmecken.

Mit Toastbrot auftragen. – Anstelle von Krabben lassen sich auch Miesmuscheln aus der Dose verwenden.

Kräftige Hirnsuppe

250 g Hirn, 50 g Margarine, 1 Zwiebel, 50 g Mehl, 1 l Fleischbrühe, 1 Eigelb, etwas Kondensmilch, Salz, Pfeffer, Muskat, 1 Prise gestoßene Nelken, gehackte Kräuter.

Das Hirn wässern, häuten und mit dem Wiegemesser hacken. Die Margarine erhitzen, die feingeschnittene Zwiebel darin goldgelb rösten. Dann das Mehl zufügen und darin schwitzen, Fleischbrühe auffüllen. Das zerkleinerte Hirn zufügen und alles 15 Minuten kochen lassen. Die Suppe mit dem Eigelb und der Kondensmilch legieren und mit den Gewürzen pikant abschmecken. Beim Anrichten mit verschiedenen frischen Kräutern bestreuen.

Kräftiges Frühstückssteak

500 g Geschabtes, Salz, Pfeffer, Edelsüß-Paprika, Worcestersauce, Kapern, 5 Eier, 3 große Zwiebeln, 1 Eßl. Schmalz, 4 Scheiben Bauernbrot, 1 Flasche Tomatenketchup, geriebener Meerrettich.

Das Geschabte mit 1 Ei, Salz, Pfeffer, Paprika, Worcestersauce und den gehackten Kapern vermengen. Daraus 4 ovale Steaks formen und im heißen Schmalz von beiden Seiten anbraten, nicht durchbraten! Die Steaks herausnehmen und auf dem Bauernbrot anrichten.

Die Zwiebelscheiben im restlichen Schmalz leicht anrösten und über die Steaks geben. Spiegeleier darauf anrichten und mit Tomatenketchup übergießen. Meerrettich dazu reichen.

Krakauer Reissuppe

60g Margarine, ½ Tasse Reis,
¾ l Fleischbrühe, 1 Lorbeerblatt,
2 rote Rüben, ½ Sellerie, ⅛ l saure Sahne.

In 40 Gramm erhitzter Margarine den Reis glasig dünsten. Die Fleischbrühe auffüllen, das Lorbeerblatt sowie das vorbereitete Gemüse zufügen. Alles zugedeckt garen, dabei gegebenenfalls noch etwas Brühe auffüllen. Zuletzt die saure Sahne unterziehen und einen Stich Butter unterrühren.

Kräuteressig

Blüten von Kapuzinerkresse,
1 kleine Zwiebel, 1 getrocknete
Peperonischote oder 1 Messerspitze
Chilli, 1 Knoblauchzehe, 10%iger Essig.

Eine 0,7-Liter-Flasche zur Hälfte mit Blüten füllen. Die zerschnittene Zwiebel und Gewürze zufügen und den Essig auffüllen. Die verschlossene Flasche in die Sonne stellen. Nach 2 Wochen verwendbar.

Kräuterhörnchen

500g Mehl, 30 g Hefe, 1 Teel. Zucker,
knapp ¼ l Milch, 1 Zwiebel,
je 1 Bund Petersilie und Schnittlauch,
1½ Teel. Salz, 2 Teel. Kümmel,
8 Eßl. Öl, 1 Eigelb, Kümmel oder Salz.

Das Mehl in eine Schüssel sieben, in die Mitte eine Vertiefung drücken, die Hefe hineinbröckeln, mit dem Zucker, etwas Milch und wenig Mehl verrühren. Etwas Mehl darüberstäuben und zugedeckt an einem warmen Ort etwa 20 Minuten stehen lassen. Die Zwiebel und die Kräuter feinhakken. Mit der restlichen Milch, den Gewürzen und dem Öl an den Teig geben. So lange kneten, bis er glatt ist und Blasen wirft. Ausrollen und 7 cm große Quadrate daraus schneiden. Hörnchen formen, auf ein gefettetes Backblech legen, leicht mit Mehl bestäuben und zum Aufgehen an einen warmen Ort stellen. Nach etwa 20 Minuten mit Eigelb bestreichen, nach Belieben mit Kümmel und Salz bestreuen und im vorgeheizten Ofen bei 220 °C backen.

Kräuter-Käse-Kuchen

300g gefrorener Blätterteig.
Für die Kräutermasse: ¼ l Milch,
¼ l flüssige Sahne, 4 Eier,
350g Reibekäse, 3 Eßl. gehackter
Schnittlauch, 1½ Eßl. gehackter
Dill, 40g Mehl, 1 Eßl. Selleriesalz,
Pfeffer, Muskat, Salz.

Den aufgetauten Blätterteig zu einem Rechteck ausrollen. Auf ein mit Wasser benetztes Blech legen und mit der Gabel mehrmals einstechen. Milch, Sahne und Eier verquirlen. Käse, Kräuter, Mehl und Gewürze einrühren. Diese Masse auf dem Teig verstreichen. Den Kuchen 10 Minuten ruhen lassen. Dann im vorgeheizten Ofen bei 200 °C etwa 40 Minuten bakken. Noch warm zu Wein oder Bier servieren.

Kräuterlikör-Milch
(Einzelportion)

⅛ l Milch, 4 cl Kräuterlikör.

Die Milch erhitzen und mit dem Kräuterlikör verquirlen.

Kräutermayonnaise

150 g Mayonnaise, 1 kleine Schalotte, 30 g feingehackte Kräuter (Petersilie, Dill, Estragon, Schnittlauch, Kresse).

Die Mayonnaise mit sehr fein gehackter Schalotte und den Kräutern verrühren.

Kräutermilch

2 Eßl. gehackte Petersilie, 1 Eßl. gehackter Dill, 1 Eßl. gehackter Schnittlauch, Salz, Muskat oder Paprika, 1 l Milch.

Die gehackten Kräuter mit einer Prise Salz und etwas Muskat oder Paprika vermischen. Mit der gut gekühlten Milch auffüllen.

Kräuteröl

Rosmarin, Öl.

Die abgespülten, gut abgetropften Kräuter in eine mit Öl gefüllte Flasche geben. Kühl und dunkel aufbewahren.
Mit Rosmarin aromatisiertes Öl eignet sich besonders für Fleisch, Geflügel, Fisch, aber auch für Salate, Suppen und Gemüse. Ebenso kann Öl mit Basilikum aromatisiert werden.

Kräuterquark

250 g Quark, 3 bis 4 Eßl. Milch, Salz, 2 Eßl. feingehackter Schnittlauch oder gemischte Kräuter.

Quark, Milch und Salz cremig schlagen, die Kräuter unterrühren und würzig abschmecken.

Kräuterroastbeef

500 g Roastbeef, 2 Knoblauchzehen, 2 Eßl. Senf, 3 Eßl. gehackte Petersilie, Thymian, Basilikum, 3 Eßl. Öl, Pfeffer, Salz.

Das Roastbeef abtrocknen und den Fettrand überkreuz einschneiden. Die geschälten Knoblauchzehen zerdrükken, mit Senf, den Kräutern und Öl zu einer Paste verarbeiten. Das Roastbeef salzen und pfeffern und die Fettschicht mit der Paste bedecken. Im vorgeheizten Ofen auf einem Rost etwa 30 Minuten braten. Darauf achten, daß das Roastbeef innen noch einen rosafarbenen Kern behält. Nach dem Braten das Roastbeef ruhen lassen, damit die Fleischsäfte beim Schneiden nicht auslaufen und somit nicht verlorengehen.

Krebssalat mit Dillsahne
(Vorspeise)

1 Dose Krebsfleisch, 1 Apfel, 80 g Sahne, 1 Bund Dill, Salz, weißer Pfeffer, Worcestersauce, Zitronensaft, 1 Prise Zucker, Kopfsalatblätter, Tomatenecken, Dill.

Das Krebsfleisch unter fließendem Wasser abspülen, abtropfen lassen und zerpflücken. Dabei die Chitin-streifen entfernen. Den Apfel schälen, entkernen, in feine Streifen schneiden und zum Krebsfleisch geben. Alles mit der Sahne, gehacktem Dill, Salz, Pfeffer, Worcestersauce, Zitronensaft und Zucker pikant abschmecken. Glä-ser mit Salatblättern auslegen, den Sa-lat darauf anrichten und mit Tomaten-ecken und Dillspitzen garnieren. Mit Toast servieren. – Garnelen- oder Hummersalat ebenso zubereiten.

Kringel

250 g Mehl, 3 bis 4 Eier, 30 g Puder-zucker, Salz, 1 Prise Backpulver.

Das gesiebte Mehl mit den Eiern, Zucker, Salz und Backpulver zu einem Nudelteig verkneten. Auf dem Kuchenbrett aus dem Teig kleine Kringel von 6 bis 7 cm Durchmesser formen und portionsweise in eine große, flache Kasserolle mit sieden-dem Salzwasser geben, verrühren, zu-decken. Wenn die Kringel an die Oberfläche kommen, sie mit einem Schaumlöffel herausnehmen und schnell auf ein mit Mehl bestreutes Backblech legen. Etwa 10 Minuten in mittelmäßig vorgeheizter Backröhre hellbraun backen. Die fertigen Krin-gel noch heiß mit gezuckertem Was-ser oder Eiweiß bestreichen.

Kroatische Apfelsuppe

6 saure Äpfel, 1 Teel. Zimt,
Saft von ½ Zitrone, 1 Eßl. Mehl,
60 g Butter, ½ l Weißwein,
1 Eßl. Zucker, ½ Tasse Brötchenwürfel.

Die Äpfel schälen, vierteln und vom Kerngehäuse befreit in Würfel schnei-den. Mit Zimt, Zitronensaft und ½ Li-ter Wasser zu Mus kochen. Durch ein Sieb drücken. Das Mehl in 30 Gramm zerlassener Butter anschwitzen, mit Weißwein aufgießen und den Zucker zugeben. Das Apfelmus einrühren und aufkochen lassen. In der restli-chen erhitzten Butter die Brötchen-würfel anrösten, in die Suppe geben.

Kubanischer Thunfischsalat

1 Dose Thunfisch in Öl,
150 g Pfirsiche, 2 Zwiebeln,
100 g Gewürzgurken, 100 g grüne
Paprikafrüchte, 100 g gekochter Reis,
40 g Mayonnaise, 2 Eßl. Joghurt,
1 Eßl. Rum, 1 Eßl. Zitronensaft,
½ Teel. scharfer Paprika,
1 Prise Ingwer, Salz, Pfeffer.

Den abgetropften Thunfisch leicht mit einer Gabel zerpflücken. Enthäu-tete Pfirsiche, Zwiebeln, Gurken und Paprikafrüchte in Streifen oder Wür-fel schneiden. Den garen Reis zuge-ben und alles gut vermischen. Aus Mayonnaise, Joghurt, Rum, Zitronen-saft, Paprika, Ingwer, Salz und Pfeffer eine Soße bereiten und diese über die anderen Zutaten gießen. Den Salat etwa 1 Stunde durchziehen lassen.

Kullerpfirsich
(Einzelportion)

1 kleiner Pfirsich, 1 Glas Sekt.

Den Pfirsich vorsichtig säubern, am besten mit einer weichen Bürste ab-bürsten und mit einer Gabel vorsichtig ringsum bis zum Kern einstechen. In ein breites Sektglas oder in eine Sektschale legen und mit eisgekühltem Sekt auffüllen. Wenn sich der Pfirsich voll Sekt gesogen hat, beginnt er sich zu drehen. Zum Kullerpfirsich Messer und Gabel reichen.

Kümmelquark

250 g Quark, 3 bis 4 Eßl. Milch, 1 Eßl. Kümmel, Salz.

Alle Zutaten cremig schlagen und würzig abschmecken.

Kümmelstangen

1 Paket gefrorener Blätterteig, 100 g Edamer Käse, 1 Eigelb, Kümmel.

Den aufgetauten Blätterteig ausrollen und in 5 × 5 cm große Vierecke schneiden. Auf jedes Stück etwas geriebenen Käse geben. Die Vierecke zusammenrollen, mit Eigelb bestreichen und mit Kümmel bestreuen. 15 bis 20 Minuten goldgelb backen.

Kürbiskraut

500 g Sauerkraut, 1 Zwiebel, Pfeffer, 1 Suppenteller in Würfel geschnittener, eingelegter Kürbis, 1 Prise Zimt, gemahlene Nelke.

Das grob zerschnittene Sauerkraut zusammen mit Zwiebelscheiben, Pfeffer und einer kleinen Tasse Wasser auf kleiner Flamme 10 Minuten zugedeckt dünsten. Dann den Kürbis zugeben, mit Zimt und Nelke würzen und weitere 10 Minuten garen.

Kuttelflecketopf

500 g vorgekochte Kaldaunen, 200 g Wurzelwerk (Möhre, Sellerieknolle, Petersilienwurzel), 100 g Rindfleisch, 100 g durchwachsener geräucherter Speck, Salz, Pfeffer, 1/2 Lorbeerblatt, 50 g Reis, 50 g Schweinefett, 20 g Mehl, 1 Zwiebel, 1 kleine Knoblauchzehe, Petersilie, Majoran, Thymian, Tomatenmark, Essig, Schnittlauch.

Die sauber geputzten, vorgekochten Kaldaunen mit 1½ Liter kaltem Wasser und dem geputzten Wurzelwerk, dem Rindfleisch und dem Räucherspeck, Salz, Pfeffer und Lorbeerblatt ansetzen und zugedeckt weichkochen. Das gare Fleisch herausnehmen und in kleine Würfel schneiden. Die Kaldaunen weiterkochen, bis sie weich sind, dann in Streifen schneiden. Zuletzt alles mit dem trockenen Reis wieder in die Suppe geben, weiterkochen lassen, bis der Reis gar ist. Das Schweinefett erhitzen, Mehl dazugeben und eine goldgelbe Mehlschwitze bereiten. Die zerkleinerte Zwiebel, die zerdrückte Knoblauchzehe, Petersilie, Majoran und Thymian dazugeben und kurz mit durchrösten. 1 Eßlöffel Tomatenmark zufügen und alles in die kochende Suppe geben. Einen Schuß Weinessig zugießen und noch etwa 10 Minuten kochen. Mit Schnittlauch bestreut servieren.

Lebkuchen, Lebzelt, Pfefferkuchen, Pfefferzelt – alles Namen für eine seit Jahrhunderten beliebte Leckerei, deren Geburtsstunde allerdings nicht ganz genau zu ergründen ist. Schon alte Berichte über den Neujahrsmarkt im antiken Rom erwähnen, neben mit Schaumgold überzogenen Datteln und Feigen, neben Früchten, die – aus Wachs oder Ton geformt – darum wetteifern, der Natur möglichst nahezukommen, Figuren aus Lebkuchen oder einem mit Weizenmehl, Honig und Anis bereiteten Teig. Auch Brillat-Savarin, der berühmte französische Feinschmecker, gab 1825 nach eigenen kulturhistorischen Studien zu, daß die altgriechischen Damen auf viele Genüsse, die zu seiner Zeit bekannt waren, verzichten mußten, »kaum zu einem Pfefferkuchen«[64] konnten sie sich aufschwingen. Kaum heißt in dem Falle, sie kannten ihn. Seine Blüte erlebte dies Backwerk aber sicher erst später. Es ist mit der mittelalterlichen Küche eng verbunden, das belegen schon die überlieferten Zutaten. Manchmal wird der Name »Pfefferkuchen« von der damaligen Würzwut hergeleitet; zumal Pfeffer zu jener Zeit nicht nur die Bezeichnung für ein Gewürz abgab, sondern mehr ein Sammelbegriff für Würzen überhaupt war. Einige Gerichte heißen ja gleich insgesamt »Pfeffer«, Hasenpfeffer, zum Beispiel. Doch das Lebensmittellexikon führt an, der Pfefferkuchen verdanke seinen Namen »dem Schlagen mit grünen Zweigen zur Wintersonnenwende«.[65] Das sollte dazu dienen, Geister auszutreiben und wurde auch »pfeffern« genannt. Nach dieser Klopferei reichte man sich gegenseitig besagte Kuchen; ein Geschenk, das Weihe, Dank und Freude über die Sonnenwiederkehr einschloß. Das Synonym Lebkuchen trägt seine Tradition ebenfalls im Namen – hlaip war der mittelhochdeutsche Name für Brot.

Die Speise, obwohl seit Jahrhunderten zum Jahreswechsel gebacken, stieß zwar nicht auf allgemeine kirchliche Verbote, doch auf ein gewisses

Mißtrauen. So untersagte der Abt von Bernleri im 12. Jahrhundert seinen Klosterbrüdern, Pfefferkuchen zu essen, mit einer recht einleuchtenden Begründung: »Jeder Verständige wird mir recht geben, daß der Pfeffer, welchen man hineintut, für Mönche allzu hitzig sei, und weil sie die Speise stark mit Honig würzen, schmeckt ihnen jeder Wein sauer, denn sie ziehen bei ihrem Trunk ärgerliche Gesichter.«[66]

Dabei sollen doch Pfefferkuchen vor allem Freude bereiten: für uns sind sie untrennbar mit den Vorbereitungen auf das Weihnachtsfest verbunden. Und es gibt viele analoge Speisen, die ihre Existenz mythischen, religiösen oder abergläubigen Sitten und Bräuchen verdanken. Schon Ovids (43 v. u. Z. – 18 u. Z.) Festkalender beschreibt, daß bestimmte Gerichte an bestimmten Festtagen gereicht werden. Der Göttin Pales, die für die Viehzucht »zuständig« war, bereitete man zu ihrem alljährlichen Jubelfeste im April, den Palalien, Fladen und Brei aus Hirse. »Dieser Speise zumeist freut sich die Göttin der Flur / Füge den Milchdampf dann zu den Speisen. Und Scheidend vom Mahle / sprenge der Freundin des Wald's, Pales, noch lauliche Milch ...«[67]

Für dies liebevoll kredenzte Mahl hatte die Göttin dann allerdings die Aufgabe, über römische Herden zu wachen. Opfergaben dieser Art waren immer mit ähnlichen Bitten und Wünschen verbunden. Der Brauch variierte im Christentum ein wenig; während man vordem auf Speisen verzichtete, indem man sie direkt den Göttern darbot (besser deren Priestern), kasteite man sich später durch Fasten, um den Körper von seiner irdischen Last und Sünde zu befreien – Askese als Vorbereitung auf das Jenseits. Umso beliebter dann die Wochen, die den strengen Fastenzeiten folgten. Man beschenkte sich mit symbolischen Speisen, aß, trank, feierte. Die Art und Weise, in der das geschah, läßt trotz christlicher Verbrämung noch viel von urtümlichen Mythen ahnen. So ist es seit Jahrhunderten üblich, sich zu Ostern gegenseitig mit gekochten Eiern, vergoldet oder bunt bemalt, zu erfreuen. Eier galten als Zeichen der Fruchtbarkeit. Auf die Osterkuchen wurde nicht weniger Sorgfalt verwendet. Scheible berichtet in seinem Almanach »Das Schaltjahr«, wie man um 1689 in Krain einen »Kolatsch« bereitete:

»Man nimmt einen weißen Teig und breitet denselben auf einer Tafel auseinander, bis daß er gar dünn wird, streicht hernach fingerdick darauf geriebenen Käse, drein frische Eier geschlagen, auch Milch und Milchrahm getan und alles durcheinandergemischt ist; bei den Edel- und Bürgersleuten tut man ein wenig Wein dazu, auch Zucker und Rosinen. Alsdann wird alles zusammengewalzt und geschlossen, daß es einem runden Kranz gleichförmig bleibt. Den Edlen und Bürgern bespickt man solches alles über und über mit weißen abgezogenen Mandelkernen. Denn einen solchen Kolatsch machen nicht nur die Bauern allein, sondern auch Edelleute und Bürger allenthalben im Lande. Nach so getaner Ausstaffierung und Verleckerung backt man solchen Kuchen, welcher hernach ein Kolatsch genannt wird. Man bereitet sie in unterschiedlicher Größe und zwar etlicher Orten zwanzig oder dreißig Pfund schwer, auch wohl schwerer, hingegen auch oft viel kleiner …«[68]

In vielen Gegenden war es üblich, zu Ostern – meist am Gründonnerstag – eine Neunkräutersuppe zu bereiten; auch buk man die Kräuter in Eierkuchen ein. Ein Gericht aus Melde, Nesseln, Löwenzahn, Brunnenkresse, Feldkümmel und anderen frühen Salatpflanzen hieß Osterkohl. Traditionsgemäß gehörte ein Schinken – sorgsam über den ganzen Winter bewahrt – auf die Ostertafel. Im alten Rußland nahmen die Gläubigen in den Fastenwochen vor Ostern nur in Öl gekochte Fische und Pflanzen zu sich; die erste fastenlose Woche, die dann folgte, war natürlich entsprechend üppig. Man nannte sie gleich Maslanitza – Butterwoche. In dieser Schlemmerwoche waren Blinis ein begehrtes Gericht. Sie liebt man noch heute. Zum Teig wird Buchweizen- und Weizenmehl, halb und halb, mit Wasser und Hefe angesetzt und muß über Nacht gehen. Der Teig ist zunächst recht fest, man verdünnt ihn am anderen Morgen mit kochender Milch, knetet ihn gehörig und läßt ihn nochmals ein bis zwei Stunden gehen. Daraus bäckt man Kuchen so groß wie Untertassen, die nicht braun aussehen dürfen, sondern weiß. Noch heiß kommen sie auf den Tisch und werden dort mit allerlei Köstlichkeiten belegt und sofort gegessen.

Über Jahrhunderte gebot der Kirchenkalender, wann zu feiern war. Allerdings bot er nur den äußeren Rahmen für eine lebendige Volkstradition. So war es in Frankreich lange Zeit üblich, am Dreikönigstag einen Bohnenkuchen zu backen. Ähnliche Anlässe boten der Martinstag, an dem nicht nur die ersten Mastgänse auf den Tisch kamen, sondern überhaupt die Zeit des alljährlichen Schlachtens begann. Sogar Mönchen war an jenem Tag erlaubt, reichlich Fleisch zu essen. Ein Bauernspruch zählt die Gelegenheiten zum Feiern auf:

Gersten Jan (Johanni) – Abschluß der Gerstenernte
Korn Jakob (Jakobi) – Abschluß der Weizenernte
Wein Michel   – Ende der Weinernte
Speck Märten (Martin) – Beginn des Schlachtens
Dann folgten noch Kirmes und der Hubertustag.

Dabei mußten die Schutzpatrone mehr den Vorwand hergeben; wer die einzelnen Termine genauer ansieht, stellt fest, daß sie sich aus den zeitlichen Abläufen im Arbeitsjahr der Bauern ergaben. Auch Weihnachten, einst nach dem Sonnenkalender bestimmt, ist älter als das Christentum. Die Kirche übernahm das Datum und gab dem Fest religiösen Inhalt, der sich aber wenig mit den Bräuchen vereinbart, die das Weihnachtsfest in vielen Gegenden begleiten. Der immergrüne Baum, die Lichter, die Sitte, sich gegenseitig zu beschenken, der Weihnachtsmann oder Knecht Ruprecht, nicht zuletzt Weihnachtsstollen und Pfefferkuchen weisen vielmehr auf noch weiter zurückliegende mythische Kulthandlungen hin. Pfefferkuchen findet man im Mittelalter in Polen wie in Angelsachsen, im Frankenland, in England und Italien. Sicher waren sie so beliebt, weil man sie lange aufbewahren konnte. Manche Pfefferkuchensorten sind noch nach einem Jahre frisch! Ihr Geheimnis, das sie zur »Dauerbackware« macht, ist, daß auf 100 Teile Mehl mindestens 50 Teile Zucker (meist Honig) enthalten sein müssen. In dieser Bäckerei wurde oft auch etwas Prophetisches gesehen. Da »glaubte« man beispielsweise, wenn in der Neujahrsnacht so viele Kuchen wie Leute im Hause wohnen gebacken werden und man jedem Kuchen den Namen einer Person gibt und mit dem Finger ein Loch in den Teig drückt, so wird das Loch im Kuchen desjenigen, der im kommenden Jahre sterben muß, beim Backen zugehen.

Eine weit lustigere Symbolik hatten Speisen, die man Freiern reichte und mit denen man die bevorstehende Worterklärung vorwegnehmen konnte. Erhielt ein solcher potentieller Bräutigam Mehlbrei und Kaffee vorgesetzt, wurde er nur als Hausfreund gern gesehen. Bekam er Rüben und andere Wurzeln, war er ohne jegliche Hoffnung und konnte einstimmen in das Klageliedchen eines anderen »verlorenen« Sohnes:

> Rüben, Rüben
> haben mich vertrieben
> Hätt meine Mutter Fleisch gekocht,
> wär ich geblieben.

Der willkommene Freier erhielt allerdings im alten Sachsen kein Fleisch, sondern Lauch und Eier als lukullisches Ja-Wort. Eier – das Symbol der Fruchtbarkeit. Aber das hatten wir ja schon. Wenn in unserem wissenschaftlichen Zeitalter aller Aberglauben auch nur noch belächelt wird; die einst damit behafteten, kulinarischen Traditionen sollten wir nicht völlig vergessen. Zwar wird ein unliebsamer Freier heute nicht allein das Feld räumen, wenn man ihm »Rüben und Wurzeln« serviert, weil dies Zeichen kaum noch bekannt ist. Aber wer könnte schon selbstgebackene Pfefferkuchen als Geschenk in der Vorweihnachtszeit mißverstehen?

Labskaus

500 g Kraftfleisch, Corned beef oder
Fleischreste, 100 g Zwiebeln,
2 Salzheringe, 100 g Schweineschmalz,
1 Lorbeerblatt, 750 g Kartoffelbrei,
Pfeffer, Muskat, 4 Spiegeleier.

Das Fleisch in 2 cm große Würfel
schneiden oder zerpflücken. Die gehackten Zwiebeln sowie die gehackten Filets von den gut gewässerten
Salzheringen dazugeben. Alles in dem
Schweineschmalz unter ständigem
Rühren anbraten, das Lorbeerblatt
mitbraten, danach herausnehmen.
Diese Masse mit dem Kartoffelbrei
mischen, wenn nötig etwas Würfelbrühe dazugeben, mit Pfeffer und wenig Muskat würzen. Das Labskaus auf
einer gut vorgewärmten Platte anrichten. Für jeden Essenteilnehmer ein
Spiegelei auflegen. Rundherum nach
Belieben mit Scheiben von Gurke und
roter Bete garnieren.

Labskaus »Art der Windjammer«

200 g Zwiebeln, 80 g Schweineschmalz,
10 g Rauchspeck, 1 kleines Lorbeer-
blatt, 600 g Kraftfleisch oder
Corned beef, 100 g Salzheringe,
1,2 kg Kartoffeln, ¼ Teel. Majoran,
2 Messerspitzen Pfeffer,
2 Messerspitzen Chilli oder scharfer
Paprika, 1 Teel. Edelsüßpaprika,
¼ Teel. Kümmel, 2 Messerspitzen
frisch geriebene Muskatnuß,
1 kleine Knoblauchzehe oder 2 Messer-
spitzen Knoblauchpulver,
saure rote Bete und
saure Gurken als Beilage,
4 Eier (als Setzeier).

Die feingehackten Zwiebeln mit dem
Schmalz, dem ausgelassenen Speck
und dem Lorbeerblatt hellgelb schwitzen. Das Kraftfleisch in 2 cm große
Würfel schneiden oder durch einen
Fleischwolf drehen und zu der Zwie-
belschwitze geben. Dann den gut gewässerten Salzhering von Haut und
Gräten befreien, kleinschneiden, alles
gut mischen und so lange unter öfterem Rühren braten, bis alles ein Brei
geworden ist. Das Lorbeerblatt herausnehmen. Die geschälten Kartoffeln
inzwischen kochen und zu Kartoffelbrei oder Stampfkartoffeln verarbeiten. Den Kartoffelbrei und die Zwie-
bel-Kraftfleisch-Heringsmasse gut vermischen. Jetzt erst die Gewürze
schnell unterrühren. Von der sauren
Marinade der roten Bete wegen der
Farbe etwas in das Labskaus geben. Ist
es dann noch zu dick, wird es mit etwas Brühe verdünnt.
Auf jede Portion ein Setzei geben und
nach Belieben mit Scheiben von saurer roter Bete und sauren Gurken garnieren. Als Getränk passen dazu eiskalter Aquavit, Korn oder Wodka und
kaltes Bier.

Lammfilets in Liebstöckelsoße

2 Knoblauchzehen, 3 Eßl. Öl,
8 Lammfilets zu je 60 g, Pfeffer,
Salz, 1 Zwiebel, 1 Glas Rotwein,
Brühe, ½ Teel. Maisan,
1 Teel. gehacktes Liebstöckel.

Die Knoblauchzehen schälen, feinhacken und mit dem Öl vermischen.
Das Fleisch von Fett- und Hautresten
befreien und das Öl darübergießen.
Über Nacht stehen lassen.

Die Lendchen in einer heißen Pfanne scharf anbraten und auf milder Hitze noch etwa 2 Minuten fertiggaren. Pfeffern, salzen und warmstellen.
Die gehackten Zwiebeln in die Pfanne geben und rösten. Mit Rotwein den Bratensatz loskochen, die Brühe auffüllen und alles auf die Hälfte einkochen lassen. Die Soße leicht mit angerührtem Maisan binden, das gehackte Liebstöckel zugeben. Abschmecken und die Soße über die Filets geben.

Lammfleisch-Tomaten-Topf

500 g kleine Tomaten,
1 Knoblauchzehe, 500 g grüne Paprikafrüchte, 1 kg mageres Lammfleisch,
30 g Butterschmalz, schwarzer Pfeffer,
½ l Rotwein, 1 Teel. Salz,
3 Lorbeerblätter, 1 Zweig Rosmarin,
1 kleines Bund Thymian,
375 g kleine Zwiebeln.

Die überbrühten Tomaten abziehen. Die Knoblauchzehe schälen. Die Paprikafrüchte putzen, waschen und kleinschneiden. Das Fleisch in Würfel schneiden, mit Pfeffer würzen und im erhitzten Butterschmalz kräftig von allen Seiten anbraten. Mit Rotwein ablöschen. Die Knoblauchzehe auf dem Salz mit einem Messer zerdrücken und mit den Lorbeerblättern, dem gezupften Rosmarin und Thymian zum Fleisch geben. Alles zugedeckt schmoren. Nach etwa 30 Minuten Paprika und die geschälten Zwiebeln zufügen, weitere 30 Minuten schmoren lassen. Die Tomaten zugeben. Alles noch 10 Minuten auf kleiner Flamme zugedeckt schmoren lassen. Dazu paßt Weißbrot.

Lammfleischwürfel »Mecklenburger Art«

500 g Lammkeule ohne Knochen,
40 g Schmalz, 2 große Zwiebeln,
1 Knoblauchzehe, Salz, Pfeffer,
Zucker, Majoran, Thymian,
1 Eßl. Tomatenmark, 1 Eßl. Mehl,
½ l Brühe oder Wasser, 120 g Bauernsalami, 1 Glas Perlzwiebeln.

Das Fleisch waschen und in Würfel schneiden. Die Fleischwürfel in heißem Schmalz scharf anbraten. In Scheiben geschnittene Zwiebel mitbraten. Das Ganze öfters umrühren. Die gehackte Knoblauchzehe, Salz, Pfeffer, Zucker, Majoran und Thymian hinzugeben und das Tomatenmark unter die Würfel rühren. Mit Mehl bestäuben, mit Brühe oder Wasser auffüllen und zugedeckt garen lassen. Kurz vor dem Erreichen des Garzustandes die abgetropften Perlzwiebeln und die in Scheiben angerösteten Bauernsalami unterrühren.
Als Beilage eignen sich Kartoffeln und Bohnen.

Lammhaxe mit Zwiebelmais auf ungarische Art

4 Lammhaxen, Salz, Pfeffer, Thymian,
Paprika, 60 g Schmalz, 100 g Wurzelwerk,
2 große Zwiebeln, 1 Knoblauchzehe,
1 Eßl. Tomatenmark,
1 Eßl. Mehl, 2 Eßl. saure Sahne,
40 g Butter, 2 Dosen Maiskörner, Zucker.

Die Lammhaxen waschen, mit Salz, Pfeffer, Thymian und Paprika würzen und in einem Schmortopf in heißem Fett oder Schmalz von allen Seiten braun braten. Das Wurzelwerk und eine grobgehackte Zwiebel mitrösten. Tomatenmark dazugeben und mit Wasser ablöschen, die Flüssigkeit etwas einkochen lassen. Diesen Vorgang 2- bis 3mal wiederholen. Mehl über das Fleisch stäuben und mit ½ l Wasser auffüllen. Das Ganze zugedeckt in der Bratröhre garen. Das fertige Gargut herausnehmen und das Fleisch vom Knochen lösen. Die entstandene Soße durch ein Sieb geben, abschmecken und die saure Sahne zufügen.

In einem Topf Butter auslassen, die feingehackte Zwiebel und die zerdrückte Knoblauchzehe glasig dünsten, die abgetropften Maiskörner dazugeben und alles verrühren. Mit Salz und Zucker gewürzt über die Haxen geben. Die Soße wird extra gereicht. Als Beilage empfehlen wir Paprikasalat mit saurer Sahne.

Lammkeule in Thymian-Senf-Kruste

600 g Lammkeule ohne Knochen,
2 Knoblauchzehen, 2 Eßl. Öl, Salz,
Pfeffer, Salbei, 2 Eßl. Meerrettichsenf,
Thymian.

Die Lammkeule gründlich von Hautresten, Fett und Sehnen säubern. Die Knoblauchzehen schälen und die Keule damit spicken. Mit Öl einpinseln, mit Pfeffer, Salz und Salbei würzen. Die Bratröhre vorheizen und die Keule auf dem Rost darin braten. Einmal wenden.
Aus Öl und Senf eine Marinade herstellen und die Lammkeule damit einstreichen. Reichlich Thymian darüberstreuen und noch 30 Minuten braten,

dabei öfters wenden und immer wieder mit der Senfsoße einstreichen. Die Keule vor dem Anrichten und Anschneiden noch bei ausgeschaltetem Ofen ruhen lassen.

Ländlicher Kartoffelauflauf

2 Paprikafrüchte, 1 Zwiebel,
3 Eßl. Butter, 2 bis 3 Eßl. Mehl,
Salz, Muskat, Pfeffer, ¼ l Milch,
250 g gekochter Schinken,
8 Pellkartoffeln, 100 g Reibekäse.

Die Paprikafrüchte und die Zwiebel in kleine Würfel schneiden und in der erhitzten Butter hellgelb rösten, das Mehl dazugeben und kurz anschwitzen. Die Gewürze und die Milch dazugeben und alles rühren, bis die Masse dick zu werden beginnt. Den Topf vom Feuer nehmen und den kleingeschnittenen Schinken dazugeben. Die gepellten, in Scheiben geschnittenen Kartoffeln in eine gefettete feuerfeste Form geben und die Soße darübergießen. Mit Käse bestreuen und bei Mittelhitze etwa 20 Minuten überbacken. Mit grünem Salat servieren.

Leberknödel

2 Zwiebeln, 1 Bund Schnittlauch,
1 Eßl. Margarine, 1 Brötchen, 1 Ei,
300 g Schweins- oder Rindsleber,
200 g Schweinekamm, Salz, Pfeffer,
geriebene Muskatnuß, Majoran,
1 Zwiebel mit Lorbeerblatt und
3 Nelken gespickt.

Zwei Zwiebeln und den Schnittlauch hacken und in Margarine dünsten.

Das Brötchen in kleine Würfel schneiden und mit dem Ei vermengen. Die grobgeschnittene Leber und den Schweinekamm salzen und pfeffern, mit geriebener Muskatnuß und Majoran bestreuen. Zusammen mit den vorbereiteten Zutaten durch die feine Scheibe des Fleischwolfes geben und danach gründlich durchmengen. In einem flachen Topf die gespickte Zwiebel in Salzwasser zum Kochen bringen. Mit einem Löffel, den man in das heiße Wasser taucht, etwa 60 g schwere Knödel aus der Masse direkt in das heiße Wasser geben (80 °C). Die Knödel garziehen lassen. Die Leberknödel anrichten und ausgelassene Speck- und Zwiebelwürfel darübergeben. Zu Leberknödeln paßt auch ausgezeichnet eine Sahnesoße. Mit Sauerkraut und Kartoffelpüree servieren.

Leber mit Apfelringen und Röstzwiebeln

500 g Leber, 1 Eßl. Mehl,
1 Eßl. Schmalz, 1 Apfel,
1 Eßl. Butter, 2 große Zwiebeln.

Die ungewürzten Leberscheiben in Mehl wenden und in einer Stielpfanne in heißem Schmalz von beiden Seiten braten. Den gewaschenen Apfel vom Kerngehäuse trennen und in Ringe schneiden. Die Apfelscheiben kurz von beiden Seiten in Butter braten. Die Zwiebeln in Scheiben schneiden und in Schmalz glasig schwitzen. Die gebratene Leber mit Salz und Pfeffer würzen und die Zwiebelscheiben obenauf geben. Die gebratenen Apfelringe darauf anrichten. Dazu Kartoffelpüree und Selleriesalat.

Leber mit Birnenscheiben

2 bis 3 Birnen, 1 Glas Weißwein,
500 g Leber, Pfeffer, 1 Eßl. Mehl,
2 Eßl. Butter, Salz, Paprika.

Die Birnen schälen, vierteln, vom Kerngehäuse befreien und in Scheiben schneiden. Den Weißwein erhitzen, die Birnenscheiben darin kurz dünsten und warm halten. Die Leber kalt abwaschen und gut abtrocknen. Die dünne Haut behutsam abziehen und die Leber in fingerstarke Scheiben schneiden, pfeffern und in Mehl wenden. Die Butter in einer Stielpfanne erhitzen und die Leber darin scharf anbraten, innen soll sie zart und rosa sein. Über die angerichtete Leber Salz und etwas Paprika streuen und die heißen Birnenscheiben darauflegen.

Leber mit Speckletscho und Kräuterrührei

500 g Leber, Salz, Pfeffer,
1 Eßl. Mehl, 1 Eßl. Schmalz,
1 Eßl. Butter, 100 g Speck (mager),
1 große Zwiebel, 1 Glas Letscho,
4 Eier, 1 Bund Petersilie, Knoblauchsalz.

Die in Scheiben geschnittene Leber in Mehl wenden und in einer Pfanne mit erhitztem Schmalz von beiden Seiten braten. Kurz vor Beendigung des Bratprozesses Butter zufügen. Den in Würfel geschnittenen Speck in einem Schmortopf auslassen, die in Scheiben geschnittene Zwiebel und zuletzt das Letscho zugeben. Das Ganze mit Knoblauchsalz würzen und noch einmal erhitzen.
Das fertige Speckletscho auf Tellern

anrichten und die nach dem Braten mit Pfeffer und Salz gewürzten Leberscheiben obenauflegen.

Die Eier aufschlagen und in einem Gefäß mit dem Schneebesen rühren, die gehackte Petersilie zugeben.

In einer Stielpfanne etwas Butter erhitzen und die Eimasse hineingießen. Mit einem Holzlöffel das stockende Ei vom Pfannenrand zur Mitte zu schieben. Das Rührei soll locker bleiben! Zum Schluß kommt das fertige Kräuterrührei noch über die gebratenen Leberscheiben.

Als Beilage empfehlen wir Kartoffelpüree oder Kartoffelsalat, der mit frischem Paprika und zerlassenem Speck verfeinert wurde.

Leberpfanne »Milano«

500 g Zwiebeln, 100 g Butter, 800 g Kalbsleber, 2 frische Stiele Salbei, 4 Bund Petersilie, Salz, Pfeffer, 3 bis 4 Eßl. Zitronensaft, 1/8 l trockener Weißwein.

Die geschälten Zwiebeln kleinschneiden. In 50 g erhitzter Butter unter Rühren gardünsten. Die Leber in dünne Scheiben schneiden, trockentupfen, dann in Streifen schneiden. Salbei und Petersilie feinhacken. Die geschnitzelte Leber in der restlichen Butter bräunen, salzen und pfeffern, sofort aus der Pfanne nehmen und mit Zitronensaft beträufeln. 100 ml Weißwein in die Pfanne gießen, geschmorte Zwiebeln, Salbei und Leber zufügen und erhitzen. Alles gut vermengen; den restlichen Wein zufügen und die Petersilie über das Gericht streuen. Sofort servieren.

Leche nevada
(Schneemilch)

1 l Milch, 3 Eßl. Zucker, 1 Stange Vanille, 1 Stück Stangenzimt, 2 Teel. Maisan, 4 Eier.

Die Milch mit Zucker, Vanille und Zimt zum Kochen bringen und das in etwas kalter Milch verqirlte Maisan dazugeben. Sobald die Milch aufkocht, Eiweiß zu steifem Schnee schlagen. Jeweils einen Eßlöffel davon abnehmen, auf die kochende Milch geben, garziehen lassen und mit einem Schaumlöffel in eine bereitstehende Schüssel geben. Auf diese Weise fortfahren, bis der gesamte Eischnee verbraucht ist. Die inzwischen geschlagenen Eigelb rasch unter ständigem Rühren zu der restlichen Milch geben, den Topf vom Feuer nehmen und den Inhalt vorsichtig über die Schneebälle gießen. Diesen Nachtisch sehr kalt zu Tisch geben.

Leckerer Apfelsalat

500 g Äpfel, 200 g Sauerkirschen, 1 Eßl. Sultaninen, 2 Eßl. Weinbrand, 2 Eßl. Zitronensaft, 1 Eßl. Bienenhonig oder Zucker, 1 Eßl. Joghurt, 50 g Kokosraspel.

Die Äpfel vom Kerngehäuse befreien, schälen, vierteln und in Scheiben schneiden. Entsteinte und halbierte Sauerkirschen sowie die in Weinbrand getränkten Sultaninen dazugeben. Eine Soße aus Zitronensaft, Bienenhonig und Joghurt bereiten und darübergießen. Den Salat leicht vermischen und mit Kokosraspeln bestreuen.

Leckerli

375 g Honig, 180 g Zucker,
180 g geriebene Mandeln,
50 g gehacktes Zitronat,
2 Teel. gemahlener Zimt, je 1 Messer-
spitze Muskat und Nelke (gemahlen),
Schale von ½ Zitrone, 1 Eßl. Rum,
500 g Mehl, 1 Messerspitze Hirsch-
hornsalz, 200 g Puderzucker,
2 bis 3 Eßl. Zitronensaft oder -sirup.

Den Honig mit dem Zucker erhitzen und wieder abkühlen lassen. Nach und nach Mandeln, Zitronat, Gewürze und Rum mit der Zuckermasse verrühren, dann das Mehl portionsweise einarbeiten. Das Hirschhornsalz in lauwarmem Wasser lösen und zuletzt unter den Teig mischen. Den Teig ausrollen und auf dem gefetteten Blech backen. Aus Puderzucker und Zitronensaft eine Glasur bereiten, den Kuchen damit beziehen und in kleine Rechtecke schneiden.

Leipziger Frühgemüse

200 g Schoten, 250 g Karotten,
150 g Kohlrabi, 150 g Spargel,
150 g Blumenkohl, 60 g Butter,
1 Eßl. Mehl, Semmelklößchen.

Für dieses feine Gemüsegericht kommt nur junges Gemüse in Frage. Die ausgelösten Erbsen abspülen. Die gewaschenen Karotten schaben; kleine bleiben ganz, größere in Viertel, Stifte oder Scheiben teilen. Die gewaschenen, geschälten Kohlrabi in Würfel oder Stifte und den geschälten Spargel in gleichmäßige Stückchen schneiden. Den sorgfältig geputzten, in Salzwasser gewaschenen Blumen-

kohl in Röschen zerteilen. Am besten schmeckt es, wenn jedes Gemüse für sich unter Zugabe von wenig Butter und Wasser gargedünstet wird. Erbsen, Karotten, Kohlrabi und Spargel zusammenschütten, mit dem Mehl bestäuben und nochmals aufkochen. In eine Schüssel füllen, mit Blumenkohl und Semmelklößchen anrichten.

Lendensteaks mit Füllung

500 g Rindslende, scharfer Paprika,
Salz, Pfeffer, 20 g gekochter Schinken,
20 g magerer Speck, 20 g Schnittkäse,
1 Knoblauchzehe, 20 g gekochte Pilze,
Butter oder Margarine.

Die Lende sorgfältig enthäuten und Steaks schneiden. Diese sehr flach ausklopfen und mit scharfem Paprika, Salz und Pfeffer würzen. Schinken, Speck und Käse in Streifen schneiden. Die gehackte Knoblauchzehe und die feingeschnittenen Pilze gut vermengen und auf die geklopften Steaks geben. Diese um die Füllung einschlagen und in Schmalz scharf anbraten, mit Butter oder Margarine nachbraten. Als Beilage Pommes frites und Tomaten-Gurken-Salat reichen.

Lentejas guisada
(Linsengericht aus Südamerika)

600 g Linsen, 200 g Zwiebeln,
1 Bund gewiegte Petersilie,
2 Knoblauchzehen, Öl, 2 Scheiben Brot,
1 große Tomate, 1 Teel. Paprikamark,
Salz.

Die gewaschenen Linsen über Nacht in kaltem Wasser einweichen. Am nächsten Morgen das Wasser weggießen, die Linsen mit 100 g halbierten Zwiebeln, der Hälfte der gewiegten Petersilie, 1 ungeschälten Knoblauchzehe und reichlich kaltem Wasser bei zugedecktem Topf auf kleiner Flamme zum Kochen bringen. In 1 bis 2 Stunden weichkochen lassen.

Das Brot in dem erhitzten Öl rösten, aus dem Bratfett nehmen und beiseite stellen. Von dem Öl so viel abnehmen, daß der Boden der Pfanne gerade noch bedeckt ist und darin 100 g in Würfel geschnittene Zwiebel goldgelb dünsten. Die abgezogene kleingeschnittene Tomate dazugeben und beides zusammen noch kurze Zeit dünsten lassen. Die Pfanne vom Feuer nehmen, das Paprikamark hinzufügen, alles gut miteinander verrühren und über die Linsen geben. Die zweite Knoblauchzehe zusammen mit Salz, restlicher Petersilie und dem gerösteten Brot fein zerstoßen, in 2 bis 3 Eßlöffel vom Linsenkochwasser anrühren und zu den Linsen geben. Alles kräftig verrühren und die Linsen nochmals 10 Minuten auf kleiner Flamme kochen lassen. Vor dem Auftragen des Gerichts die ganze Knoblauchzehe herausnehmen.

Liebes-Crusta
(Einzelportion)

1 Barlöffel Curaçao,
1 Barlöffel Maraschino,
2 Spritzer Zitronensaft,
2 Spritzer Wermut bitter,
4 cl Portwein, 1 Zitronenspirale.

Alle Zutaten mit Eiswürfeln mixen. Den Rand eines Weinglases mit einem eingeschnittenen Zitronenachtel befeuchten, das Glas mit dem Rand in Kristallzucker tauchen. Das Getränk vorsichtig in das Glas seihen, mit der Zitronenspirale garnieren.

Limfjorder Hochzeitssuppe

1 l frisch gepreßter Obstsaft
(roter Johannisbeersaft ist vorzuziehen), 40 g Sago oder 20 g Haferflocken, 4 geschälte und
entkernte Zitronenscheiben,
1/2 Teel. gemahlener Zimt, 30 g in Fruchtsaft eingeweichte Rosinen,
100 g entsteinte und in Fruchtsaft eingeweichte Backpflaumen (frische oder Konservenpflaumen können ebenfalls verwendet werden),
300 g gekochter Kabeljau.

Den Fruchtsaft langsam zum Kochen bringen, Sago oder Haferflocken einstreuen, Sago 30 Minuten, Haferflocken 10 Minuten im offenen Topf garziehen lassen.
Zitronenscheiben, Zimt, Rosinen und Pflaumen dazugeben.
Vom gekochten Kabeljau die Haut und die Gräten entfernen und den Fisch zerpflücken. In die heiße Fruchtsuppe geben, wieder aufkochen und noch 10 Minuten ziehen lassen. Mit Weißbrot servieren.

Linsen mit Backpflaumen

500 g Linsen, 100 g Rauchfleisch,
1 Zwiebel, 125 g Backpflaumen, Salz,
Essig.

Die vorbereiteten Linsen über Nacht in 1 Liter Wasser einweichen. Zusammen mit Rauchfleisch und Zwiebel kochen. Die ebenfalls zuvor in ½ Liter Wasser eingeweichten Backpflaumen getrennt garen. Linsen und Obst mischen. Das Rauchfleisch kleinschneiden und wieder zufügen. Alles noch einmal kurz aufkochen lassen und mit Salz und Essig abschmecken.

Linsensuppe »Kiew«

50 g getrocknete Pilze, Salz,
200 g Linsen, 100 g Margarine,
1 Zwiebel, ¼ l süße oder saure Sahne,
3 Eigelb, Pfeffer, Paprika.

Die vorgeweichten Pilze in Salzwasser kochen. Die ebenfalls eingeweichten Linsen in wenig Wasser und etwas Margarine garen, dann pürieren und mit ¾ l Pilzbrühe verdünnen. Fein zerkleinerte, in Margarine geröstete Zwiebel sowie die Pilze zufügen. In der Sahne die Eigelb verquirlen und damit die Suppe legieren. Mit Salz und Pfeffer abschmecken.

Linsentopf mit Fleischklößchen

500 g Linsen, Salz, 2 Zwiebeln,
2 Möhren, 1 Petersilienwurzel,
50 g Butter, 30 g Mehl, 1 l Fleisch
brühe, 1 kleine Knoblauchzehe,
Pfeffer, 1 Eßl. Essig.
Für die Fleischklößchen:
250 g Gehacktes, 1 Ei, Semmelbrösel,
Salz, Majoran, Pfeffer, Muskat.

Die Linsen über Nacht in kaltem Wasser einweichen und in dem Einweichwasser unter Zugabe von Salz weichkochen. Die Zwiebeln feinhacken, die Möhren und die Petersilienwurzel kleinschneiden, in Butter anrösten, mit Mehl überstäuben und mit der Fleischbrühe auffüllen. Alles 2 bis 3 Minuten kochen lassen. Dann die auf einem Sieb abgetropften Linsen dazugeben, mit der zerdrückten Knoblauchzehe, Pfeffer und Essig würzen und abschmecken. Etwa 15 Minuten weiterkochen lassen.
Für die Fleischklößchen alle Zutaten miteinander vermengen, zu Klößchen formen und in siedendem Salzwasser etwa 10 Minuten garziehen lassen. In den Linsentopf geben.

Linzer Torte

200 g Zucker, 250 g gemahlene Mandeln,
200 g Mehl, 1 gehäufter Teel. Kakao
pulver, 1 Teel. Zimtpulver,
1 Päckchen Vanillinzucker, 1 Messer
spitze gemahlene Gewürznelken, 1 Ei,
2 cl Kirschwasser, 250 g Butter,
200 g Himbeerkonfitüre, 1 Eigelb.

Zucker, Mandeln, Mehl, Kakao und Würzzutaten vermischen, auf ein Backbrett geben, in die Mitte eine Mulde drücken, Kirschwasser und Ei hineingeben, Butter in Flöckchen auf dem Rand verteilen. Alles rasch zu einem Teig kneten. Den Teig zugedeckt 1 Stunde im Kühlschrank ruhen lassen. ⅔ des Teiges ausrollen, in die gefettete und mit Semmelbröseln ausgestreute Springform legen, einen Rand drücken (2 cm hoch). Den restlichen Teig zu dünnen Rollen formen. Den Teigboden mit der Konfitüre bestreichen. Die Teigrollen gitterförmig darüberlegen, dann mit verquirltem Eigelb bestreichen. In der vorgeheizten Röhre 60 Minuten backen.

Liptauer Käse

250 g Quark, 125 g Butter,
1 Eßl. Edelsüß-Paprika,
schwarzer Pfeffer, ¼ Teel. Salz,
2 Teel. Kümmel, 1 Teel. Senf,
1 Teel. feingehackte Kapern,
1 Eßl. feingehackte Zwiebel,
⅛ l saure Sahne, 3 Eßl. feingehackter
Schnittlauch.

Den Quark durch ein Sieb rühren und
zu der weichen und verschlagenen
Butter geben. Alle übrigen Zutaten
zufügen und so lange schlagen, bis
eine ganz glatte Masse entstanden ist.

Löffelbiskuits

2 Eier, 5 Eigelb, 100 g Zucker,
125 g gesiebtes Mehl,
2 Teel. Backpulver,
1 Teel. Vanillearoma,
¼ Teel. feingeriebene Zitronenschale,
60 g gesiebter Puderzucker.

Eine große Rührschüssel in heißem
Wasser erwärmen und rasch gründlich
abtrocknen. Die Eier und Eigelb hineingeben, Zucker zufügen und schlagen, bis die Masse dick und blaßgelb
ist und ihr Volumen fast verdreifacht
hat. Nach und nach wenig Mehl zufügen und vorsichtig gründlich unterheben. Zum Schluß Vanillearoma und
Zitronenschale daruntermischen. Den
Eierteig in einen Spritzbeutel mit
einer 1 cm großen glatten Tülle füllen
und etwa 9 cm lange Streifen auf das
gefettete, mit Mehl bestäubte Backblech spritzen. Die Biskuits gleichmäßig mit Puderzucker bestäuben und
etwa 5 Minuten backen, bis sie goldgelb sind und eine Kruste haben.

Lothringer Speckkuchen

200 g Mehl, 100 g Margarine, Salz,
1 Eßl. Semmelbrösel, 200 g durch-
wachsener Speck oder Schinken,
4 Eier, Pfeffer,
1 Tasse ungeschlagene süße Sahne,
200 g Emmentaler Käse.

Das Mehl auf ein Backbrett sieben
und die Margarineflocken darauf verteilen. 1 Messerspitze Salz zugeben
und mit etwas Wasser rasch zu einem
Mürbeteig verkneten. ½ Stunde kaltstellen. Dann den Teig ausrollen und
eine gefettete Springform damit auslegen. Die Semmelbrösel daraufstreuen,
den gewürfelten Speck auf dem Tortenboden verteilen. Die verquirlten
Eier würzen, die Sahne unterrühren
und den geriebenen Käse untermischen. Auf den Tortenboden gießen.
Den Kuchen im heißen Ofen bei Mittelhitze 30 bis 40 Minuten backen.
Warm servieren. Dazu schmeckt Wein
oder Bier.

Löwenzahn-Cocktail
(Vorspeise)

150 g sehr zarte Löwenzahnblätter,
1 hartgekochtes Ei, 1 Zwiebel,
gehackter Dill, 100 g Joghurt,
20 g Öl, Salz, weißer Pfeffer,
Zucker, Zitronenecken,
Olivenscheiben.

Die Löwenzahnblätter putzen, sorgfältig waschen, die Stengel herausschneiden. Die Blätter in feine Streifen schneiden. Hartgekochtes Ei und
Zwiebel feinhacken und mit dem Dill
unter den geschnittenen Löwenzahn
mischen. Sofort in Cocktailgläser fül-

len. Aus Joghurt, Öl und Gewürzen schnell eine Marinade bereiten und über den Salat gießen. Zitronenecken an das Glas stecken, Olivenscheiben auf den Cocktail geben und sofort servieren.

Lukullus

300 g Kokosfett, 2 Eier,
300 g Puderzucker,
120 g Kakao, 4 Eßl. Orangensaft,
40 ganze geschälte Mandeln,
40 Butterkekse,
1 Päckchen Hartfettglasur.

Das Fett zerlassen. Die Eier mit dem gesiebten Puderzucker und dem Kakao schaumig rühren. Das abgekühlte, aber noch flüssige Fett nach und nach unterrühren. Mit Orangensaft (oder Orangenlikör) und 8 Eßlöffel heißem Wasser glattrühren. Eine Kastenform mit Pergament auslegen. Die Mandeln auf den Boden der Form verteilen. Eine dünne Schicht Schokolade darauffüllen und glattstreichen. Mit einer Schicht Kekse belegen, etwas andrükken. Dann abwechselnd Schokolade und Kekse so lange einschichten, bis beides aufgebraucht ist. Den Kuchen erkalten lassen und stürzen. Die Glasur im Wasserbad auflösen und über den Kuchen gießen.

Lustige Witwe
(Einzelportion)

2 cl Whisky, 2 cl Kirschlikör,
0,1 l Milch, 50 g Fruchteis.

Alle Zutaten gut miteinander verquirlen und sofort servieren.

Lyoner Soße

1 große Zwiebel, 1 halbe Stange
Porree, 40 g Butter oder Margarine,
30 g Mehl, etwa ⅛ l Milch,
50 g Champignons (Konserve), Salz,
weißer Pfeffer, geriebene Muskatnuß,
Petersilie, Estragon, Weißwein, Sahne.

Die Zwiebel in sehr feine Würfel und den Porree in sehr feine Streifen schneiden. Beides in der Butter anschwitzen, mit Mehl bestäuben, mit der Milch auffüllen, öfters rühren und einige Minuten kochen. Inzwischen die Champignons feinhacken, dazugeben, ebenso die Gewürze und die gehackten Kräuter. Nochmals kurz aufkochen, Weißwein und Sahne dazugeben, pikant nachwürzen und sofort servieren.
Lyoner Soße paßt ausgezeichnet zu gekochtem oder gebratenem Geflügel, gekochtem Kalbfleisch, Lammbraten, gedünstetem Fisch und pochierten Eiern.
Stehen frische Champignons zur Verfügung, werden diese feingehackt mit dem Porree angeschwitzt.

»Mahlzeit!« grüßt man sich täglich um die Mittagszeit. Der Wunsch
schließt ein, sie möge gut verlaufen. Dafür gibt es von alters her Ratschläge
und Normen.

»…Greif nicht nach allem, was du siehst, und nimmt nicht, was vor ihm
(dem Gastgeber) in der Schüssel liegt. Nimm es bei dir selbst ab … und
halte dich vernünftig in allen Stücken. Iß wie ein Mensch, was dir vorgesetzt wird; und friß nicht zu sehr, auf daß man dir nicht gram werde. Um
der Zucht willen höre du am ersten auf, und sei nicht ein unsättiger Fraß,
daß du nicht Ungunst erlangest. Wenn du bei vielen sitzest, so greif nicht
als erster zu …«[69]

Diese wohlmeinenden Verhaltensregeln stammen keineswegs aus einem
Vorläufer des allbekannten »Knigge«, sondern – aus der Bibel. Überhaupt
sind in der Menschheitsgeschichte Zubereitung wie Verzehr von Speise
und Trank von vielen unterschiedlichen kultischen wie religiösen Vorschriften begleitet worden. Wohl weit weniger bekannt wird sein, wie man
früher zu Tische saß. Das wird, meist beiläufig, in historischen oder belle-
tristischen Schriften, erwähnt. Ausnahmen gibt es auch hier. So berichtet
Homer (um 800 v. u. Z.) in seiner »Odyssee« recht ausführlich, wie der
göttliche Sauhirt Eumaios dem Odysseus ein Schwein schlachtete:
»…Dann legte der Sauhirt von allen / Gliedern den ersten Schnitt in eine
üppige Fettschicht / Und warf diese, bestreut mit Gerstenmehl, in die
Flamme. / Dann zerstückelten sie den Rest und beluden die Spieße, / Brie-
ten alles bedächtig und zogen es wieder herunter, / Warfen es dann auf Tische in Haufen, und diese zu teilen, / Hob sich Eumaios empor, er wußte
ja, was sich gebührte. / Und so zerlegte er alles in sieben gesonderte
Teile, / Legte den Nymphen und Hermes, dem Sohne der Maia, den
einen / Teil laut betend beiseite und reichte dann jedem den seinen; /

Doch den gestreckten Rücken des hauerbleckenden Schweines / gab er ehrend Odysseus ...«[70] Der Schweinerücken galt im alten Griechenland als große Delikatesse. Zu Homers Zeiten saß man noch am Tische; erst später, als die Griechen orientalische Üppigkeit kennengelernt hatten, lagen sie beim Essen. Das erklärt sich auch daraus, daß solche Gastmahle Stunden dauerten und die Speisen eigentlich den kleineren Teil der Festivität ausmachten. Viel wichtiger war das sich anschließende Symposion, ein »dem guten Geiste« gewidmetes »Trankopfer«, besser ein Trink*gelage*, das von Musik, Tanz und anderweitiger Unterhaltung begleitet wurde. War es auch unbequem, liegend zu essen, Trinken und Genießen ließ sich auf einem »lectus« sicher vorzüglich.

Bestecke kannten die alten Griechen nicht. Man griff mit den Fingern zu oder benutzte eine Art »Brotlöffel«, der aus Brotrinden geschnitzt wurde. Man aß ihn aber nicht mit, sondern warf ihn nach der Suppe – wie manch anderes auch – einfach unter den Tisch. Für die Hunde. Bei diesen Gepflogenheiten ist es nicht verwunderlich, daß man auf ein gewisses Maß an Hygiene achtete. Vor und nach der Mahlzeit war ein Handbad üblich; auch der Füße wurde zu Beginn gedacht: Sklaven lösten die Sohlen, wuschen und salbten die Füße der Geladenen. Pünktlichkeit war wichtig, auf späterkommende Gäste wurde nicht gewartet. Frauen waren bei solchen Gastmahlen ohnehin nicht zugelassen, nur Hetären durften mit den Männern speisen.

An jede Liegestatt, auf der immer zwei Gäste Platz nahmen (die Liegeordnung bestimmte der Hausherr, und der ehrenvollste Platz war stets bei ihm), trug man kleine Tische, an denen serviert wurde. Tischtücher und Servietten kannte man noch nicht; letztere kamen erst in Rom auf und wurden dort ganz anders als heute üblich benutzt: Man trug darin recht ungeniert die besten Bissen nach Hause. Schon zur Zeit des Horaz (65–8 v. u. Z.) wurde die »Mappa«, meist mit Purpursaum oder Goldfransen verziert, so verwendet.

Von Martial (40–102) wissen wir, daß einige die gütige Erlaubnis des Gastgebers, sich von den Leckereien etwas einzupacken, mißbrauchten. Ein gewisser Cäcilianus soll – noch bevor die übrigen Gäste zulangen konnten – seine Mappa mit einer Schweinebrust, einer gekochten Taube, Hühnerkeulen, dem Mittelstück einer Muräne und anderen Fischen gefüllt haben. Und das nicht etwa, weil er vielleicht notleidend war und sich auch am nächsten Tage davon ernähren wollte, sondern um – das war damals üblich – die von einem berühmten Koch bereiteten Speisen meistbietend auf dem Markt zu verkaufen.[71]

Hier wird erkennbar, daß die Römer griechische Tafelbräuche in Luxus übertrafen. Der Name eines ihrer berühmten Feinschmecker, Lucullus (117–57 v. u. Z.), ist zum Synonym für auserwählte Menüs geworden.

Ein Messer benutzte übrigens nur der Vorleger. Löffel wurden zu Brei, Brühen, Eiern und Würzen gereicht, ansonsten bediente man sich der Finger. Um den Appetit zu schärfen, wusch man vor dem Essen nicht nur die Hände, nein, man nahm gleich ein Vollbad. Ja, man badete sogar zwischen den einzelnen Gängen. Die Völlerei brachte noch eine andere merkwürdige Einrichtung in römische Häuser, die Vomitorien. Das waren Räume, in denen sich die Gäste mittels Brechmitteln ihres Mageninhaltes entledigten, um anschließend weiteressen zu können ...

Sitte war, zu einem Mahl nicht weniger Gäste zu laden, als die Zahl der Grazien betrug, also drei, und nicht mehr, als die Zahl der Musen, also neun. Eine ungeladene Person durfte nur mitgebracht werden, wenn der Hausherr das ausdrücklich erlaubt hatte.

Kleine Tische wurden jeweils an die »lecti« geschoben. Auf diesen Liegen nahmen in Rom jeweils drei Gäste Platz.

Zur gleichen Zeit saßen die Kelten auf Heubüscheln um einen niedrigen Tisch, der entweder aus umgekehrten Schilden bestand oder aus rohen Brettern, die man auf Stützen oder ein Fundament legte. Es sollte noch Jahrhunderte dauern, bis man in den nördlicheren Gefilden Tische und Stühle (oder Bänke) als ständige Einrichtung gelten ließ.

Auch die Angelsachsen kannten drei Mahlzeiten. Früh das Brechen der Faste – breakfast –, im heutigen englischen Namen ist die Tradition bewahrt. Mittags gab es den Lunch, abends das Dinner, bald die Hauptmahlzeit. Getrunken wurde erst nach dem Essen. Trinkhörner und Becher hielt man in Ehren. So schenkten neugebackene Ehemänner ihren Frauen als Morgengabe meist ein wertvolles Trinkgefäß. Trompetenstöße und Musik leiteten im Mittelalter die Freuden der Tafel ein. Die Gäste saßen paarweise am Tisch und wurden auch paarweise mit je nur einer Schüssel bedient. Wer aus einer Schüssel aß, mußte sich vertragen; so stellte die Sitzordnung einen öffentlich bekundeten Freundschaftsbeweis dar.

Teller gab es auch hier noch nicht. Brot diente als Unterlage für saftige Fleischspeisen. Vornehme Gäste erhielten eine Silberplatte noch unter das Brot – daraus hat sich dann später der Teller entwickelt.

Rituale und Tafelsitten wurden im Laufe der Zeit nur verfeinert, kaum verändert. Seit dem 15. Jahrhundert etwa gab es dann auch Speisetische und Speisezimmer. Später legte man Polster auf die Bänke, schmückte kahle Wände mit Teppichen – vor allem Kreuzritter waren sich nach der Begegnung mit orientalischer Kultur eigener Ärmlichkeit bewußt geworden.

Auch die Lebensgewohnheiten veränderten sich. Die obere Gesellschaftsschicht stieg nicht mehr mit den Hühnern aus dem Bett, sondern pflegte ein geselliges Leben, das sich mehr in den Abendstunden abspielte. So wurde das Mittagsmahl weniger wichtig; dafür stieg das Abendessen in seiner Bedeutung. Trotzdem kannte man noch keine Bestecke im heute üblichen Sinn. Ein Messer brachte jeder Gast selbst mit; Herren wie Damen trugen es am Gürtel. Löffel stellte der Gastgeber bereit, Zahnstocher trug man als auffälligen Schmuck, sogar am Hut. Da nun schon auf die Geschlechter Bezug genommen ward – bis zum 12. Jahrhundert aßen Männer und Frauen in getrennten Räumen. Erst danach gab es eine gemeinsame Tafel, die hufeisenförmig war und an je einer Seite Damen und Herren Platz bot. Und da schon von Messern und Löffeln die Rede war; die Gabel gesellte sich ihnen relativ spät zu. Zunächst war sie, dreizinkig, nur ein Küchengerät, Heinrich III. (1551–1589) verhalf ihr zu ihrem Dasein als ständige Begleiterin von Messer und Löffel.

Von da an galt es als vornehm, ständig mit Messer und Gabel zu essen. Und da man gelegentlich eines dieser Werkzeuge entbehren konnte, wurden die Messerbänkchen erfunden. Früher hätte man ebenso ungeniert den Zahnstocher dort abgelegt.

Wer sich heute über bestimmte, teils unerklärliche Regeln wundert, sollte wissen, daß es stets Vorschriften für das Essen gab. Ein Ratgeber aus dem 15. Jahrhundert empfiehlt, nicht auf den Tisch zu spucken, sondern darunter. Wer Tunken in den Wein tat, mußte ihn austrinken oder ausschütten. Unter den Tisch. Deshalb folgte darauf der Rat, sich erst umzusehen, bevor man sich auf einen Platz setzte. Er hätte ja verschmutzt sein können. Sich vor dem Essen zu waschen, war Gesetz; was danach geschah, blieb jedem selbst überlassen. Speisen mit dem Messer zum Munde zu führen, galt im 15. Jahrhundert – wie heute – als unschicklich. Zähne mit dem Messer zu stochern war regelrecht verboten, auch, sich in die Hand zu schneuzen, die gewöhnlich das Essen hielt, die rechte also.

Daß ständig gegen diese, aus verständlichen Gründen aufgestellten Bräuche verstoßen wurde, zeigt uns die schöne Literatur. In seinem Epos »Der Ring...« hält Heinrich Wittenwiler[72] der mittelalterlichen Zunft den Spiegel hin: Auf den Wunsch, höfische Sitten kennenzulernen, wird einem jungen Bauern geantwortet: »Begehrt er das, so ist mein Rat / Daß er sich selbst zum Hof aufmache, / Da lernt er Zucht in vielerlei Sache: / Von den Hühnern Gackern und Schwatzen / Und von den Schweinen säuisch Schmatzen...«

Bis um 1500 waren gesellschaftliche Unterschiede in den Tischsitten kaum anzutreffen. Vom König bis zum armen Bauern aßen alle mit den

Händen, Völlerei und Trunkenheit waren üblich, man rülpste und gab noch andere, weniger feine Geräusche von sich, um Wohlbehagen auszudrücken.

Die Mahlzeiten der armen Bauern hatten damals ebenfalls mehrere Aufgaben; sie waren sowohl eine Ruhepause von der schweren Arbeit wie auch Gelegenheit, über wichtige Angelegenheiten der Familie und des Dorfes zu sprechen. So wurde beispielsweise beim Frühstück die Tagesarbeit eingeteilt.

Was uns heute von allem geblieben ist, mag mancher fragen. Zunächst ein überliefertes Regelwerk, nach dem wir selbst speisen und das seine Wurzeln in eben dieser Geschichte hat. Zum anderen allerlei Aberglauben. Zum Beispiel derartige Reden: Steht der Tisch nicht fest, hat die Hausfrau das Regiment im Haus übernommen. Fällt Speise zur Erde, bedeutet das Mißgunst der Gäste. Wer heruntergefallenes Brot nicht aufhebt, muß einmal Hunger leiden …

Sicher, man kann sich über die an dieser Tradition geschulten, heute üblichen Eßweisen hinwegsetzen, sie nicht akzeptieren wollen, gegen sie verstoßen. Man sollte sie aber dennoch zur Kenntnis nehmen als einen Teil der Menschheitsgeschichte, der auf uns überkommen ist und den wir fortsetzen, ob bewußt oder unbewußt. Keiner sollte glauben, heute höfische Tischsitte oder bürgerliche »Rangordnungstafeln« kopieren zu müssen. Denn in unsere Gewohnheiten ist auch schon erwähnte bäurisch-proletarische Tradition eingegangen: Alle um einen Tisch, zwangloser, natürlicher Umgang miteinander; Achtung vor den Speisen, solidarisches Teilen von Brot und Suppe, Gemeinsamkeit von Mann und Frau auch am Tisch – das bestimmt unsere Umgangsformen wohl mehr als die Sorge, jedem den ihm gemäßen Platz in der Runde zuzuweisen!

Unsere Zeit hat neue Tischsitten und Gewohnheiten geprägt:

> Der gefräßige Gast
>
> Was auf den Tisch kommt, steckst du gierig ein:
> ein Haselhuhn, bestimmt für zwei am Tisch,
> 'ne ganze Schweinsbrust, drauf ein Rippenstück,
> drauf einen halben, drauf'nen ganzen Fisch;
> drauf'ne Muränenflanke, dann ein Viertel Huhn,
> 'ne Ringeltaube, schwimmend noch im Fette:
> das raffst du fort und schickst den Burschen heim
> mit einer vollen, triefenden Serviette.
> *Martial* (40–102)[73]

Macceroni alla milanese
(Mailänder Makkaroni)

*250 g Makkaroni, Salz, 60 g Butter
oder Margarine, 200 g Champignons,
250 g Schinken, ½ Flasche Tomatenmark, Pfeffer, Oregano,
1 Prise Zucker, nach Belieben eine
Spur Knoblauch, 75 g Parmesan oder
anderer Reibekäse.*

Die Makkaroni in siedendes Salzwasser geben, 12 bis 15 Minuten kochen
lassen, abseihen, kalt abspülen und
gut abtropfen lassen. Die Butter erhitzen. Die vorbereiteten, kleingeschnittenen Champignons sowie den in
Streifen geschnittenen Schinken darin
anrösten, mit dem Tomatenmark verrühren und mit Pfeffer, Oregano, Zukker und Knoblauch würzen. Auf kleiner Flamme 10 Minuten schmoren
lassen. Die Makkaroni untermischen,
mit Parmesan bestreuen und als Vorspeise oder mit grünem Salat als
Hauptgericht servieren.

Madeirasoße

*50 g Bauchspeck, 1 Bund Suppengemüse,
1 Zwiebel, 200 ml Fleischbrühe
(Würfel), etwa 20 g Tomatenmark,
weißer Pfeffer, Salz, 30 g Mehl,
30 g Butter, etwa 100 ml Madeira oder
spritziger Rotwein, Zitronensaft.*

Speck, Suppengemüse und die Zwiebel in feine Würfel schneiden. Den
Speck auslassen, die Gemüsewürfel
dazugeben, alles gut rösten, etwas Tomatenmark hinzugeben, kurz anrösten, mit der heißen Fleischbrühe auffüllen, würzen und etwa 10 Minuten
kochen lassen. Inzwischen das Mehl

in der Butter bräunen, in die Soße
rühren, den Wein dazugeben und alles einige Minuten leise kochen lassen. Zuletzt die Soße mit Zitronensaft
pikant abschmecken, gegebenenfalls
nachwürzen und durch ein Haarsieb
passieren. Madeirasoße schmeckt vorzüglich zu gekochter Rinderzunge.

Maibowle

*400 g Wald- oder Gartenerdbeeren,
750 g Ananas, etwa 10 Zitronen-
melisse-Blätter, 2 Flaschen Weißwein,
2 Flaschen Sekt rosé.*

Die Erdbeeren unter fließendem Wasser waschen, gut abtropfen lassen und
abzupfen. Eine Scheibe Ananas ins
Bowlengefäß geben, die restliche Ananas in Stücke schneiden. Diese mit
den Erdbeeren und der Zitronenmelisse ebenfalls in das Gefäß geben und
mit dem gut gekühlten Wein auffüllen. Die Bowle zudecken und 2 bis
3 Stunden kühl stellen. Vor dem Servieren den eisgekühlten Sekt darübergießen.

Mailänder Hackfleischrollen

Für den Teig: *300 g Mehl, Salz,
1 Prise Zucker, 1 Ei, 3 Eßl. Öl.*
Für die Füllung: *250 g Leber,
750 g Gehacktes halb und halb,
2 Zwiebeln, 1 Knoblauchzehe, 1 Ei,
2 Bund Majoran, Salz, Pfeffer,
Fett für das Backblech, 50 g Butter
oder Margarine zum Bestreichen.*

Das Mehl auf ein Brett sieben, in die
Mitte eine Mulde drücken, Salz, Zukker, Ei und Öl hineingeben. Alles mit

einem Messer hacken. Dann nach und nach 100 ml Wasser zugeben. Mit dem Messer weiterarbeiten, bis der Teig knetbar ist. Dann mindestens 10 Minuten weiterkneten, bis der Teig geschmeidig ist. Den Teig zu einer Kugel formen, auf ein leicht bemehltes Blech legen, mit Öl bepinseln und eine Schüssel darüberstülpen. Mindestens 30 Minuten ruhen lassen. Inzwischen für die Füllung die Leber in Würfel schneiden und anschließend pürieren. Das Gehackte zugeben. Kleingeschnittene Zwiebel, zerdrückten Knoblauch, Ei und zerpflückten Majoran zufügen, mit Salz und Pfeffer würzen und gut verkneten. Den Teig ausrollen, auf ein bemehltes Handtuch legen und wie einen Strudelteig hauchdünn ausziehen. In 20 cm lange und 60 cm breite Streifen schneiden. Jeden Streifen mit Füllung bestreichen, aufrollen, auf ein gefettetes Backblech legen und mit Fett bestreichen. Im vorgeheizten Backofen bei 225 °C etwa 30 Minuten backen. Die einzelnen Rollen vor dem Servieren in 5 cm dicke Scheiben schneiden, auf einer Platte anrichten und mit einem Tomatensalat servieren.

Mailänder Huhn mit Basilikum

1 Huhn, Pfeffer, Salz, 2 Zwiebeln,
100 g Speck, 2 Eßl. Öl, 8 bis
10 Tomaten, ½ Teel. Basilikum,
1 Knoblauchzehe, 1 Teel. Mehl,
1 Glas Rotwein, 1 Bund Petersilie.

Das Huhn in 8 Teile zerlegen und mit Pfeffer und Salz würzen. Die Zwiebel in Würfel schneiden, ebenso den Speck und beides in heißem Öl anschwitzen. Darin die Hühnerstücke anbraten und die abgezogenen und in Stücke geschnittenen Tomaten zugeben. Mit dem Basilikum und der zerdrückten Knoblauchzehe würzen. Im zugedeckten Topf garschmoren lassen. Die Soße mit wenig Mehl binden. Dann den Rotwein darübergeben und mit gehackter Petersilie bestreuen. Vom Feuer nehmen und mit Teigwaren oder Reis servieren.

Mailänder Soße

Für den braunen Fond: 1 Wurzelwerk,
etwa 200 g feingehackte Kalbsknochen
und Schinken- oder Speckschwarten,
30 g Margarine, Salz, Pfefferkörner,
1 Lorbeerblatt, 1 bis 2 Gewürznelken.
Für die Soße: 1 Zwiebel,
etwa 40 g Kochschinken, 30 g Butter
oder Margarine, 1 Teel. Mehl,
30 g Tomatenmark, 30 g Champignons,
weißer Pfeffer, 1 Prise Zucker,
Knoblauchsalz.

Das Wurzelwerk waschen, putzen, in Würfel schneiden und mit den Knochen und Schwarten in Margarine scharf anbraten. Dann sofort mit ½ Liter Wasser auffüllen, Gewürze und Salz dazugeben und alles etwa 90 Minuten leise kochen lassen. Inzwischen die Zwiebel schälen, in feine Würfel schneiden, ebenso den Schinken, beides in der Butter goldgelb anschwitzen und mit Mehl bestäuben. Nochmals anschwitzen und die vorbereitete Brühe darüberpassieren. Sofort gut verrühren, Tomatenmark und Champignons dazugeben. Mit Pfeffer, Zucker und Knoblauchsalz kräftig würzen. Nochmals einige Minuten kochen lassen, nachschmecken und sofort servieren.

Mailänder Soße ist die typische Soße zu Teigwaren und Risotto.

Maissalat mit Krabben
(Vorspeise)

200 g Maiskörner (Konserve),
100 g Krabben (Konserve), 2 Tomaten,
gehackte Kräuter, 1 Zwiebel,
30 g Salatöl, Essig,
Salz, weißer Pfeffer, etwas
zerriebener Salbei.

Die überbrühten Tomaten häuten, halbieren, entkernen und in Streifen schneiden. Die Zwiebel schälen und feinhacken. Beides mit den Maiskörnern, Krabben und gehackten Kräutern vermengen und mit Öl, Essig, Salz, Pfeffer und Salbei marinieren. Abdecken und etwa 30 Minuten durchziehen lassen. Dann nachschmecken, anrichten und mit Salatblättern garnieren.

Mais-Sellerie-Suppe

1 Zwiebel, 50 g Sellerie,
20 g Butter, 200 g gare Maiskörner,
Fleischbrühe, etwas helle Soße,
1 Eigelb, 150 ml Milch, Salz, Dill.

Die Zwiebel und den vorbereiteten Sellerie kleinschneiden und in wenig Butter leicht anschwitzen. Die Maiskörner, etwas Brühe oder Wasser zugeben und alles 15 Minuten dünsten lassen. Dann alles durch ein Sieb streichen oder im Mixer pürieren, mit etwas heller Soße verrühren und nochmals aufkochen lassen. Das Eigelb in

der Milch verquirlen und damit die Suppe abziehen. Zuletzt einen Stich Butter zufügen und mit Salz abschmecken. Mit Dill bestreuen.

Majoranfisch

800 g Fischfilet, Zitronensaft, Salz,
400 g Äpfel, Öl, Majoran.

Das Fischfilet portionieren, säuern und salzen. Die Äpfel schälen und in Stifte schneiden. In einem Topf Öl erhitzen, das Fischfilet zusammen mit den Apfelstiften zugeben, etwas Majoran darüberstreuen und zugedeckt auf kleiner Flamme dünsten, eventuell wenig Wasser angießen.

Majoranhähnchen vom Mittelmeer

1 bis 2 Broiler, Salz, Pfeffer,
3 Bund Majoran, 2 Knoblauchzehen,
50 g Butter, Bratfett, 2 grüne und
1 gelbe Paprikafrucht, 500 g Tomaten,
1/4 l Weißwein.

Die gewaschenen Broiler trockentupfen. Innen und außen mit Salz und Pfeffer einreiben. Je 1 Bund Majoran in die Bauchöffnung geben. Zerdrückten Knoblauch mit der weichen Butter mischen und die Broiler damit einreiben. Das Bratfett in einer Pfanne erhitzen, die Broiler hineingeben und im vorgeheizten Backofen bei 225 °C braten. Inzwischen die vorbereiteten Paprikafrüchte in Streifen schneiden. Die Tomaten überbrühen und häuten. Nach 20 Minuten Bratzeit die Paprikastreifen zu den Broilern geben. Dabei nach und nach den Weißwein zugießen. Dann die Tomaten ebenfalls zufügen. Das Gemüse gut vermischen und alles noch weitere 10 bis 15 Minuten braten. Den restlichen Majoran von den Stielen streifen und vor dem Servieren über das Gericht geben.

Makkaroni-Auflauf

300 g gekochte Makkaroni,
100 g Butter, 250 g gares Geflügel-
fleisch oder Jagdwurst,
50 g Champignons, ¼ Liter saure
Sahne, 2 Eier, 1 Prise weißer Pfeffer,
1 Prise geriebene Muskatnuß,
100 g Reibekäse, Butter und Semmel-
brösel für die Form.

Unter die heißen Makkaroni 50 g Butter, das kleingeschnittene Geflügelfleisch und die feinblättrig geschnittenen Champignons mischen. Die geschlagenen Eier, die saure Sahne, Pfeffer und Muskat ebenfalls zugeben. Alles gut miteinander vermischen und in eine ausgefettete und mit Semmelbröseln ausgestreute Auflaufform geben. Mit Käse bestreuen und Butterflöckchen auf den Auflauf setzen. In der heißen Röhre etwa 30 Minuten backen. Grünen Salat dazu reichen.

Makrele in saurer Sahne

5 mittlere Makrelen, Salz, Pfeffer,
Butter, ½ l saure Sahne, 2 Eßl. ge-
hackter Dill, 4 Eßl. Reibekäse,
4 Eßl. Semmelbrösel.

Die gewaschenen Makrelen filetieren, salzen, pfeffern und in eine gebutterte feuerfeste Form legen. Die saure Sahne glattrühren, mit dem Dill ver-

mischen und über den Fisch gießen. Mit Reibekäse und Semmelbröseln bestreuen, Butterflöckchen obenaufgeben und im heißen Ofen etwa 25 Minuten backen. Dazu Pellkartoffeln reichen.

Makrelen auf bulgarische Art

4 große Makrelen oder die entsprechende
Menge Makrelenfilets, Essig, Salz,
Edelsüßpaprika, Knoblauchpulver,
60 g Öl, 4 Paprikafrüchte (möglichst
verschiedenfarbige), 250 g Tomaten
oder 125 g Tomatenmark, ⅛ l Fleisch-
oder Würfelbrühe, ½ Glas Rotwein,
Pfeffer, Thymian, 2 mittlere Zwiebeln.

Die Makrelen sauber ausnehmen, die Köpfe entfernen und von der Schwanzseite her mit einem scharfen Messer an der Mittelgräte entlang Filets schneiden. Die Haut bleibt an den Filets. Diese kurz abspülen, mit Essig beträufeln und mit Salz, Paprika und Knoblauchpulver würzen.
Das Öl in einer feuerfesten Form erhitzen, in Streifen geschnittene, von Kernen und Adern befreite Paprikafrüchte, Tomatenscheiben oder Tomatenmark dazugeben, die warme Brühe sowie den Rotwein aufgießen und das Gemüse halbgar dünsten. Mit Knoblauchpulver, Salz, Pfeffer und Thymian abschmecken. Die Makrelenfilets obenauflegen, den Deckel schließen und 20 Minuten weitergaren. Nochmals abschmecken.
Die Makrelenfilets mit goldgelb gerösteten Zwiebelringen bestreuen. Mit körnig gekochtem Reis zu Tisch geben. Als Getränk ist dazu Rotwein zu empfehlen.

Makrelenfilets
auf Tomatenspaghetti

1 kg frische Makrelen oder
400 g Makrelenfilet, Essig, Zitronen-
saft, Salz, 1 Lorbeerblatt, 3 Gewürz-
körner, 5 Pfefferkörner,
50 g helle Mehlschwitze,
3 Teel. Tomatenmark,
Pfeffer, 150 g Spaghetti,
Semmelbrösel, Reibekäse,
1 Teel. milder Paprika, 50 g Butter.

Die Makrelen säubern, die Köpfe entfernen und Filets daraus schneiden. Die Haut an den Filets lassen. Diese gut waschen, mit Essig oder Zitronensaft beträufeln und leicht salzen. In $1\frac{1}{2}$ Tassen Wasser, dem ganz wenig Essig beigegeben wurde, die Filets unter Zugabe von Lorbeerblatt, Gewürz- und Pfefferkörnern bei geschlossenem Topf 15 bis 20 Minuten garen. Die Makrelenfilets herausnehmen und warm stellen. Aus dem Fischsud, der Mehlschwitze und dem Tomatenmark eine Soße bereiten, durchkochen, mit Pfeffer, Salz und Zitronensaft kräftig abschmecken. In dieser Soße die extra gegarten, heißen Spaghetti durchschwenken. Die Hälfte der fertigen Spaghetti in eine gebutterte feuerfeste Form geben. Darauf die Makrelenfilets betten und mit den restlichen Spaghetti abdekken. Alles mit einer Mischung aus Semmelbröseln, Reibekäse und Paprika bestreuen. Butterflöckchen obenauf verteilen und in der heißen Backröhre überbacken, bis der Käse geschmolzen ist. Mit grünem Salat auftragen. Jedes andere Fischfilet – außer Hering – kann dazu ebenfalls verwendet werden.

Makrelen »Genfer Art«

4 Makrelen, Essig, Salz, Pfeffer,
50 g Mehl, 50 g Butter, Öl zum
Braten, $1\frac{1}{2}$ Zitrone, 2 Scheiben
Weißbrot, 20 g Kapern.

Die sauber ausgenommenen Makrelen von Köpfen und Flossen befreien, waschen, mit Essig innen und außen beträufeln, mit Salz und Pfeffer einreiben. Dann die Fische innen und außen mit Mehl bestäuben und das Mehl gut andrücken.
In heißem Öl, dem etwas Butter beigegeben wurde, von allen Seiten unter öfterem Begießen mit dem Bratfett garbraten. Die Fische auf einer vorgewärmten Platte anrichten, mit Zitrone beträufeln. Zum Bratfett noch etwas Butter geben und das zu Würfeln geschnittene Weißbrot darin goldgelb braten. Die Makrelen mit geschälten und entkernten Zitronenscheiben belegen und mit den Kapern garnieren. Über das Ganze die gebratenen Brotwürfel streuen.
Mit Salzkartoffeln und grünem Salat servieren. Ein Glas Riesling als Getränk paßt ausgezeichnet dazu.

Makrelenspieße

2 bis 3 Makrelen, 1 große Zwiebel,
50 g durchwachsener Speck, 2 rote
Paprikafrüchte, $\frac{1}{8}$ l Apfelsaft,
2 Eßl. Rotwein, 1 Eßl. Zitronensaft,
1 Eßl. feingehackter Dill, einige
Spritzer Worcestersauce, Salz, Pfeffer, Öl.

Die Makrelen filetieren und in Stücke schneiden. Die Zwiebeln vierteln und in Spalten teilen. Den Speck und die Paprikafrüchte in Scheiben schneiden.

Alle Zutaten abwechselnd auf Metallspieße ziehen und etwa 1 Stunde in eine Marinade aus Apelsaft, Rotwein, Zitronensaft, Dill und Worcestersauce legen. Danach herausnehmen, gut abtropfen lassen – gegebenenfalls trockentupfen –, mit Salz und Pfeffer würzen, mit Öl bepinseln und 10 bis 12 Minuten grillen.

Makronen-Pfirsiche

3 große saftige Pfirsiche, 2 Eiweiß,
60 g Zucker, 50 g gemahlene Haselnüsse,
3 Eßl. Haferflocken, 6 ganze Haselnüsse.

Die Pfirsiche mit kochendem Wasser übergießen, mit kaltem Wasser abspülen und die Haut abziehen. Halbieren und die Steine entfernen. Die Hälften mit der Rundung nach unten in eine feuerfeste Form setzen. Das Eiweiß steif schlagen, Zucker, gemahlene Haselnüsse und Haferflocken vorsichtig unterheben. Diese Masse auf die Pfirsichhälften häufen, mit einer Haselnuß garnieren. Die Pfirsiche im vorgeheizten Ofen bei 175°C etwa 20 Minuten backen. Heiß oder gut gekühlt servieren.

Malteser Soße

200 g Butter, 5 Eigelb, etwas
Weißwein, Zitronensaft, Salz,
weißer Pfeffer, Cayennepfeffer,
Saft von 1 großen Blutorange,
etwas abgeriebene Blutorangenschale.

Die Butter zerlaufen lassen, aber nicht bräunen! Inzwischen die Eigelb mit Weißwein, Zitronensaft und Salz in ein geeignetes Gefäß geben und im heißen Wasserbad mit einem Schneebesen rühren oder aufschlagen, bis die Masse cremig und dicklich ist. Dann außerhalb des Wasserbades die Butter unterrühren. Anfangs tropfenweise, später etwas schneller. Zuletzt Pfeffer, Orangensaft und Orangenschale dazugeben, nachschmecken und sofort servieren.

Zu kurzgebratenen oder gegrillten Fleischspeisen und Fischgerichten.

Mandelheringe

2 große Salzheringe, 50 g süße
Mandeln, 1 Eßl. Öl,
100 g Mayonnaise, 4 Eßl. Kondensmilch,
1 Eßl. feingehackter Schnittlauch, 1 Apfel,
Zitronensaft, Zucker, 1 hartgekochtes Ei.

Gut gewässerte Salzheringe von Haut und Gräten befreien und die Filets in fingerbreite Bissen schneiden. Die abgezogenen Mandeln im Öl hellgelb rösten und dann backen. Aus Mayonnaise, Kondensmilch, feingehacktem Schnittlauch und dem geschälten, feingewürfelten Apfel eine Salatsoße bereiten. Mit Zitronensaft und wenig Zucker abschmecken.

Die Heringsbissen mit der Salatsoße mischen, durchziehen lassen und mit den Mandeln bestreuen. Mit Eischeiben garnieren.

Mandelhuhn Sinkiang

1 kleines Suppenhuhn, 1 Wurzelwerk,
Salz, 100 g Margarine, 2 Zwiebeln,
2 Möhren, 4 Eßl. abgezogene,
geriebene Mandeln, 2 Eßl. Mehl,
1/2 l Hühnerbrühe, Pfeffer, Curry, 1/2 Zitrone.

Das gewaschene Suppenhuhn mit dem geputzten Wurzelwerk in kochendem Salzwasser nicht ganz garkochen und danach in Portionsstücke tranchieren. In der Margarine braun braten. Die in Würfel geschnittenen Zwiebeln, die feingeriebenen Möhren sowie die Mandeln dazugeben. Das braun gebratene Fleisch herausnehmen, den Bratensatz mit Mehl bestäuben und mit Hühnerbrühe auffüllen. Die Soße mit Pfeffer, Salz, Curry, Zitronensaft und etwas abgeriebener Zitronenschale pikant abschmecken, die Fleischstücke hineinlegen, gut heiß werden lassen und servieren. Dazu körnig gekochten Reis und einen Salat reichen.

Mandelkonfekt

75 g Honig, 50 g Zucker,
abgeriebene Schale von 1/2 Orange,
30 ml Sahne, 250 g Mandelstifte,
1 gehäufter Teel. gemahlener Zimt,
Margarine zum Einfetten.

Honig und Zucker unter ständigem Rühren langsam erhitzen, bis sich der Zucker gelöst hat. Orangenschale und Sahne zufügen und so lange rühren, bis eine glatte Masse entstanden ist. Den Topf vom Herd nehmen, Mandelstifte und Zimt unterziehen. Ein Backblech mit Alufolie auslegen und diese einfetten. Mit zwei Teelöffeln, die zwischendurch immer wieder in heißes Wasser getaucht werden, kleine Häufchen abstechen und auf das Blech setzen. Das Mandelkonfekt über Nacht trocknen lassen. – Nach Belieben das Konfekt noch mit Schokoladenglasur überziehen.

Mandelkuchen

300 g Mandeln, 250 g Kartoffeln,
125 g Zucker, 5 Eier, Salz.

250 g unabgezogene Mandeln mahlen. Die geschälten Kartoffeln 20 Minuten in ungesalzenem Wasser kochen. Abgießen und durchpressen. Abgekühlt mit den Mandeln verkneten und den Zucker zufügen. Die Eigelb unterrühren. Das Eiweiß mit einer Prise Salz steifschlagen und ebenfalls unter den Teig heben. Eine Springform gründlich fetten. Die restlichen Mandeln abziehen, in dünne Blättchen schneiden und damit die Form ausstreuen. Den Teig darübergeben und im vorgeheizten Ofen bei 180 °C etwa 1 Stunde backen. Warm oder kalt servieren.

Mandelkronen

300 g gemahlene Mandeln,
6 Tropfen Bittermandelaroma,
300 g Zucker,
3 Eiweiß, 100 g Puderzucker
zum Besieben.

Mandeln, Bittermandelaroma und Zucker vermischen. Das Eiweiß sehr steif schlagen und nach und nach unter die Mandeln mischen. Aus dem Teig – er darf nicht weich sein – 4 1/2 cm große Kügelchen formen. Ein Backblech mit Butterbrotpapier auslegen und die Plätzchen mit größerem Abstand auf das Backblech legen. Im Backofen bei 160 °C etwa 10 Minuten mehr trocknen lassen als backen. Noch warm dicht mit Puderzucker besieben. Leicht abkühlen lassen, dann vom Papier lösen.

Mandel-Pistazien-Sahne-Soße

40 g Mandeln, 20 g Pistazien,
sehr wenig Safranpulver, 1 kleine
Prise Kardamom, 100 ml Milch,
20 g Butter, Salz, 100 ml Sahne,
etwas Senfpulver oder Senf.

Die Mandeln und Pistazien überbrühen, abziehen, abtrocknen und mit Safran, Kardamom und der Milch im Mixer pürieren. Die Butter erhitzen, das Püree und die Sahne dazugeben, mit Salz und Senf würzen, aufkochen und einige Minuten unter Rühren leicht kochen lassen.
Diese Soße ergänzt vorzüglich Lammfleisch, Filetsteaks, gegrillte Hähnchen oder Schaschlyk.

Mandelsoße

4 Eßl. süße Mandeln, 1 bittere Mandel,
3 Eßl. Butter, 3 Eßl. Zitronensaft,
10 Eßl. Weißwein, 1 Nelke.

Die Mandeln überbrühen, abziehen und feinschneiden, die bittere Mandel reiben. Die vorbereiteten Mandeln mit der Butter auf kleiner Flamme goldgelb rösten, auskühlen lassen. Zitronensaft und Weißwein dazugeben, mit etwas gemahlener Nelke abschmecken und heiß servieren.

Mandelsplitter

150 g Puderzucker, 25 g Kakao,
20 g Kokosfett, 2 bis 3 Eßl. Rum
oder Weinbrand, 125 g abgezogene
Mandeln.

Puderzucker mit Kakao, wenig heißem Wasser und zerlassenem Kokosfett nicht zu flüssig anrühren. Den Rum zugeben und verrühren. Die Mandeln in Stifte schneiden und ebenfalls zufügen. Mit 2 Teelöffeln kleine Häufchen auf gefettetes Butterbrotpapier setzen und trocknen lassen. – Diese Mandelsplitter können auch mit Blockschokolade bereitet werden. Dafür die gestiftelten Mandeln in die geschmolzene Schokolade geben, kalt gestellt fest werden lassen.

Mangoldtopf

500 g Mangold, 750 g Gehacktes halb
und halb, 250 g Semmelbrösel,
200 g Reibekäse, 4 Eier, 1 Bund Petersilie, Salz, Pfeffer, 1½ l Fleischbrühe.

Den Mangold mit kaltem Wasser abspülen und auf einem Sieb abtropfen lassen. Dann in ¼ Liter kochendes Salzwasser geben und 3 Minuten kochen lassen. Hackfleisch, Semmelbrösel, Käse und Eier vermischen, die gehackte Petersilie, Pfeffer und Salz dazugeben, Klößchen formen und zusammen mit dem gut abgetropften, grobgehackten Mangold in die heiße Fleischbrühe geben und etwa 10 Minuten ziehen lassen.

Manhattan
(Einzelportion)

1,5 cl weißer Wermut, 4 cl Whisky,
1 Spritzer Angostura, 2 Spritzer
Zitronensaft, 1 Kirsche oder
1 ungefüllte Olive.

Wermut, Whisky, Angostura, Zitronensaft verrühren, Eiswürfel zufügen. Mit der Kirsche oder Olive servieren.

Marinierte Kalbskoteletts

4 Kalbskoteletts, Salz, Pfeffer,
1 Eßl. Senf, 2 cl Weinbrand,
1 Eßl. Öl, 1 Eßl. Butter, 2 Zwiebeln,
2 Knoblauchzehen, ½ Dose
geschnittene Champignons,
2 Eßl. saure Sahne.

Die Koteletts mit Salz und Pfeffer würzen. Senf und Weinbrand vermischen und die Koteletts damit einstreichen, eine Stunde an einem kühlen Ort ruhen lassen. Dann im erhitzten Öl von beiden Seiten saftig braten. Herausnehmen und warm stellen. Das überschüssige Bratfett abgießen und die Butter zugeben. Die in feine Scheiben geschnittenen Zwiebeln zufügen und glasig dünsten. Die Knoblauchzehen feinstoßen und mit den Champignons zu den Zwiebeln geben. Alles noch einmal erhitzen und die saure Sahne darunterrühren. Nochmals kurz erhitzen, abschmekken und über die angerichteten Koteletts geben.

Marinierte Schollenröllchen

3 bis 4 Schollen, 4 Eßl. Zitronensaft, Salz, Pfeffer, 1 Essiggurke,
5 Eßl. Öl, 4 Eßl. Estragonessig,
3 Zwiebeln, 2 Lorbeerblätter, Dill,
Petersilie, Basilikum, Estragon,
Knoblauchpulver oder ½ Knoblauchzehe.

Die Schollen filetieren, dabei auch die Haut abziehen. Die Filets säuern, mit Salz und Pfeffer bestreuen. Jeweils einen Streifen Essiggurke darauflegen, alles aufrollen und mit einem Holzspießchen zusammenhalten. Die Röllchen in Salzwasser garziehen las-

sen. Öl, Essig, 2 Eßlöffel Zitronensaft, in Scheiben geschnittene Zwiebeln, Lorbeerblätter, Dill und Petersilie – beides gehackt – sowie die übrigen Gewürze miteinander verrühren. Die Schollenröllchen mit der Marinade übergießen und mindestens einen Tag darin ziehen lassen.

Marinierte Steinpilze
(Vorspeise)

300 g Steinpilze (Konserve),
gehackte Kräuter,
60 g Perlzwiebeln, Essig,
Öl, Salz, Pfeffer.

Die Steinpilze in Stücke schneiden, gehackte Kräuter und Perlzwiebeln zugeben. Mit Essig, Öl, Salz und Pfeffer etwa 1 Stunde marinieren.
In Schälchen mit dem Fond anrichten und mit Toast servieren.

Markklößchensuppe

80 g Rindermark (oder halb Mark, halb Butter), 1 bis 2 Eier,
80 bis 100 g Semmelbrösel, Salz,
Muskat, Zwiebel, Petersilie,
1 l Fleischbrühe.

Das zerkleinerte Mark in der Pfanne zergehen lassen, durchseihen und schaumig rühren. Das angewärmte Ei, nach und nach Semmelbrösel, Salz und Muskat zugeben. Feingewiegte Zwiebel und Petersilie in etwas Butter oder ausgelassenem Mark anschwitzen, zur Masse geben und kurze Zeit stehen lassen. Kleine runde Klößchen formen und in der kochenden Brühe 8 bis 10 Minuten ziehen lassen.

Marmorkuchen

*250 g Butter oder Margarine,
250 g Zucker, 1 Päckchen Vanillinzucker, 4 Eier, abgeriebene Schale
von ½ Zitrone, 500 g Mehl, 1 Päckchen
Backpulver, ⅛ bis ¼ l Milch, 2 bis
3 Eßl. Kakao, 2 Eßl. Rum, 125 g Puderzucker.*

Butter oder Margarine sahnig rühren,
nach und nach Zucker, Eier und Gewürze hineinrühren. Das mit Backpulver gemischte Mehl portionsweise abwechselnd mit Milch hinzufügen und
verrühren. Eine gefettete Napfku-
chen-, Kasten- oder Ringform mit
etwa ⅔ des Teiges füllen. Den restlichen Teig mit Kakao und Rum verrühren, auf den hellen Teig verteilen,
mit einer Gabel so durch den Teig
ziehen, daß sich heller und dunkler
Teig an der Übergangsstelle vermischen. Bei Mittelhitze backen. Den
Kuchen mit Puderzucker besieben.

Masinchen

*20 g Hefe, ⅛ l Milch, 50 g Zucker,
300 g Mehl, 1 Prise Salz,
75 g Margarine, 1 Ei, 30 g gehackte
Mandeln, 50 g Rosinen, Ausbackfett,
Zucker und Zimt.*

Die Hefe in die lauwarme Milch brök-
keln, mit 1 Prise Zucker verrühren
und zugedeckt an einem warmen Ort
etwa 10 Minuten gehen lassen. Mehl,
Zucker, Salz, die zerlassene, abgekühlte Margarine und das verschlagene Ei in eine Schüssel geben, mit
der Hefemilch vermengen und alles
zu einem Teig verkneten. Zum Schluß
Mandeln und die vorbereiteten Rosi-

nen daruntermengen. Die Schüssel
zudecken und an einem warmen Ort
bis zur doppelten Menge aufgehen
lassen. Nochmals durchkneten und
auf bemehltem Brett etwa 1 cm dick
ausrollen. Runde Plätzchen oder
Ringe von etwa 7 cm Durchmesser
ausstechen und auf bemehltem Brett
zugedeckt aufgehen lassen. Portionsweise im erhitzten Ausbackfett fritieren. Abtropfen lassen, noch warm in
Zucker und Zimt wenden.

Masthähnchen mit Fülle

*1 Broiler, Pfeffer, 1 Teel. Edelsüß-
Paprika, Salz, 1 Zwiebel, ½ Bund
Petersilie, 100 g Champignons,
100 g Margarine, 150 g Geflügelleber,
1 Tasse gekochter Reis, 1 Ei, ½ Teel.
frisches gehacktes Basilikum, ¼ l Weißwein.*

Das gewaschene Hähnchen trockentupfen und mit einer Mischung aus
Pfeffer, Paprika und Salz einreiben.
Zwiebel und Petersilie feinhacken,
die Champignons putzen und grobhacken. In einer Pfanne 50 Gramm
Margarine erhitzen, die Zwiebel sowie die Geflügelleber kurz darin anbraten. Die Champignons zugeben
und 5 Minuten schmoren lassen. Die
abgekühlte Mischung mit dem Reis,
dem Ei und den gehackten Kräutern
vermengen und mit Pfeffer und Salz
abschmecken. Die Füllung in das vorbereitete Hähnchen geben und mit
Küchengarn zunähen. Das Hähnchen
in einer Bratpfanne mit der restlichen
zerlassenen Margarine übergießen
und in den vorgeheizten Backofen
schieben. Auf der untersten Schiene
etwa 45 Minuten braten. Nach 30 Mi-

nuten den Wein zugießen und das Hähnchen öfter mit dem Bratsaft übergießen. Das fertige Hähnchen vierteln, anrichten und mit Bratkartoffeln oder Pommes frites und einem frischen Salat servieren.

Masthuhn in Sauce suprême

1 Huhn, Wurzelwerk, 1 Lorbeerblatt, 1 Zwiebel, 3 Pimentkörner, Salz, 2 Eßl. Butter, 4 Eßl. Mehl, 1/2 l Hühnerbrühe, 1 Zitrone, Pfeffer, 2 Eigelb, 2 Eßl. Kondensmilch, 50 g Schlagsahne.

Das Huhn mit dem geputzten Wurzelwerk, dem Lorbeerblatt, der Zwiebel und dem Piment in einem Topf mit kochendem Salzwasser kochen. Danach von den Knochen lösen, in Portionsstücke teilen und warm stellen. Aus Butter und Mehl eine helle Schwitze bereiten, mit Hühnerbrühe auffüllen und die Soße glattrühren. Mit Zitronensaft, Pfeffer und Salz würzen. Die Eigelb mit etwas Kondensmilch verschlagen und die nicht mehr kochende Soße damit legieren. Die geschlagene Sahne darunterziehen. Über das angerichtete Hühnerfleisch ziehen und servieren. Dazu körnigen Reis und einen frischen Salat reichen.

Matjesheringe »orientalisch«

12 Matjesfilets, 1/8 l Weißwein, 1/8 l Ananassaft, 3 Eßl. feingehackte Zwiebeln, 3 Eßl. Öl, 1 Teel. Curry, 3 Eßl. Sahne, 1/2 Teel. Stärkemehl, 2 Bananen, 4 Ananas- oder Apfelscheiben.

Die Matjesfilets wässern, gut abtropfen lassen. Weißwein und Ananassaft zusammen in einem feuerfesten Gefäß erhitzen. Die Filets etwa 3 Minuten auf kleiner Flamme darin ziehen lassen. Dann das Gefäß vom Feuer nehmen. In einem kleinen Topf die Zwiebeln in dem erhitzten Öl andünsten, den Fischsud sowie den Curry zufügen und 5 Minuten kochen lassen. Mit der Sahne, in der das Stärkemehl verquirlt wurde, binden. Die Matjesfilets mit Bananen- und Ananasscheiben belegen und mit der Soße übergießen. Alles nochmals kurz erhitzen. Dazu Butterreis servieren.

Matrosensuppe

300 g filetierter Fisch, Zitronensaft, Salz, 2 Zwiebeln, 1 Möhre, Öl, je 1 Messerspitze Safran und Knoblauchpulver, 1 Lorbeerblatt, Basilikum, Pfeffer, 4 Kartoffeln, 3/4 l Fleischbrühe (Würfel), 1 Glas Weißwein, je 1 Tasse Champignons, Krebsfleisch und Muscheln (alles aus der Konserve), 2 Eigelb, geröstete Weißbrotscheiben.

Das Fischfilet in Stücke schneiden, mit Zitronensaft beträufeln und salzen. Zwiebel und Möhre kleinschneiden und in etwas Öl halbgar dünsten. Safran, Knoblauch, Lorbeerblatt, Salz, Basilikum, Pfeffer sowie die geschälten, in Würfel geschnittenen Kartoffeln zufügen. Fleischbrühe und Weißwein aufgießen und alles 15 Minuten kochen. Dann den Fisch zugeben und alles auf kleiner Flamme garen. Zuletzt noch Champignons, Krebsfleisch und Muscheln mit aufkochen und gut durchziehen lassen. Die Suppe mit den Eigelb legieren. Auf jeden Suppenteller 1 geröstete Weißbrotscheibe legen und die Suppe darüberfüllen.

Mecklenburger saure Suppe

500 g durchwachsener geräucherter Speck, 800 g Erbsen, 250 g Möhren, 1 Petersilienwurzel, 1 kleiner Blumenkohl, Majoran, Bohnenkraut, Thymian, Estragon, 125 g getrocknete Apfelringe, 125 g getrocknete Birnenschnitze, Saft von 1 Zitrone, Salz, Zucker, nach Belieben 1 Eßl. Stärkemehl.

Den gewürfelten Speck in Wasser zum Kochen bringen, auf kleiner Flamme weiterkochen lassen. Das zerkleinerte Gemüse zufügen und etwa 30 Minuten garen. Das am Vortag eingeweichte Trockenobst mit dem Einweichwasser sowie die Kräuter zufügen und nochmals 15 Minuten leise kochen lassen. Mit Zitronensaft, Zucker und Salz abschmecken und nach Belieben mit dem in Wasser angerührten Stärkemehl binden.
Diese Suppe läßt sich auch mit frischen Äpfeln und Birnen zubereiten.

Mecklenburger Selleriesalat

500 g Sellerie, Zitronensaft, 4 Eßl. Mayonnaise, 2 Eßl. saure Sahne, 2 hartgekochte Eier, 200 g Kasseler Rippenspeer, 1 Apfel, Nüsse oder Mandeln.

Den rohen Sellerie schälen und raspeln, mit Zitronensaft beträufeln. Mayonnaise und saure Sahne verrühren und ebenso wie Ei-, Kasseler- und Apfelwürfel locker unter den Sellerie mengen. Mit gehackten Nüssen bestreuen. Der Salat kann mit einem Schuß Weinbrand verfeinert werden.

Medium
(Einzelportion)

2 cl weißer Wermut, 2 cl trockener Wermut, einige Spritzer Angostura, Eiswürfel.

Die beiden Sorten Wermut mischen, mit Angostura abschmecken, Eiswürfel dazugeben. Eiskalt servieren.

Meerrettichsoße

30 g Mehl, 30 g Butter oder Margarine, 100 ml heiße Fleischbrühe (Würfel), 100 ml Milch, Salz, weißer Pfeffer, etwas Zucker, Zitronensaft oder Essig, geriebener Meerrettich nach Geschmack (Konserve oder frisch gerieben).

Das Mehl in der Butter anschwitzen, mit heißer Fleischbrühe und heißer Milch auffüllen und einige Minuten kochen. Dabei öfters rühren. Mit Salz, Pfeffer, etwas Zucker und Zitronensaft pikant würzen. Meerrettich nach Geschmack dazugeben, nochmals erhitzen, aber nicht mehr kochen. Der Meerrettich verliert sonst an Würze und Aroma.
Meerrettichsoße paßt besonders zu gekochter Rinderbrust und zu gekochtem fettem Schweinefleisch.
Es gibt noch eine »schnellere« Möglichkeit, diese würzige Soße herzustellen: etwa 200 ml Milch erhitzen, 40 g Semmelbrösel dazugeben und

5 Minuten quellen lassen. Dann mit Salz, Zucker, Zitronensaft und weißem Pfeffer sowie geriebenem Meerrettich nach Geschmack pikant würzen und sofort servieren.

Meerrettichsoße auf schwedische Art

150 g Mayonnaise, 100 g Apfelmus, 50 g geriebener Meerrettich, etwa 20 ml Zitronensaft, Salz, weißer Pfeffer.

Alle Zutaten mit dem Mixer vermischen und würzig und herzhaft abschmecken.
Die Soße rundet fritiertes Fleisch pikant ab.

Melonenbowle

1 kleine Melone, 150 bis 200 g Honig, geriebener Ingwer, 2 Flaschen Weißwein, 1 Flasche Sekt oder Selters.

Das Fruchtfleisch der Melone in kleine Würfel schneiden. Honig und Ingwer darübergeben und so viel Weißwein dazugießen, bis alles bedeckt ist. Alles zugedeckt etwa 1 Stunde im Kühlschrank durchziehen lassen. Vor dem Servieren die restlichen Zutaten dazugeben.

Melonenkaltschale

1 reife Melone, Zucker, 1 Zitrone, 3 Flaschen Weißwein, Eierbiskuits.

Das Melonenfleisch in kleine Würfel schneiden und dabei die Kerne entfernen. Dick mit Zucker bestreuen, den Saft der Zitrone darübergießen und zugedeckt kalt stellen. Vor dem Servieren den eisgekühlten Wein oder Apfelsaft darübergießen und umrühren. In jede Portion Eierbiskuits geben.

Melonensalat mit Speck

1 Melone, 150 g Speck, 200 g bunte Paprikafrüchte, 200 g Gewürzgurke, 2 Zwiebeln.
Für die Soße: Öl, Essig, etwas Zucker, 1 Prise Salz, Pfeffer, Senf.

Die Melone quer durchschneiden und aus einer Hälfte eine Schüssel schneiden. Dafür das Fruchtfleisch bis auf 2 cm herausnehmen. Den Rand mit einer Zackenkante versehen. Das von den Kernen befreite Melonenfleisch in Stücke schneiden, mit den gebratenen Speckwürfeln, Paprikastückchen, Gurkenwürfeln und feingehackten Zwiebeln vorsichtig mischen. Den Salat in der »Melonenschüssel« anrichten. Aus 2 Teilen Öl, 1 Teil Essig, 1 Teil Wasser, Zucker, Salz, Pfeffer und Senf eine Salatsoße bereiten und über den Salat gießen. Kalt stellen und 30 Minuten durchziehen lassen.

Mexikanisches Hähnchen in Nußsoße

2 kleine Broiler, Salz, Pfeffer, 50 g Schmalz, $\frac{1}{2}$ l Hühnerbrühe, 1 Zwiebel, 1 Knoblauchzehe, 100 g Walnußkerne, 100 g Erdnußkerne, 1 Eßl. Semmelbrösel, 1 Prise Nelkenpulver.

Die Hähnchen vorbereiten, vierteln, salzen und pfeffern. In einer Kasserolle die Hälfte des Schmalzes erhit-

Bohnensuppe aus der Bretagne
Bohnen-Tomaten-Topf

Hühnereintopf

Korsischer Reistopf
Käsekartoffeln
▷

Kartoffelsuppe
mit Würstchen

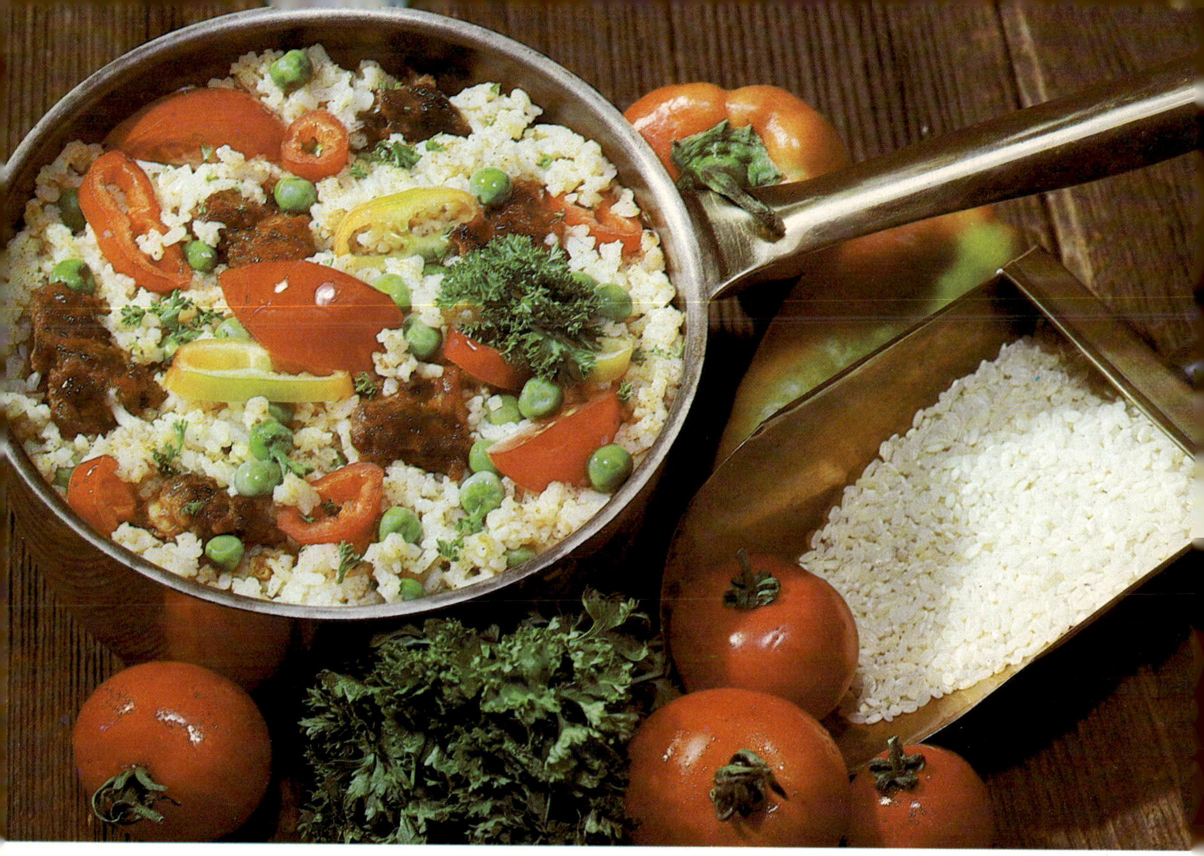

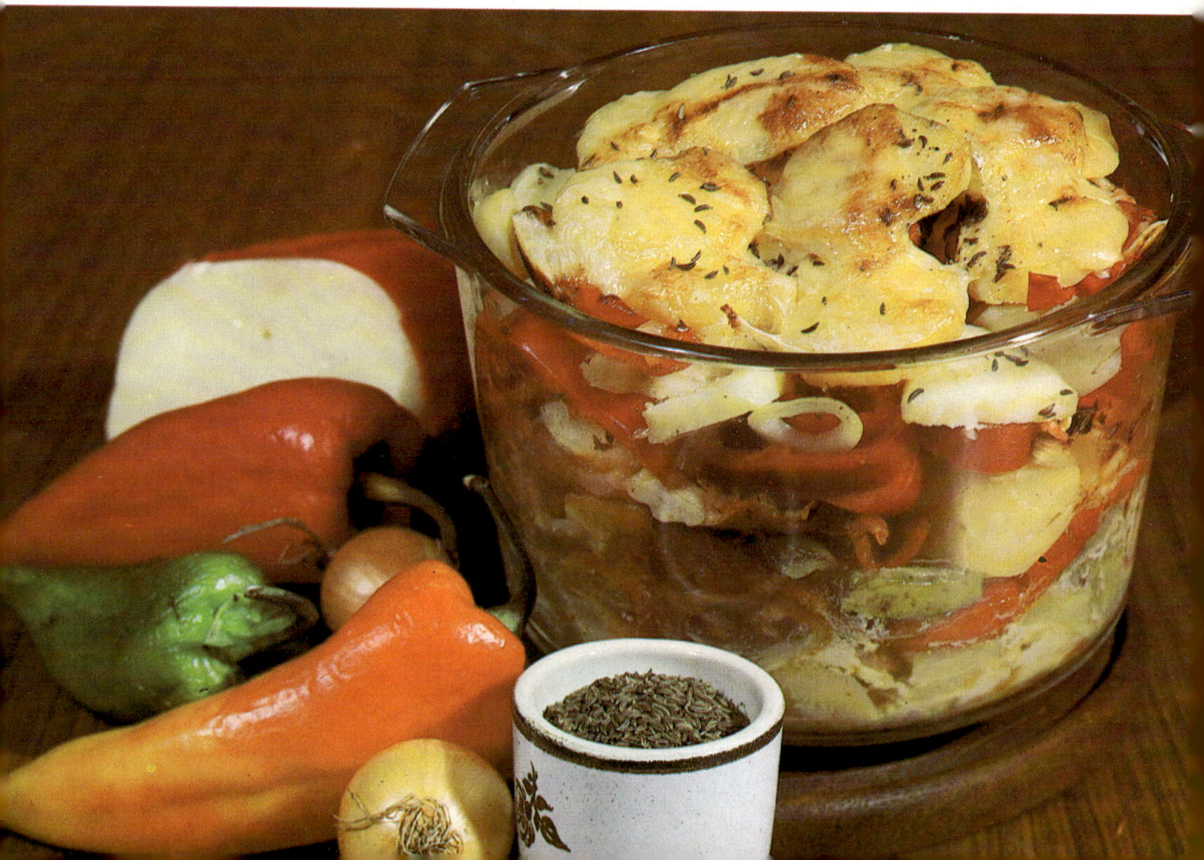

Kirschmichel

Englischer
Stachelbeerauflauf

Scheiterhaufen

Gemüse-Reis-Auflauf

zen und die Hähnchen bei starker Hitze darin goldbraun anbraten. Etwas Brühe zugeben und die Hähnchen bei milder Hitze 30 Minuten schmoren. Im restlichen Schmalz in einer zweiten Kasserolle Zwiebelwürfel und feingeschnittenen Knoblauch glasig schwitzen. Die gehackten Nüsse sowie Semmelbrösel zufügen und alles mit dem Rest der Hühnerbrühe gut 10 Minuten durchkochen.

Die Soße mit Salz, Pfeffer und dem Nelkenpulver abschmecken, die Hähnchenteile hineinlegen und bei milder Hitze noch 10 Minuten garen. Zu dieser Spezialität aus Mexiko trockenen Reis oder Weißbrot und Maissalat reichen.

Mexikanische Pfeffersoße

2 Tomaten, 1 Knoblauchzehe, Salz,
1 Zwiebel, 1 rote Paprikafrucht,
2 bis 3 Peperoni, 30 g Öl, Zucker,
Essig, Pfeffer, Cayennepfeffer,
Rosenpaprika, je eine Prise
zerriebener Salbei, Thymian und Kerbel,
gehackte Petersilie.

Tomaten enthäuten, entkernen. Die Knoblauchzehe mit Salz zerreiben. Die Zwiebel schälen und in feine Würfel schneiden. Paprikafrucht und Peperoni waschen, halbieren und entkernen. Dann alles im Mixer pürieren. Inzwischen das Öl erhitzen, das Gemüsepüree dazugeben, mit Salz, Zucker, Essig, reichlich Pfeffer und den anderen Gewürzen vermengen und etwa 10 Minuten dünsten. Dabei öfter rühren. Die Soße abkühlen lassen, gehackte Petersilie zugeben, nochmals

kräftig nachschmecken. Gut gekühlt servieren. Diese sehr scharfe Soße paßt besonders zu gekochtem Fleisch oder Fisch, gekochten Eiern, aber auch zu Geflügelspeisen und Risotto.

Mexiko-Crusta
(Einzelportion)

2 Spritzer Maraschino, 1 Spritzer
Angostura, 1 Spritzer Zitronensaft,
2 cl Wermut dry, 2 cl Whisky,
1 Zitronenspirale.

Alle Zutaten mit Eiswürfeln mixen. Den Rand eines Weinglases mit einem eingeschnittenen Zitronenachtel befeuchten, das Glas mit dem Rand in Kristallzucker tauchen. Das Getränk vorsichtig in das Glas seihen, mit der Zitronenspirale garnieren.

Miesmuschelsalat
(Vorspeise)

200 g Muscheln (Konserve),
100 g Champignons (Konserve),
1 Zwiebel, 1 Apfel, Saft von
1 Zitrone, 20 g Salatöl, Salz,
Pfeffer, Zucker, Salatblätter,
Zitronenscheiben, Tomatenecken.

Die Zwiebel sowie den geschälten, entkernten Apfel in feine Würfel schneiden. Mit Muscheln und Champignons vermischen. Zitronensaft, Öl, Salz, Pfeffer und Zucker verrühren, zu den Salatzutaten geben und durchziehen lassen. Inzwischen Glasteller mit Salatblättern auslegen, den Salat darauf verteilen, mit Zitronenscheiben und Tomatenecken garnieren. Mit Toastecken servieren.

Milchdrink
(Einzelportion)

2 cl Weinbrand, 2 cl Curaçao,
1 Teel. Himbeersirup, 3 Barlöffel
Kondensmilch, 1 Eigelb, 1 Eßl. Vanilleeis.

Alle Zutaten gut miteinander mixen.

Milchpunsch

6 Eigelb, 250 g Zucker, 1½ l Milch,
etwas Zitronenschale, 1 Glas Cognac,
⅛ l Wodka, Zimt und Vanille nach
Geschmack.

Die Eigelb schlagen und nach und
nach den Zucker, etwas heiße Milch
und die Hälfte des Cognacs dazugeben. Ist alles gut miteinander verrührt, unter Schlagen die zuvor mit
Zitronenschale, Zimt und Vanille erhitzte Milch hinzufügen, restlichen
Cognac sowie den Wodka dazugeben.
Kalt oder auch heiß servieren.

Minestrone

500 g Rindfleisch, 1 Wurzelwerk,
5 Pfefferkörner, Salz, 125 g Möhren,
250 g Kohlrabi, 2 Stangen Porree,
2 Kartoffeln, 125 g durchwachsener
Speck, 1 Eßl. Öl, 1 Zwiebel,
1 Knoblauchzehe, 250 g Tomaten,
Pfeffer, Muskat, Basilikum, Thymian,
Oregano, Curry, 125 g Spaghetti,
250 g gefrorene Erbsen, 125 g Tempo-
Bohnen, 75 g Reibekäse.

Das Rindfleisch mit dem vorbereiteten Wurzelwerk und den Pfefferkörnern in 1 Liter kaltem Salzwasser aufsetzen und zum Kochen bringen,
danach abschäumen. Das Fleisch

1½ Stunde garen lassen. Inzwischen
Möhren, Kohlrabi, Porree und Kartoffeln putzen, waschen und in sehr
feine Streifen schneiden. Die Speckwürfel in Öl ausbraten, Zwiebelwürfel
und die zerdrückte Knoblauchzehe
5 Minuten darin dünsten. Die Tomaten schälen und in Achtel schneiden.
Das Gemüse zum Speck geben und
unter Rühren 10 Minuten dünsten.
Die Fleischbrühe vom Rindfleisch
und ½ Liter Wasser zugießen. Aufkochen lassen und mit Salz, Pfeffer,
Muskat, Basilikum, Thymian, Oregano und Curry würzen. Alles 15 Minuten garen lassen. Die Spaghetti inzwischen in Salzwasser garen und
abtropfen lassen. Rindfleischwürfel,
Erbsen und Bohnen noch 10 Minuten
in der Suppe ziehen lassen. Nochmals
mit Pfeffer abschmecken. Die Spaghetti in die Suppe geben. Vor dem
Servieren dick mit Reibekäse bestreuen.

Minestrone auf Hausmacherart

200 g Kartoffeln, 150 g Zwiebeln,
400 g Weißkohl, 100 g Möhre,
200 g Sellerie, 150 g grüne Bohnen,
150 g grüne Erbsen, 2 l Fleischbrühe,
etwas Öl, Pfeffer, Salz, Fleisch-
extrakt, 1 Knoblauchzehe, Petersilie,
Selleriegrün, Liebstöckelblätter,
200 g Makkaronistücke, Reibekäse.

Das Gemüse in feine Streifen, die
Zwiebeln in dünne Scheiben schneiden, dann im erhitzten Öl anschwitzen und mit der Fleischbrühe auffüllen. Mit den Kartoffelstreifen und Gewürzen etwa 50 Minuten leicht kochen
lassen, Kräuter zufügen. Die klein-

geschnittenen gekochten Makkaroni in die Suppe geben. Die Minestrone mit Reibekäse bestreut servieren. Diese italienische Suppe läßt sich mit Tomatenwürfeln und angebratenen Schinkenstreifen verfeinern.

Minitörtchen

Für den Teig: *5 Eier, 5 bis 6 Eßl. heißes Wasser, 130 g Zucker, 1 Päckchen Vanillinzucker, 20 g Puderzucker, 125 g Mehl, 50 g Stärkemehl, 1 Messerspitze Backpulver.*
Für die Zitronenglasur: *75 g Puderzucker, 1 Eßl. Zitronensaft, ½ Eßl. zerlassenes Kokosfett.*
Für die Schokoladenglasur: *75 g Puderzucker, 1 Eßl. Kakao, 1½ bis 2 Eßl. Wasser.*
Für die Mokkaglasur: *75 g Puderzucker, 1 bis 1½ Eßl. starker Kaffee-Extrakt.*

Die Eigelb mit dem heißen Wasser schaumig schlagen, nach und nach Zucker und Vanillinzucker zugeben und die Masse cremig schlagen, dabei den Puderzucker zufügen. Den Eischnee auf die Eigelbcreme gleiten lassen. Mehl, Stärkemehl und Backpulver mischen und auf den Eischnee sieben. Alles vorsichtig unterheben. Aus Alufolie kleine Quadrate von 10 cm × 10 cm schneiden. Über einen nicht zu dünnen Flaschenhals ziehen und kleine Förmchen drücken. Wieder herunternehmen und den Rand verschneiden. Die Förmchen leicht fetten, in jedes etwas Teig geben und im vorgeheizten Ofen bei Mittelhitze etwa 10 bis 15 Minuten goldgelb bak-

ken. Die Törtchen in den Förmchen abkühlen lassen. Jeweils mit einer der Glasuren überziehen, mit Nüssen, Schlagsahne oder Früchten garnieren. – Für die Zitronenglasur den gesiebten Puderzucker mit Zitronensaft und erhitztem Kokosfett verrühren. Für die Schokoladenglasur Puderzucker und Kakao zusammen sieben und allmählich mit dem heißen Wasser verrühren. Für die Mokkaglasur gesiebten Puderzucker und heißen Kaffee-Extrakt flott untereinanderrühren.

Mint Cobbler
(Einzelportion)

2 cl Pfefferminzlikör, Sekt, 1 dünne Zitronenscheibe.

Pfefferminzlikör in ein Glas geben, mit Sekt auffüllen, mit der Zitronenschale servieren. Eventuell mit frischen Pfefferminzblättern garnieren.

Minzsoße

50 g Zucker, reichlich gehackte frische Minze, 100 ml Weinessig, Salz, brauner Bratensaft.

100 ml Wasser mit dem Zucker aufkochen, bis der Zucker aufgelöst ist. Minze und Essig dazugeben und einige Minuten leise kochen lassen. Danach passieren, etwas salzen, nochmals frische gehackte Minze dazugeben, alles vermengen, mit dem Bratensaft verrühren und sofort anrichten. Minzsoße sollten Kenner für gebratenes oder geschmortes Hammelfleisch, Rindfleisch und zu gebratenem oder geschmortem Fisch servieren.

Mirabellencreme

750g Mirabellen, 50g Zucker,
1 Stück Zimtstange, 6g Gelatine,
3/8 l Schlagsahne, Biskuitplätzchen.

Die entsteinten Mirabellen mit 5 aufgeschlagenen Mirabellensteinen, dem Zucker, 1/2 Tasse Wasser und der Zimtstange zugedeckt 5 Minuten dünsten. Die eingeweichte und aufgequollene Gelatine darin auflösen. Wenn das Kompott zu stocken beginnt, die steifgeschlagene Sahne unterziehen. In eine Schüssel füllen, die Creme kaltstellen und vor dem Auftragen mit Biskuitplätzchen garnieren.

Mississippi-Cocktail
(Einzelportion)

2,5 cl Rum, 2,5 cl Whisky, 4 Spritzer
Zuckersirup, Saft von 1/2 Zitrone,
Eiswürfel, 1 Zitronenspirale.

Außer der Zitronenspirale alle Zutaten im Becher auf Eis schütteln. Die durchgekühlte Mischung in ein Glas abseihen. Die Zitronenspirale hineingeben und servieren.

Mixed Pickles

1 Blumenkohl, 300g kleine grüne
Bohnen, 300g Möhren, Salz, 10 kleine
Gurken, 200g kleine Zwiebeln,
1 1/2 l 5%iger Essig, 150g Zucker,
1 Teel. Gewürzkörner, 1 Eßl. Senf,
1 Eßl. Weißwein.

Die Blumenkohlröschen und die in dicke Scheiben geschnittenen Möhren getrennt in leichtem Salzwasser 5 Minuten sprudelnd kochen lassen, auf ein Sieb geben und die abgezogenen Bohnen ebenfalls in dem Gemüsesud garen. Die Gurken schälen, in kleine Stücke schneiden, über Nacht mit etwas Salz durchziehen lassen. Das abgetropfte Gemüse und die geschälten Zwiebeln gemischt in Gläser füllen. Den Essig mit Zucker und Gewürzkörnern aufkochen, abkühlen lassen, Senf, Wein und nach Belieben Salz zufügen, über das Gemüse gießen.

Mixed-Pickles-Soße

Blumenkohlröschen, gewürfelter
Sellerie, Möhre, gare Zwiebel, Essig,
Salz, Pfeffer, Gewürzgurken, Kapern,
Joghurt.

Die Gemüse entsprechend garen, mit Essig, Salz und Pfeffer recht herzhaft abschmecken und im Fond erkalten lassen. Am nächsten Tag alle festen Zutaten im Mixer zerkleinern, Joghurt unterziehen und kühl servieren.

Mohn-Apfel-Kuchen

Für den Teig: 500g Mehl, 100g Zucker,
80g Margarine, Salz, 1 Päckchen
Vanillinzucker, knapp 1/4 l Milch,
30g Hefe.
Für die Mohnmasse: 1/4 l Wasser oder
Milch, 60g Margarine, 60g Zucker,
Salz, 30g Grieß, 250g gemahlener
Mohn, 1 Messerspitze Zimt, 1 Ei,
50g Sultaninen.
Außerdem: 500g Äpfel, 1 Tasse
Sultaninen, 30g Butter, Puderzucker.

Aus den Teigzutaten einen Hefeteig nach Grundrezept bereiten und gehen lassen. Ausrollen und den Teig auf ein gefettetes Backblech geben, dabei einen Rand andrücken. Unter die Mohnmasse die geraspelten Äpfel und die vorbereiteten Sultaninen, nach Wunsch auch etwas Zucker mischen. Gleichmäßig auf dem Teig verteilen und bei Mittelhitze etwa 30 Minuten backen. Auf den Kuchen Butterflöckchen setzen und weitere 10 Minuten backen lassen. Mit Staubzucker besieben.

Mohn-Quark-Kuchen

Für den Teig: *500 g Mehl, 150 g Zucker, 200 g Margarine, Salz, 1 Päckchen Vanillinzucker, 30 g Hefe, reichlich $\frac{1}{8}$ l Milch, 1 Ei.*
Für die Quarkmasse: *500 g Quark, 40 g Butter, 100 g Zucker, 2 Eier, 3 Eßl. Stärkemehl, Milch, 1 Prise Salz, 2 Eßl. gewiegte süße Mandeln.*
Für die Mohnmasse: *$\frac{1}{4}$ l Milch, 65 g Margarine, 65 g Zucker, 1 Prise Salz, 35 g Grieß, 250 g gemahlener Mohn, $\frac{1}{4}$ Teel. Zimt, 1 Ei, 2 Eßl. Sultaninen.*
Für den Belag: *100 g Kirschkonfitüre, 50 g süße Mandeln, 1 Eßl. Butter, Puderzucker.*

Aus den Teigzutaten einen Hefeteig bereiten. Nach zweimaligem Gehenlassen den Teig zusammenstoßen, kurz durchkneten, ausrollen, ein gefettetes Blech damit auslegen und dabei einen Rand andrücken. Für die Quarkmasse Quark und zerlassene Butter verrühren und die anderen Zutaten gut unterarbeiten. Für die Mohnmasse Milch, Margarine, Zucker und Salz aufkochen lassen, den Grieß einstreuen und ausquellen lassen. Sofort Mohn und Zimt unterrühren, abkühlen lassen. Das Ei und die eingeweichten Sultaninen unter die Masse mischen. Abwechselnd die Quark- und Mohnmasse sowie die Kirschkonfitüre löffelweise auf den Teig verteilen. Alles mit den gehackten gerösteten Mandeln bestreuen und den Kuchen bei Mittelhitze 45 bis 50 Minuten backen. Zum Schluß flüssige Butter und Puderzucker darübergeben.

Mohnstriezel

Für den Teig: *500 g Mehl, 30 g Hefe, $\frac{1}{4}$ l Milch, 1 Prise Salz, 2 kleine Eier, 75 g Butter, 100 g Zucker, 1 Päckchen Vanillinzucker, abgeriebene Schale von $\frac{1}{2}$ Zitrone.*
Für die Mohnfüllung: *250 g Mohn, 100 g Rosinen, 50 g Zitronat, 75 g Zucker, $\frac{1}{4}$ l Milch, abgeriebene Schale von $\frac{1}{2}$ Zitrone, 2 Eßl. Rum, $\frac{1}{4}$ Teel. Zimt, 30 g Semmelbrösel; 1 Eigelb zum Bestreichen, Puderzucker zum Bestreuen.*

Das Mehl in eine Schüssel sieben, in die Mitte eine Vertiefung drücken, die zerbröckelte Hefe mit 1 Teelöffel Zucker hineingeben, etwas lauwarme Milch darübergießen und mit ein wenig Mehl verrühren, so daß ein flüssiger Vorteig entsteht. Zugedeckt warm stellen und etwa 30 Minuten gehen lassen. Dann die restlichen Teigzutaten unterarbeiten und nochmals gehen lassen. Inzwischen die Füllung bereiten.
Dafür die Milch mit dem Zucker unter Rühren aufkochen lassen, den ge-

mahlenen Mohn und die abgeriebene Zitronenschale zufügen, unter ständigem Rühren zu einem dicken Brei kochen und abkühlen lassen. Den Mohnbrei mit Zimt und Zucker abschmecken, die eingeweichten, abgetropften Rosinen, das gehackte Zitronat und die Semmelbrösel unter die Masse rühren. Dann den Hefeteig rechteckig ausrollen, mit etwas zerlassener Butter bestreichen, die Mohnfüllung darauf verteilen und den Striezel aufrollen. (Die Teigränder mit etwas Eigelb bepinseln, damit sie festkleben.) Auf ein gefettetes Blech legen und bei Mittelhitze 50 bis 60 Minuten backen. Den Striezel mit Puderzucker besieben.

Mohntorte

Für den Teig: *250g Mehl, 125g Margarine, 65g Zucker, 1 Prise Salz, 1 Ei.*
Für die Füllung: *750g säuerliche Äpfel, ½ Zitrone, 2 gehäufte Eßlöffel Zucker, 1 Prise Zimt, 50g Rosinen, 1 Teel. Stärkemehl, 250g gemahlener Mohn, ⅜ l Milch, 60g Zucker, 1 Päckchen Vanillinzucker, 1 Ei, 50g Mandelstifte.*
Für den Guß: *200g Puderzucker, 2 Eßl. Zitronensaft, 100g gehackte Mandeln.*

Mehl, Margarine, Zucker, Salz und Ei mischen, fein zerhacken und schnell zu einem Mürbeteig verkneten. Im Kühlschrank 30 Minuten ruhen lassen. Die geschälten, entkernten Äpfel in Scheiben schneiden. Mit Zitronensaft, Zucker, 4 Eßlöffel Wasser und Zimt zum Kochen bringen und 5 Minuten bei kleiner Hitze dünsten. Die Rosinen zufügen. Das Kompott mit etwas angerührtem Stärkemehl binden und abkühlen lassen. Den Mohn mit kochender Milch überbrühen und verrühren. Zucker, Vanillinzucker, Ei und Mandelstifte untermischen. Eine gefettete Springform mit dem ausgerollten Teig auslegen und einen Rand andrücken. Die Hälfte der Mohnfüllung auf dem Teig verteilen, das Apfelkompott darüberfüllen und obenauf den restlichen Mohn streichen. Die Torte im vorgeheizten Ofen bei 180°C 60 Minuten backen. Aus Puderzucker, Zitronensaft und 1 Eßlöffel heißem Wasser einen dickflüssigen Guß rühren. Die Torte unregelmäßig damit beträufeln, den Rand bestreichen und mit gerösteten Mandelsplittern garnieren.

Möhren-Cocktail
(Einzelportion)

⅛ l Möhrensaft, 1 Eßl. süße Sahne, 1 Teel. Zitronensaft, 2 cl Cherry, Brandy oder Curaçao.

Den Möhrensaft mit der Sahne und dem Zitronensaft verrühren. Den Likör zufügen. Nach Belieben mit einer geputzten Möhre garnieren.

Möhren- oder Karottengemüse

750g Möhren oder Karotten, 30g Margarine, Salz, etwas Zucker, gehackte Petersilie.

Das Gemüse waschen, putzen und zerkleinern (Möhren in Stifte oder Scheiben schneiden, große Karotten einmal teilen). Margarine, knapp ¼ Liter Wasser, Salz und Zucker zusammen aufkochen, das Gemüse zugeben und in geschlossenem Topf gardünsten. Vor dem Anrichten mit der gehackten Petersilie bestreuen.

Mohrenköpfe

Für den Teig: *4 Eier, 3 Eßl. kaltes Wasser, 1 Prise Salz, 125 g Zucker, 1 Päckchen Vanillinzucker, 100 g Mehl, 25 g Stärkemehl, 1 Messerspitze Backpulver.*
Für die Glasur: *Schokoladen-Fett-Glasur.*
Außerdem: *50 g Aprikosenmarmelade, ¼ l Sahne, 1 Päckchen Vanillinzucker.*

Das Eiweiß mit Wasser und Salz zu steifem Schnee schlagen. Einzeln die Eigelb unterrühren, Zucker und Vanillinzucker hineinrieseln lassen. Mehl mit Stärkemehl und Backpulver mischen und unter die Eiermasse ziehen. 16 Mohrenkopfformen einfetten und den Teig einfüllen. (Sind keine Formen vorhanden, kann man sich selbst welche aus Alufolie herstellen.) Die Formen auf ein Backblech stellen und im vorgeheizten Ofen bei 200 °C etwa 12 Minuten backen. Die Mohrenköpfe abkühlen lassen, dann quer halbieren. Auf die Schnittflächen legen. Die Schokoladen-Fett-Glasur auflösen, die Gebäckhälften damit überziehen und trocknen lassen. Die Schnittflächen der Mohrenköpfe mit Marmelade bestreichen. Für die Füllung die Sahne mit Vanillinzucker steifschlagen und mit dem Spritzbeutel auf 16 Gebäckhälften spritzen. Die restlichen Hälften daraufsetzen.

Möhrenrohkost mit Mirabellen

250 g Quark, 3 Eßl. Zitronensaft, abgeriebene Schale von 1 Zitrone, 2 Eßl. Zucker, 6 Eßl. Sahne, 1 kleiner Kopf Salat, 250 g junge Möhren, 200 g Mirabellen (Konserve).

Den Quark mit Zitronensaft und -schale, Zucker und Sahne verrühren. Den Salat zerpflücken, waschen und gut abtropfen lassen. Die Möhren raspeln. Die Mirabellen abtropfen lassen und entsteinen. Mit den Salatblättern eine Schüssel auslegen, Möhren und Mirabellen hineingeben und die Soße darübergießen.

Möhrenpfanne

125 g durchwachsener Speck, 250 g Zwiebeln, 500 g junge Möhren, ⅛ l Brühe (Würfel), 1 Eßl. Zitronensaft, Salz, 1 Eßl. Zucker, Petersilie.

Den Speck in kleine Würfel schneiden und auslassen. Die Zwiebeln schälen, vierteln und mitdünsten. Die Möhren putzen, in Stücke schneiden und mit der Brühe in die Pfanne geben. Bei geschlossenem Deckel etwa 20 Minuten garen. Mit Zitronensaft, Salz und Zucker würzen. Die gehackte Petersilie darüberstreuen.

Möhrensalat in Apfelsahne

300 g Möhren, Salz, 2 Eßl. Öl, 2 Eßl. Essig, Pfeffer, Zucker, 1 Eßl. Kapern, ½ Tasse dicke saure Sahne, 1 säuerlicher Apfel, 2 Eßl. Zitronensaft, Zitronenmelisse, Schnittlauch.

Die vorbereiteten Möhren in Salzwasser garen und in Würfel schneiden. Mit einer Soße aus Öl, Essig, Salz, Pfeffer und 1 Prise Zucker übergießen und die Kapern zugeben. Die saure Sahne mit dem geraspelten Apfel, Zitronensaft, feingeschnittener Zitronenmelisse und reichlich gehacktem Schnittlauch vermischen und über die Möhren gießen.

Mohrrübentorte

400 g Zucker, 10 Eier, 500 g geriebene rohe Mohrrüben, 500 g geriebene Mandeln oder Kokosraspeln, 1 Gläschen Arrak, 2 bis 3 Eßl. Kartoffelmehl, 1 Teel. Zimt, 1 Zitrone, Schokoladenglasur.

Zucker und Eigelb schaumig rühren, die geriebenen Mohrrüben dazugeben und weiterrühren. Nach und nach die übrigen Zutaten hinzufügen. Zuletzt den steifgeschlagenen Eischnee unterziehen. Die Masse in eine ausgefettete, mit Semmelbröseln ausgestreute Form füllen und bei mäßiger Hitze 1 Stunde backen. Die Torte auskühlen lassen und mit der Glasur überziehen. Schlagsahne dazu reichen.

Mokka-Bananen-Eierkuchen

5 Eier, 125 g Zucker, abgeriebene Zitronenschale, 90 g Mehl, 40 g Maisan, Bananen, Schlagsahne, wenig starker Bohnenkaffee, ein Schuß Rum-Verschnitt, Puderzucker, gemahlener Kaffee.

Eier, Zucker und Zitronenschale schaumig rühren. Mehl und Maisan darunterschlagen. Ein Backblech mit Butterbrotpapier auslegen, aus dem Teig mehrere Omelettböden mit einem Durchmesser von etwa 12 cm ½ cm dick daraufstreichen und flott backen. Nach dem Erkalten die Omeletts vom Papier lösen. Die Bananen in Scheiben schneiden, auf eine Hälfte der Omeletts verteilen. Die Sahne mit etwas Bohnenkaffee und wenig Rum-Verschnitt steifschlagen und über die Bananen spritzen. Die andere Hälfte der Omeletts darüberschlagen. Die an der Seite sichtbare Sahne mit etwas feingemahlenem Kaffee bestreuen und die Oberfläche der Omeletts mit Puderzucker besieben.

Mokka-Cocktail
(Einzelportion)

2 cl Weinbrand, 1 cl Curaçao, 1 Tasse erkalteter starker Kaffee, 1 Barlöffel Zuckersirup, Eiswürfel, 1 Mokkabohne.

Alle Zutaten im Mixbecher auf Eis mischen, mit einer Mokkabohne garniert servieren.

Mokkacreme mit Pfirsichspalten

⅛ l Milch, 2 Eier, 2 gehäufte Eßl. Zucker, 2 gehäufte Eßl. Instant-Kaffee, 6 g Gelatine, 1 Likörglas Weinbrand, ⅛ l Schlagsahne, Pfirsiche.

Die Milch erhitzen. Die Eigelb mit Zucker und Kaffee verschlagen, mit der Milch verquirlen. Die in wenig Wasser eingeweichte und aufgequollene Gelatine darin auflösen und kalt stellen. Wenn die Creme zu stocken beginnt, Weinbrand, Eischnee und steifgeschlagene Sahne unterziehen. In Portionsschälchen verteilen. Vor dem Servieren mit frischen Pfirsichspalten garnieren.

Mokka-Dessert-Fondue

⅛ l süße Sahne, 250 g Vollmilch-schokolade, 30 g Instant-Kaffee, 4 cl Rum oder Weinbrand.

Die Sahne mit Schokoladenstückchen und Instant-Kaffee im Fondue-Topf erwärmen und ständig rühren. Auf dem Kerzenrechaud servieren und erst da den Rum zufügen.
Früchte und Gebäck zum Eintauchen nach Belieben auswählen.

Mokka-Flip
(Einzelportion)

⅛ l Milch, 1 Eigelb, 2 Eßl. Mokka-likör, 1 Teel. Zucker, Eiswürfel, 1 Teel. feingemahlener Bohnenkaffee.

Alle Zutaten außer Kaffee im Schüttelbecher gut mixen und durch ein Sieb in ein Glas geben. Etwas Kaffeepulver aufstreuen. Sofort servieren.

Mokka-Halbgefrorenes

¼ l Schlagsahne, 50 g Zucker, etwas Milch, 60 g Schokolade, 2 Eßl. Instant-Kaffee.

Die Sahne mit 50 g Zucker steifschlagen. In etwas Milch die Schokolade im Wasserbad auflösen. Ebenfalls mit ganz wenig heißer Milch den Kaffee überbrühen. Beides unter die Sahne ziehen. Die Masse in eine kalt ausge-

spülte Form füllen und im Gefrierschrank oder im Gefrierfach des Kühlschrankes gefrieren lassen.

Mokka-Look

200 g Vanilleeis, 2 Eßl. Kaffeelikör, ½ l starker Filterkaffee, einige Mokkabohnen.

Das Vanilleeis mit dem Kaffeelikör so lange verrühren, bis die Masse halbweich ist. Den heißen Kaffee in Gläser oder Tassen gießen. Die Eiscreme darüber verteilen, mit Mokkabohnen garnieren.

Mokka-Mix
(Einzelportion)

2 cl Mokkalikör, 2 cl weißer Rum, 1 Teel. Instant-Kaffeepulver, ⅛ l kalte Milch, 1 Kugel Schokoladeneis, 1 Teel. geriebene, angeröstete Haselnüsse.

Likör, Rum, Kaffeepulver und Milch verrühren, in ein Glas gießen, das Eis zufügen und alles mit den Haselnüssen bestreut servieren.

Mokka-Sahne-Cocktail
(Einzelportion)

2 cl Cordial Medoc, 2 Spritzer Weinbrand, 2 Tassen starker, etwas gesüßter Kaffee, 2 Barlöffel geschlagene Sahne, Schokoladenraspel.

Alle Zutaten außer der geraspelten Schokolade ins Glas geben, gründlich verrühren und mit Schokoladenraspeln bestreut servieren.

Mokka-Schokoladen-Rolle

Für den Teig: *3 Eier, 150g Zucker, 1 Päckchen Vanillinzucker, 60g Mehl, 60g Stärkemehl, 1 gestr. Teel. Backpulver.*
Für Fülle und Überzug: *½ l Milch, 1 Päckchen Puddingpulver Schokoladengeschmack, 100g Zucker, 4 gestr. Teel. gemahlener Bohnenkaffee, 150 bis 250g Butter oder Margarine; Krokantstreusel, Mokkabohnen, Schlagsahne zum Garnieren.*

Die Eier mit 3 Eßlöffel kaltem Wasser zu einer dicken Creme schlagen, unter kräftigem Schlagen mit dem Schneebesen nach und nach Zucker und Vanillinzucker zugeben. Mehl mit Stärkemehl und Backpulver mischen, auf die Creme sieben und vorsichtig unterheben. Den Teig auf ein mit Alufolie oder Pergamentpapier belegtes Backblech streichen und bakken. Auf ein mit Zucker bestreutes sauberes Küchentuch stürzen, die Alufolie oder das Pergamentpapier abziehen, die Rolle mit dem Tuch zusammen ausrollen und abkühlen lassen. Puddingpulver mit 6 Eßlöffel Milch glattrühren. Restliche Milch mit Zucker und Kaffee zum Kochen bringen, durchseihen, die Puddingmasse hineingeben und nochmals kurz aufkochen. Unter Umrühren abkühlen lassen. Das Fett schaumig rühren, den Pudding löffelweise dazugeben und gut unterrühren. Darauf achten, daß Fett und Pudding etwa die gleiche Temperatur haben. Creme etwas abkühlen lassen. Die Rolle vorsichtig aufwickeln, mit der Buttercreme bestreichen und wieder zusammenrollen. Von außen mit Buttercreme bestreichen, mit Krokant bestreuen, mit Mokkabohnen und Sahne garnieren.

Mokkatorte »France«

Für den Teig: *4 Eier, 3 Eßl. kaltes Wasser, 125g Puderzucker, 1 Päckchen Vanillinzucker, 100g Mehl, ½ Teel. Backpulver, 60g zerlassene Butter.*
Für die Mokkacreme: *300ml Milch, ½ Vanilleschote, 1 Zitrone, 5 Eigelb, 165g Zucker, 1 Prise Salz, 15g Stärkemehl, 35g Instant-Kaffee, 260g Butter, 130g Puderzucker.*

Eiweiß und Wasser zu steifem Schnee schlagen. Nacheinander die Eigelb, Zucker und Vanillinzucker unterziehen. Mehl und Backpulver mischen und unterheben. Die abgekühlte Butter ebenfalls unterziehen. Auf einem Backblech eine Fläche von 25 cm × 25 cm mit Butterbrotpapier auslegen. Den Teig daraufgeben und im vorgeheizten Ofen bei 220°C 15 Minuten backen. Den Boden etwas abkühlen lassen und das Papier abziehen. Milch, Vanillestange und Schale von ½ Zitrone langsam zum Kochen bringen, 10 Minuten ziehen lassen, dann Vanillestange und Zitronenschale wieder entfernen. Eigelb, Zucker und Salz schaumig rühren und das Stärkemehl zufügen. Ins heiße Wasserbad stellen, aber nicht kochen lassen. Nach und nach die heiße Vanillemilch unterschlagen, bis die Masse cremig wird. Aus dem Wasserbad nehmen, das Kaffeepulver unterziehen und im kalten Wasserbad abkühlen lassen. Inzwischen die Butter schaumig rühren, Puderzucker unterschlagen und eßlöffelweise die Mokkacreme zufügen. Den Tortenboden einmal waagerecht halbieren. Die untere Hälfte mit einem Viertel der Creme bestreichen. Den zweiten Boden aufsetzen. Tortenoberfläche und -rand ebenfalls dünn mit Creme bestreichen. Die restliche Creme in einen Spritzbeutel füllen und die Torte voll mit Cremetupfern spritzen.

Molde frio de pollo
(Hühnerfleisch in Aspik)

2 Päckchen Gelatine, ausgelöstes Fleisch von 1 gekochten Hühnchen, 1/2 Tasse Mayonnaise, 1/2 Tasse geschlagene süße Sahne, Salz, 1/2 feingeschnittene Paprikafrucht.

Jedes Päckchen Gelatine in 3 Tassen kochendem Wasser unter Schlagen mit dem Schneebesen auflösen. Aus dem durch den Fleischwolf gedrehten Hühnerfleisch, der Mayonnaise, der geschlagenen Sahne und der Paprikafrucht eine Fleischmasse herstellen, mit Salz abschmecken. Die aufgelöste Gelatine zufügen und alles in eine Form füllen. Zum Erkalten für einige Zeit in den Kühlschrank stellen. Ist die Masse erstarrt, die Form stürzen und das Hühnerfleisch in Aspik mit Salaten nach eigener Wahl umlegen. Mit Mayonnaise garnieren.

Mongolische Minzsoße

50 g frische Minzblätter, 1 Teel. Essig, 1 Eßl. Zucker, etwas Wasser.

Die Minzblätter grob hacken, mit den anderen Zutaten vermengen und vor dem Servieren etwa 60 Minuten zie-

hen lassen. Die Soße eignet sich sehr gut zu Hammelgerichten oder mit viel Fett durchwachsenem Schweinefleisch.

Monsalvat-Soße

100 g Mayonnaise, 40 g Sahne, Saft von 1 Orange (möglichst Blutorange), je 1 Teel. Senf und Tomatenketchup, Salz, weißer Pfeffer, sehr fein gehackte Kräuter.

Mayonnaise, Sahne, Orangensaft, Senf, Ketchup gut verrühren, mit Salz und weißem Pfeffer kräftig abschmecken. Zuletzt die Kräuter dazugeben und nochmals abschmecken. Nach Belieben mit etwas Sherry aromatisieren. Monsalvat-Soße schmeckt besonders zu kaltem Braten, kaltem gebratenem Geflügel und Fleischfondue. Sie eignet sich ebenso als pikante Soße zum Anmachen von Salaten oder als Cocktailsoße.
Anstelle von frischen Kräutern sind speziell für diese Soße gemahlene getrocknete Kräuter einsetzbar.

Mornay-Soße

1 Zwiebel, etwa 30 g Schinkenabschnitte, 30 g Butter oder Margarine, 30 g Mehl, 100 ml Fleischbrühe (Würfel), 100 ml Milch, Salz, weißer Pfeffer, geriebene Muskatnuß, Sahne zum Verquirlen, 1 Eigelb, etwa 30 g Reibekäse.

Die Zwiebel schälen und feinwürfelig schneiden. Ebenso die Schinkenabschnitte. Beides in der inzwischen erhitzten Butter goldgelb anschwitzen, das Mehl dazugeben, nochmals durchschwitzen lassen und mit der heißen Fleischbrühe und Milch auffüllen. Unter öfterem Rühren etwa 5 Minuten kochen lassen. Mit Salz, weißem Pfeffer und Muskat würzen. Dann durch ein Sieb passieren, nochmals aufkochen und mit dem mit der Sahne verquirltem Eigelb legieren. Zuletzt den Reibekäse einrühren, bis er schmilzt. Die Soße sofort servieren oder zum Überbacken verwenden. Mornay-Soße paßt zu Geflügel-, Fisch-, Gemüse- und Eierspeisen. Besonders eignet sie sich zum Überbacken warmer Vorspeisen und Toasts.

Moussaka auf griechische Art

500 g Auberginen, Salz, 500 g Kartoffeln, 150 ml Öl, Pfeffer, Rosmarin, 700 g Tomaten, 250 g Zwiebeln, 2 Knoblauchzehen, 1 kg Gehacktes (Hammelfleisch), frischer Thymian, frischer Salbei, Cayennepfeffer, 6 Eier, 150 ml Milch, Reibekäse, Semmelbrösel.

Die in Scheiben geschnittenen Auberginen salzen und 20 Minuten stehen lassen. Die geschälten Kartoffeln in sehr dünne Scheiben schneiden. Eine Pfanne mit Öl auspinseln, die Kartoffelscheiben hineingeben und mit Salz, Pfeffer sowie Rosmarin würzen, 25 Minuten bei 200 °C backen. Die überbrühten Tomaten häuten, halbieren und in Scheiben schneiden. Zwiebeln und Knoblauch kleinschneiden, in 2 Eßlöffel Öl glasig dünsten, Gehacktes zugeben und durchbraten, dabei öfter umrühren. Mit Salz, Pfeffer, gehackten Kräutern und Cayennepfeffer kräftig würzen. Abgekühlt über die Kartoffeln verteilen. Die Auberginenscheiben ausdrücken, in heißem Öl 3 bis 5 Minuten braten, zwischendurch wenden und auf einem Sieb abtropfen lassen. Auberginen- und Tomatenscheiben dachziegelartig auf das Gehackte legen. Im vorgeheizten Ofen bei 200 °C etwa 20 Minuten backen. Dann mit Salz, Pfeffer und Rosmarin würzen. Eier und Milch verquirlen und darübergießen. Geriebenen Käse und Semmelbrösel obenaufstreuen und nochmals 25 Minuten backen.

Mousse au chocolat

100 g Vollmilchschokolade, 50 g bittere Schokolade, 3 Eßl. Rum oder Weinbrand, 2 Eßl. Milch, 2 Eier, 2 g Gelatine, Mark von 1/2 Vanilleschote, 75 g Zucker, 1/4 l Schlagsahne.

Die Schokolade in kleine Stücke brechen, mit Rum und Milch im Wasserbad auflösen. Die Eigelb in die heiße Schokolade rühren. Gelatine in wenig kaltem Wasser einweichen, quellen lassen und in der Schokolade auflösen. Vanillemark hinzufügen, die Masse erkalten lassen. Das Eiweiß steifschlagen, Zucker unterrühren und die Schlagsahne ebenfalls steifschlagen. Beides vorsichtig unter die Schokoladencreme ziehen. In Gläser füllen und kühl stellen.

Nudeln seien ein Charakteristikum deutscher Küche, wird hin und wieder behauptet. Doch am 29. Mai 1787 schwärmte Goethe während seiner Italienreise vom Neapolitanischen Markt und den dortigen »Backwerksverfertigern«: »... Was die Mehl- und Milchspeisen betrifft, welche unsere Köchinnen so mannigfaltig zu bereiten wissen, ist für jenes Volk, das sich in dergleichen Dingen gern kurz faßt und keine wohleingerichtete Küche hat, doppelt gesorgt. Die Makkaroni, ein zarter, stark durchgearbeiteter, gekochter, in gewisse Gestalten gepreßter Teig von feinem Mehle, sind von allen Sorten überall um ein Geringes zu haben. Sie werden meistens nur in Wasser abgekocht, und der geriebene Käse schmälzt und würzt zugleich die Schüssel. Fast an der Ecke jeder großen Straße sind die Backwerksverfertiger mit ihren Pfannen voll siedenden Öls, besonders an Festtagen, beschäftigt. Fische und Backwerk, einem jeden nach seinem Verlangen, sogleich zu bereiten. Diese Leute haben einen unglaublichen Abgang, und viele tausend Menschen tragen ihr Mittags- und Abendessen von da auf einem Stückchen Papier davon ...«[74]

Die Makkaroni müssen Goethe beeindruckt haben, obwohl in Deutschland dazumal die Nudeln überall gebräuchlich waren. Schon Marx Rumpolt empfiehlt in seinem 1581 erschienenen »New Kochbuch«, wie man eine Nudelsuppe bereiten kann: »Mach ein Teig an mit einem Ey oder zwey / und treib in gar dünn auff / walg in fein obereinander / und mehls wol darzwischen / schneidt in fein klein / nim gute Erbeßbrüh / Muscatenblüt und Butter darein / setz auff Kolen / und laß sieden / zeuch die Nudel darein / oder back sie in Butter. Und wen du sie wilt anrichten / so richt es auff eine gebeht Schnitten Brot: und straw / geriebenen Parmesankäß darüber / begeuß mit heißer Butter / und gibs warm auf ein Tisch / so ists ein gute Nudelsuppen.«[75]

Eine solche Suppe – das dürfen wir annehmen – war eine feine Speise. Sie erforderte ja, daß man Getreidekörner zu Mehl mahlte; noch dazu wird für Nudeln möglichst schönes Mehl, also Weizen, verlangt. Viel einfacher war es doch, aus gedroschenen Getreidekörnern ein Mus zu bereiten. So finden wir im 16. Jahrhundert kaum eine Nudelsuppe auf der Bauern Tisch, dafür aber andere Mehlspeisen. Vor allem Klöße. Sie galten als beliebte Beilage zu Fleisch. Wenn man davon ausgeht, daß meist eine gebundene Speisefolge bestand, somit jeder Wochentag ein bestimmtes, stets wiederkehrendes Gericht hatte, dann läßt sich den alten Aufzeichnungen entnehmen, daß mindestens zweimal die Woche Teigwaren – Mehlklöße – auf dem Tisch waren – donnerstags und sonntags.

Teigwaren sind übrigens in vielen Küchen und meist unabhängig voneinander entstanden. Wahrscheinlich überall aus dem gleichen Bedürfnis heraus, Mehl und Eier auf diese Weise für längere Zeit haltbar zu machen. So kannte man bereits im alten China (wie auch in Japan) Glasnudeln, eine Art Fadennudeln, die aus Reisstärke bereitet wurden. Die mittelalterliche polnische Küche erwähnt Nudeln und Piroggen als begehrte Speisen. Ein uraltes ungarisches Rezept sind die Túrós csusza. Aus einem Nudelteig zupft man etwa zwei mal zwei Zentimeter große Fleckerln, kocht sie in Salzwasser nicht zu weich, schwenkt sie in saurer Sahne und Fett, salzt sie und mischt frischen Quark darunter. Obenauf kommen ausgelassene Speck- oder Rauchfleischgrieben. Die tschechische und böhmische Küche hat sich mit allerlei Knödeln und Buchteln einen Namen gemacht. Den österreichischen Köchen danken wir Strudel und Nockerl, den schwäbischen Spätzle... man könnte die Reihe fortsetzen. Krönung aller Nudelarten aber sind die russischen Pelmeni, kleine Teigtaschen, die eine köstliche Fleischfülle enthalten und auf der Zunge förmlich zergehen. Sie werden entweder in kräftiger Rindfleischbouillon gereicht oder in einer Extra-Schüssel dazu – und dann mit köstlicher saurer Sahne übergossen.

Was hat nun die deutsche Kochkunst in diese Tradition eingebracht?

Zunächst einmal die Nudeln selbst, die zeitweise als Synonym für alle Arten Teigwaren galten. Außerdem eine Vielzahl von Klößen. Zunächst aus Mehl, später auch aus Kartoffeln.

Heute ist die Küche international. Da ißt man Makkaroni in Moskau und Pelmeni in Rom, Buchteln in Japan und Glasnudeln in Prag. Die Lebensmittelindustrie bietet, wohlverpackt und haltbar, Teigwaren in vielen Ländern der Erde an. Sie schmecken vortrefflich, aber was sind sie gegen einen Teig von eigener Hand?!

Naranjas de jalea
(Geleeorangen)

1 Päckchen Götterspeise Erdbeer- oder Kirschgeschmack, 1 Päckchen Götterspeise Aprikosen- oder Apfelsinengeschmack, Zucker nach Belieben, 6 Orangen.

Jedes Päckchen Götterspeise für sich nach Anweisung zubereiten. Inzwischen die Orangen waschen, einen Deckel abschneiden und die Frucht aushöhlen, wobei darauf zu achten ist, daß die Schale nicht verletzt wird. Je drei der ausgehöhlten Orangen mit roter Götterspeise und drei mit heller Götterspeise füllen. Die gefüllten Orangen zum Erkalten für einige Zeit in den Kühlschrank stellen. Sobald das Gelee fest geworden ist, die Orangen mit einem scharfen Messer in je 4 bis 6 Spalten schneiden.

Naranjas rellenas
(Gefüllte Orangen)

6 große Orangen, 2 Eßl. Gelatine, 2 gestrichene Eßl. Maisan, ½ l Milch, 90 g Zucker, 3 Eßl. Likör oder Wodka, 2 Eigelb.

Die Orangen gründlich unter heißem Wasser bürsten, einen Deckel abschneiden und die Frucht aushöhlen. Das Fruchtfleisch in ein dünnes Tuch geben und den Saft gut ausdrücken. Die Gelatine in etwas Wasser quellen lassen. Maisan in wenig kalter Milch anrühren. Die restliche Milch mit dem Zucker zum Kochen bringen und die Gelatine darin auflösen. Dann nacheinander unter Rühren das in Milch verquirlte Maisan, Likör oder Wodka, Orangensaft und Eigelb dazugeben. Kurz durchrühren, den Topf vom Feuer nehmen und abkühlen lassen. Diese Creme in die Orangen füllen, den Deckel wieder aufsetzen und die gefüllten Früchte für einige Zeit in den Kühlschrank stellen.

Nasi goreng

1 Suppenhuhn, 2 Zwiebeln, 1 Knoblauchzehe, 3 Eßl. Öl, 1 rote Paprikafrucht, Sambal-Gewürz oder je 1 Prise Curry, Ingwer, gemahlener Kümmel, geriebene Muskatnuß, weißer Pfeffer, 1 Packung Kurzkoch-Reis, Salz, Zucker, ½ Dose Krabben, ½ Zitrone, 1 Eßl. Margarine.

Das gekochte Suppenhuhn von Haut und Knochen befreien und das Fleisch in Würfel schneiden. Eine Zwiebel in Würfel schneiden und mit der zerdrückten Knoblauchzehe im erhitzten Öl dünsten, aber keine Farbe nehmen lassen. Die in feine Streifen geschnittene Paprikafrucht und das Sambal oder die Gewürze zugeben und weiterdünsten.
Körnig gekochten Kurzkoch-Reis und das Hühnerfleisch zufügen; mit Salz und Zucker würzen. Alles gut vermischen. Zuletzt vorsichtig die Krabben unterziehen und dann anrichten. Mit Zitronensaft beträufeln und mit in Margarine gebratenen Zwiebeln garnieren.
Zum Nasi goreng sind vielerlei Beilagen möglich, z. B. gebratene Bananen, Tomatenscheiben, dünne Scheiben von Gewürz- oder Salatgurken, geröstete Erdnüsse, hartgekochtes, gehacktes Ei oder Ananasstücke.

Neapler Soße

50 g gekochter Schinken, 20 g Butter,
20 g Mehl, 50 g Champignons
(Konserve), 2 Tomaten, etwa 100 ml
heiße Fleischbrühe (Würfel), gehackte
Kräuter, Salz, weißer Pfeffer, Edelsüß-
Paprika, 1 Prise Zucker, Süßwein.

Den Schinken in feine Streifchen
schneiden, in Butter anschwitzen, mit
Mehl bestäuben, nochmals kurz anschwitzen und mit der Fleischbrühe
auffüllen. Dann die in feine Streifen
geschnittenen Champignons und die
enthäuteten und in feine Würfel geschnittenen Tomaten dazugeben,
kräftig würzen und alles einige Minuten kochen lassen. Dann feingehackte
Kräuter und etwas Süßwein dazugeben, nochmals abschmecken und sofort servieren.
Neapler Soße schmeckt gut zu Spaghetti, gekochter Rinderzunge, gedünstetem Fisch oder Rinderbraten. –
Kennern der italienischen Küche wird
das zusätzliche Würzen mit sehr wenig Knoblauch empfohlen.

Neapolitanische Blitzsoße

100 ml Öl, Saft von 2 bis 3 Zitronen,
Weißwein, 1 in Salz zerdrückte
Knoblauchzehe, Salz, Pfeffer, Zucker,
gehackte Kräuter.

Das Öl mit Zitronensaft und Weißwein verrühren. Knoblauch, Salz,
Pfeffer, Zucker sowie gehackte Kräuter dazugeben, alles gut verrühren
und abschmecken.
Diese pikante Soße ist in wenigen Minuten zubereitet und paßt besonders
zu kaltem gekochtem Rindfleisch

oder kaltem Wildbraten. Sie eignet
sich aber auch als Marinade für frische
Gemüse- und Rindfleischsalate.

Neapolitanische Gemüsesuppe

1 kg gemischtes Gemüse (Kürbis,
Wirsing, grüne Bohnen, Erbsen,
Blumenkohl, Kohlrabi, Tomaten, Lauch,
Petersilie, Sellerie, Zwiebeln,
Kartoffeln), 5 Eßl. Öl, Salz, Paprika,
125 bis 250 g Makkaroni, 1 bis 2 Eßl.
geriebener Käse.

Das gewaschene Gemüse kleinschneiden und in dem erhitzten Öl andünsten. Die Gewürze zugeben und das
Gemüse mit etwa 1½ Liter Wasser auffüllen, eine Weile kochen lassen,
dann die in Würfel geschnittenen
Kartoffeln zugeben und alles garen.
Die Makkaroni inzwischen in Salzwasser kochen, abspülen und kurz vor
dem Anrichten in die Suppe geben.
Die Makkaroni dürfen nicht zu weich
sein. Vor dem Servieren die Suppe
mit geriebenem Käse bestreuen.

Nierenragout
auf französische Art

4 Kalbsnieren, Salz, Pfeffer,
2 Tassen Zwiebelscheiben, 1 Eßl. Mehl,
1 Eßl. Rotwein, 4 Tomaten,
1 Bund Petersilie.

Die Nieren von allen Häuten und
vom Fett befreien, aufschneiden und
innen die weißen Gefäße entfernen.
Dann in Würfel schneiden, salzen
und pfeffern. Das kleingeschnittene
Nierenfett in einer Pfanne auslassen,
die Grieben entfernen und in dem

Fett die Nierenwürfel braten, dann herausnehmen und warm stellen. Im restlichen Fett die Zwiebelscheiben mit Mehl andünsten, mit Mehl bestäuben und mit Wein ablöschen. Geschälte, in Würfel geschnittene Tomaten, gehackte Petersilie sowie Salz zufügen. Diese Soße über die Nierenwürfel gießen. Dazu Reis und einen frischen Salat servieren.

Nierensuppe

*125 g Nieren, ¼ l Buttermilch,
60 g Butter oder Margarine, 1 Zwiebel,
1 Wurzelwerk, je 1 Prise Salz, Pfeffer
und Paprika, 60 g Mehl, 2 Eßl. Sahne,
etwas Rotwein, 80 g Mandarinenspalten
aus der Dose.*

Die Nieren der Länge nach durchschneiden und die Röhrchen entfernen, dann in kaltem Wasser waschen und 30 Minuten in Buttermilch legen. Danach abspülen, abtrocknen, in dünne Scheibchen schneiden und in 20 Gramm zerlassenem Fett zusammen mit der feingewürfelten Zwiebel anbraten. Das Wurzelwerk kleinschneiden, zu den Nieren geben, mit warmem Wasser auffüllen und etwa 40 Minuten kochen. Die Brühe durch ein Sieb gießen und mit den Gewürzen abschmecken. Aus dem restlichen Fett, dem Mehl und 1 Liter Brühe eine dunkle Suppe zubereiten, mit Sahne und Rotwein abschmecken. Die Nierenscheiben und die abgetropften Mandarinenspalten in der Suppe heiß werden lassen. – Nach Belieben kann das Wurzelwerk, wenn es nicht zu weich gekocht ist, ebenfalls wieder zugefügt werden.

Nikolaschka
(Einzelportion)

*4 cl Weinbrand, 1 Scheibe Zitrone,
½ Barlöffel Zucker, 1 Prise
gemahlener Kaffee.*

Den Weinbrand in ein Glas geben. Auf den Glasrand eine Zitronenscheibe legen, mit dem Zucker bestreuen und den gemahlenen Kaffee daraufgeben.

Nizzaer Salat

*1 Kopf Salat, 2 bis 3 Eßl. Öl,
2 Eßl. Essig, Salz, Zucker, gehackte
Petersilie oder gemischte Kräuter,
2 Tomaten, 1 bis 2 hartgekochte Eier,
½ grüne Gurke, einige gare Blumenkohlröschen, Oliven, 2 bis 3 Sardellen.*

Den vorbereiteten Salat in eine Marinade aus Öl, Essig, Salz, Zucker und Kräutern geben. Die Tomaten in Achtel, Eier sowie Gurke mit Schale in Scheiben schneiden und mit dem Blumenkohl zum Salat geben. Aufgeschnittene Oliven, Kapern und kleingeschnittene Sardellen dazwischenstreuen. Alles vorsichtig mischen und sofort auftragen.

Nockerl

500 g Mehl, 2 Eier, Salz, 80 g Fett.

In einer Schüssel das Mehl, Eier und Salz mit so viel Wasser mischen, daß es sich leicht mit dem Holzlöffel verrühren läßt. So lange rühren, bis sich Blasen bilden und der Teig sich vom Rand der Schüssel löst. Den Teig durch ein Nockerlsieb in siedendes

Salzwasser geben, garen, mit kaltem Wasser überspülen und abtropfen lassen. Ist kein Nockerlsieb vorhanden, kann der Teig auch mit einem Messer von einem Holzbrett in das Wasser geschabt werden. Die abgetropften Nockerl im heißen Fett schwenken.

Nordischer Möhrenrahm

4 Scheiben Fischfilet, 4 Eßl. Zitronensaft, Salz, 1/8 l Fleischbrühe (Würfel), 1/2 Lorbeerblatt, 1 Zwiebel, 3 Pfefferkörner, 500 g Möhren, 1/2 l süße Sahne, Pfeffer, 50 g Mandeln, 1 Teel. Butter, 1 Zitrone, Dill.

Die Fischscheiben säubern, säuern, salzen, aufrollen und nebeneinander in eine feuerfeste Form setzen. Mit heißer Fleischbrühe übergießen. Lorbeerblatt, Zwiebelscheiben und Pfefferkörner zugeben. Den Fisch im vorgeheizten Ofen bei Mittelhitze 20 Minuten garen. Die vorbereiteten Möhren feinraspeln. Die Sahne steifschlagen und mit den Möhren mischen. Mit Salz und Pfeffer würzen. Die Mandeln feinblättrig schneiden und in der Butter bräunen. Den abgetropften Fisch auf einer Platte anrichten. Den Möhrenrahm darübergeben. Mit Mandelblättchen bestreuen, mit Zitronenspalten und Dill garnieren.

Norwegische Fladenbrote

250 g Kartoffeln, 300 g Roggenmehl, 150 g Weizenmehl, 3 Prisen Salz.

Die geschälten rohen Kartoffeln feinreiben. 225 ml kaltes Wasser, Mehl und Salz zugeben und alles verrühren.

Den Teig zugedeckt über Nacht stehen lassen. Dann noch einmal kräftig durchkneten. Auf bemehlter Arbeitsfläche etwa 2 mm dick ausrollen. Fladen von 14 cm Durchmesser ausstechen. Nicht zu dicht auf ein gefettetes Backblech setzen und im vorgeheizten Ofen bei 220 °C 12 Minuten bakken. – Diese Fladenbrote können süß oder pikant serviert werden, auf jeden Fall werden sie aber mit Butter bestrichen. Dann je nach Geschmack mit Sirup, Konfitüre, Wurst oder Schinken ergänzen und aufrollen oder zusammenfalten.

Norwegischer Räucherfischauflauf

400 g gefrorene grüne Bohnen, Salz, 1/4 Teel. getrocknetes oder 1 Zweiglein frisches Bohnenkraut, 250 g Nudeln (Bandnudeln, Hörnchen, Makkaroni oder Spaghetti), 750 g Räucherfisch (Heilbutt, Makrelen oder Rotbarsch), Pfeffer, 3 Spritzer Tabasco- oder Peppersoße, 1/4 l kräftige Tomatensoße, 1 Eßl. gehackte Petersilie, 2 Eßl. Semmelbrösel, 4 Eßl. Reibekäse, 60 g Butter, Petersilie und 1 Tomate zum Garnieren.

Die grünen Bohnen in Salzwasser mit dem Bohnenkraut garen. Die Nudeln ebenfalls in Salzwasser garkochen. Schichtweise mit dem von Haut und Gräten befreiten und zerpflückten Räucherfisch in eine gefettete feuerfeste Form geben. Mit Salz, Pfeffer und Tabascosoße würzen. Die Tomatensoße mit der Petersilie verrühren und darübergießen. Semmelbrösel und Reibekäse mischen, obenaufstreuen und mit Butterflöckchen belegen. Im gut vorgeheizten Ofen 25 bis 30 Minuten bei Mittelhitze backen. Mit Petersilie und Tomate garnieren.

Nougatkonfekt

40 g Blockschokolade, 200 g Nougatstange, 125 g gestiftelte Mandeln, ½ Teel. Rum.

Blockschokolade und Nougat grob zerbrechen und unter Rühren im heißen Wasserbad auflösen. Mandeln und Rum zufügen. Mit zwei Teelöffeln kleine Häufchen auf Alufolie setzen und erstarren lassen. Im Kühlschrank aufbewahren.

Nudeln in der Form

300 g Nudeln, Salz, 2 Eier,
2 Eßl. Zucker, etwas geriebener Muskat,
3 Eßl. vorbereitete Sultaninen,
3 Eßl. grobgehackte süße Mandeln,
1 Teel. Zitronensaft,
3 Eßl. flüssige Margarine,
2 Eßl. Semmelbrösel, Zucker und Zimt.

Die Nudeln in Salzwasser garen, kalt abspülen und auf einem Sieb abtropfen lassen. In einer großen Schüssel die Eier mit dem Zucker verschlagen, alle übrigen Zutaten – außer Margarine und Semmelbrösel – gründlich untermischen, zuletzt die Nudeln. Alles in eine gefettete feuerfeste Form geben, die Semmelbrösel darüberstreuen und mit der restlichen Margarine beträufeln. Im vorgeheizten Ofen bei Mittelhitze etwa 50 Minuten backen, bis die Oberfläche beginnt zu bräunen. Mit Zucker und Zimt bestreuen und warm oder kalt servieren.

Nudeln mit Huhn

1 Suppenhuhn, Salz, Suppengrün,
250 g Suppennudeln, Petersilie.

Das vorbereitete Huhn waschen, in etwa 3 Liter kochendem Salzwasser mit den übrigen Zutaten ansetzen. Auf kleiner Flamme langsam 1 bis 2 Stunden kochen lassen. Das Huhn herausnehmen, die Brühe durch ein Sieb gießen. Die in Salzwasser gegarten Nudeln kalt abspülen und in die klare Hühnerbrühe geben. Das Huhn zerlegen, von den Knochen lösen, das Fleisch in kleine Stücke schneiden und in die Nudelsuppe geben. Nochmals abschmecken und mit feingewiegter Petersilie bestreuen.

Nudelragout mit Brokkoli

250 g Bandnudeln oder Spirelli,
1 Eßl. Öl, Salz, 5 g Butter,
1 Prise Zucker, 1 Paket gefrorener
Brokkoli (300 g), 200 g dicke saure
Sahne, 2 Eigelb, Pfeffer, geriebene
Muskatnuß.

Die Nudeln mit 1 Eßlöffel Öl in reichlich kochendem Salzwasser in 10 bis 12 Minuten bißfest garen. In ein Sieb geben und unter fließendem kaltem Wasser abspülen, abtropfen lassen und warm stellen. ½ Liter Wasser mit Butter, Salz und Zucker zum Kochen bringen. Den Brokkoli 5 bis 7 Minuten darin kochen, herausnehmen und ebenfalls abtropfen lassen. Ein- bis zweimal durchschneiden, vorsichtig unter die Nudeln mischen und warm stellen. ⅛ Liter Brokkoliwasser mit der dicken sauren Sahne verrühren und einkochen lassen, mit Eigelb binden (das Eigelb in die heiße, jedoch nicht kochende Soße geben) und mit Pfeffer und Muskatnuß kräftig würzen. Die heiße Soße über die Brokkoli-Nudel-Mischung geben und servieren. Dazu paßt gut warmer gekochter Schinken.

Nuß-Fonduesoße

150 g Mayonnaise, 100 g Joghurt, etwas Worcestersauce, 1 Spritzer Tabascosauce, Edelsüß-Paprika, Salz, 50 g Wal- oder Haselnüsse, 30 g süße Mandeln.

Alle Zutaten – außer Nüssen und Mandeln – gut verschlagen und abschmecken. Die Nüsse in der Ofenröhre rösten, dann die braunen Häutchen mit der Hand oder einem trockenen Tuch abreiben. Die Mandeln mit kochendem Wasser überbrühen und mit der Hand von der Schale befreien. Nüsse und Mandeln feinhacken und zuletzt unter die Soße ziehen. Zu allen Fleisch-, Fisch- und Geflügelfondues ist diese Soße eine willkommene Abwechslung.

Nußplätzchen

350 g Rosinen, ⅛ l Weinbrand, 60 g Margarine, 100 g Zucker, 2 Eier, 180 g Mehl, 2 gestrichene Teel. Backpulver, 2 Teel. Zimt, ½ Teel. gemahlene Nelken, 1 Prise Muskat, je 100 g Walnußkerne, Mandeln, Haselnüsse und kandierte Kirschen.

Die Rosinen 1 Tag in Weinbrand einweichen. Margarine, Zucker und Eier schaumig schlagen. Mit Mehl, Back-

pulver und Gewürzen zu einem Teig verarbeiten. Die grobgehackten Walnußkerne, feingehackte Mandeln, gemahlene Haselnüsse, zerkleinerte Kirschen sowie die abgetropften Rosinen unterheben. Mit einem Teelöffel Häufchen auf ein gefettetes Backblech setzen und mit Kirschen verzieren. Im vorgeheizten Ofen bei 180 °C 20 Minuten backen.

Nußtatar mit Toast
(Vorspeise)

80 g Haselnußkerne, 20 g Butter oder Margarine, 1 Zwiebel, 10 g Kapern, 300 g Geschabtes, 2 Eigelb, scharfer Senf, Salz, weißer Pfeffer, Edelsüß-Paprika, Weinbrand, wenig abgeriebene Zitronenschale, 4 Scheiben Toastbrot, Butter, Salatblätter, Tomatenketchup.

Die Haselnußkerne hacken, in der Butter rösten und abkühlen lassen. Inzwischen die Zwiebel hacken und in feine Würfel schneiden (dabei Ringe zum Garnieren zurücklassen). Die Kapern hacken (ebenfalls einige zum Garnieren übrigbehalten). Das Geschabte mit den gerösteten Nüssen, Zwiebeln, Kapern, Eigelb, Senf, Gewürzen, Weinbrand und Zitronenschale vermischen und kräftig abschmecken. Portionsweise auf geröstetem und gebuttertem Toastbrot, das mit Salatblättern belegt wurde, anrichten und mit Zwiebelringen, Kapern sowie etwas Tomatenketchup garnieren.

Obst war immer eine Köstlichkeit. So sollten beispielsweise Nektar und Ambrosia – jene legendären, den Menschen verhießenen Leckerbissen – nichts anderes gewesen sein als Feigen. Mag nun sein, daß die Sprache der Dichter im Altertum nicht minder bildreich war als heute und deshalb solch poetischer Vergleich entstand; wer aber will das nachprüfen? Dennoch gehört nicht den überaus wohlschmeckenden Feigen die Krone unter den Obstsorten, sondern den Äpfeln. Kaum eine andere Frucht hat derartigen Eingang in Mythologie und Religion gefunden! Denken wir nur an Adam und Eva, die – nachdem sie einen Apfel vom Baum der Erkenntnis genascht hatten – des Paradieses verwiesen wurden. Oder an Paris, der zwischen den Götterschönheiten Athene, Hera und Aphrodite zu wählen hatte und sein Urteil durch die Übergabe eines Apfels ausdrückte. Denken wir auch an den Reichsapfel, der neben Zepter und Krone zu den Herrschaftsinsignien deutscher Kaiser gehörte. Der Apfel war also sowohl Symbol von Liebe und Fruchtbarkeit – die griechische Mythologie sah Dionysos, den Gott der Fruchtbarkeit, als Schöpfer des Apfelbaumes an – wie auch Sinnbild für Vollkommenheit und Weltherrschaft.

Diese große Wertschätzung des Apfels verwundert ein wenig, wenn man bedenkt, daß die körnerreichen Granatäpfel nur einen erfrischenden Trank abgaben und die ersten Vorläufer unserer heutigen Apfelsorten außerordentlich sauer gewesen sein müssen. Die in Mitteleuropa dazumal wildwachsenden Holzäpfel dürften kaum genießbar gewesen sein, obwohl die Mägen der mittelalterlichen Menschen ja ziemlich abgehärtet waren. Doch aus ihren Überlieferungen ist bekannt, daß sie diese Früchte nur vergoren zu sich nahmen, in Form eines berühmten Getränks, des Cider.

Doch blenden wir weiter zurück. Schon in der Antike waren Früchte ein beliebtes Dessert bei den Tafeleien der Griechen und Römer. So beklagte

Martial (40–102) in seinen Epigrammen, wie knickrig sich manch Gastgeber dazumal zeigte:

»Einen Haufen von Gästen ludest, Mancin, du zum Schmause,
und stelltest nicht mehr als einen Eber zu Tisch.
Keine Trauben, wie sie beschert der säumig-reifende Weinstock,
keine Quitten wir sahen, die wie der Honig so süß,
keine Birnen, zierlich gereiht aneinander am Ginster,
Granatäpfel auch nicht, farbig wie Röschen im Lenz ...«[76]

Allerdings unterschied man schon damals vornehme Obstsorten, an denen sich vor allem Begüterte labten und die nur selten in die Vorratskammern der Armen gelangten – das waren: Quitten, Feigen, Pfirsiche, Mandeln, Maulbeeren, Granatäpfel und das »Volksobst«: Äpfel, Birnen, Pflaumen ...

Die Kulturgeschichte einzelner Sorten läßt sich recht gut zurückverfolgen. Wahrscheinlich begann man im vorderen Orient Äpfel zu züchten, die jene berüchtigten wildwachsenden Sorten sowohl an Süße als an Größe übertrafen. Bereits in der Jungsteinzeit soll es großfruchtige Apfelsorten in jenen Regionen gegeben haben. Griechenland und Italien waren in der Antike regelrechte Obstgärten; zuungunsten der übrigen Landwirtschaft (Getreide kam ja aus den römischen Kolonien) wurden Wein- und Obstanbau überaus gefördert. So galt es durchaus als standesgemäß, wenn sich hohe Adlige, ja sogar Kaiser, eigenhändig um ihre Gärten bemühten. Griechen und Römer kannten unter anderem etwa 30 Apfelsorten. Horaz (65–8 v. u. Z.) besingt den Honigapfel, und Tacitus (55–120) nennt im Vergleich zu dem, was auf römischen Tafeln stand, den Apfel der Germanen abfällig »ländliches Obst«.[77]

Viele der heute hierzulande beliebten Früchte kamen einst aus südlicheren und östlicheren Ursprungsländern.

Manchmal verrät der Name etwas über ihre historischen »Reisewege«. So stammt der Pfirsich beispielsweise aus China. Er gilt überhaupt als die älteste kultivierte Steinobstsorte. Sein griechischer Name – Persikon malon (persischer Apfel) – weist darauf hin, daß Alexander der Große (356–323 v. u. Z.) die ersten Setzlinge dieses Baumes aus Persien ins heimische hellenistische Reich brachte. Von da war es nur noch ein kurzer Weg nach Rom. In Malum persicum latinisiert, wurde dieser Baum später durch Cäsar (100–44 v. u. Z.) auch in Germanien bekannt gemacht; und der Name persicum wandelte sich im Laufe der Zeit zu – Pfirsich.

Die Vogelkirsche muß in urgeschichtlichen Zeiten vielen geläufig gewesen sein; bei Ausgrabungen fand man in Pfahlbauten der mittleren Steinzeit unter anderem auch Kirschkerne. Anzunehmen ist, daß Süßkirschbäume schon im 4. Jahrhundert vor unserer Zeit in Kleinasien aus »wilden Eltern« gezüchtet worden sind. Der auf den Zuckergehalt orientierte Obstgeschmack unserer Vorfahren erklärt, warum man diese Sorte wesentlich früher veredelt hat als ihre säurehaltigere Verwandte; Sauerkirschen wurden etwa 300 Jahre nach den süßen in Kultur genommen. Beide, die süßen wie die sauren, brachte Lukullus, gleichermaßen Feldherr wie Verschwender, nach einem Sieg über den König von Pontos um 64 vor unserer Zeit aus Cerasunt nach Rom. Damit sind wir wieder beim Namen: Zur Erinnerung an den Sieg titulierten die Römer die neue Frucht Cerasum (griechisch Kerasion), die saure Sorte stand noch Jahrhunderte im Schatten der süßen Schwester. Plinius der Ältere (24–79) berichtete, daß es zu seiner Zeit schon in Belgien, Britannien und am Rhein Süßkirschen gegeben habe. Am Namen ist das ablesbar: Aus Cerasa wurde das althochdeutsche kirsa und das mittelhochdeutsche kirse.

Während Birne, Pflaume, Quitte, Aprikose ähnliche Entwicklungen aufzuweisen haben, kamen die Erd- und Strauchbeeren wesentlich später in die Obstgärten. Eine Ausnahme: die Weintrauben. Doch die sah man weniger als Obst, vielmehr als Rohstoff für den Wein an. Von Gartenerdbeeren ist erst im 14. Jahrhundert die Rede, doch die züchterischen Erfolge müssen gering gewesen sein. Wahrscheinlich ähnelten die ersten Kultursorten den Monatserdbeeren, die von April bis Oktober stets neue Blüten und Früchte treiben und heute nur noch selten in Gärten zu finden sind. Erst um 1750 entstand aus einer mehr zufälligen Kreuzung von Virginia- und Chileerdbeeren eine winterharte Sorte mit großen, festen Früchten, die sich dann schnell in allen europäischen Ländern verbreitete.

Die rote Johannisbeere wird erstmals in Kräuterbüchern des 15. Jahrhunderts erwähnt. Man nennt sie auch Johannisträublein, einmal wegen ihrer Ähnlichkeit mit der Weintraube, zum anderen, weil sie um den 24. Juni, also um Johanni, reifte. Die schwarze Johannisbeere wurde zunächst als Mittel gegen die Gicht gepriesen. Überhaupt verzehrte man anfangs Beeren und Früchte oft als Medizin. Das Buch »Gart der Gesundheit« von 1485 empfiehlt »Johannes treublin gesotten mit Sauerampferwasser gut wider den Durst und die Pestilenz«.[78]

Die Stachelbeere soll noch immer in einigen Gegenden Europas als wilder Strauch anzutreffen sein. Um 1500 taucht sie in einer Schrift als Gartenhecke auf. Himbeere und Brombeere wurden noch später kultiviert; vielleicht weil sie reichlich in Wald und Heide vorkamen. Allerdings suchten damals nur »Armselen und Leute, die nichts besitzen und nichts verdienen, die Beeren im Wald …«[79] Die Reichen orientierten sich auf teure importierte Früchte oder auf Züchtungen der Hof- und Klostergärten.

Marx Rumpolt weist in seinem 1581 erschienenen Kochbuch, das getreulich die Ständeordnung seiner Zeit widerspiegelt und somit ein bedeutendes kulturhistorisches Denkmal darstellt, auf die Nöte des armen Mannes hin. Obwohl sich Rumpolts Rezepte vor allem an die höfischen Köche wenden (welch armer Mann hätte sich sein Buch kaufen können, ja, wer konnte denn überhaupt lesen?), vergißt er die einfachen Leute nie. »Dürre Epffel kocht man mit lautem Wasser / sonderlich der gemeine Mann ın Dörffern / den er hat nicht viel Zeugs / als ein grosser Herr / Muß sich einer strecken nach der Decken.«[80]

Interessant bei Rumpolt: Obst wird im gleichen Kapitel wie Gemüse, Eier, Pilze, Graupen, Hafer und so weiter verarbeitet, in einem Kapitel, das »Von allerley Zugemüß ...« heißt und manch bemerkenswerten Hinweis darauf enthält, wie gut sich Beeren und Braten, Kürbis und Speck, Birnen und Klöße miteinander bei Tisch vertragen. Andere Zusammenstellungen erscheinen uns recht seltsam. Manfred Lemmer verweist in seinen kulturhistorischen Studien[81] darauf, daß im Mittelalter jedem Nahrungsmittel eine bestimmte Wertigkeit zugeordnet wurde. Das hängt mit der Viersäftelehre zusammen, nach der bei jedem Menschen ein Saft dominiert: helle Galle beim Choleriker, Blut beim Sanguiniker, Schleim beim Phlegmatiker, dunkle Galle beim Melancholiker. Man teilte nun einzelnen Temperamenten auch Speisen zu, die ihnen jeweils nützlich oder schädlich sein sollten. Die Kunst des Kochs bestand vor allem darin, ein »Gleichgewicht« der unterschiedlichen Kräfte bei seinen Zubereitungen zu erreichen. Daraus resultiert manche, uns unverständliche Rezeptur.

Marx Rumpolt hat in seinem Kochbuch auch allerlei Ratschläge, wie man Früchte einlegen, Säfte, Muse und Dörrobst herstellen kann. Die eigene Vorratswirtschaft war ja Jahrhunderte hindurch die einzige Möglichkeit, auch im Winter Obst zu essen. So entstanden viele bewährte und bis heute überlieferte Rezepturen. Denken wir an das köstliche Pflaumenmus, an die Kompotte, an Marmeladen und Konfitüren. Anderes hat sich überholt. Wer versucht schon noch, selbst Früchte zu kandieren? Bis ins 19. Jahrhundert hinein war der Umgang mit geläutertem Zucker, waren Flugproben, Zuckergrade und das allmähliche Trocknen des Obstes in großen Gestellen Prozeduren, an denen sich das »Talent« junger bürgerlicher Hausfrauen zu bewähren hatte. Mit einem Apfel läßt sich mittlerweile kaum noch ein »Adam« verführen. Vielleicht aber mit einem Apfelgelee? Oder einem Schweinsgulasch mit Majoran und Äpfeln? Gar nicht zu reden von der Weihnachtsgans, deren »Innenleben« aus Beifuß und schönen sauren Borsdorfer Äpfeln bestehen sollte?

Findet einer eine weitere Definition für Nektar und Ambrosia?

Oberhofer Blumenkohlsuppe

500 g Blumenkohl, 50 g Möhren,
1 Sellerieblatt, 1 l Fleischbrühe,
1 Zwiebel, 20 g Margarine,
100 g Gehacktes, 1 Eigelb, 20 g Semmel-
brösel, 10 g Mehl, Salz, Pfeffer,
Worcestersauce, Petersilie.

Den Blumenkohl wässern, säubern und zerkleinern. Mit Möhren und Sellerieblatt in der Fleischbrühe garen. Die Zwiebel feinschneiden und in der heißen Margarine anbräunen. Aus Gehacktem, Eigelb, Semmelbröseln, Salz und Pfeffer einen Teig bereiten, kirschgroße Klößchen formen und in der Margarine anbraten. Das Mehl anschwitzen, alles zur Suppe geben und kurz aufkochen lassen. Worcestersauce und reichlich feingehackte Petersilie zugeben.

Obermaßfelder Fondue

200 g Emmentaler Käse,
200 g Delikateßkäse, 200 g Edamer Käse,
1/4 l kräftiger Rotwein, einige
getrocknete Sellerieblätter, Salz,
1/2 Knoblauchzehe, 1 Eßl. Weinessig,
Pfeffer, Paprika.

Die Käsesorten reiben und miteinander vermengen. Den Rotwein im Fondue-Gefäß erhitzen, darüber die Sellerieblätter zwischen den Fingern zerreiben und den Käse dazurühren, ebenso die mit Salz zerriebene Knoblauchzehe. Alles unter Rühren erhitzen. Zum Schluß den erwärmten Weinessig zufügen und mit Salz, Pfeffer und etwas Paprika würzen.
Ein wenig ausgefallen, aber sehr delikat schmeckt auf der Fondue-Gabel hierzu: Pflaume oder Pfirsich mit einem Röllchen Nußschinken und Weißbrotwürfel. Ein frischer Salat, mit Zitrone und Öl mariniert, rundet dieses herzhafte Fondue ab. Als Getränk den gleichen Rotwein reichen.

Obstbranntwein

In ein großes 10- bis 15-Liter-Glasgefäß je 100 bis 200 g Früchte füllen (Erdbeeren, Kirschen, Sauerkirschen, Aprikosen, Himbeeren, Pfirsiche, Walderdbeeren, schwarze und rote Johannisbeeren, Blaubeeren, Pflaumen, Birnen, Äpfel, Weintrauben). Auf je 100 bis 200 g Obst 2 bis 4 Eßlöffel Zucker und so viel Wodka geben, bis das ganze Obst bedeckt ist. Das Gefäß zubinden. Der Gärungsprozeß dauert etwa 6 Monate. Nach diesem Zeitabschnitt die Flüssigkeit in die Flaschen abgießen und die Flaschen zukorken. Die im Glasgefäß gebliebenen Früchte erneut mit Wodka bedecken. Nach 3 Monaten erhält man einen ebenso guten Obstbranntwein wie nach dem ersten Gärungsprozeß.

Obstkaltschale

Beliebiges Obst (Beeren, entsteinte
Kirschen oder Pflaumen), 3/4 l Sauer-
milch, 1 Likörglas Rum, 3 Eigelb,
Zucker, gehackte Nüsse oder
Kokosraspel.

Das vorbereitete Obst auf Suppenteller verteilen. Die Sauermilch mit Rum, Eigelb und Zucker nach Geschmack verquirlen und über die Beeren geben. Obenauf mit gehackten Nüssen oder Kokosraspeln bestreuen. Dazu Butterkekse reichen.

Obsttorte

Für den Teig: *3 Eier, 3 Eßl. Wasser, 125g Zucker, 1 Päckchen Vanillinzucker, Salz, 75g Mehl, 75g Stärkemehl, 1 Teel. Backpulver.*
Für den Belag: *frisches Obst oder gut abgetropfte Kompottfrüchte, ³/₈ l Fruchtsaft, Zucker nach Geschmack, 15g Gelatine, Mandelsplitter oder Schlagsahne.*

Aus den Teigzutaten einen Tortenboden nach Grundrezept II »Biskuitmasse« backen und gut auskühlen lassen. Den Boden mit den Früchten belegen. In dem gesüßten Fruchtsaft die eingeweichte Gelatine auflösen. (Es kann auch fertiger Tortenguß verwendet werden.) Bei Beginn des Gelierens auf dem Obst verteilen. Kalt gestellt völlig erstarren lassen und den Rand mit Mandelsplittern bestreuen oder mit Schlagsahne garnieren. – Der Tortenboden kann auch vor dem Auflegen der Früchte dünn mit warmem Pudding bestrichen werden.

Ochsenfilet »Neptun«

400g Rindslende, 4cl Wodka, 60g Butter, 40g Haselnüsse, 100g Salatgurke, 1 Eßl. gehackte Petersilie, 60ml süße Sahne, Salz, 15g grüner Pfeffer.

Die Rindslende in kleine Medaillons zu je 50 Gramm schneiden. Die Pfanne mit 2 cl Wodka ausbrennen.

40 Gramm Butter darin schmelzen, die grobgehackten Haselnüsse durchschwenken und die in Scheiben geschnittene Salatgurke kurz erhitzen. Darüber die gehackte Petersilie streuen und mit Sahne ablöschen. Alles etwas einkochen lassen und mit den Gewürzen abschmecken. Die Medaillons in Butter rösch anbraten, mit 2 cl Wodka flambieren, in die Soße legen und bis zum Garpunkt (rosa) ziehen lassen. Alles auf Tellern anrichten und mit der Soße überziehen.
Als Beilage Risotto oder Kroketten sowie einen frischen Salat reichen.

Ochsenschwanz-Kartoffel-Suppe

750g Ochsenschwanz, 2 Zwiebeln, 2 Eßl. Butter, 1¹/₂ l Fleischbrühe, 500g Kartoffeln, 1 Stange Porree, 300g Suppengemüse (gefroren), 150g Kochwurst, Salz, weißer Pfeffer, Muskatnuß, Petersilie.

Den in 2 cm dünne Stücke zerhackten Ochsenschwanz abspülen und abtropfen lassen. Die Butter im Suppentopf aufschäumen lassen und den Ochsenschwanz und die Zwiebelwürfel hineingeben. Alles unter Rühren 5 Minuten andünsten. Die Fleischbrühe zugeben und die Suppe 1 Stunde kochen lassen. Die Ochsenschwanzstücke herausnehmen, das Fleisch ablösen und wieder in den Topf geben. Die in Scheiben geschnittenen Kartoffeln, den in Ringe geschnittenen Porree, Suppengemüse und Wurstscheiben in die Suppe geben und mitgaren. Mit Salz, Pfeffer und Muskat abschmecken und mit gewiegter Petersilie bestreut servieren.

Ochsenschwanzsuppe

375 g Ochsenschwanz, Salz,
65 g Margarine, 1 Wurzelwerk,
1 Zwiebel, 50 g Mehl, Thymian,
Paprika, Rotwein.

Den gewaschenen, in Stücke gehackten Ochsenschwanz mit Salz bestreuen und in der heißen Margarine kräftig anbraten. Wurzelwerk und Zwiebel zerkleinert zugeben. Nach etwa 10 Minuten das Mehl darüberstäuben und bräunen. 1½ Liter kochendes Wasser auffüllen und, wenn gewünscht, einige Wacholderbeeren zugeben. Zugedeckt mindestens 2 Stunden langsam kochen lassen, hin und wieder umrühren. Die durchgeseihte Suppe mit Salz, Thymian, Paprika und Rotwein abschmecken.
Das von den Knochen gelöste Fleisch kleinschneiden und als Einlage verwenden.

Ochsenschwanztopf

1 kg Ochsenschwanz, Salz, schwarzer
Pfeffer, Petersilie, ⅛ l Öl,
Rosenpaprika, ½ l Rotwein,
10 Tomaten, ¼ l Fleischbrühe,
250 g Möhren, ½ Knolle Sellerie,
2 Stangen Lauch, ⅛ l saure Sahne,
1 Eßl. Mehl.

Den Ochsenschwanz in 4 cm dicke Stücke schneiden und mit Salz, Pfeffer und gewiegter Petersilie einreiben. In das erhitzte Öl geben und von allen Seiten kräftig anbraten, mit Paprika würzen. Nach und nach Rotwein zugeben. Die gehäuteten und geviertelten Tomaten und die Brühe zugeben. Alles zugedeckt auf kleiner Flamme 1½ bis 2 Stunden kochen lassen. Inzwischen Möhren, Sellerie und Lauch putzen, kleinschneiden und 30 Minuten vor Ende der Garzeit in den Topf geben. Wenn alles gar ist, die saure Sahne mit dem Mehl verrühren und das Gericht damit binden. Mit frischem Brot auftragen.

Ohio-Cocktail
(Einzelportion)

Eiswürfel, 2 cl roter Wermut,
1,5 cl Weinbrand, 1,5 cl Cordial Medoc,
1 Spritzer Angostura, ½ Orangen-
scheibe, 1 Cocktailkirsche,
Sekt zum Auffüllen.

Alle Zutaten in eine Sektschale geben. Mit Sekt auffüllen.

Okroschka

1 Salatgurke, 2 hartgekochte Eier,
50 g gekochter Schinken oder Bier-
schinken, 1 Teel. Butter,
1 Bund Schnittlauch,
je ½ Teel. geschnittener Dill
und Petersilie, ½ l Joghurt,
Senf, ¼ l saure Sahne, Salz,
Pfeffer, Eiswürfelchen.

Die Salatgurke und die Eier in kleine Würfel schneiden. Den Schinken in kleine Stücke schneiden, in der Butter etwas anbraten und zu Gurke und Ei geben. Zerkleinerten Schnittlauch, Dill und Petersilie zufügen und mit Joghurt, Senf und Sahne verrühren. Die Suppe mit Salz und Pfeffer abschmecken und gut kühlen. Beim Anrichten etwas kleingestoßenes Eis zugeben.

Olivensoße

*100 g Tomatenketchup, 50 g Olivenöl
oder Salatöl, 1 Zwiebel,
etwa 50 g Oliven, etwas Zitronensaft,
Salz, Pfeffer, Zucker, Peppersauce,
gehackte Petersilie.*

Tomatenketchup und Öl verrühren, die Zwiebel schälen, reiben und dazugeben. Die Oliven feinhacken und mit den Gewürzen zum Tomatenketchup geben. Alles gut vermengen, pikant abschmecken und zuletzt die feingehackte Petersilie unterrühren. Olivensoße schmeckt besonders gut zu Schaschlyk, Hacksteaks und zur Fleischfondue. – Wird die Soße gesondert angerichtet, einige dünne Olivenscheiben zurückbehalten und vor dem Servieren auf die Soße legen.

Ölsardinen in Blätterteig
(Vorspeise)

*200 g gefrorener Blätterteig, Mehl
zum Ausrollen, 8 Ölsardinen
(etwa 2 Dosen), 1 Ei, Salatblätter,
Zitronen- und Tomatenecken.*

Den Blätterteig auftauen lassen. Auf einem mit Mehl bestäubten Arbeitsbrett etwa 2 mm stark ausrollen. Anschließend von dem Teig etwa 14 cm lange und 10 cm breite Teigstücke ausrädeln. Die bereits abgetropften Ölsardinen auf eine Seite des Teiges legen und die Ränder mit verquirltem Eiweiß bestreichen. Die andere Teigseite taschenförmig darüberklappen und die Ränder mit einer Gabel andrücken. Ein Backblech mit kaltem Wasser abspülen, die Blätterteigtaschen daraufgeben, das Eigelb mit et-

was Wasser verquirlen und die Oberflächen damit bestreichen. Sofort in die stark vorgeheizte Backröhre schieben und etwa 15 Minuten backen. Ofenwarm auf Salatblättern anrichten und mit Zitronen- und Tomatenecken servieren.

Olympia-Cocktail
(Einzelportion)

*2 cl Whisky, 2 cl Curaçao,
2 cl Orangensaft, Eiswürfel,
½ Orangenscheibe.*

Alle Zutaten im Becher auf Eis mischen, in ein Cocktailglas abseihen, mit der halben Orangenscheibe garnieren und servieren.

Omelett
(Einzelportion)

2 bis 3 Eier, 1 Prise Salz, 10 g Butter.

Eier, Salz mit dem Schneebesen tüchtig schlagen, damit das Omelett luftig wird. Dann in der erhitzten Omelettpfanne Butter erhitzen, aber nicht bräunen lassen. Die geschlagenen Eier hineingeben und die Pfanne sofort aufs Feuer stellen. Mit der linken Hand die Pfanne am Stiel etwas heben und ständig schütteln. Mit der rechten Hand die Eier mit der Gabel schnell durcheinanderschlagen, damit das Omelett gleichmäßig luftig wird.
Mit der letzten Bewegung der Gabel rasch die Eimasse in den vorderen Teil der Pfanne schieben und so stürzen, daß die Unterseite auf dem Teller in gleichmäßiger Form nach oben kommt.

Opernsalat
(Vorspeise)

200 g gegrillter Broiler,
75 g gekochte Pökelzunge,
50 g Sellerie (Konserve),
75 g Spargelstücken (Konserve),
40 g Mayonnaise, 40 ml saure Sahne,
Salz, Zucker, weißer Pfeffer,
Worcestersauce, Salatblätter, Tomate.

Broilerfleisch und Pökelzunge in etwa 2 cm lange Streifen, den Sellerie feinstreifig schneiden. Alles mit den Spargelstücken vermengen. Mayonnaise und saure Sahne verrühren, mit Salz, Zucker, Pfeffer und Worcestersauce pikant abschmecken. Den Salat mit der Marinade anmachen, auf Salatblättern anrichten oder in Cocktailgläsern servieren und mit Tomatenecken garnieren. Dazu Toast reichen.

Orangen-Beignets

50 g Mehl, 20 g Maisan, 4 Eigelb,
20 ml Rum-Verschnitt, ¼ l Milch,
2 Eiweiß, 50 g Zucker, Orangen,
Curaçao, Öl zum Backen, Puderzucker.

Mehl, Maisan, Eigelb und Rum-Verschnitt gut mit der Milch verrühren. Kurz vor Verwendung des Teiges die mit dem Zucker steifgeschlagenen Eiweiß unterziehen. Die geschälten Orangen auch von der weißen Haut befreien und in Scheiben schneiden. Diese kurze Zeit in eine Curaçao-Zucker-Lösung einlegen, dann gut abtropfen lassen, in den Backteig tauchen und schwimmend im heißen Fettbad ausbacken. Mit Puderzucker besieben und sofort servieren. Dazu schmeckt sehr gut eine Weinschaumsoße. –

Ebenso können Ananas-Beignets bereitet werden. Die Ananasringe vorher in einer Rum-Zucker-Lösung marinieren. Dazu Schlagsahne.

Orangen-Biskuitrolle

Für die Biskuitmasse: *2 Orangen,*
5 Eier, 120 g Zucker, 1 Prise
Salz, 80 g Mehl, 50 g Stärkemehl,
2 Eßl. Zucker.
Für die Füllung: *4 Orangen,*
15 g Gelatine, 100 g Zucker, 1 Prise
Salz, 4 Eigelb, ¼ l Schlagsahne,
100 g süße Mandeln, 100 g Aprikosen-
marmelade.

Von den heiß abgewaschenen Orangen 2 Teelöffel Schale abreiben. Die Eigelb mit 60 Gramm Zucker, Salz und der Orangenschale und 2 Eßlöffel Wasser schaumig rühren. Mehl und Stärkemehl in eine Schüssel sieben. Das Eiweiß mit dem restlichen Zucker zu festem Schnee schlagen. Erst etwas Eischnee unter die Eigelbmasse heben, dann das Mehl und zum Schluß den restlichen Eischnee. Ein Backblech mit Butterbrotpapier auslegen, den Teig gleichmäßig daraufstreichen und im vorgeheizten Ofen bei 250 °C auf mittlerer Einschubleiste etwa 8 Minuten backen. Ein Geschirrtuch mit Zucker bestreuen. Den fertigen Biskuit sofort mit der Oberseite nach unten auf das Tuch stürzen. Das Papier vorsichtig abziehen und den Biskuit von der Längsseite her mit dem Handtuch aufrollen. Das Geschirrtuch mit einrollen. Die abgeriebenen Orangen schälen und in Spalten teilen, nach Möglichkeit die Trennhäutchen entfernen.

Für die Füllung eine Orange heiß abwaschen und die Schale dünn abreiben. Alle 4 Orangen auspressen; es wird ¼ Liter Saft benötigt. Die Gelatine in kaltem Wasser einweichen und quellen lassen. Saft und Schale der Orangen, Zucker, Salz und Eigelb im warmen Wasserbad mit dem Handrührgerät so lange aufschlagen, bis eine dickliche Creme entsteht. Aus dem Wasserbad nehmen und die Gelatine unterrühren. Die Creme abkühlen lassen, bis sie beginnt, Straßen zu ziehen. Nun die steifgeschlagene Sahne unterziehen und die Creme noch etwas stehen lassen. Den Biskuit auseinanderrollen, die Orangencreme gleichmäßig daraufstreichen. Die halbierten Orangenspalten auf der Creme verteilen. Den Biskuit von der Längsseite her aufrollen. Die Rolle mit der Nahtstelle nach unten auf ein Brett legen und 30 Minuten kalt stellen. Inzwischen die überbrühten Mandeln abziehen und in dünne Blättchen schneiden. Im vorgeheizten Ofen bei 200 °C goldbraun rösten. Die Aprikosenmarmelade kurz aufkochen, die Biskuitrolle damit bestreichen und mit den Mandeln bestreuen.

Orangenbowle

2 Orangen, 150 bis 200 g Zucker,
2 Glas Weinbrand, 2 Glas Curaçao,
2 Flaschen Weißwein, 1 Flasche Sekt
oder Selters, 1 Zitrone.

Die geschälten Orangen in Würfel schneiden und Zucker, Weinbrand, Curaçao, ½ Flasche Weißwein, einige Zitronenscheiben und etwas abgeriebene Orangenschale in ein Bowlegefäß geben. Alles ½ Stunde ziehen lassen. Alle anderen Zutaten hinzufügen und die Bowle kalt servieren.

Orangen-Johannisbeer-Salat

8 Orangen, 150 g Johannisbeeren,
1 Eigelb, 20 g Zucker, 2 Eßl. Dessertwein, 1 bis 2 Eßl. Zitronensaft,
4 Eßl. süße Sahne, 20 g süße Mandeln.

Die geschälten Orangen in Filets teilen. Die Johannisbeeren waschen und mit einer Gabel von den Stielen streifen. Die Früchte vermengen und in eine Glasschüssel geben. Für die Soße Eigelb mit Zucker schaumig rühren, Dessertwein und Zitronensaft zugeben und die geschlagene Sahne unterheben. Über die Früchte gießen. Die abgezogenen Mandeln in Blättchen schneiden, in einer Pfanne ohne Fett anrösten, über den Salat streuen.

Orangenmakronen

3 Eiweiß, 250 g Zucker, 1 Prise Salz,
1 Päckchen Vanillinzucker, 150 g gemahlene Mandeln, 1 Eßl. Orangenlikör,
½ Teel. Zimt, abgeriebene Schale
von 3 Orangen.

Das Eiweiß steifschlagen, nach und nach den Zucker, Salz und Vanillinzucker zufügen und weiterrühren, bis eine dicke glänzende Masse entsteht. Dann die restlichen Zutaten zugeben und gut vermischen. Die Masse in den Spritzbeutel füllen und kleine Häufchen auf ein gefettetes und bemehltes Blech spritzen. Etwas kühl stellen, dann bei 120 °C 60 Minuten backen.

Orangen-Schinken-Salat

4 Orangen, je 1 rote und grüne
Paprikafrucht, 500 g Weißkohl,
125 g gekochter Schinken, 2 Eßl. Essig,
1 Eßl. Zitronensaft, Salz, Pfeffer,
Zucker, 4 Eßl. Öl.

Die geschälten Orangen in dünne
Scheiben, Paprikafrüchte und Weißkohl in feine Streifen, den Schinken
in Würfel schneiden. Das Weißkraut
kurz mit heißem Wasser übergießen
und abtropfen lassen. Alles vermischen. Die übrigen Zutaten verrühren
und unter den Salat heben.

Orangen-Zitronen-Salat

5 Orangen, 2 Zitronen, 4 Eßl. Öl,
Pfeffer, 1 Kopf Salat.

Orangen und Zitronen dick schälen,
die weiße Haut muß ganz entfernt
werden. Die Früchte in Filets teilen
und aus den Trennhäuten lösen. Den
aufgefangenen Saft mit dem Öl verquirlen und mit Pfeffer würzen. Den
Salat putzen, waschen, in grobe Streifen schneiden und auf einer Platte
verteilen. Die Orangen- und Zitro-
nenfilets darauf verteilen und mit der
Soße übergießen.

Ostasiatisches Kokoshähnchen

1 bis 2 gebratene Hähnchen,
20 g Kokosraspel, Semmelbrösel,
1 Ei, Pflanzenfett zum Ausbacken,
125 g Erdnüsse, Sojasauce, Zucker, Salz.

Die Broiler häuten, Keulen und Brust-
filets ablösen. Kokosraspel und Semmelbrösel mischen, das Ei verquirlen.

Die Broilerteile nacheinander durch
Ei ziehen, in der Bröselmischung wälzen und im heißen Fett von allen Seiten goldbraun backen. Für die Soße
die Erdnüsse von der braunen Haut
befreien und mit dem Wiegemesser
feinhacken. Mit 200 ml Wasser in
einen Topf geben und kurz aufkochen
lassen. Mit Sojasauce, Zucker und Salz
kräftig würzen. Zum Hähnchen servieren. Dazu passen sehr gut körnig
gekochter Reis und leicht geröstete
Bananenscheiben.

Ostasiatisches Wildgansragout

1 Wildgans, Mehl, Butter,
Weißwein, 2 Eßl. Rosinen,
2 Eßl. Mandeln,
1 Tasse Reis, Salz,
weißer Pfeffer, Zucker,
gehackte Petersilie.

Die Wildgans rupfen, sengen, ausnehmen, auslösen und roh in Würfel
schneiden. Diese leicht mit Mehl bestreuen und in Butter zart anbraten.
Dann etwas Wasser und Weißwein
aufgießen. Gewaschene Rosinen zufügen, gebrühte, geschälte Mandeln,
Reis und so viel Wasser oder Fleischbrühe dazugeben, daß alles gerade bedeckt ist. Mit Salz und Pfeffer würzen
und das Gericht bei mittlerer Hitze
zugedeckt garen. Wenn nötig, den
Reis nochmals aufgießen und vorsichtig umrühren. Zuletzt etwas Zucker
und gehackte Petersilie dazugeben.
Nach Belieben läßt sich das Gericht
mit Krabben oder Garnelen und
einem lockeren Rührei verfeinern
(dieses Rührei aus 3 Eiern und 100 g
Krabben bereiten).

Osterkranz

Für den Teig: *300 g Mehl,*
30 g Hefe, 50 g Zucker,
etwa ⅛ l Milch,
1 Prise Salz, 50 g Margarine.
Für die Füllung: *200 g gehackte*
Mandeln, 125 g Zucker,
1 Päckchen Vanillinzucker,
50 g Korinthen,
5 Eßl. Kondensmilch, 2 Eßl. Rum.
Für den Guß: *150 g Puderzucker, etwas*
Zitronensaft; kleine Zuckereier
zum Garnieren.

Das Mehl in eine Schüssel sieben und in die Mitte eine Vertiefung drücken. Die Hefe, 1 Teelöffel Zucker und die Hälfte der lauwarmen Milch hineingeben und mit etwas Mehl verrühren. Zugedeckt an einem warmen Ort gehen lassen. Dann mit den restlichen Zutaten vermischen und kneten, bis sich der Teig von der Schüssel löst. Zugedeckt nochmals 30 Minuten gehen lassen. Dann den Teig zu einem Rechteck von etwa 30 cm × 40 cm ausrollen. Die Mandeln mit Zucker, Vanillinzucker, Korinthen, Milch und Rum mischen, auf den Teig streichen und diesen von der langen Seite her aufrollen. Zu einem Kranz formen, auf ein gefettetes Backblech legen und die Enden fest zusammendrükken. Den äußeren Rand im Abstand von 2 cm einschneiden. Nochmals 15 Minuten gehen lassen und dann im vorgeheizten Ofen bei 200 °C etwa 40 bis 50 Minuten backen. Aus Puderzucker und Zitronensaft einen Guß bereiten, den erkalteten Kranz damit bestreichen und mit bunten Ostereiern verzieren. Das Gebäck ganz frisch servieren.

Osterkranz mit Kräutern

500 g Mehl, 25 g Hefe,
knapp ¼ l Milch, 50 g Margarine,
1 Ei, 1 Teel. Salz, ½ Teel. Pfeffer,
je ¼ Teel. Muskat und gemahlener
Koriander, 1 Bund frische Kräuter
(Petersilie oder Schnittlauch),
1 Eigelb zum Bestreichen,
1 Eßl. Kondensmilch.

Das Mehl in eine Schüssel sieben, in die Mitte eine Vertiefung drücken und die Hefe hineinbröckeln. Mit der lauwarmen Milch und etwas Mehl verrühren. An einem warmen Ort gehen lassen. Geschmeidige Margarine, Ei und Gewürze zugeben und alles gut verkneten. Die Kräuter feinhacken und ebenfalls unterkneten. Den Teig zugedeckt nochmals gehen lassen. ⅔ des Teiges zu drei 40 cm langen, den restlichen Teig zu drei 30 cm langen Rollen formen. Je drei Teigstränge zu Zöpfen flechten. Den langen Zopf kreisförmig auf ein gefettetes Blech legen, den kurzen Zopf daraufsetzen. Die Zopfenden mit Wasser befeuchten und zusammendrücken. Diesen Kranz nochmals gehen lassen. Eigelb und Kondensmilch verrühren und den Osterkranz damit bestreichen. Im vorgeheizten Ofen bei 180 °C etwa 35 Minuten backen. Den Osterkranz für das Osterfrühstück aufschneiden und mit Butter bestrichen verzehren.

»Pastete ist ein vortreffliches Essen, daß die Köche aus gewissen Dingen, zum Exempel aus Fleisch, Wildpret, Fischen oder Vögeln zubereiten, von selbigen hernach eine gewisse Sorte nebst Gewürz und Jus in einen Teig, so nach Proportion der Inlage fest wie eine Schachtel zierlich formiert wird, schlagen, solche in einen Backofen setzen, worinnen es zusammen dämpfen und kochen muß. Es sind aber der Pasteten sehr vielerley, davon der Küchenmeister folgende nach alphabetischer Ordnung beschreibet ...« So steht es in einem Frauenzimmerlexikon von 1715[82]. Die Pasteten, die dann folgen, immerhin 60 an der Zahl, enthalten mancherley Kuriositäten. So dienten noch im 18. Jahrhundert Finken und Lerchen, Pfauen und Schnepfen als Füllung, daneben aber zahlreiche Fische in mannigfacher Bereitung.

Das Pastetenbacken ist schon sehr alt. Petronius, ein römischer Schriftsteller, der bis zum Jahre 66 lebte, erwähnt in seinem bekannten Werk »Das Gastmahl des Trimalchio« eine Art »Überraschungspastete«: »Derweil ... wir noch bei den Vorspeisen waren, trug man einen Tafelaufsatz mit einem Korb darauf herein. Im Korb lag eine Henne aus Holz mit ausgebreiteten Flügeln, so wie eben Bruthennen auszusehen pflegen. Gleich traten zwei Sklaven hinzu, durchwühlten unterm Lärm von Musikbegleitung das Stroh unter der Henne, scharrten Pfaueneier heraus und verteilten sie unter die Gäste. Dieser Szene widmete Trimalchio seine Aufmerksamkeit und sagte: ›Freunde, das sind Eier von einem Pfau; ich ließ sie der Henne unterlegen. Und weiß Gott, ich fürchte, sie sind schon ausgebrütet. Versuchen wir dennoch, ob man sie schlürfen kann!‹ Nun erhielten wir Eierlöffel, deren jeder gut ein halbes Pfund wog, und machten damit die Eier auf, die aus Pastetenteig geformt waren. Beinahe hätte ich meine Portion weggeworfen, denn es schien mir, als habe sich da schon ein Junges gebildet. Als ich aber einen Stammgast sagen hörte: ›Da muß was Gutes drin sein!‹ fuhr ich mit der Hand unter die Schale und fand eine sehr fette Feigenschnepfe von gepfeffertem Eidotter umgeben…«[83]

Warum Pasteten überhaupt erfunden wurden, läßt sich leicht mutmaßen. Wer schon einmal versucht hat, im Liegen Suppe oder Eisbein zu verzehren, wird das als ein recht mühseliges Unterfangen ansehen. Man braucht eine Unterlage. Dazu diente im Altertum vor allem Brot. Wenn nun der Fladen ohnehin eine Art Gefäß darstellte, warum eigentlich nicht gleich das Fleisch, Gemüse, Geflügel oder die Fische darin backen? So war die Bequemlichkeit der Römer letztendlich das Ausschlaggebende. Die Küchentechnik kam dem Verlangen entgegen, ja nahm es begeistert auf. Bei Fleisch bestand ansonsten doch nur die Möglichkeit, es auf Spieße zu stecken und zu braten oder es im Kessel zu kochen. Da existierte aber noch der vom Brot warme Backofen, könnte man nicht auch damit?… Ein Versuch. Schon gab es den ersten Pastetenbäcker.

Die Vorzüge der neuen Zubereitungsweise waren schnell bekannt: Das Fleisch blieb saftiger, wenn es in dieser schützenden Hülle garte. Darüber hinaus ermöglichten die »Teigtöpfe«, Tunken einzufüllen, Fisch oder Fleisch mit Gemüse, Kräutern und Früchten zu umgeben; es war also eine Verfeinerung der Kochkunst.

Anfangs überwogen die Pasteten, in denen der Inhalt mitgebacken wurde. Später kamen dann auch leere Teighüllen in den Ofen, die man, wenn sie erkaltet waren, mit allerlei Salaten und Früchten vollstopfte. Unsere heutigen Blätterteigpastetchen entsprechen etwa dieser Art.

Wer nach Rezepten für derart in Teig Gewickeltes sucht, wird in fast allen nationalen Küchen welche finden. Schon das spricht dafür, wie sehr sich diese Art der Zubereitung im Laufe der Jahrhunderte bewährt hat.

So wird aus dem »elisabethanischen Zeitalter« berichtet, daß man nur erfahrene Köche den Pastetenteig bereiten ließ. Besonders berühmt waren die »Härings- und Strömlingspasteten aus Cornwall.«

Für die Füllungen mußten sich auch schon damals die Küchenchefs immer Neues einfallen lassen. Von Markpasteten und welchen, deren Innenleben aus Eingeweiden bestand, liest man in Berichten über die Tafel des Lord major im mittelalterlichen England. In Frankreich etablierte sich gleich eine Zunft der Pastetenbäcker, die im 16. Jahrhundert sogar Statuten für die Innung beschloß. Dort bereitete man zwar auch große, aber meist die kleinen Pasteten, gefüllt mit gehacktem Rindfleisch und trockenen Rosinen. Sie wurden auf den Straßen des alten Paris laut schreiend ausgerufen, und man verkaufte sie frisch und heiß. Um 1815 soll Madame Sullot, eine berühmte Pastetenbäckerin, in ihrem kleinen Laden, der nur zwei

Quadratklafter groß war, täglich etwa 12 000 Pastetchen an die Leute gebracht haben.[84]

Seit jener Zeit traten die Pasteten einen Siegeszug durch die Welt an. Ob nun die große englische Schüsselpastete, je nachdem mit Fleisch oder Obst gefüllt, jedesmal aber Pie genannt, ob nun die leckeren kleinen Pastetchen aus Frankreich, die getrüffelte Gänseleber oder ein feines Kalbslendenstück enthielten, ob nun die deutschen Bratwürste »im Schlafrock« oder die Vielfalt von herzhaften und süßen Piroggen im slawischen Raum, ob kubanische Espanados, mit gehacktem Rindfleisch und geriebenen Mandeln gefüllt, ob koreanische Teigtäschchen oder chinesische Frühlingsrollen – in Teig Gebackenes war allerorten sehr beliebt. Jeder, der Spaß am Kochen hat und die Seinen einmal verwöhnen will, sollte ruhig auf eines der alten Pastetenrezepte zurückgreifen. Der Erfolg ist gewiß. Es sei denn, man verwendet das nachfolgende aus Mark Twains »Kochbuch« Rezept für eine Neuengland-Pastete:

»Um dieses ausgezeichnete Frühstücksgericht herzustellen, gehe man wie folgt vor: Man nehme eine genügende Menge Wasser und eine genügende Menge Mehl und stelle einen kugelsicheren Teig her. Diesen forme man zu einer Scheibe, deren Ränder etwa dreiviertel Zoll hochgeschlagen werden. Man lasse ihn ein paar Tage bei milder, aber gleichbleibender Ofenhitze zäh werden und trocknen. Man stelle für diese Redoute in gleicher Weise und aus gleichem Material einen Deckel her. Man fülle sie mit geschmorten Dörräpfeln; verschlimmere sie durch Gewürznelken, Zitronenschale und Zitronenscheiben; füge zwei Portionen New-Orleans-Zukker bei, löte dann den Deckel auf und stelle sie an einen sicheren Ort, bis sie versteinert sind. Man trage sie zum Frühstück kalt auf und lade seinen Feind dazu ein.«[85] Oftmals gehören heute Pilze zu den würzenden Zutaten einer Pastetenfüllung. Auch sie haben ihre »Küchengeschichte«. In seinem »Pan Tadeusz« schreibt Adam Miekiewicz (1718–1855):

»Pilze gab es im Überfluß: Pfifferling sammeln die Jungen, Der ob des schönen Anblicks in litauischen Liedern besungen Als das Inbild der Jungfrau, denn es benagt sie der Wurm nicht, Seltsam auch: kein Insekt setzt sich je auf diese Pilze. Nach den schlanken Steinpilzen jagen mit Eifer die Mädchen, Den das litauische Lied nennt den Obersten aller Pilze. Alle lugen nach Reizkern: dieser, dem Wuchs nach bescheiden Und in Liedern minder gerühmt, aber ungemein schmackhaft, Ob nun frisch, ob gesalzen, ob in der farbfrohen Herbstzeit Oder im Winter, Fliegenpilze sammelt der Wojski.«[86]

Die slawische, vor allem die polnische Küche entwickelte im Lauf der Jahrhunderte eine wahre Meisterschaft im Umgang mit Pilzen. Nicht nur, daß Pilze vielen Gerichten, beispielsweise dem legendären Bigos (die deutsche Bezeichnung Krauteintopf ist eher irreführend als erklärend), den letzten und eigentlichen »Pfiff« geben, die Kunst, Pilze einzulegen, zu säuern und zu silieren – in Polen uralt –, hat kaum europäische Nachahmer gefunden.

Dabei sind Pilze schon seit Vorzeiten bekannt. Und das nicht nur im Lebensraum der alten slawischen Stämme. Trüffeln, die nur unterirdisch wachsen und außerordentlich wohlschmeckend sind, wurden schon vor 4000 Jahren im Zweistromland als Delikatesse gerühmt. »Wieviel mehr müssen dann die auffälligen Steinpilze, Champignons und Parasolpilze die Aufmerksamkeit unserer Vorfahren erregt haben?« fragt Frieder Gröger in seinem Buch über »Pilze und Wildfrüchte«.[87] Gewiß, in alten Gedichten – Gröger verweist auf ein »Preisgedicht« des Kaiserlings, das der römische Kaiser Tiberius hoch bezahlt haben soll – und in nicht minder alten Kochbüchern dieser Regionen kommen Pilze vor, in den deutschsprachigen mittelalterlichen Rezeptsammlungen aber nur selten. Mag nun sein, daß man – wie bei vielen Gemüsegerichten, die in alten Kochbüchern auch fehlen – die Pilzrezepte deshalb nicht notierte, weil nur das Besondere, nicht das Alltägliche aufzeichnenswert erschien. Wahrscheinlich aber wird Manfred Lemmer[88] recht haben, der annimmt, daß in alten Zeiten die Kenntnis der einzelnen Pilzsorten bei uns nicht allgemeine Volksweisheit war. Pilze – das sagt schon der Name mancher Sorten (Ritterling, Kaiserling) – waren immer schon ein herrschaftliches Essen; also können sie anfangs nicht ständig und überall auf dem Tisch gestanden haben, waren wahrscheinlich seltener dort zu finden, als man gemeinhin annimmt. Die Angst vor einer Pilzvergiftung muß die Leute bis weit ins Mittelalter hinein abgehalten haben, Pilze zu essen. Nur wenige Eingeweihte – vor allem Mönche und sogenannte Bauerngelehrte, die nicht selten im Rufe der Hexerei standen – kannten sich genau im Walde aus, wußten um die Wirksamkeit verschiedener Kräuter und um die Giftigkeit bestimmter Pilze. Sie sorgten auch dafür, daß sich diese Kenntnisse verbreiteten. Auch aus Italien – die italienische Küche war bis ins 16. Jahrhundert dominierend – kamen entsprechende Anregungen. Dort war die Beliebtheit der Pilze seit der Antike nicht geringer geworden. Wie gern die Römer und Griechen Pilze verzehrt haben, ist verbürgt. Lynceus von Samos läßt wissen:

> Das Meer hat seine Nesseln,
> die Erde hat ihre Trüffeln.

Und Nicander (um 200 v. u. Z.) empfiehlt, die Champignons recht sorgfältig zu suchen.[89]

In Marx Rumpolts Kochbuch von 1581 werden Pilze kaum verwendet. Auch in etlichen früheren Aufzeichnungen sucht man sie vergeblich. »Die Lere von der Kocherie«[90] nennt allein die Morcheln. Das »Frauenzimmerlexikon« von 1715 bestätigt dagegen, daß mittlerweile die Pilze bekannt geworden waren, allerdings nicht in der feinen Küche verwendet wurden: »Piltz, Boletus, Potiron ist ein bekannter Schwamm, oben von Castanienbrauner Farbe, den gemeine Leute häufig zu essen pflegen. Es sind vielerley Arten desselben; Der Kayser Claudianus war ein grosser Liebhaber der Piltze, und da man ihm durch einen vergiffteten Piltz das Lebenslicht ausbließ, machete er als ein guter Poet bey Empfindung des Giffts zu guter letzt noch diesen Vers:

> Boleti leti causa fuere mei.
> (Ein gifftger Piltz, den man mir gab,
> stürzt mich noch vor der Zeit in Grab.)«[91]

Die allgemeine Verelendung des Volkes im 18. Jahrhundert wird dazu beigetragen haben, daß Pilze öfter gesucht wurden und sich die Kenntnis der genießbaren Sorten weiter verbreitet hatte. Notzeiten – auch noch in unserem Jahrhundert – brachten die Menschen stets dazu, die wildwachsenden Nahrungsmittel zu nutzen.

Dagegen eroberten sich Trüffeln und Champignons immer stärker die »vornehme Küche«. »In dem Augenblick, wo ich schreibe, 1825, ist der Ruhm der Trüffel auf seinem Höhepunkt angelangt. Man wagt nicht, seine Gegenwart bei einem festlichen Mahle einzugestehen, wo nicht eine Schüssel mit Trüffeln gewesen wäre. Wie gut auch eine Vorspeise sein mag, sie präsentiert sich schlecht, wenn sie nicht mit Trüffeln garniert ist. Wem läuft nicht das Wasser im Mund zusammen, wenn er von Trüffeln a la Provencale sprechen hört?« schrieb Brillat-Savarin.[92] Vor allem, seit man im 18. Jahrhundert erlernt hatte, Champignons zu züchten und sie damit das ganze Jahr über zur Verfügung hatte, wurden Waldpilze als »gewöhnliche Kost« abgetan.

Heute sind sie eine Rarität, zumal unsere Wälder immer stärker bewirtschaftet werden und reiche Pilzernten ohnehin nur aller paar Jahre auftreten. Zuchtpilze aber sind von keiner Speisekarte wegzudenken, wenn sie auch die Würzigkeit der »echten Waldbewohner« nie erreichen.

Palatschinken mit Nußfüllung

Für den Teig: *300 g Mehl,*
3 Eier, ½ l Milch,
1 Eßl. Zucker, 1 Prise Salz,
100 g Schweineschmalz
oder Butter zum Backen.
Für die Füllung: *250 g Nüsse,*
100 ml Milch, 250 g Puderzucker,
1 Päckchen Vanillinzucker,
50 g Rosinen, abgeriebene Schale
von 1 Zitrone.
Für die Schokoladensoße:
200 g bittere Schokolade,
50 ml süße Sahne,
50 ml Rum-Verschnitt.

Das gesiebte Mehl mit den Eigelb verrühren. Milch und Zucker vermischen und so viel zum Mehl gießen, bis der Teig flüssig, aber weder zu dünn noch zu dick ist. Das Eiweiß mit Salz zu Schnee schlagen und unter den Teig heben. Das Schweineschmalz zerlassen, einen Teelöffel davon in den Tiegel geben. Dann eine Schöpfkelle Teig hineingießen, gleichmäßig zerlaufen lassen und bei starker Hitze von beiden Seiten schnell backen. Auf diese Weise den ganzen Teig verarbeiten. Für die Füllung die gemahlenen Nüsse in die heiße Milch geben. Puderzucker, Vanillinzucker, Rosinen und Zitronenschale ebenfalls zufügen. Mit dieser Masse die Palatschinken bestreichen und diese doppelt zusammenlegen. Im heißen Wasserbad die Schokolade schmelzen lassen, dabei die Sahne zugeben. Zum Schluß mit dem Rum-Verschnitt verfeinern und diese Soße über die Palatschinken gießen. Palatschinken können ebenfalls mit süßem Quark oder Marmelade gefüllt werden.

Pampelmusen-Cocktail
(Einzelportion)

1 Glas Steinhäger, 2 Likörgläser
Pampelmusensaft, 1 Eßl. Zuckersirup,
Eiswürfel, Sekt oder Selterswasser,
1 Pampelmusenscheibe.

Steinhäger, Pampelmusensaft und Zuckersirup im Mixbecher mit den Eiswürfeln schütteln, in ein Trinkglas seihen und mit Sekt oder Selterswasser auffüllen. Mit der Pampelmusenscheibe garnieren und mit Trinkröhrchen reichen.

Pandoras

4 Brötchen, 500 g Gehacktes halb und
halb, Salz, Pfeffer, Paprika, Cayenne-
pfeffer, 2 Eßl. feingeschnittener
Schnittlauch, 2 Eßl. Majoranblättchen,
⅓ Tasse Zwiebelwürfel,
⅓ Tasse Porreeringe, ⅓ Tasse Möhren-
würfel, 2 Knoblauchzehen,
50 g Butter.

Die Brötchen längs aufschneiden und das weiche Innere aushöhlen. Diese Krumen mit Wasser übergießen. Das Gehackte mit den Gewürzen, Kräutern, Gemüse und den ausgedrückten Krumen vermischen. Die zerriebenen Knoblauchzehen in Butter erhitzen, in die ausgehöhlten Brötchenhälften träufeln und darauf die Fleischmischung füllen. Die Brötchenhälften wieder zusammensetzen, mit einem Holzstäbchen zusammenhalten und im vorgeheizten Ofen bei 160 °C backen, bis die Fleischmasse gar ist. Auf dem Teller das Brötchen durchschneiden und mit einer scharfen Tomatensoße übergießen.

Panierter Fisch
auf kubanische Art

750 g filetierter Fisch, 30 g Mehl,
Salz, Pfeffer, 1 Ei, 1 Eßl. Milch,
100 g Semmelbrösel, 30 g Reibekäse,
120 g Kokosfett oder Öl, 2 Bananen,
30 g Butter, 50 g süße Mandeln, ¹/₂ Zitrone.

Den Fisch in Streifen schneiden. In Mehl – vermischt mit Salz und Pfeffer –, dann in mit Milch verquirltem Ei und zuletzt mit Semmelbröseln – vermischt mit Reibekäse – wenden. Die Fischstreifen in erhitztem Fett ringsum goldbraun braten. Die Bananen in Scheiben schneiden und in der Butter anbraten. Die Fischstreifen auf erwärmten Tellern portionsweise anrichten, ringsum mit Bananenscheiben garnieren, darauf abgezogene, gestiftelte Mandeln streuen und jeweils noch 1 Zitronenscheibe dazulegen.

Panierter Käse

4 Scheiben gekochter Schinken,
8 Scheiben Schnittkäse, Mehl,
Salz, Pfeffer, 2 Eier, Semmelbrösel,
40 g Butter.

Je 1 Scheibe gekochten Schinken zwischen 2 Scheiben Käse legen. Die Schinkenscheibe sollte etwas kleiner als die Käsescheiben sein. An zwei Seiten mit einem Zahnstocher zustecken. Zuerst in Mehl, dann in den mit Salz und Pfeffer verquirlten Eiern und zum Schluß in Semmelbröseln wenden. Die Butter erhitzen, darin die Käse-Schinken-Scheiben von jeder Seite jeweils 3 Minuten goldbraun braten. Vor dem Servieren die Zahnstocher entfernen.

Panierter Kohlrabi mit Käse

600 g junge Kohlrabi, Salz, 2 Eier,
Semmelbrösel, 50 g Bratfett,
65 g Reibekäse.

Den vorbereiteten Kohlrabi schälen und in Salzwasser garen. Aus dem Wasser nehmen, abkühlen lassen und in Scheiben schneiden. Dann jede Scheibe in verquirltem Ei und Semmelbröseln wenden und auf beiden Seiten in erhitztem Fett goldbraun braten. Den Kohlrabi mit Reibekäse bestreut auftragen.

Paprikafrüchte
auf ungarische Art

8 gelbe Paprikafrüchte, 100 g Reis,
500 g Gehacktes, 2 Zwiebeln,
100 g Schweineschmalz, Petersilie,
1¹/₂ Eier, Salz, Pfeffer, Majoran.
Für die Tomatensoße: 1 kg Tomaten,
einige zarte Sellerieblätter,
1 Zwiebel, 50 g Mehl, 30 g Schweine-
schmalz, 300 ml Knochenbrühe, Salz,
Zucker.

Von den gewaschenen Paprikafrüchten Kerngehäuse und Adern entfernen. Den Reis halbweich kochen und erkalten lassen. Gehacktes, Reis, feingehackte und im Fett geröstete Zwiebeln, feingewiegte Petersilie und Ei verkneten, mit Salz, Pfeffer, Majoran abschmecken und diese Masse in die Paprikafrüchte füllen. Inzwischen eine Tomatensoße bereiten. Dafür die gewaschenen Tomaten in Stücke schneiden und mit Selleriegrün, Zwiebel und ganz wenig Wasser zum Kochen ansetzen. Öfter umrühren und so lange kochen, bis ein Brei entsteht.

Selleriegrün und Zwiebel entfernen, den Brei durch ein Sieb streichen. Aus Mehl und Fett eine Schwitze bereiten, mit der Tomatenmasse verrühren und mit Brühe auffüllen. Mit Salz und Zucker abschmecken. In dieser Tomatensoße die Paprikafrüchte garen.

Paprikafrüchte mit Käse überbacken

4 große Paprikafrüchte, 500 g Gehacktes,
2 Eßl. gekochter Reis, Pfeffer, Salz,
1 Knoblauchzehe, 1 Ei, Petersilie,
1 Eßl. Schmalz, 4 Tomaten,
2 Eßl. Reibekäse.

Die Paprikafrüchte längs halbieren, vom Kerngehäuse befreien und gründlich waschen. Das Gehackte mit dem Reis, Pfeffer, Salz, zerriebener Knoblauchzehe, Ei und gehackter Petersilie vermengen. Die Masse gleichmäßig auf die halbierten Paprikafrüchte verteilen und in eine mit Schmalz ausgestrichene Pfanne legen. In der Röhre bei mittlerer Hitze garen. Kurz vor Ende der Garzeit die in Scheiben geschnittenen Tomaten auf die Paprikafrüchte geben und mit Reibekäse bestreuen. Nochmals in die Röhre schieben und so lange überbakken, bis der Käse zerläuft und bräunt.

Paprikafrüchte mit Mais

4 große Paprikafrüchte, Salz,
Edelsüß-Paprika, 1/4 l kräftige
Fleischbrühe, 200 g Gehacktes, 1 Ei,
1 Zwiebel, 2 Eßl. gehackte Petersilie,
1 Dose Maiskörner, Pfeffer,
1/8 l Sahne, 20 g Butter.

Die vorbereiteten, von Stengelansatz, Kernen und weißen Rippen befreiten Paprikafrüchte innen mit Salz und Paprika ausstreuen. Die Fleischbrühe aufkochen und die Paprikas mit der Öffnung nach oben hineinstellen. Zugedeckt 10 Minuten vorgaren lassen. Das Gehackte mit Ei, gehackter Zwiebel und Petersilie vermischen, die abgetropften Maiskörner unterarbeiten und die Masse mit Salz und Pfeffer abschmecken. Die Paprikafrüchte damit füllen, in die mit der Sahne vermischte Brühe legen und obenauf Butterflöckchen verteilen. Zugedeckt 15 Minuten schmoren lassen.

Paprikahähnchen »ungarische Art«

1 großer Broiler, 100 g Zwiebeln,
100 g Schweineschmalz, Paprika, Salz,
100 g Letscho oder 100 g Paprika-
früchte und 100 g Tomaten, 250 ml saure
Sahne, Mehl, 50 ml süße Sahne.

Das vorbereitete Hähnchen in etwa 8 Teile zerlegen. Die feingeschnittenen Zwiebeln im erhitzten Fett anschwitzen, Paprika überstäuben, die Fleischstücke zufügen und salzen. Fertiges Letscho oder das frische Gemüse ebenfalls zugeben und alles zugedeckt bei gleichmäßiger Hitze dünsten. Von Zeit zu Zeit umrühren. Nur sehr wenig Wasser zugießen, damit das Fleisch nicht kocht, sondern in wenig Saft dünstet. Ist das Fleisch halbweich, den Saft einschmoren lassen. Saure Sahne mit etwas Mehl glattrühren, zum Fleisch geben und alles fertigdünsten. Vor dem Anrichten die süße Sahne zugießen.

Paprika-Reis-Salat

1 Tasse Reis, 1 bis 2 Eßl. Öl, Salz,
Pfeffer, Paprika, 1 Eßl. Reibekäse,
2 Eßl. Mayonnaise, 3 Paprikafrüchte,
2 Tomaten, 2 hartgekochte Eier, Dill
oder Petersilie.

Den Reis im Öl anschwitzen, mit
2 Tassen Wasser auffüllen, Salz zugeben und garen lassen. Abgekühlt mit
Pfeffer, Paprika und Reibekäse würzen. Vorsichtig mit der Mayonnaise
vermischen. Die Paprikafrüchte in
feine Streifen, die Tomaten in Scheiben und die Eier in Würfel schneiden
und unter den Reis geben. Zum
Schluß die feingehackten Kräuter zugeben.

Paprikaschnitzel

4 Kalbsschnitzel, Salz, Mehl,
1 Eßl. Schmalz, 1 große Zwiebel,
1 Eßl. Edelsüß-Paprika, 1 Tasse Brühe,
1 Eßl. Mehl, 2 Eßl. saure Sahne.

Die Kalbsschnitzel am Rand mehrmals einschneiden, salzen und dünn
mehlieren. In einer Pfanne Schmalz
erhitzen und die Schnitzel von beiden
Seiten hellbraun braten. Herausnehmen und inzwischen warm stellen. In
den Bratsatz die feingeschnittene
Zwiebel geben und goldgelb rösten.
Die Pfanne vom Herd nehmen und
den Paprika unter die Zwiebel rühren.
Anschließend mit Brühe auffüllen
und alles gut durchkochen. Das Mehl
mit der sauren Sahne verrühren und
langsam mit dem Schneebesen in die
Soße rühren, kurz erhitzen und dann
über die Schnitzel gießen. Mit einer
Zitronenscheibe, die zur Hälfte in ge-

hackte Petersilie und zur Hälfte in Paprika getaucht wurde, garnieren. Als
Beilage Reis und Erbsengemüse.

Paprikasoße »italienisch«

60 g fetter Speck, 1 Zwiebel,
2 Tomaten, 1 grüne Paprikafrucht,
1 mit Salz zerriebene Knoblauchzehe,
Salz, weißer Pfeffer, Rosenpaprika,
wenig Fleischbrühe, etwa 30 g gerie-
bener Parmesankäse oder anderer
Reibekäse.

Speck in feine Würfel schneiden und
auslassen. Inzwischen die Zwiebel in
feine Würfel schneiden, zum Speck
geben und beides goldgelb werden
lassen. Tomaten häuten, in feine Würfel schneiden. Die Paprikafrucht waschen, putzen und ebenfalls feinwürfelig schneiden. Zusammen mit Knoblauch, Salz, Pfeffer und Rosenpaprika
dazugeben, alles durchschwitzen, etwas heiße Fleischbrühe angießen und
etwa 5 Minuten kochen lassen. Nochmals abschmecken, den Käse darunterrühren und servieren.
Italienische Paprikasoße schmeckt besonders zu gekochten Teigwaren, Risotto, gebratenem Fisch und Fleisch.

Paprikasoße, kalt

100 g Mayonnaise, etwa 80 g Paprika-
mark (Konserve), Edelsüß-Paprika,
Salz, Zucker, weißer Pfeffer,
einige Tropfen Essig, nach Belieben
Schlagsahne.

Die Mayonnaise mit Paprikamark,
Salz, Pfeffer, Zucker, Essig und Paprika verrühren, pikant abschmecken,

mit Schlagsahne verfeinern und servieren.

Kalte Paprikasoße paßt besonders zu kaltem Braten. Aber auch als Dip für Fleischfondue, Tomaten, Gurken oder Chicorée sollte sie einmal probiert werden.

Paprikatopf mit Hammelfleisch

60 g Butter, 2 Eßl. Öl, 2 Zwiebeln, 2 Knoblauchzehen, 500 g Hammelfleisch, 500 g Paprikafrüchte, 300 g Tomaten, Salz, 1 Tasse Reis, etwas Brühe oder Wasser.

Butter und Öl erhitzen, die feingewiegten Zwiebeln und die zerdrückten Knoblauchzehen darin andünsten. Das gewaschene, in Würfel geschnittene Fleisch dazugeben und von allen Seiten anschmoren. Die entkernten, in Streifen geschnittenen Paprikafrüchte und die enthäuteten kleingeschnittenen Tomaten dazugeben, salzen und alles zusammen etwa ½ Stunde schmoren lassen. Bei Bedarf etwas Flüssigkeit zugeben. Den gewaschenen Reis zufügen und so viel Brühe oder Wasser zugießen, daß das Gericht mit Flüssigkeit bedeckt ist. Dann alles zugedeckt weichkochen.

Paprikazwiebeln

Je 1 rote und grüne Paprikafrucht, 500 g kleine Zwiebeln, Salz, ¼ l 10%iger Essig, ½ Lorbeerblatt, 3 Gewürzkörner, 2 Nelken, 1 Stück Zitronenschale.

Die vorbereiteten Paprikafrüchte in Scheiben schneiden, die Zwiebeln schälen. Das Gemüse in ½ Liter Salzwasser etwa 5 Minuten kochen, aus dem Sud heben und abkühlen lassen. Aus der Mitte jeder Zwiebel etwas Zwiebelfleisch herausdrücken und dafür entsprechend zusammengefaltete Paprikastreifen hineinstecken. Den Sud zusammen mit dem Essig und den Gewürzen erhitzen, über die Zwiebeln gießen und das Ganze zudecken. Nach 24 Stunden die Flüssigkeit nochmals aufkochen und erkaltet wieder über die Zwiebeln gießen.

Paradeis-Soße

50 g Bauchspeck, 2 Zwiebeln, 4 Tomaten, Suppengrün, 20 g Mehl, 150 ml Fleischbrühe (Würfel) oder Wasser, 1 Knoblauchzehe, etwas Tomatenketchup, Pfefferkörner, 2 Nelken, 1 Lorbeerblatt, etwas Thymian, Salz, Zucker, Essig.

Speck und Zwiebeln feinwürfelig schneiden, ebenso die Tomaten und das Suppengrün. Den Speck auslassen, Gemüse dazugeben, alles gut anschwitzen, sofort mit Mehl bestäuben und mit Fleischbrühe angießen. Jetzt Knoblauch, Tomatenketchup, Salz, die Gewürze sowie etwas Zucker und Essig dazugeben. Unter öfterem Rühren etwa 10 Minuten kochen lassen, dann durch ein Haarsieb streichen, mit Salz, Pfeffer und Essig abschmecken. Sofort anrichten.

Paradeis-Soße ergänzt ausgesuchte Fischgerichte, kurzgebratene Fleischgerichte sowie Teigwaren. Aber auch als pikante Soße zu gebackenem Gemüse und Vorspeisen ist sie gut geeignet.

Pariser Spargelsalat

500 g Spargel, Salz, 250 g Tomaten,
3 hartgekochte Eier, 1 Zwiebel,
Pfeffer, Essig, Öl, Schnittlauch.

Den vorbereiteten Spargel in Salzwasser garen, abtropfen lassen und in 3 cm lange Stücke schneiden. Die enthäuteten Tomaten in Scheiben schneiden, die Eier grobhacken, die Zwiebel feinwiegen. Alle Zutaten vermischen, mit Salz, Pfeffer, Essig und Öl marinieren und mit gehacktem Schnittlauch bestreuen.

Partybrötchen

500 g Mehl, 30 g Hefe, 1/4 l lauwarme
Milch, 50 g Butter, 1 Ei, 1 Teel. Salz,
je 1 Messerspitze Pfeffer und Muskat,
1 Eigelb, 1 Eßl. Milch zum Bestreichen,
2 Eßl. Kümmel.

Das Mehl in eine Schüssel sieben und eine Vertiefung hineindrücken. Die Hefe in der Milch auflösen und in die Vertiefung gießen. Zugedeckt 15 Minuten an einem warmen Ort gehen lassen. Zerlassene Butter, Ei und Gewürze gut verrühren, zum Hefeansatz geben, alles zu einem glatten Teig verarbeiten. Wieder 15 Minuten gehen lassen. Dann Teigstücke von etwa 40 g abnehmen, daraus Kugeln formen, mit genügend Abstand auf ein gefettetes Blech setzen. Etwas flachdrücken und nochmals 15 bis 20 Minuten gehen lassen. Eigelb mit Milch verrühren, die Brötchen damit bestreichen, dann mit einem scharfen Messer mit einem Längs- oder Kreuzschnitt versehen. Mit Kümmel bestreuen. Bei 220 °C 15 bis 20 Minuten backen.

Pastetenteig I

300 g Mehl, 150 g Butter, etwas Salz,
1 Eigelb, etwas Milch.

Das Mehl auf ein Brett sieben, die Butter darüber verteilen, die übrigen Zutaten beifügen und alles gut verkneten. Einen runden Ballen formen, diesen in ein feuchtes Tuch einschlagen und über Nacht ruhen lassen. Nach Belieben weiterverarbeiten.

Pastetenteig II

300 g Mehl, 1/2 Teel. Salz,
120 g Butter, 1 Eigelb, 1/8 l Wasser.

Wie Pastetenteig I verarbeiten.

Peking-Ente

1 Ente, Salz, 4 Eßl. Honig,
3 Eßl. Weinessig, 2 Eßl. Sojasauce,
1 Zitrone, 2 Eßl. Öl, Pfeffer.

Die Ente waschen und in kochendem Salzwasser kurz brühen. Herausnehmen, mit einem Faden unter den Flügeln festbinden und an einem kühlen und luftigen Ort aufhängen. Aus Honig, Weinessig, Sojasauce, Zitronensaft, Öl und etwas warmem Wasser eine Marinade bereiten und die Ente mehrfach damit einpinseln. Über Nacht aufgehängt trocknen lassen. Vor dem Garen die Ente innen kräftig mit Salz und Pfeffer würzen, auf den Grillspieß stecken und im stark vorgeheizten Grill garen. Während des Grillens immer wieder mit der Marinade bepinseln, bis die Ente gar, die Haut rotbraun und knusprig ist. Dazu körnigen Reis servieren.

Petersiliensoße

Für die Brühe: *etwa 250 g Kalbsknochen, 1 Wurzelwerk, 1 kleine Zwiebel, 1 Gewürznelke, ½ Lorbeerblatt, Salz.*
Für die Soße: *30 g Mehl, 30 g Butter, Salz, weißer Pfeffer, Zitronensaft, reichlich gehackte Petersilie.*

Die kleingehackten Kalbsknochen mit Wurzelwerk, Zwiebel, Salz, den Gewürzen und ½ Liter Wasser ansetzen und etwa 1 Stunde langsam kochen lassen. Inzwischen das Mehl mit der Butter anschwitzen, die Brühe darüber passieren, gut verrühren, mit Salz und Pfeffer würzen und etwa 5 Minuten kochen lassen. Dann reichlich gehackte Petersilie und etwas Zitronensaft dazugeben, nochmals nachschmecken und anrichten.
Petersiliensoße paßt zu gekochtem Fleisch, Geflügel und Fisch.

Petersilienwurzelsuppe

2 Zwiebeln, 2 Eßl. Öl, 250 g Petersilienwurzeln, 250 g Sellerie, Salz, Zucker, Essig, 2 Eßl. kleingeschnittener Schnittlauch, 2 Eßl. gehackte Petersilie.

Die kleingeschnittenen Zwiebeln in Öl anrösten. Die vorbereiteten, in Scheiben geschnittenen Petersilienwurzeln und den in Stückchen geschnittenen Sellerie zugeben. Dann kochendes Wasser aufgießen, Salz, Zucker sowie Essig zufügen und alles garen lassen. Das Gemüse soll nicht zu weich werden. Die Suppe erkalten lassen, und vor dem Auftragen die Kräuter unterrühren.

Petto di vitello alla romana
(Kalbsrollbraten auf römische Art)

100 g roher Schinken, 1 kg Kalbfleisch (Brust), Salz, Pfeffer, 80 g Schmalz, Öl, 400 g Kartoffeln, 1 Eßl. gehackter Rosmarin.

Den Schinken in feine Streifen schneiden, auf das vorbereitete Fleisch verteilen, leicht mit Salz und Pfeffer bestreuen, zusammenrollen und mit einem Faden zusammenbinden. Die Rolle mit Schmalz bestreichen und auch von außen salzen und pfeffern. Restliches Schmalz und Öl in einer Bratpfanne erhitzen und das Fleisch darin im heißen Ofen etwa 90 Minuten braten. Dabei öfter mit dem Fond begießen. ½ Stunde vor Ende der Bratzeit die geschälten, in Stifte geschnittenen Kartoffeln zugeben, mit Salz bestreuen und mitbraten. Zuletzt mit Rosmarin bestreuen. Dazu einen gemischten Salat und Weißwein servieren.

Pfannenfleisch »mexikanische Art«

5 Knoblauchzehen, 3 Zwiebeln, 75 g Margarine, 500 g Gehacktes halb und halb, 4 Tomaten, 50 g Mandeln, 12 rotgefüllte Oliven, 2 Bananen, 2 Äpfel, 2 Eßl. grobgewiegte Sultaninen, je 1 Messerspitze gemahlene Nelken und Zimt, ¼ Teel. Cayennepfeffer, Salz, ½ Zitrone.

Die zerriebenen Knoblauchzehen mit den feingeschnittenen Zwiebeln in der heißen Margarine andünsten. Löffelweise das Gehackte zugeben. Dann in Achtel geschnittene Tomaten, gehackte Mandeln, gewiegte Oliven, Bananenscheiben, Apfelspalten, Sultaninen und Gewürze zugeben. Unter häufigem Rühren mit einem Holzlöffel garen. Zum Schluß Zitronensaft darüberträufeln. Mit Buttertoast oder frischem Stangenweißbrot und Rotwein auftragen.

Pfefferkuchenbombe

250 g Kunsthonig, 100 g Margarine,
180 g Zucker, Salz, 2 Eier,
500 g Mehl, 20 g Pfefferkuchengewürz,
10 g Pottasche, 30 g Kakao,
4 Eßl. Weinbrand, 150 g Korinthen,
100 g Mandeln,
abgeriebene Zitronenschale,
100 g Zitronat, 1/2 Glas
Aprikosenmarmelade.
Für die Glasur: 150 g Puderzucker,
2 Eßl. Kakao.

Den Kunsthonig erhitzen. Zur schaumig geschlagenen Margarine Zucker, Salz und Eier rühren und danach den abgekühlten Kunsthonig zugeben. Das mit dem Pfefferkuchengewürz gesiebte Mehl, Kakao und die im Weinbrand aufgelöste Pottasche daruntersschlagen. Die vorbereiteten Korinthen, gehackten Mandeln, die abgeriebene Zitronenschale und geraspeltes Zitronat unter den Teig mischen. In einer gefetteten, ausgestäubten hohen Form bei Mittelhitze etwa 45 Minuten backen. Nach dem Erkalten mit heißer Marmelade überziehen und sofort mit der Schokoladenglasur, aus Puderzucker, Kakao und 3 bis 4 Eßlöffel heißem Wasser bereitet, glasieren. Nach Belieben mit Mandeln oder Nüssen garnieren.

Pfefferleber

8 Kalbsleberscheiben zu je 60 g,
Pfeffer, 1 Eßl. Mehl, 1 Eßl. Schmalz,
3 Zwiebeln, 1 Knoblauchzehe,
1 Eßl. Butter, 2 Paprikafrüchte,
2 Peperoni, Majoran, 1 Eßl. Schnitt-
lauchröllchen, 1 Eßl. gehackte Petersilie.

Die Leberscheiben mit gemahlenem Pfeffer von beiden Seiten würzen. In Mehl wenden, in heißem Schmalz von beiden Seiten saftig braten. Herausnehmen und warm stellen. Die geschälten Zwiebeln in Scheiben schneiden und mit der zerdrückten Knoblauchzehe in dem Bratfett der Leber schwenken. Dazu die Butter und die entkernten und in Ringe geschnittenen Paprikafrüchte geben. Unter öfterem Schwenken darin garen. Die Peperoni feinhacken und zusammen mit dem Majoran und dem Schnittlauch zur Vervollständigung dem Ragout zugeben. Alles noch einmal gut durchrühren. Die gebratene Leber salzen und auf vorgewärmten Tellern anrichten. Das Zwiebel-Paprika-Ragout darübergeben, mit Petersilie bestreuen.

Pfefferminzbowle

Etwa 20 Pfefferminzblättchen,
3 Glas Wodka, 2 Flaschen Weißwein,
100 g Zucker, 1 Flasche Sekt oder Selters.

Die vorbereiteten Pfefferminzblättchen feinhacken und mit dem Wodka in einem zugedeckten Gefäß etwa 1/2 Stunde ziehen lassen, durchseihen. Den Wein zugießen und alles mit Zucker abschmecken. Nochmals durchziehen lassen, mit Sekt auffüllen.

Pfefferminz-Dessert-Fondue

150g Pfefferminzfondant, 1/8 l süße Sahne, 200 g Zartbitterschokolade, Orangen- oder Mandarinenspalten, Apfel- oder Birnenstücke, Pfirsichviertel. Biskuits.

Den zerkleinerten Pfefferminzfondant in der Sahne schmelzen lassen, danach die zerbrochene Schokolade zufügen und bei kleiner Flamme auf dem Kerzenrechaud servieren. Die Früchte und Biskuitwürfel in Schälchen anrichten. – Zur Verfeinerung kann Schlagsahne gereicht werden.

Pfefferminz-Fizz
(Einzelportion)

1 Glas Weinbrand oder Gin, Saft von 1/2 Zitrone, 1/2 Teel. Zucker, 1 Schuß Pfefferminzlikör, Selterswasser.

Alle Zutaten im Mixbecher mit 3 bis 4 Eßlöffel Schabeeis gut schütteln und mit Selterswasser auffüllen.

Pfeffersoße

Etwa 200 g feingehackte Schweinsknochen und Schinken- oder Speckschwarten, Suppengemüse, 1 Zwiebel, 30 g Margarine, Salz, reichlich zerdrückte Pfefferkörner.
Für den Soßenansatz: 30 g Butter oder Margarine, 1 Zwiebel, 30 g Mehl, reichlich zerdrückte Pfefferkörner, etwas Weißwein.

Das Suppengemüse und die Zwiebel feinwürfelig schneiden, mit den Knochen und Schwarten in der Margarine richtig braun anbraten, mit 1/2 Liter Wasser auffüllen und mit Salz sowie reichlich zerdrückten Pfefferkörnern etwa eine Stunde leicht kochen lassen. Dann passieren und zum Auffüllen für den folgenden Soßenansatz heiß stellen:
Die Butter zerlaufen lassen, die Zwiebelwürfel darin anschwitzen, das Mehl dazugeben, nochmals anschwitzen, mit dem vorbereiteten braunen Fond auffüllen, öfter rühren und einige Minuten kochen lassen. Zuletzt reichlich Pfeffer sowie etwas Weißwein dazugeben und nochmals abschmecken. Zur Verfeinerung nach Belieben noch einige Butterflocken dazugeben.
Pfeffersoße schmeckt besonders gut zu gekochtem Schlachtfleisch und zu kurzgebratenen Fleischspeisen.

Pfeffersteaks mit Bananen

4 Filetsteaks, 3 Teel. grüne Pfefferkörner, Salz, 1 Eßl. Schmalz, 1 Eßl. Butter, 2 Bananen, Saft von 1/2 Zitrone, 2 Eßl. Tomatenketchup, Tabascosauce.

Die Filetsteaks von Hautresten befreien, die Pfefferkörner in das Fleisch eindrücken und leicht salzen. Die Steaks in heißem Schmalz von beiden Seiten scharf anbraten. Fett abgießen und in Butter, je nach Geschmack, noch kurze Zeit nachbraten. Die Filetsteaks herausnehmen und bis zum Verzehren warm stellen. Die Bananen längs halbieren und die Hälfte nochmals quer teilen. In der Bratbutter erhitzen und zuletzt mit Zitronensaft beträufeln. Die warmen Bananen auf den Steaks anrichten. Tabascosauce mit Tomatenketchup vermischen und über die Bananen geben. Als Beilage eignen sich Pommes frites und Salate.

Pfeffersteaks mit gehacktem Ei

*500 g Roastbeef, 2 Teel. Pfeffer-
körner, Öl, Salz, 1 große Zwiebel,
1 Glas Letscho, Knoblauch,
1 Bund Petersilie, 1 gekochtes Ei.*

Das Roastbeef in 4 Scheiben schneiden und die Hautseiten mehrmals einschneiden. Die Pfefferkörner zerdrücken, auf die 4 Steaks verteilen und leicht in das Fleisch eindrücken. In Öl einlegen – sie müssen vollständig mit Öl bedeckt sein! – und 2 bis 3 Tage stehenlassen. Dann im erhitzten Öl saftig braten und leicht salzen. In einem anderen Topf ebenfalls in heißem Öl die Zwiebelwürfel dünsten und anschließend das Letscho hinzugeben. Leicht mit Knoblauch würzen, gehackte Petersilie unterrühren und alles heiß über die angerichteten Pfeffersteaks geben. Mit dem feingehackten Ei garnieren. Als Beilage eignen sich Pommes frites und ein bunter Rohkostsalat.

Pfifferlinge mit Tomaten

*500 g Pfifferlinge, 500 g Tomaten,
2 große Zwiebeln, 75 g Butter, Salz,
Paprika, Petersilie, 3 Eßl. Schlagsahne.*

Die Pfifferlinge putzen, waschen und abtropfen lassen. Die Tomaten häuten und kleinschneiden. Feingewiegte Zwiebel in der heißen Butter glasig dünsten, Pilze und Tomaten zufügen

und zugedeckt auf kleiner Flamme 20 bis 30 Minuten schmoren lassen. Mit Salz, Paprika und gehackter Petersilie abschmecken. Vor dem Anrichten die steifgeschlagene Sahne unterziehen.

Pfirsichbowle

*8 reife Pfirsiche, 200 g Zucker,
2 Glas Weinbrand, 2 Flaschen
Weißwein, 1 Flasche Schaumwein oder
Selters.*

Die geschälten, halbierten, entsteinten Pfirsiche in Würfel schneiden und mit Zucker, Weinbrand und einer Flasche Weißwein ansetzen. 1 bis 2 Stunden kühl stellen, den restlichen Wein hinzufügen, vor dem Servieren den Schaumwein zugießen.

Pfirsiche mit Brombeersoße

*4 Pfirsiche, 2 Eßl. Zucker, 1 Päckchen
Vanillinzucker, 125 g Brombeeren,
2 Gläschen roter Fruchtlikör,
Weinbrand oder Rum, Saft von
1/2 Zitrone, 1/8 l Schlagsahne,
50 g Mandeln, Butter.*

Die Pfirsiche abziehen, halbieren und entkernen. 1 Tasse Wasser, Zucker und Vanillinzucker in einem flachen Topf erhitzen und die Pfirsiche darin 5 Minuten dünsten. Herausnehmen und die vorbereiteten Brombeeren ebenfalls darin aufkochen lassen. Diese Soße abkühlen lassen und mit Likör und Zitronensaft abschmecken. Die Pfirsiche mit der Schnittfläche nach oben in eine Glasschüssel setzen. Die steifgeschlagene Sahne etwas süßen und auf die Pfirsiche spritzen.

Die abgezogenen, kleingeschnittenen Mandeln in Butter rösten, über die Speise streuen und die Brombeersoße darübergießen.

Pfirsich mit Krabben
(Vorspeise)

80 g Mayonnaise, Zitronensaft,
Weinbrand, 160 g Krabben (Konserve),
Salz, Zucker, Cayennepfeffer,
4 Pfirsichhälften (Konserve),
Salatblätter, Cocktailkirschen.

Die Mayonnaise mit Zitronensaft und Weinbrand glattrühren, vorsichtig unter die Krabben heben und pikant mit Salz, Zucker, Cayennepfeffer abschmecken. Den Krabbensalat in die Pfirsichhälften füllen. Glasteller mit Salatblättern auslegen, die Pfirsiche darauf anrichten und mit Cocktailkirschen garnieren. Frischen Toast dazu servieren. – Halbe Pfirsiche lassen sich ebenso mit feinem Geflügelsalat oder Krebsmayonnaise füllen.

Pfirsich-Toast
(Vorspeise)

4 Scheiben Toastbrot, 20 g Butter,
1 Dose Thunfisch (200 g),
Zitronensaft, Salz, weißer Pfeffer,
Worcestersauce, 8 halbe Pfirsiche
(Konserve), 4 Scheiben Schnittkäse.

Das Toastbrot rösten und mit Butter bestreichen. Den Thunfisch mit zwei Gabeln zerpflücken, auf den Toast verteilen und mit Zitronensaft, Salz, Pfeffer und Worcestersauce kräftig würzen. Die Pfirsichhälften fächerförmig schneiden und auf den Thunfisch

legen. Alles mit Käsescheiben abdekken und im Grill oder in der Röhre überbacken. – Pfirsichtoast läßt sich auch mit Schinken, Zunge oder Geflügelfleisch zubereiten. Zum Überbakken eignet sich besonders gut eine Echte Holländische Soße.

Pflaumengemüse mit Rauchfleisch

375 g durchwachsenes Rauchfleisch,
1 kg säuerliche feste Pflaumen,
1 Stück Zimtrinde, 2 Nelken,
40 g Margarine, 40 g Mehl, Essig.

Das Rauchfleisch kochen und wenn es gar ist, aus der Brühe nehmen. Dann die gewaschenen und möglichst entsteinten Pflaumen in der durch ein Sieb gegossenen Brühe zusammen mit Zimtrinde und Nelken kurz dünsten. Die Pflaumen dürfen dabei nicht zerfallen! Aus Margarine und Mehl eine Schwitze bereiten, mit Brühe auffüllen und damit das Pflaumengemüse andicken. Zuletzt mit etwas Essig – nach Belieben auch noch 1 Spur Zukker – säuerlich abschmecken. Das Rauchfleisch in Scheiben schneiden und zum Pflaumengemüse reichen. Dazu passen Semmelknödel.

Pflaumenknödel

1 kg Kartoffeln, Salz, 1 Ei,
20 g Butter oder Schmalz, 200 bis
250 g Mehl, Pflaumen, Butter,
Semmelbrösel, Puderzucker.

Die in Salzwasser gekochten, dann gepellten und durchgepreßten Kartoffeln erkalten lassen. Mit dem Ei und der weichen Butter vermischen und

Bunte
Käseplatte

Bunte Eierpfanne

Gratinierte
Käsetomaten
Käse-Cocktail
Roquefortbirnen
▷

Käsewähe

Erdbeer-Eierkuchen

Käsewaffeln
Panierter Käse
▷

Palatschinken
mit Nußfüllung

Ham and eggs, Tomatenrührei, Tomateneier im Glas ▷
Quarkvariationen

Eierschnitten mit Käse, Baskische Spiegeleier

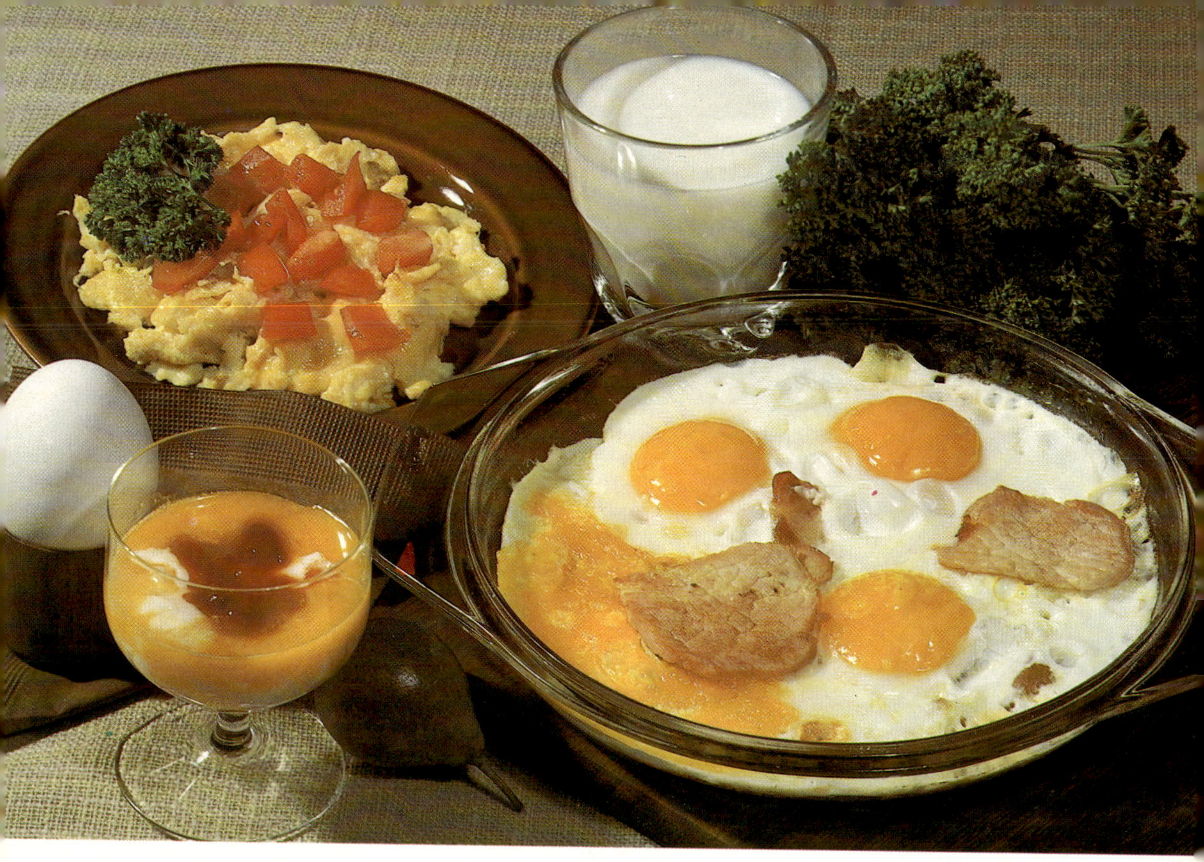

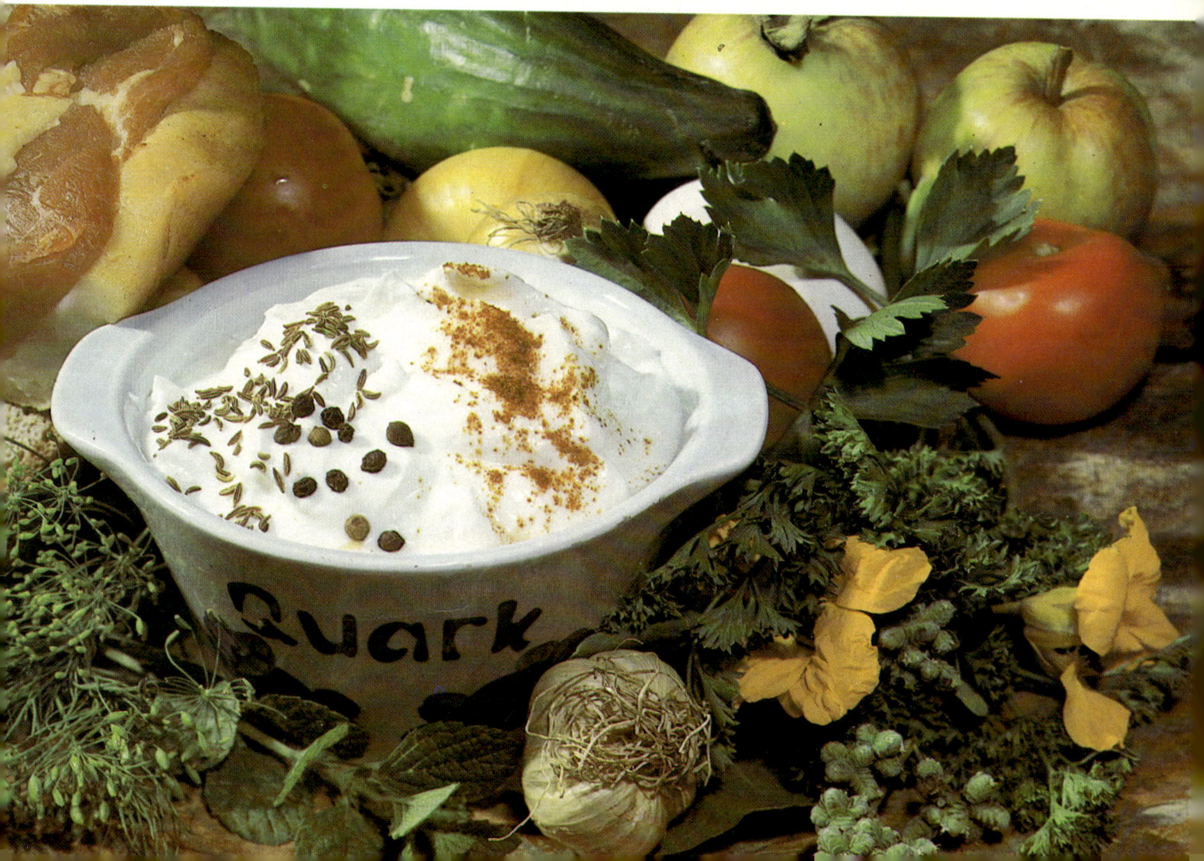
Quark

Quarkkroketten
Quarkstangen
Quarkplinsen

1 Prise Salz zufügen. Dann das Mehl unterkneten. Den Teig auf bemehlter Fläche etwa 2 mm stark ausrollen und in Quadrate schneiden. In die Mitte eines jeden Teigstückes eine Pflaume geben und Knödel formen. Vorsichtig in Salzwasser garen. In der erhitzten Butter Semmelbrösel rösten, über die Knödel geben und mit Puderzucker bestreuen.

Pflaumenkuchen

Für den Teig: *500 g Mehl,*
30 g Hefe, ¼ l Milch,
75 g Zucker, 100 g Butter,
Margarine oder Öl, 1 Ei,
1 gestr. Teel. Salz, abgeriebene Schale
von ½ Zitrone, 1 Prise Muskat.
Für den Belag: *1,5 kg Pflaumen,*
Zucker, Zimt.

Mehl in die Backschüssel geben, in der Mitte eine Vertiefung eindrücken, die zerbröckelte Hefe mit 1 Teelöffel Zucker hinzugeben, mit etwas lauwarmer Milch übergießen und mit Mehl verrühren, so daß ein flüssiger Vorteig entsteht. Zugedeckt und warm gestellt 30 bis 40 Minuten gehen lassen. Mit den übrigen Teigzutaten zu einem glatten Hefeteig verarbeiten, bis er sich vom Schüsselrand löst. Zugedeckt 20 bis 30 Minuten warm stellen und gehen lassen. Den Teig ausrollen, ein gefettetes Backblech damit belegen. Die Pflaumen gründlich waschen, entsteinen, den Teig gleichmäßig damit belegen, nochmals gehen lassen und backen. Den fertigen Kuchen auf dem Backblech zuckern und mit Zimt bestreuen. In Stücke schneiden und servieren.

Pflaumenpizza

375 g Mehl, 25 g Hefe, 150 g Zucker,
gut ⅛ l Milch, 50 g Margarine,
2 Eier, 2 Eßl. Semmelbrösel,
1½ kg Pflaumen oder Zwetschen,
250 g Quark, etwas Vanillinzucker,
abgeriebene Zitronenschale, ½ Teel. Zimt.

Das Mehl in eine Schüssel sieben, in die Mitte eine Vertiefung drücken und die Hefe hineinbröckeln. 1 Teelöffel Zucker darüberstreuen. Die Hefe in der Schüssel mit etwas Mehl vom Rand und der lauwarmen Milch zu einem Vorteig verrühren. 50 g Zucker und Margarineflöckchen auf den Mehlrand streuen. Zugedeckt an einem warmen Ort gehen lassen.
Dann mit dem Mehl und 1 Ei verrühren und so lange schlagen, bis der Teig Blasen wirft. Nochmals gehen lassen. Dann den Teig ausrollen und in eine gefettete, ausgebröselte Spring- oder Pieform legen. Die entsteinten Pflaumen unten und oben etwas einschneiden und die Teigplatte dicht damit belegen. Quark, Ei, den restlichen Zucker, Vanillinzucker, Zitronenschale und evtl. etwas Stärkemehl verrühren. Diese Quarkmasse kleckselweise auf den Pflaumen verteilen. Die Pizza in den vorgeheizten Ofen schieben und bei Mittelhitze etwa 40 Minuten backen. Mit Zucker und Zimt bestreuen.

Pflaumenschnaps

250 g getrocknete Pflaumen,
1 l klarer Wodka (45 %).

Die getrockneten Pflaumen entkernen, feinschneiden, in ein Glasgefäß füllen, mit ¾ l Wodka übergießen und verschließen. Das Gefäß 4 bis 6 Wochen stehen lassen und öfter schütteln. Nach 4 bis 6 Wochen die Flüssigkeit durch einen Filter in ein anderes Gefäß abgießen und 1 bis 2 Tage stehenlassen. Die Pflaumen mit ¼ Liter Wodka nochmals übergießen und 1 bis 2 Tage stehenlassen. Dann nochmals filtern und den Saft mit der zuerst abgegossenen Flüssigkeit vermischen. Alles zum Klären stehenlassen. Nach einigen Tagen den Likör vom Satz abgießen, nochmals filtern und in Flaschen füllen. Der Likör gewinnt an Aroma und Stärke, je länger er steht.

Pharisäer

⅛ l Schlagsahne, 4 Tassen starker Kaffee, 8 Stück Würfelzucker, 8 cl brauner Rum.

Die Schlagsahne steifschlagen. Den heißen Kaffee in große Tassen gießen, zuckern, Rum zufügen. Auf jede Tasse eine Sahnehaube setzen.

Piccadilly-Soße

120 g Mayonnaise, 80 g saure Sahne, Saft von 1 Zitrone, reichlich Worcestersauce, 1 Eßl. kleingehackte Mixed Pickles, 1 Eßl. gewiegte Sardellen, Senf, gehacktes Fenchelkraut.

Die Mayonnaise mit saurer Sahne verrühren und mit Zitronensaft und Worcestersauce pikant abschmecken. Mixed Pickles, Sardellen und Senf zufügen. Zuletzt etwas gehacktes frisches Fenchelkraut dazugeben.

Piccadilly-Soße verleiht kaltem Fleisch oder Fisch einen besonderen Geschmack.

Pichelsteiner Topf

Je 200 g mageres Rind-, Schweine- und Hammelfleisch, Petersilie, 50 g Rindermark, 80 g Speck, je 200 g Möhren, Sellerie, Porree, Petersilienwurzel, Weißkohl und Wirsing, 2 Zwiebeln, Salz, Pfeffer, Majoran, Kümmel, 400 g Kartoffeln, 1 l Fleischbrühe.

Fleisch, Gemüse und Kartoffeln in mundgerechte Stücke schneiden. Die Petersilie hacken. Den Boden eines gut verschließbaren Topfes mit Rindermark und dünnen Speckscheiben auslegen. Darauf eine Lage Gemüse geben, über das Rindfleisch dann Kartoffeln, dann wieder Gemüse, darauf das Schweinefleisch, nochmals Gemüse, wieder Kartoffeln, dann das Hammelfleisch daraufgeben und zum Schluß nochmals eine Lage Gemüse. Jede Lage Fleisch mit Salz, Pfeffer, Majoran und Kümmel würzen. Alles mit Fleischbrühe auffüllen und im verschlossenen Topf garen. Zum Schluß kräftig abschmecken.

Pikante junge Möhren

750 g kleine junge Möhren mit Grün, 40 g Margarine, 1 Teel. Zucker, Salz, Pfeffer, 4 Eßl. Hühnerbrühe, 4 Eßl. herber Weißwein.

Die Möhren putzen – dabei die kleinen Blättchen vom Grün aufheben –, abspülen und gut trockentupfen. In einem Topf die Margarine zerlassen, die Möhren zufügen und mit Zucker bestreuen. So lange immer wieder wenden, bis der Zucker geschmolzen ist. Dann mit wenig Salz und Pfeffer bestreuen. Je 2 Eßlöffel Brühe und Wein darübergeben und die Möhren zugedeckt etwa 12 bis 15 Minuten dünsten. Zwischendurch die restlichen Flüssigkeiten seitlich angießen. Das Gemüse gegebenenfalls mit Salz und Pfeffer oder Paprika abschmecken und mit dem gehackten Grün bestreut auftragen.

Pikante Plätzchen

300 g Mehl, 1½ Teel. Backpulver,
1 Prise Salz, 150 g Butter
oder Margarine, 1 Bratwurst,
100 g Reibekäse, ½ Teel. Edelsüß-
Paprika, 1 Ei; 1 Ei und 1 Eßl. Kondens-
milch zum Bestreichen.

Das Mehl mit dem Backpulver sieben, Salz dazugeben, Butter in Flöckchen darauf verteilen, durchhacken und – wenn notwendig – mit 1 bis 2 Eßlöffel Wasser verkneten. 1 Stunde kalt stellen, dann ausrollen und mit einem Glas Plätzchen ausstechen. Die gebrühte Wurst enthäuten, sehr fein hacken, mit den restlichen Zutaten mischen und mit einem Teelöffel auf einer Plätzchenhälfte verteilen. Die andere darüberschlagen, die Ränder andrücken und mit einer Gabel leicht einkerben. Ei und Milch verquirlen und die Oberfläche der Plätzchen damit bestreichen. Auf gefettetem Blech bei guter Mittelhitze goldgelb backen. Diese pikanten Plätzchen schmecken besonders gut zu Wein.

Pikanter Käsesalat

100 g Schnittkäse, 150 g Tomaten,
100 g grüne Gurke, 100 g Bierschinken,
1 Zwiebel, 2 Eßl. Öl, 1 Eßl. Essig,
1 Teel. feingehackter Dill, Salz, Pfeffer.

Den Schnittkäse, die Tomaten, die grüne Gurke sowie den Bierschinken in gleichmäßige Würfel, die Zwiebel in Streifen schneiden. Alles gut vermengen und mit einer Soße aus Öl, Essig, Dill, Salz und Pfeffer übergießen. Den Salat durchziehen lassen und kühl servieren. Nach Belieben kann der Salat mit verschiedenen Früchten garniert und mit einer Quarkremoulade übergossen werden.

Pillkaller
(Einzelportion)

4 cl Wodka, 1 Scheibe Salami, Senf.

In ein Likörglas den Wodka geben. Auf den Rand des Glases die mit Senf bestrichene Salamischeibe legen.

Pilze auf Toulouser Art

1 kg Pilze, 50 g Margarine, 1 Zwiebel,
1 Knoblauchzehe, 150 g gekochter
Schinken, 150 g Tomaten, Salz, Pfeffer.

Die Pilze putzen, waschen und vierteln. In der Margarine Zwiebel und Knoblauchzehe, beides feingehackt, andünsten. Die Pilze hineingeben, gut durchschwenken und zugedeckt etwa 10 Minuten schmoren lassen. Den Schinken in Würfel schneiden, die Tomaten häuten und halbieren. Die Schinkenwürfel zu den Pilzen geben und im offenen Topf gut durchbraten. Mit Salz und Pfeffer kräftig abschmecken. Zum Schluß die halbierten Tomaten auf die Pilze legen und bei kleiner Flamme dünsten lassen.

Pilzeintopf mit Tomaten

500 g gemischte Pilze, 6 große Tomaten, 6 Eßl. Öl, 1 große Zwiebel, 6 Gewürzgurken, 500 g Gehacktes vom Rind, Salz, weißer Pfeffer, Majoran, Petersilie, 1 kleines Glas Weißwein, ⅛ l saure Sahne.

Die geputzten und gewaschenen Pilze feinblättrig schneiden. Das Öl erhitzen und die feingeschnittene Zwiebel hellgelb anschwitzen. Die gehäuteten, in Scheiben geschnittenen Tomaten, die Pilze, das Hackfleisch und die in feine Streifen geschnittenen Gewürzgurken dazugeben, die Gewürze zufügen, alles miteinander vermischen und dünsten. Dann den Weißwein sowie die Brühe zugießen und alles unter öfterem Umrühren garen. Zum Schluß die saure Sahne unterrühren. Mit reichlich gehackter Petersilie bestreut servieren.

Pilzhüte mit Füllung

12 größere Pilze (Champignons, Steinpilze o. ä.), Saft von 1 Zitrone, 100 g Butter, 2 Eier, Salz, etwas Milch, 200 g Semmelbrösel, 50 g Schinken, Petersilie.

Die Pilze putzen, die Stiele abschneiden und diese feinhacken. Die Hüte der Pilze abziehen und sofort in etwas Wasser mit Zitronensaft legen. Die Hälfte der Butter mit den Eigelb und

Salz verrühren, in Milch eingeweichte Semmelbrösel, feingehackten Schinken, gewiegte Petersilie und den steifen Eischnee zufügen. Die Fülle in 12 Portionen teilen, jede zu einer Kugel formen und in die abgetropften Pilzhüte geben. In eine mit der restlichen Butter gefettete feuerfeste Form geben und in der Röhre braten. Dazu Reis.

Pilzpaprikasch

500 g Champignons oder Steinpilze, 1 Zwiebel, 80 g Schweineschmalz, 1 Teel. Edelsüß-Paprika, Salz, Pfeffer, 0,2 l saure Sahne, 1 Eßl. Mehl, 0,1 l süße Sahne.

Die Pilze putzen und kleinschneiden. Die feingewiegte Zwiebel im Fett andünsten, die Pilze darübergeben und mit Paprika bestreuen. Zugedeckt auf kleiner Flamme weichdünsten. Nach Geschmack mit Salz und Pfeffer abschmecken. Saure Sahne und Mehl verrühren, zu den Pilzen gießen und einmal aufkochen lassen. Vor dem Servieren die süße Sahne darüberträufeln. Mit Nockerln, Reis oder Petersilienkartoffeln und Salat auftragen.

Pilzsalat

500 g Champignons (Konserve), 250 g garer Schweinebraten, 1 grüne Paprikafrucht, 250 g Tomaten, 4 hartgekochte Eier, 6 Eßl. Essig, 1 Teel. Senf, Salz, Edelsüß-Paprika, Zucker, 6 Eßl. Öl.

Die abgetropften Pilze in feine Scheiben, Schweinebraten und Paprikafrucht in Streifen, die Tomaten in Würfel schneiden. Alles vorsichtig miteinander vermischen. Die in Achtel geschnittenen Eier zugeben. Aus Essig, Senf, Salz, Paprika, Zucker und Öl eine Soße bereiten, über die Salatzutaten gießen und den Salat einige Zeit durchziehen lassen.

Pilzsoße auf italienische Art

Etwa 150 g Champignons, Maronen oder Steinpilze, etwa 50 g Bauchspeck, 1 Zwiebel, 10 g Mehl, Weißwein, Salz, Pfeffer, Zitronensaft, Majoran, etwas Basilikum, 1 Prise Glutal, gehackte Kräuter.

Die Pilze putzen, waschen und feinwürfelig schneiden. Den in feine Würfel geschnittenen Speck auslassen, Zwiebelwürfel und Pilzwürfel dazugeben, alles anschwitzen, mit Mehl bestäuben, mit etwas Wasser und Weißwein auffüllen und gut verrühren. Abschmecken und etwa 10 Minuten leicht kochen lassen. Zuletzt gehackte Kräuter unterrühren, nochmals durchkochen und sofort servieren.
Diese Pilzsoße schmeckt zu Kalbsbraten, Pfannengerichten und Geflügel.

Pilzsuppe

250 g Steinpilze, 125 g Pfifferlinge, 50 g Speck, 1 Zwiebel, 40 g Margarine, 60 g Mehl, etwa 1 l Fleischbrühe, 4 Eßl. Sahne, Salz, Pfeffer, Majoran, Petersilie.

Die Pilze putzen und waschen. Steinpilze und große Pifferlinge in Stücke schneiden. Den in Würfel geschnitte-

nen Speck auslassen, Pilze und Zwiebelwürfel darin andünsten, etwa $\frac{1}{4}$ l heißes Wasser zufügen und 15 Minuten kochen lassen. Dann durch ein Sieb gießen. Aus Margarine und Mehl eine dunkle Schwitze bereiten, mit der Pilzbrühe ablöschen und mit heißer Brühe auf 1 Liter auffüllen. Gut durchkochen lassen. Mit Sahne, Salz, Pfeffer und etwas Majoran abschmekken. Die Pilze wieder zufügen und die Suppe mit gehackter Petersilie bestreuen.

Pilz-Tomaten-Gemüse

200 g Champignons oder andere feine Tafelpilze, 65 g Margarine, 1 Zwiebel, Salz, 1 Eßl. Mehl, 500 g feste Tomaten, 2 Eßl. gehackte Kräuter (Dill, Petersilie).

Die vorbereiteten Pilze in nicht zu kleine Stücke schneiden und in der erhitzten Margarine nahezu gardünsten, dabei kleinwürfelig geschnittene Zwiebel zugeben. Salz und Mehl darüberstreuen und zuletzt die abgezogenen und kleingeschnittenen Tomaten mit gardünsten. Unmittelbar vor dem Auftragen die gehackten Kräuter unterrühren. Das Gericht mit Reis oder Bratkartoffeln auftragen.

Pink Gin
(Einzelportion)

3 cl Gin, Angostura, Eiswürfel.

Den gut gekühlten Gin in ein Glas gießen. Ein bis zwei Tropfen Angostura und einen Eiswürfel zufügen. Sofort servieren.

Pistaziensoße

*Etwa 40 g Pistazien, 1 kleine
Zwiebel, 30 g Butter oder Margarine,
30 g Mehl, 100 ml Fleischbrühe
(Würfel), 0,1 l Weißwein, Salz,
weißer Pfeffer, etwas Zucker.*

Die Pistazien mit kochendem Wasser
übergießen, abziehen, abtrocknen
und feinhacken. Die Zwiebel schälen,
in feine Würfel schneiden, in der Butter anschwitzen, mit Mehl bestäuben
und beides durchschwitzen lassen. Sofort mit Fleischbrühe und Weißwein
auffüllen, gut verrühren, mit Salz,
Pfeffer sowie Zucker würzen und alles etwa 5 Minuten leicht kochen lassen. Zuletzt die Pistazien dazugeben,
nachwürzen und heiß servieren.
Pistaziensoße verleiht gekochtem
Fleisch, Fisch und Geflügel einen besonders würzigen Geschmack.

Pistaziensoße, kalt

*Etwa 100 g Pistazien, 2 Scheiben
Weißbrot ohne Rinde, 40 g Salatöl,
Weinessig, Knoblauchsalz,
Zitronensaft.*

Die Pistazien mit kochendem Wasser
übergießen, abziehen, abtrocknen, im
Mixer fein pürieren oder zweimal
durch die Mandelmühle drehen. Inzwischen das Weißbrot mit Wasser
einweichen, ausdrücken, zur Pista-
zienmasse geben und daruntermischen. Dann alles mit Essig, Öl, Zitronensaft und Knoblauchsalz zu einer
dickflüssigen Soße verrühren. Zuletzt
abschmecken und kalt servieren.
Diese Soße empfiehlt sich zu kaltem
Fleisch, Geflügel oder Fisch.

Pizza nach römischer Art

*250 g Mehl, 50 g Margarine, Salz,
knapp 1/8 l Milch oder Wasser,
15 g Hefe, Öl, 400 g Gehacktes halb
und halb, 1 Ei, 4 Eßl. Tomatenmark,
1 Eßl. Semmelbrösel, Salz, Pfeffer,
Paprika, Petersilie, Schnittlauch,
175 g Schnittkäse.*

Mehl, Margarine, Salz und die in der
lauwarmen Milch verrührte Hefe zu
einem Teig verarbeiten und warm gestellt gehen lassen. Den zusammenge-
stoßenen Teig ausrollen, in eine gefettete Springform legen und mit Öl
bestreichen. Fleisch, Ei, Tomatenmark, Semmelbrösel, Gewürze und
gehackte Kräuter verarbeiten und auf
dem Teig verteilen. Den würfelig geschnittenen Käse leicht hineindrük-
ken, mit ein wenig Öl beträufeln und
nach nochmaligem Gehen etwa 25 Minuten bei Mittelhitze backen.

Pökelhuhn auf Kopenhagener Art

*125 g Salz, 1 Teel. Zucker, 1 Huhn,
1/2 Dose Ananas, 125 g Mayonnaise,
3 Eßl. Kondensmilch, 1 Paprikafrucht.*

1½ Liter Wasser mit Salz und Zucker
aufkochen und abkühlen lassen. Das
Huhn waschen, in Portionsstücke teilen und im Sud etwa 3 Tage pökeln.
Danach in etwas Wasser weichkochen
und von Haut und Knochen befreien.
Aus etwas Ananassaft, Mayonnaise
und Kondensmilch ein Dressing bereiten. Die Hühnerstücke auf einem
Salatblatt anrichten, mit Ananasstük-
ken und der in Streifen geschnittenen
Paprikafrucht garnieren und mit dem
Dressing übergießen. Dazu Reis.

Polnische Biersuppe

1 Tasse Mehl, ¼ l saure Sahne,
3 Eigelb, 20 g Butter,
1 l helles Bier, 2 Scheiben Weißbrot,
20 g Käse.

Mehl, saure Sahne, Eigelb und zerlassene Butter verrühren. Das etwas angewärmte Bier zugießen und kurz aufkochen lassen. Etwa 5 Minuten am Herdrand ziehen lassen und danach Röstbrotwürfel und geriebenen Käse untermengen.

Polnische Eier
(Vorspeise)

4 hartgekochte Eier, 60 g Butter,
gehackter Dill, geschnittener Schnittlauch, Salz, Edelsüß-Paprika,
20 g Semmelbrösel, 25 g Reibekäse,
Butterflöckchen.

Die hartgekochten Eier mit einem scharfen Messer mit der Schale längs halbieren (das gelingt meist nicht sofort – Übung macht den Meister). Dann Eigelb und Eiweiß mit einem Löffel vorsichtig aus der Schale herausnehmen. Das Eigelb mit einer Gabel zerdrücken, das Eiweiß feinhacken und beides mit der Butter und den Kräutern vermischen. Kräftig mit Salz und Paprika würzen und in die Eischalen füllen. Diese halben Eier auf ein Backblech setzen, mit Semmelbröseln, Reibekäse und Butterflöckchen bestreuen und im Grill oder in der Röhre goldgelb überbacken. (Die Eier erhalten einen festen Stand, wenn Sie Salz auf das Backblech geben.) Sofort mit Toastecken oder Weißbrot servieren.

Polnische Meerrettichsoße

30 g Butter oder Margarine, 30 g Mehl,
100 ml heiße Fleischbrühe (Würfel),
100 ml saure Sahne, Zitronensaft,
Essig, Salz, etwa 50 g Meerrettich,
Fenchelkraut.

Die Butter erhitzen, das Mehl zufügen und anschwitzen lassen. Dann mit Fleischbrühe auffüllen und unter Rühren einige Minuten kochen lassen. Dann die saure Sahne, Zitronensaft, Essig und Salz dazugeben, alles kurz aufkochen, den Meerrettich erst jetzt zufügen, gut verrühren und kräftig abschmecken. Kurz vor dem Servieren etwas feingehacktes Fenchelkraut einrühren.
Diese helle polnische Soße paßt sehr gut zu gekochtem Rindfleisch sowie zu gedünstetem oder gekochtem Fisch.

Polnischer Apfelkuchen

300 g Mehl, 10 g Hefe, 180 g Butter,
2 Eigelb, 150 g Puderzucker,
geriebene Zitronenschale,
1½ kg Äpfel, 1 Glas Zucker,
100 g Rosinen, 1 Prise Zimt.

Das Mehl mit der zerbröckelten Hefe vermischen, Butter, Eigelb, Puderzucker und Zitronenschale zugeben. Alles schnell verkneten und 1 Stunde im Kühlschrank liegen lassen. Die Äpfel schälen, vierteln, vom Kerngehäuse befreien und mit ½ Glas Wasser übergossen auf kleiner Flamme garen. Zum Schluß Zucker, Rosinen und Zimt dazugeben. Den Teig aus dem Kühlschrank nehmen, die reichliche Hälfte ausrollen und auf ein gefettetes

Backblech geben, mit der Gabel anstechen und hellgelb backen. Die Apfelmasse auf den angebräunten Kuchen verteilen, den restlichen Teig ausrollen, auf die Apfelmasse geben oder ein Gitter formen. Die obere Teigschicht ebenfalls einstechen und den Kuchen hellgelb backen. Den abgekühlten Kuchen mit Puderzucker bestreuen oder nach Belieben mit Schokoladenglasur überziehen und mit Nüssen garnieren.

Pommes chips

Ebenso wie Pommes frites bereiten, jedoch die Kartoffeln in hauchdünne Scheibchen schneiden. Sie dürfen ausnahmsweise 10 Minuten in kaltem Wasser liegen, damit ein Teil der Stärke auslaugt und die Pommes chips besonders knusprig werden.

Pommes frites

750 g Kartoffeln, Ausbackfett, Salz.

Die Kartoffeln schälen, in Stäbchen schneiden, kurz abspülen und zwischen sauberen Tüchern trocknen. Portionsweise im heißen Ausbackfett etwa 10 Minuten schwimmen lassen. Herausnehmen und nach dem Abtropfen auf einem Sieb erneut in das inzwischen stark erhitzte Fettbad geben. Goldbraun ausbacken, erst nach dem Herausnehmen salzen. Sofort auftragen, weil die Pommes frites sonst ihre knusprige Beschaffenheit verlieren. Pommes frites können auch ohne Fett auf dem Blech gebacken werden.

Porree auf Amsterdamer Art

1,5 kg Porree, Salz, 30 g Margarine,
100 g Schnittkäse in Scheiben,
Edelsüß-Paprika, Kümmel.

Den gut gewaschenen, vorbereiteten Porree in 15 cm lange Stücke schneiden. Mit etwa 1 Tasse kochendem Salzwasser und der Margarine gardünsten. Dann die Käsescheiben obenauf legen, mit etwas Paprika und gemahlenem Kümmel bestreuen. Das Gemüse so lange in die heiße Röhre stellen, bis der Käse geschmolzen ist.

Porree-Auflauf

1 kg Porree, Salz,
250 g Gehacktes halb und halb,
1 Ei, 1 Brötchen,
1 Zwiebel, Pfeffer, Margarine,
1 Messerspitze Rosenpaprika,
1 Flasche Joghurt, 1 Teel. Stärkemehl,
2 Eßl. Reibekäse, 2 Eßl. Semmelbrösel,
Butterflöckchen.

Den geputzten Porree in 5 cm lange Stücke schneiden. 10 Minuten in Salzwasser garen und abtropfen lassen. Das Gehackte mit Ei, dem eingeweichten und wieder ausgedrückten Brötchen, geriebener Zwiebel, Pfeffer und Salz zu einem Teig verkneten. Die Hälfte des Porrees in eine gefettete Auflaufform geben. Gehacktes und restlichen Porree darauf verteilen. Paprika, Joghurt, Stärkemehl und Reibekäse verrühren und über den Auflauf gießen. Mit Semmelbröseln bestreuen, mit Butterflöckchen besetzen und im vorgeheizten Ofen etwa 40 Minuten backen. Den Auflauf sofort servieren.

Porreecremesuppe

500 g Porree, ½ l Fleischbrühe, ½ l Milch,
Salz, Pfeffer, Muskat,
50 g Mehl, ⅛ l Sahne, 2 Tomaten.

Den vorbereiteten Porree in dünne Ringe schneiden. Fleischbrühe und Milch aufkochen, den Porree zugeben und garen. Mit Salz, Pfeffer und Muskat würzen. Das Mehl in der Sahne verquirlen und die Suppe damit binden. Die Tomaten waschen, in kleine Würfel schneiden – nach Belieben zuvor die Kerne herauslösen und zuletzt zur Suppe geben.

Porreegemüse mit Krusteln

1 kg Porree, Salz, Kümmel,
150 g Weißbrot, 30 g Butter.

Den geputzten Porree in Stücke schneiden, mit ³⁄₁₀ Liter Wasser, Salz und Kümmel dünsten. Das Weißbrot in Würfelchen schneiden, in Butter goldbraun rösten und diese Krusteln kurz vor dem Auftragen mit dem Gemüse vermischen.

Porreeklöße

20 g Speck, 100 g Porree,
1 Packung Kloßmehl.

Den Speck kleinwürfelig schneiden und im Tiegel auslassen. Den Porree in feine Streifen schneiden, im Speck dünsten. Das Kloßmehl nach Vorschrift auf der Packung anrühren und sofort das Speck-Porree-Gemisch zufügen. Dann erst die Kloßmasse quellen lassen. Die Klöße wie üblich formen und in Salzwasser garen.

Porreeragout »indisch«

500 g Porree, Salz, 2 Eßl. Öl,
250 g Schweinefleisch, 1 Teel. Curry,
Salz, Knoblauchpulver, ½ l Fleisch-
brühe, 2 Teel. Stärkemehl,
4 Eßl. Sahne, Zitronensaft.

Den vorbereiteten Porree in etwa 4 cm lange Stücke schneiden, in Salzwasser 10 Minuten dünsten und abtropfen lassen. Das Öl erhitzen, das in Würfel geschnittene Fleisch darin anbraten, mit Curry, Salz und Knoblauchpulver würzen. Nach und nach Fleischbrühe aufgießen, den Porree dazugeben und das Ragout etwa 40 Minuten dünsten. Das Stärkemehl in der Sahne verquirlen und das Gericht damit binden. Zuletzt mit Zitronensaft abschmecken.

Porreesoße

1 bis 2 Stangen Porree (etwa 200 g),
30 g Butter oder Margarine, 20 g Mehl,
100 ml Fleischbrühe (Würfel),
100 ml Milch, Salz, geriebene Muskat-
nuß, Zitronensaft, weißer Pfeffer,
feingeschnittener Schnittlauch.

Den Porree putzen, sorgfältig waschen, abtropfen lassen, in kleine Stücke schneiden und in die inzwischen erhitzte Butter geben. Öfter wenden, hellgelb anschwitzen, mit Mehl bestäuben, alles durchschwitzen, mit der heißen Fleischbrühe und Milch aufgießen und etwa 15 Minuten kochen lassen. Dann alles durch ein Sieb streichen oder mit dem Mixer pürieren, mit Salz, Muskat, Pfeffer und Zitronensaft würzen, nochmals erhitzen, den Schnittlauch dazugeben, abschmecken und sofort anrichten.

Porreesoße schmeckt besonders zu gekochter Rinderbrust und gekochten Eiern. Anstelle von Schnittlauch kann auch feingehackter zarter Porree verwendet werden.

Porreesuppe auf italienische Art

3 Eßl. Öl, 600 g Porree, 1 l Fleischbrühe, Petersilie, Salz, Pfeffer, Rosmarin, 200 g Teigwarenhörnchen, Reibekäse.

Das Öl erhitzen, den vorbereiteten, in dünne Scheiben geschnittenen Porree zugeben und 15 Minuten dünsten lassen. Dann Fleischbrühe, etwas gehackte Petersilie, Salz, Pfeffer und Rosmarin zufügen. Die Suppe etwa 30 Minuten auf kleiner Flamme kochen. Die Hörnchen gesondert in Salzwasser garen und abgetropft zur Suppe geben. Mit Reibekäse bestreut servieren. – Nach Belieben kann die Suppe mit 1 Eigelb und etwas Kondensmilch legiert werden.

Porreetorte

250 g Mehl, 100 g Margarine, 1 Teel. Salz, 1 kg Porree, 150 g Schinkenspeck, 3/8 l süße Sahne, 3 Eier, Pfeffer, Estragon.

Mehl, Margarine, Salz und 1/8 Liter Wasser zu einem glatten Teig verkneten und kühl stellen. Porree in 1 cm breite Ringe schneiden, gut waschen und in viel kochendem Salzwasser 3 bis 5 Minuten kochen lassen. Das Wasser abgießen und den Porree abtropfen lassen. Den Schinkenspeck würfeln und ausbraten. Ungeschla-

gene Sahne mit den Eiern verquirlen, mit wenig Salz, Pfeffer und Estragon würzen. Den Teig ausrollen und eine gefettete Form damit auslegen, den Rand hochziehen. Den Porree auf den Teig geben, dann Eiersahne und Speckwürfel darübergeben. Im vorgeheizten Ofen bei 200 °C 30 bis 40 Minuten backen. Heiß servieren.

Portglühwein
(für 10 Portionen)

1 1/2 Flasche Portwein, 0,2 l Weinbrand, Zucker nach Geschmack, 1 ungespritzte Zitrone, 1 Stück Zimtstange, etwas Nelkenpulver.

Portwein und Weinbrand mit Zucker, der in Scheiben geschnittenen Zitrone, Zimt und Nelkenpulver erhitzen. In feuerfesten Gläsern servieren.

Portugiesische Fischsuppe

600 g Fischfilet (Wittlingsfilet, Dorsch, Grenadierfisch oder Rotbarsch selbst zu Filet schneiden), Zitronensaft, Salz, 1 Ei, 50 g Öl, Semmelbrösel, 3 mittlere Zwiebeln, Petersilie, Basilikum, 1 Lorbeerblatt, 6 Pfefferkörner, 1 Chillischote oder 4 Spritzer Tabascosauce, 3 Scheiben Weißbrot, 50 g geriebene Mandeln, Pfeffer, Salz, 3 hartgekochte Eigelb, 2 rohe Eigelb.

Das Fischfleisch abspülen, 3 cm große Würfel schneiden, mit Zitronensaft beträufeln und salzen. In geschlagenem Ei, dem eine Eihälfte Wasser und 1/2 Teelöffel Öl beigemischt wurde, und Semmelbröseln wenden.

In reichlich Öl hellgelb anbraten und auskühlen lassen. 1½ Liter Wasser, kleingeschnittene Zwiebeln, gehackte Kräuter, Lorbeerblatt, Pfefferkörner und Chillischote in einer feuerfesten Form zum Kochen bringen. Die zu Würfeln geschnittenen Weißbrotscheiben und die Mandeln dazugeben. Alles 5 Minuten kochen lassen und mit Pfeffer und Salz kräftig würzen. Anschließend die angebratenen Fischwürfel in die Suppe geben und bei milder Hitze 10 Minuten weitergaren lassen. Zum Schluß die fein zerdrückten, am besten durchgestrichenen harten Eigelb mit den rohen Eigelb vermischen und in die Suppe rühren. Alles zugedeckt noch weitere 5 Minuten kochen lassen. Mit 2 Eßlöffel Garnelen oder Konservenmuscheln kann die Suppe verfeinert werden. Sie soll sehr dick sein.

Povidlové tasky

800 g gekochte Kartoffeln, 250 g Mehl, 2 Eier, 150 g Butter, Salz, 100 bis 150 g Pflaumenmus, 80 g Semmelbrösel, Zucker.

Die Kartoffeln reiben oder durchdrücken. Mit Mehl, Eiern, 60 Gramm Butter und etwas Salz zu einem Teig verarbeiten. Diesen nicht zu dick ausrollen, kleine runde Scheiben ausstechen und auf jede 1 Teelöffel Pflaumenmus füllen. Die Plätzchen zusammenklappen und die Ränder fest aneinanderdrücken. In leicht gesalzenem Wasser etwa 4 Minuten kochen. In der restlichen Butter die Semmelbrösel rösten, die Powidltascherl darin und dann in Zucker wälzen. Heiß servieren.

Prager Erbsensuppe

250 g gelbe Erbsen, 1½ l Wasser, 1 Päckchen Wurzelwerk, 1 Zwiebel, 40 g Schweineschmalz, 40 g Mehl, ⅛ l Sahne oder Milch, Majoran, Knoblauch, Pfeffer, Salz.

Die über Nacht eingeweichten Hülsenfrüchte in dem gleichen Wasser weichkochen und durch ein Sieb streichen. Das vorbereitete, zerkleinerte Wurzelwerk und die würfelig geschnittene Zwiebel in dem erhitzten Schweineschmalz anrösten, das Mehl zugeben und mit der Sahne ablöschen. Diese Mehlschwitze mit den passierten Erbsen verrühren, nochmals aufkochen lassen und mit Majoran, zerdrücktem Knoblauch, Pfeffer und Salz abschmecken. Als Einlage können Würfel von Schinken, gekochtem Schweinsohr oder auch geröstete Brotwürfel verwendet werden.

Prager Fischfilet mit Bananen

650 g Fischfilet, 30 g Mehl, Pfeffer, Salz, 1 Ei, 1 Eßl. Milch, 100 g Semmelbrösel, 30 g Reibekäse, 120 g Kokosfett, 2 Bananen, 30 g Butter, 50 g Mandeln, ½ Zitrone.

Das Fischfilet in Portionen schneiden, in mit Pfeffer und Salz vermischtem Mehl, dann in mit Milch verquirltem Ei und zum Schluß in Semmelbröseln, die mit geriebenem Käse vermischt wurden, wenden. Den Fisch im heißen Fett auf beiden Seiten goldgelb ausbacken. Die Bananen in Scheiben schneiden und in Butter anbraten. Die Fischportionen ringsum mit den Bananenscheiben garnieren, darauf abgezogene, gestiftelte Mandeln streuen. Auf jede Portion eine Zitronenscheibe geben. Mit Kartoffelbrei servieren.

Prager Schnitzel

4 dünne Kalbs- oder Schweineschnitzel, 2 Scheiben gekochter Schinken, 4 Eßl. gehackte Fines herbes (geröstete Zwiebel, Petersilie und Champignons), 2 Eier, Mehl, Semmelbrösel, Fett zum Braten.

Die Schnitzel klopfen, salzen und zur Hälfte mit je ½ Scheibe gekochtem Schinken belegen. Fines herbes daraufstreuen und die andere Schnitzelhälfte darüberklappen. Den Rand verklopfen, die Schnitzel in Mehl wenden, durch verschlagenes Ei ziehen und mit Semmelbröseln panieren. In reichlich heißem Fett auf beiden Seiten je 4 bis 6 Minuten braten.

Prager Semmelknödel

300 g Grieß, 300 g Mehl, 1 Prise Backpulver, 3 Eier, 50 g Margarine, 1 knapper Teel. Salz, 200 g Weißbrot.

Aus Grieß, Mehl, Backpulver, den Eiern, 20 g Margarine, Salz und ¼ Liter Wasser einen mittelfesten Teig bereiten. Das Weißbrot in Würfel schneiden, in der restlichen Margarine goldbraun rösten und abgekühlt unter den Teig mischen. Eine Rolle von 10 cm Durchmesser formen und in siedendem Salzwasser etwa 45 Minuten garziehen lassen. Den Knödel mit einem Zwirnsfaden oder dem Knödelteiler in Scheiben teilen.

Prager Torte

Für den Teig: 6 Eier, 110 g Margarine, 130 g Puderzucker, 50 g Schokolade, 110 g Mandeln, 1 Päckchen Vanillinzucker, 40 g Semmelbrösel.
Für die Fülle: 150 g Butter, 100 g Puderzucker, 1 Ei, 1 Eßl. Rum.
Für die Glasur: 120 g Zucker, 30 g Schokolade, 10 g Margarine; Schlagsahne zum Garnieren.

Die Eigelb mit Margarine und Puderzucker etwa 20 Minuten rühren. Dann die erweichte Schokolade, die gemahlenen Mandeln, den Vanillinzucker dazugeben und durchrühren. Aus dem Eiweiß steifen Schnee schlagen und mit den Semmelbröseln unter die Eigelbmasse ziehen. Die Masse in einer mit Margarine gefetteten und mit Mehl ausgestreuten Tortenform langsam backen. Die fertiggebackene Torte auskühlen lassen, durchschneiden und füllen. Für die Füllung Butter schaumig rühren, Puderzucker dazugeben, Ei und Rum gründlich unterrühren. Die Oberfläche der Torte mit Schokoladenglasur überziehen. Dazu den Zucker in etwas Wasser aufkochen, die erweichte Schokolade sowie die Margarine hineingeben und eine Weile kochen lassen. Die glasierte Torte mit Schlagsahne verzieren.

Preiselbeeren zu Wild

500 g Preiselbeeren, 250 g Zucker.

Den Zucker mit ¼ l Wasser aufkochen und abschäumen. Die Preiselbeeren dazugeben und noch 6 bis 8 Minuten weiterkochen.

Preiselbeerkaltschale

4 kleine Tassen Grießbrei oder Milchreis, 16 Eßl. Preiselbeerkompott, 4 Eßl. Puderzucker, 1 Flasche Apfelsaft oder 100 ml Milch, Kokosraspel.

Den erkalteten Grießbrei auf Suppenteller stürzen und die Preiselbeeren darüber verteilen. Den Puderzucker im gut gekühlten Apfelsaft verrühren und auf die Teller gießen. Zuletzt Kokosraspel oder Cornflakes darüberstreuen.

Preiselbeersoße, kalt

100 g Preiselbeeren (Konserve), Zitronensaft, 20 g Senf, etwas Worcestersauce, Salz, Pfeffer, 200 ml Joghurt.

Die Preiselbeeren mit den Gewürzen verschlagen, unter den Joghurt ziehen und abschmecken.
Preiselbeersoße wird gern zu Wildfondue gereicht.

Printen

250 g brauner Sirup, 40 g Zucker, 50 g Kandiszucker, 375 g Mehl, 1 Teel. Zimt, ½ Teel. gemahlener Ingwer, je ¼ Teel. gemahlene Nelken, Koriander, Piment und Anis, 40 g Orangeat, 10 g Pottasche, 2 Eßl. Rosenwasser, Mehl zum Ausrollen, ½ Tasse Milch zum Bestreichen.

Den Sirup mit 4 Eßlöffel Wasser aufkochen, Zucker und Kandiszucker zufügen, erkalten lassen. Dabei ab und zu umrühren. Mehl, Zimt, Ingwer, Nelken, Koriander, Piment, Anis und

das feingeschnittene Orangeat unterrühren. Die Pottasche in Rosenwasser auflösen und unter den Teig kneten. Zugedeckt 2 bis 3 Tage bei Zimmertemperatur stehenlassen. Nochmals durchkneten und etwa messerrückendick auf wenig Mehl ausrollen. Rechtecke oder Rhomben ausschneiden, mit Milch bestreichen, auf das Backblech legen und in der Röhre bei schwacher Hitze backen.

Prophetenkuchen

Knapp 500 g Mehl, 6 Eier, 1 Wasserglas Rum, 100 g Margarine, 100 g Zucker, Salz, Butter.

Die Hälfte des Mehles nach und nach mit Eiern, Rum, Margarine, Zucker und Salz verkneten. Erst zuletzt den Rest des Mehles zugeben. Den lockeren Teig recht dünn ausrollen, auf ein gefettetes Blech legen und mit Butter bestreichen. Bei kräftiger Hitze bakken. Nach dem Backen buttern und zuckern. – Je mehr sich der Kuchen während des Backens wölbt, desto echter ist das Gebäck.

Provenzalische Soße

2 Zwiebeln, etwa 200 g Tomaten, 30 g Öl, 100 ml heiße Fleischbrühe (Brühpaste), 1 Knoblauchzehe, mit Salz zerdrückt, Zitronensaft, Zucker, Salz, reichlich weißer Pfeffer, 50 ml Weißwein, 1 Bund Petersilie.

Die Zwiebeln schälen und feinwürfelig schneiden. Tomaten kurz in kochendes Wasser halten, enthäuten, vierteln, entkernen und in feine Würfel schneiden. Inzwischen das Öl erhitzen, die Zwiebeln darin glasig braten, die Tomatenfleischwürfel dazugeben, alles einige Minuten dünsten, dann die Fleischbrühe dazugeben. Alles etwa 5 Minuten offen schmoren lassen, damit die Flüssigkeit etwas einkocht. Danach Knoblauch, Zitronensaft, Zucker, Salz, weißen Pfeffer und Weißwein dazugeben, alles kurz durchkochen, pikant abschmecken, zuletzt die gehackte Petersilie in die Soße rühren.

Provenzalische Soße paßt zu Hammelkoteletts, Schaschlyk, Filetsteaks oder zu gedünstetem Fisch.

Puré de porotos
(Bohnenpüree)

1 kg weiße Bohnen, 1/4 l Milch,
1 Eßl. Butter, Salz, Pfeffer, 1 Prise Zucker.

Die weißen Bohnen über Nacht in so viel kaltem Wasser einweichen, daß sie bedeckt sind. Am nächsten Morgen in dem gleichen Wasser zuerst auf starker Flamme und dann bei kleinerem Feuer sehr weich kochen. Kochwasser über einem Sieb abgießen und die Bohnen gut abtropfen lassen. Im Mixer zu Püree verarbeiten bzw. durch ein Sieb streichen. Zu dem Bohnenpüree die lauwarme Milch, Butter, Salz, Pfeffer und Zucker geben und gut miteinander verrühren, so daß eine cremige Masse entsteht.

Dieses Bohnenpüree zu Schweinerippchen, Koteletts, gebratenem Fleisch usw. reichen. Auf die gleiche Art und Weise können auch Linsen, Kichererbsen oder grüne Erbsen zu Püree verarbeitet werden.

Pute auf chinesische Art
(für 4 bis 6 Personen)

1 Flasche Speisewürze, 2 Gläser
Dessertwein (Sherry),
4 junge Zwiebeln, etwas Ingwer,
2 Eßl. Zucker, 2 Eßl. Salz, 1/2 Teel. Pfeffer,
1 Pute, 100 g Butter zum Braten,
1 Kopf Salat.

3 Liter Wasser mit der Speisewürze, dem Dessertwein, den Zwiebeln, Ingwer, Zucker, Salz und Pfeffer zum Kochen bringen. Darin die vorbereitete Pute zugedeckt etwa 45 Minuten langsam kochen lassen. Dann die Pute abtropfen lassen und in der heißen Butter anbraten. 1/2 Liter von der Kochbrühe zugießen, die Pfanne in die vorgeheizte Backröhre schieben und unter öfterem Begießen noch 1 1/2 Stunde garen. Die Pute etwas abkühlen lassen, tranchieren und auf Salatblättern anrichten. Den Bratenfond und körnig gekochten Reis dazu reichen.

Pute auf französische Art
(für 4 bis 6 Personen)

1 Pute, Salz, Pfeffer,
100 g Margarine, 100 g geräucherter
Speck in Scheiben, 1 l Fleischbrühe,
80 g Butter, 1 Tasse Mehl, 3 Eigelb,
1/8 l Kondensmilch, 1 Dose Champignons,
100 g gekochter Schinken.

Die gewaschene Pute innen und außen mit Salz und Pfeffer einreiben. In eine Pfanne mit der heißen Margarine geben. Kurz anbraten, mit Speckscheiben belegen und 1/2 Liter Brühe angießen. In der vorgeheizten Backröhre die Pute etwa 1 1/2 Stunde garen. Dabei des öfteren übergießen. Aus Butter und Mehl eine Schwitze bereiten, diese mit der restlichen Brühe zu einer Soße verkochen, mit Eigelb und Kondensmilch legieren. In einem Teil der Soße die Champignons erhitzen, über die tranchierte Pute geben. Die Soße selbst mit den Schinkenwürfeln verfeinern und extra servieren.

Die Portionsstücke auf in Butter gebratenen Semmel- oder Weißbrotscheiben anrichten. Als Beilage Salzkartoffeln servieren.

Pute auf österreichische Art
(für 4 bis 6 Personen)

1 Pute, Salz, Majoran, 1 Bund Petersilie, 2 Äpfel, 100 g Margarine.

Die gewachsene und zum Braten vorbereitete Pute innen und außen mit Salz einreiben. Außerdem etwas Majoran und gehackte Petersilie in die Pute streuen. Die Äpfel waschen und ganz in die Pute geben. Diese zunähen und etwas binden. Dann in einer entsprechend großen Pfanne in der Margarine – mit der Brust nach unten – anbraten. Etwas heißes Wasser zugießen und unter öfterem Beschöpfen von beiden Seiten knusprig braun braten. Die Pute tranchieren und zu Tisch bringen. Als Beilage Salzkartoffeln und Selleriesalat reichen.

Putenbrust auf mexikanische Art

1 Putenbrust, Pfeffer, 1 Teel. Paprika, Salz, 4 Eßl. Öl, 1/8 l Rotwein, 1/8 l Brühe, 8 Tomaten, 1/2 Dose Maiskörner, Rosenpaprika, 3 Eßl. Sahne, 1 Eßl. Stärkemehl.

Die Putenbrust mit Pfeffer, Paprika und Salz würzen und im heißen Öl anbraten. In der Backröhre bei 200 °C etwa 1 1/2 Stunde fertigbraten und das Fleisch dabei des öfteren begießen. Das Fleisch herausnehmen und warmstellen. Den Bratensaft mit Rotwein ablöschen und mit der Brühe von der Pfanne loskochen. Von den Tomaten einen Decken abschneiden und mit einem Teelöffel das Innere herauslösen. Das Tomateninnere kurz in wenig Salzwasser dünsten. Maiskörner und scharfen Paprika zugeben und mit dem in der Sahne angerührten Stärkemehl binden. Das Maisgemüse in die Tomaten füllen. Die Putenbrust tranchieren, die Soße eventuell leicht binden und extra reichen. Als Beilage eignen sich Pommes frites oder Kartoffelpüree.

Putenfüllungen

Kalbfleischfüllung
300 g Kalbfleisch, 150 g fetter Speck, 1 Zwiebel, 1 Schuß Sahne, Pfeffer, Salz.
Das Kalbfleisch und den Speck durch den Wolf drehen oder im Mixer pürieren. Die gehackte Zwiebel und Sahne zugeben, mit Pfeffer und Salz würzen.

Reisfüllung
1 Beutel Kurzkoch-Reis, 2 Äpfel, 50 g Margarine, 1 Eßl. Zucker, 100 g gehackte Mandeln, 100 g eingeweichte Sultaninen, 1 Eßl. Zitronensaft, etwas Zimt.
Den körnig gekochten Reis mit den geschälten und in Würfel geschnittenen Äpfeln vermischen und in der heißen Margarine, in der vorher der

Zucker aufgelöst wurde, anschwitzen. Mandeln und Sultaninen zugeben und mit Zitronensaft und Zimt abschmecken.

Obstfüllung

4 Äpfel, 150 g Rosinen,
150 g eingeweichte Backpflaumen.

Die Äpfel ausstechen, vierteln, mit den Rosinen und Backpflaumen mischen und dieses Obst in die Pute füllen. Die Pute zustecken und mit der Füllung braten.

Pikante Fleischfüllung

300 g Kalbfleisch, 200 g Schweine-
fleisch, 2 Brötchen, 2 Eier,
1 Teel. gehackte Mandeln,
100 g frische Champignons, Pfeffer, Salz.

Das Fleisch durch den Wolf drehen und mit den eingeweichten Brötchen, den Eiern, den Mandeln und den in Scheiben geschnittenen Champignons mischen. Die Füllung mit Pfeffer und Salz würzen und in die Pute geben, diese zustecken.

Putenkeulen aus dem Ofen

4 Putenkeulen, Salz, Pfeffer,
1 Wurzelwerk, 2 Zwiebeln, 2 Tomaten,
100 g Schweineschmalz, ⅛ l Fleisch-
brühe, ⅛ l Rotwein, 1 Lorbeerblatt,
⅛ l saure Sahne.

Die Putenkeulen mit Salz und Pfeffer einreiben. Das Wurzelwerk putzen und in Stücke, die Zwiebeln schälen und in Viertel schneiden, die Tomaten halbieren. In einem großen flachen Topf das Schmalz erhitzen und die Putenkeulen ringsherum 10 Minuten anbraten. Wurzelwerk, Zwiebelstücke und Tomaten in den Topf geben und 5 Minuten mitschmoren lassen. Danach die Fleischbrühe, den Wein und das Lorbeerblatt zugeben. Die Keulen im vorgeheizten Backofen bei 200 °C mit geschlossenem Deckel etwa ¾ Stunde garen. Die Keulen auf einer vorgewärmten Platte anrichten. Die Soße durch ein Sieb geben, das Fett abschöpfen und mit der sauren Sahne binden. Nochmals erhitzen und mit Salz und Pfeffer abschmekken. Die Soße extra servieren. Dazu passen vorzüglich Kartoffelpüree und Rosenkohl.

Putenleber »Florida«

500 g Putenleber, ¼ l Milch,
3 Eßl. Butter, Salz, weißer Pfeffer,
4 Scheiben Ananas aus der Dose,
1 Eßl. Rum, ½ Teel. Curry.

Die vorbereitete Putenleber in eine Schüssel geben, mit der Milch übergießen und 10 Minuten darin liegen lassen. Dann trockentupfen und in einer Pfanne mit 2 Eßlöffel Butter 3 Minuten auf beiden Seiten braten. Die Leber salzen, pfeffern und warm stellen. Die restliche Butter in einer Pfanne zerlassen, die Ananasscheiben darin anbraten, mit Rum beträufeln und mit dem Curry würzen. Die Putenleber auf der Ananas in 4 gleichen Teilen anrichten, mit dem Bratensaft übergießen und servieren. Dazu Toast reichen.

Quark. Der Zufall wird Pate gestanden haben, als einer unserer Vorfahren eine folgenschwere Entdeckung machte. Man weiß etwa, wann das gewesen sein könnte, denn die Bedingung dafür war Milch, genauer sauer gewordene Milch, und die konnte nur haben, wer Haustiere – also Schafe, Ziegen und Kühe – besaß. Diese Zeit – die sogenannte Domestikation der Wildtiere – begann vor rund 8 000 Jahren.

Damals entdeckten Urmenschen, daß Milch, die man anfangs sicher gleichermaßen gern frisch wie leicht säuerlich getrunken hatte, bei längerem Stehen eine relativ feste Masse bildete, aus der man die übrige, wäßrige Flüssigkeit, die Molke, leicht ausdrücken konnte. Diese Masse ließ sich trocknen und für einige Zeit aufbewahren. Noch heute wird diese Art von Käse hergestellt, beispielsweise in einigen Ländern Afrikas.

Doch dabei blieb die Entwicklung nicht stehen. Dieser »Urkäse« wurde im Laufe der Jahrhunderte verfeinert und verwandelt; heute kennt man in der Welt über 4 000 Sorten!

Schon in der Antike existierte Käse in vielen Varianten. »Quark macht stark!« muß als Losung auch aus jener frühen Zeit resultieren, denn, um die Stärke des Zyklopen zu erklären, eines einäugigen Fabelwesens, auf dessen Insel Odysseus verschlagen wird, läßt Homer (um 800 v. u. Z.) die Seefahrer beobachten, wie der Riese »von der weißen Milch die Hälfte nahm, sie augenblicklich säuerte, sie ausdrückte und in fest geflochtene Körbe legte …«[93] Diese Körbe nannten die Griechen übrigens formos, und das französische Wort für Käse – fromage – soll sich daher ableiten. Aristoteles (384–322 v. u. Z.) schildert in einem seiner Werke auch die Technologie der Milchgerinnung. Man weiß heute, daß in der Antike – die von

Homer beschriebene Art, Käse zu bereiten, belegt das – auch der Umgang mit Enzymen bekannt war. Begunow erwähnte in seinem Buch »Allerlei vom Käse«, in der Geschichte sei es nicht nachweisbar, »wann man entdeckte, daß die Milch gerinnt, wenn ihr Milch oder bereits geronnene Milch aus dem Magen eines getöteten Lammes oder die Schleimhaut des Magens selbst oder die Blütenstände der Distel, die Samen des wilden Safrans, der milchige Saft des Feigenbaumes oder Weinessig zugesetzt wird.«[94] Mit der Anwendung von Enzymen aber begann eine neue Etappe in der Käseherstellung. Denn alle die unterschiedlichen Käsesorten werden auf nur zweierlei Weise produziert: durch Säuerung oder durch Labgerinnung. Alle übrigen Varianten ergeben sich aus den jeweils anderen Rohstoffen (Kuhmilch, Schafmilch, Ziegenmilch), aus deren Beschaffenheit (Käse – wie Quark – brauchen nur zwei Tage, Emmentaler – ein Hartkäse – dagegen bis zu zehn Monaten), dem Fettgehalt und den beigegebenen Gewürzen.

Vom Käsesortiment der alten Römer berichtet die schöne Literatur. Man kannte Quark, gesalzenen und ungesalzenen Käse mit Wein und Honig, weichen »Hausmacherkäse« zum sofortigen Verbrauch und Hartkäse, der die Seefahrer begleiten konnte. Meist wurde der Käse in einer Salzlake aufbewahrt, eine Sitte, die auch bei den Kelten üblich war.

In der Küche verwendete man Käse als Zugabe zu manchen Gerichten oder als Pastetenfüllung. Von den Griechen ist überliefert, daß sie gern Käse mit Honig als Dessert aßen – es dürfte sich dabei um eine Art süßen Quark gehandelt haben. Und Apicius, der Schlemmer zu Kaiser Tiberius' Zeiten (42 v. u. Z.–37 u. Z.), hat uns eins seiner Käserezepte hinterlassen: Danach soll man zwei Pfund Käse im Mörser gut zerreiben, ein Pfund Mehl dazugeben und ein Ei, alles vermischen und daraus einen Kuchen formen. Man gibt Blätter darunter und kocht es auf gelindem Feuer unter einem Deckel. Das Ganze nennt sich Libum. Ein antiker Quarkkuchen?

Dem Käse schrieb man märchenhafte Kräfte zu. So soll die sagenumwobene assyrische Königin Semiramis in ihrer Jugend mit Käse ernährt worden sein, den ihr Vögel brachten.

Diese Achtung und Beliebtheit erwuchs nicht allein aus dem Wohlgeschmack des Käses, vielmehr aus seiner Nützlichkeit. Man überlege einmal, wie anders wollte man die leicht verderbliche Milch haltbar machen und richtig nutzen?

Deshalb auch gibt es Käse in fast allen Ländern. Nicht immer gelangte er zu so hohem Ansehen wie in Frankreich. Allein 300 der 4 000 Weltkäsesorten haben hier ihre Heimat. Und zwei Käse tragen sogar eine Krone im Wappen: Roquefort und Brie wurden zu Königen der Käse ernannt. Der

Briekäse auf Vorschlag von Talleyrand während des Wiener Kongresses; Zeugnisse von dieser »Krönung« sind noch erhalten.

Aus Italien erlangte der Parmesan, bei dem jeder an Makkaroni und Pizza denkt, internationale Berühmtheit. Die Schweizer erfanden den Emmentaler, die Holländer Edamer und Gouda, die Engländer Cheddar und Chester ... Und was kommt aus hiesiger Küche?

Quark in vielerlei Zubereitung, Sauermilchkäse, der als »deutscher Käse« in die Kochgeschichte einging.

Käse war ein Gericht, das Reiche wie Arme gleichermaßen gern verspeisten. Käse wurde meist zum Brot gegessen, Butter kam ja nur in den Brei.

Grimmelshausen dichtete ein aufschlußreiches Käsepoem, das über Gewohnheiten um 1650 Auskunft gibt:

Lob der guten Käse

Weißer Texter und Holländer
Parmesankäs und Friesländer
Grüner Käs ist gut und frisch;
Voigtländischer Kräuter-Käse,
So sie weich, sind gar nicht böse,
Alle taugen wohl zu Tisch.

Hiernächst Schaf- und Ziegenkäsen
Bleibt das Lob im frischen Wesen
Auch den, von der Kuh gemacht,
Wann sie mit der Milch noch streiten,
so sind diese allen Leuten
Samt dem Quark für gut geacht.

Eier-Käse wohl gewürzet
Gelb gemacht, in Topf gestürzet,
Ist belobt, gesund und gut.
Und die runden Käse-Küchlein
Wohlgebacken können gut sein,
Machen alle frisch den Mut.[95]

Nicht allein, daß daraus ersichtlich wird, welche importierten Sorten man derzeit in Deutschland kannte, die Wünsche, der Käse möge frisch sein, solle »noch mit der Milch streiten«, waren kennzeichnend für den Geschmack.

Bis zum Beginn der Industrialisierung in der Landwirtschaft wurde Käse in den einzelnen Haushalten selbst bereitet. Die Kochbücher tragen dem Rechnung. So empfiehlt eins aus dem Jahre 1835 folgendes Rezept:

»Die dicke, säuerlich gewordene Milch, von welcher die Sahne abgenommen, ist das gewöhnliche Material zum Käse, welcher folgendermaßen bereitet wird.

Man schüttet die geronnene Milch aus allen Aeschen ... in große steinerne Töpfe, die unten mit einem durch einen hölzernen Pfropfen verschlossenen Zapfloch versehen sind ..., welches dazu dient, die Molken von dem Käse ablassen zu können.

... Die mit der geronnenen Milch gefüllten Gefäße werden zu dem Ende in die Nähe des Feuers auf dem Herd oder an einen heißen Ofen gestellt, wo die Wärme diese Scheidung bewirkt. Die Molken werden daraufhin durch das Zapfloch abgelassen, der Quark (Käse) in einen leinenen reinen Beutel geschüttet, welcher zugebunden und in eine sogenannte Käse-Quetsche, oder auf eine dazu dienende kleine hölzerne Leiter gelegt, und hier mit einem Brette, anfangs leicht, dann aber mehr mit Steinen und Gewichten beschwert wird, bis sämtliche Molken abgelassen sind.

Dieser frische, sogenannte Quark kann auch sogleich gegessen werden, wenn derselbe mit süßer Sahne durchgearbeitet wird. Derjenige aber, der zur eigentlichen Fabrikation des Käse bestimmt ist, wird in eine sogenannte Gelte geschüttet, mit Salz und Kümmel durchknetet und in längliche oder runde Käse geklitzscht ... Zum Trocknen bringt man den Käse während der wärmeren Jahreszeit in sogenannte Käsekörbe oder in besonders eingerichtete Käsekammern auf mit Stroh belegte Horden. Man muß nun die Käse oft umwenden und acht haben, daß sie nicht zu harten werden ...«[96]

All die Arbeit nur für einen einfachen »Kuhkäse«? Die »besseren« Sorten verlangen noch höheren Aufwand.

Auch gebuttert hatte man selbst – aus der Milchsahne. Alte Kochbücher empfehlen, die Sahne drei Tage reifen zu lassen. Nahm man den Rahm zu früh ab, gab die Sahne zu wenig Butter, außerdem mußte man lange schlagen. Schöpfte man ihn zu spät, schmeckte die Butter bitter. Es kostete schon allerlei Übung, bevor eine Bäuerin perfekt war.

In der Neuzeit nehmen ihr Molkereien diese schwere Arbeit ab. Die ersten gab es Mitte des 19. Jahrhunderts. Dazu kam eine Erfindung: dem Chemiker Mège-Mouries gelang es 1869, ein Verfahren zu entwickeln, wonach aus Rindstalg, Pflanzenölen und mancherlei Zusatz- und Geschmacksstoffen eine »Kunstbutter« hergestellt werden konnte. Sie erhielt den Namen Margarine. Anfangs nur als Ersatz angesehen und mit Mißtrauen behandelt, behauptet sie heute ihren festen Platz im Lebensmittelangebot. Denn sie ist leicht verdaulich und vielseitig verwendbar, und einige Sorten dienen der schlanken Linie – sie sind kalorienreduziert.

Quark-Aprikosen-Kuchen

Für den Teig: 250 g Mehl,
1 Prise Backpulver, 1 Prise Salz,
125 g Zucker, 1 Ei, abgeriebene Schale
von ½ Zitrone, 125 g Butter oder
Margarine.
Für die Füllung: 3 Eier, 250 g Zucker,
abgeriebene Schale von ½ Zitrone,
300 g Sahnequark, 100 g Mandeln,
1 Eßl. Mehl, 850 g Kompottaprikosen,
Puderzucker zum Bestäuben.

Mehl, Backpulver und Salz mischen.
In die Mitte eine Mulde drücken.
Zucker, Ei und abgeriebene Zitronenschale hinzugeben. Alles gut verrühren. Das Fett in Flöckchen auf dem
Teig verteilen und unterkneten. Den
Teig ausrollen und eine gefettete
Springform damit auslegen. Dabei
einen Rand andrücken. Mit einer Gabel mehrmals in den Boden stechen.
Für die Füllung Eigelb und Zucker
schaumig rühren. Abgeriebene Zitronenschale, Quark, gehackte Mandeln
und Mehl unter die Eigelbmasse rühren. Den steifen Eischnee unterheben. Die Füllung auf den Boden streichen, darauf die abgetropften Aprikosen verteilen. Im vorgeheizten Ofen
bei 220 °C 60 Minuten backen. Den
Kuchen abkühlen lassen, vorsichtig
aus der Form nehmen und auskühlen
lassen. Mit Puderzucker besieben.

Quark-Cocktail
(Einzelportion)

100 ml Tomatensaft, 50 ml Buttermilch,
50 g Quark, 2 cl Weinbrand,
Zitronensaft, 1 Prise Zucker,
1 Spritzer Worcestersauce.

Alle Zutaten in einen Mixbecher geben und gut miteinander vermischen.
Den Cocktail in ein Glas gießen und
mit einer Zitronenscheibe garnieren.

Quark-Käse-Fondue

1 Knoblauchzehe, 300 g Emmentaler
oder Tollenser Käse, 300 g Quark,
2 Eßl. Mehl, ¼ l Weißwein,
2 Teel. Zitronensaft, 2 cl Kirsch-
oder Pfirsichgeist, Pfeffer, Muskat.

Das Fondue-Gefäß mit einer halbierten Knoblauchzehe ausreiben. Den
geriebenen Käse mit Quark und Mehl
vermischen, Wein und Zitronensaft
zufügen. Unter ständigem Rühren erhitzen. Sobald die Masse zu kochen
beginnt, den Kirschgeist sowie etwas
Pfeffer und Muskat dazugeben. Bei
der Bereitung dieses Fondues muß
besonders gut gerührt werden.
Dieses Quark-Käse-Fondue ist ener-
gieärmer als reine Käse-Fondues. Mit
kräftigen Beilagen servieren.

Quarkknödel auf ungarische Art

750 g Quark, 140 g Grieß,
120 g Semmelbrösel, 4 Eier,
120 g Butter, Salz,
1 Flasche saure Sahne.

Den durch ein Sieb gestrichenen
Quark mit den Eiern, Grieß und Salz
gut verarbeiten. Etwa 1 Stunde stehen
lassen. Dann mit nassen Händen Knödel daraus formen und diese in siedendem Wasser garen. Die Butter erhitzen, die Semmelbrösel darin bräunen und über die Knödel geben. Die
saure Sahne darübergießen.

Quarkkrapfen

1 Paket gefrorener Blätterteig,
1 Ei zum Bestreichen, 180 g Zucker,
250 g Quark, 40 g Sultaninen, Curaçao,
Salz, Zimtzucker, Öl.

Den Blätterteig nach dem Auftauen dünn ausrollen, runde Plätzchen mit einem Durchmesser von 8 bis 10 cm ausstechen und mit Ei bestreichen. In die Mitte die aus Zucker, Quark, Sultaninen, etwas Curaçao und einer Prise Salz gut verschlagene Quarkmasse füllen. Ein zweites Blätterteigplätzchen darauflegen und den Rand andrücken. Im heißen Fett backen und mit Zimtzucker bestreuen.

Quarkkroketten

250 g Quark, 50 g Reibekäse, 2 Eier,
6 gehäufte Eßl. Mehl, gehackte
Petersilie, Salz, Muskat, Fett zum
Ausbacken.

Quark, Käse, Eier, Mehl, Petersilie, Salz und Muskat auf einem bemehlten Backbrett gut durcharbeiten. Den Teig ausrollen, runde Plätzchen ausstechen und im Fett auf beiden Seiten braun backen.

Quarkkroketten, süß

200 g trockener Quark,
knapp ⅛ l saure Sahne, 1 Ei,
abgeriebene Schale von ½ Zitrone,
150 g Mehl, 10 g Hefe, etwas Milch,
50 g Rosinen, Fett zum Ausbacken,
50 g Zucker.

Den Quark mit der sauren Sahne, dem Ei, der Zitronenschale und so viel Mehl, wie der Teig aufnimmt, ohne fest zu werden, verarbeiten, dann die in Milch aufgelöste Hefe sowie die Rosinen zugeben und mit bemehlter Hand kleine Kroketten daraus formen. Auf einem bemehlten Brett gehen lassen, dann in heißem Fett ausbacken, mit Zucker bestreuen.

Quarkkuchen

Für den Teig: 500 g Mehl,
100 g Zucker, 80 g Margarine, Salz,
1 Päckchen Vanillinzucker oder
abgeriebene Zitronenschale,
knapp ¼ l Milch, 30 g Hefe.
Für den Belag: 80 g Margarine,
200 g Zucker, 2 bis 3 Eier, 1 kg Quark,
1 Päckchen Puddingpulver Vanillegeschmack, Milch, Salz, abgeriebene
Zitronenschale, 125 g Sultaninen,
Butter, Puderzucker.

Einen Hefeteig bereiten, auf einem gefetteten Blech ausrollen, dabei einen Rand andrücken. Zur schaumig gerührten Margarine nach und nach die übrigen Zutaten geben und so lange schlagen, bis die Masse cremig ist. Auf die Teigplatte streichen und bei Mittelhitze etwa 45 Minuten backen. Mit zerlassener Butter beträufeln und mit Puderzucker bestäuben.

Quarkplinsen

40 g Zucker, Salz,
1 Päckchen Vanillinzucker,
125 g Mehl, 1 Teel. Backpulver,
250 g Quark,
¼ l saure Sahne, 4 Eßl. Milch, 4 Eier,
25 g Butter oder Margarine, Bratfett.

Den Zucker mit 1 Prise Salz, dem Vanillinzucker, dem Mehl und Backpulver vermengen. Quark, Sahne und Milch verrühren. Eigelb und zerlassene Butter zugeben. Die steifgeschlagenen Eiweiß unterheben. Im Tiegel Eierkuchen backen, diese zuckern und zusammenrollen. Dazu Apfelmus servieren.

Quarkremoulade

1 hartgekochtes Ei, Milch, Öl,
reichlich gehackte Kräuter, gehackte
Kapern, Senf, Salz, weißer Pfeffer,
Zitronensaft oder etwas Essig,
150 g Magerquark.

Das Ei hacken und mit Milch, Öl, gehackten Kräutern und den restlichen Zutaten mit dem Quark verrühren und pikant abschmecken.
Quarkremoulade schmeckt zu hartgekochten Eiern, Sülze, Rinderbrust, kaltem Roastbeef, aber auch zu gebratenem Fisch.

Quark-Sahne-Torte

1 Wiener Tortenboden.
Für die Füllung: 30 g Gelatine,
4 Eigelb, 200 g Zucker, 1 Päckchen
Vanillinzucker, 1 kg Speisequark,
3 Eßl. Zitronensaft,
abgeriebene Schale von 1 Zitrone,
1 Prise Salz, ½ l Schlagsahne,
½ Glas Erdbeerkonfitüre,
etwas Puderzucker.

Den Wiener Boden einmal mit dem Sägemesser oder Zwirnsfaden aufschneiden, den unteren Boden in eine Springform setzen. Die Gelatine in wenig kaltem Wasser einweichen. Eigelb, Zucker und Vanillinzucker schaumig rühren. Quark, Zitronensaft, Zitronenschale und Salz nacheinander zugeben und verrühren. Die Gelatine im heißen Wasserbad auflösen und sofort unter die Quarkmasse rühren. Kühl stellen, bis die Masse beginnt, dicklich zu werden. Die Sahne steifschlagen und ebenfalls unter die Quarkmasse heben. Den Boden in der Springform mit Konfitüre bestreichen, ¾ der Quark-Sahne-Creme daraufüllen, den 2. Boden leicht andrükken. Mit der restlichen Creme bestreichen und im Kühlschrank gut durchkühlen lassen. Noch besser ist es, sie einen Tag vorher zuzubereiten. Vor dem Servieren die Torte auf eine Kuchenplatte heben und mit Puderzukker bestäuben.

Quark-Soufflé

30 g Rosinen, 1½ Eßl. Rum,
125 g Butter, 10 g Zwiebackmehl,
3 Eier, 200 g Magerquark, 20 g Stärkemehl, 1½ Eßl. Zitronensaft,
100 g Zucker, 75 g dicke saure Sahne,
1 Prise Salz, 1 Teel. abgeriebene
Zitronenschale.

Die Rosinen in dem angewärmten Rum zugedeckt etwa 2 Stunden quellen lassen. Den Boden einer feuerfesten Form mit weicher Butter ausfetten und mit Zwiebackmehl ausstreuen. Die Eier trennen. Den in einem Sieb abgetropften Quark in eine Schüssel geben. Stärkemehl und Zitronensaft verrühren. Den Quark mit der restlichen Butter, dem Eigelb, der Hälfte des Zuckers, dem angerührten Stärkemehl, der sauren Sahne und einer Prise Salz schaumig rühren. Die Zitronenschale und die Rumrosinen zufügen. Das Eiweiß mit dem restlichen Zucker zu Schnee schlagen. Ein Viertel des Schnees mit dem Schneebesen unter die Soufflémasse rühren, den Rest vorsichtig unterheben. Die Masse in die vorbereitete Form füllen und in der vorgeheizten Röhre bei 175°C etwa 45 Minuten backen und sofort servieren.

Quarkstangen

200 g Sahnequark, 1 bis 2 Eier,
3 Eßl. Zucker, 45 g Margarine,
150 bis 200 g Mehl, 2 Eßl. Rosinen,
Salz, abgeriebene Zitronenschale,
Fett zum Ausbacken, Zucker und Zimt
zum Bestreuen.

Quark mit Eiern, Zucker und Margarine gut verrühren, gesiebtes Mehl, Rosinen und die Geschmackszutaten zugeben und zu einem glatten Teig verarbeiten. Kleine Stangen formen, im Fett ausbacken und mit Zucker und Zimt bestreuen.

Quarkstollen

500 g Mehl, 40 g Hefe, 4 Eßl. Milch,
125 g Margarine, 150 g Zucker,
1/2 Teel. Salz, 2 Eier, 150 g Quark,
2 Eßl. Rum, 1 Päckchen Vanillinzucker,
Butter, Puderzucker.

Zwei Drittel des gesiebten Mehls, die in der lauwarmen Milch aufgelöste Hefe, Margarine, Zucker, Salz und die Eier verarbeiten und warm gestellt gehen lassen. Den durchgestrichenen Quark mit Rum und Vanillinzucker glattrühren, mit dem Teig verkneten und zu einem Brot formen, in der Mitte längs 1 cm tief einschneiden und nach kurzem Gehen bei guter Mittelhitze etwa 45 Minuten backen. Noch warm mit Butter bepinseln und mit Puderzucker bestreuen.

Quarktaschen

1 Paket gefrorener Blätterteig,
200 g Quark, 50 g Zucker, 1 Ei,
1 Eßl. Stärkemehl, 3 Eßl. Kondens-
milch, 1 Teel. abgeriebene Zitronenschale
Zum Bestreichen: 1 Ei,
1 Eßl. Kondensmilch.

Den Blätterteig auftauen lassen, etwa 5 mm dick ausrollen und in gleichmäßig große Quadrate schneiden. Quark, Zucker, Ei, Stärkemehl, Sahne und Zitronenschale gut verrühren. Diese Masse auf die Mitte jedes Teigstückes verteilen. Von diesen jeweils die vier Ecken nach oben klappen und die Quarktaschen mit dem verquirlten Ei bestreichen. Auf einem mit kaltem Wasser benetzten Blech bei Mittelhitze 25 bis 30 Minuten goldbraun backen. Nach Belieben mit Puderzukker besieben. – Solche Blätterteigtaschen können auch mit Konfitüre oder Marmelade gefüllt werden.

Quarktorte ohne Boden

125 g Butter, 250 g Zucker, 4 Eier,
1 Päckchen Vanillinzucker, 1 Zitrone,
1 kg Quark, 1 Päckchen Vanillepudding-
pulver, 40 g Grieß, 1 Päckchen
Backpulver, 125 g Rosinen, Fett.

Die weiche Butter mit dem Zucker schaumig rühren. Nach und nach die Eier, Vanillinzucker, Zitronensaft und abgeriebene Zitronenschale zugeben. Den Quark ebenfalls unterrühren. Puddingpulver, Grieß und Backpulver mischen und zugeben. Zum Schluß die Rosinen untermischen. Die Masse in die gefettete Springform füllen und in der vorgeheizten Röhre bei Mittelhitze backen.

Quarkvariationen

250 g Quark, 4 Eßl. Milch,
je 1 Prise Salz und Pfeffer.

Dazu

I. *1 Teel. gehackter Kümmel,*
    1 Eßl. gehackte Petersilie,
    1 geriebene Zwiebel;

II. *2 gestr. Teel. Curry,*
    1 Banane in Scheiben;

III. *2 kleingeschnittene Tomaten,*
     1 Stück gewürfelte Salat-
     gurke, 1/2 Teel. Selleriesalz;

IV. *2 Eßl. gehackter Schnittlauch,*
    1 Röhrchen Kapern;

V. *1 Eßl. geriebener Meerrettich,*
    4 gewürfelte Schinkenscheiben,
    gehackte Petersilie;

VI. *gehackte Kräuter: Dill, Kresse,*
    Schnittlauch, Petersilie,
    Boretsch, Zitronenmelisse.

Den Quark mit Milch, Salz und Pfeffer verrühren und daraus mit den obengenannten Zutaten nach Wahl eine pikante Quarkcreme bereiten.

Querrippenauflauf

1 Zwiebel, 2 Lorbeerblätter,
2 Nelken, 1 Eßl. Rindfleisch-
suppenpaste, 1 Eßl. Pfefferkörner,
1 Teel. Thymian, 750 g magere Quer-
rippe, 500 g Möhren, 500 g Sellerie,
500 g Porree, 500 g Kartoffeln,
50 g Margarine, 30 g Mehl,
1/4 l Milch, 2 Eßl. geriebener Meer-
rettich, Salz, Pfeffer, 50 g Reibekäse.

2½ Liter Wasser mit den Gewürzen zum Kochen bringen. Das Fleisch dazugeben und auf kleiner Flamme im offenen Topf 2 Stunden kochen lassen. Dabei das Fleisch mehrmals wenden. Die Möhren putzen, waschen und längs halbieren, Sellerie schälen und in Scheiben schneiden. Vom Porree nur das Weiße und Zarte der Stangen abnehmen, die Stangen unter fließendem Wasser waschen und unzerteilt lassen. Das vorbereitete Gemüse eine halbe Stunde vor Ende der Garzeit in den Topf geben, zudecken und 30 Minuten garen.
Fleisch und Gemüse aus der Brühe nehmen. Das Gemüse in eine Auflaufform schichten, das Fleisch etwas abkühlen lassen, von Knochen und Fett befreien, in dünne Streifen schneiden und auf dem Gemüse anordnen. Die Brühe durch ein Sieb gießen. Die Margarine erhitzen, das Mehl darin anschwitzen und unter ständigem Rühren zuerst mit der Milch, dann mit 1/4 Liter Brühe ablöschen. Meerrettich zugeben und alles mit Salz und Pfeffer herzhaft abschmecken. Die Soße über das Fleisch gießen. Mit dem Käse bestreuen und in der vorgeheizten Röhre etwa 20 Minuten überbacken.

Quiche Lorraine
(Lothringer Käsekuchen)

*125 g Mehl, 1 Ei, Salz, 80 g Butter,
1 Teel. Backpulver, 150 g gekochter
Schinken, 250 g Reibekäse, 2 Eigelb,
⅛ l saure Sahne, Paprika.*

Aus Mehl, Ei, einer Prise Salz, Butter
und Backpulver einen Mürbeteig bereiten und kühlstellen. Dann auf bemehltem Brett dünn ausrollen und in
eine gefettete Tortenform legen. Den
Schinken in feine Streifen schneiden,
auf dem Boden verteilen. Käse, Eigelb
und saure Sahne gut verquirlen, mit
Paprika würzen und diese Masse über
den Schinken gießen. Den Kuchen im
vorgeheizten Ofen etwa 25 Minuten
backen. Heiß servieren.

Quittentorte

Für den Teig: *250 g Mehl,
200 g Margarine, 2 Eßl. Zucker,
1 Eigelb, abgeriebene Schale
von ½ Zitrone, 1 Prise Salz.*
Für den Belag: *750 g Quitten,
30 g Zitronat, 250 g Zucker,
abgeriebene Schale von 1 Zitrone.*
Für den Guß: *3 Eier, 2 Eigelb,
100 g Zucker, 100 g gemahlene Mandeln,
abgeriebene Schale von 1 Zitrone,
etwas Zitronensaft.*
Zum Bestreuen: *30 g Semmelbrösel,
1 Teel. Zimt, 1 Eßl. Zucker,
50 g Butter.*

Mehl, Margarine, Zucker, Eigelb, abgeriebene Zitronenschale und Salz zu
einem glatten Teig verkneten und zugedeckt 15 Minuten im Kühlschrank
ruhen lassen. Die Quitten unter fließendem kaltem Wasser gut abbürsten,
schälen und mit einem scharfen Messer vierteln. Die Kerngehäuse herausschneiden. Die Quitten in ⅜ Liter
Wasser 20 Minuten kochen, herausnehmen und abtropfen lassen. Den
Saft auffangen. Die Quitten in kleine
Würfel schneiden, das Zitronat hakken. ¼ Liter Quittenkochwasser mit
dem Zucker aufkochen. Quittenwür-
fel, Zitronat und abgeriebene Zitronenschale zufügen. Alles in 15 bis
20 Minuten zu einer geleeartigen
Masse einkochen lassen. Den Teig
ausrollen, eine gefettete Springform
damit auslegen und einen Rand andrücken. Die abgekühlte Quitten-
masse – 4 Eßlöffel davon aufheben –
auf den Teigboden füllen. Für den
Guß Eier, Eigelb und Zucker schaumig rühren, Mandeln, abgeriebene Zitronenschale, Zitronensaft und restliches Quittengelee unterrühren. Diesen Guß auf die Torte geben und
diese im vorgeheizten Ofen bei 230 °C
60 Minuten backen. Nach 40 Minuten
Backzeit ein Gemisch aus Semmelbröseln, Zimt und Zucker auf die Torte
streuen. Butterflöckchen darauf verteilen und fertigbacken. Die Torte aus
der Form nehmen, auskühlen lassen.

Vom Reiskorn existiert eine alte vietnamesische Legende. »Einst«, so heißt es darin, »trug jeder Reisstengel nur ein riesig großes Korn, groß wie eine Eßschale. Brauchte der Bauer neues Getreide, so warf er einfach eins dieser großen Körner auf die regenfeuchte Erde. Wenn es sie berührte, so zerfiel es in zehntausende kleine Körner, aus denen selbständig und pfleglos Saaten wuchsen. Auch die Ernte war denkbar einfach: Der Bauer brannte Räucherstäbchen an und dankte dem Himmel, daß alles so günstig eingerichtet sei. Dies tat er drei Tage lang, dann begaben sich die Körner von selbst in die Scheune. Die aber mußte blank gefegt sein. Und eine eitle Frau, die über ihren Gedanken an neue Kleider das Kehren vergaß, ist schuld an der Plage, die heutzutage mit dem Reis verbunden ist. Als das erste Reiskorn in die Scheune rollte, stieß es an den Besen der Säumigen, zerplatzte in viele Teilchen und sprach: »Künftig werdet ihr mich selbst vom Feld holen. Mit Holzpflug und Sichel werdet ihr euch um mich mühen. Und damit ihr lernt, was Arbeit heißt, werde ich nur noch in winzigen Stückchen erscheinen. Pflanze für Pflanze sollt ihr mich in das schlammige Wasser setzen; Korn für Korn sollt ihr mich ernten.« So geschah es, endet die Legende, »daß ein ganzes Volk zu harter Arbeit im Reisfeld verurteilt wurde.«[97]

Vom Reis ernährt sich heute fast die Hälfte der Erdbevölkerung. Der Reis braucht in seiner Vegetationsperiode hohe Temperaturen. 90 Prozent der Welternte wird in Südostasien eingebracht. Dort wird er auch vorrangig gegessen. Nur fünf Prozent der Weltreisernte kommen auf den internationalen Markt. Und vergleicht man den Pro-Kopf-Verbrauch, so essen DDR-Bürger jährlich zwei Kilogramm Reis; Leute, die in Asien oder Ozeanien zu Hause sind, dagegen durchschnittlich 67 Kilogramm im gleichen Zeitraum. So sie können. Denn Reis galt auch immer als Maßstab des

Reichtums. So wurden die Einkünfte der Großgrundbesitzer im feudalen Japan nach Reis-Einheiten berechnet.

Reis ist nicht Reis. Nach dem Anbau unterscheidet man Sumpf- oder Wasserreis und Trockenreis. Wasserreis hat höhere Erträge; der auch in gebirgigen Gegenden wachsende Trockenreis soll dagegen wohlschmekkender sein. Irritierender sind die Begriffe Vollreis und Bruchreis, denn der Vollreis enthält keinesfalls das vollständige Reiskorn, sondern ein poliertes, dem das Vitamin-B-haltige Silberhäutchen entfernt wurde. Da bei dieser Prozedur etliche Körner zu »Bruch« gehen, entstand die zweite Sorte, der Bruchreis, der zwar leicht demolierte Körner enthält, die aber noch im Besitz ihres Silberhäutchens sind. Für uns mäßige Reisesser in Europa ist das alles weniger von Belang. Wer sich aber größtenteils von diesen Körnern ernährt, ist gezwungen, darauf zu achten; der Genuß von ausschließlich poliertem Reis führt zu einer schweren Vitamin-Mangel-Krankheit, Beriberi (beri = Schwäche) genannt.

Wir Europäer unterscheiden eher zwischen Brühreis und Milchreis und Risotto, nach der Zubereitung also. Bei Reis kann man viel falsch machen. Die Kenner in Asien salzen Reis zum Beispiel nie; sie schmälzen ihn höchstens mit ein wenig frischer Butter in den Anrichteschüsseln.

Ein Rezept aus dem alten China besagt, daß man Reis mitsamt einer leichten Holzschachtel ins heiße Wasser gab. Die Körner zerplatzten, dennoch entstand kein Mus… Vielleicht ein Vorläufer der heute üblichen perforierten Reistüten…

Reis ist vielseitig verwendbar, da er keinen Eigengeschmack besitzt, der nur eine Zubereitungsart gestatten würde. Außerdem ist er leicht verdaulich, enthält wenig Zellulose, viel Kalzium, wirkt also entschlackend. Chinesen, das ist ihrer Kochliteratur abzulesen, finden jedes Nahrungsmittel im Vergleich dazu elend und wundern sich, daß die »Barbaren des Westens« nicht längst Hungers gestorben sind.

Dabei haben ihn die »Barbaren« nie ignoriert. Bereits im Mittelalter war Reis der höfischen Küche durchaus geläufig; sicher auch durch die Kreuzzüge und die damit verbundene Bekanntschaft mit orientalischer Lebensweise. Reis, da er im nordwestlichen kalten Klima nie gedieh und auch nicht gedeihen wird, blieb aber stets Luxusspeise, wurde nie – wie in Asien – Volksnahrungsmittel.

Wie hochwillkommen er aber in früheren Jahrhunderten hierzulande war, belegt Ludwig Bechsteins Fiktion vom »Schlaraffenland«. Darin steht folgendes zu lesen: »Um das ganze Land herum aber ist eine berghohe Mauer von Reisbrei. Wer hinein oder heraus will, muß sich da erst überzwerch durchfressen.«[98]

Ragout fin
(Vorspeise)

Suppengemüse, 1 Zwiebel, Salz,
1 Lorbeerblatt,
1 Gewürznelke, Pfefferkörner,
400 g Kalbfleisch.
Für die Soße: 30 g Butter,
30 g Mehl, Salz,
weißer Pfeffer, Zitronensaft,
Weißwein,
Worcestersauce, 1 Eigelb,
etwas Sahne, Reibekäse,
Butterflöckchen, Zitronenecken.

Das Suppengemüse waschen und putzen, die Zwiebel schälen und mit den Gewürzen in 1 Liter Salzwasser aufkochen. Das vorbereitete Fleisch zugeben und etwa 1 Stunde langsam kochen lassen. Wenn das Fleisch gar ist, herausnehmen, erkalten lassen und in feine gleichmäßige Würfel schneiden. Inzwischen die Soße zubereiten. Dafür die Butter zerlaufen lassen, das Mehl darin anschwitzen, mit etwa 200 ml Kalbsbrühe auffüllen, glattrühren und etwa 5 Minuten kochen lassen. Die Fleischwürfel zugeben und mit der Soße verrühren. Mit Salz, Pfeffer, Zitronensaft, Weißwein und Worcestersauce pikant abschmecken. Sahne und Eigelb verquirlen und damit das Ragout legieren. In Ragout fin-Schälchen, Muscheln oder Blätterteigpasteten anrichten. Mit Reibekäse und Butterflöckchen bestreuen und in der Röhre überbacken. Mit Zitronenecken garnieren und mit frischem Toast servieren.
Das feine Ragout kann nach Belieben noch mit Champignons, Kalbsbries oder gehackter Kalbszunge verfeinert werden.

Rapunzelsalat

400 g Rapunzel, 2 Zwiebeln, 2 Eßl. Öl,
1 Eßl. Essig, 1 Eßl. feingehackte
Petersilie, 1 Teel. Senf,
1 Teel. Zucker, Salz, Pfeffer,
1 hartgekochtes Ei.

Die Rapunzel von den welken Blättern befreien, kurz in kaltem Wasser waschen und abtropfen lassen. Die feingeschnittene Zwiebel zufügen. Aus Öl, Essig, Petersilie, Senf, Zucker, Salz und Pfeffer eine Soße bereiten und unter den Salat mischen. Das Ei in feine Würfel schneiden und den Salat damit bestreuen.

Raspelkartoffeln

750 g Kartoffeln, 60 g Margarine,
1 Zwiebel, Salz, 1 Eßl. Semmelbrösel.

Die Kartoffeln kochen, pellen und erkaltet grob raspeln. In etwas Margarine die in Würfelchen geschnittene Zwiebel mit Salz hellbraun werden lassen. In einer anderen Pfanne die restliche Margarine zerlassen, Semmelbrösel hineinstreuen, darauf die Kartoffeln füllen, festdrücken und 5 Minuten braten. Auf eine Platte stürzen, die Zwiebeln darübergeben.

Räucheraalfilet auf Toast
(Vorspeise)

4 Scheiben Toastbrot, 20 g Butter,
200 g Räucheraalfilet, Zitronen-
scheiben, Dillspitzen, Petersilie,
Tomatenstreifen.

Das Toastbrot rösten und mit Butter bestreichen. Das Räucheraalfilet darauflegen. Mit geschälten Zitronenscheiben, Dillspitzen, Petersilie und Tomatenstreifen garnieren.

Räuchermakrelensalat

*300 g Räuchermakrelen, 100 g Erbsen
(Konserve), 100 g gedünstete
Champignons, 100 g Tomaten,
2 Eßl. Öl, 2 Eßl. Essig,
1 Eßl. herber Weißwein, 2 Eßl. feingehackte Kräuter (Petersilie oder
Schnittlauch), Salz, Pfeffer,
einige Spritzer Worcestersauce,
einige Salatblätter.*

Das von Haut und Gräten befreite Räuchermakrelenfilet vorsichtig zerpflücken und mit den abgetropften Erbsen in eine Schale geben. Champignons in feine Scheiben, die Tomaten in Würfel schneiden und ebenfalls zugeben. Aus Öl, Essig, Weißwein, Kräutern, Salz, Pfeffer und Worcestersauce eine würzige Soße bereiten und über die anderen Zutaten gießen. Den Salat 1 Stunde durchziehen lassen, nochmals abschmecken und auf gewaschenen Salatblättern anrichten.

Rauchfleischklöße

*2 Tassen Reis, 4 Tassen Wasser, Salz,
1 kleine Zwiebel, 2 Eier, 100 g Mehl,
150 g Rauchfleisch oder Schinkenspeck.*

Den gewaschenen Reis in das siedende, leicht gesalzene Wasser geben, kurz aufkochen, dann ausquellen lassen. Die feingehackte oder geriebene Zwiebel, die Eier, das Mehl und das ganz feingeschnittene Rauchfleisch unter den Reis mischen, gegebenen-

falls mit Salz und Paprika abschmekken. Die Masse zu Klößen formen und in leicht siedendem Salzwasser 15 bis 20 Minuten garziehen lassen.

Rauhreif-Cocktail
(Einzelportion)

*Etwas Likör oder Zitronensaft,
1 Eßl. Zucker, Eiswürfel, 2 cl Rum,
2 cl Curaçao, 4 cl Orangensaft,
½ Barlöffel Zuckersirup, 1 Cocktailkirsche.*

Den Rand des Glases in Likör oder Zitronensaft tauchen und dann in Zucker, der auf eine Untertasse gegeben wurde, leicht den Rauhreifrand andrehen. Das Glas aufstellen und den Rand antrocknen lassen. Die Eiswürfel, Rum, Curaçao, Orangensaft und Zuckersirup schütteln, in das Glas abseihen, die Kirsche hineingeben.

Rebhuhn auf sächsische Art

*4 Rebhühner, Salz, Pfeffer,
150 g Speck, 40 g Margarine,
0,2 l Weißwein, ⅛ l saure Sahne.*

Die gerupften und ausgenommenen Rebhühner mit wenig Salz und Pfeffer einreiben, mit je einer großen Speckscheibe umwickeln und mit einem Faden zusammenhalten. Dann legt man die Hühner in eine Pfanne mit heißer Margarine und läßt sie zugedeckt schmoren. Nach und nach ein Glas Wein zugießen. Nach 30 Minuten die Speckhülle ablösen und die Hühner in der offenen Pfanne fertigbraten, bis die Brust eine schöne braune Farbe bekommt. Die Soße mit etwas saurer Sahne verfeinern.

Rebhuhn auf ungarische Art

2 bis 3 Rebhühner, Salz, 100 g Speck,
2 bis 3 große Zwiebeln,
2 bis 3 Teel. Edelsüß-Paprika,
5 Paprikafrüchte, 3 Tomaten,
⅛ l Sauerkrautsaft, Zucker, 1 Zitrone.

Die Rebhühner vorbereiten, salzen und vierteln. Den in Würfel geschnittenen Speck erhitzen, Zwiebelwürfel zufügen, alles glasig werden lassen und mit Paprika anstäuben. Dann mit Brühe oder Wasser aufgießen. Die Rebhühner hinzugeben und nahezu weich schmoren lassen. Paprikastreifen, Tomaten und Sauerkrautsaft dazugeben. Das Gericht mit einer Prise Zucker, Zitronensaft und Salz abschmecken und mit Risotto, Semmelknödeln oder Teigwaren als Beilage servieren.

Rebhuhnbrüstchen auf Toast

2 bis 3 junge Rebhühner, Speck, Pilze,
1 Zitrone, Petersilie, Salz,
Worcestersauce, Muskat, Weißbrot,
1 Orange, Erdnüsse.

Von saftig gebratenen jungen Rebhühnern die Brüstchen auslösen und warm stellen. Aus den Rebhuhnkeulen, den Flügelspitzen, der Leber, dem weichgekochten Magen und etwas gebratenem Speck sowie ein paar Pilzen, ein wenig geriebener Zitronenschale und Petersilie eine gewiegte Farce herstellen, die mit Salz, Worcestersauce und einer Spur Muskat pikant abgeschmeckt wird. Die Masse auf geröstetes Weißbrot streichen und je ein Brüstchen darauflegen. Darauf je 1 geschälte Orangenscheibe und gehackte Erdnüsse verteilen. Werden die Rebhuhnbrüstchen als Hauptgericht serviert, werden anstelle von Toast Kartoffelbällchen und die Bratensoße gereicht.

Rebhühner auf Linsen

2 bis 3 alte Rebhühner, 50 g Speck,
2 Möhren, 2 Zwiebeln, 250 g Linsen,
Fett, Mehl, ½ Knolle Sellerie,
Petersilie, saure Sahne,
gekörnte Brühe, Senf.

Die Rebhühner mit etwas in Würfel geschnittenem Speck, zerkleinerten Möhren und Zwiebeln anbraten, ein wenig Fleischbrühe dazugeben und alles langsam zugedeckt weichdämpfen. Gleichzeitig die Linsen mit zerkleinertem Sellerie weichkochen, pikant abschmecken und mit einer hellen Mehlschwitze binden. Die ausgelösten Rebhühner daraufgeben und mit dem geschmorten Speck, den Möhren und frischer Petersilie überstreuen. Aus etwas Rebhuhnbrühe, gekörnter Brühe, Senf und saurer Sahne eine Soße bereiten, mit wenig Mehl andicken und gesondert zu dem Gericht auftragen.

Rebhühner in Backteig

2 junge Rebhühner, Zitrone, Salz,
Ausbackteig, Backfett oder Öl.

Sehr junge, zarte Rebhühner vorbereiten und halbieren. Die Flügelspitzen und die Knochenenden an den Schenkeln abschneiden, das Rückgrat und das Gerippe des Brustkorbes entfernen, die Rebhühner flachklopfen, mit etwas Zitronensaft beträufeln, salzen und in Ausbackteig wenden. Die Hühner in heißem Fett oder Öl schwimmend in der Pfanne goldbraun ausbacken.

Mit Remouladensoße servieren.

Rebhühner in Wacholdersoße

2 bis 3 Rebhühner, 60 g Speck,
2 Zwiebeln, 8 bis 10 Wacholderbeeren,
Brotrinde, Salz, Pfeffer.

Junge Rebhühner wie üblich vorbereiten, dann in Speck wickeln und zuletzt braun braten. In die Soße feingehackte Zwiebeln, zerdrückte Wacholderbeeren und etwas Schwarzbrotrinde geben. Mit Wasser aufgießen und die Rebhühner noch kurz in der Soße schmoren lassen. Die garen Rebhühner tranchieren und mit der passierten Soße auf würzigem Sauerkraut anrichten.

Rebhühner mit Pilzfülle

2 bis 3 Rebhühner, Salz, Pfeffer,
100 g Speck, 500 g Pilze, 2 Brötchen,
1 Ei, Petersilie, Zwiebel, Zitronenschale,
Worcestersauce, Butter, Maisan,
saure Sahne, Weißwein.

Die vorbereiteten Rebhühner würzen und in Speck wickeln. Reichlich Pilze dünsten und zur Hälfte mit der Rebhuhnleber, dem Herzen, eingeweichten und ausgedrückten Brötchen, Ei, Petersilie, Zwiebel, Zitronenschale, Salz und Worcestersauce vermengen. Mit dieser Masse die Rebhühner füllen, zustecken und in Butter garbraten. Den Rest der Pilze an die Braten-

soße geben und mit angerührtem Maisan, saurer Sahne, Weißwein und gehackter Petersilie abschmecken. Die Fülle vor dem Zerlegen herausnehmen und in Scheiben schneiden. Mit Schwenkkartoffeln servieren.

Rebhühner vom Grill

2 junge Rebhühner, Öl, Salz, Butter,
Zitrone, Petersilie.

Junge, zarte Rebhühner halbieren, vom Rückgrat und dem Brustkorbgerippe befreien und mit der Hand flachklopfen. Die Rebhühner mit Öl bestreichen und im Grill auf beiden Seiten goldbraun werden lassen. Dann leicht salzen. Mit einer Soße von brauner Butter, Zitronensaft und gehackter Petersilie servieren. – Als Beilage eignen sich Salzkartoffeln und verschiedene Salate.

Rebhuhnkrusteln

1 Rebhuhn, Speck, Geflügelleber,
Salz, Paprika, Worcestersauce,
½ Zitrone, 1 Zwiebel, Petersilie,
Selleriegrün, 1 Ei, Weinbrand,
Weißbrot, Butter, Reibekäse.

Von einem alten, weichgedämpften Rebhuhn das Fleisch ablösen und mit einem Stückchen Räucherspeck und der Leber von 1 bis 2 Rebhühnern durch den Fleischwolf drehen. Die Masse mit Salz, Paprika, Worcestersauce, geriebener Zitronenschale, Zwiebel, gehackter Petersilie und Selleriegrün würzen und Ei und Weinbrand zufügen. Die Masse auf geröstete Weißbrotscheiben streichen, mit

Eistorte
mit
Erdbeeren

Zimt

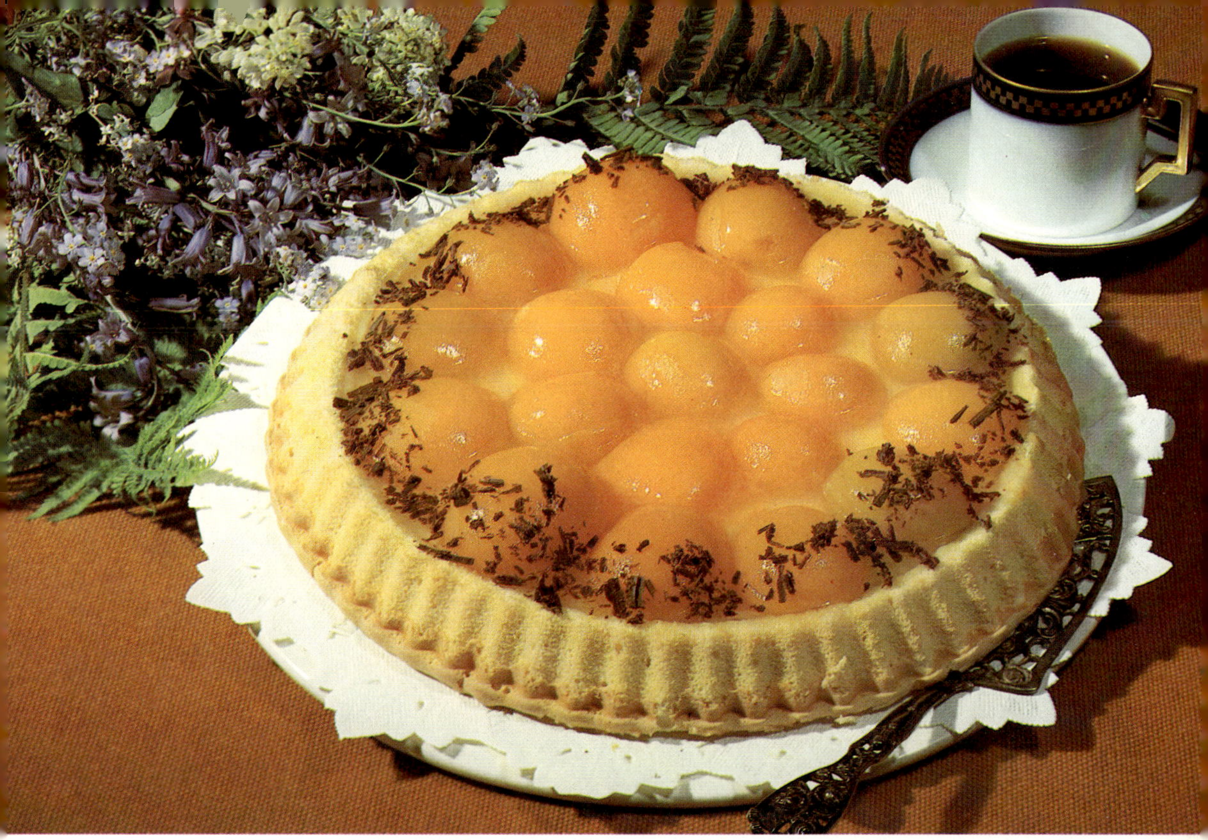

Obsttorte

Kartoffelhefezopf
Rosinenbrot
Osterkranz
Griechisches
Osterbrot
Hefeschnecken
◁

Obstkuchen

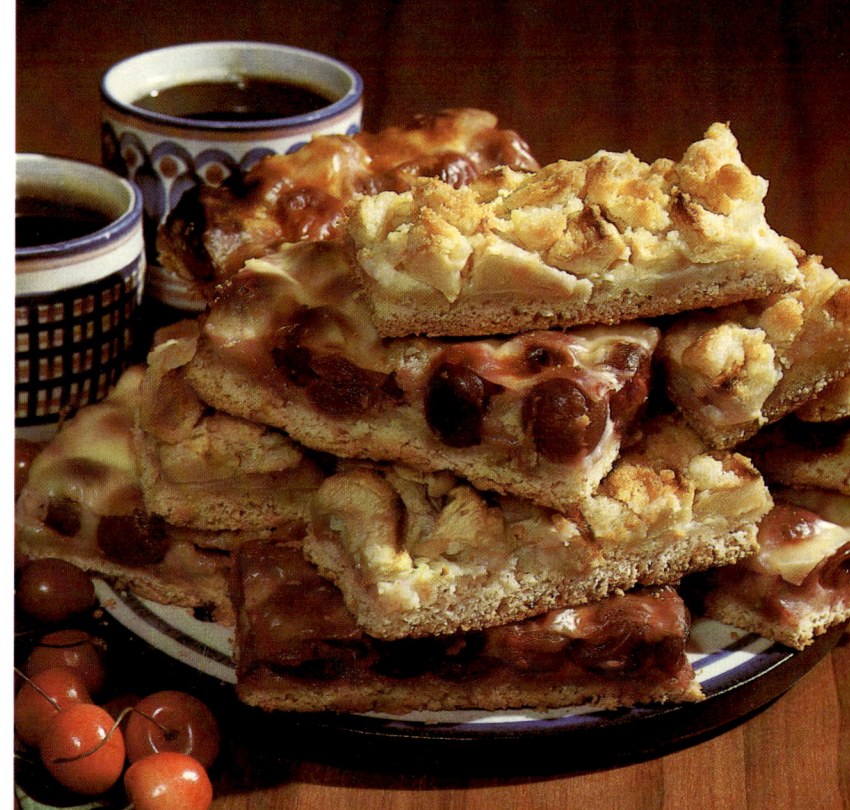

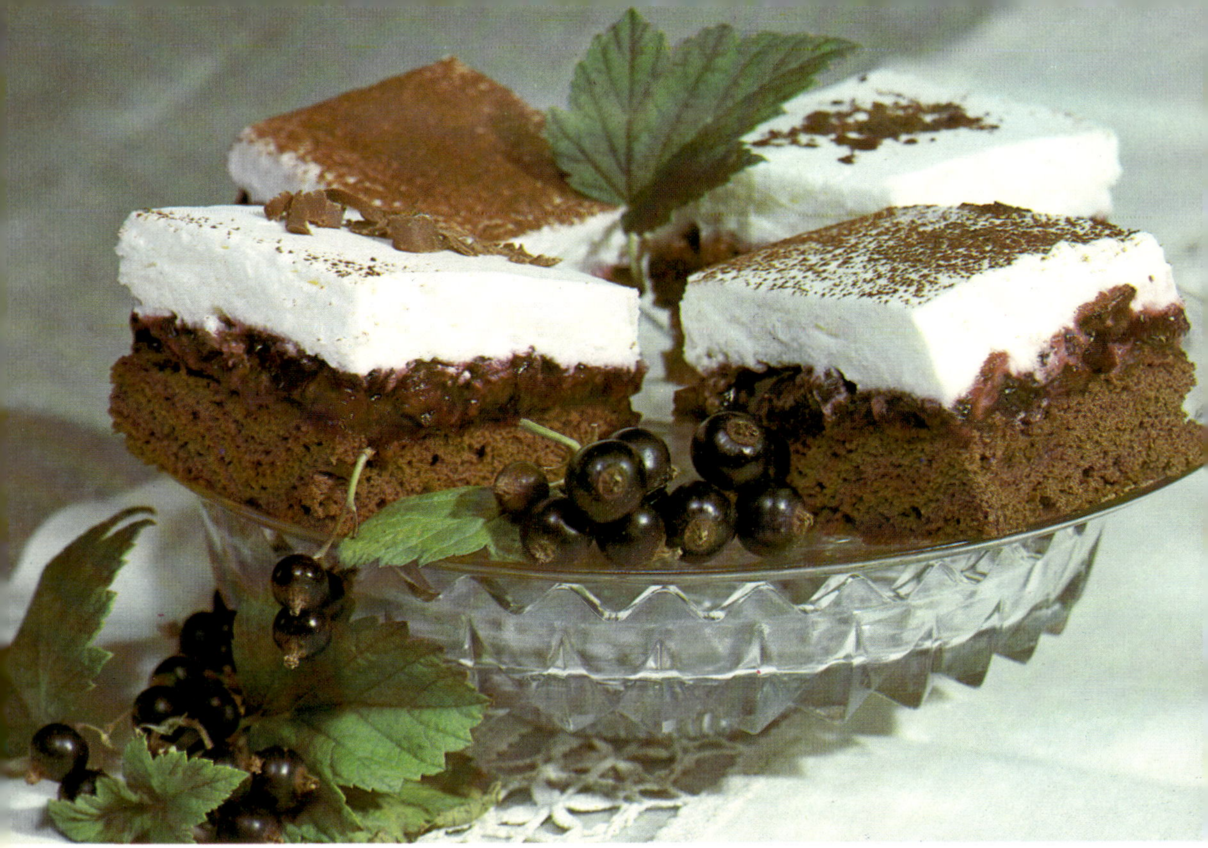

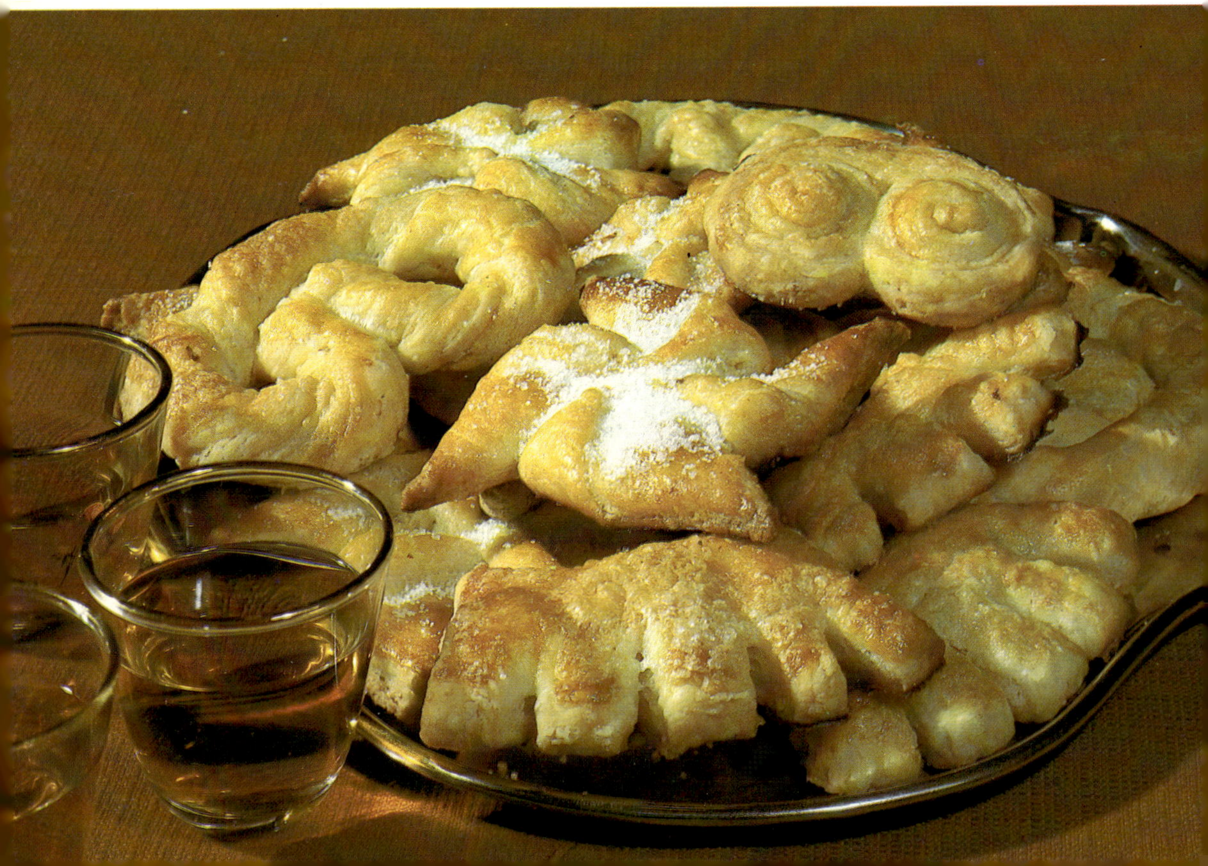

Verschiedenes
Kleingebäck
▷

Johannisbeer-
schnittchen

Blätterteiggebäck

Minitörtchen

Johannisbeer-
Windbeutelkranz

etwas Zitronensaft und erwärmter Butter beträufeln, Reibekäse darüberstreuen und in der Bratröhre oder im Grill überbacken. Die Krusteln entweder in Spinatgemüse anrichten oder als warme Vorspeise mit Zitrone und Salat reichen.

Rebhuhnsuppe

1 bis 2 Rebhühner, Möhren, Zwiebeln,
1 Bund Wurzelwerk,
Salz, Fadennudeln; gekörnte Brühe,
Petersilie, Madeira
oder ein kräftiger Rotwein, Butter.

Die vorbereiteten Rebhühner mit reichlich Möhren, Zwiebeln und Wurzelwerk in Salzwasser langsam weichkochen. Das Fleisch auslösen und in schmale Streifen schneiden und mit gekochten und abgetropften Fadennudeln in eine Suppenschüssel geben, die passierte und mit etwas gekörnter Brühe abgeschmeckte Rebhuhnbrühe darübergießen. Zum Schluß gehackte Petersilie, einen Schuß Madeira oder Rotwein und einen Stich Butter hinzufügen.

Red Apple

750 g Johannisbeeren,
1 gehäufter Eßl. Trauben- oder Puderzucker, 2 Gläser Apfelsaft,
Eiswürfel, Zimt.

Die vorbereiteten Johannisbeeren pürieren und durch ein Sieb streichen. Den Saft mit Zucker und Apfelsaft vermischen. In 4 Gläser verteilen, je 1 Eiswürfel zufügen und mit wenig Zimt bestäuben.

Rehfilets

2 Rehfilets, Salz, Pfeffer, 80 g Bratfett.

Rehfilets (ausgelöster Rehrücken) sind besonders zart und deshalb trotz ihrer geringen Größe als Braten sehr beliebt und geschätzt.
Die Filets häuten, nach Belieben auch spicken, ganz leicht mit Salz und Pfeffer bestreuen und rasch von beiden Seiten braten.

Rehgulasch

500 g Rehfleisch (Bug oder Keule),
100 g Speck, 250 g Zwiebeln, Salz,
Pfeffer, 2 Eßl. Tomatenmark,
2 bis 3 Eßl. Sahne, etwas Zitronensaft.

Das Fleisch häuten und in Stücke schneiden. Speckwürfel glasig anschwitzen. Die kleingeschnittenen Zwiebeln darin goldgelb dünsten. Das Rehfleisch darauflegen und etwa 30 Minuten braten. Nach Bedarf etwas Wasser angießen. Würzen, Tomatenmark und Sahne beifügen, kurz durchkochen lassen und mit Zitronensaft abschmecken.

Rehgulasch mit Knoblauch

1 kg Rehschulter, Salz, Fett,
2 bis 3 Zwiebeln, 1 Knoblauchzehe,
1 Teel. Edelsüß-Paprika,
2 bis 3 Wacholderbeeren, 1/2 Tasse
saure Sahne, 1 Eßl. Tomatenmark,
2 Eßl. Mehl, Zitrone, gekörnte Brühe.

Das Wildbret in gleichmäßige Würfel schneiden und salzen. Fett erhitzen, die in Scheiben geschnittenen Zwiebeln und die zerdrückte Knoblauchzehe zugeben. Paprika zufügen und sofort mit Brühe aufgießen. In dieser Soße das Wildbret langsam weichschmoren. Die Wacholderbeeren zerdrücken, die saure Sahne mit dem Mehl verquirlen und mit Tomatenmark zur Soße geben. Mit Zitronensaft und gekörnter Brühe abschmekken. Als Beilage eignen sich Teigwaren, Klöße oder Kartoffelpüree.

Rehkoteletts mit Pilzen

800 g Rehrücken, Salz, Pfeffer,
100 g Fett, 250 g Pilze, Petersilie,
1/8 l saure Sahne, Zitrone,
250 g Spaghetti, Schnittlauch.

Das Fleisch in etwa 2 bis 3 cm dicke Koteletts schneiden, leicht klopfen, mit etwas Salz und Pfeffer einreiben und in heißem Fett auf beiden Seiten braun braten. Sie sollen innen noch rosa sein. In der Zwischenzeit die geschnittenen Pilze (Mischpilze) in Fett oder Butter schmoren, gehackte Petersilie, Salz, Pfeffer, saure Sahne und Zitronensaft hinzufügen. Die Koteletts auf den vorbereiteten Spaghetti oder Makkaroni anrichten und die Pilze darübergießen. Mit geschnittenem Schnittlauch bestreut servieren.

Rehmedaillons
(Vorspeise)

4 Rehmedaillons à 60 g, 30 g Öl,
40 g Lebermus, 4 Cocktailkirschen.

Die Medaillons saftig braten und erkalten lassen. Dann mit Lebermus und einer Cocktailkirsche garnieren. Rehmedaillons können ebenfalls mit Schinkenmus garniert werden. Zum Garnieren eignen sich weiterhin halbe Wachteleier, Champignonköpfe, Maiskölbchen oder Ananasstücke.

Rehmedaillons
nach Weidmanns-Art

2 Rehfilets, Brot, Butter,
Mayonnaise, Preiselbeerkompott,
Petersilie, marinierter Paprika.

Das Fleisch in Scheiben schneiden und auf dem Grill oder in der Pfanne zart braten. Auf gerösteten, rund ausgestochenen Schwarzbrotsockeln anrichten. Mit Mayonnaise, die mit durchgedrückten Preiselbeeren vermengt und pikant nachgewürzt wurde, überziehen. Zuletzt die Medaillons mit Petersilie und marinierten Paprikastreifen garnieren. Dazu Pommes chips reichen.

Rehpörkölt

800 g Rehkeule oder -blatt,
150 g Zwiebeln, Edelsüß-Paprika,
Salz, 2 grüne Paprikafrüchte,
2 Tomaten,
80 g Margarine, 2 Zehen Knoblauch,
etwa 1/8 l saure Sahne.

Das Fleisch in Würfel schneiden. Die feingeschnittenen Zwiebeln in der erhitzten Margarine bräunen, Paprika und das Rehfleisch hinzugeben. Salzen, etwas Wasser nachgießen, halbweich schmoren, die zerkleinerten Paprikafrüchte und Tomaten hinzufügen, fertig garen. Mit Sahne verfeinern. Als Beilage gedünsteten Reis servieren.

Rehragout

1 kg Rehfleisch, Fett, 2 Eßl. Mehl,
½ l Brühe, ½ Tasse Rotwein,
etwas Johannisbeergelee.
Zur Beize: ½ l Wasser, ⅛ l Rotwein,
¼ l Essig, 1 Eßl. Salz,
4 Pfefferkörner,
1 Zwiebel mit 4 Nelken besteckt.

Das zum Braten nicht geeignete Fleisch des Rehes (Hals, Brust, Bauchlappen, Bug) waschen oder mit einem Tuch abreiben, in Stücke schneiden, mit der Beize aus den angegebenen Zutaten übergießen und 1 bis 2 Tage darin liegen lassen. Danach die abgetropften Stücke in heißem Fett gut anbraten, mit Mehl anstäuben und kurz bräunen lassen. Mit Brühe und etwas Beize auffüllen und das Fleisch weichdämpfen. Die Soße entfetten und mit Rotwein und Johannisbeergelee abschmecken. Dazu eignen sich am besten Beilagen aus Mehl, wie Knödel, Makkaroni oder Nockerln.

Rehragout auf ungarische Art

750 g Rehfleisch, 500 g Zwiebeln,
1 Eßl. Fett, 1 Eßl. Edelsüß-Paprika,
Salz, Zitrone, Rotwein, Zucker,
Wacholderbeeren, gekörnte Brühe.

Das Fleisch in Würfel schneiden. Die in Scheiben geschnittenen Zwiebeln in Fett goldgelb anschwitzen. Paprika zufügen und sofort mit etwas heißem Wasser aufgießen. In die Soße das Fleisch geben und garen. Das Ragout mit Salz, Zitrone, Rotwein, einer Prise Zucker, zerdrückten Wacholderbeeren und etwas gekörnter Brühe abschmecken. Dazu Risotto.

Rehsteaks mit Apfelringen und Johannisbeergelee

4 Rehsteaks, 2 Eßl. Öl,
1 Glas Weinbrand, 1 säuerlicher Apfel,
1 Teel. Zitronensaft, 1 Eßl. Butter,
1 Dose Champignons, 1 Eßl. gehackte
Petersilie, 1 Prise Salz,
4 Teel. Johannisbeergelee.

Steaks mit Öl einreiben und mit Weinbrand beträufeln, aufeinanderlegen und 1 Stunde ziehen lassen. Den Apfel waschen, vom Kernhaus befreien, in 4 Scheiben schneiden und mit Zitronensaft beträufeln. In der Butter von beiden Seiten kurz braten. Danach die Steaks von jeder Seite 3 bis 4 Minuten bei großer Hitze braten, aus der Pfanne nehmen und warm stellen. Champignons und Petersilie in den Bratfond geben und kurz durchschwenken. Die Steaks salzen, zu den Champignons geben, einmal umdrehen und alles auf einer Platte anrichten. Die Apfelscheiben auf die Steaks legen und auf jede Scheibe einen Teelöffel Johannisbeergelee setzen. Anstelle von Apfelscheiben können auch halbe Äpfel, die mit Johannisbeersahne gefüllt werden, neben den Steaks angerichtet werden. Mit frischem Kopfsalat und Kartoffelbällchen servieren.

Rehsülze

Rehbratenreste, Wildknochen, Möhren,
Zwiebel, Essig, Rotwein, Salz, Zucker,
gekörnte Brühe, 2 Eßl. Aspik.

Reste von einem Rehbraten in Streifen oder Würfel schneiden. Aus den Wildknochen, reichlich Möhren, Zwiebel und etwas Essigwasser eine kräftige Brühe kochen. Die Brühe entfetten, passieren und mit Rotwein, einer Prise Zucker, gekörnter Brühe und Salz sehr kräftig abschmecken.

In ½ Liter dieser passierten Brühe den Aspik verrühren, das Wildfleisch hinzufügen, kurz aufkochen lassen, portionsweise abfüllen. Die Sülze stürzen und mit Zitrone, Ei, Tomaten sowie Petersilie garnieren.

Preiselbeeren oder Cumberlandsoße und Röstkartoffeln oder Mayonnaisensalat dazu reichen.

Reissalat für Feinschmecker

*1 Tasse Reis, Salz, 125 g grüne Erbsen,
3 Bananen, 100 g gekochter Schinken,
125 g Sellerie.
Für die Soße: 2 Eßl. Quark,
1 Päckchen Mayonnaise, 1 Teel. Senf,
Salz, 1 Prise Zucker,
1 Teel. Zitronensaft, 1 Eßl. Milch,
1 gehäufter Teel. Curry.*

Den gewaschenen Reis in kochendes Salzwasser geben und garkochen. In einem Sieb mit kaltem Wasser abschrecken und abkühlen lassen. Die Erbsen ebenfalls garen und abkühlen lassen. Die geschälten Bananen längs halbieren, in ½ cm dicke Scheiben schneiden. Den Schinken in Streifchen schneiden, den geschälten Sellerie feinraspeln. Für die Soße den Quark glattrühren, Mayonnaise und Senf zufügen. Mit Salz, Zucker und Zitronensaft würzen. Wenn nötig, die Milch hineinrühren und mit Curry abschmecken. Reis, Erbsen, Bananen, gekochten Schinken und Sellerie mi-

schen. Zum Schluß die Soße darübergeben und unterheben.

Reispunsch

*250 g Zucker, Saft von 2 Zitronen,
Saft von 4 Apfelsinen,
1 Flasche Trauben- oder Apfelsaft,
100 g Reis.*

Den Zucker in den Zitronen- und Apfelsinensaft geben. Das Gefäß dazu in ein heißes Wasserbad stellen. Den Trauben- oder Apfelsaft ebenfalls im Wasserbad erhitzen. Den Reis in 1 Liter Wasser auf kleiner Flamme eine halbe Stunde lang kochen. Das kochendheiße Reiswasser mit dem erhitzten Apfelsaft und der Zuckerlösung vermischen. Alles gut verrühren und in feuerfesten Gläsern servieren.

Remoulade

*2 Sardellen oder 20 g Sardellenpaste,
30 g Kapern, 1 kleine Gewürzgurke,
40 g frische Kräuter, ½ Zwiebel,
200 g Mayonnaise, Zitronensaft,
Salz, Pfeffer, evtl. Gewürzgurkenfond.*

Sardellen, Kapern, Gewürzgurke, frische Kräuter und Zwiebel in feine Würfel schneiden bzw. hacken und unter die Mayonnaise ziehen. Mit Zitronensaft, Salz und weißem Pfeffer abschmecken. Etwas Gewürzgurkenfond kann zur Verlängerung der Soße dienen. – Anstelle von Sardellen lassen sich auch Anchovis bzw. -paste verwenden. Die Remouladensoße ist eine der bekanntesten kalten Soßen und kann zu allen Fondues und kalten Speisen gereicht werden.

Rhabarber-Erdbeer-Grütze

500 g Erdbeeren, 2 Äpfel,
⅛ l Himbeersirup, ⅛ l Weißwein,
500 g Rhabarber, 25 g Sago,
4 bis 5 Eßl. Zucker.

Die gewaschenen Erdbeeren halbieren. Die Äpfel schälen, vierteln, vom Kernhaus befreien und in Spalten schneiden. In einem Topf Himbeersirup, Weißwein, Apfelstücke, die Hälfte der Erdbeeren und die Hälfte des vorbereiteten, in Stücke geschnittenen Rhabarbers zum Kochen bringen. 10 Minuten garen lassen, dann mit dem Handrührgerät pürieren. Das Püree wieder zum Kochen bringen, Sago einstreuen und bei milder Hitze unter gelegentlichem Rühren ausquellen lassen. Den restlichen Rhabarber zugeben und etwa 5 Minuten darin ziehen lassen, er soll nicht zerfallen. Zuletzt die restlichen Erdbeeren und den Zucker untermischen, kurz aufkochen lassen, in eine Schüssel füllen und kalt stellen. Dazu Vanillesoße servieren.

Rhabarbertorte

Für den Teig: *150 g Mehl,*
75 g Stärkemehl, 1½ Teel. Backpulver,
150 g Margarine, 150 g Zucker, 1 Päckchen Vanillinzucker, 2 Eier, 1 Eigelb.
Für den Belag: *600 g Rhabarber,*
3 Eiweiß, 1 Prise Salz,
175 g Zucker, Zitronensaft.

Mehl, Stärkemehl und Backpulver sieben. Die weiche Margarine, Zucker und Vanillinzucker schaumig rühren. Eier und Eigelb nach und nach mit je 1 Eßlöffel Mehlgemisch darunterrüh-

ren, bis das Mehl verbraucht ist. In eine gefettete Springform füllen. Den geschälten Rhabarber in 3 cm lange Stücke schneiden, auf den Teig verteilen und bei 180°C 25 Minuten backen. Die Eiweiß mit Salz steifschlagen, zuletzt 175 Gramm Zucker darunterschlagen und den Zitronensaft unterrühren. Den Kuchen aus der Röhre nehmen, mit dem Eischnee bespritzen und noch weitere 20 Minuten backen.

Rinderrouladen

4 Rinderrouladen, 1 Eßl. Senf,
1 Zwiebel, 2 Tomaten, 2 Scheiben Weißbrot oder Rinde,
1 Eßl. Margarine, Salz, Pfeffer, Knoblauchsalz, Petersilie, 4 Scheiben gekochter Schinken, 1 Eßl. Öl,
½ l Brühe, 3 Eßl. saure Sahne.

Die geklopften Rouladen flach auslegen und mit Senf bestreichen. Die Zwiebel feinhacken, die gehäuteten Tomaten ohne Kerne in grobe Würfel schneiden. Die Weißbrotwürfel in der Margarine anrösten, Zwiebel- und Tomatenwürfel zugeben. Mit Salz, Pfeffer und Knoblauch und gehackter Petersilie würzen und alles gut vermengen. Die vorbereiteten Rouladen mit je einer Scheibe Schinken und der Masse belegen, einrollen, mit einer Rouladennadel befestigen und in einer Pfanne in heißem Öl anbraten. Mit heißer Brühe auffüllen und zugedeckt garen lassen. Die fertigen Rouladen herausnehmen und die Soße mit der sauren Sahne verrühren. 5 Minuten ziehen lassen und über die Rouladen gießen.

Rinderrouladen auf flämische Art

4 Rinderrouladen, Salz, Pfeffer,
4 Streifen Speck, Cayennepfeffer,
1 Gewürzgurke, 100g Gehacktes,
1 rote Paprikafrucht, Bratfett,
50g Sellerie, 50g Möhre, 4 Zwiebeln,
1 Eßl. Zucker, 4 Eßl. helles Bier,
2 Eßl. Milch.

Die dünngeklopften Fleischscheiben salzen und pfeffern. Darauf je einen in Cayennepfeffer gewälzten Streifen Speck, 1 Streifen Gewürzgurke, 1 Teelöffel Gehacktes und ein Stück Paprikafrucht legen, das Fleisch zusammenrollen und zubinden. Im heißen Bratfett von allen Seiten braun anbraten und wieder aus der Pfanne nehmen. Nun die Rouladen zusammen mit den Sellerie- und Möhrenstreifen in eine gefettete Auflaufform geben. Die Zwiebelscheiben mit dem Zucker im Bratensatz zu Karamel rösten. Mit einer Mischung aus Bier, 2 Eßlöffel Wasser, Milch, Salz und Pfeffer lösen. Über die Rouladen gießen und diese im vorgeheizten Ofen etwa 45 Minuten dünsten.

Rinderrouladen auf tschechische Art

4 Rouladen, Salz,
150g Gehacktes, 1 Brötchen,
30g Speck, 50g Champignons, Pfeffer,
1 Ei, Petersilie, 80g Schmalz,
1 Zwiebel, 3 Pfefferkörner,
2 Gewürzkörner, 1 Lorbeerblatt,
¼ l Fleischbrühe, 30g Mehl.

Die Fleischscheiben klopfen, salzen, am Rand einschneiden und mit Fülle bestreichen. Dafür das Gehackte mit dem eingeweichten, ausgedrückten Brötchen, dem in Würfel geschnittenen Speck, den in Scheiben geschnittenen und gedünsteten Champignons, Salz, Pfeffer, Ei und gehackter Petersilie vermengen. Die Fleischscheiben zusammenrollen, mit Faden umwickeln oder mit Rouladennadeln zusammenstecken. Im Schmalz die feingeschnittene Zwiebel anrösten, die Rouladen darauflegen, die Gewürze zufügen, etwas Brühe aufgießen und alles schmoren. Während des Schmorens öfter Brühe nachgießen. Das gare Fleisch herausnehmen, den Saft etwas eindampfen lassen, mit Mehl anschwitzen, rösten lassen, mit Brühe auffüllen und zu einer dicken Soße verkochen. Die Soße durchseihen und das Fleisch darin erwärmen. Mit Semmelknödeln anrichten.

Rinderrouladen einmal anders

4 Rinderrouladen, Pfeffer, Salz,
1 Eßl. Senf, 2 Zwiebeln, Margarine,
1 Knoblauchzehe, 12 Kapern,
1 Eßl. gehackte Petersilie,
8 Sardellenfilets, 1 Eßl. Schmalz,
Brühe, Mehl, 3 Eßl. saure Sahne.

Die Rouladen flach ausklopfen, mit Pfeffer und Salz würzen und eine Seite mit Senf bestreichen.
Die Zwiebeln schälen und in Würfel schneiden. Etwas Margarine auslassen und die Zwiebelwürfel mit dem gehackten Knoblauch kurz dünsten. Gehackte Kapern, Petersilie und die Sardellenfilets mit den Zwiebelwürfeln vermischen. Diese Masse auf die Rouladen verteilen, einrollen und mit einer Rouladennadel zustecken. In

einer Pfanne in heißem Schmalz rundum braten. Mit Brühe auffüllen und noch etwa 45 bis 60 Minuten zugedeckt bei milder Hitze schmoren lassen. Die Rouladen herausnehmen und warm stellen. Die Soße aufkochen, mit etwas Mehl binden, mit der sauren Sahne verquirlen und noch kurze Zeit ziehen lassen. Beim Servieren über die Rouladen geben.

Rindfleisch auf provenzalische Art

4 Eßl. Öl, 600 g Rindfleisch, Salz,
Pfeffer, Thymian, 2 Zwiebeln, Mehl,
1 Glas Weißwein, 1 Bund Petersilie,
1 Lorbeerblatt, 2 Scheiben Speck,
12 entkernte Oliven, 4 Tomaten.

In das erhitzte Öl das in mittelgroße Würfel geschnittene Fleisch geben, mit Salz, Pfeffer und Thymian würzen. Die feingehackten Zwiebeln zufügen und alles mit wenig Mehl bestäuben. Unter ständigem Rühren gut anbraten. Den Wein mit etwas Wasser vermischen und zugießen. Gehackte Petersilie sowie das Lorbeerblatt zugeben. Alles 2½ bis 3 Stunden zugedeckt auf kleiner Flamme köcheln lassen. Eventuell etwas Flüssigkeit nachgießen. Dann das Fleisch herausnehmen und warm stellen. Den Speck in kleine Streifen schneiden und in einer Pfanne glasig werden lassen. Fleisch, Oliven und geschälte, geviertelte Tomaten zum Speck geben, gut vermischen. Die entstandene Fleischsoße durch ein Sieb ebenfalls zugießen. Alles noch ½ Stunde leise kochen lassen, dabei ab und zu umrühren. Scharf abschmecken, mit Teigwaren servieren.

Rindfleisch-Graupen-Eintopf

500 g Rindfleisch (hohe Rippe),
200 g Graupen, 500 g Kartoffeln,
3 Möhren, 1 Stange Porree, 1 Sellerie-
knolle, 3 Eßl. gehacktes Selleriegrün
oder Liebstöckel, Salz, Pfeffer,
Glutal, 1 Eßl. gekörnte Brühe,
⅛ l süße Sahne, 2 Eßl. gehackte Petersilie.

Das Rindfleisch in Salzwasser ansetzen und weichkochen, dann herausnehmen und in Würfel schneiden. Die Graupen mit kochendem Wasser überbrühen. Die Kartoffeln in Würfel, die Möhren in Scheiben, den Porree in Ringe, den Sellerie in Stifte schneiden. Die abgegossenen Graupen, das Gemüse sowie alle Gewürze in die Brühe geben und alles unter öfterem Rühren weichkochen. Kurz vor Ende der Garzeit das Fleisch dazugeben und die Sahne unterrühren. Mit gehackter Petersilie bestreuen und servieren.

Rindfleisch mit grünen Bohnen

750 g Rindfleisch (hohe Rippe),
Pfefferkörner, 1 Strauß Bohnenkraut,
Salz, 750 g grüne Bohnen,
250 g Möhren, 500 g Kartoffeln,
Pfeffer, Petersilie.

Rindfleisch waschen und mit Pfefferkörnern und Bohnenkraut in 1½ Liter gesalzenem Wasser 1½ Stunde kochen. Bohnen putzen, waschen und in kleine Stücke brechen. Möhren und Kartoffeln putzen, waschen und in Stifte schneiden. Gemüse und Kartoffeln zu dem Rindfleisch geben und noch 25 Minuten garen. Rindfleisch aus dem Suppentopf herausnehmen, von den Knochen lösen, in Würfel schneiden und wieder in den Bohnentopf geben. Den Gemüseeintopf leicht salzen, pfeffern und mit viel frischgehackter Petersilie bestreut servieren. Dazu schmeckt besonders gut frisches Bauernbrot.

Rindfleisch mit Zwiebeln und Äpfeln

500 g gekochtes Rindfleisch,
3 Zwiebeln, 4 Äpfel, 40 g Butter,
Salz, Pfeffer, Fleischbrühe, Weißwein.

Das gekochte Fleisch in dünne Scheiben schneiden. Den Boden einer feuerfesten gebutterten Form damit belegen, mit den Gewürzen bestreuen, die kleingehackten Zwiebeln und zuletzt die Apfelscheiben daraufgeben. Mit wenig Brühe und beliebig Weißwein schmoren.

Rindfleischragout auf südamerikanische Art

100 g Margarine, 750 g Rindfleisch,
2 Zwiebeln, 1 Tasse in feine Streifen
geschnittene Paprikafrucht,
2 Kartoffeln, 1 Tasse Reis, 2 Tassen
Kürbiswürfel, 1 Tasse grüne Erbsen,
1 Tasse Maiskörner aus der Dose, Salz,
Pfeffer, Paprika, Cayennepfeffer, 4 Eigelb.

Die Margarine zerlassen und darin das in Würfel geschnittene Fleisch, Zwiebelscheiben und Paprikastreifen anbraten. Sobald das Fleisch ringsum braun ist, die rohen Kartoffelwürfel, Reis, Kürbiswürfel, Erbsen, Maiskörner und 4 Tassen Wasser zufügen. 1 Stunde kochen lassen und zum

Schluß mit den Gewürzen abschmekken. In der leeren Suppenterrine die Eigelb verquirlen und das Ragout darübergießen. Nur mit dem Schöpflöffel noch durchrühren. Mit Reis oder Butterkartoffeln servieren.

Rindslende in Blätterteig

500 g Rindslende, 80 g Speck (fett),
Salz, Pfeffer, 1 Eßl. Schmalz,
1 Zwiebel, 100 g gekochte Pilze,
40 g Margarine, 1 Eßl. Tomatenketchup,
einige Tropfen Weinbrand,
1 Bund Petersilie, 1 Päckchen
gefrorener Blätterteig, 1 Eigelb.

Die Rindslende enthäuten und mit in Streifen geschnittenem Speck spicken. Salzen, pfeffern und in heißem Schmalz kurz anbraten. Die Lende soll dabei innen roh bleiben. Gehackte Zwiebel in Margarine goldgelb dünsten, die geschnittenen Pilze, Tomatenketchup und etwas Weinbrand hinzugeben. Alles zu einer festen Masse einkochen lassen. Mit Salz und Pfeffer nochmals abschmecken und die gehackte Petersilie unterrühren. Den aufgetauten Blätterteig mit etwas Mehl ausrollen, je nach Größe der Rindslende. Einen Teil der Pilzmasse unter die Lende auf den Blätterteig geben, das erkaltete Fleisch darauflegen. Den Rest der Pilzmasse um das Fleisch hüllen und den Teig darüberschlagen. Die Ränder des Teiges mit Eigelb bestreichen und zusammendrücken. Den gefüllten Blätterteig mit dem entstandenen Rand nach unten auf ein gefettetes Backblech legen, nochmals mit Eigelb bestreichen und in der Röhre backen.

Rindslende in der Speckhülle

500 g Rindslende, einige Tropfen
Weinbrand, 2 Eßl. Senf,
je 1 Teel. gehackte Petersilie,
Gartenkresse, Schnittlauch, Estragon,
Basilikum, Pfeffer, 2 Knoblauchzehen,
3 bis 6 dünne Scheiben fetter Speck,
1 Teel. Öl.

Die Rindslende von Hautresten, Fett und Sehnen befreien und mit dem Weinbrand einreiben. Den Senf mit den gehackten Kräutern und den zerdrückten Knoblauchzehen vermischen. Das Fleisch pfeffern und mit der Senf-Kräuter-Masse einreiben. Die Speckscheiben auflegen und mit Faden festbinden. Die Lende etwas ruhen lassen, damit das Fleisch fein aromatisiert. In einer Pfanne das Öl erhitzen und das Filet hineinlegen. Etwa 15 Minuten (je nach gewünschtem Gargrad) braten und anschließend warm stellen.
Das fertige Fleisch in dünne Scheiben schneiden und anrichten. Den Speck nach Bedarf mit servieren.

Rindszunge mit Kräuterbutter

1 Rindszunge, 1 Wurzelwerk,
2 Zwiebeln, 1 Lorbeerblatt, Nelken,
Pfefferkörner, 100 g Butter,
Petersilie, 1/4 Zitrone, Worcestersauce.

Die gekochte Rindszunge abziehen, in Scheiben schneiden und warm stellen. Die Butter zerlaufen lassen, die gehackte Petersilie, etwas Zitronensaft und Worcestersauce dazugeben und alles über die angerichtete Rindszunge geben. Mit Zuckerschoten und Kartoffeln servieren.

Risotto

250 g Reis, 4 Eßl. Öl,
reichlich 1/2 l Brühe oder Wasser,
Salz, 1 Zwiebel, 1 Lorbeerblatt.

Den Reis heiß waschen, auf ein trockenes Tuch schütten und abreiben. In einem breiten Topf das Öl erhitzen, den Reis darin kurz schwitzen. Die Brühe mit Salz, Zwiebel und Lorbeerblatt aufkochen und zum Reis geben. Nach dem Aufkochen fest zugedeckt in der Backröhre ohne Umrühren in etwa 20 Minuten ausquellen lassen. Dann Zwiebel und Lorbeerblatt herausnehmen und den Reis vorsichtig auflockern. – Liebhaber von Curry können Risotto mit Curry würzen.

Risotto con gallina e piselli
(Hühnerreis mit Erbsen)

30 g Margarine, 1 Zwiebel,
1 Knoblauchzehe, 180 g Reis,
3/4 l Hühnerbrühe, Salz, Pfeffer,
125 g gekochtes Hühnerfleisch,
60 g gekochter Schinken, 2 Tomaten,
1 mittelgroße Dose grüne Erbsen,
Reibekäse.

In einer Bratpfanne die Margarine zerlassen, feingehackte Zwiebel und zerdrückte Knoblauchzehe darin leicht anbraten. Den Reis zufügen und ebenfalls leicht anrösten. Mit der Hühnerbrühe auffüllen, kochen, bis der Reis gar ist und mit Salz und Pfeffer würzen. Hühnchenfleisch und Schinken in feine Streifen, gehäutete Tomaten in Scheiben schneiden und mit den abgetropften Erbsen zum Reis geben. Alles gut vermischen, erhitzen und Reibekäse darüberstreuen.

Roastbeef

500 g Roastbeef, Pfeffer, Salz, 2 Eßl. Öl.

Das Roastbeef enthäuten, die Sehnen entfernen und mit Salz und Pfeffer einreiben. Das Fleisch darf nicht frisch sein, sondern muß mindestens 3 Tage kühl gelagert haben. In einer Kasserolle das Öl erhitzen, das Roastbeef in das zischende Öl legen und von beiden Seiten schön knusprig braten. Nach etwa 10 Minuten die Hitze reduzieren bzw. bei schwacher Hitze etwa 30 Minuten in der Röhre fertigbraten. Das Innere des Fleisches soll weich und rosa gebraten sein. Das gebratene Roastbeef in 4 Scheiben schneiden und servieren. Als Beilagen eignen sich Möhren, Zuckererbsen, Blumenkohl, Pilze, Bohnen, Petersilienkartoffeln, Kräuterbutter.

Roastbeef mit Tomatenrührei

500 g Roastbeef, 1 Eßl. Öl, Salz,
Pfeffer, 2 Tomaten, 1 Teel. Margarine,
4 Eier, 1 Bund Petersilie.

Das Fleisch in 4 Scheiben schneiden und leicht klopfen. Die Hautseiten 2- bis 3mal einschneiden, damit sich das Fleisch beim Braten nicht krümmt. In heißem Öl braten und danach würzen.
Die Tomatenwürfel in der zerlassenen Margarine anschwenken, die verrührten Eier zugeben und Tomatenrührei bereiten.
Leicht salzen und über die Steaks verteilen. Obenauf gehackte Petersilie streuen.
Als Beilage Pommes frites und Kräuterbutter reichen.

Roastbeefröllchen mit Sahnemeerrettich (Vorspeise)

8 dünne gebratene Scheiben Roastbeef (etwa
200 g), 40 g geschlagene Sahne,
40 g geriebener Meerrettich,
einige Tropfen Zitronensaft, Salz,
weißer Pfeffer, 1 Prise Zucker,
4 Scheiben Toast, 20 g Butter,
Tomatenecken, Salatblätter und
Petersilie zum Garnieren.

Die Roastbeefscheiben gleichmäßig schneiden und breitlegen. Den Meerrettich unter die Sahne mischen, mit Zitronensaft, Salz, Pfeffer und Zucker pikant abschmecken und auf die Roastbeefscheiben verteilen. Inzwischen das Toastbrot rösten, mit Butter bestreichen und auf Mittelteller legen. Die Roastbeefscheiben zusammenrollen, jeweils 2 Stück auf einer Scheibe Toast anrichten. Mit Tomatenecken, Salatblättern und Petersilie garnieren.

Roastbeefroulade mit Rahmsoße

3 Eier, 50 g gekochter Schinken,
2 Bund Petersilie, 12 Kapern,
Margarine, 500 g Roastbeef ohne
Knochen, Pfeffer, Salz, 3 Zwiebeln,
40 g Schmalz, 1 Eßl. Tomatenmark,
40 g Butter, ½ Dose Pilze, 1 Apfel,
½ Glas Perlzwiebeln, 1 Teel. Mehl,
2 Eßl. saure Sahne.

Aus Eiern, Schinkenstreifen, gehackter Petersilie, einigen Kapern und wenig Margarine Rührei als Rouladenfüllung bereiten.
Die Roastbeefscheiben klopfen, pfeffern, salzen und die Füllung daraufgeben. Die zusammengerollten Roula-

den mit den grobgehackten Zwiebeln in heißem Schmalz anbraten. Wenn sie Farbe angenommen haben, Tomatenmark zugeben, nach und nach mit Wasser auffüllen und in der vorgeheizten Röhre garen.

In der ausgelassenen Butter Kapern, kleingeschnittene Pilze, Apfelwürfel, Perlzwiebeln und Petersilie anschwitzen und mit Mehl bestäuben. Den passierten Soßenansatz unterziehen und die Rouladen darin fertiggaren. Zum Schluß zwei Eßlöffel saure Sahne über die angerichteten Rouladen ziehen. Als Beilage Kartoffelbrei und verschiedene Salate reichen.

Roastbeefsteaks mit Apfel- und Zwiebelscheiben

500 g Roastbeef, Salz, Pfeffer, 1 Eßl. Schmalz, 2 Äpfel, 2 Zwiebeln, 1 Eßl. Margarine, 1 Teel. frisch geschabter Meerrettich, Kräuterbutter.

Das Fleisch von überflüssigem Fett und Sehnen befreien. In 4 Scheiben schneiden, leicht klopfen, pfeffern und salzen. In heißem Schmalz von beiden Seiten braten, herausnehmen und warm stellen.
Die Äpfel waschen, schälen und mit einem Apfelausstecher das Kerngehäuse entfernen. Anschließend halbieren, vierteln und in Scheiben schneiden. Die Zwiebeln schälen, halbieren und ebenfalls in Scheiben schneiden. Die Margarine erhitzen, die Zwiebelscheiben darin glasig dünsten, Apfelscheiben zugeben und durchschwenken. Über die gebratenen Steaks geben und den frisch geschabten Meerrettich daneben vertei-

len. Kräuterbutter vervollständigt dieses Gericht. Pommes frites und verschiedene Salate dazu reichen.

Roastbeefsteaks mit Leber-Pilz-Fülle

600 g Roastbeef, 200 g Geflügelleber, 100 g gekochte Pilze, 2 Zwiebeln, Knoblauchsalz, 1 Eßl. Semmelbrösel, 1 Eßl. Schmalz, 1 Eßl. Butter, Pfeffer, Salz.

Das Roastbeef von Fett und Sehnen befreien, 4 Scheiben daraus schneiden und in jede quer eine Tasche einschneiden. Geflügelleber, Pilze und die geschälten Zwiebeln durch den Fleischwolf drehen. Mit Knoblauchsalz würzen und Semmelbrösel unterrühren. Diese Masse in die Steaks füllen und die Taschen mit Rouladennadeln zustecken.
In heißem Schmalz von beiden Seiten scharf anbraten. Etwas Bratfett abgießen, die Butter zugeben und langsam bei milder Hitze fertiggaren. Mit Salz und Pfeffer würzen.
Anrichten und die Bratbutter darübergeben.

Roastbeefsteaks mit Pilzen

500 g Roastbeef, 1 Eßl. Öl, Salz, Pfeffer, 4 Tomaten, 40 g Margarine, 150 g gekochte Pilze, 1 Zwiebel, 1 Bund Petersilie.

Das Roastbeef in 4 Scheiben schneiden und leicht klopfen. Die Hautseite der Steaks 2- bis 3mal einschneiden, damit sich das Fleisch während des Bratens nicht krümmt. Öl erhitzen und die Steaks darin saftig braten, anschließend würzen. Die Tomaten kreuzweise einritzen, kurz in kochendes Wasser tauchen, enthäuten, entkernen und in Würfel schneiden. In der zerlassenen Margarine die gehackte Zwiebel anschwitzen, die geschnittenen Pilze und dann die Tomatenwürfel dazugeben. Nochmals würzen und mit gehackter Petersilie bestreuen. Die Steaks anrichten und das Pilz-Tomaten-Gemisch darauf verteilen. Als Beilage eignen sich Pommes frites, Salate und Kräuterbutter.

Roastbraten

4 Scheiben Roastbraten (Roastbeef),
Pfeffer, Salz, Edelsüß-Paprika,
1 Eßl. Mehl, 2 Eßl. Öl, 1 Eßl. Butter,
3 Zwiebeln, 12 Kapern,
Saft von 1/2 Zitrone, 1 Eßl. Senf,
1 Eßl. gehackte Petersilie,
2 Gewürzgurken, 2 Eßl. saure Sahne,
1/2 l Brühe.

Die Roastbeefscheiben leicht klopfen und die Ränder mehrmals einschneiden, damit sie sich beim Braten nicht krümmen. Mit Pfeffer, Salz und Paprika würzen und in Mehl wenden. In heißem Öl von beiden Seiten braten. Etwas Bratfett abgießen und in Butter kurz nachbraten. Die Fleischscheiben herausnehmen und warm stellen. Zwiebeln in Scheiben schneiden und im Bratfett anschwitzen. Die gehackten Kapern, Zitronensaft, Senf, Petersilie, die in Scheiben geschnittenen Gewürzgurken und etwas Paprika zufügen. Danach die saure Sahne und die Brühe zugeben und alles gut verrühren. Die angebratenen Roastbra-

tenscheiben ebenfalls zugeben. Alles zugedeckt garen lassen. Das Fleisch herausnehmen und anrichten. Die Soße getrennt servieren. Als Beilage Röstkartoffeln und einen pikanten Selleriesalat reichen.

Robertsoße

2 Zwiebeln, 30 g Butter oder
Margarine, 10 g Mehl, etwa 80 ml Weiß-
wein, etwa 150 ml Bratensoße (Soßen-
paste), reichlich Senf, Salz, Essig,
Zucker, Pfeffer.

Die Zwiebeln schälen, in feine Würfel schneiden, in der Butter glasig anschwitzen, mit Mehl bestäuben, durchschwitzen und mit Weißwein auffüllen. Dann die Bratensoße, Senf und die Gewürze dazugeben, alles gut verrühren und einige Minuten köcheln lassen. Anschließend pikant abschmecken und servieren.
Schweinskotelett »Robert« hat seinen Namen durch diese würzige Soße erhalten. Aber auch zu Steaks oder Schweinebraten schmeckt diese Soße.

Römischer Chicorée

2 Eßl. Butter, 4 Chicoréestauden,
1/4 l Weißwein, Salz, Pfeffer,
1 Knoblauchzehe, 2 Anchovisfilets,
1 Prise Zucker, 2 Eßl. Essig, 4 Eßl. Öl.

In einem flachen Topf die Butter zerlassen, die vorbereiteten Chicoréestauden darin anbraten, den Wein angießen, Salz und Pfeffer zufügen. Alles 15 Minuten dünsten. Aus Knoblauch und Anchovisfilets – beides fein zerdrückt – Zucker, Pfeffer, Es-

sig, Öl sowie 2 Eßlöffel Chicoréesud
eine Soße rühren und bei Tisch über
das Gemüse gießen.

Römische Soße

30 g Butter oder Margarine,
20 g Zucker, 10 g Mehl, Weinessig,
200 ml Bratensoße (Soßenpaste),
etwa 30 g Rosinen, etwa 20 g Pinien-
kerne oder Pistazien, Salz, Pfeffer,
etwas gehackte Petersilie.

Die Butter erhitzen, den Zucker darin
bräunen, dann sofort mit Mehl bestäuben, mit Essig ablöschen und mit der
Bratensoße auffüllen. Anschließend
die bereits gewaschenen und geweichten Rosinen hacken, ebenso die vorbereiteten Pinienkerne oder Pistazien.
Beides in die Soße geben, mit Salz
und Pfeffer abschmecken und einige
Minuten leise kochen lassen. Zuletzt
gehackte Petersilie unter die Soße mischen und zu Fleisch servieren.

Roquefortbirnen

1 Kopf Salat, 4 große Birnen,
Zitronensaft, Zucker,
125 g Roquefortkäse, 2 Eßl. Joghurt,
1 Eigelb, Salz, 1 Messerspitze Rosen-
paprika, 125 g blaue Weinbeeren.

Die gewaschenen Salatblätter auf eine
Platte legen. Die geschälten, entkernten Birnenhälften in wenig Wasser
mit Zitronensaft und etwas Zucker garen. Auf den Salatblättern anrichten.
Roquefortkäse, Joghurt und Eigelb
vermischen, leicht salzen und mit Paprika würzen. Käsecreme in die Birnen füllen, mit Weinbeeren garnieren.

Roquefort-Gebäck

Für den Teig: 70 g Roquefort,
50 g Butter oder Margarine,
50 ml flüssige Sahne,
1 Eßl. Weinbrand,
100 g Mehl, 1 Prise Salz,
1 Prise Pfeffer.
Zum Bestreichen: 3 Eßl. Milch oder
1 Eigelb.

Den Käse mit der Gabel zerdrücken
und mit den anderen Zutaten zu
einem glatten Teig verkneten. Zugedeckt 30 Minuten in den Kühlschrank
stellen. Dann sehr dünn ausrollen.
Mit einem Glas Plätzchen von 4 cm
Durchmesser ausstechen, auf ein gefettetes Blech legen und mit Milch
oder Eigelb bestreichen. Im vorgeheizten Ofen bei 180 °C etwa 10 Minuten backen.
Besonders gut schmecken die Plätzchen, wenn sie vor dem Backen mit
Paprika, Pfeffer, Reibekäse oder Kümmel bestreut werden.

Roquefortsoße

125 g Roquefort, 1/4 l saure Sahne
(10 %), 50 g feingehackte Nüsse,
1 Teel. feingehackter Dill,
1 Schuß Whisky oder Weinbrand.

Den Roquefort mit einer Gabel zerdrücken, mit der sauren Sahne verrühren oder mit einem Mixer pürieren.
Nüsse und gehackten Dill zufügen,
mit Whisky oder Weinbrand abschmecken.
Diese herzhafte Soße eignet sich zu
allen Fisch- und Fleischfondues sowie
zum Marinieren von Salaten (Kopfsalat, Gurkensalat usw.).

Rosenbowle

6 voll aufgeblühte Rosen,
100 g Zucker, 3 Glas Weinbrand,
2 Flaschen Weißwein, 1 Flasche Sekt
oder Selters.

Die Rosenblätter mit Zucker, Weinbrand und 2 Flaschen Weißwein in das Bowlengefäß geben und zugedeckt im Kühlschrank durchziehen lassen. Vor dem Servieren die Rosenblätter aus dem Gefäß entfernen, die Bowle mit Zucker abschmecken und mit Sekt auffüllen. Jedes Glas mit einer Rose garnieren.

Rosenkohl in Nußsoße

1 kg Rosenkohl, ½ l Fleischbrühe,
Muskat, Salz, Zucker, 30 g Butter,
50 g Mehl, 100 g gehackte Haselnüsse,
4 Eßl. Weißwein.

Den vorbereiteten Rosenkohl in der Fleischbrühe garen, dann abtropfen lassen. Die Brühe aufheben. Den Rosenkohl mit Muskat, Salz und Zucker würzen und auf einer vorgewärmten Platte warm stellen. Aus Butter und Mehl eine Schwitze bereiten, mit der Brühe auffüllen und gut durchkochen lassen. Dann Nüsse und Weißwein zugeben, nochmals mit Salz, Muskat und Zucker abschmecken. Die Soße einige Minuten durchziehen lassen und über den Rosenkohl gießen.

Rosenkohl-Kartoffel-Salat

500 g Kartoffeln, 750 g Rosenkohl,
Salz, 20 g Margarine, 2 Zwiebeln,
150 ml Brühe, Pfeffer, 2 Eßl. Essig,
100 g Schinkenspeckwürfel.

Die Kartoffeln am Vortag kochen, noch heiß pellen und kühl stellen. Den geputzten Rosenkohl waschen und in wenig Salzwasser 10 bis 12 Minuten dünsten. In der erhitzten Margarine die feinwürfelig geschnittenen Zwiebeln glasig werden lassen, die Brühe zugeben und mit Salz, Pfeffer und Essig abschmecken. Die in Scheiben geschnittenen Kartoffeln vorsichtig mit dem Rosenkohl vermischen. Die noch warme Brühe darübergeben, den Salat kühl stellen und durchziehen lassen. Vor dem Anrichten den ausgelassenen Schinkenspeck darübergeben. – Dieser Salat eignet sich auch als warme Beilage zu verschiedenen Gerichten.

Rosenkohlpfanne

1 kg Rosenkohl, Salz, 20 g Butter,
100 g Tomaten,
2 Teel. gehackter Schnittlauch,
1 Prise Muskat,
Pfeffer, ¼ l Joghurt,
4 Eßl. geriebener Parmesankäse
oder anderer Reibekäse,
4 Eßl. geröstete Mandelsplitter.

Den Rosenkohl in kochendes Salzwasser geben und kochen lassen, bis er gar ist, dann abgießen und gut abtropfen lassen. Den Rosenkohl in eine ausgefettete feuerfeste Form schichten und die kleingehackten Tomaten und den Schnittlauch darüber verteilen. Muskat, Salz und Pfeffer zufügen. Den Joghurt darübergießen. Mit dem Parmesankäse und Mandeln bestreuen und bei Mittelhitze in der vorgeheizten Röhre überbacken, bis die Oberfläche goldbraun ist.

Rosenkohlsalat mit Schinken

750 g Rosenkohl, Salz, 4 Eßl. Essig,
Pfeffer, geriebene Muskatnuß,
etwas Rosmarin, 4 Eßl. Öl,
150 g Lachsschinken.

Den geputzten Rosenkohl waschen und in wenig Salzwasser 10 bis 12 Minuten dünsten, das Wasser abgießen. Essig, Salz und Gewürze verrühren – Muskat und Rosmarin nur sparsam verwenden –, zum Schluß das Öl unterrühren. Diese Salatsoße über den noch heißen Rosenkohl gießen. Den Salat kühl stellen und durchziehen lassen. Kurz vor dem Anrichten den in feine Streifen geschnittenen Lachsschinken unterheben.

Rosenküchlein

400 g Mehl, 4 Eier, 1 Prise Salz,
Mehl zum Ausrollen, 1 Eiweiß zum
Bestreichen, Öl zum Ausbacken,
70 g Marmelade, 40 g Puderzucker.

Mehl, Eier und Salz zu einem festen Nudelteig verkneten und 30 Minuten an einem warmen Platz ruhen lassen. Dann auf bemehlter Fläche hauchdünn ausrollen. Je 20 runde Plätzchen im Durchmesser von 4, 5, 6 und 7 cm ausstechen. Jede Scheibe ringsum am Rand 1 bis 1,5 cm tief einschneiden. Jeweils 4 Scheiben verschiedener Größe mit verquirltem Eiweiß aufeinanderkleben. Das Fettbad auf 180 °C erhitzen und die Rosenküchlein nacheinander darin goldgelb ausbacken. Herausnehmen, abtropfen lassen und einen Klecks Marmelade in die Mitte geben. Mit Puderzucker besieben und sofort servieren.

Rosinenbrot

50 g Hefe, 150 g Zucker, 750 g Mehl,
200 g Rosinen, 50 g gemahlene Hasel-
nüsse, 3 Tropfen Bittermandelaroma,
1 Ei, 50 g Butter zum Bestreichen.

Die Hefe mit 50 ml Wasser und 1 Teelöffel Zucker verrühren und 15 Minuten gehen lassen. Alle anderen Zutaten mit Hilfe der Knethaken des Rührgerätes mit 300 ml lauwarmem Wasser und der Hefe verkneten. Nochmals gehen lassen. Wieder durchkneten und zu einem Laib formen. Zugedeckt an einem warmen Ort gehen lassen, bis sich der Teig verdoppelt hat. Bei 200 °C etwa 45 Minuten backen. In den letzten 10 Minuten mehrmals mit einer Gabel einstechen und mit zerlassener Butter bestreichen.

Rosinenecken

125 g Zartbitter-Schokolade,
125 g Rosinen, 5 Eier, 150 g Zucker,
125 g gemahlene Haselnüsse,
150 g Mehl, 1 Teel. Backpulver,
2 Eßl. Zitronensaft, Schokoladen-
Fett-Glasur.

Schokolade und Rosinen grobhacken. Eier und Zucker schaumig schlagen. Haselnüsse, Rosinen und Schokolade unterrühren, dann Mehl, Backpulver und Zitronensaft. Ein Backblech gründlich fetten, die Masse darauf verstreichen und im vorgeheizten Ofen bei 200 °C etwa 25 Minuten backen. Abkühlen lassen und dann in Dreiecke schneiden. Jeweils 2 Spitzen der Rosinenecken in die aufgelöste Schokoladen-Fett-Glasur tauchen.

Rosinenkrapfen

60 g Margarine, 1 Prise Salz,
200 g Mehl, 4 Eier, 100 g Rosinen,
100 g Mandeln, Ausbackfett, Puderzucker.

¼ Liter Wasser mit Margarine und Salz aufkochen. Das Mehl auf einmal hineinschütten und rühren, bis sich der Teig vom Topf löst. Abkühlen lassen und nacheinander die Eier unterrühren. Zum Schluß die gewaschenen Rosinen und die abgezogenen, gehackten Mandeln daruntermischen. Mit einem Eßlöffel Krapfen von der Masse abstechen und im heißen Fett schwimmend ausbacken, bis sie hellbraun sind. Noch heiß mit Puderzucker besieben.

Rosinen-Nuß-Pralinen

100 g Rosinen, 100 g kandierte
Kirschen, 2 cl Obstgeist, 50 g Walnußkerne,
50 g Vollmilchschokolade,
100 g Zartbitterschokolade,
50 g Puderzucker, 125 g Puderzucker
zum Wenden und Formen.

Die Rosinen waschen, abtropfen lassen und zusammen mit den kandierten Kirschen grobhacken. In einer Schüssel mit dem Obstgeist beträufeln, zudecken und 20 Minuten ziehen lassen. Die Walnußkerne grobhacken. Die Schokolade in eine Schüssel bröckeln. Im heißen Wasserbad langsam schmelzen. Walnüsse, Puderzucker und die Rosinenmischung gründlich verrühren. Dabei eßlöffelweise die flüssige Schokolade zufügen. Gut durchrühren, die Schüssel zudecken und 20 Minuten in den Kühlschrank stellen. Dann kleine Kugeln formen, in Puderzucker wenden und auf einem mit Alufolie belegten Brett 12 Stunden trocknen lassen.

Rosmarinhähnchen

1 Broiler, Salz, Pfeffer, 1 Zitrone,
1 Zweig frischer Rosmarin, Petersilie,
50 g Margarine, ¼ l Fleischbrühe.

Den gewaschenen Broiler trockentupfen, innen und außen mit Salz, Pfeffer und Zitronensaft einreiben. 1 Stengel Rosmarin und 1 bis 2 Stengel Petersilie in das Hähnchen geben und ½ Stunde einwirken lassen. Die Margarine in einer Pfanne erhitzen und das Hähnchen darin ringsum goldbraun anbraten. Die heiße Brühe angießen und die Pfanne in den auf 240 °C vorgeheizten Backofen schieben. Während der Bratzeit von 40 Minuten das Hähnchen öfter mit der Soße übergießen und wenden. Nach dem Braten das Hähnchen mit der Geflügelschere teilen. Mit frischem Weißbrot und Kopfsalat servieren.

Röstkartoffeln

1 kg Kartoffeln, 80 g Fett, Salz,
Pfeffer, Kümmel, 2 kleine Zwiebeln.

Die Kartoffeln am Tage vorher mit der Schale kochen, abpellen und bis zum nächsten Tag stehen lassen. Die Kartoffeln in Scheiben und dann in dünne Stifte schneiden. Das Fett in einer Pfanne erhitzen, Salz, Pfeffer, Kümmel und die sehr fein gehackten Zwiebeln unter die Kartoffeln mischen. Unter häufigem Wenden die Kartoffeln hellbraun braten.

Rostocker Fischeintopf

2 Fischköpfe, 1 Lorbeerblatt,
2 Zwiebeln, Salz, weißer Pfeffer,
¼ l Weißwein, 500 g Kartoffeln,
500 g Fischfilet, Saft von 1 Zitrone,
1 Knoblauchzehe, 4 Eßl. Öl,
500 g Tomaten, ½ Bund Petersilie,
Oliven und Kapern zum Garnieren.

Die gewaschenen Fischköpfe mit Lorbeerblatt, einer geschälten Zwiebel, Salz und weißem Pfeffer in 1¼ Liter Wasser und Weißwein eine Stunde kochen. Durchseihen, die Brühe auffangen. Die geschälten Kartoffeln würfeln, in Salzwasser aufsetzen und garen. Abgießen und trockendämpfen. Inzwischen das Fischfilet unter kaltem Wasser abspülen, trockentupfen und mit Zitronensaft beträufeln. In heißem Öl die feingewürfelte Zwiebel und den mit Salz zerdrückten Knoblauch anschwitzen. Die abgezogenen kleingeschnittenen Tomaten darin andünsten. Die durchgesiebte Fischbrühe angießen und alles 10 Minuten leicht kochen lassen. Dann das in grobe Stücke geschnittene Fischfilet salzen, mit restlichem heißem Öl braun braten. Die Kartoffelwürfel in der Fischbrühe erhitzen, den Fisch unterheben. Mit gehackter Petersilie, gehackten Oliven und mit abgetropften Kapern bestreut servieren.

Rote-Bete-Soße

1 Zwiebel, 50 g rote Bete (Konserve),
Essig, Öl, 100 ml saure Sahne, Salz,
Zucker, weißer Pfeffer.

Die Zwiebel schälen und mit den roten Beten feinhacken oder im Mixer pürieren. So vorbereitet, beides mit Essig und Öl unter die saure Sahne rühren, pikant mit Salz, Zucker und weißem Pfeffer abschmecken und kalt stellen. Anstelle von saurer Sahne läßt sich auch Mayonnaise verwenden. Diese besondere Soße paßt gut zu kaltem Braten, Aufschnittplatten, gegrillten Fleischspeisen und zu Fleischfondues.

Rote-Rüben-Apfel-Gemüse

600 g rote Rüben, 1 Zwiebel, 2 Äpfel,
40 g Margarine, Meerrettich,
Pfeffer, Salz, 200 ml Sahne.

Die roten Rüben in Wasser garen, abziehen und etwas abgekühlt in Würfel schneiden. Die Zwiebel feinhacken, die geschälten Äpfel ebenfalls würfeln. Die Margarine zerlassen, die Zwiebel darin anschwitzen und den Meerrettich hineinrühren. Dann rote Rüben, Äpfel, Pfeffer und Salz zugeben und die Sahne darübergießen. Alles auf kleiner Flamme 10 Minuten leise kochen lassen. Vor dem Auftragen nochmals abschmecken.

Rote-Rüben-Apfel-Salat

3 bis 4 rote Rüben, Salz, 2 Eßl. Öl,
2 Eßl. Essig, Muskat, 2 Äpfel,
⅛ l Joghurt, Saft von ½ Zitrone,
2 Eßl. Apfelsaft, Pfeffer,
1 Prise gemahlener Ingwer,
einige Walnußhälften.

Die geputzten und geschälten roten Rüben etwa 30 Minuten in Salzwasser kochen. Dann in Scheiben schneiden und noch warm mit einer Marinade aus Öl, Essig und Muskat beträufeln. 30 Minuten durchziehen lassen. Die geschälten Äpfel in feine Streifen schneiden. Aus Joghurt, Zitronensaft, Apfelsaft, Salz, Pfeffer und Ingwer ebenfalls eine Marinade bereiten und damit die Apfelstreifen anmachen. Die roten Rüben kreisförmig auf einer Platte anrichten, den Apfelsalat daraufhäufen und mit einigen Walnußhälften garnieren.

Rote-Rüben-Gemüse

750 g rote Rüben, 50 g Butterschmalz, 1 Zwiebel, 1 Eßl. Honig, je ½ Teel. Koriander- und Pfefferkörner, 2 Eßl. Essig, Salz, Rotwein.

Die roten Rüben schälen und grobraffeln. In einem Topf Butterschmalz erhitzen und darin die gewürfelte Zwiebel glasig dünsten. Das Gemüse zufügen, ebenso alle Gewürze und zuletzt 200 ml Rotwein aufgießen. Zugedeckt etwa 1 Stunde dünsten lassen. Vor dem Anrichten nochmals abschmecken.
Das Rote-Rüben-Gemüse paßt ausgezeichnet zu fettem Geflügel.

Rotes Erbsengemüse

400 g Konservenerbsen oder 600 g frische grüne Erbsen, 2 Zwiebeln, 40 g Schinkenspeck, 2 Eßl. Tomatenketchup, ⅛ l Fleischbrühe, Salz, Zucker, Essig, Dill.

Die grünen Erbsen in leichtem Salzwasser garen. Die Zwiebeln kleinschneiden und zusammen mit kleinen Schinkenspeckwürfelchen rösten. Zu

den Erbsen geben, ebenso das Tomatenketchup und die Brühe. Gut durchkochen lassen, dann mit Salz sowie 1 Prise Zucker und einigen Tropfen Essig abschmecken. Beim Anrichten reichlich mit gehacktem Dill überstreuen.

Rot-grüner Salat

1 Kopf Salat, 2 Bund Radieschen, 100 g grüne Gurke, 1 Zwiebel, ½ Knoblauchzehe, 2 Eßl. Öl, 1 Eßl. Zitronensaft, 1 Teel. Senf, 1 Eßl. gehackte Zitronenmelisse oder Schnittlauch, je 1 Prise Salz, Zucker und Pfeffer.

Die vorbereiteten Salatblätter mit Radieschenscheiben, Salatgurken- und Zwiebelwürfeln in eine mit Knoblauch ausgeriebene Schüssel geben. Eine Soße aus Öl, Zitronensaft, Senf, Kräutern, Salz, Zucker und Pfeffer darübergießen. Den Salat vermischen und sofort servieren.

Rotkohleintopf

2 kg Rotkohl, ⅜ l Weißwein, 3 Eßl. Weinessig, Salz, 1 Wurzelwerk, 3 Zwiebeln, 2 Äpfel, 25 g Gänseschmalz, 2 Gänsekeulen, 1 Prise Nelkenpulver, 3 Lorbeerblätter, 1½ Eßl. Zucker. 1½ l Brühe (gekörnt), 4 Kartoffeln, 3 Eßl. Preiselbeeren oder Preiselbeerkonfitüre.

Den Rotkohl vorbereiten und feinschneiden, mit dem Wein, dem Weinessig und Salz vermischen und ziehen lassen. Das geputzte Wurzelwerk und die Zwiebeln feinwürfeln. Die Äpfel schälen, von Blüte, Stiel und Kerngehäuse befreien und in Achtel schneiden. Gänseschmalz erhitzen, die Keulen darin scharf anbraten, bis sie ringsherum braun sind, und wieder herausnehmen. Das Wurzelwerk und die Zwiebeln im Fett andünsten, die Hälfte des Rotkohls daraufgeben. Darauf die Gänsekeulen, das Nelkenpulver, die Lorbeerblätter, den Zucker und die Apfelstückchen und obenauf den restlichen Rotkohl verteilen. Alles mit Brühe auffüllen und zugedeckt auf kleiner Flamme garen (etwa 2½ Stunden). Die Keulen auslösen. Das Fleisch in mundgerechte Stücke schneiden. Die geschälten Kartoffeln reiben, in den Kohl geben, Preiselbeeren und Fleisch zufügen. Alles gut vermengen und noch 15 Minuten auf kleiner Flamme kochen lassen.

Rotkraut mit Äpfeln

1 Kopf Rotkraut, 100 g Gänsefett,
2 Zwiebeln, ½ Teel. Kümmel,
1 Lorbeerblatt, 4 Nelken, Salz,
5 säuerliche Äpfel, 2 Eßl. Sultaninen,
1 bis 2 Teel. Kartoffelstärke,
1 bis 2 Eßl. Marmelade, 1 Schuß
Rotwein, Pfeffer, Glutal, Essig.

Das vorbereitete Rotkraut in Streifchen schneiden und in dem erhitzten Gänsefett unter Rühren andünsten. Dann etwas heißes Wasser, die Zwiebeln, Kümmel, Lorbeerblatt, Nelken sowie etwas Salz zufügen und das Kraut zugedeckt garen. Nach 10 Minuten die geschälten, vom Kernhaus befreiten, in Spalten geschnittenen

Äpfel und die gewaschenen Sultaninen dazugeben. Das gare Gemüse mit dem in wenig Wasser angerührten Stärkemehl andicken. Zuletzt mit Marmelade, Rotwein, Salz, Pfeffer, Glutal und etwas Essig abschmecken.

Rotkraut mit Preiselbeeren

1 kg Rotkraut, 50 g Schweineschmalz,
2 bis 3 Äpfel, 1 Eßl. Zucker,
1 Teel. gehackte Zwiebel, Salz,
1 Lorbeerblatt, 1 bis 2 Nelken,
2 Eßl. Essig, 1 Eßl. Mehl,
2 Eßl. Preiselbeeren, ½ Tasse Rotwein.

Das Rotkraut putzen, waschen, hobeln oder kleinschneiden. Im heißen Fett Zucker, Zwiebel und geschnittene Äpfel andünsten. Das Rotkraut zugeben und etwas dämpfen lassen. Mit wenig Wasser aufgießen, Salz, Lorbeerblatt und Nelken zufügen. 30 bis 45 Minuten dünsten, zwischendurch öfter heißes Wasser nachgießen. Nach Belieben mit etwas Mehl bestäuben, Essig zugeben und nochmals gut durchkochen. Mit Preiselbeeren und Rotwein abschmecken.

Rotweinbeize I

Salz, Möhren, Zwiebeln, Gewürzkörner,
Lorbeerblatt, Essig, Thymian,
Majoran, Wacholderbeeren, Rotwein.

1 Liter leicht gesalzenes Wasser mit Wurzelwerk, Gewürzkörnern, Wacholderbeeren, Lorbeerblatt, Thymian, Majoran und Pfefferkörnern kochen. ¼ Liter Essig und ¼ Liter Rotwein zufügen. Die Beize nochmals kurz aufkochen lassen.

Rotweinbeize II

1 Flasche Rotwein, 2 Zwiebeln,
2 Möhren, 2 Lorbeerblätter,
4 zerdrückte Wacholderbeeren,
4 Pfefferkörner, 4 Gewürznelken.

Rotwein, ½ Liter Wasser und die Gewürze kurz aufkochen und erkalten lassen. Die Beize über das vorbereitete Fleisch gießen, 1 bis 2 Tage durchziehen lassen.

Rotwein-Cobbler
(Einzelportion)

2 cl Maraschino, 2 cl Weinbrand,
1 Teel. Himbeersirup, 4 Weinbeeren,
2 Stückchen Ananas, 0,1 l Rotwein.

Das Glas zur Hälfte mit gestoßenem Eis füllen. Maraschino, Weinbrand und Himbeersirup dazugeben und kurz umrühren. Mit den Früchten garnieren und mit Rotwein auffüllen.

Rotweincreme

5 Eigelb, 125 g Zucker,
2 Päckchen Vanillinzucker,
³/₈ l herber Rotwein,
15 g Gelatine, 1 Flasche Schlagsahne.

Eigelb, Zucker und Vanillinzucker schaumig schlagen. Den erhitzten Rotwein unter Rühren zugießen. Im Wasserbad 3 Minuten cremig-dicklich schlagen, dann herausnehmen. Die eingeweichte und ausgequollene Gelatine darin auflösen. Die Creme abkühlen lassen. Beginnt sie zu stocken, die steifgeschlagene Sahne vorsichtig unterheben. Im Kühlschrank völlig erkalten lassen.

Rotweingelee

³/₈ l Rotwein, 100 g Zucker,
¹/₈ l Kirschsaft oder Wasser,
1 Prise Salz, etwas abgeriebene
Zitronenschale, 1 Stück Zimtrinde,
1 Nelke, 20 g Gelatine.

Den Rotwein mit dem Zucker nur so viel erhitzen, bis sich der Zucker aufgelöst hat. Inzwischen den Kirschsaft mit den Gewürzen aufkochen, die in wenig kaltem Wasser eingeweichte Gelatine darin auflösen und durch ein Haarsieb zu dem Rotwein geben. In eine kalt ausgespülte Schüssel füllen und recht kalt stellen. Nach dem Erstarren stürzen und mit Vanillesoße auftragen.

Rotwein mit Ei

4 Eigelb, 6 Eßl. Zucker,
4 Glas Rotwein, etwas Zitronensaft.

Die Eigelb mit dem Zucker schaumig schlagen, dabei nach und nach den Rotwein unterrühren, mit Zitronensaft abschmecken.

Rotweinsoße

1 Wurzelwerk, 2 Zwiebeln, 40 g Butter
oder Margarine, 30 g Mehl,
100 ml Rotwein, 100 ml Bratensoße
(Würfel), Salz, Pfeffer, Zucker.

Das Wurzelwerk und die Zwiebeln putzen, waschen und in feine Würfel schneiden. Inzwischen die Butter erhitzen, die Gemüsewürfel dazugeben und rösten. Dann mit Mehl bestäuben, unter Rühren alles goldbraun werden lassen. Sofort mit Rotwein ablöschen, die Bratensoße dazugeben, alles gut verrühren, würzen und etwa 8 Minuten leicht kochen lassen. Danach passieren, abschmecken und mit etwas Butter verfeinern.

Rotweinsoße paßt besonders zu gekochter Ochsenzunge, Rinderbraten, Wildbraten oder zarten Filetsteaks.

Rotweinsoße, süß

1 Eßl. Stärkemehl, 1 kleines Stück Zimtrinde, 2 Eßl. Zucker, 2 Stück Würfelzucker, an Zitronenschale gelblich gerieben, ⅛ l Rotwein.

Das Stärkemehl mit 2 Eßlöffel kaltem Wasser anrühren. ⅛ Liter Wasser mit Zimtrinde, Zucker und Würfelzucker zum Kochen bringen, das Stärkemehl zugeben und aufkochen lassen. Zimtrinde entfernen, den Topf vom Feuer nehmen und den Wein unterrühren. Während des Erkaltens ein paarmal umrühren.

Rühreier

4 Eier, Salz, 20 g Butter.

Die Eier mit 4 Eßlöffel Wasser, am besten Mineralwasser und Salz verquirlen. Die Butter im Tiegel erhitzen. Die Eimasse hineingeben und bei milder Hitze darin etwas stocken lassen. Die Masse dann mit einem Spatel in großen Flocken vom Pfannenrand zur Mitte hin schieben, keinesfalls verrühren. Das Rührei ist fertig, wenn die Masse gestockt ist, aber an der Oberfläche noch glänzt.
Rührei kann geschmacklich mit Zwiebel oder Speck abgewandelt werden.

Rührei mit Nudeln

200 g gekochte Nudeln, 50 g Butter, 2 Eßl. Sahne, 6 Eier, 50 g Reibekäse, Petersilie.

Die garen Nudeln abschrecken, auf ein Sieb geben und abtropfen lassen. Die Butter erhitzen, die Nudeln darin schwenken, erhitzen, mit der mit den Eiern verrührten Sahne übergießen und so lange auf kleiner Flamme unter Rühren erhitzen, bis die Eier gestockt sind. Mit Reibekäse und gehackter Petersilie bestreut servieren. – Dazu grünen Salat oder gedünstetes Gemüse reichen.

Rumänischer Kaffee

4 Teel. feingemahlener Bohnenkaffee, 4 Teel. Puderzucker, 2 Teel. Kakao, Vanillinzucker.

Kaffee, Puderzucker und Kakao mit 4 Tassen kaltem Wasser verrühren, erhitzen, unmittelbar vor dem Kochen vom Feuer nehmen und mit etwas Vanillinzucker würzen.

Rumänisches Moussaka

600 g Gehacktes halb und halb, 1 Eßl. Salz, 1 Eßl. Pfeffer, 1 Teel. Edelsüß-Paprika, 200 g Zwiebeln, 100 g Öl, 1½ kg Kartoffeln, 20 g Margarine, 1 Tasse Eierkuchenteig, 200 g Tomaten.

Das Gehackte mit Salz, Pfeffer und Paprika würzen und zusammen mit den kleingeschnittenen Zwiebeln in 50 Gramm Öl anbraten. Die geschälten und in Scheiben geschnittenen

Kartoffeln im restlichen Öl anbraten, ohne daß sie Farbe annehmen. Eine gefettete Auflaufform zuerst mit Kartoffeln, dann mit Fleisch und zum Schluß wieder mit Kartoffeln belegen. Darüber den gesalzenen Eierkuchenteig gießen und obenauf Tomatenscheiben legen. Bei Mittelhitze etwa 20 Minuten in der Röhre überbacken. Als Beilage Weißbrot reichen.

Rumänische Tomatenwürzbissen

2 Scheiben Weißbrot, 20 g Butter,
4 Tomaten, 1 Zwiebel, Salz, Pfeffer,
120 g Reibekäse, 6 cl Mastika.

Das Weißbrot mit Butter bestreichen. Die Tomaten in Scheiben schneiden, auf das Brot legen, darauf die in Würfelchen geschnittene Zwiebel verteilen und mit Salz und Pfeffer würzen. Die Scheiben in mundgerechte Bissen schneiden, grobgeriebenen Käse darüberstreuen und in der Röhre oder im Grill überbacken. Die Würzbissen portionsweise mit dem vorgewärmten Mastika umgießen und brennend servieren.

Rum-Cobbler
(Einzelportion)

1 Barlöffel Curaçao, 1 Barlöffel
Himbeersirup, 4 Cocktailkirschen,
2 Stückchen Ananas, 1 Pfirsich,
4 cl Rum, Selters.

Das Glas zur Hälfte mit zerstoßenem Eis füllen, Curaçao und Himbeersirup dazugeben und kurz umrühren. Mit den zerkleinerten Früchten garnieren. Mit Rum und wenig Selters auffüllen.

Rum-Cocktail
(Einzelportion)

4 cl Rum, 2 cl Zitronensaft,
1 Barlöffel Curaçao, Zitronenschale.

Rum, Zitronensaft und Curaçao mit Eis schütteln, in ein Glas seihen und einige Tropfen ausgepreßte Zitronenschale zufügen.

Rumcreme

½ l Milch, 6 Eier, 100 g Zucker,
1 Tafel bittere Schokolade,
12 bis 15 g Gelatine, 2 Likörgläser
Rum oder Weinbrand, 75 g Rosinen,
¼ l süße Sahne, Schokolade
zum Garnieren, 2 Zitronenscheiben.

Die Milch erhitzen, Eigelb mit Zucker cremig schlagen. Die Milch zur Eigelbmasse geben, die grobzerkleinerte Schokolade zufügen und die Creme etwa 3 Minuten im Wasserbad erhitzen. Dann herausnehmen, die gequollene, aufgelöste Gelatine unterrühren. Beginnt die Creme zu stocken, die in Rum eingeweichten Rosinen sowie die steifgeschlagene Sahne unterziehen. – Mit geraspelter Schokolade und Zitronenscheiben garnieren und kalt stellen.

Rum-Egg-Nogg
(Einzelportion)

1 Eigelb, 4 cl Rum, ⅛ l Milch,
1 Prise gemahlene Nelken.

Im Mixer das Eigelb und den Rum auf Eis mixen und in ein großes Weinglas seihen. Mit der Milch auffüllen und Nelkenpulver darüberstreuen.

Rumglasur

150 g Puderzucker, 3 Eßl. Rum,
Weinbrand oder Likör.

Den gesiebten Puderzucker allmäh-
lich mit der Flüssigkeit verrühren.
Diese Glasur hat keine reinweiße
Farbe.

Rum-Julep

5 frische Pfefferminzblätter,
1 Barlöffel Zucker, 6 cl Rum,
4 Cocktailkirschen, 2 Aprikosen.

Die Pfefferminzblätter in einem Glas
mit dem Zucker zerreiben, Rum und
fein zerstoßenes Eis zugeben und umrühren. Mit den Früchten und nach
Belieben mit einem Pfefferminzblättchen garnieren.

Rum-Kakao
(3 Portionen)

2 Eßl. Kakaopulver, 2 Eßl. Zucker,
½ l Milch, 1 Eigelb, 1 Ei,
4 cl brauner Rum (Verschnitt),
6 Eßl. geschlagene Sahne,
Kakaopulver zum Bestreuen.

Kakaopulver mit Zucker vermischen
und mit wenig kalter Milch verrühren.
Die restliche Milch erhitzen, das angerührte Kakaopulver einrühren, einmal aufkochen lassen. Das Eigelb und
das Ei in einer Schüssel im Wasserbad
schaumig rühren, den heißen Kakao
nach und nach unterrühren. Die
Schüssel aus dem Wasserbad nehmen,
den Rum dazugießen. Alles in Gläser
verteilen. Mit Sahne und Kakaopulver
servieren.

Rum-Orangen-Milchmix
(Einzelportion)

⅛ l kalte Milch, 8 Eßl. Orangensaft,
2 cl brauner Rum,
grob abgeriebene Orangenschale.

Die Milch mit dem Orangensaft kräftig verquirlen, den Rum unterrühren.
In ein großes Cocktailglas füllen und
mit Orangenschale bestreut sofort servieren, damit die Milch nicht gerinnt.

Rumpsteaks

4 Rumpsteaks, Salz, Pfeffer,
1 Eßl. Öl, 1 Teel. Butter.

Die Rumpsteaks salzen und pfeffern.
Danach in heißem Öl unter ständigem
Begießen mit Bratfett saftig braten.
Kurz vor dem Garwerden die Butter
zugeben und fertiggaren. Rumpsteaks
können mit verschiedenem Gemüse,
mit gerösteten Zwiebelscheiben, mit
gebratener Geflügelleber und Champignons oder mit Sahnemeerrettich
vervollkommnet werden. Dazu Röstkartoffeln oder Pommes frites.

Rumpsteaks mit grünem Pfeffer

4 Rumpsteaks, 2 Eßl. grüner Pfeffer,
1 Eßl. Schmalz, 1 Eßl. Butter, Salz,
Pfeffer, 2 Zwiebeln,
1 Eßl. gehackte Petersilie.

Auf die vorbereiteten Rumpsteaks die
grünen Pfefferkörner legen und in das
Fleisch eindrücken oder in eine einge-
schnittene Tasche füllen. Die Steaks
in heißem Schmalz oder Öl von beiden Seiten scharf anbraten. Überschüssiges Fett abgießen und in But-

ter noch 3 Minuten nachbraten. Jetzt erst die Steaks würzen, herausnehmen und warm stellen. Die in Scheiben geschnittenen Zwiebeln in der Bratbutter glasig dünsten und über die gebratenen Steaks geben. Obenauf Petersilie streuen.

Rumpunsch

4 Eigelb, 6 Teel. Puderzucker,
8 Likörgläser Rum, ½ l Milch.

Die Eigelb und den Puderzucker recht schaumig schlagen, erst dann den Rum zugießen. Mit der kochendheißen Milch auffüllen und sofort auftragen.

Rumstreifen

Für den Teig: *180 g Margarine, 1 Ei,*
1 Eigelb, 100 g Zucker,
1 Päckchen Vanillinzucker, 375 g Mehl.
Für die Füllung: *250 g gemahlene*
Mandeln, 100 g gewaschene Sultaninen,
100 g Zucker, 50 g Weizenkeime,
50 g Honig, 6 cl Rum-Verschnitt,
Saft von 2 Zitronen.
Für den Guß: *75 g Puderzucker,*
2 cl Rum-Verschnitt.

Aus den Teigzutaten einen Teig bereiten und für etwa 1 Stunde kalt stellen. Dann zu 2 Platten ausrollen. Die erste Platte auf ein gefettetes Blech legen. Die Zutaten für die Füllung verrühren und diese Masse auf die erste Platte streichen. Dabei ringsum 3 cm Rand lassen. Die zweite Platte darüberlegen und die Ränder festdrükken. Die Oberfläche mit einer Gabel einstechen. Im vorgeheizten Ofen bei 250 °C etwa 20 Minuten backen. Mit Zuckerguß bestreichen und erkaltet in Streifen schneiden.

Russische Knoblauchsoße

4 bis 6 Knoblauchzehen, Salz,
150 g Mayonnaise, 2 hartgekochte
Eier, 1 rote Paprikafrucht,
weißer Pfeffer, Zitronensaft.

Die Knoblauchzehen schälen, mit Salz zerreiben und unter die Mayonnaise mischen. Die Eier feinhacken, die Paprikafrucht putzen, in sehr feine Würfel schneiden und beides unter die Mayonnaise ziehen. Kräftig mit Pfeffer und Zitronensaft würzen. Knoblauchsoße paßt zu kaltem, gekochtem Fisch, Hammelfleisch, Piroggen, aber auch zur Fleischfondue. Knoblauchkennern ist diese Spezialität als Cocktail- oder pikante Salatsoße zu empfehlen.

Russische Soße

100 g Mayonnaise, 50 g Tomatenketchup,
50 g saure Sahne, geriebener Meer-
rettich, Salz, Zucker, weißer Pfeffer.

Mayonnaise mit Tomatenketchup und saurer Sahne gut verrühren, Meerrettich dazugeben, mit Salz, Zucker und Pfeffer pikant abschmecken, nochmals gut verrühren und kalt servieren. Besonders schmeckt diese Soße zu hartgekochten Eiern, kaltem Braten, Geflügel oder Fisch.

»Wer einen guten Salat zu bereiten versteht, wird unstreitig ein gutes Buch zu schreiben imstande sein!« behauptete Eugen Vaerst in seiner Schrift »Gastrosophie oder die Lehre von den Freuden der Tafel«.[99] Das war zu jener Zeit in Frankreich, da sich George Sand ihrer Konfitüren fast noch mehr rühmte als ihrer literarischen Werke, da jeder, der in der sogenannten guten Gesellschaft auf sich hielt, mindestens eine Soße, besser aber ein kleines Ragout oder ein andersartiges Gelee erfunden haben wollte. Gegenstand der Konkurrenz wurde auch die Vinaigrette, eine Essig-Öl-Soße, ohne die der französische Salat undenkbar ist. Unter Salat verstehen die Franzosen zunächst den grünen Blattsalat, der schon als Lattich in der Antike und im Mittelalter bekannt war. Kein römisches Gastmahl ohne die grünen Blätter, die mit Essig, Salz und Öl angerichtet wurden. Auch der deutsche Name verweist auf diese Zubereitungsweise: Salat ist Gesalzenes, daß man gern zum Fleisch, zum Braten hatte.

Schon in der Antike war die rechte Dosierung von Essig und Öl das Geheimnis eines guten Salates. Vom Lattich behauptete man übrigens, er würde den Schlaf befördern und den Magen stärken. Aber auch andere Blättchen und Pflanzenteile wurden zu Salat verarbeitet. So rühmte Cato (234–149 v. u. Z.) den jungen Wirsing und ließ dessen Blätter mit Essig auftragen. Gleich blieb also die »Soße«. Sagen wir lieber ähnlich, denn jeder Koch hatte sein Rezept.

In Frankreich wurde nun dieses Essig-Öl-Gemisch zum Meisterwerk der Kochkunst erhoben. Bis heute, wie dieses Vinaigrette-Rezept belegt:

Zerhacke frische Kräuter, Petersilie, Thymian und Rosmarin. Verrühre vier Eßlöffel feines Öl mit einem Eßlöffel Essig, einem halben Teelöffel Senf, Salz, Pfeffer und Knoblauch. Schlage die Sauce kräftig, gib die Kräuter hinein und schütte sie über den gewaschenen, abgetrockneten Salat.

Da in mittelalterlichen Kochbüchern Gemüsezubereitungen kaum erwähnt werden, begegnet uns der Salat erst im 16. Jahrhundert wieder; nach wie vor als Begleiter des Bratens bei festlichen Gelegenheiten. Doch jetzt mischt man ihn nicht mehr nur aus rohen Zutaten, sondern wir finden auch mancherlei gedünstete Gemüse in den Schüsseln. Garniert wurde mit »geschnittenen Eyern, Hahnenkämmen und Hirn von Geflügel«. Rettich, Kohl, Zwiebeln, Rapunzeln, Endivien, Brunnenkresse, Pimpernelle, Hopfen, Zichorienwurzel, Nesseln, Rüben, Artischocken, Sauerampfer, Kürbis, Zitronen und verschiedenartige »Krauthäuptlin« waren bei Marx Rumpolt in seinem »New Kochbuch«[100] von 1581 Ausgangsstoffe für feine Salate. 50 verschiedene zählt er auf und beschreibt ihre Zubereitung.

Rund 150 Jahre später rühmt man den Salat auf diese Weise: »Acetaria, Salade, ist ein Essen, das von gewissen Kräutern oder andern Dingen mit Baum-Öl (wahrscheinlich Olivenöl gemeint), Essig, Salz etc. zubereitet wird. Allen Leuten stehet dieses Gericht nicht an … Allein das achtet der Liebhaber des Salates wenig, vielmehr ißt er solchen mit grössern Appetit, weil er aus der Erfahrung gelernet, daß die übermäßige Hitze des Geblüts in den en heißen Sommertagen, gleichwie die hitzige Schärffe des Magens zur Winterszeit durch den Salat gemildert und der Gesundheit etlicher maßen gedienet werden.«[101] Dann folgen 27 Salate, größtenteils aus den gleichen Gemüsen wie bei Marx Rumpolt. Neu ein Salat von Rinder-Gaumen, den man heute wohl Ochsenmaulsalat tituliert, ein Salat von Gurken wie einer von Spargeln; all die erwähnt Rumpolt noch nicht. Ein Kochbuch Mitte des 19. Jahrhunderts spart ebenfalls nicht mit Ratschlägen: »Zur Bereitung eines guten Salats darf man nur ganz frisches und viel Provenceöl, aber nur wenig und scharfen Essig, am besten Estragonessig, verwenden. Ferner muß man den Salat mit einer Salatgabel und Löffel gut durchmischen, damit er gleichmäßig von Essig und Öl durchdrungen wird. Ebenso darf man den grünen Salat nur auf den letzten Augenblick anmachen, weil er sonst welk und zähe und dadurch unverdaulich wird. Die Bereitungsart ist verschieden. Bald vermischt man den Salat einfach mit Essig, Öl, Salz und Pfeffer, bald mit einer gerührten Mayonnaisen-Sauce. Einige rühren das Gelbe von einem hartgekochten Ei mit Öl, Essig und etwas Mostrich klar und rühren den Salat mit dieser Mischung durch. Man kann auch feingehackte Petersilie, Schalotten, Schnittlauch, Estragon und andere Kräuter an den Salat thun, wodurch er nur an Wohlgeschmack gewinnt.«[102] Das Buch erwähnt zwar nur 16 »reine« Gemüsesalate, dafür aber noch etliche Zubereitungen mit Fleisch, Fisch und Geflügel unterschiedlichster Art, die aber nicht den Salaten, sondern den kalten Zwischengerichten zugeordnet sind.

Sicher hat die Perfektionierung der sogenannten »Kalten Küche« dazu beigetragen, daß sich die Zahl und Art der Salate veränderte. Allein der Essig-Öl-Soße wurden im Laufe der Zeit unzählige Varianten beigegeben, deren wichtigste wohl die Mayonnaise ist, eine kalt angerührte Eigelb-Öl-Emulsion, die man mit Salz, Essig und Zucker pikant abschmecken kann. Gemischte Salate von vielerlei Zutaten wurden allgemein üblich. Sie waren nicht mehr nur Beilage zum Braten, sondern kamen – wie schon erwähnt – als eigenständige, sättigende Zwischengerichte auf den Tisch.

Nicht aber, daß einer denkt, man habe um ihretwillen den Lattich und die anderen Rohkostsalate verteufelt. Sie behaupten mehr denn je in der modernen, auf Vitamine ausgerichteten Küche ihren Platz.

Das Herzstück jedes Salats ist die kräftige, würzige Soße. Nun gibt es deren noch mehr als Vinaigrette und Mayonnaise. Und sie erlangten – auch über die Salate hinaus – im Lauf der Jahrhunderte große Bedeutung. So wettete einst ein großer Saucenkünstler mit einem gewöhnlichen Koch: »Durch eine Sauce« wollte er »ein paar alte Wagengeschirre und seine Winterstiefel eßbar machen, und gewann die Wette. Das alte Lederzeug wurde durch vier Wochen in kaltes Wasser gelegt; täglich ein dutzendmal frisches Wasser aufgegossen; dann immer aufs neue das Leder gereinigt und dasselbe endlich vierzehn Tage ununterbrochen in starker Bouillon gekocht, nun unter das Hackmesser gebracht und in einer pikanten Burgundersauce vortrefflich gefunden.«[103] Eugen Vaerst, dem wir diese Anekdote verdanken, erfaßt damit eine der »Küchenrevolutionen«: die Erfindung der Soßen in Frankreich. Nicht, daß bis zu diesem Zeitpunkt gar nichts dergleichen existiert hätte! Dennoch unterschieden sich die neuen Schöpfungen wesentlich von ihren Vorgängern.

Die älteste Soße ist wohl die antike Fischlake Garum. Sie durfte an kaum einem Gericht fehlen, wenngleich uns ihre Zubereitung heute gelindes Entsetzen bereitet. Das Innere von Fischen, meist Makrelen, wurde derartig mit Salz versetzt, daß es sich aufzulösen begann. Den Extrakt davon filterte man durch Korbgeflechte. Andere Würzen waren Essig und gepfefferte Eidotter, vergorene Weintrauben und Knoblauchbrühen. Man bedenke, das Fleisch wurde meist am Spieß gebraten und steuerte seinen »Saft« nicht zur Soße bei. So kannte man eher Marinaden, mit denen das Kochgut vor dem Garprozeß behandelt wurde, als Soßen, zu den dann fertigen Speisen.

Ähnlich die Situation im Mittelalter. Der Braten, noch immer am Spieß, sorgte für eine relativ flüssigkeitsarme Kost. Tunken wurden extra bereitet, und ihr Name sagt, wie man mit ihnen umging: Brot oder Fleischstücke wurden eingetaucht, etwa so, wie wir heute die Bockwurst in den

Senf stippen. Verschiedene dieser »Condimente« geben Auskunft, wie sehr man diese Art des Würzens liebte und das, obwohl alle Speisen bereits in der Küche reichlich mit Pfeffer, Kardamom, Muskat, Zimtblüte und dergleichen mehr versehen worden waren. Besonders geschätzt wurden Zwiebel- und Kümmelsoßen, die »salse«, der »pfeffer«, der »agraz«.

Lesen wir in mittelalterlichen Rezepturen:

Eine »gut salse« wurde so bereitet: »Nimm Wein und Honig, setze es aufs Feuer und laß es kochen. Gib mehr gestoßenen Ingwer hinein als Pfeffer, zerreibe Knoblauch, doch nicht zuviel, und mache es (damit?) kräftig. Rühre es mit einem Holz, laß es kochen, bis es glasig ist. – Dies soll man bei kaltem Wetter essen. Es heißt »Schwallenbergs salse«.[104]

Einen Agrest machte man dagegen so: »Willst du einen Agrest bereiten, so nimm Weintrauben und zerstoßene saure Äpfel. Vermische sie mit Wein und drücke sie aus. Diese Tunke ist gut zu Hammelbraten, zu Hühnern und Fischen. Sie heißt »agraz«.[105] Trotz der französischen Soßenrevolution lebten diese Tunken noch lange fort. In einem Kochbuch von 1825 (!) liest sich der »agraz« dann so:

»Agrest zu machen: Weinbeeren, welche die halbe Reife haben, werden unter einer hölzernen Presse ausgedrückt, der Saft solange ruhig hingestellt, bis er sich geklärt hat, dann durch ein Tuch filtriert und in kleinen, gut verkorkten und verpichten Glasflaschen aufbewahrt.«[106]

Daß sich einzelne dieser alten Tunken-Rezepte bis heute bewahrt haben, ist kein Widerspruch zur eingangs erwähnten »Soßenrevolution«. Die französische Gastrosophie, die sich vom 17. Jahrhundert an auch über Europa ausbreitete, ging mit einer allgemeinen Verfeinerung der Tischsitten einher. Der Gebrauch von Messer, Gabel, Löffel, von Tischtüchern, Servietten, Sitzordnungen und neuen Ritualen an der Tafel, alles zunächst im höfischen Bereiche festgelegt, brachte insgesamt eine Eßkultur hervor, deren einzelne Formen bis heute Gültigkeit haben. Im 18. Jahrhundert übernahmen vornehme Bürgerhäuser diese neue »Mode«; an der Wende zum 19. Jahrhundert finden wir sie auch bei wohlhabenden Bauern in Nord- und Westdeutschland.

Wie einschneidend das in der allgemeinen Geschichte der Volksernährung war, macht deutlich, daß man seitdem von zwei »Eßkulturen« sprechen kann. Vorher, etwa um 1500, aßen vom Bauern bis zum König alle auf gleiche Weise und hatten auch ähnliche, zumindest vergleichbare Speisen auf dem Tisch; je nach dem Stand waren sie bei einem üppiger als beim anderen, aber nach einer Manier zubereitet.

Später dagegen folgten die herrschenden Klassen mit Begeisterung den neuen Sitten, während sich die alten Eßgewohnheiten wie die alten Menüs in der Volkstradition hielten. Dort kam noch immer die große Schüssel in die Mitte des Tisches, man aß Brei und Zugemüs, wie es schon Generationen vorher bereitet hatten, und wußte eben noch, woraus ein »Agrest« bestand. In unserer heutigen Küche finden wir solche Traditionen wieder.

Doch zurück zu den »Soßenkünstlern«. Große Herren von Stand schwangen damals den Kochlöffel. Der Haushofmeister Ludwigs XIV. (1638–1715), Bêchamel Marquis de Nointel, erfand eine nach ihm benannte Sahnensoße aus Zwiebeln, Schinken und Kalbfleisch. Ein Marschall des Königs, der »große« Condé (1612–1686), verstand es genauso gut in der Küche zu kommandieren wie auf dem Appellplatz ... Der berühmteste Koch jener Zeit war Vatel, der sich bei einem Mißgeschick das Leben nahm: Als unverhoffte Gäste eine ohnehin große Gesellschaft vervielfachten, sein Braten nicht reichte und eine versprochene Ladung Seefisch zu spät eintraf, stürzte er sich in den Degen.

Nicht von ihm, aber von seinem Kollegen Gouffé blieb ein wichtiger Hinweis für die Soßenbereitung erhalten. Gouffé nämlich verriet, daß er »Muttersoßen« habe, aus denen er beliebige Soßen komponieren würde, so wie ein Maler aus den immer gleichen Farben stets neue Zwischentöne mischen könnte. Darin liegt viel Weisheit versteckt, denn wer sich einzelne Soßenrezepte einmal genauer ansieht, wird entdecken, daß sie sich in der Tat auf einige Grundrezepturen reduzieren lassen: helle Grundsoße, dunkle Grundsoße, Buttersoßen, Ölsoßen. Alles andere machen die Feinheiten.

In Frankreich strahlten dazumal die Soßen auch noch in vielen Farben. Man konnte übrigens, wie heute, fertige Soßen kaufen. eine Gilde mit dem langen Namen »Sauciers-moutardiers-vinaigriers-distillateurs en eau de vie et esprit de vin et buffetiers« pries die würzigen Flüssigkeiten in den Straßen von Paris zum Verkauf an. Hier feierte nun die Kunst des Würzens ihre Neugeburt. Zwar gab es noch immer Versuche, mittels Gewürzen eine Speise so zu verändern, daß man von ihr mehrere einander nicht gleichende Gänge bestreiten konnte; in der Mehrzahl aber wurden die Soßen benutzt, um den Eigengeschmack eines Fleischstücks oder eines Gemüses zu betonen, zu ergänzen.

Pfeffer, Senf, Sardellen, Knoblauch, Oliven, Trüffel, Champignons, Morcheln, Schwämme, Weinessig, Zwiebeln, Eier waren wichtige Zutaten. Einheimische Kräuter und Früchte wurden genutzt, dazu schöpfte man aus dem Reichtum asiatischer Gewürze. Eine Einheitssoße gab es nie. Jedes Gericht hatte nicht eine, sondern seine Soße, und manchmal gab es deren auch mehrere. Warum erhalten eigentlich heute die Soßen nicht mehr den Namen ihrer Erfinder?

Sachertorte

350 g Margarine, 225 g Mehl,
125 g Stärkemehl, 50 bis 60 g Kakao,
2 Teel. Backpulver, 8 Eier,
300 g Zucker, Salz, 2 Päckchen
Vanillinzucker, 50 g geriebene Mandeln,
Aprikosenmarmelade,
Schokoladen-Fett-Glasur.

Zur schaumig gerührten Margarine Mehl, Kakao und Backpulver sieben und unterarbeiten. Eigelb, Zucker und Gewürz ebenfalls schaumig schlagen und mit den Mandeln zur Margarinemasse geben. Den steifen Eischnee unterheben und in einer gefetteten, ausgestäubten Springform bei Mittelhitze backen. Am nächsten Tag zweimal quer durchschneiden und mit Aprikosenmarmelade, die nach Wunsch mit Rum und Mandeln verrührt sein kann, füllen. Etwa 3 Eßlöffel Aprikosenmarmelade erhitzen und damit die zusammengesetzte Torte überziehen. Sofort mit Schokoladen-Fett-Glasur bestreichen. Die Torte kann nach Belieben mit Konfekt garniert werden.

Sächsische Bauernspieße mit Apfelmeerrettich

600 g Schweinebauch, 100 g Wurzelwerk,
Pfefferkörner, Lorbeerblatt, Majoran,
100 g Knackwurst, 2 große Zwiebeln,
2 mittlere Gewürzgurken, Salz,
Pfeffer, 1 Teel. Edelsüß-Paprika,
40 g Schmalz, 1 Apfel, 1 Gläschen
Meerrettich, 1 Eßl. Kaffeesahne,
Zitronensaft, Zucker.

Den Schweinebauch mit dem Wurzelwerk, den gestoßenen Pfefferkörnern, Lorbeerblatt und Majoran nicht zu weich kochen. Nach dem Erkalten den Schweinebauch in Würfel, die Knackwurst, Zwiebeln und Gewürzgurken in Scheiben schneiden. Das Fleisch im Wechsel mit Knackwurst, Zwiebel und Gewürzgurkenscheiben auf Schaschlykspieße aufstecken und mit Salz, Pfeffer und Paprika bestreuen. In heißem Schmalz von allen Seiten schön braun braten. Aus kleinen Apfelwürfeln, Meerrettich, Kaffeesahne, Zitronensaft und etwas Zucker eine Creme bereiten und zu den Bauernspießen servieren. Dazu kräftiges Landbrot und saures Gemüse (Mixed Pickles) reichen.

Sahnebowle

⅛ l Sahne, 4 Eßl. Puderzucker,
1 Flasche Weißwein, Saft von ½ Zitrone.

Die Sahne mit Puderzucker im Bowlentopf schaumig schlagen. Den Wein mit Zitronensaft mischen. Unter Rühren in die Sahne gießen. Sofort kalt servieren.

Sahnedessert-Fondue

½ l süße Sahne, 120 g Puderzucker,
100 g Vanillezucker (mit Vanilleschote
aromatisiert), 40 g Stärkemehl,
1 Spritzer Vanille-Aroma.

¼ Liter Sahne mit Puderzucker und Vanillezucker erhitzen. Nach kurzem Aufkochen das mit wenig Sahne angerührte Stärkemehl dazugeben und die Sahne damit binden (Vorsicht, Sahne setzt im Topf schnell an!). Die Fondue-Masse mit Vanille-Aroma abschmecken und die restliche steifgeschlagene Sahne vorsichtig unterheben. Früchte und Gebäck nach eigener Wahl zurechtstellen.

Sahne-Fizz
(Einzelportion)

4 cl Gin, 1 cl Kaffeesahne,
5 Spritzer Zitronensaft, 1 Barlöffel
Zuckersirup, Selterswasser.

Gin, Sahne, Zitronensaft und Zuckersirup im Mixbecher gut auf Eis mischen, in ein Glas gießen und mit dem Selterswasser auffüllen.

Sahne-Frappé
(Einzelportion)

½ Glas Milch, 2 Eßl. Aprikosenlikör,
Eiswürfel, Schlagsahne, Schokolade.

Milch und Likör mit Eis im Mixbecher schütteln, in ein Glas abseihen, mit Schlagsahne auffüllen und etwas feingeriebene Schokolade daraufstreuen.

Sahnekohlrabi

1 kg Kohlrabi, Salz, 30 g Margarine,
40 g Mehl, 2 Eßl. milder Senf,
⅛ l Sahne, 1 Eigelb, Pfeffer, Dill,
2 Tomaten, 1 hartgekochtes Ei.

Die Kohlrabi schälen, waschen, in Scheiben schneiden und in Salzwasser garen. Dann auf ein Sieb zum Abtropfen geben. In der Margarine das Mehl anschwitzen, das Gemüsewasser zufügen und aufkochen. Senf, Sahne und Eigelb miteinander verrühren und die

Soße damit abziehen. Mit Pfeffer und gehacktem Dill würzen. Dann die Kohlrabischeiben zufügen und in der Soße erhitzen. Beim Anrichten mit Tomatenscheiben und gehacktem Ei garnieren.

Sakuska-Torte

400 g Mehl, 200 g Margarine,
¼ l Sauermilch, Salz, 350 g Butter,
1 Eßl. Mayonnaise, 2 Eßl. gehackte
Petersilie, 4 hartgekochte Eier,
150 g Reibekäse, 150 g Schinken,
2 Teel. Senf, Pfeffer, 400 g Leberpastete oder feine Leberwurst,
1 Zwiebel, 1 Eßl. gehackter Schnittlauch, 150 g Jagd- oder ähnliche
Schnittwurst, 2 bis 3 Tomaten,
1 Salatgurke oder saure Gurke.

Für den Teig Mehl, Margarine, Sauermilch und etwas Salz rasch verkneten, in 5 gleich große Stücke teilen und etwa 30 Minuten kalt stellen. Jedes Stück ausrollen und auf rundem Blech goldgelb backen. Inzwischen die verschiedenen Füllen zubereiten: 2 Eßlöffel schaumig geschlagene Butter mit Mayonnaise, 1 Eßlöffel Petersilie und den feingehackten Eiern vermengen. Zu 50 Gramm schaumig geschlagener Butter 100 Gramm Reibekäse geben und glattrühren. Den Schinken am besten wiegen und mit 1 Teelöffel Senf und ein wenig Pfeffer zu 50 Gramm schaumig geschlagener Butter geben. Zuletzt 1 Eßlöffel Petersilie und bei Bedarf auch Salz untermischen. Die Leberpastete zusammen mit 100 Gramm Butter und der geriebenen Zwiebel verarbeiten. 50 Gramm Butter mit 1 Teelöffel Senf verrühren, 1 Eßlöffel Schnittlauch untermischen und damit einen der Tortenböden bestreichen, Jagdwurstwürfel daraufstreuen und mit einem anderen Tortenboden bedecken. Diesen mit Eiermasse bestreichen und den nächsten mit Leberpastete. Den vorletzten Boden mit Schinkenmasse überziehen und mit dem letzten Tortenboden abdecken. Die Torte zunächst einmal kühl stellen, vor dem Auftragen mit Butter bestreichen, mit dem restlichen Reibekäse bestreuen und mit Tomatenachteln und Gurkenscheibchen garnieren. Nochmals kalt stellen und mit scharfem, breitem Messer vorsichtig in Stücke schneiden. – Die Torte kann auch mit pikant abgeschmecktem Sahnequark überzogen und bespritzt werden. Kleine Petersilienzweige und Tomaten eignen sich ebenso zum Garnieren wie Kapern, Radieschen oder Eischeiben.

Salat »Alice«

1 Kopf Endiviensalat, je 1 rote und
grüne Paprikafrucht,
2 säuerliche Äpfel, 2 Orangen,
1 Pampelmuse, 2 Tomaten.
Für die Marinade: 2 Eßl. Mayonnaise,
2 Eßl. Joghurt, Salz, Pfeffer,
1 Prise Zucker, 1 Prise Ingwer,
2 Eßl. Zitronensaft.

Den Salat putzen, waschen und gut abtropfen lassen. Ebenso wie die vorbereiteten Paprikafrüchte und die geschälten Äpfel in Streifen schneiden. Orangen sowie die Pampelmuse schälen und filetieren. Alles mit den in Achtel geschnittenen Tomaten vermischen. Aus den restlichen Zutaten eine Marinade bereiten, über den Salat geben und leicht unterheben. 10 Minuten ziehen lassen.

Salat »Francaise«
(Vorspeise)

150 g gekochte Salzkartoffeln,
2 Tomaten, 150 g Brechbohnen,
(Konserve), 10 g Kapern, 2 Sardellen-
filets, 5 Oliven, 30 g Öl,
30 g Kräuterdressing, Salz, Zucker,
weißer Pfeffer.

Die Kartoffeln in etwa 2 cm große Würfel schneiden. Die Tomaten häuten, halbieren, entkernen, in Streifen schneiden und mit den aufgekochten Brechbohnen zu den Kartoffeln geben. Kapern und Sardellenfilets hacken, die Oliven in Scheiben schneiden und alles vorsichtig vermengen. Aus Öl, Kräuterdressing und Salz, Zucker, weißem Pfeffer eine Marinade bereiten, kräftig würzen, über den Salat gießen und gut durchziehen lassen.

Salat »Milano«

200 g Spaghetti, Salz, 150 g Salami,
3 Tomaten, 1 grüne Paprikafrucht,
2 Gewürzgurken, 100 g Emmentaler Käse,
1 Eßl. Kapern, 3 Eßl. Öl,
2 Eßl. Essig, Pfeffer, Senf,
1 feingeschnittene Zwiebel,
gehackte Petersilie.

Die Spaghetti in Salzwasser garen, abtropfen lassen und abgekühlt in etwa 2 cm große Stücke schneiden. Salami, Tomaten, Paprikafrucht, Gurken und Käse salatgemäß zerkleinern und mit

Streuselkuchen, Bienenstich, Quarkkuchen

Geburtstagstorte
für Kinder

Schokoladentorte
Eiche
▷

Schwarzwälder
Kirschtorte

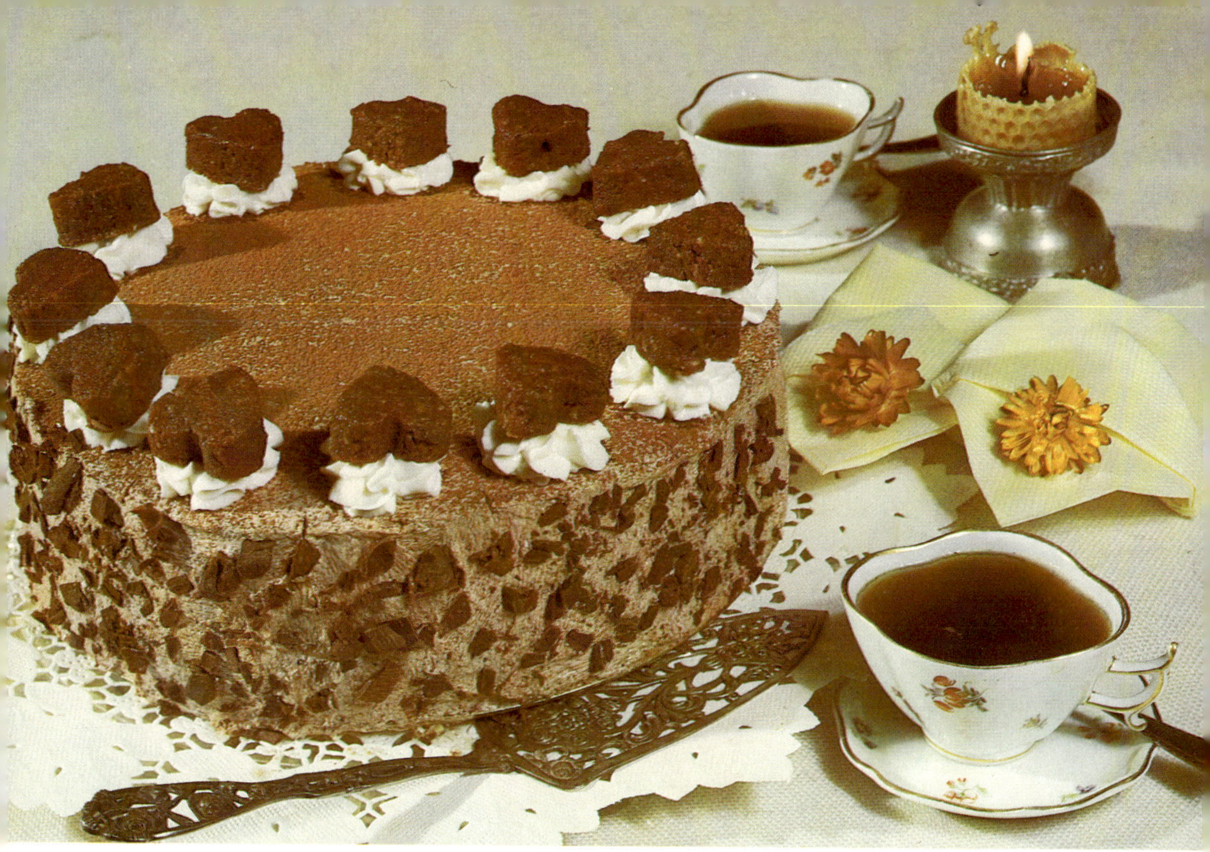
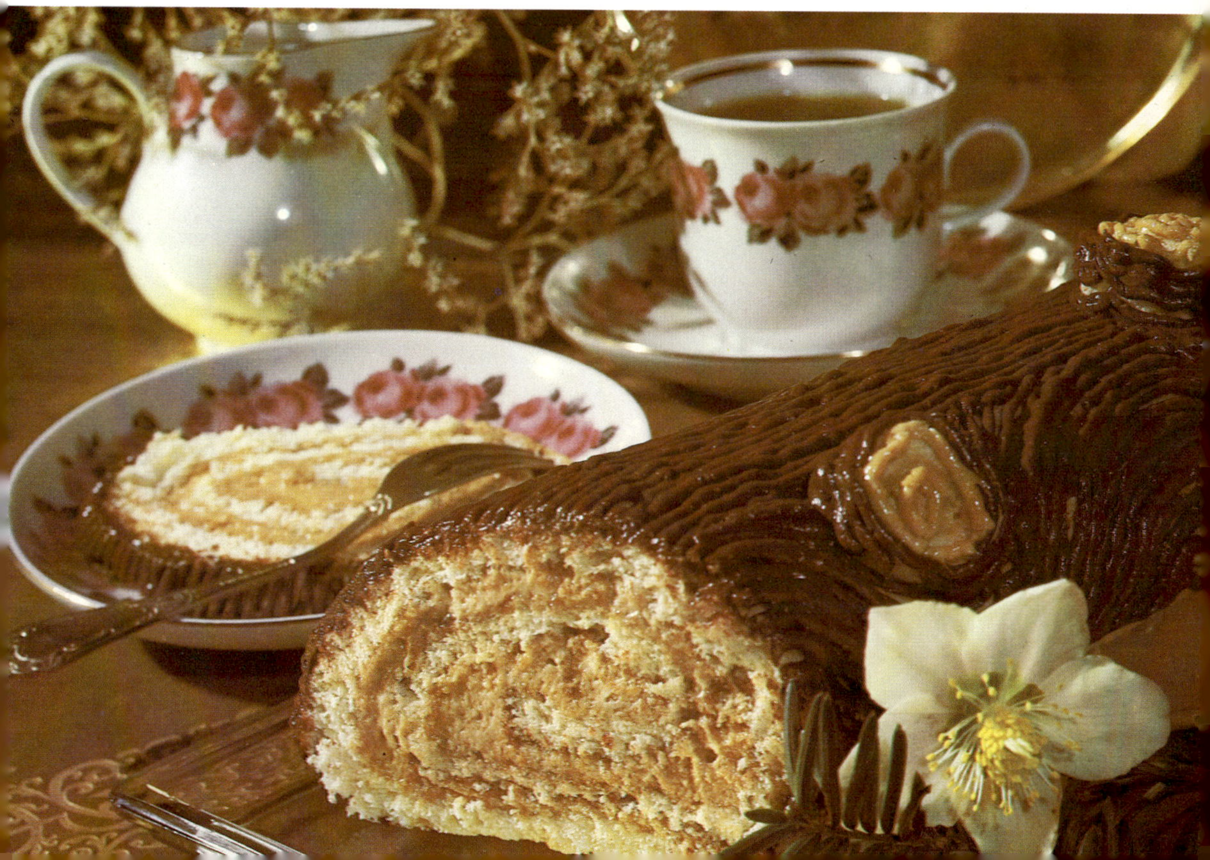

Mohntorte

Früchtekuchen II
Stollen
▷

Berliner Pfannkuchen
Spritzkuchen
Scherben

Geleeblüten

Weihnachtliches Kleingebäck
▷

Baumkuchenecken

Hexenhaus
aus Honigkuchen

den abgetropften Spaghetti vermischen, die Kapern zugeben. Aus den restlichen Zutaten eine Soße bereiten, mit Salz abschmecken, über den Salat gießen und alles gut vermischen. – Nach Belieben können auch noch 100 Gramm gedünstete Champignons unter den Salat gegeben werden.

Salat »Monte Carlo«
(Vorspeise)

1 Apfel, Zitronensaft, 100 g Krebsfleisch (Konserve), 100 g Ananas, 70 g körnig gekochter Reis, 30 g Mandeln, 10 g Butter, 50 g Mayonnaise, Ananassaft, Zitronensaft, weißer Pfeffer, Cayennepfeffer, Salz, Weißwein, Salatblätter, Dillspitzen, Cocktailkirschen.

Den Apfel schälen, entkernen, in feine Würfel schneiden und mit Zitronensaft marinieren. Die Mandeln in der Butter rösten und kalt stellen. Inzwischen das Krebsfleisch waschen, abtropfen lassen, zerpflücken, dabei vorsichtig die Chitin- oder Gerüstteilchen herauslesen. Die Ananas in kleine Würfel schneiden und alle Zutaten mit dem Reis vermengen. Die blättrig geschnittenen Mandeln in der Butter goldgelb rösten und ebenfalls zufügen. Die Mayonnaise mit Ananas- und Zitronensaft verrühren, kräftig würzen und mit etwas Weißwein abschmecken. Den Salat damit anmachen und kalt stellen. Nochmals abschmecken, auf Salatblättern anrichten und mit Dillspitzen und Cocktailkirschen garnieren. – Dieser Salat kann auch als Cocktail in Gläsern serviert werden.

Salat »Oxford«
(Vorspeise)

2 Tomaten, 250 g gekochtes Broilerfleisch, 1 Gewürzgurke oder 1 Stück grüne Gurke, 75 g Champignons (Konserve), 30 g Öl, Kräuterdressing, Salz, weißer Pfeffer, Zucker, Estragon, Worcestersauce, Kopfsalatblätter, Eiachtel, Estragon oder Dillspitzen.

Die enthäuteten und entkernten Tomaten in kleine Stücke, das Broilerfleisch in große Würfel und die Gurke in feine Würfel schneiden. Die Champignons vierteln und alles vermengen. Mit Öl und Kräuterdressing anmachen und mit den Gewürzen pikant abschmecken. Zugedeckt etwa 20 Minuten durchziehen lassen. Nochmals abschmecken, auf Salatblättern anrichten und mit Eiachteln und Estragon- oder Dillspitzen garnieren. Mit frischem Toast servieren.

Salat »Rivoli«
(Vorspeise)

100 g gekochte Hühnerbrust, 100 g Shrimps, Garnelen oder Krebsfleisch (Konserve), 50 g frischer Sellerie, 200 g Melonenfleisch, Zitronensaft, 50 g Mayonnaise, 30 ml Sahne, Chillisoße oder Peppersoße, etwas Gin, Kopfsalatstreifen.

Das Hühnerfleisch in Streifen schneiden. Die Shrimps dazugeben. Den Sellerie ebenfalls in sehr dünne Streifen schneiden oder grob raffeln. Mit einem Kartoffelbohrer oder Pariser Löffel das Melonenfleisch ausbohren. Beides zum Hühnerfleisch geben und mit Zitronensaft marinieren. Aus Mayonnaise, Sahne, Chillisoße und Gin eine Marinade bereiten. Kräftig abschmecken und vorsichtig unter den Salat geben. Salat »Rivoli« auf Glastellern anrichten und mit Kopfsalatstreifen garnieren. – Dieser Salat kann auch in einer halben ausgehöhlten Melone serviert werden.

Salzburger Nockerl

2 Eigelb, 1 Teel. Vanillinzucker,
½ Teel. abgeriebene Zitronenschale,
1 Eßl. Mehl, 4 Eiweiß, 1 Prise Salz,
2 Eßl. Zucker, Fett zum Ausstreichen
der Form, Puderzucker zum Bestäuben.

Das Eigelb mit Vanillinzucker sowie der abgeriebenen Zitronenschale verrühren und mit dem Mehl bestreuen. Das Eiweiß mit Salz halbsteif, dann zusammen mit dem Zucker zu festem Schnee schlagen. Vorsichtig unter die Eigelbmasse heben. Eine Auflaufform mit Fett ausstreichen und die Masse in Form von 3 Hügeln hineinfüllen. Den Backofen auf 175 °C vorheizen. Die Nockerln auf mittlerer Einschubleiste 10 bis 12 Minuten backen, bis sie außen leicht gebräunt, aber innen noch weich sind. Mit Puderzucker bestreuen und sofort in der Auflaufform zu Tisch bringen.

Salzheringsfilet »Feinschmeckerfreude«

4 große Salzheringe, 1 Salatgurke,
1 Paprikafrucht, 20 g Kapern,
¼ l süße Sahne, Salz, weißer Pfeffer,
2 Äpfel, 3 Eßl. geriebener Meerrettich.

Die gut gewässerten Salzheringe von Haut und Gräten befreien und in Filets teilen. Auf diese Salatgurkenstreifen und dünne Streifen von einer Paprikafrucht verteilen. Rollmopsähnlich aufrollen und mit Holzstäbchen zusammenstecken. Die Röllchen in eine Glasschüssel legen, mit den gehackten Kapern bestreuen. Die Sahne mit wenig Salz und weißem Pfeffer würzen und steifschlagen. 2 Äpfel reiben und zusammen mit dem Meerrettich unter die Schlagsahne ziehen. Auf eine Platte verteilen, darauf die Heringsröllchen setzen, mit dünnen Streifen von Salatgurke bestreuen. Dazu Pellkartoffeln reichen. Als Getränk passen eiskalter Aquavit oder Wodka und kühles Bier.

Salzheringsfilets »Seekonfekt«

Dafür die Salzheringe von Kopf und Innereien befreien und 10 bis 12 Stunden wässern. In einer Mischung aus Milch und Wasser (1:1) gewässert, werden sie besonders schmackhaft. Das Verhältnis Hering zu Flüssigkeit muß 1:3 betragen, sonst entsalzen sie ungenügend.
Grundrezept für Zucker-Essig-Marinade:
Für 1 kg Salzheringe (ohne Kopf und
ausgenommen):
0,4 l 10%iger Essig, 0,4 l Wasser,
200 g Zucker, 2 Lorbeerblätter,
10 Pimentkörner, 10 Pfefferkörner,
100 g Zwiebelscheiben.

Den Zucker in der Essig-Wasser-Mischung lösen, die Gewürze und die Zwiebelscheiben dazugeben. Die gewässerten, gut abgetropften Heringsfilets in die Zucker-Essig-Marinade legen und mindestens 6 Stunden darin liegen lassen. Am besten und am würzigsten schmecken die Filets, wenn sie 12 Stunden in der Marinade gezogen haben.

Heringsfilets »Seekonfekt« mit saurer oder süßer Sahne, mit Joghurt oder Mayonnaise anrichten. –

Varianten:

Zwiebel-Tomaten-Heringe

Filets »Seekonfekt« mit viel dünnen Zwiebelringen und Tomatenscheiben bedecken. Etwas Marinade darüberträufeln.

Heringe mit Zwiebeln und roter Bete

Filets »Seekonfekt« mit gehackten Zwiebeln und gehackter saurer roter Bete bedecken. Zwischen die roten Bete einige Fenchelkörner oder frisch gehacktes Fenchelkraut geben. Statt Fenchel kann auch etwas geriebener Meerrettich verwendet werden.

Heringe »Frühlingsgruß«

4 Heringsfilets »Seekonfekt« mit 2 Eßlöffel Dill, 2 Eßlöffel Petersilie, 1 Bund Schnittlauch, 2 Eßlöffel Salatgurke, 1 hartgekochtem Ei – alles feingehackt – bestreuen. Etwas Marinade darübergießen. Nach Belieben noch 2 Eßlöffel saure Sahne, die mit 50 g Mayonnaise verrührt wurde, über die Filets gießen. Mit Radieschenscheiben oder -röschen garnieren.

Sandkuchen

300 g weiche Butter oder Margarine,
4 Eier, 1 Vanilleschote,
280 g Puderzucker, Salz, 2 Eßl. Rum,
280 g Speisestärke, 1 Messerspitze
Backpulver, Mehl für die Form.

Butter oder Margarine, Eigelb, Vanillemark mit Puderzucker, Salz und Rum zu einer cremigen Masse schlagen. Die gesiebte Speisestärke, Backpulver und steifgeschlagenes Eiweiß darunterheben. Den Teig in die mit Mehl ausgestreute Kastenform füllen und in der vorgeheizten Röhre etwa 70 bis 80 Minuten backen.

Sandwaffeln

175 g Kokosfett, 175 g Zucker, 4 Eier,
1 Prise Salz, 1 Päckchen
Vanillinzucker, 1 Eßl. Rum,
2 Eßl. saure Sahne, 100 g Mehl,
100 g Stärkemehl, ½ Teel. Backpulver,
Puderzucker.

Das Kokosfett zergehen und wieder abkühlen lassen, mit Zucker und Eiern schaumig rühren, Vanillinzucker, Salz, Rum und saure Sahne zugeben. Das mit Backpulver vermischte, gesiebte Mehl darunterarbeiten. Im gut vorgeheizten und gefetteten Waffeleisen Waffeln backen, einzeln auf Gitter auskühlen lassen, nach Belieben mit Puderzucker besieben.

Sanfter Heinrich

30 g Stärkemehl, 1 Ei, 1 l Milch,
75 g bis 100 g Zucker, 1 Stück Zimtrinde,
1 Prise Salz, 1 Päckchen Vanillinzucker.

Das Stärkemehl zusammen mit dem Eigelb in kalter Milch anrühren. Die übrige Milch mit Zucker, Zimt und Salz aufkochen und mit dem Angerührten binden. Das Eiweiß steifschlagen, dabei zuletzt den Vanillinzucker zufügen. Mit 2 Teelöffeln Klößchen davon auf die Suppe setzen. Den Topf zudecken und die Klößchen darin auf ganz kleiner Flamme stokken lassen.

Saßnitzer Fischsuppe

750 g Fisch, möglichst See- und Süßwasserfisch gemischt, 4 Tomaten, Salz, Pfeffer oder Paprika, 1 Knoblauchzehe, 2 Eßl. Öl, 1 kleine Tasse Reis, 2 Anschovis oder 1 Stück gewässerter Salzhering, frische Kräuter.

Das Fischfleisch zerpflücken und dabei sorgfältig entgräten. Die gehäuteten zerschnittenen Tomaten, Salz und Pfeffer zugeben. Den Suppentopf mit der Knoblauchzehe ausreiben und das Öl darin erhitzen. Fisch- und Tomatenstücke kurz dünsten, $1^{1}/_{4}$ Liter kochendes Wasser aufgießen und den Reis zuschütten. Sobald der Reis gar ist, vom Feuer nehmen, mit halbierten Anschovisfilets oder Salzheringsstreifen und gehackten Kräutern anrichten.

Saßnitzer Kräuterschollen

4 Schollen oder Flundern, Essig, 2 Bund Petersilie, 2 Bund Dill, 1 Zweig frischer oder $^{1}/_{2}$ Teel. getrockneter Thymian, 2 Eßl. Pflanzenfett, 2 Zwiebeln, Salz, Pfeffer, 1 Glas Weißwein $^{1}/_{8}$ l Würfelbrühe, Stärkemehl.

Die Plattfische schuppen, sauber ausnehmen, den Kopf abtrennen und die Flossen abschneiden. Die Hautseiten in Abständen von 2 cm einschneiden.

Die Fische in eine Schüssel oder auf ein Tablett legen und mit einer milden Marinade aus $1^{1}/_{2}$ Tassen verdünntem Essig, verrührt mit 2 Eßlöffel von den feingehackten Kräutern, begießen. 30 Minuten ziehen lassen. Inzwischen in dem Pflanzenfett die feingehackten Zwiebeln anschwitzen, zuletzt 1 Eßlöffel feingehackte Petersilie untermischen. Die Fische salzen und pfeffern, auf das Zwiebelgemisch legen, den Weißwein und die Marinade zugießen. Zugedeckt alles bei schwacher Hitze gardünsten. Den Dünstsaft mit etwas Würfelbrühe auffüllen, mit Stärkemehl binden und über das fertige Gericht die restlichen gehackten Kräuter streuen. Mit Kartoffelbrei servieren.

Satarasch
(Jugoslawischer Hirtengulasch)

250 g Schnitzelfleisch (Schwein), 250 g Hammelfleisch, 500 g Rinderbraten, 1 Eßl. Mehl, 6 Eßl. Öl, etwas Brühe, 2 Zwiebeln, 500 g Möhren, je 2 rote, grüne und gelbe Paprikafrüchte, 2 Tomaten, 2 Knoblauchzehen, Chillies, Salz, 1 Eßl. Edelsüß-Paprika, 1 Eßl. Rosenpaprika, 1 Teel. Kümmel, 1 Teel. Basilikum, schwarzer Pfeffer, 1 Eßl. Zitronensaft, herber Rotwein, $^{1}/_{8}$ l saure Sahne, Petersilie.

Das Fleisch in grobe Würfel schneiden und im erhitzten Öl von allen Seiten kräftig anbraten. Auf kleiner Flamme im geschlossenen Topf etwa 30 Minuten schmoren lassen, bis es fast gar ist. Mit Mehl bestäuben. Bei Bedarf etwas Brühe zugießen. Die

Zwiebeln grob würfeln, die Möhren in feine Scheiben und die Paprikafrüchte in schmale Streifen schneiden. Von den Paprikafrüchten von jeder Farbe ein Stück Frucht zum Garnieren zurückbehalten. Die Tomaten schälen und vierteln, den Knoblauch zerdrücken. Dann das Fleisch aus dem Topf nehmen und warm stellen. Den Saft mit zum Fleisch gießen, nach Bedarf noch etwas Öl zugießen. Das Gemüse im Bratensatz leicht anbraten und kräftig würzen, nach Geschmack einen Schuß Rotwein zugeben. Das Gemüse zugedeckt etwa 15 bis 20 Minuten ziehen lassen. Das vorgegarte Fleisch unter das Gemüse geben. Die saure Sahne verschlagen, über das Gericht geben und stocken lassen. Mit den feingehackten rohen Paprikafrüchten und der feingehackten Petersilie bestreut servieren.

Sauce Vinaigrette

1 mittelgroße Zwiebel, 1 Röhrchen
Kapern, 3 Gewürzgurken, Petersilie,
Dill, Estragon, Kerbel,
2 hartgekochte Eier, ¹/₈ l Öl,
2 Eßl. Essig, 1 Eßl. Senf, Salz,
Pfeffer.

Zwiebel, Kapern, Gurken, Petersilie, Dill, Estragon und Kerbel feinhacken. Die Eiweiß von den Eigelb lösen und feinwürfelig schneiden. Die Eigelb mit einer Gabel zerdrücken. Öl, Essig und Senf gut verrühren, salzen und pfeffern. Mit dem Eiweiß und den übrigen Zutaten vermengen. Erst zum Schluß die Eigelb unterheben und die Soße dann nicht mehr rühren, weil sie sonst trüb wird.

Sauerkirsch-Bananen-Dessert

4 Bananen, 1 Ei, 1 Eßl. Semmelbrösel,
50 g blättrig geschnittene Mandeln,
75 g Butter, 200 g Sauerkirschen,
1 Eßl. Zitronensaft,
1 Glas Kirschwasser.

Die geschälten Bananen in verquirltem Ei, dann in Semmelbröseln und Mandeln wenden. In der erhitzten Butter rundherum goldbraun braten. Auf Teller verteilen und warm halten. Die Sauerkirschen im Bratfond wärmen, mit Zitronensaft beträufeln und über die Bananen geben. Das Kirschwasser darübergießen und sofort servieren.

Sauerkirschsoße

20 g Butter oder Margarine,
etwa 40 g Zucker, 30 g gehackte
Mandeln, etwa 100 g entsteinte Sauer-
kirschen (ungesüßte Konserve),
5 g Speisestärke, 2 cl Kirschwasser.

Die Butter erhitzen, den Zucker dazugeben und so lange rühren, bis der Zucker zu karamelisieren beginnt. Das heißt, der Zucker schmilzt und wird in etwa 5 Minuten hellbraun. Dann sofort die Mandeln darin kurz bräunen und die Sauerkirschen mit dem Saft dazugeben. Alles aufkochen, die Speisestärke mit etwas Wasser anrühren, unter die Sauerkirschen geben und kurz aufkochen lassen. Jetzt die Soße von der Herdplatte nehmen, mit dem Kirschwasser aromatisieren und heiß servieren.
Diese heiße Fruchtsoße paßt sehr gut zu Vanilleeis, Puddings oder auch Crêpes (sehr dünne Eierkuchen). Zu-

sätzlich mit erwärmtem Kirschwasser übergossen und angezündet, läßt sich diese Süßspeise brennend servieren.
Abwandlung: Heiße Sauerkirschsoße paßt vorzüglich zu Wildgerichten. Ungesüßte Sauerkirschen in erhitzte Butter geben, mit etwas Rotwein aufkochen und mit Stärkemehl binden. Dann pikant mit Zucker, Zimt, gemahlener Gewürznelke und Ingwerpulver abschmecken.

Sauerkirschsoße zu Wild

1/2 Tasse Kaffeesahne, 5 Eßl. Johannisbeermarmelade, 4 Eßl. entkernte Sauerkirschen (Konserve), Salz, Pfeffer.

Den Bratsatz vom Wildbraten mit 1/4 Liter Wasser loskochen, dabei ständig verrühren. Die anderen Zutaten dazugeben, mit Salz und Pfeffer würzen, anschließend alles kurz durchkochen lassen.
Anstelle der Kirschen läßt sich Sauerkirschkonfitüre verwenden, dann fällt die Johannisbeermarmelade weg. Pikante Sauerkirschsoße schmeckt zu Reh, Hirsch- und Wildschweinbraten.

Sauerkrautauflauf

500 g Kartoffeln, 30 g Schmalz, 100 g durchwachsener Speck, 2 Zwiebeln, 500 g Sauerkraut, 125 g Salami, 1/8 l herber Weißwein, 1/8 l Fleischbrühe (Extrakt), 1/4 l süße Sahne, 1/8 l saure Sahne, 50 g Reibekäse.

Die rohen Kartoffeln schälen und in Scheiben schneiden. Speck und Zwiebeln würfeln. Schmalz und Speckwür-

fel in einer feuerfesten Form auslassen, Kartoffelscheiben und Zwiebelwürfel zufügen und anbräunen. Das Sauerkraut leicht mitschmoren. Die Salami in Würfel schneiden, zum Sauerkraut geben, mit Wein und Fleischbrühe angießen. Bei geschlossenem Deckel in der Backröhre etwa 45 Minuten garen. Die Flüssigkeit muß fast völlig verkochen. Die süße und saure Sahne vermischen, salzen und über den Auflauf gießen. Alles mit dem Reibekäse bestreuen und bei geöffnetem Topf etwa 15 Minuten goldbraun überbacken.

Sauerkraut im Teig

250 g Mehl, 150 g Schweineschmalz, 1 Ei, 1 Prise Salz, 75 g fetter Speck, 1 große Zwiebel, 500 g Sauerkraut, 150 ml Weißwein, 125 g Semmelbrösel, 250 g garer Schweinebraten, 125 g Schinkenwürfel, 1 Eigelb.

Am Vortag Mehl und Schmalz mit einem Messer durchhacken, bis der Teig krümelig ist. Dann Ei, Salz und nach und nach 2 bis 3 Eßlöffel Wasser einarbeiten. Den Teig in Alufolie wickeln und über Nacht kalt stellen. Den Speck würfeln und in einem Topf auslassen. Die gehackte Zwiebel darin andünsten. Das zerpflückte Sauerkraut zugeben und mit Speck und Zwiebeln gut mischen. Dann den Wein darübergießen und die Gewürze zufügen. Alles im geschlossenen Topf etwa 20 Minuten leise kochen und dann abkühlen lassen. Eine Auflaufform ausfetten und mit Semmelbröseln ausstreuen. Zwei Drittel vom Teig ausrollen und die Form damit auslegen, den

Rand etwas hochziehen. Die Hälfte vom Sauerkraut auf den Teig geben. Den Braten in Würfel schneiden, mit den Schinkenwürfeln vermischen und auf das Kraut geben. Das restliche Sauerkraut darüber verteilen. Den restlichen Teig ausrollen und das Kraut damit zudecken, am Rand etwas andrücken. Den Teig mit Eigelb bestreichen. Die Form in den vorgeheizten Ofen geben und alles bei mittlerer Hitze etwa 35 bis 40 Minuten backen.

Sauerkrautsalat

500 g Sauerkraut, 100 g Zwiebeln,
100 g säuerliche Äpfel, 2 Eßl. Öl,
1 Eßl. Zitronensaft, 1/2 Teel. Kümmel,
Salz, Pfeffer.

Das Sauerkraut und die geschälten Zwiebeln kleinschneiden. Die vom Kernhaus befreiten Äpfel raspeln. Alles gut vermischen und mit einer heißen Soße aus Öl, Zitronensaft, Kümmel, Salz und Pfeffer übergießen. Den Salat durchziehen lassen.

Sauerkrautsuppe

60 g Margarine, 1/2 Zwiebel, 40 g Mehl,
1 l Brühe, 300 g Sauerkraut,
1/2 Lorbeerblatt, 2 Wacholderbeeren,
2 Bratwürste, 1/4 l saure Sahne,
Edelsüß-Paprika, Salz, Zucker,
Zitronensaft oder Essig.

Aus 40 Gramm Margarine, der feingehackten Zwiebel und dem Mehl eine helle Schwitze bereiten. Nach und nach die heiße Brühe oder Wasser auffüllen, gut verschlagen, das feingeschnittene Sauerkraut, Lorbeerblatt

und Wacholderbeeren zufügen und alles 20 Minuten kochen lassen. Die Bratwürste in der restlichen Margarine braten, in Scheiben schneiden und zur Suppe geben. Mit der sauren Sahne abziehen, mit Paprika, Salz, Zucker und Zitronensaft abschmecken.

Saure-Sahne-Soße

2 Zwiebeln, Salz, weißer Pfeffer,
eine Prise Zucker, Essig,
200 ml saure Sahne.

Die Zwiebeln feinwürfelig schneiden oder reiben. Dann mit den Gewürzen unter die saure Sahne rühren und pikant abschmecken.
Diese schnelle kalte Soße paßt sehr gut zu Heringsfilets, Rollmöpsen oder auch gekochten Eiern. Als Marinade für frische Salate läßt sie sich ebenfalls gut verwenden.
Die »Blitzsoße« kann weiterhin mit gehackten Kräutern, geriebenem Meerrettich, Tomatenketchup oder auch feingewürfelten oder geriebenen Gurken, Radieschen oder Rettich variiert werden.

Saures Hähnchen

1 Broiler, Pfeffer, Salz, 4 Eßl. Öl,
3 Eßl. Weinessig, 1 Glas Weißwein,
1 Eßl. Tomatenmark, 1 Eßl. Stärkemehl,
1/8 l Kondensmilch, 50 g Butter,
1 Bund Petersilie.

Den vorbereiteten Broiler vierteln und mit Pfeffer und Salz würzen. Im heißen Öl anbraten und danach auf kleiner Flamme unter mehrfachem Wenden und Begießen etwa 40 Minuten fertigbraten. Die Hähnchenteile herausnehmen und warm stellen. Weinessig, Weißwein und Tomatenmark zugeben und gut durchkochen. Das Stärkemehl mit der Kondensmilch verrühren und die Soße damit binden. Butter und gehackte Petersilie zugeben und die Hähnchenstücke darin nochmals erhitzen. Als Beilage Kartoffelpüree oder Reis und Rohkostsalat reichen.

Scaloppine alla perugina
(Kalbsmedaillons mit Geflügelleber)

8 Scheiben Kaviarbrot oder Weißbrot,
Öl, 500 g Kalbfleisch (Lende), Salz, Pfeffer,
Saft von 1 Zitrone, 2 Eßl. Mehl,
2 bis 4 Eßl. Wermut, 1 Tasse Fleisch-
brühe, 100 g Schinken,
50 g Margarine, 200 g Geflügelleber.

Die Brotscheiben im heißen Öl braun und knusprig braten. Warm halten. Das Fleisch zu Medaillons schneiden, flachklopfen, mit Salz und Pfeffer bestreuen, mit Zitronensaft beträufeln und leicht mit Mehl bestäuben. In wenig heißem Fett schnell von beiden Seiten braun braten. Den Wein zufügen, aufkochen lassen und die Fleischbrühe zugießen. Alles gut verrühren. Noch 2 Minuten auf kleiner Flamme kochen lassen. Die Kalbsmedaillons warm halten. Den Schinken in schmale Streifen schneiden, in der heißen Margarine kurz braten und auf einen Teller schütten. Im restlichen Bratfett die in Mehl gewälzte Geflügelleber auf kleiner Flamme braten, dann salzen und pfeffern. Die Brotscheiben mit Fleisch und Leber belegen, mit Schinkenstreifen garnieren.

Scharfe Hühnersuppe

1 l Hühnerbrühe, 1 Eßl. Stärkemehl,
1 Prise Salz, 2 Eßl. Sojasauce,
2 Eier, 250 g gares Hühnerfleisch,
1/2 Teel. Peppersauce,
2 Eßl. Weinessig.

Die Hühnerbrühe zum Kochen bringen. Stärkemehl, Salz und Sojasauce mit 3 Eßlöffel kalter Brühe verrühren, in die kochende Hühnerbrühe geben, aufkochen lassen und wieder vom Feuer nehmen. Die verquirlten Eier langsam in die kochende Suppe rühren, sofort vom Feuer nehmen und das würfelig geschnittene Hühnerfleisch zugeben. Die Suppe nicht mehr kochen. Mit Peppersauce und Essig abschmecken.

Schaschlyk mit Ketchup

1 Schweinsniere, 200 g Rindslende,
200 g Schälbraten, 200 g Rindsleber,
100 g Speck, 3 große Zwiebeln,
Pfeffer, Salz, 1 Eßl. Mehl, 40 g Öl,
30 g Butter, 1 Knoblauchzehe,
1 Flasche Ketchup,
Zucker, Worcestersauce.

Die Schweinsniere längs halbieren, die zähen Gefäßgänge und inneren Harnwege flach abtrennen. Die Nieren gründlich waschen. Nieren von älteren Tieren sollte man unter öfterem Wechsel des Wassers 1 Stunde wässern lassen. Die sauberen Nieren in Stücke schneiden. Rindslende, Schälbraten und Leber (vorher dünne äußere Haut abziehen) in Würfel schneiden. Den Speck und 2 Zwiebeln in Scheiben schneiden. Abwechselnd alles auf 4 Spieße verteilen, mit

Salz und Pfeffer würzen. Die fertigen Spieße in Mehl wenden und in heißem Öl braten, zuletzt noch etwas Butter zugeben. In einem weiteren Gefäß Butter leicht bräunen, 1 in Würfel geschnittene Zwiebel sowie die zerdrückte Knoblauchzehe leicht andünsten. Das Ketchup dazugeben und alles einmal aufkochen lassen, mit Zucker, Worcestersauce und etwas Pfeffer abschmecken. Die heiße Soße über die angerichteten Schaschlyks geben. Als Beilagen eignen sich Toastbrot, aber auch körniger Reis, Tomatensalat und ein Glas Bier.

Scheiterhaufen

5 Brötchen, 180 g Butter,
2 Päckchen Vanillinzucker, 750 g Äpfel,
80 g Zucker, Zimt, 50 g Rosinen,
3 Eier, ³/₈ l Milch,
Puddingpulver Vanillegeschmack,
1 Prise Salz.

Die Brötchen in dünne Scheiben, diese dann in Streifen schneiden. Die Menge halbieren und jeden Teil in 50 Gramm Butter goldbraun rösten. Mit Vanillinzucker bestreuen. Die geschälten Äpfel vierteln, das Kerngehäuse entfernen und die Viertel in Spalten schneiden. In 30 Gramm Butter etwa 5 Minuten dünsten. Eine feuerfeste Form fetten, die Hälfte der Brötchenstifte hineinfüllen und mit der restlichen zerlassenen Butter begießen. Dann die Apfelspalten hineingeben, mit 50 Gramm Zucker, Zimt und Rosinen bestreuen. Zuletzt die restlichen Brötchenstifte darüber verteilen. Die Eier gut verquirlen. Aus Milch, Puddingpulver, Salz und restli-

chem Zucker eine Vanillesoße kochen. Etwas abkühlen lassen und dann die Eier unterziehen. Diese Soße über den Auflauf gießen. Die Form in den vorgeheizten Ofen schieben, bei 200 °C 30 Minuten backen.

Scherben

250 g Mehl, 25 g Margarine,
25 g Puderzucker, 3 Eier, 1 Likörglas
Kirschwasser oder Rum-Verschnitt,
1 Prise Salz, Fett zum Ausbacken,
Puderzucker zum Besieben.

Mehl, Margarine, Puderzucker, Eier, Kirschwasser und Salz zu einem glatten Teig verkneten und etwa 3 Minuten durcharbeiten. Auf bemehltem Backbrett etwa 3 mm dick ausrollen. Mit einem Teigrädchen beliebige Formen ausradeln. Portionsweise im heißen Fettbad goldgelb ausbacken. Mit Puderzucker besieben.

Schillerlocken
auf Kräuterreis mit Rührei

1 Dose Schillerlocken, 2 Eßl. Öl,
150 g Reis, 1 mittlere Zwiebel,
3 Eßl. frische Kräuter (Petersilie,
Dill, Schnittlauch), 8 Eier.

Die Schillerlocken aus der Dose nehmen, abtropfen lassen, in 2 cm breite Streifen schneiden und in Öl heiß werden lassen. Den körnig gekochten Reis mit gedünsteten Zwiebelringen und gehackten Kräutern vorsichtig mischen, die Schillerlockenstücke darauf anrichten und darüber das flockige Rührei geben. Gehackte Kräuter darüberstreuen.

Schinkenbananen mit Toast
(Vorspeise)

4 mittelgroße Bananen, Rosenpaprika,
8 dünne Bauchspeckscheiben,
20 g Butter, 4 Scheiben Toast,
Tomatenketchup, Petersilie, Tomatenecken.

Die Bananen schälen, mit Rosenpaprika bestreuen und mit je 2 Bauchspeckscheiben umwickeln. Eine feuerfeste Form einbuttern, die Bananen hineinlegen und in der vorgeheizten Backröhre etwa 10 Minuten garen. Auf Toast anrichten, mit Tomatenketchup leicht überziehen, mit Petersilie und Tomatenecken garnieren. – So zubereitete Bananen sind eine gelungene Partyüberraschung, wenn sie in etwa 3 cm starke Stücke geschnitten und mit einem Cocktailspießchen versehen werden. Käseliebhaber sollten Schinkenbananen mit Reibekäse überstreuen und kurz überbacken.

Schinken-Fisch-Rollen

500 g Fischfilet, Zitronensaft, Salz,
100 g gekochter Schinken, 100 g Mehl,
3 Eßl. Milch, 2 Eier, 100 g Semmelbrösel, 100 g Reibekäse, Öl.

Das Fischfilet in dünne Scheiben schneiden, säuern und salzen. Jeweils zwischen 2 Fischscheiben 1 Schinkenscheibe legen, mit Holzstäbchen oder Rouladennadeln zusammenstecken. Vorsichtig in Mehl, mit Milch verquirlten Eiern und zuletzt in Semmelbröseln – vermischt mit Reibekäse – wenden. Die Fischportionen in erhitztem Öl nicht zu dunkel braten, weil sonst die Panade durch den Käse einen bitteren Geschmack bekommt.

Schinkensuppe

150 g gekochter Schinken, 2 Eßl. Öl,
1 l Rindfleischbrühe, je 1 Tasse
gare Erbsen und Karotten, Salz,
Tabasco, Weißwein, Petersilie.

Den Schinken in feine Streifen schneiden und in dem Öl kurz anrösten. Die heiße Brühe und das Gemüse zufügen. Mit Salz, Tabasco und einem kräftigen Schuß Weißwein würzen. Noch 5 Minuten ziehen lassen. Beim Anrichten gehackte Petersilie zugeben.

Schinkentoast
(Vorspeise)

4 Scheiben Toastbrot, 20 g Butter,
4 Scheiben Rollschinken,
etwas Margarine,
4 ausgestochene Apfelscheiben,
2 hartgekochte Eier,
etwa 10 g Curry, 50 g Mayonnaise,
Kopfsalatblätter, Tomatenecken,
Petersilie.

Das Toastbrot rösten und mit Butter bestreichen. Die Schinkenscheiben in Margarine kurz auf beiden Seiten anbraten und auf den Toast geben. Dann die vorbereiteten Apfelscheiben beiderseitig in dem Bratfett hellbraun anbraten und auf dem Schinken anrichten. Die Eier schälen, halbieren und mit der Schnittfläche auf die Apfelringe legen. Zuletzt reichlich Curry in Margarine anschwitzen, in die Mayonnaise einrühren und pikant abschmecken. Die Currymayonnaise über die Eihälften geben, auf Kopfsalatblättern anrichten und mit Tomatenecken und Petersilie garnieren.

Schlemmer-Kirschtorte

*4 Eigelb, 150 g Zucker, 1 Päckchen
Vanillinzucker, 4 Eiweiß, 100 g Mehl,
100 g Stärkemehl, 2 Teel. Backpulver,
250 g Sauerkirschkonfitüre,
³/₄ l süße Sahne, 3 Eßl. Kirschwasser,
Maraschinokirschen zum Garnieren.*

Eigelb mit 4 Eßlöffel lauwarmem
Wasser schaumig rühren, Zucker und
Vanillinzucker zufügen und so lange
rühren, bis die Masse dick und cremig
wird. Das sehr steifgeschlagene Eiweiß zufügen, Mehl, Stärkemehl und
Backpulver darübersieben und alles
vorsichtig unterziehen, nicht rühren!
In eine gefettete Springform füllen,
im vorgeheizten Ofen bei mäßiger
Hitze backen. Auskühlen lassen,
zweimal quer durchschneiden, abwechselnd mit Sauerkirschkonfitüre
und mit einem Teil steifgeschlagener,
mit Kirschwasser abgeschmeckter
Sahne füllen, aufeinandersetzen, ringsherum mit Sahne überziehen, mit Maraschinokirschen garnieren.

Schmalzküchlein

*50 g Butter, 75 g Zucker, 2 Eier,
1 Prise Salz, Vanillinzucker,
3 Eßl. Rum, 250 g Mehl, 1 Teel. Backpulver, Backfett, Puderzucker.*

Butter, Zucker, Eier und Salz schaumig rühren, Vanillinzucker und Rum
zugeben. Zuletzt das mit dem Backpulver vermischte, gesiebte Mehl darunterarbeiten, so daß ein fester Teig
entsteht. ¹/₂ cm dick ausrollen. In heißem Fett schwimmend auf beiden Seiten goldbraun backen, abtropfen lassen, mit Puderzucker besieben.

Schmalzzöpfe

*500 g Mehl, 35 g Hefe, 50 g Zucker,
knapp ¹/₈ l lauwarme Milch, 2 Eier,
60 g Butter, 2 cl Rum-Verschnitt,
¹/₂ Teel. Salz, Fett zum Ausbacken,
50 g Puderzucker zum Bestäuben.*

Das Mehl in eine Schüssel sieben, in
die Mitte eine Mulde drücken und die
Hefe hineinbröckeln. Mit Zucker,
Milch und etwas Mehl vom Rand zu
einem Vorteig rühren. Zugedeckt an
einem warmen Ort gehen lassen. Eier,
weiche Butter, Rum-Verschnitt und
Salz zugeben. Alles unterkneten. Den
Teig so lange schlagen, bis er Blasen
wirft und sich vom Schüsselrand löst.
Nochmals 10 Minuten gehen lassen.
Dann 50 Gramm schwere Teigstücke
abwiegen. Jedes Teigstück in drei
gleich große Portionen teilen. Diese
jeweils einzeln zu 12 cm langen Stangen ausrollen, die zum Ende hin dünner werden. Von je drei Stangen
kleine Zöpfchen flechten. Auf ein
leicht bemehltes Backbrett legen. Zugedeckt nochmals 15 bis 20 Minuten
gehen lassen. Im heißen Fettbad bei
170 °C goldbraun backen, dabei die
Zöpfe einmal wenden. Dann herausnehmen, abtropfen lassen und mit Puderzucker besieben.

Schmorbraten vom Schwein

*2 Zwiebeln, 1 Möhre,
das Weiße von 1 Stange Porree,
2 Knoblauchzehen,
500 g Schweinskeule ohne Knochen,
Salz, Pfeffer, 1 Eßl. Schmalz,
¹/₂ Flasche Weißwein, Thymian,
¹/₂ Teel. Maisan.*

Das gewaschene Gemüse putzen und in kleine Würfel schneiden. Die Knoblauchzehen schälen und feinreiben. Das Fleisch mit Salz, Pfeffer und Knoblauch einreiben und in heißem Schmalz anbraten. Das Gemüse zugeben und mitbraten, gut umrühren. Mit Weißwein ablöschen, Thymian zufügen und zugedeckt schmoren lassen. Bei Bedarf noch etwas Wasser angießen. Nach etwa 80 Minuten das Fleisch herausnehmen und zugedeckt warm stellen. Die Soße durch ein Sieb gießen, dabei das Gemüse mit einem Holzlöffel mit durchdrücken. Erhitzen und auf die Hälfte einkochen lassen. Mit dem angerührten Stärkemehl leicht binden und nochmals abschmecken. Über die angerichteten Fleischscheiben geben.

Schmortomaten mit Schafskäse

500 g feste Tomaten, 4 Eßl. Margarine oder Butter, 3 Zwiebeln, 200 g Schafskäse, 1 Ei, Pfeffer, 4 Eßl. gehackte Petersilie, Salz, 1/8 l saure Sahne.

Von den Tomaten jeweils ein Deckelchen abschneiden. Das Unterteil mit einem kleinen Löffel aushöhlen, umdrehen und etwas trocknen lassen. Mit dem Ausgehöhlten, 2 Eßlöffel Margarine und den kleingehackten Zwiebeln eine Tomatensoße bereiten, dann durch ein Sieb streichen. Den Schafskäse mit einer Gabel zerdrücken und mit dem geschlagenen Ei, etwas Pfeffer und 1 Eßlöffel gehackter Petersilie verrühren. Diese Masse in die Tomaten füllen, alles in eine gefettete Auflaufform setzen, obenauf kleine Margarineflöckchen verteilen

und die mit Salz abgeschmeckte Tomatensoße darübergießen. Bei Mittelhitze in der heißen Röhre überbacken. Die Tomaten dürfen dabei nicht zerfallen. Vor dem Servieren die Soße mit saurer Sahne verrühren und die Tomaten mit gehackter Petersilie bestreuen.

Schnelle Eistorte

1 fertig gekaufter Obsttortenboden, etwas Schokolade, 2 Familienpackungen Erdbeereis, 500 g Erdbeeren, Schlagsahne, geröstete Kokosraspeln.

Den Tortenboden dünn mit der im Wasserbad aufgelösten Schokolade bestreichen und fest werden lassen. 1 Packung Erdbeereis antauen lassen, auf dem Tortenboden verstreichen, in das Gefrierfach stellen und fest werden lassen. Die vorbereiteten Erdbeeren waschen, abtropfen lassen und in der Mitte der Torte anhäufen. Ringsherum Eiskugeln aus der 2. Packung Eis anordnen. Die Torte mit steifgeschlagener Sahne und gerösteten Kokosraspeln garnieren.

Schneller Eierlikör

8 Eigelb, 1 Dose gezuckerte Kondensmilch, 1/2 Flasche Korn oder Wodka, Saft von 1 Zitrone.

Die Eigelb mit der Kondensmilch gut verrühren, den Wodka und den Zitronensaft unter Rühren zugeben. Alles durch ein Sieb gießen und bis zum Servieren kühl stellen. Vor dem Eingießen gut durchschütteln.

Schnelle Tomatensuppe

125 g Gehacktes, 125 g Geschabtes,
2 Zwiebeln, 40 g Margarine,
1 Eßl. Tomatenmark, 2 bis 3 Eßl.
Tomatenketchup,
einige Tropfen Tabasco, Fleischbrühe
oder Wasser, 1 Dose oder 1 Beutel
Tomatencremesuppe, Dill.

Das Fleisch zusammen mit den gehackten Zwiebeln in der Margarine anbraten. Tomatenmark und -ketchup sowie Tabasco zufügen, etwas Brühe angießen und alles etwa 10 Minuten schmoren lassen. Die Tomatensuppe nach Vorschrift zubereiten. Dann das Hackfleisch zugeben und beim Anrichten gehackten Dill über die Suppe streuen. Die Suppe kann mit einem Schuß Sahne verfeinert und mit Croutons bestreut werden.

Schoko-Baiser-Torte

6 Eiweiß, 300 g Zucker.
Für die Schokoladencreme:
150 g Margarine, 150 g Zucker,
6 Eigelb, 1 1/2 Eßl. Kakao, 1/4 l süße Sahne.
Zum Garnieren: *1/8 l süße Sahne,*
Blockschokolade.

Eiweiß steifschlagen und den Zucker unterrühren, 3 Springformen von etwa 24 cm Durchmesser mit gefetteter Alufolie auslegen, mit der Baisermasse bespritzen oder bestreichen, bei 100 °C etwa 60 Minuten mehr trocknen als backen. Es ist ratsam, die Backofentür einen Spalt offen zu lassen. Margarine, Zucker, Eigelb und Kakao bei schwacher Hitze unter ständigem Rühren bis zum Kochen bringen, erkalten lassen und dann die

steifgeschlagene Sahne unterheben. Die Baiserböden aufeinandersetzen, zwischen die einzelnen Böden die Schokocreme geben. Steife Schlagsahne auf dem Baiserkuchen verteilen und mit Schokoraspeln garnieren. Etwa 6 Stunden vor dem Servieren kühl stellen.

Schoko-Frappé
(Einzelportion)

2 cl Weinbrand, 1 Schuß Kirschlikör,
1 Barlöffel Kakao, 0,1 l Milch,
1 Cocktailkirsche.

Weinbrand, Kirschlikör, Kakao und Milch gut auf Eis mixen. Mit der Cocktailkirsche garnieren.

Schokoladencremekuchen

200 g Butter oder Margarine, 4 Eier,
175 g Zucker, 1 Päckchen Vanillinzucker, 1 Prise Salz, 400 g Mehl,
1 Päckchen Backpulver, 3 Eßl. Orangenlikör oder -saft.
Für die Creme: *12 g Gelatine,*
3 Eier, 75 g Zucker, 230 g Zartbitter-Schokolade, 1/8 l Milch, 250 g Schlagsahne.

Das Fett mit den Eiern, Zucker, Vanillinzucker, Salz, Mehl und Backpulver verrühren. In eine gefettete rechteckige Form oder in eine Springform füllen und 35 Minuten backen. Etwas abkühlen lassen. Mit dem Holzlöffelstiel etwa 20 Löcher in den Kuchen stechen. Die Oberfläche mit Orangenlikör beträufeln. Für die Creme die Gelatine einweichen, 200 Gramm Schokolade mit der Milch unter Rühren erhitzen, bis die Schokolade geschmolzen ist. Die vorgeweichte Gelatine darin auflösen. Abkühlen lassen. Eigelb mit Zucker schaumig schlagen. Die Schokoladenmilch unterrühren. Für 10 Minuten in den Kühlschrank stellen. Eiweiß und Sahne getrennt steifschlagen und unter die Masse ziehen. Die Creme in die Löcher im Kuchen füllen. Die restliche Creme halbfest werden lassen und auf dem Kuchen verteilen. Die restliche Schokolade in Spänen darüberstreuen.

Schokoladencreme mit Kakaolikör

200 g bittere Schokolade, $^1/_8$ l Milch,
6 bis 8 g Gelatine, 2 Eigelb,
100 g Zucker, 4 cl Kakaolikör,
$^1/_4$ l Schlagsahne, 1 Eßl. gehackte Pistazien.

Schokolade und Milch in einen Topf geben und langsam schmelzen lassen. Die Gelatine einweichen und ausquellen lassen. Eigelb und Zucker cremig schlagen, die Schokolade nach und nach unterrühren. Den Likör ebenfalls zugeben und die aufgelöste Gelatine hineinrühren. Die steifgeschlagene Sahne unterheben. Die Creme in eine Schüssel füllen und für 2 Stunden in den Kühlschrank stellen. Mit den gehackten Pistazien bestreuen.

Schokoladencreme mit Schneebällchen

75 g Schokolade, 50 g Zucker, 2 Eier,
40 g Maisan, $^1/_2$ l Milch,
Vanilleschote, Salz, Haselnüsse.

Die geriebene Schokolade, etwas Zucker und Maisan miteinander mischen und mit etwas kalter Milch anrühren.

Inzwischen die übrige Milch mit einem Stück Vanilleschote und Salz aufkochen und löffelweise den steifen Eischnee hineingeben. Die garen Schneebällchen sofort herausnehmen. Die Vanilleschote ebenfalls entfernen. Anschließend die vorbereitete Schokoladen-Zucker-Mischung sowie die zwei Eigelb in die siedende Milch rühren. Die Creme nur kurz aufkochen lassen und in flache Schälchen verteilen. Nach dem Abkühlen die Süßspeise mit den Schneebällchen und mit Haselnüssen garnieren.

Schokoladeneis

3 Eigelb, 60 g Zucker, 3 Eßl. Milch,
2 Eßl. Weinbrand, 2 Teel. Kakao,
$^1/_8$ l Schlagsahne, Schokoladen-
stückchen, Waffeln.

Eigelb, Zucker und Milch auf Wasserdampf schlagen, bis die Masse dicklich wird. Kaltrühren, Weinbrand, Kakao, die steifgeschlagene Sahne und zuletzt die Schokoladenstückchen zugeben. In eine Form füllen, gefrieren lassen und vor dem Servieren auf eine Lage Waffeln stürzen.

Schokoladen-Fett-Glasur

150 g Puderzucker, 2 Eßl. Kakao,
3 Eßl. Wasser, 20 g Butter oder Margarine.

Puderzucker und Kakao zusammensieben, zunächst mit heißem Wasser, dann mit dem zerlassenen Fett verrühren. – Schokoladen-Fett-Glasur gibt es auch fertig zu kaufen, sie braucht nur im Wasserbad erwärmt zu werden.

Schokoladen-Fondue

2 Tafeln Blockschokolade,
4 Eßl. Kondensmilch,
2 Eßl. Weinbrand,
1 Eßl. gehackte süße Mandeln,
2 Eßl. Johannisbeergelee,
1 Teel. abgeriebene Apfelsinenschale.

Die Schokolade feinbrechen und zusammen mit der Kondensmilch im Fondue-Topf auf kleiner Flamme schmelzen lassen. Weinbrand, Mandeln, Johannisbeergelee und Apfelsinenschale unterrühren. Die Schokoladen-Fondue heiß halten und immer wieder umrühren.
Zum Eintauchen Weißbrotwürfel oder kleine Gebäckstücke in Schälchen bereitstellen.

Schokoladenglasur

150g Puderzucker, 2 Eßl. Kakao,
1 Eßl. Butter, 3 bis 4 Eßl. Wasser.

Puderzucker und Kakao zusammensieben und allmählich mit der flüssigen Butter und dem heißen Wasser verrühren. Die Glasur schnell verarbeiten, sonst wird sie fest.

Schokoladenkaffee I

¹/₄ l gesüßter Milchkakao,
¹/₄ l starker schwarzer Kaffee,
Schlagsahne.

Beide Getränke heiß miteinander vermischen und in Tassen füllen. Nach Belieben auf jede Tasse ein Häubchen Schlagsahne setzen. – Das Getränk kann auch gut gekühlt aufgetragen werden.

Schokoladenkaffee II

100g bittere Schokolade, ³/₈ l Milch,
¹/₈ l starker Kaffee, Würfelzucker,
8 Eßl. geschlagene Sahne.

Die Schokolade in einem Topf schmelzen, die Milch dazugeben und unter Rühren erhitzen.
Einmal aufkochen lassen. Den Kaffee untermischen und in Tassen oder Gläser verteilen. Zucker und Sahne getrennt dazu servieren.

Schokoladenkonfekt

50g Butter, 2 Eigelb, 100g Puderzucker, 20g schwarzer Tee,
abgeriebene Schale von ¹/₂ Orange,
300g Blockschokolade, 50g Kakao.

Butter, Eigelb und gesiebten Puderzucker schaumig rühren. Den Tee mit 125 ml kochendem Wasser überbrühen und 5 Minuten ziehen lassen. Durch ein Sieb in die Butter-Eier-Masse gießen und unterrühren. Die Orangenschale zugeben. Blockschokolade im heißen Wasserbad auflösen und ebenfalls unterrühren. Ein Blech mit Alufolie auslegen. Die Masse 1 cm dick aufstreichen und erstarren lassen. Dann in Quadrate schneiden und diese in Kakao wälzen. Kühl lagern.

Schokoladenküßchen

125g Kokosfett, 125g Puderzucker,
2 Eßl. Kakao, 100g Cornflakes,
1 Eßl. Rosinen.

Das Kokosfett in einer Pfanne auf kleiner Flamme zerlassen. Vom Herd nehmen und nach und nach Puderzucker sowie Kakao unterrühren. Dann Rosinen und Cornflakes untermischen. Mit einem Teelöffel kleine Häufchen auf ein mit Alufolie ausgelegtes Blech setzen. Im Kühlschrank fest werden lassen.

Schokoladen-Nougat-Creme

1/2 l Milch, 1 Päckchen Puddingpulver Schokoladengeschmack, 3 Eßl. Zucker, 1 1/2 Nougatstangen, 100 g Mandeln, 1/4 l Schlagsahne, 3 Eßl. Weinbrand.

In 6 Eßlöffel Milch das Puddingpulver anrühren. Die restliche Milch mit dem Zucker aufkochen, die Nougatstangen darin auflösen, das angerührte Puddingpulver einrühren und kurz aufkochen lassen. Die abgezogenen Mandeln in Stifte schneiden. 70 g davon unter die Creme rühren, diese in Portionsschälchen füllen und kalt stellen. Vor dem Servieren die Sahne mit wenig Zucker leicht anschlagen, mit dem Weinbrand vermischen und extra reichen. Die Creme mit den restlichen Mandeln garnieren.

Schokoladen-Orangen-Plätzchen

175 g Mehl, 75 g Stärkemehl, 1 Teel. Backpulver, 1 Ei, 1 Prise Salz, abgeriebene Schale von 1 Orange, 125 g Zucker, 125 g Butter oder Margarine, 100 g Zartbitter-Schokolade.

Alle Zutaten außer der Schokolade zu einem Teig verkneten. Die grobgeraspelte Schokolade zum Schluß unterkneten. Zugedeckt 30 Minuten im Kühlschrank rasten lassen. Dann den Teig auf bemehlter Fläche 0,5 cm dick ausrollen. In 3 cm × 6 cm große Streifen schneiden. Die Plätzchen auf gefettetem Blech im vorgeheizten Ofen bei 200 °C etwa 15 Minuten backen. – Besonders gut schmecken diese Plätzchen mit einem Guß aus 100 Gramm Puderzucker und 2 bis 3 Eßlöffel Orangensaft.

Schokoladenrührkuchen

150 g Margarine, 200 g Zucker, 1 Päckchen Vanillinzucker, 1 Prise Salz, Saft von 1/2 Zitrone, 3 Eier, 500 g Mehl, 3 Teel. Backpulver, knapp 1 Tasse Milch, 200 g Blockschokolade.

Die Margarine zerlassen, mit Zucker, Vanillinzucker, Salz, Zitronensaft und den Eigelb verrühren. Das mit dem Backpulver gesiebte Mehl abwechselnd mit der Milch nach und nach unterrühren, bis der Teig glatt ist. Dann die in kleine Stücke zerschnittene Schokolade und zuletzt den steifen Eischnee unterheben. In eine gefettete Form geben und bei mäßiger Hitze etwa 70 Minuten backen.

Schokoladensahne

150 g Zartbitter-Schokolade, 100 g Vollmilch-Schokolade, 1/4 l Schlagsahne, 2 Päckchen Vanillinzucker, 4 gedünstete Birnenhälften.

Die zerbrochene Schokolade mit Sahne und Vanillinzucker unter Rühren bei kleiner Hitze schmelzen lassen. Die gedünsteten Birnen abgetropft in Portionsschälchen füllen. Die Schokoladensahne darüberfüllen.

Schokoladenschnitten »Othello«

Für den Teig: *130 g Margarine, 200 g Zucker, je 1 Prise Salz und Zimt, 1 Messerspitze abgeriebene Zitronenschale, 6 Eier, 130 g Blockschokolade, 130 g Mehl.*
Für die Fülle: *200 g HalbbitterSchokolade, 2 Eier, 400 g Puderzucker, 120 g Kokosfett, 2 Gläschen Weinbrand oder Rum.*

Die Margarine mit 100 Gramm Zukker, Salz, Zimt und Zitronenschale schaumig rühren. Die Eigelb nach und nach unterrühren. Die Blockschokolade im heißen Wasserbad auflösen, etwas abkühlen lassen und unter die Schaummasse rühren. Die Eiweiß steifschlagen, dabei den restlichen Zucker einrieseln lassen und unter die Schaummasse heben. Das gesiebte Mehl ebenfalls darunterziehen. Ein Backblech mit gefettetem Pergamentpapier auslegen, den Teig daraufstreichen und im vorgeheizten Ofen bei 180 °C etwa 20 Minuten backen. Sofort auf ein mit Zucker bestreutes Geschirrtuch stürzen. Das Pergamentpapier schnell mit kaltem Wasser bestreichen und abziehen. Den Biskuitboden längs halbieren und auskühlen lassen. Die Schokolade in eine Schüssel reiben, Eier und Puderzucker unterrühren. Das erhitzte Kokosfett leicht abkühlen lassen, unter die Schokoladenmasse rühren und mit dem Weinbrand verfeinern. Eine Hälfte des Bodens mit der Masse bestreichen, die andere daraufsetzen, ebenfalls bestreichen, mit einem Löffel verzieren und Rechtecke schneiden. Vor dem Servieren 1 bis 2 Stunden in den Kühlschrank stellen.

Schokoladensoße

10 g Butter, etwa 75 g ZartbitterSchokolade, 50 ml süße Sahne, 10 g Zucker.

Die Butter zerlaufen lassen, Schokolade und 2 Eßlöffel Wasser dazugeben und bei schwacher Hitze die Schokolade darin schmelzen lassen. Inzwischen die Sahne mit Zucker steifschlagen und unter die Schokolade rühren. Sofort servieren. Schokoladensoße zu Vanilleeis, gebackenen Bananen, gedünsteten Birnen, Ananas oder Pfirsichen reichen.

Schokoladentorte

Für den Boden: *5 Eier, 5 bis 6 Eßl. heißes Wasser, 130 g Zucker, 1 Päckchen Vanillinzucker, 20 g Puderzucker, 125 g Mehl, 50 g Stärkemehl, 1 Messerspitze Backpulver.*
Für die Creme: *1/8 l Kaffee, 70 g Zucker, 3/8 l Milch, 1 Eßl. Kakao, 1 Päckchen Puddingpulver Schokoladengeschmack, 150 g Puderzucker, 250 g Butter oder Margarine.*
Für die Nougatmasse: *25 g Margarine, 65 g Zucker, 30 g Nüsse, 65 g Butter, 65 g Puderzucker, 25 g Kakao, abgeriebene Zitronenschale.*
Außerdem: *1/8 l Schlagsahne zum Garnieren, Zucker.*

Die Eigelb mit dem heißen Wasser schaumig schlagen, nach und nach Zucker und Vanillinzucker zugeben und weiterschlagen, bis die Masse cremig ist. Das Eiweiß zu steifem Schnee schlagen, dabei den Puderzucker zufügen. Den Eischnee auf die Eigelbcreme gleiten lassen. Mehl, Stärkemehl und Backpulver mischen und auf den Eischnee sieben. Alles vorsichtig unterheben. Eine Springform mit gefettetem Butterbrotpapier auslegen, den Teig einfüllen und sofort im vorgeheizten Ofen bei 175 bis 195 °C 25 bis 35 Minuten backen. Den Boden auskühlen lassen, aus der Form lösen und zweimal quer durchschneiden. Für die Creme den Kaffee mit Zucker und ¼ Liter Milch aufkochen. In der übrigen Milch Kakao und Puddingpulver anrühren und in die siedende Flüssigkeit geben. Dabei den gesiebten Puderzucker zuschütten. Unter die schaumig geschlagene Butter löffelweise den völlig erkalteten Pudding rühren. Mit dieser Creme die Torte füllen sowie oben und ringsum damit bestreichen. Für die Nougatmasse Margarine und Zucker erhitzen und ganz leicht bräunen lassen. Die gewiegten Nüsse unterrühren und die Krokantmasse auf einem geölten Teller breitstreichen. Unter die sahnig geschlagene Butter die übrigen Zutaten rühren, zuletzt den durch die Mandelmühle gedrehten Krokant zugeben. Ist die Masse noch zu feucht, recht fein gewiegte Nüsse oder Kuchenbrösel untermischen. Etwa 1 cm dick ausrollen und mit kleinen Ausstechformen Herzen ausstechen. Die Torte mit der steifgeschlagenen Sahne und dem Nougat garnieren.

Schokomakronen

4 Eiweiß, 200 g Zucker,
1 Päckchen Vanillinzucker,
200 g Mandeln,
100 g Schokolade, Backoblaten.

Eiweiß zu sehr steifem Schnee schlagen. Zucker nach und nach darunterschlagen, Vanillinzucker zugeben. Eischnee und Zucker weitere 20 Minuten schlagen, bis die Masse dickschaumig ist. Die Mandeln auf dem Backblech in der Backröhre leicht rösten, anschließend durch die Mandelmühle drehen. Die geriebenen Mandeln mit der Eiweißmasse und der geriebenen Schokolade vermischen. Auf Oblaten kleine Häufchen setzen. Bei 130 bis 150 °C langsam backen.

Schoko-Mix
(Einzelportion)

1 Eigelb, 1 Eßl. Zucker,
1 Teel. Kakao, 4 cl Weinbrand.

Alle Zutaten gut miteinander mixen und in ein Glas geben.

Schokoschwips
(Einzelportion)

1 Eigelb, 2 Eßl. Zucker,
1 Barlöffel Kakao, 4 cl Weinbrand,
1 Schuß Kirschlikör, 0,1 l Milch.

Eigelb, Zucker, Kakao, Weinbrand und Kirschlikör mixen und mit Milch auffüllen.

Schottische Würzbissen

2 Scheiben Toastbrot,
4 Eier, Salz, Pfeffer,
10 g Butter, 120 g Reibekäse,
6 cl Whisky.

Das Brot toasten. Von den Eiern ein luftiges Rührei herstellen und auf dem Toast anrichten. Alles mit Salz und frischgemahlenem Pfeffer würzen. Den Reibekäse darüber verteilen und das Brot in kleine Häppchen schneiden. In einer vorgewärmten Röhre oder im Grill rasch überbacken und auf heißen Tellern anrichten. Mit Whisky umgießen und sofort brennend servieren.

Schürzkuchen

400 g Mehl, 100 g Stärkemehl,
1/2 Päckchen Backpulver, 125 g Zucker,
Salz, 100 g Margarine, 3 Eier,
4 Eßl. Milch, Ausbackfett,
Zucker zum Bestreuen.

Das mit dem Backpulver gesiebte Mehl und die übrigen Zutaten zu einem glatten Teig verarbeiten. Etwa 3 mm stark ausrollen und in Rechtecke schneiden oder ausrädeln. In jedem Teigstück längs einen Schlitz anbringen und eine Schmalseite des Rechtecks hindurchziehen. Im heißen Fett goldbraun ausbacken und nach dem Abtropfen zuckern.

Schüsselfisch

4 möglichst gleich große Filets von
Seefisch, Zitronensaft, Salz,
2 Eßl. gewürfelter Speck, 2 Eßl. Öl,
2 Zwiebeln, 3 Eßl. grobgeraspelter
Sellerie, 2 Eßl. Semmelbrösel,
Pfeffer, Majoran, Thymian,
50 g Margarine, 1 1/2 Eßl. Mehl,
125 g Reibekäse, 2 Tomaten, Petersilie.

Die vorbereiteten Fischfilets mit Zitronensaft marinieren und salzen. Den Speck im Öl ausbraten, die fein-

gehackten Zwiebeln sowie den Sellerie zugeben und einige Minuten dünsten lassen. 2 Eßlöffel Wasser zufügen und unter Rühren etwas einkochen lassen. Vom Feuer nehmen, die Semmelbrösel zufügen und die Fülle mit Salz, Pfeffer, Majoran und Thymian kräftig würzen. Eine feuerfeste Form gut mit Margarine ausstreichen, 2 der Fischfilets nebeneinanderlegen und die Fülle darauf verteilen. Die restlichen 2 Filets darüberdecken. Aus 30 Gramm Margarine und dem Mehl eine Schwitze bereiten, den Käse zufügen und auf ganz kleiner Flamme so lange rühren, bis der Käse geschmolzen ist, gegebenenfalls etwas Flüssigkeit zuschütten. Die dicke Käsemasse über dem Fisch verteilen und den Schüsselfisch bei Mittelhitze in der Röhre etwa 30 Minuten backen lassen. Nach Belieben zwischendurch mit etwas Butter beträufeln. Mit Tomatenscheiben und Petersilie garniert anrichten. Dazu paßt Curryreis.

Schusterjungen

50 g Mehl, 20 g Maisan, 4 Eigelb,
20 ml Rum-Verschnitt, 1/4 l Milch,
2 Eiweiß, 50 g Zucker, Pflaumen,
einige abgezogene süße Mandeln,
Öl zum Backen.

Mehl, Maisan, Eigelb und Rum-Verschnitt gut mit der Milch verrühren. Das Eiweiß mit dem Zucker steifschlagen und unterziehen. Die Pflaumen an der Spitze etwas abschneiden, damit sich der Kern herausschieben läßt. Dafür je eine Mandel hineinschieben. Die Pflaumen durch den Ausbackteig ziehen und im heißen

Fettbad goldgelb ausbacken. Herausnehmen, abtropfen lassen und mit Zimtzucker bestreut oder mit einer Weinschaum- oder Schokoladensoße servieren.

Schusterpfanne

750 g Schweinefleisch, Salz, Pfeffer,
750 g in Scheiben geschnittene
rohe Kartoffeln,
750 g kleine feste Birnen,
1 Eßl. Kümmel,
gekörnte Brühe, frischer Dill.

Das Schweinefleisch waschen, salzen, pfeffern, in die Mitte einer weiten hohen Pfanne legen, dann ringsherum die Kartoffeln und die ungeschälten, von Blüte und Stiel befreiten Birnen schichten. Den Kümmel und einen Teelöffel gekörnte Brühe darüberstreuen. So viel kochendes Wasser darübergießen, daß alles bedeckt ist. Den Topf schließen und alles langsam in $1^{1}/_{2}$ bis 2 Stunden weichschmoren. Das Gericht mit gehacktem Dill bestreut servieren.

Schwarzwälder Kaffee
(Einzelportion)

1 Tasse Kaffee, 1 Glas Kirschwasser,
Zucker.

Eine Kaffeetasse mit frisch gebrühtem Kaffee füllen, 1 Glas Kirschwasser hinzufügen. Beliebig süßen. Der Kaffee läßt sich anstelle von Kirschwasser mit Himbeergeist oder Weinbrand zubereiten. – Nach Belieben ein Schlagsahnehäubchen auf das Kaffeegetränk setzen.

Schwarzwälder Kirschtorte

Für den Teig: $^{1}/_{2}$ Tafel Edelbitter-
Schokolade, 4 Eier, 4 Eßl. heißes
Wasser, 150 g Zucker,
1 Päckchen Vanillinzucker, 75 g Mehl,
75 g Maisan, 2 gestr. Teel. Backpulver.
Für die 1. Fülle: 1,5 kg Sauerkirschen,
250 g Zucker, 3 Eßl. Kirschwasser
oder Wodka, 30 g Maisan,
Für die 2. Fülle: $^{1}/_{2}$ l Schlagsahne,
15 g Gelatine, 5 Eßl. Kirschwasser
oder Wodka, 150 g Puderzucker.
Zum Garnieren: $^{1}/_{2}$ Tafel Edelbitter-
Schokolade, 16 Sauerkirschen.

Für den Tortenboden die halbe Tafel Schokolade bei milder Hitze schmelzen. Eier trennen. Eiweiß zu Schnee schlagen. Eigelb mit dem heißen Wasser, Zucker und Vanillinzucker schaumig rühren. Geschmolzene Schokolade unterrühren. Eischnee auf die Masse geben, darüber Mehl, Maisan, Backpulver sieben, schnell unterheben. Backofen auf 200 °C vorheizen. Boden einer Springform ausfetten, mit Butterbrotpapier belegen und ebenfalls leicht fetten. Den Rand der Springform nicht fetten, damit der Kuchen am Rand ebenso hoch steigt wie in der Mitte. Den Kuchen etwa 35 Minuten backen (mit einem Holzstäbchen eine Garprobe machen). Wird er zu braun, mit Pergamentpapier abdecken. Den abgekühlten Boden in drei möglichst gleich dicke Scheiben schneiden. Kirschen waschen und entsteinen. Mit Zucker kurz dünsten. Abtropfen lassen. Saft auffangen, mit Kirschwasser verfeinern. Maisan unterrühren und einmal aufkochen lassen. Kirschen wieder zugeben (ein paar zum Garnieren der

Torte zurückbehalten). Vom Feuer nehmen und kalt werden lassen. Gelatine nach Vorschrift auf der Packung einweichen. Sahne sehr steif schlagen. Kirschwasser und Puderzucker unterrühren. Die Gelatine im heißen Wasserbad auflösen. In dünnem Strahl unter ständigem Schlagen zu der Sahne geben. Kühl stellen, bis die Sahne beginnt, steif zu werden. Den untersten Tortenboden mit der Hälfte der Kirschen belegen, ein Drittel der Sahne darüberstreichen, die mittlere Tortenbodenschicht daraufsetzen und leicht andrücken. Nun wieder den Rest der Kirschen und das zweite Drittel der Sahne auf dem Boden verteilen. Mit der oberen Bodenschicht bedecken und wieder leicht andrücken. Torte ringsum mit der restlichen Sahne bestreichen. Die restliche Hälfte der Schokolade mit einem Kartoffelschäler über der Torte raspeln, so daß die Torte gleichmäßig mit Schokoladenraspeln bedeckt ist. Dann mit den restlichen Kirschen garnieren.

Schwarz-Weiß-Streuselkuchen

Für den Teig: *500g Mehl,*
100g Zucker, 80g Margarine, Salz,
1 Päckchen Vanillinzucker,
knapp $1/_4$ l Milch, 30g Hefe.
Für den Belag: *400g Mehl,*
200g Butter oder Margarine, 2 Eßl. Öl,
250g Zucker, Salz, 4 Eßl. Kakao.

Aus den Teigzutaten einen Hefeteig nach Grundrezept bereiten und gehen lassen, wieder zusammenstoßen und kurz durchkneten. Zu einem Rechteck ausrollen und die Teigplatte auf ein gefettetes Blech legen. Mit et-

was Wasser oder Milch bestreichen. Für die Streusel das gesiebte Mehl, Butter, Öl, 200 Gramm Zucker und eine Prise Salz zur Streuselmasse verarbeiten. Den restlichen Zucker und Kakao vermischen und unter die Hälfte der Streusel kneten. Die beiden Streuselarten abwechselnd auf der Teigplatte verteilen und bei Mittelhitze etwa 30 Minuten backen.

Schwedenmatjes

4 Matjes- oder Salzheringsfilets, Öl,
Tomatenketchup, Essig, Dill, 2 Äpfel,
1 Zitrone, Zucker, 125g Mayonnaise,
$1/_{16}$ l Sahne, Gurkenwasser,
Salatblätter, Perlzwiebeln,
8 grüne oder schwarze Oliven,
1 hartgekochtes Ei, Kaviar,
1 Tomate, 1 Zwiebel.

Die Matjesfilets gut wässern, abtrocknen und in einer Marinade aus Öl, Tomatenketchup, etwas Essig und Dillzweigen 24 Stunden im Kühlschrank marinieren. Die geschälten Äpfel vom Kernhaus befreien, in Scheiben schneiden und in Wasser mit Zitronensaft und Zucker kurz blanchieren. Abkühlen lassen. Inzwischen Mayonnaise, Sahne und Gurkenwasser zu einer cremigen Masse verrühren, gehackten Dill zugeben und mit etwas Zitronensaft und Zucker abschmecken. Die Salatblätter auf einer Platte anordnen, darauf die Apfelscheiben und obenauf die Matjesfilets geben. Mit der Dill-Sahne-Soße überziehen. Mit Perlzwiebeln, Oliven, Eischeiben, nach Belieben auch mit etwas Kaviar, mit Tomatenachteln und Zwiebelringen garnieren.

Schwedischer Pflückfisch
in der Teigkruste

Für den Teig: *250 g Mehl, 1 Teel. Salz, 3 gestr. Teel. Backpulver, 60 g Butter, ³/₄ Tasse Milch.*
Für die Füllung: *300 g Fischfleisch, ohne Haut und ohne Gräten gewogen (Kabeljau, Rotbarsch, Grenadierfisch, Wittling, Hecht oder Zander), 1 Eßl. Zitronensaft, 1 Teel. Salz, 1 Eßl. feingehackte Zwiebel.*

Mehl, Salz und Backpulver auf ein Backbrett sieben. Butterflöckchen auf dem Mehl verteilen, die Milch dazugießen und alles miteinander vermischen. Die Zutaten mit einem Messer rasch hacken, dann schnell und gründlich einen Teig kneten. Den Teig in 2 Hälften teilen und ausrollen. Mit der einen Hälfte eine gefettete Springform auslegen.
Das mit Zitronensaft und Salz eingeriebene Fischfleisch auf einen Dämpfeinsatz legen, wenn das Dämpfwasser in einem Topf Dampf entwickelt. Das Dämpfwasser soll 1 cm unter dem Dämpfeinsatz stehen. Deckel auflegen und das Fischfleisch 15 bis 20 Minuten garen lassen. Das ausgekühlte Fischfleisch mit Zitronensaft, Salz und Zwiebelwürfeln mischen und auf dem Teig in der Springform verteilen. Mit der anderen ausgerollten Teighälfte alles abdecken. Die Teigränder mit einer Gabel festdrücken. Die obere Teigplatte mehrmals mit einer Gabel einstechen. Bei starker Hitze schnell goldbraun backen.
»Fisch in der Teigkruste« wird in Schweden und in ähnlicher Zubereitung auch in England und Finnland zum Tee gereicht.

Schwedische Soße

100 g Mayonnaise, 60 g Apfelmus, 40 ml Sahne, 10 g geriebener Meerrettich, Salz, weißer Pfeffer, etwas Zucker.

Die Mayonnaise mit den übrigen Zutaten verrühren und pikant abschmekken. Schwedische Soße zu kaltem Braten, gebratenem oder gedünstetem Fisch oder zu Fleischfondue reichen.

Schweinebauch
mit herzhafter Fülle
(für 6 bis 8 Personen)

2 Möhren, 1 Stange Porree, ¹/₄ Sellerieknolle, 100 g magerer Speck, 2 Knoblauchzehen, 100 g Geflügelleber, 400 g Weißbrot ohne Rinde, ¹/₄ l Milch, 2 Eßl. Semmelbrösel, Salz, Pfeffer, Majoran, 2 Eier, 2 kg Schweinebauch, ¹/₂ l Pilsner.

Das Gemüse putzen, waschen und in kleine Würfel schneiden. Mageren Speck ebenfalls in Würfel schneiden und in einem Schmortopf auslassen. Das Gemüse und die gestoßene Knoblauchzehe zugeben und alles leicht anschwitzen. Die Geflügelleber extra anbraten und erkalten lassen, danach in Würfel schneiden. Das ausgedrückte Weißbrot, die Geflügelleber, die Semmelbrösel, die Gewürze, die Eier und das erkaltete Gemüse in eine Schüssel geben. Alles zu einer Masse verarbeiten. Mit einem scharfen Messer eine Tasche in den ausgelösten Schweinebauch schneiden, mit der Farce füllen. Die Öffnung zunähen und das Fleisch mit der Fettseite nach unten in eine Bratpfanne geben. Das Fleisch garen, dabei öfter mit Bratfond übergießen und nach und nach Bier zugeben. Den fertigen Schweinebauch herausnehmen und den Bratsatz mit Wasser loskochen. Die entstandene Soße durch ein Sieb geben und extra zu dem Fleisch reichen.

Schweinekoteletts »Mailänder Art«

4 Tomaten, 100 g gekochte Schweinszunge, 100 g gare Champignons, 500 g Spaghetti oder Spirelli, Salz, 2 Eßl. Margarine, 4 Schweinekoteletts, Pfeffer, 1 Eßl. Mehl, 1 Eßl. Schmalz, 4 Eßl. Reibekäse.

Die Tomaten kurz in heißes Wasser tauchen, enthäuten und in Würfel schneiden. Dabei die Kerne entfernen. Die gekochte und enthäutete Zunge ebenfalls in Würfel schneiden. Die feinblättrig geschnittenen Champignons gut abtropfen lassen. Die Spaghetti oder Spirelli in reichlich Salzwasser kochen, abspülen und abtropfen lassen. In einer Pfanne Margarine erhitzen und darin die Zungenwürfel, die Pilze und die Tomatenwürfel anschwenken. Spaghetti zugeben, würzen und alles gut miteinander vermengen.
Die Koteletts leicht klopfen, die Ränder einschneiden, salzen und pfeffern, in Mehl wenden und in heißem Schmalz von beiden Seiten braten. Die Spaghetti auf einer feuerfesten Platte anrichten, die gebratenen Koteletts daraufleggen und mit Reibekäse bestreuen. In der Röhre goldgelb überbacken. Nach Belieben eine Tomatensoße und eine bunte Salatplatte dazu reichen.

Schweinekoteletts mit Blumenkohl

1 großer Blumenkohl, Salz, 4 Schweinekoteletts, Pfeffer, 1 Eßl. Mehl, 1 Eßl. Schmalz, 2 Eßl. Butter, 1 hartgekochtes Ei, 1 Eßl. Semmelbrösel, 1 Eßl. gehackte Petersilie.

Den Blumenkohl putzen, gründlich waschen und in Salzwasser etwa 10 Minuten kochen. In der Zwischenzeit die Koteletts würzen, in Mehl wenden und in heißem Schmalz von beiden Seiten scharf anbraten. Auf vorgewärmten Tellern servieren und mit dem Bratensatz etwas überglänzen. In einer kleinen Kasserolle die Butter zerlassen. Das Ei mit der Gabel zerdrücken und zusammen mit der Petersilie und den Semmelbröseln zu der Butter geben. Den Blumenkohl in einer Schüssel anrichten und die Buttermischung über den Blumenkohl gießen. Zu den Koteletts servieren.

Schweinekoteletts mit Waldpilzen

1 kg frische Waldpilze (Maronen, Steinpilze, Birkenpilze usw.), 2 Zwiebeln, 1 Knoblauchzehe, 1 Eßl. Margarine, Salz, Pfeffer, gehackter Kümmel, 2 Eßl. gehackte Petersilie, 1 Eßl. gehackter Schnittlauch, 4 Schweinekoteletts, 1 Eßl. Mehl, 1 Eßl. Schmalz.

Die Pilze putzen, gründlich waschen, gut abtropfen lassen und in feine Scheibchen schneiden. Zwiebel und Knoblauchzehe schälen und in feine Würfel schneiden, beides in Margarine andünsten. Die abgetropften

Pilze zugeben und zusammen schmoren lassen. Die Gewürze zufügen und zuletzt die gehackten Kräuter untermischen. Die Koteletts leicht klopfen und die Ränder mehrmals einschneiden, salzen, pfeffern und in Mehl wenden. In heißem Schmalz von beiden Seiten scharf anbraten, anrichten und die Pilze darübergeben.

Schweinekoteletts »Pécs«

2 Eßl. Sauerkraut, 2 Zwiebeln,
50 g magerer Speck, 50 g Saft-
schinken, 1 Knoblauchzehe, gehackter
Kümmel, Majoran, Pfeffer, 4 Schweine-
koteletts, Salz, 1 Eßl. Öl, Edelsüß-
Paprika, Schmalz, 1 Glas Weißwein,
2 Eßl. saure Sahne.

Das Sauerkraut grobhacken und in etwas Wasser oder Brühe 5 Minuten kochen, erkalten lassen. Die Zwiebeln schälen, in feine Scheiben schneiden. Den in Würfel geschnittenen Speck glasig dünsten, darin die Zwiebelscheiben, Schinkenstreifen und die feingehackte Knoblauchzehe anschwitzen. Sauerkraut, Kümmel, Majoran und etwas Pfeffer zugeben und alles gut vermengen. Kurze Zeit dünsten und erkalten lassen. In die gesalzenen Schweinekoteletts mit einem spitzen, scharfen Messer je eine Tasche einschneiden und die Masse hineinfüllen, mit einer Rouladennadel zustecken. Öl mit Paprika vermischen und die Koteletts damit bestreichen. Eine Stunde ruhen lassen und anschließend in heißem Schmalz garen. Bei milder Hitze noch 2 bis 3 Minuten nachbraten. Herausnehmen und warm stellen. Den Bratsatz mit etwas Weißwein loskochen, durch ein Sieb gießen und mit der sauren Sahne verrühren. Mit Butterreis und Paprikasalat servieren.

Schweinemedaillons »Hungaria«

150 g Zwiebeln, 150 g Schweineschmalz,
Paprika, 20 g Tomatenmark,
300 g Kalbs- oder Schweineknochen,
750 g Schweinefilet, Salz, Mehl,
200 g Letscho, 150 g Pilze,
60 g Butter, 1 kg gare Pellkartoffeln,
150 g grüne Erbsen, 200 g Spargelköpfe.

Die feingehackten Zwiebeln in 50 Gramm Schmalz goldgelb dünsten. Paprika und Tomatenmark zufügen und gründlich durchrühren. Wenig Wasser aufgießen und einige Minuten kochen lassen. Die Knochen zerhakken, in die oben bereitete Brühe geben und so viel Wasser aufgießen, daß sie halb bedeckt sind. Zugedeckt etwa 40 Minuten kochen. Dann die Knochen herausnehmen, die Brühe durchseihen und warm stellen. Das enthäutete Filet in Stücke von etwa 30 Gramm schneiden, etwas klopfen, salzen, mit Mehl leicht bestreuen und in wenig Fett auf starker Flamme rasch halbgar braten. Das Fleisch herausnehmen und in die beiseite gestellte Brühe geben. Das Letscho zufügen. Die in Scheiben geschnittenen Pilze in 20 Gramm Butter braten und ebenfalls zugeben. In dem heißen Bratenfett die in Scheiben geschnittenen Kartoffeln bräunen. Heiß alles vorsichtig miteinander vermischen und in einer tiefen Schüssel anrichten. In der restlichen Butter Erbsen und Spargel erhitzen, darübergeben.

Schweinerückensteaks mit Pfirsich

4 Schweinesteaks à 120g (Schälbraten), Salz, Pfeffer, 1 Eßl. Mehl, 1 Eßl. Schmalz, 8 Pfirsichhälften aus der Dose, 4 Scheiben Käse, 4 Scheiben Toastbrot, Tomatenketchup.

Die Schweinesteaks leicht klopfen, salzen, pfeffern und in Mehl wenden. In heißem Schmalz von beiden Seiten braten und auf ein feuerfestes Geschirr geben. Die heißen Pfirsichhälften auf die Steaks legen und darauf die Käsescheiben. Im Grill oder in einer Bratröhre überbacken, bis sie goldgelbe Farbe annehmen. Auf den getoasteten Brotscheiben anrichten und mit Tomatenmark garnieren.

Schweinerückensteaks mit Schinken-Pilz-Ragout

2 Scheiben gekochter Schinken, 1 Zwiebel, 4 Schweinerückensteaks à 120g (Schälbraten), Salz, Pfeffer, 1 Eßl. Mehl, 1 Eßl. Schmalz, 1 Eßl. Margarine, 1 Knoblauchzehe, 1/2 Dose Pilze, 1/2 Flasche Tomatenketchup, 1 Eßl. saure Sahne, 1 Eßl. gehackte Petersilie.

Den Schinken in feine Streifen, die Zwiebel schälen und in Würfel schneiden. Die Steaks salzen, pfeffern und in Mehl wenden. In heißem Schmalz anbraten und bei gedrosselter Hitze fertiggaren. Herausnehmen und warm stellen. Überschüssiges Fett abgießen und die Margarine hinzugeben. Darin die Zwiebelwürfel und die zerdrückte Knoblauchzehe dünsten,

den Schinken und die gut abgetropften Pilze zugeben und alles gut durchschwenken. Mit Tomatenketchup leicht abbinden. Das fertige Ragout über die angerichteten Steaks geben. Mit einigen Tropfen saurer Sahne und der gehackten Petersilie garnieren.

Schweinesteaks mit Curryfrüchten

4 Schweinerückensteaks à 120g (Schälbraten), Salz, Pfeffer, 1 Eßl. Mehl, 1 Eßl. Margarine, 1 Eßl. Schmalz, 3 Eßl. Ananasstücke, 3 Eßl. Mandarinen, Saft von 1 Zitrone, Curry.

Die Schweinesteaks leicht klopfen, salzen und pfeffern. In heißem Schmalz saftig braten, warm stellen. In das Bratfett noch etwas Margarine geben und darin die gut abgetropften Früchte unter ständigem Schwenken erhitzen. Mit Zitronensaft beträufeln und mit Curry abschmecken. Über die angerichteten Steaks geben und mit Zitronenachteln garnieren. Mit Pommes frites und Kopfsalat servieren.

Schweinefiletstreifen mit Gemüse

500g Schweinslende, 2 Zwiebeln, 100 g grüne Gruke, 4 Tomaten, 1 Eßl. Schmalz, Pfeffer, Salz, Zucker, einige Spritzer Weinessig, 1 Eßl. Speisewürze, 1 Eßl. grüner Pfeffer.

Das Schweinefleisch in dünne Streifen, die geschälten Zwiebeln in Ringe schneiden. Die grüne Gurke schälen, halbieren und ohne Kerngehäuse in

Würfel schneiden. Tomaten überbrühen, enthäuten und vierteln, die Kerne entfernen. In sehr heißem Schmalz die Fleischstreifen scharf anbraten, herausnehmen und warm stellen. Die Zwiebelringe in dem restlichen Bratfett glasig braten, Gurken- und Tomatenwürfel zugeben und kurz mitbraten. Das gebratene Schweinefleisch zugeben. Mit Pfeffer, Salz, Zucker, Weinessig, Speisewürze und grünen Pfefferkörnern abschmecken. Mit einem frischen Salat und Weißbrot servieren.

Schweinskeule »Hirten-Art«

400 g Schweinskeule, Salz,
40 g Butter, 60 g Kümmelbutter,
8 Backpflaumen, 4 cl Slibowitz,
¼ l dunkle Rotweinsoße, 15 g gehackte
Petersilie, 30 g Joghurt oder saure Sahne.

Die Schweinskeule portionieren, würzen und in Butter rösch, aber nur rosa anbraten und warm stellen. In einer Pfanne die Kümmelbutter schmelzen, darin die vorher gequollenen, entkernten, geviertelten Backpflaumen anbraten und mit Slibowitz flambieren. Nachdem die Flamme erloschen ist, die Soße zugeben, kurz durchkochen und das Fleisch darin ziehen lassen. Alles abschmecken, anrichten und mit Petersilie und Joghurt garnieren. – Für die Kümmelbutter den Kümmel mit kochendem Wasser überbrühen und etwa 15 Minuten ziehen lassen. Feine Zwiebelwürfel in Butter anschwitzen, den Kümmel dazugeben und ohne Farbe nehmen zu lassen etwa 3 Minuten dünsten. Butter schaumig rühren, mit Pfeffer und

Salz würzen und mit der erkalteten Kümmel- und Zwiebelmasse gründlich vermengen.

Schweinskeule in Bier geschmort

500 g Schweinskeule, 80 g Schmalz,
1 Zwiebel, ¼ l Bier, 20 g Mehl,
1 Scheibe Schwarzbrot, abgeriebene
Zitronenschale, 1 Knoblauchzehe,
½ Teel. Kümmel.

Das Fleisch in Würfel schneiden, salzen und im Schmalz auf allen Seiten anbraten. Die feingeschnittene Zwiebel zugeben, etwas Wasser aufgießen und das Fleisch garschmoren. Während des Schmorens etwas Bier zufügen. Das Fleisch herausnehmen, den Satz mit Mehl bestäuben, bräunen und mit Bier auffüllen. Bei Bedarf noch etwas Wasser auffüllen und gut verrühren. Geriebenes Schwarzbrot, abgeriebene Zitronenschale sowie das restliche Bier zugeben und langsam zu einer dicken Soße kochen lassen. Dann geriebenen Knoblauch und Kümmel zufügen. Die Soße durch ein Sieb streichen und das Gericht mit Semmelknödeln anrichten.

Schweinslendchen in Brotteig

2 Zwiebeln, 1 Knoblauchzehe,
1 Eßl. Öl, 1 Eßl. gehackte Petersilie,
1 Schweinslendchen, Schmalz, Salz, Pfeffer,
500 g Brotteig vom Bäcker,
150 g Sauerkraut, Kümmel,
Majoran, 1 Ei.

Die Zwiebeln schälen, in feine Scheiben schneiden und zusammen mit der zerstoßenen Knoblauchzehe in heißem Öl glasig dünsten. Vom Herd nehmen und die Petersilie daruntermischen. Das Schweinslendchen von Hautresten befreien, salzen und pfeffern, rosarot braten und erkalten lassen. Den Brotteig zu einem Viereck ausrollen (je nach Größe des Schweinslendchens) und mit dem gewaschenen und gut abgetropften Sauerkraut belegen. Mit Kümmel und Majoran bestreuen. Das Lendchen darauflegen und die gedünsteten Zwiebeln obenauf verteilen. Den Teig darüberschlagen, die Ränder mit Ei bepinseln und fest zudrücken. Auf ein Blech legen und in der Röhre etwa 90 Minuten backen. Die Brotkruste öfter mit Wasser bestreichen. Das gefüllte Brot im warmen Zustand vor den Gästen zerlegen.

Schweinslendchen mit flambierten Bananen

8 Schweinslendchenscheiben, Salz, Pfeffer, Paprika, 1 Eßl. Mehl, Butter, 2 Bananen, 2 cl Whisky, 2 Eßl. Kondensmilch.

Die Fleischscheiben mit dem Handballen leicht klopfen, salzen, pfeffern und mit Paprika würzen. Anschließend in Mehl wenden und in erhitzter Butter braten. Danach anrichten und warm halten. Im gleichen Bratfett die geschälten, halbierten und in Scheiben geschnittenen Bananen erhitzen. Über die Lendensteaks geben. Den Bratensatz mit der Kondensmilch binden. Die Bananen mit erhitztem Whisky übergießen und anbrennen. Nach dem Erlöschen der Flamme mit der Soße umgießen.

Schweinslende in Alufolie

1 Schweinslendchen, Salz, Pfeffer, 2 Eßl. Butter, 2 Zwiebeln, 1 Apfel, Majoran.

Das Lendchen waschen und trockenreiben. Mit Salz und Pfeffer würzen. Alufolie ausbreiten und mit zerlassener Butter bestreichen. Die Zwiebeln schälen und in Scheiben, die geschälten Äpfel in Viertel und dann in Scheibchen schneiden. In heißer Butter beides kurz andünsten und mit Majoran würzen. Die Lende auf die vorbereitete Folie legen und mit der Apfel-Zwiebel-Mischung umlegen. Die Folie zusammenfalten und die Enden fest andrücken, damit der Fleischsaft nicht entweichen kann. In der Röhre etwa 40 Minuten garen.

Schweinsohren

1 Paket gefrorener Blätterteig, 150 g Zucker.

Den Blätterteig etwas auftauen lassen, etwa 4 mm dick ausrollen. Die Hälfte des Zuckers über den Teig streuen und mit einem Nudelholz kurz festrollen. Die Teigplatte in Stücke von etwa 20 cm × 30 cm teilen und jedes Stück von den Schmalseiten her zur Mitte aufrollen. Die Rollen ½ Stunde in den Kühlschrank stellen. Dann mit einem scharfen Messer gleichmäßig dicke Scheiben schneiden (etwa 7 mm dick) und jede Scheibe von einer Seite in den restlichen Zucker drücken. Die Schweinsohren mit der gezuckerten Seite nach oben auf ein mit Wasser benetztes Blech setzen und bei etwa 200 °C 15 bis 20 Minuten backen.

Schweinsrückensteak »Strindberg«

4 Eßl. Senf, 2 Eßl. Meerrettich,
20g Curry, Worcestersauce,
100 ml Weißwein,
4 Schweinsrückensteaks à 120 g,
Salz, Pfeffer,
1 Eßl. Mehl, 2 große Zwiebeln, 4 Eier,
60g Schmalz, 20g Butter.

Aus Senf, Meerrettich, Curry, Worcestersauce und Weißwein eine streichfähige Masse herstellen. Die Schweinsrückensteaks mit Salz und Pfeffer würzen und in Mehl wenden. Auf einer Seite mit der zuvor bereiteten Masse bestreichen, mit feingehackter Zwiebel bestreuen, auf der garnierten Seite zuerst durch geschlagenes Ei ziehen und im heißen Schmalz braten. Zuerst bei starker Hitze braten, nach vorsichtigem Wenden die Hitze verringern. Zuletzt die Butter hinzugeben und ebenfalls mit erhitzen. Schweinsrückensteaks »Strindberg« sollten innen noch saftig sein. Als Beilage eignen sich Pommes frites, Röstkartoffeln und Rohkostsalate.

Schweizer Käsekuchles

300g Mehl, 60g Schmalz, 80g Butter,
1 Eigelb, ½ Teel. Salz, 250g Reibe-
käse, 2 Eier, 1 Eßl. Mehl,
½ Teel. gehackter Kümmel,
2 Eßl. Speckwürfel, 1 Zwiebel.

Das Mehl auf ein Brett sieben, das in Stücke geschnittene Fett sowie Butter, Eigelb und Salz hinzufügen und alles zu einem geschmeidigen Teig kneten. Mindestens 1 Stunde ruhen lassen. Dann ausrollen und auf ein kleines Blech bringen. Den Reibekäse, die verquirlten Eier, Mehl, Kümmel, angebratene Speckwürfel und gehackte Zwiebel gut mischen und auf die Teigplatte streichen. Bei guter Hitze etwa 30 Minuten backen. In Streifen geschnitten servieren.

Schweizer Käseschnitten

4 Scheiben Toastbrot, 4 Scheiben
Emmentaler Käse, Edelsüß-Paprika,
8 cl Birnenschnaps oder Slibowitz.

Das Toastbrot toasten, mit Käse belegen, Paprika darüberstreuen und im Ofen oder Grill überbacken. Anrichten und mit Birnenschnaps oder Slibowitz flambieren.

Schweizer Pfirsichkuchen

¾ bis 1 Paket gefrorener
Blätterteig, Semmelbrösel,
1 kg Pfirsiche, 3 Eier, ¼ l saure
Sahne, 6 Eßl. Zucker.

Den Blätterteig etwas auftauen lassen, ausrollen und eine Springform damit auslegen. Dabei einen Rand andrükken. Mit einer Gabel Löcher in den Teigboden stechen. Im vorgeheizten Ofen bei 220°C 10 Minuten backen. Dann eine Schicht Semmelbrösel daraufgeben. Die Pfirsiche halbieren, entsteinen, kurz dünsten und die Haut abziehen. Die abgetropften Pfirsiche mit der Schnittfläche nach unten auf den Boden legen. Eier, saure Sahne und Zucker verrühren, über die Früchte gießen, wieder in den Backofen schieben, noch 20 bis 30 Minuten backen.

Seeräuber-Cocktail
(Einzelportion)

Eiswürfel, 2 cl Whisky, 1 cl Gin,
1 Spritzer Curaçao, 100 ml Wermut,
1 Zitronenscheibe.

Eiswürfel in den Mixbecher geben, Whisky, Gin, Curaçao und Wermut zufügen. Alles gründlich durchschütteln, in das Trinkglas seihen und mit der Zitronenscheibe garnieren.

Seeräubermayonnaise

4 große Zwiebeln, 150 g Mayonnaise,
50 g Schnittlauch, 20 g Kapern,
1 Pfefferschote, Zitronensaft, Salz,
Pfeffer, 2 cl Wodka, 1 Prise Thymian,
Worcestersauce.

Die Zwiebeln schälen, in feine Würfel schneiden und mit der Mayonnaise im Mixer pürieren, Schnittlauch, Kapern und Pfefferschote feinhacken und mit den Gewürzen und der Zwiebelmayonnaise vermengen. Kurz vor dem Servieren den Wodka unterziehen. Je nach Geschmack ist auch eine größere Menge Wodka möglich.

Sekt-Ananas-Cocktail

1 Scheibe Ananas, 1/4 l Ananassaft,
1/2 Flasche trockener Sekt.

Die Ananasscheibe in kleine Würfel schneiden und auf 4 Sektgläser verteilen. Den Saft darübergießen und mit dem Sekt auffüllen.
Sektcocktail läßt sich ebenso mit anderen Früchten (Orangen, Erdbeeren) und dem entsprechenden Fruchtsaft bereiten.

Sekt-Cobbler
(Einzelportion)

2 cl Curaçao, 2 cl Orangensaft,
4 Erdbeeren, 1 Pfirsich, Sekt.

Das Glas zur Hälfte mit zerstoßenem Eis füllen, Curaçao und Orangensaft dazugeben und kurz umrühren. Mit den Erdbeeren und dem zerkleinerten Pfirsich garnieren, mit Sekt auffüllen.

Sekt-Cocktail
(Einzelportion)

2 Spritzer Curaçao, 1 Spritzer Cherry Brandy, Sekt.

Curaçao und Cherry Brandy ins Trinkglas geben, mit Sekt auffüllen und mit Trinkröhren servieren.
Dieser Cocktail läßt sich auch aus anderen Likören (Erdbeerlikör, Bananenlikör) bereiten.

Sekt-Flip
(Einzelportion)

1 Eigelb, 2 cl Orangensirup,
1 cl Curaçao, Eiswürfel, 100 ml Sekt.

Das Eigelb mit dem Orangensirup und dem Curaçao in einem mit einigen Eiswürfeln gefüllten Glas vermischen und mit Sekt auffüllen.

Sekt-Julep
(Einzelportion)

5 frische Pfefferminzblätter,
1 Barlöffel Zucker, 6 Erdbeeren, 0,1 l Sekt.

Die Pfefferminzblätter in einem Glas mit dem Zucker zerreiben, fein zer-

stoßenes Eis zufügen. Mit den Erdbeeren und einem frischen Pfeffer-
minzzweig garnieren und mit Sekt
auffüllen.

Sellerie-Apfel-Salat

*400 g gekochter Sellerie, 200 g Äpfel,
40 g Mayonnaise, 2 Eßl. saure Sahne
oder Joghurt, 2 Eßl. feingehackte
Petersilie, ½ Teel. Salz, 1 Prise Pfeffer.*

Den Sellerie schälen, die Äpfel vom
Kerngehäuse befreien und beides in
feine Streifen schneiden. Aus Mayonnaise, saurer Sahne oder Joghurt, Petersilie, Salz und Pfeffer eine Soße bereiten und damit die anderen Zutaten
binden. Den Salat etwas durchziehen
lassen. Er kann nach Belieben mit Tomatenwürfeln bestreut werden.

Sellerieauflauf

*1 großer Sellerie, 150 g harte Wurst
oder Schinken, 250 g gare Teigwaren,
6 Eßl. Tomatenmark, ¼ l Joghurt,
Salz, Paprika, 1 bis 2 Eier,
3 Eßl. Semmelbrösel, 40 g Margarine
oder Butter.*

Den geraspelten Sellerie und die
Wurstwürfelchen miteinander vermischen und abwechselnd mit den Teigwaren in eine gefettete Form schichten. Aus Tomatenmark, Joghurt, Salz,
Paprika und Ei eine Soße bereiten
und über das Gericht gießen. Semmelbrösel darüberstreuen und mit Margarineflöckchen besetzen. In der heißen
Röhre mindestens 40 Minuten überbacken. Wie alle Aufläufe mit einer
Soße oder frischem Salat auftragen.

Sellerie-Bananen-Cocktail
(Vorspeise)

*150 g Selleriescheiben (Konserve),
150 g Bananen, 1 Tomate, 1 Apfel,
Zitronensaft, 100 g Joghurt, Salz,
Cayennepfeffer, Salatblätter,
Zitronenecken.*

Sellerie, Banane, enthäutete und ent-
kernte Tomate sowie den geschälten
Apfel in feine Würfel schneiden. Alle
Zutaten mit Zitronensaft marinieren
und vorsichtig vermengen. Für die
Marinade Joghurt mit Salz, Cayenne-
pfeffer und Saft von 1 Zitrone verrüh-
ren, kräftig würzen und kalt stellen.
Inzwischen Cocktailgläser mit zer-
pflückten Salatblättern auslegen, den
Salat darauf anrichten und mit der
Cocktailsoße übergießen.
Mit Zitronenecken garnieren.

Sellerie mit feiner Hülle

*4 kleine Sellerie, Salz, 250 g Leber,
2 Anschovis, 1 Ei, 2 bis 3 Eßl. Semmelbrösel, 1 Zwiebel, 1 Eßl. gehackte
Petersilie, etwas Majoran, Pfeffer,
Margarine, ⅛ l saure Sahne, Glutal.*

Die Sellerieknollen schälen, in Salzwasser fast gar kochen, dann aushöhlen. Für die Fülle die Leber, die Anschovisfilets und das Ausgehöhlte
vom Sellerie feinhacken, mit Semmelbröseln, gehackter Zwiebel, Ei, Petersilie vermischen, mit etwas Majoran,
Salz und Pfeffer abschmecken. Diese
Masse in die Sellerie füllen und das
Gemüse in eine gefettete feuerfeste
Form setzen. Die Sahne mit etwas
Glutal verrühren und damit löffelweise das Gemüse übergießen. In der

vorgeheizten Röhre backen, dabei das Übergießen mehrmals wiederholen, bis eine dicke Kruste entstanden ist. Nach etwa 10 Minuten ist die Fülle gar. Mit flüssiger Butter beträufeln.

Sellerie mit Kruste

500 g Sellerieknollen, 100 g Butter, Salz, Pfeffer, Muskat, 60 g Parmesan- oder anderer Reibekäse, etwas Mehl.

Die Sellerieknollen schälen und in Scheiben schneiden. 30 Gramm Butter in einer Bratpfanne verteilen und die Selleriescheiben hinzugeben. Salz, Pfeffer, Muskat und wenig Wasser zufügen und zugedeckt bei schwacher Hitze etwa 45 Minuten garen, zwischendurch ab und zu wenden. Den Sellerie abgießen und die Garflüssigkeit beiseite stellen. Den Sellerie in eine flache, mit Butter ausgefettete und mit Reibekäse ausgestreute Auflaufform legen. Die Garflüssigkeit etwas einkochen lassen, mit etwas Mehl binden und über den Sellerie gießen. Die restliche Butter zerlassen und zusammen mit dem Käse darübergeben. Bei 220 °C 10 Minuten überbacken.

Selterswasserkuchen

4 Eier, 2 Tassen Zucker, 1 Tasse Öl, 3 Tassen Mehl, 1 Päckchen Backpulver, 1 Prise Salz, abgeriebene Zitronenschale, 1 Tasse Selterswasser.
Für die Glasur: 150 g Puderzucker, 2 Eßl. Zitronensaft, 1 Eßl. zerlassenes Kokosfett.

Eier, Zucker und Öl mit dem elektrischen Rührgerät schaumig schlagen.

Gesiebtes Mehl, Backpulver, Salz und abgeriebene Zitronenschale zugeben und gut einarbeiten. Zum Schluß das Selterswasser unterrühren. Den Teig in eine gut gefettete und ausgebröselte Form geben und im vorgeheizten Ofen bei Mittelhitze backen. Den Kuchen mit Zitronenguß überziehen. Der Kuchen kann mit Rosinen oder Kakao verfeinert werden.

Semmelklöße

30 g Butter, 1 Zwiebel, 6 Brötchen oder 300 g Weißbrot, Milch, 3 Eier, 1½ Eßl. Grieß, 3 Eßl. Semmelbrösel, Salz, Muskat, Petersilie.

In der zerlassenen Butter die kleingeschnittene Zwiebel anschwitzen. Die in Milch eingeweichten und ausgedrückten Brötchen zugeben und rühren, bis sich die Masse vom Topf löst. Abkühlen lassen, Eier, Grieß, Semmelbrösel, Salz, Muskat und reichlich gehackte Petersilie darunterrühren. Nochmals abschmecken, die Kloßmasse 1 Stunde ruhen lassen. Klöße formen und in Salzwasser garen.

Semmelknödel

450 g Weißbrot, reichlich ½ l Milch, 45 g Margarine, 3 Eier, 1 Prise Backpulver, 375 g Mehl, 1 Teel. Salz, 1 Prise Muskat, 2 bis 3 Eßl. Stärkemehl.

Das von der Rinde befreite Weißbrot kleinschneiden und in der heißen Milch einweichen. Die Rinde in Würfelchen schneiden und in der Margarine braten. Unter die etwas abgekühlte Semmelmasse die Eier, das mit

Backpulver vermischte Mehl, die Semmelbröckchen und die Gewürze mengen. Von dieser Masse Knödel formen, in Stärkemehl wälzen und in siedendem Salzwasser 5 Minuten leise kochen und noch 10 Minuten ziehen lassen.

Senfgurken

Feste gelbe Gurken schälen, halbieren, das Kernfleisch mit einem Löffel ausschaben. Die Gurken in Streifen schneiden, mit Salz bestreuen (auf 1 kg Gurken 50 g Salz) und 24 Stunden kühl stellen. Dann die Flüssigkeit ablaufen lassen, die Gurkenstücke abtrocknen und zusammen mit Zwiebelscheiben, Meerrettichwürfeln, Senfkörnern, Dill und Estragon in Gläser schichten. Mit erkalteter Essiglösung (auf ¾ Liter Wasser ¼ Liter 10prozentiger Essig, etwas Salz und Zucker) übergießen.
Einkochen: 20 Minuten bei 75 °C.

Senfhähnchen

1 Broiler, Salz, Pfeffer, 6 Eßl. Öl,
Barbecuegewürz, 100 g Bauchspeck,
6 Eßl. Senf, 6 Eßl. Semmelbrösel,
50 g Butter, 100 g Emmentaler Käse.

Das küchenfertige Hähnchen vierteln, salzen und pfeffern. Etwas Öl mit Barbecuegewürz mischen und das Hähnchen damit einpinseln. Eine feuerfeste Form mit dem restlichen Öl ausstreichen und den Backofen auf 220 °C vorheizen. Das Hähnchen in die Form geben und bei gleichmäßiger Hitze etwa 25 Minuten braten. Den in kleine Würfel geschnittenen

Speck mit Senf, Semmelbröseln, Butter und dem Reibekäse mischen. Diese Mischung gleichmäßig über das Hähnchen geben und das Ganze noch 10 bis 15 Minuten im Ofen überbakken. Als Beilage eignen sich besonders Reis und ein frischer Salat.

Senfhähnchen auf englische Art

1 Broiler, Pfeffer, Salz,
100 g Margarine, ½ Zwiebel,
50 g Mehl, ¼ l Brühe, 2 Eßl. Senf,
1 Teel. Tomatenketchup, Worcestersauce,
Zucker.

Das küchenfertige Hähnchen vierteln und mit Pfeffer sowie Salz würzen. In der Hälfte der Margarine die Hähnchenstücke anbraten. Aus dem Rest der Margarine, der in Würfel geschnittenen Zwiebel und dem Mehl eine Mehlschwitze bereiten und mit der Brühe zu einer Soße verkochen. Senf und Tomatenketchup zufügen und mit Worcestersauce, Salz und einer Prise Zucker würzen. Die Soße über die Hähnchenstücke gießen und zugedeckt in der Backröhre gardünsten.

Senfsoße

30 g Butter oder Margarine, 30 g Mehl,
200 ml Fleischbrühe (Brühpaste), Salz,
weißer Pfeffer, 1 Prise Zucker,
reichlich Senf, 1 Eigelb, etwas Sahne
zum Verrühren, Zitronensaft oder Essig.

Die Butter erhitzen, das Mehl darin anschwitzen, mit der Fleischbrühe auffüllen und unter Rühren einige Minuten kochen lassen. Mit Salz, Pfeffer und etwas Zucker würzen. Reich-

Maibowle

Kullerpfirsich

Gemüse-Cocktail
Karotten-Flip
Kräutermilch
Eierkakao
Ei mit Milch
Himbeermilch
▷

Rosenbowle

Heißer Apfelpunsch

Feuerzangenbowle ▷

Kaffee-Flip
Irish Coffee

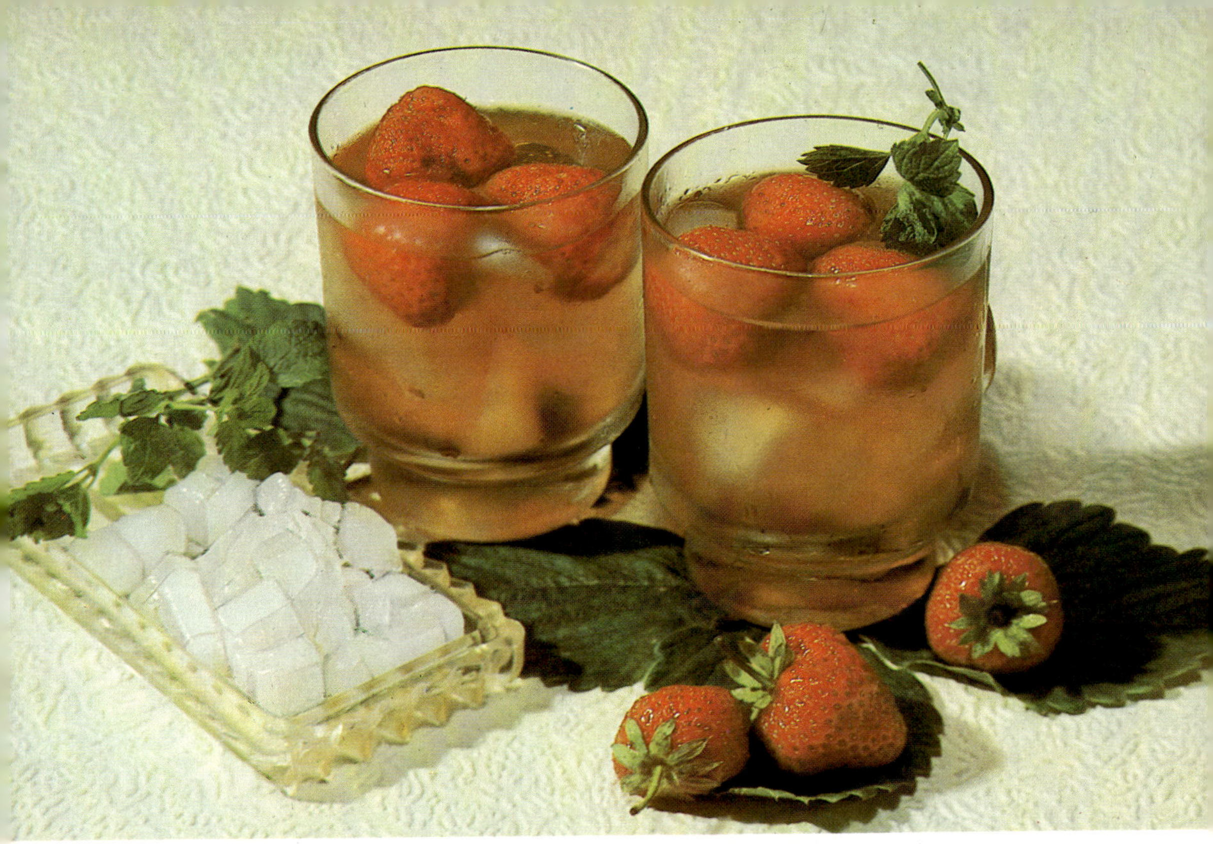

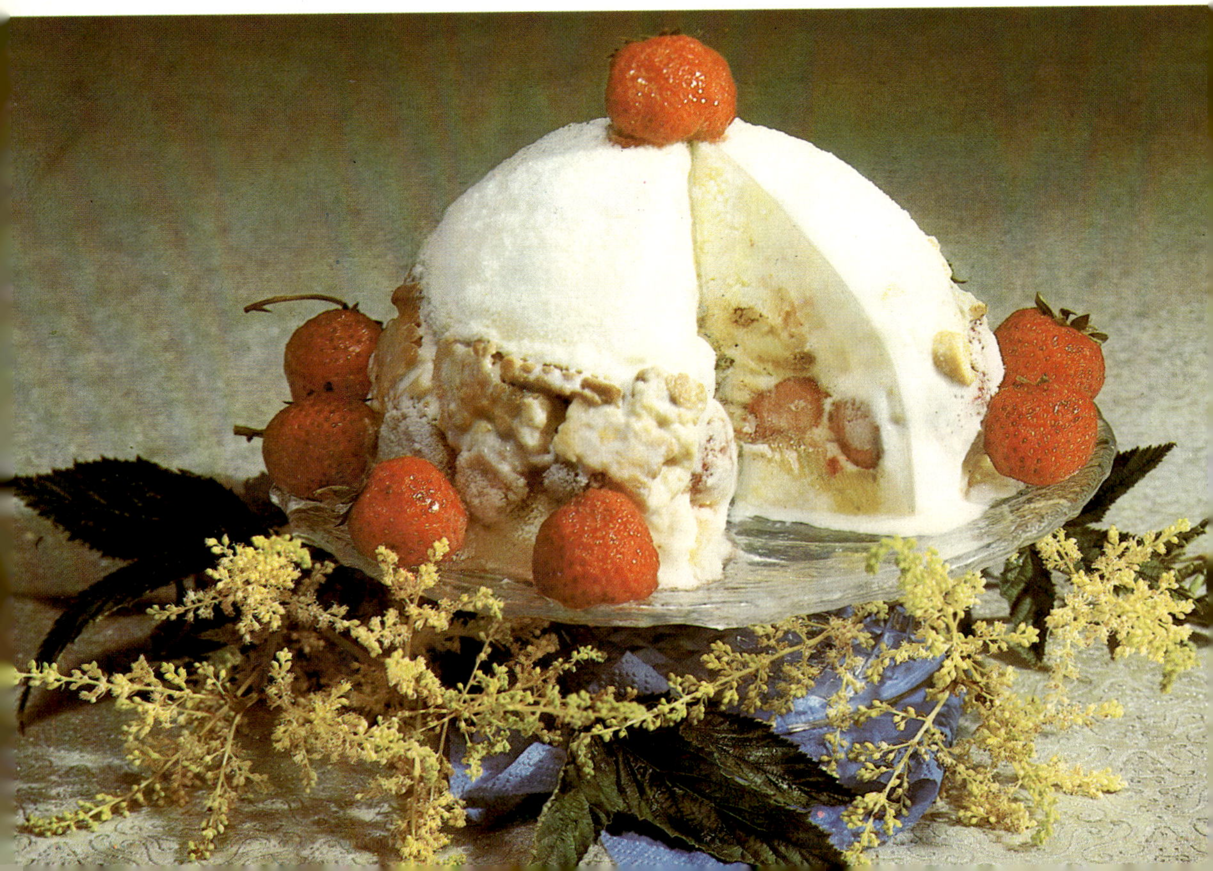

Kirschen mit Baisers

◁ Whisky-Julep

◁ Eisbombe

Gemischte Eisschale

Eis-Windbeutel

lich Senf dazugeben und gut verrühren. Dann die Soße vom Herd nehmen, das Eigelb mit etwas Sahne verquirlen und langsam in die Soße einrühren. Zuletzt mit Zitronensaft pikant abschmecken.

Senfsoße paßt besonders zu gekochten oder pochierten Eiern und gekochtem Fisch.

Senfsoße mit Meerrettich

3 hartgekochte Eier, 1 Zitrone,
80 g Öl, 60 g Senf,
40 g geriebener Meerrettich,
1/8 l Sahne, 1/2 Orange.

Die Eier grobhacken. Den Saft der Zitrone, Öl, Senf, Meerrettich und die zerkleinerten gekochten Eier kurz im Mixer pürieren.

Die steifgeschlagene Sahne und den Saft der Orange erst kurz vor dem Servieren unter das Senfpüree ziehen.

Diese herzhafte Soße ist zu Fleischfondue gut geeignet.

Serbische Ente

1 Ente, Pfeffer, Salz, 100 g magerer
Speck, 500 g Sauerkraut, 1 Zwiebel,
1 Knoblauchzehe, 1 Lorbeerblatt,
je 2 Piment- und Pfefferkörner.

Die Ente in 4 Teile zerlegen und mit Pfeffer und Salz würzen. Im ausgelassenen Speck anbraten. Sauerkraut, Zwiebel, die zerdrückte Knoblauchzehe sowie die Gewürze zugeben. Mit wenig Wasser etwa 1 Stunde dünsten, bis die Ente gar ist. Die Entenstücke mit Kraut bedeckt anrichten. Als Beilage Salzkartoffeln reichen.

Serbisches Reisfleisch

250 g Kalb-, Hammel- oder Schweine-
fleisch, 2 Eßl. Öl oder Margarine,
1 Tasse Reis, 3 Tassen Brühe,
2 Tomaten, 100 g gare Champignons,
1 Tasse gare Erbsen, Salz.

Das knochenfreie Fleisch in Würfel schneiden und in dem erhitzten Öl anbraten, den Reis zuschütten und die heiße Brühe auffüllen. Zugedeckt so lange auf kleiner Flamme kochen lassen, bis der Reis halb gar ist. Tomatenwürfel, Pilzstückchen und Erbsen zugeben. Mit Salz abschmecken, nach Wunsch auch mit geriebenem Käse bestreuen.

Serbische Torte

Für den Teig: *50 g Blockschokolade,*
125 g Butter oder Margarine,
125 g Zucker, 6 Eier, 50 g Semmelbrösel.
Für die Füllung: *50 g Blockschokolade,*
125 g Butter, 125 g Puderzucker,
2 Eigelb, 1/8 l Schlagsahne.

Die Blockschokolade feinreiben, Fett und Zucker schaumig rühren, die Eigelb nach und nach zufügen. Zum Schluß die Schokolade unterziehen. Das Eiweiß zu steifem Schnee schlagen und langsam die Semmelbrösel einrieseln lassen. Den Eischnee auf die Eigelbmasse geben und vorsichtig unterheben. Eine Springform fetten, mit Semmelbröseln ausstreuen, den Teig einfüllen und im vorgeheizten Ofen bei 160 °C 30 Minuten backen. Den Boden aus der Form lösen, stürzen und auskühlen lassen. Dann quer einmal durchschneiden. Für die Füllung die Schokolade reiben. Butter und Puderzucker schaumig rühren. Einzeln die Eigelb und eßlöffelweise die Schokolade zugeben und unterziehen. Die steifgeschlagene Sahne – etwas davon zum Garnieren aufheben – unter die Buttercreme ziehen. Etwa ein Drittel der Creme auf den unteren Boden streichen, den zweiten Boden daraufsetzen. Oberfläche und Rand der Torte mit der restlichen Creme bestreichen. Mit der restlichen Schlagsahne garnieren und bis zum Servieren kaltstellen.

S-Gebäck

250 g Butter oder Margarine,
100 g Zucker, Salz, 3 Eigelb,
abgeriebene Zitronenschale oder
3 Tropfen Zitronenaroma,
300 g Mehl, 5 Eßl. Sahne.

Die Butter oder Margarine mit dem Zucker schaumig rühren. Salz, Eigelb, Zitronenaroma, Mehl und Sahne nach und nach unterrühren. Aus dem Teig mit dem Spritzbeutel S-förmige Plätzchen auf ein gefettetes Blech spritzen und bei Mittelhitze kurz backen.

Sibirische Pelmeni

1 Ei, 250 g Mehl, Salz, 200 g Rindfleisch, 200 g Schweinefleisch,
1 Zwiebel, Pfeffer, Majoran, Eiweiß.

Das Ei in die Mitte des gesiebten Mehls geben, salzen und mit einer Gabel zu einem ziemlich festen Teig verarbeiten. Nach und nach 2 bis 3 Eßlöffel Wasser darunterrühren. Ein Brett mit Mehl bestäuben, den Teig darauf gut durchkneten, bis ein weicher Teig entsteht. Für die Füllung das Fleisch durch den Fleischwolf drehen. Mit der feingehackten Zwiebel und etwas Wasser vermischen und mit Salz, Pfeffer und Majoran abschmecken. Aus dem dünn ausgerollten Teig mit einem Glas Kreise ausstechen. Auf jedes Teigplätzchen 1 Teelöffel Füllung geben, dann zu einem Halbmond zusammenklappen, die Ränder mit Eiweiß bestreichen und gut zusammendrücken. Die Pelmeni 10 bis 15 Minuten in Salzwasser oder Brühe kochen.
In der Brühe oder abgetropft auf einer Platte mit zerlassener Butter, saurer Sahne und Senf servieren.

Side Car-Cocktail
(Einzelportion)

1 Glas Weinbrand,
1 Glas Curaçao,
Saft von ½ Zitrone, Eiswürfel, 1 Kirsche.

Alle Zutaten im Mixbecher gut auf Eis schütteln und ins Glas seihen. Mit der Kirsche servieren. Einen Cocktailspieß dazugeben.

Silber-Fizz
(Einzelportion)

4 cl Wodka, 1 Eiweiß,
1 Barlöffel Puderzucker,
2 Spritzer Zitronensaft,
Eiswürfel, Sodawasser.

Wodka, Eiweiß, Puderzucker und Zitronensaft mit Eiswürfeln im Mixbecher gründlich schütteln, in ein Glas seihen und mit Sodawasser auffüllen. Sofort servieren.

Slowenische Lammklößchen

Für die Lammklößchen: *5 Lammhaxen, 1 Brötchen, 1 große Zwiebel, 1 Knoblauchzehe, Salz, Pfeffer, Thymian, Majoran, 1 Ei, 40 g Schmalz.*
Für die Tomatensoße: *40 g Butter oder Margarine, 30 g Speck, 2 große Zwiebeln, 1 Möhre, 1 Eßl. Mehl, 250 g Tomatenmark, 1 Knoblauchzehe, 1 l Wasser oder Brühe, Petersilie, Thymian, Lorbeerblatt, Zucker, Salz, Pfeffer.*

Die Lammhaxen auslösen und waschen. Das Brötchen in Wasser einweichen. Die ausgelösten Lammhaxen grob zerschneiden und zusammen mit der Zwiebel, der Knoblauchzehe, Salz, Pfeffer, Thymian, Majoran und dem ausgedrückten Brötchen durch die grobe Scheibe des Fleischwolfes drehen. Ei zugeben und alles gut durchmischen. Die entstandene Masse abschmecken, in kleine Klößchen formen und in einer Pfanne mit heißem Schmalz anbraten. Die fertige Tomatensoße darübergießen und das Ganze zugedeckt kurze Zeit ziehen lassen. In einem Topf Butter oder Margarine erhitzen. Darin den kleinwürfelig geschnittenen Speck und die grobgehackten Zwiebeln mit der geschnittenen Möhre anrösten. Mit Mehl bestäuben und goldgelb rösten. Tomatenmark zugeben und wiederum erhitzen. Mit Wasser oder Brühe auffüllen und unter ständigem Rühren zum Kochen bringen. Alle übrigen Zutaten zufügen und das Ganze etwa 1 Stunde kochen lassen. Zuletzt die fertige Soße durch ein Sieb gießen und abschmecken. Als Beilagen Risotto und rote Bete.

Soljanka auf grusinische Art

500 g Rindfleisch, 2 Zwiebeln, 2 bis 3 Eßl. Butter, 2 Eßl. Tomatenmark, 2 Salzgurken, 4 Eßl. Weißwein, 1 Knoblauchzehe, Salz, Petersilie.

Das Rindfleisch waschen, von Sehnen befreien und in kleine Stücke schneiden. Die Zwiebeln feinhacken. Die Butter oder Margarine erhitzen und Fleisch und Zwiebelwürfel darin anbraten. Das Tomatenmark, die geschälten, kleingeschnittenen Gurken, Weißwein und Knoblauchzehe dazugeben und salzen. Alles zugedeckt auf kleiner Flamme garen. Bei Bedarf öfter etwas Wasser oder Brühe zugießen. Die fertige Soljanka mit Petersilie bestreut servieren. Anstelle von Rindfleisch läßt sich für grusinische Soljanka Hammelfleisch verwenden. Nach Belieben mit saurer Sahne verfeinern.

Soljanka auf russische Art

100 g Zwiebeln, 150 g Öl, 100 g Bratenfleisch, 100 g roher Schinken, 100 g Salami, 50 g Salzgurke, 50 g Kapern, 2 Eßl. Tomatenmark, 2 l Fleischbrühe, 2 Pimentkörner, 2 Pfefferkörner, 1 Lorbeerblatt, Salz, $\frac{1}{2}$ Zitrone, Dill, 4 Eßl. saure Sahne.

Die in Scheiben geschnittenen Zwiebeln in Öl anschwitzen. Bratenfleisch, rohen Schinken und Salami in Streifen schneiden und zur Zwiebel geben. Alles kräftig durchschwitzen lassen, aber nicht anbraten. Dann die in Streifen geschnittene Salzgurke, Kapern und Tomatenmark zugeben und ebenfalls anschwitzen. Mit der Fleischbrühe auffüllen. Aus gestoßenem Piment, Pfefferkörnern, Lorbeerblatt, Salz, Zitronenscheiben und Wasser einen Sud kochen, durchseihen und in die Soljanka geben. Die Suppe mit Zitronenscheiben, gehacktem Dill und saurer Sahne servieren.

Sommerlicher Bockwurstsalat

300 g Bockwürste, 2 Bund Radieschen,
100 g grüne Gurke, 100 g Tomaten,
1 Zwiebel, 2 Eßl. Öl, 1 Eßl. Essig,
1 Eßl. Tomatenketchup, 1 Eßl. Senf,
Salz, Pfeffer, Glutal.

Abgezogene Bockwürste, Radieschen, grüne Gurken und Tomaten in Scheiben, die Zwiebel in Würfel schneiden. Alles miteinander vermischen. Aus Öl, Essig, Tomatenketchup, Senf, Salz, Pfeffer und Glutal eine Soße bereiten und über die anderen Zutaten gießen. Den Salat durchziehen lassen.

Soufflé mit Huhn

½ Suppenhuhn, Salz, 1 Lorbeerblatt,
2 Pimentkörner, 1 Wurzelwerk,
3 Eigelb, ⅛ l Sahne, weißer Pfeffer,
2 Eiweiß, 50 g Butter.

Das Huhn in wenig Salzwasser mit den Gewürzen und dem Wurzelwerk zum Kochen ansetzen. Wenn es gar ist, die Knochen entfernen und das Fleisch durch den Fleischwolf drehen. Die Masse mit dem Eigelb und der Sahne vermischen und mit Pfeffer und Salz abschmecken. Das Eiweiß steifschlagen und locker unter die Masse heben. Eine Auflaufform mit Butter ausstreichen, mit der Masse füllen und mit zerlassener Butter beträufeln. Im Backofen bei 200 °C 20 Minuten überbacken. Zu diesem Gericht Weißbrot und einen frischen Salat reichen.

Spaghetti con fungli
(Spaghetti mit Pilzen)

1 Knoblauchzehe, Salz, 2 Eßl. Öl,
250 g Spaghetti, 250 g durchwachsener
Speck, 750 g Champignons,
¼ l süße Sahne,
100 g dicke saure Sahne,
100 g Reibekäse (Parmesan),
2 Bund Basilikum, 2 Bund Schnittlauch,
4 Eigelb.

Etwa 2½ Liter Wasser mit der geschälten, halbierten Knoblauchzehe, Salz und Öl zum Kochen bringen. Die Spaghetti hineingeben und kochen lassen, bis sie gar, aber noch bißfest sind. Den feingewürfelten Speck in einem Topf ausbraten. Die geputzten, gewaschenen, abgetropften und feinblättrig geschnittenen Champignons hinzufügen und so lange im Speck schmoren lassen, bis die Flüssigkeit verdampft ist. Die Sahne mit der dikken sauren Sahne, dem geriebenen Käse und den gehackten Kräutern verrühren, zu den Pilzen geben und 10 Minuten leise kochen lassen. Die Spaghetti abgießen, kurz mit heißem Wasser abspülen und in eine vorgewärmte Schüssel geben. Beim Servieren auf jede Portion Spaghetti Pilzsoße und obenauf ein Eigelb geben, das unter Spaghetti und Soße gemischt wird. Frischen Rettich- oder Radieschensalat dazu reichen.

Spaghettisalat

200 g Spaghetti, 100 g Edamer Käse,
100 g Bierschinken, 100 g Gewürzgurken,
100 g Tomaten, 40 g Mayonnaise,
2 Eßl. Joghurt, 1 Eßl. Zitronensaft,
2 Eßl. feingehackter Schnittlauch,
1 Teel. Edelsüß-Paprika,
Worcestersauce, Salz, Pfeffer.

Die nach Vorschrift gegarten Spaghetti mit kaltem Wasser abspülen, gut abtropfen lassen, in 2 cm große Stücke schneiden und in eine Schüssel geben. Käse, Bierschinken, Gewürzgurken in Würfel, die Tomaten in Sechstel schneiden und zu den Spaghetti geben. Aus Mayonnaise, Joghurt, Zitronensaft und Schnittlauch eine Soße bereiten, mit Paprika, Worcestersauce, Salz und Pfeffer würzen und mit den anderen Zutaten vermischen. 1 bis 2 Stunden durchziehen lassen und nochmals abschmecken.

Spanferkel

1 Spanferkel, Salz, Pfeffer,
2 Eßl. Butter, 1 l Bier.

Als Spanferkel wird ein noch säugendes 4 bis 6 Wochen altes Schwein bezeichnet.
Das vom Fleischer vorbereitete Schwein am besten in gestreckter Lage garen. Die Vorderfüße mit einem Holzstab strecken und daran festbinden. Die gestreckten Keulen mit einem beiderseitig gespitzten Holzstab spreizen, indem dieser quer in beide Fußenden gesteckt wird. Ohren und Schwänzchen mit Folie umwickeln, damit sie nicht so leicht verbrennen. Das so vorbereitete Ferkel auf ein Gitter legen und dieses in eine Pfanne setzen. Das Spanferkel innen mit Salz und Pfeffer einreiben und zwei Stunden ruhen lassen. Die Butter zerlassen und das Ferkel damit einreiben. Das Ferkel wie oben beschrieben in die Röhre stellen. Während des Garvorganges die Oberfläche abwechselnd mit Bier und Butter bepinseln. Bläschen, die sich auf der Schwarte bilden, mit einer Nadel aufstechen. Es ist günstig, während des Bratens ein mit Fett bestrichenes Pergamentpapier aufzulegen, um das Ferkel vor zu großer Hitzeeinwirkung zu schützen. Etwa 30 Minuten vor Ende der Bratzeit die Folie von Ohren und Schwänzchen entfernen, damit diese nun mit bräunen. Das fertige Spanferkel herausnehmen und den Gästen präsentieren, anschließend portionsweise zerlegen.

Spanische Mangoldtorte

Für den Teig: 300 g Mehl,
150 g Margarine, 1 Ei, 1 Prise Salz.
Für die Füllung: 2 Zwiebeln,
2 Knoblauchzehen, 750 g frischer
Mangold, 150 g rote Paprikafrüchte,
150 g Tomaten, 3 Eßl. Öl,
2 Eßl. Semmelbrösel, 1 hart-
gekochtes Ei, 1 Ei, 150 g Reibekäse,
3 Eßl. Kondensmilch.

Mehl, Margarine, Ei und Salz schnell zu einem glatten Teig kneten und 30 Minuten im Kühlschrank ruhen lassen. Für die Füllung 1 geschälte Zwiebel und 1 Knoblauchzehe mit ⅛ Liter Wasser aufkochen und 15 Minuten kochen lassen. Den gewaschenen Mangold in das kochende Wasser geben. Bei schwacher Hitze 15 Minuten garen. Auf einem Sieb gut abtropfen lassen und feinhacken. Die zweite Zwiebel in feine Würfel schneiden und die Knoblauchzehe zerdrücken. Paprikafrüchte und Tomaten ebenfalls kleinschneiden. Alles mit den Semmelbröseln in das erhitzte Öl geben und 10 Minuten schmoren lassen. Mit Mangold, dem gehackten hartgekochten und dem rohen Ei und 50 Gramm Käse mischen. Den Teig 2 bis 3 mm dick ausrollen und zwei runde Teigscheiben im Durchmesser von 26 cm ausschneiden. Eine Platte als Boden in eine gefettete Springform gleicher Größe legen. Einen Teig andrücken, die Füllung darauf verteilen und die zweite Teigplatte daraufdecken. Die Oberfläche mit Kondensmilch bestreichen und mit dem restlichen Käse bestreuen. Im vorgeheizten Ofen bei 220°C 30 Minuten backen. Nach 10 Minuten Backzeit die Torte mit Alufolie abdecken. Heiß servieren.

Spanische Soße (kalt)

Etwa 40 g Kochschinken, 2 Knoblauchzehen, 20 g Senf, Edelsüß-Paprika, weißer Pfeffer, 1 Prise Zucker, Zitronensaft, 60 ml Joghurt, 100 g Mayonnaise.

Den Schinken in sehr feine Würfel schneiden, mit dem Knoblauch, Senf, Pfeffer, Zucker und Zitronensaft sowie dem Joghurt in die Mayonnaise rühren. Dann pikant abschmecken und kalt stellen.
Spanische Soße schmeckt zu kaltem Roastbeef, gebackenen Champignons oder gebratenem Fleisch.

Spargel-Cocktail
(Vorspeise)

250 g Brechspargel (Konserve), Salz, Zitronensaft, 100 g Mandarinenfilets (frisch oder Konserve), Petersilie, 50 g Sahne, 50 g Mayonnaise, Salz, weißer Pfeffer, Dill, Tomatenecken.

Den Brechspargel mit Salz und Zitronensaft marinieren, mit den Mandarinenfilets sowie etwas gehackter Petersilie vermischen und in Cocktailgläser füllen. Sahne und Mayonnaise verrühren, mit dem Saft von 1 Zitrone, Salz und weißem Pfeffer pikant abschmecken und über den Salat verteilen. Mit einigen Dillspitzen und einer Tomatenecke garnieren und sofort mit Toastecken servieren.

Spargelcremesuppe

400 g Suppenspargel, Salz, 20 g Butter, 1 Eßl. Mehl, 1 Eigelb, 100 ml Sahne, 2 Gläser herber Weißwein, Pfeffer, 1 hartgekochtes Ei, etwas frische Kresse.

Den sorgfältig geschälten Spargel in etwa 3 cm lange Stücke schneiden, in ³/₄ Liter kochendes Salzwasser geben und 20 Minuten garen. Aus Butter und Mehl eine Schwitze bereiten, mit dem Spargelwasser auffüllen und gut durchkochen lassen. Das Eigelb in der Sahne verquirlen und damit die Suppe abziehen. Mit Weißwein, Pfeffer und Salz abschmecken. Die Spargelstücke zur Suppe geben und darin erhitzen. In vorgewärmte Tassen füllen, mit gehacktem Ei und Kresse bestreuen.

Spargel in Eiermilch

450 g Spargel, Salz, 2 Eßl. Butter,
3 Eier, 450 ml Milch, Muskat.

Den Spargel schälen, in 2 bis 3 cm lange Stücke schneiden und in Salzwasser kochen. Abgetropft in ein gefettetes feuerfestes Gefäß geben. Die Eier mit der Milch, etwas Salz und 1 Prise Muskat verquirlen und über den Spargel gießen. Das Gericht 10 Minuten in die nicht zu heiße Backröhre stellen. Den Spargel in der Form heiß oder kalt servieren.

Spargelköpfe »Orly«

250 g Spargelköpfe (Konserve), Salz,
etwas Mehl, 125 g Mehl, 1/8 l Milch,
2 Eier, Muskat, Öl, Kopfsalat,
Tomaten- und Zitronenecken.

Die Spargelköpfe gut abtropfen lassen, etwas salzen und in Mehl wenden. Für den Backteig Milch und Eier nach und nach in das Mehl einrühren, mit Salz und Muskat würzen und etwa 20 Minuten quellen lassen. Durch diesen Teig die Spargelköpfe ziehen und im heißen Öl goldgelb fritieren. Sofort anrichten, mit Kopfsalatblättern, Tomaten- und Zitronenecken garnieren. Dazu Tomatensoße.

Spargel mit Hirnklößchen

1 kg Spargel, Salz, Semmelbrösel,
40 g Reibekäse, 100 g Butter,
250 g Hirn, Milch, 3 Brötchen, 1 Ei,
1 Eßl. gehackte Petersilie, Ingwer.

Den geschälten Spargel in einem breiten Topf in Salzwasser garen. Abgetropft in eine feuerfeste Form legen, wenig Spargelwasser zufügen, obenauf 3 Eßlöffel Semmelbrösel und den Reibekäse streuen, die Hälfte der Butter zerlassen darüberträufeln und den Spargel in der vorgeheizten Röhre überbacken. Das gehäutete Hirn 5 Minuten in kochendes Wasser legen, herausnehmen, mit dem in Milch eingeweichten und wieder ausgedrückten Brötchen verrühren. Die Masse in der restlichen Butter kurz andünsten. Dann Ei, Petersilie, 2 Eßlöffel Semmelbrösel, Salz und Ingwer zufügen. Daraus Klößchen formen, in siedendem Salzwasser garziehen lassen und gut abgetropft den Spargel damit umlegen.

Spargelrollen

4 große Scheiben gekochter Schinken,
4 Eßl. Tomatenmark, 2 Eßl. Reibekäse,
Salz, 250 g gedünstete Spargelstangen,
30 g Butter, 3 Eßl. Semmelbrösel.

Die Schinkenscheiben mit einem Gemisch aus Tomatenmark, Reibekäse und Salz bestreichen und den abgetropften Spargel darauf verteilen. Lokker zusammenrollen, auf feuerfester Platte mit Semmelbröseln bestreuen und Butter- oder Margarineflöckchen daraufsetzen. Kurze Zeit überbacken.

Spargeltorte

250 g Toastbrot, 100 g Butter,
375 g Spargel, 125 g gekochter
Schinken, 4 Eier, 1/8 l Milch,
1/8 l süße Sahne, Salz, Pfeffer,
Muskat, 2 Eßl. Reibekäse.

Vom Toastbrot die Rinde abschneiden, das Brot der Länge nach in Scheiben schneiden, auf beiden Seiten mit flüssiger Butter beträufeln und eine flache Tortenform damit auslegen. Die nur knapp gar gekochten Spargelstangen sternförmig darauf anordnen und den in Würfel geschnittenen Schinken darüber verteilen. Eier, Milch, Sahne, Gewürze und Reibekäse gut verquirlen, vorsichtig salzen und über die Spargeltorte gießen. Im vorgeheizten Ofen bei 200 °C etwa 15 Minuten überbacken.

Spargel-Zungen-Salat

400 g Spargel, ½ Päckchen gefrorene Erbsen, Salz, 250 g gekochte Zunge, 4 Eßl. Mayonnaise, 4 Eßl. Sahne, frischer Dill.

Den vorbereiteten, in Stücke geschnittenen Spargel sowie die Erbsen in wenig Salzwasser dünsten und abkühlen lassen. Abgetropft mit den Zungenwürfeln locker vermengen. Mayonnaise, Sahne und Dill verrühren und darin die Salatzutaten kurze Zeit ziehen lassen. Gut gekühlt servieren.

Spätzle

Salz, 1 bis 2 Eier, 250 g Mehl, 2 Eßl. Butter.

⅛ Liter Wasser, Salz, Ei und Mehl verrühren. So lange schlagen, bis sich Blasen bilden und sich die Masse vom Löffel löst. Den Teig auf einem nassen Brett mit breitem Messer in schmale Streifen schneiden, in das siedende Salzwasser schieben und kurz

kochen. Die Spätzle mit einem Schaumlöffel herausnehmen, in eine heiße Schüssel füllen und mit der leicht gebräunten Butter übergießen.

Speckauflauf

1 Zwiebel, 1 Knoblauchzehe, 250 g durchwachsener Speck, 200 g roher Schinken, 500 g Kartoffeln, 2 Eier, 375 g süße Sahne, Pfeffer, Muskat, Salz.

Die Zwiebel würfeln, den Knoblauch feinhacken und beides in erhitzten Speckwürfeln glasig dünsten. Den in Streifen geschnittenen Schinken anbraten. Den Schinken auf den Boden einer Auflaufform geben. Die eine Hälfte der geschälten, gewaschenen, in Scheiben geschnittenen Kartoffeln auf den Schinken geben. Den Speck darüber verteilen, darauf die restlichen Kartoffeln geben. Die Eier mit der Sahne und den Gewürzen verquirlen und über die Kartoffeln gießen. Bei Mittelhitze in der vorgeheizten Röhre etwa 35 Minuten backen. Mit grünem Salat servieren.

Speckbrötchen

Für den Teig: 300 g Mehl, 25 g Hefe, 1 Teel. Zucker, ⅛ l lauwarme Milch, 1 Ei, 60 g Margarine, 1 kräftige Prise Salz.
Außerdem: 1 Zwiebel, 20 g Schweineschmalz, 50 g durchwachsener Speck, 1 Eigelb, 1 Teel. Milch.

Aus den Teigzutaten einen Hefeteig bereiten und gehen lassen. Wieder zusammenstoßen und kurz durchkneten. Inzwischen im heißen Schmalz kleingeschnittenen Speck und Zwiebel glasig braten und abkühlen lassen. Den Teig auf bemehlter Fläche in 8 gleich große Stücke teilen und flachdrücken. Jeweils einen Teelöffel Speck-Zwiebel-Mischung daraufgeben. Den Teig darüberziehen und zu Brötchen formen. Auf ein gefettetes Blech legen und nochmals 15 Minuten gehen lassen. Eigelb und Milch verquirlen, die Brötchen damit bestreichen und im vorgeheizten Ofen bei 220 °C 25 Minuten backen.

Speckkuchen

500 g Mehl, 80 g Margarine, Salz,
¼ l Milch, 30 g Hefe, 5 Eier,
400 g Speck, 25 g Margarine
zum Braten, Kümmel, ⅛ l saure Sahne,
1 Eßl. Stärkemehl.

Das Mehl in eine Schüssel sieben, die Margarine auf dem Mehlrand verteilen, etwa 1 Teelöffel Salz darüberstreuen. Lauwarme Milch und zerbröckelte Hefe verquirlen und von der Mitte des Mehls einrühren. 1 Ei zugeben und den Teig sehr gründlich durcharbeiten. Warm gestellt etwa 1 Stunde gehen lassen. Den Teig zusammenstoßen, nochmals durcharbeiten und auf einem gefetteten Blech gleichmäßig ausrollen, am offenen Blechrand ein Holz einklemmen und ringsum einen Teigrand andrücken. Zum Gehen ungefähr 20 Minuten warm stellen. In der Zwischenzeit den kleinwürfelig geschnittenen Speck in der Margarine glasig braten, auf dem Teig verteilen, mit Salz und Kümmel leicht bestreuen. Saure Sahne,

die restlichen Eier, Stärkemehl und etwas Salz im Wasserbad schlagen, bis die Masse dicklich wird, über den Speck gießen, breitstreichen und den Kuchen bei Mittelhitze backen. – Zwiebelkuchen läßt sich ebenso bereiten, dann in 100 Gramm Speck 500 Gramm feingeschnittene Zwiebeln dünsten.

Spekulatius

150 g Margarine, 100 g Zucker,
1 großes oder 2 kleine Eier,
je eine Prise Salz, Kardamom,
Ingwer und Muskatblüte, ½ Teel. Zimt
oder Pfefferkuchengewürz, 250 g Mehl,
eine Prise Backpulver, 65 g geriebene
Mandeln, darunter 4 bittere.

Die schaumig geschlagene Margarine mit allen Zutaten zu einem Teig verarbeiten. Mindestens eine Stunde kalt gestellt rasten lassen. Den 3 mm stark ausgerollten Teig entweder mit dem Modelholz formen oder zu beliebigen Figuren ausstechen. Bei Mittelhitze etwa 15 Minuten auf leicht gefettetem Blech backen. – Mit dem Mehl kann nach Wunsch ein Teelöffel Kakao gesiebt werden.

Spinat-Ei-Soufflé

150 g Spinat (gefroren), 8 Eigelb,
2 Eßl. dicke saure Sahne,
100 g geriebener Goudakäse, Pfeffer,
Salz, Muskat, 6 Eiweiß.

Den aufgetauten Spinat mit 4 Eigelb, der dicken sauren Sahne, dem geriebenen Goudakäse, Pfeffer, Salz und Muskat mischen. Die Eiweiß steifschlagen und unterheben. Den Boden einer Souffléform einfetten, die Masse hineinfüllen und bei 200 °C 10 Minuten backen. Dann 4 Eigelb in die Masse gleiten lassen, 15 Minuten backen und 5 Minuten in der ausgeschalteten Röhre stehenlassen.

Spinatklöße

200 g Weißbrot, ¼ l Milch,
20 g Speck, 1 Zwiebel, 250 g Spinat,
2 Eier, Salz, Muskat, etwa 250 g Grieß.

Das Weißbrot in Würfel schneiden und in der heißen Milch einweichen. In dem ausgelassenen Speck die feingeschnittene Zwiebel braten. Den vorbereiteten Spinat feinwiegen, mit den gebratenen Speck- und Zwiebelwürfeln, den Eiern, Salz, 1 Prise Muskat und dem eingeweichten Weißbrot vermischen und noch so viel Grieß unterkneten, daß sich Klöße formen lassen. In Salzwasser etwa 15 Minuten garen. Spinatklöße sind eine feine Beilage zu Kalbsbraten.

Spinat-Nudel-Auflauf

1 Paket gefrorener Spinat,
65 g Butter, Salz, Pfeffer, geriebene
Muskatnuß, 250 g Bandnudeln,
1 Eßl. Öl, 250 g Zwiebeln,
500 g Gehacktes halb und halb,
1 Knoblauchzehe, 400 g geschälte
Tomaten (evtl. Dose),
2 bis 3 Eßl. Senf, je 1 Prise Thymian
und Oregano, 100 g Reibekäse,
40 g Mehl, ½ l Milch,
2 bis 3 Eßl. Weißwein, 500 g mittel-
alter Goudakäse in Scheiben.

Den Spinat mit wenig Wasser und 15 Gramm Butter im Topf auf kleiner Flamme auftauen lassen, mit Salz, Pfeffer und Muskatnuß würzen. Die Bandnudeln in 3 Liter kochendem Salzwasser mit 1 Eßlöffel Öl bißfest kochen. Auf ein Sieb geben, unter fließendem kaltem Wasser abschrekken, abtropfen lassen und warm stellen. Die geschälten, in feine Würfel geschnittenen Zwiebeln in 20 Gramm Butter glasig dünsten. Das Gehackte zufügen und anbraten. Die zerdrückte Knoblauchzehe zugeben. Die Tomaten auf einem Sieb abtropfen lassen, in Würfel schneiden und mit dem Gehackten so lange dünsten, bis die Flüssigkeit vollständig verdampft ist. Alles mit Salz, Pfeffer, Muskatnuß, Senf, Thymian und Oregano kräftig würzen. Die restliche Butter in einem Topf schmelzen lassen, das Mehl darin anschwitzen. Milch und Weißwein kochen lassen. Den Reibekäse dazugeben und unter Rühren schmelzen lassen. Mit Pfeffer und Muskat würzen. Eine große Auflaufform mit Fett ausstreichen und mit der Hälfte der Käsescheiben auslegen. Nacheinander die Hälfte der Nudeln, das Gehackte, die Hälfte der Soße, den Spinat und die restlichen Nudeln hineinschichten. Mit der restlichen Soße übergießen und die restlichen Käsescheiben darüberlegen. Den Auflauf 30 Minuten goldbraun backen.

Spinatnudeln

250 g Bandnudeln, Salz, Muskat,
1 Paket gefrorener Spinat, Pfeffer, Sahne,
150 g roher Schinken, 125 g Reibekäse,
4 Spiegeleier, 4 Anchovis.

Die Nudeln in reichlich Salzwasser garen, abgießen, kalt abspülen und gut abtropfen lassen. Mit geriebenem Muskat würzen. Zu dem angetauten Spinat in einen großen Topf etwas Sahne geben, aufkochen lassen, mit Salz und Pfeffer abschmecken. Zuletzt den in Würfelchen geschnittenen Schinken und die Nudeln unterheben. Mit reichlich geriebenem Käse bestreut anrichten. Jede Portion mit einem Spiegelei krönen, das mit Streifen von Anchovisfilets garniert wird.

Spinatpfannkuchen

Gares Spinatgemüse, 4 Eier,
200 g Mehl, Salz, 1 Prise Muskat,
½ l Selterswasser,
4 bis 5 Eßl. Kondensmilch oder Sahne,
Bratfett, 250 g gekochter Schinken
oder Schinkenwurst, 50 g Reibekäse.

Das Spinatgemüse erwärmen. Aus Eiern, Mehl, Salz, Muskat und Selterswasser einen nicht zu dicken Teig rühren und davon im Tiegel kleine dünne Eierkuchen backen. Den Spinat mit gehacktem Schinken vermischen, die Eierkuchen damit füllen, aufrollen und in eine gefettete Auflaufform legen. Die Sahne darübergießen, obenauf den Käse streuen und das Gericht 15 Minuten überbacken.

Spinatsuppe

50 g Margarine, 250 g Kartoffeln,
1 Zwiebel, 250 g Spinat, 1 l Fleisch-
brühe, 5 Eßl. Sahne oder Milch,
20 g Mehl, Muskat, Salz,
5 Eßl. Reibekäse.

Die Margarine erhitzen, darin die vorbereiteten, in Stiftchen geschnittenen Kartoffeln zusammen mit der kleinwürfelig geschnittenen Zwiebel andünsten, den streifig geschnittenen Spinat und die Fleischbrühe zugeben. Die Suppe mit dem in der Sahne oder Milch angerührten Mehl binden. Mit Muskat und Salz abschmecken. Nach Belieben zuletzt noch einen Stich Butter zufügen. Die Suppe bei Tisch mit Reibekäse bestreuen.

Spinatsuppe nach Hausmacherart

40 g Margarine, 1 kleine Zwiebel,
150 g Spinat, 30 g Mehl,
¾ l Fleischbrühe, 2 Eßl. Sahne,
Salz, Muskat, 200 g garer Braten (Rest).

In der erhitzten Margarine die würfelig geschnittene Zwiebel leicht anrösten, den vorbereiteten, feingehackten Spinat – 1 Eßlöffel davon zurückbehalten – zugeben und dünsten. Dann das Mehl überstäuben, die siedende Fleischbrühe auffüllen und gut durchkochen lassen. Zuletzt mit Sahne, Salz und Muskat abschmecken und das kleingeschnittene Fleisch zugeben. Den rohen Spinat unterrühren.

Spirelli-Geflügel-Salat

200 g Spirelli, 150 g kaltes, gares
Hühnerfleisch, 100 g gekochter
Sellerie, 50 g Gewürzgurke,
50 g rote Paprikafrucht, 2 Eßl. Öl,
1 Eßl. Essig, 1 Eßl. Tomatenmark,
2 Eßl. feingehackte Petersilie,
1 Teel. Edelsüß-Paprika, Muskat,
Salz, Pfeffer, Zucker.

Die nach Vorschrift gegarten Spirelli mit kaltem Wasser abspülen, abtropfen lassen und in eine Schüssel geben. Hühnerfleisch, Sellerie, Gewürzgurke und Paprikafrucht in Würfel scheiden und zugeben. Aus Öl, Essig, Tomatenmark und Petersilie eine Soße bereiten, mit Edelsüß-Paprika, Muskat, Salz, Pfeffer und Zucker würzen und die fertige Soße mit den anderen Salatzutaten vermischen. Den Salat 1 bis 2 Stunden durchziehen lassen und nochmals abschmecken.

Spreewälder Gurkenkaltschale

1 l saure Milch oder Joghurt,
500 g Salatgurken, Salz, Pfeffer,
Zucker, 1 Eßl. feingeschnittener Dill.

In die gut gekühlte saure Milch gehobelte Salatgurke, etwas Salz, Pfeffer, Zucker und den Dill geben. Vor dem Servieren nochmals kühlen.

Spreewälder Klöße

1 kg Kartoffeln, 4 Eßl. geriebener
Meerrettich, 2 Eier, Salz, 50 g Mehl,
50 g Kartoffelmehl, 50 g Weißbrot,
25 g Margarine.

Aus geriebenen gekochten Kartoffeln, Meerrettich, Eiern, Salz, Mehl, Kartoffelmehl sowie 1 bis 2 Eßlöffel Wasser einen Kloßteig bereiten. Die Weißbrotwürfel in der erhitzten Margarine rösten. Aus dem Teig mit bemehlten Händen Klöße formen und mit Röstbrotwürfelchen füllen. In Mehl wälzen. 8 Minuten in leise siedendem Wasser kochen und 10 Minuten ziehen lassen.

Diese herzhaften Klöße schmecken zu Fischgerichten oder Eisbein.

Springerle

4 Eier, 500 g Puderzucker,
1 Päckchen Vanillinzucker,
abgeriebene Schale
von 1 Zitrone, 600 g Mehl,
1 Messerspitze Hirschhornsalz,
20 g gemahlener Anis,
2 Eßl. Aniskörner.

Die Eier mit dem Puder- und Vanillinzucker sowie der abgeriebenen Zitronenschale schaumig schlagen. Das Mehl, das in lauwarmem Wasser gelöste Hirschhornsalz und den gemahlenen Anis nach und nach zugeben, alles zu einem festen Teig kneten, 1 bis 2 Stunden ruhen lassen. Danach den Teig etwa 1 cm dick ausrollen, mit einer bemehlten Form Rechtecke ausstechen, auf ein mit Aniskörnern bestreutes Backblech setzen, über Nacht trocknen lassen. Am nächsten Tag bei mäßiger Hitze 25 Minuten backen.

Spritzkuchen

60 g Butter oder Margarine,
1 Prise Salz, 150 g Mehl,
25 g Stärkemehl, 4 bis 6 Eier,
1 gestr. Teel. Backpulver,
Ausbackfett, Zuckerglasur.

¼ Liter Wasser mit Butter und Salz in einem Topf zum Kochen bringen. Das mit Stärkemehl vermischte Mehl auf einmal hineingeben und verrühren. Bei schwacher Hitze weiterrühren, bis sich der Teigkloß vom Topf löst und der Boden einen weißen Belag zeigt.

Den Kloß in eine Schüssel geben und die Eier einzeln unterrühren, bis der Teig in langen Spitzen vom Löffel reißt, Backpulver unterrühren. Die Brandmasse in einen Spritzbeutel mit großer Tülle füllen. Auf ein Stück in heißes Fett getauchtes Butterbrotpapier einen Ring spritzen und das Papier ins Ausbackfett halten, bis sich der Teig löst. Den nächsten Ring aufspritzen und in gleicher Weise backen. Die fertiggebackenen Spritzkuchen mit Zuckerglasur überziehen.

Stachelbeerauflauf

80 g Margarine, 125 g Zucker,
1 Päckchen Vanillinzucker, 3 Eier,
100 g Mehl, 1 Prise Salz,
500 g Stachelbeeren, 20 g Butter.

Zu der schaumig gerührten Margarine Zucker, Eigelb und Mehl geben. Die Eiweiß und eine Prise Salz steifschlagen und unter den Teig heben. Etwa die Hälfte davon in eine gefettete, ausgebröselte Auflaufform geben, die vorbereiteten Stachelbeeren darauf verteilen und mit dem Teigrest abdecken. Im vorgeheizten Ofen etwa 40 Minuten backen. Sofort mit zerlassener Butter bestreichen und möglichst mit einer Fruchtsoße auftragen.

Stachelbeer-Chutney

1 Teel. Kümmel, 1/4 l 5%iger Weinessig,
500 g Zucker, 1 kg feste Stachelbeeren,
1 Teel. Salz, 1 bis 2 Knoblauchzehen,
1/2 Teel. Ingwerpulver,
je 1 Messerspitze gemahlene Nelken,
Zimt und Pfeffer.

Den Kümmel mit 1 Tasse kochendem Wasser übergießen und einige Minuten ziehen lassen. Den Essig erhitzen, darin den Zucker auflösen, dazu die vorbereiteten Stachelbeeren, das abgeseihte Kümmelwasser, die mit Salz zerquetschten Knoblauchzehen und die übrigen Gewürze geben. Alles unter Rühren 20 Minuten kochen lassen. – Anstelle von Stachelbeeren lassen sich rote oder schwarze Johannisbeeren verwenden. Sie ergeben ein Chutney mit völlig anderer Geschmacksrichtung.

Stachelbeer-Flammeri

500 g Stachelbeeren (Frisch- oder Konservenobst), 75 g Grieß, 150 g Zucker, Schlagsahne, geröstete Mandeln.

Die Stachelbeeren mit Wasser weichkochen und durch ein feines Sieb passieren. Das gewonnene Fruchtmark mit dem Grieß und dem Zucker etwa 10 Minuten kochen, dann vom Feuer nehmen und in mit Wasser ausgespülte Formen geben. Nach dem Erkalten stürzen und mit geschlagener Sahne und gerösteten Mandeln garnieren.

Stachelbeergrütze

500 g Stachelbeeren, 1/2 l Weißwein,
1 Zimtstange, 2 Zitronen, 175 g Zucker,
125 g Sago, 300 g Himbeeren.

Die Stachelbeeren von Blüte und Stiel befreien. Mit dem Wein, 1/2 Liter Wasser, der Zimtstange, der abgeschälten Schale einer gründlich gewaschenen Zitrone und dem Zucker 10 Minuten bei schwacher Hitze kochen. Sago einstreuen und auf kleiner Flamme 15 Minuten ausquellen lassen. Zimtstange und Zitronenschale entfernen. Die vorbereiteten Himbeeren sowie den Zitronensaft vorsichtig unterrühren. Die Grütze in eine Schüssel füllen und abkühlen lassen.

Stachelbeersoße

Etwa 150 g grüne Stachelbeeren,
30 g Butter, 15 g Mehl,
100 ml Weißwein, Salz, Zucker,
weißer Pfeffer, 1 Eigelb, etwas Sahne
zum Verquirlen, Saft von ½ Zitrone.

Die Stachelbeeren waschen, putzen und in wenig Wasser dünsten. Inzwischen die Butter zerlaufen lassen, das Mehl darin anschwitzen und mit dem Weißwein und den Gewürzen unter Rühren einige Minuten kochen lassen. Dann die Stachelbeeren im Mixer pürieren oder durch ein Sieb streichen, zu der vorbereiteten Soße geben, alles gut verrühren, nochmals aufkochen und mit dem verquirlten Eigelb legieren. Pikant nachwürzen und anrichten.
Stachelbeersoße paßt ausgezeichnet zu Enten- oder Gänsebraten, aber auch zu gebratenen Fisch- oder Fleischspeisen, besonders zu Steaks.

Stangenspargel mit Champignons

1,5 kg Stangenspargel,
Salz, 1 Prise Zucker,
125 g Champignons (Konserve),
2 Eßl. Butter, 1 Eßl. gehackte
Petersilie, 2 Eßl. Semmelbrösel.

Den Spargel schälen, in kochendes Salzwasser geben und mit 1 Prise Zucker in etwa 25 Minuten garkochen. Die Champignons in etwas Butter erhitzen, leicht salzen, mit dem Spargel auf einer Platte anrichten, mit Petersilie bestreuen. Semmelbrösel in Butter bräunen, über den Spargel geben.

Stollen

2,5 kg Mehl, 300 g Hefe,
etwa ¾ l Milch, 500 g Zucker,
4 Päckchen Vanillinzucker, ab-
geriebene Schale von 1 bis 2 Zitronen,
35 g Salz, 100 bis 200 g Schweinefett,
1 kg Schmelzbutter, 150 g Zitronat,
80 g bittere Mandeln, 200 g süße
Mandeln, 1 bis 1,5 kg Sultaninen,
250 g Korinthen, Rum oder Weinbrand,
Butter, Zucker, Puderzucker.

Am Abend vor der Teigbereitung die Zutaten in einen warmen Raum stellen und die vorbereiteten Sultaninen und Korinthen mit Rum anfeuchten. Am nächsten Tag in das gesiebte Mehl eine Vertiefung drücken und darin die mit einem kleinen Teil der handwarmen Milch verrührte Hefe zu einem mittelfesten Vorteig verarbeiten. Nach dem Aufgehen Zucker, Gewürz, Fett, Butter, geraspeltes Zitronat und geriebene Mandeln sowie warme Milch nach Bedarf unterwirken. Erst dann Sultaninen und Korinthen zugeben. Den gründlich durchgearbeiteten Teig warm, aber nicht zu nahe an den Ofen stellen, damit das Fett nicht austreten kann. Nach mindestens zweistündigem Gehen den Teig zusammenstoßen, nochmals durcharbeiten und in ein oder anderthalb Kilo schwere Stücke aufteilen. Die Teigstücke brotähnlich formen und entweder längs jeweils 1 cm tief einschneiden oder mit dem Handrücken bzw. einem Holzstab längs seitlich eine tiefe Furche eindrücken, die den geformten Stollenteig in zwei unterschiedlich breite Längen teilt, und die schmale Länge über die breite schlagen. Den geformten Teig ohne weiteres gehen lassen, bei guter Mittelhitze etwa 60 Minuten backen. Danach mit flüssiger Butter bepinseln und zuckern, und zwar in folgender Reihenfolge: Butter, feiner klarer Zucker, Butter, Puderzucker. Stollen braucht mindestens 1 Woche Lagerzeit, erst dann schmeckt er und sollte angeschnitten werden.

Streuselkuchen

Für den Teig: *500 g Mehl,*
100 g Zucker, 80 g Margarine, Salz,
1 Päckchen Vanillinzucker,
knapp 1/4 l Milch, 30 g Hefe.
Für den Belag: *400 g Mehl,*
250 g Butter oder Margarine,
200 g Zucker, Salz.

Aus den Teigzutaten einen Hefeteig nach Grundrezept bereiten und gehen lassen. Nochmals zusammenstoßen und kurz durchkneten. Dann zu einem Rechteck ausrollen und auf ein gefettetes Blech legen. Mit etwas Milch oder Wasser bestreichen. Für die Streusel das gesiebte Mehl mit Butter und Zucker sowie einer Prise Salz zu einer Streuselmasse verarbeiten und auf die Teigplatte krümeln. Bei Mittelhitze in etwa 30 Minuten hellgelb backen.

Südamerikanisches Rindfleischragout mit Früchten

2 Zwiebeln, 2 Knoblauchzehen,
100 g Margarine, 750 g Rindfleisch,
2 Tomaten, 1 Zweig Thymian, Salz,
Pfeffer, 4 Eßl. Maiskörner aus
der Dose, 2 Eßl. geraspelte Möhre,
4 Tassen Rindfleischbrühe,
4 Scheiben Melone, 2 Pfirsichhälften,
4 Backpflaumen, 4 Apfelringe,
1/2 Tasse saure Sahne.

Zwiebelwürfel und Knoblauchscheiben in der heißen Margarine anbraten. Das Fleisch in kleine Würfel schneiden und mit den in Achtel geschnittenen Tomaten und Thymian zur Zwiebel geben. Salzen, pfeffern und kräftig umrühren, damit alle Stücke bräunen. Maiskörner, Möhrenraspel und Fleischbrühe zugeben. Alles gut vermischen und etwa 30 Minuten kochen lassen. Dann die halbierten Melonenscheiben, Pfirsichhälften, Backpflaumen, Apfelringe und die saure Sahne zugeben. Zugedeckt weitere 20 Minuten schmoren lassen. Das Gericht mit gebackenen Kartoffelscheiben auftragen.

Südfruchtsoße

150 g Mandarinen- oder Orangenspalten,
30 g süße Mandeln, 150 g Mayonnaise,
30 g Curry, Zitronensaft, Salz,
etwas Weinbrand.

Die Früchte im Mixer pürieren oder in ganz kleine Würfel schneiden. Die Mandeln überbrühen, abziehen und feinhacken. Alles mit Mayonnaise, Curry, Zitronensaft gut verrühren und gegebenenfalls mit einer Spur Salz und Weinbrand abschmecken. Diese Soße paßt besonders gut zu Fleischfondue.

Südländischer Fisch

*500 g Tomaten, 375 g Zwiebeln,
5 Eßl. Öl, 1 Knoblauchzehe,
je 2 Zweige Rosmarin und Thymian,
1 Lorbeerblatt, ½ Bund Petersilie,
⅛ l Weißwein, 750 g Kartoffeln,
Salz, Pfeffer,
30 g Butter oder Margarine,
1,5 kg Seefisch.*

Die Tomaten überbrühen, häuten, entkernen und das Fruchtfleisch kleinhacken. Die geschälten Zwiebeln kleinschneiden und in Öl andünsten. Tomaten, zerdrückten Knoblauch, je ein Zweig Rosmarin und Thymian, das Lorbeerblatt sowie die Petersilie im Bund zufügen. Alles gut anschmoren, mit dem Wein ablöschen und bei milder Hitze 20 Minuten schmoren lassen. Anschließend die Kräuter und das Lorbeerblatt entfernen. Inzwischen die geschälten Kartoffeln in dünne Scheiben schneiden, kurz in Salzwasser blanchieren und abtropfen lassen. Nebeneinander in eine große feuerfeste Form füllen, mit Salz und Pfeffer würzen und mit der flüssigen Butter beträufeln. Den Fisch ohne Kopf ausnehmen, häuten, waschen, abtrocknen, salzen und pfeffern. Je 1 Zweig Rosmarin und Thymian in den Bauch füllen. Den Fisch auf die Kartoffeln legen, die Tomatensoße darübergießen. Das Gericht im vorgeheizten Backofen bei 225 bis 250 °C in etwa 30 Minuten garen. Erst bei Tisch portionieren.

Suhler Toast
(Vorspeise)

*100 g Zwiebeln, 30 g Öl, Salz,
schwarzer Pfeffer, 4 Scheiben
Toastbrot, etwa 300 g Thüringer
Leberwurst, Tomatenketchup, Gewürzgurkenfächer, Kresse oder Petersilie.*

Die Zwiebeln schälen, in feine Würfel schneiden und im Öl goldgelb braten. Mit Salz und Pfeffer kräftig würzen und kalt stellen. Inzwischen das Toastbrot rösten, erkalten lassen, die Leberwurst in gleichmäßige Scheiben schneiden und auf dem Toast anrichten. Die Zwiebeln darüber verteilen. Tomatenketchuptupfer daraufspritzen, Gurkenfächer obenauflegen und mit Kresse garnieren.

Süße Pizza

*Für den Teig: 300 g Mehl, 1 Ei,
60 g Zucker, 1 Päckchen Vanillinzucker,
1 Prise Salz, 150 g Margarine.
Für die Füllung: 3 Eier,
500 g Magerquark, Saft und
abgeriebene Schale von je ½ Zitrone
und Orange, 100 g Zucker,
1 Päckchen Vanillinzucker,
1 Eiweiß zum Bestreichen.*

Mehl, Ei, Zucker, Vanillinzucker, Salz und Margarine schnell zu einem geschmeidigen Teig verkneten. Zugedeckt 30 Minuten in den Kühlschrank stellen. Für die Füllung Quark, Eigelb, Zitronen- und Orangensaft glattrühren. Das Eiweiß zu steifem Schnee schlagen. Dabei nach und nach abgeriebene Zitronen- und Orangenschale, Zucker und Vanillinzucker einrieseln lassen. Den Eischnee unter

480

die Quarkmasse ziehen. Den Teig 5 mm dick ausrollen und eine gefettete Springform damit auslegen, dabei einen Rand andrücken. Aus dem Rest des Teiges etwa 1,5 cm breite Streifen schneiden. Die Quarkmasse auf den Boden füllen, mit einem nassen Messer glattstreichen und die Teigstreifen gitterartig über die Füllung legen. Rand und Teigstreifen mit Eiweiß bestreichen. Im vorgeheizten Ofen bei 200 °C 45 bis 50 Minuten backen.

Süßer Chicoréesalat

250 g Chicorée, 2 Äpfel, 2 Orangen, Saft von 1 Zitrone, etwas Zucker, 1 Prise Salz, 1 Prise weißer Pfeffer, 1/8 l saure Sahne oder Joghurt.

Den Stiel der Chicoréestauden am Wurzelende abschneiden und den bitteren Kern herauslösen. Den Chicorée waschen und in feine Streifen, die geschälten Äpfel und Orangen in Würfel schneiden. Mit dem Zitronensaft begießen und die Gewürze zugeben. Saure Sahne oder Joghurt unterziehen.

Süßer Quark-Nudel-Auflauf

1/2 l Milch, Salz, 200 g Nudeln, 200 g Quark, 60 g Margarine, 60 g Zucker, 3 Eier.

Milch und 1/4 Liter Wasser mit einer Prise Salz aufkochen, die Nudeln zufügen und auf kleiner Flamme ausquellen lassen. Den Quark durch ein Sieb streichen. Fett, Zucker und Eigelb cremig rühren, den Quark unter-

arbeiten und die inzwischen abgekühlten Nudeln löffelweise zugeben. Die Eiweiß zu steifem Schnee schlagen, unterheben, die Masse in eine gefettete feuerfeste Form füllen und sofort im vorgeheizten Ofen bei Mittelhitze etwa 35 Minuten backen.

Süßsaurer Rosenkohl

1 kg Rosenkohl, 150 g durchwachsener Speck, 1 Zwiebel, 4 Eßl. Weinessig, 3 Teel. Zucker, 1/2 Teel. Senf, Salz, Pfeffer.

Den vorbereiteten Rosenkohl waschen und abtropften lassen. Den Speck in kleine Streifen schneiden, in einem Topf langsam ausbraten lassen und dann herausnehmen. In dem Fett die gewürfelte Zwiebel glasig werden lassen, den Rosenkohl sowie 1/2 Tasse Wasser zugeben. Unter Rühren 5 Minuten dünsten lassen. Dann Essig, Zucker, Senf, Salz sowie Pfeffer zugeben und das Gemüse zugedeckt etwa 15 Minuten garen. Dabei ab und zu kräftig schütteln. Zuletzt den ausgebratenen Speck untermischen und mit erhitzen.

Süßsaure Soße

1 kleine Paprikafrucht, 1 Tomate, etwa 80 g Ananas (Konserve), 20 g Butter, 30 g Zucker, 0,1 l Rotwein, Tomatenketchup, Zitronensaft, Soja- oder Worcestersauce, 10 g Stärkemehl.

Die Paprikafrucht kurz waschen und in feine Würfel schneiden. Die Tomate häuten, halbieren, entkernen, feinwürfelig schneiden. Ebenso die

Ananas. Dann die Butter erhitzen, den Zucker darin leicht bräunen, mit 0,1 Liter Wasser und dem Rotwein auffüllen, alle Zutaten und Gewürze dazugeben, unter Rühren aufkochen und kurze Zeit kochen lassen. Inzwischen das Stärkemehl mit etwas Wasser anrühren, die Soße damit binden, kurz aufkochen lassen, süßsauer abschmecken und heiß servieren.

Süßsaure Soße schmeckt sehr gut zu kurzgebratenen Fleisch- und Geflügelgerichten.

Szegediner Lammschaschlyk mit Nußsoße

600 g Hammelkeule, Salz, Pfeffer,
2 Knoblauchzehen, Lorbeerblatt,
4 Eßl. Öl, 1 Eßl. gehackte Haselnüsse,
3 Eßl. Senf,
1 Eßl. saure Sahne.

Das Fleisch in 2 cm × 2 cm große Würfel schneiden und mit Salz und Pfeffer würzen, mit der zerdrückten Knoblauchzehe und dem Lorbeerblatt gut vermengen. Das Fleisch mit Öl übergießen, bis es vollständig damit bedeckt ist, und das Ganze 2 Tage zugedeckt stehenlassen. Die so vorbereiteten Lammfleischwürfel auf Spieße ziehen, im Grill oder in der Pfanne braten. Es ist darauf zu achten, daß das Fleisch dabei knusprig und trotzdem noch saftig bleibt. Aus Senf, den gehackten Haselnüssen und der sauren Sahne eine Soße bereiten und zu den fertigen Spießchen reichen. Als Beilage eignen sich Pommes frites oder Röstkartoffeln und ein pikanter Bohnen-Zwiebel-Salat oder auch frisches Toastbrot.

Szegediner Sauerkrauthähnchen mit Kartoffeln

1 Broiler, Salz, Pfeffer,
80 g Schmalz, 3 Zwiebeln, 500 g Sauerkraut, 1 Eßl. Tomatenmark,
1 Eßl. Paprika, 1 Lorbeerblatt,
Kümmel, ¼ l Brühe, 8 Kartoffeln,
⅛ l saure Sahne, 1 Bund Petersilie.

Das küchenfertige Hähnchen vierteln und mit Salz und Pfeffer würzen. Im heißen Schmalz mit den in Scheiben geschnittenen Zwiebeln anbraten. Das kleingeschnittene Sauerkraut, Tomatenmark, Paprikapulver, das Lorbeerblatt und etwas feingehackten Kümmel zugeben. Mit ¼ Liter Brühe zugedeckt etwa ¾ Stunden in der Röhre garen lassen. Die Kartoffeln schälen, in Würfel schneiden und in Salzwasser garen. Danach abgießen und zum Hähnchen mit Sauerkraut geben. Zuletzt mit der sauren Sahne verfeinern und mit gehackter Petersilie bestreuen.

Der Teestrauch gedeiht in Gebieten von 45 Grad nördlicher bis 30 Grad südlicher Breite. Wer auf den Globus schaut, kann innerhalb dieser Grenzen die wichtigsten Anbauländer entdecken: Indien, Sri Lanka, Japan, Indonesien, Sowjetunion, China. Die Weltproduktion beträgt jährlich etwa 1 500 Kilotonnen; ein Drittel davon wird in den Heimatländern des Tees selbst verbraucht. Dort ist die Tradition des Teetrinkens uralt und mit mancherlei Bräuchen verbunden. Am berühmtesten ist die japanische Teezeremonie. Paul Renovanz beschreibt sie so: »Nach der Mahlzeit bevorzugen die Gäste einen dickflüssigen Tee. Bei seiner Zubereitung lauschen sie auf das Summen im Wasserkessel, das sie an das ›Rauschen des Windes in Kiefernwipfeln‹ erinnert. Dieser Tee führt die Bezeichnung Koicha, seine Liebhaber aber nennt man Chajin, das sind die ›Leute mit der feinen Zunge‹.

Drei Löffel Teestaub werden in eine Schale geschüttet und drei Kellen sprudelndes Wasser darübergegossen. Ein paar Tropfen eines aus der Ginsengwurzel gewonnenen Branntweins kommen hinzu. Das Ganze muß so lange gerührt und geschlagen werden, bis es schäumt...

Das Getränk hat unterdessen Farbe und Dichte einer soliden deutschen Erbsensuppe angenommen – wie anders ist doch der Vergleich mit ›flüssiger Jade‹! Die geräumige Schale geht jetzt von Hand zu Hand. Zuerst erhält sie der Shokyaku, der Hauptgast. Nach einem prüfenden Schluck verlangt die Höflichkeit, daß er den Tee nicht minder köstlich finde als die zum Nachtisch gereichten Datteln, insbesondere sei seine Dickflüssigkeit über jedes Lob erhaben. Bedächtig setzt er die Schale noch einmal an, dann gibt er sie vorsichtig weiter...«[107]

Der Tee hat seine herausragende Stellung innerhalb der Getränke meist religiösen Vorschriften zu danken. In einer Studie über Japan schrieb Karl

Rathgen 1907: »Indirekten Einfluß hat die buddhistische Askese auf die Ernährung und damit die Produktion der Lebensmittel, die Landwirtschaft, geübt. So hat der Buddhismus, der die berauschenden Getränke bekämpft, den Gebrauch und die Kultur des Tees gebracht.«[108]

Der buddhistische Glaube kam im 7. Jahrhundert aus China. Mit ihm verbunden war auch das Verbot, Fleisch zu essen. Seit dem 15. Jahrhundert etwa gibt es das Teeritual in Japan, das nicht nur aus der Zubereitung und dem Genuß dieses Getränkes besteht, sondern eine ganze Küche hervorgebracht hat. Sie wurde von den großen japanischen Teemeistern, allen voran Sen Rikyu, im 16. Jahrhundert begründet. Die besten Speisen – Kaiseki – werden gereicht. Der Überlieferung nach gehörten im Jahre 1566 zu den dargebotenen Speisen: Roher Karpfen mit Gemüse, Spargel, Entensuppe mit Gemüse, Reis. Danach Süßigkeiten, Wachteln, Pfefferschoten, Meerbrassenstücke und sauer eingelegtes Gemüse. Heute ist die Anzahl der Speisen dabei noch viel reichhaltiger. Wie der Kaffee kam der Tee im 17. Jahrhundert nach Europa – nur, da aus anderen Ursprungsländern, eben auch auf anderer Route. Zunächst vor allem über den Landweg. Noch ein Brockhaus-Lexikon von 1911 empfiehlt, »russischen Karawanenthee« vorzuziehen; eine Seereise würde sich immer nachteilig auf den Geschmack der aromatischen Blätter auswirken. Dieser Landweg erklärt auch, daß sich zwangsläufig links und rechts der Karawanenstraßen immer neue und immer zahlreichere Freunde des Tees fanden, bis schließlich der Samowar zum Inbegriff russischer Häuslichkeit wurde ... Geographisch etwas weiter westlich, in Polen, hat der Tee schon starke Konkurrenz durch den Kaffee, trägt aber noch den Sieg davon; während im deutschsprachigen Raum seit je die »Grenzlinie« verläuft, die europäische Teetrinker von europäischen Kaffeetrinkern trennt. Sie läßt sich nicht als gerade Linie bestimmen; doch kann man wohl sagen, daß nach Süden zu die Zahl der auf Kaffee Eingeschworenen immer größer wird.

Die Spitze im Teeverbrauch halten nach wie vor Großbritannien, die Sowjetunion und Polen.[109] Aber der Tee findet ständig neue Freunde.

Lange Zeit galt hierzulande Tee als Getränk für Frauen. Die Bezeichnung »Damentee« für eine kleine weibliche Schwatzrunde, zu der die gutbürgerliche Hausfrau im 19. Jahrhundert hin und wieder einige wohlsituierte Beamtengattinnen einladen durfte, spricht Bände. Auch im »Frauenzimmerlexicon« von 1715 heißt es, Thée »seynd dunkelgrüne, längliche und von vorn spitzige gedörrte Blätter, aus China kommend, von unterschiedlicher Güte, so in siedend Wasser geworfen und von dem Frauenzimmer zur Gesundheit getrunken, bisweilen auch mit anderen Kräutern vermischet werden ...«[110]

Da nun schon von der Gesundheit die Rede war, noch ein Wort zu den Kräutertees. Die gibt es schon seit der Antike. So ist überliefert, daß die Römer mit einem Thymianaufguß Erkältungskrankheiten behandelten und die Germanen fest daran glaubten, Wacholdertee könne ihnen die ewige Jugend sichern.

Gesund ist Kräutertee allemal und hilft gegen mancherlei Gebrechen: Fenchel lindert Blähungen, Pfefferminze beruhigt den Magen, Hagebutten enthalten Vitamin C, Lindenblüten helfen bei Fieber ...

Und Mischungen aus verschiedenen Kräutern, gebrüht und mit Honig und Zitronensaft gewürzt, ergeben ein schmackhaftes Getränk.

Doch zurück zum Tee, dem echten, schwarzen. Lange Zeit war man sich nicht darüber im klaren, woher nun die anregende Wirkung komme und ob ihm oder dem Kaffee, nach dessen Genuß ja ähnliches zu beobachten ist, der Vorzug zu geben wäre. Heute weiß man, daß der menschliche Körper das Koffein im Tee, auch Teein genannt, wesentlich besser verträgt als beim Kaffee. Während Kaffee für eine schockartige Anregung von Herz und Kreislauf sorgt, »bremsen« die Gerbstoffe im Tee die Wirkung des Koffeins; so steigert sie sich allmählich und erreicht etwa 40 Minuten nach dem Teegenuß ihren Höhepunkt.

Benno Pludra faßte die Wirkung des Tees in folgendes Diagramm, das drei Leistungskurven darstellt: »nach dem Genuß von Tee, von Bier und von Schnaps. Der Tee, versteht sich, ist absoluter Sieger. Das Bier gibt einen kurzen Anstieg und einen jähen Fall und erreicht seinen tiefsten Punkt, wo der Tee seinen höchsten hat, nach vierzig Minuten nämlich. Der Schnaps geht sofort unter Null, fällt immer noch weiter und bleibt so über Stunden, ohne Hoffnung, überhaupt je wieder nach oben zu kommen. Man wähle also sein Getränk mit Klugheit. Zur Klugheit verhilft am ehesten der Tee.«[111]

Diesem Plädoyer für den Tee soll nun noch der Rat folgen, von den teetrinkenden Nationen auch die Art, wie man dieses Getränk genießt, zu lernen. Wer zum Nachmittagstee einlädt, muß dazu nicht nur trockenen Kuchen und einige Biskuits reichen. Das Wort »Teewurst« erinnert daran, daß einst sogar hierzulande die bürgerliche Hausfrau bei ihrem »Kränzchen« durchaus auch herzhafte Sachen anbot. Ein Kochbuch um die Wende des 20. Jahrhunderts[112] empfiehlt beispielsweise für einen Damentee: Tee mit Schlagsahne und Rum, Teekuchen und Wiener Butterbrötchen, Russische Brötchen mit Kaviar, Lachs, Sardellen, Sardellenbutter, Wurst, Fleisch, Käse, Creme oder Eis, Torte, Bowle, Früchte, Konfekt ... Ist das nicht auch eine ganz ansehnliche »Teeküche«? Welch Zeremonie könnte man heute daraus entwickeln!

Tagliatelle alla bolognese
(Bandnudeln auf Bologneser Art)

500 g Bandnudeln, Salz,
200 g Geschabtes, Margarine,
50 g Speck, ein Stück Sellerie,
1 große Möhre, ½ Zwiebel, 1 Strauß
Petersilie, 25 g Trockenpilze,
1 Eßl. Tomatenmark, Fleischbrühe,
Pfeffer, 2 Eßl. Sahne, Parmesan-
oder Reibekäse.

Die Nudeln in reichlich Salzwasser nicht zu weich kochen. Das Geschabte in der erhitzten Margarine ganz kurz andünsten. Speck, Sellerie, Möhre, Zwiebel und Petersilie – alles feingeschnitten – zufügen und alles leicht bräunen lassen. Dann die eingeweichten, kleingeschnittenen Pilze, etwas später das Tomatenmark und danach eine Suppenkelle voll heiße Brühe zugeben. Mit Salz und Pfeffer abschmecken. Auf kleiner Flamme etwa 1 Stunde schmoren. Gegen Ende der Garzeit die Sahne zugeben. Diese Fleischsoße mit den gut abgetropften Nudeln vermischen, mit reichlich Parmesan bestreuen. Mit grünem Salat servieren.

Tallarines a la crema con pollo y queso
(Sahnenudeln mit Huhn und Käse)

1 großes Huhn, Salz, 125 g Butter,
2 Eßl. Mehl, Pfeffer, 250 g gekochter
Schinken, ¼ l Schlagsahne,
250 g Gouda, 1 kg Spaghetti.

Das unzerteilte Huhn in Salzwasser garkochen, aus der Brühe nehmen, das Fleisch von den Kochen lösen und kleinschneiden. Aus der zerlasse-

nen Butter und Mehl eine helle Schwitze bereiten, Hühnerbrühe unter ständigem Rühren angießen und zu cincr cremigen Soße einkochen lassen. Salzen und pfeffern, das Hühnerfleisch, den kleingeschnittenen gekochten Schinken, die Schlagsahne und den ebenfalls kleingeschnittenen Käse dazugeben und so lange rühren, bis sich der Käse in der heißen Soße aufgelöst hat. Die in Salzwasser gekochten, abgetropften Spaghetti in eine Schüssel füllen und gut mit der Fleisch-Käse-Soße vermengen. Nach Belieben noch mit Reibekäse bestreuen.

Tataren-Hecht
(russisches Originalrezept)

100 g Möhren, 80 g Petersilienwurzel
oder auch Sellerieknolle,
1 Lorbeerblatt, 8 Pfefferkörner,
1 Tasse Öl, 2 Gläser Weißwein
(Riesling), 1 kg Hecht (ohne Kopf),
Essig, Salz, Pfeffer.
Für die Tatarensoße: *2 hartgekochte*
Eigelb, 1 Teel. Senf, 1 Tasse Öl,
Salz, Pfeffer, 2 Eßl. saure Sahne,
⅛ l Weißwein, feingehackte Kräuter.

Das gereinigte und in Scheiben geschnittene Wurzelgemüse, das Lorbeerblatt und die Pfefferkörner in 1 Liter Wasser ansetzen. Öl und Weißwein zugeben. Zum Kochen bringen, das Wurzelgemüse garkochen. Den geschuppten, gesäuberten, mit Essig beträufelten Hecht salzen und pfeffern und mit einem scharfen Messer in 2 fingerbreiten Abständen einschneiden (ziselieren) und für 4 Stunden in die ausgekühlte Marinade legen. Anschließend das Hecht-fleisch abtropfen lassen, trockentup-fen, mit Öl bepinseln und im elektri-schen Grill oder auf dem Holzkohlen-grill garen. Beim Grillen auf dem Holzkohlengrill legt man zweckmäßi-gerweise auf die Grillroststäbe in Größe des Fischstückes ein Stück Alu-folie, damit das Fischfleisch nicht an den Grillstäben anhängt. Mit Tataren-soße und Weißbrot zu Tisch geben.

Für die Tatarensoße die hartgekoch-ten Eigelb durch ein Sieb streichen, den Senf unterrühren und das Öl tropfenweise dazugeben. Alles mit einer Gabel oder einem Schneebesen schlagen. Mit Salz und Pfeffer wür-zen, mit saurer Sahne und Weißwein verrühren. Die Soße mit feingehack-ten Kräutern (Petersilie, Schnittlauch und Estragon) bestreuen. Sie kann noch mit Kapern und feingehackten Essiggurken verfeinert werden.

Tatarensoße

2 gekochte Eigelb, scharfer Senf,
100 g Mayonnaise, reichlich
Schnittlauch, Petersilie, Kerbel,
Estragon, Salz, weißer Pfeffer,
1 Prise Zucker, Zitronensaft.

Die Eigelb mit Senf verrühren, die Mayonnaise, die gehackten Kräuter und die Gewürze dazugeben, alles glattrühren und kalt stellen. Vor dem Anrichten würzig abschmecken.

Diese Spezialsoße paßt besonders zu gekochten Eiern, gekochtem Fisch, kaltem Braten oder gekochtem Rind-fleisch. Das zurückbleibende Eiweiß sollte feingehackt und zur jeweiligen Speise dazugegeben werden.

Tatarisches Hühnerragout

1 Broiler, 3 Eßl. Öl, 2 Zwiebeln,
500 g Tomaten oder 4 Eßl. Tomatenmark,
1 Bund Petersilie, 1 Bund Dill,
1½ Tassen saure Sahne oder Joghurt,
Salz, Pfeffer.

Den Broiler vierteln, mit Salz und Pfeffer würzen und im Öl anbraten. Die in Würfel geschnittenen Zwie-beln sowie die kleingeschnittenen To-maten (die Kerne vorher entfernen) zufügen und mitdünsten lassen. We-nig Wasser zugießen, gehackte Kräu-ter dazugeben und das Gericht zuge-deckt garen lassen. Wenn die Fleisch-stücke weich sind, nochmals mit Salz und Pfeffer abschmecken und mit Sahne oder Joghurt verfeinern. Mit Reis oder Weißbrot und einem fri-schen Salat servieren.

Tatar mit Kaviar

400 g Geschabtes, 4 kleine Zwiebeln,
8 Sardellenfilets, 2 Eßl. Kapern,
schwarzer Pfeffer, 4 Eigelb, 100 g Kaviar.

Das Geschabte in 4 Portionen teilen und jede Portion wie ein Nest auf einem Teller anrichten. Die Zwiebeln schälen und ganz fein schneiden. Die Sardellenfilets unter fließendem Was-ser gründlich abspülen, trockentupfen und hacken. Die Kapern abtropfen lassen. Alles rund um das Fleisch an-richten. Das Fleisch mit Pfeffer be-streuen. In die Vertiefung je 1 Eigelb gleiten lassen. Den Kaviar um das Ei-gelb herum anrichten. Man kann das Eigelb aber auch in einer ausgehöhl-ten Zwiebelhälfte neben dem Tatar auf den Teller setzen. Dann wird der

Kaviar in die Mitte des Fleisches gehäuft. Jeder mischt sich sein Tatar nach Belieben bei Tisch. Dazu geröstete Toastbrotdreiecke und Butter servieren.

Täubchen vom Spieß

4 küchenfertige Tauben,
weißer Pfeffer, 2 cl Weinbrand,
100 g Hackepeter, 100 g Leber,
1 Eßl. gehackte Zwiebeln,
1 Eßl. gehackte Petersilie,
1 kleine Dose Champignons, 1 Ei,
Salz, etwas Butter zum Bestreichen.

Die Tauben innen und außen mit Salz, weißem Pfeffer und dem Weinbrand einreiben. Den Hackepeter, die durch den Wolf gedrehte Leber, Zwiebel, Petersilie, geschnittene Pilze, Ei, Salz und Pfeffer mischen. Die Tauben mit dieser Masse füllen, zunähen, auf den Drehspieß stecken und etwa 30 Minuten grillen. Dabei ständig mit zerlassener Butter bestreichen. Mit Weißbrot und frischen Salaten servieren.

Tauben à la Tatare

4 Tauben, Pfeffer, Salz, 3 Eßl. Mehl,
2 Eier, 100 g Semmelbrösel, 100 g Öl,
1 Bund Petersilie, 4 Pfeffergurken.

Die vorbereiteten und gewaschenen Tauben halbieren, etwas breitdrücken und mit Pfeffer und Salz würzen. Dann im Mehl wenden, durch das geschlagene Ei ziehen und mit Semmelbröseln panieren. Im heißen Öl von beiden Seiten je 10 Minuten ausbakken. Die Tauben anrichten, mit Petersilie und Pfeffergurken garnieren und mit Remouladensoße servieren.

Tauben als Wildtauben

4 junge Tauben, Salz, Pfeffer,
80 g Margarine, 1 Wurzelwerk,
1 Zwiebel, 1 Lorbeerblatt,
je 6 Pfeffer- und Pimentkörner,
1/4 l Fleischbrühe, 3 Eßl. Mehl,
1 Eßl. Zitronensaft, Essig, Zucker,
Johannisbeergelee.

Die vorbereiteten Tauben innen und außen mit Salz und Pfeffer würzen und in der heißen Margarine anbraten. Das kleingeschnittene Wurzelwerk, die feingehackte Zwiebel und die Gewürze zugeben. Mit der Brühe auffüllen und weichschmoren. Die fertigen Tauben halbieren und warm stellen. Die Soße durch ein Sieb geben, mit dem angerührten Mehl binden. Mit Zitronensaft, Essig, Zucker und Johannisbeergelee pikant abschmecken. Die fertige Soße über die Tauben geben und servieren. Als Beilage Kartoffelpüree reichen.

Tauben auf albanische Art

4 Tauben, Salz, 100 g geräucherter
Speck in Scheiben, 3 Eßl. Öl,
1/8 l Weißwein, 1 Zitrone, Mehl,
1/4 l saure Sahne.

Die gewaschenen und vorbereiteten Tauben innen und außen salzen. Mit den Speckscheiben umwickeln und in das heiße Öl geben. Wein und Zitronensaft mischen und damit die Tauben übergießen. In der vorgeheizten Backröhre bei etwa 200 °C unter öfterem Begießen rasch braten. Die Soße mit etwas Mehl und der sauren Sahne binden und über die Tauben geben. Als Beilage gegrillte Tomaten und Reis reichen.

Tauben nach Gärtnerinnen-Art

4 Tauben, Pfeffer, Salz,
80 g Margarine, verschiedenes junges
Gemüse (Spargel, Blumenkohl,
grüne Erbsen, grüne Bohnen, Kohlrabi,
Möhren), 1 Bund Petersilie.

Die vorbereiteten Tauben innen und außen mit Pfeffer und Salz würzen und in der heißen Margarine in der vorgeheizten Backröhre von beiden Seiten braun braten. Dabei die Tauben öfter mit dem Fett beschöpfen. Auf einer Platte anrichten und mit dem gegarten jungen Gemüse umlegen. Mit Petersilie garnieren. Als Beilage Schwenkkartoffeln reichen.

Tauben nach Winzer-Art

4 Tauben, Salz, 4 große Weinblätter,
200 g geräucherter Speck in Scheiben,
50 g Butter, Gewürzmischung aus
Pfeffer, Thymian, Basilikum und
Wacholderbeeren, etwas Weißwein.

Die vorbereiteten Tauben dressieren und innen und außen leicht salzen. Auf jede Taube je 1 Weinblatt legen, mit dünnen Speckscheiben umwikkeln und am Spieß braten. Dabei öfter mit Butter bestreichen und den abtropfenden Saft über die Tauben geben. Zuletzt den Bratfond mit der Gewürzmischung und einem Schuß Weißwein abschmecken. Die so zubereiteten Tauben schmecken wie Rebhühner. Als Beilage Kartoffelpüree.

Taubenragout

4 Tauben, 80 g Margarine, 1 Zwiebel,
1/8 Sellerieknolle, Pfeffer, Paprika,
Salz, 3 Eßl. Mehl, 1/4 l Fleischbrühe,
2 Eßl. Dessertwein, gare Champignons.

Das Fleisch von den Knochen lösen und in Würfel schneiden. In der heißen Margarine die feinwürfelig geschnittene Zwiebel, den feingeschnittenen Sellerie und das Fleisch andünsten. Mit Pfeffer, Paprika und Salz würzen. Dann mit Mehl bestäuben und mit der Brühe und dem Dessertwein weichdünsten. Die Soße mit den in Scheiben geschnittenen Champignons verfeinern.

Tauben vom Grill

4 junge Tauben, Pfeffer, Salz, 80 g Butter.

Die vorbereiteten Tauben innen und außen mit Pfeffer und Salz würzen. Mit der flüssigen Butter bepinseln und mit der Brust nach unten auf den Grillrost legen. Während der Grillzeit von 15 Minuten die Tauben des öfteren mit Butter bestreichen. Dann die Tauben wenden und fertiggrillen.

Tee-Mix

1/2 l kalter schwarzer Tee,
2 Likörgläser Rum oder Weinbrand,
1/4 l kalte Milch, Zucker.

Den Teeaufguß mit Rum und Milch mischen. Nach Geschmack süßen.

Teepunsch »indisch«

½ Teel. gemahlener Ingwer,
2 bis 3 Gewürznelken, 125 g Zucker,
6 Teel. schwarzer Tee,
1 Flasche Rotwein, 1 Zitrone, Rum.

Die Gewürze und den Zucker zusammen mit ¼ Liter Wasser in einem zugedeckten Topf etwa 10 Minuten kochen. Inzwischen den aus ½ Liter Wasser aufgebrühten Tee, der nach 10 Minuten Ziehen abgegossen wurde, mit dem Rotwein auffüllen und diese Mischung bis kurz vor dem Siedepunkt erhitzen. Die Gewürz-Zucker-Lösung abseihen und in die heiße Rotwein-Tee-Mischung geben. Eine Spirale dünn abgeschälter Zitronenschale hineinhängen und nach Belieben mit Rum abschmecken. – Mit den Gewürzen kann auch ein Stück Apfelsinenschale gekocht werden.

Tee-Rum-Creme

8 Teel. schwarzer Tee, ½ l Milch,
4 Eier, 150 g Zucker, 1 Päckchen
Vanillinzucker, 2 Eßl. Stärkemehl,
4 Teel. Rum oder Rum-Verschnitt,
15 g Gelatine, ¾ l Schlagsahne,
8 Biskuitplätzchen.

Den Tee mit der heißen Milch aufbrühen und erkalten lassen. Eier, Zucker, Vanillinzucker, Stärkemehl und Rum verrühren. Die Tee-Milch-Flüssigkeit durch ein Sieb gießen und unter die verrührten Zutaten mischen. Alles im Wasserbad erhitzen, bis die Masse dicklich und glasig wird. Die Creme erkalten lassen. Die Gelatine nach Vorschrift auflösen und unter die steifgeschlagene Sahne mischen. Die Sahne vorsichtig unter die Creme heben und sofort in Gläser füllen. Mit Sahne und Biskuits garnieren.

Teesoße

¼ l Milch, 1 Vanillestange,
1 Eßl. Maisan, Orangensaft,
2 Eßl. Zucker, ½ Tasse starker
schwarzer Tee, 2 Likörgläser Rum,
¼ l Sahne.

Die Milch mit der Vanillestange aufkochen. Maisan in etwas Orangensaft anrühren und unter Rühren in die kochende Milch geben. Zucker, Tee und Rum dazugeben. Die Soße erkalten lassen, die Sahne steifschlagen und unter die Soße heben.

Tefteli in Tomate

500 g Geschabtes, 4 Scheiben Weißbrot
ohne Rinde oder altbackene Brötchen,
⅛ l Milch oder Wasser, Salz, Pfeffer,
100 g Schnittlauch oder 1 Zwiebel,
3 Eßl. Butter, 2 Eßl. Mehl,
100 g Tomatenmark, ¼ l Fleischbrühe,
1 Lorbeerblatt, 1 Stück Pfefferschote
oder Pfeffer, 2 bis 3 Knoblauchzehen,
1 Eßl. Tomatenketchup,
reichlich gehackte Petersilie.

Das Geschabte mit dem in Milch oder Wasser geweichten und ausgedrückten Weißbrot, Salz, Pfeffer sowie dem feingeschnittenen Schnittlauch gut vermischen. Daraus kleine Kugeln formen und diese im Mehl wälzen. In heißer Butter rasch von allen Seiten knusprig braten. Nun die Tefteli in einer Kasserolle mit folgender Mischung übergießen: Tomatenmark,

Fleischbrühe, Lorbeerblatt, Pfefferschote oder Pfeffer, gehackte und mit Salz verriebene Knoblauchzehen. Das Ganze zugedeckt auf kleiner Flamme 10 bis 20 Minuten ziehen lassen. Dann mit Salz und Tomatenketchup abschmecken. Mit reichlich gehackter Petersilie bestreuen. Als Beilage körnig gekochten Reis, Kartoffelbrei oder Makkaroni reichen.

Teltower Rübchen

500 g Rübchen, 40 g Fett,
1½ Eßl. Zucker, 1 Eßl. Mehl,
¼ l Fleischbrühe, Salz, Pfeffer.

Die gewaschenen und geputzten Rübchen unzerschnitten in erhitztem Fett und Zucker andünsten, mit Mehl bestäuben, heiße Fleischbrühe dazugießen und die Rübchen zugedeckt langsam garschmoren lassen. Zum Schluß mit Salz und Pfeffer abschmecken.

Tessiner Pizza

Für den Teig: *100 g Mehl, 1 Ei,*
1 Eßl. Butter oder Margarine, Salz.
Für den Belag: *6 bis 8 Tomaten,*
5 Eßl. Reibekäse, 2 Eßl. Zwiebelwürfel,
Salz, Pfeffer, 2 Eßl. gemischte
Kräuter, ½ l saure Sahne, Butter.

Aus Mehl, Ei, Butter, Salz und 1 Eßlöffel Wasser einen krümeligen Mürbeteig bereiten und für einige Zeit kühl stellen. Inzwischen die Tomaten halbieren und mit einem Löffel Saft und Kerne entfernen, Käse, Zwiebelwürfel, Salz, Pfeffer und Kräuter vermischen, mit dieser Masse die Tomatenhälften füllen und saure Sahne

darübergießen. Nun den Teig ausrollen und eine gefettete Spring- oder Auflaufform damit auslegen. Darauf dicht aneinander die gefüllten Tomaten legen. In die Zwischenräume nochmals saure Sahne gießen und im vorgeheizten Ofen bei Mittelhitze etwa 15 Minuten backen. Danach die Teigränder mit flüssiger Butter bestreichen und die Tomaten mit gehackter Petersilie bestreuen.

Teufelseier
(Vorspeise)

4 hartgekochte Eier, 30 g Butter,
20 g Tomatenketchup, Zitronensaft,
weißer Pfeffer, 1 Zwiebel,
Cayennepfeffer, etwas scharfer Senf,
Edelsüß-Paprika, Schnittlauch.

Die hartgekochten Eier schälen und längs halbieren. Das Eigelb herausnehmen, durch ein Sieb drücken und die Zwiebel daranreiben. Weiche Butter, Tomatenketchup, Zitronensaft sowie die Gewürze mit dem Eigelb verrühren. Diese Masse sehr scharf abschmecken und mit einem Löffel oder einem Spritzbeutel in die Eihälften füllen. Mit feingeschnittenem Schnittlauch bestreuen.

Teufelshappen »Mephisto«

2 Scheiben Toastbrot, 100 g Preisel- oder Johannisbeeren, 15 g grüner Pfeffer, Senf, 150 g Kräuterkäse (Fromage), 4 cl Doppelkorn.

Das Brot toasten, die gedünsteten Preiselbeeren abtropfen lassen und den Toast damit belegen, Pfeffer darüberstreuen, alles mit Senf bestreichen und den in dünne Scheiben geschnittenen Kräuterkäse darauf verteilen. Den Toast portionieren und in der Röhre überbacken. Auf den vorgewärmten Tellern mit Doppelkorn umgießen und brennend servieren. Statt Kräuterkäse kann auch Schmelzkäse verwendet werden.

Teufelsküsse

250 g Butter oder Margarine,
100 g Puderzucker, 100 g geriebene
bittere Schokolade, 60 g Mehl,
250 g Stärkemehl.

Butter oder Margarine mit dem Zucker schaumig rühren, nach und nach die Schokolade und das mit Stärkemehl gemischte Mehl dazugeben und gut verkneten. Aus dem Teig kleine Kugeln formen. Auf das gefettete und bemehlte Backblech setzen und bei Mittelhitze backen.

Teufelszimt

2 Zimtstangen, 4 gehäufte Eßl.
gemahlener Bohnenkaffee, 4 Stück
Würfelzucker, Weinbrand.

Reichlich ½ Liter Wasser mit den Zimtstangen 5 Minuten leicht kochen, dann die Zimtstangen herausnehmen. Mit dem Wasser und dem Kaffeepulver einen guten Filterkaffee bereiten und in die Tassen verteilen. Pro Tasse in einen vorgewärmten Eßlöffel je 1 Stück Würfelzucker geben, mit Weinbrand übergießen und anzünden. Nach dem Erlöschen der Flamme in den Kaffee geben.

Thunfisch-Toast
(Vorspeise)

4 Scheiben Toastbrot, 20 g Butter,
200 g Thunfisch (Konserve), 2 Tomaten,
Salz, weißer Pfeffer,
4 Scheiben Schnittkäse.

Das Toastbrot rösten und mit Butter bestreichen. Den Thunfisch gleichmäßig darauf verteilen. Die Tomaten waschen, in Scheiben schneiden, auf den Thunfisch geben, salzen, pfeffern und mit Schnittkäse abdecken. Die so vorbereiteten Schnitten in der vorgeheizten Backröhre oder im Grill überbacken, bis der Käse eine goldbraune Kruste bekommen hat. – Anstelle von Thunfisch können auch andere Fischkonserven in Öl verwendet werden.

Thüringer Klöße

2,5 kg Kartoffeln, Salz, 2 Brötchen,
etwas Butter.

Zwei Drittel der geschälten und gewaschenen Kartoffeln in eine Schüssel mit etwas kaltem Wasser reiben. Die restlichen Kartoffeln in Würfel schneiden, in Salzwasser kochen und zu einem flüssigen Kartoffelbrei verarbeiten. Die roh geriebenen Kartoffeln in ein Tuch geben und trocken auspressen. Den Kartoffelbrei heiß darübergießen, alles verkneten und salzen. Der Teig darf nicht zu fest sein. Die Brötchen in Würfel schneiden und in heißer Butter bräunen. Aus dem Kartoffelteig mit bemehlten Händen Klöße formen, dabei geröstete Brötchenwürfel in die Mitte geben. Die Klöße in kochendes Salzwasser geben und 20 Minuten darin ziehen lassen, nicht kochen. Mit dem Schaumlöffel herausnehmen, abtropfen lassen und in eine Schüssel geben.

Thüringer Mohnkuchen

Für den Teig: 500 g Mehl, 40 g Hefe, 80 g Zucker, ¼ l Milch, 80 g Margarine, 1 Ei, abgeriebene Schale von 1 Zitrone, 1 Prise Salz. Für den Belag: 1 l Milch, 200 g Zucker, Salz, 125 g Grieß, 250 g gemahlener Mohn, 80 g gehackte Mandeln, 100 g Rosinen, 2 Eier, 50 g Puderzucker.

Das Mehl in eine Schüssel sieben und in die Mitte eine Vertiefung drücken. Die Hefe mit 1 Teelöffel Zucker und der Hälfte der lauwarmen Milch verrühren, in die Mulde gießen und mit etwas Mehl vom Rand zu einem flüssigen Teig verrühren. Zugedeckt 15 Minuten an einem warmen Ort gehen lassen. Die Margarine zerlassen, mit Ei, Zitronenschale und Salz zur restlichen Milch geben. Den Vorteig mit allem Mehl verrühren und das Milchgemisch nach und nach hinzurühren. Den Teig so lange kneten und schlagen, bis er sich glatt von der Schüssel löst, zugedeckt nochmals 30 Minuten gehen lassen. Dann den Teig ausrollen und auf ein gefettetes Backblech legen. Wiederum 10 Minuten gehen lassen. Für den Belag die Milch mit Zucker und 1 Prise Salz aufkochen. Den Grieß einstreuen und bei schwacher Hitze 20 Minuten ausquellen lassen. Den Mohn zufügen, Mandeln und gewaschene Rosinen unterrühren. Das verquirlte Eigelb unter die Masse rühren. Das Eiweiß steifschlagen und unter die Masse heben. Auf den Hefeteig streichen und im vorgeheizten Ofen bei 200 °C 45 Minuten backen. Mit Puderzucker bestäuben.

Thüringer Serviettenkloß

400 g Weißbrot, ½ l Milch, 4 Eier, Muskat, Salz.

Über das kleinwürfelig geschnittene Weißbrot die mit den übrigen Zutaten verquirlte Milch gießen. Die gut durchgeweichte Masse in eine gebrühte Serviette binden. So zusammenknoten, daß zum Aufgehen des Kloßes Platz bleibt. Über einen Quirlstiel in kochendes Salzwasser hängen und etwa 45 Minuten leise sieden lassen.

Tintenfischsalat

1 Dose Kalmar, 100 g Äpfel, 100 g rote Paprikafrüchte, 100 g Gewürzgurken, 1 Zwiebel, 40 g Mayonnaise, 2 Eßl. saure Sahne, 2 Eßl. Zitronensaft, 2 Eßl. feingehackte Petersilie, ½ Teel. scharfer Paprika, Salz, Glutal, einige Spritzer Worcestersauce.

Den Kalmar unter fließendem Wasser abspülen und in feine Streifen schneiden. Äpfel, Paprikafrüchte und Gewürzgurken ebenfalls in feine Streifen, die Zwiebel in Würfel schneiden. Aus Mayonnaise, saurer Sahne, Zitronensaft, Petersilie, Paprika, Salz, Glutal und Worcestersauce eine würzige Soße bereiten und diese mit den anderen Zutaten vermischen.

Tiroler Kopfsalat

1 Kopf Salat, 200g Emmentaler Käse,
150g grüne Gurke, 2 Tomaten,
2 bis 3 Eßl. Öl, 2 Eßl. Essig, Salz,
etwas Senf, Zucker, Pfeffer.

Unter den vorbereiteten Salat den in Streifen geschnittenen Käse, Gurkenscheiben und abgezogene Tomatenachtel geben. Aus den restlichen Zutaten eine Salatsoße bereiten. Alles vermischen und sofort servieren.

Tiroler Soße

150g Mayonnaise, 50g Tomatenketchup,
gehackter Estragon, Salz,
weißer Pfeffer, Worcestersauce.

Die Mayonnaise mit Tomatenketchup und Estragon verrühren. Nach Belieben mit Salz, weißem Pfeffer und Worcestersauce nachwürzen.
Tiroler Soße schmeckt gut zu kaltem Fisch, Eier- und Fleischspeisen. Sie läßt sich auch aus Holländischer Soße sehr schnell bereiten, einfach Tomatenketchup und gehackte frische Kräuter darunterrühren.

Toast »Havanna«
(Vorspeise)

4 Scheiben Toastbrot, 20g Butter,
4 Scheiben gekochter Schinken
(in Größe der Brotscheiben),
4 Orangen, etwa 80g Reibekäse,
1 rote Paprikafrucht zum Garnieren.

Das Toastbrot mit Butter bestreichen und mit dem Schinken belegen. Die Orangen schälen, dabei auch die weiße Haut am Fruchtfleisch entfer-

nen. Jede Orange in 4 bis 5 Scheiben schneiden, entkernen und auf den Schinken legen. Mit Reibekäse bestreuen und in der vorgeheizten Backröhre überkrusten. Mit Paprikastreifen garnieren und sofort servieren.

Toffies

1 Dose Kondensmilch, 180g Zucker,
½ Tasse Kaffee (bereitet aus
1 gehäuften Teel. gemahlenem Kaffee),
1 gehäufter Eßl. Butter.

Kondensmilch, Zucker und Kaffee unter ständigem Rühren auf schwacher Flamme zu einer dicklichen Masse einkochen lassen. Sie hat die richtige Konsistenz, wenn ein Tropfen davon, den man in etwas kaltes Wasser fallen läßt, sich mit diesem nicht vermischt. Den Topf vom Feuer nehmen, die Butter hineingeben und gut verrühren. Die Masse in eine mit Butter ausgefettete Form füllen, etwas abkühlen lassen und noch lauwarm in kleine Würfel schneiden.

Tokayer Kalbssteaks

4 Kalbssteaks, Pfeffer, Salz,
1 Eßl. Mehl, 1 Eßl. Schmalz,
1 Eßl. Butter, 2 Glas Tokayer,
2 Eßl. saure Sahne.

Die Kalbssteaks leicht klopfen und die Ränder 2- bis 3mal einschneiden. In eine Schüssel legen und mit dem Tokayer übergießen. 24 Stunden im Wein liegen lassen, dabei die Steaks öfter wenden. Herausnehmen, würzen und mehlieren. Die Steaks in heißem Schmalz von beiden Seiten braten. Das Bratfett abgießen und die Butter zerlassen. Darin die Steaks fertiggaren. Wieder herausnehmen und bis zum Servieren warm stellen. Mit dem Tokayer den Bratsatz lösen und mit der sauren Sahne verrühren. Kurze Zeit erhitzen und über die inzwischen angerichteten Steaks geben.

Tollenser Mandelplätzchen

150 g Mehl, 100 g Butter, 1 Ei,
1 Eigelb, 150 g Tollenser Käse, Salz,
Paprika, 80 ml saure Sahne, 1 Eigelb,
süße Mandeln.

Das Mehl sieben, die weiche Butter flöckchenweise darübergeben, ebenso das Eigelb und das leicht zerschlagene Ei. Den geriebenen Tollenser Käse mit Gewürzen vermischen und zusammen mit der Sahne unter die Masse arbeiten. Den Mürbeteig 2 Stunden kühl stellen, dann ausrollen, Plätzchen ausstechen, auf ein gefettetes Blech legen, mit verquirltem Eigelb bestreichen und obenauf jeweils mindestens eine abgezogene Mandel legen. Alles bei 200 °C recht knusprig backen.

Tomaten-Apfel-Suppe

1 Möhre, 1 Zwiebel, 1 Eßl. Margarine,
1 Eßl. scharfer Pfeffer, 1 Eßl. Mehl,
Fleischbrühe, 4 Tomaten, 2 bis 3 Äpfel,
100 g Reis, Salz, Zucker.

Vorbereitete Möhre und Zwiebel in Stücke schneiden und in Margarine leicht andünsten. Das mit Pfeffer vermischte Mehl zugeben und noch 2 Minuten schwitzen. Dann alles in einen Schmortopf umschütten, mit heißer Fleischbrühe übergießen und unter Rühren zum Kochen bringen. Die in Stücke geschnittenen Tomaten und die geschälten, vom Kerngehäuse befreiten Äpfel zugeben. Alles 30 Minuten kochen lassen. Die Masse durch ein Sieb streichen, wieder aufkochen, den getrennt gegarten Reis zufügen und die Suppe mit Salz, Zucker und einer Prise Pfeffer abschmecken.

Tomatenauflauf

1 kg Pellkartoffeln, 500 g Tomaten,
6 hartgekochte Eier, Öl, Salz, Pfeffer,
¼ l saure Sahne, 2 Eßl. Semmelbrösel,
1 Eßl. Butter.

Die gepellten Kartoffeln, Tomaten und Eier in Scheiben schneiden. Abwechselnd in eine gefettete Auflaufform schichten. Jede Schicht leicht salzen und pfeffern. Die saure Sahne mit Salz und Pfeffer verquirlen und darübergießen. Mit Semmelbröseln bestreuen. Butterflöckchen aufsetzen und im vorgeheizten Ofen bei Mittelhitze etwa 40 Minuten überbacken.

Tomaten-Bananen-Salat
(Vorspeise)

4 Tomaten, 4 kleine Bananen,
Saft von 1 Zitrone, Öl, Salz, Pfeffer,
Curry, Schnittlauch, Gartenkresse,
oder Petersilie.

Die Tomaten zum Abziehen einritzen, kurz in heißes Wasser tauchen, dann die Haut abziehen und in Scheiben schneiden. Bananen schälen, auch in Scheiben schneiden, Zitronensaft darübergeben, damit sie nicht braun werden. Aus Öl, Zitronensaft und den Gewürzen eine Marinade zubereiten. Die Tomaten- und Bananenscheiben schichtweise schuppenförmig auf die Glasteller anrichten, die Marinade darübergießen, mit geschnittenem Schnittlauch bestreuen und mit Gartenkresse oder Petersilie garnieren.

Tomaten-Chutney

250 g Zwiebeln, ¼ l 5%iger Weinessig,
350 g Zucker, 200 g saure Äpfel,
1 kg feste Tomaten, 200 g Sultaninen,
je 1 Teel. Salz und scharfer Paprika,
je 1 Teel. Pfeffer, Chilli- und
Ingwerpulver, 1 Messerspitze
gemahlene Nelken.

Die in Würfelchen geschnittenen Zwiebeln zusammen mit 4 Eßlöffel Wasser glasig dünsten. Dazu den Essig, den Zucker, die geschnittenen Äpfel, die Tomatenachtel, die über Nacht vorgeweichten Sultaninen sowie alle Gewürze geben. 20 Minuten unter Rühren kochen lassen.

Tomaten-Cocktail
(Vorspeise)

400 g Tomaten, 1 hartgekochtes Ei,
10 g Kapern, 40 g Salatöl,
Kräuterdressing, Salz, weißer Pfeffer,
1 Prise Zucker, Schnittlauch,
Salatblätter.

Die Tomaten enthäuten, vierteln, entkernen und in Stücke schneiden. Das Ei grobhacken, ebenso die Kapern. Beides mit den Tomatenfleischwürfeln vermengen. Öl, Kräuterdressing,

Salz, Pfeffer, Zucker und gehackten Schnittlauch zu einer Marinade verrühren. Cocktailgläser mit streifig geschnittenen Salatblättern auslegen, den Tomatencocktail darauf anrichten und mit der Marinade übergießen. Mit Toastecken servieren.

Tomateneier im Glas

4 Eier, 4 Teel. Butter,
2 Teel. Tomatenketchup,
½ Teel. Paprika, Salz.

Frische Eier 2 Minuten kochen, abschrecken und sofort aus der Schale lösen. Mit den übrigen Zutaten verrühren und in 4 Gläser verteilen. Worcestersauce dazu auftragen. Mit Weißbrot servieren.

Tomaten im Schlafrock

8 feste Tomaten, Salz,
125 g Reibekäse,
1 Paket gefrorener Blätterteig,
8 Scheiben Leberkäse oder Schinken,
Tomatenmark oder Pritamin, 1 Eigelb.

Die Tomaten überbrühen, die Haut abziehen, mit etwas Salz bestreuen und jede in Reibekäse wälzen. Den Blätterteig ausrollen und zu entsprechenden Quadraten schneiden. Jeweils 1 Scheibe Leberkäse auflegen, mit Tomatenmark bestreichen und 1 Käsetomate auflegen. Den Teig darüber zusammenschlagen und festdrükken. Nach Belieben in die Mitte obenauf eine ausgestochene Teigfigur legen. Die Pastetchen mit Eigelb bestreichen und auf einem mit Wasser benetzten Backblech braun backen.

Ungarischer
Kesselgulasch

Spaghetti con fungli

Tessiner Pizza ▷

Tagliatelle
alla bolognese

Empanadas de queso
Pikantes Blätterteiggebäck
Focaccia

Rumänisches
Moussaka

Tomates aux foies
de volaille
◁

Türkische
Fleischpastete

Tortilla
de fideos finos

Pflaumenknödel

Tomaten-Joghurt-Cocktail
(Einzelportion)

⅛ l Tomatensaft, ⅛ l Joghurt,
1 Messerspitze geriebener Meerrettich,
3 Tropfen Worcestersauce,
1 Eßl. süße Sahne oder Kondensmilch,
Salz, Pfeffer.

Tomatensaft und Joghurt gut verschlagen, die Gewürze einmischen und die Sahne mit einer Gabel unterrühren. Mit Salz und Pfeffer abschmecken.

Tomaten-Käse-Fondue

250 g Edamer Käse, 250 g Emmentaler
Käse, 150 g Tomatenketchup,
1 Tasse süße Sahne, 2 Eßl. Mehl,
½ Tasse Weißwein, 1 Knoblauchzehe,
Salz, Pfeffer, Worcestersauce.

Den geriebenen Käse mit Tomatenketchup und in Sahne angerührtem Mehl vermischen. Bei starker Hitze unter ständigem Rühren aufkochen lassen. Den Weißwein zufügen. Die Knoblauchzehe mit Salz verreiben und unter das noch wallende Fondue mischen. Mit Pfeffer und Worcestersauce abschmecken.
Es empfiehlt sich, zu diesem Fondue Rotwein zu trinken.

Tomaten-Käse-Suppe

1 bis 2 Eier, 40 g Mehl, 25 g Reibekäse, Salz, 1 Prise Muskat,
1 l Fleischbrühe, 4 bis 5 Eßl. Tomatenmark, 20 g Butter, Schnittlauch.

Ei, 3 Eßlöffel Wasser, Mehl, Reibekäse sowie 1 Prise Salz gut verquirlen und unter ständigem Rühren langsam in die kochende Fleischbrühe, der das Tomatenmark zugefügt wurde, laufen lassen, so daß kleine Flöckchen entstehen. Nach nochmaligem Aufkochen die Butter zugeben, mit Salz und Muskat abschmecken und kurz vor dem Auftragen feingewiegten Schnittlauch aufstreuen.

Tomaten-Milch-Mix
(Einzelportion)

¼ l Milch, 3 Teel. Tomatenketchup,
2 Teel. Zitronensaft, 1 Prise Pfeffer.

Alle Zutaten mit Eis im Shaker oder im elektrischen Mixer mixen, in ein Glas füllen und Pfeffer darüberstreuen.

Tomaten mit Champignonfülle

8 große Tomaten, 250 g Champignons,
1 Tasse ausgequollener Reis, 1 Ei,
1 Zwiebel, 65 g Margarine, 1 Eßl. Mehl,
1 Eßl. gehackte Petersilie, Salz, Pfeffer.

Von den Tomaten ein Deckelchen abschneiden und das Innere mit einem Löffel aushöhlen. Die vorbereiteten Pilze in ganz kleine Würfel schneiden, mit dem Reis, dem Ausgehöhlten der Tomaten und der feingeschnittenen Zwiebel vermischen. Diese Masse in 30 Gramm Margarine kurz andünsten, das Mehl überstäuben. Vom Feuer nehmen und das Ei, die Petersilie sowie Salz und Pfeffer zufügen. Die ausgehöhlten Tomaten damit füllen und die Deckelchen aufsetzen. In der restlichen Margarine und gegebenenfalls wenig Brühe oder Sahne gardünsten. Dazu paßt Kartoffelbrei.

Tomaten-Mix
(Einzelportion)

¼ l Milch, 3 Teel. Tomatenketchup,
2 Teel. Zitronensaft, 1 Prise Pfeffer,
1 Prise Salz, wenig Senf.

Alles miteinander mixen und in ein Glas geben. Mit gestoßenen Eiswürfeln servieren.

Tomaten-Quiche

Für den Teig: *125 g Mehl, 1 Ei, Salz,*
80 g Butter oder Margarine,
1 Teel. Backpulver.
Für den Belag: *8 bis 10 Tomaten,*
250 g Reibekäse, 2 Eigelb,
⅛ l saure Sahne, Paprika.

Aus den Teigzutaten einen Mürbeteig bereiten und einige Zeit kühl stellen. Dann ausrollen, eine gefettete feuerfeste Form oder Springform damit auslegen und dabei einen Rand hochziehen. Die Tomaten halbieren, die Kerne herausnehmen, mit der Wölbung nach oben auf dem Teig verteilen. Käse, Eigelb und saure Sahne verquirlen, mit Paprika würzen und über die Quiche gießen. Bei Mittelhitze etwa 25 Minuten backen.

Tomatenrührei

6 bis 8 Eier, 3 bis 4 Eßl. kalte Brühe,
Salz, Muskat, Butter, 3 bis 4 Tomaten,
gehackter Dill.

Eier, Brühe und Gewürze verquirlen und in erhitzte Butter geben. Sofort mit festen Tomatenwürfelchen (möglichst ohne Haut) und gehacktem Dill bestreuen. Wie Rührei bereiten.

Tomaten-Schafskäse-Salat

1 kg Tomaten, 250 g Schafskäse,
2 Eßl. Zitronensaft, 2 Bund Dill,
Salz, Pfeffer, 5 Eßl. Öl.

Die gewaschenen und abgezogenen Tomaten in Achtel schneiden. Den Schafskäse zerbröckeln. Aus Zitronensaft, feingehacktem Dill, Salz, Pfeffer und Öl eine Salatsoße bereiten. Alles vorsichtig vermengen und etwa 30 Minuten durchziehen lassen.

Tomates aux foies de volaille
(Tomaten mit Geflügelleber)

4 große Tomaten, Salz, Pfeffer,
2 Knoblauchzehen, 3 Bund Petersilie,
8 Teel. Öl, 2 Eßl. Semmelbrösel,
400 g Geflügelleber, 50 g Butter,
8 cl Dessertwein (in Frankreich wird
Madeira verwendet).

Die Tomaten waschen und waagerecht halbieren. Die Schnittflächen mit Salz und Pfeffer kräftig würzen und die Tomatenhälften in eine gefettete feuerfeste Form setzen. Die ganz fein gehackten Knoblauchzehen gleichmäßig auf die Tomaten verteilen. Die gehackte Petersilie ebenfalls obenaufgeben. Dann jeweils 1 Teelöffel Öl auf eine halbe Tomate träufeln und die Semmelbrösel gleichmäßig darüberstreuen. Die Form in den vorgeheizten Ofen schieben und etwa 30 Minuten garen lassen. Inzwischen die Leber in dünne Streifen schneiden. Wenn die Tomaten fast gar sind, die Butter in einer Pfanne erhitzen und die Leberstreifen darin unter ständigem Wenden etwa 2 Minuten braten, dann herausnehmen. Mit Salz und Pfeffer würzen. Den Bratsatz mit Dessertwein ablösen. Die Leber wieder zufügen, auf den Tomaten anrichten und sofort servieren.

Tomates para acompanar
(Scharfe Tomatensoße)

1 kg Tomaten, 3 hartgekochte Eier,
2 Teel. Chillipaste oder -pulver,
Salz, 1 Teel. Pfeffer, 1 Eßl. fein-
gewiegte Petersilie, 250 g Zwiebeln.

Die Tomaten waschen, abziehen und durch ein großes Sieb drücken, so daß fast eine Paste entsteht. Die Eier schälen, mit einer Gabel fein zerdrücken und zu den Tomaten geben. Mit Chillipaste bzw. -pulver, Salz, Pfeffer, feingewiegter Petersilie und den sehr fein gewürfelten Zwiebeln vermengen. Diese kalte Soße zu kurzgebratenem Fleisch reichen.

Tomates rellenos a la chilena
(Gefüllte Tomaten auf chilenische Art)

6 Tomaten, 500 g grüne Bohnen
(Konserve), Öl, Salz, Pfeffer,
Mayonnaise.

Mit einem scharfen Messer von den Tomaten einen Deckel abschneiden, das Innere mit einem Mokkalöffel aushöhlen und mit den kleingeschnittenen grünen Bohnen, die zuvor aufgekocht wurden, Öl, Salz und Pfeffer vermengen. Damit die Tomaten füllen, den Deckel wieder aufsetzen und mit Mayonnaisetupfern garnieren. Die gefüllten Tomaten auf einer Scheibe Schinken, umlegt mit Salatblättern servieren.

Tomatikcán

250 g Rindfleisch, 3 Zwiebeln,
1 Bund Petersilie, Salz, Pfeffer,
1 Teel. Kümmel, 2 Eßl. Öl,
1 kg Tomaten, 3 frische Maiskolben
oder 1 Dose Maiskörner, 2 Eier.

Das Fleisch in dünne Streifen schneiden und zusammen mit der feingeschnittenen Zwiebel, der gewiegten Petersilie, Salz, Pfeffer sowie Kümmel im heißen Öl von allen Seiten anbräunen, geviertelte Tomaten und Maiskörner zufügen, umrühren und auf kleiner Flamme gardünsten. Zuletzt das Gericht mit 2 Eiern abziehen. Dazu Pellkartoffeln reichen.

Tortilla de fideos finos
(Chilenisches Nudelomelett)

250 g Fadennudeln, Salz, 1 Zwiebel,
1 Eßl. gewiegte Petersilie, Öl,
Pfeffer, 5 Eier, 100 g Gouda,
¼ l dicke Tomatensoße.

Die Fadennudeln in reichlich Salzwasser garen, das Wasser abgießen und die Nudeln abtropfen lassen. Die in Würfel geschnittene Zwiebel in heißem Öl mit Salz und Pfeffer anschwitzen. Die Eiweiß zu steifem Schnee schlagen. Eigelb, Zwiebel, Petersilie und Nudeln zum Eischnee geben und vorsichtig vermengen. Aus dieser Masse in heißem Öl Omeletts backen. Die einzelnen Omeletts mit dem in feine Streifen geschnittenen Käse belegen und jeweils mit etwas scharf abgeschmeckter Tomatensoße begießen. Die Omeletts übereinandersetzen, obenauf nochmals etwas Tomatensoße geben und alles einige Minuten im heißen Ofen überbacken, bis der Käse zerläuft. Mit einem frischen Salat auftragen.

Transsilvanischer Holzteller

300 g Kotelett, 300 g Kalbskeule,
300 g Rumpsteak oder Rinderfilet,
Salz, Pfeffer, 1 Zwiebel, 50 g Mehl,
150 g Schweineschmalz, 200 g Speck.

Die Fleischsorten in Stücke zu je 60 Gramm schneiden, klopfen, mit Salz und Pfeffer bestreuen, mit Zwiebel einreiben und in Mehl wenden. Im heißen Schmalz rasch braun braten. Den Speck in 5 gleiche Scheiben schneiden, an einer Seite in fingerbreiten Abständen bis zur Schwarte einschneiden, dann ebenfalls braun braten. In die Mitte eines großen Holztellers Bratkartoffeln oder Pommes frites häufen, die Steaks darauf verteilen, obenauf den Speck geben. Den Rand des Tellers mit verschiedenen Salaten (Rotkohl-, Paprika-, Tomaten-, Gurkensalat) hübsch garnieren. Als Abschluß kann noch ein Kartoffelpuffer gebacken werden, der auf das Gericht gesteckt wird.

Transsilvanisches Kaninchenfleisch

2 Zwiebeln, 2 Eßl. Öl, 2 Kaninchen-
keulen, 2 Kaninchenläufchen, Salz,
Pfeffer, Thymian, Knoblauch,
200 g Reis, 4 Tassen Brühe,
3 Eßl. geschnittene Champignons,
1 Bund Petersilie.

Die Zwiebeln in feine Scheiben schneiden und in heißem Öl goldgelb braten. Das Kaninchenfleisch von den Knochen lösen und in grobe Würfel schneiden. Mit Salz, Pfeffer, Thymian und dem zerstoßenen Knoblauch würzen und zu den Zwiebeln geben. Alles 15 Minuten dünsten. Den Reis mit heißem Wasser abspülen und zusammen mit der Brühe und den geschnittenen Champignons dazugeben. Alles gut durchrühren. In der Röhre fertiggaren. Mit gehackter Petersilie bestreut servieren. Als Beilage Tomatenketchup sowie Gurken und Kopfsalat reichen.

Trauben-Clafoutis

300 g blaue Weinbeeren, 2 Äpfel,
3 Eßl. Kirschwasser,
1/4 l Milch, 4 Eier,
150 g Mehl, 50 g Zucker,
1 Päckchen Vanillinzucker,
1 Vanilleschote, Puderzucker.

Die Weinbeeren waschen und halbieren. Die Äpfel schälen, vierteln und ohne Kerngehäuse in Spalten schneiden. Zusammen mit den Weinbeeren in eine Schüssel geben, mit Kirschwasser beträufeln und zugedeckt kühl stellen. Milch, Eier, Mehl, Zucker, Vanillinzucker und das ausgekratzte Mark der Vanilleschote schaumig schlagen. Den Teig etwa 1/2 Stunde kühl stellen. Eine Pieform oder eine andere flache feuerfeste Form fetten und den Teig hineingießen. Das Obst gleichmäßig darauf verteilen und leicht in den Teig drücken. Auf der mittleren Einschubleiste bei 200 °C 30 bis 35 Minuten backen. Aus dem Ofen nehmen und mit Puderzucker bestäuben. Schmeckt am besten heiß.

Türkische Fleischpastete

Für den Teig: *300 g Mehl,*
1 Ei, ½ Eßl. Essig,
25 g zerlassenes Fett,
etwa 150 ml Salzwasser, Eigelb zum
Bestreichen.
Für die Fülle: *300 g Zwiebeln,*
500 g Gehacktes (Hammel),
2 bis 3 Paprikafrüchte, Salz, Pfeffer.
Für die Soße: *½ l Joghurt,*
4 Knoblauchzehen, Salz,
½ Teel. Koriander, 1 Eßl. Öl.

Mehl, Ei, Essig, lauwarmes Fett und
lauwarmes Wasser zu einem Teig verkneten. So lange schlagen, bis er nicht
mehr klebt. Aus dem Teig einen Laib
formen, mit Mehl bestreuen, auf ein
Brett legen und mit einer erhitzten
trockenen Kasserolle völlig zudekken. 15 Minuten rasten lassen. Auf
dem Tisch ein mehlbestreutes Tuch
ausbreiten, den Teig daraufflegen und
oben fetten. Zuerst mit dem Nudelholz ausrollen, dann vorsichtig mit
dem Handrücken ganz dünn ausziehen. Eine Teigplatte in Größe der
Backform und außerdem Quadrate
mit 10 cm Seitenlänge ausschneiden.
Für die Fülle gehackte Zwiebeln, Gehacktes, kleingeschnittene Paprikafrüchte, Salz, Pfeffer vermischen. Jeweils etwas davon auf die Teigquadrate geben und diese zusammenrollen. Die Rollen dicht nebeneinander
in eine gefettete feuerfeste Form stellen. Mit der Teigplatte abdecken und
mit Eigelb bestreichen. In der Röhre
goldbraun backen. Für die Soße Joghurt, die mit Salz zerriebenen Knoblauchzehen, gemahlenen Koriander
und Öl verrühren. Zu der Fleischpastete servieren.

Türkische Rosinenkoteletts

1 Eßl. Tomatenmark, ⅛ l Rotwein,
2 cl Kognak, 4 Koteletts, Salz,
Pfeffer, 6 bis 8 Eßl. Rosinen,
1 Eßl. Senf, 2 Eßl. Öl, 1 Tasse
saure Sahne oder Joghurt.

Tomatenmark, Wein und Kognak verrühren. Die Koteletts mit Salz und
Pfeffer würzen und mit der Tomaten-
mark-Wein-Kognak-Mischung bestreichen. Die Rosinen in etwas warmem
Wasser, das mit dem Senf gemischt
wurde, quellen lassen. Im heißen Öl
die Koteletts von einer Seite hellbraun braten. Nach dem Wenden die
abgetropften Rosinen und etwas später löffelweise das würzige Senfwasser
zugeben. Zugedeckt auf kleiner
Flamme garen. Den Bratenfond mit
Sahne oder Joghurt aufkochen und zur
Soße verrühren. Mit Reis servieren.

Türkischer Salat
(Vorspeise)

200 g Weißkohl, 200 g Möhren,
Salz, 1 Zwiebel,
gefüllte Oliven, Dill,
Petersilie, 1 Orange, 1 Zitrone,
1 Knoblauchzehe, 40 g Salatöl,
Saft von 1 Zitrone, weißer Pfeffer,
Zucker, 80 g Schafskäse.

Weißkohl und Möhren in feine Streifen schneiden, in kochendem Salzwasser kurz blanchieren und auf ein Sieb
geben. Inzwischen die Zwiebel in
dünne Ringe, die Oliven in Scheiben
schneiden und die Kräuter feinhakken. Alle Zutaten vermengen und auf
Glastellern anrichten. Die Orange
und die Zitrone schälen, die Filets

herausschneiden und den Salat damit garnieren.

Für die Marinade die Knoblauchzehe schälen, mit Salz zerreiben, mit Öl und Zitronensaft verrühren. Mit Salz, Pfeffer und etwas Zucker würzen. Vorsichtig über den Salat gießen und kalt stellen. Vor dem Servieren den geriebenen Schafskäse darüberstreuen. Den Salat erst bei Tisch vermischen.

Türkisches Reisfleisch

500 g Kalbfleisch (Schulter), Öl,
je 1 rote und grüne Paprikafrucht,
1 große Zwiebel, 1 Aubergine,
4 Tomaten, 1 Tasse Reis,
1/2 l Fleischbrühe,
Salz, Pfeffer, Thymian,
Tabascosauce, 100 g Weintrauben.

Das in Würfel geschnittene Kalbfleisch im erhitzten Öl hellbraun braten. Die Paprikafrüchte in Streifen schneiden, die Zwiebel hacken, beides zugeben und mitrösten. Die Aubergine ebenfalls in kleine Würfel, die geschälten Tomaten in Scheiben schneiden, beides zufügen. Zugedeckt bei schwacher Hitze dünsten, bis das Fleisch halbweich ist. Den Reis zugeben, mit Fleischbrühe auffüllen, kräftig mit Salz, Pfeffer, Thymian und Tabascosauce würzen und aufkochen. Die gewaschenen Weinbeeren zum Reisfleisch geben, zugedeckt noch etwa 20 bis 25 Minuten in die schwach erhitzte Backröhre stellen und ausquellen lassen. Vor dem Servieren gut vermischen. Mit einem frischen Salat und nach Belieben mit Weißbrot auftragen.

Turrón de limón
(Zitronenturrón)

160 g Zucker, 1 Zitrone, 4 Eiweiß.

Zucker, 1/4 Tasse Wasser und den Zitronensaft zu Zuckersirup einkochen. Das Eiweiß zu steifem Schnee schlagen und den Zuckersirup unter ständigem Schlagen nach und nach dazugeben. So lange schlagen, bis die Masse erkaltet ist. Dann die abgeriebene Zitronenschale hinzufügen und nochmals kurz aufschlagen, bis alles gut miteinander vermengt ist. In Gläser füllen und gut gekühlt als Nachspeise servieren.

Turrón de vino tinto
(Rotweinturrón)

1/2 Tasse Rotwein, 160 g Zucker,
4 Eiweiß, 1 Eßl. gehackte Nüsse.

Rotwein und Zucker zu Zuckersirup einkochen. Nach und nach unter ständigem Schlagen zu dem zu steifem Schnee geschlagenen Eiweiß geben. So lange schlagen, bis die Masse erkaltet ist. Dann die Nüsse dazugeben. Rotweinturrón als selbständiges Dessert oder zu Obstsalat reichen.

Beim berühmten »Überraschungsgastmahl« des Trimalchio, von dem Petronius (bis 66 u. Z.) berichtet, »... folgte ein Gang, der« – so der Autor – »nicht ganz unseren Erwartungen entsprach, aber seine ungewohnte Art lenkte aller Blicke auf sich. Ein rundes Speisetablett trug nämlich die zwölf Himmelszeichen, im Tierkreis angeordnet, und oberhalb eines jeden hatte der Arrangeur Gerichte aufgebaut, die dem Sinn des Zodiakalzeichens entsprachen.

Und zwar lagen oberhalb des Widders: Widdererbsen; des Stiers: ein Stück Rindfleisch; der Zwillinge: Hoden und Nieren; des Krebses: ein Kranz; des Löwen: afrikanische Feigen; der Jungfrau: die Gebärmutter einer Sau, die noch nicht geworfen hatte; der Waage: eine Waage, mit einer warmen Torte auf der einen Schale, einem Kuchen auf der anderen; des Skorpions: ein Seefischlein; des Steinbocks: ein Hummer; des Wassermanns: eine Gans; der Fische: zwei Seebarben. In der Mitte des Ganzen lag aber ein Stück Rasen, das man samt Kräutern und Blumen ausgestochen hatte, und es trug obenauf eine Honigwabe. Ein ägyptischer Sklave reichte auf einem silbernen Rost Toaste herum und sang dazu ... Als wir uns ziemlich mißlaunig an die ordinären Speisen machen wollten, ... kamen unter Musikbegleitung vier Tänzer im Dreischritt hereingelaufen und nahmen den Aufsatz des Speisebretts mit der ganzen Astrologie ab.

Als das geschehen war, erblickten wir darunter die eigentlichen Gerichte: Poularden, Saueuter und in der Mitte einen mit Flügeln ausgestatteten Hasen, so daß er wie ein Pegasus aussah. Wir bemerkten auch in den Ecken vier Marsyasfiguren, aus deren Schläuchen eine gepfefferte Fischbrühe über Fische floß, die wie im Euripus schwammen. Wir alle, angefangen von der Dienerschaft, klatschten Beifall und fielen lachend über die erlesenen Dinge her.«[113]

Dies recht ausführliche Zitat soll die Vorstellungskraft beflügeln. Bleiben wir beim »Satyricon« des Petronius. Er schwärmt von einem großen Schwein, das – wie allgemein üblich – im Ganzen serviert wurde und aus dem, als es angeschnitten wurde, lebende Vögel flogen, die man zum Gaudium der Gäste sogleich auf Leimruten wieder einfing. Ein anderes Schwein führte man lebend herein und übergab es vor aller Augen dem Koch, der es wegbrachte und sogleich wieder als Braten kredenzte. Jedermann hielt es für unausgeweidet und roh; der Gastgeber, schon erwähnter Trimalchio, wollte den Koch bestrafen, doch der tat einen Tranchierschnitt und schon fielen aus dem Schwein die herrlichsten Würstchen und Karbonaden heraus ... Zwei Sklaven schlugen im spielerischen Zank einander die Krüge aus den Händen: Austern und Kammuscheln kamen zum großen Vergnügen der Gäste daraus zum Vorschein.

Martial (40–102) schildert in einem seiner Epigramme, wie man alle Gänge eines Mahles aus Kürbissen bereitet hat.

»Welch ein Atreus der Kürbisköpf' ist Cäcilius,
Daß er so wie die Söhne des Thyestes
Sie zerreißt und in tausend Stücke schneidet!
Diese bringt er dir bei dem ersten Gange,
Setzt sie beim zweiten vor und auch beim dritten,
Hieraus schafft er dir noch den letzten Nachtisch;
Hieraus formt sein Bäcker fade Kuchen,
Hieraus künstelt er mannigfaches Naschwerk,
Und Palmfrüchte wie vom Theater regnen;
Hieraus hacket der Koch so manch Gemüse,
Linsen glaubst du zu sehen und Bohnen; Würstlein
Ahmt er nach und Boleten, eingesalzenen
Thunfischschwanz und gefleckte kleine Fische.
Dann erschöpfet der schlaue Kellermeister
Bei der Raute noch alle seine Künste,
den Geschmack zu verändern. Und so füllt er
seine länglichen, runden, tiefen, flachen
Schüsseln, Schalen, Saladieren, Teller,
Nennt das Schmausen und herrlich leben, wenn er
Auf so manches Gericht ein Aß verwendet.«[114]

Höchstwahrscheinlich hatten derlei Sitten ihren Ursprung nicht allein in ästhetischen Erwägungen. Auch die sprichwörtliche Verschwendungssucht der Römer kann nur bis zu einem bestimmten Grad verantwortlich gemacht werden. Kulthandlungen, die seit jeher die Nahrungssuche und

-aufnahme des Menschen begleiteten, haben letztendlich den Ausschlag dazu gegeben. Man glaubte nämlich, mit Speisen, denen man bestimmte symbolische Formen und Farben gegeben hatte, auf denjenigen, der sie schließlich aß, Kräfte übertragen zu können; Eigenschaften und Wünsche übrigens auch.

Außerdem wird es wohl notwendig gewesen sein, wenn man die damaligen hygienischen Möglichkeiten bedenkt, das ursprüngliche Aussehen einzelner Gerichte aufzubessern.

Dieser Brauch hielt sich bis ins Mittelalter hinein. Manfred Lemmer beschreibt in seinem Büchlein »Die lêre von der kocherie« solche Schaugerichte: »Die Neigung, das Auge am Mahl zu beteiligen, konnte auch humorig-parodistische Züge tragen. Eine Art optischer Mystifikation liegt vor dem Bestreben, das Äußere der Gerichte so zu gestalten, daß man die verwendeten Zutaten nicht auf den ersten Blick erkennen konnte und geradzu getäuscht wurde. So entpuppte sich Fisch oder Geflügel gelegentlich als Zuckerwerk oder manch gebratener Hase war wie ein Löwe aufgemacht. Solches Verkappen von Speisen war besonders während der Fastenzeit beliebt; da schuf man »Ersatzspeisen«, indem man die verbotenen Gerichte mit anderen Zutaten nachahmte. So konnte zum Beispiel eine als Fastenspeise zugelassene Fischsülze als Schweinskopf hergerichtet auf den Tisch gebracht werden.«[115]

Schaugerichte gab es im Spätmittelalter die Menge. Da wurde einem Pfau die Haut mit Federn, Schwanz, Hals und Kopf abgezogen, der Vogel gargebraten, mit Eigelb beschmiert, ihm die Haut wieder übergestreift und vernäht, so daß er auf der Tafel aussah, als sei er noch am Leben. Im Jahre 1453 soll der Graf von Anjou ein Gastmahl gegeben haben, daß denen der Römer in nichts nachstand. »Den Tisch zierte ein Aufsatz, der eine grüne Wiese darstellte. Rund herum waren Zweige und Pfauenfedern eingesteckt, in der Mitte stand ein versilberter, mit Zinnen versehener Thurm. Er stellte ein Vogelhaus vor und die darin befindlichen Vögel hatten Schnäbel und Klauen vergoldet. Drei Banner mit entsprechenden Wappen steckten darin. An den Ecken standen große Pasteten, mit kleineren garniert, vergoldet und versilbert. In jeder derselben stand ein ganzes Reh und die Trachten, die aufgetragen wurden, konnten in Quantität und Qualität mit jedem römischen Gastmahl wetteifern«, schilderte Eufemia von Kudriaffsky[116].

Das 18. Jahrhundert war in Frankreich, bei denen, die es sich leisten konnten, eine Zeit der Verschwendung. Als deren Gipfel sind uns Rezepte der Cuisine royale (der königlichen Küche) überliefert, die den Übermut der alten Römer noch übertrafen. Hier die in Entenessenz gekochten Eier: Stecke zwölf Enten an den Spieß, wenn sie fast gar gebraten sind, dann ziehe sie herab, trenne das Fleisch ganz von den Knochen, fange den Saft auf, der herabtropft, würze ihn mit Salz und Pfeffer und gieße ihn über fünfzehn gefüllte Eier. Ein Gourmand jener Jahre soll auch folgendes Rezept ausgedacht haben: Stecke eine Olive in eine Beccafige, diese in eine Ortolane, beides in eine Weindrossel. Ein Krammetsvogel ist die nächste Hülle, eine Wachtel schließt diesen ein, welche mit einem Weinblatt umwunden wird. Ein mit Speck umgebener Kiebitz dient der Wachtel zum Aufenthalt und verschwindet in einem vergoldeten Brachvogel. Die nächsten Einschließungen sind ein Rebhuhn, eine Schnepfe, eine Taucherente, eine Wildente, ein Poulard, ein Fasan, eine Gans, eine Truthenne, die letzte eine Trappe. Zur Bereitung gehören als Würze Kastanien, Speck, Salz und Pfeffer; 24 Stunden schmort diese eingeschachtelte Vogelwelt in einem hermetisch geschlossenen Topfe. Der Gourmand von Profession verzehrt aber nur – die Olive.

Tischschmuck, wie wir ihn kennen, wurde erst üblich, als die großen Schaugerichte von den Tafeln verschwanden. Statt der riesigen eßbaren Aufbauten standen nun kostbare Schalen mit Blumen in der Mitte des Tisches. Silberne und goldene Tafelaufsätze mit sorgfältig drapierten Blütengirlanden ersetzten die Pasteten, aus denen mancherlei Getier gekrochen und geflogen kam.

Die neuen, feineren Sitten des 17./18. Jahrhunderts erlaubten solch derbe Späße nicht mehr. Alles sollte nun eleganter und stilvoller sein. Es entstand eine regelrechte »Wissenschaft vom Tischdecken«, die genau vorschrieb, wo welches »Werkzeug« zu liegen hatte, wo welches Glas hingehörte, daß man den Wein von rechts einschenkte und das Geschirr von links abräumte, wie Servietten zu falten waren … Manchmal, wenn man hundertjährige Kochbücher durchblättert, kann man Abbildungen von gedeckten Tafeln sehen, die sicher der ganze Stolz ihrer Arrangeure waren. Gläserne, mit Wasserrosen umgebene Fregatten als Tafelaufsatz, Wellenberge als Servietten – Hochzeit eines Admirals. Festgestärkte leinerne Palmwedel, orientalischer Tafelaufputz – Geburtstagstafel eines englischen Lords mit feiner Anspielung darauf, daß er gerade von einer Weltreise heimgekehrt ist … Einfallsreichtum war gefragt, immer.

Das wenigstens sollten wir uns bis heute bewahren. Warum nicht auch einmal mit großer Sorgfalt und einer ganz persönlichen »Widmung« einen Festtagstisch decken? Warum nicht einmal eine geheimnisvolle, verschlossene Schüssel hereintragen, die die anderen neugierig »schnuppern« läßt?

Für kulinarische Überraschungen ist in einer völlig sachlichen Küche oft Gelegenheit. Und das hat nichts mit Verschwendung zu tun.

Überbackene Bohnen mit Schinken

600 g grüne Bohnen, Salz, 60 g durchwachsener Speck, 1 Zwiebel, 1 Knoblauchzehe, 1 Bund Petersilie, 125 g magerer Schinken, Margarine zum Fetten der Form, 3 Eier, 1 Flasche dicke saure Sahne, 60 g Reibekäse, Pfeffer, Rosenpaprika.

Die gewaschenen Bohnen von den Fäden befreien und brechen. In Salzwasser garkochen und dann abtropfen lassen. Den in Würfel geschnittenen Speck goldgelb ausbraten. Zwiebel und Knoblauch feinhacken und zufügen. Gut durchbraten, dann gehackte Petersilie und den in feine Streifen geschnittenen Schinken 2 Minuten mit erhitzen. Die Bohnen untermischen, alles in eine gefettete feuerfeste Form füllen. Die Eier mit saurer Sahne und 30 Gramm Reibekäse verquirlen. Mit Salz, Pfeffer und Rosenpaprika abschmecken. Über die Bohnen gießen. Den restlichen Reibekäse darüberstreuen, die Form in den Ofen schieben und 25 Minuten bei 200 °C überbacken.

Überbackene gefüllte Zwiebeln

8 möglichst gleich große Zwiebeln, Salz, 1 Bund Petersilie, 125 g Schafskäse, 1 Ei, 2 Eßl. Kapern, Pfeffer, 1 Gläschen Weinbrand, 2 Eigelb, ¼ l Milch, Muskat, 1 Teel. Stärkemehl, 125 g Kräuterschmelzkäse, 2 Eßl. Reibekäse.

Die Zwiebeln schälen und in Salzwasser etwa 20 Minuten kochen. Dann herausnehmen und das Innere etwas aushöhlen. Gehackte Petersilie, zerdrückten Schafskäse, Ei, Kapern und das zerkleinerte Zwiebelinnere vermischen, mit Pfeffer und Weinbrand würzen. Die Zwiebeln nebeneinander in eine feuerfeste Form setzen und mit der Masse füllen. Die Eigelb zusammen mit Milch, Muskat, Salz, Pfeffer und Stärkemehl im Kochtopf schlagen und bis kurz vor dem Kochen erhitzen. Den Schmelzkäse in Stückchen schneiden und darin schmelzen lassen. Mit dieser cremigen Soße die Zwiebeln übergießen, obenauf noch etwas Käse streuen und das Gericht in der vorgeheizten Röhre überbacken. Mit Butterreis auftragen.

Überbackene Pfirsiche

4 Pfirsiche, 50 g Butter, 4 Eßl. Zucker, gemahlener Koriander, etwas abgeriebene Orangenschale, Zimt.

Die Pfirsiche überbrühen, kalt abschrecken und häuten. Das Fruchtfleisch in Spalten schneiden und in eine gefettete feuerfeste Form legen. Butter mit dem Zucker und den Gewürzen verkneten, in Flöckchen auf den Pfirsichen verteilen und alles bei 225 °C etwa 15 Minuten überbacken.

Überbackener Sellerie in Tomatensoße

1 bis 2 Sellerie, Salz, Zitronensaft, 5 bis 6 Scheiben Schnittkäse, 1 Tasse Tomatenmark, 2 Eßl. Öl, Paprika, Suppenwürze, 1 Prise Zucker.

Die Sellerieknollen schälen, in Salzwasser garen und in dicke Scheiben schneiden. Jede Scheibe von beiden Seiten wenig salzen, mit Zitronensaft beträufeln und obenauf mit einer passend geschnittenen Scheibe Käse bedecken. Das Tomatenmark mit dem Öl verrühren, mit Salz, etwas Paprika, Suppenwürze und 1 Prise Zucker pikant abschmecken und in eine gefettete feuerfeste Form gießen. Den Sellerie nebeneinander – oder auch nicht zu dicht fächerförmig geschichtet – hineinlegen. Er darf jedoch nicht von der Soße bedeckt sein. Das Gericht so lange in der vorgeheizten Röhre lassen, bis der Käse geschmolzen ist. Zuletzt etwas Paprika darüberstäuben.

Überkrustete Miesmuscheln

1 kg Miesmuscheln, ¼ l Weißwein,
1 Zwiebel, 1 Gewürznelke, ½ Lorbeerblatt, Salz, Pfeffer, ½ Tasse Sahne,
Saft von ½ Zitrone, ½ Teel. Zucker,
2 Eßl. gehackte Petersilie, Mehl,
2 Eigelb, Semmelbrösel, Öl,
1 Tasse Reibekäse, 1 Schuß Weinbrand.

Die rohen Muscheln gründlich bürsten, unter fließendem Wasser waschen und zusammen mit ½ Liter Wasser sowie mit dem Weißwein in eine breite Kasserolle geben. Die Zwiebel mit Gewürznelke und Lorbeerblatt spicken, zufügen, salzen und pfeffern. Zugedeckt etwa 10 Minuten kochen lassen. Dabei öfter den Topf rütteln, damit sich die Muscheln gleichmäßig erwärmen. Dann die gelblichen Muschelkörper aus den aufgegangenen Schalen reißen. Die dunklen länglichen Partien vom Körper trennen. Den Muschelkochsaft weiter einkochen, aber die Zwiebel

entfernen. Sahne, Zitronensaft, Zucker und Petersilie zugeben und den Saft abschmecken. Die Muschelkörper in Mehl panieren, durch geschlagenes Eigelb ziehen und in Bröseln wenden. Im erhitzten Öl knusprig braten, in eine flache feuerfeste Form legen, Reibekäse darüberstreuen und bei großer Oberhitze im Backofen oder Grill überkrusten. Die Soße mit einem Schuß Weinbrand verfeinern.

Überkrustete Schollen mit Preiselbeercreme

4 Schollen, 1 Zitrone, Salz, Pfeffer,
Mehl, 200 g Margarine,
75 g gemahlene Haselnüsse,
75 g Reibekäse (Emmentaler),
etwa ¼ l süße Sahne,
2 Eßl. Dessertwein,
2 Eßl. Semmelbrösel, Muskat,
4 Eßl. Preiselbeerkompott,
1 Teel. Meerrettich, Worcestersauce.

Die küchenfertig vorbereiteten Schollen (ohne Kopf) mit Zitronensaft beträufeln, mit Salz und Pfeffer würzen und in Mehl wenden. Die Hälfte der Margarine in die Fettpfanne der Backröhre geben, erhitzen, die Schollen hineinlegen und etwa 15 Minuten bei Mittelhitze braten, dann wenden. Nüsse, Käse, 4 Eßlöffel Sahne und Dessertwein miteinander verrühren. Diese Masse auf die Schollen streichen, mit geriebener Semmel und etwas Muskat bestreuen. Die restliche flüssige Margarine darüberträufeln und die Schollen noch 15 Minuten backen, bis die Kruste eine goldbraune Farbe hat. Inzwischen die Preiselbeeren mit Meerrettich sowie einigen Tropfen Worcestersauce verrühren und ⅛ Liter steifgeschlagene Sahne unterziehen. Beim Anrichten die Preiselbeercreme jeweils auf ein Salatblatt neben die Scholle geben. Dazu paßt ein milder Kartoffelsalat.

Überraschungsblumenkohl

1 großer Kopf Blumenkohl, 2 Eßl. Salz,
2 Eßl. Essig, 1 Eßl. Zucker,
einige Blätter grüner Salat, Eier-
oder Geflügelsalat, 6 Tomaten, Petersilie.

Den vorbereiteten Blumenkohl in Wasser mit Salz, Essig und Zucker nicht zu weich kochen. Mit dem Schaumlöffel herausheben, auf eine Platte legen und auskühlen lassen. Dann aus der Mitte des Blumenkohlkopfes einen Kreis Röschen herausnehmen, die Fläche mit Salatblättern auslegen und Eier- oder Geflügelsalat hineinfüllen. Die restlichen Blumenkohlröschen in ausgehöhlte Tomaten füllen und diese um den Blumenkohl setzen. Die Platte mit Petersilie hübsch garnieren.

Ujházi Hühnersuppe

1 Suppenhuhn, Salz, 200 g Möhren,
100 g Petersilienwurzel, 50 g Sellerie,
1 Zwiebel, 1 Knoblauchzehe,
100 g Pilze, 20 g Tomatenmark,
Pfeffer, 80 g Fadennudeln.

Das vorbereitete Huhn in 2 Liter Salzwasser ansetzen. Geputzte Möhren, Petersilienwurzeln und Sellerie sowie Knoblauch, Zwiebel und Pilze kleinschneiden und zufügen. Pfeffern und kochen lassen, bis das Fleisch gar ist.

Inzwischen die Fadennudeln in Salzwasser extra garen, abgießen und abschrecken. Das Hühnerfleisch von den Knochen lösen, kleinschneiden, mit den Nudeln zur Suppe geben.

Ukrainische Soljanka

200 g Zwiebeln, 100 g Speck,
2 Knoblauchzehen, 100 g Tomatenmark,
1 Eßl. Edelsüß-Paprika,
500 g gemischtes Fleisch (Niere,
Bratenreste, gekochter Schinken),
2 saure Gurken, 1½ l Fleischbrühe,
Salz, Pfeffer, 1 Eßl. Kapern,
½ Zitrone, Dill, Petersilie,
3 bis 4 Eßl. saure Sahne.

Die feingehackten Zwiebeln in den Speckwürfeln glasig braten. Geriebenen Knoblauch, Tomatenmark und Paprika sowie das in dünne Streifen geschnittene Fleisch und die ebenso geschnittenen sauren Gurken hinzugeben und wenige Minuten dünsten. Die Fleischbrühe zugießen und die Suppe 5 Minuten kochen. Mit Salz und Pfeffer würzen. In eine Schüssel füllen, mit Kapern bestreuen und 2 bis 3 Zitronenscheiben einlegen. Gehackten Dill und Petersilie darüberstreuen und kurz vor dem Servieren die Sahne in die Soljanka gießen.

Umhüllte Kalbssteaks

4 Kalbssteaks, Salz, Pfeffer,
1 Eßl. Mehl, 4 Eier, 150 g Reibekäse,
60 g Schmalz, 20 g Butter.

Die Kalbssteaks mit Salz und Pfeffer würzen. In Mehl wenden und mit wenig geschlagenem Ei bestreichen. Von beiden Seiten in Reibekäse wenden und durch das restliche geschlagene Ei ziehen. Das Schmalz in einer Pfanne erhitzen und die Kalbssteaks anfangs bei großer Hitze auf beiden Seiten braten. Die Butter zugeben und die Steaks bei kleiner Flamme fertigbraten. Vorsicht beim Wenden, damit die Hülle nicht zerstört wird. Als Beilage eignen sich Spaghetti und ein Frischkostsalat.

Ungarischer Kesselgulasch

500 g Rindsgulasch, 2 Eßl. Schmalz,
3 Zwiebeln, Salz,
Edelsüß-Paprika, $^1/_2$ l Brühe,
400 g Kartoffeln, Kümmel,
Pfeffer, Knoblauchzehe,
scharfer Paprika, 1 Ei, 2 Eßl. Mehl,
1 Paprikafrucht, 2 Tomaten.

Das Gulaschfleisch in grobe Würfel schneiden. In einem flachen Schmortopf das Schmalz erhitzen und darin die in Würfel geschnittenen Zwiebeln bräunen. Die gesalzenen Gulaschstücke zugeben und alles gut vermengen. Im zugedeckten Schmortopf bei schwacher Hitze garen lassen. Öfters umrühren! Mit dem Edelsüß-Paprika bestäuben, umrühren und mit der Brühe auffüllen. Die geschälten rohen Kartoffeln ebenfalls in Würfel schneiden und zum Gulasch geben. Die restlichen Gewürze dazugeben und alles zugedeckt garen lassen. Das Ei mit Mehl und einer Prise Salz verkneten und die Masse in den Gulasch zupfen. Kleingeschnittene Paprikafrucht und Tomaten zum Schluß in den fertigen Kesselgulasch geben. Mit Weißbrot servieren.

Ungarischer Kirschstrudel

Für den Teig: 300 g Mehl, 20 g Fett,
eine Prise Salz, 1 Ei.
Für die Füllung: 1,3 kg Sauerkirschen,
Butter, Semmelbrösel,
gemahlene Haselnüsse,
250 g Zucker, Zimt,
1 Ei zum Bestreichen, Puderzucker.

Auf einem Brett Mehl, Fett, Salz, Ei und 200 ml lauwarmes Wasser gründlich verarbeiten. Aus dem Teig einen Laib formen und auf dem mit Mehl bestreuten Brett, mit einem warmen Topf bedeckt, 20 bis 25 Minuten liegenlassen. Dann den Tisch mit einem mehlbestreuten Tuch bedecken, den etwas angefetteten Laib in die Mitte legen, mit den mehligen Fingern unter den Teig fassen und vorsichtig ziehen, bis er ganz dünn ist. Den dick bleibenden Rand abschneiden, den Strudelteig einige Minuten trocknen lassen. Die Butter zerlassen und den Teig damit bestreichen. Semmelbrösel und Nüsse daraufstreuen. Die entsteinten Kirschen obenauf verteilen und alles mit Zucker und Zimt bestreuen. Den Strudel zusammenrollen, mit der Nahtstelle auf ein gefettetes Blech legen und mit dem verquirlten Ei bestreichen. In der vorgeheizten Röhre braun backen. Den fertigen Strudel mit Puderzucker bestäuben.

Wer in alten Lexika blättert, wird zwischen Vitalitium, mittelalterlich für Leibgedinge, und Vitazeen, einer Pflanzenfamilie der Frangulien, nichts finden, was an das Wort VITAMINE erinnern könnte. Die Erklärung dafür entdecken wir in neuen Lexika, zum Beispiel dem jüngsten von »Meyers«[117]. Zwar sei seit langem bekannt gewesen, heißt es darin, daß bestimmte Krankheitserscheinungen durch Nahrungsveränderung geheilt werden konnten (Skorbut auf langen Seereisen oder Beriberi durch Ersatz der aus geschliffenem Reis bestehenden Kost durch Weizen oder Graupen), aber das Wissen um chemische Strukturen, biologische Funktion und Bedarf dieser Stoffe wurde erst in den Jahren 1920 bis 1950 wesentlich bereichert. 1911 (!) schlug der polnische Chemiker K. Funk die Bezeichnung Vitamine vor, um jene organischen Verbindungen von niedrigem Molekulargewicht, die der menschliche Organismus für vielfältige Funktionen lebensnotwendig braucht, aber nicht selbst in genügender Menge synthetisieren kann und deshalb mit der Nahrung aufnehmen muß, zu benennen.

Vitamine also. Seit man sie kennt, seit man genauer weiß, welche wasser-, welche fettlöslich sind, gelten neue Regeln für die Küche: Schonend garen ist die Devise. Viel Gemüse und Obst roh essen lautet die Empfehlung der Ernährungswissenschaftler.

All das klingt danach, als sei das Bemühen um gesunde Kost erst relativ jung; dabei gab es das schon vor Jahrtausenden. In den entsprechenden Empfehlungen der »Alten« wird deutlich, welch abergläubischen Theorien sie teils anhingen, andererseits waren sie in der praktischen Anwendung mancher, durch empirische Erfahrung gewonnener Erkenntnisse beispielgebend. Das betrifft vor allem Kräuter und sogenannte Hausmittel, die heute – wissenschaftlich untersucht und erprobt – noch immer gültig sind. Uns heute unverständliche Zubereitungen der mittelalterlichen Küche lassen sich vielfach aus dem Bemühen heraus erklären, gesunde Kost zu bieten. So galt das überaus starke Würzen als Vorbeugungsmittel gegen die vielen Seuchen. Und wenn man edlen Fisch in der unvermeidlichen »erbeß«brühe, der Erbsenbrühe kochte, so war das nach der hippokratischen Viersäftelehre eine weise Entscheidung des Kochs. Man unterschied nämlich damals nicht nur die vier Temperamente beim Menschen – Choleriker, Melancholiker, Sanguiniker und Phlegmatiker –, sondern teilte auch sämtlichen menschlichen Nahrungsmitteln eine Wirkung auf die inneren Säfte zu. Die Kunst des Kochs mußte nun darin bestehen, innerhalb einer Schüssel einen gewissen Ausgleich zu schaffen. Deshalb also der kalte, nasse Fisch in die warme, trockene Erbsenbrühe ...

Seit das Christentum existierte, waren die im Kirchenkalender vorgeschriebenen Fastentage eine Art »natürliche Diät«. Allerdings sind die Verstöße gegen diese sicher aus älteren hygienischen Gewohnheiten resultierenden Fastenwochen groß. Vor allem in den mittelalterlichen Klöstern schätzte man eine gute Tafel über alles. Als Heinrich II. von England einmal die Abtei von Winchester besuchte, baten ihn Prior und Mönche um Hilfe gegen die Willkür ihres Bischofs. Er hätte ihnen geboten, das Mahl um drei Schüsseln täglich zu kürzen. Nur zehn seien ihnen noch erlaubt, klagten die geistlichen Herren, was den König erzürnte, der selbst viel bescheidener lebte. Er ließ ihnen weitere sieben Gerichte streichen ...

Die Fastenmahlzeiten bestanden meist aus Fischen. Der Fisch – so schreibt Eufemia von Kudriaffsky – galt als Symbol Christi, da der »Erlöser« unter dem Zeichen der Fische geboren wurde und außerdem sein Name durch jeden Buchstaben in der griechischen Bezeichnung für Fisch enthalten sei. Fische wären bereits in den römischen Katakomben abgebildet, und die ersten Christen hätten kleine symbolische Fische aus Metall oder Elfenbein um den Hals getragen.[118]

Doch nicht allein, daß man nun an Fastentagen oft weit mehr Gerichte auf dem Tisch hatte als an den übrigen, im 10. Jahrhundert verlangte ein Mönch ganz offiziell, das Geflügel mit unter die Fastenspeisen zu zählen. Der eßlustige Insasse der Abtei von Cluny führte als Begründung für seinen Vorschlag an, Gott habe Vögel und Fische am gleichen Tage erschaffen. Er wollte damit ein Gebot aufheben, das 817 vom Konzil zu Aachen gefaßt worden war und Mönchen den Genuß von Geflügel nur zweimal im Jahr erlaubte, weil eine so leckere Speise mit ihrem allgemeinen Lebenswandel nicht zu vereinbaren sei.

Er erreichte allerdings nur, daß einige »kaltblütige« Tiere »freigegeben« wurden: Wasserhühner, Trauerenten, Kriechenten, Wildenten.

Ein Kochbuch aus dem letzten Drittel des 19. Jahrhunderts, das in einem Rezeptteil die zu den »Fasten erlaubten Speisen« enthält, schlägt immer noch vor, Fischottern zu braten und Biberschwänze zu dünsten, alles Belege dafür, daß es seit langem um eine recht formale Fasterei ging. Denn es wurde nicht weniger gegessen als sonst, nur eben kein Fleisch, und beim strengen Fasten auch keine Milch und Butter.

So artikulierte sich die allgemeine Unzufriedenheit mit den im Widerspruch zu den ursprünglichen Geboten lebenden Kirchen- und weltlichen Fürsten besonders stark in der Reformationszeit.

In seinem »Dialog zwischen einem Chorherrn und Schuchmacher ...« schrieb Hans Sachs Anfang des 16. Jahrhunderts:

»Chorherr: ... Wie, daß ihr Lutherischen nimmer fast? Lehrt euchs der Lutherische Geist?

Schuster: Fasten ist uns von Gott nitgeboten, sinder frei gelassen. Christus spricht Matth. 6: Wenn ihr fasten wollt, so lat eurem Haupt der Salben nit gebrechen, spricht nit, ihr sollt oder mußt fasten, wie unsere Stiefväter zu Rom tun.

Chorherr: Ich glaub, rechtes Fasten fasten die Handwerksleut mehr, ob sie gleich im Tag viermal essen, dann all Münch, Nunnen und Pfaffen, die in dem ganzen Teutschen Land sein ...«[119] Die Armen fasteten das ganze Jahr über.

Nehmen wir Kochbücher zur Hand, ganz alte, jüngere, neue – stets wird in irgendeiner Weise des Zusammenhangs zwischen Nahrung und körperlichem Wohlbefinden gedacht. Daß ein guter Koch den Arzt »ersetzen«, seinem Besuch zumindest »vorbeugen« kann, wird oft erwähnt. Aber erst seit man die Vitamine kennt, nach Kalorien und Joule rechnet, fand die Lehre von der menschlichen Ernährung ihre wissenschaftliche Grundlage. Heute forscht und agitiert man, sucht die Leute zu ihrem Vorteil von einer gesunden Lebensweise zu überzeugen. Man sollte derlei Hinweise, die in keinem Kochbuch fehlen, gründlicher lesen.

Und natürlich auch beachten!

Vanilleauflauf

6 Eier, 125 g Butter, 125 g Zucker,
½ Stange Vanille.

Eigelb, Butter, Zucker und Vanille-
körner auf kleiner Flamme oder im
heißen Wasserbad dünnbreiig abrüh-
ren. Dann kaltrühren, mit dem festen
Schnee von 6 Eiweiß mischen und in
einer gebutterten Form 25 Minuten
backen.

Vanillebananen

4 Bananen, Zitronensaft, 2 Vanille-
schoten, 4 Eßl. Aprikosenkonfitüre,
1 Eßl. Apricot-Brandy.

Die geschälten Bananen der Länge
nach halbieren, auf vier Stücke Alufolie legen und mit Zitronensaft beträufeln. Die Vanilleschoten der Länge
nach halbieren, in jede Banane eine
halbe Schote stecken. Die Aprikosenkonfitüre mit dem Apricot-Brandy
glattrühren und über die Bananen
träufeln. Die Folie verschließen, die
Bananen im heißen Backofen bei
200 °C etwa 15 Minuten backen. Heiß
servieren.

Vanilleeis mit Früchten

250 g Blaubeeren, 500 g Erdbeeren,
30 g Zucker, 1 Teel. abgeriebene
Zitronenschale, 2 Eßl. schwarzer
Johannisbeerlikör, 500 g Vanilleeis,
¼ l Schlagsahne.

Die Blaubeeren verlesen, waschen
und gut abtropfen lassen. Die Erdbeeren ebenfalls waschen, von den Stielen befreien und ebenfalls abtropfen

lassen. Die Hälfte der Erdbeeren zusammen mit dem Zucker und der Zitronenschale mit dem Handrührgerät
pürieren. Das Püree kalt stellen. Die
Blaubeeren mit dem Likör begießen
und 15 Minuten durchziehen lassen.
Die restlichen Erdbeeren, die Blaubeeren und das Vanilleeis in Glasschälchen anrichten. Vor dem Servieren mit dem Erdbeerpüree übergießen, mit Schlagsahne garnieren.

Vanilleeis mit Himbeerschaum

250 g Himbeeren, 65 g Zucker,
3 Eßl. Dessertwein, 1 Vanilleschote,
1 Eßl. Himbeergeist, 2 Eier,
1 Familienpackung Vanilleeis.

Die verlesenen Himbeeren mit 50 g
Zucker, Dessertwein und dem Mark
der Vanilleschote zum Kochen bringen. 4 bis 5 Minuten kochen lassen.
Dann durch ein Sieb gießen und mit
Himbeergeist, Eiern und dem restlichen Zucker verquirlen. Im lauwarmen Wasserbad etwa 10 bis 15 Minuten zu einem dicklichen Schaum
aufschlagen. Das Eis in große Würfel
schneiden, in Schälchen füllen und
den Schaum darüber verteilen.

Vanille-Kipferl

250 g Butter oder Margarine,
125 g Zucker, 8 Päckchen Vanillin-
zucker, 1 Prise Salz, 375 g Mehl,
200 g geschälte gemahlene Mandeln,
100 g Puderzucker.

Die weiche Butter oder Margarine mit
dem Zucker schaumig rühren. 3 Päckchen Vanillinzucker, Salz und Mehl

unterrühren, dann die gemahlenen Mandeln. Den Teig in Alufolie gewikkelt 1 Stunde kalt stellen. Dann vom Teig walnußgroße Kugeln abstechen, zu etwa 6 cm großen Rollen formen und zu Halbmonden biegen. Auf ein Backblech legen und bei Mittelhitze backen. Den Puderzucker mit dem restlichen Vanillinzucker mischen und die noch warmen Kipferl damit bestreuen.

Vanille-Mokka-Soufflé

1 Vanilleschote, 200 ml Milch,
75 g Zucker, 1 Prise Salz,
7 g Pulverkaffee, 1½ Eßl. Kognak,
40 g Butter, 3 Eier, 1 Eiweiß, 40 g Mehl.

Die Vanilleschote aufschlitzen, das Mark herauskratzen. Mark und Schote mit der Milch, der Hälfte des Zuckers und 1 Prise Salz zum Kochen bringen, aufkochen lassen und durch ein Sieb gießen. Eine feuerfeste Form (oder 4 kleine Formen) am Boden mit wenig Butter ausstreichen und mit etwas Zucker ausstreuen. Den Pulverkaffee mit dem Kognak verrühren. Die Eier trennen. Dem Eiweiß das zusätzliche Eiweiß zufügen. Die restliche Butter erhitzen. Mehl und nach und nach die Milch mit dem Schneebesen unterrühren. So lange rühren, bis sich ein glatter Kloß vom Topfrand löst. Den Topf vom Feuer nehmen und nach und nach das Eigelb unterrühren. Das Eiweiß mit dem restlichen Zucker zu Schnee schlagen. Ein Viertel des Schnees mit dem Schneebesen unter die Masse rühren, den Rest vorsichtig unterheben. Die Soufflémasse halbieren und unter eine Hälfte das Kaffee-Kognak-Gemisch heben. Die helle und die dunkle Soufflémasse abwechselnd in Schichten in die vorbereitete Form (oder kleine Formen) geben und in der vorgeheizten Röhre etwa 40 Minuten bei 175 °C backen.

Vanillesoße

1 Eßl. Stärkemehl, ½ l Milch,
1 Eigelb, ¼ Stange Vanille oder
1 Päckchen Vanillinzucker,
1 Eßl. Zucker, 1 Prise Salz.

Das Stärkemehl mit 3 Eßlöffel Milch sowie dem Eigelb verquirlen. Die Vanillestange aufschneiden, auskratzen und mit Zucker und Salz in der restlichen Milch zum Kochen bringen. Das Stärkemehl einrühren, aufkochen lassen und die Vanillestange entfernen.

Vermicelli gratinati
(Gratinierte Nudeln)

400 g Fadennudeln, Salz,
1 Eßl. Margarine, 1 Zwiebel,
1 Bund Petersilie, 200 g Champignons,
2 Stangen Porree, 2 Möhren,
400 g Schinken, 2 Tomaten, Pfeffer,
2 Teel. Sojasauce, 2 Eier,
50 g Reibekäse, Butterflöckchen.

Die Nudeln in reichlich siedendes Salzwasser geben und in 12 bis 15 Minuten nicht zu weich kochen. In der erhitzten Margarine Zwiebel und Petersilie – beides feingehackt –, die blättrig geschnittenen Pilze, das kleingeschnittene Weiße der Porreestangen sowie die kleingeschnittenen Möhren andünsten. Nach einigen Minuten den in Streifen geschnittenen

Schinken und die geviertelten Tomaten zufügen. Wiederum einige Minuten dünsten. Mit Salz und Pfeffer abschmecken. Sojasauce und Eier verschlagen, zum Gemüse geben und dann alles mit den gut abgetropften Nudeln vermischen. Diese Masse in eine gefettete feuerfeste Form geben, mit Käse bestreuen, obenauf Butterflöckchen geben und im gut vorgeheizten Ofen etwa 30 Minuten überbacken. Als Beilage eignet sich Tomatensalat oder grüner Salat.

Vermouth sour
(Einzelportion)

2 cl trockener Wermut, 1 cl Gin, Zitronensaft, Eiswürfel, 1 Zitronenscheibe.

Den gut gekühlten Wermut mit Gin und Zitronensaft mischen. Alles mit Eiswürfeln in ein Glas füllen, die Zitronenscheibe daraufgeben.

Versunkene Apfeltorte

125 g Butter, 125 g Zucker, 3 Eier, abgeriebene Schale von 1/2 Zitrone, 200 g Mehl, 1/2 Päckchen Backpulver, 3 Eßl. Milch, reichlich 500 g Äpfel, Johannisbeergelee.

Die Butter sahnig rühren, Zucker, Eigelb und Zitronenschale zugeben und schaumig rühren. Danach das mit dem Backpulver gesiebte Mehl abwechselnd mit der Milch unter die Masse geben. Die Eiweiß steifschlagen, unter den Teig heben. Den Teig in eine gefettete Springform füllen. Die geschälten, vom Kerngehäuse befreiten Äpfel halbieren, die runde

Seite mehrmals einschneiden und mit der Wölbung nach oben auf dem Teig verteilen. Etwas Johannisbeergelee erhitzen und die Äpfel damit bestreichen. Den Kuchen 45 bis 60 Minuten bei Mittelhitze backen. Nach dem Backen mit Zucker bestreuen.

Vincent-Soße

100 g Mayonnaise, etwa 80 g gehackte Kräuter (Sauerampfer, Petersilie, Kresse, Kerbel, Estragon, Spinat), Salz, weißer Pfeffer, Zucker, Zitronensaft, Worcestersauce.

Die Mayonnaise mit den Kräutern und den Gewürzen verrühren und pikant abschmecken. Diese Soße zu gekochtem Fisch, Krebstieren, Eierspeisen und kaltem Braten, aber auch als Marinade zu frischen Salaten und Spargel reichen.

Vitamin-Mix
(Einzelportion)

1/8 l Tomatensaft, 4 Likörgläser Apfelsaft, 1 Likörglas Orangen- oder Zitronensaft, 2 Eiswürfel.

Alle Säfte gut mixen und mit Eiswürfeln servieren.

Würzen ist eine Kunst, die vor allem viel Fingerspitzengefühl und auch etwas Mut fordert.

»Gewürz, Aroma, des especes, darunter werden verstanden diejenigen fremden Gewächse, von einem balsamischen, kräfftigen und penetranten Geschmack, welche in wohlbestalten Küchen an die Essen gethan werden, davon die vornehmsten: Cardamom, Zimmet, Nelcken, Saffran, Ingber, Pfeffer, Muscatenblüte und Nüsse ...«[120]

Das Frauenzimmerlexicon von 1715 versteht unter Gewürz – wie wir sehen – nur die fremdländischen Spezereien. Schon im Mittelalter hatte man die einheimischen Kräutlein geringer geschätzt, wohl aber noch um ihre Würzkräfte gewußt und sie auch im Garten angebaut.

Der Name Gewürz stammt von »Wurz«. Günter und Erna Linde mutmaßen in ihrer kleinen Gewürzfibel[121], daß hinter der Wohnhöhle unserer frühen Vorfahren Sellerie und Meerrettich wuchsen. Das rieb man und aß es zum Spießbraten. Nach ersten guten Erfahrungen wären Beeren, Wildfrüchte, Kräuter, Schalen, Baumrinde und dergleichen mehr gefolgt. Gewürze fördern Blutkreislauf und Verdauung. Wahrscheinlich war man jahrhundertelang auf Instinkt und das Ausprobieren angewiesen, bevor es gesicherte Erkenntnisse gab. Interessant, wie schnell sich Passendes zusammenfand. So wurde schon in der Antike zu fettem Fleisch Senf gegessen ... Aber man kannte auch damals wesentlich mehr würzende Zutaten: Essig, Rosinen, gekochter Wein, Salz, Käse, Sesam, Thymian, Kümmel, Majoran, zarte Kräuter, Kresse, Oliven, Kapern.

Diodoros, ein Grieche (78–29 v. u. Z.), der eine Chronik verfaßte, schreibt mit neidischem Herzen: »Die Sabäer wohnen im glücklichen Arabien. Sie haben so viel Balsam, Kassia, Kalmus, Zimt und Weihrauch ... und andere wohlriechende Gewürze, daß das ganze Land von einem wahrhaft göttlichen Wohlgeruch durchzogen ist, den selbst die Seefahrer in beträchtlicher Entfernung wahrnehmen.«[122]

Punt und Saba, die sagenumwobenen Königreiche am Roten Meer, etwa dort, wo heute die Republik Jemen auf der Landkarte steht, waren nicht etwa Gewürzanbauländer, sondern verdienten allein am Handel. Sie bezogen die kostbaren und scharfen Sachen aus Indiens schier unermeßlichem Gewürzgarten. Schon vor Jahrtausenden schickten ägyptische Pharaonen ihre Schiffe nach Punt und Saba, um von hier wohlriechenden Balsam und Gewürze zu holen. Es existieren sogar schriftliche Zeugen jener frühen Jahre: In der Keilschriftbibliothek von Babylon fand sich ein Hinweis auf Thymian, Safran, Sesam und Kardamom. Und ein Papyrus aus Alexandria erwähnt zollpflichtige Waren an der ägyptischen Landesgrenze, darunter auch einige indische Gewürze.

Die Küche im alten Rom muß – von den spektakulären Gastmählern einmal abgesehen – ziemlich eintönig gewesen sein. Gewürze schufen da eine willkommene Abwechslung. Außerdem sah man in ihnen Heilmittel, die mit ihrer Schärfe den Menschen vor Krankheiten schützen können. Manfred Lemmer nennt das auch als Grund, warum man im Mittelalter das starke Würzen beibehielt, ja sogar noch steigerte. »... Gewürze galten als ein Mittel, gegen die großen Volksseuchen zu immunisieren, von denen die Bevölkerung jener Zeit ständig bedroht war und oft genug heimgesucht wurde.«[123]

Nach der Niederlage des römischen Reiches (fast anekdotisch mutet an, daß sich die Römer mit Pfefferladungen freikaufen wollten, als die Westgoten vor den Toren der Stadt standen) übernahmen die Araber den Gewürzhandel. Die Sehnsucht nach dem fernen Osten, die Vorstellung von den dort anzutreffenden unermeßlichen Reichtümern blieb über Jahrhunderte wach, und mit Mißmut sahen europäische Fürsten, wie die Araber am Handel verdienten und ihrem Gott zum Lobe prächtige Moscheen errichteten.

Man betrachte auf einer der alten Karten einmal die Größe des arabischen Reiches: Wie ein Halbmond zog es sich von Südspanien über Nordafrika bis nach Rußland hin. Die erwachenden Kräfte des »Abendlandes« fühlten sich in ihrer Entwicklung behindert. So darf man in den christlichen Kreuzzügen nicht nur die religiöse Verblendung sehen, sondern den Kampf um den Landweg nach Asien.

Reisen wie die des Marco Polo nach China belegen, wie groß der Wunsch war, direkt mit diesen fernen, märchenhaften Ländern in Kontakt zu kommen. Als Mitte des 15. Jahrhunderts alle Karawanenstraßen von den Türken blockiert waren, begann die Seefahrt nach neuen Wegen zu suchen, konkret nach dem Seeweg zu den Pfefferländern. Zwar landete Columbus 1492 zunächst in Amerika, das er für Indien hielt, aber Vasco da Gama brachte wenige Jahre später die erste volle Schiffsladung Gewürze heim nach Lissabon – welch ein Triumph!

Von nun an waren die Gewürze zwar noch immer unermeßlich teuer, aber nicht mehr ganz so rar. Außerdem kannte man deren einheimische Ergänzung. Bereits Karl der Große hatte 812 im Frankenreich den Anbau von Gewürzkräutern befohlen. Und damit kein Zweifel bestehen könne, welche er meinte, sind sie gleich mit genannt: Salbei, Kümmel, Rosmarin, Feldkümmel, Anis, Heliotrop, Bärenwurzel, Schwarzkümmel, Gartensenf, Kresse, Pfefferminze, Petersilie, Sellerie, Dill, Fenchel, Senfkraut, Pfefferkraut, Mohn, Zwiebeln, Schnittlauch und Rettiche.

Mußten die Speisen im Mittelalter gewürzt sein, »... damit in uns ein Brand entstehe/ und dem Trunk ein Dunst entgegenschlage,/ gleich dem Rauche einer Feuersbrunst,/ und wir in Schweiß geraten,/ daß wir meinen, im Bade zu sitzen./ Sorge dafür, daß uns der Mund wie ein Spezereienladen riecht«[124] (Steinmar von Klingenau), so liebte man es später milder.

Die Gewürzmenge muß aber selbst im 18. Jahrhundert noch beträchtlich gewesen sein, denn Kochbücher aus der Mitte des 19. Jahrhunderts korrigierten gern die bis dato noch oft anzutreffenden fälschlichen und schädlichen Gewohnheiten. Selbst Henriette Davidis[125] läßt es sich an der Wende bald zum 20. Jahrhundert nicht nehmen, darauf hinzuweisen, daß man jetzt nicht mehr »sechserlei Kräuter und Gewürz an jede Speise gebe« und auch mit dem Salz recht sparen wolle.

Als sich Gewürzmühlen in vielen Städten etabliert hatten und kapitalistischer Geschäftsgeist, gepaart mit Ausbeutung der Kolonien, die einstmals so kostbaren Gewürze für fast jeden erschwinglich machten, gerieten die Kräutergärten mehr und mehr in Vergessenheit. Wer jätete noch Liebstöckel, wenn man Maggiwürze gleich nebenan kaufen konnte, wer säte Rosmarin und Boretsch, wenn man Pfeffer und Curry verwenden konnte!

Erst in den letzten Jahren sind alle Gewürze wieder zu Ehren gekommen. Kaum einer, der sich nicht freut, eine Vielzahl von Büchschen und Döschen wohlriechenden Inhalts zu besitzen, damit experimentieren und probieren zu können, durch neuartige Kompositionen manch alltäglicher Speise einen anderen Akzent zu verleihen.

Was nun die »fremden« und die »heimischen« Gewürze angeht, würde ein Frauenzimmerlexicon unserer Tage wohl anders entscheiden. Da die Pfeffertütchen im Lebensmittelregal der Kaufhalle so selbstverständlich sind, ist ein Bündel frischer Dill, ein Stengel Zitronenmelisse, eine Handvoll blauer Boretschblüten wieder zur Rarität geworden...

Wacholdersoße

50 g Fett, 40 g Mehl, 8 Wacholder-
beeren, Salz, Pfeffer, 1 Prise Zucker,
Fleischbrühe, etwas abgeriebene
Zitronenschale, etwas Essig, ¼ l Rotwein.

Im heißen Fett das Mehl mittelbraun
rösten, Wacholderbeeren zerdrücken
und dazugeben, mit Brühe auffüllen,
die Gewürze zufügen und alles 30 Minuten leicht kochen lassen. Durch ein
Sieb streichen und mit Essig und Rotwein abschmecken.

Wachtelkraftbrühe
mit Wachteleiern

3 Wachteln, 500 g Kalbsknochen,
100 g Wurzelwerk, Salz, Pfeffer,
1 Stück Lorbeerblatt, 2 Wacholder-
beeren, etwas Weinbrand,
10 Wachteleier, Margarine.

Von den vorbereiteten Wachteln die
Brüste und das Fleisch von den Keul-
chen lösen. Die Knochen zusammen
mit den Kalbsknochen, dem Wurzelwerk und den Gewürzen in 1½ Liter
Wasser ansetzen und daraus eine
Fleischbrühe kochen. Mit Weinbrand
abschmecken, die Brühe durchseihen.
Die Wachteleier in kaltem Waser ansetzen und 3 Minuten kochen lassen.
Abschrecken, schälen und als Einlage
in die Brühe geben. Das Wachtelfleisch kurz in Margarine braten, in
Würfel schneiden, in die Brühe geben.

Wachteln in Weinlaub

4 bis 6 Wachteln, Salz, Pfeffer,
50 g Speck, 50 g Fett, Weinlaub, Weißbrot.

Dazu eignen sich ganz junge Wachteln am besten. Die Wachteln putzen,
salzen, dressieren, zuerst in Weinlaub
und dann in eine dünne Speckscheibe
wickeln und festbinden. In heißem
Fett braten. Kurz vor dem Bräunen
den Speck abnehmen, in Würfel
schneiden und auf geröstete Weißbrotscheiben verteilen. Darüber je
eine halbe Wachtel legen und die
Soße darübergießen. Als Beilage geschmorte Äpfel – mit Johannisbeermarmelade gefüllt – reichen. Das
Weinlaub kleinschneiden, dazulegen.

Wachteln mit Kräutern

4 bis 6 junge Wachteln, Salz, Pfeffer,
50 g Speck, Bratfett, Kräuter,
Zitrone, 50 g Butter.

Die Wachteln ausnehmen, reinigen,
würzen, mit Speck umwickeln und in
heißem Fett braten. Den Speck abnehmen, feinwiegen und mit reichlich
gehackten Kräutern, etwas Zitronensaft, ganz wenig geriebener Zitronenschale und Butter an die Soße geben.
Über die Wachteln gießen.

Wachteln mit Röstbrot

4 Wachteln, Salz, Pfeffer, 50 g Speck,
50 g Fett, Weißbrot.

Die frischen, ausgenommenen und
gereinigten Wachteln würzen, mit
Speck umwickeln und in heißem Fett
braten. Kurz vor dem Bräunen den
Speck abnehmen, die Wachteln halbieren und mit gerösteten Weißbrotscheiben und kleingeschnittenem
Speck servieren.

Wachteln nach Weidmanns-Art

4 bis 6 Wachteln, 1 bis 2 Zwiebeln,
Petersilie, Salz, Pfeffer, 1 Zitrone,
50 g Butter, 1 Glas Rotwein,
$\frac{1}{8}$ l Fleischbrühe, $\frac{1}{8}$ l saure Sahne.

Die gerupften, gesengten und ausgenommenen Wachteln innen und außen mit einem Gemisch aus feingehackten Zwiebeln, Petersilie, Salz, Pfeffer und geriebener Zitronenschale bestreichen und in Butter goldbraun braten. Wenn die Wachteln gar sind, Rotwein, etwas Fleischbrühe sowie saure Sahne zufügen und noch kurz darin schmoren lassen. Dann halbieren und auf Tomatenreis anrichten. Dafür Risotto mit etwas Tomatenmark verrühren, mit Zitronensaft, einer Prise Zucker, Salz und Worcestersauce abschmecken.

Wachteln »Weinhändler-Art«

4 Wachteln, 100 g Speck, 1 Glas Weißwein, 1 Brühwürfel, 40 g Margarine,
$\frac{1}{2}$ Glas Weinbeeren, Salz.

Die gerupften und ausgenommenen Wachteln mit wenig Salz einreiben, mit Speckscheiben umwickeln, evtl. mit Zwirn festbinden. In einer Pfanne Margarine erhitzen und die Wachteln darin braten, bis sie gar sind (etwa 15 bis 20 Minuten). Dann die Speckreste ablösen und die Wachteln warm stellen. Den Bratensatz mit einem Glas Weißwein ablöschen und mit dem Brühwürfel verfeinern. Die Weinbeeren zufügen und heiß werden lassen und damit die Wachteln anrichten.
Als Beilage eignen sich Kartoffelpüree und ein Frischkostsalat.

Waffeln

250 g Butter, 50 g Zucker,
1 Päckchen Vanillinzucker,
abgeriebene Zitronenschale,
6 Eier, 500 g Mehl,
1 Päckchen Backpulver, $\frac{1}{2}$ l Milch
oder Sahne.

Die Butter schaumig rühren, langsam Zucker, Vanillinzucker, Zitronenschale und Eier dazugeben. Danach das mit Backpulver gemischte und gesiebte Mehl abwechselnd mit der Milch unterrühren, bis der Teig Blasen wirft. In einem vorgeheizten Waffeleisen, das jedesmal mit einer Speckschwarte ausgestrichen wird, den Teig backen. In das Waffeleisen nicht zu viel Teig geben.

Waldorfsalat

1 zarte Sellerieknolle, 200 g säuerliche Äpfel, Saft von 1 Zitrone,
50 g Walnußkerne.
Für die Marinade: *40 g geschlagene Sahne, Salz, weißer Pfeffer,*
1 Prise Zucker, 40 g Mayonnaise.
Zum Garnieren: *Salatblätter,*
Cocktailkirschen, Walnußkerne.

Die Sellerieknolle schälen, waschen, abtropfen lassen. Die Äpfel waschen, schälen und entkernen. Beides in sehr feine Stifte von 2 cm Länge schneiden und sofort mit Zitronensaft marinieren. Dann die Walnüsse hacken und dazugeben. Für die Marinade die Sahne mit etwas Salz, weißem Pfeffer und einer Prise Zucker unter die Mayonnaise heben. Den Salat damit anmachen, kalt stellen und nachschmecken. Glasteller mit Salatblättern belegen, den Salat darauf verteilen und mit Cocktailkirschen und einigen Walnußkernen garnieren.

Walnußcreme

125 g Walnußkerne, 15 g Gelatine,
3 Eigelb, 75 g Zucker,
1/4 l Orangensaft, 1 Flasche Schlagsahne, 2 Likörgläser Weinbrand,
einige kandierte Kirschen.

Die Walnußkerne grobhacken, einige für die Garnitur zurücklassen. Die Gelatine in wenig kaltem Wasser einweichen. Eigelb und Zucker verrühren, 1/4 Liter erhitzten Orangensaft zufügen und im heißen Wasserbad 2 Minuten rühren. Darin die gequollene Gelatine auflösen und abkühlen lassen. Beginnt die Creme zu stocken, die steifgeschlagene Sahne, die gehackten Nüsse sowie den Weinbrand unterheben. Die Creme kalt stellen, vor dem Auftragen mit Walnußkernen und kandierten Kirschen garnieren.

Walnußhäufchen

200 g Walnußkerne, 300 g Mehl,
1 Teel. Backpulver, 180 g Zucker,
1 Päckchen Vanillinzucker,
30 g geraspelte Schokolade, 2 Eier,
100 g Butter oder Margarine,
100 g Schmelzbutter, 50 g Quark,
100 g Schokoladen-Fett-Glasur.

100 Gramm Walnüsse hacken. Mehl, Backpulver, Zucker, Vanillinzucker, die geraspelte Schokolade, die Eier, das weiche Fett und den Quark miteinander verrühren. Die gehackten Nüsse unterrühren und den Teig eine

Stunde kalt stellen. Mit 2 Teelöffeln kleine Häufchen auf das Backblech setzen. Bei schwacher Hitze backen. Auskühlen lassen, mit der geschmolzenen Fettglasur überziehen und mit den restlichen Walnüssen belegen.

Walnußsoße

1 Zwiebel, 1 bis 2 Knoblauchzehen,
20 g Butter, 20 g Mehl, 1/4 l Fleischbrühe (Brühpaste), Weinessig,
gemahlene Nelke, eine Prise Zimt,
1 Lorbeerblatt, weißer Pfeffer,
Safran, Salz, Petersilie, Orangensaft,
60 g geriebene Walnußkerne.

Zwiebel und Knoblauch sehr fein hakken, in der Butter glasig anschwitzen. Das Mehl dazugeben, alles anschwitzen, mit der Brühe auffüllen und einige Minuten unter öfterem Rühren kochen. Dann alle Gewürze nach Belieben zugeben, ebenso gehackte Petersilie und Orangensaft. Zuletzt die Walnußkerne unterrühren und abschmecken.
Walnußsoße ist im Kaukasus eine beliebte Zugabe zu Fleischspeisen, besonders aber zum Brathähnchen.

Walnußtorte

Für den Teig: *160 g Margarine,*
150 g Zucker, 1 Prise Salz, 1 Ei,
300 g Mehl.
Für die Füllung: *20 g Butter,*
300 g Zucker, 250 g grobgehackte
Walnüsse, 200 ml Sahne, 1 Eigelb.

Margarine mit Zucker, Salz und Ei verkneten. Das Mehl darübersieben und alles rasch zu einem geschmeidigen Teig verkneten. Zu einer Kugel formen, in Alufolie wickeln und 1 bis 2 Stunden in den Kühlschrank legen. Dann ⅔ des Teiges dünn ausrollen und eine niedrige runde Kuchenform, die zuvor gefettet wurde, damit auslegen. Den Rand etwas überstehen lassen. Den restlichen Teig wieder kalt stellen. Für die Füllung die Butter in einem Topf schmelzen, nach und nach den Zucker zugeben und unter ständigem Rühren hellbraun karamelisieren lassen. Die Walnüsse zufügen, sofort mit der flüssigen Sahne aufgießen und kurz aufkochen lassen. Leicht abgekühlt auf dem Tortenboden verteilen. Den restlichen Teig zu einer runden Platte ausrollen und auf die Nußfüllung legen. Den Rand mit verquirltem Eigelb bestreichen, den überstehenden Teil über die Oberfläche klappen und fest andrücken. Auch die Oberfläche mit Eigelb bestreichen und mit einer Gabel mehrmals einstechen. Bei 200 °C 30 bis 40 Minuten backen.

Warmbier

½ l helles oder dunkles Bier,
3 Eßl. Zucker, Zitronensaft, Zimt,
¾ l Milch, 1 Eßl. Speisestärke, 2 Eigelb.

Das Bier mit dem Zucker, Zitronensaft und Zimt erhitzen. Von der Milch einen knappen ¼ Liter abnehmen und mit Speisestärke und Eigelb verquirlen. Die restliche Milch erhitzen und, wenn sie kocht, die verquirlte Flüssigkeit zugeben. Alles kurz aufkochen und nachziehen lassen. Das erhitzte Bier zufügen. Nach Belieben mit Zucker abschmecken.

Warme Rebhuhnpastete

3 gedünstete Rebhühner, ½ l braune
Soße (Würfel), 100 g Champignons,
6 Eigelb, Salz, Pfeffer, Muskat,
Speckscheiben zum Auslegen der Form.

Von den Rebhühnern das Fleisch lösen und durch den Fleischwolf drehen. Die Knochen zerhacken und mit wenig Wasser gut auskochen. Die Brühe passieren und mit der braunen Soße vermischen. Das Fleisch hineingeben und heiß durch ein Sieb streichen oder im Mixer pürieren. Die feingehackten Champignons und nach und nach die Eigelb darunterziehen. Mit den Gewürzen abschmecken und die Masse in die mit Speck ausgelegte Form füllen. Gut verschließen und die Pastete ¾ Stunde im Wasserbad garen. Heiß zu Tisch bringen.

Warmer Kartoffel-Speck-Salat

800 g gare Pellkartoffeln, 2 hart-
gekochte Eier, 50 g Speck, 2 Zwiebeln,
2 Eßl. feingehackte Petersilie, Pfeffer.
Für die Marinade: 1 Zwiebel, Salz,
1 Teel. Zucker, ½ Lorbeerblatt,
5 Pfefferkörner, 1 bis 2 Eßl. Essig,
⅛ l Brühe oder Wasser.

Die geschälten, erkalteten Kartoffeln und die Eier in Scheiben schneiden, vorsichtig vermengen und mit der heißen Marinade übergießen. Dafür die Zwiebel in kleine Würfel schneiden, mit Salz, Zucker, Lorbeerblatt, den zerdrückten Pfefferkörnern und Essig in die Brühe oder das Wasser geben. Alles langsam zum Kochen bringen und auf die Hälfte einkochen lassen. Die fertige Marinade durchseihen.

Den Speck in kleine Würfel schneiden und ausbraten. Die Zwiebeln in Würfel schneiden und darin goldbraun braten. Über die Kartoffeln verteilen. Petersilie und Pfeffer dazugeben und vorsichtig unter den Salat ziehen. Warm servieren.

Warmer Rotwein-Flip
(Einzelportion)

1 Likörglas Weinbrand, 1 Glas Rotwein,
1 Ei, 3 Teel. Puderzucker,
1 Stück Zitronenschale.

Den Weinbrand und Rotwein stark erhitzen, aber nicht kochen lassen und rasch kräftig mit Ei und Puderzucker verrühren. Zuletzt etwas Aromaöl aus der Zitronenschale darüberspritzen.

Warnemünder Speckschollen

4 Portionsschollen oder Flundern,
Essig, Salz, Pfeffer, 150 g durch-
wachsener Speck, 80 g Mehl,
1½ Zitronen, Petersilie oder Dill.

Von den Schollen die Köpfe an den Kiemenbögen entlang abtrennen. Die Blutpartien hinter den Köpfen sauber entfernen (das sind die Nieren des Fisches). Mit kräftigem Essig-Salz-Wasser den Schleim abstreifen. Die Schollen auf beiden Hautseiten ziselieren (d. h. die Haut in 2-fingerbreiten Abständen oberflächlich einschneiden). Dann die Fische noch einmal gut waschen, mit Essig oder Zitronensaft beträufeln, rundherum salzen und pfeffern. Die Speckwürfel ausbraten und aus dem Fett nehmen. Die vorbereiteten Schollen in leicht gesalzenem

Mehl wenden und im Speckfett von beiden Seiten goldbraun und garbraten. Sollte das Speckfett nicht ausreichen, noch etwas Schweineschmalz zufügen.

Die Fische auf eine vorgewärmte Platte legen, mit den Speckwürfeln bestreuen, mit geschälten, entkernten Zitronenscheiben, Petersilie oder Dill garnieren.

Dazu paßt ein Kartoffelsalat – mit Dill angemacht und mit vielen Gurkenscheiben garniert. Als Getränk ein kühles Bier und einen Korn reichen.

Warschauer Pilzsuppe

1 kg Pilze, ½ Zwiebel,
100 g Margarine, 3 Eßl. Mehl,
½ l Fleischbrühe, Salz, Pfeffer,
½ l Joghurt, 1 Bund Petersilie.

Die Pilze säubern, waschen und in Scheiben schneiden. Die Zwiebel grobhacken. Beides in der Margarine anbraten. Mit dem Mehl bestäuben und mit der Fleischbrühe auffüllen. Mit Salz und Pfeffer abschmecken, Joghurt unterrühren und mit gehackter Petersilie bestreuen.

Weihnachtsgans
(für 6 bis 8 Personen)

1 große Gans, Pfeffer, Salz, 4 Äpfel,
2 Stengel Beifuß, 1 Glas Weinbrand,
2 Eßl. Stärkemehl.

Die ausgenommene Gans waschen und nach dem Abtropfen mit Pfeffer und Salz einreiben. Die Äpfel vierteln, vom Kerngehäuse befreien, mit dem Beifuß in die Gans geben und die Öffnung zustecken. In einer großen Bratpfanne die Gans mit ¼ Liter heißem Wasser übergießen und in die auf 200 °C vorgeheizte Backröhre schieben. Nach 1 Stunde die Gans drehen, das ausgetretene Fett abschöpfen und nochmals heißes Wasser zugeben. Danach fertigbraten und dabei öfter mit dem Bratensaft übergießen. Die fast fertige Gans mit kaltem Salzwasser und dem Weinbrand überpinseln.

Nochmals in die heiße Backröhre schieben, damit die Haut schön knusprig wird. Den Bratensaft mit dem in Wasser angerührten Stärkemehl leicht binden. Mit Rotkohl und Thüringer Klößen servieren.

Weihnachtsgans mit Bratäpfeln

1 Gans, Salz, Pfeffer, 6 Äpfel,
1 Stengel Beifuß, 2 Zwiebeln,
80 g Rosinen, 1 Eßl. Stärkemehl.

Die Gans innen und außen kräftig mit Salz und Pfeffer einreiben. Die Äpfel ausstechen und den Deckel abschneiden. Diese Abschnitte mit dem Beifuß in die Gans geben und zustecken. In einer großen Pfanne mit ½ Liter Wasser im vorgeheizten Backofen ½ Stunde zugedeckt dünsten. Dann den Deckel abnehmen und die Gans auf der Brust und dann auf dem Rücken in etwa 2 Stunden garbraten. In der letzten halben Stunde die groben Zwiebelwürfel in den Bratfond geben. Die Äpfel mit Rosinen füllen und am Rand mit garen lassen. Als Beilage zur tranchierten Gans servieren. Das reine Fett vom Bratensaft nehmen, den Rest mit etwas Wasser von der Pfanne abkochen und leicht mit Stärkemehl binden. Die Soße durch ein Sieb geben. Als Beilage Rotkohl und Kartoffelklöße servieren.

Weihnachtsgetränk
»Cola de mono«
(Für 10 Portionen)

3 l Milch, Zucker nach Geschmack,
1 Stange Vanille, 5 Nelken,
2 Stück Stangenzimt,
2 Tassen sehr starker Mokka,
1 Flasche Wodka (0,7 l),
geriebene Muskatnuß.

Milch, Zucker, Vanillestange, Nelken und Zimt aufkochen. Mehrfach umrühren und zum Abkühlen vom Feuer nehmen. Zu der erkalteten Milch den Mokka geben und alles für 1 Stunde beiseite stellen. Dann durch ein Sieb seihen, den Wodka dazugießen, gut umrühren und noch etwas stehen lassen. Zuletzt eine Prise Muskatnuß daranreiben, in Flaschen abfüllen und im Kühlschrank aufbewahren. Kalt servieren.

Dieses erfrischende, köstliche Getränk kann auch in größeren Mengen hergestellt und aufbewahrt werden.

Weinbrandäpfel

40 g Johannisbeergelee, ¼ l Weißwein,
1 Eßl. Zucker, 750 g Äpfel,
2 Gläschen Weinbrand, 2 Eigelb,
2 Eßl. Puderzucker,
2 bis 3 Eßl. Dessertwein.

Das Johannisbeergelee auf kleiner Flamme schmelzen lassen, Wein mit Zucker unterrühren. Die geschälten

Äpfel vierteln, die Kerngehäuse entfernen und die Viertel in Spalten schneiden. In die Flüssigkeit geben und den Weinbrand zufügen. Mit dem Saft in Portionsgläser füllen. Eigelb mit Puderzucker schaumig rühren, Dessertwein zugießen und bei milder Hitze so lange schlagen, bis sich am Rand Kochblasen zeigen. Die Creme wird sehr schaumig und dicklich über die Äpfel verteilt.

Weinbrand-Julep
(Einzelportion)

5 frische Pfefferminzblätter,
1 Teel. Zucker, 6 cl Weinbrand,
1 Pfirsich, 4 Erdbeeren.

Die Pfefferminzblätter in einem Glas mit Zucker zerreiben. Weinbrand und fein zerstoßenes Eis zugeben, umrühren und mit Früchten und einem frischen Pfefferminzblättchen garnieren.

Weinbrandkonfekt

100 g Vollmilchschokolade, 50 g Zartbitterschokolade, 125 g Butter,
125 g Puderzucker, 2 cl Weinbrand,
30 g Kakao, Kakao zum Formen.

Die Schokolade in eine Schüssel bröckeln und im Wasserbad schmelzen lassen. In einer anderen Schüssel Butter und Puderzucker schaumig rühren. Eßlöffelweise die flüssige Schokolade unterrühren. Zum Schluß Weinbrand und Kakao zufügen. ½ Stunde im Kühlschrank ruhen lassen. Dann die Hände mit Kakao bestäuben und kleine Kugeln aus der Masse formen. Kühl aufbewahren.

Weinbrandröllchen

125 g weiche Butter, 35 g Puderzucker,
2 Eßl. Sirup, 50 g Mehl,
½ Teel. gemahlener Ingwer,
¼ Tasse Weinbrand,
2 Teel. feinabgeriebene Zitronenschale.
Für die Füllung: ⅜ l süße Sahne,
35 g Puderzucker, 2 Eßl. Weinbrand.

In einer Pfanne 60 Gramm Butter, Puderzucker und Sirup aufkochen und so lange rühren, bis sich Butter und Zucker völlig aufgelöst haben. Die Pfanne vom Feuer nehmen. Mit einem großen Löffel nach und nach Mehl, Ingwer, Weinbrand und Zitronenschale hineinrühren, bis alles ganz glatt ist. In Abständen von 10 cm mit einem Teelöffel kleine Teighäufchen auf das Blech setzen und 8 bis 10 Minuten backen, bis die Teighäufchen zu Plätzchen von etwa 7 cm Durchmesser verlaufen sind und eine goldbraune Farbe angenommen haben. Die Backröhre abschalten. Die Plätzchen zum Warmhalten im Ofen stehenlassen, damit sie nicht hart werden. Möglichst schnell die Plätzchen nacheinander vom Blech nehmen und um den butterbestrichenen Griff des Holzlöffels wickeln. Das Röllchen vom Löffelgriff streifen und auf ein Kuchengitter geben. Mit der restlichen Butter den Löffelgriff öfters nachfetten. Kurz vor dem Servieren die Sahne in einer kalten Schüssel schlagen, bis sie dick zu werden beginnt, den Puderzucker zufügen und weiterschlagen, bis die Sahne steif ist. Den Weinbrand vorsichtig unterziehen. Die Sahne mit dem Spritzbeutel in die Röllchen füllen und diese sofort servieren.

Weinbrandsoße

30 g Butter, 2 Eßl. Zucker,
1 Weinglas guter Weinbrand.

Die Butter mit dem Zucker auf schwachem Feuer zergehen lassen. Den Weinbrand zugießen und zum Sieden bringen. Diese Soße über den Pudding gießen und anzünden. Sie brennt nur, wenn sie kochendheiß ist.

Wein-Chaudeau

4 Eigelb, 1 Ei, 1 Prise Salz,
125 g Puderzucker, ½ l Weißwein,
1 Spritzer Zitronensaft,
1 Likörglas Weinbrand.

Die Eigelb mit Ei, Salz und dem Zucker verrühren. In ein Wasserbad stellen, das nicht kochen darf, und langsam den Wein unterschlagen, bis die Masse dick und schaumig wird. Den Zitronensaft sowie den Weinbrand unterrühren und in Gläser füllen. Kühl stellen.

Weingelee

3 Tassen Weißwein, 90 g Zucker,
1 Eßl. Zitronensaft,
1 Eßl. Orangensaft,
1 Eßl. Gelatine, Früchte.

Wein, Zucker, Zitronen- und Orangensaft unter ständigem Rühren heiß werden lassen. Die in 4 Eßlöffel Wasser aufgelöste Gelatine zufügen, vom Feuer nehmen und einige Zeit stehenlassen. Kurz bevor das Gelee anfängt fest zu werden, über die vorbereiteten Früchte gießen. Weingelee gut gekühlt servieren.

Weinkraut

2 große Zwiebeln, 2 herbe Äpfel,
40 g Gänsefett, 750 g Sauerkraut,
¼ l herber Weißwein, 6 Wacholderbeeren, ½ Teel. Kümmel, 1 Knoblauchzehe, 1 Möhre, 200 g Weinbeeren.

Die geschälten Zwiebeln feinhacken. Die Äpfel schälen, vom Kernhaus befreien, vierteln und in Scheibchen schneiden. Alles in dem erhitzten Gänsefett goldgelb werden lassen. Dann das grob zerschnittene Sauerkraut zugeben, den Wein auffüllen, die Wacholderbeeren, den Kümmel sowie den grobgehackten Knoblauch zufügen und alles umrühren. Obenauf die geputzte Möhre im ganzen legen. Ein gefettetes Butterbrotpapier über das Gemüse decken und den Topf fest verschlossen etwa 1½ Stunden auf kleiner Flamme dünsten lassen. Dann das Papier und die Möhre herunternehmen. Das Kraut mit den halbierten, von den Kernen befreiten Weinbeeren vermischen und kurz durchziehen lassen.

Weinschaumbecher

200 g Weintrauben, ½ l Weißwein,
125 g Zucker, 1 Zitronenschalenspirale, 5 Eier, 2 Teel. Zitronensaft,
2 gestrichene Teel. Weizenin.

Die Weintrauben waschen und entstielen. Wein, Zucker, Zitronenschale, Eier, Zitronensaft und Weizenin in einen Topf geben, diesen in ein Wasserbad stellen und bei mittlerer Hitze die Masse mit dem Schneebesen schaumig schlagen. Das Wasser im Außentopf soll nicht sprudeln, sondern nur heiß bleiben. Wenn die Eimasse beginnt, cremig zu werden und aufzusteigen, sofort vom Ofen nehmen und noch heiß in 4 Gläser füllen. Dabei die Zironenschale entfernen. Die Weinbeeren in die Creme einsinken lassen. Mit einigen kleinen gezukkerten Weintrauben garnieren und sofort servieren. Nach Belieben die Weinbeeren abziehen und die Kerne entfernen.

Weinschaumsoße

¼ l Weißwein (Boglari,
Otonell o. ä.), 3 Eigelb,
etwa 70 g Zucker, Saft von 1 Zitrone.

Alle Zutaten im Wasserbad schlagen, bis die Masse dickflüssig ist. Weinschaumsoße paßt vorzüglich zu Strudel, Eis, Parfait, Beignets, Crêpes und anderen Süßspeisen.

Weißbrot mit Kümmel

25 g Hefe, 30 g Zucker, ¼ l lauwarme
Milch, 400 g gesiebtes Mehl, 2 Eier,
125 g weiche Butter, 1 Eßl. Salz,
1 Eßl. Kümmel, Mehl.

Die Hefe mit etwas Zucker in ¼ Liter lauwarmes Wasser geben, 2 bis 3 Minuten stehenlassen, dann umrühren und noch einige Minuten an einem warmen Ort gehen lassen. Die Milch zufügen und 300 Gramm Mehl nach und nach unterrühren. Die Eier einzeln zufügen und zum Schluß die Butterflöckchen unterrühren. Den Teig so lange schlagen, bis er in einer großen Kugel zusammenhält. Das restliche Mehl auf einem bemehlten Brett löffelweise in den Teig kneten. So lange kneten, bis der Teig steif und verhältnismäßig trocken ist. Den Teig zu einer Kugel formen, in eine Schüssel legen und mit so viel kaltem Wasser begießen, daß er mehrere Zentimeter bedeckt ist. Nach 10 bis 15 Minuten sollte der Teig über die Wasseroberfläche aufgegangen sein. Den Teig aus dem Wasser nehmen und mit Küchenkrepp so trocken wie möglich klopfen. Dann auf ein bemehltes Brett legen, den Teig zusammendrücken, den restlichen Zucker, Salz und Kümmel darüberstreuen und den Teig noch etwa 10 Minuten kneten, bis er glatt und elastisch geworden ist. Dann zu einem runden Brot formen, auf ein mit Mehl bestreutes Backblech legen und mit einem Küchentuch leicht bedecken, 30 Minuten gehen lassen, etwa bis zur doppelten Größe. In der vorgeheizten Backröhre etwa 1 Stunde backen, bis es goldbraun ist.

Weiße Mokka-Fondue

50 bis 80 g Kaffeebohnen, ¼ l Milch,
¼ l süße Sahne, 60 g Stärkemehl,
50 g Puderzucker, 2 cl Weinbrand,
Pfirsiche, Aprikosen, Äpfel,
Pampelmusen, Waffelgebäck,
Sandgebäck.

Die ungemahlenen Kaffeebohnen mit der kochenden Milch übergießen und etwa 30 Minuten ziehen lassen. Die Milch laugt die Kaffeebohnen in dieser Zeit aus. ⅛ Liter süße Sahne mit der von den Kaffeebohnen abgegossenen Milch zum Kochen bringen. Stärkemehl und Puderzucker in der restlichen Sahne anrühren und in die

Champignonsuppe
Geflügelleber mit Apfelringen auf Toast
Schweinerückensteak »Strindberg«
Zitronencreme

Wachtelkraftbrühe mit Wachteleiern
Forelle blau

Gebratene Kalbsniere
Erdbeertörtchen

Pizzavariationen

kochende Milch gießen. Mehrmals aufkochen lassen, bis die Fondue sämig ist. Zum Schluß mit Weinbrand abschmecken!

Soll der Mokkageschmack stärker sein, können auch bis zu 100 Gramm Kaffeebohnen verwendet werden. Früchte und Gebäck gesondert dazu anrichten.

Weiße Pfeffernüsse

2 Eier, 220 g Zucker, 1 Teel. Zimt, knapp 1/2 Teel. gemahlene Nelken, 1 Teel. Kardamom, 1 Teel. frisch gemahlener weißer Pfeffer, 50 g Zitronat, 50 g Orangeat, 220 g Mehl, 50 g geriebene Mandeln.

Eigelb mit Zucker und 1 Teelöffel Wasser cremig rühren. Zimt, Nelken, Kardamom und Pfeffer vermischen, Zitronat und Orangeat sehr fein hakken und mit Mehl, Mandeln und den Gewürzen unter die Eicreme mischen. Das steifgeschlagene Eiweiß unterkneten. Eine Teigrolle von etwa 3 cm Durchmesser formen und 1 cm dicke Scheiben abschneiden. Kugeln formen und auf dem Backblech über Nacht stehen lassen. Dann bei schwacher Hitze etwa 25 Minuten backen.

Weiße-Rüben-Auflauf

750 g weiße Rüben, 125 g Butter, Salz, Sahne, Pfeffer, 20 g Semmelbrösel.

Die Rüben schälen und raspeln oder in dünne Stifte schneiden und in 60 Gramm zerlassener Butter unter öfterem Rühren 10 Minuten garen. Salz zufügen. Eine Auflaufform mit Butter ausstreichen, die Rüben hineingeben, Sahne darübergießen und mit reichlich Pfeffer würzen. In der restlichen Butter die Semmelbrösel unter Rühren hellbraun rösten und über die Rüben streuen. Den Auflauf in der Röhre bei Mittelhitze etwa 30 Minuten backen, bis die Oberfläche goldbraun ist.

Weißkohleintopf mit Gänsefleisch

200 g weiße Bohnen, 1 Wurzelwerk, 2 Zwiebeln, 2 Knoblauchzehen, 500 g Gänseklein, 2 Gänsekeulen, 4 Lorbeerblätter, 1 kg Weißkohl, 375 g Möhren, 250 g Kartoffeln, 1 dicke Porreestange, 1 Teel. Thymian, Pfeffer, Salz, 1 Bund Petersilie.

Die Bohnen am Vortag in Wasser einweichen. Das Wurzelwerk putzen, waschen und grob zerkleinern. Die Zwiebeln schälen und vierteln. Die Knoblauchzehen schälen. Das Gänseklein mit Wurzelwerk, Zwiebel und Knoblauch rasch scharf anbraten. Die Gänsekeulen und Lorbeerblätter dazugeben und ebenfalls anbraten. Mit 2 Liter Wasser auffüllen und 1½ Stunden kochen lassen. Den Weißkohl putzen, vierteln und hobeln. Die Möhren und Kartoffeln schälen und in dünne Scheiben schneiden. Den Porree putzen, waschen und in Ringe schneiden. Die Gänsekeulen aus der Brühe nehmen und beiseite stellen. Die Brühe durch ein Sieb gießen, 1 Liter Wasser dazugießen und die eingeweichten Bohnen darin 30 Minuten kochen lassen. Den Kohl zufügen, nach weiteren 30 Minuten die

Kartoffeln und Möhren. Alles noch 30 Minuten kochen lassen. Das Fleisch von den Gänsekeulen lösen und mit dem Porree in den Eintopf geben. 10 Minuten ziehen lassen. Mit Thymian, Pfeffer und Salz abschmekken und mit frischer Petersilie bestreut servieren.

Weißkohlrouladen

1 Weißkraut, 1 große Zwiebel,
1 Knoblauchzehe, 1 Eßl. Schmalz,
2 Eßl. gekochter Reis, Pfeffer, Salz,
Majoran, Kümmel, Edelsüß-Paprika,
1 Ei, 500 g Hackepeter, 100 g Speck,
Mehl, saure Sahne.

Das Weißkraut in einzelne Blätter zerlegen und in Salzwasser etwa 10 Minuten bei schwacher Hitze garen. Herausnehmen und ins kalte Wasser legen, dann abtropfen lassen. Zwiebelwürfel und die zerdrückte Knoblauchzehe in heißem Schmalz dünsten. Nach dem Erkalten zusammen mit dem Reis, den Gewürzen und dem Ei mit dem Hackepeter gut vermischen. Die Hackmasse auf den Krautblättern verteilen und vom Stielansatz aus wickeln (dabei die Seiten nach innen schlagen).
Den Schmortopf mit Schmalz ausstreichen, die Rouladen hineinlegen und in der Bratröhre garen. Ab und zu etwas Flüssigkeit eingießen. Kurz vor dem Garwerden den in Scheiben geschnittenen Speck über die Rouladen legen und alles zu Ende garen. Die Soße mit Mehl binden und mit etwas saurer Sahne verfeinern. Als Beilage Kartoffeln oder Kartoffelpüree reichen.

Weißkraut auf Warschauer Art

1 Weißkraut, 125 g durchwachsener
Speck, 2 Zwiebeln,
knapp ¼ l Fleischbrühe, Salz,
Pfeffer, 2 Eßl. Butter, 1 Eßl. Semmel-
brösel, 3 hartgekochte Eier.

Von dem Weißkraut die äußeren Blätter entfernen. Dann das Kraut in Achtel teilen, dabei den Strunk herausschneiden. Den Speck in Würfel schneiden und in einem Topf auslassen. Die Grieben herausnehmen, in dem Fett die feingehackten Zwiebeln glasig dünsten. Die Krautstücke zufügen und ganz kurz anbraten. Die Fleischbrühe auffüllen, mit Salz und Pfeffer würzen. Zugedeckt 30 bis 35 Minuten schmoren lassen. Inzwischen in der Butter die Semmelbrösel goldbraun rösten, die Speckgrieben zufügen und kurz mit erhitzen. Die Eier schälen und in Würfelchen schneiden. Das Kraut beim Anrichten mit Semmelbröseln, Grieben und Eiern bestreuen.

Weißkraut-Käse-Salat

500 g Weißkraut, 200 g rote Paprika-
früchte, 2 rote Peperoni,
300 g Schnittkäse, 1 Zwiebel.
Für die Marinade: 1 Eigelb, 6 Eßl. Öl,
2 Eßl. Essig, Salz, Pfeffer, Zucker,
1 Teel. Senf, 1 Bund Schnittlauch.

Vom Weißkraut die äußeren Blätter entfernen. Den Kopf in Viertel schneiden, vom Strunk befreien. Das Weißkraut feinhobeln, in eine Schüssel geben und mit 1 Liter kochendem Wasser übergießen. 10 Minuten zugedeckt stehenlassen, dann auf einem

Sieb abtropfen lassen. Die vorbereiteten Paprikafrüchte in feine Streifen schneiden, die Peperonis halbieren und ohne Kerne kleinschneiden. Den Käse in 3 cm lange Streifen, die Zwiebel in Würfel schneiden. Alles in eine Schüssel geben. Für die Marinade Eigelb und Öl verquirlen. Essig, Salz, Pfeffer, Zucker und Senf unterrühren. Den kleingeschnittenen Schnittlauch ebenfalls zugeben. Die Marinade über den Salat gießen, alles vermischen und zugedeckt im Kühlschrank durchziehen lassen.

Wermut-Cocktail
(Einzelportion)

Eiswürfel, 1 cl Gin, 1 cl Kirschwasser, 1 cl Wermut, 2 Spritzer Zitronensaft, 1 Olive oder 1 Kirsche.

Eiswürfel in den Mixbecher geben, Gin, Kirschwasser, Wermut und Zitronensaft zufügen und alles 1 bis 2 Minuten kräftig durchschütteln. In ein Trinkglas seihen, 1 Olive oder 1 Kirsche zufügen und servieren.

Wermut-Crusta
(Einzelportion)

Saft von 1 Orange, 1 Teel. Orangenlikör, 1 Spritzer Angostura, 2 cl roter Wermut, Zucker, 1 Scheibe Zitrone.

Den Orangensaft mit Orangenlikör, Angostura und Wermut verrühren, mit Eiswürfeln kühlen. Ein zweites Glas bereitstellen, die Zitronenscheibe einschneiden, auf den Glasrand setzen und rund um das Glas ziehen. Das Glas mit dem Rand in Zucker tauchen, herausnehmen. Das Getränk in das Glas füllen, ohne die Zuckerkante zu beschädigen.

Wernesgrüner Rindfleischwürfel

500 g Rindsgulasch, ½ Flasche Pilsner, 1 Knoblauchzehe, Salz, Pfeffer, 2 Eßl. Schmalz, 3 große Zwiebeln, 1 Teel. Tomatenmark, 1 Eßl. Mehl, Edelsüß-Paprika, 1 l Brühe oder Wasser, 100 g gekochter Schinken, 1 Bund Petersilie.

Das Fleisch in Würfel schneiden und mit dem Bier und der zerdrückten Knoblauchzehe etwa 24 Stunden in einem zugedeckten Gefäß stehenlassen. In einem flachen Topf Schmalz erhitzen und die in Scheiben geschnittenen Zwiebeln darin bräunen lassen. Zu starkes Bräunen durch Zugabe von einigen Tropfen Wasser verhindern! Nun die marinierten Fleischwürfel zufügen und alles gut verrühren. Zugedeckt bei mäßiger Hitze schmoren lassen, den entstehenden Fleischsaft unter öfterem Rühren etwas einkochen lassen. Das Tomatenmark zugeben und alles mit Mehl und Paprika bestreuen. Alles gut verrühren und mit der restlichen Marinade und der Brühe auffüllen, so daß die Fleischstückchen damit bedeckt sind. Bei mäßiger Hitze garen lassen. Mit Salz und Pfeffer würzen. Den Schinken in feine Streifen schneiden, kurz anrösten und über die angerichteten Fleischwürfel verteilen. Gehackte Petersilie obenaufstreuen. Frisches Weißbrot dazu reichen.

Whisky-Cocktail
(Einzelportion)

*Eiswürfel, 5 cl Whisky, 3 Spritzer
Angostura, 1/2 Barlöffel Zuckersirup,
1 Spritzer Zitronensaft,
1 Cocktailkirsche.*

Die Zutaten im Becher gut mit dem
Eis schütteln, dann in das Cocktailglas
seihen und mit der Kirsche garnieren.

Whisky-Cola
(Einzelportion)

*4 cl Whisky, einige Spritzer
Angostura nach Geschmack, Cola.*

Whisky und Angostura auf 3 Eiswürfel in ein großes Glas geben, umrühren und mit Cola auffüllen.

Whisky-Egg-Nogg
(Einzelportion)

*1 Eigelb, 4 cl Whisky, 1/8 l Milch,
1 Prise Muskat.*

Im Mixer das Eigelb und den Whisky
mit Eis verquirlen und in ein großes
Weinglas seihen. Mit der Milch auffüllen. Mit einem Hauch Muskat bestreuen.

Whisky-Ei-Mix
(Einzelportion)

*1 Eigelb, 4 cl Whisky, 1/8 l Milch,
1 Prise Muskat.*

Das Eigelb mit dem Whisky gut mixen und in ein großes Weinglas seihen. Mit der Milch auffüllen und etwas Muskat darüberstreuen.

Whisky-Julep
(Einzelportion)

*5 Blätter frische Pfefferminze,
1 Barlöffel Zucker, 6 cl Whisky,
6 Erdbeeren.*

Die Pfefferminzblätter in einem Glas
mit Zucker zerreiben. Whisky und
Eiswürfel zufügen, umrühren und mit
Früchten und einem Pfefferminzblättchen garnieren.

White-Lady-Cocktail
(Einzelportion)

*3 cl Gin, 1 cl Curaçao,
1 cl Zitronensaft, Eiswürfel,
1 Cocktailkirsche.*

Alle Zutaten im Mixbecher gut auf
Eis schütteln und ins Cocktailglas seihen. Mit der Kirsche und einem Cocktailspieß servieren.

Wiener Backhendl

*1 Broiler, Salz, Mehl, 1 Ei,
reichlich Semmelbrösel, 250 g Schmalz,
Zitronenspalten.*

Den Broiler in 4, 6 oder 8 Teile
schneiden und enthäuten. Die Teile
salzen und dünn mit Mehl bestäuben,
dann in geschlagenes Ei tauchen und
in Semmelbröseln wenden. Die über-
schüssigen Brösel abschütteln. Nun
das Fett in einer großen Pfanne erhitzen, bis es dampft (es soll während
der ganzen Bratzeit etwa 1/2 cm hoch in
der Pfanne stehen). Darin die Broilerteile von beiden Seiten kräftig goldbraun backen. Wenn es 8 Teile sind,
kommen sie sofort auf Küchenkrepp,

6 Teile müssen noch für 5 bis 10 Minuten in den Backofen, der geviertelte Broiler sogar für 10 bis 15 Minuten. Das fertige Hähnchen mit Zitronenspalten garnieren und mit einem grünen Salat auftragen. Als Beilage passen Pommes frites.

Wiener Grammelknödel

1 kg Kartoffeln, Salz, 3 Eßl. Mehl,
2 Eier, 200 g Grieben, 1 Zwiebel,
Petersilie, Pfeffer.

Die Kartoffeln mit der Schale in Salzwasser kochen, abgießen, pellen und zerstampfen. Eine Prise Salz, Mehl und Eier zugeben und zu einem Teig verarbeiten. Daraus eine Rolle formen und in Scheiben schneiden. Die Grieben zerkleinern, mit feingehackter Zwiebel, gehackter Petersilie, Salz und Pfeffer vermengen, je einen Teelöffel davon auf eine Teigscheibe geben und diese zu Knödeln formen. In Salzwasser etwa 20 Minuten garen. Mit Sauerkraut servieren.

Wiener Rostbraten

4 große Zwiebeln, 1 Knoblauchzehe,
2 Eßl. Butter, 500 g Roastbeef,
Salz, Pfeffer, 1 Eßl. Schmalz,
1 Eßl. gehackte Petersilie.

Die Zwiebeln und die Knoblauchzehe schälen, Zwiebeln in dünne Scheiben schneiden und den Knoblauch zerdrücken. Die Butter in einer Pfanne erhitzen und die Zwiebeln darin hellbraun dünsten, den Knoblauch zugeben. Die Pfanne vom Herd nehmen und warm stellen.

Das Roastbeef von Fett und Sehnen befreien und 4 Steaks daraus schneiden. Leicht klopfen und mit Salz und Pfeffer bestreuen. In heißem Schmalz von beiden Seiten sehr saftig braten und anrichten.
Die Zwiebeln nochmals kurz bei starker Hitze braten, bis sie schön knusprig sind und dann über die Steaks geben. Obenauf noch etwas gehackte Petersilie streuen.

Wiener Würstchenspieß mit Meerrettichsenf

4 Wiener Würstchen, 100 g magerer
Speck, ¼ Glas marinierter Paprika,
2 Gewürzgurken, 60 g Butter,
½ Flasche Ketchup, 1 Teel. Meerrettich.

Die Wiener Würstchen in 2 cm große Stücke, den mageren Speck in Scheiben schneiden. Den marinierten Paprika, die Gewürzgurken ebenfalls in Scheiben schneiden und im Wechsel mit Speck und Würstchen auf die Spieße ziehen. Danach in Butter braten. Das Ketchup gut mit dem Meerrettich vermengen und über die heißen Spieße geben.
Als Beilagen eignen sich Toastbrot und ein Gurken-Tomaten-Salat.

Wildente in Aspik

1 bis 2 ältere Wildenten, Salz,
Pfeffer, 1 Lorbeerblatt, Möhren,
Zwiebel, Gewürzkörner, Zitrone,
1 Eiweiß, Essig, 30 g Gelatine, Garnitur.

Die entsprechend vorbereiteten Enten in kaltem Wasser ansetzen und mit Salz, Pfeffer, Lorbeerblatt sowie

Möhren, Zwiebel und Gewürzkörnern etwa 1½ Stunden weichkochen. Die Enten herausnehmen, die Brühe etwas einkochen lassen und das Fett abnehmen. Die Brühe klären, indem man zerschlagenes Eiweiß darin aufkocht. Dieses nimmt alle Unreinheiten an sich, und die Brühe ist, wenn sie durch ein Tuch gegossen wird, völlig klar. Die Brühe mit genügend Essig abschmecken und auf 1 Liter Brühe die aufgelöste Gelatine geben. Alles über die in einer Schüssel angerichteten Entenstücke gießen. Nach dem Erkalten das Gericht auf eine flache Platte stürzen, mit Zitronenecken, Scheiben von gekochtem Ei, Tomaten, kleinen Fächern von Gewürzgurken sowie Kapern garnieren. Mit Röstkartoffeln servieren.

Wildente mit Gehacktesfülle

1 Wildente, 50 g Speck,
100 g Gehacktes, 2 Brötchen, Milch,
1 Ei, Petersilie, Salz, Pfeffer,
Majoran, Zwiebel, Zitrone, Rotwein, Fett,
1 Eßl. Johannisbeermarmelade, Maisan.

Eine große Wildente abziehen und vom Fett befreien. 1 bis 2 Brötchen in Milch einweichen, ausdrücken. 1 Ei, gehackte Petersilie, geriebene Zitronenschale, 50 Gramm feingewürfelten angeschmorten Speck, Salz, Pfeffer, Majoran, Zwiebel und Rotwein mit Gehackten vermengen. Mit dieser Masse die Ente füllen, zustecken und unter öfterem Begießen goldbraun braten. Vom Rest der Fülle Klößchen formen, diese kochen und zum fertigen Braten legen. Die Soße mit Zironenschale und Zitronensaft herzhaft würzen,

mit Rotwein und Johannisbeermarmelade abschmecken und mit Maisan andicken. Die Soße durch das Sieb gießen, einen Teil über die tranchierte Ente geben, den Rest gesondert reichen. Dazu Apfelmus, verschiedene frische Salate und gebackene Kartoffeln servieren.

Wildente mit Orangensoße

1 Wildente, 50 g Speck, Salz, Pfeffer,
40 g Butter, 1 Orange, 1 Gläschen
Weinbrand, 100 g Sauerkirschen.

Die vorbereitete Ente mit Salz einreiben und mit Speckscheiben belegen. In heißem Fett braten. Sie soll dabei rosa bleiben. Den Saft von ½ Orange, etwas geriebene Orangenschale und Weinbrand an den Bratensaft geben. Die tranchierte Ente mit Orangenscheiben und Sauerkirschen servieren. Kartoffelbällchen dazu reichen.

Wildente mit Pilzen

1 Wildente, Salz, Pfeffer,
2 bis 3 Wacholderbeeren, 50 g Speck,
Bratfett, 1 Glas Weißwein,
saure Sahne, Petersilie, Pilze, Maisan.

Die vorbereitete Ente innen und außen mit Salz, Pfeffer und zerdrückten Wacholderbeeren einreiben und dann in eine dünne große Speckscheibe wickeln, in erhitztem Fett braten. Die Soße mit Weißwein, saurer Sahne, gehackter Petersilie und geschnittenen Pilzen verfeinern. Nach Belieben die Soße mit Maisan andicken.
Als Beilage eignen sich Bandnudeln oder Kartoffelpüree.

Wildente mit Rotwein

1 bis 2 Wildenten, 80 g Butter,
2 Zwiebeln, 50 g Kochschinken,
150 g Pilze, Salz, Pfeffer, 1 Möhre,
Petersilie, 2 Wacholderbeeren,
¼ l Rotwein, etwas gekörnte Brühe,
Maisan.

Die vorbereiteten Enten in Butter oder Öl mit feingeschnittener Zwiebel anbraten. In Streifen geschnittenen Schinken, Pilze, Möhrenwürfel, Gewürze, Petersilie und Wacholderbeeren zufügen. Nach etwa einer ¾ Stunde Bratzeit Rotwein und etwas gekörnte Brühe zufügen und die Enten darin gar werden lassen. Die Soße mit Maisan binden. Einen Teil der Soße über die tranchierten Enten gießen, den Rest dazu reichen.
Als Beilage eignen sich Makkaroni oder Spaghetti, aber auch Kartoffelbällchen, Kartoffelbrei oder Klöße.

Wildentenbraten

1 Wildente, 50 g Speck, Salz, Pfeffer,
Butter, Zitrone, Petersilie oder
Salbei oder Beifuß, Möhren, saure
Sahne, Worcestersauce, ½ Glas Rotwein.

Die vorbereitete Ente mit Salz und Pfeffer einreiben, in Butter anbraten und dabei immer wieder mit heißer Butter und etwas Soße übergießen. Nach Belieben ein Stückchen Zitronenscheibe, etwas Petersilie, Salbei oder Beifuß zufügen. Nach kurzem Anbraten die geschnittenen Möhren und später einige Löffel saure Sahne, Worcestersauce und Rotwein zufügen. Zarte, noch junge fettarme Enten mit einer Scheibe Speck umbinden.

Wildhackbraten

500 g Wildbret, Speck oder Schweinebauch
1 Zitrone, Zwiebel, Salz, Pfeffer,
1 bis 2 Wacholderbeeren,
1 bis 2 Eier,
Semmelbrösel, Sahne, Rotwein.

Beliebiges Wildbret roh durch den Fleischwolf drehen. Wenn es sehr mager ist, ein Stück Schweinebauch hinzufügen. Die Masse mit geriebener Zitronenschale, gehackter Zwiebel, Salz, Pfeffer und zerdrückten Wacholderbeeren würzen. Mit Ei und Semmelbröseln vermischen. Daraus einen Braten formen und in der Bratröhre oder in eine Form gedrückt garen. Die Soße mit saurer Sahne und Rotwein aufgießen. Mit Gemüse und Salzkartoffeln servieren.

Wildkaninchen
auf französische Art

1 Wildkaninchen, Fett, Rosmarin,
1 Wurzelwerk, Rotwein, Sahne,
Knoblauch, 1 Eßl. Tomatenmark,
Zucker, Salz, gekörnte Brühe,
Petersilie.

Ein vorbereitetes Kaninchen mit Fett anbraten, Rosmarin darüberstreuen und das reichlich beigegebene Wurzelwerk braun anrösten lassen. Dann erst mit Rotwein und ein wenig Sahne aufgießen, die Soße mit etwas Knoblauchpulver, Tomatenmark, ein wenig Zucker, Salz und gekörnter Brühe abschmecken. Das zart gebratene Kaninchen in Stücke zerlegen und auf einer heißen Platte anrichten. Die Soße mit gehackter Petersilie oder Kresse und Pommes frites gesondert servieren.

Wildkaninchenfrikassee

1 Wildkaninchen, Salz,
1 Glas Weißwein, Butter, Mehl, Milch,
Zitrone, Muskat, Worcestersauce,
Zucker, 1 Eigelb, Sahne, Petersilie.

Das Wildbret roh auslösen, in möglichst große, gleichmäßige Würfel schneiden und rasch etwa 3 bis 4 Minuten in Salzwasser kochen, damit sie schön weiß bleiben. Abtropfen lassen und mit Weißwein gardünsten. Zuletzt eine weiße Mehlschwitze bereiten, mit Milch und der Kochbrühe aufgießen und mit Zitronensaft, Muskat, Salz, Worcestersauce und einer Prise Zucker würzen. Das Fleisch zufügen, alles kurz durchkochen lassen, mit Eigelb und Sahne legieren und mit Petersilie bestreuen.

Wildkaninchen in Currysoße

1 Wildkaninchen, Zwiebel, Möhren,
Petersilie, Lauch, Sellerie, Fett,
2 bis 3 Eßl. Curry, 1 Apfel, Maisan,
Salz, Pfeffer, Zucker.

Das vorbereitete Kaninchen wie üblich unter häufigem Begießen braun braten. Währenddessen reichlich Zwiebeln, Möhren, Lauch, Sellerie und Petersilie, alles kleingeschnitten, in Fett anschmoren und den Curry mit dem geriebenen Apfel dazugeben. Die Soße durchkochen und dann durch ein Sieb passieren, mit etwas Maisan binden, wenn nötig aufgießen und mit Salz, Pfeffer und nach Bedarf auch mit einer kleinen Prise Zucker würzen. Das Kaninchen in Portionsstücke teilen und die scharfe Soße darübergießen.

Wildkaninchenrücken

1 Wildkaninchenrücken, Essig, Salz,
Pfeffer, Curry, Tomatenmark, Zwiebel,
Speckscheiben, 50 g Fett,
$\frac{1}{8}$ l saure Sahne, Rotwein,
Schwarzbrotrinde, gekörnte Brühe, Pilze.

Den ausgelösten Rücken 1 bis 2 Tage in ein Essigtuch legen. Den Rücken häuten, mit Pfeffer, Salz und Curry würzen, mit Tomatenmark bestreichen, dicht mit Zwiebelscheiben bestreuen und in dünne, aber möglichst große Speckscheiben einwickeln und binden. Den Rücken in heißem Fett mit Zwiebeln knusprig braun braten. Die Soße mit saurer Sahne aufgießen und mit Rotwein, Schwarzbrotrinde, gekörnter Brühe und nach Belieben mit gehackten Pilzen abschmecken. Den Braten zuletzt von der Schnur befreien und in Scheiben schneiden.

Wildkroketten

400 g Wildfleisch, 1 Zwiebel, 2 Eier,
1 Brötchen, etwas Rotwein, Salz,
Pfeffer, Zitrone, Muskat, Semmelbrösel,
Öl oder Schmalz zum Ausbacken.

Wildfleisch, das sich nicht zum Braten eignet, mit einer Zwiebel durch den Fleischwolf geben. Darunter das in Rotwein geweichte, ausgedrückte Brötchen und 1 Ei mischen. Die Masse mit Salz, Pfeffer, abgeriebener Zitronenschale und etwas Muskat abschmecken. Sollte der Fleischteig zu dünn sein, gibt man noch einige Semmelbrösel darüber. Daraus kleine Röllchen oder Kugeln formen, in Ei und Semmelbröseln panieren und in heißem Fett ausbacken.

Wildpastete

500 g gebratenes oder gekochtes
Wildbret, 100 g Speck, 3 Sardellen,
1 Teel. Kapern, 1 Zwiebel, 1 Brötchen,
2 Eier, Salz, etwas Pfeffer,
abgeriebene Zitronenschale,
Speckscheiben zum Auslegen der Form.

Fleisch, Speck, Sardellen, Zwiebel und das eingeweichte, ausgedrückte Brötchen zwei- bis dreimal durch den Fleischwolf drehen. Unter die Masse die Eigelb und die Gewürze geben, den steifgeschlagenen Eischnee unterziehen und die Pastete abschmecken. Eine Pastetenform oder feuerfeste Glasschüssel mit Speck auslegen und die Pastete darin etwa 1 Stunde im Wasserbad garen.

Wildpüreesuppe

Wildreste, Wildinnereien, Fett,
Zwiebel, Mehl, Wildknochenbrühe,
1 Glas Rotwein, 1 Zitrone, Zucker,
gekörnte Brühe, Muskat, Pfeffer,
Paprika, Kräuter, Butter oder Sahne.

Beliebige Wildreste, auch Herz und Leber, die gewässerten Nieren, Lunge, Milz oder Hirn sowie das gesammelte Blut von Wildbret oder Wildgeflügel durch den Fleischwolf drehen. Dieses Püree in Fett mit gehackter Zwiebel kurz durchschmoren und mit Mehl anstäuben. Mit Wildbrühe aufgießen und die Suppe gut durchkochen. Mit Rotwein, Zitronensaft, etwas Zucker, gekörnter Brühe, Muskat, ein wenig Pfeffer, Paprika sowie reichlich gehackten Kräutern würzen. Nach Belieben mit etwas Butter oder Sahne verfeinern.

Wildragout für Feinschmecker

600 g Wildfleisch, 50 g Speck,
1 Zwiebel, 1/4 l Wasser oder Brühe,
1/4 l Rotwein, Salz, etwas Pfeffer
und Paprika, 1 Lorbeerblatt,
100 g Champignons, 1 Eßl. Mehl,
saure Sahne.

Das Wildfleisch in Würfel schneiden und in den zerlassenen Speckwürfeln anbraten. Die gehackte Zwiebel mitdünsten. Die Gewürze und nach und nach Wasser oder Brühe und Wein zugeben. Wenn das Fleisch weich ist, die geschnittenen Champignons dazugeben und noch kurz mitkochen. Mehl mit der sauren Sahne verquirlen und die Soße damit binden.

Wildsalat auf ungarische Art
(Vorspeise)

200 g Wildbraten, 100 g Senfgurken,
100 g marinierter Tomatenpaprika,
50 g Mayonnaise, 50 ml saure Sahne,
Edelsüß-Paprika,
Tabasco- oder Peppersauce,
Salz, Zucker, Pfeffer, Senf,
Kopfsalatblätter, gefüllte Oliven
oder marinierte Champignons.

Wildbraten, Senfgurken und Tomatenpaprika in Streifen schneiden. Aus Mayonnaise, saurer Sahne und Gewürzen eine Marinade bereiten, sehr scharf abschmecken und unter den vorbereiteten Salat mischen. Etwa 15 Minuten zum Durchziehen kalt stellen. Nochmals abschmecken, auf Glastellern anrichten und mit Salatblättern und Oliven oder Champignons garnieren. Dazu Buttertoast oder Vollkornbrot reichen.

Wildsalat »Hubertus«
(Vorspeise)

2 Äpfel, 200 g gekochtes oder
gebratenes Wildfleisch, 50 g Preisel-
beeren (Konserve), 30 g Meerrettich,
30 g Öl, Salz, Zucker, Essig,
etwas Rotwein, weißer Pfeffer,
gemahlene Wacholderbeeren, Petersilie.

Die Äpfel waschen, halbieren und das
Kerngehäuse entfernen. Äpfel und
Wildfleisch in Streifen schneiden. Mit
Preiselbeeren, Meerrettich und Öl
vermengen. Mit Salz, Zucker, Essig,
Rotwein, Pfeffer und Wacholderbeeren pikant abschmecken und durchziehen lassen. Mit Petersilie garnieren
und mit frischem Toast servieren. –
Besonders hübsch sieht es aus, wenn
der Salat auf Apfelscheiben angerichtet wird.

Wildschüssel

1 Hase, Selleriesalz, Pfeffer,
Majoran, 100 g Speck, 2 Zwiebeln,
¼ l Bier, ¼ l Fleischbrühe,
3 Pfefferkörner, 3 Pimentkörner,
2 Lorbeerblätter, 5 zerdrückte
Wacholderbeeren, 2 Paprikafrüchte,
¼ l saure Sahne, 1 Dose Champignons,
1 Dose Maiskörner, 4 Gewürzgurken.

Den vorbereiteten Hasen in etwa
6 Stücke teilen und waschen. Die
Fleischstücke mit Selleriesalz, wenig
Pfeffer und reichlich Majoran bestreuen, die Gewürze festdrücken
und das Fleisch 15 Minuten liegen lassen. Speck in kleine Würfel schneiden
und mit den kleingeschnittenen Zwiebeln glasig andünsten. Dann die
Fleischstücke rundum anbraten, das

Bier von der Seite zugießen. Sobald es
etwas eingekocht ist, die Brühe und
alle Gewürze zufügen. Die entkernten Paprikafrüchte in Streifen geschnitten zufügen. Bei mittlerer Hitze
etwa 1 Stunde schmoren lassen. Das
Fleisch herausnehmen. Die Soße
durch ein Haarsieb streichen. Die
saure Sahne in der Soße verquirlen,
abgetropfte Champignons, Maiskörner, in Streifen geschnittene Gurken
und Fleisch zufügen und erhitzen.

Wildschweinkeule
in Wacholdersoße

1 kg Wildschweinkeule, Salz, Pfeffer,
6 Wacholderbeeren, 2 Zwiebeln, 1 Möhre,
80 g Fett, 20 g Mehl, 1 Glas Gin.

Die gut abgelagerte Keule mit Salz,
Pfeffer und 3 zerdrückten Wacholderbeeren einreiben. Mit reichlich Zwiebeln und Möhre in Fett anbraten
und dabei häufig mit dem Fond begießen. Die Soße mit 3 Wacholderbeeren
durchkochen, mit verquirltem Mehl
binden und mit Gin abschmecken.
Rotkraut, Knödel sowie Preiselbeeren
dazu reichen.

Wildschweinkeule mit Orangen

800 g Wildschweinkeule, ¼ l Essig,
Salz, 3 Zwiebeln, 2 Möhren,
1 Lorbeerblatt, 5 Pfefferkörner,
Speck, Fett, Soßenkuchen oder Schwarz-
brot, 1 Eßl. Senf, ½ Glas Rotwein,
Zucker, ⅛ l Sahne, 3 Orangen,
2 Wacholderbeeren, 1 Glas Weinbrand.

Die ausgelöste und gerollte Wildschweinkeule mit Essig, Salz, 1 Zwie-

bel, 1 Möhre, Lorbeerblatt und Pfefferkörnern 6 Tage beizen, dann herausnehmen und abtrocknen. Die Keule leicht salzen, spicken und in heißem Fett mit zerkleinerten Zwiebeln anbraten. Geschnittene Möhre, Soßenkuchen oder Schwarzbrot zufügen und das Wildbret garbraten. Zum Schluß Senf, Rotwein, Zucker, Sahne, 1 Eßlöffel Orangensaft, ein wenig geriebene Orangenschale und die zerdrückten Wacholderbeeren hinzufügen.

Die Soße passieren, das Wildbret in Scheiben schneiden und mit der Soße übergießen. 2 Orangen, die sorgfältig abgeschält und von den Kernen befreit wurden, in Scheiben schneiden, in Zuckerwasser mit Weinbrand andämpfen und um das Wildbret legen. Als Beilage Rotkohl und Chicoréesalat reichen.

Wildschweinrücken vom Grill

1 kg Wildschweinrücken, Buttermilchmarinade, Salz, Pfeffer, 6 Eßl. Öl, 1/4 l Malzbier.

Den Wildschweinrücken von Haut und Sehnen befreien. Mit Buttermilchmarinade übergießen und mindestens 1 Tag an einem kühlen Ort beizen. Herausnehmen, abtropfen lassen, mit Salz und Pfeffer einreiben. Auf dem Rost des Holzkohlengrills, nahe der Glut grillen, bis das Fleisch eine Kruste hat. Währenddessen mit Öl bestreichen. Dann über der mittelheißen Glut in etwa 60 Minuten fertiggrillen und dabei immer wieder mit Öl bepinseln. Den Rest des Öls mit dem Malzbier mischen und den Wild-

schweinrücken 20 Minuten vor Ende der Grillzeit damit ständig bestreichen. Das Fleisch soll eine schöne, glänzende Kruste bekommen. Den Rücken vor dem Anschneiden etwa 10 Minuten ruhen lassen und auf einer vorgewärmten Platte anrichten. Dazu passen Preiselbeeren, gegrillte Champignons, Weißbrot, Ingwerbutter und ein kräftiger Rotwein.

Wildschweinschnitzel in Sahne

750 g Wildschweinkeule, Beize, Salz, Pfeffer, Speck, Mehl, Fett, 2 Eßl. Tomatenmark, 1/2 Tasse saure Sahne, Zucker.

Von der vorgebeizten Wildschweinkeule gleichmäßige Schnitzel schneiden, mit Salz und Pfeffer würzen, spicken, in Mehl wenden und in heißem Fett goldbraun braten. Den Bratensatz mit Tomatenmark, saurer Sahne, etwas Beize und einer kleinen Prise Zucker würzig abschmecken. Die Schnitzel mit Kartoffeln, Semmelknödeln, Spätzle oder Kartoffelpüree sowie gebratenen Apfelscheiben und Preiselbeeren servieren.

Wildsoße

50 g Speck, 250 g Wildfleischreste oder Wildknochen, 1 Zwiebel, Suppengemüse, etwas Tomatenmark, 3 bis 4 Wacholderbeeren, 3 Pfefferkörner, Mehl, 1/2 l Brühe, Salz, saure Sahne, Zitronensaft, etwas Rotwein.

Den Speck in kleine Würfel schneiden und auslassen. Darin Wildfleisch oder Knochen, Zwiebel, Suppengemüse, Tomatenmark und Gewürze andünsten, mit Mehl bestäuben, mit Brühe oder Wasser auffüllen und 1 Stunde kochen, die Soße durch ein Sieb passieren und mit Salz, saurer Sahne, Zitronensaft und Rotwein abschmecken.

Wildspieße

750 g Wildbraten, 200 g Speck, Salz, Pfeffer, 3 Zwiebeln, 3 Paprikafrüchte, 250 g Champignonköpfe, Öl, Thymian, Petersilie.

Gut gelagertes Wildbret (Rehkoteletts oder Hirschfilet), das sorgfältig gehäutet wurde, mit Räucherspeck spicken, in Würfel schneiden und abwechselnd mit Zwiebel- und Paprikaringen und großen Champignonköpfen auf Spieße reihen, mit Öl bepinseln und unter häufigem Wenden auf dem Grillrost einige Minuten grillen. Vor dem Auftragen Salz, Pfeffer, Thymian und Petersilie überstreuen.

Wildsuppe auf spanische Art

100 g weiße Bohnen, Wildreste, Wildknochenbrühe, Mehl, Tomatenmark, 2 bis 3 Eßl. Öl, Kräuter.

Die weißen Bohnen weichkochen, durch ein Sieb geben und mit den in Streifen geschnittenen gekochten oder gebratenen Wildbretresten in die Brühe geben. Mit etwas Mehl andikken und mit Tomatenmark, Öl und mit reichlich gehackten Kräutern, wie Kerbel, Basilikum und etwas Salbei, pikant abschmecken.

Wildtaubensuppe

2 Wildtauben, Salz, 40 g Margarine, 1 Zwiebel, 1 Möhre, 1 Bund Petersilie.
Für die Fleischklößchen:
150 g gemischtes Hackfleisch, 1 Ei, 1/2 feingehackte Zwiebel, 1 Eßl. Semmelbrösel, Salz, Pfeffer, Muskatnuß, gerieben.

Die Tauben vierteln, würzen und in der heißen Margarine mit den zerkleinerten Zwiebeln und Möhren anbraten. Etwa 1 1/2 Liter Wasser auffüllen und 1 1/2 bis 2 Stunden kochen lassen. Die Zutaten für die Fleischklößchen miteinander vermengen, Bällchen formen. Die Suppe durch ein Tuch seihen, die Klößchen darin garziehen lassen, gehackte Petersilie und das zerkleinerte Taubenfleisch hineingeben und nochmals abschmecken.

Wirsingrouladen

1 Wirsingkohl, Salz, 150 g Pilze, 1 Zwiebel, 1 Eßl. Öl, 1 Knoblauchzehe, 2 Eßl. gehackte Petersilie, 300 g Gehacktes vom Rind, 1 Ei, 1 Brötchen, Pfeffer, Salz, Kümmel, 1 Eßl. Schmalz, Brühe, 1 Teel. Tomatenmark, 1 Teel. Mehl, etwas Sahne.

Den Wirsing putzen und in kochendem Salzwasser etwa 10 Minuten garen. Herausnehmen, kalt abschrecken und abtropfen lassen. Die Pilze waschen, auf einem Durchschlag abtropfen lassen und feinhacken. Zusammen mit der feinwürflig geschnittenen Zwiebel in heißem Öl einige Minuten braten. Die zerdrückte Knoblauchzehe und die gehackte Petersilie unter die Pilze rühren. Die Pilzmasse zusammen mit dem Hackfleisch, dem Ei und dem eingeweichten und ausgedrückten Brötchen zu einem glatten Teig verarbeiten und würzen. Die Blätter vom Kohl lösen, ausbreiten und den harten Strunk entfernen. Den restlichen Wirsingkohl feinhakken und zu der Masse geben, nochmals gut durchmengen.

Jeweils 2 bis 3 Blätter zusammenlegen, die Hackmasse darauf verteilen und einrollen. In erhitztem Schmalz die Rouladen anbraten und mit Brühe auffüllen. In der Röhre zugedeckt garen. Die fertigen Rouladen warm stellen. Die Soße mit dem Tomatenmark verrühren, mit etwas Mehl binden und mit Sahne verfeinern. Die Rouladen auf Tellern anrichten und die Soße getrennt dazu reichen.

Witwenkuß
(Einzelportion)

2 cl Maraschino, 2 cl Chartreuse grün,
2 cl Benediktiner, 1 Eigelb.

Alle Zutaten vorsichtig in einen hohen Likörkelch füllen, ohne sie zu vermischen. Dann servieren. Alle Zutaten sollten gut gekühlt sein.

Wodka-Crusta
(Einzelportion)

2 cl Wodka, 1 Barlöffel Wermut rot,
1 Barlöffel Weinbrand,
1 Teel. Zuckerlösung, 2 Spritzer
Angostura, 1 Zitronenspirale.

Alle Zutaten mit Eiswürfeln mixen. Den Rand eines Weinglases mit einem eingeschnittenen Zitronenachtel befeuchten, das Glas mit dem Rand in Kristallzucker tauchen. Das Getränk vorsichtig in das Glas seihen, mit der Zitronenspirale garnieren.

Wurzelfleisch

600 g Schweinefleisch, 1 Zwiebel,
1 Wurzelwerk, 3 Kartoffeln, Salz,
weißer Pfeffer, 1 Knoblauchzehe,
Majoran, 1/2 Lorbeerblatt, 1 Zweig
Thymian, Weinessig, Petersilie.

Das kleingeschnittene Schweinefleisch, die kleingeschnittene Zwiebel, das geputzte und kleingeschnittene Wurzelwerk und die geschälten, in Viertel geschnittenen Kartoffeln in einen Topf geben. Salz, Pfeffer, die zerdrückte Knoblauchzehe, Majoran, Lorbeerblatt und Thymian dazugeben. So viel Wasser zugießen, daß alles etwa 1 cm hoch bedeckt ist. Alles zum Kochen bringen und so lange kochen lassen, bis die Kartoffeln gar sind. Lorbeerblatt und Thymian entfernen. Mit Weinessig pikant abschmecken. Mit gehackter Petersilie bestreuen.

Würzhähnchen in Weißwein

1 Broiler, Pfeffer, Salz, 2 Knoblauch-
zehen, 2 getrocknete Chillischoten,
1 Teel. Rosmarin, Thymian, Majoran,
Salbei, Basilikum, 1/8 l Öl, 3/4 l Weißwein,
1/2 Teel. gekörnte Brühe.

Das Hähnchen vierteln, leicht pfeffern und salzen. Die Knoblauchzehen und Chillischoten feinhacken und mit den getrockneten Kräutern mischen.

In dieser Mischung die Hähnchenteile wenden und die Kräuter fest andrücken. Im heißen Öl beiderseitig etwa 20 Minuten goldbraun braten. Das Hähnchen aus der Pfanne nehmen und den Bratsatz mit dem Weißwein und der gekörnten Brühe abkochen und etwas einkochen lassen. Die Soße über das Hähnchen geben und im vorgeheizten Ofen nochmals 30 Minuten garen. Dazu passen Kartoffelpüree und Tomatensalat.

Würziger Chinakohlsalat

300 g Chinakohl, 1 Zwiebel, 1 Gewürzgurke, 1 Apfel, 100 g Zervelatwurst, 3 hartgekochte Eier, 3 Eßl. Mayonnaise, Zitronensaft, Salz, Paprika, 1 Prise Zucker, Petersilie.

Den vorbereiteten Chinakohl, Zwiebel, Gewürzgurke, Apfel und Zervelatwurst salatgemäß zerkleinern, die Eier in Achtel schneiden. Mayonnaise, Zitronensaft und Gewürze verrühren, die Soße unter die übrigen Zutaten mischen. Den Salat mit gehackter Petersilie servieren.

Würziger Hammelrücken

600 bis 700 g Hammelrücken, Salz, Pfeffer, 1 Messerspitze Rosmarin, 2 Zwiebeln, 1 Möhre, 1 Knoblauchzehe, 1 Bund Petersilie, 1 Eßl. Mehl.

Den Hammelrücken von überflüssigem Fett befreien, mit Salz, Pfeffer und Rosmarin einreiben. In einer Pfanne mit heißem Fett garen (das Fleisch hat genügend Eigenfett, das während des Garprozesses austritt).

Sobald das Bräunen eintritt, die Zwiebel- und Möhrenwürfel zugeben. Die zerdrückte Knoblauchzehe und die Petersilie ebenfalls mitschmoren. Den Braten öfters übergießen und nach Bedarf mit Wasser ablöschen. Den fertigen Braten herausnehmen und den zurückbleibenden Bratsatz mit Wasser verkochen. Die Soße zum Schluß mit angerührtem Mehl binden. Kurz aufkochen lassen. Die Soße getrennt zum Fleisch schmoren.

Würzige Senftorte

200 g Mehl, 100 g Margarine, 1 Prise Salz, 5 Tomaten, 2 bis 3 Eßl. Senf, 120 g Reibekäse, 2 Eigelb, 1/16 l Sahne.

Aus Mehl, Margarine, Salz und wenig Wasser einen weichen geschmeidigen Mürbeteig kneten. Nur so viel Wasser verwenden, bis sich der Teig vom Schüsselboden löst. Den gefetteten Boden einer Tortenform (20 cm ⌀) mit dem Teig auslegen, dabei einen etwa 1 bis 1½ cm hohen Rand andrücken. Den Tortenboden unbedeckt etwa 15 Minuten bei 200 °C backen. Herausnehmen und abkühlen lassen. Die Tomaten enthäuten und halbieren. Den abgekühlten Tortenboden mit Senf bestreichen, den geriebenen Käse darüberstreuen und die halbierten Tomaten mit der Schnittfläche nach unten darauflegen. Die Eigelb mit der Sahne schlagen und darübergießen. Bei 140 °C 20 bis 30 Minuten backen.

»Der Zucker ist durch die Läden der Apotheker in die Welt getreten«, konstatierte Brillat-Savarin 1825 [126]. Unvorstellbar für uns, daß diese süßen weißen Kristalle einst eine teure Rarität waren. Aber nicht allein deshalb betrieben die Pharmazeuten den Zuckerhandel: Zucker galt als schädlich. Er erhöhe den Blutdruck, begünstige den Schlaganfall, wurde behauptet. Heutige Ernährungswissenschaftler stimmen dem sogar zu, weil viel zu viel Süßes verzehrt wird und Zucker, in Mengen genossen, eben nicht nur Fettpölsterchen bewirkt…

Damals aber kaufte man ihn Quentchen für Quentchen. Zucker war teuer, weil er aus Übersee kam, aus Asien zunächst.

Zwei Feldherren sollen Alexander dem Großen (356–323 v. u. Z.) um 327 vor unserer Zeit davon berichtet haben, daß man in Indien aus Schilf Honig bereiten würde und dazu keine Bienen brauche. Bald darauf finden wir das »süße Gras« auch in Arabien und Ägypten. Jahrhunderte später bauten Spanier das Zuckerrohr auf Kuba an…

Noch heute dominiert die Zuckerproduktion aus Rohr; sie macht insgesamt 55 Prozent der Welternte aus. Zu 45 Prozent aber, die knappe Hälfte also, hat sich der Rübenzucker eingemischt. Somit behält Brillat-Savarin zwar ohne jeden Zweifel recht; doch was Europa angeht, schreibt er eben nur vom »Pförtchen«, durch das der Zucker eintrat. Denn das »breite Tor« wurde erst aufgestoßen, als man auf einheimische Rohstoffe zurückgriff. Grund dazu war die Kontinentalsperre Napoleons. 1806 hatte er ein Handelsembargo gegen Großbritannien ausgesprochen. Damit schlug einem Erfinder die Stunde, dem bis dato wenig Gehör geschenkt worden war. Bereits 1747 hatte Andreas Sigismund Marggraf (1709–1782) den Zuckergehalt der Runkelrübe entdeckt; von einer industriellen Verwertung konnte allerdings vorerst keine Rede sein. Marggrafs Schüler, Franz Karl Achard

(1753–1821), durfte zwar dem preußischen König seine Pläne darlegen, kam aber über die Einleitung nicht hinaus; auf Tabak solle er seine Forschungen umstellen, war der Bescheid … Dann aber, wie schon erwähnt, Napoleons »Schirmherrschaft«, Zuckerblockade und – die Runkelrübe war wissenschaftswürdig geworden. Achard hatte sich ohnehin nicht beirren lassen. 1801 gründete er auf seinem Gut Cunern (heute Konory, VR Polen) die erste Zuckerfabrik. Achards wissenschaftliches Hauptwerk: »Die europäische Zuckerfabrikation aus Runckelrüben«, erschien dann 1809.

Die Leistung dieses Mannes darf keinesfalls unterschätzt werden. Denn die Technologie der Rohrzuckerproduktion (die Stengel werden ausgepreßt) ließ sich auf die Rüben nicht einfach übernehmen. Rüben müssen gewaschen und geschnitzelt werden. Den Zucker gewinnt man in Extraktionsanlagen. Der schwarzblaue Rohsaft muß dann – wie beim Rohrzucker – Karbonation, Filtration und dergleichen mehr durchlaufen, bis er eingedickt und mit Kristallkeimen »geimpft« ist, was letztendlich zu seiner eigenen Kristallisation führt.

Wie wichtig dieser neue Produktionszweig bald wurde, ist belegt. So war bis 1945 der Zuckerpreis Tarifrichtpunkt für die Landarbeiterlöhne (Ladenpreis für ein Kilo Zucker – Taglohn für eine Landarbeiterin). Und im Parlament gab es stets heftige Debatten um die Zuckersteuer, die seit 1869 existierte.

Mit der Vervollkommnung der Produktionsverfahren ging die Züchtung einer zuckerhaltigen Rübe einher. Brauchte man beispielsweise 1869 noch 12½ Kilogramm Rüben, um ein Kilo Zucker herstellen zu können, so waren es 1886 nur noch 8,8 Kilogramm Rüben … Mittlerweile gelang es, den Zuckergehalt des Rübensaftes, der ursprünglich unter 10 Prozent lag, auf 18 bis 22 Prozent zu steigern.

Zucker findet heute in der Küche vielseitige Verwendung. Zum Konservieren benötigt man ihn dringlich; er gibt Getränken sympathische Würze, mildert bei vielen Salaten den scharfen Essig-Geschmack und rundet gewissermaßen den Gaumenkitzel ab. Was wäre eine Bäckerei ohne Zucker, was wäre eine Limonadenfabrik ohne Zucker, wie könnten Bonbons entstehen oder Pralinen?

In den letzten Jahren hat übrigens der Weltzuckerverbrauch um 45 Prozent zugenommen! Das heißt, Zucker und Apotheken sind hierzulande in eine neue Beziehung zueinander getreten; nicht selten braucht man jetzt ein Mittelchen, um den verdorbenen Magen zu kurieren …

Zagreber Fischwürfel

800 g Fischfilet (Seelachs-, Dorsch-,
Rotbarsch- oder Grenadierfischfilet
– selbst geschnitten), 1 Zitrone,
Salz, Edelsüß-Paprika, 3 Spritzer
Tabasco- oder Peppersauce,
50 g Mehl, 80 g Öl, 40 g Butter.

Das Fischfilet unter fließendem Wasser abspülen, mit Zitronensaft beträufeln und zu 3 cm großen Würfeln
schneiden. Diese mit Salz und Paprika
bestreuen und mit Tabascosauce würzen. In Mehl wenden und in heißem
Öl goldgelb braten. Die Fischwürfel
auf mit Muskat gewürztem Kartoffelbrei bergartig anrichten. Mit zerlassener Butter begießen und mit Zitronenscheiben garnieren.

Zigeuner-Fondue

300 g frische Paprikafrüchte,
30 g Butter, Weißwein,
2 Knoblauchzehen, 200 g Delikateßkäse,
200 g Edamer Käse, 100 g Steppenkäse,
100 g Tomatenketchup, 1 Tasse
süße Sahne, 2 Eßl. Mehl, Worcester-
sauce, Pfeffer, Salz, scharfer Paprika.

Die vorbereiteten, zerschnittenen Paprikafrüchte in Butter und ein wenig
Weißwein gardünsten, zuletzt den in
Scheiben geschnittenen Knoblauch
kurz mitdünsten lassen. Den geriebenen Käse mit Ketchup, dem in Sahne
angerührten Mehl und den Gewürzen
unter ständigem Rühren aufkochen
lassen. Kurz vor dem Servieren die
gegarten Paprikafrüchte unter die Käsemasse ziehen. Je nach Geschmack
kräftig würzen. Dazu Rotwein, Bier
oder Doppelkorn reichen.

Zigeunergulasch

4 Tomaten, 2 Paprikafrüchte,
4 Zwiebeln, 1 Knoblauchzehe,
1 Eßl. Schmalz, 500 g Rindsgulasch,
Salz, Pfeffer, Edelsüß-Paprika,
1 l Brühe, 1 Eßl. Semmelbrösel.

Die Tomaten mit heißem Wasser
überbrühen, enthäuten, entkernen
und in Würfel schneiden. Die Paprikafrüchte halbieren und ohne Kerngehäuse in Streifen schneiden.
Die Zwiebeln schälen, in Ringe
schneiden und die Knoblauchzehe
zerdrücken.
In einem Schmortopf das Schmalz erhitzen und darin die Zwiebelringe
und die Knoblauchzehe glasig dünsten. Das Rindfleisch in grobe Würfel
schneiden und dazugeben. Mit Salz,
Pfeffer und Paprika bestreuen. Mit
der Brühe auffüllen und zugedeckt garen lassen. Etwa 15 Minuten vor Ende
der Garzeit das Gemüse zugeben.
Zum Schluß mit den Semmelbröseln
leicht binden und mit frisch gemahlenem Pfeffer bestreuen.

Zigeunersoße

120 g Tomatenketchup, 40 g Salatöl,
1 Zwiebel, Zucker, Senf,
Sardellenpaste, Pfeffer, Essig,
reichlich Edelsüß-Paprika,
Knoblauchsalz,
gehackte frische Kräuter.

Das Tomatenketchup mit Salatöl, in
feine Würfel geschnittener Zwiebel,
Zucker und den übrigen Zutaten verrühren. Pikant abschmecken und kalt
zu kaltem Braten, gekochten Eiern
oder gegrilltem Fleisch servieren.

Zimtplätzchen

3 Eiweiß, 250 g Puderzucker,
1 Päckchen Vanillinzucker,
1 Teel. Zimt, 500 g ungeschälte
gemahlene Mandeln, Backoblaten.

Eiweiß steifschlagen. Puderzucker und Vanillinzucker unter ständigem Rühren zugeben (4 Eßlöffel Eiweißmasse zum Bestreichen der Plätzchen nehmen.) Zimt und die gemahlenen Mandeln zugeben und alles zu einem glatten Teig verkneten. Die Masse auf die Oblaten verteilen. Mit der Eiweißmasse bestreichen. Auf ein Blech legen, bei geringer Hitze in der Röhre backen.

Zitronencreme

12 g Gelatine, 2 Zitronen, 2 Eier,
1 Päckchen Vanillinzucker,
100 g Zucker, ³⁄₈ l Milch,
¹⁄₈ l Schlagsahne.

Die Gelatine in wenig kaltem Wasser quellen lassen. Die Zitronen gründlich mit heißem Wasser abbürsten und abreiben. Die Schale mit den Eigelb, 1 Eßlöffel Wasser, Zitronensaft und Vanillinzucker schaumig schlagen. Den Zucker zugeben und weiterschlagen, bis sich der Zucker aufgelöst hat. Die Gelatine im Wasserbad auflösen und langsam unter die Creme ziehen. Die Milch ebenfalls unterrühren. Im Kühlschrank halbsteif werden lassen. Ab und zu einmal umrühren. Das Eiweiß zu Schnee schlagen, unter die halbsteife Creme ziehen. Im Kühlschrank völlig fest werden lassen und vor dem Servieren mit Schlagsahnetupfern garnieren.

Zitronenfisch in Gelee

2 kg See- oder Süßwasserfisch mit Kopf
(kein Filet – möglichst einen großen
Fisch), Salz, 80 g Öl, 4 Knoblauch-
zehen, Saft von 3 bis 4 Zitronen,
Pfeffer, Zucker, Petersilie, 1 Tomate,
1 gare Möhre.

Den Fisch ausnehmen, die Flossen abschneiden und ihn gut schuppen, die Bauchhöhle sauber reinigen. Aus dem Kopf die Kiemen restlos entfernen. Alles gut abspülen, Portionsstücke schneiden, diese in eine Porzellan- oder Plastschüssel legen und mit Salz einreiben. 20 bis 30 Minuten einwirken lassen. Während dieser Zeit im Öl die halbierten Knoblauchzehen anbraten. Sie können im Öl bleiben oder – wenn das Knoblaucharoma nicht so intensiv gewünscht wird – herausgenommen werden.
Die Fischportionen unter fließendem Wasser kurz vom Salz abspülen und nebeneinander in das Knoblauchöl legen. Zum Öl so viel kaltes Wasser gießen, daß die Fischstücke gerade bedeckt sind. Den Zitronensaft hinzufügen und mit Salz und Pfeffer würzen.
Den Topf zudecken, kurz aufkochen und bei kleiner Flamme 20 Minuten mehr ziehen als kochen lassen. Anschließend die Fischportionen vorsichtig in eine Form legen. Den Sud auf starker Flamme noch etwas einkochen lassen, mit Zucker abschmecken und dann über die Fischportionen gießen. Ist der Sud ausgekühlt, geliert er leicht. Ein sehr pikantes Essen als Abendbrot oder auch als Vorspeise zu Mittag. Mit Tomatenscheiben, Petersilie, Möhrenscheiben garnieren.

Zitronen-Flip
(Einzelportion)

*Saft von ½ Zitrone, 2 cl Curaçao,
2 cl Wodka, 1 Eigelb,
1 Barlöffel Zuckerlösung, Milch,
1 Zitronenscheibe.*

Zitronensaft, Curaçao, Wodka, Eigelb und Zuckerlösung auf Eis mixen. In ein Glas seihen und mit Milch auffüllen. Mit der Zitronenscheibe garniert servieren.

Zitronenglasur

150 g Staubzucker, 2 Eßl. Zitronensaft, 1 Eßl. zerlassenes Kokosfett.

Den gesiebten Staubzucker mit Zitronensaft und erhitztem Kokosfett verrühren. – Anstelle von Zitronensaft ist auch anderer Fruchtsaft oder Fruchtsirup verwendbar.

Zitronenhähnchen

*4 Broilerkeulen, Pfeffer, 3 Zitronen,
1 Zwiebel, 3 Eßl. Öl, Salz, Paprika,
50 g Butter.*

Die Hähnchenkeulen mit Pfeffer einreiben und in einer Schüssel mit dem Saft von 2 Zitronen, der in Scheiben geschnittenen Zwiebel und einer in Scheiben geschnittenen Zitrone einen Tag bedeckt im Kühlschrank marinieren. Dabei 2- bis 3mal wenden. 4 Stück Alufolie einölen und die Hähnchenkeulen daraufgeben. Diese salzen und darauf 1 bis 2 Scheiben Zitrone legen, einwickeln und in den vorgeheizten Ofen geben. Auf dem Backblech bei 200 °C 40 Minuten garen. Danach die Päckchen öffnen, die Keulen mit Paprika bestreuen und mit Butterflöckchen belegen. Nochmals kurz backen, bis sie knusprig braun sind. Mit Reis und Kopfsalat zu Tisch bringen.

Zitronen-Joghurt-Creme

*12 g Gelatine, 2 Eier, 100 g Zucker,
1 Päckchen Vanillinzucker, 1 Zitrone,
½ l Joghurt.*

Die Gelatine in kaltem Wasser einweichen. Die Eigelb mit 1 Eßlöffel heißem Wasser, Zucker, Vanillinzucker, abgeriebener Zitronenschale und Zitronensaft schaumig rühren. Die Gelatine im heißen Wasserbad auflösen. Mit dem Joghurt zur Eigelbcreme rühren. Kalt stellen, bis die Creme zu stocken beginnt. Das Eiweiß zu steifem Schnee schlagen und vorsichtig unterheben. Kalt stellen.

Zitronenkuchen I

*1 Paket gefrorener Blätterteig (400 g), 3 Zitronen, 200 g Mehl,
200 g Speisestärke, 1 Teel. Backpulver, 400 g Butter oder weiche Margarine, 400 g Puderzucker,
1 Prise Salz, 5 Eier.
Für die Glasur: 1 Zitrone,
200 g Puderzucker, 1 Teel. Eiweiß.*

Den aufgetauten Blätterteig auf die Größe des Backbleches ausrollen, auf das Blech legen, mehrmals mit der Gabel einstechen. Die Ränder leicht andrücken. Die weiche Butter oder Margarine, Puderzucker und Salz schaumig rühren. Die Eier einzeln dazugeben. Das mit Backpulver und Speisestärke vermischte Mehl nach und nach zufügen. Die abgeriebene Zitronenschale sowie Zitronensaft unterrühren. Den Teig gleichmäßig auf den Blätterteig streichen und alles in der Röhre backen. Für die Glasur die Zitrone dünn abreiben und den Saft auspressen. 4 Eßlöffel Zitronensaft, Puderzucker, Eiweiß und Zitronenschale miteinander verrühren und gleichmäßig auf den abgekühlten Zitronenkuchen streichen.

Zitronenkuchen II

250 g Butter oder Margarine,
250 g Zucker, 5 Eier,
3 Eßl. Rum,
125 g Mehl, 125 g Maisan,
⅛ l Zitronensaft, 120 g Puderzucker.

Butter schaumig rühren, Zucker und Eier im Wechsel unterrühren. So lange rühren, bis der Zucker sich weitgehend gelöst hat. Die Masse muß schaumig aussehen. Den Rum und danach das Mehl und Maisan miteinander vermischt an den Teig geben und ebenfalls gut verrühren. Den Teig in eine gefettete Napfkuchenform geben und im vorgeheizten Ofen etwa 75 Minuten backen. Wenn der Kuchen durchgebacken ist, herausnehmen und etwas abkühlen lassen. Nicht aus der Form nehmen. Den Kuchen mit einer Stricknadel dicht nebeneinander einstechen. Zitronensaft mit 100 Gramm Puderzucker verrühren und über den Kuchen gießen. Kuchen in der Form kalt werden lassen, danach stürzen und mit dem restlichen Puderzucker gleichmäßig bestäuben.

Zitronenleckerli

200 g Semmelbrösel, 100 g Zucker,
50 g Margarine, 50 g gemahlene Mandeln
oder Nüsse, 1 bis 2 Eßl. Mehl,
1 Eßl. abgeriebene Zitronenschale,
Salz, 1 Eßl. Zitronensaft, 2 Eier,
Milch, Zucker zum Bestreuen.

Alle Zutaten, mit Ausnahme von 1 Ei, Milch und Streuzucker, rasch verkneten, rasten lassen, nicht zu dünn ausrollen, mit Eiermilch bestreichen und gleichmäßig Streuzucker darauf verteilen. In Rechtecke schneiden und auf gefettetem Blech goldgelb backen.

Zitronenschaumsoße

3 Eßl. Zucker, ½ Päckchen Soßenpulver Vanillegeschmack, 1 Ei,
1 Eigelb, Saft von 2 kleinen Zitronen.

Die Zutaten – ohne Zitronensaft – mit ⅛ Liter Wasser verquirlen und auf kleiner Flamme schlagen, bis die Soße dickschaumig ist. Nicht kochen lassen! Vom Feuer nehmen und den Zitronensaft unterrühren.

Zitronenschnitten

Für den Teig: *4 Eiweiß, 1 Prise Salz,*
200 g Zucker, 1 Päckchen Vanillinzucker, abgeriebene Schale
von ½ Zitrone, 4 Eigelb, 100 g Mehl,
100 g Stärkemehl, ½ Teel. Backpulver.
Für die Füllung: *10 g Gelatine,*
½ l Schlagsahne, 75 g Puderzucker,
Saft von 2 Zitronen, 2 cl Zitronen-
oder Orangenlikör, 2 Eßl. Puderzucker.

Das Eiweiß mit 4 Eßlöffel kaltem Wasser steifschlagen. Dabei nach und nach Salz, Zucker und Vanillinzucker einrieseln lassen. Dann Zitronenschale und verquirltes Eigelb unterziehen. Mehl, Stärkemehl und Backpulver zusammen sieben und unter den Eischnee ziehen. Ein Backblech mit gefettetem Butterbrotpapier auslegen, den Teig daraufstreichen und im vorgeheizten Ofen bei 200 °C etwa 15 Minuten backen. Für die Füllung die Gelatine in kaltem Wasser einweichen und dann mit wenig Flüssigkeit auflösen. Die Sahne steifschlagen, mit Puderzucker süßen. Zitronensaft, Likör und die Gelatine unterziehen und die Füllung in den Kühlschrank stellen. Den Biskuitboden aus dem Ofen nehmen, stürzen, das Papier abziehen und den Boden in 2 Teile schneiden. Eine Hälfte mit der Zitronensahne bestreichen, die andere Hälfte darauflegen. Vorsichtig mit einem in heißes Wasser getauchten Messer gleichmäßige Schnitten schneiden und diese mit Puderzucker bestäuben.

Zitronensuppe

1 dünn abgeschälte Zitronenspirale,
60 g Zucker, 35 g Stärkemehl oder
75 g Sago, 2 Eier, Saft von
1½ bis 2 Zitronen.

Knapp 1 Liter Wasser mit der Zitronenspirale und dem Zucker kochen lassen. In wenig kaltem Wasser das Stärkemehl anrühren und damit das Zuckerwasser binden. Die Eier verquirlen, tropfenweise etwas heiße Flüssigkeit dazugeben und die Suppe damit legieren. Während des Erkaltens ab und zu umrühren und den Zitronensaft dazugeben. – Wird Sago verwendet, muß die Suppe so lange kochen, bis die Körner ganz glasig sind. Eigelb und steifer Eischnee können auch getrennt unter die Suppe gezogen werden.

Zitrus-Flip
(für 3 Portionen)

3 Eßl. Zitronensaft, 1 Ei,
2 Eßl. süße Sahne, ½ Becher Joghurt,
2 Eßl. Zucker, ½ l Milch,
6 Barlöffel geschlagene Sahne,
2 Orangenscheiben.

Den Zitronensaft mit Ei, der flüssigen Sahne, Joghurt und Zucker mixen. Wenn der Zucker aufgelöst ist, die kalte Milch unterrühren. Das Getränk in hohe Gläser verteilen und mit jeweils einer Sahnehaube und geviertelten Orangenscheiben garnieren.

Zuckerböhnchen

1 kg kleine grüne Bohnen,
½ l 10%iger Weinessig, 400 g Zucker,
1 Stück Zimtrinde, ½ Teel. Ingwer,
3 Nelken.

Die vorbereiteten Bohnen in siedendem Wasser dünsten. Den Weinessig zusammen mit 4 Eßlöffel Wasser, dem Zucker und den Gewürzen kochen, abschäumen und heiß über die abgetropften Bohnen gießen. Zugedeckt bis zum anderen Tag stehenlassen, den Sud nochmals aufkochen und über die Bohnen gießen. Am 3. Tag die abgetropften Bohnen in vorbereitete Gläser füllen, den Essigsud wieder aufkochen, abkühlen lassen und über die Bohnen gießen, so daß sie ganz davon bedeckt sind. Nach etwa 10 Wochen sind die Zuckerböhnchen genußfertig.

Zucker-Fett-Glasur

150 g Puderzucker, 20 g Kokosfett.

Den gesiebten Puderzucker nach und nach mit dem kurz erhitzten Kokosfett und 2 Eßlöffel heißem Wasser verrühren.

Zuckerkränze

350 g Mehl, 200 g Puderzucker, 200 g Butter oder Margarine, 3 Eier, 1 Prise Salz, 1 Päckchen Vanillinzucker, bunte Zuckerperlen zum Bestreuen.

Das Mehl mit Puderzucker, Butter, 1 Ei, 2 Eigelb, Salz und Vanillinzucker verkneten. Den Teig ½ Stunde kühl stellen, dann ½ cm dick ausrollen, Ringe ausstechen, auf ein gefettetes Backblech legen. Die Oberfläche mit Eiweiß bestreichen und mit Zuckerperlen bestreuen. In der Röhre bei Mittelhitze backen.

Zuckerkuchen

Für den Teig: *500 g Mehl, 100 g Zucker, 80 g Margarine, Salz, 1 Päckchen Vanillinzucker oder abgeriebene Zitronenschale, knapp ¼ l Milch, 30 g Hefe.* Für den Belag: *125 g Butter, 50 g Zucker, ½ Teel. Zimt.*

Aus den Teigzutaten einen Hefeteig nach Grundrezept bereiten und ge-

hen lassen. Zusammenstoßen, kurz durchkneten und zu einem Rechteck ausrollen. Auf ein gefettetes Blech legen. In die Teigplatte kleine Vertiefungen drücken, Butterflöckchen hineinsetzen und den mit Zimt vermischten Zucker darüberstreuen. Bei starker Mittelhitze etwa 25 Minuten backen.

Zungensalat

300 g gekochte Pökelzunge, 100 g Erbsen (Konserve), 100 g gekochte Selleriewürfel, 40 g Mayonnaise, 2 Eßl. Joghurt, 1 Eßl. Tomatenmark, 2 Eßl. feingehackte Petersilie, Pfeffer, einige Spritzer Worcestersauce, 1 hartgekochtes Ei.

Die Pökelzunge in Würfel schneiden, Erbsen und Selleriewürfel dazugeben. Aus Mayonnaise, Joghurt, Tomatenmark, Petersilie, Pfeffer und Worcestersauce eine würzige Soße bereiten und diese mit den anderen Zutaten vermischen. Den Salat gut durchziehen lassen und mit gehacktem Ei bestreuen. Er kann auf Toastscheiben angerichtet oder zum Füllen von Tomaten verwendet werden.

Zungensalat »Favorit«
(Vorspeise)

150 g gekochte Pökelzunge, 100 g Spargel (Konserve), 2 Tomaten, 75 g feine Erbsen (Konserve), 40 g Salatöl, Saft von 1 Zitrone, Kräuteressig, Salz, weißer Pfeffer, 1 Prise Zucker, etwas Weinbrand, Eiviertel, Petersilie.

Die Pökelzunge in Streifen und den Spargel in Stücke schneiden. Die Tomaten enthäuten, halbieren, entkernen und ebenfalls in Streifen schneiden. Mit den Erbsen zu den anderen vorbereiteten Zutaten geben. Aus Öl, Zitronensaft, Kräuteressig, Salz, Pfeffer, etwas Zucker und einigen Spritzern Weinbrand eine Marinade bereiten und den Salat vorsichtig damit anmachen. Mit Eivierteln und Petersilie garniert servieren.

Zungentaschen mit Sahnemeerrettich
(Vorspeise)

8 dünne Scheiben Pökelzunge (etwa 200 g), 120 ml Sahne, 40 g Meerrettich, Zitronensaft, Salz, weißer Pfeffer, Kopfsalatblätter, Tomatenecken.

Die Zungenscheiben, wenn nötig, gleichmäßig beschneiden. Die Sahne steifschlagen, Meerrettich, Zitronensaft und Gewürze daruntermischen und pikant abschmecken. Die Zungenscheiben zur Hälfte mit der Meerrettichcreme belegen und zu Taschen zusammenklappen. Glasteller mit Salatblättern auslegen, die Zungentaschen darauf anrichten, mit Tomatenecken garnieren und mit Butter und Toast servieren.

Zuppa Inglese

1 flacher Biskuitboden, 10 Eßl. Rum, 1/2 l Milch, 1 Vanilleschote, 3 Eier, 170 g Zucker, 1 Päckchen Vanillinzucker, 50 g Mehl, kandierte Früchte.

Den Biskuitboden in Streifen schneiden und mit dem Rum tränken. Milch und das Innere der Vanilleschote aufkochen und erkalten lassen. Die Eigelb mit 80 Gramm Zucker und dem Vanillinzucker zu einer cremigen Masse schlagen. Nach und nach das Mehl und die Milch zugeben, zum Kochen bringen und dann den Topf vom Feuer nehmen. Im Wasserbad kaltschlagen. In eine Auflaufform abwechselnd Biskuitstreifen, Vanillecreme und einige kleingeschnittene kandierte Früchte geben. Aus 2 Eiweiß und dem restlichen Zucker eine Baisermasse bereiten, als Haube über die Früchte geben und etwa 15 bis 20 Minuten bei geringer Hitze in der Röhre überbacken. Evtl. die Röhre etwas geöffnet lassen.

Züricher Käsetropfen

125 g Emmentaler Käse, 125 g Kräuterschmelzkäse, 1/2 Tasse Sahne, 3 Eßl. helles Bier, 1 Eßl. Mehl, 1/2 Päckchen Backpulver, Salz, 4 Eigelb, Öl.

Den in kleine Würfel geschnittenen Käse mit der Sahne in einer Kasserolle auf kleiner Flamme so lange rühren, bis der Käse weich ist. Vom Feuer nehmen. Bier, Mehl, Backpulver und Salz unterrühren, zuletzt die Eier. Diesen dickflüssigen Teig durch einen Durchschlag in das erhitzte Öl drücken. Es entstehen Tropfen, die luftig aufgehen. Sind diese goldbraun gefärbt, mit einem Schaumlöffel herausnehmen. Die Käsetropfen zum Wein servieren.

Züricher Ratsherrentopf

250 g Kartoffeln, 250 g grüne Erbsen,
Salz, Pfeffer, Muskat, ¼ l Weißwein,
4 kleine Kalbsschnitzel, 4 Scheibchen
Leber, 1 Kalbsniere, 150 g Bratfett,
4 Scheiben Speck, 2 Tomaten.

Die Kartoffeln schälen, in Stücke
schneiden und zusammen mit den
Erbsen in dem mit Salz, Pfeffer und
Muskat gewürzten Wein dünsten.
Schnitzel, Leberscheiben und die in
Scheibchen geschnittene Niere salzen, bemehlen und 2½ bis 3 Minuten
im heißen Bratfett braten. Warm stellen. Die Speckscheiben auf einer Seite
ein paarmal einschneiden und in
einem Pfännchen knusprig braten.
Das Kartoffel-Erbsen-Gemisch auf
einer warmen Platte verteilen, die gebratenen Fleischstücke daraufschichten und zuletzt die Speckscheiben mit
dem Fett darübergeben. Mit halbierten, gegrillten Tomaten garnieren.

Zwetschenauflauf

1 kg Zwetschen, 300 g Zucker,
75 g Margarine, Salz, 4 Eier,
1 Eßl. Zitronensaft, 2 Eßl. Weinbrand,
1 Teel. abgeriebene Zitronenschale,
250 g Mehl, 50 g gehackte Mandeln,
½ Päckchen Backpulver, Öl, Puderzucker.

Die gewaschenen Zwetschen halbieren und entsteinen, 100 Gramm Zukker darüberstreuen. Die Margarine
mit einer Prise Salz, 200 Gramm Zukker und dem Eigelb schaumig rühren.
Zitronensaft, Weinbrand und Zitronenschale zugeben. Gesiebtes Mehl,
Mandeln und Backpulver unterrühren. Den steifen Eischnee vorsichtig

unter den Teig heben. Eine feuerfeste
Form mit Öl ausfetten, die Hälfte des
Teigs hineingeben. Die Zwetschen
darüber verteilen und mit dem restlichen Teig bedecken. Im vorgeheizten
Ofen bei Mittelhitze in gut 1 Stunde
goldgelb backen. Mit Puderzucker bestreuen.

Zwetschenkrapfen

25 Backpflaumen, 60 g Margarine,
1 Prise Salz, 125 g Mehl, 4 Eier,
Öl zum Ausbacken, Puderzucker zum
Bestäuben.

¼ Liter Wasser mit Margarine und
Salz zum Kochen bringen. Das Mehl
auf einmal hineinschütten, unter Rühren so lange weitererhitzen, bis sich
die Masse als Kloß vom Topfboden
löst. Den Topf vom Feuer nehmen,
die Eier nacheinander unter den Teig
rühren. Das Öl erhitzen. Die Backpflaumen einzeln mit dem Brandteig
umhüllen und portionsweise 5 bis
6 Minuten fritieren, abtropfen lassen,
vor dem Servieren mit Puderzucker
bestäuben.

Zwiebel-Apfel-Gemüse

500 g Zwiebeln, 500 g herbe Äpfel,
⅛ l kräftige Fleischbrühe, Salz, Pfeffer.

Die geschälten Zwiebeln in dünne
Scheiben schneiden. Die Äpfel ebenfalls schälen, vom Kernhaus befreien
und in schmale Spalten teilen. In
einen Topf zuerst die Zwiebeln
schichten, darauf die Äpfel geben und
die heiße Brühe aufgießen. Mit Salz
und Pfeffer würzen. Gut zugedeckt

auf kleiner Flamme gardünsten. Vor dem Anrichten gründlich untereinandermischen.

Dieses deftige Gemüse ist gut als Beilage zu fetten Fleischgerichten (Gans, Ente, Schweinefleisch) geeignet.

Zwiebelauflauf

250 g Leberwurst, 250 g kurz gedünstete Zwiebeln, Kartoffelbrei aus 1 kg Kartoffeln, Salz, Paprika, 1/4 l Milch, 2 Eier, 30 g Margarine.

Die Wurst aus der Haut lösen und mit den knapp gar gedünsteten Zwiebelstücken sowie den Gewürzen vermischen. In eine gefettete Auflaufform die halbe Kartoffelbreimenge geben, die Wurst-Zwiebel-Masse daraufschichten, mit Kartoffelbrei abdecken. Milch, Eier und Gewürze verquirlen und über das Gericht gießen. Am Ende der Garzeit mit Margarineflöckchen besetzen und in der heißen Röhre obenauf leicht krustig werden lassen. Mit einer beliebigen Soße auftragen.

Zwiebelbrötchen

300 g kleine Zwiebeln, 150 g Speck. Für den Teig: 250 g Weizenschrot, 250 g Weizenmehl, 40 g Hefe, 10 g Salz, 1 Prise Zucker, Milch zum Bepinseln.

Die Zwiebeln schälen und in dünne Scheiben schneiden. Den kleinwürflig geschnittenen Speck auslassen, die Zwiebelscheiben zugeben und goldbraun braten. Auf Küchenpapier ausbreiten und auskühlen lassen. Weizenschrot und Weizenmehl in eine

Schüssel geben, in die Mitte eine Vertiefung drücken. Die Hefe hineinbröckeln, Salz und Zucker auf dem Mehlrand verteilen. 300 ml lauwarmes Wasser auf die Hefe gießen und die Hefe auflösen. Dann von der Mitte her alle Zutaten zu einem geschmeidigen Teig verkneten. Mit etwas Mehl bestäuben und zugedeckt an einem warmen Ort gehen lassen. Wenn der Teig sein Volumen verdoppelt hat, das Speck-Zwiebel-Gemisch unterarbeiten. Weitere 10 Minuten gehen lassen. Auf der bemehlten Arbeitsfläche zu einer Rolle von etwa 60 cm Länge formen und in 16 Stücke teilen. Jedes Stück erst rund, dann oval formen. Ein gefettetes Blech mit Butterbrotpapier auslegen. Die Brötchen daraufsetzen und etwas flachdrücken. Zugedeckt nochmals 8 bis 10 Minuten gehen lassen. Dann mit Milch bepinseln und jedes Brötchen mit einem scharfen Messer dreimal schräg einkerben. Ein Töpfchen heißes Wasser in den Ofen stellen und die Brötchen auf der mittleren Einschubleiste bei 225 °C 25 bis 30 Minuten backen.

Zwiebel-Eierkuchen

150 g Schinkenspeck, 250 g Zwiebeln, 125 g Mehl, 1/4 l Milch, 4 Eier, Öl zum Braten.

Den Schinkenspeck in Würfel schneiden und im Tiegel anbraten. Die in kleine Würfel geschnittenen Zwiebeln zufügen und fast gar dünsten. Alles abkühlen lassen. Das Mehl mit der Milch verquirlen, die Eier zufügen und alles zu einem glatten Teig verrühren. Reichlich zwei Drittel der

Speck- und Zwiebelwürfel unter den Teig rühren. Im Tiegel Öl erhitzen, je eine Kelle Teig hineingeben und Eierkuchen braten. Mit den restlichen Speck- und Zwiebelwürfeln bestreut servieren.

Zwiebel-Kartoffel-Suppe

700 g Kartoffeln, 1½ l Fleischbrühe, Kümmel, Salz, 300 g Zwiebeln, 40 g Margarine, 40 g Speck, 1 Teel. Mehl, 2 Äpfel, 2 Eßl. geriebener Meerrettich, ¼ l Sahne.

Die Kartoffeln in Würfel schneiden und mit Salz und Kümmel in der Brühe garen. Die Zwiebeln in dünne Scheiben schneiden, in Margarine und ausgelassenen Speckwürfeln dünsten, das Mehl darüberstäuben und zu den garen Kartoffeln geben. Die Äpfel schälen, reiben, zusammen mit dem Meerrettich in der Sahne verrühren. Die Suppe damit abschmecken.

Zwiebelkuchen I

Für den Teig: 200 g Mehl, ½ Teel. Salz, 100 g Margarine. Für den Belag: 1,5 kg Zwiebeln, 2 bis 3 Eßl. Margarine, knapp ¼ l Sahne, 4 Eier, Pfeffer, Muskat, 100 g Reibekäse.

In das Mehl eine Vertiefung drücken, Salz und 5 Eßlöffel Wasser hineingeben. Die Margarineflöckchen auf dem Rand verteilen. Mit kühlen Händen rasch verkneten. Den Teig in Alufolie wickeln und 1 bis 2 Stunden in den Kühlschrank legen. Inzwischen die geschälten Zwiebeln in Scheiben schneiden. In der erhitzten Margarine glasig dünsten, dann etwas abkühlen lassen. Ein gefettetes Blech mit Mehl bestäuben. Den Teig ausrollen, das Blech damit auslegen und mit einer Gabel mehrmals einstechen. Die Zwiebeln darüber verteilen. Sahne mit Eiern und Gewürzen verquirlen und über die Zwiebeln verteilen. Den Käse darüberstreuen. Im vorgeheizten Ofen bei 200 °C etwa 45 Minuten backen. Sofort servieren.

Zwiebelkuchen II

Für den Teig: 125 g Quark, 6 Eßl. Öl, 6 Eßl. Milch, 1 Prise Salz, 300 g Mehl, 1 Päckchen Backpulver. Für den Belag: 6 bis 8 große Zwiebeln, 40 g Margarine, Salz, Pfeffer, Paprika.

Den Quark mit dem Öl, der Milch und dem Salz verrühren. Das Mehl mit dem Backpulver zugeben und alles verkneten. Den Teig ausrollen und ein gefettetes Blech damit belegen. Die geschälten Zwiebeln grob zerschneiden, kurz in der Margarine andünsten und auf dem Teig verteilen. Mit Salz, Pfeffer und Paprika würzen. Den Zwiebelkuchen bei Mittelhitze backen, bis die Zwiebeln goldbraun sind.

Zwiebelringe auf Pariser Art

500 g Zwiebeln, ¼ l Milch, Mehl, Bratfett.

Die vorbereiteten Zwiebeln in Ringe schneiden und 10 Minuten in Milch legen. Dann gut abtropfen lassen, in Mehl wenden und in heißem Fett von beiden Seiten goldbraun braten. Als Garnitur für Steaks, Kotelett, Kartoffel- oder Erbsbrei verwenden.

Zwiebelrostbraten

500 g Rindsoberschale, Salz, Pfeffer, Mehl, 2 Eßl. Öl, 6 große Zwiebeln, Edelsüß-Paprika, 1 Teel. Senf, 1 Tasse Brühe, ½ Teel. Kapern, 1 Gewürzgurke, 1 Eßl. saure Sahne.

Aus dem Fleisch 4 Scheiben schneiden, klopfen, mit Salz und Pfeffer würzen und in Mehl wenden. Das Öl in einer Pfanne erhitzen und die Scheiben von beiden Seiten darin braten, herausnehmen und warm stellen. Die geschälten Zwiebeln in Scheiben schneiden und im Bratfett des Fleisches glasig schwitzen. Den Bratsatz mit Paprika, Senf und Salz würzen. Etwas heiße Brühe zugeben und den Rostbraten wieder einlegen. Gehackte Kapern und die geschnittene Gewürzgurke zufügen. In der zugedeckten Pfanne fertiggaren. Beim Anrichten die Soße sowie etwas saure Sahne über das Fleisch geben. Mit Kartoffelbrei und einem frischen Salat auftragen.

Zwiebelsalat

500 g Zwiebeln, 1 Teel. Salz, 1 rote Paprikafrucht, 1 Tomate, Essig, 3 Eßl. Öl, 1 bis 2 Eßl. Senf, Salz, Pfeffer, 1 Eßl. feingehackter Schnittlauch.

Die Zwiebeln schälen, halbieren und in Streifen schneiden. ⅛ Liter Salzwasser zum Kochen bringen, über die Zwiebelstreifen gießen, etwa 5 Minuten ziehen lassen und wieder abgießen. Die Paprikafrucht in Streifen, die Tomate in Würfel schneiden und zur Zwiebel geben. Aus Öl, Essig, Senf, Salz und Pfeffer eine Soße bereiten, darübergießen und alles vermischen. Den Salat einige Zeit gut durchziehen lassen und mit Kräutern bestreut servieren. Zwiebelsalat paßt besonders gut zu einer Grillparty.

Zwiebelsoße

150 g Zwiebeln, 40 g Butter oder Margarine, 30 g Mehl, 100 ml Milch, 100 ml Fleischbrühe (Würfel), Salz, weißer Pfeffer, geriebene Muskatnuß, 40 g gekochter Schinken und etwas Sahne.

Die Zwiebeln in feine Würfel schneiden, in der Butter glasig anschwitzen, mit Mehl bestäuben, mit Milch und Fleischbrühe auffüllen und unter Rühren etwa 8 Minuten kochen lassen. Zwischendurch die Gewürze dazugeben und kräftig abschmecken. Zuletzt mit feinwürflig geschnittenem gekochtem Schinken und Sahne verfeinern. Zwiebelsoße schmeckt sehr gut zu gekochtem Rindfleisch und Eiern.
Zwiebelsoße läßt sich ebenfalls als braune Soße zubereiten. Der Ansatz muß dann gut braun geröstet werden. Zum Auffüllen ist Bratensoße (Soßenpulver) zu verwenden.
Braune Zwiebelsoße paßt gut zu Rostbraten, Rumpsteaks und gebratenem Rindfleisch.

Zwiebelstrudel

300 g Mehl, 1 Prise Salz,
1 Prise Zucker, 1 Ei, 3 Eßl. Öl,
Öl zum Bestreichen.
Für die Füllung: 2 kg Zwiebeln,
80 g Butterschmalz oder Margarine,
Salz, Pfeffer, 2 Teel. Kümmel.
Außerdem: 1 Eigelb, 2 Teel. Öl,
100 g Zwiebeln, 30 g Margarine oder
Butterschmalz.

Das Mehl in eine Schüssel sieben, in die Mitte eine Mulde drücken, Salz, Zucker, Ei und Öl hineingeben. Alles zu einem glatten Teig verkneten. Den Teig mindestens 10 Minuten durcharbeiten, dann eine Kugel daraus formen, auf ein leicht bemehltes Brett legen und dünn mit Öl einpinseln. Eine Schüssel darüberstülpen. Den Teig bei Raumtemperatur 30 Minuten ruhen lassen. Inzwischen die geschälten Zwiebeln in Ringe schneiden. Das Butterschmalz erhitzen, Zwiebelringe darin dünsten, mit Salz, Pfeffer und Kümmel würzen und auskühlen lassen. Den Teig auf einer bemehlten Fläche auf eine Größe von etwa 40 cm × 25 cm ausrollen. Ein Geschirrtuch mit Mehl bestäuben, den Teig darauflegen und vorsichtig mit dem Handrücken von der Mitte zum Rand hin auszuziehen. Darauf achten, daß die Ränder nicht zu dick sind. Die kalte Zwiebelmasse auf dem Teig verteilen und diesen von der Schmalseite her mit Hilfe des Handtuchs aufrollen. Ein Backblech mit Öl bepinseln und den Strudel mit der Nahtstelle nach unten darauflegen. Eigelb und Öl verrühren, damit den Strudel bepinseln. Bei 225 °C auf mittlerer Schubleiste 35 bis 40 Minuten backen. Für die Garnitur die restlichen Zwiebeln ebenfalls in dünne Ringe schneiden, in Butterschmalz braun braten und über den fertigen Strudel geben.

Zwiebelsuppe auf polnische Art

300 g Rindfleisch mit Knochen, Salz,
200 g Wurzelwerk, 200 g Zwiebeln,
250 g Roggenbrot, 50 g Butter,
Muskatnuß, Ingwer, Nelken.

Das Fleisch waschen und in 1½ Liter Salzwasser auf kleinem Feuer kochen. Gegen Ende der Garzeit das gesäuberte Wurzelwerk, die geschälte und in der Backröhre ohne Fett gebräunte Zwiebel (20 Gramm) zugeben. Alles durchseihen. Das Roggenbrot in Würfel schneiden. 20 Gramm Butter im Tiegel erhitzen, die Würfel dazugeben und anrösten. Die restlichen Zwiebeln schälen, in Scheiben schneiden und in 30 Gramm Butter dünsten. Die angebräunten Roggenbrotwürfel und die gedünsteten Zwiebeln in die Fleischbrühe geben, zerkochen und durch ein Sieb streichen. Mit den Gewürzen und Salz abschmecken.

Zwiebel-Toast
(Vorspeise)

200 g Zwiebeln, 30 g Öl, Salz,
Pfeffer, 4 Scheiben Toastbrot,
20 g Butter, 2 hartgekochte Eier,
4 Scheiben Schnittkäse,
Salatblätter, Tomatenecken,
Schnittlauch.

Die Zwiebeln schälen, in feine Scheiben schneiden und in dem Öl goldgelb anbraten. Vom Herd nehmen, kräftig mit Salz und Pfeffer würzen und abkühlen lassen. Inzwischen das Toastbrot rösten, mit Butter bestreichen und die Zwiebeln darauf verteilen. Mit Eischeiben belegen, mit Schnittkäse abdecken und im Grill oder in der Backröhre goldgelb überbacken. Diesen würzigen Zwiebeltoast mit Salatstreifen und Tomatenecken garnieren, mit feingehacktem Schnittlauch bestreuen und sofort servieren.

Zwiebel-Tomaten-Kuchen

2 kg Gemüsezwiebeln, ⅛ l Öl, Salz, Pfeffer, 1 Bund frischer oder 2 Teel. getrockneter Thymian, 2 Teel. Kümmel, 2 Eier, 2 kg Tomaten, 100 g Semmelbrösel, 500 g mittelalter Gouda. Für den Teig: 375 g Mehl, 30 g Hefe, Salz, 1 Prise Zucker, 7 Eßl. Öl. Außerdem: 3 Eßl. Öl, 2 Bund Schnittlauch.

Die geschälten Zwiebeln halbieren, in Scheiben schneiden und im erhitzten Öl mit Salz und Pfeffer dünsten, bis sie weich und hellbraun sind. Kleingehackten Thymian, Kümmel und Eier unterrühren und die Masse beiseite stellen. Die Tomaten überbrühen, enthäuten und in Scheiben schneiden, gut abtropfen lassen. Den Käse in Würfel schneiden. Das Mehl in eine Schüssel sieben, in die Mitte in eine Vertiefung die Hefe bröckeln. Salz, Zucker und Öl an den Mehlrand geben. 200 ml warmes Wasser zur Hefe gießen und diese auflösen. Alle Zutaten von der Mitte her zu einem geschmeidigen Teig verkneten. Mit

Mehl bestäuben und an einem warmen Ort gehen lassen. Die Saftpfanne der Backröhre mit Öl auspinseln und mit dem ausgerollten Teig auslegen. Die Ränder etwas hochdrücken. Semmelbrösel auf den Teig streuen, die Zwiebelmasse darüberstreichen, die Tomaten dachziegelartig darauflegen und die Käsewürfel darüberstreuen. Auf der untersten Einschubleiste bei 200 °C 40 bis 45 Minuten backen. Mit kleingeschnittenem Schnittlauch bestreuen und noch warm servieren.

Zwiebeltopf mit Käse

6 mittelgroße Gemüsezwiebeln, 2 Eßl. Butter, 2 Eßl. Mehl, 2 l Fleischbrühe, 375 g geriebener Käse (Edamer), dünne Weißbrotscheiben, weißer Pfeffer.

Dünne Zwiebelscheiben in der Butter glasig anschwitzen. Das Mehl zufügen, leicht gelb werden lassen, mit Fleischbrühe ablöschen. 30 Minuten kochen lassen. In eine feuerfeste Form schichtweise Käse, mit Pfeffer gewürzte Weißbrotscheiben, Käse, Weißbrot usw., bis alles verbraucht ist, geben. Die heiße Zwiebelsuppe darübergießen und in der auf 200 °C vorgeheizten Röhre fertiggaren.

Quellenverzeichnis

Aristophanes, zitiert nach Kudriaffsky: Die historische Küche. Wien, Pest, Leipzig 1880, Reprint Leipzig 1975   [35]

Bechstein, Ludwig: Deutsche Märchen und Sagen. Berlin-Weimar 1978   [98]

Begunow, W. L.: Allerlei vom Käse. Leipzig 1979   [94]

Behrends, J. A.: Die Einwohner in Frankfurt am Mayn in Absicht auf seine Fruchtbarkeit, Mortalität und Gesundheit geschildert. Frankfurt/Main 1771. Zitiert nach Kuczynski, Jürgen: Geschichte des Alltags des deutschen Volkes 1600–1945. Berlin 1981   [57]

Bibel, Sirach 31   [69]

Brillat-Savarin, Jean Anthelme: Physiologie des Geschmacks. Leipzig 1983   [20, 21, 64, 92, 126]

Busch, Wilhelm: Zwiefach sind die Phantasien. Leipzig 1977   [31]

Cwojdrak, Günther: Beim Wort genommen. Berlin 1975   [56]

Davidis, Henriette: Kochbuch. Berlin o. J.   [125]

de Bry: India orientalis. Weimar-Leipzig 1981   [1]

Der hundertknotige Bambus. Leipzig 1975   [97]

Die Wahrheit muß ans Licht! Dialoge zur Zeit der Reformation. Leipzig 1982   [119]

Dillingen, Balthasar Staindl von, zitiert nach Kudriaffsky, Eufemia von: Die historische Küche. Wien, Pest, Leipzig 1880. Reprint Leipzig 1975   [53]

Diodoros, zitiert nach Linde, Erna und Günter: Von Anis bis Zimt. Leipzig 1974   [122]

Dumas, Alexandre: Reise durch Rußland. Berlin 1968   [4]

Emmerich, W.: Proletarische Lebensläufe, Band 1. Reinbek 1974   [42]

Gaude, Werner: Die alte Apotheke. Leipzig 1979   [10, 23]

Goethe, Johann Wolfgang von: Spruchsammlung »Sprichwörtlich«.   [8]; Die Leiden des jungen Werther.   [45]; Italienische Reise.   [74] Berliner Ausgabe 1961

Grimmelshausen, Hans Jacob Christoph: Die Simplizionischen Schriften des Hans Jacob Christoffel Grimmelshausen, 2. Band. Naunhof bei Leipzig o. J.   [7]; Simplizissimus. Berlin–Weimar 1978   [95]

Gröger, Frieder: Pilze und Wildfrüchte. Leipzig 1979   [87]

Heine, Heinrich: Aus den Memoiren des Herren von Schnabelewopski. Heines Werke in fünf Bänden, Band 2. Berlin 1978   [5]

Hoffmann, E. T. A.: Märchen. Leipzig 1973   [18]

Homer, zitiert nach Kudriaffsky, Eufemia von: Die historische Küche. Wien, Pest, Leipzig 1880. Reprint Leipzig 1975   [28]; Odysee. Leipzig 1979   [34, 70, 93]

Horaz; Tacitus, zitiert nach Kudriaffsky, Eufemia von: Die historische Küche. Wien, Pest, Leipzig 1880. Reprint Leipzig 1975   [77]

Juvenal, zitiert nach Kudriaffsky, Eufemia von.   [33]

Justi, J. H. G.: Abhandlung von den Hindernissen einer blühenden Landwirtschaft. Zitiert bei: Abel, W.: Die Lage in der deutschen Land- und Ernährungswissenschaft um 1800; in Geschichte des Alltags des deutschen Volkes 1600–1945. Berlin 1981   [40]

Klingenau, Steinmar von, zitiert nach Linde: Von Anis bis Zimt. Leipzig 1974   [124]

Kuczynski, Jürgen: Geschichte des Alltags des deutschen Volkes 1600–1945. Berlin 1981   [58, 59, 61]

Kudriaffsky, Eufemia von: Die historische Küche. Wien, Pest, Leipzig 1880. Reprint Leipzig 1975   [9, 12, 14, 15, 16, 19, 22, 26, 49, 54, 66, 84, 116, 118]

Kurth, L.: Illustriertes Kochbuch. Nordhausen o. J.   [102]

Lebensmittellexikon, Leipzig 1981   [47, 65, 109]

Lemmer, Manfred: Die lêre von der Kocherie. Leipzig 1969 [2, 43, 88, 90, 104, 105, 115, 123];
Nachwort zum Reprint: Ein new Kochbuch von Marx Rumpolt. Leipzig 1976 [81]
Lemnis und *Vitry*: Altpolnische Küche und polnische Tischsitten. Warschau 1979 [52]
Lexikon der Antike. Leipzig 1982 [11, 32]
Linde, Erna und Günter: Von Anis bis Zimt. Leipzig 1974 [121]
Lister, zitiert nach Kudriaffsky, Eufemia von: Die historische Küche. Wien, Pest, Leipzig 1880. Reprint Leipzig 1975 [55]
Lyndeus, Nicander, zitiert nach Kudriaffsky, Eufemia von: Die historische Küche. Wien, Pest, Leipzig 1880. Reprint Leipzig 1975 [89]
Martial; Sternbach, Hermann: Die Epigramme Martials in zwölf Büchern nebst einem Buch von den Schauspielen. Berlin o.J. [36, 71, 73, 76, 114]
Maurizio, A.: Die Geschichte unserer Pflanzennahrung. Berlin 1927 [6]
Meyers Neues Lexikon in 18 Bänden. Leipzig 1972 [117]
Mieckiewicz, Adam: Pan Tadeusz. Zitiert nach Lemnis, Maria; Vitry, Henryk: Altpolnische Küche und polnische Tischsitten. Warschau 1979 [86]
Morgenstern, Lina: Kochbuch. Nordhausen o.J. [112]
Möser, Justus: Sämtliche Werke, 2. Ausgabe, 3. Teil. Berlin 1858 [50]
Müller, I.: Kartoffelnahrung im Vogtland. Plauen 1976 [41, 60]
Neckam, Alexander, zitiert nach Kudriaffsky, Eufemia von: Die historische Küche. Wien, Pest, Leipzig 1880. Reprint Leipzig 1975 [13]
Needon, Christoph: Obst und Gemüse. Leipzig 1982 [44, 78, 79]
Nutzbares, galantes und curiöses Frauenzimmer-Lexicon. Leipzig 1715. Reprint Leipzig 1980 [82, 91, 101, 110, 120]
Ovid, zitiert nach Kudriaffsky, Eufemia von: Die historische Küche. Wien, Pest, Leipzig 1880. Reprint Leipzig 1975 [67]
Petronius: Das Gastmahl des Trimalchio, zitiert nach Cwojdrak, Günther: Poeten tischen auf. Berlin 1978 [83, 113]
Platina: De honesta voluptate et valetudine, 1481. Nachdruck »Von der ehrlichen zimlichen, auch erlaubten Wolust des Leibs...«. München 1979 [17, 29, 30]
Pludra, Benno: Wie ich nach Swanetien reisen wollte. Berlin 1974 [111]
Pythagoras, zitiert nach Kudriaffsky, Eufemia von: Die historische Küche. Wien, Pest, Leipzig 1880. Reprint Leipzig 1975 [27]
Rathgen, Karl: Staat und Kultur der Japaner. Bielefeld und Leipzig 1907 [108]
Renovanz, Paul: Tee, Seide, Porzellan. Leipzig 1957 [107]
Ritzerow, Frieda: Mecklenburgisches Kochbuch. Rostock 1868. Reprint Rostock 1981 [51]
Rumpolt, Marx: Ein new Kochbuch. Frankfurt am Main 1581. Reprint Leipzig 1976 [39, 75, 80, 100]
Steinbeck, Christian Heinrich: Neues bürgerliches Kochbuch oder gründliche Anweisung zur Kochkunst für alle Stände. Ronneburg 1825 [25, 106]
Scheible, J.: Das Schaltjahr. Stuttgart 1847 [68]
Talleyrand, zitiert nach Kudriaffsky, Eufemia von: Die historische Küche. Wien, Pest, Leipzig 1880. Reprint Leipzig 1975 [48]
Twain, Mark: Bummel durch Europa. Berlin und Weimar 1969 [3, 63, 85]
Universal-Haus- und Wirtschaftsbuch. Leipzig 1835 [24, 46, 62, 96]
Vaerst, Eugen: Gastrosophie oder die Lehre von den Freuden der Tafel. Leipzig 1851 [99, 103]
Wiegelmann, G.: Alltags- und Festspeisen. Marburg 1967 [37, 38]
Wittenwiller, Heinrich: Der Ring oder wie Bertschi Triefnas um sein Mätzli freite. Berlin 1983 [72]

Rezeptverzeichnis

Das Rezeptverzeichnis wurde in folgende Rubriken gegliedert: Vorspeisen und Salate; Suppen, Eintöpfe und Aufläufe; Fleisch; Geflügel, Wild und Wildgeflügel; Fisch; Soßen; Beilagen und Gemüse; Desserts; Quark-, Käse- und Eierspeisen; Kuchen, Torten und Gebäck; Getränke. Darin finden Sie die Rezepte jeweils alphabetisch geordnet.

Vorspeisen und Salate

Eintöpfe, Aufläufe, Suppen

Fleisch

Fisch

Desserts

Quark, Käse, Eier

Kuchen, Torten, Kleingebäck

Getränke

Sonstiges

Die Rezepte sind, wenn nicht anders angegeben,
für 4 Personen berechnet.
Nachdruck, auch auszugsweise, nur nach vorheriger Genehmigung
durch den Verlag zulässig.

ISBN 3-7304-0001-0

Herausgeber: Verlag für die Frau, DDR - Leipzig,
Redaktion Hauswirtschaft
7. Auflage
Vortexte: Renate Florstedt, Leipzig
Rezeptteil: Karla Szabó, Rosita Michaelsen,
Ingetraud Beier, Redaktion Hauswirtschaft
Peter Buchta, Potsdam
Peter Hähnichen, Karl-Marx-Stadt
Rainer Kroboth, Altenhof
Rudolf Kroboth, Rostock
Erhard Landschreiber, Leipzig
Bernd Mauersberger, Jahnsdorf
Dieter Nothnagel, Berlin
Peter Schroth, Karl-Marx-Stadt
Myriam Huidobro de Puccio, Berlin
Fachliche Beratung: Herbert Müller, Leipzig
Typografie und Einband: Günter Jacobi, Leipzig
Vignetten und Vorsatzgestaltung: Harry Jürgens, Leipzig
Fotografie: Brigitte Weibrecht, Leipzig
Werner Reinhold, Leipzig (4)
Heinz Schütze, Leipzig (1)
Arrangement der Fotos: Ursula Walch, Leipzig
Brigitte Weibrecht, Leipzig
Arrangement des Titels: Hannelore Reinhardt-Fischer, Brigitte Weibrecht
Zubereiten und Anrichten der Speisen: Karla Szabó,
Rosita Michaelsen, Redaktion Hauswirtschaft und
Ulrich Reinhardt, Frank Baumbach
unter Leitung von Manfred Weißbach, Hotel »Merkur« Leipzig
Lizenznummer: 126/405
Printed in the German Democratic Republic
LSV 9229
Bestellnummer: 673 196 8
04200

Weihnachtsmenü

Klare Wildsuppe
Pute „Chipolata", überglänzte Zwiebel-
chen und Salzkartoffeln
Sellerie-Apfel-Salat
Erdbeerbombe
Weihnachtsgebäck